Buchreihe der Stadt Heidelberg · Band VI

Im Auftrag
der Stadt Heidelberg herausgegeben
von Peter Blum

Geschichte der Juden in Heidelberg

*Mit Beiträgen von Andreas Cser,
Susanne Döring, Norbert Giovannini, Franz Hundsnurscher,
Martin Krauß, Frank Moraw, Monika Preuß,
Udo Wennemuth und Franz-Josef Ziwes*

1996

Verlag Brigitte Guderjahn
Heidelberg

Umschlaggestaltung nach einem Entwurf von Eberhard Witte, Heidelberg

Abbildung auf dem Umschlag:
Die am 9. Januar 1994 eingeweihte Synagoge
(Foto: Jüdische Kultusgemeinde Heidelberg)

Die Deutsche Bibliothek · CIP-Einheitsaufnahme

Geschichte der Juden in Heidelberg

mit Beitr. von Andreas Cser ... – Heidelberg : Guderjahn 1996
(Buchreihe der Stadt Heidelberg ; Bd. 6)
ISBN 3-924973-48-2
NE: Ziwes, Franz-Josef; Heidelberg: Buchreihe der Stadt ...

Gedruckt auf alterungsbeständigem Papier
aus 100 % chlorfrei gebleichtem Zellstoff, ph-neutral,
mit Kalziumkarbonat gepuffert

Formatieren des Textes: Ulrich Kunkel, Reichartshausen · Konvertieren und Neusatzteile: HVA, Heidelberg · Lithos: Schneider Repro, Heidelberg
Druck: Dr. Johannes Hörning, Heidelberg · Bindearbeit:
J. Schäffer, Grünstadt

Geleitwort

Am 15. November 1988, aus Anlaß des Gedenkens an die Pogromnacht vom 9. auf den 10. November 1938, faßte der Heidelberger Gemeinderat den Beschluß, die »Geschichte der Heidelberger und ihrer jüdischen Mitbürger« umfassend aufzuarbeiten. Am Ende der Arbeiten sollte ein wissenschaftlichen Anforderungen genügender Sammelband stehen, der die Geschichte der Bürgerinnen und Bürger jüdischen Glaubens von ihren Anfängen in Heidelberg bis in das 20. Jahrhundert hinein vorstellt.

Zur konzeptionellen Unterstützung des Forschungsprojekts wurde ein Beirat gegründet, dem Vertreter der Gemeinderatsfraktionen, zwei Vertreter der jüdischen Kultusgemeinde, ein Mitglied der Hochschule für Jüdische Studien und ein Vertreter der Universität angehörten. Als Vorsitzender wurde der Leiter des Stadtarchivs bestellt, dem zugleich die Federführung für das anspruchsvolle wie überfällige Projekt übertragen wurde.

Das damals gesteckte Ziel eines die ganze Breite des Gegenstandes abdeckenden Sammelbandes wurde jetzt, als ein wichtiger Beitrag im Heidelberger Jubiläumsjahr, erreicht. Daß mehr als die geplanten drei bis vier Jahre bis zur Fertigstellung vergingen, mag andeuten, daß es sich die Autorinnen und Autoren, Beirat und Herausgeber bei der Einlösung des gesetzten Anspruchs nicht leicht gemacht haben. Das Werk ist weit über den ursprünglich veranschlagten Rahmen gewachsen und dokumentiert auch damit – trotz der teilweise schwierigen Quellenlage – die reiche Geschichte jüdischen Lebens in Heidelberg. Es reiht sich führend ein in die Reihe vieler Initiativen der letzten Jahre, mit denen das Bewußtmachen der Geschichte und ein gemeinsamer Neuanfang in den deutsch-jüdischen Beziehungen in Heidelberg begleitet wurde. Unvergessen wird der Besuch der vertriebenen ehemaligen Mitbürgerinnen und Mitbürger im Rahmen der 800-Jahr-Feier Heidelbergs bleiben, der mehr als fünfzig Jahre nach der Niederlage des Naziregimes möglich wurde.

Ausgrenzung, Vertreibung und schließlich der Holocaust sind Teil der christlich-jüdischen Geschichte. Diese Erfahrung, das Wissen, das uns dieses Buch gibt, und die Aufträge, die aus dieser Erinnerung für das Zusammenleben heute und in einer Zukunft, die von uns vorzubereiten ist, erwachsen, müssen zusammengeführt werden und einmünden in mehr Menschlichkeit, gegenseitige Achtung und Toleranz.

Allen, die zum Gelingen dieses wichtigen Buches zur Heidelberger Stadtgeschichte beigetragen haben, gilt mein herzlicher Dank. Ihrem Werk wünsche ich die verdiente Beachtung.

Beate Weber
Oberbürgermeisterin

Vorwort des Herausgebers

Als eine »Geschichte der Heidelberger und ihrer jüdischen Mitbürger« hat das vorliegende Werk seinen Anfang genommen. Inauguriert von der Führung der Stadt und Jüdischer Kultusgemeinde und aus Anlaß der 50. Wiederkehr des Judenpogroms war der Arbeitstitel zugleich Programm, denn die Geschichte der jüdischen Minderheit Heidelbergs ist integraler Bestandteil der Heidelberger Geschichte. Und offenbart sich doch gerade im Umgang mit Minderheiten die Qualität einer Gesellschaft, eines Gemeinwesens.

Das vom Gemeinderat der Stadt 1988 beschlossene und über die reinen Druckkosten hinausgehend großzügig geförderte Forschungsprojekt bezieht seine Rechtfertigung nicht zuletzt aus der Forschungslage. So gibt es zwar zahlreiche und profunde Arbeiten zur Geschichte der Juden in Heidelberg – allein handelt es sich dabei nahezu durchweg um kürzere überblickshafte oder umfangreichere Detailstudien, um Untersuchungen zu einzelnen Themenbereichen oder Zeitabschnitten. Ein 1992 erschienener Sammelband zum Jüdischen Leben in Heidelberg bot erstmalig den Ansatz, das Mosaik, wenngleich mit Schwerpunkt auf dem 19. und 20. Jahrhundert, aber doch immerhin für einen längeren zusammenhängenden Zeitraum in Teilen zusammenzufügen. Was aber nach wie vor fehlte und in der Folge vielleicht noch offensichtlicher wie schmerzlicher vermißt wurde, war indessen eine lückenlose Darstellung der Geschichte der jüdischen Gemeinschaft in Heidelberg von den Anfängen bis in die Gegenwart.

Der vorliegende Sammelband hat eine achtjährige Entstehungsgeschichte. Von einem ursprünglich achtköpfigen erstverpflichteten Autorenteam haben aus den verschiedensten Gründen die meisten Bearbeiter/innen das ›Staffelholz weitergereicht‹. Die mitunter erst relativ spät neu hinzugestoßenen Autorinnen und Autoren haben allerdings davon unbeeindruckt ihre Studien zielstrebig und in angemessener Zeit zum Abschluß bringen können. Dafür sei ihnen vielmals gedankt; ebenso aber auch den übrigen Autoren dafür, daß ihnen trotz bisweilen unvermittelt auftretender Hindernisse gesundheitlicher oder beruflicher Art die Fertigstellung letztendlich doch noch geglückt ist.

Für die Auswahl und Aufbereitung der Abbildungen möchte ich meinen Mitarbeitern Stadtarchivamtmann Günther Berger (Bildarchiv) und Fotografenmeister Wolfgang Semet (Fotostelle des Stadtarchivs) sowie für die Erstellung des Registers Christoph Schreiber (wiss. Hilfskraft) vielmals danken. Abermals positiv hervorzuheben ist die mittlerweile schon gewohnt gute Zusammenarbeit mit dem Verleger Eberhard Guderjahn.

Der Dank des Herausgebers geht an die Initiatoren und den Gemeinderat, die das anspruchsvolle Projekt überhaupt erst ermöglicht haben, und er gilt besonders der fördernden Unterstützung durch Oberbürgermeisterin Beate Weber und durch den das Projekt begleitenden Beirat.

Letztlich sei an dieser Stelle all jenen Personen und Institutionen (darunter v.a. den Archiven) ganz herzlich gedankt, die durch Anregung, Beratung und bereitwillige Zugänglichmachung ihrer Unterlagen die Arbeit der verpflichteten Autorinnen und Autoren mitgetragen haben.

Die Gliederung dieses Sammelbands folgt weitgehend der Chronologie. Die Verfasserinnen und Verfasser untersuchen in ihren Beiträgen jeweils einen größeren Zeitabschnitt. Dabei ist jeder Beitrag inhaltlich wie von seinem Umfang her zugleich Ausdruck der Quellenlage. Inhaltliche Überschneidungen in den einzelnen Aufsätzen sind weitgehend getilgt bzw. vorzugsweise dort belassen, wo zum Verständnis im jeweiligen Kontext sinnvoll.

Der Beitrag über die Jüdische Gemeinde in den Jahren von 1945–1993 bezieht besondere Spannung aus aktuellen Bezügen und aus der Nähe des Geschilderten, das Autor wie Leser/innen z.T. als »Miterlebtes« mehr oder minder bewußt erfahren haben mögen; allerdings leistet der Beitrag damit auch eine besonders schwierige Gratwanderung infolge der fehlenden zeitlichen und – damit häufig unvermeidbar einhergehenden – persönlichen Distanz. Eine ähnlich vorsichtige Annäherung war im letzten, einem erinnerungsgeschichtlich akzentuierten Beitrag des Sammelbands zu leisten. Darin stehen private Erinnerungen an jüdisches Leben vor der Vernichtung im Mittelpunkt.

Die Auswertung von Zeitzeugenbefragungen bildet einen bewußten Gegensatz zu der vorangehenden epochenbezogenen Darstellung. Sie leitet gleichsam über von der Ebene der Geschichtsschreibung in die Gegenwart und auf eine den Menschen ansprechende Ebene – gleichgültig, ob Wissenschaftler oder Laie –, läßt Hoffnung und Verpflichtung gleichermaßen deutlich werden.

Heidelberg, im Oktober 1996 PETER BLUM

Inhalt

Martin Krauss

Zwischen Emanzipation und Antisemitismus (1802 bis 1862)

Susanne Döring

Die Geschichte der Heidelberger Juden (1862 bis 1918)

Franz-Josef Ziwes

Die Juden im mittelalterlichen Heidelberg

1 Einleitung

Städtische Lebenswelt und jüdische Lebenswelt, städtische Gemeinde und jüdische Gemeinde sind während des europäischen Mittelalters auf enge Weise miteinander verbunden. Jüdische Geschichte stellt sich für mehrere Jahrhunderte dieser Epoche als konstitutiver Teil der Stadtgeschichte dar, jüdische Geschichte des hohen und späten Mittelalters ist vor allem Stadtgeschichte.[1]

Die ebenso lapidar anmutende wie programmatisch intendierte Feststellung zu Beginn dieser Studie erscheint um so notwendiger, als selbst noch in jüngeren einschlägigen Darstellungen der Eindruck vermittelt wird, die mittelalterlichen Juden seien »im ganzen die Geschichte Erleidende[n]«, lediglich »Objekt christlicher Geschichte« geblieben.[2] Zwar hat sich die Lage der Juden im Verlauf des späten Mittelalters zweifellos verschlechtert, doch darf die in der Rückblende beachtlich erscheinende Anzahl von Verfolgungen und Vertreibungen nicht den Blick auf die über weite Strecken auch friedliche und fruchtbare Koexistenz von Christen und Juden verstellen.[3] Das Grauen der antijüdischen Ausschreitungen, ihre vielfältigen und zum Teil bis heute bedrohlich wirksamen Ursachen sollen damit keineswegs relativiert werden.[4] Die mittelalterliche Geschichte der Juden aber in erster Linie als eine Geschichte der Ausgrenzung und Verfemung, der Verfolgung, des Leidens und des Martyriums zu deuten, hieße letztendlich, die aktive und für die Entwicklung der abendländischen Kultur so wichtige und unverzichtbare Rolle der Juden zu leugnen. Die gesellschaftliche Funktion der

1 So der ausgezeichnete Kenner mittelalterlicher Stadtgeschichte Voltmer, Ernst: Zur Geschichte der Juden im spätmittelalterlichen Speyer. Die Judengemeinde im Spannungsfeld zwischen König, Bischof und Stadt. In: Zur Geschichte der Juden im Deutschland des späten Mittelalters und der frühen Neuzeit. Hrsg. von Alfred Haverkamp. Stuttgart 1981 (= Monographien zur Geschichte des Mittelalters, 24), S. 94–121, hier S. 94.

2 Dilcher, Gerhard: Die Stellung der Juden in Recht und Verfassung der mittelalterlichen Stadt. In: Judentum im deutschen Sprachraum. Hrsg. von Karl E. Grözinger. Frankfurt am Main 1991, S. 17–35, hier S. 29.

3 Vgl. in diesem Sinne auch Haverkamp, Alfred: Lebensbedingungen der Juden im spätmittelalterlichen Deutschland. In: Zerbrochene Geschichte. Hrsg. von Dirk Blasius und Dan Diner. Frankfurt am Main 1991, S. 11–31, hier S. 11 f. sowie Graus, František: Die Juden in ihrer mittelalterlichen Umwelt. In: Die Juden in ihrer mittelalterlichen Umwelt. Hrsg. von Alfred Ebenbauer und Klaus Zatloukal. Wien – Köln – Weimar 1991, S. 53–65, hier S. 58 f.

4 Vgl. Graus, František: Judenfeindschaft im Mittelalter. In: Antisemitismus. Von der Judenfeindschaft zum Holocaust. Hrsg. von Herbert A. Strauss und Norbert Kampe. Frankfurt am Main – New York 1984 (= Schriftenreihe der Bundeszentrale für politische Bildung, 213), S. 29–46.

Juden während des hohen und auch noch während des Spätmittelalters ist mit dem Stigma des Leidenden, des Hinnehmenden, des Opfers keineswegs zutreffend umrissen. Eine solche Umschreibung greift zu kurz, da sie nur einen Teil der jüdischen Lebens- und Erfahrenswelt erfaßt. Es kommt daher vielmehr darauf an, den sozialen und rechtlichen Wandel, den die Juden während der mittelalterlichen Jahrhunderte durchlebten, möglichst in seiner Gesamtheit und in seiner Zeitgebundenheit zu bewerten und nicht – mit Blick auf den Holocaust – von seinem »Ergebnis« her. Das christlich-jüdische Verhältnis, so wie es im Mittelalter angelegt war, mußte nicht zwangsläufig in die Schoah münden, Deutschland aufgrund der Zersplitterung des Judenschutzes nicht »zu *dem* Land der Verfolgungen«[5] werden.

Diese Prämissen gilt es zu beachten, wenn im folgenden der Versuch unternommen wird, die Geschichte der Juden im mittelalterlichen Heidelberg nachzuzeichnen, an deren Ende ja bekanntlich die Vertreibung stand. Die Einseitigkeit der Quellenüberlieferung bedingt eine Perspektive, die weitgehend vom pfalzgräflichen Stadt- und Landesherrn geprägt ist. Städtische oder gar jüdische Sichtweisen werden somit notgedrungen nahezu ganz außer acht gelassen. Wenn sich demnach die Geschicke der Heidelberger Juden vielfach als fremdbestimmt darstellen, so mag dies bis zu einem gewissen Grad durchaus der Realität entsprochen haben. Ganz trifft es die Sachlage freilich nicht, denn die Juden haben desungeachtet nicht unmaßgeblich auf ihr eigenes Schicksal Einfluß genommen. Doch läßt sich dies aus den Quellen nur indirekt durch einen Vergleich in überlokalen Zusammenhängen aufzeigen.

2 Die Juden in Heidelberg bis zur Mitte des 14. Jahrhunderts

Die Anfänge jüdischen Lebens in Heidelberg liegen nicht weniger im dunkeln als der Beginn der bürgerlich-städtischen Gemeindeorganisation in der Neckarstadt. Die Stadtwerdung des 1196 erstmals urkundlich erwähnten Heidelberg ist mit guten Gründen in die Zeit des Pfalzgrafen Konrad von Staufen, des Halbbruders Kaiser Friedrich Barbarossas, datiert worden. Mit der wohl um 1170/80 erfolgten planmäßigen Stadtanlage unterhalb der namengebenden Burg sicherte Konrad den noch jungen pfalzgräflichen Herrschaftskomplex am unteren Neckar. Eindeutig belegt ist der städtische Charakter der Siedlung erst unter Konrads wittelsbachischen Nachfolgern im Jahre 1229. Das als »civitas« bezeichnete Heidelberg war damals bereits zentraler Verwaltungssitz für die pfalzgräflichen Besitzungen im Lobdengau. Seine Bedeutung für die Pfalzgrafen auch als bevorzugter Aufenthaltsort wird noch dadurch unterstrichen, daß der nachmalige Pfalzgraf Ludwig II. in diesem Jahr hier geboren wurde.[6]

5 So Greive, Hermann: Die Juden. Grundzüge ihrer Geschichte im mittelalterlichen und neuzeitlichen Europa. Darmstadt 1982, S. 100.

6 Schaab, Meinrad: Die Entstehung des pfälzischen Territoriums am unteren Neckar und die Anfänge der Stadt Heidelberg. In: Zeitschrift für die Geschichte des Oberrheins 106 (1958),

Wichtiger noch als ihre administrative Funktion war für die wirtschaftliche Entwicklung der Stadt der Bau der seit 1284 bezeugten Neckarbrücke. Durch sie wurden mehrere Fernhandelsstraßen kanalisiert und durch die Stadt geführt, darunter auch der Handelsweg von Basel nach Frankfurt, das durch seine Herbstmesse allmählich zu einem der bedeutenderen europäischen Messeplätze heranwuchs.[7] Die Einwohner Heidelbergs, die überwiegend vom Weinanbau und -absatz lebten, dürften von dieser Entwicklung nicht unwesentlich profitiert haben.[8]

Spätestens jetzt, in der zweiten Hälfte des 13. Jahrhunderts, haben sich die ersten Juden in Heidelberg niedergelassen. Ihr geld- und finanzwirtschaftliches Fachwissen, das sich die Juden seit ihrer Abdrängung aus den von den christlichen Gilden und Zünften dominierten Erwerbszweigen zu eigen gemacht hatten, und ihre Kapitalkraft ließen sie zu begehrten Finanziers und Geschäftspartnern werden. Nicht nur Landesherren, Klöster und Stadtgemeinden zeigten Interesse an ihnen,[9] sondern auch Handwerker, Händler und Weinbauern, die mit ihrer markt- und absatzorientierten Produktion auf kreditwirtschaftliche Strukturen angewiesen waren.[10]

S. 238–276; ders.: Geschichte der Kurpfalz. Band 1: Mittelalter. Stuttgart – Berlin – Köln – Mainz 1988, S. 56–58, 74.

7 Schneidmüller, Bernd: Die Frankfurter Messen des Mittelalters – Wirtschaftliche Entwicklung, herrschaftliche Privilegierung, regionale Konkurrenz. In: Brücke zwischen den Völkern – Zur Geschichte der Frankfurter Messe. Bd. 1: Frankfurt im Messenetz Europas – Erträge der Forschung. Hrsg. von Hans Pohl. Frankfurt am Main 1991, S. 67–84, hier S. 70 f.

8 Deutsches Städtebuch. Handbuch städtischer Geschichte. Hrsg. von Erich Keyser. Bd. IV 2,1: Badisches Städtebuch. Stuttgart 1959, S. 72, 75.

9 Zum Prozeß der Mobilisierung und Kommerzialisierung von Herrschaft, an dem die Juden als Finanzexperten beteiligt waren, vgl. Landwehr, Götz: Mobilisierung und Konsolidierung der Herrschaftsordnung im 14. Jahrhundert. In: Der deutsche Territorialstaat im 14. Jahrhundert. Hrsg. von Hans Patze. Bd. 2. Sigmaringen 1971 (= Vorträge und Forschungen, 14), S. 484–505. Zu Juden als Finanziers und Finanzverwaltern von Landesherren vgl. exemplarisch Haverkamp, Alfred: Erzbischof Balduin und die Juden. In: Balduin von Luxemburg. Erzbischof von Trier – Kurfürst des Reiches 1285–1354. Festschrift aus Anlaß des 700. Geburtsjahres. Hrsg. von Franz-Josef Heyen. Mainz 1985 (= Quellen und Abhandlungen zur mittelrheinischen Kirchengeschichte, 53), S. 437–483, hier S. 460–475.

10 Zur wirtschaftlichen Tätigkeit der Juden vgl. Kellenbenz, Hermann: Die Juden in der Wirtschaftsgeschichte des rheinischen Raumes. Von der Spätantike bis zum Jahre 1648. In: Monumenta Judaica 2000, S. 199–235; Toch, Michael: Zur wirtschaftlichen Lage und Tätigkeit der Juden im deutschen Sprachraum des Spätmittelalters. In: Judengemeinden in Schwaben im Kontext des Alten Reiches. Hrsg. von Rolf Kießling. Berlin 1995 (= Colloquia Augustana, 2), S. 39–52; zu Juden als Kreditgebern von Weinbauern vgl. Ziwes, Franz-Josef: Studien zur Geschichte der Juden im mittleren Rheingebiet während des hohen und späten Mittelalters. Hannover 1995 (= Forschungen zur Geschichte der Juden, A 1), S. 40 f., 233–237; ders.: Voraussetzungen und Entwicklung jüdischer Siedlungstätigkeit im spätmittelalterlichen Naheraum. In: Sobernheimer Gespräche II – Das Land an der Nahe – Kultur und Struktur. Hrsg. von Klaus Freckmann. Köln 1994, S. 41–51, hier S. 45–47; ders.: Reynette – eine jüdische Geldhändlerin im spätmittelalter-

So ist es denn wohl auch kein Zufall, daß der erste gesicherte schriftliche Nachweis für jüdisches Leben in Heidelberg mit der Weinwirtschaft in Zusammenhang steht. Am 1. Mai 1275 befreite der Edelfreie Konrad von Strahlenberg mit Zustimmung seines Lehnsherrn, des Abtes Konrad von Ellwangen, fünf Jauchert[11] Weinberg bei Schriesheim, welche der Witwe des Juden Moysi (Moses) von Heidelberg gehörten, von allen Forderungen und Abgaben.[12] Die Frage, ob die Jüdin oder ihr verstorbener Ehemann das Weinbergareal erworben haben, um selbst Weinbau zu betreiben,[13] oder ob es ihnen im Rahmen von Kreditgeschäften als Pfand zugefallen ist, muß ebenso offenbleiben wie die Frage nach dem Wohnsitz der Jüdin. Denkbar ist, daß sie von Heidelberg aus mit Moses in die Mitte des 13. Jahrhunderts von den Strahlenbergern gegründete Stadt Schriesheim[14] gekommen ist und sich dort niedergelassen hat. Ebensogut kann sie aber auch weiterhin in Heidelberg gelebt haben, von wo aus sie das Grundstück bei dem bloß sieben Kilometer von Heidelberg entfernten Städtchen an der Bergstraße verwaltete. Als gesichert festzuhalten bleibt angesichts der Herkunftsbezeichnung von Moses indessen, daß die Neckarstadt bereits vor dem Mai 1275 Juden in ihre Mauern aufgenommen hatte.

In der jüdischen Überlieferung findet sich bereits im Testament des 1217 gestorbenen Rabbi Jehuda he-Chassid (der Fromme) aus Regensburg ein Passus, in dem der aus Speyer stammende Kalomynide seine Glaubensgenossen vor einem Leben in Heidelberg warnt.[15] Dies würde bedeuten, daß schon zu Beginn des 13. Jahrhunderts zumindest vereinzelt Juden in Heidelberg gelebt hätten. Allerdings bleibt unklar, ob es sich bei dem Passus in dem nur abschriftlich überlieferten Vermächtnis nicht um einen späteren Zusatz von einer fremden Hand handelt. Der Beginn jüdischen Lebens in Heidelberg kann zweifelsfrei also erst in die zweite Hälfte des 13. Jahrhunderts datiert werden.

Bis zur Mitte des 13. Jahrhunderts waren in der weiteren Umgebung Heidelbergs nur in den altehrwürdigen Bischofsstädten Speyer, Worms und Mainz sowie in Frankfurt, Oppenheim, Aschaffenburg und Heilbronn Judengemeinden anzutref-

lichen Koblenz. In: Koblenzer Beiträge zur Geschichte und Kultur. Neue Folge 4. Koblenz 1994, S. 25–40, hier S. 32 f.

11 Feldmaß (auch Juchart): Rheinland 1 J = 5160,6 qm; Württemberg 1 J = 4727,61 qm.

12 Württembergisches Urkundenbuch. Hrsg. von dem Kgl. Staatsarchiv in Stuttgart. Bd. 7. Stuttgart 1900. Nachdruck Aalen 1974, S. 362, Nr. 2497.

13 Zu Juden als Weinbauern vgl. Blumenkranz, Bernhard: Cultivateurs et vignerons juifs en Bourgogne du 9e au 11e siècle. In: Bulletin philol. et histor. du Comité des travaux histor. et scientifiques. Paris 1960 (= Actes du Congrès des Sociétés savantes à Dijon, avril 1959), S. 129–136.

14 Vgl. Handbuch der Historischen Stätten Deutschlands. Bd. VI: Baden-Württemberg. Hrsg. von Max Miller und Gerhard Taddey. 2. verbesserte und erweiterte Aufl. Stuttgart 1980, S. 716 f.

15 Germania Judaica. Bd. II: Von 1238 bis zur Mitte des 14. Jahrhunderts. Hrsg. von Zvi Avneri. 2 Teilbde. Tübingen 1968, S. 344. Zu Rabbi Jehuda vgl. Marcus, Ivan G.: Die politischen Entwicklungen im mittelalterlichen deutschen Judentum, ihre Ursachen und Wirkungen. In: Judentum im deutschen Sprachraum. Hrsg. v. Karl E. Grözinger. Frankfurt am Main 1991, S. 60–88, hier S. 70–74.

fen. Die vier letztgenannten dürften wohl noch von bescheidener Größe gewesen sein, wohingegen die Gemeinden der drei Bischofsstädte unter den aschkenasischen Judengemeinden Europas damals noch eine führende Stellung innehatten.[16] Im weiteren Verlauf des 13. Jahrhunderts büßten sie ihre dominante Position jedoch mehr und mehr ein. Parallel zu diesem Autoritätsverlust kam es zu einer Ausdehnung der jüdischen Siedlungstätigkeit auf die Regionen abseits der Rheinlinie, in deren Folge das jüdische Siedlungsnetz auch um Heidelberg engmaschiger wurde. Die Impulse zu dieser Siedlungsexpansion, der auch die Heidelberger Judenniederlassung ihre Entstehung verdanken dürfte, gingen aber zweifellos noch von den alten jüdischen Zentren der drei Bischofsstädte aus.[17]

Wo, unter welchen rechtlichen Bedingungen und in welcher Beziehung zur städtischen Gemeinde sich die ersten Juden in Heidelberg aufhielten, läßt sich aus den frühen Quellen zur Geschichte der Heidelberger Juden nicht ermitteln. Auch hier ist man wiederum auf Vermutungen angewiesen. Der Jude Anselm, der am 29. November des Jahres 1300 neben Viztum, Vogt und Schreiber, also hohen pfalzgräflichen Funktionsträgern, in einer Verkaufsurkunde Pfalzgraf Rudolfs I. für dessen Hauskloster Schönau als »unser jude zu Heidelberg« als Zeuge aufgeführt wird,[18] hat vielleicht gar nicht in der Stadt selbst, sondern in der Siedlung innerhalb der Burgfreiheit gelebt. Diese blieb bis 1743 unabhängig von der Stadt[19] und diente wohl schon in der Frühzeit Heidelbergs dem zum pfalzgräflichen Hofkomplex gehörenden Personenkreis als Siedlungsareal, das somit auch nach außen deutlich sichtbar vom städtischen Rechtskreis abgeschieden war. Die keineswegs übliche Zeugenbeteiligung eines Juden bei einem Verkauf von herrschaftlichen Besitzrechten jedenfalls läßt eine herausgehobene Stellung Anselms im engeren Umkreis des Pfalzgrafen erkennen. Daß er neben Viztum, Vogt und Schreiber, also den Vertretern der landesherrlichen Verwaltung genannt wird, legt die Vermutung nahe, daß Anselm in der Finanzverwaltung Rudolfs I. tätig war, vielleicht sogar in führender Position.

Die Anbindung der in Heidelberg ansässigen Juden an den pfalzgräflichen Stadtherrn scheint ohnedies sehr eng gewesen zu sein, enger jedenfalls als an die städtische Gemeinde, über deren Verhältnis zur Judenschaft wir während des gesamten Mittelalters so gut wie überhaupt nicht unterrichtet sind. Zwar erklärte im Jahre 1323 Graf Johann von Nassau, daß er als Vormund der noch unmündigen Kinder des 1319 gestorbenen Rudolf I. u. a. »umb der burger schulde und der juden zu Heydilberg« eine Urkunde besiegelt habe. Was im einzelnen es mit dieser »schulde« auf sich hatte, läßt sich freilich nicht mehr ermitteln.[20]

16 Vgl. Ziwes 1995, S. 21–24 mit Karte A.

17 Ebd., S. 25–29 mit Karte B. Hinweise auf jüdische Niederlassungen in der näheren Umgebung Heidelbergs finden sich für die zweite Hälfte des 13. Jahrhunderts in Weinheim, Ladenburg und Mosbach.

18 Regesten der Pfalzgrafen am Rhein 1214–1508. Bd. I: 1214–1400. Bearb. v. Adolf Koch und Jakob Wille. Innsbruck 1894, S. 86, Nr. 1450.

19 Handbuch der Historischen Stätten VI, S. 303.

20 GLA 67/800, fol. 3; vgl. Germania Judaica II, S. 344.

Im gleichen Jahr nahm König Ludwig der Bayer, der wegen der Nachfolge in den wittelsbachischen Territorien in ständigem Konflikt mit seinen unmündigen Heidelberger Neffen lebte, die Jüdin Frawelin, Frau des Frumold von Wimpfen, und ihren Sohn Mayer mitsamt Familienangehörigen in seinen Schutz und befahl zu diesem Zweck neben seinen sonstigen Amtmännern ausdrücklich seinem Amtmann (»officiatus«) zu Heidelberg, die Juden in ihren leider nicht näher bezeichneten Rechten zu schützen und zu verteidigen.[21] Vermutlich wollten sich die Juden in Heidelberg oder sonstwo im königlichen Hausterritorium niederlassen.

Das Schutzprivileg für Frawelin und ihre Familie stand bereits im Zeichen einer Phase erhöhter horizontaler Mobilität unter den Juden. Der Grad der jüdischen Siedlungstätigkeit im römisch-deutschen Reichsgebiet erreichte jetzt, in der ersten Hälfte des 14. Jahrhunderts, seinen absoluten Höhepunkt. Selbst in kleinsten Städten und sogar in Dörfern traf man nun gelegentlich auf jüdische Bewohner. Im engeren Umkreis von Heidelberg gab es Juden in Ladenburg, Weinheim, Schriesheim, Eberbach, Mosbach, Waibstadt, Sinsheim und Wiesloch.[22]

Eine wesentliche Ursache für den starken Anstieg der Judensiedlungen an Ober- und Mittelrhein war die 1306 erfolgte Vertreibung der Juden aus dem Königreich Frankreich durch König Philipp IV. Nicht wenige unter den Vertriebenen zogen statt nach Süden – wie die meisten ihrer Glaubensgenossen – in Richtung Osten und ließen sich nach einigen Zwischenstationen in den Rheinlanden nieder. Hier mußten sie wegen des Widerstandes ihrer in den größeren Städten alteingesessenen Glaubensgenossen, die sich gegen den Zuzug weiterer Juden sperrten, öfters in kleinere Städte ausweichen.[23]

Aber auch die veränderten wirtschaftlichen Rahmenbedingungen trugen zur Siedlungsintensivierung bei. Die sich ständig ausweitende Monetisierung sämtlicher Wirtschaftsbereiche ermöglichte es den Juden, auch abseits der größeren städtischen Zentren ihren nach wie vor auf Geld- und Pfandleihe konzentrierten Lebensunterhalt zu bestreiten. Gerade in Gebieten mit agrarischen Sonderkulturen wie Wein- und Obstanbau herrschte große Kapitalnachfrage, insbesondere wenn Ernteausfälle ausgeglichen werden mußten. In solchen Regionen war die jüdische Siedlungsdichte denn auch am höchsten.[24] Das Ausgreifen in die ländlichen Regionen brachte freilich auch Gefahren für die Juden mit sich, denn mit den größeren Städten verließen sie auch deren schützende Funktionen. Der Kreditverkehr mit den ländlichen Bevölkerungsgruppen konnte in Zeiten wirtschaftlicher

21 Ebd. Die nur in der verkürzten Fassung des königlichen Registers überlieferte Schutzurkunde vom 30. Dezember 1323 ist gedruckt bei Bansa, Helmut: Die Register der Kanzlei Ludwigs des Bayern. Darstellung und Edition. 2 Bde. München 1971–1974 (= Quellen und Erörterungen zur Bayerischen Geschichte, N. F., 24), S. 154, Nr. 155.

22 Vgl. Ziwes 1995, S. 29–41 mit Karte C.

23 Ebd., S. 33 f., 181–193. Zur horizontalen Mobilität der Juden vgl. ferner Burgard, Friedhelm: Zur Migration der Juden im westlichen Reichsgebiet im Spätmittelalter. In: Juden in der christlichen Umwelt während des späten Mittelalters. Hrsg. von Alfred Haverkamp und Franz-Josef Ziwes. Berlin 1992 (= Zeitschrift für Historische Forschung, Beiheft 13), S. 41–57.

24 Ziwes 1995, S. 40 f.

Krisen ein starkes Gefährdungspotential für die Juden darstellen. Leicht wurde dann aus dem Gläubiger das gehetzte Opfer, wie einige seit dem späten 13. Jahrhundert im Rheinland auftretende regionale Verfolgungswellen zeigen.[25]

Im Jahre 1343 wurden auch die Heidelberger Juden von einer Verfolgungswelle bedroht. Deren Urheber waren allerdings nicht irgendwelche Landbewohner, sondern kein geringerer als Pfalzgraf Rudolf II., der seit dem Hausvertrag von Pavia 1329 gemeinsam mit seinem Bruder Ruprecht I. die Herrschaft in den wittelsbachischen Territorien am Rhein und in der Oberpfalz ausübte. 1338 war es zu einer Teilung gekommen, bei der Rudolf zunächst die rechtsrheinischen Gebiete, dann aber im gütlichen Tausch mit Ruprecht die linksrheinischen Besitzungen mit Neustadt, Wachenheim und Oggersheim inklusive der dortigen Reichspfänder sowie die rechtsrheinischen Reichspfänder Mosbach und Sinsheim erhalten hatte.[26] Nachdem nun zu Ostern 1343 in der Nähe von Worms oder Speyer die angeblich von Juden verstümmelte Leiche eines Einsiedlers gefunden worden war, den Rudolf wegen vieler Wunder an seinem Grab bald als Heiligen verehrte, setzte sich der Pfalzgraf – so die Chronik Johanns von Winterthur – die Vernichtung der Juden seines gesamten Herrschaftsbereiches zum Ziel. Und tatsächlich wurden die Juden von Wachenheim, Lambsheim, Neustadt, Germersheim und Mosbach in den folgenden Aprilwochen die Opfer blutiger Verfolgungen. Als Rudolf sich dann sogar anschickte, seine blutrünstigen Aktivitäten auch auf Judengemeinden benachbarter Reichsstädte auszudehnen, stieß er auf den Widerstand der Stadt Speyer und sogar des Kaisers.[27]

Die Teilung von 1338 hat somit indirekt ein Ausgreifen der Verfolgung auf Heidelberg verhindert. Pfalzgraf Ruprecht I. hat sich dem mörderischen Treiben seines Bruders offenbar entgegengestellt, denn daß Rudolf den Pogrom auch in den Herrschaftsbereich seines Bruders hat ausdehnen wollen, dürfte angesichts seiner antijüdischen Ambitionen selbst gegenüber einer so mächtigen Reichsstadt wie Speyer auf der Hand liegen.

3 Die Verfolgung von 1348/49

Weniger erfolgreich war Ruprecht I. allerdings knapp sechs Jahre später, als Ende 1348 / Anfang 1349 die schlimmste aller Verfolgungen, welche die Juden jemals vor dem nationalsozialistischen Holocaust heimgesucht hat, die jüdischen Gemeinden seines Herrschaftsbereichs erreichte. Im Vorfeld einer Pestepidemie, die von Südfrankreich her auf Mitteleuropa ausgriff, fielen die Menschen teils in panischer Hysterie, teils in kaltblütig geplanten und organisierten Aktionen über die Juden her und töteten sie. Den Juden gab man die Schuld an dem »großen Sterben«, da sie angeblich die Brunnen vergiftet hatten, um die Christenheit zu vernichten. Bis auf wenige Ausnahmen wurden damals alle Judengemeinden im deutschen Reichsge-

25 Ebd., S. 222–238.
26 Schaab 1988, S. 91–93.
27 Zu den Einzelheiten der Verfolgung vgl. Ziwes 1995, S. 244–247.

biet ausgelöscht. Der zu dieser Zeit in seine »heiße Phase« eingetretene Streit um die Reichskrone zwischen dem Luxemburger Karl IV. und den Wittelsbachern verschärfte die allgemeine Krisensituation und sorgte dafür, daß die Juden nicht nur der bis dahin durchaus wirksamen Schutzgewalt des Reiches entbehren mußten, sondern zu allem Übel auch noch zwischen die Fronten der kämpfenden Parteien gerieten.[28]

Die Ermordung seiner Juden hat Ruprecht I. nicht verhindern können. Die Juden in Heidelberg gehörten Ende des Jahres 1348 sogar zu den ersten, die in den weiteren Rheinlanden dem Massaker zum Opfer fielen.[29] Auch die übrigen Juden seines Territoriums blieben nicht verschont. In der näheren Umgebung von Heidelberg waren dies das Reichspfand Eberbach, das von den Strahlenbergern inzwischen erworbene Schriesheim sowie Weinheim und Wiesloch.[30]

Für Aufsehen unter den Zeitgenossen sorgte indessen Ruprechts Verhalten im weiteren Verlauf der Verfolgungswelle, als diese in den ersten Monaten des Jahres 1349 die Judengemeinden der Reichs- und Bischofsstädte Speyer und Worms erfaßte. So wie sein Vasall Engelhard von Hirschhorn in Sinsheim nahm Ruprecht Verfolgte aus den beiden Städten in Heidelberg und anderen befestigten Orten seines Territoriums auf. Die Motive für die Rettungstat lagen allerdings weniger in einer irgendwie gearteten Anwandlung von Barmherzigkeit, sondern vielmehr in nüchternem Kalkül begründet.[31] Die Flüchtlinge mußten für das ihnen gewährte Obdach nicht nur teuer bezahlen, sondern darüber hinaus vermutlich auch noch Schuldforderungen aus früheren Kreditgeschäften an ihre Schutzherren abtreten.[32]

Zusammen mit ihren bereits früher von Kaiser Ludwig verbrieften Rechtstiteln an den Speyerer und Wormser Juden hatten der Pfalzgraf und Engelhard von Hirschhorn nunmehr die Möglichkeit, tief in die Geschicke der beiden Reichsstädte einzugreifen. Es folgten daher zwischen den Reichsstädten und dem Fürsten um die Hinterlassenschaften der ermordeten oder geflohenen Juden langwierige Auseinan-

28 Zu Hintergründen, Ursachen und Verlauf der Pestverfolgungen vgl. Haverkamp, Alfred: Die Judenverfolgungen zur Zeit des Schwarzen Todes im Gesellschaftsgefüge deutscher Städte. In: Zur Geschichte der Juden im Deutschland des späten Mittelalters und der frühen Neuzeit. Hrsg. von Alfred Haverkamp. Stuttgart 1981 (= Monographien zur Geschichte des Mittelalters, 24), S. 27–93; Graus, František: Pest-Geissler-Judenmorde. Das 14. Jahrhundert als Krisenzeit (= Veröffentlichungen des Max-Planck-Instituts für Geschichte, 86). Göttingen [2]1988.

29 Zur Chronologie vgl. Haverkamp 1981, S. 35–38, sowie Graus 1988, S. 159–164.

30 Ziwes 1995, S. 249 und Karte J.

31 Zu ähnlichen Fällen, bei denen Juden in Adelsburgen Schutz vor den Pestpogromen fanden, vgl. ebd., S. 138–141.

32 Vgl. den Bericht in der Chronik des Mathias von Neuenburg: »Rupertus eciam dux Bawarie in opido Heidelberg et aliis municionibus et Engelhart de Hirtzhorn miles in opido Sunnensheim Iudeos tenuerunt, qui de civitatibus Spira et Wormacia effugarunt. Propter quod contra ipsos magna musitacio a civitatibus fuit, quia magnam pecuniam ab eis habuerunt.« Zitiert nach Monumenta Germaniae Historica. Scriptores rerum Germanicarum. Nova Series. Bd. IV: Chronica Mathiae de Nuwenburg. Die Chronik des Mathias von Neuenburg. Bearb. v. Adolf Hofmeister. Berlin 1924–1940, S. 425.

dersetzungen, die erst Jahre später beendet werden konnten.[33] Auch Bischof Gerhard von Speyer war an derartigen Auseinandersetzungen beteiligt: Sein Interesse galt besonders der Tilgung seiner umfangreichen Schulden, die er bei Speyerer Juden seit Beginn der 1340er Jahre aufgenommen hatte.[34] Am 2. April 1349 war er am Ziel seiner Wünsche, als König Karl IV. ihm seine sämtlichen Judenschulden erließ, ganz gleich ob die jüdischen Gläubiger ermordet worden waren oder noch lebten. Später noch auftauchende Schuldurkunden, egal ob sie von Juden oder Christen vorgebracht wurden, sollten ungültig sein.[35]

Vielleicht gehörte zu den geretteten Juden, die Bischof Gerhard als potentielle Altgläubiger fürchtete, Lewe von Heidelberg. Lewe, seit 1340 in Speyer als führendes Mitglied der Judengemeinde bezeugt,[36] hatte dem kirchlichen Würdenträger gemeinsam mit der Jüdin Jutte und deren Sohn Johelin im April 1341 2100 Pfund Heller geliehen. Neben den üblichen Bürgschafts-, Rückzahlungs- und Verzinsungsmodalitäten war in der von Gerhard ausgestellten Schuldurkunde vereinbart worden, daß die Gläubiger des Bischofs dessen Anteil von 438 Pfund Heller an einer in diesem Jahr erhobenen Judenbede (»der juden bet ze Spyre«) als Tilgungsrate einstreichen konnten.[37] Angesichts der beachtlichen Schuldenlast, die Gerhard gegenüber den Juden in den 1340er Jahren angehäuft hatte, dürfte Lewes Darlehen zur Zeit der Pestpogrome Anfang 1349 immer noch offengestanden haben. Der Bischof mußte daher damit rechnen, daß auch Lewe vor den Verfolgungen in seinen ursprünglichen Herkunftsort am Neckar geflohen war und ihm nun mit Rückendeckung seines pfalzgräflichen Schutzherrn die alte Forderung präsentierte.

Die Zahl der Juden, die in Heidelberg vor den Pestpogromen dieser Jahre Schutz fanden, scheint recht groß gewesen zu sein. Sogar eine Jeschiwa, eine Art jüdischer Hochschule, konnte unterhalten werden. Geleitet wurde die Schule von Rabbi Isaak ha Lewi von Beilstein, der sie vermutlich von Worms oder Speyer hierher verlegt hatte. Isaak saß gleichzeitig dem rabbinischen Gericht in Heidelberg vor und wurde in jener Zeit der Verfolgung als höchste Autorität der Juden am Mittelrhein angesehen. Die Stadt am Neckar hatte also in der Phase der größten Bedrängnis für die Juden eine Zentralfunktion, die sich über das engere Umland der Stadt hinaus

33 Vgl. Ziwes 1995, S. 128–133.

34 Eine Zusammenstellung der jüdischen Kredite und Gläubiger Bischof Gerhards ebd., S. 130, Anm. 168 und bei Voltmer 1981, S. 101, Anm. 23.

35 Urkundenbuch zur Geschichte der Bischöfe zu Speyer. Bd. I: Ältere Urkunden. Bearb. v. Franz Xaver Remling, Mainz 1852 (Ndr. Aalen 1970), S. 574 f., Nr. 584 (dort allerdings irrtümlich auf den 10. April datiert).

36 Im Januar 1340 gehörte Lewe von Heidelberg zu den 21 Vertretern der jüdischen Gemeinde, die als »der iuden geschozser« einen Vertrag mit der Stadtgemeinde Speyer abschlossen; vgl. Urkunden zur Geschichte der Stadt Speyer. Bearb. v. Alfred Hilgard. Straßburg 1885, S. 408–411. Nr. 461. Vgl. Germania Judaica II, S. 345. Wenige Monate nach dem Pestpogrom wird im Mai 1349 ein Haus in der Bischofsstadt, das »Lewen von Heidelberg zu gehorte«, erwähnt; vgl. Hilgard 1885, S. 463, Nr. 528.

37 GLA 67/284, fol. 46–47. In einem weiteren Passus der Schuldurkunde heißt es bezeichnenderweise, daß weder Papst noch Kaiser den Schuldner aus seiner Verpflichtung sollten lösen können.

auf das gesamte mittlere Rheingebiet erstreckte. Mit dem Wegzug Rabbi Isaaks, der 1350 mit seinen Schülern nach Palästina auswanderte und in Jerusalem ein von vielen jüdischen Gemeinden Deutschlands unterstütztes Lehrhaus gründete,[38] verlor Heidelberg diese geistige Mittelpunktfunktion allerdings wieder recht bald.

4 Die »Blütezeit«

4.1 Die Wiederansiedlung nach der Pestverfolgung

Es mutet schon fast wie eine böse Ironie des Schicksals an, daß die – zumindest aus Sicht der Quellenüberlieferung – erste Blütezeit jüdischen Lebens und jüdischer Kultur in Heidelberg so eng mit der größten Katastrophe in der mittelalterlichen Geschichte der Juden verbunden ist. Gleichwohl kann nicht übersehen werden, daß das Wohlergehen der Heidelberger Judenschaft mit dem Aufstieg Heidelbergs zur pfalzgräflichen Residenz in der zweiten Hälfte des 14. Jahrhunderts in unmittelbarem Zusammenhang steht. Die Attraktivität, die Heidelberg während der Verfolgungszeit für viele Juden des Mittel- und Oberrheinraumes notgedrungen besaß, war zunächst allerdings nur von kurzer Dauer. Bald nachdem Rabbi Isaak und seine Anhänger nach Palästina abgewandert waren, öffneten die Städte Speyer und Worms wieder ihre Tore für die Juden, auf deren Steuerkraft die Bürger ebensowenig verzichten konnten wie auf deren Kenntnisse und Dienste in Finanzangelegenheiten. Schon 1352 ließen Bürgermeister, Rat und Zünfte zu Speyer die Juden »zu nucze unde zu eren« ihrer Bürger wieder in der Stadt zu. Im Mai 1353 folgte »um ihrer [der Juden] nutzen willen« Worms, und ein Jahr später sind in Landau die ersten Juden wieder nachzuweisen.[39]

Mit dieser Öffnung setzte eine rege Rückwanderung der überlebenden Juden in die größeren Städte ein, die als Markt- und Handelszentren natürlich bessere Voraussetzungen für die wirtschaftliche Betätigung der Juden boten als Heidelberg.[40] Pfalzgraf Ruprecht versuchte im Interesse seiner Residenz diesem Manko zu begegnen, indem er 1357 in Heidelberg eine Messe einrichtete, die sich in den Frankfurter Messezyklus einbinden sollte, und indem er etwa gleichzeitig damit begann, die begehrten Guldenmünzen prägen zu lassen.[41] Bis dahin aber hatte sich

38 Germania Judaica III, S. 524.

39 Vgl. Ziwes 1995, S. 42 f.; Littmann, Ellen: Studien zur Wiederaufnahme der Juden durch die deutschen Städte nach dem schwarzen Tode. Ein Beitrag zur Geschichte der Judenpolitik der deutschen Städte im späten Mittelalter. Breslau 1928, S. 18–21.

40 Ein Überblick über die jüdische Wiederbesiedlung des mittleren Rheingebiets bei Ziwes 1995, S. 42–49.

41 Regesten der Pfalzgrafen, S. 181, Nr. 3061 f.; Heß, Wolfgang: Das rheinische Münzwesen im 14. Jahrhundert und die Entstehung des Kurrheinischen Münzvereins. In: Der deutsche Territorialstaat im 14. Jahrhundert. Hrsg. v. Hans Patze. Bd. 1. Sigmaringen 1970 (= Vorträge und Forschungen, 13), S. 257–323, hier S. 307; vgl. Ziwes 1995, S. 166 f. mit weiteren Beispielen für die Verbindung von Judenansiedlung und dem Ausbau städtischer Zentren in der Pfalzgrafschaft.

die Zahl der Juden in Heidelberg seit der Jahrhundertmitte offenkundig erheblich verringert. Möglicherweise gab es in der Zwischenzeit sogar Phasen, in denen sich überhaupt keine Juden mehr in der Stadt aufhielten. Noch im Juli 1358 überließ Ruprecht dem Engelhard von Hirschhorn mehrere Häuser und Hofstätten, die zwischen »des alten Sarwurten huse und Winheimers kindern hus« gelegen waren und sich früher im Besitz von Juden befunden hatten.[42]

Die ersten Hinweise auf einen Neubeginn der Heidelberger Judengemeinde lassen sich in das Jahr 1355 datieren. Vermutlich aus dieser Zeit stammen einige undatierte Einträge in einem pfalzgräflichen Kopiar, denen zufolge Pfalzgraf Ruprecht mehrere Juden gegen eine jährlich zu entrichtende Abgabe in Weinheim aufgenommen und ihnen dabei die Freiheiten der Heidelberger Juden gewährt hatte. Das Einzelprivileg, mit dem Josep, Sohn Meister Süßlins, gegen die Zahlung von fünf Pfund Heller als pfalzgräflicher Jude in Heidelberg aufgenommen wurde, dürfte ebenfalls aus diesem Jahr stammen.[43]

In das Jahr 1356 gehört seiner chronologischen Reihenfolge nach ein Eintrag in das »heimlich Buch« der Stadt Straßburg, aus dem das Geständnis eines Christen mit Namen Ruvlin von Ossingen hervorgeht. Ruvlin gab zu, von einem Heidelberger Juden den Auftrag erhalten zu haben, dessen getauften Sohn aus Straßburg zu entführen und nach Heidelberg zu bringen, damit der Knabe zum Glauben seines Vaters zurückkehren konnte. Die Entführung, die dem Christen 40 Gulden einbringen sollte, war allerdings fehlgeschlagen und Ruvlin unter Androhung der Todesstrafe aus der Elsaßmetropole verbannt worden.[44]

Gewißheit über den Fortbestand oder einen Neuanfang jüdischen Lebens in Heidelberg nach dem Abzug Rabbi Isaaks gewährt uns letztendlich erst eine Verfügung Pfalzgraf Ruprechts zugunsten seines Juden »Nürnberger« vom 2. Mai 1356. Dem Juden, der wenig später eine führende Position nicht nur in der Heidelberger, sondern in der gesamten pfalzgräflichen Judenschaft übernehmen sollte, wurde die Erlaubnis erteilt, sein Haus für 40 Pfund Heller zu verkaufen oder aber gegen einen Jahreszins von 4 Pfund Heller zu vermieten.[45] Ob sich dahinter die Absicht Nürnbergers verbarg, ebenfalls die Neckarstadt zu verlassen, kann allenfalls vermutet werden. Sicher ist damit nur, daß spätestens 1356 wieder Juden in der Stadt lebten.

4.2 Die Heidelberger Juden als pfalzgräfliche Schutzverwandte

Für die nachfolgenden dreieinhalb Jahrzehnte, während derer sich die Heidelberger Judengemeinde bis zu ihrer Vertreibung im Jahre 1390 zu beachtlicher Größe und Bedeutung entwickelte, lassen sich die rechtlichen Rahmenbedingungen, unter denen die Juden hier aufgenommen wurden und lebten, wesentlich präziser

42 Regesten der Pfalzgrafen, S. 185, Nr. 3093.

43 Die undatierten Abschriften der als Einzelprivilegien ausgegebenen Schutz- und Aufnahmeurkunden finden sich im Kopiar GLA 67/804, fol. 10'–11'.

44 Löwenstein, Leopold: Geschichte der Juden in der Kurpfalz. Frankfurt am Main 1895 (= Beiträge zur Geschichte der Juden in Deutschland, 1), S. 6, Anm. 3.

45 Regesten der Pfalzgrafen, S. 178, Nr. 2951; GLA 67/804, fol. 20.

beschreiben als für die Zeit vor der Mitte des 14. Jahrhunderts. Wie in allen Städten der Pfalzgrafschaft, so wurden auch in Heidelberg die seit der Mitte des 14. Jahrhunderts aufgenommenen Juden nur dann zugelassen, wenn sie über einen vom Pfalzgrafen ausgestellten Schutz- und Aufnahmebrief verfügten. Die Privilegien mußten individuell ausgehandelt werden und besaßen nur zeitlich begrenzte Gültigkeit.

In dieser Form waren derartige Einzelprivilegien seit dem 13. Jahrhundert vor allem in Frankreich bekannt. Mit der Einwanderung der aus Frankreich vertriebenen Juden fanden die Schutzbriefe schließlich auch im westlichen Reichsgebiet und vereinzelt auch darüber hinaus Verbreitung. Vor allem bei vermögenderen Juden erfreuten sie sich großer Beliebtheit, konnten diese sich doch damit den oftmals restriktiven Reglementierungen der jüdischen Gemeindehäupter entziehen und enger an einen christlichen Schutzherrn binden, dem sie gleichzeitig als Finanziers dienten.[46]

Als die größeren Städte im Rheingebiet schon bald nach dem Ende der Pestverfolgungen die Juden wegen ihrer wichtigen wirtschaftlichen Funktion wieder zuließen, sollte sich die Situation der kurz zuvor noch Verfolgten rasch verbessern. Noch bevor den Kurfürsten im Januar 1356 mit dem ersten Teil der Goldenen Bulle Kaiser Karls IV. das Recht, Juden zu halten, per Reichsgesetz endgültig zuerkannt und auf diese Weise eine seit langem gängige Praxis nachträglich auf höchster Ebene sanktioniert wurde,[47] hatten die rheinischen Kurfürsten von Mainz, Trier und der Pfalz in Konkurrenz zu den Städten damit begonnen, ebenfalls Juden aufzunehmen. Auch untereinander machten sich die Territorialfürsten Konkurrenz um die jüdischen Schützlinge, von denen sie sich neben ertragreichen Steuern vielfältige Impulse für die Wirtschaftsentwicklung ihrer Landstädte erhofften. Die Umworbenen nutzten natürlich die Rivalität der Schutzherren und suchten sich die jeweils günstigsten Niederlassungsbedingungen aus. Anfangs war es für die Juden sogar möglich, Ansiedlungsprivilegien auszuhandeln, die für die ersten Jahre abgabenfrei waren; vor allem dort, wo – wie an der Bergstraße und am Mittelrheingraben – die territorialen Interessen von Kurpfalz und Kurmainz unmittelbar aufeinanderprallten, konnten günstige Konditionen erreicht werden.[48]

Wie ein solches Einzelprivileg aussah, soll am Beispiel des Schutzbriefs für den Juden Meier von Limburg näher ausgeführt werden. Mit der am 10. März 1371 ausgestellten Urkunde bekundete Pfalzgraf Ruprecht I. die Aufnahme des Juden, seiner Frau und seiner Kinder sowie des in seinem Haushalt lebenden Gesindes als

46 Vgl. Ziwes 1995, S. 121–127, 191–193.

47 Zur Territorialisierung des Judenschutzes im Reich vgl. Battenberg, Friedrich: Das europäische Zeitalter der Juden. Zur Entwicklung einer Minderheit in der nichtjüdischen Umwelt Europas. 2 Teilbde. Bd. 1: Von den Anfängen bis 1650. Bd. 2: Von 1650 bis 1945. Darmstadt 1990, hier Bd. 1, S. 136–144. Zum Verhältnis von Königtum und Juden im Spätmittelalter vgl. Aufgebauer, Peter und Schubert, Ernst: Königtum und Juden im deutschen Spätmittelalter. In: Spannungen und Widersprüche. Gedenkschrift für František Graus. Hrsg. v. Susanna Burghartz u. a. Sigmaringen 1992, S. 273–314.

48 Vgl. Ziwes 1995, S. 136–147.

Bürger und Juden mit dem Recht und den Freiheiten der Heidelberger Juden. Mit Ausnahme von Meßgewändern, Hostienkelchen, nassen und blutigen Kleidern[49] sowie noch nicht geerntetem Getreide durfte Meier auf alle möglichen Pfänder Geld verleihen. Zu Gericht sitzen über ihn sollte nur der Pfalzgraf persönlich oder dessen oberster Amtmann. Ausschließlich ehrbare und unbefangene Juden und Christen sollten gegen ihn zeugen können. Gegen eine alljährlich am Sonntag Laetare zu entrichtende Abgabe in Höhe von 15 kleinen und schweren Gulden durfte sich der Jude mit seinem gesamten Haushalt für die nächsten drei Jahre in Heidelberg oder Bacharach bzw. in irgendeinem anderen befestigten Ort in der Pfalzgrafschaft niederlassen. Weitere Aufgaben sollten dem Juden von seiten des Pfalzgrafen nicht auferlegt werden. War der Schutzzins für ein abgelaufenes Jahr bezahlt, sollte der Jude jederzeit abziehen können, auf Wunsch unter dem Geleit pfalzgräflicher Amtleute.[50]

In dieser oder in ähnlicher Form waren fast alle territorialen Judenschutzprivilegien des 14. Jahrhunderts im westlichen Reichsgebiet gehalten. Allen gemeinsam waren in der Regel die Verleihung des Judenbürgerstatus, Angaben über die Gültigkeitsdauer des Privilegs, die Höhe des jährlich zu entrichtenden Schutzzinses und – sofern es sich nicht um ein reines Geleitsprivileg handelte – den Niederlassungsort.[51] Das besondere am Privileg Meiers von Limburg ist die Art seiner Überlieferung, da es für Südwestdeutschland eines der ganz wenigen territorialen Einzelprivilegien aus dem 14. Jahrhundert ist, das in der Originalausfertigung erhalten geblieben ist. Die Aufbewahrung im Archiv der Mainzer Erzbischöfe deutet darauf hin, daß Meier nach Ablauf seines Aufenthaltsrechts für die Kurpfalz seinen Wohnsitz in mainzisches Territorium verlegt hat und sein pfalzgräflicher Schutzbrief in der mainzischen Kanzlei als Muster für ein Privileg des Mainzer Kurfürsten gedient haben mag.

Vorbildfunktion hatte auch die Heidelberger Judenschaft insgesamt, zumindest was ihre rechtliche Stellung anbelangte. Schon den Juden, die Pfalzgraf Ruprecht um das Jahr 1355 in Weinheim aufgenommen hatte, waren die Freiheiten der Heidelberger Juden verliehen worden, und wie im Privileg für Meier von Limburg sollte in der Mehrzahl der rupertinischen Judenschutzbriefe auf das Heidelberger Judenrecht verwiesen werden. Auch die Juden in der pfalzgräflichen Stadt Amberg

49 Das von den Pfalzgrafen wohl aus Österreich übernommene und schon im England des 12. Jahrhunderts bekannte Verbot der Pfandleihe auf nasse und blutige Gewänder sollte die Vertuschung von Kapitalverbrechen verhindern, für die nasse und blutige Kleider Indizien liefern konnten; vgl. Lohrmann, Klaus: Judenrecht und Judenpolitik im mittelalterlichen Österreich. Wien – Köln 1990 (= Handbuch zur Geschichte der Juden in Österreich, Reihe B, 1), S. 62 f.

50 Bayerisches Staatsarchiv Würzburg, Erzstift Mainz, Urkunden 2946. Zum Wortlaut des Privilegs vgl. Ziwes 1995, S. 148, Anm. 247.

51 Ebd., S. 149; zur weiteren Entwicklung der Schutzbriefe, vor allem im 15. Jahrhundert, vgl. Battenberg, Friedrich: Zur Rechtsstellung der Juden am Mittelrhein im Spätmittelalter und früher Neuzeit. In: Zeitschrift für Historische Forschung 6 (1979), S. 129–183, hier S. 156–163.

in der Oberpfalz erhielten um das Jahr 1355 sowie im Juni 1366 von Ruprecht all jene Freiheiten zugesprochen, die seine Juden in Heidelberg genossen.[52]

Selbst über die territorialen Grenzen der Pfalzgrafschaft hinaus wurde das Recht der Heidelberger Juden als mustergültig anerkannt. Als der Speyerer Bischof Adolf von Nassau im Januar 1384 den Judenarzt Gumprecht für sechs Jahre in seiner Stadt Bruchsal ansiedelte, sollte für diesen das Heidelberger Judenrecht gelten.[53] Vermutlich war dieses Recht – wie in dieser Zeit vielfach üblich – nicht kodifiziert, sondern lediglich die Summe der in der einschlägigen Rechtsprechung zum Ausdruck kommenden Rechtsgewohnheiten. In allen strittigen Angelegenheiten, bei denen der Rechtsstatus der Juden in irgendeiner Form tangiert war, mußte für den Bereich der Pfalzgrafschaft und – wie der Fall des Judenarztes Gumprecht zu Bruchsal zeigt – gelegentlich sogar darüber hinaus die entsprechende Rechtsauskunft in Heidelberg eingeholt werden.

Trotz dieser zentralen Bedeutung, die der Heidelberger Judenschaft für ihre Glaubensgenossen in der Pfalzgrafschaft und darüber hinaus zukam, sind für relativ wenige Juden Einzelprivilegien überliefert, aus denen zuverlässig die Erlaubnis zur Ansiedlung in Heidelberg selbst hervorgeht. Viele der Schutzbriefe beschränken sich auf eine generelle Siedlungserlaubnis im pfalzgräflichen Territorium, ohne sich auf einen bestimmten Ort festzulegen. So lassen sich für Heidelberg nicht mehr als acht entsprechende Urkunden ermitteln, die sich über einen Zeitraum von 32 Jahren erstrecken. Im einzelnen waren dies Privilegien für Josep, den Sohn Meister Süßlins,[54] Bendict, den Sohn Davids von Sinsheim, und Sohn David,[55] Gottlieb,[56] Lebelange,[57] Leo, den Sohn Jakobs von Speyer,[58] Symelin von Heidelberg mit Liebermann von Weinheim,[59] Meier von Limburg[60] und Gumprecht.[61]

Die Zahl der in Heidelberg tatsächlich ansässigen Juden war natürlich weitaus höher. Sie dürfte, wenn man bei den 13 Heidelberger Familienoberhäuptern, die im April 1381 in einem Steuerprivileg Pfalzgraf Ruprechts für die gesamte rechtsrheinische Pfalzgrafschaft aufgeführt sind, einen Haushaltskoeffizienten von sechs

52 Regesten der Pfalzgrafen, S. 217, Nr. 3644; vgl. Volkert, Wilhelm: Die Juden in der Oberpfalz im 14. Jahrhundert. In: Zeitschrift für bayerische Landesgeschichte 30 (1967), S. 161–200, hier S. 172.

53 Ziwes 1995, S. 73 mit weiteren Nachweisen für die Vorbildfunktion Heidelbergs in Einzelprivilegien.

54 1355 (ca.) = Regesten der Pfalzgrafen, S. 176, Nr. 2908; GLA 67/804, fol. 10'–11.

55 1357 Mai 10 = Regesten der Pfalzgrafen, S. 182, Nr. 3031; GLA 67/804, fol. 36'–37'.

56 1362 April 27 = Regesten der Pfalzgrafen, S. 201, Nr. 3381; GLA 67/805, fol. 56. Niederlassung in Heidelberg ergibt sich erst aus: Regesten der Pfalzgrafen, S. 219, Nr. 3675; GLA 67/806, fol. 96.

57 1365 November 13 = Regesten der Pfalzgrafen, S. 214, Nr. 3591; GLA 67/806, fol. 66–66'.

58 1366 April 23 = Regesten der Pfalzgrafen, S. 216, Nr. 3619, GLA 67/806, fol. 78'–79.

59 1366 Juli 8 = Regesten der Pfalzgrafen, S. 217, Nr. 3650; GLA 67/806, fol. 80'.

60 1371 März 10 = Regesten der Pfalzgrafen, S. 234, Nr. 3935; Bayerisches Staatsarchiv Würzburg, Erzstift Mainz, Urkunden 2946.

61 1387 August 22 = Regesten der Pfalzgrafen, S. 282, Nr. 4724; GLA 67/807, fol. 96.

Personen zugrunde legt,[62] zeitweilig bei bis zu 80 Personen gelegen haben. Bei wohl kaum mehr als 5000 Einwohnern in der zweiten Hälfte des 14. Jahrhunderts[63] hätte damit der Anteil der Heidelberger Juden an der Gesamtbevölkerung der Stadt bei mindestens 1,6% gelegen. Heidelbergs Judenschaft gehörte demnach zwar nicht zu den größten, aber immerhin noch zu den größeren Judengemeinden im Reich, wo von allen nachweisbaren jüdischen Siedlungsorten des späten Mittelalters nicht einmal 7% mehr als zehn Judenhaushalte gleichzeitig aufwiesen.[64] Die Attraktivität Heidelbergs für die Juden kommt ferner in deren Herkunftsnamen zum Ausdruck. Neben Speyerer, Wormser und Sinsheimer Juden hielten sich auch solche aus Dieburg und sogar aus Nürnberg in der Neckarstadt auf. Heidelberger Juden waren während des 14. Jahrhunderts, abgesehen von Speyer, in Bacharach, Gelnhausen, Frankfurt, Koblenz, Köln und Zürich anzutreffen.[65]

4.3 Organisationsform und wirtschaftliche Bedeutung der Judengemeinde

Pfalzgraf Ruprechts planmäßige und zielstrebige Wiederansiedlung von Juden nach den Pestpogromen sollte ihm nicht nur die Einnahmen aus den Schutzprivilegien bringen, sondern sich auch mittelfristig bezahlt machen. Als er 1359 die Stadt Simmern im Hunsrück für 4000 Gulden kaufte und zu diesem Zweck in den links- und rechtsrheinischen Landesteilen eine allen Bewohnern auferlegte Sondersteuer erhob, steuerten die Juden des Pfalzgrafen »ut Heidelberg situm est«, also diejenigen aus dem rechtsrheinischen Landesteil, zusätzlich 200 Pfund Heller zum Kauf bei.[66]

An der offenkundig freiwilligen Leistung hatten die Heidelberger Juden zweifellos maßgeblichen Anteil. Wahrscheinlich aus diesem Grund verstand sich der Pfalzgraf ein Jahr später, am 16. Dezember 1360, zu einem Vertrag mit seinen »juden gemeynlih zu Heidelberg«. In den kommenden sechs Jahren sollten sie jeweils am St. Martinstag eine Steuerpauschale von 100 Pfund Heller entrichten. Auf zusätzliche Steuerforderungen sowie auf Zwangsanleihen verzichtete der Pfalzgraf generell. Die als »dienst« bezeichnete Pauschale sollte unabhängig von der jeweiligen Größe der Judengemeinde sein, also weder der Wegzug noch der Zuzug

62 Das Privileg ist gedruckt bei Löwenstein 1895, S. 284; zum Datum vgl. ebd., S. 12, Anm. 4. Zur Größe jüdischer Haushalte vgl. Ziwes 1995, S. 108.

63 Zwischen 5200 und 5500 liegt die ermittelte Einwohnerzahl für das Jahr 1439; vgl. Deutsches Städtebuch 1959, S. 74. Vor der Universitätsgründung dürfte die Zahl kaum höher, eher geringer gewesen sein.

64 Vgl. Toch, Michael: Siedlungsstruktur der Juden Mitteleuropas im Wandel vom Mittelalter zur Neuzeit. In: Juden in der christlichem Umwelt während des späten Mittelalters. Hrsg. v. Alfred Haverkamp u. Franz-Josef Ziwes. Berlin 1992 (= Zeitschrift für Historische Forschung, Beiheft 13), S. 29–39, hier S. 29–35.

65 Zu den Einzelnachweisen (ohne Koblenz) vgl. Germania Judaica III, S. 523. In Koblenz verkaufte am 5. Dezember 1370 der dort wohnafte Jude Meyer von Heidelberg an die »Wyneygen«-Bruderschaft ein Haus, das ihm durch Gerichtsurteil zugesprochen worden war; Landeshauptarchiv Koblenz 560/159, Nr. 68.

66 Regesten der Pfalzgrafen, S. 189, Nr. 3163; vgl. Ziwes 1995, S. 167 f.

von Juden sollte sich auf ihre Höhe auswirken.[67] Mit dieser letztgenannten Regelung sorgte Ruprecht dafür, daß die Heidelberger Judenschaft sein Interesse an einer weiteren Zuwanderung von Juden teilte, konnte sie doch durch eine Vergrößerung ihrer Gemeinde die Umlage erweitern und so den individuellen Steuersatz reduzieren.

Knapp sechs Jahre später, pünktlich auf den Fälligkeitstag der Steuer am 11. November 1366, wurde das inzwischen bewährte Abkommen auf weitere sechs Jahre verlängert. Anstelle der 100 Pfund Heller waren jetzt mit Rücksicht auf die Veränderungen in der Währungslandschaft jährlich 100 Gulden als »rechte bede« zu bezahlen.[68] Ausdrücklich ausgenommen von dieser Verpflichtung wurde der Jude Gottlieb, den Ruprecht im April 1362 als seinen Leib- und Hofarzt von sämtlichen Steuern befreit hatte.[69]

Die regelmäßig fließende Heidelberger Judenbede bildete als fest kalkulierbarer Einnahmeposten des Kurfürsten bald einen ebenso geschätzten wie unverzichtbaren Bestandteil der Hofverwaltung. Im Dezember 1369 wurde sie in ihrer Gesamtheit dem Wundarzt Heinrich von Engen auf unbestimmte Zeit angewiesen.[70] Da das Prinzip ihrer Erhebung sich bewährt hatte, übertrug es Pfalzgraf Ruprecht 1381 auf die gesamte Judenschaft in den rechtsrheinischen Landesteilen der rheinischen Pfalz. Am 28. April dieses Jahres einigte er sich mit insgesamt etwa 30 namentlich genannten jüdischen Haushaltsvorständen aus Heidelberg, Weinheim, Lindenfels, Eberbach, Mosbach, Sinsheim, Wiesloch, Eppingen, Bretten und Ladenburg für die nächsten drei Jahre auf eine jährliche »sture« von 600 Gulden.[71] Im Oktober 1386 wurde sie offenkundig ein letztes Mal verlängert.[72]

Mit der Verwaltung der Judensteuer beauftragt war der bereits erwähnte Moses Nürnberger. Moses verfügte offenbar über umfassende administrative und finanztechnische Fähigkeiten, denn in der Bestallungsurkunde des Pfalzgrafen für Moses vom 13. November 1364 wurde diesem nicht nur die Einziehung der Judenbede, sondern auch des städtischen Ungeldes, sämtlicher am 11. November fälliger Zinsen in Stadt und Mark Heidelberg sowie der Abgaben von den Krambuden daselbst übertragen. Mit den Einnahmen hatte der Jude den Betrieb der landesherrlichen Weingärten in Heidelberg zu unterhalten, die Wächter in den beiden Burgen zu entlohnen und sich mit den verbliebenen

67 GLA 67/805, fol. 21'; Regesten der Pfalzgrafen, S. 194, Nr. 3265 (dort wird irrtümlich von 600 Pfund Heller Jahresabgabe gesprochen).

68 Ebd., S. 219, Nr. 3677; GLA 67/806, fol. 97.

69 Regesten der Pfalzgrafen, S. 201, Nr. 3381.

70 Ebd., S. 229, Nr. 3859; GLA 67/806, fol. 141.

71 Gedruckt bei Löwenstein 1895, S. 284; vgl. Regesten der Pfalzgrafen, S. 259, Nr. 4333 (irrtümlich zu 1380 April 28). Die Namen der Heidelberger Juden waren: Symelin, Abraham von Sinsheim, Gumprecht, Abraham und seine Mutter, Ganßman, Nürnberger, Hirtz (Hirsch) und sein Schwager Isaak von Dieburg, Lazeron, Ensechin, der alte Abraham, Menlin, Abraham, der Sohn der Gutlin.

72 Ebd., S. 280, Nr. 4.678; GLA 67/807, fol. 84. Der Eintrag ist verblaßt, so daß sich Einzelheiten nicht ermitteln lassen.

Überschüssen an der Bestreitung der Baukosten in der Residenz zu beteiligen. Über alles hatte er dem Pfalzgrafen jederzeit auf Verlangen Rechenschaft abzulegen.[73]

Die herausragende Stellung des Moses Nürnberger unterstrich Ruprecht I., indem er ihn von der allgemeinen Steuerveranlagung der Heidelberger Juden befreite und seinen Steuersatz auf 10% der insgesamt 100 Pfund Heller begrenzte.[74] Die Veranlagung der einzelnen Steuerzahler wurde innerhalb der Judengemeinde vermutlich nach dem jeweiligen Vermögen vorgenommen, so daß die Festsetzung der Obergrenze auf 10% des Gesamtsteueraufkommens in der Form eines landesherrlichen Gunsterweises für ein beachtliches Vermögen Nürnbergers im Vergleich zu seinen Glaubensgenossen spricht, dem bei einer regulären Umlage wohl ein noch höherer Steueranteil als der zehnte Teil entsprochen hätte.

Moses war ferner Mitglied jenes vierköpfigen Gremiums, das Pfalzgraf Ruprecht I. am 2. November 1366 zu Richtern über sämtliche Juden, die sich dauernd oder auch nur vorübergehend in den rechtsrheinischen Gebietsteilen der Pfalzgrafschaft aufhielten und »unbescheidenheit« trieben, einsetzte. Dem Kollegium gehörten neben Moses die beiden Heidelberger Juden Gottlieb und Symelin sowie der zu Weinheim an der Bergstraße ansässige Hochmeister der Juden Lebelange an.[75] Die Ernennung eines jüdischen Richtergremiums auf territorialer Ebene ist im deutschen Reichsgebiet die erste ihrer Art überhaupt,[76] und sie zeigt den fundamentalen Wandel, dem die überregionale jüdische Gerichtsorganisation, die über Jahrhunderte hinweg von den altehrwürdigen Judengemeinden der Bischofsstädte dominiert worden war, seit den Pestverfolgungen unterworfen war. Die richterliche Autorität der traditionsreichen Judengemeinden mit ihrer höchsten und für alle aschkenasischen Juden verbindlichen Banngewalt war endgültig auf Einzelpersönlichkeiten übergegangen, die ihre Legitimation nicht mehr innerjüdischer Übereinkunft, sondern ausschließlich christlicher Obrigkeit verdankten.

Nürnberger blieb in seiner richterlichen Tätigkeit jedoch nicht auf die rechtsrheinische Pfalz beschränkt. Im Dezember 1383 schlichtete er im rheinhessischen Alzey gemeinsam mit den Rabbinern Susselin und Joselip eine Erbschaftsauseinandersetzung zweier dortiger Judenbürger. Es scheint, als habe die Einteilung der territorialen jüdischen Gerichtsbarkeit, die sich an die Aufgliederung des Territoriums in die Viztumämter Neustadt/Weinstraße und Heidelberg anlehnte, mit dem Bedeutungsverlust Neustadts in den späteren Regierungsjahren Ruprechts I. ebenfalls an Relevanz verloren, so daß Heidelberg im späteren 14. Jahrhundert für sämtliche Juden der Pfalzgrafschaft das unumstrittene Zentrum war.

Ursprünglich war sogar geplant, in Heidelberg nochmals eine Jeschiwa einzurichten. Der bereits genannte Hochmeister Lebelange hatte zu diesem Zweck im

73 GLA 67/806, fol. 46'; Regesten der Pfalzgrafen, S. 210, Nr. 3524.

74 Regesten der Pfalzgrafen, S. 212, Nr. 3558; GLA 67/806, fol. 57'.

75 Regesten der Pfalzgrafen, S. 219, Nr. 3675; GLA 67/806, fol. 96. Zum Wortlaut vgl. Löwenstein 1895, S. 10, Anm. 1.

76 Cohen, Daniel J.: Die Entwicklung der Landesrabbinate in den deutschen Territorien bis zur Emanzipation. In: Zur Geschichte der Juden im Deutschland des späten Mittelalters und der frühen Neuzeit. Hrsg. v. Alfred Haverkamp. Stuttgart 1981 (= Monographien zur Geschichte des Mittelalters, 24), S. 221–242, hier S. 230.

November 1365 ein Privileg des Pfalzgrafen erworben,[77] sich danach aber mit seinen Schülern in Weinheim an der Bergstraße niedergelassen, wo er zugleich als Treuhänder der ebenfalls von Pfalzgraf Ruprecht aufgenommenen aussätzigen Juden wirkte.[78]

Im Vergleich zu dem Bedeutungsüberschuß, den die Heidelberger Judengemeinde gegenüber den sonstigen Judengemeinden der Pfalzgrafschaft vorzuweisen hatte, nehmen sich die Nachrichten über die Kreditgeschäfte der hier ansässigen Juden sehr bescheiden aus. Als Teilhaber in einem Konsortium mit Mainzer Juden verlieh der bereits als territorialer Judenrichter erwähnte Symelin aus Heidelberg dem Rat der Stadt Frankfurt im Jahre 1368 1000 Gulden.[79] Am 8. Januar 1375 versprach Pfalzgraf Ruprecht drei Weinheimer Juden, darunter der Witwe des Hochmeisters Lebelange, sowie dem Gumprecht von Heidelberg die Rückzahlung von 400 Gulden, die er zu einem Verzugszins von zwei Heller pro Woche und Gulden (43 ⅓ %) aufgenommen hatte, wofür er mehrere Ratsmitglieder aus Weinheim und Schriesheim zu Bürgen stellte.[80]

Die eigene Zinsbelastung mag den Pfalzgrafen im Juli 1383 veranlaßt haben, den Zinsfuß bei jüdischen Krediten auf maximal 21 ⅔ % zu begrenzen. Sollten seine Juden, »off dissite Rins, als Heidelberg gelegen« war, höhere Zinsforderungen stellen, hatten sie für jeden Übertretungsfall eine Strafe von zehn Gulden an den Landesherrn zu zahlen und ihren Schuldnern die zu Unrecht abverlangten Zinsen zurückzuerstatten.[81] Ob diese Verordnung allerdings jemals auf einen Heidelberger oder sonst einen pfalzgräflichen Juden angewandt wurde, bleibt mangels entsprechender Überlieferung ungewiß.

4.4 Die Siedlungstopographie

4.4.1 Die Judengasse

Die insgesamt mißliche Quellenlage verhindert gleichermaßen den Einblick in das Innere der mittelalterlichen Judengemeinde. Einen ungefähren Eindruck zumindest von den äußeren Formen des Gemeindelebens vermitteln uns nur jene Spuren, die von den topographischen Überresten der Judenschaft erhalten geblieben sind. Im Falle des jüdischen Wohnviertels ist dies kaum mehr als dessen einfache Erwähnung

77 GLA 67/806, fol. 66–66'; Regesten der Pfalzgrafen, S. 214, Nr. 3591; vgl. Ziwes 1995, S. 84f.

78 Ebd., S. 222, Nr. 3743; Löwenstein 1895, S. 282f.

79 Kracauer, I[sidor]: Urkundenbuch zur Geschichte der Juden in Frankfurt am Main von 1150–1400. Frankfurt am Main 1914, S. 87.

80 Regesten der Pfalzgrafen, S. 243, Nr. 4083; GLA 67/898, S. 252. Der in Germania Judaica III, S. 523 erwähnte Geldgeber Abraham, dem der Pfalzgraf 1382 1000 Gulden schuldete, scheint nicht in Heidelberg, sondern in Mosbach gelebt zu haben.

81 Regesten der Pfalzgrafen, S. 270, Nr. 4502, wo fälschlicherweise von acht statt von einem Pfund alter Heller die Rede ist; GLA 67/807, fol. 49'.

in den Quellen. Die Lage der 1374 erstmals bezeugten Judengasse,[82] heutige Dreikönigstraße, in der um 1200 ausgebildeten Altstadt spricht für eine bevorzugte Wohngegend in unmittelbarer Nähe zur Neckarbrücke und zum Marktplatz.

Vermutlich haben sich schon die Juden des 13. Jahrhunderts in diesem Bereich niedergelassen, da für jüdische Wohngebiete, die bis zum frühen 14. Jahrhundert entstanden sind, zentrale Stadtlagen typisch waren.[83] Bei spätmittelalterlichen Neuansiedlungen in Städten, in denen sie an keine Siedlungstradition anknüpfen konnten, mußten die Juden dagegen eher in Randzonen ausweichen.[84] Die erneute Ansiedlung der Juden in Heidelberg inmitten der Stadt mit Tuchfühlung zum Marktgeschehen zeugt jedenfalls von der hohen Wertschätzung, welche die Juden bei Pfalzgraf Ruprecht I. genossen.

Das Viertel, in dem sich ein Brunnen befand,[85] war stets von Christen und Juden gemeinsam bewohnt. Eine Beschränkung des jüdischen Wohnrechts allein auf die Judengasse, also eine Ghettoisierung, gab es nicht. Derartige Bestrebungen tauchen im deutschen Reichsgebiet erst in der zweiten Hälfte des 15. Jahrhunderts auf.[86] Auch der Grundstücksverkehr war frei; mehrmals wurden – auch außerhalb der Judengasse – Häuser, Grundstücke und Weingärten von Christen an Juden verkauft und umgekehrt.[87] Die Urkunde, mit welcher Pfalzgraf Ruprecht I. dem Juden Symelin das ehemalige Haus des Juden Fifelin gegenüber dem Augustinerkloster überließ, hat sich erhalten. Gewiß stolz darauf, auf diese Weise in so vornehme Nachbarschaft wie die des kurfürstlichen Hofmeisters Wilhelm Knebel gekommen zu sein, notierte Symelin auf der Rückseite der Urkunde in hebräischer Sprache: »Dieses ist die Urkunde für mein Haus.« Daß Symelin allerdings namengebend für die Semmelsgasse, früher auch Simmelsgasse genannt, gewesen sein soll, dürfte wohl eher auf die findige historisierende Phantasie des 19. Jahrhunderts zurückgehen. Symelins Haus in der Augustinergasse wurde bald nach der Vertreibung von 1390, als Pfalzgraf Ruprecht II. die

82 Sillib, R.: Zur Geschichte des Augustinerklosters in Heidelberg. In: Neues Archiv für die Geschichte der Stadt Heidelberg und der rheinischen Pfalz 4 (1901), S. 1–142, hier S. 29, Nr. 21.

83 Vgl. Haverkamp 1991, S. 21.

84 Vgl. Veitshans, Helmut: Die Judensiedlungen der schwäbischen Reichsstädte und der württembergischen Landstädte im Mittelalter. Stuttgart 1970 (= Arbeiten zum Historischen Atlas von Südwestdeutschland, 5), S. 58–61.

85 Sillib 1901, S. 29, Nr. 21.

86 Das erste Judenviertel, das dem mit dem neuzeitlichen Ghetto-Begriff umschriebenen Siedlungstyp sehr nahe kommt, ist die 1462 in Frankfurt eigens für die Juden neu angelegte und bebaute Judengasse; vgl. Backhaus, Fritz: Die Einrichtung eines Ghettos für die Frankfurter Juden im Jahre 1462. In: Hessisches Jahrbuch für Landesgeschichte 39 (1989), S. 58–86 und allgemein Haverkamp, Alfred: The Jewish Quarters in German Towns during the Later Middle Ages. In: In and Out of the Ghetto: Jewish-Gentile Relations in Late Medieval and Early Modern Germany. Hrsg. v. Ronnie Po-chia Hsia und Hartmut Lehmann. New York 1995, S. 13–28.

87 Germania Judaica III, S. 523. Vgl. Regesten der Pfalzgrafen, S. 178, Nr. 2951, S. 204, Nr. 3430, S. 227, Nr. 3815, S. 243, Nr. 4084, S. 272, Nr. 4532, S. 273, Nr. 4555, S. 282, Nr. 4722; Sillib 1901, S. 29, Nr. 22; Löwenstein 1895, S. 11, 14.

konfiszierten Immobilien der Juden an die Universität verschenkte, dem Dr. theol. Johannes von Noet als Wohnung zugewiesen.[88]

Insgesamt waren es mit Symelins Haus die Gebäudekomplexe von elf namentlich aufgeführten Juden, die der neue Kurfürst der Universität am 21. Mai 1391 übereignete: Das Haus »uf der Stegen«, hinter der Synagoge, gehörte vor der Vertreibung mit Hof und Schuppen dem »zitternden« Abraham. Neben Claus von Nußloch und gegenüber der Synagoge waren das Häuslein und die Kelter des Juden Harmeder gelegen. Da mit der Schenkung auch Weingärten aus dem ehemaligen Besitz der Juden an die Universität übergingen, kann man wohl annehmen, daß die Heidelberger Juden selbst Weinanbau in respektierlichem Umfang betrieben haben; die Unterhaltung einer eigenen Kelteranlage hätte sich andernfalls kaum gelohnt.

Oberhalb von Harmeders Haus lagen auf der gleichen Gassenseite die Holz- und Steinhäuser von Moses Nürnberger, dem Finanzverwalter Ruprechts I. An der Schnittstelle von oberer und unterer Judengasse lag das Haus des Juden Hirtz. Neben dem Hof »Hirschhorn« befanden sich Haus, Hof und Garten von Ensichen, und das Nachbarhaus des Schuhmachers Beierlein, der sein Gewerbe in der Judengasse trieb, war vor seiner Ausweisung im Besitz des Juden Trostlin gewesen.[89]

4.4.2 Synagoge und Mikwe

Religiöser und gesellschaftlicher Mittelpunkt des Judenviertels war die Synagoge mit ihrem ummauerten Vorhof. Das anläßlich seiner Umwandlung in eine Marienkapelle nach der Vertreibung von 1390 erstmals genannte Gebetshaus befand sich auf dem Areal der heutigen Häuser Untere Straße 24/Dreikönigstraße 25.[90] In seinem Inneren hatte es wohl eine Ausdehnung von 8,4 mal 14 Metern und war vermutlich als Saalbau konzipiert. Zum Synagogenkomplex gehörten neben dem Hof noch ein Garten sowie ein weiteres Gebäude, über dessen Aussehen und Funktion allerdings nichts zu erfahren ist. Möglicherweise diente es der Gemeinde als Tanz-, Braut- oder Schulhaus, in dem sich auch jene Bücher befanden, die später von der Universität bis auf ein Talmud-Exemplar und zwei weitere Bücher verkauft wurden.[91] Von der Innenausstattung der Synagoge sind nur zwei eiserne Kandelaber bekannt, die ebenfalls mit der Schenkung Ruprechts in das Vermögen der Universität übergingen.[92]

88 Ebd., S. 8, mit Anm. 2.

89 Vgl. die Angaben in der Schenkungsurkunde bei Löwenstein 1895, S. 285 f.

90 Die folgenden Angaben zu Synagoge und Mikwe sind der Magisterarbeit von Barbara Löslein entnommen: Löslein, Barbara: Geschichte der Heidelberger Synagogen. Von ihrer ersten Erwähnung bis in die Gegenwart, Magisterarbeit (Ms.). Heidelberg 1989, S. 10–14.

91 Löwenstein 1895, S. 18; Miethke, Jürgen: Die Rektorbücher der Universität Heidelberg. Bd. I: 1386–1410 (zugleich das erste Amtsbuch der Juristischen Fakultät) Heft 1, Heidelberg 1986, Heft 2, Heidelberg 1990, hier Heft 2, S. 188 f., Nr. 126, S. 203–207, Nr. 156.

92 Löwenstein 1895, S. 16 f. Anm. 2.

In unmittelbarer Nähe der Synagoge befand sich die Mikwe, das kultische Reinigungsbad der Gemeinde. Auch sie begegnet uns in den Quellen erst für die Zeit nach der Vertreibung der Juden. Anfang April 1402 beantragte Magister Wilhelm von Epfenbach in einer Vollversammlung des Universitätslehrkörpers die Überlassung eines Gewölbes, das vordem Judenbad (»balneum Iudeorum«) genannt wurde, um sich darin einen Keller auszubauen.[93] Wilhelm und seine Erben sollten dafür dem Ritter Dietrich von Handschuhsheim eine jährliche Abgabe in Form eines jungen Huhnes leisten. Sie lösten damit eine Abgabeverpflichtung ab, die bis dahin auf der Marienkapelle, also der ehemaligen Synagoge, lastete und von der Universität zu leisten war. Schon 1396 wird Wilhelm in einem Vermögensverzeichnis der Universität mit genau dieser Abgabe für ein Gewölbe und ein Haus neben der Kapelle aufgeführt. Das schon länger bestehende Erbpachtverhältnis wurde 1402 also lediglich verlängert. Mit guten Gründen hat deshalb Barbara Löslein das 1396 mit dem Mikwe-Gewölbe genannte Haus mit jenem Gebäude identifiziert, das in der Schenkungsurkunde von 1391 ohne Besitzerbezeichnung innerhalb des Synagogenkomplexes aufgeführt wird. Aufgrund neuerer Vermessungsergebnisse konnte sie die vermutete Lage der Mikwe auf die Kellerräume der Hausnummern Untere Straße 26–28 eingrenzen, bzw. alternativ dazu auf jenen des Hauses Dreikönigstraße 25, für den eine teilweise vermauerte Wendeltreppe sprechen würde.[94]

4.4.3 Der Friedhof

Von der Universität ebenfalls zu Geld gemacht wurde der ehemalige jüdische Friedhof. Dieser befand sich am Fuße des Gaisberges beim Klingentor im Schelmengraben neben dem Garten des Pfalzgrafen.[95] 1369 mußte er, weil er wegen des mittlerweile beträchtlichen jüdischen Zustroms in die pfalzgräfliche Residenz zu eng geworden war,[96] erweitert werden. Ruprecht I. gewährte seinen Juden deshalb auf »ewiclichen« zur Ausdehnung der Gräberflächen die Einbeziehung der längs des Friedhofsareals in Stadtrichtung verlaufenden Gasse.[97] Nach seinem Tod war diese ›Ewigkeit‹ freilich zu Ende, und sein Neffe und Nachfolger Ruprecht II. übergab auch den Friedhof, zu dem ein Haus mit Hof und Garten gehörte, der Universität.[98] Die Grabsteine wurden in den nachfolgenden Jahren an den »Pastor in Heidelberg« verkauft, das Areal unter der persönlichen Aufsicht des Gründungsrektors Marsilius von Inghen verpachtet.[99]

93 Miethke 1990, S. 342, Nr. 337.
94 Löslein 1989, S. 12–14.
95 Germania Judaica II, S. 344; Germania Judaica III, S. 523.
96 Zu Friedhofserweiterungen als Indikatoren für Wanderbewegungen von Juden vgl. Burgard 1992, S. 44 f.
97 Löwenstein 1895, S. 283 f.
98 Vgl. in der Schenkungsurkunde bei Löwenstein 1895, S. 285.
99 Miethke 1990, S. 193, Nr. 134, S. 199 f., Nr. 145 f., S. 273 f., Nr. 240, S. 300, Nr. 270; Miethke 1986, S. 126 f., Nr. 62.

5 Das Ende der mittelalterlichen Judengemeinde: Die Vertreibung von 1390

Pfalzgraf Ruprecht I. hatte es in den Jahrzehnten nach der Mitte des 14. Jahrhunderts nicht nur verstanden, seine Städte verhältnismäßig rasch und erfolgreich mit Juden zu besiedeln, sondern es war ihm auch gelungen, die Minderheit effizient in die allgemeine Verwaltungsstruktur einzugliedern, was sogar als vorbildlich über die eigenen territorialen Grenzen hinaus rezipiert wurde.[100] Dabei kam ihm nicht zuletzt das entsprechende Know-how einiger jüdischer Spezialisten zugute. Die Stufen der Rationalisierung im Umgang des Landesherrn und seiner Funktionsträger mit den Juden lassen sich deutlich an dem vereinheitlichten Besteuerungsverfahren ablesen, das zunächst gegenüber der Heidelberger Judengemeinde entwickelt und anschließend, nachdem es sich hier bewährt hatte, auf die Judenschaft des gesamten rechtsrheinischen Territoriums übertragen wurde. Analog dazu gingen die Einzelprivilegien nach 1371 stark zurück.[101] Dies und die Schaffung der in Deutschland bis dahin unbekannten Institution eines Landesrabbinats dürften zur Bildung einer im Vergleich zu anderen Landesherrschaften homogeneren territorialen Judenschaft wesentlich beigetragen haben. Die Verdienste Ruprechts auf diesem Gebiet haben sogar in der ansonsten mit solchen Wertungen äußerst sparsamen jüdischen Tradition ihren Niederschlag gefunden. In der Schrift »Minhage Maharil« (Brauchtum nach Maharil), benannt nach dem wohl bedeutendsten aschkenasischen Gelehrten des frühen 15. Jahrhunderts, dem Mainzer Rabbiner Jakob Molin, wird der Pfalzgraf in wohlwollender Würdigung als »Herzog von Heidelberg« erwähnt.[102]

Nachdem der letzte Schutzbrief, mit dem ein Juden nachweislich in der rechtsrheinischen Pfalzgrafschaft aufgenommen worden war, bereits 16 Jahre zurücklag, begann der alte Pfalzgraf im August 1387 erneut damit, Einzelprivilegien an alteingesessene Juden zu vergeben, darunter auch an Gumprecht von Heidelberg und dessen Tochter Zyppor.[103] Zwar mußten die Empfänger unterschiedlich hohe jährliche Schutzzinse für ihre Privilegien leisten, die Gültigkeit der Urkunden war jedoch einheitlich auf drei Jahre befristet. Vor dem Hintergrund der Ereignisse, die drei Jahre später zur landesweiten Ausweisung der Juden führten, deutet sich hier schon eine erste Veränderung im Verhältnis der landesherrlichen Obrigkeit gegenüber ihren Juden an.

100 Ziwes 1995, S. 148 f., 166–171.

101 Vgl. die Zusammenstellung der vom Pfalzgrafen vergebenen Einzelprivilegien ebd., S. 301–304.

102 Güdemann, Moritz: Geschichte des Erziehungswesen und der Cultur der abendländischen Juden während des Mittelalters und der neueren Zeit. Bd. III: Deutschland während des XIV. und XV. Jahrhunderts. Wien 1888, Amsterdam ²1966, S. 150. Zu Maharil vgl. Yuval, Israel Jacob: Magie und Kabbala unter den Juden im Deutschland des ausgehenden Mittelalters. In: Judentum im deutschen Sprachraum. Hrsg. von Karl E. Grözinger. Frankfurt am Main 1991, S. 173–189, hier S. 178 ff.

103 Regesten der Pfalzgrafen, S. 282, Nr. 4724.

In seinen letzten Regierungs- und Lebensjahren mußte Pfalzgraf Ruprecht I. seinem Neffen, dem späteren Kurfürsten Ruprecht II., zunehmend die Regierungsgeschäfte überlassen. Obwohl die für die Juden ausgestellten Einzelprivilegien als Aussteller noch seinen Onkel angeben, ist es durchaus denkbar, daß Ruprecht II. der Initiator dieser Reaktivierung von Praktiken war, die der alte Pfalzgraf schon hinter sich gelassen hatte. Vielleicht hatte man schon damals, ein Jahr nach Gründung der Universität, die in diesen Anfangsjahren ein mehr als bescheidenes Dasein führte,[104] einen ›geeigneteren‹ Verwendungszweck für die Immobilien der Juden im Auge. Eine Vertreibung noch zu Lebzeiten Ruprechts I. war bei seinem bekannt guten Verhältnis zu den Juden offensichtlich jedoch nicht durchzusetzen. Man mußte seinen nach menschlichem Ermessen bald zu erwartenden Tod – Ruprecht wurde 81 Jahre alt – abwarten. Nachdem dieser im Februar 1390 eingetreten war, brauchte Ruprecht II. nur noch die Frist bis zum Ablauf der Geleitsprivilegien im August verstreichen lassen, um dann die Vertreibung aus seinem Territorium in die Tat umzusetzen.

In der älteren Forschung war das Jahr der Vertreibung aufgrund mangelhafter Quelleneditionen lange Zeit umstritten bzw. unklar; heute weiß man eindeutig, daß die Vertreibung nicht erst 1391, sondern schon 1390 stattgefunden hat.[105] Dank der Neuedition der Heidelberger Universitätsakten läßt sich der fragliche Zeitraum sogar relativ eng eingrenzen. Schon am 2. November 1390 hatte die Universitätsversammlung die Frage diskutiert, ob die Umwandlung der von den Pfalzgrafen Ruprecht II. und III. geschenkten ehemaligen jüdischen Immobilien in ein Kollegium der Alma mater förderlich sei.[106] Eines der Häuser war womöglich das schon am 29. Oktober genannte Gebäude, das »vormale Symunis des judgen« war.[107] Als Terminus ante quem der Vertreibung kann also das Ende des Monats Oktober, spätestens jedoch der 2. November 1390 angesehen werden. Berücksichtigt man das im August fällige Fristenende der auf drei Jahre begrenzten Einzelprivilegien von 1387, so dürfte der Vertreibungsbefehl wahrscheinlich in den Monaten September oder Oktober 1390 ergangen sein.[108]

Die Ursachen für diesen definitiven Schritt dürfen u. a. sicherlich in der Person des neuen Pfalzgrafen Ruprecht II. vermutet werden, der sich in seinem Leben bezeichnenderweise den Beinamen »der Harte« erworben hat.[109] Und auch sein gleichnamiger Sohn, der spätere König Ruprecht I., war offenkundig aktiv an der

104 Wolgast 1986, S. 3.

105 Vgl. Ziwes 1995, S. 253 f.; dort auch zu weiteren reichspolitischen Hintergründen der Vertreibung.

106 Miethke 1986, S. 184–186, Nr. 124.

107 Sillib 1901, S. 31, Nr. 31.

108 Vgl. Ziwes 1995, S. 254 f. Der Terminus post quem der Vertreibung ist der 24. April 1390. An diesem Tag verlängerte Ruprecht II. seinem Schreiber Adolf die Nutznießung der Synagoge zu Kaiserslautern unter der Auflage, sie herauszugeben, falls von jüdischer Seite Bedarf an ihr angemeldet würde. Hätte die Vertreibung zu diesem Zeitpunkt bereits stattgefunden, wäre eine solche Auflage wohl überflüssig gewesen. Vgl. Regesten der Pfalzgrafen, S. 311, Nr. 5196.

109 Zu ihm vgl. Schaab 1988, S. 102–104.

Vertreibung beteiligt, da er schon im November 1390 in den Universitätsakten als einer der beiden Schenkgeber der jüdischen Immobilien erscheint. Im August 1401 mußten ihm seine Söhne Ludwig und Johann eidlich versichern, in ihren Landen auch in Zukunft keine Juden aufzunehmen, war doch der nunmehrige König der Ansicht, »daz merkglich schade geistlich und wer[n]tlich und maniche sundige sachen und werke davon komment und sich verlauffent von wucher und anders daz Juden und Judinnen als offentlich under den Cristen wonend, wandernt und gemeinschafft mit yn hant«.[110]

Auf der Suche nach den Gründen könnte man angesichts der Beschuldigungen während der Pestpogrome kurzerhand eine pestartige Epidemie, die Ende 1388 in Heidelberg ausbrach, mit der Vertreibung in Verbindung bringen.[111] Angesichts des relativ langen Zeitraums, der zwischen Ausbruch der Seuche und Vertreibung lag, erscheint es jedoch eher unwahrscheinlich, daß aus der städtischen Bevölkerung ähnliche Vorwürfe gegen die Juden laut wurden wie 40 Jahre zuvor, die schließlich zu einer Vertreibung geführt hätten. Überhaupt ergeben sich für diesen gesamten Zeitraum aus den Quellen keine Anzeichen für Unstimmigkeiten zwischen städtischer und jüdischer Gemeinde.

Ein gespanntes Verhältnis zu den Juden wie übrigens auch zur restlichen Stadtbevölkerung hatten dagegen die Universitätsangehörigen. Bereits 1387 wurde in den Disziplinarstatuten der Universität den Studenten bei Karzerstrafe untersagt, sich weder gegenüber Bürgern noch gegenüber Juden Mißhandlungen oder Beleidigungen zu erlauben.[112] Die Spannungen zwischen Stadtbewohnern und Universitätsangehörigen sollten sich jedoch später noch verschärfen und sich im Juni 1406 sogar zu einem gewalttätigen Aufstand gegen die Akademiker auswachsen.[113] Bei einer derart gereizten Stimmung innerhalb der Stadt in den Anfangsjahren der Universität wäre es schon zu einem wesentlich früheren Zeitpunkt unweigerlich zu einer Eskalation gekommen, wenn die Universität versucht hätte, ihren dringenden Raumbedarf auf Kosten der Stadtgemeinde zu decken. Bedenkt man, daß sich mit der Verpachtung des ehemaligen jüdischen Friedhofs kein geringerer als der Gründungsrektor Marsilius von Inghen persönlich beschäftigte,[114] liegt es nahe, der Universitätsführung ein fundamentales Interesse an einer Ausweisung der Juden zumindest aus Heidelberg zu unterstellen. Nicht nur, daß sie mit Rücksicht auf streitlustige Studenten einen aus ihrer Sicht potentiellen Konfliktherd loswurde, der zwangsläufig auch das Verhältnis zur übrigen Einwohnerschaft verschlechtert hätte; sie konnte sich auf einen Schlag auch ihrer Sorgen um die räumliche Unterbringung der Universität entledigen.

110 Stern, Moritz: König Ruprecht von der Pfalz in seinen Beziehungen zu den Juden. Ungedruckte Königsurkunden neben ergänzenden Aktenstücken. Kiel 1898, S. 4f., Nr. 6.

111 Zu der in den Universitätsakten bezeugten Epidemie vgl. Wolgast 1986, S. 12.

112 Löwenstein 1895, S. 15.

113 Auch später sollte es noch des öfteren zu solchen Konflikten kommen; vgl. Wolgast 1986, S. 15.

114 Miethke 1990, S. 199f., Nr. 146.

Da Ruprecht II. und Ruprecht III. aus ihrer antijüdischen Gesinnung keinen Hehl machten, dürfte es ein leichtes gewesen sein, in diesem Sinne auf die beiden Pfalzgrafen einzuwirken. Wer nun die Vertreibung letztendlich initiiert hat, ob nun einer der beiden Fürsten oder beide gemeinsam aus eigenem Antrieb, bei dem sie von der Universitätsspitze unterstützt wurden, oder ob das ganze Unternehmen in seiner ursprünglichen Konzeption ein Produkt der Letzteren war, muß offen bleiben.

Der zweifellos vorhandene Schulterschluß von Pfalzgrafen und Universität in bezug auf die Judenvertreibung kommt in jenem religiösen Akt in sinnfälliger Weise zum Ausdruck, der die Ausweisung der andersgläubigen Minderheit zu einem sakralen Werk im Rahmen der Heilsgeschichte überhöht. Am 26. Dezember, also am 2. Weihnachtsfeiertag des Jahres 1390, wurde das Gebäude der ehemaligen Synagoge auf Veranlassung Ruprechts II. und Ruprechts III. durch den Wormser Bischof Eckhard von Dersch zu einer Kapelle geweiht,[115] deren Patrozinien »Dreifaltigkeit«, »Jungfrau Maria« und »Stephanus Protomartyros« geradezu ein ganzes antijüdisches Programm zum Ausdruck bringen. Alle drei Patrozinien stehen hier für eine antizipierte eschatologische Überwindung des jüdischen »Irrglaubens«, der nach zeitgenössischer Auffassung insbesondere das christliche Dogma von der Dreifaltigkeit Gottes als Götzendienst verspottete und die unbefleckte Empfängnis der Heiligen Jungfrau Maria unter anderem als vorehelichen Beischlaf denunzierte. Stephanus, der erste christliche Märtyrer, war von Juden zu Tode gesteinigt worden. Sein Patrozinium für ein aus einer Synagoge gebildetes Gotteshaus kann als Rache für die jüdischen Untaten an den frühen Christen verstanden werden, so wie das Marienpatrozinium als Vergeltung für die Schmerzen gedeutet worden ist, die der Gottesmutter durch den Mord an ihrem Erlösersohn zugefügt wurden.[116]

Die Heidelberger war in chronologischer Reihenfolge die fünfte von insgesamt 16 mittelalterlichen Synagogen, die in Marienkirchen oder -kapellen umgewandelt wurden bzw. an deren Stelle ein Gotteshaus mit einem Marienpatrozinium errichtet wurde.[117] Der Vorgang gehört also ebenso zu einem herrschaftlichen Programm wie die Umwidmung der Synagoge in der ebenfalls pfalzgräflichen Stadt Amberg in der Oberpfalz, von wo die Juden zur gleichen Zeit wie aus der rheinischen Pfalz vertrieben wurden. Die in den Quellen als »Frauenkirche« oder »Hofkapelle« begegnende ehemalige Synagoge wurde von Ruprecht II. und Ruprecht III. großzügig ausgestattet und »diente seit 1401 als Familiengedächtniskirche der Pfalzgrafen und der königlichen Familie«.[118]

115 Miethke 1986, S. 11 f., Nr. 1.

116 Röckelein, Hedwig: Marienverehrung und Judenfeindlichkeit in Mittelalter und früher Neuzeit. In: Maria in der Welt. Marienverehrung im Kontext der Sozialgeschichte 10.–18. Jahrhundert. Hrsg. v. Claudia Opitz u. a. Zürich 1993 (= Clio Luzernensis, 2), S. 279–307, hier S. 292–298.

117 Ebd., S. 280–283, dort allerdings Vertreibung und Synagogenumwandlung in Heidelberg irrtümlich auf 1391 datiert.

118 Ebd., S. 286.

Die beiden Pfalzgrafen verstanden die Judenausweisung als gottgefälliges und dem Wohle der Christen in ihren Landen gereichendes Werk und dokumentierten dies auch entsprechend. Dabei kann man sich kaum vorstellen, daß dies ohne die geistige Unterstützung der in ihrer Residenz wirkenden Gelehrten geschehen sein soll, die sich im übrigen ja eifrig bemühten, durch den Verkauf der jüdischen Grabsteine und fast aller jüdischen Bücher auch die letzten Spuren jüdischen Lebens in Heidelberg zu beseitigen. Ein Indiz für ihren antijüdischen Eifer liefert ferner jener Katechumene, der, nachdem er sich vom jüdischen Glauben abgewandt hatte, bei dem Rektor der Universität lebte und von diesem im christlichen Glauben unterwiesen wurde. Im Sommer 1391 war er aus nicht näher bekannten Gründen angeblich auf Geheiß des pfalzgräflichen Viztums und des Hofmeisters vom Schultheißen der Stadt verhaftet worden, woraufhin die Universität Beschwerde beim Pfalzgrafen einlegen wollte.[119]

Vielleicht war der Konvertit ein ehemaliger Heidelberger Jude, der sich sein Bleiberecht mit dem Übertritt zum christlichen Glauben erkaufen wollte. Die Spuren seiner ehemaligen Glaubensgenossen verlieren sich nach der Vertreibung recht bald. In Köln findet sich in den Jahren 1416 bis 1419 ein Jude mit dem Namen Joedlin von Heidelberg,[120] während 1429 im mainzischen Eltville der Jude Simon, Sohn des bereits mehrfach erwähnten Gumprecht von Heidelberg, auftaucht.[121] Israel »von Heidelberg« kopierte und illuminierte um 1410 die berühmte Darmstädter Haggadah, ohne daß wir heute seinen damaligen Wohnsitz wüßten.[122] Die Jüdin »Mina de Aydelbarch«, die 1395 im italienischen Gemona nachgewiesen ist, darf wohl auch als ehemalige Heidelbergerin angesehen werden.[123] Hirtz von Heidelberg, der als Hausbesitzer bereits begegnete, ist im März 1392 in Frankfurt am Main bezeugt.[124] Noch 1381 war er in den Genuß des pfalzgräflichen Steuerprivilegs gekommen. Zum Zeitpunkt der Vertreibung hatte er seinen Wohnsitz in Heidelberg bereits aufgegeben, denn schon Ruprecht I. hatte den Mitgliedern der Artistenfakultät zur späteren Gründung eines Kollegiums ein Haus übereignet, das zuvor im Besitz des geflohenen Juden Hirtz gewesen war.[125] Der Jude muß sich also

119 Miethke 1990, S. 197, Nr. 142.

120 Monumenta Judaica. 2000 Jahre Geschichte und Kultur der Juden am Rhein. Eine Ausstellung im Kölnischen Stadtmuseum 15. Oktober 1963 – 15. Februar 1964, Katalog. Hrsg. v. Konrad Schilling. Köln ^{2}1964, S. B 184. GLA 67/33, fol. 20–21. Mitteilungen aus dem Stadtarchiv von Köln, 6. Bd., 16. Heft, 1889, S. 95, Nr. 9216.

121 Quellen zur Geschichte der Juden im Hessischen Staatsarchiv Darmstadt 1080–1650. Bearb. v. Friedrich Battenberg. Wiesbaden 1995 (= Quellen zur Geschichte der Juden in hessischen Archiven, 2), S. 198, Nr. 732.

122 Germania Judaica III, S. 525.

123 Toaff, Ariel: Convergenza sul Veneto di banchieri ebrei romani e tedeschi nel tardo Medioevo. In: Gli Ebrei e Venezia secoli XIV–XVIII. Atti del Convegno internazionale organizzato dall'Istituto di storia della società e dello stato veneziano della Fondazione Giorgio Maggiore 5–10 giugno 1983. Hrsg. v. Gaetano Cozzi. Mailand 1987, S. 595–613, hier S. 608, Anm. 8.

124 Kracauer 1914, S. 189, Nr. 408, ferner S. 844.

125 Miethke 1990, S. 451, Nr. 446; in der Quelle wird von Hirtz als »recedente et fugiente quodam Iudeo Hircz« gesprochen.

schon vor dem 16. Februar 1390, dem Todestag des Pfalzgrafen,[126] aus Heidelberg abgesetzt haben. Womöglich hatte Hirtz seine Flucht schon länger vorbereitet, denn bereits am 12. August 1387 erhielt er von seinem pfalzgräflichen Schutzherrn die Erlaubnis, ein in Heidelberg gelegenes Haus zu verkaufen. Außerdem verkaufte er zwei in der Neuenheimer Mark gegenüber Heidelberg gelegene Weingärten, deren Besitz sich der Käufer, ein Heidelberger Bürger, im Januar 1389 von Ruprecht I. bestätigen ließ.[127]

Das Ende der mittelalterlichen Judengemeinde in Heidelberg war jäh und im Vergleich zu den übrigen Territorien des Reichsgebiets sehr früh gekommen. Die Heidelberger und die übrigen Juden der Pfalzgrafschaft zählten zu den ersten Opfern einer territorialen Judenvertreibung in Deutschland. Ihr Schicksal sollte beispielgebend werden für zahlreiche ihrer Glaubensgenossen, die in den nachfolgenden Jahrzehnten und Jahrhunderten aus vielen Städten und Territorien verbannt wurden. Jetzt, am Ausgang des Mittelalters, sollte die räumliche Ausgrenzung der Juden, die insgesamt mit einer sozialen Marginalisierung einherging, als Massenphänomen einsetzen. Die Grundlagen für diese Entwicklung waren freilich schon im Mittelalter angelegt. Die Geschichte der Juden in Heidelberg zeigt allerdings, daß sich diese Entwicklung nicht zwangsläufig und zielstrebig auf Ausgrenzung und Vertreibung zubewegte, sondern daß selbst das Spätmittelalter noch Lebensformen kannte, die offenbar für Juden und Christen ein friedliches und für beide Seiten fruchtbares Nebeneinander ermöglichten.

126 Zum Todestag vgl. Regesten der Pfalzgrafen, S. 295, Nr. 4917.
127 Regesten der Pfalzgrafen, S. 282, Nr. 4722, S. 289, Nr. 4818.

Franz Hundsnurscher

Die Heidelberger Juden 1500 bis 1648

Bis gegen Ende des 13. Jahrhunderts ging es den Juden in der Pfalz verhältnismäßig gut. Ruprecht II. (1390–1398) vertrieb alle Juden aus seinem Land. Die gesamten Liegenschaften der Heidelberger Judengemeinde übergab er der Universität, einschließlich des Friedhofs, dessen Grabsteine 1398 verkauft wurden. Die Synagoge, in der heutigen Dreikönigstraße gelegen, wurde am Weihnachtsfest 1391 vom Wormser Bischof Eckhard von Dersch als Marienkapelle geweiht. Die Bücher der Juden erhielt ebenfalls die Universität; mangels Hebräischkenntnissen wurden sie aber mit Ausnahme eines Talmudexemplars verkauft.

Im folgenden Vierteljahrtausend lebten wenige Juden in der Pfalz. Kurfürst Friedrich II. (1544–1556) gestattete 1549 27 Juden den Aufenthalt in der Pfalz und erteilte ihnen Schutzbriefe, z. T. auf fünf Jahre, z. T. auf Widerruf. Am 2. Juni 1553 wurden Schutz und Schirm auf weitere sechs Jahre erneuert gegen ein Schutzgeld von eintausend Gulden.[1] In der Residenzstadt Heidelberg dürften um 1553 die drei einzigen Schutzaufnahmen in unserem Zeitabschnitt erfolgt sein: »Lazarus der Jude zu Heidelberg« gibt auf Pfingsten 1553 fünf Gulden, »Uriel und Abraham zu Heidelberg« geben auf Martini zusammen zehn Gulden.[2]

Über die Berufe von Uriel und Abraham ist nichts bekannt. Sie waren vermutlich Kaufleute. Larazus stammte anscheinend aus Worms, er soll Arzt des Königs von Frankreich gewesen sein. 1556 erschien er am Sterbelager des Kurfürsten Friedrich II. (gestorben am 26. Februar 1556) in Alzey. Da Abraham die Zukunft der Juden in der Pfalz unter dem nachfolgenden Regenten fürchtete, wandte er sich in Alzey an den Hofprediger Magister Ottmar Stab mit der

> »Vorstellung (...): ›Wenn Otto Heinrich zur Regierung komme, werde die Judenschaft nicht meht geduldet, sondern vertrieben werden. Um nun dieses zu verhindern und auch sonst Ruhe und Frieden zu erhalten, sei er auf den Gedanken gerathen, ob es nicht möglich sei, herbeizuführen, daß nach Friedrichs II. Tod dessen Wittwe noch zwei Jahre an der Regierung bleibe, und dann der König von Frankreich herauskomme, um dem damals noch minderjährigen Karl von Lothringen, seinem späteren Schwiegersohne, Lothringen, die Pfalz und andere Länder zu übergeben; den Pfalzgrafen Otto Heinrich könne man leicht mit Geld abfinden.‹ Dieser hochverrätherische Plan trug dem Lazarus (...) schlimme Früchte. Er wurde in Heidelberg, wohin er sich zurückbegeben hatte, verhaftet, und nach Alzey

1 GLA 77/7253.
2 GLA 77/7254.

verbracht, wo er, nach anfänglichem Läugnen, auf der Folter mehrere mitschuldige Juden in Worms und anderwärts angab (...)«[3]

Kurfürst Ottheinrich erließ alsbald, 1558, in der »Reformation der Universität zu Heidelberg« die Vorschrift, daß »künftighin ›keinem Pfaffen, Mönch, Juden, Weibsbild und anderen Landfährern‹ gestattet werde, die ärztliche Praxis auszuüben, ohne auf einer Universität studirt und promovirt oder bei dem Dekan der medizinischen Fakultät in Heidelberg eine öffentliche Prüfung bestanden zu haben«.[4]

Sein Nachfolger, Friedrich III. (1559–1576), bestimmte in seinem Testament vom Jahr 1575, »daß ›hinfüro zu ewigen Zeiten‹ kein Jude mehr in der Pfalz aufgenommen oder ihm daselbst zu wohnen gestattet werde; diejenigen Juden aber, welche auf einer Reise« zur Messe nach Frankfurt oder zum Reichskammergericht nach Speyer »genöthigt seien, die Pfalz zu berühren, sollten ›strack dardurch vergeleitet, und ihnen weiter zu bleiben, mit den Unterthanen und sonsten zu handtieren und sich aufzuhalten, keineswegs verstattet werden‹«.[5]

Sein Nachfolger, der Lutheraner Ludwig VI. (1576–1583), befolgte die gegen die Juden gerichteten Vorschriften mit der größten Gewissenhaftigkeit, indem er sie zu förmlichem Landesgesetz erhob und möglichst noch verschärfte.[6]

Sollte ein Jude infolge seiner Vorladung an das Reichskammergericht in Speyer oder an das Hofgericht in Heidelberg das pfälzische Gebiet passieren, solle demselben auf seine Kosten ein Amtsbote oder anderer Geleitsmann, »dem zu vertrauen sei, daß er sich nicht corrumpieren lasse«, beigegeben werden, um zu verhindern, daß jener nicht mit den Untertanen irgendwelchen Verkehr in Geldangelegenheiten anknüpfe, weil die »underthonen vor ihren Juden in vielweg betrogen und verfurteilt worden«.[7] Die folgenden Landesordnungen von 1594 und 1599 sind im wesentlichen Bestätigungen ihrer Vorgänger.

Pfalzgraf Friedrich IV. (1583/92–1610) gab am 13. September 1592 den Befehl, »wenn Juden oder andere in Meßgeleitzeit ungebührlich und ungeleitlich sich hielten, sollten sie nit gefenglich gegriffen, sondern ihnen die Pferdt, gelt, schuldt oder andere bücher abgenommen und sie wieder von statten gelas-

3 Neues Archiv für die Geschichte der Stadt Heidelberg und der rheinischen Pfalz im Auftrag des Stadtrats und der Kommission für die Geschichte der Stadt hrsg. v. Albert Mays u. Karl Christ. Bd. I: Einwohnerverzeichnis der Stadt Heidelberg vom Jahr 1588. Heidelberg 1890, S. 97.

4 Ebd., S. 98. Thorbecke, August: Statuten und Reformen der Universität Heidelberg vom 16. bis 18. Jahrhundert. Leipzig 1891, S. 89.

5 Ebd., S. 98–99. Siehe auch Kluckhohn, August: Das Testament Friedrichs des Frommen, Churfürst von der Pfalz. München 1874 (= Abhandlungen der historischen Classe der königlichen bayerischen Akademie der Wissenschaften, 12, Abt. 3), S. 93.

6 Seine 1582 gedruckte »Churfürstliche Pfalz Landtsordnung« beschäftigt sich mit den Juden unter Titel XVIII, Nr. 5.

7 GLA 77/6876.

sen werden, damit der Landgraf [von Hessen] nicht zu klagen habe, daß man Gefangene durch sein Gebiet führe«.[8]

1598 erhielten alle Juden des Reiches gegen eine Zahlung von 1200 Gulden jährlich freies Geleit in der Pfalz. Diese Summe wurde später erhöht und von den Wormser Juden aufgebracht. Um diese Kosten mit Gewinn wieder zu bekommen, verkauften sie den Reisewilligen die notwendigen Geleitscheine.

Höchstens einen Tag und eine Nacht durften sich die Inhaber eines solchen Scheines an ein und demselben Ort aufhalten. Durch einen gelben Ring an der Kleidung waren sie für jedermann als Juden erkennbar.

Außer den drei namentlich bekannten Juden Lazarus, Uriel und Abraham, die in den 1550er Jahren in Heidelberg lebten, und vielleicht dem einen oder anderen Juden, der sich eine Zeitlang in der Stadt aufhalten konnte, lebten in der zweiten Hälfte des 16. Jahrhunderts zwei getaufte Juden in Heidelberg, die als Professoren an der Universität lehrten.

Am 18. Mai 1551 wurde der erledigte Lehrstuhl der hebräischen Sprache[9] mit Paul Staffelsteiner besetzt. Sein Jahresgehalt wurde am 7. Juli 1551 auf 50 Gulden festgesetzt.[10] 1555 erhielt er eine Zulage von 30 Gulden, und die Universität schenkte seinem kranken Sohn einige Gulden.[11] Um 1560 gab Staffelsteiner eine Schrift heraus, worin er seine vormaligen Glaubensgenossen mahnte, die Hoffnung auf einen weltlichen Messias aufzugeben und sich taufen zu lassen.[12] Wie lange Paul Staffelsteiner Professor in Heidelberg war, ist unbekannt.[13]

Der zweite jüdische Konvertit war Immanuel Tremellius, Professor für Altes Testament und zweimaliger Rektor.[14] Da es an tüchtigen Inländern an der Universität sowie an den Schulen und Pfarreien fehlte, besetzte sie der Kurfürst mit Ausländern, indem er den in Frankreich, Italien und den Niederlanden verfolgten Calvinisten in seinem Land Zuflucht und Unterstützung gewährte.[15]

8 GLA 77/2883.

9 Nach Mays-Christ der Lehrstuhl der Mathematik.

10 Hautz, Johann Friedrich: Geschichte der Universität Heidelberg. 2 Bde. Mannheim 1862–1864, hier Bd. I, S. 428 u. Anm. 50.

11 Ebd., S. 469.

12 Mays/Christ 1890, S. 100.

13 Hautz 1862, S. 429.

14 Immanuel Tremellius (1510–1580) wurde im Ghetto zu Ferrara geboren und 1540 in Padua katholisch getauft. 1541–1542 war er Lehrer des Hebräischen an der Klosterschule zu Lucca. Nach seiner Flucht in die Schweiz wurde er evangelisch. 1542–1547 war er Lehrer des Hebräischen in Straßburg, 1548–1553 Professor in Cambridge und Mitarbeiter am Common Prayer Book, 1554–1558 Prinzenerzieher in Zweibrücken und 1559–1561 erster Rektor des Gymnasiums in Hornbach. 1561–1577 war er Professor für Altes Testament in Heidelberg. Tremellius übersetzte den Genfer Katechismus ins Hebräische und schrieb eine chaldäische und syrische Grammatik. Sein Hauptwerk ist die mit seinem Schwiegersohn Franciscus Junius (1545–1602) herausgegebene fünfbändige lateinische Übersetzung des Alten Testaments. Siehe dazu Die Religion in Geschichte und Gegenwart. Bd. 6. Tübingen ^{3}1962, Sp. 1010 f.

15 Hautz 1864, S. 45.

Immanuel Tremellius wurde am 30. Juni 1551 zum Theologieprofessor an die Heidelberger Universität berufen. Schon am 20. Dezember des gleichen Jahres wurde er zum Rektor gewählt, obwohl er noch kein ganzes Jahr an dieser Universität war und die deutsche Sprache, wie es dieses Amt verlangte, noch nicht ganz beherrschte, wie er abwehrend vorbringt.[16] In seinem ersten Rektorat nahm er 117 Immatrikulationen vor.

Der Universität legte Tremellius eine Umzugskostenrechnung in Höhe von 99 Talern vor. Der Senat meinte, daß es an der Universität nicht üblich sei, ein ›Viatikum‹ zu zahlen, es sei denn, die Universität beruft. Nichtsdestoweniger aber sei er aus Humanität und Güte bereit, eine Summe von 55 Talern zu zahlen, wenn der Fürst, der ihn berufen, den Rest dazulegt.[17]

Tremellius zählte seine Hörer nicht. Es dürften 35 gewesen sein. Sein Salär betrug im Jahr 200 Gulden. Sein Sohn Immanuel wurde in Heidelberg zum Doktor promoviert.[18] Am 20. Dezember wurde Tremellius zum zweiten Mal zum Rektor gewählt. Er nahm in diesem Rektorat 112 Immatrikulationen vor.[19]

Nach dem Regentenwechsel entschloß sich der Lutheraner Ludwig VI. 1577, die calvinistischen Theologen Boquin, Zanclius und Tremellius zu entlassen. Nichttheologische Kollegen und insbesondere der Rektor Donellus nahmen sich lebhaft ihrer an. Trotz ihres Bittgesuchs vom 7. Dezember 1577 mußten die drei Professoren die Universität verlassen. Tremellius ging nach Metz und wurde dann Professor des Hebräischen an der Akademie Sedan.[20]

Mit dem Regierungsantritt Friedrichs V. 1610 scheint für die Juden in der Pfalz eine bessere Zeit angebrochen zu sein. Wenigstens wird er von zeitgenössischen jüdischen Schriftstellern wegen seiner freundlichen Haltung gegen die Juden gepriesen. Er und seine englische Gemahlin standen mit dem berühmten jüdischen Arzt Zacuto Lusitano, der aus Portugal nach Amsterdam geflohen war, in freundschaftlicher Korrespondenz. 1615 kam der Kurfürst als Schutzherr der Stadt Worms den von der Bürgerschaft bedrängten Juden mit bewaffneter Hand – Fußvolk, Reiter und Kanonen – zu Hilfe.

Nach dem Dreißigjährigen Krieg bemühte sich Kurfürst Karl Ludwig (1649–1680), sein Land neu zu bevölkern. Er verschaffte auch den Juden wieder Einlaß in die Pfalz und nach Heidelberg.[21]

16 »(...) oneri impar rerumque universitatis se parcus adhuc ignarum esse offert, quippe qui nondum annum in hac academica egessit Germanicam insuper linguam ut necesse esset, se colere testaretur« (UAG A-160/8, fol. 59v).

17 UAH A-160/8, fol. 50r.

18 Hautz 1864, S. 26 u. 100.

19 Ebd., S. 72. Vgl. auch UAH A-160/10, fol. 44.

20 Hautz 1864, S. 101–102 u. 106.

21 Mays/Christ 1890, S. 101.

Andreas Cser

Zwischen Stadtverfassung und absolutistischem Herrschaftsanspruch (1650 bis zum Ende der Kurpfalz 1802)

Einleitung

Nach der Ausweisung durch Ruprecht II. (1390–1398) im Jahre 1390[1] dauerte es fast 300 Jahre, bis sich in Heidelberg wieder Spuren eines jüdischen Gemeindelebens abzeichneten. Ansiedlungsverbote und die Testamente einzelner Kurfürsten, die ihre Nachfolger auf die Fernhaltung von Juden aus den kurpfälzischen Landen verpflichteten, bestimmten die offizielle Politik. Katholische und protestantische Herrscher unterschieden sich dabei nicht.

Trotz der ablehnenden Haltung der Kurfürsten gab es in den 1550er Jahren ungefähr 150 jüdische Familien in der Pfalz.[2] Damals konnten auch drei Juden in Heidelberg eine Aufenthaltsgenehmigung erhalten. 1575 erneuerte Kurfürst Friedrich III. (1559–1576) das Ansiedlungsverbot. Er stand dabei nicht nur in der pfälzischen Tradition, sondern auch in der Abwehrhaltung der calvinistischen Politik gegen die Juden, wie sie auch für Genf in diesen Jahren kennzeichnend war. Dort hatten sich 1582 Stadtrat, Pfarrerschaft und Volksstimmung gegen die Wiederaufnahme der einst vertriebenen Juden gewandt. Unbeschadet der Tatsache, daß Calvin selbst inzwischen von seiner schroffen Ablehnung der Juden abgekommen war.[3]

Der Ausbau des Territorialstaats durch die protestantischen Fürsten, die Modernisierung der Behördenverfassung und die Zentralisierung des Finanzwesens ist in der Kurpfalz genauso ohne jüdische Geldgeber und Berater erfolgt wie die zahlreichen Religionskriege ohne jüdische Heereslieferanten geführt wurden. In der Landesordnung von 1582 empfahl die Regierung den einzelnen Städten und Gemeinden die Hinwegschaffung der Juden.[4] Nicht von ungefähr spielten die antijüdischen Bestimmungen aus diesen Jahren in der Polemik des 18. Jahrhunderts

1 Ziwes, Franz-Joseph: Studien zur Geschichte der Juden im mittleren Rheingebiet während des hohen und späten Mittelalters. Hannover 1995 (= Forschungen zur Geschichte der Juden, A 1), S. 253 ff.

2 Löwenstein, Leopold: Geschichte der Juden in der Kurpfalz. Frankfurt am Main 1895 (= Beiträge zur Geschichte der Juden in Deutschland, 1), S. 43.

3 Israel, Jonathan J.: European Jewry in the Age of Mercantilism 1550–1750. Oxford 1985, S. 13.

4 Löwenstein 1895, S. 61. Zur Bedeutung der Rolle des Landrechts und der Landesbauordnung in der Kurpfalz vgl. Schaab, Meinrad: Geschichte der Kurpfalz. Bd. 2: Neuzeit. Stuttgart – Berlin – Köln – Mainz 1992, S. 56.

immer wieder eine Rolle. Insbesondere Johann Casimir (1583–1592) hatte eine offensive antijüdische Haltung gezeigt, die ihn auch über sein eigenes Territorium hinausgreifen ließ.[5] Auch insofern verhielt er sich als ein Herrscher des Konfessionellen Zeitalters, als er zu intensiv in seiner religiösen Vorstellungswelt verwurzelt war, um auf jüdische Hilfe bei der Bewältigung der Staatsaufgaben zurückgreifen zu können.[6] Aus pragmatischen Gründen sah er sich jedoch bemüßigt, einzelnen Juden die Durchreise durch die Pfalz zu erlauben. Dieses sogenannte Geleitsrecht wurde nur unter äußerst restriktiven Bedingungen gewährt. Jeder Jude mußte »zu Verhütung Betrugs« anzeigen, wohin er wollte, wie lange er dort zu bleiben gedachte und welchen Rückweg er einschlagen wolle.[7] Das überrascht nicht in einem Territorium, das an der Spitze des Konfessionalisierungsprozesses mit den damit verbundenen theologisch-religiösen Dogmatisierungen stand. Aufenthaltsverbote für Juden galten damals auch in Augsburg, Erfurt, Köln, Mainz, Nürnberg, Regensburg, Straßburg und Ulm. Sogar aus den milder gestimmten elsässischen Städten waren die Juden vertrieben worden. Nur noch in wenigen Reichsstädten wie in Worms, Frankfurt, Friedberg, Wien und Prag gab es zu Beginn des 17. Jahrhunderts funktionierende Judengemeinden. Es war der territorialen Pluralität des Reichs zu danken, daß die Juden nicht in einem größeren Ausmaß vertrieben wurden. Die Grundtendenz der Epoche aber war, daß man »unifizieren und theologische Inhalte dogmatisieren« wollte, »und das konnte nur auf Kosten von randständigen Sozialgruppen wie denen der Juden gehen«.[8] Die Folge war, daß nicht nur in einem Territorium, das sich wie die Kurpfalz in exponierter Lage im Konfessionsstreit befand, jüdische Hoffaktoren kaum eine Chance hatten.[9] Das begann sich erst nach 1618 zu ändern.

Obwohl schon in früheren Zeiten Juden vereinzelt als Berater und Geldgeber an fürstlichen Höfen tätig gewesen waren, kann man in einem exakteren Sinn erst seit dem Dreißigjährigen Krieg von der Institution der Hoffaktoren sprechen.[10] Diese standen mitunter im Dienste mehrerer Fürsten und hatten vielfache Kontakte zu oft ähnlich einflußreichen Glaubensgenossen.[11] In vielen Fällen waren sie Mitglieder der jüdischen Gemeinden und erfüllten dann zudem wichtige Vermittlungsfunktionen zwischen den Juden der Residenzstädte und dem absolutistischen Staat. Oft jedoch mußten sie den Weg zur Gründung einer Gemeinde erst bahnen.[12]

5 Ebd., S. 62.
6 Battenberg, Friedrich: Das europäische Zeitalter der Juden. Zur Entwicklung einer Minderheit in der nichtjüdischen Umwelt Europas. Bd. 1: Von den Anfängen bis 1650. Darmstadt 1990, S. 206.
7 Vgl. Löwenstein 1895, S. 62 ff.
8 Battenberg 1990, S. 180.
9 Stern, Selma: The Court Jew. A Contribution to the History of the Period of Absolutism in Central Europe. Philadelphia 1950, S. 10.
10 Bein, Alexander: Die Judenfrage. Biographie eines Weltproblems. Bd. 1. Stuttgart 1980, S. 158 ff.
11 Israel 1985, S. 123.
12 Dubnow, Simon: Weltgeschichte des jüdischen Volkes. Bd. 7. Berlin 1926, S. 32.

Wenn solche Hoffaktoren während des Dreißigjährigen Krieges für die pfälzische Politik keine Rolle spielten, dann hing das nicht mit einer eventuellen Judenfeindschaft der damaligen Herrscher zusammen. Weder Friedrich V. (1610–1633) noch sein Nachfolger Karl Ludwig (1633–1680) waren von religiösdogmatischen Vorurteilen bestimmt. Der »Winterkönig« stand im Briefwechsel mit dem berühmten jüdischen Arzt Zacuto Lusitano (1576–1642), und noch bevor er als Exulant das offene niederländische Klima zugunsten der Juden kennenlernen konnte,[13] griff er auf seiten der Juden in einen Konflikt in Worms ein. Er ließ den Kopf der antijüdischen Partei, den Advokaten Chemnitz, festnehmen und sperrte ihn für mehrere Monate in Heidelberg ein.[14] Eine Aufhebung des Aufenthaltsverbots für Juden ist jedoch auch in der kurzen Herrschaftszeit Friedrichs V. nicht erfolgt. Seine Verordnung von 1618 zum Geleit für diejenigen Juden, die durch die Pfalz reisen wollten, war aber frei von gehässigen Bemerkungen, wie sie noch das Reskript von Johann Casimir durchzogen hatten. Allerdings forderte sie, daß die Juden »Zeichen oder gelbe Ringlein am Rock« zu tragen hätten.[15]

Die Instabilität der kurfürstlichen Herrschaft in der Kurpfalz und die mit der Vertreibung ins Exil verbundene Ohnmacht der Kurfürsten erschwerten den Aufbau eines jüdischen Hofjudentums. Reiche Juden, die für eine solche Position in Frage gekommen wären, konnten kaum das Risiko eines engen Kontakts mit einem reichsrechtlich degradierten, ökonomisch und politisch schwachen Herrscher eingehen. Hatte sich doch selbst der englische König mit Unterstützungszusagen für seinen Schwiegersohn Friedrich V. sehr zurückgehalten.[16]

Die Residenzstadt bot sich während des Dreißigjährigen Krieges kaum für die Gründung einer jüdischen Gemeinde an. Heidelberg war 1632 in bayrische Hände gefallen und einem Rekatholisierungsversuch ausgesetzt. Beamte wurden entlassen, reformierte Geistliche ausgewiesen. Die Franziskaner erhielten ihr altes Kloster zurück, und die Jesuiten begannen mit dem Missionierungswerk.[17] Nachdem die Schweden die Stadt 1633 erobert hatten, sah man, daß die katholischen Bekehrungsversuche bescheidener gewesen waren, als die schriftlichen Erfolgsberichte suggeriert hatten. Dennoch war es zu »konfessionellen Verschiebungen«[18] gekommen. In einer solchen Phase militärischer Bedrohungen, politi-

13 Mout, Nicolette: Der Winterkönig im Exil. Friedrich V. von der Pfalz und die Generalstaaten. In: Zeitschrift für Historische Forschung 15 (1988), S. 257–272.

14 Graetz, Heinrich: Geschichte des jüdischen Volkes. Bd. 10. Berlin – Leipzig 1996, S. 266 f. Vgl. auch Reuter, Fritz: Warmaisa. 1000 Jahre Juden in Worms. Worms 1984, S. 84 ff.

15 Löwenstein 1895, S. 71.

16 Weiß, Elmar: Die Unterstützung Friedrichs V. von der Pfalz durch Jakob I. und Karl I. von England im Dreißigjährigen Krieg (1618–1632). Stuttgart – Berlin – Köln 1966.

17 Schaab 1985, S. 121; Maier, Franz: Die bayerische Unterpfalz im Dreißigjährigen Krieg. Besetzung, Verwaltung und Rekatholisierung der rechtsrheinischen Pfalz durch Bayern 1621–1649. Frankfurt am Main 1990, S. 97 ff.

18 Press, Volker: Die Universität Heidelberg 1622–1649. In: Semper Apertus. Sechshundert Jahre Ruprecht-Karls-Universität Heidelberg 1386–1986. Bd. I. Berlin – New York – Tokyo 1985, S. 314–370, hier S. 322.

scher Wirren und religiöser Leidenschaften hätte die Entwicklung einer jüdischen Gemeinde in Heidelberg wohl kaum eine Chance gehabt.

Nach dem Tod seines Vaters im Jahr 1633 konnte Karl Ludwig die pfälzische Exilregierung zwar ausbauen, hatte jedoch keine Möglichkeit, militärisch seine dynastischen und territorialen Interessen zu vertreten.[19] Erst nach dem Westfälischen Frieden von 1648 kehrte er in seine Stammlande zurück. Im Zuge des Wiederaufbaus begann eine neue Epoche in der Geschichte der kurpfälzischen Juden.

Von der traditionellen, aus religiösen Vorurteilen gespeisten Abneigung gegen die Juden war bei Karl Ludwig wenig zu spüren. Der Wormser Rabbiner R. Jair Chajim Bacharach sprach von ihm als einem »durch Weisheit Ausgezeichneten«.[20] Ein Zeichen religiöser Toleranz war auch die Berufung des Mediziners Jakob Israel zum ordentlichen Professor im Jahre 1652, der vom Übertritt zum Christentum suspendiert wurde.[21] Karl Ludwig stand neueren skeptischen und naturrechtlichen Ideen offen gegenüber. Spinoza (1632–1677) wies zwar 1673 den ihm von Karl Ludwig angebotenen philosophischen Lehrstuhl ab, Samuel Pufendorf (1632–1694) jedoch lehrte von 1661 bis 1668 an der Heidelberger Universität auf dem ersten deutschen Lehrstuhl für »Naturrecht und Völkerrecht«. Durch seine Betonung der natürlichen Rechte der Menschen, ihrer Gleichheit und ihrer Verpflichtung auf eine vernunftmäßige Gesellschaftsgestaltung trug er dazu bei, traditionale Gesellschaftsstrukturen gedanklich zu überwinden. Das fürstliche Machtmonopol stellte er dabei aber nicht in Frage.[22] Pufendorf orientierte sich an dem Vernunftrecht des in Delft geborenen Hugo Grotius (1583–1645)[23] und griff damit auf den niederländischen Erfahrungshintergrund des großen Völkerrechtlers zurück. Eine Welt, die auch für Karl Ludwig während seines holländischen Exils zum wichtigen Bezugspunkt seines Denkens und in bestimmten Bereichen zur Orientierungsmarke für sein späteres Handeln wurde. Insbesondere seine Vorstellungen über die Juden sind damals mitgeprägt worden. Es läßt sich nachweisen, daß die Mannheimer Judenordnung von 1660 indirekt durch eine Denkschrift von Hugo Grotius zum Niederlassungsrecht der Juden aus dem Jahre 1617 beeinflußt wurde.[24] Nach den Überlegungen des Völkerrechtslehrers sollten die Juden Handels- und Gewerbefreiheit wie alle anderen Bürger und Einwohner ohne besondere Abgaben genießen können. Forderungen, die mit einer Reihe anderer freiheitlicher Postulate in die Amsterdamer Judenordnungen von 1622 und 1656 eingeflossen sind, deren Vorbildcharakter für die Mannheimer Konzession wahrscheinlich ist.

19 Schubert, F. H.: Die pfälzische Exilregierung im Dreißigjährigen Krieg. In: Zeitschrift für die Geschichte des Oberrheins 102 (1954), S. 575–680.

20 Löwenstein 1895, S. 82.

21 Wolgast, Eike: Die kurpfälzische Universität 1386–1803. In: Semper Apertus. Bd. 1, S. 50.

22 Klein, Eckart: Samuel Pufendorf und die Anfänge der Naturrechtslehre, ebd., S. 414–439.

23 Hattenhauer, Hans: Europäische Rechtsgeschichte. Heidelberg 1992, S. 386 ff.

24 Bayer, Tilde: Die Juden in Mannheim während der Regierungszeit des Kurfürsten Karl Ludwig 1661–1680. Magisterarbeit. Mannheim 1988, S. 9 ff.

Unter Karl Ludwig kam es nicht nur zu einer bemerkenswerten Entfaltung jüdischen Lebens in Mannheim, sondern auch zu den ersten Neuansätzen einer jüdischen Gemeinde in Heidelberg. Darüber hinaus häufen sich die Indizien, die auf eine Intensivierung der Aktivitäten der Juden in der Pfalz hindeuten.[25] So erfolgten Zuwanderungen nach Edenkoben.[26] Zwischen 1657 und 1659 wurden in der Kurpfalz 53 jüdische Kinder geboren.[27] Juden lebten damals meist in Städten wie Alzey, Neustadt, Mosbach, Bacharach, Oppenheim und Caub, aber auch in kleineren Dörfern wie Schillingstadt, Schwabenheim, Nierstein oder in Ober- und Niederingelheim. Gemeinsam mit den Heidelberger Juden bildeten sie die kurpfälzische Landjudenschaft. Dies war eine Art territoriale Korporation, innerhalb derer die Juden bestimmte, geringe Selbstverwaltungsrechte besaßen, die aber in erster Linie ein herrschaftliches Instrument zur Durchsetzung der finanziellen Forderungen des Staates gegenüber der Judenschaft war. Zur Ausbildung solcher Landjudenschaften war es in einigen Territorien schon seit dem späten Mittelalter gekommen.[28] Eine allgemeine Landjudenschaftsordnung für die Kurpfalz während der Regierungszeit Karl Ludwigs ist in der Literatur nicht bekannt. Wohl aber gibt es quellenmäßige Belege, daß für die pfälzische Landjudenschaft keine offeneren Existenzbedingungen vorhanden waren als in anderen Reichsterritorien. So bezieht sich die Würdigung Karl Ludwigs als eines weitsichtigen und toleranten Landesherrn, die er jenseits der landesgeschichtlichen Literatur auch in den großen Werken zur jüdischen Geschichte erfahren hat, i. d. R. auf seine Haltung gegenüber der Mannheimer Judenschaft.[29]

Im nachfolgenden Kapitel geht es um die Geschichte der Heidelberger Judenschaft vom Ende des Dreißigjährigen Krieges bis zur Auflösung der Kurpfalz im Jahre 1802. Die Schwierigkeit einer solchen Darstellung liegt vor allem darin, daß es keine breiter angelegte Stadtgeschichte dieser Epoche gibt, auf die sich die Darstellung der jüdischen Gemeinde beziehen könnte.[30] Eine Problematik, vor der schon die bisherigen Beiträge zur Geschichte der Heidelberger Juden während des Absolutismus standen. Mit Ausnahme der Arbeit von Sabine Keitel, die aufgrund einer Analyse der Stadtratsprotokolle während der Regierungszeit Karl Theodors untersucht, ob aufklärerische Tendenzen zur Verbesserung der Lage der Heidelber-

25 Gothein, Eberhard: Mannheim im ersten Jahrhundert seines Bestehens. In: ZGO 43 (1889), S. 129–211.

26 Schmitt, Franz: Juden in Edenkoben. Spuren ihrer Geschichte 1660–1942. Landau 1990, S. 19 f.

27 Löwenstein 1895, S. 75.

28 Cohen, Daniel J.: Die Landjudenschaften in Hessen-Darmstadt bis zur Emanzipation als Organe der jüdischen Selbstverwaltung. In: Neunhundert Jahre Geschichte der Juden in Hessen. Wiesbaden 1983 (= Schriftenreihe der Historischen Kommission für die Geschichte der Juden in Hessen), S. 151–214.

29 Vgl. Dubnow 1926, S. 335.

30 Vgl. die Abschnitte über das 18. Jahrhundert in: Amtliche Kreisbeschreibung. Der Stadt- und Landkreis Heidelberg und Mannheim. Bd. 2: Die Stadt Heidelberg und die Gemeinden des Landkreises Heidelberg. Hrsg. v. d. Staatlichen Archivverwaltung Baden-Württemberg. Karlsruhe 1968, S. 8–81.

ger Juden geführt haben,[31] handelt es sich bei den anderen Beiträgen um kürzere Überblicke oder wie im Falle der Arbeit von Barbara Löslein über die Heidelberger Synagogen[32] oder der Untersuchung zum alten Judenfriedhof von Benno Szklanowski um spezielle Themenbereiche.[33] Chasia Turtel hebt in ihrem Beitrag die Rolle des Hoffaktors Samuel Oppenheimer (1630–1703), die Versuche des Stadtrats zur Verdrängung der Juden aus dem Wirtschaftsleben, den Streit um den Neubau der Synagoge seit 1714 und die Rolle des Landrabbiners David Ullmann hervor.[34] Ähnliche Schwerpunkte setzt Pinkas Hakehillot in seinem Ortsartikel über Heidelberg.[35] In dem Band zu den jüdischen Gemeinden in Baden von Franz Hundsnurscher und Gerhard Thaddey wird ein kurzer und präziser Gesamtüberblick gegeben.[36]

Alle diese Untersuchungen wie auch der vorliegende Beitrag stehen in der Schuld von Leopold Löwenstein.[37] Seit genau hundert Jahren gilt sein Buch über die Juden in der Kurpfalz als zuverlässiger Orientierungsmaßstab. Neben den Mannheimer Juden wandte er darin auch den Heidelberger Juden großes Interesse zu. Dem quellengesättigten Zugriff Löwensteins und seiner Vertrautheit mit innerjüdischen Traditionen verdankt der vorliegende Beitrag viel. Bei der Schilderung wichtiger Ereignisse wurden oft identische Quellen herangezogen, wie sie bereits von Löwenstein verarbeitet wurden. Dazu gehören zum Beispiel der Synagogenstreit, die Plünderungen von 1712 und die Auseinandersetzungen mit der Krämerzunft. Löwenstein hat die Zeit nach 1750 weniger intensiv bearbeitet. Dabei mag ihn auch die Überlegung bewogen haben, daß die von ihm aus der ersten Jahrhunderthälfte geschilderten Ereignisse als exemplarisch auch für die Epoche nach der Jahrhundertmitte angesehen werden können. Eine Lokalgeschichte muß sich jedoch auch dann um die Ereignislinien bemühen, wenn die Strukturen gleichgeblieben sind und der Interpretationshorizont der Beteiligten ebenfalls keinen Veränderungen unterliegt. Erst nach 1780 zeichnen sich Bewußtseinsveränderungen ab. Zunächst zaghaft, bis schließlich mit der Emanzipationsdiskussion ganz neue Horizonte aufbrechen, denen sich die Beteiligten in Heidelberg in unterschiedlichem Ausmaße näherten.

31 Keitel, Sabine: Der Einfluß der Aufklärung auf die rechtliche und soziale Situation der Juden am Beispiel Heidelbergs. Eine quellenkritische Analyse der Heidelberger Stadtratsprotokolle von 1742–1799. Magisterarbeit Freiburg o. J.

32 Löslein, Barbara: Geschichte der Heidelberger Synagogen. Heidelberg 1992 (= Veröffentlichungen zur Heidelberger Altstadt, 26).

33 Szklanowski, Benno: Der alte jüdische Friedhof am Klingenteich in Heidelberg 1702–1876. Heidelberg 1984 (= Neue Hefte zur Stadtentwicklung, 3).

34 Turtel, Chasia: Geschichte der Juden in Heidelberg von den Anfängen bis zur Gegenwart. (Ms. Jerusalem) Heidelberg 1979.

35 Pinkas, Hakehillot: Germany, Württemberg, Hohenzollern, Baden. Hrsg. v. Joseph Walk. Yad Vashem. Jerusalem 1968. Ortsartikel Heidelberg.

36 Hundsnurscher, Franz u. Thaddey, Gerhard: Die jüdischen Gemeinden in Baden, Denkmale, Geschichte, Schicksale. Stuttgart 1968.

37 S. Anmerkung 2.

1 Der langsame Aufbau einer jüdischen Gemeinde nach dem Dreißigjährigen Krieg

1.1 Mannheim und Heidelberg: zwei unterschiedliche jüdische Gemeinden

Nach den Zerstörungen des Dreißigjährigen Kriegs kam Mannheim im Unterschied zu Heidelberg eine besondere Rolle beim Wiederaufbau des Landes zu. Kurfürst Karl Ludwig (1649–1680) machte Mannheim zu einer Art Modellstadt für seine Reformpolitik. Die Aufhebung des Zunftzwangs, die Förderung neuer Wirtschaftszweige und die Zuwanderung von Bevölkerungsgruppen unterschiedlicher Konfessionalität schufen Rahmenbedingungen, die auch die Entwicklung einer jüdischen Gemeinde günstig beeinflußten. Zudem hatte der Herrscher gerade an der Einwanderung von Juden ein besonderes Interesse, da er während seines holländischen Exils deren Beitrag zur Entwicklung der Amsterdamer Wirtschaft schätzen gelernt hatte.[38] 1663 wurden in einem Hausbesitzerverzeichnis 15 jüdische Familien aufgeführt. 1681 waren es wahrscheinlich 74, 1687 bereits 150. Die Stadt erwies sich nicht nur für Juden aus dem pfälzischen und hessischen Nahraum als attraktiv, sondern zog auch Juden aus Polen, Österreich und Südfrankreich an.[39]

In Heidelberg hingegen lebten in den 80er Jahren des 17. Jahrhunderts nur sechs Familien, die alle den Namen Oppenheimer trugen. Selbst 1802, am Ende der in diesem Abschnitt zu behandelnden Epoche, lebten hier nach einer von der jüdischen Gemeinde erstellten Tabelle nur 31 Familien mit 205 Personen.[40] Mannheim gehörte damals zu den größten deutschen jüdischen Gemeinden.[41] Trotz des großen zahlenmäßigen Unterschieds orientierten sich die Heidelberger Juden seit der zweiten Hälfte des 17. und während des ganzen 18. Jahrhunderts an der Lage ihrer Mannheimer Glaubensbrüder. Als eine Art Leitmotiv erscheint in einer ganzen Reihe von Petitionen der Juden aus der alten Residenz die Bitte, ihren Status dem Mannheimer Judenrecht anzugleichen. Selbst in der Reformdiskussion um 1800 ging es der Heidelberger Judenschaft nicht so sehr um eine Befreiung aller pfälzischen Juden aus den alten Beschränkungen, sondern eher um eine Verbesserung ihrer eigenen Lage durch die Übernahme bestimmter Teile der Mannheimer Judenprivilegien.

Die am Amsterdamer Vorbild ausgerichtete Mannheimer Konzession von 1660 ließ die Juden an bestimmten Vorrechten teilhaben, in deren Genuß die gesamte Bürgerschaft der Stadt kam. So erhielten sie für zwölf Jahre die Zollfreiheit auf alle im Haushalt benötigten Güter. Während der gleichen Zeit waren sie von der Zahlung des Schutzgelds befreit. Danach sollte es nur die Hälfte der Summe

38 Watzinger, Karl Otto: Geschichte der Juden in Mannheim 1650–1945. Stuttgart – Berlin – Köln – Mainz 1987 (= Veröffentlichungen des Stadtarchivs Mannheim, 12), S. 13.

39 Bayer 1988, S. 24 ff.

40 GLA 77/3022.

41 Mannheim gehörte neben Frankfurt am Main, Hamburg/Altona/Wandsbek und Fürth zu den Gemeinden mit mehr als 1000 Mitgliedern. Vgl. Volkov, Shulamit: Die Juden in Deutschland 1780–1918. München 1994 (= Encyklopädie Deutscher Geschichte, 16), S. 5.

betragen, die die Juden in den Dörfern und in den anderen Städten der Kurpfalz aufbringen mußten. Die Gewerbefreiheit und die freie Religionsausübung mit dem Recht der Anlage eines Friedhofes innerhalb der Stadtmauern machen weitere markante Punkte dieser Konzession aus. Zwar mußten die Mannheimer Juden für die nächsten zwölf Jahre das Taschengeleit[42] zahlen, waren aber dann von dieser Abgabe befreit. Alle anderen pfälzischen Juden, einschließlich der Heidelberger, hatten die Geleitzettel, die den Beamten bei der Benutzung der Landesstraßen vorgezeigt werden mußten, bis zum Ende der kurpfälzischen Epoche einzulösen.

Besonders bemerkenswert an der Mannheimer Konzession von 1660 ist der Verzicht auf eine zahlenmäßige Beschränkung der jüdischen Einwohner. Nach der Begutachtung eines Antrags auf Niederlassung durch die Stadt sollte die Regierung i. d. R. keinen Widerspruch gegen das Wohnrecht des »Supplicanten« anmelden. Eine Bestimmung, die nicht nur in starkem Kontrast zu den üblichen, oft qualvoll langsamen Aufnahmeverfahren in den anderen pfälzischen Kommunen stand, sondern auch sehr bald in Mannheim auf Widerspruch stieß. Bei der Thronbesteigung von Pfalzgraf Karl (1680–1685) forderte der Stadtrat, die Zahl der Juden nicht mehr zu vergrößern, damit diese nicht »durch ihr gewaltiges Multiplicieren mit der Zeit sich über die Christen erheben und also stärker und mächtiger als diese werden und mithin den Christen allen Handel und Nahrung gänzlich entziehen«.[43] Eine Intervention, die langfristig Wirkung zeigte. Die zukünftigen Judenordnungen für Mannheim legten, und hierin sollten sie sich nicht von den Heidelberger Privilegien unterscheiden, eine bestimmte Quote fest. Zugleich gab es in der Geschichte der Beziehungen zwischen den Juden und den Mannheimer Bürgern zahlreiche Bemühungen von städtischer Seite, der minderberechtigten jüdischen Sonderexistenz enge Grenzen zu setzen. So richteten die Mannheimer Metzger beim Regierungsantritt Philipp Wilhelms (1685–1690) an den neuen Herrscher eine Petition, den Juden den Viehhandel zu verbieten.[44] Auch gab es während des 18. Jahrhunderts immer wieder Versuche der Bürgerschaft, die Juden auf bestimmte Wohnbezirke zu beschränken. Noch 1797 konnten sich die Mannheimer Juden die »Abneigung des hiesigen Stadtrats«, die sie in »bange Besorgnis« versetzte, nicht erklären.[45] Nicht erst diese späteren Spannungen zeigen, daß das Mannheimer Modell nicht überbewertet werden darf. Schon das Dokument von 1660 war trotz aller Freiheiten ein typisches Produkt der voremanzipatorischen Epoche. So großzügig dort die Zugangsmöglichkeiten in die Stadt auch bemessen waren, nach einer bestimmten Frist mußte die Duldung des jüdischen Wohnrechts wieder erkauft werden. Auch konnten die Juden, wenn sie ihrer Baupflicht nicht nachgekommen waren, im Unterschied zu den »anderen Bürgern« aus der Stadt verwiesen werden.

42 Das Taschengeleit war eine spezielle Abgabe für die Juden eines Territoriums, das sie zu Reisen innerhalb dieses Gebietes berechtigte. In Heidelberg mußte jeder Jude sein Taschengeleit für ein Jahr im voraus für 1 fl 30 Kreuzer kaufen. Vgl. auch Post, Bernhard: Judentoleranz und Judenemanzipation in Kurmainz 1774–1813. Wiesbaden 1985 (= Schriften der Kommission für die Geschichte der Juden in Hessen, 8), S. 426 ff.

43 Watzinger 1987, S. 15.

44 Ebd., S. 16.

45 GLA 77/7665.

Im Vergleich zu den Heidelberger Juden entwickelten ihre Mannheimer Glaubensgenossen schon unter Karl Ludwig eine bemerkenswerte Selbstverwaltung, die als Ausdruck eines differenzierten Gemeindelebens gesehen werden kann. So standen schon damals bis zu sieben Vorsteher an der Spitze der Mannheimer Judenschaft. Sie waren nicht nur für das Einsammeln der sogenannten »herrschaftlichen« oder städtischen Abgaben zuständig, sondern regelten auch die Verteilung der Gelder für die innerjüdischen Aufgaben. Spätestens seit 1661 hatte die Mannheimer Gemeinde einen eigenen Rabbiner, der neben seinen theologischen und religiös-zeremonialen Aufgaben auch richterliche Funktionen ausübte. In zivil- und strafrechtlichen Streitfällen konnte er Strafen bis zu 20 Gulden verhängen. Gleichfalls war er befugt, den Bann, d. h. den Ausschluß aus der jüdischen Gemeinde zu verhängen.[46] Elemente einer Gemeindeautonomie, die während der Epoche des Absolutismus in Deutschland nicht unbestritten blieben. So wurde z. B. 1693 den Juden auf Druck des Domkapitels und des Magistrats in Halberstadt der privilegierte Gerichtsstand entzogen. In Hildesheim wurde ein ähnlicher Versuch zur »Schmälerung der rabbinischen Autorität« unternommen.[47]

Schon in den 60er und 70er Jahren des 17. Jahrhunderts wiesen die wirtschaftlichen Aktivitäten der Mannheimer Juden eine breite Streuung auf. Sie waren tätig im Textil-, Getreide-, Wein-, Tabak-, Vieh-, Häute- und Lederhandel. Ihre Rolle im Zahlungs- und Kreditverkehr war bedeutend. Sie arbeiteten auch als Schneider und Metzger, vereinzelt als Buchbinder und Seidensticker. Belegt ist auch die Tätigkeit eines Arztes. Seit 1664 hielt sich Dr. Heym Jacob in Mannheim auf. Neben seinem Wirken als Mediziner spielte er eine wichtige Rolle bei dem Hausbau für die jüdischen Zuwanderer. Trotz Kritik aus den Reihen des Stadtrats an seinen vielfältigen Aktivitäten übte er diese bis zu seinem Tode im Jahre 1682 aus.[48]

Diese Freiheiten brachten es mit sich, daß die Juden andererseits zu Lasten herangezogen wurden, die in der Regel mit der Qualität des Stadtbürgers verbunden waren. So stellte sich die Frage nach der jüdischen Beteiligung an den städtischen Wachdiensten. Dabei überließ es die Konzession von 1660 einer Vereinbarung zwischen der Stadt und den Juden, inwieweit diese Pflichten mit Geld abgelöst werden konnten. An eine Verleihung des Bürgerrechts, das seit den 1660er Jahren auch von den Katholiken erworben werden konnte, war jedoch unter den Bedingungen des Ancien Regimes nicht zu denken.[49]

Neben dem vielfältigen Gemeindeleben, der Ausbildung von Institutionen der Selbstverwaltung und mannigfaltigen Wirtschaftsaktivitäten unterschied sich die Mannheimer Judenschaft von der Heidelberger Gemeinde durch ihre Unabhängigkeit von der pfälzischen Landjudenschaft. Der Artikel 9 des Mannheimer Judenprivilegs von 1660 legte fest, daß die Verträge, die die Regierung mit irgendeiner

46 Bayer 1988, S. 41.

47 Breuer, Mordechai: Tausend Jahre aschkenasisches Rabbinat. Der Werdegang einer Institution. In: Carlebach, Julius (Hrsg.): Das aschkenasische Rabbinat. Studien über Glaube und Schicksal. Berlin 1995, S. 15–23, hier S. 20.

48 Bayer 1988, S. 55.

49 Gerteis, Klaus: Die deutschen Städte in der Frühen Neuzeit. Zur Vorgeschichte der bürgerlichen Welt. Darmstadt ^{2}1994, S. 123.

anderen »Judenschaft« schließen würde, keine Gültigkeit für die Mannheimer Juden haben sollten. Eine solche Freiheit von den Zwängen der territorialstaatlich organisierten Judenschaft war im Alten Reich selten. Im Norden kam sie nicht vor. Im Süden neben Mannheim nur noch in Fürth.[50]

Anders sahen die Heidelberger Juden ihre Mitgliedschaft in diesem überlokalen Verband. Die Heidelberger Gemeinde war viel zu klein, als daß sich bei ihr der Wunsch hätte zeigen können, den Rückhalt einer Einbindung in die pfälzische Landjudenschaft aufzugeben. Separationsgedanken kamen auch in Konfliktfällen nicht auf. Zudem hatten Heidelberger Juden in der Gesamtorganisation der pfälzischen Judenschaft oft einflußreiche Positionen inne. Das betraf sowohl die prestigeträchtigen Stellen der Landrabbiner als auch die der Vorsteher. Heidelberg war auch öfter der Ort der Zusammenkünfte der Landjudenschaft. Manchmal ließen sich auch in den zahllosen Auseinandersetzungen mit dem Stadtrat die freizügigeren Bestimmungen der Landjudenschaftskonzessionen gegen die enger gefaßten Aussagen der Stadtprivilegien ins Feld führen.

1.2 Zur Geschichte der Heidelberger Juden in den Jahrzehnten nach 1650

Im Unterschied zur Geschichte der Mannheimer Juden läßt sich das jüdische Leben in Heidelberg während der Jahrzehnte nach dem Ende des Dreißigjährigen Krieges nur äußerst lückenhaft rekonstruieren. Die Quellenlage ist spärlich. Sie erlaubt höchstens einige Aussagen zu Einzelpersonen wie Samuel Oppenheimer, zur Höhe der Schutzgelder und sonstiger Abgaben und zur Rolle der Heidelberger Juden als Einnehmer des Taschengeleits.

So stand Samuel Oppenheimer (1635–1703) in den 60er und 70er Jahren mit seinem Vermögen an der Spitze der Heidelberger Juden. Zumindest zahlte er mit 60 Gulden den höchsten Schutzgeldbeitrag. Sein Bruder Moses entrichtete wie Löw und Feist Oppenheimer 40 fl. Von Wolff Oppenheimer wurden nur 30 fl verlangt. Eine Staffelung, die seit 1685 nicht mehr existierte. Spätestens in diesem Jahr wurde für die pfälzischen Juden die Höhe des Schutzgeldes auf 30 fl festgelegt. Nur die Mannheimer Juden zahlten im Zuge ihrer Privilegierung die Hälfte von 15 fl. Es ist bezeichnend für die überdurchschnittliche Vermögenslage der Heidelberger Oppenheimer, daß sie mit ihren Schutzgeldbeiträgen fast alle über der später festgelegten Summe gelegen hatten.

Als Heereslieferant Karl Ludwigs besaß Samuel Oppenheimer einen die Stadt weit überschreitenden Wirkungskreis.[51] Erfahrungen, die ihm seit 1679 als kaiserlicher Hoffaktor zugute gekommen sind. Nach Lieferungen für die kaiserlichen Truppen im niederländischen Krieg konnte Oppenheimer seine Geschäfte mit dem Wiener Hof gegen den Willen der antijüdischen Partei um Kardinal Kollowitz ausbauen. Es gelang ihm, die logistischen Schwächen der Reichsarmee in den Kämpfen gegen das Osmanische Reich zu beseitigen, den Aufbau der Donauflotte

50 Baer, Fritz: Das Protokollbuch der Landjudenschaft des Herzogtums Kleve. Erster Teil: Die Geschichte der Landjudenschaft des Herzogtums Kleve. Berlin 1922, S. 83.

51 Sellin, Volker: Die Finanzpolitik Karl Ludwigs von der Pfalz. Staatswirtschaft im Wiederaufbau nach dem Dreißigjährigen Krieg. Stuttgart 1978, S. 199.

zu forcieren und einen großen Teil des österreichischen Haushaltsdefizits auszugleichen.[52] Seine über ganz Europa verstreuten Informanten ermöglichten eine gut kalkulierte Einflußnahme auf die kaiserliche Politik. Wie eng Oppenheimers Vermögen mit der österreichischen Staatswirtschaft verbunden war, wurde im Jahre 1703 deutlich, als sein Konkurs die Monarchie in eine Finanzkrise stürzte. Dennoch brach die familiäre Kontinuität Oppenheimers in Wien nicht ab. Sein Schwiegersohn und früherer Konkurrent trat an seine Stelle.

Oppenheimers Karriere in Wien war vor allem auch deshalb bemerkenswert, weil kurz vor seiner Ankunft die dortigen Juden vertrieben worden waren. Er erhielt das Recht, in seinem Stadthaus einen Gebetsraum einzurichten. Seine Existenz blieb jedoch gefährdet. Während einer Ausschreitung im Jahre 1700 wurden sein Haus geplündert, die Einrichtung zerschlagen und die Geschäftsbücher zerrissen. Genauso unsicher war der Erfolg seines ebenfalls in Heidelberg geborenen Verwandten Joseph Süß Oppenheimer, der im Gefolge der Rivalität des Herzogs mit den Ständen 1737 in Stuttgart hingerichtet wurde. Langsam konnte sich aus dem Umfeld von Samuel Oppenheimer in Wien wieder eine jüdische Gemeinde entwickeln.[53]

Bevor Oppenheimer nach Wien ging, hatte er sich auch im kleineren Umkreis der Kurpfalz als Einnehmer für die Landjudenschaft bewegt. Er bekam dabei zu spüren, wie schwierig es war, die Gelder fristgerecht einzusammeln. So hatte er 1664 Probleme mit einem Boxberger Juden, der seinen Schuldigkeiten nicht nachkam und vor die Rechenkammer in der Residenzstadt zitiert wurde. Da Oppenheimer krank war, bat er den Rechenschreiber Jordan, ihn vor dieser Regierungsstelle zu vertreten und den Säumigen gründlich zu »examinieren«. Zugleich drängte Oppenheimer darauf, daß der zuständige Keller in Zukunft die Anordnungen der »hochlöblichen Rechnungskammer« genauer befolgen solle, damit das »herrschaftliche Geld« einkomme.[54]

Ob Oppenheimer in diesem konkreten Fall Erfolg hatte, läßt sich nicht mehr ermitteln. Wohl aber, daß er vier Wochen später wieder über eine fehlende Summe klagte. Dieses Mal ging es um einen höheren Betrag. Als Schuldner zeigte sich die Landjudenschaft, die von 500 ausstehenden Gulden erst 400 geliefert hatte. Es handelte sich um die Rekognitionsgelder, die für die Landjudenschaftskonzession jährlich gezahlt werden mußten. Im Unterschied zu den Schutzgeldern, die bis zum Ende der Kurpfalz im Normalfall immer 30 fl betrugen, unterlagen die Beiträge für die Konzessionen mehreren Veränderungen. Das hing nicht nur mit ihrer Erhöhung im Laufe des 18. Jahrhunderts zusammen, sondern auch damit, daß die Konzessionsgelder auf die einzelnen Mitglieder der Landjudenschaft je nach den Vermögensverhältnissen umgelegt wurden.

52 Bérenger, Jean: Die Geschichte des Habsburgerreiches 1273–1918. Wien – Köln – Weimar 1995, S. 391.

53 Tietze, Hans: Die Juden Wiens. Geschichte – Wirtschaft – Kultur. Wien 1935, S. 81 ff. Mayer, Sigmund: Die Wiener Juden. Kommerz, Kultur, Politik 1700–1900. Wien – Berlin 1918, S. 89. Gold, Hugo: Geschichte der Juden in Wien. Tel Aviv 1966, S. 21 ff. Grünwald, Max: Samuel Oppenheimer und sein Kreis. Wien 1913.

54 GLA 77/7255.

Diese Verteilung erfolgte i. d.R. auf den alle drei bis vier Jahre stattfindenden Zusammenkünften der Landjudenschaft, zu deren Besuch jeder Familienvorstand verpflichtet war. Besondere Verantwortung kam dabei dem jeweiligen Landjudenschaftsvorsteher zu, der die Einnehmer unterstützte. In den 60er und 70er Jahren hatte neben Samuel Oppenheimer auch dessen Bruder Moses das Amt eines Einnehmers inne. Beide unterstützten sich gegenseitig. Auch der letztere beschwerte sich bei der Regierung, daß die Oberämter trotz mehrmaliger Proteste seinerseits das Einsammeln der Gelder nur äußerst lax unterstützten. 1673 beklagte sogar die Rechenkammer, daß die Landjuden während des ganzen Jahres »nichts zur Cammer« geliefert hätten.[55] Die eindringliche Bitte von Moses Oppenheimer um »scharfe Execution« hatte also nichts gefruchtet.[56]

Die Zuständigkeit der Gebrüder Oppenheimer erstreckte sich nicht auf alle Abgaben der Juden. Das Ausstellen der Taschengeleitbriefe und die damit verbundene Einkassierung der entsprechenden Summen lag in den Händen der Wormser Judenschaft. 1665 war deren Konzession erneuert worden. Die Briefe wurden nicht nur an die kurpfälzischen Juden für deren Reisen innerhalb des Landes, sondern auch an »alle Judengenossen«, die das Kurfürstentum bereisten, ausgegeben.[57] Es sei denn, daß Karl Ludwig selbst einen eigenhändig unterschriebenen Passierschein ausstellte, wie am 23. September 1676 für den Badischen Hofjuden Josef Oberländer, der als Zweck seiner Reise zur Frankfurter Messe die »Hofhaltung« angab.[58]

Wie die anderen Einnehmer standen ebenfalls die Wormser Taschengeleitadmodiatoren vor Problemen. Auch sie bemängelten die lasche Kontrolle an den pfälzischen Zollstätten. Die Juden könnten oft ohne die geringste Überprüfung passieren. Die Ausfälle an den bereits von ihnen vorgestreckten Geldern seien inzwischen so hoch, daß sie ihre eigenen Wormser Rekognitionsgelder kaum noch zahlen könnten.[59]

1679 wandten sie sich um Unterstützung an Samuel Oppenheimer, der enge verwandtschaftliche Beziehungen in die Reichsstadt hatte. Dort lebte sein Bruder Abraham, der ursprünglich das Wohnrecht in Heidelberg an Samuel abgetreten hatte.[60] Wahrscheinlich ist dieser der Bitte der Wormser Juden gefolgt und hat sich für sie bei Karl Ludwig eingesetzt. In einem Schreiben vom 12. September des Jahres 1679 bestätigte der Kurfürst, daß die Geleitkonzession für weitere vier Jahre gegen die Vorauszahlung von 12000 fl bei der Wormser Judenschaft liegen werde.[61]

Die Klagen der Wormser Juden ließen jedoch nicht nach. So zeigten sie sich auch nach 1688 darüber enttäuscht, daß die »Juden bei den Zollstätten nicht scharf genug

55 Ebd.
56 Löwenstein 1895, S. 91.
57 GLA 77/2907.
58 GLA 77/2883.
59 Ebd.
60 Eidelberg, Shlomo Juspa R.: Shammash of Wormasia (Worms). Jewish Life in 17th Century Worms. Jerusalem 1991, S. 99.
61 Löwenstein 1895, S. 94. Zum Wormser Judengeleit: Diemann, Max: Die Geschichte der Einzelgemeinde als Spiegel der Gesamtgeschichte. In: Festschrift zur Wiedervereinigung der Alten Synagoge zu Worms. Frankfurt 1961, S. 167–173.

examiniert und nicht zur Vorweisung des Taschengeleits angehalten« würden. Die Hofkammer gab darauf eigens ein Reskript zur Verschärfung der Kontrollen heraus.[62] Trotz der zunehmenden Probleme, die die Wormser Judenschaft bei der Durchsetzung ihres Taschengeleitpatents hatte, verwaltete sie es über die Regierungszeit Karl Ludwigs hinaus. Sie hielt daran genauso fest wie an ihrem Vorrang gegenüber den kurpfälzischen Gemeinden in »Ceremonial und Religionssachen«. Schon in den 50er Jahren hatte sich aber gezeigt, daß dieser Anspruch langsam brüchig wurde. Bereits 1652 beschwerten sich die Wormser Juden darüber, daß die pfälzischen Juden »wider alle Recht und billigkeit wohlhergebrachter Ordnung« sich zunehmend in Frankfurt »judicieren« ließen. Von Karl Ludwig erbaten sie, bei der »alten gewohnheit und Ordnung« belassen zu werden. Streitigkeiten zwischen den kurpfälzischen Juden dürften »vor keinem als vor dem jüdischen Rabbiner in Worms« entschieden werden.[63] Die Wormser Juden argumentierten traditionsgebunden. Noch zu Beginn des 17. Jahrhunderts hatte das rabbinische Gericht in Worms Einfluß weit über die Reichsstadt hinaus. Wie die Gerichte in Frankfurt, Friedberg, Günzburg und Fulda war es von überlokaler Bedeutung.[64]

Es mag überraschen, daß Karl Ludwig, der intensiv um den Ausbau der inneren Souveränität bemüht war und der ansonsten keine Bedenken hatte, historische Rechte aus dem Wege zu räumen, wenn sie dem staatlichen Integrationsgebot entgegenstanden, diese Mitsprache von außen in sein Territorium duldete. Der finanzielle Gesichtspunkt der Aufteilung der Strafgelder zwischen der Wormser Synagoge und der Kurpfalz gab sicherlich nicht den Ausschlag. Waren doch auch die Kurfürsten in späteren Jahren, als die pfälzischen Juden durch das Landesrabbinat ihre eigene territorialbezogene Gerichtsbarkeit ausgebaut hatten, zur Hälfte an den Strafgeldern beteiligt.[65]

Der Verlust der überterritorialen Funktionen der Wormser Judenschaft war eine Frage der Zeit. Seit den 90er Jahren war das Taschengeleitpatent auf David Oppenheimer aus Caub und den Heidelberger Schutzjuden Feist David Oppenheimer übergegangen. Am 7. August 1697 übernahmen die beiden Bewerber die diesbezügliche Konzession für 2000 fl. Ein Jahr später lag sie dann ganz in Heidelberger Händen. Moses und Lazarus Oppenheimer erhielten sie zunächst bis 1701 und konnten wahrscheinlich mangels anderer Bewerber den Preis auf 2000 fl senken.[66] 1701 wurde dann die Konzession auf den Hofjuden Moses Oppenheimer, dessen Erben und auf die Gebrüder Isaac und Lazarus Oppenheimer übertragen.

62 Löwenstein 1895, S. 102.

63 GLA 77/2885.

64 Breuer, Mordechai: Frühe Neuzeit und Beginn der Moderne. In: Breuer, Mordechai u. Graetz, Michael: Deutsch-Jüdische Geschichte in der Neuzeit. Bd. 1: Tradition und Aufklärung 1600–1780. München 1996. S. 91.

65 Cohen, Daniel J.: Die Entwicklung der Landesrabbinate in den deutschen Territorien bis zur Emanzipation. In: Monographien zur Geschichte des Mittelalters: Zur Geschichte der Juden im Deutschland des späten Mittelalters und der frühen Neuzeit. Hrsg. v. Alfred Haverkamp. Stuttgart 1981 (= Monographie zur Geschichte des Mittelalters, 24), S. 221–242.

66 GLA 77/2887.

Jetzt stiegen die Preise. Im ersten Jahr kostete das Taschengeleit zwar noch einmal 2000 fl, um dann aber in den folgenden Jahren auf 3000 fl anzusteigen. Über die Oberämter, die regionalen Verwaltungsbezirke, wurde den Juden befohlen, die Taschengeleitzettel bei Moses Oppenheimer in Heidelberg abzuholen. In Zukunft hätten nur die von diesem ausgegebenen und eigens gedruckten Formulare Gültigkeit. Diese Konzession galt bis 1707. Im März dieses Jahres suchten die Taschengeleiter Lazarus und Isaac Oppenheimer wieder um eine Verlängerung des Kontrakts nach. Wegen der Höhe gerieten sie sowohl mit der Hofkammer als auch mit der Landjudenschaft in Streit. Von sich aus boten sie 3000 fl an, während die Hofkammer 4000 fl forderte. Da keine Einigung erfolgte, wollte die Hofkammer das Einziehen des Taschengeleits versteigern lassen.[67] Ob es dazu gekommen ist, läßt sich anhand der Quellen nicht verifizieren. Am 16. Juli 1707 erhielten Lazarus und Isaac Oppenheimer die Konzession wieder. Diesmal gleich für 12 Jahre. Jedes Jahr hatten sie 5000 fl an die Hofkammer im voraus zu zahlen. Zugleich wurde entschieden, daß jeder einzelne Jude das Taschengeleit für sich und seine Familie »quartaliter« im voraus zu entrichten habe.[68]

Während das Taschengeleit zu den regelmäßigen Abgaben der Juden gehörte, mußten die Donationsgelder nur bei der Thronbesteigung eines neuen Fürsten abgeliefert werden. Bei der Herrschaftsübernahme durch Philipp Wilhelm (1685–1690) wurde für die pfälzischen Juden einheitlich ein Beitrag von 20 fl pro Familie festgesetzt. Geht man von fünf bis sieben jüdischen Familien in Heidelberg aus, dann hätten die Juden rund 4 % der für die Stadt festgesetzten Donationssumme von 3300 fl entrichten müssen.[69] Philipp Wilhelm verzichtete jedoch auf das Geldgeschenk der 129 pfälzischen Landjudenfamilien und nahm dafür zwei von Moses Oppenheimer überreichte mit Diamanten besetzte Ringe an.

Die Quellen gestatten kaum Einblicke in das Innenleben der jüdischen Gemeinde in Heidelberg. Deshalb soll nur auf einige Details verwiesen werden. So ist zu erfahren, daß der Jude Benedikt aus Heidelberg im Jahre 1660 gemäß dem gültigen Abgabesatz drei Gulden für seine Hochzeit bezahlen mußte, während der Jude Samuel beim Tod seines Kindes zwei Gulden entrichtete.[70] Einen Gulden kassierte der Staat von einem Moises genannten Juden anläßlich der Beschneidung seines Sohnes, zwei Gulden beim Tod seiner Frau. Ein unter dem Namen Daniel geführter Jude mußte beim Tod eines Enkelkindes zwei Gulden zahlen. Dazu kamen noch einmal zwei Gulden anläßlich der Überführung der Leiche nach Mannheim. Insgesamt vereinnahmte die dem Oberamt zugeordnete Landschreiberei von den Heidelberger Juden im Jahre 1691 acht Gulden 30 Kreuzer.[71]

Der erwähnte Daniel wird auch im Zusammenhang mit einem Streit mit dem Keller von Eberbach genannt. Da Daniel für ein Pferd keinen Zoll bezahlen wollte, wurde dieses »in arrest« genommen. Er bestand darauf, daß die pfälzischen Juden

67 GLA 77/3037.
68 Ebd.
69 GLA 77/5601.
70 GLA 204/2881.
71 Ebd.

innerhalb des Landes von allen Zollabgaben befreit wären. Interessant ist, daß er seine Beschwerde nicht an das für Eberbach zuständige Oberamt in Mosbach richtete, sondern an das Heidelberger Oberamt appellierte. Aktenkundig sind auch noch zwei andere Fälle, in denen zwei Heidelberger Juden vor dem dortigen Oberamt die Zollfreiheit für ihre Pferde einklagten. Es muß sich um private Pferde gehandelt haben, da damals ein Pferdehandel in Heidelberg noch nicht existierte.

Die Geschichte der Heidelberger Juden in den Jahrzehnten nach dem Dreißigjährigen Krieg ist offensichtlich die Geschichte einer kleinen Gemeinschaft, deren Mitglieder zur jüdischen Elite gehörten. Als Hoffaktoren, als Besitzer staatlicher Schuldverschreibungen,[72] als Einnehmer und Vorsteher der Landjudenschaft und als Einzieher des Taschengeleits erfüllten sie an der Schaltstelle zwischen der pfälzischen Judenschaft und dem Staat wichtige Funktionen. Es ist ebenfalls bekannt, daß sie als Privatleute wegen ihrer Anwesenheit in der Hauptstadt die Interessen weiter entfernt wohnender Juden bei Amts- und Schuldengeschäften vertraten.[73]

Wenn nach einem Bericht der Landjudenschaftsvorsteher während der Regierungszeit Karls (1680–1685) die meisten Familien »von der Judenschaft gar schlechten oder geringen Vermögens« waren, traf dies auf Heidelberg wohl kaum zu. Aber für Heidelberg galt wie für alle anderen Städte und Dörfer in der Pfalz, daß sich nach einer Verordnung vom 20. März 1684 nur Juden »häuslich niederlassen« durften, die wenigstens ein Vermögen von 300 fl nachweisen konnten.[74] Auch andere für die Landjudenschaft bestimmte Regelungen galten für die Stadt. So steht fest, daß spätestens seit 1685 alle jüdischen Familien 30 fl an Schutzgeld zahlen mußten.[75] Ausnahmen gab es nur, wenn die Familien zu arm waren. Dann waren Ermäßigungen oder gar Streichungen möglich.

1.3 Die Auseinandersetzungen um den Kauf eines Platzes für einen Friedhof im Jahr 1688

Die kleine Heidelberger jüdische Gemeinde besaß keine eigene Begräbnisstätte. Meist beerdigte sie ihre Toten in Wiesloch oder in Worms. Bemühungen um den Erwerb eines Friedhofsgrundstücks hatte es öfters gegeben. Verhandlungen mit der Stadt, der Hofkammer und dem Heilig-Geist-Spital hatten jedoch zu keinem Ergebnis geführt.[76] Als im Herbst 1688 ein Junge starb, dessen Leichnam wegen der Kriegszeiten nicht aus der Stadt geführt werden konnte, ergab sich eine neue Möglichkeit.

Zum erstenmal traten jetzt die Heidelberger Juden mit ihren Unterschriften gemeinsam auf einem Dokument in Erscheinung: Löw, Moyses, Feist, Wolf, Süß,

72 Biskup, Gerhard: Die landesfürstlichen Versuche zum wirtschaftlichen Wiederaufbau der Kurpfalz nach dem Dreißigjährigen Krieg 1648–1672. Ein Beitrag zur Wirtschaftsgeschichte der Pfalz. Diss. Frankfurt am Main 1930.

73 Löwenstein 1895, S. 91.

74 Ebd., S. 25.

75 GLA 77/5601.

76 GLA 77/968.

Löw Daniel und Lazarus Moyses Oppenheimer zeigten an, daß sie am Kauf eines im herrschaftlichen Besitz befindlichen Hopfengartens interessiert seien. In Verhandlungen mit Vertretern der Hofkammer gelang es ihnen, den zunächst geforderten Kaufpreis von 150 fl zu verringern. Sie konnten darauf verweisen, daß Lage und Bodenqualität des zwischen Stadtmauer und Plöck gelegenen Grundstücks denkbar ungünstig für den Weinbau waren.[77] Der Verkauf erfolgte unter der Bedingung, daß die Juden die Abgrenzungsmauer auf eigene Kosten reparieren müßten. Zugleich erhielten sie die Erlaubnis, einen »kleinen schopfen oder Häusslein« auf der Mauer zu errichten.

Das Kaufgeld ging jedoch nicht an die fürstliche Rentkammer, sondern floß in die Bezahlung noch ausstehender Beamtenbesoldungen. Vielleicht war auch das ein Grund, warum der Verkauf von höherer Stelle kritisiert wurde. Vor allem die beiden Hofkammerräte Überacker und Ullmann gerieten unter starken Beschuß. Der Präsident der Hofkammer von Callenfels warf ihnen vor, ohne Rückfrage beim Kurfürsten mittels eigenmächtiger Verhandlungen und »begebung eines herrschaftlichen Platzes« ein Präjudiz geschaffen zu haben. Weder zu Karl Ludwigs noch zu Karls Zeiten hätten die Juden das »jus sepulturae« in der Residenzstadt gehabt. Deswegen sei der Kauf wieder rückgängig zu machen. Zudem sei zu überlegen, ob nicht eine »besondere Examination« der beteiligten Beamten erfolgen müsse.

Callenfels wollte in der vom Fürsten verlassenen Stadt dessen Entscheidungsgewalt nicht in Frage stellen lassen. Eine Regelung durch untergeordnete Hofkammerbeamte »ex propria auctoritate« konnte gerade bei der Lösung eines Problems, die einem Bruch mit einer Tradition gleichkam, nicht hingenommen werden. Hinter der Argumentation des Präsidenten der Hofkammer lag wahrscheinlich keine prinzipielle Gegnerschaft zu einem jüdischen Friedhof, sondern eher die Absicht, die fürstliche Autorität in einer krisenhaften Situation aufrechtzuerhalten.

Es kann deshalb nicht überraschen, daß Philipp Wilhelm den Verkauf des Hopfengartens sehr schnell annullierte. Er sei »ohne unsere Vorbewußt und concens« erfolgt.[78] Er untermauerte dieses politisch-rechtliche Argument mit einem Verweis auf die Geschichte. Früher sei die Beerdigung von fremden Juden in Heidelberg nicht erlaubt gewesen. Inzwischen seien entgegen dieser Überlieferung ein Mannheimer Jude und zwei aus Ladenburg und Ilvesheim stammende Kinder hier beerdigt worden. Er befahl, »was an selbigem Begräbnisplatz gebaut und zugerichtet, alsobald niederreissen zu lassen«.[79]

1697 nahmen die Juden die Verhandlungen um einen Friedhof wieder auf. Sie hatten den erwähnten Hopfengarten noch immer im Blick. 1700 erhielt Moses Oppenheimer den Bescheid, daß der Hopfengarten wegen einer geplanten Änderung der Straßenführung in der Plöck nicht in Frage komme. Damit war neben dem Verweis auf die früheren Verhältnisse und auf die fürstliche Souveränität zusätzlich ein verkehrstechnisches Argument gegen die Errichtung eines Friedhofes innerhalb

77 Ebd.
78 Ebd.
79 Löwenstein 1895, S. 102.

der Stadtmauer gefunden. Im Unterschied zu 1689 wurden dieses Mal mehrere andere Plätze angeboten. Der Stadtrat schlug u. a. ein Gelände vor dem Speyrer Tor vor. Schließlich entschied Philipp Wilhelm 1701, daß ein Platz außerhalb der Stadtmauer vor dem Klingentor im sogenannten Affenstein zur Verfügung gestellt werden sollte. Die Hofkammer hatte den Platz vor allem auch deshalb empfohlen, »weil er wegen seiner Entfernung und der dazwischen liegenden Krümme von der Stadt aus wenig und von der Kaserne aus gar nicht gesehen werden kann, an keiner Straße gelegen und sonst niemand hinderlich oder verdrießlich ist«.[80]

Feist, Wolf, Lazarus, Moises, Löw Daniel, Isack Moses und Salomon Oppenheimer baten um die kostenlose Lieferung des Materials zur Umzäunung des Friedhofs. Sie hätten bereits den Platz im Hopfengarten mit 141 fl bezahlt und auf eigene Kosten eine Mauer errichten lassen. Bei Bewilligung ihrer Bitte versprachen sie im Gegenzug eine jährliche Abgabe an die Kapuziner und an die Franziskaner von je 50 fl. Ebenfalls 50 fl wollten sie in das städtische Almosen einzahlen. Ein Angebot, das im Kaufbrief vom 16. Februar 1702 festgeschrieben wurde.[81]

Mit der Anlage eines Friedhofs erfuhr die jüdische Gemeinde in Heidelberg eine Aufwertung. Es ist anzunehmen, daß die neue Begräbnisstätte in Einzelfällen auch für Beerdigungen von Juden aus der Umgebung offen war. Von einer Mittelpunktfunktion des Friedhofes im Klingenteich kann jedoch nicht gesprochen werden. Vielmehr scheinen die alten Begräbnisstätten ihre Bedeutung im 18. Jahrhundert bewahrt zu haben. Das gilt auch für Worms. Zumindest finden sich aus dieser Epoche immer wieder Regierungsverordnungen, die das Überbringen von Leichen auf den Friedhof der Reichsstadt gestatteten. Leider sind aus dem 18. Jahrhundert auf dem Heidelberger Friedhof nur wenig Grabsteine aus den 80er und 90er Jahren erhalten.[82]

1.4 Die Residenzstadt als Zufluchtsort pfälzischer Juden während des Orléansschen Krieges

Im Januar 1689 brannten französische Truppen elf Dörfer im Oberamt Heidelberg nieder. Mannheim wurde durch Pioniere eingerissen und schließlich eingeäschert. Die Bevölkerung mußte die Stadt verlassen. Während der Belagerung beteiligten sich die Juden an den Schanzarbeiten und anderen Verteidigungsmaßnahmen. Außerdem mußten sie, da der Gouverneur der Festung im Weigerungsfalle mit der Hinrichtung des Rabbiners und der Vorsteher gedroht hatte, durch einen Boten Geld aus Frankfurt zur Bezahlung der Truppen herbeischaffen.[83] Sie stellten der Stadt auch eine große Anzahl von Federbetten für die Hospitäler zur Verfügung. Gleichermaßen wurden sie zu »vielen Einquartierungslasten« und »anderen unzähligen Auflagen« herangezogen.

80 Ebd., S. 135.

81 Ebd.

82 Heinemann, Günther: Geschichte der Juden in Heidelberg bis zur Emanzipation im 19. Jahrhundert. In: Szklanowski 1984, S. 19.

83 Rosenthal, Berthold: Heimatgeschichte der badischen Juden seit ihrem geschichtlichen Auftreten bis zur Gegenwart. Bühl 1927, S. 107.

Da der Brand in Heidelberg im März 1689 aufgrund des besonnenen Vorgehens des Stadtkommandanten Graf Tessé nur 34 Häuser zerstört hatte,[84] konnte die Residenz zum Zufluchtsort für Flüchtlinge aus der verwüsteten Region werden. Ein Augenzeuge berichtete, daß den Heidelberger Juden ein großer Anteil bei der »Errettung« der Stadt »sowohl mit löschen als Geld geben« zugekommen sei.[85] Viele der aus Mannheim geflüchteten 60 bis 70 jüdischen Familien kamen vorübergehend in der Nachbarstadt unter. Von den insgesamt 35 jüdischen Familien, die in Heidelberg Sicherheit suchten, besaßen 26 das Mannheimer Niederlassungsrecht. Die restlichen kamen aus der unmittelbaren Nachbarschaft, aus Leimen, Rohrbach, Nußloch und Schriesheim und aus dem linksrheinischen Rheingönheim. Nur wenige der 26 Mannheimer Familien mit ihren 167 Personen konnten angesichts der geringen Zahl der Heidelberger Juden bei ihren Glaubensgenossen untergebracht werden. Vier ortsansässige Juden stellten ihre Wohnungen bzw. Häuser zur Verfügung. Der Vorsteher Moses Oppenheimer hatte in seinem Haus die größte Kapazität. Dort wohnten neben der Familie des Löw Oppenheimer aus Mannheim auch zwei Wieslocher Familien.

Ein Teil der Mannheimer Juden hatte sich auch in anderen Orten des Landes niedergelassen. Ein Erlaß der Regierung vom 23. Juni 1689 billigte rückwirkend diese Wahl. Hingegen wurde im gleichen Erlaß der weitere Aufenthalt in der Residenzstadt verboten. Der Heidelberger Stadtschultheiß erhielt den Auftrag, alle fremden Juden aus der Stadt auszuweisen. Der Vorsteher Moses Oppenheimer mußte diese Verordnung im Bethaus verkünden lassen.

Inzwischen schaltete die Regierung noch einen anderen Befehlsstrang ein. Der Mannheimer Stadtschultheiß, wie sein Heidelberger Kollege staatliches Kontrollorgan auf kommunaler Ebene, befahl den Mannheimer Juden, sich innerhalb von acht Tagen einen anderen kurpfälzischen Zufluchtsort »interimsweise« zu suchen. Mit Hilfe von zwei Gesuchen konnten diese jedoch den Vollzug des Befehls hinauszögern. Sie könnten ihren nach Heidelberg gebrachten Hausstand nicht kurzfristig und nicht ohne Gefährdung wegtransportieren. Auch seien die Orte um Mannheim herum, in denen sie hätten unterkommen können, »ruiniert«, und drittens könnten sie ihren Beitrag zum Wiederaufbau von Mannheim am besten von dem nahegelegenen Heidelberg aus leisten. Sie baten zugleich um Unterstützung durch die Regierung gegen die Oberämter Heidelberg, Weinheim, Mosbach und Bretten, die ihnen den Aufenthalt auf ihrem Gebiet untersagen wollten.[86]

Das waren triftige Gründe, denen sich die Regierung schwerlich verschließen konnte, zumal inzwischen Stadtschultheiß, Bürgermeister und Rat aus Mannheim die Juden unterstützten. Der Beitrag der Juden in der Belagerungskrise der Stadt war noch allzu frisch, so daß sich kein Widerstand gegen die Feststellung der kommunalen Instanzen erhob, daß die Juden sich »als getreue schutzverwandte unterthänigst erwiesen haben«. Da das Gebiet zwischen Heidelberg und Heilbronn genauso stark wie die linksrheinische Pfalz in Mitleidenschaft gezogen war, hatten die Juden keine

84 Schaab 1992, S. 151.
85 Löwenstein 1895, S. 103.
86 Rosenthal 1927, S. 109.

Möglichkeit, die Residenzstadt zu verlassen.[87] In Heidelberg hatte inzwischen der Rat seine Bedenken gegen die Flüchtlinge vorgebracht, deren Anwesenheit eine gefährliche Konkurrenz für den Handelsstand darstelle. Der Appell konnte die Regierung jedoch nicht davon abhalten, den Mannheimer Juden den Aufenthalt zumindest über den Winter zu gewähren. Sie mußten sich dafür wöchentlich an den Einquartierungskosten beteiligen. Die Summe belief sich auf die Hälfte des Betrages, den die ansässigen Heidelberger Juden für diesen Zweck abzugeben hatten.[88]

2 Rechtsgrundlagen, Konfliktlinien und Bestandsaufnahme in den ersten Jahrzehnten des 18. Jahrhunderts

2.1 Das Stadtprivileg und die Judenkonzession von 1698

Während des ganzen 18. Jahrhunderts blieben die Rechte der Heidelberger Juden umstritten. Ungezählte Petitionen, Appelle, Klagen und Entscheidungen wiederholten und durchkreuzten sich jahrzehntelang und variierten dabei die gleichen Argumentationsmuster. Positionen, die für eine einengende Interpretation der jüdischen Lebensbedingungen standen, stützen sich zumeist auf das Stadtprivileg von 1698. Hingegen griffen eher offenere Sichtweisen auf die der kurpfälzischen Landjudenschaft gewährte Konzession aus dem gleichen Jahre zurück.

Hauptziel des Stadtprivilegs war es, die »gäntzlich verbrannt, zerstört und versengte Churfürstliche Haupt- und Residenzstatt« wiederaufzurichten. Deshalb wurde die Bevölkerung mit »verschiedenen Gnaden, freyheiten und Wohltaten gnädigst versehen«.[89] So sollten die neuen, nach Heidelberg kommenden Einwohner von »Schatzungs- und anderen herrschaftlichen Abgaben« für den Zeitraum von 30 Jahren befreit sein. Sie besaßen ebenso die Akzisefreiheit auf Wein, Bier, Korn, Mehl und andere Nahrungsmittel.

Der Artikel 10 dieses Stadtprivilegs geht auf die Juden ein. Sein Inhalt fällt im Kontext des relativ großzügigen Grundtenors restriktiv aus. Nicht daß die Anzahl der jüdischen Familien beschränkt wird, ist erstaunlich. Das war in allen Städten so. Selbst in der Mannheimer Judenkonzession von 1691 wurde eine zahlenmäßige Beschränkung festgelegt. Was am Heidelberger Stadtprivileg so überrascht, ist die Begrenzung auf die geringe Zahl von zwei, höchstens drei jüdischen Familien.

Dazu kamen noch weitere Reglementierungen. Die Juden durften nur mit bestimmten Waren »wie vormals in der Churpfalz und benachbarten Orten gebrauchlich gewesen« handeln. Um welche Waren es sich jedoch handelte, ist nicht angegeben. Ihre Häuser mußten »beysammen in einer gaßen« gebaut werden.

87 Vetter, Roland: Heidelberga deleta. Heidelbergs zweite Zerstörung im Orléansschen Krieg und die französische Kampagne von 1693. Heidelberg 1989 (= Schriftenreihe des Stadtarchivs Heidelberg, 1), S. 13 f.

88 Rosenthal 1927, S. 125.

89 Vgl. Text des Stadtprivilegs vom 11. März 1689, zeitgenössische Abschrift (STAHD, Urkunde Nr. 222 b).

Im Unterschied zu den »Savoyarden, Italiener oder anderen außländischen Crämer«, die angehalten waren, sich in den Status der Bürgerschaft und in die Mitgliedschaft der Zunft zu begeben, war dem Zeitgeist entsprechend eine solche Gleichberechtigung für die Juden nicht vorgesehen. Das vertrug sich mit der Generalformel des Artikels 19, daß es »bey der Statt Heydelberg vorhin wohlhergebrachten privilegien, immunitäten, freyheiten, recht und gerechtigkeiten, Einkünfften, renten und gefällen, guten ordnungen, gewohnheiten und altem herkommen« bleiben müsse.

Die rigide und zwingend eindeutige Formulierung des Stadtprivilegs hinsichtlich der Entfaltungsmöglichkeiten der Juden stieß auf Widerspruch. Selbst in einem Regierungsgutachten vom gleichen Jahr wurde kritisiert, daß die Zahl der Juden nicht einmal auf fünf Familien angesetzt würde, zumal schon vor der Zerstörung der Stadt diese Anzahl erreicht gewesen sei. Ebenso stießen die Beschränkungen im »Gewerb und in der Handthierung« auf Widerspruch der Beamten. Vielmehr forderte das Gutachten, daß die Juden diesbezüglich »den Bürgern zu Heydelberg« gleichgestellt würden. Auch die erwähnte Zusammenlegung der jüdischen Häuser in einer Gasse wurde kritisiert. Dies sei allein schon deshalb nicht möglich, da es den Juden erlaubt worden sei, ihre »ruinierten Häuser« wiederaufzubauen. Diese hatten demnach nicht zusammen in einer bestimmten Gasse gelegen.[90]

Um die gleiche Zeit ist wahrscheinlich eine undatierte Beschwerdeschrift aller »Schutzverwandten Juden zu Heydelberg« entstanden.[91] Diese vermuteten, daß der Artikel 10 auf Wunsch der Stadt Heidelberg in das Privileg aufgenommen worden sei. Allerdings hätten schon vor 40 oder 50 Jahren in der Stadt bereits fünf Judenfamilien gewohnt. In den letzten 20 Jahren sei diese Zahl auf sechs oder sieben angestiegen. Ebenso habe es früher »ohngesterten freyen ohneingeschränkten handel und wandel« für die Juden gegeben. Schließlich sei ihnen auch in der jüngsten Konzession die Zulassung »zu allen ehrlichen Handlungen« erlaubt worden. Hingegen habe das Wohnen in einer »gewissen Gass« in Heidelberg kein historisches Vorbild. Seit 40 Jahren zahlten zudem die Heidelberger Juden eine jährliche Summe von 40 fl, damit sie in der Stadt ein freieres Niederlassungsrecht hätten. Im Unterschied zur Gegenwart sei es früher um vieles leichter gewesen, nach Heidelberg zu kommen, »sich eine Wohnung zu verschaffen« und auf dem Markt »offene Läden« zu führen. Die Schutzgelder seien früher immer pünktlich bezahlt worden. Dabei habe der am geringsten veranlagte Jude immer noch höher gelegen »als einer der vermögendsten Handelsherren«. Während der »letzten gewesenen trübseeligen Kriegszeiten« hätten die Heidelberger Juden »schwere Lasten« mitgetragen. Sie hätten sich am Winterquartier, an den Umlagen für die »auxiliar Völker« und auch an der »Verpflegung der feindlichen Garnison« beteiligt. Schließlich seien sie durch »plünderung, raub und brandt« vollkommen um ihr Vermögen gebracht worden. Dem »Verderben entrissen«, würden sie sich wieder dem Bauen zuwenden und sich bemühen, »eine ehrliche Handlung einzurichten«. Die Stadt stünde jedoch solchen Plänen abweisend entgegen. Es gäbe für

90 GLA 204/1584.
91 GLA 204/967.

sie kaum Hoffnung, »nach so vielem ausgestandenen Elend der Lieben Friedensfrüchten mithin auch der Stadt gnädigste ertheilten freyheiten mit zu genießen und einige ergötzung zu empfinden«. Der Herrscher wurde letztlich gebeten, der Stadt »keinen Vorschub« zu leisten, zudem deren Pläne nicht im »fürstlichen Interesse« lägen. Am Ende ihres Schreibens baten die Juden darum, die Zahl ihrer Familien nicht zu verringern. Sie zeigten sich daran interessiert, ihre Häuser wiederaufzubauen und neue Hausplätze »ohne reflexion wo selbige gelegen sind«, kaufen zu können. Zugleich forderten sie die »freylassung aller ehrlichen handlungen« und hofften, daß sie für die nächsten 40 bis 50 Jahre »uf keinerlei wegen beschwert und beeinträchtigt werden«. So lange habe die Judenkonzession ihre Gültigkeit. Könnten alle diese Voraussetzungen garåntiert werden, dann würden sie »desto mehr ufbringen einen ruinierten Ort«.[92]

Zum Hintergrund dieser Petition gehört nicht nur das Stadtprivileg, sondern auch die von Johann Wilhelm 1698 in Düsseldorf erlassene pfälzische Judenordnung,[93] die von 125 Familien mit Wohnrecht in dem ganzen Territorium ausging. Eine Verteilung auf die einzelnen Dörfer und Städte wurde jedoch nicht vorgenommen. Eine solche bürokratische Regelung wäre in der Praxis auf unüberwindliche Schwierigkeiten gestoßen. In der Einleitung dieser Konzession wurde daran erinnert, daß die Vorsteher der Judenschaft den Herrscher gebeten hätten, die Juden »sambt weib und Kindern, auch brotgesindt, mit all ihren hab und güthern« in den »gnädigsten Schutz« aufzunehmen. Die Ordnung sollte zunächst für 12 Jahre gelten. Die von den jüdischen Beschwerdeführern erwähnten 40 Jahre finden sich in dem Text nicht. Wie alle Untertanen sollten auch die Juden der allgemeinen Polizeiordnung unterstellt sein. Ihre Zeremonien durften sie »frey und ohngehindert«, aber »ohn gepräng und weitläufigkeit«, wie es »bißhero öffters geschehen« sei, ausüben. Den Juden wurde »alle ehrliche Handlung« garantiert, wie es ihnen auch früher erlaubt gewesen sei. Die Beamten sollten sie in diesen Rechten »schützen und schirmen«.

Zwar finden sich in diesem Dokument die üblichen Bestimmungen über den Zins, den eingeschränkten Umgang mit entliehenen Pfändern oder über das Verbot des Geldleihens auf kirchliche Geräte. Zugleich wurde jedoch eingestanden, daß ohne den jüdischen Geldhandel die Einwohner ihren Geschäften auf »unbequemere« und »beschwerlichere Weise« nachgehen müßten.

Vom Leibzoll wurden die pfälzischen Juden für »ihre Person, auch für weiber, Kinder und Haußgesind« befreit. Das Taschengeleit blieb jedoch erhalten. Seine Erhebung wurde indessen nicht mehr der Wormser Judenschaft übertragen. Die Konzession ließ vielmehr offen, wer in Zukunft damit betraut werden würde. Die Taschengeleitzettel mußten sowohl innerhalb des Landes als auch auf den von der Pfalz kontrollierten außerterritorialen »Zoll und Geleitstraßen« immer bei sich getragen werden. Damit sollte verhindert werden, daß sich fremde Juden als pfälzische Schutzverwandte ausgeben könnten.

92 Ebd.
93 STAHD, 419, Judenordnungen 1689, 1788.

Alle kurpfälzischen Juden erhielten das Recht, »entweder neue Häuser auffzubauen, oder auch ruinierte Häuser zu erkaufen und zu reparieren«. Damit wurde die Grundlage für die Weiterentwicklung der jüdischen Gemeinden geschaffen. Hinzu kam ein wichtiges Element der Autonomie. Privatrechtliche Streitfälle konnten bis zur Strafhöhe von 12 Reichstalern von innerjüdischen Instanzen entschieden werden. Die Hälfte der Summe mußte an das jüdische Almosen, die andere Hälfte an die Hofkammer geliefert werden. Zugleich stärkte der Staat die Stellung der Vorsteher »in ihren Jüdischen und glaubens und Ceremonien-Sachen« gegen diejenigen, die sich »darinnen halßstarrig und widersetzlich erzeigen«.

Ein weiterer Indikator für die Selbständigkeit der einzelnen jüdischen Gemeinde lag in der Gewährung von Friedhöfen. Es habe sich als beschwerlich erwiesen, die Toten an manchmal weit entfernte Orte zu bringen. Sollten die Juden jedoch darauf bestehen, die Beerdigungen weiterhin in Worms oder »anderswo ausser unser bottmäßigkeit« zu vollziehen, dann dürfe es ihnen nicht verwehrt werden. Umgekehrt gebe es keinen Grund, »fremden Juden aus der Nachbarschaft« das Begräbnis in der Kurpfalz zu verweigern.

Die Konzession ging von der Norm aus, daß die jüdische Bevölkerung in jeder Gemeinde reguliert werden müsse, was nicht a priori eine Festschreibung der bestehenden Zahl der Familien bedeuten mußte. So konnten verheiratete Kinder nicht nur ein Jahr lang nach der Hochzeit ein »Freijahr« ohne Schutzgeldzahlung im Haus ihrer Eltern verbringen, sondern sie konnten auch einen »annehmungsschein« erwerben, der eine Schutzverwandtschaft begründete. Die Bedingungen für den Erwerb dieses Bleiberechts wurden jedoch nicht angegeben. Der Staat schuf sich aber gerade durch diese Unbestimmtheit einen Handlungsspielraum, den er je nach Interessenlage nutzen konnte. Allerdings führte gerade diese Lücke auf lokaler Ebene zu einer Fülle von Kontroversen.

Präziser äußerte sich die Konzession zu möglichen Abwanderungen. Die Entlassung aus dem Schutz konnte nach einer formgerechten Abmeldung bei den Behörden und nach Hinterlegung des Schutzgelds für das kommende Jahr gewährt werden. Um das Verfahren abzuschließen, waren dann nur noch die »creditoren« des Auswanderungswilligen zu befragen.

An Abgaben wurden in der Konzession neben dem Schutzgeld, das in den nächsten 12 Jahren nicht erhöht werden durfte, Hochzeits- und Begräbnisgebühren aufgezählt. So lange die Zahl der Juden nicht größer würde, hätten die pfälzischen Juden jährlich über ihre Vorsteher 500 fl Konzessionsgelder »gueter gangbarer Landswahrung« an die Hofkammer und 20 Reichstaler »Tax« an die Kanzlei zu entrichten.

Derjenige Jude, der »von der gesambten Landjudenschaft zur Einsamblung obiger gelder, und ander dergleichen vorfallenheiten gebraucht wird«, mußte kein Schutzgeld bezahlen. Zugleich war er verpflichtet, »auf dem Land zu wohnen«, d.h. in einer Stadt oder in einem Dorf der Kurpfalz, nicht aber in Mannheim. Die Beamten sollen ihm nicht nur »gegen die Säumige Juden mit schleunigen executionen die handt bieten«, sondern ihn auch bei seinen sonstigen Verrichtungen unterstützen. Die Eintreibung der schuldigen Gelder wurde später meist ganz im Sinne der Konzession rigoros angekündigt, dann aber i. d.R. weniger konsequent betrieben.[94]

Auch die Vorsteher der Judenschaft hatten mit den Abgaben zu tun. Unter ihrer Leitung sollte eine jährliche Versammlung zusammentreten, um über die Umlage der 500 fl und die anderen Abgaben zu entscheiden. Die Vorbereitung dieser jährlichen Zusammenkunft hatte unter der Aufsicht des jeweiligen Oberamts zu erfolgen, dessen Beamte das Treffen zu überwachen hatten, damit die dort versammelten Juden »nichts gefährliches vornehmen mögen«.

Neben diesen vom Staat geregelten Bereichen wurde auch anerkannt, daß es auf der kommunalen Ebene »in stätten, fleckhen und dörffern« freie Vereinbarungsmöglichkeiten mit den Juden über den Genuß von »wasser und waydt« geben könne. »Bei Vermeidung unnachlässiger Straf« müßten diese von beiden Seiten eingehalten werden.

Bemerkenswert ist, daß der gesamte staatliche Verwaltungsaufbau von den Räten der Regierung und der Hofkammer, über Ober- und Unteramtleute, über die Burggrafen, Landschreiber, Amtsschultheißen, Zollschreiber, Keller, Schaffner, Pfleger bis zu den Schultheißen und den Funktionsträgern auf der Gemeindeebene wie Bürgermeistern, Gemeinderäten und Gerichten auf den Schutz dieser Konzession eingeschworen wurde. Darüber hinaus wurden auch alle Untertanen und deren Angehörige »bey Vermeidung« von »Straff und ungnad« auf deren Einhaltung verpflichtet.

Mit der Konzession von 1698, die wie alle Judenordnungen der frühen Neuzeit der territorialen Integration diente, war ein Rahmen geschaffen, der bis zum Ende der Kurpfalz seine Gültigkeit bewahrte. Streitigkeiten und Konflikte hielten jedoch an. Die Realität war vielfältiger als die Paragraphen der Konzession. Hinzu kam, daß nicht nur die restriktiveren Stadtprivilegien, sondern auch andere Dokumente wie z. B. Zunftordnungen dem offeneren Geist der Konzession entgegenwirkten. Damit stand den streitenden Parteien ein Argumentationsarsenal zur Verfügung, das zwar je nach Interessenlage unterschiedliche Akzentuierungen erlaubte, aber prinzipiell den Status quo der jüdischen Minderberechtigung nicht in Frage stellte. Bis weit in die 1780er Jahre hinein blieben die Wahrnehmungsraster von Stadtrat, Zünften, staatlicher Bürokratie und Judenschaft unverändert. Argumente aus den 20er Jahren wurden in die Polemik der 60er, 70er und 80er Jahre übernommen, ja erschienen nicht selten sogar noch in den 90er Jahren. Meist versuchten die Streitenden, sich gegenseitig durch Verweise auf die Gesetzeslage auszustechen. Ihnen war bewußt, daß sie zudem »historisch« unter Rückgriff auf angeblich frühere Zustände argumentieren mußten, wollten sie erfolgreich sein. Das hing nicht etwa mit besonders rückständigen Verhältnissen in der Pfalz zusammen, sondern war Ausdruck der ständisch-korporativen Gesellschaftsordnung. Gerade in einer kleinen Stadt wie Heidelberg war diese bis an die Schwelle des 19. Jahrhunderts kaum in Bewegung geraten. Die Veränderungen, die in der städtischen Wirtschaft im Sinne des Merkantilismus gegen den Protest des Zunftbürgertums durch fürstlichen Machtspruch abliefen, begünstigten Unternehmer und »Fabri-

94 Blase, Ludwig: Die direkten und indirekten Steuern der Churpfalz. Rochlitz 1914, S. 7.

kanten«, die nicht aus dem Judentum kamen. Sie waren teilweise italienischer und französischer Abstammung. Als Christen gehörten sie Minderheiten an, die, wie die Hugenotten in Preußen, in ihrer Gesamtheit bevorzugt behandelt wurden. Die Juden hingegen verblieben als Gruppe in ihrer Deklassierung, auch wenn einzelne von ihnen als Hoffaktoren, Händler oder als Fabrikanten hervorragen konnten. Erst um 1800 begann sich in Heidelberg unter dem Einfluß der Reformpläne der pfalzbayrischen Regierung unter Maximilian Josef das Gefüge der starren Positionen zu ändern.

2.2 Zum Streit mit den Zünften: Wolff Oppenheimer und Isaac Marx

Schon ein Jahr nach dem Erlaß der Konzession und nach Inkraftsetzung des Stadtprivilegs zeigte sich, daß im Gefolge der beiden Dokumente in Heidelberg ein heftiger Streit entbrannte. Wolf Oppenheimer beschwerte sich bei der Regierung, daß der Stadtrat ihm auf Drängen der Krämerzunft befohlen hatte, einen auf dem Jahrmarkt bereits aufgestellten Stand wieder abzubauen. Schon vorher war es zu einer »Zusammenrottung der Krämer« gegen den gerade errichteten Stand gekommen. Am 28. Juli 1699 befahl die Regierung dem Stadtrat, Oppenheimer »auf dem Jahrmarkt offentlich teilnehmen zu lassen«. Sollten sich die Krämer widersetzen, müßten sie mit »nahmhafter Straff« rechnen. Bereits einen Tag später machte die Regierung ihre Anweisung wieder rückgängig. Die Krämerzunft hatte Widerspruch eingelegt und dabei die Zunftordnung vorgelegt, nach der es den Juden verboten sei, ihre Waren auf Jahrmärkten offen anzubieten. Die Regierung machte das historische Recht der Zunft zum Maßstab ihres Handelns. Sie wies den Stadtrat an, Wolff Oppenheimer unverzüglich über die neue Lage der Dinge zu informieren und entsprechende Konsequenzen daraus zu ziehen.

Dieser hatte inzwischen in einem Schreiben an den Kurfürsten seine Gleichstellung mit anderen Kaufleuten gefordert und darauf verwiesen, daß es den Juden in der Pfalz erlaubt sei, ihre Waren auf den Jahrmärkten offen anzubieten. Er bezog sich explizit auf die Konzession, die den Juden gestatte, »unseren Handel ohne einige Hinderniß zu führen«.

Oppenheimer führte jedoch nicht nur die Rechtslage an. Er argumentierte auch mit wirtschaftlichen Befunden. Die Juden hätten ihre Häuser verloren und bemühten sich jetzt, »neue Häuser mit schweren Kosten« zu erbauen. Sollten sie weiterhin von der Krämerzunft daran »gehemmet« werden, könnten sie am Wiederaufbau der Stadt nicht teilnehmen. Das Schreiben Oppenheimers wurde auch von anderen schutzverwandten Juden unterzeichnet. Die Regierung eröffnete jedoch keine Diskussion, sondern blieb bei ihrer Unterstützung der Krämerzunft.

Am 17. November 1699 griffen Bürgermeister und Stadtrat erneut in den Streit ein. Sie behaupteten, daß die Juden bis jetzt nicht den Beweis hätten erbringen können, bereits vor dem Krieg das Recht besessen zu haben, »uff allhiesigen jahrmärckten, offentlich feil zu haben«. Nicht nur das Marktrecht hätten sie nicht besessen, sondern es sei ihnen auch verboten gewesen, vor ihren »eigenen Häusern« offene Läden zu führen. Nur das Recht, Waren innerhalb ihrer Häuser zu verkaufen, sei ihnen zugekommen. Allerdings war auch dieses geringe Zugeständnis noch einmal an eine weitere Bedingung geknüpft. Die Waren durften von außen nicht sichtbar sein.

Ebenfalls legte die Krämerzunft noch einmal nach. Früher hätten die Juden ihre Waren nur in »winkeln und in der höhe« anbieten dürfen. Der Verkauf im Erdgeschoß sei verboten gewesen, da er einem »täglichen jahrmarkt« gleichgekommen wäre. Die Zunft forderte die Aufrechterhaltung dieses Verbots und erinnerte daran, daß ihre Zunftordnung, die ihr Privilegien gegenüber den Juden einräume, mit viel Geld erkauft werden mußte. Hinzu komme, daß die »hiesigen Krämer und Bürger« ihr »guth und bluth im vorigen Kriege verloren« hätten. Trotz dieser Opfer werde ihnen in letzter Zeit die Nahrungsgrundlage »vollends entzogen«.[95]

Überdies verstoße nicht nur Wolff Oppenheimer, sondern auch der Jude Mortie gegen das Recht und gegen die Interessen der Zünfte. Er führe in der Oberen Straße einen »offenen Laden«. Hier dürfe er zwar wohnen. Nicht aber in einem Haus, das er selbst gebaut habe, da in dieser Straße ein generelles Bauverbot für Juden bestünde. Auch in diesem Fall schloß sich die Regierung der Zunft an. Sie teilte der kurfürstlichen Baukommission in Heidelberg mit, daß den in der Stadt wohnenden Juden »gleich in anderen stätten und in specie in Frankfurt und in Mainz eine aparte Straße angewiesen« werden müsse.[96] Wie unentschieden man innerhalb der Regierung war, wird daraus deutlich, daß kurz vorher ein anderslautendes Dekret verabschiedet worden war. Am 5. Mai 1699 wurde nämlich beschlossen, daß die Juden »in einer gaß zu wohnen nit gehalten« seien. Sie könnten dort bauen, wo sie ihre alten zerstörten Häuser wieder errichten wollten oder wo sie Bauplätze erwerben würden. Zugleich dürften sie »in ihrem gewerb und hantieren« einen freien und uneingeschränkten Handel treiben.[97]

Der Streit um den Warenverkauf führte oft zu den merkwürdigsten Sonderregelungen. So erlaubte die Regierung dem Jacob Uffenheim, die Haustür offen stehen zu lassen. Zugleich aber müsse er darauf achten, daß die Waren von der Straße aus nicht gesehen werden könnten.[98]

Die Reaktion der Juden auf solche Einschränkungen waren nicht immer einhellig. Süß und Feist Oppenheimer erklärten nach einem Regierungsbericht vom 9. Oktober 1701, daß sie »seperatim die notturft« beobachten wollten. Hingegen zeigte sich Isaac Marx, der erst am 13. Juli 1700 in den Schutz aufgenommen worden war, widerspenstig.

Marx hatte am 11. August 1700 von Dionysis Hamburger, einem Frankfurter Handelskaufmann, einen Hausplatz in Heidelberg zum Preis von 850 fl gekauft.[99] Am 8. November des Jahres 1700 wurde in einem Verzeichnis der jüdischen Einwohner Heidelbergs festgehalten, daß er damals noch in des Posthalters Haus wohnte. Zu diesem Termin befanden sich noch zehn andere Juden mit Schutzbrief in der Stadt. Sieben trugen den Namen Oppenheimer. Von ihnen wohnten Feist

95 GLA 204/967.
96 Ebd.
97 Ebd.
98 Ebd.
99 STAHD. Kontraktenbuch v. 11. August 1700.

und Süßkind Oppenheimer in eigenen Häusern in der Heugasse bzw. in der »Ingramgaß«. Bei Süßkind lebte Moyses Oppenheimer, während Salomon Oppenheimer bei seinem Bruder Feist Unterkunft gefunden hatte. Zusätzlich lebte bei Feist noch ein ungenannter Jude aus Rohrbach. Die anderen Juden wohnten bis auf Abraham Isaac als Mieter bei Christen. Gumbrich aus Mannheim hatte seine Unterkunft bei dem Tagelöhner Dietrich von der Hart im Faulen Pelz. Er behauptete wie alle anderen, in den Schutz aufgenommen worden zu sein. Der Status eines Lazarus genannten Juden bleibt ungeklärt.[100]

Schon bevor diese Bestandsaufnahme durchgeführt wurde, hatte sich Isaac Marx am 17. September 1701 in einem bemerkenswerten Schriftstück gegen die Angriffe der Krämerzunft gewehrt. Diese werfe ihm vor, zu einer »merklichen Diminuation« ihrer Nahrung beizutragen, da er »offene läden« führe. Solches Geschäftsgebaren wolle sie ihm aus »Neid und mißgunst« genauso untersagen lassen wie den Bau eines eigenen Hauses. Auch der Stadtrat habe sich den Angriffen der Zunft angeschlossen und befohlen, binnen 24 Stunden seine offenen Läden zu schließen. Die Zünfte hätten gedroht, daß sie bei Nichtbefolgung dieser Anordnung seinen Laden »stürmen« wollten.

Isaac Marx wich vor dieser doppelten Front nicht zurück. In einem Schreiben an den Kurfürsten bereicherte er das gängige Argumentationsschema. Er appellierte an die fürstliche Souveränität, die weder an irgendeinen Gesetzestext noch an irgendwelche Artikel der unterschiedlichen Verordnungen und Concessionen gebunden sei. Vielmehr könne der Herrscher aus eigener Machtvollkommenheit (»ex plenitudine potestas«) je nach Lage der Dinge Vorschriften aller Art »mehren und mindern«.

Marx gründete seine Position jedoch nicht nur auf den fürstlichen Machtspruch. Er erinnerte auch an die mit seiner Schutzaufnahme verbundene Verpflichtung, ein »rechtschaffenes Haus in Heidelberg, ohne eine eintzige beschränkung, dieser oder jener gassen und strassen, dieses oder jenes situs und orthes zu erbauen«. Dementsprechend beharrte er darauf, jeden beliebigen Bauplatz in der Stadt kaufen zu können.

Als sei ihm seine eigene Argumentation zu kühn, nahm Marx sie bei einem anderen Punkt wieder etwas zurück. So machte er bei der Beteiligung der Juden an »offenen Ständen« auf »jahr und anderen märckten« eine Einschränkung. Hier müßte jedesmal um eine »Special-obrigkeitliche verwilligung« angesucht werden. Kein Jude dürfe sich so verhalten, als sei ihm ein solches Marktrecht gleichsam »universaliter gnädigst verliehen« worden. Marx ließ auch den Hinweis auf persönliche Verdienste nicht aus. Schon vor zwei Jahren habe er die »liebereyen« (Kleider) an die Hofkammer geliefert und damit im »herrschaftlichen Interesse« gehandelt. Man schulde ihm aus diesem Auftrag noch eine beträchtliche Summe. Am Schluß bezog er sich auf die Judenkonzession. Nachdem er schon aus seinem eigenen Schutzbrief das Recht auf ein »offen gewerb« abgeleitet hatte, forderte er

100 STAHD, H 88, Verzeichnis von 1700.

»gleich anderen Juden im ganzen Land dabey ruhig und ohnbekümmert gelassen und mainteniert« zu werden.[101]

Die kurpfälzische Baukommission schloß sich den Ausführungen von Marx an. Es sei den Juden erlaubt, an »allen orthen, wo es denenselben gefällig ist, neue Häuser zu bauen«. Sie dürften bei ihren Bauvorhaben nicht »tractiert« werden. Die Frage jedoch, ob es den Juden erlaubt sei, »offene Läden« in ihren Häusern zu führen, stünde jeweils zur Disposition der Regierung. Dem Stadtrat müsse diese Rechtslage klar verdeutlicht werden. Damit setzte eine staatliche Institution zumindest für den anhängigen Fall einen Schlußstrich. Der Stadtrat fügte sich. Er begründete seinen Verzicht auf weiteres Opponieren mit der Einsicht, daß die Judenschaft »notarie unter dem Stadtrat nicht stehet, consequenter sich von demselben nicht befehlen läßt«.[102] Dabei war den kommunalen Vertretern wohl bewußt, daß die von der Baukommission unterstützte Freizügigkeit für die Bauvorhaben der Juden auf Dauer nicht durchzusetzen sei. Die Zukunft sollte ihnen Recht geben. Ihre Einsprüche gegen die Ausweitung des jüdischen Bauareals über das Kerngebiet zwischen Juden- und Haspelgasse hinaus sollten i. d. R. Erfolg haben. Vor allem dann, wenn es galt, die Juden von der Hauptstraße fernzuhalten.

Der Stadtrat, der sich in der ersten Jahrhunderthälfte aus den Vertretern der Zünfte zusammensetzte – eine personelle Identität, die von den Heidelberger Juden immer wieder kritisiert wurde –, konnte sich auch deshalb vorerst aus der schriftlichen Polemik zurückziehen, weil er sich in seinem Kampf gegen die offenen Läden im Einklang mit der allgemeinen Tendenz im Deutschen Reich sah.[103] Er mußte nicht befürchten, daß die Kurfürsten auf Dauer bereit gewesen wären, diese Generallinie in Heidelberg zu durchbrechen.

2.3 Zur Frage der Schutzaufnahmen: Lazarus Oppenheimer, Moyses Dünckelspühl, Gumpel Fulda und Samuel Hirsch

Am 11. Dezember 1702 betonte der Stadtrat in einem Schreiben an die Regierung, daß die im Stadtprivileg festgesetzte Beschränkung der Judenfamilien dem »herrschaftlichen Interesse« entspräche. Zur Zeit sei die Zahl von zwei oder drei Judenfamilien beträchtlich überschritten. Acht Juden hielten sich, gemäß dem Schreiben, zur Zeit in der Stadt auf. Fünf wohnten in Häusern, die sie selbst erbaut hätten. Es handelte sich um Feist Oppenheimer, Süß Oppenheimer, Wolf Oppenheimer, Löb Daniel Oppenheimer und Marx Isaac. Salomon Oppenheimer und Lazarus Oppenheimer wohnten bei ihrem Vater Wolf Oppenheimer.[104] Zudem lebten im Dezember 1702 noch sieben weitere Juden in der Stadt, die sich unter Angabe verschiedener Gründe, wie z. B. der Proviantlieferung oder einer besonderen »Gnade« des Herrschers wegen, hier aufhielten.[105] Wohl zu keiner anderen Zeit war der Prozentsatz der nicht schutzverwandten Juden in Heidelberg so hoch wie in

101 GLA 204/967.
102 Ebd.
103 Breuer 1996, S. 200.
104 STAHD, H 22.
105 GLA 204/1548.

den Jahren um 1700. Im Zuge des Wiederaufbaus des Landes und der Residenzstadt wird Johann Wilhelm (1690–1716) auf jüdische Ratgeber und Financiers kaum verzichtet haben.

Auch in den nächsten Jahren wiederholte sich die Kritik des Stadtrats am Anwachsen der jüdischen Gemeinde. Am 18. Juli 1704 vermerkte er, daß inzwischen zehn oder elf Familien über der ursprünglich gebilligten Zahl in der Stadt wohnten.[106] Deshalb versuchte er, neue Schutzaufnahmen abzublocken. Selbst dann, wenn es sich darum handelte, dem Sohn eines eingesessenen Heidelberger Juden den Schutzstatus zu gewähren. Wie kompliziert das verlaufen konnte, läßt sich am Beispiel des Aufnahmegesuchs von Wolf Oppenheimer für seinen Sohn Lazarus nachzeichnen.

Oppenheimer hatte versucht, über Anträge an die Regierung und an die Hofkammer einen Schutzbrief für seinen Sohn zu erhalten.[107] Er konnte den Nachweis führen, daß Lazarus in der Lage sei, einen Hausplatz in der Steingasse zu erwerben. Ein Kauf könne aber erst dann rechtskräftig werden, wenn dieser die Schutzverwandtschaft erworben habe. Lazarus müsse wissen, »woran er seye«. Der Stadtrat wolle den Kauf nicht anerkennen, da er davon »Wissenschaft« habe, daß Lazarus ohne Schutzbrief sei.[108] Die Angelegenheit sei um so dringlicher, da inzwischen das sogenannte Kost- und Freijahr, währenddessen die verheirateten Kinder ohne Zahlung von Schutzgeld bei den Eltern in »Brod und Haus« bleiben könnten, abgelaufen sei. Die Hofkammer forderte den Stadtrat zur Stellungnahme auf. Dieser spielte das Stadtprivileg vom 21. März 1698 gegen den »Supplicanten« aus. Die dort gebilligte Zahl von drei oder höchstens vier Familien sei bereits überschritten. Zudem wohnten die Juden »nicht in einer Gassen«, sondern »promiscue«. Der Stadtrat verband die Bitte, »die statt bei den Privilegien zu maintenieren«, mit dem Wunsch, die Schutzaufnahme des Lazarus Oppenheimer zu verweigern.[109]

Damit war Wolf Oppenheimer binnen kurzem zum zweiten Mal mit einem Antrag auf Schwierigkeiten gestoßen. Bereits im August 1703 war er mit dem Wunsch auf Befreiung von der Zahlung des Schutzgelds zurückgewiesen worden. In einer Bittschrift an die Regierung hatte er sein Begehren begründet. 17 Jahre hatte er demnach als Schutzjude auf dem Schloßberg gewohnt und regelmäßig 30 fl Schutzgeld an die »Amtskellerey in Heidelberg« gezahlt. Nach »Brand und Plünderung« durch die Franzosen sei er nicht aus dem Land gegangen, sondern habe sich in Ladenburg niedergelassen und dort einen Laden aufgemacht. Durch dessen Plünderung durch die Franzosen sei er in »äussersten ruin« geraten. Nach Kriegsende habe er wieder auf dem Schloßberg bauen wollen. Wegen der Gerüchte über dessen »Abbruch« habe er aber darauf verzichtet und sich zum Bau eines Hauses am Keltertor entschlossen. Bald hätten ihm aber die Jesuiten bedeutet, »solches denenselben zu überlassen«. Jetzt müsse er wieder einen neuen Hausplatz suchen. Er

106 STAHD, RPR v. 18. Juli 1705.
107 STAHD, RPR v. 24. April 1705.
108 STAHD, RPR v. 21. April 1705.
109 STAHD, RPR v. 24. April 1705.

glaube genug Gründe angeführt zu haben, die ihn berechtigten, um die Befreiung vom Schutzgeld anzuhalten. Die Regierung ging auf seine Petitionsgründe jedoch nicht ein und lehnte am 1. September 1703 das Gesuch ab.[110]

Bei der Auseinandersetzung um das Niederlassungsrecht von Moyses Dünckelspühl in den Jahren 1708 und 1709 zeigte sich, daß die bereits in Heidelberg ansässigen Juden einen Neuankömmling abwehren wollten. Auch jetzt war Wolf Oppenheimer beteiligt. Dünckelspühl war sein Schwiegersohn und hatte um den Schutz auf dem Schloßberg nachgesucht. Nach Meinung der Heidelberger Judenschaft war er dabei »hinterlistig« vorgegangen. Er habe keinen Beglaubigungsschein der »Judenschaftsvorsteher« vorgelegt. Bei dieser Unterlassung sei er wahrscheinlich dem unehrlichen Rate seines Schwiegervaters gefolgt, der sicherlich gewußt habe, daß die Heidelberger Judenschaft in ihrer »Notturft« bedroht sei. Die Petition spricht es zwar nicht aus, legt aber die Ansicht nahe, daß sich in dieser Situation kein verantwortungsbewußter Vertreter der Judenschaft für eine Vermehrung der Zahl der Heidelberger Juden ausgesprochen hätte. Die Aufnahme Dünckelspühls entbehre zudem der Notwendigkeit, da dieser bereits Mannheimer Schutzjude sei. Zudem habe er, nachdem er ein Haus auf dem Schloßberg gemietet hatte, versprochen, binnen kurzer Zeit wieder in die Nachbarstadt zurückzugehen. Kein Mannheimer Jude dürfe hoffen, in Heidelberg irgendwelche Vorzugsbehandlung zu erfahren. Er sei wie jeder nicht einheimische Jude als Fremder zu betrachten.

Bei dieser ablehnenden Haltung spielten auch die besonderen Familienverhältnisse von Wolf Oppenheimer eine Rolle, da schon zwei seiner Söhne in Heidelberg wohnten. Dagegen erinnerten die Bittsteller daran, daß es eine Reihe von Heidelberger Juden gebe, die kein einziges hier ansässiges Kind hätten, weil sich »da fast einer alleine mit seiner familie etablieren will«.[111] In einer Zeit, in der es schwer sei, »außer Landes unterzukommen«, belaste die Bevorzugung einer Familie alle übrigen Juden. Dies sei auch deshalb ungerecht, da sie, die Heidelberger Juden, »nebst abbrennung ihrer häuser umb alles gekommen« wären. Dennoch hätten sie sich nach »erfolgtem Frieden« aus bis zu hundert Meilen entfernten Gegenden wieder in ihr »vaterland« zurückbegeben, um ihre alten Plätze wieder zu bebauen. Jeder neuhinzugekommene Jude verschlechtere ihre Nahrungslage. Zur Zeit drohe ihnen sogar die Nahrung »vollends entzogen« zu werden. Selbst wenn Moyses Dünckelspühl auf dem Schloßberg wohnen sollte, werde er seinen Geschäften in der Stadt nachgehen und die Existenz der Heidelberger Juden bedrohen, denn »droben« könne er sich nicht ernähren. Andererseits werde er nicht in der Lage sein, die »concession und andere Gelder« zu entrichten. Sie gaben ihrer Hoffnung Ausdruck, daß die Regierung aus dem Fall Dünckelspühl die Konsequenz ziehen werde, in Zukunft alle Aufnahmegesuche fremder Juden abzulehnen.[112]

110 GLA 77/2887.
111 GLA 204/975.
112 Ebd.

Einen Tag bevor die Heidelberger Schutzjuden ihr Votum gegen die Schutzaufnahme Dünckelspühls abgegeben hatten, äußerten sich auch Bürgermeister und Rat auf dem Schloßberg. Bis zum »französischen Ruin« hätte nur ein Jude dort gelebt. Nach dem Frieden von 1697 hätten sich mit herrschaftlicher Erlaubnis zwei Juden niedergelassen. Inzwischen lebten noch zusätzlich die Gebrüder Daniel und Wolf Oppenheimer auf dem Schloßberg. Beide hätten sich jedoch nie an den Abgaben und an den von den Franzosen verlangten Kontributionen beteiligt. Auch hätten sie nur die Hälfte der normalen jüdischen Abgaben bezahlt. Alle Ermahnungen seien ergebnislos verlaufen. Sie hofften, daß Dünckelspühl seinen finanziellen Verpflichtungen regelmäßig nachkommen werde. Deshalb traten sie am 7. Februar 1709 für die Gewährung seines Aufnahmegesuchs ein.

Dünckelspühl hatte seinerseits seinen Antrag auf Niederlassung damit begründet, daß sein Vater als Schutzjude in Mannheim »aufrichtig und friedsam« gewesen sei. Auch mit ihm selbst sei jedermann »content« gewesen. Im letzten Jahr habe er dann die Tochter des Heidelberger Schutzjuden Wolff Oppenheimer geheiratet, mit der er ursprünglich ein eigenes Hauswesen in Mannheim gründen wollte. Schließlich habe er sich dann doch um einen Schutzbrief für den Schloßberg bemüht, weil dort seit »vielen Jahren« kein Jude wohne, obwohl dort einige zu wohnen das Recht hätten. Auch die Familie seiner Frau habe sich bis jetzt wie seine eigene immer tadellos verhalten. Da seine Frau lieber auf dem Schloßberg wohnen möchte als nach Mannheim zu ziehen, bewerbe er sich dort. Dünckelspühl versäumte auch nicht, darauf hinzuweisen, daß sich sein Vermögen auf etliche 1000 fl belaufe. Er gedenke einen »Leinwandkram« aufzubauen und im nächsten Sommer ein Haus zu bauen.[113] Die Regierung folgte seinen Argumenten, zumal ihn auch das Gericht auf dem Schloßberg unterstützt hatte. Am 7. Februar 1709 wurde Dünckelspühl durch ein Reskript der Hofkammer in den Schutz auf dem Schloßberg aufgenommen.

Die wohl längste Auseinandersetzung um eine Schutzaufnahme spielte sich um des Gesuch des Mannheimer Juden Gumpel Fulda ab. Dieser hatte nach einem Bericht des Stadtdirektors Morass vom 21. Mai 1715 seinen ersten Antrag bereits im Jahre 1708 gestellt.[114] Der damalige Stadtschultheiß Krüger hatte angegeben, daß Fulda zu denjenigen Juden gehörte, die nichts zu den »herrschaftlichen Schuldigkeiten« beitrügen. Zudem habe er seine Mannheimer Verhältnisse nicht korrekt wiedergegeben. Er sei auch eines »Zorn und streitsüchtigen Gemüts«. Morass erwähnte, daß auch in den nächsten Jahren die Stadt, die Krämer, die Heidelberger Bürger, die Landjudenschaft und die Vorsteher der Heidelberger Judenschaft sich immer wieder gegen Gumpel Fulda ausgesprochen hätten. Die letzteren hatten sich am 26. April 1708 beschwert, daß ein »sogenannter lediger jude«, Gumpel Fulda, »schon seit sechs Jahren herumb gehet«. Wie unübersichtlich die Verhältnisse waren, läßt sich daraus ablesen, daß schon am 28. Januar 1708 Johann Wilhelm die Aufnahme für Gumpel Fulda in den »Schutz nach Heidelberg« unterzeichnet hatte. Gemeinsam wehrten sich die Heidelberger Judenschaft

113 Ebd.
114 Ebd.

und die Krämerzunft gegen diese Entscheidung. Auch der Mannheimer Stadtdirektor stellte Gumpel Fulda »wegen seines bekannten Zank und streitigen Gemüts ein schlechtes« Zeugnis aus. Johann Wilhelm revidierte seine Entscheidung und befahl der Regierung am 31. Juli 1709, »daß selbiger wie alle auch ohne Schutz anmeldende, oder aufhaltende Juden aus Heidelberg abgewiesen werde«.

1710 traten die Heidelberger Judenvorsteher dafür ein, daß neben Fulda noch ein anderer Jude aus Mannheim, Abraham Isaac, aus der Stadt verwiesen werden solle. Beide hätten ihren Schutz in Mannheim. Abraham Isaac lebe schon seit mehreren Jahren hier mit Weib, Kindern, einem Schulmeister und drei bis vier Knechten. Er habe sich ohne Erlaubnis »häußlich niedergelassen« und treibe zum größten Schaden »allhiesiger Juden starcke Handlung«. Das war nicht übertrieben, denn Haushalte mit mehreren Knechten waren in jüdischen Familien in Heidelberg selten. Wie Gumpel Fulda wurde auch Isaac vorgeworfen, sich nicht an der finanziellen Unterstützung der jüdischen Gemeinde zu beteiligen. Ihre Anwesenheit könne auch nicht mit ihren zur Zeit in Heidelberg laufenden Prozessen begründet werden. Deshalb sollten sie wegen des Schadens, den sie den »Eingesessenen« anrichteten, nicht länger »geduldet« werden – zumal auch in der gültigen Konzession jeder »unterschleif von fremden Juden« verboten sei.

Im Unterschied zum Jahre 1708 stellte jetzt der Mannheimer Stadtdirektor dem Gumpel Fulda ein positives Gutachten aus. Dieser sei »von ehrlichen und vermöglichen Eltern geboren und erzogen« worden, was die Vorsteher der Mannheimer Judenschaft vor dem Rat bestätigt hätten.

Noch 1713 schwelte der Streit weiter. Die Heidelberger Juden erinnerten an ihren bereits vier Jahre zurückliegenden Protest.[115] Damals habe sich Gumpel Fulda dem Ausweisungsbefehl widersetzt. Bis zur Gegenwart würde er weiterhin den »eingesessenen Christen und Juden allerlei nahrung, Handel und Wandel« entziehen. Zudem trage er nichts zu den Kontributionen der Juden bei. Er werde nicht einmal in Mannheim »wegen seines üblen Verhaltens« geduldet. Gumpel blieb hartnäckig. Am 29. Mai 1714 unternahm er einen weiteren Vorstoß. Er bemühe sich nun schon seit zehn Jahren um die Schutzaufnahme. Im Unterschied zu anderen, landfremden Juden sei er »postponiert« worden. Seine unsichere Lage ermögliche es ihm nicht, Schulden einzutreiben. So sehe er sich gezwungen, »aus meinem Vaterland in fremde Herrschaft« überzusiedeln. Er hoffe aber immer noch auf eine »heilsame Justiz«. Ein Schreiben, das nicht unbeantwortet bleiben sollte. Denn am 23. Juli 1714 nahm Löw Oppenheimer im Namen der Heidelberger Judenschaft wiederum Stellung. Er wandte sich nicht nur gegen Gumpel Fulda, sondern auch gegen Abraham Isaac. Seit einem Jahr seien noch »frembde Juden aus Worms« hinzugekommen. Die Lage der Heidelberger Juden sei aber gerade in letzter Zeit durch die Zahlung von »Winterquartiersgeldern« prekär geworden. Ihre eigenen Kinder hätten kaum die Möglichkeit, irgendwann »Unterthanen und Schutzjuden« zu werden. Es möge doch jeder an den Ort, »wo er her«, zurückgehen und »allda seine Nahrung« betreiben. In Zukunft dürften vor allem keine Juden mehr mit »Weibern und Kindern« eintreffen. Dann höre

115 Ebd.

auch die Belästigung der Regierung mit »Klagen und anlauffen« auf. Auch könnten die »hiesigen Juden« die Prozeßkosten in den Klageverfahren gegen die fremden Juden nicht mehr zahlen.

Auch die Krämerzunft mischte sich wenige Tage später noch einmal ein.[116] Ihre Stoßrichtung ging nicht nur gegen Abraham Isaac und Gumpel Fulda, sondern zusätzlich gegen den Wormser Juden Amsel Beyfus, der sich als »proviant und liverant Juden« ausgebe. Gumpel Fulda betreibe einen »betrügerischen Handel«. Er laufe dennoch »straffrei« herum. Auch sei er der gnädigsten Herrschaft nicht im geringsten »einträglich«. Er betrüge nicht nur, sondern mache auch »allenthalben Schulden«. Er leugne »boßhafterweise«, einen Uhrmacher um Geld und Uhr betrogen zu haben. Zudem »flattiere« er mit einem gerade erhaltenen Schutzbrief. Daß er im Besitz eines solchen sei, könnten sich die Zünfte schwer vorstellen. Wie die anderen fremden Juden und »brotdiebe« solle er aus der Stadt verwiesen werden. Die Krämer nahmen den Fall Gumpel Fulda auf, um zugleich generell die Rechtslage der Heidelberger Juden zu kritisieren. Die Bürger seien empört, weil Fulda und die anderen Juden »in allem exempt« wären.

Die Krämer legten mit ihrem Protest einen Extrakt der Stadtprivilegien vor. Sogar die Landesordnung von 1582 mit ihrer Beschränkung der Juden auf zwei oder drei Familien brachten sie ins Spiel. Sie kombinierten ihre Forderung nach Ausweisung der »fremden Juden« mit dem Ansuchen, daß die Juden in einer Gasse wohnen müßten. Das Gewicht dieses Schreibens wurde dadurch erhöht, daß es der Heidelberger Stadtdirektor im Namen der Zunft verfaßt hatte.

Dennoch beschloß die Regierung am 22. August 1715 die Aufnahme Gumpel Fuldas. Seine Aktivitäten wurden dabei allerdings auf den Juwelenhandel »restringiert«. Er selbst habe früher angegeben, mit »Jubelen, Kleinodien, Ring und dergleichen« zu handeln. Zusätzlich dürfe er noch als »Mactaber«, das heißt als Schächter, wirken. Hielte er sich nicht an diese Bestimmungen, würde er »ipso facto« seinen Schutzbrief in Heidelberg verlieren. Die Schutzaufnahme wurde auch als Akt ausgleichender Gerechtigkeit dargestellt. Habe doch der Vater Gumpels bei der »höchst betrübten devastation« Mannheims seine drei »wohlerbauten Häuser samt allen effecten und mobilien in Rauch aufgehen sehen«. Er sei durch diese »einäscherung« einem Bettler gleich geworden. Er habe auch sehen müssen, »wie seine Kinder in Elend« sanken. Unter diesen Umständen sei dem Wunsch Gumpels, seinen für Mannheim existierenden Schutz nach Heidelberg zu »transportieren«, nachzukommen.

Jetzt intervenierten sowohl die Krämer als auch die ansässigen Juden zum letzten Mal. Sie hatten kurzfristig Erfolg. Denn am 29. August 1714 zeigte sich Gumpel Fulda über die Entscheidung der Regierung enttäuscht. Er habe vernehmen müssen, daß sein bereits ausgestellter Schutzbrief »durch die hiesige Krämerzunft und Judenschaft, unter ganz nichtigen prätexten und unbegründeten Bitten« nicht an ihn weitergeleitet worden sei. Er bat erfolgreich darum, daß man ihm »die bereits abgefaßte und zu Stande gebrachte resolutio« überge-

116 Ebd.

ben möge. Weder der Krämerzunft noch der Judenschaft entstünde durch seine zukünftige Anwesenheit ein Schaden.[117]

Viele Schutzaufnahmen verliefen jedoch ohne Schwierigkeiten. Vor allem dann wurde das Verfahren schnell beendet, wenn die Regierung ein unmittelbares Interesse an dem betreffenden Juden hatte. So wurde z. B. Moyses Oppenheimer, der Sohn des Hoffaktors und Schutzverwandten David Oppenheimers aus Caub, am 17. April 1708 ohne irgendwelche Rückfragen bei Stadt, Zünften, Heidelberger Judenschaft oder Landjudenschaft aufgenommen. Mit seiner Ansiedlung in Heidelberg hoffte das Kriegskommissariat die Militärlieferungen schneller und zuverlässiger zu »kontinuieren«. Ähnlich problemlos ist in diesen Jahren auch eine andere Schutzaufnahme verlaufen. Samuel aus Mannheim beantragte am 29. Mai 1714, seinen Schutz nach Heidelberg zu »transferieren«. Er rechnete sich gute Chancen aus, zumal auch »landfremde« Juden aufgenommen würden. Der Schutz in Heidelberg sei deshalb für ihn wichtig, da er in unmittelbarer Nähe der Dikasterien, der obersten Gerichte, seine Außenstände in der Pfalz besser eintreiben könne. Am 21. Januar 1715 wurde sein Schutzbrief ausgestellt, ohne daß sich irgendein Widerspruch geäußert hätte.[118] Der Hofjude Wolf Oppenheimer erbat am 13. Januar des gleichen Jahres die Erteilung eines Schutzbriefes für seinen Sohn Abraham. Dieser könne »sich wohl ausbringen«. Die Hofkammerräte unterstützten den Antrag, lehnten aber die weitergehende Bitte ab, Abraham für mehrere Jahre vom Schutzgeld zu befreien.

Ausführlicher ist die Schutzaufnahme von Samuel Hirsch aus Westhofen im Oberamt Alzey dokumentiert. Am 14. Januar 1715 übergab der Hofgerichtsrat A. von Fritz dessen Gesuch dem Heidelberger Stadtrat zur Begutachtung. Hirsch führte darin aus, daß er seit 16 Jahren in Westhofen mit »Haus und Hof« ansässig sei. Im Krieg sei er »Freunden und Feinden« gleichermaßen beigesprungen. In Heidelberg suche er Schutz, um einen Pferdehandel aufzubauen, den es bis jetzt dort noch nicht gebe. Der Beamte hatte sich auch schon bei der Heidelberger Judenschaft erkundigt, die unter der Bedingung, daß Hirsch bei dem Pferdehandel bleibe, keine Bedenken gegen dessen »Reception« anmeldete. Sollte er seine Geschäftsaktivitäten jedoch ausweiten, dann möge der Kurfürst, die »geringe Nahrung« der Heidelberger Juden bedenkend, denselben an die mit dem Schutz verbundene Auflage erinnern.

Ähnlich drückten sich Stadtschultheiß, Bürgermeister und Rat aus. Obwohl sie die Beschränkung »auf zwey oder dreyen jüdischen Familien alhier« anführten, unterstützten sie das Anliegen von Samuel Hirsch. Mit einem Roßhandel entzöge er niemandem die Nahrung. Sie baten jedoch den Kurfürsten, ihn auf diese Tätigkeit zu »restringieren« und ihm nicht die Erlaubnis für den Zuzug seiner Verwandtschaft zu geben. Auf keinen Fall dürfe seine »jüdische Familie extendieren«. Im gleichen Schreiben, in dem sie die Zuwanderung von Hirsch billigten,

117 Ebd.
118 Ebd.

beantragten die Unterzeichner, Abraham Isaac mit »seiner Frau und Haußhaltung nach Mannheim« auszuweisen.[119]

Am 24. Januar 1716 stimmte der Stadtrat dem Kauf eines in der Judengasse gelegenen Hauses durch Samuel Hirsch unter der Bedingung zu, daß der »supplicierende Jude« die an das Gebäude gebundenen Steuern »gleich anderen Bürgern« übernehmen müsse. Das Haus gehörte dem Landkutscher Erhardt, der sich mit dem Erlös ein neues Anwesen in der Vorstadt bauen wollte.

Wenig später revidierte der Stadtrat jedoch seine Zustimmung. Es hätten sich in letzter Zeit viele jüdische Familien »allhier und zwar in den besten Straßen eingenistet«. Früher hätte in Heidelberg nur ein Jude gelebt, dann seien drei Hofjuden hinzugekommen. Das Stadtprivileg erlaube höchstens drei Familien, die alle beisammen in einer Straße leben müßten. Jetzt gäbe es 15 Familien hier, die teilweise »bürgerliche Häuser« an sich gebracht hätten. Die Juden hätten sich dermaßen »multipliciert«, daß die Stadt bitten müßte, der »jüdischen annahme (...) limites zu setzen«. Am Beispiel von Samuel Hirsch könne dieses Problem verdeutlicht werden. Sein Anwesen umfasse noch drei andere »bürgerliche Häuser«. Die Vertreter der Stadt bestanden auf dem Wiederverkauf des Hauses. Zugleich sollte Hirsch mit allen anderen Juden in eine abgesonderte Gasse ziehen. Der Landkutscher Erhardt möge sich nach neuen, nach »bürgerlichen« Käufern umsehen.

Am 27. Mai 1716 reichte Erhardt eine Petition beim Kurfürsten ein. Zwar habe er sein Haus und die dazugehörigen Ställe an den »dahiesigen Juden Roßkamm Samuel Hirsch« verkauft, aber den Kaufbrief bis jetzt noch nicht erhalten. Der Stadtrat habe ihm beschieden, noch eine Entscheidung der Regierung abzuwarten. Man möge bedenken, daß er das Haus vor geraumer Zeit öffentlich angeboten habe. Christliche Interessenten hätten sich nicht gemeldet. Auch deshalb nicht, weil es sich in einer abgelegenen Gasse befinde. Wenn er den Verkauf an Samuel Hirsch wieder rückgängig machen müsse, dann könne er sein Haus in der Vorstadt nicht fertig stellen. Sein altes Haus würde sicher keinen anderen Käufer als Hirsch finden, da die dort vorhandenen Stallungen gerade auf dessen Wünsche zugeschnitten seien.

Einen Tag später äußerte sich auch Samuel Hirsch. Er bedankte sich noch einmal bei dem Kurfürsten für die Gewährung des Heidelberger Schutzes. Bis zum Kauf des Gasthauses zum »Fröhlichen Manne in der Judengasse« habe er seiner Profession nicht richtig nachkommen können. Er habe das Haus durch »ordentlichen Kauf« an sich gebracht. Bei der öffentlichen Versteigerung habe es keinen Mitbietenden gegeben. Von »einigen Mißgünstigen« werde nun die Ausfertigung und Aushändigung des Kaufbriefes unter dem Vorwand hintertrieben, daß in der Stadt nur drei Judenhäuser stehen dürften. Aber schon allein die Tatsache, daß er den Schutzbrief erhalten habe, widerlege diese Behauptung. Der Kurfürst möge den Stadtrat veranlassen, den Kaufbrief endlich herauszugeben. Dies geschah auch alsbald.

119 Ebd.

Wenn Samuel Hirsch sein Anwesen nach einigen Jahren aufgeben mußte, lag das nicht daran, daß das ganze Verfahren wieder aufgenommen wurde und nun zu seinen Ungunsten ausgegangen wäre, sondern an der Verschuldung, in die er mit seinen Geschäften geraten war. Im September 1719 legte der Stadtdirektor die Lage von Hirsch in einem Bericht an die Regierung offen. »Handel und Wandel« stünden sehr schlecht. Aus den Unterlagen wird ebenfalls deutlich, daß Hirsch seine Aktivitäten über den Pferdehandel hinaus ausgeweitet hatte. So hatte er an das Oberamt Alzey Furage und in die ganze Westpfalz Mehl und andere Nahrungsmittel geliefert. Im Süden reichten seine Verbindungen bis nach Landau. Nachdem im März 1720 ein Heidelberger Bürger das »Judt Hirschische Haus« ersteigert hatte, mußte der neue Besitzer zahlreiche Verhandlungen mit den Gläubigern führen.[120]

Die vorstehenden Beispiele geben einen Überblick über die Variationsbreite, wie sie bei den Schutzaufnahmeverfahren angewandt werden konnte. Unangefochten war bei allen Beteiligten die oberste Entscheidungsgewalt des Fürsten. Lag ein eindeutiges Interesse von seiner Seite an der Niederlassung eines bestimmten Juden vor, hatten Proteste, gleichgültig von welcher Seite, keine Chance. Waren die staatlichen Instanzen nicht unmittelbar betroffen, konnten sich vielfältige Reaktionen entfalten, die nicht nach einem vorhersehbaren Schema verliefen. Je länger ein Verfahren dauerte, um so größer war die Zahl derer, die ihre Stellungnahme formulierten. Im Falle Gumpel Fuldas brachten sich Stadtrat, Stadtdirektor, Krämerzunft, Landjudenschaft, Heidelberger und Mannheimer Judenschaft mit ihren Wünschen und Parteinahmen ein. Bei der Beurteilung dieser unterschiedlichen Interventionen darf nicht vergessen werden, daß es sich dabei auch um typische Ausdrucksweisen der vormodernen, korporativ organisierten Knappheitsgesellschaft handelte, innerhalb derer jede neue Schutzaufnahme auf Ablehnung, zumindest aber auf Skepsis stieß. Dabei konnte es zu sonderbaren Konstellationen wie dem Bündnis von Zünften und Judenschaft bei der Ablehnung Gumpel Fuldas kommen.

2.4 Ein Beispiel für einen Ausschluß aus der jüdischen Gemeinde: die Witwe von Süß Oppenheimer

Einem Bericht der Heidelberger Judenvorsteher aus dem Jahre 1710 kann ein aufschlußreiches Beispiel entnommen werden, wie es zum Ausschluß aus der jüdischen Gemeinde und der darauf folgenden Ausweisung aus der Stadt kommen konnte.[121]

Nach 16jähriger Ehe war die Witwe Süß Oppenheimers kurz nach dessen Tode im Jahre 1706 aus Heidelberg weggezogen. Sie habe sich zur Empörung ihrer Kinder und der ganzen Verwandtschaft »an zwey liederliche jüdische mannsleut« gehängt. Ihr leichtfertiges Verhalten habe dazu geführt, daß sie auch Frankfurt, wo sie bei ihren Eltern leben wollte, hätte verlassen müssen. Darauf habe sie das

120 Ebd.
121 STAHD, H 88.

jüdische Zeremonialgesetz weiter verletzt und nach zwei Jahren ein uneheliches Kind geboren. Schließlich sei sie einem »nichtswürdigen lasterhaften« Juden nach Hamburg nachgezogen, wo sie zum großen Ärgernis von Juden und Christen, insbesondere der Jugend, ein »gottloses Leben« geführt habe.

Nach vierjährigem Herumziehen sei die Witwe seit kurzem wieder in Heidelberg und lebe im Hause ihres Mannes, das jetzt ihren drei mit Süß Oppenheimer gezeugten Söhnen gehöre. Sie beanspruche gemäß des Kurpfälzischen Landrechts von 1582 den »usum fructum«, die Nutznießung auf Lebenszeit. Nach Lesart der Vorsteher könne sie sich jedoch nicht auf das Landrecht berufen. Ein solcher Anspruch habe nur dann Gültigkeit, wenn sie ihre Kinder »ehrbahrlich aufziehe«. Sie habe auch schon aus dem Erbe 750 Reichstaler und 2250 Pfund Heller auf die Hand erhalten. So lange sie ihre kleinen Kinder, vor allem aber noch einen Säugling zu ernähren hatte, habe sie auch das ihr zustehende Kostgeld erhalten. Seit sie aber nach Hamburg abgezogen und herum »vagieret« sei, bestehe ihr Anspruch auf den »beysitz oder usum fructum in ihrer Kinder gütter« nicht mehr.

Die Judenvorsteher glaubten, nichts Unrechtes zu tun, wenn sie »solche ohnvergessene person nicht dulden wollen«. Sie habe nach siebzehnjähriger Ehe und sieben Kindern einen »ärgerlichen wandel« geführt, so daß sie keinen Schutz mehr beanspruchen könne. Auch habe sie in den vier Jahren seit dem Tod ihres Mannes weder Schutzgeld bezahlt noch irgend etwas zur »gemeinen Judenschafft« beigetragen. Sie sei deshalb auch gar nicht mehr in eine kürzlich erstellte »specification jüdischer familien« aufgenommen worden. Am Schluß baten die Judenvorsteher die Regierung, daß zur Verhütung weiterer »ärgernuß« eine Verordnung erlassen werde, »damit selbige von hier hinweggewiesen werden möge«.

Schon am 27. Juni 1710 setzt die Regierung diesen Wunsch in eine Anordnung um, deren Kernsatz zitiert sei: »Alldieweil die süßische wittib nicht in hiesigem Schutz stehet, mithin selbige wider die der Judenschaft aufs neue gnädigst ertheilte concession länger nicht dahier geduldet werden kann, als hat hießiger Stattschreiber gedachter Wittib ein solches zu bedeuten und selbige von hier fort zu weißen.«[122] Ob die Aktion durchgeführt wurde, läßt sich nicht belegen. Es ist jedoch anzunehmen, daß im Fall der Witwe Oppenheimer konsequenter gehandelt wurde als bei Ausweisungsbefehlen, die sich gegen Heidelberger Juden richteten, die ihr Schutzgeld nicht zahlen konnten. Diese konnten oft mit vielen Verzögerungen rechnen. Üblicherweise hielten sich die Betreffenden noch Monate nach der ersten Ausweisungsandrohung in der Stadt auf. Manchmal hatten sie in der Zwischenzeit mitleidvolle Fürsprecher gefunden, so daß die Verfahren von neuem beginnen mußten. Die Witwe Oppenheimer hatte jedoch so offensichtlich gegen den jüdischen und christlichen Moralkodex verstoßen, daß eine hinhaltende Behandlung ihrer Ausweisung unwahrscheinlich war. Zudem konnten sich die staatlichen und städtischen Instanzen darauf berufen, die Autonomie der jüdischen Gemeinde, die im Extremfall den Ausschluß eines Mitglieds beinhalten konnte, zu respektieren.

122 STAHD, H 88 u. Löwenstein 1895, S. 159.

2.5 Die Kontroverse um einen Beitrag zu den Einquartierungsgeldern

Während des Pfälzischen Erbfolgekrieges hatten die Heidelberger Juden einen finanziellen Beitrag zu den Einquartierungskosten geleistet. Sie sahen diese Abgaben als Ausnahmen an und bestanden in den nächsten Jahren auf der Befreiung von allen Verpflichtungen, die mit der Einquartierung zusammenhingen. Ein Privileg, das die Juden noch mit anderen Gruppen in der Stadt teilten. Dazu gehörten neben den Mitgliedern des Stadtrats die Stadthauptleute, die »bürgerlichen Officiers und Constabler«. Als die Stadt von diesen im Winter 1703/1704 einen Geldbeitrag einsammeln wollte, erinnerten sie an ihre seit alters bestehende »Personalfreyheit« und verweigerten die Zahlung. Im Gegenzug wies der Stadtrat diese Behauptung zurück, da sie nicht mehr nachgeprüft werden könne.[123] Zumindest ließ sich in den kommunalen Dokumenten kein Beleg für dieses Privileg finden, was wegen des Brandes von 1693 auch nicht verwundern kann. Die Stadt nutzte diese Quellenlücke aus und kassierte die Gelder. So hartnäckig der Stadtrat für die Verringerung der Zahl der solchermaßen Privilegierten eintrat, so konsequent vertrat er aber seine eigene Zahlungsbefreiung. An ihr müsse festgehalten werden, da die einzelnen Stadträte »notorie keine convenable Besoldung« hätten.[124]

Die Rechtsposition der Juden schien im Vergleich zu der anderer Gruppen in dieser Frage abgesicherter zu sein. Dies mußte auch der Stadtrat einsehen. Er konzedierte, daß die Heidelberger Juden »frey von Personal-Einquartierung« seien. Weder kurpfälzisches noch fremdes Militär müßten sie in ihren Wohnungen und Häusern unterbringen.[125] Trotz dieser eindeutigen Rechtslage übernahm der Stadtrat die Verantwortung dafür, daß die Juden vor wenigen Tagen mit der Unterbringung von Soldaten »graviert« worden waren. Allerdings habe es sich um einen »casum extraordinarium« gehandelt. Viele Bürger hätten in der letzten Zeit sogar bis zu fünf Soldaten unterbringen müssen. Es ging dem Stadtrat nicht um eine nachträgliche Billigung dieser Maßnahme, sondern um die Schaffung eines Präzedenzfalles. Dabei schien ihm der Vergleich mit Mannheim nützlich. Selbst die dortigen Juden seien in der letzten Zeit »mit Einquartierung graviert« worden. Die Regierung räumte ein, daß die Heidelberger Bürger mit Mannschaften in letzter Zeit überbelegt gewesen seien. 1703 hatte die Stadt 5000 Soldaten unterzubringen. Trotz dieser Belastung hielt die Regierung weiter an der Befreiung der Juden von allen Einquartierungen fest. Ein »billiger«, d.h. angemessener »Geldbetrag« dürfe jedoch von ihnen gefordert werden. Mit dieser Lösung gab sich der Stadtrat nicht zufrieden. Er bestand weiterhin auf Einquartierungen. Nur in den Fällen, in denen die Wohnungen keine Küchen hätten, dürfte davon abgesehen werden. Diese Juden, der Stadtrat hatte sich durch Visitationen kundig gemacht, sollten zu einem finanziellen Beitrag herangezogen werden.

123 GLA 204/1548.
124 Ebd.
125 Ebd.

Die Position der Juden war in diesem Streit nicht ungünstig. Wie so oft, wenn es um eine harte Auseinandersetzung mit der Stadt ging, betonten sie, daß sie »nicht hinter der bürgerschaft, sondern unter dem Hofstab stehen«. Im Widerspruch dazu hätten sie im Jahre 1703 Einquartierungen »erlitten«, die der Stadtrat »ohne herrschaftlichen Befehl« angeordnet hätte.[126] Auch seien erst vor wenigen Tagen in jedes jüdische Haus drei bis vier Soldaten gelegt worden. Heidelberg war Anfang Dezember dieses Jahres mit 1 008 Soldaten und 54 Offizieren belegt.[127] Dennoch beharrten die Juden auf ihrer »personal-freyheit«, die für sie um so wichtiger sei, als sie in Heidelberg »ohne dem keine nahrung« hätten. Bei dem »französischen Brand sei ihnen alles verloren« gegangen. Im Unterschied dazu gebe es Heidelberger Bürger, die in diesen Jahren überhaupt nichts verloren hätten und zur Zeit die »beste nahrung« erzielten. Die bisherigen Einquartierungen seien für sie mit großen Unbilden verbunden gewesen. Schon allein wegen des Kochens habe es im Kontakt mit den Soldaten viel »Unglück« gegeben. Zudem sei ihnen durch die Aufnahme der Soldaten die Möglichkeit genommen worden, ihre »armen frembden ankommenden Juden« aufzunehmen. Diese hätten für ihre Unterkunft bei den Christen zahlen müssen.

Die Regierung nahm Partei für die Juden und kritisierte am 18. Dezember 1704 den Stadtrat, daß er »ohne vorherigen geziemenden Befehl die Juden mit Einquartierung« belegt habe.[128] Das voreilige Verfahren wurde zwar gerügt, aber nicht mit Sanktionen belegt. Die entschiedene Haltung der Regierung scheint dennoch Konsequenzen für das Verhalten des Stadtrats gezeitigt zu haben. So forderte er am 14. September 1705 nur noch eine finanzielle Beteiligung der Juden an den Quartiergeldern und verzichtete auf Realeinquartierungen. Sollte in Zukunft eine feste Garnison oder ein »quartier« in die Stadt kommen, dann müßten die Juden jedoch »monatlich zahlen«.[129]

In den folgenden Jahren einigten sich die Beteiligten auf einen jüdischen Beitrag zu den Quartiergeldern. Das Einvernehmen dauerte jedoch nur bis zum Februar 1714. Zu diesem Zeitpunkt bemühten sich die Juden, ihre alte Befreiung wieder zu erhalten, da die Stadt im letzten Jahr viel weniger durch Einquartierungen beeinträchtigt worden sei. Der Stadtrat konterte sofort und brachte das Erinnerungsvermögen seiner älteren Mitglieder ins Spiel. Diese behaupteten, daß die Juden in den Jahren 1690, 1691, 1692 und 1693 i. d. R. 80, einmal 54 fl entrichtet hätten. Für das Jahr 1714 war nach Ansicht des Stadtrats eine Summe von 30 fl angemessen, zumal die Zahl der Juden inzwischen auf 12 bis 13 Familien angestiegen sei. Würden die Juden nicht zahlen, müßte die Bürgerschaft das »verweigerte Judengeld« aufbringen.

Die Regierung setzte am 15. Februar 1714 eine Summe von 25 fl fest.[130] Dies war indessen noch immer keine endgültige Lösung. Denn schon im April 1715

126 Ebd.
127 Ebd.
128 Ebd.
129 STAHD, RPR v. 14. September 1705.
130 GLA 204/1584.

beklagte sich der Stadtrat erneut, daß sich die Juden wie auch die anderen Befreiten weigerten, die Stadt bei »extraordinairen Einquartierungen« zu unterstützen. Insbesondere die Juden würden sich zu »keiner raison« verstehen. Sie seien nur bereit, sich zur Zahlung einer zusätzlichen Summe von 21 fl zu verpflichten. Angesichts der auf die Stadt zugekommenen »großen Einquartierung« sei dies nicht angemessen.

Im Juni 1720 nahm der Stadtrat die Diskussion wieder auf.[131] Gerade in Kriegszeiten sei ein Beitrag von seiten der Juden nötig. Jetzt traten die Verweise auf die Jahre des Pfälzischen Erbfolgekrieges wieder auf. Inzwischen gebe es 18 jüdische Haushaltungen in der Stadt, die den Ernährungsspielraum der Heidelberger Bürger verringert hätten. Wie in den Jahren 1690 und 1692, in denen die Juden monatlich 80 fl bezahlt hätten, sollten sie auch jetzt zu einer Sondersteuer herangezogen werden. Wenn sogar die Mannheimer Juden Quartiergelder zahlten, sei dies für die Heidelberger noch weniger abzuweisen. Zudem sei die Stadt gemäß ihren Privilegien frei von Einquartierungszahlungen. Wenn die Stadt dennoch daran beteiligt werden würde, könne ein solcher Beitrag von den Juden verlangt werden, auch wenn die schriftlichen Dokumente dagegen sprächen.

Daß die Heidelberger Juden in ihrer Replik den Hinweis auf die Mannheimer Juden aufnehmen würden, lag nahe. Sie wendeten das Argument von der Beteiligung der Mannheimer Juden an den Einquartierungsgeldern zu ihrem eigenen Vorteil. Man dürfe nicht nur den »onus« der Mannheimer Glaubensbrüder sehen, sondern auch deren »commodum«. Als größten Vorteil für die Juden aus der Nachbarschaft sahen die Heidelberger, daß jene »zu vorderist das Bürgerrecht an sich gebracht« hätten. Das war zweifellos eine terminologische Überspitzung. Daß die Mannheimer Juden in den Augen der Heidelberger »frey handeln und wandeln« konnten, war keine Folge des Bürgerrechts, sondern lediglich Ausdruck der freieren Mannheimer Verhältnisse. Diese waren aber von einem Bürgerrecht in einem neueren Sinne noch weit entfernt. Auch dann, wenn die Mannheimer Juden ihre Waren in offenen Läden wie die »Christen Crämer« ausstellen durften oder wenn sie wie die Christen uneingeschränkt Fleisch verkaufen. So diente der Begriff »Bürgerrecht« doch weniger einer exakten Bestimmung der Lage der Mannheimer Juden, sondern wurde vielmehr polemisch eingesetzt, um den Abstand zwischen den Rechten der beiden Gemeinden zu verdeutlichen. Die Argumentation der Heidelberger lief darauf hinaus, daß sie gerne Einquartierungsgelder zahlen würden, wenn sie dafür die anderen Freiheiten und Rechte der Mannheim einhandeln könnten.

Von ihrer Lage zeichneten die Heidelberger Juden ein düsteres Bild. Sie wären mit Ausnahme von »ein oder zwey« in einem »solchen miserablen stand«, daß sie eine weitere finanzielle Belastung nicht ertragen könnten. Sie zahlten »Schutzgeld, Schatzungsgelder, Licent, Kopf- und Fräuleinsteuer gleich den bürgern«. Sie trügen auch zu allen übrigen »regulargeldern« mit Ausnahme der Einquartierungsgelder bei. Hinzu kämen die »Concessionsgelder vor ihre übrigen samt anzutragende Jura annoch 1300 Gulden«. Auch die Hofkammer erhalte jährlich

131 GLA 204/1720.

20 Reichstaler. Im Unterschied zu den Mannheimern zahlten die Heidelberger noch ihre Beiträge für die Landjudenschaft. Angesichts dieser vielfältigen Belastungen wollen sie in Zukunft Beiträge für die Einquartierung nur in »casu extraordinario tempore belli« entrichten.

Im Gefolge dieser Diskussion im Jahre 1720 entschied sich die Regierung für eine Befreiung der Heidelberger Juden von den Einquartierungsgeldern, machte aber zugleich eine andere Rechnung auf. Im »cameral interesse« mußte die Pfälzische Judenschaft angesichts ihrer Vermehrung »in hiesiger stadt und churpfalz« anstatt der bisherigen 1300 fl Konzessionsgeld in Zukunft zwei- oder dreihundert Gulden mehr aufbringen. Im übrigen aber sollte die Judenschaft »gegen alle anfechtung- und beeinträchtigung, sowohl in der Statt, als churfürstlichen Landen bey ihrer concession und exemption« bestätigt werden.[132]

Dem Stadtrat blieb nichts anderes übrig, als die Erhöhung der Konzessionsgelder als Äquivalent für beibehaltene Einquartierungsfreiheit anzuerkennen. Es sei aber nicht einzusehen, daß die Juden auf lokaler Ebene keinen finanziellen Beitrag leisteten, »weil sie nit besser seyend als die bürger«. Gerade jetzt, im Juli 1720, fordere die »Churfürstliche Mannschaft« von der Stadt zusätzlich zu den Einquartierungen 200 fl. Zu diesem Beitrag müßten die Juden herangezogen werden. Es gebe ja historische Beispiele genug, die bewiesen, daß die Juden nicht immer »von dem einquartierungsbeitrag liberiert« gewesen wären. Es dürfe nicht sein, daß die Bürger »allein leiden«. Zudem müßte jetzt auch die früher »befreite« Gruppe der »bürgerlichen Officies und Constabler« zahlen. Für die Juden wäre ein Betrag von 25 fl pro Monat angemessen. In friedlichen Zeiten sollten die Juden aber von dem Einquartierungsgeld und von allen Einquartierungspflichten befreit sein. Im übrigen stünden die Heidelberger Juden nicht unter der Botmäßigkeit des Stadtrats, »sondern immediate unter churfürstlicher gnädigster Protection und Disposition«.[133]

Die Diskussionen waren, wie wir an diesem Beispiel sehen, inzwischen äußerst komplex geworden. Die beiden Vorsteher der Heidelberger Juden, Lazarus Moyses und Feist David Oppenheimer, entschieden sich deshalb noch während der Auseinandersetzung im September 1719, den Anwalt Philipp Georg Ehrhardt in der »anhangenden Rechts Sach« mit der vollen Verhandlungskompetenz zu betrauen. Dieser bemängelte am 19. April 1720, daß sich der Stadtrat schon viermal einem Gesprächstermin entzogen habe. Eine mehrfache Verweigerung, die für den Juristen der Beweis dafür war, daß der Stadtrat eine ungerechte Sache vertrete.[134]

In der Folgezeit kam es zu keinen größeren Auseinandersetzungen um die Einquartierungsfreiheit der jüdischen Stadtbewohner mehr. Über die Geldleistungen wurde jedoch auch in Zukunft immer wieder gestritten. Der Stadtrat forderte kontinuierlich die Umlage auch von den Juden. Dies geschah mit dem Argument, daß doch die Bürger nicht alleine diese Last tragen könnten. Es waren in erster

132 GLA 204/1548.
133 Ebd.
134 Ebd.

Linie städtische Stellungnahmen, in denen vor einer Bevorzugung der Juden gewarnt wurde. Hinweise auf die Gesamtbelastung der Juden durch ein raffiniert ausgeklügeltes Abgabe- und Steuersystem wurden von dieser Seite regelmäßig unterschlagen. Es blieb den Juden selbst oder seit den 1780er Jahren den staatlichen Behörden vorbehalten, die Gegenrechnung aufzustellen.

2.6 Die Heidelberger Gemeinde und die Landjudenschaft

Seit spätestens den 1660er Jahren waren die kurpfälzischen Juden mit Ausnahme der Mannheimer in der Landjudenschaft zusammengefaßt. Als eine Art Zwangskorporation vereinigte sie nicht die einzelnen jüdischen Gemeinden, sondern die einzelnen Vorstände der jüdischen Haushaltungen. Die Landjudenschaften dienten nicht nur der Regelung innerjüdischer Angelegenheiten, sondern müssen auch als Instrument des absolutistischen Staates zur Kontrolle der jüdischen Minderheit gesehen werden.[135] Auf den Zusammenkünften der kurpfälzischen Landjudenschaft, die i. d. R. alle drei Jahre stattfanden, ging es in erster Linie darum, die Verteilung der »hochherrschaftlichen Gebühren«[136] auf die einzelnen Familien festzulegen. Heidelberg war öfters der Ort solcher Treffen, zu denen alle jüdischen Familienvorstände bei Strafe von 20 Reichstalern zu erscheinen verpflichtet waren.

Oft stellten die Heidelberger Juden die Vorsteher dieser territorialen Korporation. Diese wurde um 1700 von den einzelnen Oberämtern vorgeschlagen und dann von dem Kurfürsten bestimmt. Am 17. Mai 1700 ernannte Johann Wilhelm den Hoffaktor Isaac Beer zum Obervorsteher der kurpfälzischen Landjudenschaft.[137] Bei dessen Bestallung hieß es, daß er nicht nur für Finanzfragen, sondern auch für die »Juden Ceremonien« zuständig sein sollte. Das mag damit zusammenhängen, daß es damals noch keinen Landrabbiner in Heidelberg gab. Beer sah seine Aufgabe aber sicherlich auf finanziellem Gebiet. Hier scheute er sich auch nicht vor einem massiven Konflikt mit der Hofkammer.

Der steigende Finanzbedarf für den Wiederaufbau des Landes wirkte sich auch auf die Juden aus. So hatte die Regierung im November 1701 empfohlen, für die Wiederherstellung der Heidelberger Stadtmauer die Landjudenschaft heranzuziehen. Johann Wilhelm unterzeichnete am 1. Februar 1702 ein Dekret »zu behuff der Stadt Heidelberg fortificatori gelder«. Nicht einmal die Mannheimer Juden sollten von dieser Sonderabgabe verschont bleiben. Da die Stadt Mannheim zu den allgemeinen »Landesvorfallenheiten« beitragen müsse, erstrecke sich diese Verpflichtung auch auf die dortigen Juden. Dieses seien »den Christen oder bürgerschaft gleich zu halten«.[138]

Schon im September 1699 hatte die Hofkammer von der Landjudenschaft die Summe von 6000 fl eingefordert. Von den Mennoniten wurden 2000 fl verlangt. Die von den Juden zu erhebende Summe schien zunächst selbst der Hofkammer zu hoch zu sein. Deshalb sah sie sich zu einer Begründung genötigt. Sie konnte dabei

135 Breuer 1996, S. 1987 ff.
136 GLA 77/2884.
137 GLA 77/2888.
138 GLA 77/2907.

kein anderes Argument finden als die Erinnerung daran, daß die Juden schon früher zu Sonderabgaben wie zu den Donationsgeldern und der Fräuleinsteuer herangezogen worden wären.[139]

Beer, der schon früher einen Konflikt mit den pfälzischen Kommunen riskiert hatte, da er sich gegen deren gutachterliche Tätigkeit bei neuen Schutzaufnahmen gewandt hatte, griff nun eine Ebene höher. Er forderte die Juden auf, die Zahlung der 6000 fl zu verweigern. Nicht weil ihm die Summe zu hoch gewesen wäre, sondern weil ihm das Verfahren fragwürdig erschien. Er sei als Obervorsteher der Landjudenschaft, der für die finanziellen Angelegenheiten zuständig sei, bei der Festlegung dieser Sonderabgabe nicht informiert, geschweige denn um seine Zustimmung gebeten worden. Damit forderte Beer nichts anderes als die Anerkennung als Verhandlungspartner für die Regierung oder die Hofkammer. Das wäre eine neue Qualität im Verhältnis der Judenschaft zum absolutistischen Staat gewesen, dem es doch gerade darum ging, die mitgestaltenden Funktionen der korporativen Organisationsformen, soweit er sie überhaupt bestehen ließ, zurückzudrängen. Wahrscheinlich hat Beer seine Erfahrungen als Hoffaktor, die durch ein bestimmtes Maß an Unabhängigkeit und Beratungskompetenz gekennzeichnet war, auf die institutionelle Ebene der Landjudenschaft übertragen und deshalb den hier zur Verfügung stehenden Handlungsspielraum überschätzt. Wie würde Johann Wilhelm auf diese Grenzüberschreitung seines Hoffaktors reagieren?

Zunächst stieß der Protest Beers bei dem Kurfürsten auf Sympathie. Er warf der Hofkammer und der Regierung vor, »ohne sein Vorwissen dergleichen Gelder« angesetzt zu haben. Auf den Kern der Haltung von Beer, auf dessen offensives Verständnis von der Rolle des Vorstehers der Landjudenschaft, ging der Monarch nicht ein. Somit konnte er die von Beer provozierte Zahlungsverweigerung durch die Ermahnung an seine Beamten entschärfen, doch in Zukunft die Entscheidungskanäle bis zum Souverän hinauf auszuschöpfen. Diese konterten in untertänigst-höfischer Form und widerlegten den Vorwurf der Amtsanmaßung. Sie erinnerten Johann Wilhelm daran, daß er diese neue Abgabe bei einer Sitzung in Schwetzingen selbst zugelassen hätte. Er habe aber wahrscheinlich angesichts so vieler und »höher importanten Geschäfte« diese Regelung einfach vergessen. Somit hatte niemand an der Staatsspitze die prinzipielle Herausforderung durch Isaak Beer angenommen.

Beer scheint seine Position überschätzt zu haben. Johann Wilhelm, den er in eine unangenehme Lage gebracht hatte, rückte bald von ihm ab und warf ihm vor, daß durch ihn »allerhand confusion entstehe« und er als Obervorsteher nicht »tüchtig« sei. Auch habe er sich in der Frage der »Reception der neu einziehenden Juden« nicht als fähig erwiesen. Das war vielleicht eine Anspielung darauf, daß Beer den Städten jegliches Mitspracherecht bei den Niederlassungsanträgen von Juden verweigern wollte. Sogar aus den einzelnen Judengemeinden scheint sich Widerstand gegen den Vorsteher erhoben zu haben. Auf einem Treffen der Gemeindevorsteher in Heidelberg sollten die Vorwürfe gegen Beer konkretisiert werden. Bei Androhung einer Strafgebühr von vier Reichstalern wurden die Vorsteher

139 GLA 77/2902.

zum Erscheinen verpflichtet. Bei der für Anfang Juni 1703 angesetzten Zusammenkunft waren jedoch nur der Heidelberger Vorsteher Feist Oppenheimer und der Vertreter von Caub anwesend. Deshalb baten die beiden noch einmal um Verschiebung von acht Tagen. Die Anwesenheit der anderen Vorsteher sei nötig, weil es um die Beratung über die »extraordinarii gelder« von 6000 fl gehe. Folgende Vorsteher wurden erwartet: Joseph aus Oppenheim, Josel aus Alzey, Herz zu Eppingen, Behr zu Ingelheim, Model zu Germersheim und B. aus Edenkoben. Mit der Versammlung der Judenvorsteher einzelner Gemeinden wurde kein neues Element in den institutionellen Aufbau der Landjudenschaft eingeführt. Zumindest nicht auf Dauer. Es handelte sich wahrscheinlich um ein einmalig angewandtes Instrument zur Bewältigung einer Krise.[140]

Im Sommer 1705 kam es zu einem erneuten Zwischenfall. Ein weiteres Indiz dafür, daß die Kommunikations- und Entscheidungswege zwischen Landjudenschaft und staatlicher Bürokratie oft holprig verlaufen sind. Damals hatte der Heidelberger Hofjude Lazarus Moyses Oppenheimer das Amt eines Vorstehers der Landjudenschaft inne.[141] Auch sein Vater war bereits Vorsteher gewesen. Lazarus Moyses Oppenheimer definierte seine Aufgabe ganz im fiskalischen Sinne. Er sei beauftragt, »die Concessions und andere extraordinair beytrags Gelder zu colligieren, mithin das herrschaftliche Interesse quo vis modo zu befördern«. Andererseits müsse er auch die »notturft« der einzelnen Juden berücksichtigen. Von einer Art Zustimmungsrecht zur Erhebung neuer Abgaben, wie es Isaac Beer reklamiert hatte, war bei Lazarus Moyses Oppenheimer nicht mehr die Rede. Dennoch fühlte sich auch dieser von der Hofkammer überfahren. Diese habe seine Stellung als Einsammler erheblich geschwächt, wie er sich in einem Brief an den Fürsten vom 17. August 1705 beschwerte. Sie habe ihm »vor einigen tagen zu verstehen gegeben«, daß sie dem Feist Oppenheimer die »commission ertheilt habe«, die »obige concession und andere Gelder zu erheben«. Das habe ihn nicht wenig befremdet. Er bat den Kurfürsten, dafür zu sorgen, daß er in Zukunft in seiner »function uff keinerlei weiß gekränket« werde.[142]

Damit liegt nicht nur ein Schreiben vor, das Aufschluß gibt über die Unregelmäßigkeit und mangelnde Vorhersehbarkeit der Entscheidungen innerhalb des pfälzischen Absolutismus. Es handelt sich ebenso um ein Dokument, das den ersten quellenmäßigen Hinweis zur Gegnerschaft der beiden Hauptkontrahenten des etwas später beginnenden Heidelberger Synagogenstreits enthält.

2.7 Der Synagogenstreit

Da die Heidelberger jüdische Gemeinde keine Synagoge hatte, stellte Feist Oppenheimer seit 1710 einen Raum in seinem Haus als Betsaal zur Verfügung. Das Gebäude befand sich direkt gegenüber dem Eingang der im Bau begriffenen Jesuitenkirche und in der Nähe des bereits bezogenen Jesuitenkollegs. Aus dieser

140 GLA 77/2888.
141 Ebd.
142 Ebd.

Lage, aus der Mentalität der Patres und aus den Besitzverhältnissen wuchsen in den nächsten Jahren eine Fülle von Problemen.

Am 23. Juli 1714 teilte der Stadtdirektor Anton von Fritz der Regierung mit, daß die Heidelberger Juden eine Synagoge bauen wollten. Ein Platz sei schon »accordiert«. Zudem sei es den »Patribus Societatis Jesu wohl zu gönnen, daß sie von dieser verdrißlich- und beschwehrlichen nachbarschaft (...) befreyet werden mögten«.[143] Bereits am 1. August 1714 wurden die Heidelberger Juden zu ihrem Vorhaben auf dem Rathaus vernommen. Neben den beiden Vorstehern Feist und Lazarus Moyses Oppenheimer erschienen im Namen der gesamten Judenschaft Moyses Süß Oppenheimer, Moyses David Oppenheimer und Lazarus Wolf Oppenheimer. Feist Oppenheimer gab zu Protokoll, daß er zwar aufgrund der »Citation« auf das Rathaus gekommen sei, hätte er aber den Grund dieser Zusammenkunft vorher gekannt, wäre er nicht erschienen. Er sei mit dem Betsaal in seinem Hause durchaus zufrieden, seine Familie und Verwandtschaft schließe sich ihm an. Auch der andere Vorsteher Lazarus Moyses Oppenheimer erklärte sein Einverständnis mit den jetzigen Bedingungen. Zugleich wies er jedoch darauf hin, daß die Nähe zur Kirche eine Ungewißheit in sich berge. Nach der Fertigstellung der Kirche könnten die Juden aus ihrer bisherigen Wohngegend vertrieben werden. Deshalb müsse man sich nach einem neuen Bethaus umsehen. Bei der Aussprache erklärte die Mehrheit der Anwesenden, daß Aussicht bestünde, das bei der »herrschaftlichen Scheuer« gelegene Haus zur »Blauen Lilie« zu erwerben, das aber für die Zwecke einer Synagoge noch umgebaut werden müsse. Der Bau müsse zum Hof hin verändert werden, die Zimmer seien für die Zeremonien noch umzugestalten. Zudem solle noch eine Wohnung für den Synagogendiener und den Vorbeter eingerichtet werden. Die Mehrheit erbat nach dieser Aussprache eine »ratification« von der Regierung. Erst wenn diese erteilt sei, könne das Haus gekauft werden.

Zwei Tage nach der Einvernahme der Juden auf dem Rathaus mischten sich die Jesuiten ein. Sie beschwerten sich über die große »Überlast«, die sie von früh bis spät wegen des unerträglichen »Geschreys von nächst gelegener unruhiger Judenschule, und öffter Zusammenlaufung der Juden« in ihrer Nachbarschaft aushalten müßten. Nach »zehnjähriger großer gedult« baten sie, von dieser »sehr unruhigen, überlästigen und inconvenienten« Nachbarschaft befreit zu werden. Außerdem sei neben einer Kirche »kein Judenhaus, und noch viel weniger eine tumultuose Synagoge zu gedulten«. Es gebe auch Regelungen für die Christen, daß sie ihre Kirchen nicht innerhalb »certas canas« bauen dürften. Um so eher sei es verständlich, daß sich neben einem »stillen geistlichen Haus« keine »geschreyvolle Judenschule« gezieme. Die nicht weit davon liegende Schule der »studierenden christen Jugend« würde durch den seltsamen Lärm der Juden gestört werden. Die Studenten könnten dadurch herbeigelockt werden und ihren Unmut mit Steinen ausdrücken. Deshalb könne man neben einer solchen »molesten Nachbarschaft nit in ruhe« sein. Auch würden die Christen durch die Lage der Synagoge direkt »in fronte einer christlichen Kirche« an den Sonn- und Feiertagen mehr zum Handeln

143 GLA 204/966.

angelockt werden als zu »gebührender andacht«. Wie aus dieser Beschwerde hervorging, wandten sich die Jesuiten nicht nur gegen die im Haus des Feist Oppenheimer befindliche Synagoge, sondern sie forderten auch die »übrigen in der Nachbarschaft befindlichen Juden Wohnungen« zu entfernen. Am 8. November 1714 wurde ein Räumungsbefehl für zwei Häuser ausgesprochen, jedoch nicht vollzogen. Ob es die Streitigkeiten zwischen den beiden christlichen Konfessionen waren, die die Aufmerksamkeit von dieser Räumung abgelenkt haben, ob der Regierungswechsel von 1716 andere Prioritäten gesetzt hat oder aber ob diese Anordnung im üblichen Dickicht zwischen den Instanzen verschwand, ist schwer zu ergründen.

Bei einer neuerlichen Vernehmung Ende August legte Lazarus Moyses Oppenheimer den Plan des Hauses »Zur Blauen Lilie« vor. Feist und seine Anhänger hatten inzwischen die 14 Tage verstreichen lassen, die ihnen zugestanden wurden, um einen anderen »bequemeren und wohlfeyleren Orth als die übrigen« zu finden. Sie erklärten, sich an den Kosten für den Umbau des Hauses »Zur Blauen Lilie« nicht zu beteiligen.[144] Das Gebäude war inzwischen von der Polizeikommission, die sich mit dem Ergebnis zufrieden gab, einer Visitation unterzogen worden. Das neu erworbene Haus liege so abseits »an einer abgelegenen Ecke der Statt gegen den Neckar«, daß niemand »incommodiert noch geärgert werden könnte«. Es müsse beim Umbau darauf geachtet werden, daß es weder einer Kirche noch einer Synagoge ähnlich sehe.[145] Die Polizeikommission war also nicht nur zufrieden mit dem abgelegenen Platz, sondern sie wollte auch vermeiden, daß den Juden ein repräsentativer Sakralbau zur Verfügung stehen würde.

Am 31. Oktober 1714 wurde Feist Oppenheimer befohlen, die Kultgegenstände herauszugeben. Am gleichen Tag erfolgte die offizielle Erlaubnis, das Haus »Zur Blauen Lilie« zu einem »Privat-Hauß« mit zwei Wohnungen umzubauen. Es solle aber auch die Möglichkeit zur »Schul und bißherige Zusammenkunft« bieten. D. h., daß das Gebäude nicht als eigenständige Synagoge anerkannt wurde. Vielleicht hat die Regierung mit diesen einschränkenden Bemerkungen auch auf eine Intervention des Stadtrats reagiert. Dieser hatte behauptet, daß die Juden in Heidelberg niemals »eine öffentliche besondere Schul gehabt« hätten. Daraus lasse sich ableiten, daß dies auch in Zukunft nicht geschehen dürfe.

Am 12. November 1714 erfolgte laut Kontraktenbuch der Verkauf des Hauses »Zur Blauen Lilie« durch den Schuhmacher Johannes Lauf und dessen Ehefrau für 2300 fl. Als Käufer wurden neben dem Vorsteher Lazarus Moyses Oppenheimer Löw Daniel, Moyses Süß, Samuel Moyses, Moyses David, Moyses Ulff, Wolff Lös, Lazarus Süß und Abraham Wolf genannt. 950 fl wurden sofort ausgezahlt, der Rest auf Raten, die innerhalb der nächsten eineinhalb Jahre zu bezahlen waren. Die Umbauten wurden zusätzlich auf 700 fl veranschlagt. Die Gesamtsumme sollte die Käufer in Zukunft noch vor große Probleme stellen.

Am 7. Dezember 1714 richteten Lazarus Moyses Oppenheimer, Süß Oppenheimer und Moyses David Oppenheimer im Namen aller Käufer einen Brief an die

144 Löslein 1992, S. 94.
145 Ebd., S. 32.

Polizeikommission. Sie beklagten darin, daß Feist und seine Anhänger, darunter sein Schwiegersohn mit dessen beiden Söhnen Lazarus und Salomon, sich nicht an den Kosten beteiligen wollten. Dies sei aber um so nötiger, als sich in den Kassen der Heidelberger Juden nichts befinde. Es sei ihnen zu gefährlich, auf die Wünsche des Kreditgebers einzugehen, der auch ihre Frauen und Kinder als Sicherheit auf dem Kaufbrief eintragen möchte. Sie befürchten zudem, daß die Gegengruppe darauf drängen werde, ihre Rechte in der Synagoge zu behalten, und sich nicht an der Versteigerung der Sitze und Ämter beteiligen werde. Sie hofften, daß die Polizeikommission Feist dazu bringen könne, die Schuldobligationen zu unterschreiben.[146]

Feist Oppenheimer und seine Parteigänger bereiteten nach den Aussagen des Stadtdirektors Bardong »allerlei Dificultäten«. Sie weigerten sich, die »jüdischen Exercitien sambt denen dazugehörigen schul sachen« herauszugeben. Die Regierung erlaubte im Sinne der Käufer, die Sitze in dem »Neuen Schulhaus« in Gegenwart des Polizeiaktuars Keßler zu versteigern. Feist forderte vergeblich die Entscheidung eines unparteiischen Rabbiners, da die Versteigerung für die Heidelberger Gemeinde eine Neuerung darstelle.

Bevor die von Keßler minutiös protokollierte Versteigerung am 24. September 1714 begann, wurde Feist zum letzten Mal zur Mitsteigerung aufgefordert. Eine spätere Reue könne nichts mehr an dieser verpaßten Gelegenheit ändern. An der Versteigerung beteiligten sich nur die Anhänger von Lazarus Moyses Oppenheimer.[147] Auch die Stühle im Frauenteil wurden versteigert. Mit 996 fl kam fast die Hälfte des Kaufpreises zusammen. Feist beharrte auch nach der Versteigerung darauf, daß ihm und seinen Anhängern die angestammten Plätze zuständen. Er erinnerte daran, daß in seinem Haus die Plätze stets frei eingenommen werden konnten. Müsse er einen Beitrag zur neuen Synagoge leisten, könne er seinen Verpflichtungen bezüglich der herrschaftlichen Abgaben nicht mehr nachkommen. Da in Heidelberg im Vergleich zu Worms und Frankfurt viel weniger Juden wohnten, könne man auch nicht das Verfahren bei der Vergabe der Synagogensitze in diesen größeren Gemeinden zum Vorbild erheben. In den 15 Jahren, in denen die Synagoge in seinem Haus untergebracht gewesen sei, seien die Sitze niemals versteigert worden. Dies sei auch »bisheriger siebzigjähriger Observanz gantz zuwieder«. Das jetzige Verfahren sei eine »bloße Neuerung«, eine niemals vorher angewandte »auflag«. Das sei für ihn um so schmerzhafter, da er so viele Jahre die »Schul umsonst in seinem Haus« und »ohne einige Entgelt und auflag« gehabt hätte. Jetzt müßte er sich mit seinen Anhängern »nach der übrigen Juden gefallen und eigensinn« richten. Sie seien von ihren »vorigen bräuchen und sitten ausgeschlossen«. Insbesondere Lazarus Oppenheimer, Moyses Caub und Moses Süß suchten »eine Meisterschaft« über ihn und seine Anhänger. Dies würde auch zur Belastung zukünftiger Generationen führen. Feist trat entschieden dafür ein, daß er mit seinen Anhängern wieder die »vorigen Bancke – und Sitze ohne einige disputation« und ohne Bezahlung einnehmen könnte. Sie hätten sie früher auch

146 GLA 204/966.
147 GLA 204/1714.

»ganz frey genossen«. Das »gekaufte Haus« gehe sie nichts an. Sie wollten nur nach »der uralten observanz« behandelt werden. Feist erwähnte in diesem Schreiben nicht, daß die Gegenpartei ihm inzwischen persönlich wegen seines Alters einen kostenlosen Sitz für 15 Jahre angeboten hatte.

Mitte Januar entschied die Regierung, daß nur die Käufer die Obligationen zu unterzeichnen hätten. Das Versteigerungsverfahren wurde als gültig anerkannt. Feist solle mit seinen Anhängern »den Status ortsfremder Juden erhalten«. Das bedeutete, daß ihnen keine festen Sitze zustehen sollten und daß sie während des Gottesdienstes keine Ämter übernehmen durften.[148]

Der Streit hörte damit jedoch keineswegs auf. Obwohl die Regierung Frieden erzwingen wollte und bei Verletzung der Ruhe beiden Seiten mit der hohen Strafsumme von 100 Reichstalern drohte, ging die Auseinandersetzung weiter. Man bezichtigte sich gegenseitig der »turbation«. Lazarus kritisierte nun im Rückblick, daß Feist sich früher mit seiner ganzen Familie aller »Obrigkeit« angemaßt habe. Keßler teilte der Regierung mit, daß Feist und seine »adhaerenten« mehrere Tage unter lautem Protest der Gegner »Schul an der alten Stätte« gehalten hätten. Über das »Geschrey« seien diesmal nicht nur die Jesuiten empört gewesen. Der Polizeiaktuar trat für eine Bestrafung von Feist ein. Das Strafgeld könne man gleich sinnvoll für seine eigene Besoldung verwenden. Der Staat schulde ihm ohnehin noch 300 fl.

Feist war darüber verärgert, daß seine Gegner, die »harten Leute«, inzwischen einen fremden »jüngeren Kerl« zum »schulmeister« angenommen hätten, der zugleich als Schächter tätig war. Dadurch verlöre der bisherige gemeinsame Schächter und Vorbeter seinen Unterhalt. Es sei zudem üblich, daß nach »notorischer Observanz, wo Juden wohnen, nur ein Schächter gehalten werde«, den alle Juden »unterhalten« müßten. Die Polizeikommission möge deshalb diesen »Unfug« beseitigen. Alle Heidelberger Metzger müßten darauf hingewiesen werden, daß sie das Fleisch nur von dem alten Schächter schächten lassen dürften.

Gleich zu Beginn der Auseinandersetzungen hatte Feist vorgeschlagen, die Angelegenheit dem Schiedsspruch von drei auswärtigen Rabbinern zu unterwerfen. Die Polizeikommission hatte ihm damals den Vorwurf gemacht, er wolle die Entscheidung nur hinauszögern. Jetzt griff die Regierung wieder auf diesen Vorschlag zurück. Inzwischen hatte aber Feist Oppenheimer nun seinerseits seine Meinung geändert und davor gewarnt, daß von den Rabbinern der eine diese, der andere jene Partei »nicht ausstehen« möge. Zudem müßten sie unter hohem Aufwand verköstigt und untergebracht werden. Außerdem habe die Regierung doch schon das entscheidende Wort gesprochen und entschieden, daß diejenigen, die keine Mitkäufer gewesen seien, keinen finanziellen Beitrag zum Kauf oder Umbau leisten müßten. Man möge doch den »status quo« anerkennen.

Die drei Rabbiner Jacob von Worms, »Hillel von der Lemblischen Klausul in Mannheim«[149] und Isaac von Durlach sind am 26. März 1715 in Heidelberg eingetroffen und kamen binnen weniger Tage zu ihrem Spruch. Danach hätten

148 Löslein 1992, S. 32.
149 Unna, Isak: Die Lemle Moses Klaus-Stiftung in Mannheim. Frankfurt 1908, S. 13 f.

Lazarus Moyses Oppenheimer, Moyses Süß Oppenheimer und Moyses David das Haus gekauft. Sie müßten deshalb zur Zahlung herangezogen werden. Sie hätten mit der Zustimmung der Regierung gehandelt. Feist hingegen habe »mit seinem Anhang« kein »wohlfeiles Haus« anbieten können. Lazarus und »Consorten« komme es nach jüdischem Recht und nach dem Gesetz der Thora zu, die »Jüdischen Ceremonien« durchzuführen. Sie könnten die Sessel und die Ceremonien »willkürlich verkaufen und verleihen«. Das Geld müsse jedoch nach der Bezahlung des Gebäudes für die Unterhaltung der Synagoge und für das jüdische Almosen verwendet werden.

Feist und »Consorten« sollen dazu angehalten werden, ihren Anteil an dem Haus, an der »Schule« und an der Bezahlung des Vorbeters und des Schächters zu leisten. Dieser dürfe jedoch aufgrund der Tatsache, daß er sein Haus früher der Gemeinde zur Verfügung gestellt habe, keine bevorzugte Behandlung erwarten. Er habe seinen Lohn »bey Gott zu erwarten«. Aus der Thora und aus der jüdischen Tradition lasse sich kein Recht ableiten, daß »ein Jud auf einen Sessel in der Synagoge dem Alter nach«, wie es im Hause des Feists üblich gewesen sei, Anspruch habe. Daß Feist und sein Anhang gleich fremden Juden ihre Gebete in der Synagoge verrichten, könne nicht verwehrt werden. Die Rabbiner schließen mit der Warnung, daß »gezäncke, streith und zwistigkeiten« in Zukunft mit 50 Reichstalern Strafe belegt würden.

Ein Urteil, das auf die Beteiligten keine disziplinierende Wirkung hatte. Schon am 29. April 1715 wandten sich Lazarus Moyses Oppenheimer, Moyses Oppenheimer und Moyses David Oppenheimer namens der Käufer wieder an den Kurfürsten.[150] Am 24. April, an Pessach, sei dem Vorsteher Lazarus Moyses in der Synagoge von dem Kanzleidiener im Auftrag der Regierung bedeutet worden, den Feist mit seinen »anhängern alle jüdische ceremonia indestinatim mit genießen zu laßen«. Aus dieser Forderung habe Feist gleichsam die »Oberherrschaft« abgeleitet. Lazarus Wolf und des Feisten lediger älterer Bruder hätten sich mit Gewalt der »Zehn Gebott und anderer Ceremonien« bemächtigt. Der Vorbeter habe sein Gebet nicht verrichten können. Feist habe diesem unter Androhung der Gefangennahme befohlen, niemandem als ihm selbst zu »parieren«.

Auch am darauffolgenden Freitag habe Feist sich alle »Meisterschaft« in der Synagoge angemaßt. Gumpel Fulda habe sich dagegen gewehrt, denn er hatte die Verlesung der zehn Gebote ersteigert. Feist habe darauf im Namen der Regierung dem Vorsänger bei 12 Reichstalern Strafe befohlen, dem Gumpel Fulda solches nicht zu gestatten. Darauf habe er den Gumpel Fulda »mit größtem Ungestüm und Violenz« von dessen zehn Geboten hinweggestoßen und derer sich selbst angemaßt. Lazarus Wolf, »des Feisten Tochtermann«, habe geschrien und damit gedroht, die Wache zu holen und den Gumpel Fulda einsperren zu lassen. Lazarus Wolff sei hinausgegangen, sei dann zwar nicht mit der Wache, aber mit dem Marktmeister und einem anderen Manne zurückgekommen. Er habe beiden befohlen, den Gumpel Fulda festzunehmen. Es sei jedoch nicht soweit gekommen, da sich Moyses Ulf eingemischt und empfohlen habe, diesen einer ordent-

150 GLA 204/266.

lichen Untersuchung außerhalb der Synagoge zuzuführen. Jetzt hätten Feist und sein »Tochtermann« Lazarus mit ihrem übrigen Anhang einen »solchen tumult und Getöß in den Schulen angefangen«, daß man sein eigenes Wort nicht mehr hätte verstehen können. Die Käufer hingegen hätten kein »einziges Wort vorgebracht«, sondern der »Gegner Wüth und Toben stillschweigend zugesehen«.

Sie führen weiter aus, daß sie durch den Kauf »unsere arme weib und Kinder in höchste Last und Schulden verstecket«. Das Haus könne zum Beispiel durch einen Brand zerstört werden, wie es beinahe geschehen sei, als der Sohn des Feist trotz des Verbots während der Fastenzeit herumgeschossen habe. Aus »trutz« habe er zeigen wollen, daß er nach den Sicherheitsvorkehrungen in der Synagoge nicht frage. Beinahe wären wir »alle miteinander fast ruinierte Leut« gewesen. Es sei unnatürlich, »daß man sich in seinem eigenthumb von einem anderen turbieren und vexieren lassen« müsse. Keinesfalls könne es gebilligt werden, daß die »bißherigen Widersetzer« gegen die herrschaftlichen Vorschriften ihre »Turbation« im Namen der Autorität der Regierung ausübten.[151]

Am 5. Juni 1715 machte Feist Oppenheimer eine Gegenrechnung. Er beklagte sich, daß seine Tochter auf Befehl des Lazarus Oppenheimer in der Synagoge belästigt worden sei. Man habe die auf der Bank befestigten Buchstützen abgerissen und hinausgeworfen. Das gleiche sei auch mit ihrem Ersatzpult geschehen. Lazarus habe seinen Sohn Beer Feist geschlagen, weil dieser sich »nach Endigung des Sabbaths auf einen leeren Stuhl« gesetzt habe. Moyses Caub habe auf Befehl des Lazarus eine Kerze ausgelöscht, die sein Bruder Salomon Wolff angezündet hatte, nachdem seine Frau das Kindbett verlassen hatte, wie es jüdischer Brauch sei. Caub habe dann die Kerze »zerbrochen« und aus der Synagoge geschafft. Zudem habe Lazarus dem Vorsänger mitteilen lassen, daß Salomon Wolff keine Kerzen mehr in die Synagoge bringen dürfe. Das sei aber doch selbst fremden Juden erlaubt. Auch habe Lazarus dem Schächter befohlen, die Termine des Schächtens zu verschweigen. Das würde aber dem Rabbinerbericht eindeutig widersprechen. Schließlich sei er, Feist, genauso Vorsteher wie Lazarus und habe ein Wort mitzureden in »jüdischen Ceremonien Sachen«. Er sei, wie es auch in früheren fürstlichen Befehlen geheißen hätte, gleichberechtigt. Lazarus hielte sich aber nicht daran. Er habe ihm mitteilen lassen, daß er in der Synagoge nichts zu sagen habe. Lazarus arbeite sogar darauf hin, ihn und die »meinigen« von »allen Ceremonien« auszuschließen. Feist aber bestand darauf, daß der »Vorsinger in ceremonie Sachen mir ebensowohl als dem Lazarus zu parieren« habe. Dementsprechend müsse sich auch Moses Caub aller Befehle enthalten. Dieser habe die größte Schuld an »Zank, Händel und Unruhe«. Feist legte seinem Schreiben eine Bestätigung der Regierung vom September 1704 bei, daß er damals Vorsteher gewesen sei.

Die Hofkammer ergriff zunehmend die Position von Feist. Sie teilte der Regierung mit, daß der »Lazarische Anhang ihre gegenteilige Mitjuden nit allein von der Schul und dasigen Ceremonien und gebräuchen ausgeschlossen, ihre stuhl eigen- und gewaltthätig auß sothaner Schul hinausgeworfen, ja sogar den Feist Oppenheimer die steegen hinunter zu stürzen attentiert« habe. Ebenfalls solle der

151 Ebd.

neu in den Schutz aufgenommene Samuel Hirsch trotz seines Protestes »gewaltthätig« gezwungen werden, einen Beitrag zu leisten. Die Gruppe um Lazarus sei inzwischen »allzu excessiv« und unterdrücke die Freiheit der anderen Juden. Die Beamten der Hofkammer belegen diese Ereignisse fälschlicherweise mit dem Begriff »Exkommunikation«. Zudem würden Lazarus und seine Anhänger die Regierungsbefehle mißachten und die völlige »ruinierung« ihrer Gegner herbeiführen. An diesem Punkt hat der innerjüdische Konflikt für die Beamten eine allgemein staatliche Dimension erreicht. Denn bei einem wirtschaftlichen Absinken einer Gruppe der Beteiligten sei das »Cameral Interesse« betroffen.

Selbst nach dem Tode von Feist Oppenheimer im Jahre 1720 ging der Streit weiter. 1721 errichteten seine Anhänger in dem Hause des Wolf Oppenheimer eine »a parto schul« mit einem eigenen Vorbeter. Nach einem Bericht des Stadtdirektors von Hillesheim vom 28. Februar 1721 versuchten sie, die anderen Juden davon abzuhalten, die »gewöhnliche Schul« zu frequentieren. Diese neue Synagoge sei »gegen die Verordnung« errichtet worden. Der Landschreiber des Oberamts Heidelberg wurde deshalb angewiesen, den Opponenten bei 100 Reichstalern Strafe zu befehlen, diese Einrichtung sofort wieder »abzuschaffen«. Allen Heidelberger Juden wurde befohlen, die »mit erlaubnis der gnädigsten Herrschaft erbaute schul« zu besuchen. Die Käufer müßten jetzt endlich »klaglos gestellt« und »zu dem ihrigen gelangen«. Dem »Juden Landrabiner« und allen Vorstehern der Judenschaft wird »nachdrücklich und allen ernstes anbefohlen«, dafür zu sorgen, daß jeder Jude einen Anteil zu »repartieren« habe.[152]

Die Parteien blieben unversöhnt. Sie hätten sich »bald auf diese, bald auf jene resolution bezogen«, so urteilte auch noch einige Jahre später die Regierungskonferenz am 8. April 1726.[153] Inzwischen scheint die Landjudenschaft als Schlichtungsinstanz aufgewertet worden zu sein. Zumindest appellieren die Käufer an die Regierung, den Oberlandrabbiner und die Judenvorsteher zu veranlassen, bei der bevorstehenden Versammlung der Landjudenschaft im Jahre 1725 für eine »Repartierung« der Kosten auf alle Heidelberger Juden einzutreten. Die »morosos« müßten ihrer Strafe zugeführt werden. Der Sache müßte die »finale Endschaft« gegeben werden, damit die Regierung nicht mehr weiter »behelliget werden möge«.[154]

Die Regierung wollte es noch einmal mit einer innerjüdischen Schlichtung versuchen. Sie plante, den Fall wieder drei Rabbinern vorzulegen, wobei einer von ihnen aus Heidelberg kommen sollte. Lazarus Wolf wandte sich sofort dagegen, da er befürchtete, daß die Regierung von den »Conclusis und Decretis« des Jahres 1715 abkommen könne. Zu einem Rabbinergericht ist es nicht mehr gekommen. 1729 wurde der Weinheimer Vorsteher Löw Baruch als Schiedsrichter benannt. Der Konflikt entschärfte sich offenbar nach und nach und wurde schließlich im Jahre 1737 beigelegt. Auf Antrag des Landrabbiners und der Vorsteher der Landjudenschaft wurde das Haus »Zur Blauen Lilie«, der Name hatte sich weiter

152 Ebd.
153 GLA 204/272.
154 Ebd.

erhalten, an die Heidelberger Judenschaft verkauft. Der Preis betrug 1 590 fl. Jetzt erhielt es den unbestrittenen Status einer Gemeindesynagoge.[155]

Von Auseinandersetzungen, die ihre Wurzeln im Jahre 1714 hatten, ist in den Quellen der Folgezeit nichts mehr zu spüren. Die Synagoge spielte in den Protokollen des Stadtrats zwar noch öfter eine Rolle, aber meist in Angelegenheiten der Baupolizei. So mußte die Judenschaft im Jahre 1748 einen neuen Kanal anlegen und den alten zumauern lassen. Für die Genehmigung dieses Vorhabens mußten zehn Reichstaler bezahlt werden. Der städtische Baumeister hatte zunächst 20 Reichstaler verlangen wollen.[156] Wenige Wochen später wurden sämtliche Maurer und Zimmerleute der Stadt auf das Rathaus bestellt, um sie an die Verordnungen über den Kaminbau zu erinnern. Bei der Errichtung der neu errichteten Schornsteine an der Synagoge war es zu Mängeln gekommen, die dem Stadtrat Anlaß boten, die gesamte Zunft zur Einhaltung der gültigen Sicherheitsbestimmungen zu ermahnen.[157]

2.8 Die antijüdischen Ausschreitungen von 1718 und deren Umfeld

Eine Geschichte der Heidelberger Juden darf nicht übersehen, daß Johannes Anton Eisenmenger (1654–1704), dessen Buch »Entdecktes Judentum« zu den Hauptwerken des deutschen Antisemitismus gerechnet werden muß, von 1700–1704 Professor an der hiesigen Universität gewesen ist. Der in Mannheim geborene Sohn eines reformierten kurpfälzischen Steuereinnehmers konnte als Stipendiat Karl Ludwigs am Heidelberger Sapienzkolleg studieren und trat nach Reisen in die Niederlande und nach England in den Archivdienst der pfälzischen Kanzlei.[158] Das 1700 in Frankfurt am Main gedruckte Hauptwerk Eisenmengers kam jedoch nicht zum Verkauf, da es Kaiser Leopold wegen seiner antisemitischen Tendenz konfiszieren ließ. Die Frankfurter Judenschaft hatte Samuel Oppenheimer und Samson Wertheimer gebeten, in Wien zugunsten eines Verbots des Werks zu intervenieren.[159]

In einem Memorandum an den Kaiser vom 14. August 1700 legte Eisenmenger die Motive für sein Werk offen. Sein Ziel sei es gewesen, den »jüdischen Lästerungen gegen Christum und die christliche Religion und deren ungebührlichen Verhalten gegen die Christen insgesamt« nachzugehen. Es ginge ihm vor allem darum – nachdem er in Amsterdam den Übertritt von drei Christen zum Judentum habe erleben müssen –, die »christen durch Betrachtung der irrigen jüdischen Religion vom abfall« abzuhalten. Er bekannte sich auch zur Judenmissionierung. Sein Werk diene dazu, die Juden »von der greulichen finsternis darinnen sie sterben« abzubringen. Noch niemand vor ihm habe die »gewaltigen irrthumben« der seltsamen jüdischen »Theologia und Religion« so intensiv

155 Löwenstein 1895, S. 160; Löslein 1992, S. 37.
156 STAHD, RPR v. 5. Dezember 1748.
157 STAHD, RPR v. 19. Dezember 1748.
158 Drüll, Dagmar: Heidelberger Gelehrtenlexikon 1652–1802. Berlin – Heidelberg – New York – Tokyo 1991, S. 27.
159 Kracauer, Isidor: Geschichte der Frankfurter Juden. Frankfurt am Main 1927, S. 108.

erforscht wie er. Er habe 180 hebräische Bücher gelesen und Kontakte »mit verschiedenen gelehrten Juden« gepflegt.

Eisenmenger legte großen Wert auf die Feststellung, daß Kurfürst Johann Wilhelm ihn für ein halbes Jahr bei voller Besoldung von dem »Canzleydienst« zur Vollendung des Buches freigestellt habe. Der Landesherr habe auch die Umwidmung seiner Professur für orientalische Sprache in einen Lehrstuhl für »Hebraica Lingua« gestattet, damit das Buch um so mehr »considerieret« werde. Ein Vertreter der kaiserlichen Bücherkommission habe schon vor zwei Jahren einen Teil des Buches gebilligt. Dennoch habe »ein Jud zu Wien nahmens Sambson Wertheimer ohne Zweifel auf Anstiftung der Frankfurter sich nicht entblödet«, bei dem Kaiser eine Klageschrift einzureichen. Er, Eisenmenger, wehre sich dagegen, von diesem als »falsarius und Seditarius« (als Fälscher und Verführer) denunziert und um »Ehr und Gut« gebracht zu werden.[160]

Der Kaiser schien einen Teil der Argumente Eisenmengers ernstzunehmen, zumindest jene, mit denen dieser sich auf die Zustimmung des Kurfürsten berief. Er fragte deshalb in einem Brief an Johann Wilhelm vom 26. Oktober 1700 nach, ob Eisenmenger sein Buch wirklich mit »dero authorität« bekräftigen könne.[161] In der Tat befürwortete Johann Wilhelm das Erscheinen des Buches.[162] Am 24. April 1702 drückte Eisenmenger in einem Brief an den Kurfürsten seine »höchste Bestürzung und größte Betrübnis« aus, da er von der endgültigen Entscheidung des Kaisers erfahren hatte, das Erscheinen des Buches zu verhindern.[163] Erst nach Eisenmengers Tod erlaubte der preußische König Friedrich I. einen Neudruck in Königsberg, einer Stadt, die außerhalb der kaiserlichen Jurisdiktion stand.[164] 1741 wurde das Buch dann endgültig freigegeben.

Die Verzerrungen des Buchs von Eisenmenger haben in der Geschichte des Antisemitismus eine große Wirkung gehabt.[165] Ob sie sich auch auf die Heidelberger Universität ausgewirkt und dort die antisemitische Einstellung der Studenten noch verstärkt haben, kann nicht gesagt werden. In den Quellen gibt es keine direkten Belege dafür. Die beiden Jesuiten, die Eisenmenger als Gutachter für sein Werk angab, gehörten nicht zum Heidelberger Lehrkörper. Sie waren aus Mainz und Würzburg.[166] Sicher ist aber, daß es zahlreiche Hinweise auf die Bedrohung der Juden durch die Studenten der Heidelberger Universität gegeben hat. Auch die Jesuiten hatten dies in ihrer Polemik gegen die Synagoge im Hause des Feist Oppenheimer indirekt eingestanden.

Die Heidelberger Juden versuchten, die Behörden immer wieder auf ihre Gefährdung aufmerksam zu machen. 1714 beklagten sie sich, daß kein einheimischer oder fremder Jude ohne Bedrohung durch die Studenten über die Straßen

160 GLA 77/2896.
161 Ebd.
162 Wolf, G.: Der Prozeß Eisenmenger. In: MGWJ 18 (1869), S. 427.
163 GLA 77/2896.
164 Battenberg 1991, S. 112.
165 Katz, Jacob: Vom Vorurteil bis zur Vernichtung. Der Antisemitismus 1700–1933. München 1989, S. 27.
166 Wolf 1869, S. 427.

gehen könne. Selbst in den eigenen Häusern seien sie vor Belästigungen der Akademiker nicht sicher. Die Studenten glaubten, daß sie als Universitätsangehörige »mehr Freyheit« als andere Einwohner hätten, die Juden »zu insultieren, insolentiam zu machen«. Der Mutwille nehme ständig zu. Deshalb baten die Juden den Landesfürsten als Beschützer der Untertanen und der schutzverwandten Juden, einen Befehl an die Universität zu geben, damit solchem Unwesen gesteuert und die »sämtlichen Juden auf den Straßen und Häussern den höchsten Landesschutz und sicherheit« genießen könnten. In einem Erlaß der Regierung an die Universität wurde diese am 29. Januar 1714 zu »vollkommener Sicherheit der Juden ermahnt«.[167]

Auskunft über einen gefährlichen Exzeß erhalten wir durch ein Schreiben der beiden Judenvorsteher Feist Oppenheimer und Moyses Oppenheimer vom 27. Februar 1718.[168] Die verfeindeten Führer im Synagogenstreit haben hier eine gemeinsame Sprache gefunden – wie sie auch beide an der Installation des Rechtsanwalts Erhardt ein Jahr später beteiligt waren. Sie betonten, daß die Ausschreitungen nicht plötzlich und überraschend über die Heidelberger Juden gekommen seien. Sie hätten schon früher über »gantz unerträgliche Gewalttätigkeiten« klagen müssen. In letzter Zeit sei die Lage um vieles bedrohlicher geworden. Von Studenten und Handwerksburschen würden die Juden »geschändet und geschmähet, geschlagen und gestoßen«. Sie könnten sich nur noch mit »verschiedenen particular leuthen« und mit Attesten des Rats, daß sie gemäß ihrer Schutzverwandtschaft korrekt zu behandeln seien, auf der Straße bewegen. Obwohl zur Zeit drei Schneidergesellen wegen antijüdischer Exzesse in Haft säßen, habe die Bedrohung nicht nachgelassen. Die Juden würden tagsüber und auch des nachts oft auf »allergrausamste weiß« bedroht. Zur Zuspitzung sei es dann in der Nacht des 19. Februar 1718 gekommen.

20 Personen, wahrscheinlich Studenten, deren Rädelsführer und Motive bekannt wären, seien in das Haus des Juden Löser eingedrungen. Sie hätten die Tür mit einem Rammbock aufgebrochen. Die Fenster seien »gäntzlich zertrümmert«, drei Sabbatlampen und das Kaffeegeschirr zerschlagen worden. Der Tumult dauerte von 10 bis 1 Uhr in der Nacht. Die Täter seien mit »bloßen degen« in der Hand herumgelaufen, und die Hausbewohner hätten den Tod erwartet. Trotz aller Rufe um »bürgerliche und nachbarschaftliche Hülff« habe sich niemand von der das »Spectacle« beobachtenden Nachbarschaft »unterstanden herauszugehen«. Die Nachbarn hätten Löser und seine Familie »in der angst und gefahr verlassen«. Auch andere »Judenhäuser« seien in Gefahr gewesen. Vor allem aber die Synagoge sei dermaßen in Mitleidenschaft gezogen worden, »daß wir die ganze ausgestandene schwere Kriegszeiten hindurch, dergleichen zerstörungen uns nicht entsinnen können«. Solche Gewalttätigkeiten müßten in Zukunft durch »exemplarische Bestrafung oder hochgeschärfftes Verbot« verhindert werden, sonst befänden sich die Juden in dauernder Lebensgefahr.

167 GLA 204/975.
168 Ebd.

Abgesehen von diesen Bedrohungen sei ihre wirtschaftliche Lage schon jetzt um vieles schwieriger geworden als früher. Ihre »auswärtigen Commercien« wurden »geschmählert«, da inzwischen die »fremden Juden diese Stadt meiden«. In dieser »trangsaal« müßten die Juden in Heidelberg ihr »sichtbarliches verderben erwarten«. Dann kommt der unvermeidliche Hinweis, daß die herrschaftlichen Schutzgelder kaum noch aufgebracht werden könnten. Deshalb hoffen sie, daß der Kurfürst »nachdrücklich remedur« verfügen werde. Nur dann könne die »allgemeine ruhe in der residenzstatt« wieder hergestellt werden, und die Juden könnten dann wieder »außer lebensgefahr« ihrer »Nahrung nachgehen«.[169]

Am 11. Mai 1718 ordnete die Regierung eine Untersuchung durch die Universität an. Es gelte, die »Verbrecheren nach gebühr« zu bestrafen. Daß man die studentischen Ausschreitungen nicht in den Griff bekommen hatte, wurde immer wieder deutlich. So mußten die Vorsteher der Landjudenschaft am 23. Januar 1736 das Oberamt, die Stadt und die Universität anläßlich einer Zusammenkunft der Landjudenschaft bitten, dafür zu sorgen, daß die Juden »von allem befahrenden insult derer Studenten bewahret bleiben«.[170]

Auch Streitigkeiten mit den Zünften drohten oft in Gewalttaten überzugehen. So überfielen Mitglieder der Schuhmacherzunft 1741 den Laden des Löw Salomon Oppenheimer und richteten großen Schaden an. Das Stadtgericht verurteilte sie wegen »gewalttätigen Einfalls« zur Zahlung von 20 Reichstalern.[171] Gefahren, die auch in der zweiten Jahrhunderthälfte nicht geringer wurden.

Oft griff der Stadtrat im Sinne des Ordnungsstifters ein. Aber jenseits seiner Verpflichtung, für Ruhe und Ordnung zu sorgen, war die Judenschaft für ihn eine Minderheit, der man mit ständigem Mißtrauen und dauernder Überwachung gegenübertreten mußte. An einem Beispiel sei dies skizziert. Als Judas Carlebach im Jahre 1734 ein Haus in der Hauptstraße kaufen wollte, stieß er auf unüberwindbare Schwierigkeiten. Der Stadtrat gab sich nicht nur mit einem Hinweis auf frühere Verbote zufrieden, sondern er ergänzte diese durch eine eigene Bewertung. Danach zieme es sich für Juden auf keinen Fall, mitten in eine »christliche gemeinde« hinein zu bauen. Auch deshalb, weil die »bad-gelegenheiten« der Juden hygienische Probleme für die Nachbarschaft mit sich brächten. Bei der zentralen Lage eines jüdischen Hauses bestehe die höchste Gefahr, daß die Juden »das Wasser inficieren möchten«. Bedenken, die auch auf Zustimmung der Regierung stießen. Carlebach konnte nicht in die Hauptstraße ziehen. Kurze Zeit später veröffentlichte die Regierung eine Verordnung, die es den Juden verbot, »Häuser in der Hauptstraße weder zu kaufen noch zu steigern«.[172]

169 Ebd.
170 GLA 77/7258.
171 STAHD, RPR v. 5. Dezember 1741.
172 STAHD, RPR v. 15. April 1734.

2.9 Die Zählungen der jüdischen Bevölkerung in den 20er und 30er Jahren des 18. Jahrhunderts

Fremde Juden wurden mißtrauisch betrachtet. Nicht nur von seiten der Stadt, der Zünfte und des Staates, sondern auch von der einheimischen Judenschaft. Die beiden Vorsteher Lazarus Moyses Oppenheimer und Feist Oppenheimer hatten z.B. laut Ratsprotokoll vom 33. Oktober 1710 gebeten, daß die Stadt die in regelmäßigen Abständen erlassenen Dekrete zur Hinausschaffung fremder Juden strikter befolgen möge. Vom Argwohn blieben selbst die Glaubensgenossen aus der nächsten Umgebung nicht verschont. Eine Aufzählung von Juden ohne Heidelberger Schutzbrief im Februar 1719 richtete sich gegen die Handschuhsheimer Juden, die den »hiesigen in Schutz stehenden Juden großen abbruch« bereiten würden. Sie seien während der ganzen Woche anwesend, sie handelten und kauften »alles« auf. Auch die beiden Rohrbacher Juden Nathan und Moyses wurden in diesem Zusammenhang als Konkurrenten erwähnt. Ihr »Handel und Wandel« wurde genauso scharf kontrolliert wie der der Juden aus Leimen und aus Dossenheim.[173]

Entsprechend der Überwachung der auswärtigen Juden wurde auch die Zahl der einheimischen jüdischen Haushalte regelmäßig registriert. Dazu mußten sich meist die Familienvorstände oder die Witwen auf dem Rathaus einfinden und die Schutzbriefe vorlegen. 1721 wurden 17 Haushaltungen gezählt. Den ältesten Schutzbrief legte dabei Moses Caub aus dem Jahre 1710 vor. Lemle Löw, der erst vor kurzem mit Frau und Kind aus Durlach zugezogen war, brachte ein Dokument mit, das seine Schutzaufnahme vom 20. Juni 1720 bestätigte. Samuel Isaac, der als Schuldiener und Krankenwärter im Dienste der Gemeinde stand und zugleich »bei den Mahlzeiten aufzuwarten hatte«, legte einen für Handschuhsheim gültigen Schutzbrief aus dem jahre 1712 vor. Er gab an, daß ihm das für Heidelberg notwendige Dokument in den nächsten Tagen ausgehändigt werde. Das Geld habe er schon hinterlegt. Hingegen machte die Witwe Süß bei dem Nachweis ihrer Legitimation Schwierigkeiten. Zweimal schon hatte der Stadtrat einen Boten zu ihr in die Wohnung geschickt. Sie behauptete, den Schutzbrief bereits dem Landschreiber vorgelegt zu haben, was doch genügen müsse.[174]

Im Jahr darauf wurde eine andere Methode der Registrierung angewandt. Jetzt erhielten die drei damaligen Heidelberger Judenvorsteher Lazarus Moyses Oppenheimer, David Oppenheimer und Mortje Oppenheimer von der Regierung den Auftrag, die in Heidelberg »concessionsmäßig« lebenden jüdischen Familien zu erfassen.[175]

Die Liste sah folgendermaßen aus: 1. Lazarus Moses Oppenheimer, Vorsteher; 2. Feist Oppenheimer, Witwe; 3. Wolff Löw; 4. Moses David Oppenheimer, Obereinnehmer der Gemeinen Judenschaft; 5. Lazarus Oppenheimer; 6. Isaac Löw Oppenheimer; 7. Salomon Wolf Oppenheimer; 8. Moyses Ulfens Witwe; 9.

173 GLA 77/2884.

174 Die Zählung der Haushaltungen mit dem jeweiligen Nachweis des Schutzbriefs ist im Stadtarchiv vorhanden (STAHD Ratsprotokoll vom 17. Februar 1721).

175 GLA 77/6707.

Abraham Wolf Oppenheimer; 10. Löw Wolf Oppenheimer; 11. Salomon Schnapper; 12. Salomon Löw Oppenheimer; 13. Süß Oppenheimers Witwe; 14. Moses Carlebach; 15. Jacob Ellenfend; 16. Koppel Wolf; 17. Daniel Lazarus Oppenheimer; 18. Liebmann Moses Oppenheimer; 19. Gumpel Fulda; 20. Lemle Goldstükker. Im gleichen Jahr lebten in Handschuhsheim vier, in Dossenheim zwei, in Rohrbach drei, in Leimen bereits sieben Juden.[176]

Die meisten Juden zahlten 30 fl Schutzgeld pro Jahr. Die Hofkammer machte 1727 den Vorschlag, den Juden, die bereits seit über 40 Jahren in Schutz stünden, diese Abgabe zu erlassen. Der Hofkammerregistrator Johann Georg Arnoldi wurde mit der Aufgabe betraut, die Papiere nach einem möglichen historischen Vorbild für diesen Nachlaß durchzuforsten. Zwei Tage suchte er in den Akten, um dann festzustellen: »Ich bin nun 31 Jahre lang bey der Registratur und kann mit Wahrheit sagen, daß ich von dieser angegebenen Freiheit niemals was gehört noch weniger gesehen noch gelesen.« Würde eine solche Verordnung existieren, hätten die Juden sicher eine Kopie anfertigen lassen.[177] Da auch in der Konzession nichts von einer Aufhebung der Schutzgelder im Altersfall stand, blieb alles beim alten.

Wenn es auch keine generelle Bestimmung zur vollständigen Annullierung oder teilweisen Reduzierung des Schutzgeldes gab, bemühten sich jedoch immer wieder einzelne Juden, für sich eine Minderung oder gar Aufhebung zu erreichen. Oft scheiterten sie wie Löw Oppenheimer, der 1732 in Streit mit der Amtskellerei geraten war. Er hatte sich direkt an die Regierung gewandt. Diese aber hatte sein Gesuch um Reduzierung des Schutzgeldbetrags abgelehnt. Er müsse sich an die »Generalordnung« halten und 30 fl binnen acht Tagen entrichten. Die Quittung müsse er dem Stadtrat vorlegen. Im Weigerungsfalle habe er »das Land zu räumen«.[178]

Es gibt jedoch auch Gegenbeispiele. So konnte Abraham Moyses 1733 die Befreiung vom Schutzgeld erreichen. Nicht wegen einer sozialen Notlage, sondern als Anerkennung dafür, daß er neben seinem Beruf als Goldschmied zugleich als Münzsilberlieferant erfolgreich war.[179] Im gleichen Jahr konnte Wolff Oppenheimer eine solche Befreiung durchsetzen. Allerdings nicht wegen seiner Verdienste. Am 11. Mai 1733 mußte er trotz des hohen Alters von 82 Jahren den Schutzbrief zu den normalen Bedingungen erneuern, obwohl er sich um eine Befreiung oder zumindest um eine Reduzierung bemüht hatte. Erst nachdem er durch einen Diebstahl einen »großen Verlust« erlitten hatte, wurde er von der Zahlung des Schutzgeldes befreit.[180] Ebenfalls 1733 tritt Isaac Oppenheimer als »Befreiter« in den Ratsprotokollen auf. Über die Gründe für diese Privilegierung ist jedoch nichts zu erfahren.

Bei den Kontrollen über die rechtmäßige Anwesenheit der Juden in Heidelberg mußte nicht nur ein gültiger Schutzbrief vorgelegt werden, sondern auch eine

176 GLA 77/2894.
177 GLA 77/3033.
178 STAHD, RPR v. 20. Oktober 1732.
179 STAHD, RPR v. 1. Juni 1733.
180 Ebd.

Quittung über die Vorauszahlung für das kommende Quartal. Die Kommission des Stadtrats, die am 1. Juni 1733 eine Liste über die Heidelberger Juden erstellte, hielt alle Abweichungen von dieser Norm fest.[181] Von den 21 Haushalten waren nur die folgenden sieben allen formalen Erfordernissen gerecht geworden: Beer Oppenheimer, Salomon Wolff Oppenheimer, Süß Oppenheimer, Feist Oppenheimer, Salomon Schnapper, Lazarus Wolf Oppenheimer und Löw Vrastadt. Bei allen anderen Haushalten gab es irgendwelche Unkorrektheiten und dementsprechende Nachfragen. So legte die Ehefrau von Löw Wolff Oppenheimer in Vertretung ihres Mannes dessen Schutzbrief vom 17. Mai 1732 vor. Sie fügte auch Quittungen über frühere Zahlungen bei. Zur Zeit war Oppenheimer jedoch noch mit fünf Zahlungen im Rückstand. Sie gab zu Protokoll, daß bei der Rückkehr ihres Mannes in der nächsten Woche diese Schulden beglichen würden. Abwesend war auch Lämle Löw, dessen Ehefrau den am 15. Mai 1720 ausgestellten Schutzbrief vorlegte. Eine Quittung der Amtskellerei bestätigt, daß Löw keine Schulden hatte. Das gleiche Verfahren lief im Namen des Joseph Krautheimer ab.

Moyses Carlebach, der bei dieser Bestandsaufnahme den ältesten Schutzbrief aus dem Jahre 1719 vorweisen konnte, schuldete dem Oberamt noch die Zahlung für das nächste Quartal. Er werde sie, so ist seine Aussage protokolliert, »demnächst« bezahlen. Hingegen blieb offen, wann Abraham Wolff Oppenheimer, dessen Schutzbrief vom 15. Mai 1722 stammte und der seine Schutzgelder immer regelmäßig bezahlt hatte, seinen zur Zeit bestehenden Rückstand begleichen konnte. Er saß »uf dem Dilsberg« gefangen. Löw Salomon legte den Schutzbrief seines 1725 verstorbenen Vaters vom 5. Mai 1722 vor. Löw behauptete, daß sein Vater »jederzeit frey« gewesen sei. Er selbst habe keinen Schutzbrief. Damit war die Rechtslage klar, Löw Salomon hielt sich illegal in der Stadt auf.

Die Witwe des erst vor einer Woche verstorbenen Daniel Lazarus konnte weder einen Schutzbrief noch eine Quittung vorweisen. Die »Obsignation«, die Versiegelung der Wohnung, ermögliche ihr zur Zeit keinen Zugriff auf die Papiere ihres Mannes. Es sei aber bekannt, daß er das Niederlassungsrecht gehabt habe. Zudem sei der Schutzbrief bei der erst vor vier Wochen zurückliegenden Hochzeit überprüft worden.

Keinen Schutzbrief konnte Samuel Levi, der Diener in der Judenschule, vorzeigen. Er war von jeglicher Schutzgeldzahlung befreit. Bei Moyses Joseph Carlebach verhielt es sich wieder anders. Er legte »keinen ordinarie Schutzbrief« vor. An dessen Stelle zeigte er ein »hohes Regierungsdekret« vom 20. Februar 1730 vor. Ihm war anstelle seines Bruders der »freye Schutz« in Heidelberg übertragen worden. Dementsprechend mußte er keinen Geldbeitrag entrichten.

Unter Nummer 21, der letzten Ziffer, fand sich der Name von Ulf Moyses Witwe Ester. Sie legte einen Schutzbrief ihres Mannes vom 5. Mai 1722 vor. Vom Amtskeller hatte sie dazu die Erlaubnis erhalten. Die Übertragung des Schutzbriefes auf die Witwe erfolgte i. d. R. ohne weiteres. Starb jedoch ein

181 Ebd.

Mann ohne Hinterlassung einer Witwe, mußte der Schutzbrief sofort eingezogen werden. Das Dokument durfte nicht bei der Stadt bleiben, sondern mußte gleich an die Regierung weitergegeben werden.[182]

Einen interessanten Einblick in die Schutzaufnahmepolitik während der 30er Jahre bietet der Fall des »Juden Doktor Seligmann Elkan Heymann« aus Mannheim.[183] Sein Vater Dr. Heymann Jacob war bereits als Leibarzt Karl Ludwigs tätig gewesen. Seligmann Elkan Heymann wurde am 17. Mai 1724 als erster jüdischer Student in der medizinischen Fakultät der Heidelberger Universität immatrikuliert. Da er bereits 1705 in Mannheim als Schutzjude aufgenommen worden war und dort eine Lohnkutscherei besaß, muß er bei Beginn seines Studiums bereits in reiferen Jahren gestanden haben.[184] Unter Berufung auf den Paragraphen 15 der Judenkonzessionen von 1691 und 1717 forderte er, sein Studium mit der Promotion abschließen zu können. Die Regierung lehnte diesen Antrag ab, da die Juden »derzeit« von allen öffentlichen Ehrenbezeugungen ausgeschlossen seien.[185] Karl Philipp hingegen entschied am 8. September 1728, daß die Promotion ohne die übliche Zeremonie im Hause von Dr. Nebel stattfinden könne. Am 28. September 1728 konnte das Verfahren in Anwesenheit des Kandidaten, seines Vaters, des Stadtdirektors, der beiden Bürgermeister, des Rektors und mehrerer Professoren durchgeführt werden. Der akademische Senat hielt dieses Ereignis für so wichtig, daß er ein Protokoll zur Beachtung bei zukünftigen Promotionen jüdischer Studenten anfertigen ließ.[186]

Seligmann Elkan Heymann wollte 1732 in Analogie zu den jüdischen Ärzten in Mannheim seinen Beruf in Heidelberg ausüben. Um dies zu verdeutlichen, legte er ein Schreiben des Mannheimer Stadtrats über die Arbeit der dortigen Ärzte vor. Heymann hoffte auf Genehmigung seines Gesuchs, da er ein »LandtsKind« sei. Die Regierung holte im Februar 1732 eine Stellungnahme des Heidelberger Stadtrats ein, der ein negatives Votum abgab. Es gipfelt in der Aussage, »daß die Judenschaft dahier in ihrem bettelhaften zustand keines doctoriis medicinae ihrer nation nötig habe noch bezahlen könne«. Außerdem liefe die Einstellung eines jüdischen Arztes der »Observanz« der Stadt entgegen, da in Heidelberg noch niemals ein »Juden Doctor« gewohnt habe. Man möge zusätzlich in Betracht ziehen, daß sich »gegen alle ordnung und recht« in Heidelberg »etliche zwanzig Familien« befänden. Sie führten »offene Läden« und fügten »also der bürgerschaft den höchsten Schaden zu«.

Die Regierung hielt sich jedoch nicht an das Votum des Stadtrats. Sie gestattete Heymann den Schutz in Heidelberg. Allerdings mit der Auflage, der »hiesigen

182 STAHD, RPR v. 9. August 1737.
183 STAHD, RPR v. 4. Februar 1732.
184 Wolf, Karl Henning: Die Heidelberger Universitätsangehörigen im 18. Jahrhundert. Studien zu Herkunft, Werdegang und sozialem Beziehungsgeflecht. Heidelberg 1991, S. 172.
185 Rosenthal, Berthold: Jüdisches aus den Akten der Heidelberger Universität (Eine Quellenstudie aus dem Nachlaß), Archiv des Leo-Baeck-Instituts New York, S. 5 (STAHD).
186 Wolf 1991, S. 172 ff.

Bürgerschaft« keinen »Abbruch« zu tun.[187] Er solle sich am Mannheimer Vorbild orientieren und der Bürgerschaft keine »beschwehrnis« verschaffen. Ob er den Beruf eines Arztes ausgeübt hat, ist offen. In der oben erwähnten Liste der schutzverwandten Juden von 1733 ist er allerdings nicht aufgeführt.

Wenn der Stadtrat in seiner Stellungnahme gegen Heymann behauptete, daß die Juden »offene Läden« führten, traf dies nicht generell zu. Zwar wurde Joseph Carlebach am 11. Juli 1730 die Führung eines solchen erlaubt.[188] Diese Regelung wurde aber eigens mit dem Vermerk verbunden, daß damit kein Präzedenzfall geschaffen sei. Carlebach hatte schon im Juni des gleichen Jahres gebeten, seinen in Mannheim geführten Kramladen nach Heidelberg transferieren zu dürfen und »allda einen offenen Laden« in seiner Wohnung aufmachen zu dürfen. Die Regierung teilte diese Erlaubnis dem Stadtrat mit. Sie betonte, daß dies der der Landjudenschaft erteilten Concession entspreche.[189]

Die zwei Jahre später erteilte Konzession sparte das Problem des Ladenverkaufs aus. Dadurch hatte die Regierung einen großen Spielraum, den sie je nach Lage der Dinge nutzen konnte. Andere Bereiche wurden in der Konzession von 1733 eher in einem restriktiven Sinne geregelt. Vor allem wurde die Zahl der Landjuden auf 375 festgelegt. Die Zahl war aber schon deshalb illusorisch, da das Niederlassungsrecht für Kinder gegen 1000 fl erkauft werden konnte. Auch fehlte der Hinweis nicht, daß fremde und unvermögende Juden aus dem Land gewiesen werden sollten. Hingegen durften »ausländische Juden« bleiben, wenn sie ein Vermögen von 1000 fl nachweisen würden. Neben Judas Carlebach gehörten die Brüder Lazarus und Salomon Wolf Oppenheimer zu den vermögenderen Heidelberger Juden. Sie waren in der Lage, am 21. August 1727 die »Kramwaren« von Friedrich Exter zu der hohen Summe von 6028 fl zu kaufen. Als Unterpfand konnten die beiden Oppenheimer ihr in der Judengasse gelegenes Haus und ihren Anteil an dem in der Kettengasse gelegenen Haus ihres Vaters anbieten.[190] Auch die Witwe von Samuel Moyses Oppenheimer tätigte im August 1735 ein größeres Geldgeschäft. Sie forderte von der Sachsen-Eisenachischen Landschaftskasse noch eine Restschuld von 6000 fl für Proviantlieferungen. Sie gedachte, diese Forderung an ihren Sohn Isaac Samuel Oppenheimer, der als Hoffaktor im dortigen Dienst stand, abzutreten. Die Formalitäten wurden vor dem Heidelberger Stadtrat erledigt. Als Übersetzer der dafür benötigten Schriftstücke sollte der Oberrabbiner Ullmann fungieren, der jedoch »wegen seines kranken Kindes« nicht abkömmlich war. Dafür übernahm der »ordinaire rabiner Elckhan« diese Aufgabe.[191] Ob damit ein Ortsrabbiner oder ein Rabbiner aus der Mannheimer Klause gemeint war, muß offenbleiben.

Jede Veränderung in einem jüdischen Haushalt mußte an die Regierung weitergegeben werden. Wenn eine »Judentochter außer Land« heiratete, war die Stadt

187 Synagoge 25. April 1732.
188 GLA 204/2548.
189 Ebd.
190 STAHD, Kontraktenbuch der Stadt von 1727.
191 STAHD, RPR v. 25. August 1735.

dazu verpflichtet, den Inhalt des Heiratskontrakts und die Höhe der Mitgift an die Regierung weiterzuleiten. Gleichermaßen mußten Angaben über die Zahl der Geschwister der Braut gemeldet werden, damit »nach proportion reguliert« werden konnte.[192] Auch über Erbverträge wollte die Stadt informiert werden. In regelmäßigen Abständen wurden 1719, 1729 und 1737 Verordnungen erlassen, die bestimmten, daß der Rat »bei allen zwischen den Juden vorzunehmenden Teilungen« hinzugezogen werden müßte. Die oben erwähnte Versiegelung der Wohnräume beim Tode von Daniel Lazarus war ebenfalls eine Folge einer staatlichen Anordnung zur Vermögenskontrolle. Eine städtische Kommission hatte die Aufgabe, gemeinsam mit einem Vertreter der jüdischen Gemeinde das Vermögen des Verstorbenen zu sichten.

Die einheimischen Juden wurden permanent gewarnt, »nicht concessionsmäßiges liederliches bettel judenvolck« bei sich aufzunehmen. Solche Juden gäben bei den Behörden oft an, daß sie zu dem »brotgesind« eines einheimischen Juden gehörten. Sie versuchten, sich unter diesem Vorwand in die Stadt »einzuschleichen«. Die Regierung sei bemüht, diesen »unterschleif« zu unterbinden. Wie die Kontrolle konkret erfolgt ist, erfahren wir durch einige Vorgänge im Sommer und Herbst 1758. Danach hatte sich ein fremder Jude, wenn er einen oder mehrere Tage in der Stadt bleiben wollte, an den Rat um eine Aufenthaltserlaubnis zu wenden. Dort mußte er einen »authentischen Pass« oder »sonstige Urkunden« vorweisen und bekanntgeben, »woher er komme, und wohin er ferner reisen wolle, mit was er sich nähre, und was seine Verrichtung im Lande seye«. Das Ergebnis dieses Verhörs wurde in der Synagoge bekanntgegeben. Zugleich war daran zu denken, daß bei schwerer Strafe die »bettel und fremde Juden« abzuweisen seien.[193]

3 Das Verhältnis zur Landjudenschaft und die Wirtschafts- und Sozialverhältnisse um die Jahrhundertmitte

3.1 Der Streit um die Einsetzung von David Ullmann in die Funktion des Landrabbiners

Heidelberg war Sitz des erstmals 1704 belegbaren Landrabbinats. Damals hatte Hirsch Fränkel die Stelle inne. Wegen seiner Gelehrsamkeit stand er in hohem Ansehen und nahm bald einen Ruf nach Frankfurt an. Schon 1705 übernahm er das Landrabbinat in Ansbach. Dort wurde ihm der Vorwurf gemacht, im Besitz von »lästerlichen und abergläubischen Büchern« zu sein. Ab 1713 kam er ins Gefängnis. Erst nach 24 Jahren wurde er »gebrochen an körper und Geist« entlassen und lebte dann zurückgezogen bei seiner Familie in Schwäbisch Gmünd.[194]

192 Regierungsrescript vom 28. Juli 1758.
193 STAHD, RPR v. 20. Juli 1758.
194 Löwenstein 1895, S. 150. Vgl. auch Breuer/Graetz, S. 154.

Als Nachfolger von Hirsch Fränkel übernahm R. Matitjahu das kurpfälzische Landrabbinat. Vorher war er Klausrabbiner in Mannheim gewesen. In Heidelberg konnte er eine zahlreiche Schülerschaft um sich versammeln. 1728 ist er dort gestorben.[195]

Die Ernennung seines Nachfolgers brachte eine lange Auseinandersetzung mit sich. Am 29. März 1731 wandte sich der Hoffaktor Jakob Ullmann mit einer Beschwerde über die Vorsteher der Landjudenschaft an Kurfürst Karl Philipp. Diese hatten seinem Bruder David Ullmann den Installationsbrief als Landrabbiner verwehrt, den sie seinem Vorgänger ohne Probleme zugestellt hatten. Jakob Ullmann erinnerte den Kurfürsten an dessen Versprechen vom 22. Dezember 1728, seinen damals noch unerfahrenen Bruder später, wenn dieser die »erforderlichen jahre und capacität« erworben habe, mit dem Landrabbinat zu betrauen. Bis dahin werde die Stelle von dem Mergenthaler Rabbiner »ad interim« verwaltet. Inzwischen habe sein Bruder »Majorenität und Verstand« erworben und sei in der Lage, das Amt auszufüllen. Er wolle nun die »ihm gnädigst conferierte function selbsten verwalten«. Deshalb begehre er jetzt im Jahre 1732 den Installationsbrief. Der Kurfürst ging auf die Beschwerde seines Hoffaktors ein und forderte die Landjudenschaft auf, David Ullmann dieses Dokument zu überreichen.[196]

Die darauf folgende Auseinandersetzung dauerte bis in die 40er Jahre. Noch am 7. Juni 1742 sah sich die Regierung veranlaßt, ein Schreiben an alle Oberämter zu richten, in dem sie bestätigte, daß David Ullmann Oberlandrabbiner mit allen dem Amt »anklebenden Verrichtungen und Nutzungen« sei.[197] Dennoch rollte der Heidelberger Schutzjude Simon Krautheimer mit einer Beschwerdeschrift an den Kurfürsten vom 17. Dezember 1742 das ganze Verfahren noch einmal auf. Er verwies auf das den Juden zustehende Recht, »ein tüchtiges subjectum für einen Ober Rabiner für sich selbsten nach jüdischen ceremonien zu wählen«. Jacob Ullmann habe 1728 »ohne Vorwissen der Landjudenschaft« gehandelt und beim Herrscher einen Antrag zugunsten seines »ohntüchtigen« Bruders eingebracht, wohl wissend, daß dieser »in Ewigkeit« die für das Amt notwendigen Fähigkeiten niemals erreichen könne. Deshalb habe Jacob Ullmann jede Diskussion zu unterbinden gesucht. Er habe den Befehl »zu erschleichen gewußt«, daß die Landjudenschaft »blinder dingen« seinen Bruder »für einen Land Rabiner auf und annehmen« müsse. Er habe auch den kurfürstlichen Befehl, seinem Bruder David den »Installationsbrief« auszuhändigen, veranlaßt. Bis heute habe David Ullmann wichtige Voraussetzungen für die Ausübung des Rabbinats nicht erfüllt. Dazu gehöre »vermög jüdischer Ceremonien« ein kontinuierliches Studium von zehn Jahren. Anschließend sei jeder zukünftige Rabbiner verpflichtet, »zu observieren habende practica« abzulegen. Er müsse ein »testimonium von wenigstens drei berühmten anderen Rabbinern« vorweisen. Ein solches Zeugnis aber werde David Ullmann »nach de facto seiner allzugroßen Unwissenheit halber« nicht zuwege bringen. Bis jetzt habe Ullmann seine »Rabiner function« in »größter Unwissen-

195 Ebd., S. 142.
196 GLA 904/977.
197 GLA 77/3014.

heit« ausgeübt. Sowohl auf dem Gebiet der Rechtsprechung in erster Instanz als auch bei allen »Ceremonialfragen«.

Da die »gantze welt« inzwischen viele Proben seines Wirkens gesehen habe, sei jedermann überzeugt, daß der Kurfürst nicht wünschen könne, daß eine »Nation wider ihre Ceremonien und Lehre« und auch gegen den »Tenor« der der Landjudenschaft erteilten Privilegien belastet werde. Es sei auch im staatlichen Justizwesen undenkbar, daß bei einem Gericht ein Advokat oder Richter ohne vorheriges Examen »admittiert« werde. Deshalb bat Krautheimer »submissest«, David Ullmann von drei »berühmten Ober Rabbiner« auf seine eigenen Spesen examinieren zu lassen. Krautheimer schlug vor, den »hiesigen« Oberrabbiner Samuel Helman, den Frankfurter Oberrabbiner Josia Lemberg und den Metzer Oberrabbiner Jonathan Eybeschütz zu benennen. Insbesondere der letztere galt als anerkannte Autorität. Später wurde er Rabbiner der Dreigemeinde Altona-Hamburg-Wandsbek. In den Kontroversen um die jüdische Aufklärung stand er auf der Seite der traditionellen jüdischen Gelehrsamkeit.[198]

Bis zum Spruch dieser drei Autoritäten solle David Ullmann »suspendiert« sein.[199] Die Landjudenschaftsvorsteher und einige »Zugeordnete«, zu denen Löb Baruch aus Weinheim und Wolf Moses aus Rohrbach gehörten, schlossen sich der Beschwerde Krautheimers an. Sie bestätigten die »notorische unfähigkeit« Ullmanns.[200]

Die Regierung nahm sich dieser Argumentation an. Im Januar 1743 stellte sie die Position der Gegner Ullmanns ausführlich dar.[201] Sie empfahl dem neuen Kurfürsten Karl Theodor, der Landjudenschaft in Zukunft die »freye Wahl« der Landrabbiner nicht zu versagen. Ullmann solle von den drei angegebenen Autoritäten geprüft werden. Binnen zwei Monaten müsse ein einstimmiges Urteil vorliegen.

Am 23. Februar 1743 erging der Auftrag der Regierung an das Oberamt Heidelberg, alles zu veranlassen, daß Ullmann durch »drey ohnparteiische ausländische Rabbiner examiniert« werde. Anstelle des Heidelberger Rabbiners war jetzt der Wormser Rabbiner Mitglied in der Kommission. Alles schien seinen Gang zu gehen. Dann kam plötzlich der Regierungsbescheid, Ullmann »ohnturbiert« in seiner Stelle zu belassen.[202] Die Diskussion war wie abgeschnitten. Ein Ende aller Revisionsbemühungen, das wahrscheinlich mit dem Thronwechsel von Karl Philipp (1716–1742) zu Karl Theodor (1743–1799) zusammenhing. Der neue Herrscher begann seine Regierungszeit mit viel Elan. Bereits im ersten Jahr veranlaßte er Einsparungen bei der Hofhaltung, legte Hof- und Staatsämter zusammen, verringerte Gehälter und Pensionen und setzte schon im Januar der

198 Vgl. zu Eybeschütz: Marwedel, Günter: Die Privilegien der Juden in Altona. Hamburg 1976 (= Hamburger Beiträge zur Geschichte der deutschen Juden, 5), S. 70 u. 72; Breuer/Graetz 1996, S. 244 ff.; Artikel in Encyclopaedia Judaica. Bd. VI. Berlin 1930, S. 304–314.

199 GLA 204/977.

200 Ebd.

201 Ebd.

202 Ebd.

Ämterkäuflichkeit ein Ende.[203] Ein Reformwille, der in seiner Konsequenz eher das Examinationsverfahren im Falle Ullmanns hätte weiterführen müssen, als es abrupt zu beenden. Aber sicher war für Karl Theodor die Kontrolle der Landjudenschaft wichtiger als die Förderung autonomer Strukturen, die durch das Gremium der Rabbiner einen Schub erhalten hätte. Zudem hatte er die Möglichkeit, die Berufung Daniel Ullmanns durch Karl Philipp in Zukunft als Präzedenzfall auszugeben. Widerstand gegen Karl Theodors Unterstützung Ullmanns gab es nicht. Ein fürstlicher Machtspruch scheint mit einem Male alle Kontroversen beendet zu haben.

Auf vielen Dokumenten der Folgezeit ist Ullmann als Landrabbiner ausgewiesen. Gemeinsam mit Vertretern aus Nußloch, Rohrbach und Großsachsen wurde er auch bald als Landjudenschaftsvorsteher geführt. Eine Ämterkumulation, die auch in anderen Territorien vorhanden war. Selbst die Kombination von Rabbiner, Judenvorstandschaft und Hoffaktorentum kam vor.[204]

In Heidelberg findet sich der Name Ullmanns 1753 im Zusammenhang mit einem Streit der Juden mit der Metzgerzunft um einen Ochsen.[205] Am 19. Februar 1759 ist im Stadtratsprotokoll vermerkt, daß Ullmann die Wolffischen Kinder aus Rohrbach gegen den Heidelberger Bürger und Wirt zum Schwarzen Lamm Johann Michael Spengel vertrat. Es ging um eine Zahlung von 30 fl an die Kinder. Spengel mußte diese Summe innerhalb von acht Tagen entrichten.[206] Ullmann starb 1762. Die damaligen Landjudenschaftsvorsteher Manis von Nußloch, Leser Löw von Großsachsen, Löb Levi aus Mosbach und der Heidelberger Kabinettsfaktor setzten sich für Hirsch Moyses Katzenellenbogen, den Rabbiner von Mergentheim, der aus einer der bedeutendsten aschkenasischen Rabbinerfamilien stammte, als Nachfolger ein. Ohne Probleme wurde dieser von der Regierung und dem Kurfürsten bestätigt. Karl Theodor setzte also seine Linie von 1743 nicht fort. Der neue Landrabbiner lebte nicht in Heidelberg, sondern in Leimen. Von dort zog er 1768 nach Mannheim, wo er 1800 starb.[207]

Die Hartnäckigkeit, mit der die Vertreter der Landjudenschaft und der Heidelberger Schutzjude Krautheimer um das Recht der Rabbinerwahl gekämpft hatten, zeigt, welche Bedeutung dieses Element der jüdischen Autonomie für ihr Selbstverständnis hatte. Die Entscheidung Karl Philipps, Ullmann einzusetzen und bei dieser Maßnahme trotz vielfacher Proteste zunächst zu verharren, scheint nicht nur eine Art Dankesschuld an seinen Hoffaktor gewesen zu sein, sondern war sicher auch Ausdruck fürstenstaatlichen Gestaltungswillens. Zudem wurde auch in anderen Territorien nach diesem Bestallungsmodus ver-

203 Schaab 1992, S. 182; Ebersold, Günter: Rokoko, Reform und Revolution: Ein politisches Lebensbild des Kurfürsten Karl Theodor. Frankfurt 1985, S. 27 ff.; Rall, Hans: Kurfürst Karl Theodor. Regierender Herr in sieben Ländern. Mannheim 1993, S. 33 ff.

204 Breuer, S. 197.

205 STAHD, RPR v. 30. April 1753.

206 STAHD, RPR v. 19. Februar 1959.

207 Rosenthal 1927, S. 121.

fahren.[208] Andererseits zeigt die Kompromißbereitschaft Karl Philipps in den letzten Jahren seiner Regierung, als er bereit war, einem Rabbinergremium das letzte Wort einzuräumen, eine gewisse Flexibilität im Umgang mit den jüdischen Autonomieforderungen. Das gleiche läßt sich auch von Karl Theodor sagen, der sich 1762 dem Votum der Landjudenschaftsvorsteher anschloß und nicht auf einem fürstlichen Bestallungsmonopol bestand. Damit setzte sich in der Pfalz eine Verbindung zwischen innerjüdischer Wahl und Bestätigung durch den Landesherrn durch. Eine Kombination, wie sie in den meisten Territorialstaaten vorherrschte und auch im preußischen Generalprivileg von 1750 eine Normierung erfahren hatte.[209]

3.2 Landjudenschaft, Oberamt und Zent. Zur organisatorischen Einbindung der Heidelberger Juden

Die Heidelberger Juden waren, wie auch der Konflikt um David Ullmann gezeigt hatte, eng mit den Problemen der Landjudenschaft verbunden. Vom 27. Januar 1754 stammt ein Schreiben der Regierung, in dem den Landjudenschaftsvorstehern mangelnde Korrektheit bei der Amtsführung vorgeworfen wurde. Sie hätten ohne Erlaubnis Neuerungen eingeführt und nach persönlicher Vorliebe von einigen Juden weniger Gelder gefordert, andere aber »über Gebühr« belastet. Um solche Mißstände abzustellen, setzte die Regierung im Alleingang folgende Änderungen fest: 1. In Zukunft sind die beiden ältesten Vorsteher zu ernennen. Ihren Aufgaben müssen diese unter Eidespflicht nachkommen. 2. Den Vorstehern werden zukünftig fünf Deputierte zugeordnet. Zwei sollen von jenseits, drei von diesseits des Rheins kommen. Sie müssen im »schreiben, lesen und rechnen wohlerfahren seyen«. Ihre Hauptaufgabe soll die jährliche Kontrolle der Finanzen der Landjudenschaft sein. 3. Gemeinsam mit den beiden »ältesten Vorstehern« sollen sie »gründlich« untersuchen, »wer etwa vorhin gekürzet, gedrücket oder über die Gebühr beschwehret« worden sei.[210]

Besondere Kritik mußte sich damals der Heidelberger Joseph Carlebach, der älteste Landjudenschaftsvorsteher, anhören. Ihm wurde zum großen Teil die schlechte finanzielle Lage der Landjudenschaft angelastet. Der Heidelberger Stadtdirektor wurde 1755 eigens mit der Kontrolle Carlebachs beauftragt. Damit wurde verdeutlicht, daß nicht der Stadtrat oder einer der Bürgermeister, sondern der von der Regierung eingesetzte und gegenüber den kommunalen Organen mit einem Kontrollauftrag versehene staatliche Vertreter die Aufsicht über die in Heidelberg wohnenden Juden hatte.

Der Stadtdirektor teilte sich diese Kompetenz jedoch mit dem Oberamt, dessen Zuständigkeit gegenüber den Juden sicher umfassender war – lief doch die ganze Rechnungskontrolle des komplizierten jüdischen Abgabesystems über die Beam-

208 Breuer, S. 196.

209 Kaufmann, Uri: Staat und Rabbinat in der ersten Hälfte des 19. Jahrhunderts. Das Elsaß und das Großherzogtum Baden – ein Vergleich. In: Carlebach 1995, S. 165–190, hier: S. 168.

210 GLA 77/3014.

ten des Oberamts. Dies ist auch der Grund dafür, daß sich in den städtischen Rechnungsbüchern keine systematischen Nachweise über die Finanzen der Juden befinden. Dort finden sich nur einige spärliche Belege über die Zahlungen einzelner Juden.

Wenn so das Oberamt zwar die Hauptzuständigkeit für die Juden auch in der Stadt Heidelberg innehatte, waren diese andererseits jedoch als städtische Einwohner dem Stadtgericht zugeordnet. Die Protokolle verzeichnen viele gerichtliche Auseinandersetzungen zwischen Juden und anderen Einwohnern, aber auch zwischen einzelnen Juden. Gerichtsverfahren vor dem Oberamt, an denen Heidelberger Juden beteiligt waren, gab es kaum. Hingegen war das Oberamt die für die ländlichen und kleinstädtischen Schutzjuden zuständige Gerichtsinstanz. In den Akten des Heidelberger Oberamts ruht eine bis jetzt auch noch nicht annähernd ausgeschöpfte Quellenmasse für eine Sozialgeschichte dieser beiden jüdischen Gruppen.[211] Auch gab es öfters spezielle Zahlungsanforderungen an die Judenschaft des Oberamts, von denen die Heidelberger Juden ausgenommen waren. Als der Landschreiber des Oberamts am 3. Mai 1752 die Möglichkeit erörterte, die Landjudenschaft seines Verwaltungsbezirks an den Zentkosten für Malefizsachen zu beteiligen, fiel die Entscheidung sehr schnell.[212] Schon vom 8. Mai 1752 lag eine Rechnung der Kirchheimer Zent vor, laut der von den Juden für »Cent und Malefizsachen« fast 400 fl gefordert wurden.[213] Wer nicht zahlen könne und den »ohnvermögenden« Juden zugerechnet werde, müsse das Land verlassen.[214] Es bestätigt die Sonderrolle der Heidelberger Juden im Oberamt, daß das Abgabesystem in den Zenten, die als ländlich-dörfliche Verwaltungs- und Gerichtsbezirke dem Oberamt untergeordnet waren, sie als städtische Einwohner nicht erfassen konnte.

Die Probleme in der Landjudenschaft dauerten an. 1762 erhielt Moses Carlebach aus Heidelberg als ältester Vorsteher der Landjudenschaft den Auftrag, »alle etwa eingeschlichenen Mißbräuche und Unterschleif« zu benennen, »damit alles zum besten der gemeinen Judenschaft reguliert und in ordentlichen Stand gebracht werden möge«.[215] Die Regierung legte nahe, die Zusammenkünfte regelmäßiger und öfter durchzuführen. Die Rechnungsprüfungen müßten »ohne Ansehen der Person« durch die Landesober- und Untereinnehmer erfolgen. Vorsteher und Einnehmer sollten sich dreimal im Jahr treffen. Die Parteilichkeit bei den Wahlen zur Vorsteherschaft sollte zurückgedrängt werden. Zwei Blutsverwandte durften nicht mehr zur gleichen Zeit im Amt sein. Die Stiftung »ad pias causas« war mit Hilfe des Oberrabbiners in Ordnung zu bringen.

Auf der nächsten Zusammenkunft in Ladenburg am 22. Juni 1763 wurde dann die Arbeit gestrafft. Mit der Einstellung von Löw Aaron Schnapper als »Schreiber und Beglaubigter diesseitiger Landjudenschaft« wurde ein neues institutionelles

211 GLA 61/6251.
212 GLA 77/2904.
213 Ebd.
214 Ebd.
215 Ebd.

Element geschaffen. Seine Aufgabe sollte insbesondere in der Übersetzung von wichtigen Dokumenten liegen.

Das Bestreben der Juden, in den einzelnen Territorien ihre Selbstverwaltung organisatorisch-institutionell auszubauen, nahm nach der Jahrhundertmitte zu. Dabei handelte es sich eher um Rationalisierungstendenzen, nicht um Steigerung der jüdischen Autonomie. Deshalb unterstützten die Regierungen diese Entwicklung zur »Zentralisierung der legislativen, gerichtlichen und administrativen Befugnisse der Landjudenschaften«.[216] In der Kurpfalz ist es 1766 zu einem weiteren Ausbau gekommen.[217] Der Landjudenschaft wurde erlaubt, zwei Unterrabbiner einzustellen. Wolf Reckendorf und Michael Lazarus übernahmen diese Ämter. Ihr Wohnort war Heidelberg. Zugleich wurden den Vorstehern zwei Bediente zugestanden, die in Rohrbach wohnten. Die Regierung bewilligte auch vier Stellen für Schulklöpper, deren Aufgabe es war, an den Beginn des Gottesdienstes zu erinnern. Zwei wurden nur besetzt. Das Geld, das zur Finanzierung der beiden anderen Stellen gedacht war, wurde für den Posten von Schnapper und für dessen Assistenten Hirsch Isaac Mergentheim verwendet. Beide ließen sich in Mannheim nieder. Heidelberg scheint als Wohnort für die Amtsträger der Landjudenschaft an Attraktion verloren zu haben.

3.3 Einblicke in das Wirtschafts- und Sozialleben um die Jahrhundertmitte

Eine Aufstellung der Regierung aus dem Jahre 1741 teilt die Heidelberger Juden anläßlich einer nicht näher zu bestimmenden Abgabe in zwei Klassen ein. Zur »ersten Klasse« gehörten Moyses Carlebach, Löb Salomon Senior, Lazarus Salomon, David Weißweiler, Moyses Bamberger und Simon Krautheimer, der die engagierte Beschwerde gegen die Praktiken bei der Ernennung des Landrabbiners Ullmann verfaßt hatte. Diese zahlten eine Summe zwischen 150 und 250 fl. In der »zweiten Klasse« befanden sich nur Judas Carlebach und Daniel Isaac. Im Vergleich mit den Festlegungen für Mannheim anläßlich der gleichen Abgabe zeigen sich bemerkenswerte Unterschiede.

In der Nachbarstadt befanden sich in der »ersten Klasse« zehn Familienvorstände, die dort aber eine Summe zwischen 400 und 600 fl aufbringen mußten. Die zweite Klasse bestand aus 20 Juden, von denen jeder 250 fl zahlte. In einer dritten Klasse, die für Heidelberg gar nicht eingeführt war, fanden sich 29 Haushaltsvorstände. Alle mußten 125 fl zahlen. Eine weitere Abweichung zu Heidelberg bestand darin, daß es in Mannheim eine Institution gab, die außer- und oberhalb des ganzen Klassifikationsschemas stand. Es handelte sich um die Lemle-Moyses-Klaus-Stiftung, die einen Betrag von 1 500 fl entrichten mußte.[218]

216 Cohen, Daniel J.: Die Landjudenschaften in Hessen-Darmstadt bis zur Emanzipation als Organe der jüdischen Selbstverwaltung. In: Neunhundert Jahre Geschichte der Juden in Hessen. Wiesbaden 1983 (= Schriften der Kommission für die Geschichte der Juden in Hessen, 6), S. 153.

217 GLA 77/3016.

218 GLA 77/3012.

Nach anderen Kategorien aufgebaut ist eine Liste von 1743. Die Vermögen der Heidelberger Juden wurden dort in »gute«, »mittelmäßige« und »schlechte« eingeteilt. Zur ersten Gruppe wurden Lazarus Salomon, David Weißweiler, Simon Krautheimer, Moyses Bamberger und Löw Salomon Senior gerechnet. In der zweiten Gruppe befanden sich Judas Carlebach und Daniel Isaac. In »schlechtem Vermögen« standen: Daniel Carlebach und Lazarus Wolf. Eine weitere Rubrik listet diejenigen auf, die wegen ihrer Armut fortzuweisen waren: Isaac Löw, Herz Öttinger, Beer Feist, Löw Salomon Junior, Löw Wolff und Abraham Wolff Oppenheimer. Sie konnten ihr Schutzgeld nicht zahlen. Die Schuld belief sich auf 682 fl. Bis zum 20. September 1743 scheinen bis auf Löw Salomon aus dieser letzten Gruppe und bis auf den vorher nicht aufgeführten Daniel Carlebach alle ihre Schulden bezahlt zu haben.[219]

Heidelberger Juden traten 1745 in einer »Specifikation« auf, von denen die meisten »abgelebten-gebrechlichen zum theil blinde lahmen und im Landt verarmte« sind. Viele von diesen hätten über 40 Jahre im Schutz gestanden. Jetzt könnten sie sich nicht einmal ein »Stücklein Brot« verschaffen, sondern müßten »von den jüdische Allmosen allimentiert werden«. Die Regierung dachte diese Gruppe von der Zahlung des Schutzgeldes zu befreien. In Heidelberg waren es: Lazarus Wolff, Daniel Feist Carlebach, Herz Öttinger und Beer Feist. In Handschuhsheim gehörten Gerson, Salomon und Gerson Lazarus dazu.[220]

Auf der anderen Seite der Vermögensskala stand sicherlich Wolf Oppenheimer, der die Stadt mit den Kleidern für die Rats- und Polizeidiener belieferte. Die Stadt schuldete ihm im September 1740 noch 141 fl, die er vor dem Stadtrat einklagte.[221] Er wurde bis zur Ostermesse in Frankfurt vertröstet. In der gleichen Sitzung anerkannte der Stadtrat die Rechtmäßigkeit der Forderung auf 70 fl von Wolff Oppenheimer gegen den Stadthauptmann. Moyses Carlebach hatte es als »cabinets Hoffaktor« mit höheren Summen zu tun. Einem Reichsgrafen aus der Familie von Thurn und Taxis hatte er Wechselbriefe im Wert von »etlichen tausend Gulden« ausgestellt.[222] Der Stadtrat unterstützte Carlebach bei seinen Forderungen. Fünfzehn Jahre später hatten sich die Verhältnisse von Moyses Carlebach verschlechtert. 1758 wurde er von Nathan Fulda und Löb Seckel vor dem Stadtgericht angeklagt, ihnen 1124 bzw. 1632 fl zu schulden. Er erwies sich jedoch als zahlungsunfähig. Das Stadtgericht entschied, daß zum Aufbringen der Summe das Carlebachsche Weinlager versteigert werden sollte. Die Versteigerung war nicht nur durch die »Schell« in Heidelberg zu verkünden, sondern auch im »Mannheimer Kundschaftsblatt« publik zu machen. Im Jahre 1758 wurde vor dem Stadtgericht ein Verfahren eingeleitet, das den Juden Uffenheimer an den Rand des Konkurses brachte. Der im Ratsprotokoll vom 17. April 1758 als Handelsjude bezeichnete Uffenheimer mußte einen Überblick über seine Schulden geben. Das Ergebnis dieser Befragung wurde an die Regierung weitergeschickt. Die Schulden

219 GLA 77/7257.
220 GLA 77/3013.
221 STAHD, RPR v. 9. September 1740.
222 Ebd.

wurden als hoch, das Warenlager als bescheiden angesehen. Man zog eine Pfändung in Betracht. Am 11. Juni des Jahres trat für Uffenheimer eine weitere Verschärfung ein. Jetzt forderte auch noch die Juristische Fakultät der Heidelberger Universität 24 fl. Auch die Geistliche Administration bestand auf der Bezahlung von 300 fl. Zusätzliche Forderungen, denen sich der Beschuldigte zunächst durch Flucht entzog.

Am 12. Juni 1758 gab der Stadtrat bekannt, daß Uffenheimers Laden versiegelt werden sollte und daß er sich binnen dreier Wochen zu stellen hatte. Das versiegelte Vermögen sei zu versteigern. Aufgrund einer Eingabe seiner Frau wurde der Vorgang jedoch nicht weiter verfolgt. Auch die Kreditoren baten, den »Concurs innezuhalten« und alles »in statu quo« zu belassen. Da der größte Teil der Summe von auswärtigen, Frankfurter Gläubigern gefordert wurde, hielten die einheimischen Gläubiger eine Versteigerung nicht für nötig. Außerdem könnten wegen des geringen Warenbestandes »sämtliche passiva« nur zur Hälfte getilgt werden. Es wäre besser, auf den »debitoren« zu warten. Ein »acomodement« wäre vielleicht noch gemeinsam zu finden. Schließlich erschienen am 14. Dezember 1758 dreiviertel der Gläubiger und stimmten einer vereinbarlichen Regel zu. Danach konnte der Laden wieder geöffnet werden.

In den 50er und 60er Jahren häuften sich die Schwierigkeiten bei der Zahlung der Schutzgelder. 1757 standen die Hofkammer, der Amtskeller und der Stadtrat in einem intensiven Schriftverkehr wegen Leser Salomon Oppenheimer, der im April des Jahres mit seiner Schutzgeldzahlung in Rückstand geraten war. Als er wenige Wochen später wiederholt an die Entrichtung erinnert wurde, bat er um Aufschub. Obwohl der Stadtrat dieses Gesuch unterstützte, blieb Leser von der Ausweisung aus der Stadt bedroht. Am 15. Oktober des nächsten Jahres hielt sich Leser immer noch in der Stadt auf. An diesem Tage reichte er bei den Hofkammer die Bitte ein, »ihn mit der angedrohten fortweißung aus der Stadt« zu verschonen. Der Amtskeller bestand jedoch wenige Tage später auf der Ausweisung, zumal die Hofkammer einen Erlaß mit aufschiebender Wirkung noch nicht geschickt habe. Hingegen erhielt der Bürgermeister inzwischen von der Regierung den Befehl, dem Salomon Leser noch einmal eine Zahlungsfrist von einem Tag zu gewähren. Wenn er bis dahin keine Quittung über das erstattete Schutzgeld vorlegen könne, sollte er »ohne weitere anfrag, sambt Frau und Kinder aus der Stadt durch die Polizeidiener fortgeschafft« werden.

Die Zeit für die endgültige Entscheidung schien knapp zu werden. Dennoch kam es zu keinem Vollzug. Am 14. Dezember 1758 erscheint der Name Lesers wieder im Stadtratsprotokoll. Der Amtskeller berichtete, daß er einen Teil seiner Schulden bezahlt habe. Der Rest werde ihm bis nach dem Ende der Feiertage gestundet. So lange sollte sich der Bürgermeister mit der Ausweisung zurückhalten. Leser konnte die Summe von 37 fl und 30 Kreuzern aber nicht bezahlen, blieb aber dennoch in der Stadt. Am 9. Februar 1759 faßte der Stadtrat die Resolution, daß die »bedrohte fortweißung aus dahiesiger Stadt an ihm vollzogen« werden solle.

Aber auch diese Androhung blieb ohne Konsequenzen. Die Hofkammer befahl am 15. Januar 1760 bei Leser eine »Rechnungsliquidation«. Seine Effecten und seine Habschaft müßten versteigert werden. Aus dem Erlös war das Schutzgeld für 1759 zu bezahlen. Am 24. Januar 1760 stellte sich heraus, daß bei ihm nichts »angreifliches« zu finden war. Er sei bei einer Visitation in »großer Armuth« vorgefunden worden und habe mit seiner ganzen Familie »krank zu Bett gelegen«. Jetzt beschloß der Stadtrat die Ausweisung nach seiner »reconvaleszens«, wie die Rekonstruktion des Vorgangs aus den Ratsprotokollen ergibt. Am 11. Februar 1765 befaßte sich der Stadtrat mit einem Antrag Lesers »um befreyung von der Zahlung des Schutzgeldes«, wobei auf dessen »große Armuth« hingewiesen wurde. Die Hofkammer erteilte darauf eine Befreiung von der Zahlung des Schutzgeldes für zwei Jahre.

In der Zwischenzeit erbat Leser am 31. März 1767 ein »testimonium paupertatis«. Der Stadtrat unterstützte diesen Antrag. Somit bestand die Chance, daß Leser unbefristet, wenn auch ohne Garantie in der Stadt bleiben konnte. Leser scheint das Zeugnis nicht erhalten zu haben, denn am 23. Februar 1768 forderte die Regierung »nach nunmehro verloffener mehrmaliger Execution«, daß sowohl der Stadtrat als auch der »jüdische vorstand« sich über Leser gutachterlich äußern sollten.

Im Frühjahr 1768 betrugen die »herrschaftlichen« Schulden von Leser 45 fl. Der Amtskeller schlug vor, Leser zur Begleichung dieses Rückstandes seine »Habseligkeiten« veräußern zu lassen. Sei dies geschehen, habe er die Stadt zu verlassen. Abermals ergriff der Stadtrat Partei für Leser. Derselbe habe »nicht das mindeste an vermögen«, sondern schlage sich mit »Betteln auf dem Lande kümmerlich« durch. Solange keine Stellungnahme der Regierung vorliege, könne die Ausweisung nicht befohlen werden.

In der gleichen schwierigen Lage wie Leser Salomon Oppenheimer befanden sich zu Beginn der 60er Jahre auch Löw Salomon Oppenheimer und Abraham Wolf Oppenheimer. Auch diesen beiden drohte die Ausweisung. Auf Anfrage der Regierung bestätigte der Stadtrat im Falle des Löw Salomon, daß dieser sich »in armseligen Zustand befinde und wenige zeit sich hier aufhalte«. Er treibe »fast gar keinen Handel«, sondern lebe von den »almosen seiner in Frankfurt wohnhafften, reichen Anverwandten«. Die Ausweisung scheint in diesem Falle genauso wenig vollzogen worden zu sein wie bei Abraham Wolf Oppenheimer, der sein Haus in der Kettengasse versteigern mußte. Am 19. August 1761 hatte zunächst nur ein Heidelberger Bürger dafür 350 fl geboten. Ein Gebot, das für zwei Monate aufrechterhalten wurde. Erst am 18. Juni 1762 erhielt der Bürger Friedrich Buchner für 462 fl den Zuschlag.

Anträge auf Schutzgeldbefreiung oder Schutzgeldminderung waren auch in den 60er und 70er Jahren keine Seltenheit. So war die Frau des verstorbenen Gemeindedieners im Herbst 1763 bei der Regierung mit der Bitte vorstellig geworden, ihren Sohn Schmuhl »ohne Schutz zu gedulden«. Die Regierung wollte ihn aus der Stadt weisen, holte jedoch vorher die Stellungnahme des Stadtrats ein. Dieser bekundete, daß die Witwe sich als »eine arme Frau« nähre. Gegen sie seien keine Klagen bekannt geworden. Ihr Mann habe früher mit einem Schutzbrief in Handschuhsheim gelebt und sei dann als Synagogendiener nach Heidelberg gezogen, wo ihn die Hofkammer »befreit« habe. Eine Gnade, die auch seiner Witwe erwiesen worden sei. Der Stadtrat erörterte zwei Möglichkeiten. Entweder mußte Schmuhl nach Handschuhsheim ausgewiesen werden, wo sein Vater den Schutz gehabt hatte, oder er durfte bis zum Tode seiner Mutter ohne Schutzgeldzahlung in Heidelberg bleiben.

Ebenfalls auf das Ansuchen einer anderen alleinstehenden Frau, der Witwe Levi, reagierte der Stadtrat am 30. April 1764. Auch in diesem Falle ging es um die Befreiung vom Schutzgeld. Der Stadtrat stellte fest, daß der Sohn keine »private Handelschafft« treibe. Er gehe vielmehr seiner Mutter »in ihrem Alter als Dienstbote zur Hand«. Ohne die Hilfe ihres Sohnes sei sie gezwungen, »den Bettelstab zu ergreifen«. Solange der Sohn in dieser »Qualität« bleibe, sei ihm die erbetene Befreiung vom Schutz zu gewähren. Die Regierung erklärte sich mit diesem Vorschlag unter der Bedingung einverstanden, daß der Rat sofort Meldung mache, wenn die Mutter sterben sollte oder er »ein eigenes Gewerb für sich anfangen sollte«.[223]

Anders stellte sich die Frage der Schutzannahme im Falle des Joseph Bamberger im Januar 1769. Seine Eltern hatten am 15. November des Vorjahrs angezeigt, daß sie ihrem Sohne, der sich mit der Tochter des Mannheimer Schutzjuden Wolf Straßburger zu verheiraten gedenke, die Hälfte ihres Hauses verschreiben lassen wollten. Sie selbst hatten das Haus 1749 von der Kreysmännischen Witwe in der Kleinen Mantelgasse für 1000 fl gekauft. Der Stadtrat wurde um die Ratifikation dieser Übergabe an den Sohn gebeten. Er genehmigte und betonte zugleich die auf diesem Haus lastenden Hypotheken von 100 fl für das Katholische Hospital und von 200 fl für die »ehrwürdigen Kapuziner zum ewigen Licht«. Mit der Überschreibung der einen Haushälfte auf ihren Sohn verbanden die Eltern den Antrag auf dessen Schutzaufnahme in Heidelberg. Die Regierung fragte beim Stadtrat an, ob Joseph Bamberger die Bedingungen für eine Schutzaufnahme erfülle. Sie erhielt keine präzise Auskunft, da der Stadtrat die Verantwortung für diese Schutzaufnahme alleine der Regierung überlassen wollte. Nur in ihrer Kompetenz liege es zu überprüfen, ob die in der Konzession festgesetzte Zahl von 300 Familien für die Landjudenschaft überschritten sei oder nicht.[224]

Die Regierung stand damit im Wort. Hatte sie sich doch öfters auf die in der jüngst erlassenen Konzession festgesetzte Beschränkung der Juden zurückgezogen. In dem von Karl Theodor am 21. November 1765 unterzeichneten Dokument war zum Grundsatz erhoben worden, daß sich die Juden »in keiner Weise mehr vermehren«. Dies galt in erster Linie für die »mit Special Privilegien begabten Städte«, die »durch keine weitere Annahmen belästiget werden« durften.[225] Heidelberg gehörte zweifellos zu diesen Städten. Im Privileg von 1741 war die Zahl der jüdischen Familien auf 22 festgelegt worden.

Reagierte der Stadtrat bei der Schutzaufnahme Joseph Bambergers hinhaltend, so unterstützte er den Antrag der Witwe des verstorbenen Landrabbiners Zimmern vom September 1763 auf die Schutzaufnahme ihres Sohnes. Seligmann Feist

223 STAHD, RPR v. 18. Juni 1764.
224 STAHD, RPR v. 23. Januar 1769.
225 GLA 77/7251.

Zimmern war so lange, wie er »unter seiner Mutter Brot stehet und für sie handelt«, von der Zahlung des Schutzgeldes befreit. Es kam ihm aber darauf an, einen eigenständigen Status außerhalb des Hauses seiner Mutter zu erhalten. Die Grundlage dafür sah er in der Führung eines eigenen Geschäfts oder Handels, wodurch ihm die Zahlung des Schutzgeldes und der »anderen herrschaftlichen Gelder« ermöglicht werde. Die Hofkammer richtete eine Anfrage an den Stadtrat, der jetzt im Unterschied zum Antrag von Joseph Bamberger Aussagen über die wirtschaftliche Potenz des »Supplicanten« machte.[226] An dem »concessionsmäßigen beybringen« der Gelder könne bei Zimmern kein Zweifel bestehen. Kurze Zeit später wurde Seligmann Feist Zimmern in den Schutz aufgenommen. Er erhielt die Hälfte des Mannheimer Hauses seiner Mutter als Heiratsgut. Von seinen Brüdern lebten Lazarus und Hirsch in Heidelberg und Raphael in Mannheim. Bereits ein Jahr später war Seligmann Feist Zimmern fest etabliert. Er unterzeichnete neben Daniel Carlebach, Daniel Oppenheimer, Moyses Bamberger, Mayer Levi, Salomon Levi, Joseph Carlebach und Löb Hertz die selbstbewußte Protestresolution der Heidelberger Juden vom 18. August 1763 gegen die Beschuldigungen der Handelszunft.[227]

Auf einer Liste der Heidelberger Juden, die am 30. Juni 1673 im Stadtrat vorgelegt wurde, erschien Daniel Carlebach als einziger Jude, der »vollkommen frey« war. Obwohl er weder das Schutzgeld noch sonstige Abgaben zahlte, hatte er den Status eines »concessionsmäßigen« Juden. Seine drei Söhne trieben in seinem Namen das Handelsgeschäft, standen jedoch nicht im Schutzstatus. Sie galten allerdings auch nicht als »befreite« Juden. Im November 1763 wurden sie von der Regierung vor die Wahl gestellt, entweder den Schutz zu beantragen oder die Stadt binnen dreier Tage zu verlassen. Sie wollten jedoch auf den Schutzbrief verzichten, da damit Kosten verbunden wären, von denen sie »verschohnt« zu werden hofften. Der Stadtrat erwies sich als verständig und unterstützte ihre Bitte. Ihnen sollte bis zu ihrer Verheiratung und solange sie bei ihrem Vater arbeiteten, »Schutzfreiheit« zustehen. Der Stadtrat lenkte sein Interesse darauf von den Söhnen auf den Vater. Wenn diesem durch die Arbeit seiner Söhne »Nahrung zufließe«, dann sei er auch verpflichtet, seine »schuzmäßige obliegenheit« zu entrichten.[228]

Als erster der Carlebach-Söhne war Joseph Carlebach am 7. Mai 1764 in den Schutz aufgenommen worden, nachdem er sein Gesuch schon am 17. November 1763 eingereicht hatte. Neben seinem ins Deutsche übersetzten Ehevertrag hatte er auch ein »Attest über gute Aufführung« beigelegt. Sein Vermögen und das seiner Frau betrug bei der Heirat 600 fl. Zu seinen Gunsten führte der Stadtrat an, daß er Sohn eines »concessionsmäßigen« Juden war. Er wurde verpflichtet, neben dem jährlichen Schutzgeld von 30 fl einen einmaligen Beitrag von drei Gulden »zu herrschaftlicher Tax« zu zahlen.

226 STAHD, RPR v. 6. Dezember 1763.
227 GLA 204/2548.
228 STAHD, RPR v. 21. Juli 1764.

In den 60er Jahren fielen auch Entscheidungen über einige kleinere Abgaben. So wurde im September 1763 die Summe des Husarengeldes für die Heidelberger Juden von 30 auf 18 fl herabgesetzt. Dies hing mit einer Liste zusammen, die der Stadtrat am 14. Juni 1763 über die Zahl der »concessionsmäßigen« Juden zusammengestellt hatte. Nur sechs davon zahlten das Schutzgeld: Moyses Bamberger, Löw Seckel, Mayer Levi, Moyses Carlebach, Salomon Levi und Daniel Oppenheimer. Die übrigen vier waren vom Schutzgeld befreit. Da die Zahl der »lasttragenden« Juden insgesamt gering sei, empfahl die Schatzungskommission, der Heidelberger Judenschaft einen Nachlaß von der bisher gezahlten Summe des Husarengeldes zu gewähren.

Nach einer Tabelle vom 7. Oktober 1767 zahlten in Heidelberg nur acht Juden das volle Schutzgeld. Sieben Juden gab es, die »frey sitzen«.[229] Das heißt, daß fast die Hälfte der ansässigen Heidelberger Juden kein Schutzgeld zahlte. In Mannheim waren 48 Juden von der Schutzgeldzahlung befreit, 180 hingegen zahlten den Betrag, der in Mannheim jedoch nur 15 fl betrug.

Die Senkung des Husarengeldes leitete keine allgemeine Entwicklung ein. Sie blieb eine Ausnahme. Typisch war eher eine andere Tendenz, nämlich die des dauernden Suchens nach neuen Geldquellen, oder zumindest wollten die Behörden bestehende Abgaben erhöhen. So wurde im Stadtrat am 25. November 1765 eine Verordnung der Hofkammer bekanntgemacht, die besagte, daß »von allen und jedem Juden beiderlei Geschlechts und Stands, so geld und silber auf Kleydungen, Röcken oder Mantel tragen« eine Gebühr von drei Gulden in den »allgemeinen landesfundi« zu zahlen sei.[230] Auch wurde die früher bereits aufgehobene Steuer auf das Ausführen der Toten auf einen Friedhof »ausser Landes« wieder eingeführt. Es handelte sich um die hohe Summe von zehn bis 20 Reichstalern.

Ein Jahr später kamen die sogenannten Wachtgelder hinzu. Statt der Teilhabe an der Wache sollten die Juden einen Beitrag entrichten. Die Regierung ließ dabei die Summe offen. Sie sollte mit den Bürgern und den anderen Einwohnern der jeweiligen Städte, in denen es Tore gab, einvernehmlich festgelegt werden. Der Heidelberger Stadtrat entschied sich am 27. Februar 1767 dafür, daß von den Juden ein »proportioniertes quantum« zu übernehmen wäre. Dieser Verrechnung lag die Häufigkeit des bürgerlichen Wachdienstes zugrunde. Der Stadtwachtmeister Hofmann berichtete, daß jeder Bürger i. d. R. einmal in vier Wochen Wachdienste leisten mußte. Auch die Einquartierungsgelder wurden einer Abmachung zwischen der Stadt und den Juden überlassen.[231]

3.4 Die Kontroverse mit der Krämer- und Handelszunft

Im Konkurrenzkampf mit den Zünften waren die Juden meist in einer Verteidigungsposition. Dennoch versuchten sie mitunter an den Stadtrat zu appellieren,

229 GLA 77/3014.
230 STAHD, RPR v. 25. November 1765.
231 GLA 77/7251.

um bei ihm eine Stütze zu finden. Meist war das illusorisch. So erklärten David Carlebach und seine Söhne am 15. Januar 1761 vor dem Stadtrat, daß sie in ihrer »Handelschafft« durch die Krämerzunft behindert würden. Die Zunft habe sich dagegen gewehrt, daß sie »Universitätsverwandte oder bürgerliche Einwohner« mit ihrer Ware belieferten. Die Kaufmannschaft werfe ihnen vor, dadurch eine »nahrungsbeeinträchtigung« erdulden zu müssen. Im Juli 1763 stieß Daniel Carlebach auf eine weitere Schwierigkeit. Die Universität wollte seinen Bücherhandel einstellen lassen. Einmal gereiche sein Handel den »freyen buchführern« zum Nachteil. Dann handle er der »studierenden Jugend die von ihren Eltern mit schweren Kosten angeschafften Bücher umb ein Spottgeld« ab. Drittens verleihe er den Studenten »gegen einen geringen Zinß« zu deren »verderb allerhand gottloße mit Zotten und Spassen angefüllte Bücher«. Darauf verbot ihm der Stadtrat bei einer Geldstrafe von 20 Reichstalern, daß er den Studenten Bücher abkaufe und daß er ihnen Bücher verleihe, die »gegen die Gottesfurcht, das Christenthumb und die Ehrbarkeit laufen«. Der Rat lehnte es jedoch ab, dem Daniel Carlebach den Buchhandel generell zu verbieten. Er verwies dabei auf die Konzession, die den Juden jeden »ehrlichen Handel« erlaube. Der Handel »mit alten gebundenen Büchern« würde dazu gehören. Dafür spräche nicht nur das Recht, sondern auch die wirtschaftliche Vernunft. Denn bei einem Verbot für Carlebach könnten viele Bücher bei den »öffentlichen Versteigerungen« nicht »angebracht« werden.[232]

Es gab aber auch Fälle, in denen die Universität den jüdischen Buchhandel unterstützte. So trat sie 1784 für die Befreiung des Antiquars Wolf Loeser ein, der ihr seltene Bücher besorgte. Karl Theodor entsprach dieser Bitte.[233]

Zu einer prinzipiellen Darlegung der Position der Heidelberger Judenschaft ist es in einer Petition vom 18. August 1767 gekommen. Daniel Carlebach, Daniel Oppenheimer, Moyses Bamberger, Mayer Levi, Joseph Carlebach, Seligmann Feist Zimmern und Löb Hertz wandten sich an die »Judenschaftskommission« und wollten zur »Aufklärung« beitragen.[234] Dabei bezogen sie sich auf das Jahr 1699, in dem die Juden die Erlaubnis erhalten hätten, ihr »gewerb und handthierung« frei und uneingeschränkt auszuüben. Man habe sie damals »denen bürger zu Heydelberg« gleich behandelt. Eine Erneuerung dieser Privilegien sei am 10. März 1710 erfolgt. Bei den Versuchen der Zünfte im Jahre 1725, die Juden »in ihrem Handel und Wandel« einzuschränken, hätte die Obrigkeit die letzteren unterstützt. 1755 habe Uffenheimer gegen den Protest der Krämerzunft die Erlaubnis zur Führung eines Kramladens mit offenen Türen erhalten. 1766 hätte die gleiche Zunft vergeblich versucht, Joseph Carlebach zur Niederlegung seines »borden handels« zu zwingen. Zur Stärkung ihrer Position verwiesen die Heidelberger Juden auch auf die Mannheimer Judenkonzession von 1765, die den Juden jede »ehrliche Handlung« ohne Ausnahme geöffnet habe. Dementsprechend hätten die Juden bei der Schutzaufnahme das

232 STAHD, RPR v. 22. Juli 1763.
233 Rosenthal, vgl. Anmerkung 185.
234 GLA 204/2548.

Recht auf die Ausübung aller Gewerbe erworben. Sie müßten deshalb keine spezielle Erlaubnis erwirken.

Zudem stellten sich die Kaufleute nach Meinung der jüdischen Wortführer ein schlechtes Zeugnis aus, wenn sie anführten, daß die Juden zum Nachteil der Bevölkerung mit minderwertigen Waren handelten. Wenn das richtig sei, dann könnten die Juden doch für die Kaufleute keine Konkurrenten sein, denn diese handelten doch nur mit guten Waren. Wenn die Juden aber mit echtem Kaufmannsgut handelten, dann würden sie nichts anderes tun, als wozu sie von der »gnädigsten Herrschaft« die Erlaubnis hätten. Auch der Antrag, den Juden das Hausieren zu verbieten, sei ungerecht. Schon deshalb, weil die Bedienten der Tuchkrämer auch »tag vor tag hausieren« gingen. Verhielten sich die Juden gesetzwidrig, dann müsse das auch von den Tuchkrämern gesagt werden. Die Petition schloß mit der Hoffnung, die Judenkommission möge erkennen, mit welchem »unfug« man in die Rechte der Juden einzugreifen versuche. Die Unterzeichner baten darum, »die hiesigen kaufleute mit ihrem unbilligen Antrag abzuweisen«.

Die Heidelberger Kaufleute sahen sich durch diese Schrift, die Ausdruck eines gewachsenen jüdischen Selbstbewußtseins war, zu einer Replik herausgefordert, die einen schärferen Ton in die Auseinandersetzung brachte. Am Anfang stand der Vorwurf, daß die Juden ihre Feder »anzüglich« und »ungezogen« führten. Das sei um so befremdlicher, als die gesetzmäßige Beschränkung der Juden auf fünf Familien bis heute gültig sei. Längst sei diese Zahl überschritten, was den Handel der Bürger »gestört und verkürzt« habe. Niemals sei den Juden eine frei auszuübende »Kaufmannschaft und waarenhandlung« zugestanden worden. Beispiele für diesbezügliche Verbote gebe es genügend. So sei Lemle Löw die Verlegung seines Geschäftes von Hanau nach Heidelberg verweigert worden. Jedesmal, wenn die Juden eine »ehrliche Handlung wie die Metzgerei« treiben möchten, müßten sie eine Sondererlaubnis einholen. Es sei ein »absurdum«, wenn die Juden glaubten, jeder von ihnen könne »nach eigener Willkür« handeln und wandeln. Die Aufnahme in den Schutz impliziere nicht das Recht zum Handel. Schließlich sei die Zahl der Juden in der ganzen Pfalz und in Mannheim begrenzt. Auf keinen Fall dürfe der »höchst gefährliche Sinn und die auslegung« der Juden unwidersprochen bleiben, da bei Erfüllung der jüdischen Wünsche die »Christenkaufleute ruiniert« werden würden.

Die unterzeichnenden Handelsleute untermauerten ihre Stellungnahme mit einem Rückgriff auf die Landesordnung aus dem Jahre 1582. Ein Verfahren, das nicht von vornherein als anachronistisch bezeichnet werden kann. War dieses Werk, das das Verwaltungsrecht der Kurpfalz umfaßte und 1700 eine letzte Drucklegung erfahren hatte, doch immer noch gültig, was mit zum »verworrenen Rechtszustand« der Kurpfalz gehörte.[235] Die Handelsleute versuchten jedoch nicht, ihre Position, wie es noch im Streit um das Besitzrecht der Witwe Süß Oppenheimer geschehen ist, durch eine Auslegung der Landesordnung abzustüt-

235 Mayer, Johann-Michael: Versuch einer Rechtsform in der Kurpfalz im 18. Jahrhundert. Diss. Freiburg 1991, S. 26.

zen. Sie warnten vielmehr davor, daß in der Gegenwart bald Zustände herrschen könnten, wie sie sich 1582 in der Landesordnung widergespiegelt hätten. Damals hätten die Juden »unwiederbringlichen Schaden und verderben« über die Kurpfalz gebracht. Sie hätten »ungöttlichen Wucher, finanzerey und andere böße Stücke« betrieben. Dabei sei der »gemeine Mann gänzlich ausgesogen« worden. Man habe festgestellt, daß die Juden damals das Vermögen »ganzer Communen an sich gebracht« hätten und daß sie ein »schädlicher und verderblicher wurm in dem churfürstentumb« gewesen seien. Nur eine Abstellung dieser »jüdischen praktiken« und eine Berücksichtigung der Interessen der in »äußerste Bedrängnis« geratenen Kaufmannschaft könne die Wiederkehr solcher Verhältnisse verhindern. Ein Bollwerk gegen dieses Verhängnis bilde vor allem die Zunftordnung, denn bis zur Gegenwart sei »noch kein Jude zur Kaufmannschaft aufgenommen« worden.[236]

Trotz des altbekannten Argumentationsmusters, das allerdings durch den Verweis auf die Landesordnung von 1582 eine Verschärfung erfuhr, deutet das Schreiben der Handelsleute darüber hinaus an, daß in Zukunft für das Verständnis der Lage der Juden ein komplexeres begriffliches Instrumentarium zur Verfügung stehen würde. So ist nicht mehr nur die Rede von der »alt hergebrachten guten observanz«, der »guten polizeiordnung«, der »billigkeit« und der »Landesvätterlichen Willensmeynung«, sondern auch von der »gemeinen Wohlfahrt« und der »natürlichen Vernunft«. Begriffe, die im Zeitalter der Aufklärung und absolutistischen Reformpolitik neue Handlungshorizonte eröffneten und auch in der Diskussion um die Emanzipation der Juden eine wichtige Rolle spielten. Daß die Heidelberger Handelsleute mit ihrer Sprache im Jahr 1767 naiv-interessengebunden umgingen und ihre Privilegierung gegenüber den Juden aus der Tradition oder der überlieferten Polizeiordnung genauso ableiteten wie aus der »natürlichen Vernunft«, kann nicht überraschen. 30 Jahre später, als es um die gleiche Thematik ging, konnten die Vertreter der Handelszunft in ihrer Denkschrift den Zusammenhang von Vernunft und Eigeninteresse nicht mehr so selbstsicher formulieren. Um 1800 kamen auch unterschiedliche Beurteilungen von Stadtrat und Zünften ins Spiel. Die Diskussion wies damals eine Pluralität von Optionen auf, die 1767 noch nicht vorhanden war.

1768 trat der Advokat der Kaufmannschaft dafür ein, daß die Juden ihre »anzüglichkeiten« und »verleumdungen« zurücknehmen sollten. Er forderte zugleich ein Strafmaß von 100 Reichstalern, die dem Katholischen Armenhospital zugeeignet werden müßten. Am 21. Dezember 1769 griff zudem der Stadtdirektor mit einer Denkschrift zugunsten der Heidelberger Kaufmannschaft ein. Nach über 100 Jahren habe sich der Streit zwischen Zünften und Juden »in den neuesten Zeiten« zugespitzt. Die christlichen Handelsleute hätten bemerkt, daß mehrere Juden einen ansehnlichen Handel trieben, was zu einem »merklichen Abbruch ihrer Nahrung« geführt hätte. Daraufhin sei ein kaiserlicher Notar gebeten worden, die Vorratslager der Juden zu untersuchen. Besonderes Interesse habe dieser dem Besitzstand der Witwe des ehemaligen Landrabbiners Zimmern zuge-

236 GLA 204/2548.

wandt. Bei der Witwe lebten noch die beiden ledigen Söhne. Auch der bereits in eigenem Haushalt lebende Seligmann Zimmern sei visitiert worden. In dem Warenlager des Joseph Carlebach seien hochwertige Tücher, Blusen und »Camelotten« entdeckt worden. Aufgrund dieser Befunde habe sich die Kaufmannschaft zu Recht beschwert. Deshalb unterstütze er die Handelsleute und gebe das Votum ab, den Juden das Hausieren zu untersagen. Ebenso sei ihnen die »Haltung ordentlicher Warenlager« zu untersagen. Sartorius trat für eine scharfe Kontrolle des jüdischen Handels ein, ohne jedoch anzugeben, wo die Grenze für die Aktivitäten der jüdischen Kaufleute und Händler sein sollte. Bestrafungen müßten unnachsichtig durchgeführt werden. Dadurch würde verhindert, »daß die christliche Kaufmannschaft das Opfer dieser jüdischen Handlungstreibung« würde.[237]

4 Die Verstärkung des staatlichen Zugriffs

4.1 Die Zählung von 1771

Am 26. Februar 1771 befahl die Regierung der Stadt, ein Verzeichnis der »Judenfamilien« zu erstellen. Neben der Zahl mußte auch vermerkt sein, wer mit einem Schutzbrief versehen und wann dieser ausgestellt worden war.[238] Die Stadt mußte die Echtheit der Schutzbriefe versichern. Eine Kommission des Stadtrats erstellte die Liste auf Grundlage von Wohnungs- und Hausvisitationen (»pro via visitatione domestica«).

Die Liste wurde angeführt von dem Judenvorsteher Löw Seckel, der 1756 erstmals den Antrag auf die Aufnahme in den Schutz gestellt hatte.[239] Obwohl er das Niederlassungsrecht damals formell nicht gleich erhalten hatte, durfte er in Heidelberg wohnen und führte seine »herrschaftlichen Gelder« korrekt und regelmäßig ab. Sechs Wochen später heiratete er eine »concessionsmäßige Jüdin« und besaß das erforderliche Vermögen für die Schutzaufnahme. Als Heidelberger Schutzjude wurde er erstmals am 30. Juni 1763 geführt. Spätestens seit 1769 hatte er das Amt eines Judenvorstehers.

Nach der Liste von 1771 führte Seckel mit zehn »Seelen« den größten Haushalt von allen Heidelberger Juden. Die Kernfamilie bestand aus dem Ehepaar, vier Söhnen und einer Tochter. Drei Bedienstete (ein Knecht und zwei Mägde) verwiesen auf eine breite ökonomische Grundlage des Haushalters, wie sie selten in Heidelberg anzutreffen war. Auch als Vorsteher mußte er das Schutzgeld zahlen. Seine letzte Rate hatte er im Januar 1771 entrichtet. Sein Schutzbrief trug das Datum vom 10. Februar 1763 und mußte in der Zwischenzeit nicht erneuert werden.

Im Unterschied zu Seckel war der Rabbiner Wölfel von der Schutzgeldzahlung befreit. Vater, Mutter und Sohn lebten mit einer Magd im Haushalt. Auch die

237 GLA ebd.
238 GLA 77/6145.
239 STAHD, RPR v. 17. Juni 1756.

Witwe des verstorbenen Rabbiners Ullmann konnte nach dem Tode ihres Mannes ohne Schutzbrief mit Hilfe einer Magd ihren Haushalt erhalten.

Die Familie des Löser Salomon bestand aus sieben Mitgliedern. Neben dem Ehepaar umfaßte sie noch drei Söhne und zwei Töchter. Der Schutzbrief trug das Datum des 20. Februar 1745. Löser Salomon zahlte kein Schutzgeld, konnte aber keine Legitimation für seine Befreiung vorweisen. Die Kommission schien indessen nicht weiter nachzubohren. Sie gab sich mit der Bestandsaufnahme zufrieden. Sicherlich hing die Befreiung nicht mit dem Alter des Schutzbriefs zusammen, denn der von Daniel Oppenheimer ging ebenfalls bis auf das Jahr 1745 zurück. Oppenheimer hatte über die ganzen Jahrzehnte sein Schutzgeld bezahlt und seinen letzten Betrag ordnungsgemäß am 28. Februar abgegeben. In seinem Haushalt lebten keine Kinder mehr, nur noch die Ehefrau und eine Magd.

Der vierundzwanzigjährige Lazarus Zimmern war zum Zeitpunkt der Bestandsaufnahme noch unverheiratet. Ob er in den Schutz aufgenommen werden wollte, ist nicht vermerkt. Vielleicht hat er aber auch deshalb keinen Antrag gestellt, weil er sich in Mannheim »etablieren« wollte. Wie er zahlte auch die allein lebende Witwe Carlebach kein Schutzgeld. Sie galt als »arm« und war deshalb vom Schutzgeld »frey«. Bei ihr lebte die Witwe Löw, die ebenfalls kein Schutzgeld zahlte. »Frey« waren auch die Witwe des Samuel und die Witwe Metz, bei der noch zwei Töchter lebten.

Neben dem Ehepaar bestand die Familie des Salomon Levi aus zwei Söhnen und drei Töchtern. Im Haushalt lebte noch eine Magd. Der Schutzbrief wies das Datum vom 20. Oktober 1757 auf. Das letzte Schutzgeld war am 20. Dezember 1770 bezahlt worden.

Seligmann Josef Bamberger genoß mit seiner Frau als Jungverheiratete das Freijahr. Mit Ehefrau, vier Söhnen und einer Tochter lebte Mayer Levi. Eine Magd half im Haushalt. Obwohl Levi keinen Schutzbrief vorweisen konnte, zahlte er Schutzgeld. Lazarus Schmuhl hingegen hatte einen Schutzbrief vom 11. Juni 1765. Er war verheiratet und kinderlos. Er konnte nachweisen, daß er erst vor kurzem seinen letzten Beitrag bezahlt hatte.

Feist Carlebach lebte allein, war ledig und besaß ebenfalls keinen Schutzbrief. Ob er dennoch Schutzgeld zahlte wie Mayer Levi, ist nicht vermerkt. Judas Carlebach hatte eine Frau, eine Tochter und zwei Söhne. In seinem Haushalt waren zudem zwei Mägde beschäftigt. Er legte einen Schutzbrief vom 14. April 1764 vor. Sein letztes Schutzgeld hatte er erst kürzlich bezahlt. Joseph Carlebachs Familie bestand aus einer Ehefrau und einer Tochter. Er zeigte einen Schutzbrief vom 21. März 1766.

Moyses Joseph Bambergers Schutzbrief stammte vom 20. Februar 1745. Sein letztes Schutzgeld hatte er am 15. Januar des laufenden Jahres 1771 gezahlt. Er lebte mit seiner Ehefrau und seiner Tochter. Im Haushalt war noch ein Knecht beschäftigt. Joseph Bambergers Familie bestand nur aus Ehefrau und Tochter. Er hatte keine Hausbediensteten und »produzierte« einen Schutzbrief vom 9. Mai 1769. Sein letztes Geld war am 12. April 1770 bezahlt worden. Auch Löw Herz führte einen Haushalt ohne Bedienstete. Sein Schutzbrief trug das

Datum vom 4. Mai 1766. Der letzte Beitrag zu seinem Schutzgeld war am 14. Februar 1771 bezahlt worden.

Isaac Wolf befand sich in seinem »freyen Jahr«. Dennoch konnte er bereits einen Schutzbrief vom 3. April 1770 vorweisen. Er lebte mit seiner Frau zusammen. Auch Joseph Oppenheimer war verheiratet und »gaudierte das freye Jahr«. Dabei verfügte auch er über einen schon am 29. November 1770 ausgestellten Schutzbrief. Seligmann Zimmern lebte mit seiner Frau und zwei Söhnen. In ihrem Haushalt arbeitete eine Magd. Der Schutzbrief war vom 11. Februar 1765. Das letzte Schutzgeld war erst am 16. Februar 1771 entrichtet worden. Als Lehrer war Salomon Simon »frey«. Er lebte allein mit seiner Frau. Qua Amt mußte er wie der verheiratete und kinderlose Vorbeter Amschel Isaac kein Schutzgeld zahlen.

Die Aufstellung ergibt eine Summe von 21 Männern, 24 Frauen, 20 Söhnen, 17 Töchtern, zwei Knechten und 12 Mägden. Das waren insgesamt 97 Personen.[240] Es ist bemerkenswert, daß nur elf Haushalte zur Zahlung des Schutzgeldes verpflichtet waren. Die Befreiungen waren aus den unterschiedlichsten Gründen gewährt worden. I. d. R. gehörten die Witwen dazu, die meist als »arm« bezeichnet wurden. Funktionsträger wie Rabbiner, Vorbeter und Synagogendiener waren ebenfalls befreit, zumindest während ihrer Amtszeit. Auch diejenigen Söhne, die das Freijahr genießen konnten, zahlten kein Schutzgeld. Dazu kommen zwei Fälle, in denen nicht ersichtlich ist, aus welchen Gründen die »Freiheit« bestand. Die ältesten Schutzbriefe stammten aus der Mitte der 40er Jahre. Der jüngste war im Jahr 1770 ausgestellt worden.

Bis 1775 stieg die Zahl der jüdischen Einwohner um zehn auf 107. Damals besaß die Mannheimer Gemeinde schon 1323 Mitglieder. In Frankenthal, neben Heidelberg und Mannheim die dritte kurpfälzische »Hauptstadt«, war in diesem Jahr nur ein jüdischer Haushalt mit acht Mitgliedern ansässig.[241]

4.2 Die Denkschrift des Judenschaftsvorstehers Seligmann Zimmern zur Prozedur der Schutzaufnahmen 1777

Die Prozedur der Schutzaufnahme konnte mitunter einen komplizierten Verlauf nehmen. Meist in den Fällen, an denen die Regierung kein besonderes Interesse hatte. Dann bestand auch die Chance für die kommunalen Instanzen, ausgiebiger gehört zu werden. Eine rechtliche Grundlage für die gutachterliche Beteiligung von Stadtrat und kommunaler Verwaltungsspitze gab es nicht. Auch die ansässige städtische Judenschaft oder die Landjudenschaft wurde nur nach Belieben und Interessenlage der Regierung oder der Hofkammer gehört. Ohne jegliche Einspruchsmöglichkeit waren die Schatzungs- und Quartierungskommission, die die jeweils vollzogenen Schutzaufnahmen lediglich zu registrieren hatten. Eines der wenigen Verfahren, das auf allen Stufen belegt ist, stellt die Aufnahme

240 GLA 77/3029.
241 GLA 77/6145.

von Isaac Wolf im Jahre 1770 dar.[242] Auch bei Daniel Oppenheimers Schutzaufnahme vom gleichen Jahr läßt sich die Prozedur in ihrer ganzen Breite nachweisen.[243]

Große Schwierigkeiten hatte der Handschuhsheimer Jude Moyses Lazarus Gerson mit seinem Schutzbegehren im Jahre 1774. Ihm war vom Dorfgericht ein Vermögenswert von 900 fl bescheinigt worden. Da sich der Heidelberger Stadtrat zögerlich verhielt, bat Gerson um eine »Beaugenscheinigung und Taxierung seines Vermögens«.[244] Ratsbürgermeister Mutschler und Ratsherr Kuhn, die für diesen Zweck vom Plenum des Stadtrats bestimmt worden waren, gaben daraufhin bekannt, daß Gerson ihnen bei einer Visitation »sofort 240 Gulden« vorgezählt habe. Seine Effekten, Schmuck und Kleidung beliefen sich auf 398 fl und 38 Kreuzer. Zusätzlich verfügte er nach dem Bericht der beiden Beauftragten über eine Barschaft von 638 fl und 38 Kreuzer. Mittels »Handtreu« habe er dies bestätigt. Er sei bereit, dieses Vermögen mit einem »bürgerlichen aydt zu beschwören«.

Trotz dieses günstigen Berichts wandte sich der Stadtrat gegen die Schutzaufnahme Gersons, und zwar mit einer Mischung aus formaler und inhaltlich-materieller Argumentation. Gerson habe versäumt, »sein vermögen durch den Landjudenschaftsvorstand« einschätzen zu lassen. Da die Stadt aber »ohnehin zum großen nachteil der handelnden bürgerschaft mit Judenfamilien bereits übersetzt« sei, stelle man es der Regierung anheim, ob sie dem Gesuch des »imploranten« willfahre oder ob sie denselben »ad locum domicile« nach Handschuhsheim verweise. Auch im Fall der Bewerbung des in Heidelberg gebürtigen Callmann Oppenheimer hielt sich der Stadtrat zurück und wollte dadurch eine Ablehnung nahelegen. Nach einer Untersuchung des Vermögens, die der Ratsbürgermeister 1774 gemeinsam mit dem städtischen Taxator Judas Carlebach vornahm, wurde dieses auf 1044 fl geschätzt. Dies scheint einer der ersten Nachweise über die Aktivität eines Juden in Heidelberg in einem öffentlich-kommunalen Amt zu sein. Carlebach hatte dieses Amt sicher bis in die zweite Hälfte der 90er Jahre inne. Der Stadtrat ließ sich von dem unter Beteiligung Carlebachs erstellten Gutachten nicht beeindrucken. Niemand könne wissen, so die Resolution des Stadtrats, ob Oppenheimer noch über heimliche Passiva verfüge. Zudem gebe es in der Stadt schon zu viele »JudenHaußhaltungen«.[245]

Solche hinhaltenden und ablehnenden Stellungnahmen mögen der Grund für eine Denkschrift aus dem Jahre 1777 gewesen sein, die der Heidelberger Vorsteher der Landjudenschaft Seligmann Zimmern verfaßte.[246] Dabei lagen sicherlich nicht nur die städtischen Erfahrungen zugrunde. Besonders gravierend sei, so führte er aus, daß sich viele, gerade die »besten und vermöglichsten Mitglieder« der jüdischen Gemeinden jahrelang »seufzend« um die Aufnahme ihrer eigenen

242 STAHD, RPR v. 6. April 1770.
243 STAHD, RPR v. 9. Dezember 1770.
244 STAHD, RPR v. 21. März 1774.
245 STAHD, RPR v. 6. Dezember 1775.
246 GLA 77/3030.

Kinder bemühen müßten. Für alle Verfahren aber gelte ein langwieriger Instanzenweg »von der Regierung bis zur niedersten allergeringsten dorf-gerichtsstelle«. Gerade diese begnügten sich nicht mit einem einfachen Attestat, sondern führten prinzipielle Erörterungen darüber, »wie viel oder wie wenig Juden in dem Ort aufzunehmen seyend«. Mit ihren »hartherzigen« Einwänden wollten sie die »Sach wenigstens erschweren und in das weite« verschieben. Daraus ergebe sich für die Juden, daß sie die Gunst des »allergeringsten Gerichtsmannes«, oft auch von »dessen ganzen Anhang« erringen müßten.

Nach Überwindung dieses Bergs liege dann das zuständige Amt oder Oberamt vor dem Antragsteller. Dort blieben die Papiere oft sehr lange liegen. Man müsse einen »urians-brief« auf diese Behörden tragen. Dann gehe es um die Gunst der höchsten Gerichte. So laufe man schließlich viele Jahre hin und her und trage zudem ein hohes Ablehnungsrisiko. Dabei ginge viel Zeit verloren, die man eigentlich für die Erledigung der »nahrungsgeschäfte« brauche. Wegen dieser langen Phase der Ungewißheit zögerten inzwischen die Juden anderer Territorien, sich mit den Juden aus der Kurpfalz einzulassen. Das »Commercium selbst oder auch die activität der Landjudenschafft« werde deshalb sehr beeinträchtigt. Es bestehe sogar die Gefahr, daß die Anzahl der pfälzischen Judenschaft so sehr zurückgehe, daß sie sich bald »ganz entblößet sehen dürffte«.

Seligmann bat um »remedur«, die nur dann erfolgen könne, wenn die Zahl der Juden nicht mehr der Beschränkung auf 300 unterliegen würde. In dieser Zahl seien schon viele »zum beytrag unfähige Familien« eingeschlossen. Schon allein deshalb sollten die Schutzaufnahmen großzügiger gewährt werden. In der pfälzischen Judenschaft gebe es mittlerweile zwischen 70 und 80 Befreiungen. Es könne nicht mehr lange dauern, bis die wenigen einigermaßen Vermögenden »auch ermattet liegen« würden. Der Landjudenschaftsvorstand habe deshalb großes Interesse an der Aufnahme »tüchtiger und vermögender Schutzverwandter«. Gegen die Zuwanderung Unqualifizierter wehre er sich, da dadurch die Last der Judengemeinden vermehrt würde. Der Vorstand bot deshalb seine Hilfe bei der Auswahl von »Subjekten« an, von denen man »scheinbahrlich nichts widriges« zu gewärtigen habe. Ein vom Vorstand erarbeitetes Attest wäre von der Regierung »zu reflektieren«.

4.3 Die Heidelberger Judenordnung

Streitigkeiten zwischen dem Landjudenschaftsvorstand und den Heidelberger Juden veranlaßten die letzteren, die Regierung um eine »Richtschnur zu einer ständigen Verfassung« zu bitten. Wahrscheinlich war es bei den Unstimmigkeiten um Geldfragen gegangen. Das könnte erklären, daß die Ordnung vom 8. September 1775 in erster Linie Aussagen zur Finanzverfassung enthält. Sie beginnt mit der Bestimmung, daß die Ein- und Ausgaben in der Synagoge öffentlich vorgelesen werden sollen. Die Vorsteher müßten in Zukunft durch die »hülfreiche Hand« der Gemeinden unterstützt werden.[247] Der Rechnungstag werde auf den 1. November

247 GLA 77/3014.

festgelegt. Unentschuldigtes Fehlen würde mit einer Strafe von drei Gulden belegt. Die auf dieser Versammlung beschlossenen Beiträge seien binnen einer Woche zu entrichten. Nach Ablauf von vier Wochen sei die Gemeinde berechtigt, die Gelder ohne Vorwarnung »exequieren« zu lassen. Sollte auch dieser Versuch ergebnislos verlaufen, würde die Judenkommission beauftragt, die »Eintreibung« der Gelder ihrem Diener zu übertragen.

Die Instandhaltung der Gebäude könne mit Geldern bestritten werden, die aus der Versteigerung der Sitzplätze in der Synagoge gewonnen würden. Allerdings sei hierzu die Zustimmung aller Anwesenden in der Synagoge erforderlich. Kein Sitz dürfe unter 20 fl ersteigert werden. Zum Empfänger der Gelder wurde Judas Carlebach ernannt, der ein Rechnungsbuch über die Versteigerungen führen und jedes Jahr Rechenschaft ablegen mußte. Die Gelder durften nicht nur zur Abtragung der Baukosten, sondern konnten auch für Schul- und Begräbniszwecke verwendet werden. Joseph Carlebach und David Weisweiler wurde eine besondere Stellung eingeräumt. Ihre Plätze durften nicht versteigert werden. Sonderregelungen gab es für Fremde, die eine »hiesige Schutzjudentochter« heirateten.

Ferner wurde in der Judenschaftsordnung daran erinnert, daß man sich jeweils für die ganze Familie in das »Begräbnis« einzukaufen hatte. Die Mutter des Judenvorstehers Seligmann Zimmern, die Witwe des Rabbiners, wurde davon ausgenommen. Ihr wurde ein »nach Standesgebühr ehrsamer Platz« zugestanden. Auch von anderen innerjüdischen Abgaben war sie frei. Ihr Platz in der Synagoge mußte nicht ersteigert werden.

Zur Prüfung der Auslagen und der Quittungen des Jahres 1776 waren folgende Personen erschienen: Moyses Bamberger, Seligmann Zimmern, Judas Carlebach, Mayer Levi, Daniel Oppenheimer, Joseph Bamberger, Lazarus Oppenheimer, Isaac Wolf, Löw Herz, Joseph Oppenheimer, Lazarus Schmuhl, Seligmann Bamberger und Calmann Oppenheimer. Abwesend waren trotz »Citation«: Löw Seckel Emanuel und Joseph Carlebach.

4.4 Die Befreiung von der Zahlung des Schutzgeldes als Ausdruck sozialer Notlagen

Stadt und Regierung schienen zunehmend Rücksicht auf die ärmeren Juden zu nehmen. Am 9. Dezember 1783 wurde eine Schutzgeldverordnung im Stadtrat verkündet, die eine rücksichtsvolle Behandlung von Armen, Witwen und Weisen forderte.[248] Schon am 16. April des gleichen Jahres hatte der Stadtrat das Gesuch von Josef Bamberger um Befreiung vom »laufenden und rückständigen Schutzgeld« unterstützt. Der »Supplicant« besitze außer einem mit Hypotheken belasteten Haus nur noch ein Pferd. Zweifellos sei er als »unvermögend« einzuschätzen.[249]

In der ganzen Kurpfalz häuften sich in den 80er Jahren die Befreiungsgesuche; zudem gerieten diese nach Ansicht der Mannheimer Behörden zu einer Belastung

248 STAHD, RPR v. 9. Dezember 1783.
249 STAHD, RPR v. 16. April 1783.

der Verwaltungsarbeit.[250] Das dauernde »Supplicieren« um »Nachlaß, Nachsicht oder Minderung des Schutzgeldes« verursache eine Menge Schreibarbeit. Die Hofkammer drängte auf Beschleunigung und Vereinheitlichung der Verfahren und forderte am 22. Juli 1783 die Gemeinden auf, jeweils am 1. Februar die »armen juden« namentlich zu benennen. Die Zahl der offiziell anerkannten Armen dürfe jedoch auf keinen Fall ansteigen. Als Grundsatz fürstlicher Fiskalpolitik müsse weiterhin gelten, daß das »herrschaftliche Schutzgeld Regale« nicht geschmälert werde. Deshalb dürfe eine neue Befreiung nur beim Tode eines bisher als »arm« anerkannten Juden erfolgen. An dieser Kontrolle seien auch die Landjudenschaftsvorsteher zu beteiligen. Nur so sei der Nachweis eindeutig zu erbringen, daß die »Supplicanten« ihr »Brod« nicht mehr verdienen könnten. Für die Mannheimer Juden galten Sonderbestimmungen. Hier sollten die städtischen Vorsteher eine Stellungnahme gemeinsam mit dem Oberhoffaktor Maier Elias abgeben.[251]

Seligmann Zimmern faßte am 26. November 1783 die Position des Landjudenschaftsvorstands zusammen.[252] Er bedauerte, daß die Landjuden seit einigen Jahren in einen »nahrungslosen Zustand« geraten seien. Die Verminderung in »Handel und Wandel« sei dramatisch. Es gelte, das bestmögliche »Rettungsmittel« zu finden, um den »gäntzlichen Umsturz der hiesigen Landjuden« zu verhindern. Deren jährliche Belastungen beliefen sich i. d. R. pro Familie auf 60 bis 70 fl, z. T. hätten sie sogar die Summe von 80 fl aufzubringen. Er trat jedoch nicht nur für eine Verminderung der Abgaben ein, sondern er wollte die Lage der Juden auch mit einigen »Polizeivorschlägen« verbessern. Es galt, die Juden vor »schädlichen« und »verderblichen Mißbräuchen« zu bewahren, insbesondere vor zu ausgiebigen Feierlichkeiten. Er schlug vor, die Hochzeiten nur am »Copulationstag«, am Trauungstag, feiern zu lassen. Die bereits am Abend vorher beginnenden »sehr kostspieligen Mahlzeiten« sollten »gäntzlich abgestellt« werden. Die Spielleute, die so etwas wie einen eigenen jüdischen Musikantenstand bildeten, dürften nur einen Tag lang spielen.[253] Das der »Braut entgegenreiten« sollte ebenfalls abgestellt werden.

Bei einer Beschneidung durften nach diesem Papier in Zukunft nicht mehr als 12 bis 15 Personen zur Mahlzeit zugelassen werden. Die Kosten für eine Feier durfte in Zukunft nicht mehr als 12 fl betragen. Übertretungen unterlagen einer Strafe von 20 Reichstalern. Zimmerns Vorschläge wurden von der Regierung mit teilweise wörtlichen Übernahmen am 22. Dezember 1783 in eine Verordnung umgesetzt.[254]

Auch in den nächsten Jahren widmete sich Seligmann Zimmern dieser Thematik. Er befürchtete einen großen Rückgang der jüdischen Bevölkerung.[255] Die Lage der Juden habe sich schon in den letzten Jahren verschlechtert. Früher habe

250 GLA 77/7263.
251 GLA 77/3033.
252 Ebd.
253 Breuer 1996, S. 174.
254 GLA 77/3033.
255 GLA 77/7263.

der Bauer den Juden gesucht, jetzt sei es umgekehrt. Die »verarmten Juden« müßten vor dem »gäntzlichen Untergang« geschützt werden. Er kritisierte die mit 2400 fl zu hohe Summe der Konzessionsgelder. Jede Familie müßte durchschnittlich 50 fl an herrschaftlichen und sonstigen Abgaben zahlen. In den Haupt- und Oberamtsstädten liege diese Summe sogar noch höher.[256]

Bald reagierte auch die Regierung. Am 27. Dezember 1786 stellte sie nach Durchsicht vieler aus den Gemeinden eingegangener Berichte fest, daß »nebst der Hausschatzung, Husarengelder, frohnd-, wacht-, schutz-, wasser und weydegelder« auch noch der Anteil an den Konzessionsgeldern, die Leib- und die Gewerbeschatzung entrichtet werden müsse. Die Landjuden seien »mit so viel und hohen ordentlichen abgaben belästiget, daß ganz unbegreiflich ist, wie diese unbegüterte und in keinem ständigen gewerbe stehenden leute sich erhalten«. Ein Tagelöhner zahle im Jahr sechs bis neun Gulden jährlich und »genießet den nehmlichen Schutz wie der Jud«. Zudem habe er sein regelmäßiges Einkommen. Der Jude hingegen erhalte keinen »ständigen verdienst«, sondern könne nur auf das »ungefähre« rechnen. Er lebe »sehr schlecht und kümmerlich«. Zwar sei es einsichtig, daß ein Schutzverwandter mehr zahlen müsse als ein »christlicher einwohner«. Aber es scheint »unmenschlich«, daß der Jude »zu sehr gedruckt und mit solchen last beschwerd werde, daß er endlich unterliegen und verderben muß«. Schon in der Schatzungsordnung von 1779 seien einige Abgaben wie die Leibschatzung und die Gewerbschatzung mit Ausnahme der Erträge der Krämerei und der Metzgerei aufgehoben worden.[257] Das war ein neuer Ton, der auf eine zunehmende soziale Sensibilisierung hinwies, hinter dem jedoch keine Reformprogrammatik stand.[258]

4.5 Die Judenkommission

Als Koordinationsstelle aller staatlichen Entscheidungen in Judenangelegenheiten tritt in den Quellen während der 80er Jahre verstärkt die sogenannte »Judenkommission« auf. Sie bestand damals aus zwei hohen Beamten, aus dem Regierungs- und Oberappellationsgerichtsrat von Klein und dem Hofkammerrat von Maubission. Zumeist fanden vier bis fünf Sitzungen im Monat statt. Die Judenkommission korrespondierte mit der Landjudenschaft, präzisierte die Bestimmungen der Judenkonzession, überprüfte die Richtigkeit von Vermögensabgaben, untersuchte die Heiratsgesuche, unterstützte oder verweigerte Befreiungsgesuche, entschied über Erbstreitigkeiten und überprüfte die Existenz des »concessionsmäßigen Vermögens«. Sie entschied zum Beispiel auch konkret über die Anerkennung der Lemle-Mosesschen Stiftung in Mannheim. Auch einzelne Taschengeleitsfragen wie die Gesuche der badischen Hofjuden wurden ihr vorgelegt. Auch bestätigte sie die Landjudenschaftsvorsteher. So vermerkte das Protokoll der Sitzung der Judenkommission vom 22. März 1787, daß die »als Vorsteher in Vorschlag gebrachte dahiesige Juden vornehmlich Oberhoffaktor Mayer Elias, Löw Baruch Cahn,

256 Ebd.
257 Ebd.
258 Vgl. Keitel.

Hayum Moyses Kretzingen, Löw Dinckelspiel und Wolf Gabriel May in solcher qualität« bestätigt wurden.[259]

Sie führte auch Buch über die jährlichen Schutzaufnahmen. So ist zu erfahren, daß von den 15 Schutzaufnahmen im Jahre 1784 eine auf Heidelberg fiel.[260] Es handelte sich um das Gesuch des Mayer Levi, wie im Ratsprotokoll vom 1. Januar 1785 festgehalten ist.[261] Die Kommission nahm gleichfalls zu den Akten, daß in diesem Jahr Samuel Joseph von Heidelberg nach Schriesheim gezogen ist.[262] Eine Aufstellung der Judenschaftsvorsteher, die am 9. Januar 1786 der Judenkommission vorgelegt wurde, nannte für das Jahr 1785 insgesamt 25 Aufnahmen. Zwei davon waren in Heidelberg erfolgt. Es handelte sich um Wolf Oppenheimer und um Salomon Mayer.[263] Auch kann aus den Protokollen der Judenkommission ersehen werden, daß David Mayer am 12. November 1783 die Stelle des verstorbenen Landjudenschaftsschreibers Schnapper übernahm.

Aron Seligmann teilte in einem Brief vom 4. Dezember 1787 an die Kommission mit, daß die als »qualifiziert befundenen Schutzcandidaten« inzwischen von dem Landjudenschaftsvorstand ihre Schutzbriefe ausgehändigt erhalten hatten. Daraus ist zu entnehmen, daß Moyses Lazarus Oppenheimer das Niederlassungsrecht in Heidelberg erhalten hat. 1789 wurden in der Pfalz sechs Juden aufgenommen, darunter Moyses Pflegenheim und Salomon Joseph in Heidelberg. 1790 gab es in Heidelberg keine Schutzaufnahme. 1791 erhielt David Seligmann Zimmern den hiesigen Schutz. Zugleich läßt sich aus einem Bericht der Kommission ersehen, daß in diesem Jahr der Streit um die »offenen Läden« der Juden nach wie vor ausgefochten wurde.[264]

Die Kurpfälzische Judenkommission unterschied sich von der beständigen Kommission für die Angelegenheiten der Landjudenschaft in Hessen-Darmstadt. Diese wohnte u. a. den »Landtagen« der Juden bei, verfaßte Berichte darüber und wurde aus den Geldern der Landjudenschaft bezahlt. Sie erfüllte teilweise Aufgaben, die in der Kurpfalz den jeweiligen Oberämtern ad hoc bei den Zusammenkünften der Juden übertragen wurden.[265] Gleichfalls muß die kurpfälzische Institution von der französischen Kommission unter Malesherbes unterschieden werden, die ein Instrument spätabsolutistischer Reformpolitik war. Ein diesbezüglicher Einfluß auf die Pfalz erscheint unwahrscheinlich. Erstens weil die pfälzische Einrichtung in den Quellen, wenn auch nur sporadisch, schon in der ersten Jahrhunderthälfte auftaucht. Zweitens arbeitete die Kommission nicht mit der Zielsetzung einer Reform, sondern sah sich als Verwalter der bestehenden Verhältnisse. Leitlinien für die Emanzipationsdiskussion um 1800 hat sie nicht entworfen.

259 GLA 77/7309.
260 GLA 77/7305.
261 Ebd.
262 Ebd.
263 GLA 77/7307.
264 Ebd.
265 Cohen 1983, S. 155.

4.6 Der Streit um die Brückengelder in Heidelberg

Am 9. September 1788 reichte Aron Seligmann im Namen der Landjudenschaft wegen der in Heidelberg von den Juden »doppelt genommenen Brückengelder« eine Beschwerde ein. Sein Wort hatte nicht nur als Vorsteher Gewicht. Seit 1779 war er auch im Besitz eines Privilegs zur Errichtung einer Tabakfabrik. Im gleichen Jahr erhielt er außerdem den Titel eines kurpfälzischen Hoffaktors.[266] Seligmann konnte sich bei seinem Protest auf eine Verfügung des Freiherrn von Oberndorf vom 7. September 1784 stützen, nach der die Juden nur noch die normale Brückenabgabe zahlen sollten.[267] Oberndorf hatte für diese Entscheidung eine sozialphilosophische Begründung gegeben, die als eines der ersten Anzeichen für einen Anschluß der Heidelberger Judenpolitik an die Emanzipationsdiskussion gelten kann. Gegen das Beharren auf alten Positionen wandte er ein, daß aus der Tatsache, daß der »Passagier« Jude sei, nicht auf die »Erhöhung von Zöllen oder sonstigen Abgaben« geschlossen werden dürfe. Juden seien »als handelsleute und Mitmenschen« anzusehen. Deshalb müsse das doppelte Brückengeld für sie abgeschafft werden, sie seien in Zukunft »allen passagieren gleichzuhalten«. Auch in benachbarten Territorien werde inzwischen kein doppelter Brückenzoll mehr für Juden erhoben.

Wie so viele andere Verordnungen im pfälzischen Absolutismus wurde auch diese nicht unmittelbar umgesetzt. Diesmal nicht zuletzt deshalb, weil der Heidelberger Stadtrat Widerspruch einlegte. Er verwies dabei auf die ältesten Brückenordnungen, nach denen von den Juden der doppelte Zoll gefordert wurde. Der Stadtrat erinnerte jedoch nicht nur an historisches Recht, sondern betonte auch die Kosten, die mit dem Bau der neuen Brücke im Jahre 1784 entstanden seien. Gerade in einer solchen angespannten Finanzlage dürfe eine Minderung der Brückengelder nicht erfolgen. Selbst im Dezember 1789 war der Erlaß von 1784 noch nicht durchgesetzt. Die Juden mußten auch zu diesem Zeitpunkt noch ihre Gleichstellung bei dem Brückengeld fordern.[268] Eine Gleichstellung, die sie auch beim Benutzen der Neckarfähre nicht erreicht hatten.[269]

Hinsichtlich des Neckarbrückenzolls ergab sich ein weiteres Problem. Am 9. September 1788 setzte sich Aron Seligmann für die Interessen der »armen Schutzjuden zu Handschuhsheim« ein.[270] Diese hatten sich darüber beklagt, daß sie am Sabbat und an den anderen jüdischen Feiertagen das Brückengeld zahlen mußten. Früher seien sie an diesen Tagen von der Zahlung befreit gewesen. Da sie zur Heidelberger Synagoge gehörten, sei für sie eine Benutzung der Brücke unumgänglich. Seligmann erklärte, daß diese Brückengelder konzessionswidrig

266 Zur Rolle von Mitgliedern der Familie Seligmann als Hoffaktor vgl. Prestel, Claudia: Jüdische Hoffaktoren in Bayern. In: Geschichte und Kultur der Juden in Bayern. München – New York – London – Paris 1988 (= Veröffentlichungen zur Bayerischen Geschichte und Kultur, 7/88), S. 199–209, hier 204 ff.

267 GLA 204/979.

268 STAHD, RPR v. 19. Dezember 1789.

269 STAHD, RPR v. 17. Juni 1785.

270 GLA 204/979.

seien, da den Juden das Recht auf ungestörte Religionsausübung zugestanden worden wäre. Die Brückenabgabe würde aber die »frequentierung« der Heidelberger Synagoge beeinträchtigen. Die Juden seien auch deshalb in einer schwierigen Lage, weil sie am Sabbat kein Geld bei sich tragen dürften und nichts auszahlen könnten. Im Vergleich dazu hätten es die Mitglieder der Lutherischen Gemeinde in Handschuhsheim besser. Sie seien bei ihrem sonn- und feiertäglichen Kirchgang »brücken frey«. In den drei jüdischen Haushaltungen in Handschuhsheim lebten ebensolche »gleichmäßige Churfürstliche Unterthanen und ohnehin sehr arme Leute«. Die Abgaben hätten nur den Zweck, sie bey »ihrem Schulgange zu hindern und zu stören«. Seligmann bat, die Handschuhsheimer von dieser Abgabe zu befreien und den Heidelberger Stadtrat anzuweisen, diese »höchste befreyung den bestands Conditionen einzuverleiben«.[271]

Am gleichen Tag legte der Oberlandrabbiner ein Schreiben bei, in dem er bestätigte, daß die Judenschaft zu Handschuhsheim »von alten Zeiten und Jahr, sowohl den Zugang als gemeinschaftlichen nutzen und gebrauch, an der Synagoge zu Heydelberg, als auch an dem begräbnis daselbst, ununterbrochen gemeinschaftliche zu Heydelberg genoßen und noch zu genießen haben und wegen verrichtung ihres gottesdienstes am Sabbath, und an den übrigen jüdischen feiertagen sich dahier verfügen müssen«.[272]

5 Konflikte und Bestandsaufnahme am Ende des Jahrhunderts

5.1 Die letzten Konflikte vor der Emanzipationsdiskussion

Obwohl sich am Streit um die Brückengelder bereits neue Argumentationsmuster zeigten, verliefen viele Auseinandersetzungen über die Lage der Juden noch in ganz traditionellen Bahnen. 1790 hatte Moyses Fuld ein Gesuch um die Führung eines offenen Ladens bei der Regierung eingebracht. Diese hatte zunächst den Stadtrat um eine Stellungnahme gebeten. Nachdem dieser die Entscheidung nicht allein verantworten wollte, gab er das Gesuch von Fuld an die Krämerzunft weiter.[273] Darauf unterzeichneten Johann Wilhelm Bassermann, Würtzbach, Heinrich Wilhelm Schürmann, Adam Conrad Ansprenger und Helena Dorothe Delphin am 25. August 1790 ein Schreiben, das noch einmal die alten Pflöcke einrammte.[274] Eine eigens von den Zunftgenossen eingesetzte Kommission sei zu folgenden Ergebnissen gekommen: Die Juden haben sich »bis zum Übermaß« vermehrt. Ihr ohne kurfürstliche Erlaubnis erfolgtes Anwachsen ist »ordnungswidrig«. Mit »freier Willkür« betreiben sie den Warenhandel und gehen täglich hausieren. Die christlichen Kaufleute sind dadurch in den »nahrungslosesten stand versetzt« worden. Sie ersticken »in dem Grabe einer allgemein gewordenen

271 Ebd.
272 Ebd.
273 STAHD, RPR v. 23. September 1790.
274 GLA 204/2858.

Handlungsunordnung«. Ihre Lager, auch die mit den »kostspieligen waaren«, drohen zu einem »todten capital« zu werden. Die Kommission hoffte, daß die Regierung diese Beschwerde (»gravaminam«) befolgen und die »ehemalige gesetzmäßige Ordnung« wiederherstellen werde. Zu diesen allgemeinen Problemen komme jetzt noch der Schutzjud Fuld, der sich erfreche, bei der Regierung »ordnungs- und observanzwidrig« die Einrichtung eines »offenen Ladens« zu erbitten. Die Krämerzunft zeigte sich jedoch verunsichert, weil der Stadtrat inzwischen der Regierung eine Stellungnahme zugunsten von Fuld geschickt hatte. Eine unterschiedliche Bewertung, die man nicht allzu schnell als prinzipiellen Dissens zwischen Kommune und Zunft bewerten sollte. Handelte es sich doch eher um eine auf den Einzelfall bezogene und nicht um eine neue Perspektiven eröffnende Parteinahme.

So sind auch die vom Stadtrat befürworteten Schutzaufnahmen schwer auf einen Nenner zu bringen. Es handelte sich um die übliche Kasuistik. Es gab Fälle, in denen der Stadtrat die Schutzaufnahme wie bei Abraham Löw Herz aus Bruchsal im Februar 1791 an die Landjudenschaft zur Beurteilung weitergab.[275] Schon im März des gleichen Jahres wurde Löw Herz angenommen. Mit seiner Aufnahme war zugleich die Zahlung eines Brückengeldes von 30 fl verbunden. Vier Wochen später teilte der Stadtrat der Regierung mit, daß sich Herz noch nicht gemeldet hätte. Darauf wurde diesem noch einmal eine Frist von drei Tagen eingeräumt.

Im Unterschied zur Krämerzunft hielt sich der Stadtrat auch im Falle des David Seligmann Zimmern zurück. Der Handelsstand hatte sich gegen dessen Absicht gewandt, seinen Schutz von Mannheim nach Heidelberg zu »transferieren«. Zweimal intervenierte die Zunft gegen Zimmern, der Sohn des Heidelberger Schutzjuden David Seligmann Zimmern war. Im August 1791 wurde er in den Schutz aufgenommen. Das Urteil der Landjudenschaftsvorsteher hatte in diesem Fall die Zustimmung der Regierung gefunden. Der Protest der örtlichen Zunft wurde zurückgewiesen.[276]

Es gab aber gleichfalls Situationen, in denen die Heidelberger Judenschaft gegen die Aufnahme war. Sie trat im November 1796 dafür ein, daß das Schutzgesuch von Ruben Salomon abgewiesen werde, zumindest müsse es aber gründlich »reflektiert« werden. Dieser Haltung schloß sich die Handelszunft an, die dem Bewerber vorwarf, einen verbotenen Handel zu treiben.[277] Beide konnten jedoch nicht verhindern, daß Ruben Salomon am 3. April 1797 als Schutzverwandter aufgenommen wurde. Zusätzlich zum Schutzgeld hatte er 30 fl Brückengeld zu zahlen. Eine Summe, die bei dem im gleichen Jahr aufgenommenen Moyses Oppenheimer um die Hälfte reduziert wurde. Auch die Schutzaufnahme von Salomon Joseph war mit der Zahlung von 15 fl Brückengeld verbunden gewesen.[278]

275 STAHD, RPR v. 10. Februar 1791.
276 STAHD, RPR v. 23. August 1791.
277 STAHD, RPR v. 12. Dezember 1796.
278 STAHD, RPR v. 22. Februar 1797.

Ähnlich verlief die Diskussion um die Husarengelder in den 90er Jahren noch innerhalb des traditionellen Rahmens. Der Landjudenschaftsvorsteher Aron Seligmann wehrte sich im Oktober 1793 dagegen, daß der »mit Abgaben aller Art überhäufte Landjude« diese spezielle Steuer noch entrichten müsse.[279] Die Kameralbeamten sollten mit dem Einsammeln mindestens solange warten, bis die Regierung eine Entscheidung getroffen hätte. Die Einziehung der Husarengelder belastete die Juden gerade in einer Lage schwer, »wo das ganze Land dies und jenseits des Rheins durch freund und feinde äusserst hart mitgenommen« würde. Ohne Rücksicht auf die bisherigen Abgaben hätte die Regierung noch einmal 3000 fl Milizgelder von den Juden gefordert. Es könne aber nicht Absicht des Kurfürsten sein, die Juden, »die was sie immer nur leisten konnten, pünktlich geleistet haben, zugrunde gehen [zu] lassen«. Da die Husarengelder ursprünglich Milizgelder gewesen seien, die die Juden zur Zeit immer noch zahlten, müßten sie wegfallen.

Die Regierung bestand jedoch am 10. November 1793 darauf, daß die Husarengelder, zumal in den »gegenwärtigen Zeitläuften« mit gestiegenen Aufgaben für den Staat, erhalten blieben. Sie seien auch schon über ein halbes Jahrhundert seit 1725 »herkömmlich«.[280] Auch das Argument der Juden, daß sie inzwischen sogar einen Beitrag zu den 30 Römermonaten[281] leisten müßten, half nichts. Mayer Elias Seligmann hatte darauf hingewiesen, daß die Juden auf Einhaltung der »Concession« bestehen müßten. Dort sei kein Hinweis auf die 3000 fl Milizgelder zu finden.[282] Es überrascht, wie konservativ Seligmann selbst im Jahr 1797 noch argumentierte. Im Mittelpunkt stand die buchstabengetreue Interpretation der Konzession und der übliche Verweis auf die schwierige wirtschaftliche Lage der Juden. Hierin unterschied er sich nicht von den Vertretern der Krämerzunft um Johann Wilhelm Bassermann.[283] Dabei hatte Seligmann schon 1788 im Streit um die Brückengelder einen Ansatz zur Überwindung alter Denkmuster gemacht. Mit Hilfe des Begriffs vom »gleichmäßigen«, d. h. gleichberechtigten »Untertanen« hatte er sich gegen die Benachteiligung der Juden im Vergleich zu den Lutheranern gewandt, allerdings nur auf dem Sektor des Brückengelds. Theoretisch wären aus dem Begriff einer Gesellschaft rechtlich gleichgestellter Untertanen, die die korporativen Beschränkungen und Hierarchien der altständischen Ordnung konzeptionell zu überwinden in der Lage war, noch viel weiterreichende Reformkonsequenzen abzuleiten gewesen. Aber Seligmann war kein Sozialphilo-

279 GLA 77/2897.
280 Ebd.
281 Steuer, die die Reichsstände für das Reichsheer aufbringen mußten. Im Zuge der Durchführung der Fürstenkriege wurde diese Abgabe vom Reichstag immer öfter bewilligt.
282 GLA 77/3021.
283 Die Beteiligung Johann Wilhelm Bassermanns (1784–1811) an der scharfen antijüdischen Resolution der Heidelberger Krämerzunft vom August 1790 fügt dem liberal-progressiven Bild, das Lothar Gall von diesem prominenten Vertreter des Heidelberger Bürgertums gezeichnet hat, einen ernüchternden Aspekt hinzu. Vgl. Gall, Lothar: Bürgertum in Deutschland. Berlin 1989, S. 67 ff.

soph, sondern ein in praktischen Dingen erfahrener Hoffaktor, der als Landjudenschaftsvorsteher sorgfältig erwägen mußte, wo Verbesserungen im Rahmen der bestehenden Ordnung erreicht werden konnten.

5.2 Eine Liste der Heidelberger Juden aus dem Jahre 1797

Noch am Ende der Regierungszeit Karl Theodors führte der Stadtrat bei den Diskussionen um die Stellung der Juden das von dem Herrscher zu Beginn seiner Regierungszeit gegebene Stadtprivileg aus dem Jahre 1746 an. Dort hieß es im Artikel 17 § 1: »Die bisher übermäßige Anzahl der Judenfamilien wollen wir auf den alten vorigen Fuß nach und nach vermindern.« Mit dem Hinweis auf diese Passage wollte der Stadtrat nicht mehr wie in früheren Jahrzehnten erreichen, daß die Zahl der bereits in Heidelberg lebenden, unter Schutz stehenden Judenfamilien verringert würde, sondern seine Absicht war es, die Schutzaufnahme sogenannter »stadtfremder Juden« zu verhindern. Erst nach 30 Jahren sollten diese den Schutz erhalten, es sei denn, es lägen Voraussetzungen vor wie z. B. die Verehelichung mit einer Witwe oder mit einer Tochter eines Heidelberger Schutzjuden.

Eine Liste aus dem Jahr 1797, die am 20. September vom Schatzungs- und Quartiermeister unterzeichnet wurde, nennt die Namen von 31 im Schutz stehenden Familien. Sie sei hier vollständig wiedergegeben, da sie Auskunft gibt über die Anzahl der Kinder, den Hausbesitz und die Straßen, in denen die Juden am Ende der kurpfälzischen Zeit gewohnt haben. Im Unterschied zu einer Liste aus dem Jahre 1801 ermöglicht sie jedoch keine tieferen Einblicke in die Vermögensverhältnisse.[284]

1. Joseph Bamberger, drei Söhne, drei Töchter. Eigenes Haus in der Mantelgasse.
2. Seligmann Bamberger, ein Sohn, eine Tochter. Mieter bei Meister Wild in der Judengasse.
3. Löw Nathan Bomeisel, drei Söhne, drei Töchter. Mieter bei dem Advokaten Beer in der Hauptstraße in der Vorstadt.
4. Wolff Löw Bomeisel, ein Sohn, zwei Töchter. Eigenes Haus in der Steingasse.
5. Witwe des Joseph Carlebach, zwei Söhne. Eigenes Haus in der Unteren Straße.
6. Judas Carlebach, keine Kinder. Eigenes Haus in der Unteren Straße.
7. Feist Carlebach, keine Kinder. Mieter bei dem Metzger Schmidt in der Unteren Straße.
8. Samuel Carlebach, ein Sohn, eine Tochter. Wohnt bei seinem Vater Judas Carlebach in der Unteren Straße.
9. Salomon Carlebach, eine Tochter. Eigenes Haus in der Judengasse.
10. Löw Herz Abenheimer, ein Sohn, eine Tochter. Eigenes Haus in der Großen Mantelgasse.

284 GLA 77/7265.

11. Mendel Herz Abenheimer, ein Sohn, eine Tochter. Wohnt bei seinem Vater Löw Herz Abenheimer in der Großen Mantelgasse.
12. Moyses Flegenheimer, ein Sohn, eine Tochter. Eigenes Haus in der Unteren Straße.
13. Meyer Salomon Levi, drei Töchter. Mieter bei dem Weißgerber Loss in der Unteren Straße.
14. Baruch Levi, ein Sohn, zwei Töchter. Eigenes Haus in der Judengasse.
15. Meyer Salomon, ein Sohn, vier Töchter. Eigenes Haus gemeinsam mit Meyer Löw in der Unteren Straße.
16. Meyer Löw. Zwei Söhne. Eigenes Haus gemeinsam mit Meyer Salomon in der Unteren Straße.
17. Moyses Lazarus, zwei Söhne, zwei Töchter. Mieter bei dem Weingärtner Müller.
18. Joseph Oppenheimer, zwei Söhne, drei Töchter. Eigenes Haus in der Bussemergasse.
19. Moyses Joseph Oppenheimer, keine Kinder. Eigenes Haus in der Großen Mantelgasse.
20. Salomon Joseph Oppenheimer, keine Kinder. Wohnt »in Gemeinschaft« mit Moyses Joseph Oppenheimer in der Großen Mantelgasse.
21. Witwe des Löw Seckel, ein Sohn. Eigenes Haus in der Bussemergasse.
22. Lazarus Schmuhl, vier Söhne, drei Töchter. Eigenes Haus in der Judengasse.
23. Samuel Levi, keine Kinder. Mieter bei Eligmann Sebastian in der Unteren Straße.
24. Isaac Wolf, ein Sohn. Eigenes Haus in der Judengasse.
25. Calmann Wolff, drei Töchter. Wohnt bei der Witwe des Löw Seckel in der Bussemergasse.
26. Wolf Leser, zwei Söhne, drei Mädchen. Eigenes Haus in der Großen Mantelgasse.
27. Moyses Wolf, zwei Söhne, zwei Töchter. Mieter bei dem Schreiner Fischer in der Großen Mantelgasse.
28. Moyses Fuld, keine Kinder. Wohnt in einem Haus im »vorderen Theil der Grabengasse«.
29. David Zimmern, ein Sohn. Eigenes Haus in der Haspelgasse.
30. Herz Joseph Carlebach, keine Kinder. Mieter bei der Witwe des Joseph Carlebach in der Unteren Straße.
31. Ruben Salomon, keine Kinder. Wohnt bei Isaac Wolf in der Judengasse.

Demnach wohnten 17 Judenfamilien in einem eigenen Haus. Fünf dieser Häuser standen in der Unteren Straße, vier in der Judengasse, drei in der Großen Mantelgasse, zwei in der Bussemergasse, jeweils eins in der Mantel-, Stein- und Haspelgasse. Bei ihren jüdischen Glaubensgenossen wohnten fünf Familien, wobei davon wiederum zwei im Hause der Eltern untergekommen waren. Die drei anderen wohnten bei Witwen. Acht Familien wohnten als Mieter bei christlichen Wohneigentümern. Die Familien hatten eine durchschnittliche Zahl von 2,25 Kindern.

6 Positionen der Kurpfälzischen und Heidelberger Emanzipationsdiskussion

Unter Karl Theodor gab es trotz einiger Ansätze keine umfassendere Emanzipationsdiskussion. Auch wenn neuere Untersuchungen über das geistig-politische Klima in der Kurpfalz nach 1750 nachgewiesen haben, daß es in der Publizistik und Wissenschaft zu einer breiteren Rezeption aufklärerischer Ideen gekommen ist, als man bisher angenommen hatte,[285] blieb dort eine politikrelevante Beschäftigung mit Christian Wilhelm von Dohms Hauptwerk »Über die bürgerliche Verbesserung der Juden« (1781) aus.[286] Ganz im Unterschied zu Baden, wo die aufgeklärte Bürokratie mit ständiger Bezugnahme auf das Hauptwerk des aus der Berliner Aufklärung kommenden Archivars und Kriegsrats eine Reformprogrammatik entworfen hat. Insbesondere der Hofrat Philipp Holzmann trat seit 1797 für eine Gleichstellung der Juden bei den bürgerlichen Rechten und Pflichten ein. Als Zusammenfassung der badischen Projekte veröffentlichte er 1801 ein umfangreiches Memorandum unter dem an Dohms Buch erinnernden Titel »Über die bürgerliche Verbesserung der Juden in den Fürstlich Badischen Landen«. Holzmann forderte darin die Aufhebung des jüdischen Gemeindeverbandes,[287] an dem der preußische Reformer festhalten wollte. Dohm beharrte nachdrücklich auf der rabbinischen Banngewalt.[288]

Dohms Buch ist nicht aus dem Kontext der preußischen Politik entstanden, blockierte doch Friedrich der Große (1712–1786) jeden Schritt zur Emanzipation der Juden,[289] sondern auf Bitte von Moses Mendelssohn. Der jüdische Philosoph war seinerseits von den Juden des Elsaß gebeten worden, ihnen mit einer Denkschrift zur Beförderung ihrer Emanzipation beizustehen. Mendelssohn gab dieses Anliegen an den preußischen Spitzenbeamten mit den Worten weiter, er sehe es gern, »wenn das Vorurteil der Christen wider die Juden von einem christlichen Schriftsteller bestritten wird (...)«[290]

285 Hess, Christel: Presse und Publizistik in der Kurpfalz in der zweiten Hälfte des 18. Jahrhunderts. Frankfurt – Bern – New York – Paris 1989; Kreuz, Wilhelm: Heidelberg und die Kurpfalz im Zeichen der Französischen Revolution. In: Thiele, Gunter: Demokratisierung in der Französischen Revolution. Wirkungen auf Deutschland. Villingen-Schwenningen 1990 (= Forschen – Lehren – Lernen. Beiträge aus dem Fachbereich IV [Sozialwissenschaften] der Pädagogischen Hochschule Heidelberg, 3), S. 225–238.

286 Zur Diskussion um Dohm siehe: Graetz 1996, S. 318 ff.

287 Zu Philipp Holzmann vgl. Rürup, Reinhard: Emanzipation und Antisemitismus. Studien zur »Judenfrage« der bürgerlichen Gesellschaft. Göttingen 1975 (= Kritische Studien zur Geschichtswissenschaft, 15), S. 43 ff.

288 Breuer 1996, S. 318.

289 Vgl. Poliakov, Léon: Geschichte des Antisemitismus, Bd. V. Die Aufklärung und ihre judenfeindliche Tendenz. Worms 1983, S. 230.

290 Meyer, Michael A.: Von Moses Mendelssohn zu Leopold Zunz. Jüdische Identität in Deutschland 1749–1824. München 1994, S. 54.

Dohms Schrift wurde auch im Österreich Josephs II. (1780–1790) von den mit der Toleranzgesetzgebung betrauten Beamten studiert.[291] Man bemühte sich um eine differenzierte Übernahme seiner Gedanken. Dabei kam es zu einer typisch aufgeklärt-etatistischen Variante der Judenpolitik, die im Unterschied zum liberal-revolutionären französischen Dekret von 1791 langfristig angelegt war.[292] Der Staat behielt sich vor, in den verschiedenen Landesteilen jeweils unterschiedliche Emanzipationsschritte einzuleiten.[293] Als in der Kurpfalz schließlich 1801 die Emanzipationsdiskussion beginnen konnte, verlief sie im etatistischen Rahmen des Reformabsolutismus.[294] Das französische Modell, wie es sich auch auf die linksrheinischen eroberten kurpfälzischen Gebiete ausgewirkt hatte, blieb ohne Widerhall.

6.1 Die Landjudenschaft

Im 18. Jahrhundert hatten die Juden in den 15 pfälzischen Oberämtern 2400 fl an Konzessionsgeldern zu bezahlen. Nach dem Verlust der linksrheinischen Gebiete an die französische Republik forderte die Regierung von den Juden des weiterhin bei der Pfalz gebliebenen rechtsrheinischen Gebietes die ganze Summe der bisherigen Konzessionsgelder. Dagegen wehrte sich die rechtsrheinische Judenschaft, die auf eine offizielle Statistik zurückgreifen konnte. Danach lebten bis zur französischen Eroberung auf der linken Rheinseite 646 Juden, von denen 415 Schutzgeld zahlten, während 168 als davon »befreite« galten. Geringer war die Zahl der rechtsrheinischen Juden mit 524, von denen 305 Schutzgeld zahlten, während 219 diese Abgabe nicht entrichten mußten.[295] Ob die 415 bzw. 305 Schutzgeld entrichtenden Juden identisch waren mit der Zahl der Juden, die an der Zahlung der Konzessionsgelder beteiligt waren, läßt sich nicht mit Sicherheit sagen. I. d. R. gab es geringe Abweichungen. So entrichteten nach dem Heidelberger Verzeichnis von 1801 24 Juden ihre Beiträge für die Konzessionssumme, während nur 20 Juden zum Schutzgeld verpflichtet waren. Wie das Verhältnis der beiden Abgaben zueinander in der Pfalz im Detail auch gewesen sein mag, ungerecht war die

291 Häusler, Wolfgang: Das österreichische Judentum im Zeitalter der josephinischen Toleranz. In: (Ausstellungskatalog) Österreich zur Zeit Kaiser Josephs II. Mitregent Kaiserin Maria Theresias, Kaiser und Landesfürst. Wien 1980, S. 166–169. Während Dohm weiterhin die Autonomie der jüdischen GLA befürwortete, zielte die österreichische Reformpolitik auf die Aufhebung der alten institutionellen Strukturen. Vgl. Karniel, Josef: Die Toleranzpolitik Kaiser Josephs II. Gerlingen 1985 (= Schriftenreihe des Instituts für Deutsche Geschichte der Universität Tel Aviv, 9), S. 379 ff.

292 Vgl. zu diesem Gegensatz: Rürup 1974, S. 17 ff.; Zur Problematik des französischen Modells jetzt auch: Battenberg, Friedrich J.: Die Französische Revolution und die Emanzipation der Juden im Elsaß und in Lothringen. In: Rödel, Volker (Hrsg.): Die französische Revolution und die Oberrheinlande (1789–1798). Sigmaringen 1992 (= Oberrheinische Studien, 9), S. 245–273.

293 Vgl. Häusler 1980, S. 167.

294 Lewin, Adolf: Geschichte der badischen Juden seit der Regierung Karl Friedrichs (1738–1809). Karlsruhe 1909, S. 68 ff.

295 GLA 77/3027.

Übertragung der Gesamtsumme auf die übriggebliebenen vier rechtsrheinischen Oberämter auf jeden Fall. So schlug der Landjudenschaftsvorsteher Mayer Elias Seligmann am 14. Januar 1801 vor, aus der Restpfalz nur eine Summe von 1 000 fl an Konzessionsgeldern einzusammeln.[296] Allerdings schien der Zahlungsmodus in den Jahren der Revolutionskriege ein eher theoretisches Problem zu sein. Der Landjudenschaftsschreiber hatte z. B. am 14. Dezember 1797 bemängelt, daß die meisten Juden seit über zwei Jahren die »gebührlichen Concessionsgelder« nicht bezahlt hätten.[297]

Unter Karl Theodor wurde in dieser Angelegenheit nichts mehr unternommen. Solange »das linke Rheinufer der Churpfalz entrissen« war, wollte man auf prinzipielle Neuerungen verzichten. Als man jedoch unter seinem Nachfolger Maximilian Joseph über die Neuordnung des Landes nachdachte, rückten über die finanztechnischen Details hinaus auch größere gesellschaftliche Zusammenhänge ins Blickfeld. Maximilian Joseph unterzeichnete schon am 20. Mai 1799 ein Reskript zur Reduzierung der »Concessionsfelder« auf 1 100 fl, blieb also mit 100 fl über dem Vorschlag von Seligmann. Der Herrscher begründete diese Entlastung auch damit, daß die Zahl der Judenfamilien durch »stillschweigende Duldung« zugenommen habe. Dies habe wegen der dadurch entstandenen größeren Konkurrenz zu einer stärkeren Belastung derjenigen Juden geführt, die ihre Beiträge immer gezahlt hätten.

Um einen Überblick über die Anzahl der Juden gewinnen zu können, forderte Maximilian Joseph am 20. Mai 1799 von der Judenkommission eine Tabelle, »worinnen befreite und nicht befreite« Juden aufgeführt sein sollten.[298] Auch sollte sie über die quantitative Relation der Juden zur übrigen Bevölkerung informieren und damit die Grundlage für Maßnahmen zur »Veredelung dieser Menschenklasse« schaffen.

Mit der Denkschrift der Landjudenschaft vom 9. Juni 1801 begann die öffentliche Diskussion um die Lage der pfälzischen Juden.[299] Staatsphilosophische Postulate und konkrete Reformvorschläge stehen in diesem Papier nebeneinander. Höchste »Regentenpflicht« sei die Erfüllung des Staatszwecks. Dieser liege in der »beförderung und erhöhung des individuellen und allgemeinen Wohlstandes der Underthanen«. Ein Ziel, dem »vorurteile aller art« weichen müßten. Jeder »Geschichtsforscher und Menschenkenner« könne bestätigen, daß die »fabelhaften beschuldigungen« und der »allgemeine Haß« gegen die Juden solchen Vorurteilen entsprungen seien. Deshalb seien sie als »fremd« angesehen worden und hätten nur beschränkte »Duldungsrechte« genießen können.

Heute sei man von solchen Vorurteilen abgekommen. Jeder »Staatsbürger«, gleich welcher Religion, könne dem »allgemeinen Staatszwecke« in gleichem Maße dienen. Der Landesherrscher müsse dieses Prinzip auf die jeweilige Zeit und die »Lokalverhältnisse« anwenden. Wenn in der Kurpfalz die volle bürgerliche

296 GLA 77/7244.
297 GLA 77/3021.
298 Ebd.
299 Ebd.

Gleichberechtigung noch nicht gewährt werden könne, dann müsse jedoch zumindest eine Erweiterung der bisherigen Konzessionsbestimmungen gefordert werden. Die Petition, die mit sozialphilosophischen Ausführungen zum Staatszweck und zum Bürgerbegriff beginnt, steht in ihrem zweiten Abschnitt deutlich in der Tradition der kasuistischen Auseinandersetzungen des 18. Jahrhunderts.

Die erste Forderung bezieht sich auf das »Erwerbsrecht unbeweglicher Güter«. Hätten die Juden das Recht, Äcker, Weinberge und Wiesen zu kaufen, könnten sie sich von ihrer bisherigen »einzigen Erwerbungsart« lösen. Die Landjudenschaft hoffe, in diesem Bereich die gleichen Rechte genießen zu können wie die Wiedertäufer. Wenn es für die jüdische Bevölkerung dadurch mehr Beschäftigungsmöglichkeiten gebe, dann könne man um so leichter einer Aufhebung aller Beschränkungen für die Vermehrung der jüdischen Bevölkerung zustimmen.

Analog zum Wunsch auf das freie Erwerbsrecht von Grund und Boden trat die Landjudenschaft auch dafür ein, daß die Juden »von dem Betriebe zunftmäßiger Gewerbe nicht ausgeschlossen werden« dürfen. Der Zusammenhang von Zunftgenossenschaft und Zugehörigkeit zu einer christlichen Konfession dürfe nicht mehr aufrechterhalten werden, da die »verschiedenheit der religiösen Meinung« keine Unterschiede im Wirtschaftsleben begründe. Angesichts der neuen Zeiten dürften für die Juden auch keine Sonderregelungen in »Darleihensfällen« mehr gelten.

Neben diesen neuen Forderungen begegnen auch alte Wünsche, da die Husaren-, Wasser-, Waidgelder und sonstige kleinere Sonderabgaben noch weiter existierten. Trotz mehrerer Zusagen der Regierung, diese teilweise abzuschaffen, hatte sich in den letzten Jahren nichts verändert. Insbesondere das Vorzeigen der Taschengeleitszettel hatte weiterhin zahlreiche Beleidigungen und »Neckereien« durch die unteren Zollbediensteten mit sich gebracht. Gerade bei dieser Abgabe wollten die Landjuden den Mannheimer Stadtjuden, die davon befreit waren, gleichgestellt werden. Zusätzlich bemängelten sie, als Landjuden noch immer die doppelte Menge Schutzgeld wie die Mannheimer Juden zahlen zu müssen.

Noch eine andere Gruppe von Juden, die in einer besseren Lage als die kurpfälzischen Landjuden seien, wurde erwähnt. Diese Kritik hing mit der territorialpolitischen Verzahnung der Kurpfalz mit anderen Herrschaften zusammen. Die Juden in den sogenannten »ausherrischen Ortschaften« waren nach Meinung der Landjudenschaft nicht so stark belastet und hätten deshalb Vorteile in der »Concurrenz in Handel und Vermögen«. Der Kurfürst müsse seinen eigenen Juden die Chance geben, unter den gleichen Bedingungen ihrem Auskommen nachzugehen wie diese »ausherrischen Juden«.

Obwohl in diesem Katalog die Angleichung an die Mannheimer Privilegien für die Landjuden erstrebt wurde, schloß die Petition mit einer eigens angefügten, »underthänigsten Bitte« der »Heidelberger Stadtjudenschaft« ab, ihren Schutzgeldbetrag auf 15 fl zu reduzieren. Nicht nur die Mannheimer, sondern auch die Frankenthaler Juden genössen das Vorrecht des niedrigeren Schutzgeldes. Es bestehe aber kein Grund, die Bewohner der drei »Residenzstädte« nicht gleich zu behandeln. Gerade an solchen Formulierungen wird deutlich, wie sehr bei den Heidelberger Juden noch die überlieferte Vorstellungswelt der je nach lokalen Interessen zu definierenden Privilegien vorherrschte.

Es fällt auf, daß die Vorschläge der Landjudenschaft nichts über ihren eigenen Aufgabenbereich enthalten. Man muß davon ausgehen, daß sie im letzten Drittel des 18. Jahrhunderts einen Funktionsverlust erfahren hat. Ein Bedeutungsschwund, der sich vielerorts feststellen läßt. So fanden auch in Preußen seit 1799 keine Generalversammlungen der Landjudenschaft mehr statt.[300] Die Quellen geben auch für die Kurpfalz kaum noch Auskunft über irgendwelche Zusammenkünfte. Die Höhe der Abgaben scheint zunehmend von den Landjudenschaftsvorstehern allein festgelegt worden zu sein, denen allerdings Kontrollpersonen beigeordnet wurden.

6.2 Die Mannheimer Judenschaft

Die Stellungnahme der Mannheimer Judenschaft ging wie die Petition der Landjudenschaft von der obersten Zielsetzung des Staates aus. Allerdings wurde der Begriff »Staatsbürger« gemieden, an seiner Stelle neutraler von den »Staatsbewohnern« gesprochen, deren »religiösen begriffe und meynungen« keinen Grund für unterschiedliche Rechte darstellen dürften. Insbesondere nicht in einem Staat, der sich die »Veredelung« einer bis jetzt durch »Gesetze und Vorurteile« unterdrückten »Menschenklasse« zum Ziel gesetzt hätte.

Ein besonderer emanzipatorischer Duktus lag dieser Mannheimer Petition nicht zugrunde. Es ging in erster Linie um eine pragmatisch gesehene Erweiterung des »Nähr- und Wirkungskreises«. An dem ausgrenzenden Begriff des Schutzjuden hielt die Mannheimer Petition ausdrücklich fest. Die Aufnahme neuer Juden wurde an die Zahlung von zwei Prozent des Vermögens gebunden. Eine weitere Ausgrenzung lag in der Distanzierung gegenüber denjenigen Juden, die »nicht im Verbande« mit der jüdischen Gemeinde standen, auch wenn sie eigene Schutz- und Duldungsrechte genossen. Die Gemeinde blieb für die Mannheimer Juden in ihrer zentralen Bedeutung als religiöse, soziale und kulturelle Institution unbestritten.

6.3 Oberamt, Unteramt und Schriesheimer Zent

Auch das Heidelberger Oberamt gab am 5. August 1801 eine Stellungnahme ab. Ausgehend von der Frage, »wodurch die moralische Vervollkommnung der Juden zu bezwecken« sei, zählte die Schrift die unterschiedlichen Reformsektoren auf. Das ging von der individuellen Lebensführung und den sozialen Kontakten über die bürgerliche Gesellschaft bis zur staatlich-institutionellen Ordnung. Konkrete Reformschritte wurden nicht benannt. Die Vorbehalte gegen eine Politik, die den Juden mit einem Strich »alle rechte der Bürger« zuerkennen möchte, war

300 Bruer, Albert A.: Geschichte der Juden in Preußen (1750–1820). Frankfurt am Main 1991, S. 96.

groß. Die Juden müßten erst in einem langen Prozeß, der ungefähr 100 Jahre dauern werde, ihre besonderen »Eigenschaften« und »Vorurtheile« überwinden. Deshalb könnten sie die Freiheit und die Rechte der übrigen Staatsbürger zur Zeit nicht in Anspruch nehmen. Als Konsequenz dieser Überlegungen schlug das Heidelberger Oberamt vor, es bei den »bisher gesetzlichen und herkömmlichen Bestimmungen zu belassen«.

Der Status quo garantierte nach diesem Schreiben bereits eine ganze Menge von Vorteilen. Dazu gehörten »Rechte und Freiheiten« wie das Bebauungsrecht von Hausplätzen, die Berechtigung zum Handel oder die Erlaubnis zur Errichtung von Fabriken. Bei dem letzten Punkt hatten die Verfasser wahrscheinlich die dem Hoffaktor Seligmann im Jahre 1780 erteilten Privilegien für dessen Tabakmanufaktur im Blick.[301] Seligmann hatte damals für 30 Jahre die »Freiheit« erhalten, im ganzen Oberamt Heidelberg einschließlich der Stadt Heidelberg, besonders aber in Leimen, Gebäude für seine Schnupf- und Tabakwarenfabrik zu erbauen. Zugleich wurde er von zahlreichen Zöllen und Abgaben freigestellt. Die Arbeiter der neuen Fabrik erhielten Personalfreiheit und mußten keine Nahrungsschatzung zahlen. Falls Juden darunter sein sollten, wurden sie von der Schutzgeldzahlung befreit. Auch die Erlaubnis, Schulen und die Universität zu besuchen, rechneten die Beamten des Oberamtes zu den Errungenschaften. Als besondere Privilegierung wurde die »öffentliche Ausübung der Heilkunst« für jüdische Ärzte angesehen. Diese hätten das Recht, auch christliche Patienten zu behandeln.

Schon bevor das Heidelberger Oberamt seine Einschätzung abgegeben hatte, war bei ihm eine am 16. Juli 1801 formulierte Stellungnahme des Dilsberger Unteramtes eingegangen. Charakteristisch an diesem Schriftstück war der Widerspruch zwischen einer an dem Kulturbegriff und am Naturrecht orientierten, in der Zukunft geforderten Gleichheit für die Juden und einer realen Nähe zum Schutzjudenstatus und zu den Bestimmungen der Konzession. Hingegen verzichtete eine Stellungnahme aus der Schriesheimer Zent auf das sozialphilosophische Vokabular der Aufklärung, um direkt die Forderung nach Verminderung der vielfältigen Abgaben und nach dem Zugang »zu aller art profession« zu erheben. Viele Juden seien schon jetzt von einem Teil ihrer Abgaben befreit worden, da sie durch die Franzosen »arm und lahm« geworden seien. Das Papier ging von insgesamt 73 Familien im Oberamt Heidelberg aus, von denen 18 von der Entrichtung des Schutzgelds befreit seien.

Zwei Vorschläge zur »Veredelung« der Juden wurden erörtert. Der erste, der daran erinnerte, daß in Ungarn mit Hilfe der Wegnahme der Kinder der Versuch gemacht wurde, die Zigeuner zu zivilisieren, verfiel gleich wieder der Ablehnung. Man könne sich überlegen, daß kein Jude eine Familie gründen dürfe, wenn er nicht mehrere Jahre beim Militär gedient habe. Es sei falsch zu glauben, daß das »Militairische gegen das religiöse oder gar gegen das physische der Juden sei«. Denn schon in Palästina hatten diese einen »Militairischen Staat« gebildet. Auch in der Gegenwart sei das Vorurteil vom unmilitärischen Charakter der Juden längst widerlegt worden. Juden hätten sowohl in Holland als auch in Amerika und auf

301 STAHD, RPR v. 24. April 1780.

französischer Seite gekämpft, »freilich alles nur in Kriegen gegen Fürsten und gegen die bisher bestehende Ordnung der Dinge«.[302]

6.4 Die Heidelberger Positionen: Stadtdirektor und Stadtrat, Judenschaft und Zünfte

Die Heidelberger Diskussion begann mit langen Ausführungen, die der Stadtdirektor Sartorius gemeinsam mit einigen Vertretern des Stadtrats verfaßt und am 10. Oktober 1801 unterzeichnet hatte.[303] Das Papier nahm das Schreiben der Landjudenschaftsvorsteher in seiner ganzen Breite auf. Es blieb der traditionellen Frage nach Erweiterung einzelner jüdischer Rechte verhaftet. Die Unterzeichner gingen davon aus, daß die »religiöse Meinung« nicht a priori den »moralischen Charakter des Bekenners« präge. Deshalb sei ein Jude nicht zwangsläufig ein Wucherer oder Betrüger, sondern es gebe unter ihnen vielfältige Formen des Verhaltens. Ein Jude könne wie jeder andere Einwohner zu einem »nützlichen Staatsbürger« werden. Wenn dies in der Realität nicht geschehe, dann stünden entweder schlechte Gesetze oder die mangelnde Umsetzung guter Gesetze im Wege. Die Aufnahme in den Staatsverband müsse zugleich die Garantie sein, daß jeder durch die Gewährung von Sicherheit für seine Person und Eigentum seinen »Lebensunterhalt« erwerben könne. Der »nützliche Staatsbürger« wurde als gleichberechtigtes Wirtschaftssubjekt verstanden, das innerhalb einer allgemein verbindlichen Rechtsordnung seinen »Lebensunterhalt« erarbeitet und dadurch zugleich der allgemeinen Wohlfahrt dient.

Nach dieser abstrakt-normativen Perspektive wandte sich das Papier der empirischen Ebene zu. Danach erfüllten die Juden die Voraussetzungen für eine gleichberechtigte Existenz im Rahmen der Rechtsordnung noch nicht. Schuld daran seien nicht nur die Bedrückungen, Beschränkungen und die »Härte«, womit sie früher behandelt wurden, sondern die Juden selbst seien für ihre Lage mitverantwortlich. »Die Juden waren leider bisher durch ihre Religion, Erziehung, Gebräuche, Sitten und Lebensart von allen Staatseinwohnern ganz verschieden. Sie haben in sicherer Art ein fremdes Volk, eine eigene Nation im Staate ausgemacht.« Angesichts dieser Unterschiede sei es »gegen die gesetze der Natur«, wolle man die Juden sofort mit den übrigen Staatsbürgern »zusammenschmelzen«. Ein solcher »Riesensprung« bringe die »schädlichsten Konsequenzen« mit sich. Auch in anderen Staaten sei man schrittweise vorgegangen, indem man zuerst mit einer Verbesserung des Erziehungswesens begonnen habe.

Einer der größten Mängel des jüdischen Lebens bestand nach dieser Heidelberger Schrift in der »Vernachlässigung« der weiblichen Jugend, die nicht die geringste moralische Unterrichtung erhielte. Die Autoren gaben der Hoffnung

302 1793 wurde die Militärpflicht für Juden in Österreich durch ein Dekret von Kaiser Franz II. eingeführt. Vgl: Priberam, A. F.: Urkunden und Akten zur Geschichte der Wiener Juden. Bd. 2. Wien – Leipzig 1918, S. 21 ff.

303 GLA 77/3022.

Ausdruck, daß sich »in Heydelberg ein Menschenfreund« finden werde, der zur Übernahme des »mühevollen Unterrichtens« der jüdischen Mädchen in der Lage sein werde.

Wurde diese Veränderung in der jüdischen Erziehung ohne Vorbehalte angestrebt, nahmen die Petenten das Postulat des »Eigentumsrecht[s]« an allen Gütern im Verlauf der Argumentation auf typische Art wieder zurück. Einerseits sahen die Unterzeichner im »Eigentumsrecht« die Voraussetzung dafür, daß die Juden im Staate »einheimisch« würden. Andererseits hatten sie auch schwerwiegende Bedenken gegen deren uneingeschränkte Erwerbsfreiheit, insbesondere was den Landbesitz betraf. Da die Juden eine »unüberwindliche Abscheu gegen schwere körperliche Arbeit« und noch keine Erfahrung auf dem Gebiet des Ackerbaus gemacht hätten, dürfe ihnen der Landerwerb nur in bestimmten Grenzen erlaubt werden. Ansonsten müsse die Produktion landwirtschaftlicher Güter zum Nachteil der gesamten Bevölkerung leiden. Deshalb dürften Juden nur so viel Land erwerben, wie sie alleine oder mit ihrem »brotgesind« bearbeiten könnten.

Sartorius und die Vertreter des Stadtrates wehrten sich gegen die Aufhebung der zahlenmäßigen Beschränkung des jüdischen Bevölkerungsteils. Zwar waren ihnen zeitgenössische Vorstellungen über die notwendige Peuplierung des Staatsgebiets mit »geschickten, fleißigen und gut gesinnten Menschen« nicht fremd, zugleich verwiesen sie jedoch auch auf die Theorie von den naturgemäßen Produktivitätsgrenzen, die der Vermehrung der Bevölkerung Schranken setzten. Insofern hielten sie die in den Judenkonzessionen angegebenen Begrenzungen für Juden für prinzipiell vernünftig. Die 1765 angegebene Zahl der 300 jüdischen Familien ließen sie jedoch nicht mehr als Maßstab gelten. Für die rechtsrheinische Pfalz hieße dies im Jahre 1801 die Verminderung um zwei Fünftel auf 180 Familien. Eine Rückentwicklung, die niemand anstreben könne.

Sartorius und seine Gesinnungsgenossen schlugen auch für die Zukunft eine Regulierung der Zahl der Heidelberger Juden vor. Eine Position, wie sie auch von der dortigen Judenschaft selbst immer wieder vertreten und auch im Kontext der Reformdiskussion aufrechterhalten wurde.

Die Forderung der Landjudenschaft nach freiem Zugang »zu allen bürgerlichen Gewerben« und Berufen für die Juden wurde von Sartorius und den anderen Unterzeichnern unterstützt. Die Notlage mancher jüdischer Armer werde dadurch vermindert. Die Eröffnung neuer Möglichkeiten wurde zugleich an neue Einschränkungen gekoppelt, die in der nun auch für die Juden nötigen Zunftmitgliedschaft lagen. Alle Qualifikations- und Kontrollprozeduren bis zur Meisterprüfung sollten auch für die Juden gelten. Die Freigabe aller bürgerlichen Gewerbe bedeutete jedoch zugleich das Risiko der Zurückweisung bei Überbesetzung der jeweiligen Zünfte. Auch schlugen die Unterzeichner einen proportionalen Anteil der Juden in den Zünften gemäß ihres Bevölkerungsanteils vor. Was für Heidelberg, so führten sie weiter aus, lediglich zwei jüdischen Familien die Berechtigung zur Mitgliedschaft in der Handelszunft bedeuten würde. Das Dilemma einer Reform innerhalb der alten Gesellschafts- und Zunftstrukturen wurde mit diesem Vorschlag offensichtlich. Die Unterzeichner nahmen die Juden gegen den Vorwurf in Schutz, ihrem Wesen nach »dem Wucher und betrug« ergeben zu sein.

Dort, wo dies der Fall sei, hätten die Verbote und Einschränkungen ein solches Verhalten begünstigt. Die Zahl der Christen, die unter solchen Umständen dem Wucher anheimgefallen wären, wäre sicherlich genauso hoch gewesen.

Es wurde zugestanden, daß die Juden in der Pfalz im Vergleich zu anderen Territorien »übermäßigen Abgaben« unterworfen seien. Das von der Judenschaft in Heidelberg erstellte Verzeichnis weise nach, daß sich in der Stadt »manch arme familie« befinde, die erstaunlicherweise die Abgaben aufbringen und dabei noch ihren Lebensunterhalt aufrechterhalten könne. Zudem sei insbesondere die Erhebung des Taschengeleits und der Husarengelder mit vielen schimpflichen Neckereien verbunden. Daß die Unterzeichner vorschlugen, diese diskriminierenden Abgaben aufzuheben, kann nicht überraschen. Zugleich hielten sie aber auch an dem Grundsatz der gleichbleibenden Einnahmesumme aus den Judenabgaben fest, da das »herrschaftliche Aerarium« gerade in den schwierigen gegenwärtigen Zeiten nicht geschmälert werden dürfe. Auch sei es eine »Ungerechtigkeit«, die von den Juden nicht mehr zu bezahlenden Gelder auf die anderen Bürger und Einwohner zu übertragen. Um diesen Schwierigkeiten zu entgehen, schlugen die Unterzeichner die Umbenennung der Husarengelder in Milizgelder vor. Der Verlust aus den Einnahmen des Taschengeleits hingegen könnte durch die Erhöhung der Konzessionsgelder ausgeglichen werden. Damit sollten Wege beschritten werden, die schon hundert Jahre zuvor zur Erhöhung der Abgaben für die Juden geführt hatten.

Wie sehr die Heidelberger Stadträte und der Stadtdirektor noch innerhalb des alten territorialen Rahmens dachten, zeigt sich in dem Bestreben, die Juden aus den »fremdherrischen Ortschaften« auch weiterhin mit dem Taschengeleit zu belegen. Im Konflikt zwischen den »Gerechtsamen und den Befugnissen der Lehnträger und Vogteiherren« und dem Souveränitätsanspruch des Kurfürsten standen sie eindeutig auf seiten des letzteren. Es liege in der Kompetenz des Landesherrn, inwieweit er seinen niederadeligen Nachbarn entgegenkommen möchte. Die gleiche Entscheidungsfreiheit komme dem Kurfürsten im Inneren bei der Reform der Lage der Juden zu. Es sei dem Herrscher zu überlassen, ob die Juden »den übrigen Staatsbürgern gleichgestellt« oder ob sie bei ihrer »bißherigen Verfassung« belassen werden sollten. Die Heidelberger kommunale Elite zog sich hinter ihr absolutistisches Staatsverständnis zurück und verzichtete in einem entscheidenden Bereich des bürgerlichen Lebens auf jeglichen Mitgestaltungsanspruch.

Leider liegt keine ausformulierte Stellungnahme der Heidelberger Juden zu den Vorschlägen der Landjudenschaft vor. Es steht lediglich ein Bericht des Stadtrats zur Verfügung, der die Vernehmung einiger »vorzüglicher Mitglieder der hiesigen Judenschaft« festhält. Danach waren am 7. Oktober 1801 folgende Heidelberger Juden auf dem Rathaus erschienen: Der Vorstand Moses Flehinger und Joseph Oppenheimer, Löw Bomeisel und David Zimmern in eigenem Namen und in Vertretung des zur Zeit abwesenden Moses Fuld; Judas Carlebach und Lazarus Schmuhl ließen sich entschuldigen.

Die Vertreter der Heidelberger Juden traten für den »uneingeschränkten Genuß der bürgerlichen Rechte« ein. Böhmen und Österreich erhoben sie dabei zum

Vorbild.[304] Während die Landjudenschaft im Zuge des Emanzipationsprozesses einen Widerspruch zwischen den jüdischen Zeremonialgesetzen und den bürgerlichen Rechten und Freiheiten befürchtet hatte, bestritten die Heidelberger Juden die Gefahr eines solchen Loyalitätskonflikts. Sie zeigten sich z. B. bereit, die mit den neuen Bürgerrechten zusammenhängenden Wachdienste auch an Sabbat- und Feiertagen auszuführen, da es sich bei den diesbezüglichen religiösen Verboten lediglich um »ceremoniale Gesetze« handle, die »gar leicht« aufgehoben werden könnten. Vielleicht Widerspruch aus den eigenen Reihen wegen ihrer Aussagen zu den Sabbat- und Feiertagen befürchtend, deuteten sie an, daß man im voraus spezielle Regelungen wegen der Wachdienste vereinbaren könne.

Auch in einer anderen Frage gingen die Heidelberger Juden weiter als die Landjudenschaft. Für den Fall, daß sie die bürgerlichen Lasten und Verpflichtungen übernehmen sollten, lehnten sie die Bezahlung aller bisherigen besonderen Abgaben ab. Sie rechneten dazu nicht nur die oft kritisierten Husaren- und Taschengeleitgelder, sondern brachten sogar die Konzessions- und Schutzgelder in die Diskussion. Selbst auf die Gefahr hin, daß das »höchste Aerarium« davon keinen Vorteil hätte. Das war ein Novum – gingen doch alle Papiere und Stellungnahmen mit den herrschaftlichen Finanzen äußerst vorsichtig um und bemühten sich bei allen Streichungen um Kompensationen.

Die Beschränkung ihrer Tätigkeiten »einzig und allein auf den Handel« lehnten die Heidelberger Juden ab. Nicht als Folge der Anerkennung des individuellen Rechts auf Mitwirkung in der Wirtschaftsgesellschaft, sondern unter Hinweis darauf, daß eine solche Einengung ihre »Glaubensgenossen« in große Notlagen gebracht hätte. Dies dürfe man nicht übersehen, wolle man deren »überlistungen und betrügereien« richtig beurteilen. Dieses »Unwesen« könnten die Juden zum eigenen und zum Vorteil des Staates nur dann aufgeben, wenn ihnen der Erwerb von Gütern wie jedem anderen Bürger »unbeschränkt« gestattet würde. Sicher würde sich ein großer Teil der Juden dem Feldbau zuwenden. Dort könnten die unter ihnen so »zahlreichen« Armen ihre Verwendung finden. Der Müßiggänger habe dann keine Ausrede mehr, würde zum Arbeiten angehalten werden und wandle sich zum »nützlichen Unterthanen«.

Für eine ungehinderte Zuwanderung nach Heidelberg traten auch die Heidelberger Juden nicht ein. Ihre eigene Gemeinschaft war mit 27 Schutzfamilien, den Witwen und vier Beisassen ihrer Meinung nach bereits so groß, daß sie sich wegen der Aufnahme ihrer eigenen Kinder bereits sorgten. So ist es nicht verwunderlich, daß sie strenge Maßstäbe für Neuaufnahmen forderten. Nur solche Juden sollten in Zukunft das Niederlassungsrecht in der Stadt erhalten, deren Anwesenheit dem Staat und der Stadt besondere Vorteile bringen werde.

Mehrmals verwiesen die Heidelberger Juden zum Vergleich auf die Verhältnisse in anderen deutschen Territorien. In Hessen-Darmstadt und im Kurfürstentum Mainz stünden den Juden alle bürgerlichen Gewerbe offen. In den österreichi-

304 Hassenpflug-Elzholz, Eila: Toleranzedikt und Emanzipation. In: Juden in den böhmischen Ländern. Vorträge der Tagung des Collegium Carolinum in Bad Wiessee 1981. München – Wien 1983, S. 123–144.

schen, preußischen, sächsischen und hessischen Ländern seien die Taschengeleits- und Husarengelder abgeschafft. Dort könnten sich die Juden nach der Aufnahme in den Schutz frei bewegen. Auch das um die Hälfte niedrigere Schutzgeld in Mannheim spielte bei der kritischen Betrachtung der Heidelberger Situation wieder eine Rolle. Selbst die Lage der anderen pfälzischen Landjuden wurde in einer Beziehung als besser eingestuft. Diese müßten im Unterschied zu den Heidelbergern keine Abgaben zur Nahrungsschatzung entrichten.

Sie hofften auf den Abbau ihrer »überbeschwehrung« und auf die »vollkommenste Gleichstellung mit der Mannheimer Judenschaft«. Ihre Lage sei auch durch die »schweren Kriegsabgaben« so unerträglich geworden, daß nicht nur die Juden in mittleren wirtschaftlichen Verhältnissen, sondern auch die Vermögenden bald »Bettler« werden würden. Nur der Abbau der Lasten und die Öffnung neuer Verdienstmöglichkeiten könnten sie vor diesem Absinken retten.

Auch die Zünfte gaben ihr Votum ab. Ihr umfangreiches Gutachten vom 8. Oktober 1801 wurde von 16 »bürgerlichen Zunftmeistern« unterzeichnet. Es ist das einzige Schriftstück der Heidelberger Emanzipationsdiskussion, das den Begriff der Emanzipation enthält. Allerdings nur auf der Rückseite. Ein Beamter der Regierungskanzlei hat darauf festgehalten: »(...) die gehorsambste Erklärung bürgerlicher Zünfte, die über das Gesuch der Rheinpfälzischen Landjudenschaft wegen ihrer Emancipation«. Wenn es sich um einen Eintrag bei der Aufnahme der Petition in den Aktenbestand im Oktober 1801 handelt, dann liegt damit nach bisherigem Wissensstand der erste Nachweis für die Verwendung des Emanzipationsbegriffs im Kontext der Judenfrage vor.[305]

Nach Beendigung der Kriegswirren sahen die Zunftvertreter einer »glücklichen Zeitperiode« entgegen, in der sie auf die Umwandlung aller »Staats-Einwohner« in »Staatsbürger und active Mitglieder eines unter einem Fürsten vereinigten Volke« hofften. Ein Prozeß, der auch den Juden zugute kommen werde, wenn diese den Nachweis erbringen könnten, über die Fähigkeit der »bürgerlichen Vereinigung« zu verfügen. Ein Unterfangen, das in vielen Passagen der Schrift als äußerst schwierig, wenn nicht gar als unmöglich ausgegeben wird. Zwar gestanden die Zunftmeister zu, daß die »Jüdische Nation« durch »Intoleranz« und durch »theologische Vorurteile« der christlichen Umwelt viel Leid erfahren hätte, zugleich wurde aber der Anteil der im Judentum selbst liegenden Gründe für dessen Mißachtung betont. Jüdische Vorurteile und die »seelenlose Anhänglichkeit an veraltete und unnütze« Sitten und Gebräuche hätten die Lage der Juden verschlechtert. Bürgerliche Freiheit und »Gleichheit der Rechte« mit den christlichen Einwohnern würden durch »manch alberne Ceremonien« verhindert.

Es ist kennzeichnend für die Argumentation der Zunftvertreter, daß Aussagen, die zunächst an eine aufklärerische Reformposition anschließen, im weiteren Verlauf der Ausführungen in unverhüllten Antisemitismus umschlagen. So wurde

305 Vgl. den Artikel »Emanzipation« von Karl Martin Grass u. Reinhart Koselleck. In: Geschichtliche Grundbegriffe. Historisches Lexikon zur politisch-sozialen Sprache. Bd. 2. Hrsg. v. Otto Brunner, Werner Conze, Reinhart Koselleck. Stuttgart 1975, S. 153–197, hier S. 179.

für die Juden in einem ersten Schritt das unbeschränkte Erwerbsrecht von Grund und Boden gefordert. Dann aber relativierte ein historischer Rückgriff diesen Ausgangspunkt. Frühere Verbote hätten ihren Grund nicht nur im »Religionshaß« gehabt, sondern auch in der Furcht der Christen, daß die »Juden die liegenden Gründe nach und nach vorzüglich an sich zögen«, nicht mehr selbst arbeiteten und die ärmeren Christen nur noch als Tagelöhner oder Zeitpächter beschäftigten. Der nächste Schritt projizierte diese historische Furcht in die Gegenwart und in die Zukunft. Um zu verhindern, daß am »Ende die Juden den PlantageBesitzern, und die Christen den polnischen bauern« ähnlich wären, müsse die Gesetzgebung gleich zu Beginn der Freisetzung der Juden aus den alten Schranken den absehbaren Konsequenzen entgegensteuern. So dürfe den Juden nur der Besitz solcher Güter erlaubt werden, die sie mit ihren Familien und ihrem Hausgesinde bebauen könnten. Dadurch würden sie »zugleich arbeiten und unschädlich werden«.

Als würden sich die Zunftvertreter gegen den Vorwurf der Judenfeindlichkeit wehren wollen, verwiesen sie auf die zahlreichen Einschränkungen, die auch für »christliche bürger und bauern gelten«. Sicherlich müssen ihre Aussagen über die Juden vor dem Hintergrund einer Gesellschaftsordnung gesehen werden, die in den Vorstellungen der Reformer um 1800 noch weit von einer liberalen Tausch-, Waren- und Handelsgesellschaft entfernt war und viele Restriktionen kannte.[306] Die Warnung aber, daß die ärmeren christlichen Bevölkerungsgruppen als Schuldner, Zeitpächter und »Mithlinge« leben müßten oder daß die Juden »jede gattung von gewinn ohnbedenklich« an sich rissen, und die Behauptung von der »Halbreform«, die besagte, daß die Juden nur die Vorteile einer offeneren Gesellschaftsordnung genießen und alle Lasten und Pflichten schamlos umgehen möchten, sind Indizien für einen Antisemitismus, der auch für die Beurteilung künftiger gesellschaftlicher Modernisierungsprozesse parat stand. Die »Nachtseite der Judenemanzipation«[307] zeichnete sich auch in dieser Stellungnahme der Heidelberger Zünfte ab. In diesem Zusammenhang muß auch die vehemente Kritik an allen Formen jüdischer Autonomie oder kultureller Eigenständigkeit gesehen werden. So sollte den Juden der »Gebrauch ihrer verdorbenen hebräischen Sprache außerhalb ihrer Synagoge« verboten werden.

Es mag überraschen, aber es läßt sich belegen, daß die Zunftvorsteher stellenweise mehr Gespür für den Ausklang der alten ständisch-herrschaftlichen und territorialen Ordnung entwickelten als die Vertreter der Landjudenschaft, der Stadt oder der Heidelberger Juden. Die Konflikte der pfälzischen Landjuden mit den sogenannten »ausherrischen Juden« seien durch die Geschichte überholt. Beide Gruppen würden bald mit den übrigen Einwohnern »in den bürgerlichen Verhältnissen amalgamiert« sein.

In die gleiche Richtung ging ihr Vorwurf an die Heidelberger Juden. Sie verwiesen auf deren Forderung, den Heidelberger Judenstatus den Mannheimer

306 Vgl. den Artikel von Manfred Riedel »Bürgerliche Gesellschaft« (ebd., S. 719–800).

307 Erb, Rainer u. Bermann, Werner: Die Nachtseite der Judenemanzipation. Der Widerstand gegen die Juden in Deutschland 1780–1860. Berlin 1989 (= Antisemitismus und jüdische Geschichte, 1), S. 20ff.

Privilegien anzupassen. Eine solche, wenn auch verbesserte Sonderstellung sei anachronistisch in einer Zeit, in der die jüdischen Einwohner wegen ihrer Religion den christlichen nicht mehr nachgesetzt werden dürften. Die neue Gesellschaft vertrüge keine Konzessions- und Schutzgelder mehr. Jedes Bemühen um verbesserte Privilegien oder Konzessionen überlieferter Observanz sei unter diesen Bedingungen obsolet geworden. Wenn die Juden wegen ihrer Religion keinen Nachteil mehr zu erwarten hätten, wenn sie gleichberechtigte Grundbesitzer sein könnten und wenn sie die Möglichkeit hätten, in allen Berufen tätig zu sein, »wenn Schutz und Concessions und alle Nebengelder aufhören sollen, wozu alsdann noch eine neue oder die bestättigung der alten Concession?« In ihrer Kritik an Reformen innerhalb der alten Verhältnisse waren die Zunftmeister jedoch nicht konsequent. Das wird dann deutlich, wenn sie von der Weiterexistenz der Zünfte sprechen, die prinzipiell, wenn auch noch nicht in absehbarer Zukunft, den Juden offenstehen sollen. Die »jetzige jüdische National-Denkungsart, ihre Neigung zum Handel- und Mäklerey und die sichtbare Abneigung vor schweren körperlichen Arbeiten« stand nach Überzeugung der Handwerksmeister einer Integration der Juden in die bürgerliche Berufswelt noch für lange Zeit entgegen.

6.5 Zur Wirtschafts- und Sozialstatistik am Ende der kurpfälzischen Epoche

Eine vom Vorsteher Moses Flehinger am 18. Oktober 1801 autorisierte »Tabelle der jüdischen Einwohner mit ihren jährlichen Abgaben« bietet uns Informationen über die Zahl und Größe der Familien, das Alter der Familienvorstände, über deren »Nahrungsbeschäftigung« und über die Anzahl der Haus- und Geschäftsbediensteten.[308] Aussagekräftig ist dieses Verzeichnis vor allem auch wegen der Auflistung der insgesamt zehn finanziellen Abgaben, die die Heidelberger Juden an vier Empfänger, nämlich an den Staat, an die Landjudenschaft, an die Stadt und an den Heidelberger jüdischen Gemeindeverband, zu zahlen hatten.

Der Staat erhielt das Schutzgeld, das Taschengeleit, das Husarengeld und das sogenannte »Rheinbaugeld«. Auch die Konzessionsgelder gingen an den Staat, obwohl sie in der Tabelle Flehingers als Abgaben an die Landjudenschaft ausgegeben wurden. Eine solche Rubrizierung ist irreführend, da die Landjudenschaftsvorsteher, wie das Ratsprotokoll vom 13. Oktober 1801 festhielt, zwar die Gelder immer noch einsammelten, aber dann an den Staat weiterleiteten. Als Leistungen an die Stadt wurden die »bürgerliche Schatzung« und die »alten Frohngelder« angegeben. Auch hier scheint eine unpräzise Zuordnung vorgenommen zu sein. Gingen doch die Schatzungsgelder an den Staat und nicht an die Kommune. Eine Tatsache, die in den Rechnungsbüchern der Stadt regelmäßig hervorgehoben wurde. Nach Staat, Landjudenschaft und Stadt erhielt die Heidelberger Judenschaft einen gewichtigen Anteil der Gelder. Es handelt sich dabei um die Bezahlung des Vorbeters, um den »Jahrpfennig der Armen« und um einen Beitrag zur »Verköstigung der Armen«.

308 GLA 77/3022.

Die Tabelle erfaßt 35 Haushalte. Die höchste Abgabesumme brachte Wolf Bomeisel (29 Jahre) mit 402 fl auf, die niedrigste die Witwe Mayer (51 Jahre) mit 12 fl. Zwischen diesen beiden Extremen lag ein Betrag höher als 300 fl, fünf Juden zahlten mehr als 200 fl, sechs von ihnen lagen mit ihrer Gesamtsumme über 100 fl, sieben zwischen 100 und 50 fl, elf entrichteten weniger als 50 fl. Fünf Familien waren von allen Zahlungen befreit.

An einigen Beispielen wird im folgenden die Verteilung der Gelder auf die verschiedenen Abgabesorten offengelegt. Der Beginn sei mit einer Aufschlüsselung der höchsten Summe von 402 fl – soviel betrug auch das Jahresgehalt des hochbezahlten Stadtdirektors – gemacht. Sie wurde von Wolf Bomeisel entrichtet. Dabei zahlte er wie 19 andere Juden die Normalsumme des Schutzgeldes von 30 fl. Nur der Witwe Carlebach war eine Ermäßigung um die Hälfte gewährt worden. Die Summe für das Taschengeleit war mit 1 fl 30 Kreuzer für alle Zahlenden gleichmäßig gering. Wenn sich dennoch so viele Proteste dagegen gerichtet hatten, hing das mit der diskriminierenden Art der Kontrolle an den Zollstätten zusammen. Neben dem Schutzgeld und Taschengeleit mußte auch das Husarengeld von drei Gulden von allen Juden unabhängig vom jeweiligen Vermögen bezahlt werden. Hingegen variierten die Beiträge für das Rheinbaugeld, allerdings auf niedrigem Niveau. Bomeisel zahlte die dritthöchste Summe von einem Gulden 37 Kreuzer. Über 90 % der Beträge für das Rheinbaugeld lagen unter einem Gulden.

Somit kamen für Wolf Bomeisel unter der Rubrik der für die »gnädigste Herrschaft« bestimmten Gelder 34 fl 83 Kreuzer zusammen. Eine Summe, die im Vergleich zu seiner Gesamtbelastung von 402 fl gering war. Bedenkt man aber, daß dazu noch 104 fl Konzessions-, 35 fl 30 Kreuzer Schatzungs- und 15 fl Frongelder kamen, ändert sich das Bild der Abgaben an die öffentlichen Instanzen. Es kam eine Summe von 204 fl zusammen, die dem Betrag entspricht, den Bomeisel für die Unterstützung der Heidelberger Juden abgab. Den höchsten Einzelposten weist die Liste für die Armenunterstützung der Heidelberger Gemeinde auf. Das waren einmal 140 fl für die »Verköstigung«, zu denen noch ein sogenannter »Jahrpfennig« für die Armen von 65 fl kam. Rechnet man noch die 6 fl für den Vorsinger hinzu, dann gab Wolf Bomeisel insgesamt 211 fl an die jüdische Gemeinde in Heidelberg. Ein Betrag, der 52 % der Gesamtausgaben ausmachte.

Bei Nathan Bomeisel (29 Jahre) lag der Anteil der Gelder, die er dem Sozialsystem der jüdischen Gemeinde zur Verfügung stellte, höher. Die 260 fl betrugen immerhin 74 % der Gesamtsumme von 350 fl. Allerdings war sein Beitrag zum Konzessionsgeld mit 14 fl 4 Kreuzer um vieles geringer als die diesbezügliche Summe von 104 fl bei Wolf Bomeisel. Nathan Bomeisel hatte im Sommer 1801 einen Antrag zwecks Übersiedlung nach München gestellt. Er wollte aber zugleich seinen Schutz in Heidelberg behalten. Nach langen Verhandlungen ging das Landeskommissariat in Mannheim auf seinen Wunsch ein. Allerdings mußte er dafür eine hohe Summe aufbringen. Er hatte eine Kriegssteuer von 1738 fl zu begleichen und 990 fl in den Landesfundus einzuzahlen. Wahrscheinlich hat er bei seinem Abzug, der im April 1802 erfolgt ist, dann doch auf seinen Heidelberger Schutz verzichtet. Dies ist deshalb zu vermuten, weil er sein Haus an die Witwe des Kirchenrats Wundt für 7300 fl verkauft hat.

Mehr Konzessionsgeld als Nathan Bomeisel, nämlich 40 fl, zahlte Judas Carlebach (63 Jahre), der mit einer Gesamtsumme von 242 fl an dritter Stelle der Abgabenskala stand. Für die jüdische Gemeinde gab er davon 45 % aus. Carlebach war der einzige auf der ganzen Liste, für dessen Gelder noch eine zusätzliche Rubrik galt. Unter der Überschrift »ins Gemein« waren 96 fl für Zwecke wie die Unterstützung der Klöster, der Polizeidiener oder der Almosen angeführt. Das waren immerhin 39 % des Gesamtbetrags. Diese Sonderleistungen hingen sicherlich damit zusammen, daß Judas Carlebach das Amt eines »städtischen Taxators« ausübte. Als solcher wurde er in den Stadtratsprotokollen schon in den 80er Jahren geführt. Für Heidelberg war eine solche Position ein Einzelfall. Hingegen übten in Preußen um 1800 Juden bereits Funktionen wie Medizinalräte, Straßenbauinspektoren, Posthalter und Generallandschaftsagenten aus. Vom Justizdienst, der Verwaltung im engeren Sinne, vom Offizierskorps und vom Besitz derjenigen Landgüter, die mit ständischen Rechten verbunden waren, blieben sie ausgeschlossen.[309]

In der Reihenfolge der sich verringernden Gesamtbelastung folgten David Zimmern (36 Jahre) mit 225, Moses Fuld (40 Jahre) mit 217, Lazarus Schmuhl (67 Jahre) mit 204 und Moses Flehinger (38 Jahre) mit 201 fl. Der jeweilige Anteil der Gelder für die jüdische Gemeinde belief sich auf 45, 51, 57 und 62 %. Je niedriger in dieser Gruppe die Gesamtsumme war, um so stärker stieg die Unterstützungssumme für das soziale und religiöse Leben der Gemeinde an. An Konzessionsgeldern zahlten die Mitglieder dieser Gruppe jeweils knapp über 30 fl.

Samuel Carlebach (34 Jahre), Herz Carlebach (26 Jahre), Herz Abenheimer (64 Jahre), die Witwe Carlebach (65 Jahre) und Joseph Oppenheimer (55 Jahre) lagen mit ihren jährlichen Abgaben bei 178, 127, 126, 119, 108 und 100 fl. Der Anteil der Gelder für die jüdische Gemeinde lag jeweils bei 54, 44, 46, 46, 87 und 39 %.

Sieben jüdische Familienvorstände hatten bei den Gesamtabgaben zwischen 70 und 100 fl aufzubringen: Das hieß für Salomon Mayer (38 Jahre) 98 fl, für Lemle Oppenheimer (24 Jahre) 97 fl, für Samuel Levi (36 Jahre) 93 fl, für Löb Mayer (40 Jahre) 92 fl, für Emmanuel Abenheimer (32 Jahre) 89 fl, für Moses Wolf Oppenheimer (42 Jahre) 77 fl und für Ruben Salomon (32 Jahre) 74 fl. Damit ergaben sich folgende Prozentzahlen für die Unterstützung der Heidelberger Gemeinde: 40, 36, 36, 46, 36 und 28. Bei dieser Gruppe wurde deutlich, daß das Schutzgeld eine große Belastung war. Dennoch wurde es nicht verringert. Hingegen nahmen die Konzessionsgelder entsprechend der sinkenden Summe aller anderen Gelder von 14 fl auf 11 fl ab.

Wer mit seiner Gesamtabgabe unter 50 fl lag, mußte kein Schutzgeld mehr zahlen. Dies galt für Feist Carlebach (64 Jahre) mit 49 fl, Calmann Oppenheimer (57 Jahre) mit 40 fl, Isaac Reckendorf (65 Jahre) mit 36 fl, Wolf Oppenheimer (51

309 Fischer, Horst: Judentum, Staat und Heer in Preußen im frühen 19. Jahrhundert. Zur Geschichte der staatlichen Judenpolitik. Tübingen 1968 (= Schriftenreihe wissenschaftlicher Abhandlungen des Leo-Baeck-Instituts, 20), S. 13.

Jahre) mit 35 fl, Moses Joseph Oppenheimer (27 Jahre) mit 32 fl. Im Unterschied zum Schutzgeld wurden ihnen die Beiträge für die Konzession jedoch nicht erlassen. Sie unterlagen innerhalb dieser Gruppe einer Abstufung in dem Bereich zwischen 12 und vier Gulden. Wird die gleiche Liste zugrundegelegt und fragt man nach dem Anteil für die Lasten der jüdischen Gemeinde, so ergibt sich folgendes Bild: Feist Carlebach 62 %, Calmann Oppenheimer 67 %, Isaac Reckendorf 75 %, Wolf Oppenheimer 64 % und Moses Joseph Oppenheimer 68 %.

Einen Gesamtbetrag, der niedriger war als die Höhe des Schutzgeldes, erbrachten Joseph Bamberger (58 Jahre) mit 24 fl, Seligmann Bamberger (68 Jahre) mit 24 fl, die Witwe Seckel (64 Jahre) mit 16 fl, die Witwe Schmuhl (65 Jahre) mit 12 fl und die Witwe Mayer (51 Jahre) ebenfalls mit 12 fl. Konzessionsgelder wurden von ihnen nicht mehr verlangt. Wohl aber leisteten sie alle noch ihren Beitrag zur Gemeinde. Dieser kam, legt man wieder die vorhergehende Reihenfolge der Gesamtabgaben zugrunde, auf zweimal 79 %, 75 %, 91 % und einmal sogar auf 100 %. Bis auf den letzten Fall der Witwe Mayer wurden dann nur noch wenige Gulden und Kreuzer für das Fron-, Schatzungs- und Rheinbaugeld verlangt. Von allen Abgaben befreit waren der Gastwirt Baruch Levy, der Petschaftstecher Joseph, der Schuldiener Lazarus, der Rabbiner Löb Richen und die Witwe des Schullehrers.

Von den 35 Familien waren 24 zu Beiträgen für das Konzessionsgeld verpflichtet. Die geringste Summe zahlte Moses Joseph Oppenheimer mit 4 fl. Die höchste Wolf Bomeisel mit 104 fl. Dessen Ausnahmeposition wird dadurch deutlicher, wenn man bedenkt, daß an zweiter Stelle Judas Carlebach erst mit 40 fl 40 Kreuzer lag. Sechs Juden mußten Beiträge zwischen 30 und 40 fl abgeben, drei lagen zwischen 20 und 30, während fünf zwischen 10 und 20 fl entrichteten. Am Ende der Skala lagen kleine Summen von neun, acht, sechs und vier fl. Man kann sich angesichts dieser Differenzierungen und Abstufungen vorstellen, wie schwierig die Umlage der Konzessionsgelder gewesen sein muß. Die Verteilung scheint, wie schon vermutet, im letzten Drittel des Jahrhunderts zunehmend allein vom Landjudenschaftsvorstand vorgenommen worden zu sein, ohne die zeitraubenden Zusammenkünfte der Landjudenschaft. Dafür wurde die staatliche Hilfe beim Einsammeln der Gelder verstärkt. Insgesamt brachten die Heidelberger Juden 576 fl und 56 Kreuzer Konzessionsgeld auf. Das waren 52,4 % der von der rechtsrheinischen Landjudenschaft seit der Reduzierung durch Maximilian Joseph geforderten Summe von 1 000 fl.

Etwas höher als die Summe der Konzessionsgelder lag das Heidelberger Schutzgeld. Insgesamt 20 Familien brachten 585 fl auf. Die restlichen 15 waren davon genauso befreit wie von den drei Gulden Husarengeld. Als Gründe für diese Befreiung wurde neben Armut auch sechsmal ein »gnädigstes Rescript« angegeben.

Bemerkenswert war der hohe Anteil der Abgaben für den Zwangsverband der jüdischen Ortsgemeinde, der jeder Heidelberger Schutzjude angehörte. Von den insgesamt 3 599 fl, die die Heidelberger Juden jährlich als Abgaben aufbringen mußten, flossen 1 873 fl, also 52 %, in ihre eigene Gemeindekasse. Davon wurden fast 90 % für Fürsorge und Wohltätigkeit verwandt. Näheres kann leider wegen der spärlichen Quellenlage zur inneren Struktur der Gemeinde nicht ausgesagt werden. Auch nicht darüber, wie das Sozialsystem der Gemeinde mit privaten Aktivitäten verbunden war. Wahrscheinlich existierte damals noch der 1747 gegründete Wohltätigkeitsverein für Krankheits- und Sterbefälle.[310] Er scheint nicht der allgemeinen Tendenz des Bedeutungsverlustes der Bruderschaften zum Opfer gefallen zu sein.[311]

Fast 90 % der Heidelberger Juden übten als »Nahrungsbeschäftigung« irgendeine Handelstätigkeit aus. Besondere Schwerpunkte lassen sich dabei nicht erkennen. Vielmehr scheint der Umgang mit einem vielfältigen Warenangebot charakteristisch gewesen zu sein, wobei Kleider, Bücher, Eisen und »altes zeuch« besonders hervorgehoben werden. Daß es große ökonomische und soziale Unterschiede zwischen den einzelnen Händlern gab, braucht nach der Analyse der unterschiedlichen Abgaben nicht eigens betont zu werden. Der Geldhandel wurde von der Witwe Carlebach, von Moses Fuld, der als »Brückengeldbeständer«, als Pächter des Brückenzolls, in mehreren Fällen für dessen Erhöhung eintrat, von Moses Flehinger und von David Zimmern betrieben. Insbesondere die Wirtschafts- und Finanzkraft des letzteren waren weit über Heidelberg hinaus bekannt. Zimmern, der Geldgeschäfte mit einer Warenhandlung kombinierte, beschäftigte sechs Handelsgehilfen. Eine hohe Zahl für die Heidelberger Juden. I. d. R. war in den wenigen Handlungen, die überhaupt Mitarbeiter hatten, nur eine zusätzliche Person beschäftigt. Nur bei den beiden Brüdern Bomeisel arbeiteten noch jeweils drei Gehilfen.

In den 35 Familien lebten 41 Söhne und 42 Töchter. Das ergab einen Durchschnitt von 2,3 Kindern. Allerdings existierten große Abweichungen. Die Familie von Wolf Oppenheimer war mit drei Söhnen und vier Mädchen die kinderreichste. Es gab jeweils zwei Familien mit fünf und mit sechs Kindern. Vier Familien hatten vier Kinder, acht Familien drei Kinder, während die Zweikindfamilie fünfmal vorhanden war. Auch Einkindfamilien waren fünfmal vertreten. Sieben Familien waren kinderlos. Außerdem darf nicht übersehen werden, daß zusätzlich zu den ledigen Kindern eine ganze Reihe von verheirateten Kindern in den Haushalten der Eltern lebten. Das waren immerhin neunzehn. Es ist nicht anzunehmen, daß diese alle legal das »Freijahr« genossen. Wahrscheinlich hielten sich die Familien während der Umbruchsjahre um 1800 kaum noch an solche Einschränkungen. Zumindest gibt es in den Stadtratsprotokollen dieser Monate keine Auseinandersetzungen mehr um das einjährige Aufenthaltsrecht der verheirateten Kinder. Viel näher liegt die Annahme, daß in einer unsicheren Krisenzeit die Familien gerne zusammengeblieben sind. Zumindest dann, wenn zusätzliche Esser das Haushaltsbudget nicht sprengten. Es ist wahrscheinlich kein Zufall, daß von den 19 verheirateten Kindern, die bei ihren Familien lebten, immerhin 15 in Familien geblieben sind, die ihr Schutzgeld zahlen konnten und zu den Abgabepflichtigen mit höheren Summen gehörten.

Die Tabelle von 1801 erlaubte einen letzten Versuch, die Verhältnisse der Heidelberger Judenschaft mit Hilfe überlieferter Kategorien zu ordnen. Moses

310 Löwenstein 1895, S. 222.
311 Breuer 1996, S. 169.

Flehinger hatte als Vorstand der Heidelberger Gemeinde gründlich gearbeitet. Seine Liste mit ihrem Höchstmaß an Differenzierungen zeigte an, daß eine Reform innerhalb der bestehenden Strukturen ein äußerst schwieriges Unterfangen werden würde. Nach welchen Kriterien sollte angesichts einer mobilisierten öffentlichen Diskussion über die Aufhebung der einzelnen Abgaben entschieden werden? Die Bürokratie in der Restpfalz war darüber genauso uneinig wie die lokalen Vertreter. Wie mühsam auch ein innerjüdischer Konsens zu finden war, zeigen die unterschiedlichen Stellungnahmen der Landjudenschaft und der Heidelberger Juden. Die Diskussion fing erst an, traditionale und in die Zukunft weisende Ideen durchkreuzten sich. Hinzu kam, daß der von Pfalz-Bayern vorgegebene Handlungsrahmen zunehmend an Stabilität verlor. Die Restpfalz wurde zur Verfügungsmasse im politisch-territorialen Umgestaltungsprozeß am Oberrhein. Baden stand zum Ausgreifen auf die alten pfälzischen Oberämter und auf die beiden Städte Mannheim und Heidelberg bereit. Unter Bedingungen, wie sie zunächst durch die badische Reformbürokratie und dann durch die Verfassung von 1818 verbessert wurden, nahm die Emanzipation der Heidelberger Juden bald eine neue Qualität an. Daß es sich dabei jedoch selbst in der Epoche des badischen Liberalismus nicht um einen unaufhaltsamen Fortschrittsprozeß handelte, sondern daß es auch heftigen Widerspruch und gewaltsamen Widerstand gab, läßt sich nicht zuletzt am Heidelberger Beispiel verdeutlichen.

Martin Krauss

Zwischen Emanzipation und Antisemitismus (1802 bis 1862)

Der hier zu behandelnde Zeitraum in der Geschichte der Heidelberger Juden umfaßt rund sechzig Jahre. Seinen Beginn markiert der Übergang Heidelbergs und der rechtsrheinischen Territorien der Kurpfalz an das Großherzogtum Baden im Jahr 1802, sein Ende die Verabschiedung des Gesetzes über die bürgerliche Gleichstellung der Juden im Jahr 1862. Es sind die Jahre der Emanzipation, in deren Verlauf die badischen Juden schrittweise und gegen teils erbitterten Widerstand anderer gesellschaftlicher Gruppen die gleichen Rechte wie ihre nichtjüdischen Mitbürger erhielten.

In der Reformzeit zu Beginn des Jahrhunderts machte die Emanzipation der Juden zunächst rasche Fortschritte. Das sechste Konstitutionsedikt gewährte ihnen im Jahr 1808 die Staatsbürgerrechte, und 1809 wurden im neunten Konstitutionsedikt die kirchlichen und politischen Verhältnisse der Juden umfassend geregelt. Gleichzeitig wollte man die Juden aber auch ›erziehen‹ und ›verbessern‹; insbesondere der Erwerb des Ortsbürgerrechtes wurde von der Ausübung eines auch unter Christen üblichen Berufes abhängig gemacht. Vor allem die auf dem Lande lebenden Juden erhielten daher überwiegend nur den Status minderberechtigter Schutzbürger.

In den zwanziger und dreißiger Jahren des 19. Jahrhunderts geriet die Emanzipationsbewegung ins Stocken. Der badische Liberalismus nahm in bezug auf die bürgerliche Gleichstellung der Juden eine eher konservative Haltung ein. Besonders deutlich wurde dies mit der Verabschiedung des neuen Bürgerrechtsgesetzes im Jahr 1831, in dem der Schutzbürgerstatus für Christen abgeschafft, für Juden jedoch ausdrücklich aufrechterhalten wurde. Auch die Revolution von 1848/49 brachte keinen wesentlichen Fortschritt in der Emanzipationsfrage mit sich. Erst in der ›Neuen Ära‹ nach 1860 wurden in Baden nach der Einführung von Gewerbefreiheit und Freizügigkeit auch die Beschränkungen für den Erwerb des Ortsbürgerrechts durch Juden aufgehoben.

In den ersten Jahrzehnten des 19. Jahrhunderts waren die meisten Heidelberger Juden Klein- und Trödelhändler; Bankiers und Großkaufleute wie die Gebrüder Zimmern waren eine Ausnahmeerscheinung. In der Folgezeit verbesserte sich allmählich die ökonomische Situation der Juden in Heidelberg. Aus Trödlern wurden in der zweiten Generation mittelständische Kaufleute, einige Israeliten ergriffen akademische Berufe, nur wenige wandten sich einem Handwerk zu. Einigen Juden gelang es auch, in die lokale Oberschicht vorzudringen, so war beispielsweise der Bankier Adolph Zimmern Mitglied des Bürgerausschusses und

Vorstand der Handelsinnung. Nach der Jahrhundertmitte genossen bereits alle Juden das Ortsbürgerrecht in der Stadt. Die Jahre von 1802 bis 1862 waren somit für die Heidelberger Juden eine Zeit des Wandels, die zahlreiche Verbesserungen ihrer wirtschaftlichen und rechtlichen Lage mit sich brachte. Aus geduldeten Schutzjuden wurden gleichberechtigte Bürger.

Mit den ersten Maßnahmen zur bürgerlichen Gleichstellung der Juden trat aber auch schon bald der Antisemitismus in Erscheinung. In einer Fülle von Publikationen versuchten Anhänger des Nationalismus und der politischen Romantik darzulegen, daß man Juden nicht die gleichen politischen Rechte wie ›Deutschen‹ gewähren könne oder dürfe. Auch Heidelberger Hochschullehrer beteiligten sich an dieser Debatte, hier sind insbesondere der Philosoph Fries und der Theologe Paulus zu nennen. Die Heidelberger Juden waren außerdem von gewalttätigen Ausschreitungen betroffen. Während der sogenannten Hepp-Hepp-Unruhen im August 1819 wurden mehrere Häuser von Israeliten angegriffen und geplündert, und in den Revolutionsjahren 1848/49 entlud sich der jahrelang schwelende Streit des Kleiderhändlers Leopold Ehrmann mit der Heidelberger Schneiderzunft in Gewaltaktionen der Schneider gegen Ehrmanns Laden. Antisemitische Publizistik und Gewalt gegen Juden waren die bedrückende Kehrseite der Judenemanzipation.

1 Die Sozialstruktur der jüdischen Einwohner Heidelbergs

1.1 Der Bevölkerungsanteil der Juden in Heidelberg, Handschuhsheim und Rohrbach

In der Stadt Heidelberg lebten zu Beginn des 19. Jahrhunderts zwischen 9000 und 10000 Menschen, davon waren etwa zwei Prozent Juden.[1] In den Jahren 1809/10 wurden in Heidelberg 176 jüdische Einwohner in 36 Familien registriert;[2] in Handschuhsheim wohnten damals elf Juden in drei Familien, in Rohrbach waren es 18 Familien mit zusammen 76 Personen.[3] Die Zahl der jüdischen Einwohner blieb in den ersten beiden Jahrzehnten des 19. Jahrhunderts relativ konstant. 1819 lebten in Heidelberg 161 Juden in 41 Familien, in Handschuhsheim waren es weiterhin drei Familien mit 14 Personen, in Rohrbach 22 Familien mit 104 Personen.[4] In den folgenden Jahrzehnten nahmen die Einwohnerzahlen allmählich zu; 1825 wurden in Heidelberg, Handschuhsheim und Rohrbach zusammen 349 Juden gezählt, ihr Anteil an der Gesamtbevölkerung betrug weiterhin zwei

1 Vgl. Schreiber, Aloys: Heidelberg und seine Umgebungen, historisch und topographisch beschrieben. Heidelberg 1881, S. 74 u. 181.

2 GLA 313/1262: Verzeichnis der jüdischen Familiennamen.

3 Ebd., General-Verzeichnis aller in den unmittelbaren und grundherrlichen Orten des Oberamts Heidelberg sich befindenden Juden.

4 GLA 236/970: Verzeichnis der im Neckarkreis wohnenden Israeliten.

Prozent.[5] Im Jahr 1832 lebten in der Stadt Heidelberg 238 Israeliten;[6] eine im Jahr 1852 vom Heidelberger Bürgermeisteramt aufgestellte Übersicht über die jüdische Bevölkerung der Stadt weist 296 »Seelen« aus.[7]

Bei der amtlichen Zählung des Jahres 1875 wurden in Heidelberg und den beiden Vorortgemeinden 854 jüdische Bürger registriert, ihr Anteil an der Gesamtbevölkerung war geringfügig auf 2,6 Prozent gestiegen.[8] Insgesamt gesehen lag der Anteil der jüdischen Einwohner in Heidelberg nur knapp über dem badischen Landesdurchschnitt von 1,7 Prozent.[9] Im benachbarten Mannheim lebten im Vergleich dazu wesentlich mehr Juden, hier stellten die Israeliten im Jahr 1825 5,7 Prozent der Einwohnerschaft, dieser Wert stieg bis 1875 noch auf 6,6 Prozent an.[10]

1.2 Berufsstruktur und Vermögensverhältnisse der Heidelberger Juden

Die Mehrzahl der jüdischen Einwohner Heidelbergs lebte in den ersten beiden Jahrzehnten des 19. Jahrhunderts vom Klein- und Trödelhandel, der in den Quellen meist mit dem zeitgenössischen Begriff »Nothandel« bezeichnet wurde. In einer von Moses Flehinger, dem Vorsteher der jüdischen Gemeinde, angefertigten Tabelle über die von den Heidelberger Juden zu leistenden Abgaben aus dem Jahr 1801 ist die jeweilige »Nahrungs-Beschäftigung« von 35 Familienoberhäuptern verzeichnet.[11] Neun davon sind als Klein- oder Nothändler ausgewiesen, wobei Flehinger Formulierungen wie »handelt was ihm vorkommt«, »handelt mit altem Zeuch« oder »ein elender Laden« gebrauchte. Drei Juden handelten mit neuen oder alten Kleidern, weitere drei mit Büchern, einer mit Eisenwaren. Bei vier Personen ist nur »handelt mit Waren« angegeben, ebensoviele handelten mit Geld und Wertpapieren oder betrieben Spekulationsgeschäfte wie Flehinger. Mit »Waren und Wechseln« handelte der Bankier David Zimmern. Isaac Reckendorff und Baruch Levy sind als Kost- bzw. Gastgeber verzeichnet. Der einzige jüdische Handwerker war zu diesem Zeitpunkt der Petschaftstecher (Siegelmacher) Joseph Westheimer.

Im »Konstitutionsedikt der Juden« vom 13. Januar 1809 wurde die Erlangung des Bürgerrechts für Israeliten von der Ausübung eines auch unter Christen üblichen »bürgerlichen Gewerbes« abhängig gemacht. Der sogenannte Nothandel, d.h. das Makler- und Viehmaklergewerbe, der Hausier-, Trödel- und Leih-

5 Badisches Statistisches Landesamt (Hrsg.): Die Religionszugehörigkeit in Baden in den letzten 100 Jahren. Freiburg im Breisgau 1928, S. 200.

6 Lewin, Adolf: Geschichte der badischen Juden seit der Regierung Karl Friedrichs (1783 bis 1909). Karlsruhe 1909, S. 246.

7 STAHD UA 153/1.

8 Religionszugehörigkeit 1928, S. 200.

9 Berechnet nach den Angaben bei Heunisch, Adam Ignaz: Das Großherzogthum Baden historisch-geographisch-statistisch-topographisch beschrieben von A. I. Heunisch mit Beigaben von Dr. J. Bader. Heidelberg 1857, S. 242.

10 Religionszugehörigkeit 1928, S. 202.

11 GLA 77/3022: Tabelle der hiesigen jüdischen Einwohner mit ihren jährlichen Abgaben vom 18. Oktober 1801.

handel zählte ausdrücklich nicht hierzu. Er war lediglich als Nebenerwerb zugelassen, falls ein »ordentlich erlerntes Gewerbe« nicht zur Sicherung des Lebensunterhaltes ausreichte oder »erweisliche Unfälle« die Ausübung eines »ordentlichen Lebensberufes« unmöglich machten.[12]

In den auf das Konstitutionsedikt folgenden Jahren wurden mehrfach Verzeichnisse der in Heidelberg lebenden Juden aufgestellt, die unter anderem auch Berufsangaben enthalten. In den Jahren 1809/10 und 1814/15 stufte man das Gewerbe von jeweils 20 Personen als Nothandel ein; diesen standen nur sechs Kaufleute gegenüber, die eine geregelte Buchführung bzw. einen »offenen Laden« vorweisen konnten oder »freien Handel« mit Landes-, d.h. Agrarprodukten betrieben.[13] Als weitere Berufsangaben sind in diesen Listen zwei Wirte, der oben erwähnte Petschaftstecher sowie die religiösen Ämter Rabbiner, Schächter und Vorsänger zu finden. Hinzu kamen zwei Musiker, die später zusätzlich noch das Bürstenbinderhandwerk erlernten.[14] Ein ausführliches »Verzeichnis derjenigen Juden, die Nothandel treiben« aus dem Jahr 1813 nennt die Namen und das Alter von 24 Nothändlern in Heidelberg.[15]

Im Jahr 1816 wurden acht Juden registriert, die seit 1809 »ein anderes bürgerliches Gewerbe als den Handel« ergriffen hatten.[16] Darunter befanden sich vier Akademiker bzw. Studenten: Ludwig Flehinger war Arzt, Sigmund Zimmern Jurist, Lazarus und Levi Wolf, deren Vater mit alten Büchern handelte, widmeten sich »der Philosophie und besonders den neuen Sprachen«. Vier Juden hatten einen Handwerksberuf ergriffen: Feist Löffler war Chirurg, Herz Meyer Schneider und die Gebrüder Besag betätigten sich als Bürstenbinder. Das Schneiderhandwerk übte auch Wolf Mayer aus Rohrbach aus.

Berufsstruktur der Israeliten in Heidelberg 1832, 1846, 1852

1832	
Kaufleute	15
Nothändler	9
Handwerksmeister / Gesellen / Lehrlinge	9
Akademiker / Studenten / Künstler	10
Sonstige Gewerbetreibende	3

12 Großherzoglich Badisches Regierungsblatt 7. Jg. 1809, S. 34–37, §§ 17–22.

13 GLA 313/1262: Verzeichnis der jüdischen Familiennamen, 1809/10; 313/1269: Generaltabelle über sämtliche im Neckarkreis befindlichen Juden, 1814/15.

14 Es handelte sich dabei um die Brüder Elias und Behr Besag, die nach 1809 den Familiennamen Bing annahmen.

15 GLA 145/202.

16 GLA 236/953: Tabellarisches Verzeichnis über diejenigen Israeliten, welche sich seit dem Jahr 1809 auf ein anderes bürgerliches Gewerbe als auf den Handel (...) gelegt haben.

1846	
Großhändler	10
Detailhändler	10
Nothändler	7
Handwerker	7
Akademiker / Studenten / Künstler	7
Sonstige Gewerbetreibende	6
Rentner / Witwen / Arme	15
1852	
Handelsleute	11
Klein- und Trödelhändler	18
Handwerksmeister / Gesellen / Lehrlinge	9
Akademiker / Studenten / Künstler	13
Sonstige Gewerbetreibende	3
Arme	6

In obiger Tabelle sind die Berufsangaben der israelitischen Haushaltsvorstände in den Jahren 1832, 1846 und 1852 aus drei verschiedenen Quellen zusammengefaßt.[17] Die Berufsstruktur veränderte sich zwischen 1832 und 1852 nur wenig. Rund die Hälfte der Juden war im Handelsgewerbe tätig, und für das Jahr 1832 ist im Vergleich zu den oben dargestellten Verhältnissen in den ersten beiden Jahrzehnten des 19. Jahrhunderts bereits eine Verlagerung vom Not- und Trödelhandel zum bürgerlichen Kaufmannshandel zu erkennen.

Die aus dem Jahr 1846 stammende Quelle liefert zu den einzelnen Kategorien noch zusätzliche Angaben. Unter der Rubrik »Großhändler« sind ein Bankier, vier Buchhändler, ein Weinhändler, ein Zigarrenhändler, ein Manufakturwarenhändler, ein Eisenhändler sowie ein »Landesproduktenhändler« zu finden. Von den zehn »Detailhändlern« handelten neun mit »Modewaren« bzw. Kleidern, einer mit Möbeln. Die Gruppe der Handwerker bildeten zwei Schneider, ein Schuhmacher, ein Metzger, ein Tapezierer, ein Buchbinder und ein Weber.

In der Übersicht über die israelitische Bevölkerung aus dem Jahr 1852 werden fünf Handwerksmeister genannt: zwei Schneider, ein Leinenweber, ein Seifensieder und ein Bürstenbinder, wobei der Seifensieder und ein Schneidermeister nach den Angaben des Bürgermeisteramts auch einen Trödelhandel betrieben. 13 Personen wurden als hauptberufliche Trödelhändler eingestuft, darunter befanden sich zwei Witwen. Zwei Antiquare, ein Möbel- und ein Eisenhändler sowie ein Makler galten als »Kleinhändler«. Unter der Rubrik »Handelsleute« wurden ein »Handelshaus in Ellenwaren und Wechselgeschäften«, eine Tabakgroßhandlung sowie neun »offene Läden mit ordentlichen Büchern« zusammengefaßt.

17 1832: Lewin 1909, S. 246; 1846: Die Reform des Judenthums. Ein Organ für die Rabbiner-Versammlung Deutschlands, hrsg. vom A. Adler u. H. Wagner. Mannheim 1846, No. 6, S. 48; 1852: STAHD UA 153/1: Übersicht über die jüdische Bevölkerung in Heidelberg aufgestellt vom Bürgermeisteramt im März 1852.

Der Großteil der jüdischen Einwohner Heidelbergs lebte in eher bescheidenen bis kleinbürgerlichen Verhältnissen. Zu Beginn des 19. Jahrhunderts zählte sogar fast die Hälfte der Israeliten zu den Armen. Im Jahr 1805 waren von 40 Familienoberhäuptern 14 wegen Armut, Krankheit, Alter oder »vielen Kindern« von der Zahlung des jährlichen Schutzgeldes in Höhe von 30 Gulden befreit. Zwei Witwen zahlten nur die Hälfte, und drei weitere Witwen sowie zwei Männer genossen nicht einmal den Status von Schutzjuden, sondern galten nur als »toleriert«.[18]

Eine im Jahr 1811 zur Steuererhebung angefertigte Tabelle gibt Aufschluß über das Einkommen der Israeliten in Heidelberg, Handschuhsheim und Rohrbach.[19] Die jüdischen Familienoberhäupter in Heidelberg verfügten im Mittel über ein Jahreseinkommen von 590 Gulden und lagen damit über dem Durchschnitt des Neckarkreises, der sich auf 366 Gulden berechnete, aber unter dem Durchschnittseinkommen der Mannheimer Juden, das 661 Gulden betrug.

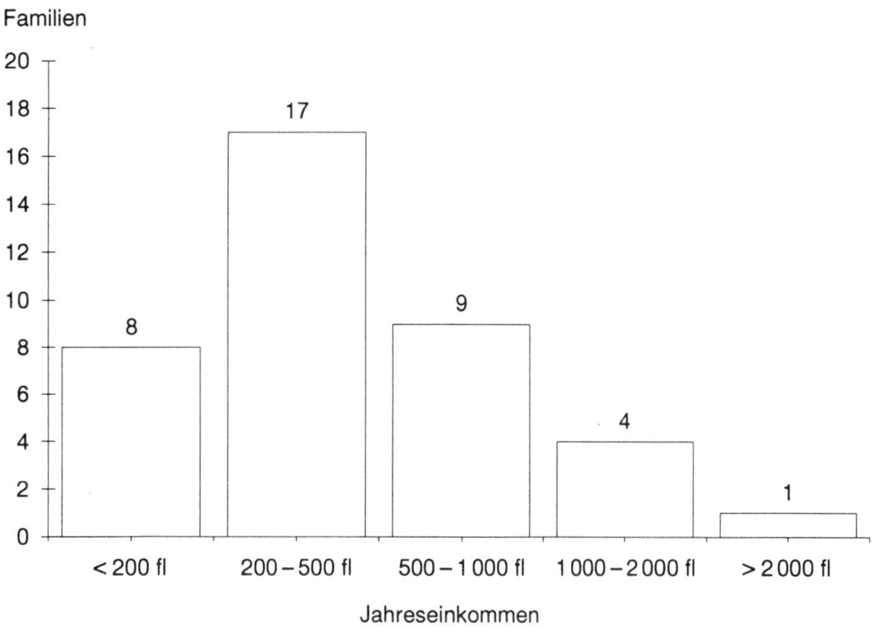

Einkommensverteilung der jüdischen Familien in Heidelberg 1811
(Quelle: GLA 236/962)

18 GLA 145/199: Protokoll über die Befragung der Judenvorsteher Judas Carlebach und Joseph Oppenheimer über die Zahlung von Schutzgeldern vom 9. April 1805.
19 GLA 236/962: Fassionstabellen vom 9. u. 11. Oktober 1811.

Wie die Übersicht auf Seite 159 zeigt, gab es allerdings beträchtliche Unterschiede in der Einkommensverteilung. Das geringste Einkommen hatten mit jeweils 50 Gulden pro Jahr Mayer Schriesheim und die Witwe von Judas Mayer, bei beiden ist als Einkommensquelle »Handwerksbetrieb« angegeben. Dagegen erzielten die Gebrüder David und Löb Zimmern aus »Gewerbe- und Handelskapital«, »Handlungsbetrieb« und Hausbesitz zusammen ein Jahreseinkommen von 4130 Gulden. Sie waren die mit Abstand reichsten jüdischen Einwohner Heidelbergs und verfügten über ausgedehnte Geschäftsbeziehungen, etwa zu den Rothschilds in Frankfurt.[20] Selbst der junge Ludwig Börne, der aus einer wohlhabenden jüdischen Bankiersfamilie in Frankfurt stammte und sich 1807 als Student in Heidelberg aufhielt, war von ihrem Betrieb beeindruckt und berichtete seiner Mutter: »Ich war hier auch bei Zimmern, die haben einen Laden, so schön wie er nur in Frankfurt zu finden ist.«[21] Nach den Gebrüdern Zimmern rangierten Judas Carlebach und Moises Flehinger mit einem Einkommen von 1825 bzw. 1640 Gulden, das sie mit Geldanlagen und Handel erzielten.

Die Juden in Rohrbach verfügten im Durchschnitt über ein Jahreseinkommen von 435 Gulden, das meist aus dem Handel mit Vieh oder aus dem Hausier- und Trödelhandel stammte. Eine Ausnahme war Joel Wolff, der Vorsteher der jüdischen Gemeinde in Rohrbach, der einen »großen Pfandhandel«[22] betrieb und ein Jahreseinkommen von 1870 Gulden erzielte, wovon 395 Gulden aus Grundbesitz und Ackerbau stammten. Recht kümmerlich waren dagegen mit durchschnittlich 198 Gulden die Einkommensverhältnisse der drei jüdischen Familienoberhäupter in Handschuhsheim, wobei Joseph Kaufmann und Seeligmann Neuburger jeweils als Viehhändler und Schlachter tätig waren.

20 Im Jahr 1795 hatte David Zimmern mit Meyer Amschel Rothschild Verträge über Getreidelieferungen für die kaiserlichen Truppen abgeschlossen; vgl. Heuberger, Georg (Hrsg.): Die Rothschilds. Bd. 1: Eine europäische Familie. Sigmaringen 1994, S. 24 sowie Bd. 2: Beiträge zur Geschichte einer europäischen Familie. Sigmaringen 1994, S. 383.

21 Börne, Ludwig: Sämtliche Schriften. Hrsg. vom Inge u. Peter Rippmann. Bd. 5: Briefe II. Darmstadt 1968, S. 896 (Brief an seine Mutter vom 13. Mai 1807). Wie aus den Briefen Börnes hervorgeht, waren er und seine Freundin Jeanette Wohl öfter im Hause der Zimmerns zu Gast. Häufigeren Kontakt hatten sie offenbar zu den Töchtern Löb Zimmerns, Johanna und Henriette, sowie zu dem Juristen Sigmund Zimmern (Sohn von David Zimmern) und dessen Frau (vgl. Rippmann, Inge: Börne-Index. Historisch-biographische Materialien zu Ludwig Börnes Schriften und Briefen. Ein Beitrag zu Geschichte und Literatur des Vormärz. 2 Halbbände. Berlin – New York 1985, S. 880). Unter dem Titel »Löbchen Zimmern. Eine Novelle« schilderte Börne mit ironischem Unterton eine Begegnung zwischen ihm und Löb Zimmern während eines Kuraufenthalts in Bad Ems im Jahr 1829 (vgl. Börne 1968, Bd. 4, S. 1043–1046).

22 GLA 236/970: Verzeichnis der im Neckarkreis wohnenden Israeliten, 1819.

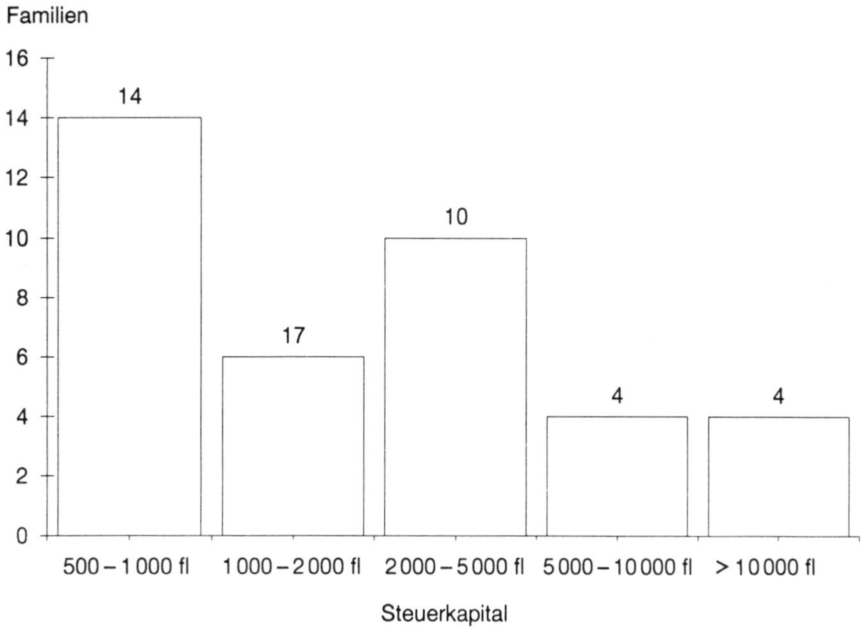

Vermögensverteilung der jüdischen Familien in Heidelberg 1818
(Quelle: GLA 356/5709)

Aus dem Jahr 1818 ist eine Übersicht über das Steuerkapital der jüdischen Einwohner Heidelbergs überliefert, das vom Gemeindevorsteher Moises Flehinger anläßlich des Streits über die Versorgung des Burschen Salomon Feist angefertigt wurde.[23] Die Vermögensangaben aus dieser Tabelle sind in fünf Gruppen zusammengefaßt. Die Graphik zeigt, daß mehr als ein Drittel der Familien nur über ein Vermögen von 500 bis 1 000 Gulden verfügte. Zehn Familien können zur Mittelschicht mit einem Vermögen von 2 000 bis 5 000 Gulden gerechnet werden. Nur acht Familien besaßen mehr als 5 000 Gulden. Das größte Vermögen hatten mit 51 400 Gulden die Gebrüder Zimmern, gefolgt von Liebmann Elias Seeligmann mit 20 350 Gulden. Letzterer war ein Bruder des Leimener Tabakfabrikanten und Hofagenten Aron Elias Seeligmann. Die Tabakmanufaktur stellte im Jahr 1812 ihren Betrieb ein, danach übersiedelte Seeligmann nach Heidelberg. Im Adreßbuch von 1816 ist er als »Tabaksfabrikant«, Bürger und Mitglied der Handelsinnung registriert.[24]

23 GLA 356/5709: Verzeichnis des Steuerkapitals vom 28. September 1818. Zum Fall des Salomon Feist vgl. Mumm, Hans-Martin: »Denket nicht: ›wir wollen's beim Alten lassen‹«. Die Jahre der Emanzipation 1803–1862. In: Jüdisches Leben 1992, S. 25f.

24 Universitäts- und Addreß-Calender von Heidelberg auf das Jahr 1816. Für Fremde und Einheimische. Heidelberg 1815, S. 141. Seeligmann hatte bereits 1804 um die Erteilung des Bürgerrechts in Leimen ersucht (GLA 77/7267).

1.3. Die Wohnquartiere der Juden in Heidelberg

Im ersten Heidelberger Adreßbuch, dem »Universitäts- und Addreß-Calender« für das Jahr 1816, sind 37 der »Judenschaft« angehörige Haushaltsvorstände namentlich erfaßt.[25] Davon wohnten 16 in der Unteren Straße, jeweils fünf in der Judengasse und in der Großen Mantelgasse, je drei in der Kleinen Mantelgasse und in der Bussemergasse sowie jeweils einer in der Haspelgasse, in der Plöck und am Heumarkt. In der Hauptstraße wohnten zu diesem Zeitpunkt nur zwei Juden, der oben erwähnte ehemalige Tabakfabrikant Liebmann Elias Seeligmann und der Kleinhändler Alexander Cahn.[26] Die Wohnungen der Israeliten waren zu Beginn des 19. Jahrhunderts also im wesentlichen auf das Quartier zwischen Unterer Straße und Neckar, Großer Mantelgasse und Haspelgasse konzentriert. Man kann jedoch wohl kaum von einem ausgeprägten Judenviertel sprechen, denn auch in der Judengasse waren die Israeliten nur eine Minderheit.

Gleichwohl wurde der Straßenname ›Judengasse‹ als Stigma empfunden, weshalb die dort ansässigen Hausbesitzer am 10. April 1832 ein Gesuch zur Änderung des Straßennamens an das Oberamt Heidelberg richteten.[27] Danach war es öfter vorgekommen, daß »Akademiker« (Studenten) in der Straße ein Logis gemietet hatten, dieses jedoch nicht bezahlen wollten, nachdem sie feststellten, daß es in der Judengasse lag; andere Studenten waren nach einem halben Jahr wieder ausgezogen. Die Hausbesitzer argumentierten, daß ihnen durch den Straßennamen wirtschaftlicher Schaden entstünde, da er bei potentiellen Mietern Vorurteile hervorrufe. Nach Ansicht der Bittsteller bestand keine Veranlassung mehr für die Bezeichnung Judengasse, da man nicht mehr in einer Zeit lebe, in der »die Juden ihres Unfugs wegen zu einer gewissen Stunde in ihre Straße eingesperrt wurden«. Außerdem wohnten zu diesem Zeitpunkt nur noch drei israelitische Hauseigentümer in der Straße, sie unterstützten die Petition ebenfalls. Man ersuchte daher das Oberamt, die Straße in »Ludwigstraße« umzubenennen.

Der Heidelberger Stadtrat nahm am 3. Mai 1832 zu diesem Gesuch Stellung.[28] Grundsätzlich bestanden keine Einwände gegen eine Namensänderung, die Bezeichnung Ludwigstraße wurde jedoch abgelehnt, da es bereits einen Ludwigsplatz, den heutigen Universitätsplatz, in der Stadt gab. Die Einwohner der Judengasse wurden daher aufgefordert, sich einen anderen Namen auszudenken. Sie entschieden sich dann für »Dreikönigstraße«, womit auch der Stadtrat einverstanden war.

In der ersten Hälfte des 19. Jahrhunderts verbesserte sich die wirtschaftliche Lage vieler Juden in Heidelberg, und die meisten hatten auch nach und nach das Bürgerrecht erhalten. Diese Entwicklung spiegelt sich in ihren Wohnorten wi-

25 Ebd.

26 In einer anderen Quelle (GLA 356/5709) wird er unter dem Namen Alexander Cohen genannt, 1852 wohnte er in der Unteren Straße.

27 GLA 204/2771.

28 Ebd.

der. Im »Adreß-Kalender der Stadt Heidelberg für 1852«[29] können 70 israelitische Haushaltsvorstände namentlich identifiziert werden, davon wohnten 16 in der Hauptstraße, elf in der Unteren Straße, sechs in der Bussemergasse sowie jeweils fünf in der Großen Mantelgasse und in der Haspelgasse. Die übrigen wohnten über die Stadt verstreut. In der Dreikönigstraße, der ehemaligen Judengasse, wohnte nur noch ein Jude, der »Handelsmann« Callmann Bamberger, der dort auch ein Haus besaß. Das Adreßbuch weist insgesamt 34 jüdische Hausbesitzer aus, davon zehn in der Hauptstraße und sechs in der Unteren Straße. Zwischen 1816 und 1852 hatten demnach zahlreiche Juden das traditionell von ihnen bewohnte Viertel verlassen und waren in eher bürgerliche Wohnquartiere wie die Hauptstraße gezogen. Allerdings blieb das Stadtviertel zwischen Unterer Straße und Neckar weiterhin ein Zentrum jüdischen Lebens in Heidelberg, zumal sich im Haus »Zur Blauen Lilie« in der Großen Mantelgasse auch die Synagoge und die israelitische Volksschule befanden.

2 Der lange Weg zur bürgerlichen Gleichstellung der Juden

2.1 Erste Bemühungen zur Erlangung der Bürgerrechte

Die meisten Israeliten, die zu Beginn des 19. Jahrhunderts in Heidelberg lebten, waren Schutzjuden, d. h. sie genossen den Schutz der Landesherrschaft und waren zum dauerhaften Aufenthalt an ihrem Wohnort berechtigt. Als Gegenleistung mußten sie eine Reihe von Abgaben zahlen. Das jährliche Schutzgeld betrug gemäß der »Erläuterung der Concession für die Land-Judenschaft in der Pfalz« vom 21. November 1765 dreißig Gulden und war in vierteljährlichen Raten zu zahlen.[30] Hinzu kamen noch weitere Abgaben wie das sogenannte Taschengeleit mit einem Gulden und dreißig Kreuzern pro Jahr oder das Husarengeld mit drei Gulden.[31] In einem Verzeichnis der jüdischen Haushaltsvorstände aus dem Jahr 1805 sind neben 35 Schutzjudenfamilien allerdings auch fünf Personen aufgeführt, die keine Schutzjuden waren und in Heidelberg nur »toleriert« wurden. Es handelte sich dabei um drei Witwen, den ehemaligen Vorsänger Baruch Levi sowie um den als »arm« bezeichneten Elias Besag.[32]

In den Jahren des politischen Umbruchs an der Wende vom 18. zum 19. Jahrhundert bemühten sich einzelne Juden in der Kurpfalz um die Erlangung der Bürgerrechte. Im Jahr 1799 erhielt der Tabakfabrikant Aron Seeligmann aus Leimen das Staatsbürgerrecht, und 1802 wurde Wolff Jacob Würzweiler das

29 Adreß-Kalender der Stadt Heidelberg für 1852. In alphabetischer Ordnung mit Angabe der Gewerbe. Heidelberg 1851.

30 GLA 77/7252.

31 GLA 77/3022: Tabelle der hiesigen jüdischen Einwohner mit ihren jährlichen Abgaben vom 18. Oktober 1801.

32 GLA 145/199: Protokoll über die Befragung der Judenvorsteher Judas Carlebach und Joseph Oppenheimer in Heidelberg über die Zahlung von Schutzgeldern vom 9. April 1805.

Stadtbürgerrecht in Mannheim verliehen.[33] Am 12. Juli 1801 bat der Vorstand der Heidelberger Judenschaft die damals noch kurpfälzische Landesherrschaft um die »Erweiterung der Concession«, insbesondere um die bürgerliche Gleichstellung der Israeliten mit den Christen.[34] Am 7. Oktober 1801 erschienen der Gemeindevorsteher Moses Flehinger sowie Löw Bomeisel, David Zimmern und Joseph Oppenheimer vor dem Heidelberger Stadtdirektor, um ihre Petition zu erläutern. Ihr hauptsächliches Anliegen war die Erteilung der Bürgerrechte, gleichzeitig erklärten sie sich bereit, alle bürgerlichen Pflichten zu übernehmen. Des weiteren wünschten sie die Zulassung der Israeliten zu den bürgerlichen Gewerben und zum Landerwerb, da viele Judenfamilien sich nicht allein vom Handel ernähren könnten und daher zu Betrügereien gezwungen seien. Außerdem führten sie an, daß die zu diesem Zeitpunkt in Heidelberg lebenden 27 Schutzjudenfamilien alle »reichlich mit Kindern gesegnet« seien und daher der Zuzug fremder Juden beschränkt werden sollte.[35]

Auf Anordnung der Landesherrschaft nahm der Heidelberger Stadtrat am 10. Oktober 1801 zum Gesuch der Juden Stellung. Er betonte, daß man grundsätzlich keine Vorurteile gegen die Juden habe, diese aber auf Grund ihrer Sitten und Gebräuche, die sie als ein »fremdes Volk, eine eigene Nation« kennzeichneten, noch nicht reif zur bürgerlichen Gleichstellung mit den christlichen Einwohnern seien. Der Erwerb von Liegenschaften sollte den Juden ebenfalls noch nicht gestattet werden, da sie nicht imstande seien, Ackerbau zu betreiben. Auch in bezug auf die Erlaubnis zur Ausübung von Gewerben und auf die Aufnahme in die Zünfte seien Beschränkungen notwendig, da die Juden wahrscheinlich nur Berufe ohne schwere körperliche Arbeit ergreifen würden. Der Stadtrat kritisierte auch die mangelhafte Ausbildung der jüdischen Kinder, insbesondere der Mädchen. Den generellen Wuchervorwurf gegen die Juden bezeichnete er dagegen als ungerecht. Beschränkungen für die Darlehensgewährung durch Israeliten sollten daher aufgehoben werden. Die Abschaffung spezieller Abgaben, insbesondere des Taschengeleits, lehnte der Stadtrat allerdings ab, um Einnahmeverluste für die Staatskasse zu vermeiden.[36]

In der Argumentation ähnlich, jedoch wesentlich schärfer in der Wortwahl fiel eine Stellungnahme der Heidelberger Zünfte zum Gesuch der Juden aus. Auch die Zünfte forderten die Anpassung der Juden an ihre Umwelt als Voraussetzung für die bürgerliche Gleichstellung. Der Grunderwerb sollte den Israeliten nur gestattet werden, wenn sie das Land auch selbst bebauten, wodurch sie »arbeitsam und unschädlich« würden. Andernfalls könnten die Juden zu »Plantagen-Besitzern« und die Christen »den polnischen Bauern ähnlich« werden. Die bestehenden Beschränkungen in der Ausübung bürgerlicher Gewerbe müßten so lange bestehenbleiben, wie die Juden vorzugsweise Handel und Mäklerei betrieben und vor

33 Vgl. Toury, Jacob: Der Eintritt der Juden in das deutsche Bürgertum. Eine Dokumentation. Tel Aviv 1972, S. 70–78.

34 GLA 77/3022.

35 Ebd., Bericht des Stadtdirektors vom 7. Oktober 1801.

36 Ebd., Stellungnahme des Stadtrats vom 10. Oktober 1801.

körperlicher Arbeit zurückschreckten. Darüber hinaus sei es wünschenswert, die Zahl jüdischer Kaufleute gemäß ihrem Anteil an der Gesamtbevölkerung zu beschränken. Eine »Verteilung der jüdischen Jünglinge« auf bürgerliche Gewerbezweige sei nur denkbar, wenn vorher der »Handels- und Speculationsgeist« der Juden »gedämpft« würde. Nur dann könnten »der Staat und die bürgerliche Gesellschaft« hoffen, »aus dem Schoße der jüdischen, bis jetzt in diesem Punkte sehr unfruchtbaren Nation, Gelehrte, Künstler und Handwerker aller Art und Schiff- und Fuhr- und Ackersleute, überhaupt brauchbare Mitglieder hervorgehen zu sehen«.[37]

Mit ihrer Forderung nach Anpassung der Juden an die Lebensgewohnheiten der Christen, nach Änderung ihrer Sitten und Gebräuche und der Abkehr vom »Handels- und Speculationsgeist« bedienten sich der Heidelberger Stadtrat und die Zünfte eines Argumentationsmusters, das auch in den Folgejahren von den Gegnern der Emanzipation immer wieder benutzt wurde. Insbesondere die Handwerkszünfte und die Handelsinnung wandten sich mehrfach entschieden gegen die Gleichberechtigung der Israeliten, da sie die Konkurrenz jüdischer Kaufleute und Gewerbetreibender fürchteten. Gleichzeitig beteuerte man jedoch häufig die eigene Unvoreingenommenheit und Vorurteilslosigkeit, um somit eine scheinbar objektive Haltung gegenüber den Juden zu bekunden.

2.2 Neubeginn unter badischer Landesherrschaft

Der erste, noch in der kurpfälzischen Zeit unternommene Versuch der Heidelberger Judenschaft, die bürgerliche Gleichstellung zu erlangen, war ergebnislos verlaufen. Daher stellten Moses Fuld, Moses Flehinger sowie die Brüder David und Löb Zimmern am 21. November 1802 einen erneuten Antrag zur Erteilung der Bürgerrechte in Heidelberg, nun an die badische Landesherrschaft.[38] Wenig später, am 10. Dezember 1802, richteten sie ein Gesuch direkt an den Markgrafen Karl-Friedrich mit der Bitte, sich auf dem Reichstag in Regensburg für die Gleichstellung der Juden in ganz Deutschland einzusetzen. Sie appellierten an Karl-Friedrich als dem Geist der Aufklärung verpflichteten Regenten und baten ihn, den von mehreren jüdischen Gemeinden an den Reichstag gerichteten Antrag zur Emanzipation aller Juden in Deutschland zu unterstützen. Für den Fall, daß dieser Antrag dort nicht angenommen werden sollte, suchten sie um die Gewährung der Bürgerrechte für die Juden in der badischen Rheinpfalz nach. Sollte auch dies nicht möglich sein, wollten sie sich zunächst mit dem Stadtbürgerrecht in Heidelberg für sich und ihre Nachkommen begnügen.[39]

Zur Begründung ihres Antrags bedienten sie sich der bereits im 18. Jahrhundert von Befürwortern der Emanzipation wie Christian Wilhelm von Dohm entwik-

37 Ebd., Stellungnahme der Zünfte vom 8. Oktober 1801.
38 GLA 77/7266.
39 Ebd. sowie Toury 1972, S. 80f.

kelten Argumentation.[40] Sie verwiesen darauf, daß die Juden bislang vom Genuß bürgerlicher Rechte, von den Zünften, vom Erwerb liegender Güter sowie von öffentlichen Ämtern und der Wissenschaft ausgeschlossen waren. Die Juden seien deshalb auf den Handel als einzige noch verbliebene Erwerbsmöglichkeit angewiesen gewesen und auch darin häufig noch eingeschränkt worden. Die sich hieraus ergebende Neigung zum Wucher sei kein Ausdruck eines »jüdischen Nationalcharakters«, sondern eine Folge der Behandlung der Juden durch ihre Umwelt. Die bürgerliche Gleichstellung der Juden sei daher eine Voraussetzung zur Überwindung der bisherigen Verhältnisse, auch der Staat und alle Bürger würden letztlich davon profitieren. Sie betonten, daß die Bürgerrechte keineswegs allen Juden sofort und ausnahmslos erteilt werden sollten, sondern nur denjenigen, die sich dafür eigneten und besonders darum nachsuchten. Allerdings sollten die Rechte dann auch für die nachfolgenden Generationen gelten. Was sie persönlich betraf, so bezogen sie sich auf das Beispiel des Lazarus Raphael aus Schwetzingen, der dort am 9. November 1802 Stadtbürger geworden war.[41] Die Stadt Heidelberg sei bereit, ihnen die Bürgerrechte gegen die Übernahme aller damit verbundenen Pflichten zu gewähren, die zuständigen Behörden hätten aber bislang die Entscheidung darüber hinausgezögert.

Der Antrag von Fuld, Flehinger und den Gebrüdern Zimmern wurde jedoch zu den Akten gelegt, da zunächst eine generelle Neuregelung der Judenrechte in Baden abgewartet werden sollte.[42] Auch ein Gleichstellungsgesuch des Vorstandes der Judenschaft in der badischen Pfalzgrafschaft vom 25. August 1803 wurde mit einem Verweis auf die zu erwartende grundsätzliche Regelung abgelehnt.[43] Die Gebrüder Zimmern stellten gleichwohl am 13. Juli 1804 einen erneuten Antrag auf Erteilung des Bürgerrechts in Heidelberg, in dem sie darauf verwiesen, daß sie seit zwölf Jahren eine »öffentliche, nicht unbeträchtliche Warenhandlung« führten und der Stadt im Krieg geholfen hätten. Sie beabsichtigten, dies auch weiterhin zu tun, und durch »Fabrique-Anlegung« wollten sie den Armen Arbeit und Nahrung verschaffen. Außerdem sorgten sie sich um die Zukunft ihrer Kinder, denen sie die freie Berufswahl ermöglichen wollten.[44]

Sowohl der Heidelberger Stadtdirektor als auch der Stadtrat befürworteten im Jahr 1804 das Gesuch der Gebrüder Zimmern. Diese gelangten aber erst zum Ziel, nachdem mit dem sechsten Konstitutionsedikt vom 4. Juni 1808 eine grundsätzliche Entscheidung über die Bürgerrechte der Juden gefallen war. Paragraph 19 dieses Edikts erklärte die Israeliten zwar zu Staatsbürgern, die Erteilung der wesentlich wichtigeren Ortsbürgerrechte wurde jedoch von

40 Zu Dohm vgl. Battenberg, Friedrich: Das europäische Zeitalter der Juden. Zur Entwicklung einer Minderheit in der nichtjüdischen Umwelt Europas. Bd. 2: Von 1650 bis 1945. Darmstadt 1990, S. 90–94.

41 GLA 77/7266 sowie Toury 1972, S. 79f.

42 Ebd., Randbemerkung vom 11. März 1803, im Wortlaut bei Toury 1972, S. 80.

43 GLA 77/7266.

44 Ebd.

»einer mit den Christen gleichen Nahrungsart«, d.h. der Ausübung eines bürgerlichen Gewerbes abhängig gemacht. Ansonsten gestand man den Juden lediglich die Rechte als Schutzbürger oder Beisassen zu.[45]

Die Gebrüder Zimmern erneuerten am 22. Juli 1808 ihr Gesuch um Erteilung der Bürgerrechte unter ausdrücklicher Berufung auf den Paragraphen 19 des sechsten Konstitutionsedikts.[46] Da mit der Erteilung des Ortsbürgerrechts auch die Aufnahme in die Handelsinnung verbunden war, wurde diese zu einer Stellungnahme aufgefordert. Die Innung lehnte die Aufnahme aller Handel treibenden Juden ab, da dies dem Geist des Edikts widerspreche und die Juden erst durch die Ausübung von Landwirtschaft und Handwerksberufen »gebildet« werden müßten. Zum Fall der Gebrüder Zimmern wollte die Handelsinnung jedoch nicht direkt Stellung nehmen, stattdessen regte sie an, die Heidelberger Bürgerschaft als Ganzes über deren Aufnahme entscheiden zu lassen.[47] Der Heidelberger Stadtrat befürwortete dagegen den Antrag, da es allgemein bekannt sei, daß »die Supplicanten unter die gebildetere Klasse gehören«, und weil in ihrem Umgang mit Christen ein über »das Jüdische« deutlich erhabenes Verhalten zutage trete. Ihre Kinder besuchten die »öffentlichen christlichen Lehrinstitute« und wurden außerdem noch durch Hauslehrer unterrichtet, so daß bei ihnen jene »verfeinerte Bildung« zu erwarten sei, die »nach christlicher Art (...) zum Bürgerstand erforderlich ist«.[48] Auch die Kreisregierung in Mannheim als zuständige Mittelbehörde stimmte dem Gesuch zu, wobei sie betonte, daß durch die Aufnahme der Gebrüder Zimmern in die Handelsinnung dem Handelsstand in Heidelberg keine Nachteile entstünden.[49] Am 4. Oktober 1808 genehmigte das Innenministerium dann schließlich den Antrag und gewährte den Gebrüdern David und Löb Zimmern als ersten Juden in Heidelberg das Ortsbürgerrecht.[50]

Weniger Erfolg als die Gebrüder Zimmern hatte zunächst der Gemeindevorsteher Moses Flehinger, der am 17. Juli 1808 ebenfalls einen Antrag auf Erteilung des Ortsbürgerrechts stellte.[51] Flehinger betrieb nach eigenen Angaben Handel mit Landesprodukten, Wechseln, Staatspapieren und Edelsteinen; sein Vermögen bezifferte er auf 20000 Gulden. Der Heidelberger Stadtrat erklärte in einer Stellungnahme zum Gesuch Flehingers, daß dieser einen »echten jüdischen Handel«, einzig mit Spekulationen und ohne Ladengeschäft, betreibe. Außerdem sei gegen ihn noch eine Klage eines Grafen von Wieser wegen Wuchers anhängig.[52] Das Innenministerium entschied daraufhin am 6. Oktober 1808, daß Flehinger

45 Regierungsblatt 6. Jg. 1808, S. 165f.
46 GLA 77/7267, im Wortlaut bei Toury 1972, S. 90.
47 Ebd., Erklärung der Handlungs-Innung von Heidelberg vom 30. Juli 1808.
48 Ebd., Bericht des Heidelberger Stadtrats vom 15. September 1808, im Wortlaut bei Toury 1972, S. 90f.
49 GLA 77/7267, Stellungnahme der Kreisregierung vom 22. September 1808.
50 Ebd., im Wortlaut bei Toury 1972, S. 91.
51 Ebd.
52 Ebd., Stellungnahme des Stadtrats vom 22. September 1808.

sich »bessern« solle, danach könne über seinen Antrag erneut entschieden werden.[53]

Ein Jahr später wiederholte Flehinger sein Gesuch. Als weiteren Geschäftszweig gab er nun die Fabrikation von Kupfer- und Eisenvitriol an, da er Miteigentümer eines Vitriolwerkes in Schriesheim war. Außerdem verwies er auf den Besitz von 80 Morgen Ackerland in den linksrheinischen Orten Friedelsheim und Deidesheim, worüber er entsprechende Bescheinigungen der dortigen Bürgermeister vorlegte. Darüber hinaus bezog er deutlich Stellung gegen die Heidelberger Handelsinnung, die seine Aufnahme abgelehnt hatte. Viele Mitglieder der Innung seien im Gegensatz zu ihm nur Krämer, die ihre Waren von Großhändlern in Frankfurt bezögen.[54] Das zu einer erneuten Äußerung aufgeforderte Stadtvogteiamt sprach sich noch immer nicht uneingeschränkt für Flehinger aus, betonte jedoch, daß er stets bestrebt sei, »sich vor seinen übrigen Glaubensgenossen der gemeinern Art vorteilhaft auszuzeichnen«, und auch seinen Kindern eine Ausbildung zukommen lasse, die bei Juden sonst nicht üblich sei.[55] Die Kreisregierung stimmte daraufhin am 26. September 1809 seiner Aufnahme als Ortsbürger in Heidelberg zu.[56]

Mit der Erteilung der Bürgerrechte wurden die Juden jedoch nicht automatisch von der Zahlung der Schutzgelder befreit. Zunächst versuchte die badische Finanzverwaltung sogar, Juden, die wegen Armut oder aus anderen Gründen von der Schutzgeldzahlung befreit waren, dazu heranzuziehen. Zu diesem Zweck ließ die Gefälleverwaltung in Heidelberg zwischen 1805 und 1812 mehrfach Listen über die von den Juden in den einzelnen Gemeinden gezahlten Schutzgelder erstellen.[57] Endgültig abgeschafft wurde das Judenschutzgeld erst mit der neuen badischen Gewerbesteuerordnung vom 6. April 1815.[58]

Das neunte Konstitutionsedikt vom 13. Januar 1809 regelte ausführlich die Rechtsverhältnisse und die religiöse Organisation der Israeliten in Baden. Es änderte jedoch nichts an den Bestimmungen zum Erwerb des Ortsbürgerrechts. Dieses wurde weiterhin von der Ausübung eines auch unter Christen üblichen Gewerbes abhängig gemacht.[59] Die Juden waren also nach wie vor nur Schutzbürger mit eingeschränkten politischen Rechten, das Ortsbürgerrecht wurde ihnen nur auf besonderen Antrag und bei Vorliegen bestimmter Voraussetzungen gewährt. Außerdem konnten sie sich nur in Orten ansiedeln, wo bereits Juden lebten. In Heidelberg erhielten die meisten Juden nach und nach die Bürgerrechte. Für den Zeitraum von 1808 bis 1852 wurden spezielle Auszüge aus den Bürgerbüchern angefertigt, diese weisen die Bürgerannahme von 45 Israeliten aus, die

53 Ebd., Erlaß des Innenministeriums vom 6. Oktober 1808.

54 GLA 77/7268: Gesuch vom 22. Juli 1809.

55 Ebd., Stellungnahme des Stadtvogteiamts vom 6. September 1809, im Wortlaut bei Toury 1972, S. 91 f.

56 GLA 77/7268.

57 GLA 145/199.

58 Regierungsblatt 13. Jg. 1815, S. 22, § 2.

59 Ebd., 7. Jg. 1809, S. 35, § 18.

Mehrzahl waren Söhne bereits in Heidelberg ansässiger Juden. Außerdem wurden zwischen 1811 und 1830 zehn Juden als Beisassen angenommen.[60]

Das Edikt von 1809 enthielt auch eine Bestimmung über die »Annahme erblicher Zunamen« durch die Israeliten. Alle Juden mußten einen Familiennamen nach eigener Wahl annehmen, sofern sie nicht ohnehin schon einen solchen führten.[61] In der Folgezeit wurden in den einzelnen Gemeinden mehrfach Verzeichnisse mit den alten und neuen Namen der Juden und ihrer Familienangehörigen angefertigt und dem Innenministerium zur Genehmigung vorgelegt.[62] Das Konstitutionsedikt selbst enthielt keine Bestimmungen über die Zulässigkeit bestimmter Namensformen. Abgelehnt wurden in der Regel hebräische Namen und solche mit religiöser Bedeutung wie Levi, Aron oder Israel. Namen, die sich auf den Herkunftsort der Familie bezogen, wurden dagegen überwiegend zugelassen.[63]

Für die meisten Heidelberger Juden brachten die Bestimmungen über die Familiennamen keine gravierenden Änderungen, betroffen waren davon hauptsächlich die Träger des Namens Levi. Der Nothändler Salomon Levi nannte sich nun Salomon Mayer, der Wirt Baruch Isaac Levi nahm den Herkunftsnamen Hochstädter an. Hanche Levi änderte ihren Namen in Johanna Rosenfeld. Der Vorsänger und Schächter Moises David legte sich den Nachnamen Schöpflich zu. Die drei in Handschuhsheim lebenden jüdischen Familien hatten bislang den Namen Aron geführt, Seeligmann Aron nannte sich nun Neuburger, Joseph und Löw Aron wählten dagegen den Namen Kaufmann. Auch eine Reihe von Rohrbacher Juden mußten ihre Namen ändern bzw. erbliche Familiennamen annehmen.

Aus den einzelnen Quellen geht jedoch hervor, daß die alten Namen zum Teil noch weiterhin im Gebrauch blieben oder wieder angenommen wurden. So wurde beispielsweise der Trödelhändler Seeligmann Joseph Bamberger in den Listen von 1809/10 und 1814/15 unter dem neuen Namen Joseph Seeligmann registriert; im Jahr 1819 hieß er wieder Seeligmann Bamberger, sein Sohn führte den Namen Callmann (Salomon) Bamberger. Die Gebrüder Elias und Behr Besag nannten sich nach 1809 offiziell Elias und Bernhard Bing, sie sind aber auch in späteren Quellen noch unter ihren alten Namen zu finden.[64]

2.3 Verzögerungen und Widerstände

In den 20er und 30er Jahren des 19. Jahrhunderts war die vollständige bürgerliche Gleichstellung der Juden mehrfach Thema in den Debatten des badischen Land-

60 STAHD UA 153/1.

61 Regierungsblatt 7. Jg. 1809, S. 37f., § 24.

62 Für Heidelberg sind Namensverzeichnisse aus den Jahren 1809/10 (GLA 313/1262), 1815/15 (GLA 313/1269) und 1819 (GLA 236/970) überliefert.

63 Vgl. Dreifuß, Erwin Manuel: Die Familiennamen der Juden unter besonderer Berücksichtigung der Verhältnisse in Baden zu Anfang des 19. Jahrhunderts. Ein Beitrag zur Geschichte der Emanzipation. Frankfurt am Main 1927, S. 35–45.

64 GLA 236/953 (1816) und 356/5709 (1818).

tags. Das Emanzipationsprojekt war ins Stocken geraten, und antisemitische Stimmen wurden laut. Die Gegner der Emanzipation forderten, die Juden sollten sich zunächst ›bessern‹, d. h. sich in ihren Lebensgewohnheiten und vor allem in ihren religiösen Sitten und Gebräuchen der christlichen Umwelt anpassen. Erst danach sollte ihnen das Bürgerrecht gewissermaßen als ›Belohnung‹ gewährt werden. Besonders deutlich wurde diese Haltung in der Debatte um die Judenemanzipation während des sogenannten Reformlandtages im Jahr 1831.

Der Heidelberger Theologieprofessor und Kirchenrat Paulus verfaßte dazu eine Denkschrift mit dem Titel: »Die jüdische Nationalabsonderung nach Ursprung, Folgen und Besserungsmitteln«. Paulus war bereits 1817 als Kritiker der Judenemanzipation in Erscheinung getreten und veröffentlichte vor allem in seiner Zeitschrift Sophronizon eine Reihe von Artikeln zu diesem Thema.[65] In seiner Schrift legte er dar, warum seiner Meinung nach »die Judenschaft nicht aus Schutzbürgern in Staatsbürger« zu verwandeln sei. Paulus vertrat die Ansicht, daß die Juden nicht eine Religionsgemeinschaft, sondern eine eigene »Nation« mit »fremdartigen Sitten und Gesetzen« bildeten und ihnen daher allenfalls ein Status als Schutzbürger zugestanden werden könne.[66]

Den Hauptgrund für die »Nationalabsonderung« der Juden sah er in der Andersartigkeit ihrer Religion: Das den Juden »Eigenthümliche ist, daß sie um ihrer Religion willen überall nur eine durch ihre Satzungen, Sitten und Nationalhoffnungen abgesonderte Nation bleiben zu müssen glauben. Nicht die Religion an sich oder ihre Überzeugung, wie sie sich gegen Gott zu verhalten haben, sondern ihre für Religionsaufgabe gehaltene abgesonderte Nationalität ist die Grundursache, oder, wie ich sagen muß, das Grundübel, weßwegen sie, wo sie irgend seyn mögen, mit den bestehenden Nationen sich nicht in Eines vermischen, sondern in der ganzen bekannten Welt, mit anderen Nationen nicht zusammenfließend, überall nur die Eine, abgesondert bleibende jüdische Nation darstellen.«[67] Insbesondere die Beschneidung, die er für ein Symbol nationaler Separation hielt und mit dem Tragen einer französischen Kokarde verglich, sowie die Feier des Sabbats hielt Paulus für »nationale Absonderungsgebräuche«, die der bürgerlichen Gleichstellung der Juden im Wege stünden.[68] Darüber hinaus forderte er die Aufhebung der Rabbinate, die seiner Ansicht nach eine besondere jüdische Jurisdiktion ausübten, sowie eine Reform des jüdischen Schulwesens und eine Abkehr der Juden vom »Schacherhandel«.[69]

65 Vgl. Burchard, Christoph: H.E.G. Paulus in Heidelberg (1811–1851). In: Semper Apertus. Sechshundert Jahre Ruprecht-Karls-Universität Heidelberg 1386–1986. Bd. II. Berlin – Heidelberg – New York – Tokyo 1985, S. 222–297.

66 Vgl. Paulus, Heinrich Eberhard Gottlob: Die jüdische Nationalabsonderung nach Ursprung, Folgen und Besserungsmitteln. Oder über Pflichten, Rechte und Verordnungen zur Verbesserung der jüdischen Schutzbürgerschaft in Deutschland. Heidelberg 1831, S. 1–9.

67 Ebd., S. 22f.

68 Vgl. ebd., S. 13f. u. S. 74.

69 Vgl. ebd., S. 11 u. S. 65–67.

Der von ihm kritisierten und als irrational dargestellten jüdischen Kultur stellte Paulus die christliche gegenüber: »Christlich zu seyn ist unleugbar für jetzt unter den erreichten Culturstufen die beste. Je christlicher wir regiert werden, desto besser.«[70] Im Grunde war für ihn daher nur eine »Christianisierung« der Juden der einzige Weg aus der »Nationalabsonderung«.[71] »Jeder Einzelne, bei welchem das wegfällt, was in den Sitten und besonders im Geschäftsleben das Jüdische genannt wird, nationalisiert und verändert sich selbst, und Er wird denn gewiß mit Freuden willkommen geheißen und als ein Solcher anerkannt, der sich den Guten unter uns gleichgestellt habe, weil er sich dem, was christlich genannt zu werden würdig ist, gleichwürdig gebildet hat.«[72]

Paulus griff außerdem den jüdischen Publizisten Gabriel Riesser an,[73] der in seiner Abhandlung »Über die Stellung der Bekenner des Mosaischen Glaubens in Deutschland« die vollkommene rechtliche Gleichstellung der Juden gefordert hatte.[74] Riesser, der in Heidelberg Jura studiert hatte und mit den Verhältnissen der Juden in Baden gut vertraut war,[75] antwortete unverzüglich. Seine in nur wenigen Tagen abgefaßte Schrift zur »Vertheidigung der bürgerlichen Gleichstellung der Juden gegen die Einwürfe des Herrn Dr. H. E. G. Paulus« war »den gesetzgebenden Versammlungen Deutschlands gewidmet« und sollte ausdrücklich dem befürchteten »üblen Eindruck« der »Sophismen des Herrn Dr. Paulus« in der badischen Ständeversammlung entgegenwirken.[76] Riesser widerlegte die Argumente von Paulus und warf ihm völlige Unkenntnis der tatsächlichen Lage der Juden vor.[77] Ausführlich wandte er sich gegen die Behauptung, die Juden bildeten eine eigene Nation. Er legte anschaulich dar, daß die Juden nur deshalb seit Jahrhunderten diskriminiert wurden, weil sie einer anderen Religion als dem herrschenden Christentum angehörten.[78]

Riessers Schrift erschien allerdings nicht mehr rechtzeitig genug, um die badischen Abgeordneten noch umstimmen zu können. Wesentlich einflußreicher war dagegen die auch als Petition eingereichte Denkschrift von Paulus, der weithin großes Ansehen genoß und als Liberaler galt.[79] Die zweite Kammer des badischen Landtages war nicht bereit, den Juden endgültig die bürgerliche Gleichstellung zu gewähren, sondern forderte stattdessen die Einberufung einer Landesversammlung der badischen Juden. Diese Synode sollte eine radikale Reform der jüdischen Religion in die Wege leiten. Der Oberrat der Israeliten widersetzte sich

70 Ebd., S. 148.
71 Vgl. ebd., S. 15.
72 Ebd., S. 149.
73 Vgl. ebd., S. 85–129.
74 Riesser, Gabriel: Über die Stellung der Bekenner des Mosaischen Glaubens in Deutschland. An die Deutschen aller Confessionen. Altona 1831.
75 Zu Riesser vgl. Kapitel 5.
76 Riesser, Gabriel: Vertheidigung der bürgerlichen Gleichstellung der Juden gegen die Einwürfe des Herrn Dr. H. E. G. Paulus. Altona 1831, S. 3.
77 Vgl. ebd., S. 25–35.
78 Vgl. ebd., S. 35–57.
79 Vgl. Burchard 1985, S. 258–261.

jedoch dieser Forderung, und das Innenministerium lehnte sie ebenso ab. Die zweite Kammer und die Mehrheit der liberalen Abgeordneten hielten trotzdem prinzipiell an ihrem Beschluß fest und blockierten damit auf Jahre hinaus alle weiteren Emanzipationsbestrebungen.[80] Hinzu kam, daß mit dem ebenfalls im Jahr 1831 verabschiedeten neuen Bürgerrechtsgesetz für alle Einwohner Badens mit Ausnahme der Juden ein einheitliches Bürgerrecht geschaffen und der Status der minderberechtigten Schutzbürger aufgehoben wurde. Vor allem die auf dem Lande lebenden Juden wurden damit definitiv zu Bürgern zweiter Klasse.[81]

Erst im Jahr 1846 fand sich in der zweiten Kammer des badischen Landtags eine Mehrheit zugunsten der vollen bürgerlichen Gleichstellung der Juden, die nun eine Forderung der demokratischen Opposition geworden war. Eine Gesetzesvorlage wurde zu diesem Zeitpunkt allerdings nicht verabschiedet. Auch die Revolution von 1848/49 führte nicht zur Vollendung der Judenemanzipation, sie brachte im Gegenteil eine erneute Welle antisemitischer Ausschreitungen mit sich, vor allem in den Landgemeinden des Odenwaldes und des Kraichgaus. Zwar wurde bereits im März 1848 in der zweiten Kammer ein Gesetzentwurf eingebracht, der allen Einwohnern Badens die gleichen politischen Rechte ohne Rücksicht auf die Konfession gewähren sollte, aus Furcht vor weiteren Unruhen verzögerten die Regierung und die erste Kammer allerdings die Verabschiedung des Gesetzes bis zum Februar 1849. Es ermöglichte den Juden prinzipiell die Zulassung zum Staats- und Militärdienst und gewährte ihnen das passive Wahlrecht für die zweite Kammer. Israelitischen Gemeindebürgern wurde außerdem die Wählbarkeit als Gemeinderäte und Bürgermeister zugestanden. Die Bestimmungen über den Erwerb des Ortsbürgerrechts blieben jedoch unverändert.[82]

2.4 Die Vollendung der Emanzipation

Das Emanzipationsproblem stand auch in den 50er und 60er Jahren des 19. Jahrhunderts weiterhin auf der politischen Tagesordnung. Obwohl die Heidelberger Juden bereits alle über das Ortsbürgerrecht verfügten, beteiligte sich der Synagogenrat an der Debatte um die Vollendung der Emanzipation und richtete in den Jahren 1850, 1856 und 1860 jeweils eine Petition an die zweite Kammer der Ständeversammlung mit der Bitte, den die Juden diskriminierenden Paragraphen 54 bzw. 58 der Gemeindeordnung abzuschaffen.[83] In der Petition vom 31. März 1856 listete der Synagogenrat die Benachteiligungen der Juden durch das Bürgerrechtsgesetz noch einmal explizit auf:

- Die Israeliten konnten nur in ihren Heimatgemeinden die Bürgerannahme beanspruchen.

80 Vgl. Rürup, Reinhard: Emanzipation und Antisemitismus. Studien zur »Judenfrage« in der bürgerlichen Gesellschaft. Göttingen 1975 (= Kritische Studien zur Geschichtswissenschaft, Bd. 15), S. 56f. u. S. 60f.

81 Vgl. ebd., S. 57–59.

82 Vgl. ebd., S. 64–67.

83 GLA 231/1425 (1850 u. 1856) und 231/1426 (1860).

- Während alle Christen gleichberechtigt waren, gab es immer noch Juden mit Schutzbürgerstatus. Diese verfügten nicht über das Stimmrecht in der Gemeindeversammlung, hatten weder aktives noch passives Wahlrecht und waren vom Allmendgenuß ausgeschlossen.
- Über die Bürgerannahme von Israeliten entschieden nicht wie üblich die Gemeinde-, sondern die Staatsbehörden.
- Im Falle der Bedürftigkeit hatten Juden keinen Anspruch auf Armenunterstützung aus Gemeindemitteln, die Israeliten mußten für die Versorgung ihrer Armen selbst aufkommen.

Nach Ansicht des Heidelberger Synagogenrats gab es keinen Grund, den Juden die Ansiedlung in allen Gemeinden des Landes zu verweigern. Städte mit einem vergleichsweise hohen israelitischen Bevölkerungsanteil wie Mannheim, Heidelberg oder Karlsruhe würden nicht weniger prosperieren als Konstanz oder Freiburg, wo Israeliten nicht aufgenommen wurden. Das Gleiche gelte für die den Juden offenstehenden Landgemeinden in der pfälzischen Rheinebene und an der Bergstraße. Die Abschließung einzelner Orte gegen Zuwanderer habe wirtschaftliche Stagnation zur Folge, während die Zulassung auswärtiger Gemeindeangehöriger »neues Leben in die Gemeindezustände« und »neue Rührigkeit in die Privatverhältnisse« bringe. Auch die Trennung des Armenwesens von Christen und Juden sei von Nachteil für die Ortsgemeinden, da die Aufwendungen der Armenfonds zur Versorgung von Israeliten nicht so hoch ausfallen würden wie die Beiträge, die diese zahlen könnten.[84]

In der Petition vom 24. Januar 1860 betonte der Synagogenrat, daß Juden mittlerweile alle bürgerlichen Berufe ausüben könnten, aber immer noch weitgehend vom Staatsdienst ausgeschlossen seien, wobei vor allem Juristen und Mediziner gegenüber ihren Kollegen christlichen Glaubens benachteiligt würden. Die noch bestehenden Diskriminierungen von Juden seien Ausdruck längst überwundener Vorurteile und behinderten die freie Entfaltung der Individuen. Die Schulen der Israeliten würden durch christliche Geistliche visitiert, »anstatt sie den Händen tüchtiger Pädagogen zu unterstellen«. Da die Israeliten Badens seit langem allen bürgerlichen Pflichten nachkämen, hätten sie auch einen Anspruch auf die vollen bürgerlichen Rechte.[85]

In den Petitionen des Heidelberger Synagogenrats spiegelt sich das gestiegene Selbstbewußtsein der Juden, die nun nicht mehr um die bürgerliche Gleichstellung mit den Christen nachsuchten, sondern diese als ein ihnen zustehendes Recht forderten. Zu Beginn des 19. Jahrhunderts hatte man von den Juden verlangt, sich in ihrem Verhalten und bei der Berufswahl der christlichen Mehrheit anzupassen. Diese Bedingung war nach ihrer Ansicht längst erfüllt, so daß ihnen nun auch die gleichen Rechte wie den Christen gewährt werden mußten. Die für die Juden nachteiligen Bestimmungen des Bürgerrechtsgesetzes waren für sie zu einem Anachronismus geworden.

84 GLA 231/1425: Petition vom 31. März 1856.
85 GLA 231/1426: Petition vom 24. Januar 1860.

Diese Meinung vertrat auch Ludwig Häusser, Historiker und liberaler Abgeordneter aus Heidelberg, der am 23. April 1862 der zweiten Kammer den Bericht der Kommission über den Gesetzentwurf zur bürgerlichen Gleichstellung der Juden vorlegte.[86] Häusser widerlegte zunächst noch einmal die Argumente der Emanzipationsgegner, vor allem der nicht näher identifizierten »Freunde der Regierung, des Volkes und des Vaterlandes«. Diese Gruppe hatte im Januar 1862 an alle Gemeinden des Landes lithographierte Formulare einer Petition gegen das Emanzipationsgesetz verschickt, worin die bekannten antisemitischen Vorurteile und Drohungen noch einmal wiederholt wurden.[87]

Häusser räumte gleichwohl ein, daß vor allem unter der Landbevölkerung, »eine lebhafte Abneigung gegen die Israeliten« bestehe, die nicht aus der Religion, sondern aus den »Eigenthümlichkeiten der jüdischen Race« herrühre.[88] Diese Eigenarten sah er zum einen in der Herkunft der Juden als orientalisches Volk, zum anderen aber auch in deren jahrhundertelanger Unterdrückung durch ihre christliche Umwelt begründet. Nach seiner Meinung kam es nun darauf an, die Benachteiligung der Juden endgültig zu beseitigen. Man könne sich über das Verhalten der Juden erst dann mit einem gewissen Recht beschweren, »wenn man ihnen keinen Stoff mehr zu der Klage gibt, die Unterdrückten zu sein«.[89] Die zweite Kammer folgte der Empfehlung der Kommission und stimmte dem Gesetz zur bürgerlichen Gleichstellung der Juden zu, es trat am 15. Oktober 1862 in Kraft. Parlament und Regierung hatten letztlich von dem Gedanken Abstand genommen, die Juden zu ›erziehen‹ und zu ›verbessern‹, stattdessen wollte man nun endgültig alle Hemmnisse beseitigen, welche der freien Entfaltung der Individuen in der bürgerlichen Gesellschaft im Wege standen.[90]

3 Die Kehrseite der Judenemanzipation: Der Antisemitismus

Die Emanzipation der Juden war ein Teil des politischen und gesellschaftlichen Reformprogramms zu Beginn des 19. Jahrhunderts. Eine seit alters her diskriminierte und auf ein enges wirtschaftliches Betätigungsfeld beschränkte soziale Gruppierung, die sich darüber hinaus noch in ihren religiösen Sitten und Gebräuchen von der christlichen Bevölkerung unterschied, sollte gleichberechtigt in den Verband der Staatsbürger integriert werden. Dieses Vorhaben löste eine heftige

86 Vgl. Verhandlungen der Stände-Versammlung des Großherzogthums Baden in den Jahren 1861/63, sechstes Beilagenheft, S. 125–140.

87 Der Heidelberger Gemeinderat bezeichnete diese Petition in einer offenen Antwort als ein »nach Form und Inhalt weder den Anforderungen der Zeit, noch den diesseitigen Begriffen von Recht und Billigkeit entsprechende[s] Machwerk« (STAHD UA 153/1: »Offene Antwort« des Gemeinderats vom 13. Februar 1862).

88 Vgl. Stände-Versammlung 1861/1863, S. 134f.

89 Ebd., S. 136.

90 Vgl. Rürup 1975, S. 69–73.

Gegenreaktion aus, den frühen Antisemitismus.[91] Dieser äußerte sich auf der publizistisch-ideologischen Ebene in einer Vielzahl antijüdischer, gegen die Emanzipation und ihre Befürworter gerichteter Schriften. Die Verfasser waren häufig Vertreter des deutschen Nationalismus und der politischen Romantik, aber auch unter Konservativen und Liberalen fand antiemanzipatorisches und antijüdisches Gedankengut verbreitet Anhänger.[92] Mit den ersten Maßnahmen zur bürgerlichen Gleichstellung der Juden nahm auch in den mittleren und unteren Gesellschaftsschichten die Judenfeindschaft zu. Vor allem die ohnehin vom sozialen Abstieg bedrohten Handwerker und Kleinhändler fürchteten die Konkurrenz der Juden, die sich nun prinzipiell auch anderen Berufen als dem Kreditgeschäft oder dem Not- und Trödelhandel widmen durften. Auf lokaler Ebene entstanden somit soziale Spannungen und Konflikte, die mehrfach zu gewaltsamen Ausschreitungen gegen Juden führten.[93]

Auch in Heidelberg zeigte sich der Antisemitismus als Kehrseite der Emanzipation. Aktenkundig wurden die sogenannten Hepp-Hepp-Unruhen des Jahres 1819 und der Streit der Schneiderzunft mit dem Kleiderhändler Leopold Ehrmann, der in den Jahren 1848/49 ebenfalls in gewalttätigen Tumulten gipfelte. Zur antisemitischen Publizistik lieferte der Heidelberger Professor Jakob Friedrich Fries im Jahr 1816 einen wesentlichen Beitrag,[94] der durch den Jurastudenten Sigmund Zimmern erwidert wurde.[95] Beide Schriften sind charakteristisch für die Argumentation der Gegner bzw. Befürworter der Judenemanzipation.

3.1 Die ›Judenfrage‹ in der Heidelberger Publizistik

Jakob Friedrich Fries war von 1805 bis 1816 Professor für Philosophie und Mathematik in Heidelberg, danach in Jena. Er veröffentlichte 1816 seine Abhandlung »Über die Gefährdung des Wohlstandes und Charakters der Deutschen durch die Juden« zunächst in den Heidelberger Jahrbüchern der Literatur, noch im selben Jahr erschien sie in zweiter Auflage im Verlag Mohr und Winter. Fries rezensierte darin die Schrift des Berliner Historikers Friedrich Rühs »Über die Ansprüche der Juden an das deutsche Bürgerrecht«, dessen antisemitische Argumentation er aufgriff und mit eigenen, ausgesprochen aggressiven Vorschlägen zur ›Lösung der Judenfrage‹ ergänzte.

91 Vgl. Berding, Helmut: Moderner Antisemitismus in Deutschland. Frankfurt am Main 1988, S. 11–84; Erb, Rainer u. Bergmann, Werner: Die Nachtseite der Judenemanzipation. Der Widerstand gegen die Integration der Juden in Deutschland 1780–1860. Berlin 1989.

92 Vgl. Berding 1988, S. 43–66.

93 Vgl. Rohrbacher, Stefan: Gewalt im Biedermeier. Antijüdische Ausschreitungen in Vormärz und Revolution (1815–1848/49). Frankfurt am Main 1993 (= Schriftenreihe des Zentrums für Antisemitismusforschung Berlin, 1).

94 Fries, Jakob Friedrich: Über die Gefährdung des Wohlstandes und des Charakters der Deutschen durch die Juden. Heidelberg 1816.

95 Zimmern, Sigmund: Versuch einer Würdigung der Angriffe des Herrn Professors Fries auf die Juden. Heidelberg 1816.

Rühs wandte sich gegen die Verfechter der Emanzipation und des Gedankenguts der Aufklärung, namentlich gegen Christian Wilhelm von Dohm und die von ihm angestrebte »bürgerliche Verbesserung der Juden«. Nach Rühs' Ansicht waren Wohlergehen und Leistungsfähigkeit eines Gemeinwesens nicht von der Anzahl und dem Gewerbefleiß der Bevölkerung abhängig, sondern einzig und allein »von dem Geist, der ein Volk belebt, der es vereinigt und die Einzelnen zu einem unauflösbaren Ganzen an einander kettet«.[96] Ein Volk könne nur durch »inniges Zusammenwachsen aller seiner Eigenthümlichkeiten«, durch gleiche Gesinnung und Sprache, gleichen Glauben und »die Anhänglichkeit an seine Verfassung« zu »einem Ganzen« werden. Ein Volk dürfe auch Fremde aufnehmen, »aber nur unter der Bedingung, daß wer Mitglied eines Volks werden will, sich ihm ganz hingebe und gleich stelle«. Auf diese Art und Weise seien bereits »unzählige Franzosen und selbst Juden, sobald sie aufhörten Juden zu seyn, Deutsche geworden«.[97] Den Juden als Gesamtheit sprach Rühs jedoch die Integrationsfähigkeit ab, da sie nicht nur ein Volk für sich, sondern einen eigenen Staat unter der Herrschaft der Rabbiner bildeten. Die Juden könnten daher allenfalls Untertanen, aber nicht Bürger eines deutschen Staatswesens sein.[98]

Rühs bezeichnete die Argumentation Dohms, die schlechten Charaktereigenschaften der Juden seien eine Folge ihrer jahrhundertelangen Unterdrückung, als falsch. Seiner Meinung nach herrsche bei den Juden seit jeher der »Speculationsgeist (...), der bei der geringsten Anstrengung den möglichst größten Gewinn sucht«.[99] Anhand von historischen Beispielen, vor allem aus Polen und Spanien, wo man den Juden angeblich alle Freiheiten eingeräumt hatte, versuchte er seine These zu belegen, und kam zu dem Ergebnis: »Von jeher suchten die Juden, auch wo sie es nicht nöthig hatten, wo ihnen alle andre Wege des Erwerbs offen standen, sich in solche Geschäfte einzulassen, die ihnen Gelegenheit zu einem möglichst großen Gewinn ohne Rücksicht auf das Wohl anderer gaben und daraus erklärt sich der Haß, der sie schon in sehr frühen Zeiten verfolgte.«[100] Die Klagen der Juden über Unterdrückung und ungerechte Behandlung seien übertrieben oder unbegründet. Es läge nur an den Juden selbst und an ihrer »religiösen und bürgerlichen Verfassung«, wenn sie keine anderen Gewerbe als den Handel ausübten. Und überall da, wo sich Juden frei entfalten konnten, sei dies zum Nachteil der Nichtjuden geschehen, was deren Abneigung und Haß gegen sie gefördert habe. Es gebe auch keine Beispiele, daß Juden infolge der bisherigen Emanzipationsgesetzgebung Berufe als Bauern oder Handarbeiter ergriffen hätten. Sie seien allenfalls Fabrikanten geworden, zum Schaden der zünftigen Handwerker. Wenn sich Juden in ihrem Verhalten den Christen annäherten, dann hörten sie auf, Juden zu sein.[101]

96 Rühs, Friedrich: Über die Ansprüche der Juden an das deutsche Bürgerrecht. Mit einer Anlage über die Geschichte der Juden in Spanien. Berlin 1816, S. 4.

97 Ebd.

98 Vgl. ebd., S. 5.

99 Ebd., S. 6.

100 Ebd., S. 12.

101 Vgl. ebd., S. 23.

Hieraus leitete Rühs drei politische Forderungen ab: die Festsetzung eines bestimmten zahlenmäßigen Verhältnisses zwischen Deutschen und Juden, die Verhinderung jüdischer Einwanderung und »die möglichste Erleichterung und Beförderung des Uebertritts zum Christenthume als der ersten und unumgänglichen Bedingung, wodurch sie Deutsche werden können«. Andernfalls könnten die Juden in Deutschland nur den Status »eines geduldeten Volks« als »Schirm- und Schutzgenossen« erhalten. Die Forderung, ihnen Bürgerrechte zu erteilen, bezeichnete Rühs als »entschiedenen Unsinn«, es gelte zunächst, sie »unschädlich zu machen«. Er forderte ein besonderes Kennzeichen für die Juden, eine »Volksschleife«; sie sollten Schutzgeld zahlen und von öffentlichen Ämtern sowie dem Wehrdienst ausgeschlossen werden. Falls Juden ein anderes Gewerbe als den Handel ergreifen wollten, so sollte es ihnen gestattet werden, jedoch ohne Recht auf Aufnahme in die Zünfte, da diese »eine wesentliche Bedingung der deutschen städtischen Verfassung« seien. Darüber hinaus müßten die Juden erkennen, »daß ihr Aufenthalt unter den Deutschen eine Vergünstigung sey«.[102]

In Rühs' Schrift kommt das gegen Aufklärung und Emanzipation gerichtete Gedankengut des deutschen Nationalismus deutlich und komprimiert zum Ausdruck. Er wollte die Juden wieder in den Status einer rechtlosen und allenfalls geduldeten Minderheit zurückdrängen. Der Heidelberger Professor Fries schloß sich den Ansichten seines Berliner Kollegen weitgehend an, auch er konnte keine Hinweise auf eine Diskriminierung oder Unterdrückung der Juden in der Vergangenheit entdecken, die Juden seien »in Deutschland von jeher auf eine Weise behandelt worden, die [sowohl] mit den Rücksichten auf das Deutsche Volk (...), als den Forderungen der Menschlichkeit übereinstimmte«.[103] In seinen Vorschlägen zur Behandlung der Juden ging Fries jedoch deutlich über Rühs hinaus, wobei er sich einer sehr aggressiven und wohl auch populären Sprache bediente. Er unterschied ausgesprochen sophistisch zwischen Juden als Individuen und der »Judenschaft« bzw. dem »Judenthum« als Gesamtheit: »Nicht den Juden, unsern Brüdern, sondern der Judenschaft erklären wir den Krieg. Wer den Pestkranken liebt, muß der nicht wünschen, daß er von der Pest befreyt werde?« »Die Judenschaft ist ein Ueberbleibsel aus einer ungebildeten Vorzeit, welches man nicht beschränken, sondern ganz ausrotten soll. Die bürgerliche Lage der Juden verbessern heißt eben das Judenthum ausrotten, die Gesellschaft prellsüchtiger Trödler und Händler zerstören. Judenschaft ist eine Völkerkrankheit, welche sich in Menge erzeugt und an Macht gewinnt durch Geld«.[104] Diese Vernichtung der »Judenschaft« liege im Interesse der Juden selbst, da andernfalls Gewaltmaßnahmen des Volks gegen die Juden zu befürchten seien: »Denket nur an ihr Schicksal in Spanien, wie es dort dem Volke zur Freude wurde, sie zu Tausenden auf den Scheiterhaufen verbrennen zu sehen, wie sie dort die Regierung für ihr eigenes

102 Vgl. ebd., S. 32–34.
103 Fries 1816, S. 4.
104 Ebd., S. 10.

Wohl sammt und sonders zum Lande hinaus jagen mußte. Und wie ähnlich liegen die Dinge bey uns.«[105]

Fries berief sich in seiner Argumentation auch auf den ›Mann auf der Straße‹. Die Juden seien bei Bürgern und Bauern als »Volksverderber und Broddiebe« verhaßt, allenfalls die »Söldner« der Juden und »Stubengelehrte, die das Leben nicht kennen«, würden anders reden. Und weiter, direkt an das ›Volk‹ adressiert: »Ohne einen Kreuzer werth Arbeit geliefert zu haben, sind den Reichen unter ihnen ihre Bettelsäcke mit Millionen gefüllt worden, welche die Schacherteufel eurem christlichen Schweiß entwendet und dort zusammengehäuft haben. Dies Unwesen kann nicht ohne schreckliche Gewaltthat zu Ende gehen, wenn unsere Regierungen nicht schnell und mit hoher Kraft dem Uebel steuern.«[106] Fries zeigte also durchaus Verständnis für Gewaltaktionen gegen Juden und erklärte diese indirekt für gerechtfertigt, falls keine Maßnahmen gegen »die Judenschaft« ergriffen würden.

Im weiteren Verlauf seiner Abhandlung untersuchte Fries die »Natur der Judenschaft« näher. Die »Gesellschaft der Juden« setzte sich seiner Meinung nach aus vier verschiedenen Elementen zusammen: Die Juden bildeten eine eigene Nation, eine politische Verbindung, eine Religionsgemeinschaft sowie eine »Mäkler- und Trödlerkaste«. Die Juden hätten stets darauf geachtet, »ihre Rasse rein [zu] erhalten«, und seien daher nie in anderen Völkern aufgegangen.[107] Die jüdische Religion sollte nicht geduldet werden, da sie Grundlage einer »theokratischen Staatsverfassung« und des »Despotismus der Rabbiner« sei. Die Hauptursache für »den Einfluß und die Schädlichkeit der Judenschaft« lag nach Fries' Meinung darin begründet, daß sie »eine durch theokratischen Despotismus eng verbundene, durch eine eigene Religion zusammen verschworene Krämer- und Trödlerkaste« bildeten.[108] Als solche bereicherten sie sich auf Kosten des Volks, in dem sie lebten, und das Problem sei nur dadurch zu lösen, »daß diese Kaste mit Stumpf und Stiel ausgerottet werde«.[109]

Ähnlich wie Rühs leitete Fries aus seiner Argumentation eine Reihe von politischen Forderungen ab: Die »Judenschaft« sollte durch das Verbot von Einwanderungen sowie durch Heirats- und Ansiedlungsbeschränkungen vermindert werden. Gegen die »Schädlichkeit ihrer Religionslehre« schlug er die Ausbildung von jüdischen Kindern in christlichen Schulen und eine von Christen überwachte Rabbinerausbildung vor. Juden sollten sich nicht zu bürgerlichen Vereinigungen zusammenschließen dürfen und, Rühs Vorschlag entsprechend, »nach alter Sitte (...) ein Abzeichen in der Kleidung« tragen müssen.[110] Im Gegensatz zu Rühs wollte Fries aber den Juden nicht die Möglichkeit eröffnen, mit dem Übertritt zum Christentum deutsche Staatsbürger zu werden. Er erklärte

105 Ebd., S. 11.
106 Ebd.
107 Vgl. ebd., S. 12.
108 Vgl. ebd., S. 13–15.
109 Ebd., S. 18.
110 Ebd., S. 21.

vielmehr, »daß überhaupt niemand an Schutz und Frieden unserer Staaten Antheil behalten soll, der nicht geeignet ist, volles Bürgerrecht zu empfangen«.[111] Solange die Juden ihrem Wesen nach Angehörige der »Judenschaft« blieben, sollten sie vom Genuß der Bürgerrechte ausgeschlossen bleiben und ausgewiesen werden. »Wir bedürfen gewiß für unser Volk harte[r] Gesetze gegen jede Art jüdischen Handel, mag er nun von [h]ebräischen oder christlichen Juden getrieben werden, allein wir bedürfen neben dem noch [der] Befreyung von der ganzen zu unserm Verderben verschworenen Händlerkaste. Wenn unsere Juden nicht dem Greuel des Cerimonialgesetzes und Rabbinismus gänzlich entsagen und in Lehre und Leben so weit zur Vernunft und Recht übergehen wollen, daß sie sich mit den Christen zu einem bürgerlichen Verein verschmelzen können, so sollten sie bey uns aller Bürgerrechte verlustig erklärt werden, und man sollte ihnen wie einst in Spanien den Schutz aufsagen, sie zum Lande hinaus weisen.«[112]

Fries' Schrift war mehr als ein akademischer Beitrag zur Emanzipationsdebatte; sie zielte offensichtlich auf ein breiteres Publikum und wurde nach den Angaben von Sigmund Zimmern »auf vielfache Weise verbreitet und in öffentlichen Schenken vorgelesen«.[113] Fries' Aufforderung zur Bekämpfung und Vernichtung der »Judenschaft« konnte nach Ansicht zeitgenössischer Beobachter durchaus auch als Rechtfertigung von Gewaltmaßnahmen gegen einzelne Juden verstanden werden. So stellte der Korrespondent der Neuen Speyerer Zeitung im Jahr 1819 einen unmittelbaren Zusammenhang zwischen der antisemitischen Hetzschrift von Fries und den gewalttätigen Ausschreitungen gegen die Heidelberger Juden fest: »Aber freylich wenn Professoren dem Volke Ausrottung des ›Judenthums‹ predigen, so hatten sie nicht darauf geachtet, daß die Gassenbuben so unlogische Köpfe seyen, darunter ›die Juden‹ selbst zu verstehen, und wenn Flugschriften und Zeitungen täglich den Judenhaß anfachen, so hat ja von Aristoteles an bis Fries noch Niemand einen solchen Fehlschluß begangen, daß er sich deshalb zur Judenplünderung befugt gehalten!«[114]

Als Entgegnung auf die Schrift von Fries veröffentlichte der Jurastudent Sigmund Zimmern im Jahr 1816 seinen »Versuch einer Würdigung der Angriffe des Herrn Professor Fries auf die Juden«. Sigmund Zimmern wurde 1796 als ältester Sohn des Kaufmanns David Zimmern geboren. Er studierte in Heidelberg Rechtswissenschaften und promovierte im Jahr 1817. Seit 1818 habilitiert, konvertierte er 1821 zum lutherischen Glauben, um Ordinarius werden zu können.[115]

Zimmern erkannte die Brisanz und Gefährlichkeit der Friesschen Schrift, die unter dem Deckmantel der Wissenschaftlichkeit die Gewaltbereitschaft gegen die Juden förderte, und er fühlte sich gerade deshalb zu einer Antwort verpflichtet: »Bedeutende Männer und öffentliche Lehrer geben ihren Namen zu Schriften, die

111 Ebd., S. 22.

112 Ebd., S. 23.

113 Zimmern 1816, S. 4.

114 Neue Speyerer Zeitung 4. Jg. Nr. 103, vom 28. August 1819, zitiert nach Wirtz, Rainer: »Widersetzlichkeiten, Excesse, Crawalle, Tumulte und Skandale«. Soziale Bewegung und gewalthafter sozialer Protest in Baden 1815–1848. Frankfurt am Main 1981, S. 62.

115 Auf die akademische Laufbahn Zimmerns wird in Kapitel 5 näher eingegangen.

in die Masse des Volks brennenden Zündstoff werfen, und wenn auch bei ruhig Denkenden unwirksam bleibend, Eingang bey Pöbel und Leidenschaft finden. Von der Art sind die bitteren Angriffe des Hrn. Prof. Fries in seiner so eben in den hiesigen Jahrbüchern der Literatur erschienenen Recension, deren Tendenz und sichtbare Wirkung es zur Pflicht macht, die Stimme der Wahrheit ihr entgegenzusetzen.«[116] Nach Ansicht Zimmerns war nicht die Religion, sondern die Behandlung der Juden durch die christliche Umwelt die Ursache für deren »Separation«. Die Juden wollten keine »Nation« für sich bilden, sondern gleichberechtigte Staatsbürger werden.[117] Zimmern wies die Behauptungen von Rühs und Fries, die Juden seien in der Vergangenheit nicht diskriminiert und verfolgt worden, zurück. Verhaltensweisen, die man den Juden zur Last lege, etwa die Erschleichung und der Mißbrauch von Ämtern, könnten genausogut Nichtjuden zum Vorwurf gemacht werden. Aber nur wenn Juden davon betroffen seien, traue man sich, die Kritik laut auszusprechen: »Ja gebe man einmal völlige Freyheit und Gefahrlosigkeit des Schreibens, und sehe dann zu, mit welcher Verwaltung und welchen Beamten man Zufriedenheit äußert, so wird man über das sich nicht wundern, was man hier gegen die Gehaßten und Gedrückten mit Freuden zu sagen und zu übertreiben sich nicht entblödet«.[118] Aber selbst wenn die gegen die Juden erhobenen Beschuldigungen gerechtfertigt sein sollten, so wären sie doch nur eine Folge ihrer Unterdrückung. Man könne daher von den Juden nicht eine schlagartige Veränderung ihrer Verhaltensweisen erwarten, sondern müsse diese dazu erziehen: »Wem verkehrte Behandlung schiefe Richtung gegeben, den kann ungezügelte Freyheit nicht bessern, ja zum Guten muß man ihm den Weg eröffnen, ihn auf alle Weise darauf hinleiten, aber auf der Bahn ihn hemmen, die zum Schlimmen führt. Gerade so müßte man den Juden zu Ackerbau, Gewerben und Aemtern die Wege öffnen, dorthin durch alle Mittel ihn führen, aber den Eltern Lust und Befugniß nehmen ihre meisten Kinder zum Handel zu erziehen«.[119] Überall dort, wo man ernsthaft mit der Emanzipation begonnen habe, zeigten die Maßnahmen zur »Verbesserung« der Juden auch bereits Erfolge, insbesondere in Frankfurt.[120]

Dem von Fries und Rühs gebrauchten Argument, die »Macht der Rabbiner« begründe eine »Theokratie« unter den Juden, hielt Zimmern den einstigen »Despotismus der Päpste« entgegen, der weit schlimmere Auswirkungen gehabt habe. Darüber hinaus wies er darauf hin, daß auch Anhänger christlicher Konfessionen verbreitet dazu neigten, Andersgläubige zu verachten. Es sei daher nur natürlich, daß eine unterdrückte Gemeinschaft in ihrer Religion einen »geistigen Zufluchtsort« suche.[121] Die Juden bildeten auch nur deshalb eine »Krämer-, Mäkler und Trödlerkaste«, weil ihnen alle anderen Erwerbszweige versperrt geblieben

116 Zimmern 1816, S. 3f.
117 Vgl. ebd., S. 10f.
118 Ebd., S. 15.
119 Ebd., S. 17.
120 Vgl. ebd., S. 18f.
121 Vgl. ebd., S. 22–24.

waren: »Doch was bleibt dem, den man zu Gewerben und Aemtern nicht zuließ, dem die Zünfte ihre Aufnahme, der Staat die Anstellung versagte, dem das Ankaufen liegender Güter verboten, und so jeder produktive Erwerbszweig verschlossen war, was bleibt dem übrig als zum Vermitteln der Producenten, zum Austausche des Producierten selbst, und zum möglichst hohen Verzinsen des dadurch erworbenen Geldes, d.h. zum sogenannten Mäkeln, Trödeln und Wuchern seine letzte Zuflucht zu nehmen, um mit den Seinigen nicht dem Hungertode entgegen zu sehen.«[122] Zimmern bestritt nicht, daß diese Art des Gelderwerbs mit negativen Begleiterscheinungen verbunden war, diese seien aber keineswegs auf etwaige ›typisch jüdische‹ Charaktereigenschaften zurückzuführen: »Das Niedrige des Schacherns, das mit der Natur des Kleinhandels unzertrennlich verbunden ist, findet nur deswegen bey Christen sich seltener, weil es da der Trödler weniger gibt, was der Jude gern nicht wäre, wenn nicht die Noth, womit der Christ sich nicht entschuldigen kann, ihn zwänge.«[123] Er wies auch darauf hin, daß der speziell unter Kaufleuten verbreitete Antisemitismus vor allem aus der Angst vor der Konkurrenz der Juden und dem Neid auf deren wirtschaftlichen Erfolg gespeist wurde, da die Israeliten gelernt hätten, »auf der einzig offenen Bahn des Handels spekulativer und eingreifender zu Werke zu gehen.«[124]

Im wesentlichen griff Sigmund Zimmern die Argumente der Emanzipationsbefürworter auf, die seit Dohm um die Integration und »bürgerliche Verbesserung« der Juden bemüht waren. Die Juden bildeten nach seiner Ansicht kein ›fremdes Volk‹, sie befanden sich lediglich in einer gesellschaftlichen Außenseiterstellung, die durch die Öffnung neuer Erwerbszweige beseitigt werden sollte: »Also nicht von der Aufnahme Fremder, von der Veredelung Vorhandener ist die Rede, und dazu vermag der Gelähmte nicht alle Schritte zu thun, so lange die Fessel ungelöst ist.«[125]

3.2 Die Hepp-Hepp-Unruhen des Jahres 1819

Im August 1819 kam es zunächst in Würzburg zu antijüdischen Ausschreitungen, die sich dann rasch auf weitere Orte in Süddeutschland, dem Rheinland und in Norddeutschland ausdehnten.[126] Auch Heidelberg war Schauplatz von Gewalttätigkeiten gegen Juden. Am 25. August 1819 stürmte gegen neun Uhr abends eine Menschenmenge die Häuser der jüdischen Klein- und Trödelhändler Samuel Carlebach, Herz Carlebach und Hirsch Marx in der Unteren Straße, wobei Fenster und Türen eingeschlagen, Hausrat und Waren zerstört und geplündert wurden. Die ebenfalls in der Unteren Straße und am Heumarkt gelegenen Häuser von Isaac Mayer, Salomon Mayer und Mendel Abenheimer wurden gleichfalls angegriffen und beschädigt. Das städtische Polizeipersonal und die Bürgerwehr verhielten sich weitgehend passiv, so daß sich eine größere Anzahl von Studenten

122 Ebd., S. 44f.
123 Ebd., S. 45f.
124 Ebd., S. 71.
125 Ebd., S. 75.
126 Vgl. Rohrbacher 1993, S. 94–156; Erb/Bergmann 1989, S. 218–241.

bewaffnete und unter Führung der Professoren Thibaut und Daub dem Tumult ein Ende bereitete sowie einige Randalierer festnahm. Die Behörden in Mannheim und Karlsruhe reagierten höchst besorgt auf die Vorfälle in Heidelberg und ordneten deren genaue Untersuchung an, da sie weitere Unruhen und revolutionäre Umtriebe fürchteten. Nach den Akten und Augenzeugenberichten läßt sich der Verlauf der Hepp-Hepp-Unruhen in Heidelberg folgendermaßen rekonstruieren:[127]

Bereits einige Tage vor den gewalttätigen Ausschreitungen am 25. August belästigten Handwerksburschen und Straßenjungen die Heidelberger Juden mit dem damals verbreiteten Spott- und Hetzruf »Hepp! Hepp!«[128] Stadtdirektor Pfister, der höchste Verwaltungs- und Polizeibeamte, unternahm zunächst nichts gegen das verbreitete Hepp-Hepp-Rufen und empfahl den Juden, nicht darauf zu achten, da seiner Meinung nach ein Verbot nur das Gegenteil bewirken würde.[129] Die Beleidigungen nahmen jedoch zu, wobei sich eine Gruppe von Maurergesellen besonders hervortat, die in der Hauptstraße beim Haus des Rats Rettig arbeitete. Nachdem eine Ermahnung der Gesellen und ihres Meisters nichts fruchtete, ließ Pfister diese schließlich am 24. August zu einer polizeilichen Vernehmung vorladen, die allerdings erst einige Tage später stattfinden sollte.[130] Am Abend des gleichen Tages beleidigte der als gewalttätig bekannte Müllermeister Bernauer »im Rausch« den Juden Herz Carlebach sowie dessen Tochter und kündigte die Ermordung aller Juden für den 27. August an. Carlebach meldete diesen Vorfall den Polizeibehörden, woraufhin Bernauer festgenommen und im Rathaus inhaftiert wurde.[131]

Am 25. August wurde in Heidelberg der Namenstag des Großherzogs Ludwig mit Paraden des Bürgermilitärs und der Einweihung zweier neuer Kanonen feierlich begangen. Während des Aufmarsches des Bürgermilitärs vor dem Rathaus gelang Bernauer, der sich offenbar ziemlich frei bewegen konnte, die Flucht aus der Wache. Ein Polizeidiener wollte ihn zwar erneut festnehmen, wurde jedoch von mehreren Bürgergrenadieren daran gehindert, »welche es übel aufnahmen, daß ein Bürger wegen eines Juden verhaftet sei«. Stadtdirektor Pfister ließ

127 Akten über die Untersuchung der Vorfälle: GLA 236/5505, 236/2827, 204/3066. Augenzeugenberichte über den Verlauf des Tumults und das Einschreiten der Studenten: Leonhard, Karl Caesar von: Aus unserer Zeit in meinem Leben. Bd. 1. Stuttgart 1854, S. 603–632; Pfitzner, W.: Der Heidelberger »Judensturm«. Bericht eines Augenzeugen. In: Akademische Monatshefte. Organ der deutschen Corpsstudenten, 3. Jg. 1886/87, S. 210–214. Mehrere Berichte erschienen auch in der Neuen Speyerer Zeitung (zitiert bei Wirtz 1981, S. 61–65).

128 Zur Diskussion um Herkunft und Bedeutung des Hepp- bzw. Hep-Rufens vgl. Rohrbacher 1993, S. 94–98; am wahrscheinlichsten ist wohl die Annahme, daß es sich dabei um eine Aufforderung zum Springen und Davonlaufen handelte.

129 GLA 236/5505: Bericht des Stadtdirektors Pfister an die Kreisregierung in Mannheim vom 25. August 1819.

130 Ebd.

131 Ebd.; GLA 204/3066: Protokoll des Kreisrats von Hertling über die Vernehmung Pfisters; Neue Speyerer Zeitung 4. Jg. No. 108 vom 9. September 1819, zitiert bei Wirtz 1981, S. 64.

diesen Vorfall ungeahndet, um die Feierlichkeiten nicht zu stören, und um »die Gemüter (...) nicht zu reizen«.[132] Am Nachmittag des 25. August liefen dann in der Stadt Gerüchte über eine bevorstehende Aktion gegen die Juden um. So wurde beispielsweise Gabriel Hirschhorn empfohlen, seine wertvollste Habe in Sicherheit zu bringen. Hirschhorn befolgte diesen Rat und schickte außerdem seine Frau und deren Schwester zu ihrem Schwiegervater nach Schwetzingen. Außerdem berichtete er zwischen zwei und drei Uhr nachmittags Pfister von den Warnungen und Gerüchten, woraufhin Pfister ihn zu beruhigen versuchte.[133]

Die Gerüchte verbreiteten sich rasch unter den Heidelberger Juden. Gegen fünf Uhr nachmittags informierte Moses Flehinger David Zimmern; dessen Frau hatte im Haus von Hirsch Marx ebenfalls schon davon gehört. Zimmern begab sich daraufhin zum Rathaus, um mit Pfister zu sprechen, dieser befand sich jedoch »auf dem Spazierweg jenseits des Neckars«, wo die neuen Kanonen der Bürgerwehr mit Salutschüssen eingeweiht wurden. Zimmern traf Pfister gegen sechs Uhr, schilderte ihm die Gerüchte und forderte Maßnahmen zum Schutz der Israeliten. Pfister war jedoch der Ansicht, daß die Sicherheit der Juden nicht gefährdet sei und Zimmern sich keine Sorgen machen müsse. Die gleiche Meinung vertrat Oberbürgermeister Lombardino, der beiden auf der Neckarbrücke begegnete.[134] Pfister begab sich daraufhin noch vor das Haus Hirschhorns, wo jedoch alles ruhig blieb. Er vernahm zwar die zunehmenden Hepp-Hepp-Rufe in der Stadt, gleichwohl ging er nach Hause, um zu Abend zu essen.[135]

Als zwischen sieben und acht Uhr abends das Bürgermilitär mit seinen Kanonen in Begleitung einer größeren Menschenmenge vom rechten Neckarufer in die Stadt zurückmarschierte, kam es in der Judengasse zu ersten Steinwürfen gegen Häuser von Israeliten. Wenig später stürmten mit Äxten und Brecheisen ausgerüstete Handwerksgesellen und »Straßenjungen« die Häuser von Samuel Carlebach, Herz Carlebach und Hirsch Marx, wobei sie Fenster und Türen zerstörten, Möbel, Bettzeug und sonstiges Inventar zertrümmerten und auf die Straße warfen sowie Geld und Wertgegenstände raubten.[136] Nach der Darstellung Pfisters konnten Polizei und Bürgerwehr wegen der sich rasch ansammelnden Menschenmenge nicht zum Schauplatz der Geschehens vordringen.[137] Nach den überlieferten Augenzeugenberichten verhielten sie sich jedoch weitgehend passiv, die Plünderer sollen sogar »durch die besoffenen Grenadiere der Bürgergarde«, »die ruhig und kalt dem lustigen Spektakel, wie sie es nannten, zusahen«, ermuntert und »aufge-

132 GLA 236/5505: Bericht des Stadtdirektors Pfister an die Kreisregierung in Mannheim vom 25. August 1819.

133 GLA 204/3066: Protokoll des Kreisrats von Hertling über die Vernehmung Hirschhorns vom 16. September 1819.

134 Ebd., Protokoll des Kreisrats von Hertling über die Vernehmung Zimmerns vom 2. September 1819.

135 Ebd., Protokoll des Kreisrats von Hertling über die Vernehmung Pfisters vom 3. September 1819.

136 Vgl. die Augenzeugenberichte bei Pfitzner 1886/87, S. 212f., sowie den Bericht der Neuen Speyerer Zeitung, zitiert bei Wirtz 1981, S. 61 f.

137 GLA 236/5505: Bericht Pfisters an die Kreisregierung vom 25. August 1819.

reizt« worden sein.[138] Die Untersuchung des Kreisrats von Hertling ergab, daß das Pfister unterstehende Polizeipersonal zur fraglichen Zeit nicht auf Posten war und auch keine Befehle zum Einschreiten erhielt.[139] Die Gewalttätigkeiten gegen die Heidelberger Israeliten wurden dann schließlich gegen halb zehn Uhr abends durch das Eingreifen einer größeren Anzahl[140] bewaffneter Studenten beendet, wobei letztlich wohl offen bleiben muß, ob diese aus eigenem Antrieb handelten oder vom Prorektor auf Ersuchen der städtischen Behörden dazu aufgefordert wurden, da sich die Augenzeugenberichte in diesem Punkt widersprechen.[141] Den Studenten gelang es auch, einige Plünderer festzunehmen und deren Beute sicherzustellen. Außerdem patrouillierten sie während der Nacht durch die Straßen der Stadt, um weitere Ausschreitungen und die Befreiung der Inhaftierten zu verhindern.

Stadtdirektor Pfister verfaßte noch in der Nacht des 25. August einen Bericht über die Ereignisse an seine vorgesetzte Behörde, die Kreisregierung in Mannheim, in dem er freilich sein eigenes Verhalten und die Passivität des ihm unterstellten Polizeipersonals verschwieg. Es bereitete ihm offensichtlich Sorge, daß sich der Haß der Tumultuanten nun gegen die »Ruhestifter«, d.h. die Studenten richtete, was seiner Ansicht nach weitere Unruhen zur Folge haben könnte, weshalb er der Kreisregierung auch die Entsendung von Militär nach Heidelberg empfahl.[142] In Mannheim reagierte man ausgesprochen alarmiert auf den Bericht über die Ereignisse in Heidelberg, vor allem weil die Studenten daran beteiligt waren, die zu dieser Zeit ohnehin für politische Unruhe in den deutschen Bundesstaaten sorgten. Die Ermordung des Schriftstellers und russischen Geheimagenten August von Kotzebue durch den Studenten Karl Ludwig Sand in Mannheim lag erst fünf Monate zurück, und die durch dieses Attentat initiierten Karlsbader Beschlüsse mit den nachfolgenden Repressionsmaßnahmen gegen die Universitäten und die Burschenschaften standen unmittelbar bevor.

Nachdem Pfisters Bericht am Morgen des 26. August in Mannheim eingetroffen war, begab sich Kreisdirektor Siegel sofort nach Heidelberg, um sich persönlich ein Bild von der Lage zu verschaffen. Siegel beauftragte den Stadtdirektor, den bei den Ausschreitungen entstandenen Schaden aufnehmen zu lassen. Er informierte sich im Senat der Universität über die Stimmung unter den Studenten und ermahnte die Viertel- und Zunftmeister sowie die Offiziere der Bürgerwehr, alle notwendigen Maßnahmen zur Aufrechterhaltung der öffentlichen Ruhe und Ordnung zu treffen. Pfister und die Mitglieder des akademischen Senats berichteten ihm von in der Stadt umlaufenden Gerüchten über geplante gewaltsame Aktionen gegen die Studenten. Man stellte übereinstimmend fest, daß die Studenten nicht länger als Polizeipatrouillen eingesetzt werden sollten, sondern ihrerseits

138 Pfitzner 1886/87, S. 213.

139 GLA 204/3066: Protokolle von Hertlings über die Vernehmung der Polizeidiener.

140 Die Angaben schwanken zwischen »über 200« nach dem Bericht der Neuen Speyerer Zeitung (zitiert bei Wirtz 1981, S. 62) und »über 600« nach dem Augenzeugenbericht bei Pfitzner 1886/87, S. 213.

141 Vgl. ebd. sowie Leonhard 1854, S. 632.

142 GLA 236/5505: Bericht Pfisters an die Kreisregierung vom 25. August 1819.

vor Übergriffen geschützt werden müßten. Nach Siegels Einschätzung drohten die Ereignisse in Heidelberg »einen üblen Gang zu nehmen«, so daß er am Nachmittag des 26. August Militär aus Schwetzingen und Mannheim anforderte.[143] Gegen vier Uhr nachmittags rückten dann 24 Dragoner aus Schwetzingen in Heidelberg ein, und um sieben Uhr abends kamen weitere 64 Kavalleristen aus Mannheim hinzu. Die starke Militärpräsenz in der Stadt verhinderte weitere Unruhen.[144]

Kreisdirektor Siegel war sofort aufgefallen, daß Stadtdirektor Pfister nicht Herr der Lage war und die Untersuchung des Vorfalls sowie die Bestrafung der Tumultuanten nur halbherzig betrieb. Er bemängelte, daß von mehreren hundert »Aufrührern und Plünderern« nur fünf Heidelberger Bürgersöhne und vier auswärtige Handwerksgesellen festgenommen worden waren, erstere hatte man sogar bereits wieder freigelassen. Das Kreisdirektorium beauftragte daher am 27. August den Kreisrat von Hertling mit der Untersuchung der Vorfälle. Von Hertling sollte für die Aufrechterhaltung von Ruhe und Ordnung in Heidelberg sorgen und die Bürgerschaft zur Kooperation auffordern. Für den Fall, daß sich das Bürgermilitär seinen Anordnungen widersetzten sollte, erhielt er die Vollmacht, dieses notfalls entwaffnen und auflösen zu lassen. Die Teilnehmer an den gewaltsamen Ausschreitungen sollten ermittelt, verhaftet und einer eigens dafür eingerichteten »Inquisitions-Commission« übergeben werden. Die um ihre Sicherheit besorgten Studenten sollte von Hertling durch den Prorektor beruhigen lassen. Gleichzeitig war darauf zu achten, daß die Studenten keine Patrouillen durch die Stadt veranstalteten und sich ruhig verhielten. Darüber hinaus sollte er die Ursachen und Motive der Ausschreitungen vom 25. August ergründen, um eventuellen revolutionären Umtrieben auf die Spur zu kommen.[145]

Die Lage in Heidelberg blieb offensichtlich noch einige Tage lang gespannt, wobei sich der Unmut der Handwerksgesellen nun gegen die Studenten richtete. Es kam wohl auch zu Drohungen und Handgreiflichkeiten zwischen beiden Gruppen.[146] Von Hertling berichtete am 29. August der Kreisregierung, daß das Verhalten der Bürger gegenüber den Studenten hohe Wachsamkeit erfordere, während die Juden zumindest vorübergehend in Vergessenheit geraten seien. Von Hertling hatte mittlerweile erste Ermittlungen angestellt, es war ihm aber nicht gelungen, einen Täter dingfest zu machen, da alle Beteiligten schwiegen. Das Stadtamt zeigte weiterhin kein Interesse an der Aufklärung des Falles, die dort angefertigten Untersuchungsprotokolle erwiesen sich als wertlos. Stadtdirektor Pfister versuchte offenbar, von seiner eigenen Untätigkeit abzulenken, indem er der Heidelberger Bürgerschaft eine aufrührerische Grundhaltung unterstellte. Von Hertling hielt jedoch »die Mehrheit der Bürger« nicht »für Übelgesinnte, Revolutionärs und dergleichen«, seiner Meinung nach waren sie durchaus an Ruhe und

143 GLA 236/5505: Schreiben Siegels aus Heidelberg vom 26. August 1819.
144 Ebd., Bericht der Kreisregierung an das Innenministerium vom 27. August 1819.
145 Ebd., Erlaß des Kreisdirektoriums vom 27. August 1819.
146 Vgl. die Berichte eines studentischen Augenzeugen vom 28. u. 29. August 1819 bei Pfitzner 1886/87, S. 213f.

Ordnung interessiert. Allerdings war bei ihnen »alle Unterwürfigkeit so ganz aufgehoben, alles Vertrauen so gänzlich zerstört, daß selbst die Bestgesinnten (...) mit völliger Indolenz Gutes und Böses über sich ergehen« ließen. Von Hertling konnte zwar keine Hinweise auf eine revolutionäre Bewegung oder auf Verbindungen mit dem Ausland feststellen, trotzdem war nach seiner Einschätzung der Tumult vom 25. August nicht spontan entstanden, sondern von langer Hand geplant worden. Als Motive für die »Judenmißhandlung« nannte er den Unmut der Bürger gegen das »schnelle Emporkommen und Bereichern« der Israeliten, deren angebliche Begünstigung durch die Regierung sowie den Neid von Handwerkern, da einige Juden die Erlaubnis zum Handel mit Möbeln erhalten hatten.[147] Hinzu kam noch der Beispielcharakter der Hepp-Hepp-Unruhen in anderen süddeutschen Orten.[148]

Am 29. August 1819 kam es dann nochmals zu einem kleineren Zwischenfall: Es war Sonntagabend, den die meisten jungen Männer »im Wirtshaus« verbrachten, wobei sich »die Köpfe erhitzten«. Nach Einbruch der Dunkelheit ertönten Hepp-Hepp-Rufe in der Stadt, das Polizeipersonal reagierte jedoch zurückhaltend darauf, um keine Ausschreitungen zu provozieren. Man verhaftete einige Betrunkene, was »einigen Zusammenlauf« erregte, der sich aber bald wieder zerstreute. Nach der Sperrstunde, gegen halb elf Uhr abends, wurden bei Bierwirt Meyer dann noch acht bis zehn »betrunkene Burschen«, wobei es sich um beurlaubte Soldaten, Bürgersöhne und Handwerksgesellen handelte, angetroffen. Diese widersetzten sich gewaltsam der Aufforderung einer Patrouille, nach Hause zu gehen. Von Hertling ordnete die Bestrafung der Trunkenbolde an und ließ die Biervorräte des Wirts beschlagnahmen.[149] In den darauffolgenden Wochen beruhigte sich die Lage in Heidelberg dann soweit, daß auch das Militär wieder abgezogen werden konnte.[150]

Auch das Verhältnis zwischen Studenten und Bürgerschaft entspannte sich bald wieder. Einige Vertreter der Heidelberger Bürgerschaft und ein Ausschuß der Studenten trafen sich am 3. September 1819, um die aus der »unrichtigen Beurtheilung des Benehmens der Studenten bey dem Vorfall am 25. August« entstandenen Mißverständnisse auszuräumen. In einer öffentlichen Stellungnahme im Heidelberger Wochenblatt erklärten die Studenten, daß sie »bloß aus Liebe zu Recht und Ordnung, keineswegs aber aus einer besonderen Vorliebe für die Juden, der Plünderung der letzteren Einhalt gethan hätten«. Die Bürger legten ihrerseits dar, »daß sie das Eingreifen der Studenten zur Herstellung der Ruhe und Ordnung unter den obgewalteten Umständen, da die Bürger weder dazu berufen noch berechtigt waren, als das einzige zweckdienliche Mittel betrachten, und deshalb denselben öffentlich ihren Dank zollen«.[151]

147 GLA 236/5505: Bericht von Hertlings an die Kreisregierung vom 29. August 1819.
148 Ebd., Bericht von Hertlings an die Kreisregierung vom 1. September 1819.
149 Ebd., Bericht von Hertlings an die Kreisregierung vom 30. August 1819.
150 Ebd., Erlaß der Kreisregierung vom 18. September 1819.
151 Heidelberger Wochenblatt 13. Jg. No. 36, vom 9. September 1819, S. 155; am gleichen Tag erschien eine ähnliche Erklärung in der Neuen Speyerer Zeitung, zitiert bei Wirtz 1981, S. 64f.

In den überlieferten Akten ist wenig über die strafrechtlichen Folgen für die an den Heidelberger Hepp-Hepp-Unruhen Beteiligten zu finden. Man hatte nur fünf Bürgersöhne und vier auswärtige Handwerksgesellen festgenommen. Letztere wurden wohl ausgewiesen, erstere mit Geldstrafen belegt. Im Jahr 1836 ersuchten die verurteilten Tumultuanten Martin Öhldorf und Johann Mathias Eichenheer um Erlaß der Verfahrenskosten.[152] Trotz intensiver Nachforschungen war es Kreisrat von Hertling nicht gelungen, weitere Tatbeteiligte zu ermitteln. Die Untersuchung von Hertlings führte jedoch zur Ablösung des Stadtdirektors Pfister. Nach Ansicht der Kreisregierung hatte dieser sich schuldhaft verhalten, da er trotz einer Reihe von Warnungen nichts zum Schutz der Israeliten unternommen und durch seine Untätigkeit die Ausschreitungen erst ermöglicht hatte.[153] Allerdings blieb Pfister weiterhin im Staatsdienst aktiv, er wurde als Vertreter Badens in die in Karlsbad ins Leben gerufene Mainzer »Zentralkommission zur Untersuchung demagogischer Umtriebe« entsandt.[154]

Für das Schicksal der geplünderten Juden interessierten sich die Behörden kaum; man beschränkte sich darauf, die Schäden an ihrem Eigentum zu registrieren. Am schwersten betroffen waren Samuel Carlebach und Hirsch Marx, ihr Schaden belief sich auf rund 2240 bzw. 2600 Gulden. Bei Herz Carlebach war nach der offiziellen Einschätzung ein Schaden von ca. 830 Gulden entstanden. Wesentlich geringer waren die Schäden an den Häusern von Isaac Mayer, Salomon Mayer und Mendel Abenheimer, sie betrugen nur zwischen sieben und zehn Gulden.[155] Im Mai 1820 stellten Samuel und Herz Carlebach sowie Hirsch Marx einen Antrag auf Ersatz ihres Schadens aus der Staatskasse. Der Vorgang ging zur Begutachtung an das Innen- und an das Staatsministerium, wobei man prüfte, ob man den ehemaligen Stadtdirektor Pfister eventuell in Regreß nehmen könne. Im Dezember 1820 wurde das Gesuch der Juden abgewiesen und ihnen anheim gestellt, ihre Ansprüche bei denjenigen Personen geltend zu machen, die für die Entstehung des Schadens verantwortlich seien.[156] Bezeichnenderweise teilte man den Betroffenen aber nicht mit, daß man behördenintern einer Schadensersatzklage gegen Pfister, dessen schuldhaftes Verhalten ja amtlich festgestellt war, durchaus Chancen auf Erfolg einräumte. Ob die Geschädigten gegen die festgenommenen Tumultuanten Zivilklage erhoben, ist nicht festzustellen.

Im Jahr 1835 erneuerte Herz Carlebach sein Gesuch um Schadenersatz, es wurde jedoch vom Oberamt Heidelberg unter Verweis auf die Entscheidung des Staats-

152 GLA 236/5505.

153 GLA 204/3066: Zusammenfassender Bericht des Kreisdirektoriums über die Untersuchung von Hertlings vom 25. September 1819.

154 Vgl. Derwein, Herbert: Heidelberg im Vormärz und in der Revolution 1848/49. Ein Stück badischer Bürgergeschichte. Heidelberg 1958 (= Heidelberger Jahrbücher 1955/56), S. 17.

155 GLA 236/5505: Bericht der Kreisregierung an das Innenministerium vom 27. August 1819.

156 Ebd., Erlaß des Staatsministeriums vom 28. Dezember 1820.

ministeriums erneut abgelehnt.[157] Nach Meinung des Oberamts wäre eine Regreßklage Carlebachs gegen Pfister der einzig erfolgversprechende Weg gewesen, um Schadenersatz zu erhalten. Pfister war aber mittlerweile verstorben und hatte auch kein Vermögen hinterlassen. Carlebach war zwar »gänzlich verarmt und herunter gekommen«, das Oberamt bezweifelte jedoch, daß die Plünderung im Jahr 1819 der Grund für dessen Verarmung sei, da der Schaden nach unbewiesenen Angaben nur 898 Gulden betragen habe. Man schenkte Carlebach nur wenig Glauben, insbesondere sei »nicht anzunehmen, daß ein israelitischer Trödler 611 fl. 18 kr. bares Geld in der Kasse hatte«. Statt einer Entschädigung schlug das Oberamt vor, Carlebach 200 Gulden als Unterstützung zukommen zu lassen.[158] Das Innenministerium befürwortete diesen Vorschlag und betonte, daß Carlebach kein Rechtsanspruch auf Entschädigung zustehe, obwohl der »Polizei« erwiesenermaßen Untätigkeit bei den gewaltsamen Ausschreitungen vom 25. August 1819 zur Last gelegt werden könne.[159] Auf Beschluß des Staatsministeriums erhielt Carlebach dann schließlich eine Unterstützung von 200 Gulden als freiwillige Leistung des Staates, ohne Anerkennung irgendwelcher Rechtspflichten. Im Gegenzug mußte sich der Geschädigte verpflichten, auf alle weiteren Schadenersatzforderungen zu verzichten.[160] Im September 1841 versuchte dann nochmals die Witwe von Hirsch Marx, eine Entschädigung zu erhalten, ihr Gesuch wurde jedoch ebenfalls abgelehnt.[161]

Die latent antijüdische Stimmung in Heidelberg wurde im Dezember 1819 nochmals aktenkundig, als bei dem Buch- und Schreibmaterialienhändler Meder am Marktplatz die Karikatur des Erlanger Kupferstechers Johann Michael Voltz über die Hepp-Hepp-Unruhen in Frankfurt am Main öffentlich aushing. Die Abbildung bezieht eindeutig Stellung gegen die verfolgten Juden, die ausgesprochen klischeehaft dargestellt werden.[162] Vor diesem Bild sammelten sich die begeisterten Betrachter »zu Dutzenden«, so daß der neue Stadtdirektor Wild sich persönlich zum Ort des Geschehens begab. Wild »riß das Bild herunter«, da er dessen Ausstellung in Heidelberg angesichts der Ereignisse vom 25. August für ausgesprochen gefährlich hielt. Er befahl Meder, ihm »sogleich alle ähnlichen Zerrbilder auszuhändigen«. Der zur Rede gestellte Buchhändler »konnte sich mit nichts entschuldigen, als daß er die Schuld des Aushängens auf einen kleinen Ladenjungen von 12 oder 13 Jahren schob«. Wild beschlagnahmte bei Meder noch weitere zeitkritische Kupferstiche von Voltz, darunter dessen bekannte Karikatur auf den Wiener Kongreß mit dem Titel »Wir deliberieren, ob wir die Stiefel

157 STAHD UA 253/3: Schreiben des Oberamts Heidelberg an den Gemeinderat vom 21. März 1835, in dem dieser aufgefordert wird, einen Bericht über die Vermögensverhältnisse Carlebachs vorzulegen.

158 GLA 236/5505: Bericht des Oberamts Heidelberg vom 25. April 1835.

159 Ebd., Stellungnahme des Innenministeriums vom 11. Mai 1835.

160 Ebd., Erlaß des Staatsministeriums vom 29. Mai 1835; Verzichtsurkunde vom 27. Juli 1835.

161 Ebd.

162 Vgl. Abb. 9.

wichsen oder schmieren«[163] sowie die Blätter »Die Preßfreiheit«, »Der Zeitgeist« und »Sand der Freye«. Außerdem empfahl er der Kreisregierung in Mannheim die Bestrafung des Buchhändlers »als Warnung«.[164]

In den Heidelberger Hepp-Hepp-Unruhen des Jahres 1819 entlud sich der Haß einer Bevölkerungsgruppe, die sich vom sozialen Abstieg bedroht fühlte, gegen eine vermeintlich protegierte Minderheit. Die Tumultuanten konnten sich durch antisemitische Hetzschriften aus der Feder von Professoren wie Fries legitimiert fühlen, nun endlich gewaltsam gegen die »Judenschaft« vorzugehen. Stadtdirektor Pfister nahm als maßgeblicher Polizeibeamter die Ausschreitungen gegen die Juden wohl bewußt in Kauf, weil er möglicherweise selbst eine Abneigung gegen die Juden hegte und um der ohnehin aufgeheizten politischen Stimmung in der Stadt ein Ventil zu schaffen. Die Heidelberger Bürgerschaft blieb weitgehend teilnahmslos oder verfolgte die Tumulte mit stillschweigender Sympathie für die Angreifer. Das Einschreiten der Studenten dürfte weniger einer judenfreundlichen Grundhaltung zuzuschreiben sein, als deren Abneigung gegen die Handwerksgesellen. Beide sozialen Gruppen waren gewohnt, Konflikte auch gewaltsam auszutragen. Das Interesse der Untersuchungsbehörden richtete sich kaum auf die geschädigten Juden und auf die Frage, warum sie zum Opfer der Gewalttätigkeiten geworden waren. Im Vordergrund standen die Wiederherstellung von Ruhe und Ordnung und das Bemühen um die Aufdeckung eventueller revolutionärer Umtriebe. Auch in der Schadenersatzfrage verhielt man sich ausgesprochen zurückhaltend und wies die Betroffenen nicht auf den einzig erfolgversprechenden Weg, eine Regreßklage gegen Pfister, hin. Samuel und Herz Carlebach sowie Hirsch Marx zählten zwar nicht zu den ärmsten Juden in Heidelberg, ihre wirtschaftliche und soziale Stellung war aber bei weitem nicht so gefestigt wie etwa diejenige der Gebrüder Zimmern. Es ist denkbar, daß sie deshalb auch auf eine langwierige Zivilklage auf Schadenersatz verzichteten. Die anderen drei geschädigten Israeliten haben die ihnen entstanden Schäden offenbar stillschweigend und als schicksalhaftes Geschehen hingenommen.

3.3 Der Konflikt der Heidelberger Schneiderzunft mit dem Kleiderhändler Ehrmann

Die revolutionären Ereignisse von 1830 und 1848 waren jeweils auch Auslöser für eine Vielzahl antisemitischer Ausschreitungen. So fand in den Jahren 1830 bis 1832 in Deutschland eine Reihe von Gewaltaktionen gegen Juden statt,[165] Heidelberg war davon jedoch nicht betroffen.[166] Auch im Verlauf der Märzrevolution

163 Vgl. Brückmann, Remigius: Politische Karikaturen des Vormärz (1815–1848). Karlsruhe 1984, S. 12.

164 GLA 236/2827: Bericht des Stadtdirektors an die Kreisregierung vom 11. Dezember 1819.

165 Vgl. Rohrbacher 1993, S. 157–180.

166 Die Annahme Mumms, in der Nacht vom 3. auf den 4. August 1832 sei das Haus von Herz Carlebach erneut gestürmt worden (vgl. Mumm 1992a, S. 37f.), beruht auf einem Irrtum. Mumm bezieht sich auf ein Aktenfaszikel im Stadtarchiv Heidelberg

des Jahres 1848 wurden in Baden Juden wiederholt Opfer revolutionärer Unruhen.[167] Zu einer der ersten Gewaltaktionen kam es in Heidelberg, wo am 29. Februar 1848 die Schneider das Haus des Kleiderhändlers Leopold Ehrmann stürmten und die dort vorrätigen Waren zerstörten. Diese Aktion war der Höhepunkt eines jahrelang schwelenden Konflikts der Heidelberger Schneiderzunft mit Ehrmann.

Leopold Ehrmann war gelernter Seifensieder und erwarb im Jahr 1820 das Bürgerrecht in Heidelberg.[168] Das überbesetzte Seifensiederhandwerk bot ihm jedoch keine Verdienstmöglichkeiten, so daß er anfing, Kleinhandel zu treiben, was ihm vom Oberamt Heidelberg mit der Auflage, das Seifensiederhandwerk aufzugeben, genehmigt wurde.[169] Im Jahr 1828 fühlten sich mehrere israelitische Kleinhändler durch Ehrmann in ihrem Gewerbe beeinträchtigt und beschwerten sich bei der Kreisregierung. Diese entzog Ehrmann die Handelserlaubnis wieder und wies ihn an, seinen erlernten Beruf als Siefensieder auszuüben. Bei dieser Entscheidung spielten offensichtlich auch antisemitische Vorurteile der Beamten eine Rolle; im Bericht der Kreisregierung an das Innenministerium ist unter anderem von der angeborenen Neigung der Juden zum Handel und deren Scheu vor körperlicher Arbeit die Rede.[170] Gegen diese Entscheidung legte Ehrmann Rekurs beim Staatsministerium ein, wobei er ausführlich seinen Werdegang und

(UA 253/3), das den Titel »Maßnahmen gegen Straßentumulte« und die irreführende Aufschrift »Hepp-Hepp-Skandal 1832« trägt. In diesem Faszikel ist ein Schreiben des Oberamts Heidelberg an den Gemeinderat vom 7. August 1832 überliefert, in dem das Verhalten der Bürgerwehr bei der Aufrechterhaltung von Ruhe und Ordnung in der Nacht vom 3. auf den 4. August 1832 gelobt wird. Das Oberamt bezieht sich darin auf einen vorangegangenen Bericht des Gemeinderats über die Ereignisse in dieser Nacht, der jedoch nicht in STAHD UA 253/3, sondern in GLA 204/2911 überliefert ist. Aus diesem Bericht geht hervor, daß am Abend des 3. August 1832 die preußischen Studenten in Heidelberg den Geburtstag ihres Königs mit einem Feuerwerk feierten. Die städtischen Behörden fürchteten, es könne aus diesem Anlaß zu Ausschreitungen zwischen pro- und antipreußischen Studenten kommen, da es einige Tage zuvor schon Proteste von Studenten gegen die Politik des deutschen Bundestages und gegen angebliche Manipulationen des Brotpreises gegeben hatte. Man verstärkte daher die Sicherheitsvorkehrungen. In der fraglichen Nacht blieb es auch weitgehend ruhig. Deshalb sprachen die Kreisregierung und das Oberamt in dem oben erwähnten Schreiben vom 7. August 1832 der Heidelberger Bürgerschaft ihre Anerkennung aus.

Unmittelbar im Anschluß an dieses Schriftstück befindet sich in STAHD UA 253/3 ein Schreiben des Oberamts Heidelberg an den Gemeinderat vom 21. März 1835. Das Oberamt fordert darin den Gemeinderat auf, einen Bericht über die Vermögensverhältnisse von Herz Carlebach vorzulegen, da dieser um Ersatz des bei den Hepp-Hepp-Unruhen entstandenen Schadens bat. Dieses Schreiben entstand jedoch eindeutig im Zusammenhang mit der oben dargestellten Behandlung der Schadenersatzforderungen nach den Unruhen von 1819 und hat keinerlei Bezug zu den Ereignissen von 1832. Für einen »Hepp-Hepp-Skandal« in diesem Jahr gibt es keine Belege.

167 Vgl. Rohrbacher 1993, S. 186–201.

168 STAHD UA 153/1.

169 GLA 236/6588: Schreiben Ehrmanns an das Staatsministerium vom 11. August 1828.

170 Ebd., Bericht der Kreisregierung an das Innenministerium vom 17. Juni 1828.

seine persönlichen Verhältnisse schilderte. Er hob darauf ab, daß er als Seifensieder seine fünfköpfige Familie nicht ernähren könne, da es in Heidelberg selbst einem alteingesessenen Seifensiedermeister nicht möglich sei, Gewinn zu erwirtschaften. Dagegen biete ihm der Kleinhandel eine ausreichende Verdienstmöglichkeit, ohne der Allgemeinheit zur Last zu fallen.[171] Das Innenministerium erteilte Ehrmann daraufhin am 12. August 1828 eine Erlaubnis zum Handel mit gebrauchten Kleidungsstücken.[172]

Von diesem Kleiderhandel konnte sich Ehrmann nach eigener Aussage gut ernähren, außerdem verschaffte er damit seiner Ansicht nach der ärmeren Bevölkerung eine Gelegenheit, gute und preiswerte Kleidung zu erwerben. Er ging jedoch schon recht bald dazu über, auch neue Kleidungsstücke durch mittellose Schneidermeister anfertigen zu lassen. Dieser Handel mit neuen Kleidern wurde ihm jedoch vom Oberamt Heidelberg und von der Kreisregierung in Mannheim verboten, wogegen er wiederum Einspruch einlegte.[173] Ehrmann argumentierte, daß der Kleiderhandel weder zünftig noch ein sogenannter Nothandel sei. Auch in anderen Städten, insbesondere in Karlsruhe, würden Kleiderhändler auch neue Kleidungsstücke aus eigener oder fremder Produktion verkaufen. Er wandte sich gegen jedwede Beschränkung des Handels und bat um Gleichstellung mit den übrigen Kaufleuten, zumal auch andere Händler und vor allem mehrere Schneider von seinem Geschäft profitieren könnten: »Es wäre also mehr als beschränkt, wenn man mir nicht gestatten wollte, auch mit neuen Kleidern und Schlafröcken zu handeln, denn wenn dagegen einige meines Gleichen protestieren, so sind auch wieder viele Krämer, Kaufleute, Leinwandhändler und Schneider da, welche ihren Vortheil dabei haben und wünschen.«[174] Das Innenministerium folgte dieser Argumentation und genehmigte Ehrmann am 29. Mai 1829 auch den Handel mit neuen Kleidungsstücken.[175]

Ehrmanns Geschäft blühte rasch auf, wobei insbesondere Studenten zu seinen Kunden zählten. In seinem Laden hatte er neben gebrauchten auch neue Kleidungsstücke und Stoffe vorrätig. Er ließ bei verschiedenen Schneidern Kleidung auf Bestellung anfertigen. Durch seine in ganz Baden einzigartige Handelskonzession war ihm eine sehr weitgehende Gewerbefreiheit gewährt worden, und sein Unternehmen war wohl eines der ersten kleinen Konfektionsbetriebe in Süddeutschland.[176] Ehrmanns Sonderstellung stieß sowohl bei den übrigen jüdischen Kleiderhändlern als auch bei der Heidelberger Schneiderzunft auf heftigen Widerstand. Über Jahre hinweg versuchten sowohl Händler als auch Schneider, ihn wegen unerlaubten Handels zu belangen und ihm seine Konzession entziehen zu lassen. Im Jahr 1837 wandten sich beispielsweise Callmann Bamberger und Herz

171 Ebd., Schreiben Ehrmanns an das Staatsministerium vom 11. August 1828.
172 Ebd., Erlaß des Innenministeriums vom 12. August 1828
173 Ebd., Schreiben Ehrmanns an das Innenministerium vom 12. Mai 1829.
174 Ebd.
175 Ebd., Erlaß des Innenministeriums vom 29. August 1829.
176 Vgl. Toury, Jacob: Jüdische Textilunternehmer in Baden-Württemberg 1863–1938. Tübingen 1984 (= Schriftenreihe wissenschaftlicher Abhandlungen des Leo-Baeck-Instituts, 42), S. 45.

Carlebach an die Behörden in Mannheim und Karlsruhe mit der Bitte, entweder ihnen die gleichen Rechte wie Ehrmann zu erteilen oder aber diesem den Handel mit neuen Kleidern zu untersagen. Die Kreisregierung und das Innenministerium lehnten dieses Gleichstellungsgesuch ab mit der für die Betroffenen wohl nicht ganz einsichtigen Begründung, daß Ehrmann ein Mißbrauch seiner Konzession nicht nachgewiesen werden könne. Bamberger und Carlebach seien im Vergleich zu Ehrmann aber lediglich Nothändler, wenn man ihnen den Handel mit neuen Kleidern erlaube, so hätte dies Nachteile für die Schneiderzunft zur Folge.[177]

Die auf ihren angestammten Rechten beharrende Heidelberger Schneiderzunft wurde rasch zum Hauptkontrahenten Ehrmanns. In einer Vielzahl von Beschwerden bei Behörden sowie Petitionen an die zweite Kammer und an den Großherzog versuchte sie in den 40er Jahren des 19. Jahrhunderts eine Rücknahme der Konzession Ehrmanns zu erwirken. Diesem warf sie unlauteres Geschäftsgebaren, insbesondere Hausieren, vor und beschuldigte ihn, er habe sich seine Erlaubnis zum Handel mit neuen Kleidern unrechtmäßig »erschlichen«. Die lokalen und regionalen Behörden, das Oberamt Heidelberg und die Kreisregierung in Mannheim, unterstützten meist die Beschwerden der Schneiderzunft, während das Innen- und das Staatsministerium in Karlsruhe einen Entzug der Konzession Ehrmanns regelmäßig unter Verweis auf die eindeutige Rechtslage ablehnten. So wurde Ehrmann beispielsweise am 11. November 1840 vom Oberamt Heidelberg wegen Hausierens, fortgesetzten Mißbrauchs seiner Konzession und Eingriffs in die Rechte der Schneiderzunft eine Geldstrafe von zehn Gulden auferlegt. Die Kreisregierung befand, daß der Vorwurf des Hausierhandels zwar nicht gerechtfertigt sei, Ehrmann aber erwiesenermaßen Kleidungsstücke für Studenten auf Bestellung anfertigen ließ, und erhöhte die Strafe am 4. Dezember 1840 auf zwanzig Gulden.[178] Ehrmann legte daraufhin beim Innenministerium Rekurs ein, und die Strafe wurde im Juli 1841 wieder aufgehoben mit der Begründung, Ehrmann habe die betreffenden Kleidungsstücke nicht selbst hergestellt und auch nicht durch Gehilfen, sondern ausschließlich von zünftigen Schneidern anfertigen lassen. Nach Ansicht des Innenministeriums hatte Ehrmann damit seine Konzession nicht überschritten, da er als Kleiderhändler lediglich als Mittler zwischen Konsumenten und Produzenten in Funktion getreten sei.[179]

Ehrmann setzte sich seinerseits vehement gegen die Vorwürfe der Schneider zur Wehr, denen er Konkurrenzneid und Trägheit vorwarf: »Der ganze Zorn der hiesigen Schneider gegen mich hat seinen Grund darin, daß die Studenten nicht bei ihnen arbeiten lassen, weil sie zu sehr übernommen werden, was bei mir nicht vorkommt.« Und: »Wie fleißig und thätig übrigens die hiesigen Schneider sind, geht aus der Thatsache hervor, daß sie in diesem Frühjahr das Anfertigen der Kleidungsstücke für die hiesige Irrenanstalt in Accord nahmen, dieselben aber von

177 Ebd., Gesuch Bambergers und Carlebachs vom 18. Oktober 1837; Stellungnahme der Kreisregierung vom 19. Dezember 1837; Erlaß des Innenministeriums vom 5. Januar 1838.

178 Ebd., Bericht der Kreisregierung vom 8. Juli 1841.

179 Ebd., Erlaß des Innenministeriums vom 24. Juli 1841.

Schneidern auf dem Lande verfertigen lassen. Aus dieser Handlung kann der Schluß gezogen werden, daß die Schneider entweder die Kleider nicht fertigen können, weil sie zu viel zu thun haben, oder nicht fertigen wollen, weil sie zu träge sind.«[180] Den Vorwurf des Hausierens wies er zurück, er habe lediglich seine Waren in Anzeigen und Werbeblättern angeboten. Er treibe sich auch nicht, wie von den Schneidern behauptet, in Wein- und Kaffeehäusern herum und kleide seine Familie nicht in kostbare Stoffe. Seine Vermögensverhältnisse seien im Gegenteil eher bescheiden und sein Haus verschuldet.[181]

Der Schneiderzunft gelang es zwar, die Unterstützung der Heidelberger Handelsinnung mit ihrem Vorstand Adolph Zimmern zu gewinnen,[182] ihre Reihen waren jedoch nicht vollständig geschlossen, da mehrere Schneider von den Aufträgen Ehrmanns abhängig waren. In ihrer Petition an den Großherzog im Jahr 1847 mußte die Zunft einräumen, daß »drei unserer Mitmeister in einer solchen Verblendung über ihr eigenes Interesse befangen waren, daß sie die Erklärung abgaben: sie könnten nicht bestehen, wenn dem gedachten Ehrmann die fragliche Konzession nicht ertheilt werde, in dem sie nur durch ihn Arbeit zu erlangen vermöchten«.[183] Gegen Ende der 40er Jahre des 19. Jahrhunderts kamen in den Beschwerden der Schneider dann auch zunehmend deren Ängste vor sozialer Deklassierung zum Ausdruck. Sie fürchteten, immer stärker in die Abhängigkeit von Händlern wie Ehrmann zu geraten. Auf dem Rechtswege hatte die Zunft jedoch keinen Erfolg, im Januar 1848 wurde auch ihre Petition an den Großherzog abgewiesen.[184]

Der Haß der Schneider gegen Ehrmann entlud sich dann am 29. Februar 1848 gewaltsam. An diesem Tag fand in der Aula der Universität eine Bürgerversammlung statt, auf der eine Petition mit der Forderung nach Volksbewaffnung, Pressefreiheit, Schwurgerichten und einem deutschen Parlament verabschiedet wurde, die am nächsten Tag der zweiten Kammer in Karlsruhe vorgelegt werden sollte.[185] Die Heidelberger Schneider nutzten die revolutionär aufgeheizte Stimmung in der Stadt und stürmten gegen sieben Uhr abends das Haus Ehrmanns. Sie »schlugen mit Beilen die Thüren ein und zerrissen die vorrätigen Kleider. Die Abwehr einzelner Bürger war fruchtlos und sie mußten, theils verwundet von Beilhieben und Pflastersteinen sich zurückziehen«.[186] Schließlich gelang es Gemeinderat Rasp, mit einigen Bürgern und Turnern zum Haus Ehrmanns

180 Ebd., Stellungnahme Ehrmanns zu den Beschwerden der Schneiderzunft vom 28. Mai 1841.

181 Ebd..

182 Ebd., Unterstützungserklärung der Handelsinnung vom 28. Oktober 1841.

183 Ebd., Petition der Schneiderzunft vom 27. Oktober 1847.

184 Ebd., Erlaß des Staatsministeriums vom 14. Januar 1848.

185 Vgl. Derwein 1958, S. 67f.

186 Rasp, Johannes: In Sachen des Kaufmanns Johannes Rasp zu Heidelberg. Heidelberg 1851, S. 5f. Gemeinderat Rasp war wegen seiner Teilnahme an der Revolution zu einem Jahr Zuchthaus verurteilt worden; in der an das badische Oberhofgericht adressierten Schrift wollte er sein Verhalten rechtfertigen.

vorzudringen und diesen samt seiner Familie aus »Todesangst« zu befreien.[187] Die Behörden reagierten kaum auf diesen Vorfall. Am 1. März erließ das Oberamt zwar eine nächtliche Ausgangssperre und setzte eine »Sicherheitswache, bestehend aus Bürgern und Akademikern« ein,[188] zu einer offiziellen Untersuchung oder einer Aufnahme des Schadens kam es jedoch nicht.

Die ohnehin gegen Ehrmann eingestellten lokalen Behörden nahmen die Ausschreitungen zum Anlaß, ihm seine Konzession erneut zu entziehen. Bürgermeister Winter erklärte am 3. März in einer gemeinsamen Sitzung von Gemeinderat und engerem Bürgerausschuß, daß die Ursache für die Tumulte hauptsächlich im Kleiderhandel Ehrmanns zu suchen sei, mit dem er bereits mehrere Heidelberger Schneider »ruiniert« habe. Deshalb habe er (Winter) beim Stadtdirektor bereits mündlich beantragt, Ehrmann die Konzession für seine »Kleiderfabrik« entziehen zu lassen, um so die Aufrechterhaltung von Ruhe und Ordnung zu gewährleisten.[189] Dieser Antrag wurde auf Beschluß des Gemeinderats und des engeren Bürgerausschusses dann auch schriftlich an das Oberamt gestellt, das Ehrmann daraufhin seinen Geschäftsbetrieb untersagte. Das Innenministerium stimmte dieser Entscheidung zunächst zu und leitete darüber hinaus eine Untersuchung gegen Ehrmann ein.[190]

Die Heidelberger Schneiderzunft versuchte weiterhin Stimmung gegen Ehrmann zu machen, da sie fürchtete, dieser könne seine Konzession zurückerhalten. Am 21. März veröffentlichte Zunftvorstand Schell im Heidelberger Journal einen Aufruf, in dem er die Errichtung einer »Kleiderhalle« forderte, »um dem Unfug des Kleiderhandels zu steuern«. Gleichzeitig polemisierte Schell etwas verworren gegen Ehrmann und dessen angebliche Gönner: »Da es scheint als schlummerten die Schneidermeister in süßer Hoffnung auf den Beschluß des Gr. Oberamts (...) und bedächten nicht, daß noch alles in der Schwebe ist, so weisen wir darauf hin, daß wie man dem Seifensieder L. Ehrmann den Kleiderhandel genommen, so [er ihn] auch durch Intriguen wieder erwerben kann! – Denn wem wäre es nicht bekannt, daß verkappte Jesuiten gänzlich die Partie dieses Juden sind!?«[191] Die Schneiderzunft konnte auf Unterstützung durch zahlreiche Heidelberger Bürger rechnen. Im April 1848 reichte sie beim Innenministerium eine elfseitige Unterschriftenliste zur Bekräftigung ihres Standpunktes ein,[192] und der Große Bürgerausschuß erklärte die Aufhebung der Handelserlaubnis Ehrmanns zur Gemeindesache, die nicht nur die Schneider, sondern alle zünftigen Gewerbe betreffe.[193]

Die Rechtslage war gleichwohl unverändert. Die Kreisregierung stellte im Mai 1848 fest, daß es keine rechtliche Handhabe gebe, Ehrmann die Ausübung seines Gewerbes zu untersagen.[194] Das Innenministerium gestattete Ehrmann daher auch

187 Vgl. ebd.
188 Beilage zum Heidelberger Journal 42. Jg. Nr. 60 vom 1. März 1848.
189 STAHD, Protokolle des Engeren Bürgerausschusses, 1848, Nr. 76.
190 GLA 236/2588: Erlaß des Innenministeriums vom 11. April 1848.
191 Heidelberger Journal 42. Jg. Nr. 80 vom 21. März 1848.
192 GLA 236/2588: Eingabe vom 12. April 1848.
193 STAHD, Protokolle des Großen Bürgerausschusses vom 22. Mai bzw. 7. Juni 1848.
194 GLA 236/2588: Stellungnahme der Kreisregierung vom 5. Mai 1848.

die vorläufige Wiedereröffnung seines Ladens, allerdings mit einigen Einschränkungen. Er durfte weder Kleider anmessen noch Reparaturarbeiten durchführen lassen und auch nicht hausieren gehen, andernfalls drohte ihm abermals die behördliche Schließung seines Geschäfts.[195] Das Oberamt wollte jedoch nicht für die Sicherheit Ehrmanns garantieren, falls es bei einer Wiedereröffnung des Ladens zu erneuten Tumulten kommen sollte, da die Stimmung in der Bürgerschaft gegen den Kleiderhändler gerichtet war.[196]

Kurz nachdem man Ehrmann die Wiedereröffnung seines Ladens erlaubt hatte, drangen mehrere Schneider in die Werkstatt eines für Ehrmann arbeitenden Meisters ein und entwendeten Material und Maß für einen Anzug, den ein Student bereits einige Zeit vorher bei Ehrmann bestellt hatte. Daraufhin beauftragte der Sohn Ehrmanns den Schneider, nochmals das Maß für den Anzug zu nehmen. Dieser wohl mit Absicht inszenierte Vorfall wurde von der Schneiderzunft zum Anlaß genommen, Ehrmann wegen eines Verstoßes gegen die vom Innenministerium verfügten Auflagen anzuzeigen.[197] Das Oberamt Heidelberg ordnete auch prompt am 6. Juni die Schließung des Ehrmannschen Kleiderladens an und verhängte eine Geldstrafe von fünf Gulden.[198] Beides wurde aber bereits am 30. Juni vom Innenministerium wieder aufgehoben mit der Begründung, Ehrmann sei die Fertigstellung bereits bestellter Waren erlaubt. Außerdem habe nicht er, sondern sein Sohn den Schneider mit dem Maßnehmen beauftragt. Darüber hinaus zog das Innenministerium die Aussage des besagten Schneiders in Zweifel und kritisierte das Oberamt, da es Ehrmann selbst nicht zur Sache angehört hatte.[199]

Der Konflikt schwelte weiter und entwickelte sich im Sommer 1848 zu einer Auseinandersetzung zwischen Ehrmann und der gesamten Stadtgemeinde. Ehrmann hielt seinen Laden aus Furcht vor weiteren Plünderungen zunächst geschlossen. Im August 1848 erwirkte er einen Beschluß des Innenministeriums, wonach einer Wiedereröffnung seines Ladens unter den oben genannten Bedingungen nichts im Wege stand.[200] Am 15. August wollte Ehrmann seinen Laden wieder eröffnen, doch bereits gegen halb acht Uhr morgens sammelte sich eine Menschenmenge vor dem Haus, Scheiben wurden eingeworfen, und Ehrmann entschloß sich schließlich auf Anraten des Stadtdirektors von Neubronn und des zweiten Bürgermeisters Gätschenberger, sein Geschäft gegen halb zehn Uhr wieder zu schließen.[201]

Über den Ablauf der Ereignisse gibt es unterschiedliche Darstellungen. Nach der Schilderung von Ehrmanns Anwalt Dr. Gentil aus Mannheim schürten die

195 Ebd., Erlaß des Innenministeriums vom 12. Mai 1848.
196 Ebd., Stellungnahme des Oberamts Heidelberg vom 7. Mai 1848.
197 Vgl. die von Ehrmanns Anwalt veröffentlichte Erklärung »Zur Aufklärung und Verständigung«, die als Beilage zum Heidelberger Journal 42. Jg. Nr. 234 vom 31. August 1848 erschien.
198 GLA 236/2588: Erlaß des Oberamts vom 6. Juni 1848.
199 Ebd., Erlaß der Kreisregierung vom 30. Juni 1848.
200 Ebd., Erlaß des Innenministeriums vom 8. August 1848.
201 Ebd., Bericht des Oberamts Heidelberg vom 15. August 1848.

Schneider bereits am Vortag Unruhe unter der Heidelberger Bevölkerung und forderten zur Mißachtung der Verfügung des Innenministeriums auf, die Ehrmann die Wiedereröffnung des Ladens ermöglichte. Während der Tumulte verhielten sich die Polizei ebenso wie der Stadtdirektor und der zweite Bürgermeister passiv, so daß Ehrmann und seine Familie »schutzlos dem Pöbel preisgegeben« waren und keine andere Wahl hatten, als den Laden wieder zu schließen. Einige im Haus Ehrmanns anwesende Studenten waren nach Angaben Gentils bereit, dessen Darstellung zu bestätigen.[202] Der Gemeinderat wies diese Schilderung der Vorgänge jedoch zurück. Seiner Ansicht nach war Ehrmann an den Ausschreitungen selbst schuld, da er sechs bis acht junge Leute – angeblich Studenten – mit geladenen Waffen in den Fenstern seines Hauses postiert hatte, welche die »Straßenjungen« erst zu den Steinwürfen provoziert hätten. »Erwachsene« oder Angehörige der Schneiderzunft hätten an den Ausschreitungen nicht teilgenommen. Ein Schneidermeister habe die Menge sogar zu beruhigen versucht. Außerdem sei Ehrmann nicht gezwungen gewesen, seinen Laden zu schließen, »im Gegentheil, nachdem Ehrmann sich mehrmals bemüht hatte, Herrn Stadtdirektor v. Neubronn zu bewegen, ihm die Schließung seines Ladens und Hauses zu befehlen, hat Ehrmann auf den wohlgemeinten Rath unseres Bürgermeisters Gaetschenberger und auf Zustimmung der Tochter und des Sohns Ehrmanns ganz bereitwillig selbst sein Haus und seinen Laden geschlossen und die Umstehenden haben sich sofort entfernt.«[203] Falls diese Version dem tatsächlichen Ablauf der Ereignisse entsprechen sollte, so ist doch zu fragen, warum sich Ehrmann mit einer bewaffneten ›Schutztruppe‹ nicht gegen ein paar steinewerfende ›Straßenjungen‹ durchsetzen konnte.

Noch am gleichen Tag gab Ehrmanns Anwalt seine Darstellung des Tumults beim Oberamt zu Protokoll. Er forderte von der Stadtgemeinde Schadenersatz und einen Nutzungsausfall von acht Gulden für jeden Tag, an dem Ehrmann seinen Laden nicht öffnen könne.[204] Damit hatte Ehrmann endgültig die Heidelberger Bürgerschaft gegen sich aufgebracht. Am Abend des 15. August kam es gegen acht Uhr erneut zu einem Auflauf vor seinem Haus, bei dem auch die antisemitischen Hepp-Hepp-Rufe laut wurden. Die Menschenansammlung zerstreute sich erst, als Oberbürgermeister Winter mit der Bürgerwehr am Ort des Geschehens erschien.[205] In Karlsruhe reagierte man rasch auf die gewalttätigen Ausschreitungen in Heidelberg. Bereits am 16. August drohte das Innenministerium die Entsendung von Militär an, falls es den lokalen Behörden nicht gelänge, die Aufrechterhaltung von Ruhe und Ordnung zu gewährleisten und weitere Tumulte zu verhindern.[206] Stadtdirektor von Neubronn gab diese Warnung an den Gemeinderat mit der Bemerkung weiter, daß sich das Oberamt zwar für eine

202 Ebd., Schreiben Gentils an das Innenministerium vom 17. August 1848.
203 Ebd., Schreiben des Gemeinderats an das Oberamt vom 16. August 1848.
204 Ebd., Erlaß des Oberamts Heidelberg vom 15. August 1848.
205 GLA 236/2588: Meldung des Kommandeurs der Land-Brigade No. 3 an das Innenministerium vom 16. August 1848.
206 Ebd., Erlaß des Innenministeriums vom 16. August 1848.

Einschränkung der Konzession Ehrmanns einsetze, so lange diese aber noch bestehe, könne und dürfe Ehrmann nicht an der Wiedereröffnung seines Ladens gehindert werden. Die persönliche Sicherheit Ehrmanns müsse gewährleistet werden, sollte die Bürgerwehr dabei versagen, würden Soldaten eingesetzt, und die Stadt hätte die dabei anfallenden Kosten zu tragen.[207]

Ehrmann hatte nun nicht mehr nur die Schneiderzunft, sondern die gesamte Stadtgemeinde zum Gegner. Die »Mehrzahl der Heidelberger Bürger« erklärte am 19. August in einem Inserat im Heidelberger Journal, daß die »höheren Staatsbehörden« die Schuld an den Unruhen treffe, da sie Ehrmann die Wiedereröffnung seines Ladens erlaubt hatten. Durch dessen Forderung nach Schadenersatz und Nutzungsausfall sei die Sache »nicht mehr bloße Angelegenheit der Schneider, und der Unwillen über das schreiende Unrecht, welches an denselben verübt wird, durchdringt die ganze Bevölkerung der Stadt, so daß letztere schwerlich Ruhe erhalten wird, so lange Ehrmann seinen Kleiderhandel, diese wesentliche Beeinträchtigung der hiesigen Schneider nicht aufgibt«. Daher sei es auch »nicht zu verwundern daß die hiesige Einwohnerschaft die Partei der Unterdrückten nimmt und selbst unsere (...) ruhigen Bürger zum Schutze des kleiderhändlerischen Seifensieders nicht herbeieilen«. Die Bürgerschaft ließ sich auch durch den angedrohten Militäreinsatz nicht einschüchtern und erklärte ihrerseits: »Das Uebermaß unrechtmäßiger Gewalt würde es aber seyn, wollte die Regierung dieses einzelnen Menschen wegen, und zur Aufrechterhaltung ihres eigenen Unrechts, Soldaten in unsere sonst so ruhige Stadt legen (...) Solche Maßregel würde gerade die umgekehrte Wirkung haben, und ganz geeignet seyn, die Achtung und das Ansehen, dessen sie mehr als je bedürftig ist, zu vernichten.«[208] Aus einem Konflikt der Schneiderzunft mit einem unliebsamen Konkurrenten war somit der Kampf der selbstbewußt auftretenden Bürgerschaft gegen eine als unrechtmäßig und willkürlich empfundene Entscheidung der Regierung geworden.

Ehrmann antwortete auf dieses Inserat mit einer von seinem Anwalt verfaßten zweiseitigen gedruckten Erklärung mit dem Titel »Zur Aufklärung und Verständigung«, um »dem Publikum eine, genau den Thatsachen entsprechende und aktenmäßige Darstellung des Sachverhaltes vor Augen zu legen«. Darin wurde die Rechtmäßigkeit der Konzession Ehrmanns ausführlich und mit Verweis auf die entsprechenden Entscheidungen der Behörden dargestellt. Gleichzeitig ließ Ehrmann aber auch erklären, daß ihm »der Frieden und die Wohlfahrt seiner Mitbürger« trotz aller Auseinandersetzungen wichtig seien und er daher erneut zu einem Vergleich mit der Schneiderzunft bereit sei, wobei er »fast seine ganze Concession seinen Gegnern zum Opfer bringen« wolle. Ehrmann wollte sich verpflichten, »nur von Heidelberger Schneidern anmessen und auch seinen übrigen Ladenbedarf hauptsächlich von diesen fertigen zu lassen«. Außerdem bot er an, jährlich 50 Gulden in die Kasse der Schneiderzunft zu zahlen.[209]

207 Ebd., Schreiben des Stadtdirektors an den Gemeinderat vom 16. August 1848.
208 Heidelberger Journal 42. Jg. Nr. 224 vom 19. August 1848.
209 Beilage zum Heidelberger Journal 42. Jg. Nr. 234, vom 31. August 1848.

Ehrmann erhielt zwar am 8. September 1848 zum wiederholten Mal vom Innenministerium die Erlaubnis, sein Geschäft wieder zu öffnen,[210] die Lage entspannte sich jedoch nicht, so daß er im Februar 1849 schließlich eine Petition an die zweite Kammer richtete. Darin beklagte er, daß der Gemeinderat die Sache zu einer städtischen Angelegenheit mache, obwohl sie doch nur ihn und die Schneiderzunft betreffe. Er betreibe nur einen einfachen Kleiderhandel und kein Fabrikgeschäft. Der Schneiderzunft mangele es an Gewerbefleiß, sein Vergleichsangebot habe sie abgelehnt, stattdessen setze sie auf Gewalt. Der Gemeinderat und das Heidelberger Stadtamt hätten einseitig für die Schneiderzunft Partei ergriffen, vor allem letzteres sabotiere alle zu seinen Gunsten getroffenen Entscheidungen höherer Behörden.[211] Ehrmann hatte damit jedoch keinen Erfolg, denn die Petitionskommission der zweiten Kammer erklärte eine gegen ihn gerichtete Petition der Schneiderzunft und des Gemeinderats für gerechtfertigt.[212]

Im Frühjahr 1849 verlor Ehrmann auch seinen Rückhalt beim Innenministerium. Es entzog ihm am 20. April seine Konzession, da er für zwei Studenten Kleidungsstücke hatte anfertigen lassen. Seine noch im Laden vorrätigen Waren durfte er innerhalb einer Frist von drei Wochen verkaufen.[213] Ehrmann legte gegen diese Entscheidung erfolglos Beschwerde beim Staatsministerium ein. Das Innenministerium begründete seine Entscheidung folgendermaßen: »Die gänzliche Entziehung der Conceßion zum Handel mit neuen Kleidern wurde aber ausgesprochen, weil nur dadurch sich die Beschwerden der Schneiderzunft heben laßen. Bei der Art, wie Ehrmann seine Conceßion bisher ausgebeutet hat, blieb den zünftigen Schneidern nur übrig, Gehülfen Ehrmanns zu werden, wenn sie auf den Arbeitsverdienst nicht verzichten wollten, der aus der Anfertigung von Kleidern für eine große Anzahl Bewohner Heidelbergs zu ziehen war.«[214] Ehrmann habe aktiv um Kunden werben können, während die Schneidermeister in ihren Läden auf diese warten mußten. Die Mehrzahl der Heidelberger Schneider sei infolge der Konkurrenz Ehrmanns verarmt. Dessen Konzession zum Handel mit neuen Kleidern sei in ganz Baden einzigartig und stehe im Widerspruch zur Gewerbegesetzgebung, ihr Entzug liege daher im öffentlichen Interesse. Da Ehrmann dadurch »allerdings seinen Erwerbszweig verlieren würde«, sollte ihm erlaubt werden, »mit alten Kleidern und auch mit solchen neuen Kleidungsstücken zu handeln, welche nicht angepaßt zu werden brauchen, z. B. Mäntel, Paletots etc«.[215] Das Staatsministerium entschied am 2. Januar 1850 abschließend, daß eine Handelskonzession grundsätzlich nicht das Recht zur Produktion von Waren beinhalte. Ehrmann habe daher seine Konzession überschritten, dabei aber in gutem Glauben gehandelt, da die Behörden

210 GLA 236/2588: Erlaß des Innenministeriums vom 8. September 1848.
211 Ebd., Petition Ehrmanns vom 11. Februar 1849.
212 Ebd., Stellungnahme der Petitionskommission vom 16. Februar 1849.
213 Ebd., Erlaß des Innenministeriums vom 20. April 1849 und vom 8. Mai 1849.
214 GLA 233/17046: Gutachten des Innenministeriums vom 7. Dezember 1849.
215 Ebd.

stets zu seinen Gunsten entschieden hätten. Er erhielt daher seine Konzession zurück, die jedoch strikt auf den Handel mit Fertigwaren beschränkt war.[216]

In der Reaktionszeit nach Ende der Revolution änderte sich somit der Standpunkt des Innenministeriums zuungunsten Ehrmanns. Seine Konzession wurde wieder auf den Handel mit alten und vorgefertigten Kleidungsstücken begrenzt. Erst im Jahr 1862 führte man in Baden nahezu zeitgleich mit der rechtlichen Gleichstellung der Juden auch die Gewerbefreiheit ein. Ehrmann war diese im Grunde bereits im Jahr 1829 erteilt worden, und er hatte diese außergewöhnliche Chance genutzt, um seinen Kleiderhandel zu einem ersten kleinen Konfektionsbetrieb auszubauen. Sein Unternehmen nahm damit im Kern die zukünftige Entwicklung der Textilindustrie in Südwestdeutschland vorweg, in der jüdische Unternehmer eine bedeutende Rolle spielten.[217] Ehrmanns Konkurrenten waren dagegen noch den Beschränkungen des überholten Zunftrechts unterworfen. Es verwundert daher nicht, daß die Heidelberger Schneiderzunft hartnäckig und mit Vehemenz gegen die Konzession Ehrmanns vorging.

Die Tatsache, daß Ehrmann Jude war, verlieh dem Konflikt jedoch noch eine zusätzliche Qualität. Die Schneider betonten in ihren Eingaben an die Behörden stets, daß Ehrmann eigentlich ein »israelitischer Seifensieder« sei, der sich seine Konzession zum Handel mit Kleidungsstücken »erschlichen« habe. Offenbar war es allgemein üblich, Juden von vornherein unlautere Geschäftspraktiken zu unterstellen. Die Schneiderzunft weigerte sich daher auch standhaft, die Rechtmäßigkeit der Konzession Ehrmanns anzuerkennen. Auch sein wesentlich agileres Auftreten beim Werben um Kunden und Aufträge wurde von den Schneidern und den lokalen Behörden als ›typisch jüdisches‹ Geschäftsgebaren und »Hausieren« interpretiert. Daß ausgerechnet ein Jude mit seinem Kleiderhandel die Grenzen des bisher Dagewesenen derart überschritt und alteingesessenen Schneidermeistern damit Konkurrenz machte, verstärkte die Empörung gegen Ehrmann in der Heidelberger Bürgerschaft. Die Gewaltaktionen der Schneider gegen Ehrmanns Geschäft im Jahr 1848 wurden daher auch von der Mehrheit der Heidelberger Bürger zumindest toleriert und von den örtlichen Behörden nicht geahndet. Tumulte und ›Katzenmusiken‹ waren in der Revolutionszeit zwar durchaus an der Tagesordnung, bei Konflikten mit der israelitischen Minderheit war man jedoch eher bereit, auch Gewalt auszuüben.

4 Jüdisches Gemeindeleben

4.1 Synagoge, Badehaus und Friedhof

Seit dem Jahr 1714 befand sich die Synagoge der jüdischen Gemeinde Heidelbergs im Haus »Zur Blauen Lilie« in der Großen Mantelgasse. Das Haus war ursprünglich ein einfaches Wohnhaus und wurde von der jüdischen Gemeinde zur Syn-

216 Ebd., Erlaß des Staatsministeriums vom 2. Januar 1850.
217 Vgl. Toury 1984, S. 85–152.

agoge umgebaut.[218] Ein im Jahr 1847 angefertigter Plan vermittelt einen Eindruck vom Zustand der Synagoge in der Mitte des 19. Jahrhunderts.[219] Die Hälfte des zweistöckigen Gebäudes nahmen die Unterrichtszimmer der israelitischen Bezirksstiftungsschule und die darüber gelegene Lehrerwohnung ein. Die eigentliche Synagoge bestand aus einem den männlichen Gemeindemitgliedern vorbehaltenen größeren Raum im Erdgeschoß mit einer darüber gelegenen Empore für die Frauen. Der Grundrißplan liefert keinen Aufschluß über die Inneneinrichtung der Synagoge, lediglich der Thoraschrein ist an der Ostwand im Erdgeschoß zu erkennen. Das relativ kleine Synagogengebäude genügte in den 60er Jahren des 19. Jahrhunderts nicht mehr dem gestiegenen Platzbedarf der israelitischen Gemeinde. Das Haus »Zur Blauen Lilie« wurde daher 1875 abgerissen und durch einen in den Jahren 1877/78 errichteten Neubau ersetzt.[220]

Für eine jüdische Gemeinde ist das Vorhandensein einer Mikwe, eines Tauchbades zur rituellen Reinigung, von großer Bedeutung. Während die Existenz einer Mikwe in Heidelberg für das Mittelalter belegt ist,[221] gibt es bislang keine Hinweise auf den Ort, an dem sich das rituelle Bad in späterer Zeit befand. Im Jahr 1832 ließ die Heidelberger Gemeinde in unmittelbarer Nachbarschaft des Schul- und Synagogengebäudes in der Großen Mantelgasse ein »israelitisches Frauenbad« errichten.[222] Da das Gebäude nicht unterkellert war, wurde die Mikwe wohl nicht mit Grundwasser, sondern mit Brunnen- und Regenwasser gespeist. Einer behördlichen Vorschrift entsprechend, konnte sie auch beheizt werden.[223] Auf die Einhaltung der religiösen Vorschriften zur rituellen Reinigung wurde in der jüdischen Gemeinde Heidelbergs durchaus geachtet. Im Jahr 1823 erhob Seeligmann Reckendorf gegen Alexander Cahn die Anschuldigung, er lebe mit seiner Frau zusammen, ohne daß diese die vorgeschriebenen Reinigungsbäder vollziehe. Cahn versuchte gegenüber dem Bezirksrabbinat, diesen Vorwurf zu widerlegen, was ihm aber nur teilweise gelang.[224]

Das Bestattungswesen der Juden unterscheidet sich in vielerlei Hinsicht von demjenigen ihrer christlichen Mitbürger, was des öfteren zu Konflikten der jüdischen Gemeinden mit lokalen Behörden führte.[225] So ist den Juden beispielsweise das Beseitigen oder Einebnen von Gräbern nicht gestattet, da den Verstorbenen ein ewiges Ruherecht gewährt werden muß. Seit alters her setzten die Israeliten daher ihre Toten auf eigenen Friedhöfen bei. Seit Beginn des 18. Jahrhunderts befand sich der jüdische Friedhof in Heidelberg auf einem relativ abgelegenen Gelände vor dem Klingentor, das von der Stadt aus nicht eingesehen

218 Vgl. Löslein, Barbara: Geschichte der Heidelberger Synagogen. Heidelberg 1992 (= Veröffentlichungen zur Heidelberger Altstadt, 26), S. 38–44.

219 Vgl. Abb. 10.

220 Vgl. Löslein 1992, S. 48 f. u. 54 f.

221 Vgl. ebd., S. 18–20.

222 GLA 356/5638; vgl. Löslein, 1992, S. 49 f.

223 GLA 314/299.

224 Ebd.

225 Vgl. Wiesemann, Falk: Jewish Burials in Germany – Between Tradition, the Enlightenment and the Authorities. In: Jahrbuch des Leo-Baeck-Instituts 37 (1992), S. 17–31.

werden konnte.[226] Der Friedhof am Klingenteich wurde bis zum Jahr 1876 genutzt, es gab allerdings schon 1842 Überlegungen der städtischen Behörden, ihn zu verlegen.[227] Heute sind dort noch rund 180 Grabsteine vorhanden, die mit wenigen Ausnahmen alle aus dem 19. Jahrhundert stammen.[228]

4.2 Reform des israelitischen Gottesdienstes

Parallel zu den Bemühungen um die bürgerliche Gleichstellung der Juden entstand in den ersten Jahrzehnten des 19. Jahrhunderts auch eine Bewegung zur inneren Reform des Judentums, die hauptsächlich auf eine Neuordnung der Gemeindeverfassung und des Gottesdienstes abzielte.[229] In Heidelberg wollte erstmals im Juli 1823 der Lehrer und Prediger Karl Rehfuß einen israelitischen Gottesdienst außerhalb der Synagoge und in deutscher Sprache abhalten, weshalb er ein entsprechendes Gesuch an die Kreisregierung richtete. Diese ordnete daraufhin an, die jüdischen Haushaltsvorstände zu befragen, ob sie für oder gegen einen derartigen »Privat-Tempel« seien.[230] Die Befragung ergab, daß 18 Familienoberhäupter für und 24 gegen die von Rehfuß beabsichtigte Neuerung waren.[231] Im Jahr 1825 erhielt Rehfuß vom Innenministerium trotzdem die Erlaubnis, in der Synagoge zu predigen, er mußte sich dabei jedoch an die vom israelitischen Oberrat vorgegebenen Religionsgrundsätze halten.[232]

Die Predigten Rehfuß' stießen allerdings bald auf den Widerspruch des Bezirksrabbiners Salomon Fürst. Fürst wurde 1792 in Mannheim geboren und betätigte sich dort zunächst als Lehrer an der israelitischen Schule. Von 1821 bis 1824 studierte er in Würzburg Philosophie und war anschließend Rabbinatsverwalter der niederrheinischen Provinzsynagoge in Mannheim. Nach der Neueinteilung der Rabbinatsbezirke wurde er 1827 nach Heidelberg berufen, wo er bis zu seinem Tode im Jahr 1870 tätig war.[233]

Ein weiterer Konflikt zwischen Fürst und Rehfuß entstand um die von Rehfuß im Jahr 1830 zum erstenmal durchgeführte Konfirmation in der Synagoge. Diese traf generell auf den Widerspruch orthodoxer Rabbiner, die allenfalls eine Religionsprüfung in der Schule zulassen wollten. Fürst verhinderte 1832 durch eine

226 Vgl. Mumm, Hans-Martin: Die jüdischen Friedhöfe. In: Jüdisches Leben 1992, S. 300f.
227 STAHD UA 153/2.
228 Vgl. Szklanowski, Benno: Der alte jüdische Friedhof am Klingenteich in Heidelberg 1702–1876. Heidelberg 1984 (= Neue Hefte zur Stadtentwicklung und Stadtgeschichte, 3).
229 Vgl. Rürup 1975, S. 54; Battenberg 1990. Bd. 2, S. 156–159; Meyer, Michael A.: Response to Modernity. A History of the Reform Movement in Judaism. New York – Oxford 1988, S. 100–142.
230 GLA 204/3007: Erlaß des Kreisdirektoriums vom 1. Juli 1823.
231 Ebd., Schreiben des Stadtdirektors vom 10. Juli 1832.
232 Ebd., Erlaß des Innenministeriums vom 12. Februar 1825.
233 Vgl. Weech, Friedrich von (Hrsg.): Badische Biographien. Bd. 1. Heidelberg 1875, S. 272; Kayserling, Meyer (Hrsg.): Bibliothek jüdischer Kanzelredner. Eine chronologische Sammlung der Predigten und Charakteristiken der vorzüglichsten jüdischen Prediger. 1. Jg. Berlin 1870, S. 368–375; Mumm 1992a, S. 38f.

Eingabe beim israelitischen Oberrat, daß abermals eine von Rehfuß geplante Konfirmationsfeier in der Synagoge stattfand. Der Oberrat wollte allenfalls eine Zeremonie für die Knaben in der Synagoge befürworten, und auch nur dann, wenn in den Schulräumen nicht genügend Platz vorhanden war. Diese Bestimmung machte sich Rehfuß zunutze, indem er im folgenden Jahr so viele Einladungen ergehen ließ, daß die Feier in der Synagoge stattfinden mußte.[234]

In späterer Zeit hingegen war Fürst selbst ein Verfechter der Konfirmation. Im Juni 1855 wandte er sich an das Oberamt Heidelberg mit der Bitte, mehrere Eltern zu ermahnen, deren Kinder nicht zum vorgeschriebenen Konfirmandenunterricht erschienen waren.[235] Die betroffenen Eltern erklärten daraufhin, daß ihre Söhne nach Vollendung des 13. Lebensjahres in der Synagoge das jüdische Glaubensbekenntnis abgelegt hätten und daß eine Konfirmation bei Israeliten nicht üblich sei.[236] Die Eltern wurden in ihrer Auffassung vom israelitischen Oberrat bestätigt, der feststellte, daß der Konfirmandenunterricht zwar wünschenswert, aber nicht notwendig und daher freiwillig sei.[237] Fürst beharrte jedoch auf seiner Meinung, und es kam auch in den folgenden Jahren noch zu ähnlichen Streitfällen.

Fürst setzte sich für die Abschaffung der speziellen Eidesformel für Juden und für die Einführung des Orgelspiels im israelitischen Gottesdienst ein.[238] Im übrigen war er jedoch vergleichsweise konservativ eingestellt. Im Juli 1844 ersuchte ihn der Theologiestudent Salomon Friedländer, ein Bruder des während der Revolution von 1848/49 in Heidelberg aktiven Juristen Alexander Friedländer aus Brilon in Westfalen,[239] um die Erlaubnis, in der Synagoge eine Predigt halten zu dürfen. Fürst prüfte die Predigt vorab und verweigerte Friedländer das »Placet«, da er sie »sowohl in politischer, als in religiöser Beziehung sehr aufregend« fand und darin eine seiner Meinung nach falsche Auffassung des Begriffs »Freiheit« vertreten wurde. Friedländer hielt die Predigt dennoch am 20. Juli 1844 nach der Morgenandacht vor einer eigens von ihm dazu eingeladenen Versammlung. Synagogenrat Herz Carlebach hatte ihm zu diesem Zweck die Synagoge geöffnet.

Fürst meldete daraufhin dem Oberamt Heidelberg den Vorgang, »um zu verhindern, daß excentrische junge Leute ihre unrichtigen Meinungen über Staat und Kirche öffentlich verbreiten«.[240] Carlebach erklärte in einer Stellungnahme, daß Fürst im Irrtum sei, wenn er darüber befinden wolle, ob jemand außerhalb des Gottesdienstes in der Synagoge reden dürfe. Allein der aus drei Mitgliedern bestehende Synagogenrat habe das Recht, anderen Personen als dem Rabbiner eine

234 Vgl. Rosenthal, Berthold: Die jüdischen Volksschulen in Baden. In: Gedenkbuch zum hundertfünfundzwanzigjährigen Bestehen des Oberrats der Israeliten Badens. Frankfurt am Main 1934, S. 155f.

235 GLA 356/5640: Schreiben Fürsts vom 19. Juni 1855.

236 Ebd., Schreiben vom 26. Juni 1855.

237 Ebd., Stellungnahme des Oberrats vom 14. August 1855.

238 Vgl. Rosenthal, Berthold: Heimatgeschichte der badischen Juden seit ihrem geschichtlichen Auftreten bis zur Gegenwart. Bühl 1927. Ndr. Magstadt 1981, S. 356f. u. 362f.

239 Vgl. Mumm, Hans-Martin: »Freiheit ist das, was wir – nicht haben«. Jüdinnen und Juden in der Revolution von 1848. In: Jüdisches Leben 1992, S. 89–95.

240 GLA 204/3007: Schreiben Fürsts an das Oberamt Heidelberg vom 21. Juli 1844.

Redeerlaubnis zu erteilen. Carlebach argumentierte, daß er zum fraglichen Zeitpunkt über zwei Stimmen im Synagogenrat verfügt habe, da der abwesende Adolph Zimmern ihm seine Stimme übertragen hatte. Seine Handlungsweise sei also grundsätzlich rechtmäßig gewesen.[241] Fürsts Anzeige blieb daher ohne unmittelbare Konsequenzen, war aber wohl durchaus geeignet, die Aufmerksamkeit der Polizeibehörden auf den Studenten Salomon Friedländer zu lenken.

In den 50er und 60er Jahren des 19. Jahrhunderts wurden in den meisten jüdischen Gemeinden Badens weitere Neuerungen in den Gottesdiensten eingeführt, speziell das Orgelspiel mit Gesang und eine veränderte Ordnung der Gebete.[242] Im Mai 1856 legten der Rabbiner Salomon Fürst und der Heidelberger Synagogenrat dem Oberamt Heidelberg eine neue Synagogenordnung vor.[243] Sie gebot den Gemeindemitgliedern unter anderem absolute Stille beim Betreten und Verlassen der Synagoge. Die Gottesdienstteilnehmer mußten sofort ihre Betstühle einnehmen und diese unmittelbar nach Beendigung der Zeremonie verlassen. Jegliches »Verweilen« in der Synagoge war ebenso verboten wie Unterhaltungen mit anderen Gemeindemitgliedern. Die Gläubigen durften auch nicht mehr die vom Vorbeter rezitierten Gebete mitsingen. Jede Geräuschentwicklung, insbesondere das Auf- und Zuschließen der Betpulte oder das Klappen der Sitze, war zu vermeiden. Das traditionelle Vor- und Zurücktreten beim Beendigen der Gebete sollte möglichst leise vonstatten gehen. Zur Ahndung von Verstößen gegen die Synagogenordnung wollte der Synagogenrat Geldstrafen verhängen. Dieses Recht wurde ihm jedoch vom Oberamt Heidelberg verweigert.[244]

Die neue Gottesdienstordnung war aber nur schwer durchzusetzen und wurde offenbar von vielen älteren und eher orthodox gesinnten Gemeindemitgliedern nicht beachtet. Im Jahr 1868 stellten die Synagogenräte Ehrmann und Keller beim Bezirksamt Heidelberg daher erneut den Antrag, Geldstrafen verhängen zu dürfen, da ohne Strafen die Aufrechterhaltung von Ruhe und Ordnung im Gottesdienst nicht möglich sei und schriftliche Verwarnungen wirkungslos geblieben waren.[245] Synagogenrat Oppenheimer zeigte dagegen mehr Verständnis für seine Glaubensgenossen. Seiner Meinung nach hatte die neue Art des Gottesdienstes, insbesondere »die Einführung von Gesängen mit musikalischer Begleitung«, nicht die Zustimmung aller Gemeindemitglieder, vor allem der älteren gefunden. Der Inhalt der Lieder sei ihnen unbekannt, und sie hätten daher auch kein Interesse daran. Außerdem würden die alten Menschen nach traditioneller Sitte weiterhin die Gebete des Vorsängers mitsingen, da ihnen dies als eine geheiligte und gottgefällige Art des Betens erscheine. Oppenheimer wies auch darauf hin, daß die Synagoge für die gestiegene Zahl der Gemeindemitglieder zu klein sei und sich Störungen daher kaum vermei-

241 Ebd., Stellungnahme vom 2. August 1844.
242 Vgl. Rosenthal 1927/1981, S. 362–376.
243 GLA 356/5641.
244 Ebd., Schreiben des Oberamts vom 23. Juni 1856.
245 Ebd., Schreiben vom 30. September 1868.

den ließen. Er wollte es deshalb mit einer an die Tür der Synagoge anzuschlagenden Ermahnung des Bezirksamts, die Gottesdienstordnung einzuhalten, bewenden lassen. Schwerwiegende Verstöße könne man dagegen mit einer freiwilligen Geldbuße ahnden.[246] Ein Jahr später war allerdings auch Oppenheimer der Ansicht, daß die Synagogenordnung ohne die Verhängung von Geldstrafen nicht aufrechtzuerhalten sei. Das Bezirksamt Heidelberg beschied den Synagogenrat jedoch wiederum abschlägig und empfahl, die Störer bei den Behörden anzuzeigen.[247]

4.3 Mildtätige Stiftungen und Armenwesen

In den jüdischen Gemeinden war traditionell eine Beerdigungsbruderschaft (Chewra Kaddischa) für die Durchführung der Bestattungszeremonien zuständig. Die Mitglieder der Bruderschaft beteten am Sterbebett, hielten die Totenwache, wuschen den Leichnam, begleiteten den Sarg zum Friedhof und nahmen schließlich die Beerdigung selbst vor.[248] Am 28. Oktober 1806 schlossen sich 21 junge jüdische Männer in Heidelberg zu einer derartigen Beerdigungsbruderschaft zusammen, die sich auch im Krankheitsfall wechselseitig finanziell unterstützen wollten. Sie setzten damit die Tradition der im Jahr 1747 gegründeten Heidelberger Chewra Kaddischa fort.[249] Zur Genehmigung ihrer Vereinigung legten sie dem Stadtvogteiamt eine deutsche Übersetzung der in hebräischer Sprache abgefaßten Gründungsurkunde vor.[250]

Jedes Mitglied der Bruderschaft sollte einen wöchentlichen Beitrag von vier Kreuzern bezahlen. Drei jeweils für ein halbes Jahr gewählte »Deputierte« waren für die Verwaltung des Fonds zuständig, hinzu kamen ein »Obereinnehmer« sowie ein Schreiber und Rechnungsführer. Wenn ein Mitglied erkrankte und pflegebedürftig wurde, so zahlte ihm die Bruderschaft pro Woche zwei Gulden und 42 Kreuzer, sofern sein Vermögen und das seiner Eltern nicht zur Sicherung des Lebensunterhalts ausreichte. Bei leichteren Erkrankungen, die zu einem zeitweiligen Verdienstausfall führten, wurden ein bis eineinhalb Gulden pro Woche bezahlt. Die »Deputierten« waren verpflichtet, kranke Mitglieder täglich zu besuchen. Starb ein Mitglied der Bruderschaft, so waren alle anderen gehalten, die Beerdigung zu organisieren und den Toten zum Friedhof zu geleiten. Außerdem mußten sie die vorgeschriebenen Gebete im Sterbezimmer verrichten und dreißig Tage lang ein Licht zum Andenken an den Verstorbenen brennen lassen.

246 Ebd.

247 Ebd., Schreiben des Synagogenrats vom 24. August 1869; Antwort des Bezirksamts vom 4. September 1869.

248 Vgl. Marcus, Jacob R.: Communal Sick-Care in the German Ghetto. Cincinnati 1947 sowie die bildliche Darstellung der Tätigkeiten der Prager Beerdigungsbruderschaft im 18. Jahrhundert. In: Nachama, Andreas u. Sievernich, Gereon (Hrsg.): Jüdische Lebenswelten. Katalog. Frankfurt am Main 1992, S. 100–105.

249 Vgl. Löwenstein, Leopold: Beiträge zur Geschichte der Juden in Deutschland. Bd. 1: Geschichte der Juden in der Kurpfalz. Frankfurt am Main 1895, S. 222f.

250 GLA 204/983.

Bei Todesfällen von anderen Angehörigen der jüdischen Gemeinde Heidelbergs mußten die Mitglieder der Bruderschaft jedoch lediglich die Beerdigung des Verstorbenen vornehmen.

Die Bruderschaft traf sich außerdem an jedem Sabbat im Haus eines Mitglieds zu einer »moralischen Vorlesung«. Verstöße gegen die Verpflichtungen wurden mit einer Reihe von Geldbußen bestraft. Wer beispielsweise nicht an der Beerdigung eines Mitglieds teilnahm, mußte 18 Kreuzer in die Kasse zahlen, beim Versäumnis der »moralischen Vorlesung« waren dagegen nur zwei Kreuzer fällig. Neue Mitglieder mußten zwei Gulden und 42 Kreuzer Aufnahmegebühr zahlen, und auch beim Austritt aus der Bruderschaft waren Zahlungen fällig. Die Bruderschaft unterstützte ferner arme Angehörige der jüdischen Gemeinde Heidelbergs, diese erhielten jeweils am Neujahrstag fünf Gulden und 30 Kreuzer.

Neben dieser traditionellen Bruderschaft gab es in Heidelberg noch zwei weitere israelitische Armenstiftungen. David Zimmern stiftete am 1. Juli 1838 fünfhundert Gulden, die jährlich mit fünf Prozent verzinst wurden. Die Zinsen erhielten in jedem Jahr die beiden ältesten Armen der jüdischen Gemeinde. Franziska Sprinz Levi, die Schwiegermutter des Orientalisten Gustav Weil,[251] stellte im Januar 1853 einhundert Gulden zur Verfügung. Die Zinsen aus diesem Kapital kamen ebenfalls den israelitischen Armen zugute. Beide mildtätige Stiftungen wurden vom Synagogenrat verwaltet; ebenso die Stiftung von Betty Marx, geborene Bamberger, die 1845 gleichfalls einhundert Gulden gestiftet hatte. Deren Ertrag war jedoch nicht für die Armen, sondern für den Rabbiner vorgesehen, der dafür an bestimmten Gedenktagen an den Gräbern der Stifterin und ihrer Familienangehörigen Gebete sprechen mußte.[252]

Im übrigen mußte die jüdische Gemeinschaft gemäß den Bestimmungen des neunten Konstitutionsedikts für die Versorgung ihrer Armen, Kranken und Bedürftigen selbst aufkommen, diese hatten keinen Anspruch auf Leistungen aus den örtlichen Armenfonds.[253] Die Juden mußten jedoch ab den 30er Jahren des 19. Jahrhunderts zur Krankenversorgung von Dienstboten und Handwerksgesellen mit beitragen. Der Oberrat der Israeliten hielt dies für ungerecht und beantragte am 30. August 1838 beim Innenministerium eine Änderung der Bestimmungen über die Armenversorgung. Nach Ansicht des Oberrats sollte das Armenwesen der Israeliten wie das der Christen künftig aus den Mitteln der Ortsgemeinden finanziert werden. Das Innenministerium lehnte das Gesuch jedoch unter Verweis auf den einschlägigen Paragraphen 54 der Gemeindeordnung ab.[254] Ein erneuter Antrag des Oberrats wurde im Jahr 1841 gleichfalls abgewiesen, und auch das im Jahr 1862 verabschiedete Gesetz über die bürger-

251 Zu Weil vgl. Mumm 1992a, S. 43 f.

252 GLA 356/1969/10/502: Verzeichnis der israelitischen Stiftungen in Heidelberg vom 2. Juni 1856; STAHD Amtsbücher 43: Israelitischer Stiftungsfonds.

253 Regierungsblatt 7. Jg. 1809, S. 31, § 7.

254 GLA 236/6058: Stellungnahme des Oberrats Epstein vom 30. August 1838 und Antwort des Innenministeriums vom 5. Oktober 1838.

liche Gleichstellung der Juden sah im Bereich des Armenwesens noch eine Ausnahmeregelung vor.[255]

4.4 Israelitisches Schulwesen

Das sogenannte Konstitutionsedikt der Juden vom 13. Januar 1809 regelte auch die Schulpflicht der israelitischen Kinder. Diese sollten, solange noch keine israelitischen Volksschulen existierten, gemeinsam mit den christlichen Kindern die jeweiligen Ortsschulen besuchen. Als Unterrichtsfächer waren »Lesen, Schreiben, Rechnen, Sittenlehre und Aufsätze machen« sowie, falls möglich, Geographie und Geschichte vorgesehen. Außerdem war darauf zu achten, »daß die Judenkinder zu gleicher Reinlichkeit, Ordnung und Anständigkeit wie die Christenkinder« angehalten wurden.[256] Nach dem Besuch der Volksschulen standen den israelitischen Kindern auch grundsätzlich die weiterführenden Schulen und die Hochschulen des Landes Baden offen.[257] Von der Teilnahme am christlichen Religionsunterricht waren die jüdischen Kinder befreit. Die jüdischen Gemeinden mußten einen eigenen Religionsunterricht organisieren, der den Kindern auch »Sittlichkeit, allgemeine und besondere Nächstenliebe, Unterwürfigkeit unter die Staatsgewalt und bürgerliche Ordnung nach den reinen Grundsätzen aus Moses und den Propheten einschärfen« sollte.[258]

In der Praxis des damaligen Volksschulunterrichts war jedoch kaum zwischen religiösem und nicht-religiösem Lehrstoff zu unterscheiden, insbesondere der Unterricht im Lesen erfolgte an Hand christlich-religiöser Texte. Es gab daher erhebliche Vorbehalte vieler Juden und auch des israelitischen Oberrats gegen die Teilnahme jüdischer Kinder am Unterricht in den christlichen Schulen. Nach einer kurzen Vorbereitungsphase, die der Ausbildung israelitischer Schulmeister diente, ging man dann im zweiten Jahrzehnt des 19. Jahrhunderts an die Errichtung von Volksschulen für jüdische Kinder.[259]

In Heidelberg bestand bereits im 18. Jahrhundert in den Räumen der Synagoge eine Schule, die aus den Mitteln der Landjudenschaft unterhalten wurde und wohl vorwiegend dem Religionsunterricht diente.[260] Im November 1812 wurden in dieser Schule zehn Knaben und acht Mädchen unterrichtet. Ihr Lehrer war der 39 Jahre alte Gershom Lazarus, der dieses Amt seit 16 Jahren ausübte und über keine behördlich anerkannte Ausbildung verfügte. Gleichzeitig besuchten 29 jüdische Kinder die christliche Schule; Privatlehrer waren in den Häusern von Herz Carlebach und David Zimmern tätig.[261]

255 Vgl. Rürup 1975, S. 70.
256 Regierungsblatt, 7. Jg. 1809, S. 32, § 10.
257 Ebd., S. 34, § 16.
258 Ebd., S. 33, § 13 u. 14.
259 Vgl. Rosenthal 1934, S. 131–136.
260 Vgl. Löslein 1992, S. 45.
261 GLA 145/203: Tabellen über das israelitische Schulwesen (Weisung der Kreisregierung an das Stadtamt vom 29. November 1812).

Zu Beginn der 20er Jahre des 19. Jahrhunderts gab es dann Überlegungen, nach dem Vorbild Mannheims[262] auch in Heidelberg eine israelitische Volksschule einzurichten, die aus den Mitteln des ehemaligen rheinpfälzischen Landjudenschaftsfonds finanziert werden sollte. Laut einer vom israelitischen Gemeindevorsteher auf Anforderung der Kreisregierung angefertigten Tabelle waren zu Beginn des Jahres 1822 in Heidelberg 18 Knaben und 14 Mädchen im schulpflichtigen Alter zwischen fünf und dreizehn Jahren.[263] Der endgültige Beschluß zur Errichtung einer »israelitischen Elementarschule in Heidelberg« fiel im Juli 1822.[264] Die Schule war nicht nur für die Kinder der Heidelberger Juden vorgesehen, sondern stand auch den zur niederrheinischen Provinzsynagoge gehörenden israelitischen Gemeinden und allen Gemeinden des ehemaligen rheinpfälzischen Landjudenschaftsverbandes zur Verfügung; sie erhielt daher die Bezeichnung »israelitische Bezirksstiftungsschule«.[265] Als Klassenzimmer wurden die bereits vorhandenen Räume der Religionsschule im Haus »Zur Blauen Lilie« benutzt, dort befand sich auch die Lehrerwohnung.

Der Lehrplan sah folgende allgemeinbildende Fächer vor: »Lesen der deutschen Sprache; Schreiben derselben, Calligraphie, Orthographie; Rechnen; deutsche Grammatik; Geographie«. Der Religionsunterricht umfaßte: »Hebräische Sprache, schreiben, lesen, übersetzen; Grammatik; biblische Geschichte; israelitischer Katechismus und allgemeine Sittenlehre; Pentateuch mit Erklärung desselben«. Im Falle einer Erweiterung des Lehrplans sollte er vorrangig auf »höheren Rechnungsunterricht, allgemeine Weltgeschichte und französische Sprache« ausgedehnt werden.[266] Bei der konkreten Ausgestaltung des Unterrichts orientierte man sich am Stundenplan der israelitischen Elementarschule in Mannheim. Dort waren rund zwei Drittel der Schulstunden religiösem Lehrstoff gewidmet. Die Unterrichtsstunden waren sonntags bis donnerstags jeweils von acht Uhr morgens bis vier Uhr nachmittags mit einer Stunde Pause, freitags endete der Unterricht bereits um zwei Uhr nachmittags, um eine angemessene Vorbereitung auf den Sabbat zu ermöglichen.[267] In der Heidelberger Schule wurden Mädchen und Knaben getrennt und offenbar auch unterschiedlich lange unterrichtet, da für Mädchen nur 36 Kreuzer Schulgeld im Vierteljahr, für Knaben aber die doppelte Summe bezahlt werden mußte.[268]

Die Schulaufsicht wurde einer eigens gebildeten Kommission übertragen. Sie bestand aus drei Heidelberger und zwei auswärtigen Mitgliedern, die von den israelitischen Bezirksältesten und der Provinzsynagoge vorgeschlagen wurden. Als Vorsteher der Kommission fungierte allerdings ein christlicher Kirchenbeam-

262 Zur israelitischen Volksschule in Mannheim vgl. Rosenthal 1934, S. 138–140.
263 GLA 356/5637: Weisung der Kreisregierung vom 21. Dezember 1821.
264 Ebd., Gedruckte Bekanntmachung der Kreisregierung vom 2. Juli 1822.
265 Ebd., § 1.
266 Ebd., § 3.
267 GLA 356/5637: Stunden- und Lehrverzeichnis der israelitischen Elementarschule zu Mannheim.
268 Ebd., Gedruckte Bekanntmachung der Kreisregierung vom 2. Juli 1822, § 7.

ter, in der Regel der Heidelberger Stadtpfarrer.[269] Auch nach einer Neuregelung des badischen Volksschulwesens im Jahr 1834 war ein Ortspfarrer Inspektor der israelitischen Schule.[270] Gleichzeitig wurden jedoch der örtliche Synagogenrat als Schulvorstand und der israelitische Oberrat als Oberschulbehörde eingesetzt,[271] so daß die Juden wesentlich mehr Mitbestimmungsrechte im israelitischen Schulwesen erhielten. Als Lehrpersonal war 1822 ein von den Landesbehörden bestellter »Oberlehrer« vorgesehen, der neben freier Wohnung 450 Gulden Gehalt pro Jahr erhielt. Hinzu kam je nach Bedarf ein »Unterlehrer«, der sich mit den »leichteren politischen«, d. h. allgemeinbildenden Lehrgegenständen befassen sollte. Er erhielt 120 bis 150 Gulden Jahresgehalt und ebenfalls freies Logis.[272]

Der erste »Oberlehrer« der Heidelberger Elementarschule war Karl Rehfuß. Er wurde 1792 in Altdorf im Breisgau geboren und stammte aus einer Rabbinerfamilie. Im Verlauf seiner Schulausbildung besuchte Rehfuß auch das Erziehungsinstitut Pestalozzis in Yverdon, wo er mit dessen Gedankengut zur Erziehungsreform vertraut wurde, was erheblichen Einfluß auf sein späteres Wirken als Lehrer in Heidelberg hatte. Rehfuß fehlten die Mittel, eine Talmudschule zu besuchen. Er trat daher zunächst verschiedene Stellen als Privat- und Hilfslehrer an, besuchte das Lyzeum und das Lehrer-Präparandeninstitut in Rastatt und studierte ab 1819 an der Universität Heidelberg Theologie, Philosophie und alte Sprachen. Dort legte er 1821 ein Examen als israelitischer Lehrer und Prediger ab und trat 1822 die Stelle an der neugeschaffenen israelitischen Bezirksstiftungsschule an. Wie bereits oben erwähnt, wirkte Rehfuß auch als Prediger und hielt Gottesdienste in deutscher Sprache. Er verfaßte außerdem eine Reihe von pädagogischen und religiösen Schriften und setzte sich für eine Modernisierung des israelitischen Gottesdienstes ein. Im Jahr 1834 wurde Rehfuß von der Universität Heidelberg zum Dr. phil. promoviert.[273]

Der Religionsunterricht spielte in der Elementarschule auch in den 30er Jahren des 19. Jahrhunderts noch ein zentrale Rolle. Rehfuß berichtete 1833 in einer Denkschrift an den israelitischen Oberrat, daß von insgesamt 78 Wochenstunden 33 religiösen Gegenständen, vor allem der hebräischen Sprache und der Religionslehre, gewidmet waren. In der Volksschule von Rohrbach waren es sogar 31 von 46 Stunden. Die Mädchen besuchten die Schule sieben, die Knaben acht Jahre lang. In den allgemeinbildenden Fächern wurde außer Lesen und Schreiben nun auch vermehrt deutsche Grammatik, die vier Grundrechenarten, Geschichte, Geographie und Naturkunde unterrichtet. Die Knaben erhielten im achten Schuljahr zusätzlich Unterricht im Dezimal-, Quadrat- und Kubikrechnen.[274]

Karl Rehfuß starb im Jahr 1842, sein Nachfolger als israelitischer Hauptlehrer war Leopold Bessels. Nach Rehfuß' Tod gelang es Rabbiner Fürst, größeren

269 Ebd., § 4.

270 Regierungsblatt 32. Jg. 1834, S. 186, § 37.

271 Ebd., S. 186, § 40 u. S. 188f., § 51.

272 GLA 356/5637: Gedruckte Bekanntmachung der Kreisregierung vom 2. Juli 1822, § 5.

273 Vgl. Weech 1875, S. 169f.; Kayserling 1870, S. 358–368; Rosenthal 1934, S. 141–143; Mumm 1992a, S. 30–33.

274 Vgl. Rosenthal 1934, S. 145–184.

Einfluß auf den Religionsunterricht zu gewinnen. Der israelitische Hauptlehrer war nun nur noch für den »gewöhnlichen« Religionsunterricht an der Elementarschule sowie an der höheren Bürgerschule und am Lyzeum in Heidelberg zuständig, sein Gehalt wurde auf 350 Gulden jährlich bei freier Wohnung reduziert. Der Rabbiner übernahm dagegen den »höheren« Religionsunterricht an allen drei Schulen und erhielt dafür eine zusätzliche Besoldung von 150 Gulden pro Jahr aus der Kasse des Bezirksstiftungsfonds.[275]

Außerdem entstand eine publizistische Kontroverse um das Andenken an Rehfuß und dessen Wirken. Der Antiquar Salomon Wolff, ein Schüler von Rehfuß, wies bereits 1842 in einem kurzen Nachruf darauf hin, daß die Erinnerung an Rehfuß gegen die Vorwürfe seiner Gegner verteidigt werden müsse.[276] Im Jahr 1844 vertrat dann Salomon Fürst in einem Artikel im israelitischen Wochenblatt »Der Orient« unter anderem die Ansicht, daß die Bezirksstiftungsschule ihren Zweck nie richtig erfüllt habe, da sie fast ausschließlich von Kindern aus Heidelberg besucht werde, die Mittel des Bezirksstiftungsfonds aber auch den israelitischen Landgemeinden zustünden. Es müsse daher über die Verwendung der Gelder und die Konzeption der Schule neu nachgedacht werden. Darüber hinaus versuchte Fürst den Eindruck zu erwecken, daß er nach seinem Amtsantritt als Bezirksrabbiner im Jahr 1827 Rehfuß als Lehrer nur geduldet habe, um ihn und seine Familie nicht brotlos zu machen.[277] Dieser Artikel löste empörte Reaktionen bei den Anhängern von Rehfuß aus. Seeligmann Reckendorf, von Beruf Geometer und mangels Anstellung als Privatlehrer für Mathematik tätig, erwiderte in der gleichen Zeitschrift, daß Fürst versuche, das Andenken seines Freundes Rehfuß zu schädigen, da dieser eine Reihe von Konflikten mit Fürst um den Konfirmandenunterricht, das Predigen in der Synagoge und um das Begräbniswesen der Juden gehabt habe.[278] Ähnlich äußerte sich Rehfuß' Sohn Jakob, der anmerkte, daß Fürst seinen Vater nie kollegial behandelt habe.[279]

Der unmittelbare Anlaß für den Streit war jedoch weitaus profanerer Natur, denn Fürst beanspruchte die Dienstwohnung im Synagogengebäude, die noch von Rehfuß' Witwe bewohnt wurde.[280] Nach jahrelangen Auseinandersetzungen entschied schließlich im Jahr 1846 das Innenministerium, daß dem Bezirksrabbiner eine Wohnung in der Synagoge zustehe, das gleiche gelte für den israelitischen Hauptlehrer, falls noch Platz vorhanden sein sollte.[281] Der Heidelberger Synagogenrat beauftragte daraufhin den Stadtbaumeister Reichard, die Raumverhältnisse im Synagogengebäude in der Großen Mantelgasse zu begutachten. Reichard kam

275 GLA 356/5637: Schreiben des israelitischen Oberrats vom 3. November 1842 sowie Entscheidung des Innenministeriums vom 23. Juni 1846.

276 Allgemeine Zeitung des Judenthums, 6. Jg. Nr. 51 vom 24. Dezember 1942, S. 75 f.; Wolff würdigte hauptsächlich die von Landesrabbiner Friedländer aus Brilon in Westfalen verfaßte Inschrift für das Grab von Rehfuß.

277 Vgl. Der Orient 5. Jg. (1844) Nr. 47 S. 363–366.

278 Vgl. ebd., Nr. 52, S. 405 f.

279 Vgl. ebd., 6. Jg. (1845) Nr. 2, S. 12.

280 Vgl. ebd.

281 GLA 356/5637: Entscheidung des Innenministeriums vom 23. Juni 1846.

zu dem Ergebnis, daß dort ohne bauliche Veränderungen nur eine Familie angemessen wohnen könne, woraufhin Fürst die Wohnung erhielt.[282]

Rund 20 Jahre nach Gründung der israelitischen Elementarschule gab es auch Überlegungen, in Heidelberg eine weiterführende Schule für jüdische Kinder einzurichten. In den Jahren 1839 bis 1841 verfolgte die Familie Zimmern den Plan einer Stiftung in Höhe von eintausend Gulden für eine israelitische Bürgerschule. Das Projekt scheiterte jedoch letztlich am Einspruch des israelitischen Oberrats, der ein Mitspracherecht bei der Besetzung der Stelle des Religionslehrers beanspruchte. Die Familie Zimmern wollte die Entscheidung über die Stellenbesetzung jedoch ausschließlich dem von ihr vorgesehenen Schulvorstand und dem Gemeinderat überlassen und zog ihre Stiftung zurück.[283]

In den 50er Jahren des 19. Jahrhunderts errichtete dann Cäcilie Reckendorf, die Tochter des Geometers Seeligmann Reckendorf, eine Privatschule für israelitische Mädchen. Cäcilie Reckendorf war bereits mehrere Jahre lang Hilfslehrerin an einem Erziehungsinstitut für Mädchen in Heidelberg gewesen und suchte im September 1852 um die Genehmigung zur Errichtung einer »höheren Lehranstalt für israelitische Töchter« nach, da es für eine derartige Anstalt ein »großes Bedürfnis« gebe.[284] Die Schule wurde noch im selben Jahr genehmigt und der Aufsicht der israelitischen Bezirksschulkommission unterstellt.[285] Der Lehrplan sah für die erste Klasse folgende Fächer vor: vier Stunden Religion, vier Stunden deutsche Sprache, sechs Stunden französische Sprache, je zwei Stunden Geschichte und Geographie, eine Stunde Naturgeschichte, drei Stunden Rechnen und zwei Stunden Schönschreiben pro Woche. In der zweiten Klasse sollten wöchentlich drei Stunden Religion, jeweils sechs Stunden deutsche und französische Sprache, drei Stunden Rechnen, zwei Stunden Naturgeschichte und drei Stunden Schönschreiben unterrichtet werden. Hinzu kamen in jeder Klasse noch vier bis fünf Stunden »weibliche Handarbeiten« pro Woche.[286] In diesem Lehrplan hatten die allgemeinbildenden Fächer gegenüber dem Religionsunterricht deutlich an Gewicht gewonnen.

An der höheren Töchterschule Cäcilie Reckendorfs wirkte ab 1858 auch ihr Mann Herrmann als Lehrer, der gleichzeitig Lektor für hebräische Sprache und Literatur an der Universität war. Herrmann Reckendorf beantragte im Dezember 1858 die Errichtung eines Pensionats für israelitische Knaben. Nach seinen Angaben schickten zahlreiche englische Juden ihre Söhne nach Heidelberg, wo sie die deutsche Sprache erlernen sollten. Diesen Kindern wollte er, den Wünschen der Eltern entsprechend, »eine streng religiöse, gleichzeitig aber auch den Erfordernissen der Zeit angemessene Erziehung« zukommen lassen. Er beabsichtigte, sein Pensionat in den Räumen der Schule seiner Frau einzurichten und die Schüler in

282 Ebd., Gutachten Reichards mit Grundriß des Synagogengebäudes, vom 23. Januar 1847; vgl. Löslein 1992, S. 46f.

283 GLA 356/698.

284 GLA 356/720: Gesuch vom 13. September 1852.

285 GLA 356/719.

286 GLA 356/720.

den Fächern hebräische, deutsche, französische und englische Sprache, in »sämtlichen Lehrgegenständen der Volks- und höheren Bürgerschulen«, in Musik, Gesang und Tanz sowie im Zeichnen zu unterrichten.[287] Die israelitische Bezirksschulkommission stimmte dem Projekt unter der Voraussetzung zu, daß Reckendorf nur ausländische Knaben unterrichte, aber keine einheimischen Kinder aufnehme, da für letztere mit der israelitischen Volksschule, dem Lyzeum und der höheren Bürgerschule genügend Bildungseinrichtungen zur Verfügung stünden. Außerdem erhob man Einwände gegen eine gemeinsame Erziehung von Mädchen und Knaben.[288] Reckendorf versicherte daraufhin, daß er nur Knaben aufnehmen wolle, die mindestens 13 Jahre alt und nicht in Heidelberg schulpflichtig seien, insbesondere Engländer und Franzosen. Mädchen und Jungen sollten in getrennten Stockwerken untergebracht werden und keinen gemeinsamen Unterricht erhalten.[289] Das Innenministerium genehmigte daraufhin die Errichtung des Pensionats.

5 Juden an der Universität

Die Konstitutionsedikte der Jahre 1808 und 1809 ermöglichten den badischen Juden generell auch das Studium an den Hochschulen des Landes. Die Heidelberger Universität hatte bereits im 18. Jahrhundert vereinzelt jüdische Studenten aufgenommen. Nach der Reorganisation der Hochschule zu Beginn des 19. Jahrhunderts kamen vergleichsweise viele Juden zum Studium nach Heidelberg. In der ersten Jahrhunderthälfte waren durchschnittlich zwei bis drei Prozent der Studenten Israeliten;[290] 27 jüdische Studenten, die im Zeitraum von 1807 bis 1870 immatrikuliert wurden, stammten direkt aus Heidelberg.[291] Die meisten Juden studierten Medizin (41 %), gefolgt von Jura (37 %) sowie Philosophie und Theologie (22 %).[292] In allen Fakultäten konnten Juden promovieren oder ein Staatsexamen ablegen, obgleich ihnen der Weg in den Staatsdienst bis in die 60er Jahre des 19. Jahrhunderts weitgehend versperrt war.

Jüdische Gelehrte konnten daher allenfalls als Privatdozenten tätig werden, jede weitergehende Karriere als Hochschullehrer war unweigerlich mit der Taufe verbunden, wie das Beispiel Sigmund Zimmerns zeigt. Nach seiner Promotion an der Universität Heidelberg im Jahr 1817 verbrachte Zimmern zunächst einige Monate mit Studien in Berlin und Göttingen. Am 25. Januar 1818 stellte er dann einen Antrag auf Erteilung der Venia legendi als Privatdozent. Der engere Senat und die juristische Fakultät stimmten grundsätzlich zu, das Innenministerium

287 GLA 356/712, Gesuch vom 27. Dezember 1858.
288 Ebd., Stellungnahme vom 15. Februar 1859.
289 Ebd., Erklärung vom 8. April 1859.
290 Vgl. Richarz, Monika: Der Eintritt der Juden in die akademischen Berufe. Jüdische Studenten und Akademiker in Deutschland 1678–1848. Tübingen 1974 (= Schriftenreihe wissenschaftlicher Abhandlungen des Leo-Baeck-Instituts, 28), S. 92 f. u. 109 f.
291 Vgl. Mumm 1992a, S. 41.
292 Vgl. Richarz 1974, S. 111.

lehnte jedoch ab, da Zimmern noch nicht habilitiert war. Man erlaubte ihm aber, »Privat-Collegia« abzuhalten und diese auch durch Anschlag am schwarzen Brett öffentlich bekanntzumachen.[293]

Am 23. Juli 1818 legte Zimmern ein erneutes Gesuch vor und verwies darauf, daß er mittlerweile eine öffentliche Disputation abgehalten und damit die formalen Bedingungen für eine Habilitation erfüllt habe. Er bat erneut um Annahme als Privatdozent und um die Erlaubnis, seine Vorlesungen im »Catalog« (Vorlesungsverzeichnis) ankündigen zu dürfen. Die um eine Stellungnahme gebetene Juristenfakultät konnte den Antrag Zimmerns zwar nicht ablehnen, da er die formalen Voraussetzungen erfüllt hatte, sie brachte aber eine Reihe von grundsätzlichen Einwänden gegen die Habilitation von Juden vor: Die Ernennung eines Juden zum Professor könne »üble Folgen« haben und sei unvereinbar mit dem Charakter der Universität als einer »geistlichen«, d.h. christlich-protestantischen Anstalt. Man befürchtete eine Schädigung des Rufs der Heidelberger Universität, wenn sie als erste und einzige in Deutschland Juden als Professoren aufnähme. Besonders das Ansehen der juristischen Fakultät als Lehr- und Spruchkollegium könne darunter leiden. Die Fakultät forderte daher, Zimmern, »damit er nicht etwa ein nicht erreichbares Ziel vergeblich verfolge«, gleich zu Beginn seiner Laufbahn als Privatdozent deutlich zu machen, »daß er als Jude [nie] auf eine Bestellung als ordentlicher oder außerordentlicher Professor (...) rechnen dürfe«.[294] Das Innenministerium entsprach dieser Forderung und erteilte Zimmern am 25. August 1818 die Venia legendi als Privatdozent mit der Bemerkung, daß er »nach den dermaligen Staatsverhältnissen« keine Aussichten habe, zum Professor ernannt zu werden.[295]

Zimmern wollte sich auf Dauer mit dieser Beschränkung nicht abfinden und beantragte am 28. Februar 1821 die Ernennung zum außerordentlichen Professor. Der Kurator der Universität leitete das Gesuch an das Staatsministerium weiter, mit der Bemerkung, daß Zimmern zwar ein qualifizierter Wissenschaftler, aber eben Jude sei. Daher müßten die obersten Staatsbehörden über den Fall entscheiden.[296] Das Staatsministerium stimmte daraufhin einer Ernennung Zimmerns zum Professor prinzipiell zu, machte die endgültige Entscheidung aber von einer positiven Stellungnahme des engeren Senats und der Juristenfakultät abhängig.[297]

Die Fakultät erinnerte an die Verfügung des Innenministeriums vom August 1818, nach der sich Zimmern keine Hoffnung auf eine Ernennung zum Professor machen könne: »Unsere Facultät wünscht nun lebhaft, daß es auf immer bey diesem Beschlusse bleiben möge, obgleich sich der Dr. Zimmern bisher durch seinen Charakter, seine gelehrten Kenntnisse und seine Geschicklichkeit sehr ausgezeichnet [hat].« So lange Juden vom Staatsdienst und von Richterämtern ausgeschlossen seien, müßten sie auch von der Universität ferngehalten werden,

293 GLA 205/587: Erlaß des Innenministeriums vom 20. Februar 1818.
294 Ebd., Stellungnahme der Fakultät vom 31. Juli 1818.
295 Ebd., Erlaß des Innenministerium vom 25. August 1818.
296 Ebd., Bericht des Kurators vom 2. März 1821.
297 Ebd., Erlaß des Staatsministeriums vom 22. März 1921.

zumal diese eine christliche Lehranstalt sei. Die Ernennung einzelner Juden zu Privatdozenten könne man aus Gründen der Humanität gerade noch tolerieren. Auch sei dies für Staat und Gesellschaft relativ ungefährlich, da die Befugnisse von Privatdozenten ohnehin beschränkt seien. Anders verhalte es sich dagegen mit der Verleihung des Professorentitels an Juden: »Allein wenn man den so hochgehaltenen Titel eines *academischen Professors* auch an Juden austheilt, wird der Andrang unfehlbar von allen Seiten erfolgen, und die durch ihren Reichthum schon halb allmächtigen, stets unermüdeten und in der Weltklugheit besonders erprobten Israeliten werden gewiß nichts unversucht lassen, den Bruch des Eises zu benutzen, um eiligst eine Scholle nach der anderen abzustoßen.«[298] Ähnlich wie die Heidelberger Schneiderzunft die Konkurrenz des Kleiderhändlers Ehrmann, fürchteten die Mitglieder der juristischen Fakultät das Eindringen jüdischer Gelehrter in die exklusiven Zirkel universitärer Körperschaften, wo sie möglicherweise einflußreiche und prestigeträchtige Positionen besetzen könnten.

Der engere Senat schloß sich der Ablehnung Zimmerns durch die Fakultät an. Er betonte nochmals, daß die Universität eine christliche Körperschaft sei, deren »Wesen« durch die Aufnahme von Juden ausgehöhlt würde. Die Ernennung eines Juden zum Professor wäre ein schlechtes Beispiel für ganz Deutschland und mit einem Ansehensverlust für die Heidelberger Universität verbunden. Man warnte vor der »Geldmacht« der Juden und dem sie verbindenden, für Staat und Gesellschaft gefährlichen »Nationalzusammenhang«. Schließlich brachte der Senat die Sache auf den Punkt: »Dem Dr. Zimmern steht für seine Anstellung nichts im Wege als die Religion, er ist kein Christ.«[299] Die antijüdische Argumentation des Senats ähnelt der Denkweise von Paulus und war möglichweise durch diesen beeinflußt.[300]

Der Kurator der Universität, Staatsrat von Zyllenhardt, reichte die Stellungnahmen von Fakultät und Senat an das Staatsministerium weiter. Er selbst nahm eine ambivalente Haltung ein. Einerseits wies er darauf hin, daß eine Zurückweisung gebildeter Juden wie Zimmern die von allen deutschen Regierungen angestrebte »bürgerliche Verbesserung« in Frage stelle. Andererseits warnte er vor der drohenden Gefahr der Abwanderung namhafter Professoren aus Heidelberg, wenn man dem Gesuch Zimmerns stattgebe.[301] Das Staatsministerium verfügte daraufhin am 26. April die Ablehnung mit der ausgesprochen knappen Begründung, die Juristenfakultät sei »hinlänglich besetzt«.[302]

Sigmund Zimmern ließ die Angelegenheit jedoch nicht auf sich beruhen, sondern richtete am 16. Mai 1821 ein weiteres Gesuch direkt an den Großherzog. Er legte dar, daß mit einem Extraordinariat nicht die Mitgliedschaft in der

298 Ebd., Stellungnahme der Juristenfakultät vom 6. April 1821.
299 Ebd., Stellungnahme des Senats vom 12. April 1821.
300 Paulus war 1821 nicht Mitglied im engeren Senat, zählte aber zu den einflußreichsten Professoren der Universität.
301 Ebd., Bericht des Kurators vom 17. April 1821.
302 Ebd., Erlaß des Staatsministeriums vom 26. April 1821.

Fakultät verbunden sei, sondern lediglich die Anwartschaft darauf im Fall einer »Vakanz«. Der Titel eines außerordentlichen Professors ändere nichts an seiner bisherigen Stellung als Privatdozent; außerdem verzichtete er ausdrücklich auf eine Besoldung. Er war sich darüber im klaren, daß seine Religionszugehörigkeit der Hauptgrund seiner Ablehnung war. Darin sah er einen offenkundigen Widerspruch zur Forderung nach ›Verbesserung‹ der Juden: »Die Zurückweisung dieses gewiß nicht unbescheidenen Gesuchs würde dagegen ein alle Israeliten Badens ganz und gar darniederschlagendes Beispiel geben und keineswegs in Harmonie stehen mit der an dieselben gemachten Forderung, zu einem cultivierteren Zustand sich heranzubilden – von der Regierung selbst verstoßen und der Ehre beraubt, würden sie in die alte Rohheit zurücksinken müssen, indem es kein Vater mehr wagen dürfte, seinem Kinde eine auf einen achtungsvollen Standpunkt Anspruch machende Erziehung zu geben.« Zimmern hielt sein Gesuch schon deshalb für gerechtfertigt, da er sich mit Erlaubnis der Regierung und der damit verbundenen »Zusage einer künftigen Anstellung dem Studium der Rechtswissenschaft gewidmet« habe, und dies in einer Zeit, in der die »Verordnungen des höchstseligen Großherzogs Carl Friedrich dem Israeliten die sichere Bürgschaft gaben, daß auch seine Religion der gehörigen Würdigung des Verdienstes nicht im Wege stehe«. Bei Ablehnung seines Gesuchs sehe er sich gezwungen, Baden zu verlassen. Daher richtete er die direkte Frage an den Großherzog, ob denn im Großherzogtum überhaupt eine »Stelle zu bekleiden mir gestattet werden dürfe?«[303]

Der Großherzog entschied jedoch nicht im Sinne Zimmerns, sondern verlieh ihm lediglich den Ehrentitel eines großherzoglichen Rats.[304] Da es offenbar völlig aussichtslos war, als Jude zum Professor ernannt zu werden, entschloß sich Zimmern schließlich doch zur Konversion und trat am 11. September 1821 zum lutherischen Glauben über.[305] Ludwig Börne schrieb darüber voller Ironie: »Gestern mittag komme ich zu Tische, sitzt da der Dr. wie auch Rat Zimmern. Er kömmt von Karlsruhe und hat sich dort taufen lassen. Aber der Mensch kann auch gar nicht fertig werden, davon zu sprechen. Er meint ganz Europa würde erstaunen. Was sie in Heidelberg, Frankfurt, Hanau nur dazu sagen werden! Dieses zu erfahren, brennt er vor Begierde. Seine Eltern waren damit einverstanden.«[306] In einem Briefwechsel mit dem Juristen Karl Witte legte Zimmern seine Einstellung zum christlichen Glauben ausführlich dar.[307] Er bezeichnete sich zwar als überzeugten Christen, lehnte aber jeglichen religiösen Dogmatismus ab und beanspruchte als Protestant auch, »das Wort so zu verstehn, wie ich es nach

303 Ebd., Gesuch vom 16. Mai 1821.

304 Ebd., Erlaß des Staatsministeriums vom 17. Mai 1821.

305 UAH 2489 (Personalakte Zimmern).

306 Börne 1968, Bd. 4, S. 362 (Brief an Jeanette Wohl vom 14. September 1821).

307 Vgl. Braun, Johann: Sigmund Zimmern (1796–1830) – ein deutsch-jüdisches Gelehrtenschicksal, dargestellt anhand von Auszügen aus Akten und Briefen. In: Zeitschrift der Savignystiftung für Rechtsgeschichte (GA) 108 (1991), S. 210–236, hier S. 228–232.

meiner Überzeugung verstehn zu müssen glaube«.[308] Die Taufe war daher für ihn ein »unschädliches superfluum«, also im Grunde überflüssig.

Für Universität und Ministerium war die Konversion jedoch das entscheidende Signal, denn einen Monat später wurde Zimmern zum ordentlichen Professor ohne Besoldung ernannt.[309] Allerdings war er damit noch immer kein gleichberechtigtes Mitglied der Juristenfakultät. Deshalb richtete er im August 1823 zwei Gesuche an das Innenministerium, in denen er um eine angemessene Besoldung und um vollständige Gleichstellung mit den übrigen Professoren bat. Der Kurator der Universität stimmte dem Gesuch auf Besoldung zu, da Zimmern nun einmal ordentlicher Professor war und als einziger kein Gehalt bezog. Der Kurator hielt ein vergleichsweise geringes Jahresgehalt von 400 Gulden für angemessen.[310] Das Innenministerium lehnte den Antrag allerdings ab, ebenso das im Juli 1824 erneuerte Gesuch Zimmerns um »Zulassung zu den Geschäften und Emolumenten der Juristenfakultät«. Fakultät und Senat waren nach wie vor gegen seine volle Gleichberechtigung.[311] Zimmern gab schließlich auf und folgte ein Jahr später einem Ruf an die Universität Jena, wo er 1000 Gulden Jahresgehalt erhielt.[312] Im Jahr 1829 kehrte er krankheitshalber nach Heidelberg zurück, wo er am 9. Juni 1830 im Alter von 34 Jahren starb.

Einige Jahre nach Sigmund Zimmern versuchte Gabriel Riesser ebenfalls, als Privatdozent an der juristischen Fakultät zugelassen zu werden. Riesser war 1806 in Hamburg geboren und hatte ab 1825 in Heidelberg Rechtswissenschaft studiert, wo er am 20. Dezember 1826 auch promoviert wurde. Riesser fühlte sich in Heidelberg ausgesprochen wohl und pflegte einen großen Freundeskreis, zu dem auch Mitglieder der Familie Zimmern zählten.[313] Nach einem Aufenthalt in München lebte er in den Jahren 1829/30 wieder in Heidelberg und beantragte im Januar 1830 die Annahme als Privatdozent an der juristischen Fakultät.

Riessers Gesuch hatte von Anfang an wenig Aussicht auf Erfolg, da er ›Ausländer‹ und zudem Jude war. Außerdem wollte der engere Senat die Zahl der Privatdozenten beschränken.[314] Die Fakultät hatte sich zwar für eine Beibehaltung der bisherigen Zulassungspraxis ausgesprochen und hielt eine Beschränkung nicht für sinnvoll, da eine Annahme als Privatdozent keinen Anspruch auf eine Ernennung zum Professor begründete. Auch der »Umstand daß Dr. Riesser jüdischer

308 Ebd., S. 228f.

309 GLA 205/587: Erlaß des Staatsministeriums vom 11. Oktober 1821.

310 Ebd., Bericht des Kurators vom 29. August 1823. Der Theologieprofessor Paulus bezog ein Jahresgehalt von 2500 Gulden (vgl. Burchard 1985, S. 223).

311 GLA 205/587: Erlasse des Innenministeriums vom 19. September 1823 u. 23. Juli 1824, Bericht des Kurators vom 13. Juli 1824.

312 Ebd., Entlassungsgesuch Zimmerns vom 2. August 1825.

313 Vgl. Isler, Meyer: Gabriel Riesser's Leben nebst Mittheilungen aus seinen Briefen. Frankfurt am Main – Leipzig 1867 (= Gabriel Riesser's gesammelte Schriften. Hrsg. vom M. Isler, 1), S. 15. Mit einigen Heidelberger Freunden, insbesondere mit Elise und Sophie Hoffmeister, blieb Riesser sein Leben lang in Kontakt.

314 GLA 205/460: Bericht des Kurators der Universität an das Innenministerium vom 18. Januar 1830.

Confession zugethan ist« war für die Fakultät diesmal kein Grund, »gegen die Aufnahme des Bittstellers« zu votieren.[315] Das Innenministerium lehnte Riessers Gesuch dennoch ab, »da im juristischen Lehrfach eine mehr als hinreichende Zahl von Docenten (...) vorhanden« sei.[316] Wenige Wochen später erneuerte Riesser sein Gesuch, wobei er auf seine privaten Beziehungen in Heidelberg und die mit einer Ablehnung verbundenen persönlichen Nachteile hinwies. Senat und Ministerium blieben jedoch bei ihrer ablehnenden Haltung.[317]

Riesser war von dieser Entscheidung und der in seinen Augen vorgeschobenen Begründung tief enttäuscht. Im Gegensatz zu Zimmern war er auch nicht bereit, sich taufen zu lassen. Er mußte daher auf eine Karriere als Hochschullehrer verzichten.[318] Riesser übersiedelte nach Hamburg und machte sich bald darauf einen Namen als Publizist und Verfechter der bürgerlichen Gleichstellung der Juden. 1848/49 war er Mitglied des Frankfurter Vorparlaments, Abgeordneter in der Paulskirche und Vizepräsident der Nationalversammlung.

Wie in vielen anderen gesellschaftlichen Bereichen auch, wurde den Juden in der ersten Hälfte des 19. Jahrhunderts die vollständige Gleichberechtigung an der Universität noch verwehrt. Auch hier trafen sie auf latente oder offen ausgesprochene Ressentiments und antisemitische Gesinnungen. Die etablierte Professorenschaft war allenfalls bereit, einige jüdische Privatdozenten zu dulden; die Ernennung eines Juden zum Professor lehnte sie ohne Rücksicht auf dessen wissenschaftliche Qualifikation strikt ab. Und selbst ein getaufter Jude wie Sigmund Zimmern wurde nicht als völlig ebenbürtiges Mitglied der Juristenfakultät akzeptiert.

315 UAH H-II, 111/24, pag. 76: Stellungnahme der Juristenfakultät vom 11. Januar 1830.

316 GLA 205/460: Erlaß des Innenministeriums vom 20. Januar 1830.

317 Ebd., Bericht des Kurators der Universität vom 3. März 1830; Erlaß des Innenministeriums vom 5. März 1830; UAH RA 809, pag. 136: Sitzungsprotokoll des engeren Senats vom 14. Februar 1830.

318 Vgl. Isler 1867, S. 23–26.

Susanne Döring

Die Geschichte der Heidelberger Juden (1862 bis 1918)

> *»Der deutsche Jude beansprucht nicht ›Toleranz‹, nicht die vielleicht der Mitte des achtzehnten Jahrhunderts angemessene kindliche Anerkennung, daß auch ein Jude ausnahmsweise ein braver Mensch und ein guter Bürger sein könne, sondern das verdiente und verbürgte Recht eines jeden Staatsbürgers, daß er als solcher in Recht wie in Pflicht behandelt, daß der redliche und ehrenwerte geachtet und geschützt, der unredliche nach Verdienst verachtet und gestraft werde.«*[1]
>
> Levin Goldschmidt, 1887

1 Einleitung

Die Geschichte der Heidelberger Juden von 1862 bis 1918, also vom badischen Emanzipationsgesetz bis zum Ende des Ersten Weltkriegs, umfaßt einen Zeitraum von nahezu 60 Jahren, von zwei oder drei Generationen, die vor allem geprägt wurden durch die Reichspolitik: die deutsche Reichsgründung von 1871 mit ihren wirtschaftlichen und sozialen Implikationen, die Bismarck-Ära mit Kulturkampf, Sozialistengesetz, Benachteiligung ethnischer Minderheiten und antiparlamentarischem Regierungsstil und die sich immer nationalistischer gerierende Wilhelminische Ära mit dem abschließenden Ersten Weltkrieg. Für Baden bedeuteten wesentliche Erfahrungen die liberale »Neue Ära« unter Großherzog Friedrich I. mit der daraus resultierenden Reformgesetzgebung (1860–1866), der badische Schulkampf in der zweiten Hälfte der 1860er Jahre und die bis 1891 dauernde Vorherrschaft der Nationalliberalen. Überlagert wurden Reichs- und Landespolitik wie auch städtisches Leben von Mentalitäten und Geisteshaltungen, denen sich auch der unpolitischste Mensch kaum entziehen konnte, wie die starke Konfessionalisierung des Lebens, eine bestimmte, weiter unten näher zu bestimmende Konfliktregelungskultur und auch patriarchalische Denkweisen, die die Sozialstruktur zementierten.[2]

1 Goldschmidt, Levin: Nach dem Siege, S. 60. In: ders.: Zur Reichstagswahl vom 21. Februar und 2. März 1887. Berlin 1887, S. 33–61.
Die in dieser Arbeit angeführten Zitate wurden behutsam der modernen Rechtschreibung und Zeichensetzung angepaßt.

2 Zur Geschichte des Kaiserreichs vgl. Nipperdey, Thomas: Deutsche Geschichte 1866–1918. Bd. 2: Machtstaat vor der Demokratie. München 1992; Wehler, Hans-Ulrich: Das Deutsche Kaiserreich 1871–1918. Göttingen 1978 (= Deutsche Geschichte,

Die deutschen Juden, die im Anschluß an die Emanzipationsgesetzgebungen der Länder und des Norddeutschen Bundes[3] nun selbst diesen Einflüssen unterworfen waren und die Ereignisse in die eine oder andere Richtung mitlenkten, wurden während des Kaiserreichs zunehmend zu Opfern der Entwicklung. Seit dem Ende der 70er Jahre breitete sich zunächst in Preußen, später auch in anderen Ländern des Reichs ein Phänomen aus, das die Juden um so unvorbereiteter traf, als sie in weiten Teilen die Assimilation angestrebt und auch erreicht hatten: der Antisemitismus.[4]

Besser als alle Daten und Fakten entschlüsselt das Zitat Levin Goldschmidts, der, nach elfjähriger Dozententätigkeit in Heidelberg, 1866 als erster Jude in Baden eine ordentliche Professur für Recht in Heidelberg erhielt und von 1855 bis 1870 hier lehrte,[5] die Situation der deutschen Juden in der zweiten Hälfte des 19. Jahrhunderts. Goldschmidt sah den Toleranzgedanken auch 1887 noch, trotz grundlegender politischer und wirtschaftlicher Veränderungen, der Welt des 18. Jahrhunderts verhaftet. Toleranz implizierte danach, daß derjenige, der toleriert wurde, grundsätzlich schlecht, aber eben zu dulden sei, weil er ja gut werden könne. Nichts anderes bezweckten verschiedene Erziehungskonzepte von Dohm[6] bis Großherzog Karl Friedrich, der den badischen Juden zu Beginn des 19. Jahrhunderts auch nur ausnahmsweise die Fähigkeit zum guten Staatsbürger zugebilligt hatte.[7] Nun stellte Goldschmidt indirekt fest, daß immer noch eine sittliche und moralische Besserung der Juden erwartet wurde, damit sie als Staatsbürger anerkannt werden könnten. Offensichtlich hatte die Emanzipationsgesetzgebung der Länder und des Reichs nicht zu einer Änderung der Einstellung geführt, so daß auch bei der Beschreibung der Heidelberger Juden in der zweiten Hälfte des 19. und zu Beginn des 20. Jahrhunderts der Antisemitismus eine beherrschende Thematik ist. Dabei sind die Wechselwirkungen zwischen einer jüdischen Identitäts-

9). Zu Baden: Stiefel, Karl: Baden 1648–1952. Bd. 1. Karlsruhe 1977, S. 169–303; Huber, Ernst Rudolf: Deutsche Verfassungsgeschichte seit 1789. Bd. 3: Bismarck und das Reich. Stuttgart ^{2}1978, S. 191–198 u. Bd. 4: Struktur und Krisen des Kaiserreichs. Stuttgart 1969, S. 415–418.

3 Vgl. Toury, Jacob: Soziale und politische Geschichte der Juden in Deutschland 1847–1871. Zwischen Revolution, Reaktion und Emanzipation. Düsseldorf 1977 (= Schriftenreihe des Instituts für Deutsche Geschichte der Universität Tel Aviv, 2), S. 277–361.

4 Zum Antisemitismus vgl. Jochmann, Werner: Struktur und Funktion des deutschen Antisemitismus. In: Mosse, Werner E. u. Paucker, Arnold (Hrsg.): Juden im Wilhelminischen Deutschland 1890–1914. Tübingen 1976 (= Schriftenreihe wissenschaftlicher Abhandlungen des Leo-Baeck-Instituts, 33), S. 389–477; Berding, Helmut: Moderner Antisemitismus in Deutschland. Frankfurt am Main 1988; Richarz, Monika: Jüdisches Leben in Deutschland. Bd. 2: Selbstzeugnisse zur Sozialgeschichte im Kaiserreich. Stuttgart 1979, S. 35–46.

5 Zu Levin Goldschmidt vgl. Drüll, Dagmar (Hrsg.): Heidelberger Gelehrtenlexikon 1803–1932. Berlin 1986, S. 87 und Kap. 7.2.

6 Vgl. Rürup, Reinhard: Die Judenemanzipation in Baden. In: ZGO 114 N. F. 75, 1966, S. 245–251.

7 Vgl. Kap. 2.

findung einerseits und der äußeren Bedrohung durch den Antisemitismus andererseits zu berücksichtigen.[8]

Dem Denken des 18. Jahrhunderts setzte Goldschmidt die traditionelle liberale Rechtsanschauung gegenüber, jedem Staatsbürger müsse zugestanden werden, gleiches Recht beanspruchen zu dürfen. Die Selbstverständlichkeit dieser Forderung resultierte aus Goldschmidts eigenem Identitätsempfinden: Er sah sich als deutscher Staatsbürger, der wie alle Deutschen bestimmten Rechten und Pflichten unterworfen war. Religion gehörte für die Liberalen, zu denen Goldschmidt sich zählte, in die Privatsphäre und sollte keinen Einfluß auf die Qualität des Staatsbürgerdaseins haben.[9]

Gab es im Bewußtsein der Juden des Kaiserreichs wirklich das deutsch-jüdische Spannungsfeld, das Hugo Marx für Heidelberg[10] und Rahel Straus für Karlsruhe[11] in ihren Memoiren durchaus eindrucksvoll beschrieben? Oder entwickelte sich der Riß erst unter dem Einfluß des Antisemitismus? Hugo Marx und Rahel Straus verbinden neben mehreren inhaltlichen Übereinstimmungen zwei Merkmale, die daran zweifeln lassen, ob ihre Aussagen repräsentativ für die Gesamtheit der Juden sind. Beide beschreiben ein Leben, das sich privat vorrangig in jüdischen Kreisen bewegte, Marx sprach sogar von »ghettohaften Zuständen« in Heidelberg, die es aber auch in Karlsruhe gegeben habe, wo allerdings »das Milieu großbürgerlicher« gewesen sei und es eine »erhebliche Zahl von Akademikern«[12] gegeben habe. Gleichzeitig führten beide einen Lebensstil, der zumindest nach außen auf eine gewisse Assimilation schließen läßt. Sie besuchten Gymnasium und Universität, Marx war Mitglied des Heidelberger Ruderclubs, und ihm gelang, was vielen seiner Glaubensgenossen verwehrt worden war, er wurde Staatsanwalt und Richter. Rahel Straus ließ sich in München als frei praktizierende Ärztin nieder, was für eine verheiratete Frau eher ungewöhnlich war. Vor dem Hintergrund, daß viele orthodoxe Juden ihren Kindern aus guten Gründen ein Studium verweigerten,[13] ist anzunehmen, daß der Ausbildungsgang von Marx und Straus doch zu einer Angleichung an die Anschauungen ihrer Umwelt führte. Ihre beruflichen Erfolge fielen zwar schon in die Zeit der Weimarer Republik, doch Jugend und Studium lagen noch im Kaiserreich, auf das sich die Aussagen über das Span-

8 Vgl. zu dieser Thematik auch: Gay, Peter: Begegnung mit der Moderne. Juden in der deutschen Kultur. In: Mosse/Paucker 1976, S. 389–477; Toury, Jacob: Die politischen Orientierungen der Juden in Deutschland von Jena bis Weimar. Tübingen 1966 (= Schriftenreihe wissenschaftlicher Abhandlungen des Leo-Baeck-Instituts, 15), S. 139–153.

9 Zum Liberalismus vgl. Langewiesche, Dieter: Liberalismus in Deutschland. Frankfurt am Main 1988, S. 128–227.

10 Marx, Hugo: Werdegang eines jüdischen Staatsanwalts und Richters in Baden (1892–1933). Ein soziologisch-politisches Zeitbild. Villingen 1965.

11 Straus, Rahel: Wir lebten in Deutschland. Erinnerungen einer deutschen Jüdin 1880–1933. Stuttgart 1961. Die im folgenden angeführten Einzelheiten basieren auf: Schmelzkopf, Christiane: Rahel Straus. In: Juden in Karlsruhe 1990, S. 471–480.

12 Marx 1965, S. 104.

13 Vgl. Breuer, Mordechai: Jüdische Orthodoxie im Deutschen Reich 1871–1918. Die Sozialgeschichte einer religiösen Minderheit. Frankfurt am Main 1986, S. 331.

nungsfeld bezogen. Was die beiden Autoren vornehmlich verbindet, ist ihre Jugend und Erziehung in einem orthodoxen Elternhaus. Damit gehörten beide zunächst zu einer Minderheit im Judentum,[14] für die das Leben innerhalb der Gemeinde einen anderen Stellenwert hatte als beispielsweise für Levin Goldschmidt, der schon in den 50er Jahren des 19. Jahrhunderts bekannt hatte, der religiösen Anschauung nach zwar kein Jude zu sein, es aber ablehnte, sich taufen zu lassen.[15]

Die zweite in diesem Zusammenhang wichtige Gemeinsamkeit ist, daß beide Lebenserinnerungen unter dem Eindruck des Nationalsozialismus entstanden sind. Rahel Straus hat die Niederschrift ihrer Memoiren 1940, Hugo Marx die seine 1960 begonnen. Damit mußte der Zugriff auf die Vergangenheit anderen Schwerpunkten unterworfen sein als denen, die dem Empfinden der Zeit des Kaiserreichs entsprachen. In der Jugend als solcher erlebter Alltag konnte durch das Wissen des Älteren eine stärkere Bedeutung bekommen. Eine generelle Aussage, daß die in Städten wohnenden Juden isoliert von ihrer Umgebung gelebt hätten und sich aus diesem Spannungsfeld eine bewußte Identität entwickelt hätte, erlauben diese beiden Quellen wie die Masse des verwendeten Materials nicht.

Gerade die Verletzlichkeit der Juden durch den politischen Antisemitismus zeigt, daß man sich vorgeblicher Unterschiede zur Umwelt nicht bewußt war und nun eine Neubestimmung der eigenen Identität vornehmen mußte. Die Abwehr des Antisemitismus erschien vielen Juden geradezu als sinnstiftend im Hinblick auf ihre Identitätsfindung. So definierte Ludwig Philippson Wohltätigkeit und Abwehr als Aufgaben der deutschen Juden im Kaiserreich.[16] Dennoch ging es dabei weniger um eine Verteidigung und Rechtfertigung der Religion als vielmehr um die Einklagung ihres Rechtes als deutsche Staatsbürger, wie es auch der Name des 1893 gegründeten »Centralvereins deutscher Staatsbürger jüdischen Glaubens« suggerierte.[17] Wer antisemitischen Parolen und Handlungsweisen ausgesetzt war, wurde damit automatisch aus der Gesellschaft ausgegrenzt.

Vieles deutet darauf hin, daß die Juden des Kaiserreichs deutsche Staatsbürger wie alle anderen sein wollten und es auch waren. Bestimmte wirtschaftliche oder politische Verhaltensweisen innerhalb einer Minderheit, wie sie Prinz[18] und Philippson den Juden zuschrieben, grenzen diese Minderheit nach außen ab, müssen aber darum nicht nach innen identitätsstiftend wirken. Zum Konflikt kam es erst, wenn solche Verhaltensweisen von einer feindlich gesinnten Umwelt als konstituierend für diese Minderheit betrachtet wurden. Die dadurch erzwungene Selbstbesinnung konnte dann allerdings durchaus zu einem Identitätsriß führen.

14 Vgl. Breuer 1986, S. 6.
15 Goldschmidt, Levin: Ein Lebensbild in Briefen. Berlin 1898, S. 114.
16 Vgl. Toury 1966, S. 147.
17 Vgl. Berding 1988, S. 160.
18 Prinz konstatierte bei den Juden eine höhere Risikobereitschaft, »traditionelle Hochschätzung des Lernens und Wissens« und eine »überaus hohe Bewertung des Geldes«. Vgl. Prinz, Arthur: Juden im Deutschen Wirtschaftsleben 1850–1914. Soziale und wirtschaftliche Struktur im Wandel. Bearb. u. hrsg. v. Avraham Barkai. Tübingen 1984 (= Schriftenreihe wissenschaftlicher Abhandlungen des Leo-Baeck-Instituts, 43), S. 9.

Und die Religion? Sie stand für die Mehrheit der Juden zunächst nicht in einem Konkurrenzkampf mit der Identifizierung als deutscher Staatsbürger, sie eröffnete in der Regel kein Spannungsfeld, sondern ging mit der deutschen Staatsbürgerschaft eine ganz selbstverständliche Symbiose ein, wie es Markus Lehmann, Redakteur des »Israelit«, 1870 ausdrückte: »Wir deutschen Juden sind Deutsche, und nichts anderes.«[19]

Ziel dieser Arbeit ist die Darstellung deutsch-jüdischen Alltags in Heidelberg,[20] einer Stadt, die im Schatten des Industriestandorts Mannheim und der Residenz Karlsruhe stand und die mit rund 56000 Einwohnern (1910)[21] eher zu den kleineren Städten des Reichs zählte. Damals wie heute verdankte Heidelberg seinen Ruf in der Öffentlichkeit der Universität und der von vielen Schriftstellern bewunderten Natur. Vielleicht ist es die Einseitigkeit dieses Bildes, die bislang das Entstehen einer umfassenden, modernen, Geistes- wie Sozialgeschichte verbindenden Untersuchung verhinderte, so daß auch für den hier zu behandelnden Zeitraum auf ein derartiges Werk nicht zurückgegriffen werden konnte.

Ebenso beschränkte sich auch die Literatur der jüdischen Geschichte Heidelbergs auf ein Photobändchen über den alten Friedhof am Klingenteich[22] und auf eine maschinenschriftliche Arbeit von Chasia Turtel,[23] der ich wichtige Hinweise auf Artikel über Heidelberg in jüdischen Zeitungen entnehmen konnte. Der 1992 erschienene Band »Jüdisches Leben in Heidelberg«[24] behandelt für die hier in Frage stehenden Jahre das Innenleben der Gemeinde nur am Rande[25] und bietet keine relevanten Aussagen über das soziale und wirtschaftliche Leben der Mitglieder dieser Gemeinde. Wegen der fehlenden Literatur wird die vorliegende Arbeit, der freilich der konzeptionell und inhaltlich hervorragend gestaltete Band »Juden in Karlsruhe«[26] methodisch eine wertvolle Hilfe bedeutete und die sich auch auf die umfassende Geschichte der badischen Juden von Adolf Lewin[27] verlassen konnte, sich hauptsächlich auf Quellenmaterial stützen.

19 Zit. nach Toury 1966, S. 139.

20 Vgl. zu Heidelberg: Amtliche Kreisbeschreibung. Die Stadt- und die Landkreise Heidelberg und Mannheim. Bd. 2: Die Stadt Heidelberg und die Gemeinden des Landkreises Heidelberg. Hrsg. von der Staatlichen Archivverwaltung Baden-Württemberg. Karlsruhe 1968.

21 Vgl. Statistisches Jahrbuch für das Großherzogtum Baden. 39. Jg. 1912, S. 393.

22 Szklanowski, Benno: Der alte Friedhof am Klingenteich in Heidelberg. 1702–1876. Heidelberg 1984 (= Neue Hefte zur Stadtentwicklung, 3).

23 Turtel, Chasia: Geschichte der Juden in Heidelberg von den Anfängen bis zur Gegenwart. Unveröffentlichtes Manuskript. Jerusalem 1979 (Stadtarchiv Heidelberg).

24 Hrsg. von Norbert Giovannini, Jo-Hannes Bauer u. Hans-Martin Mumm. Heidelberg 1992.

25 Vgl. Löslein, Barbara: Geschichte der Heidelberger Synagogen. Vom 17. Jahrhundert bis zur Gegenwart. In: Jüdisches Leben in Heidelberg 1992, S. 281–295.

26 Beiträge zu ihrer Geschichte bis zur nationalsozialistischen Machtergreifung. Hrsg. v. Heinz Schmitt unter Mitwirkung v. Ernst Otto Bräunche u. Manfred Koch. Karlsruhe ²1990 (= Veröffentlichungen des Karlsruher Stadtarchivs, 8).

27 Lewin, Adolf: Geschichte der badischen Juden seit der Regierung Karl Friedrichs (1783–1909). Karlsruhe 1909.

Die badischen Juden wurden durch das Emanzipationsgesetz von 1862, dessen Entstehungszusammenhang im folgenden Kapitel beleuchtet werden soll, theoretisch zu gleichberechtigten Staatsbürgern und tauchten dementsprechend in amtlichen Akten nur noch auf, wenn die jüdische Religionsgemeinschaft betroffen war. Das Kapitel über das jüdische Gemeindeleben basiert im wesentlichen auf diesem im Generallandesarchiv in Karlsruhe und im Heidelberger Stadtarchiv liegenden Material sowie auf dem Verordnungsblatt des Großherzoglichen Oberrats der Israeliten.[28] Dagegen beruht der zweite Komplex dieser Arbeit, der sich mit sozialen und wirtschaftlichen Strukturen einschließlich der Frage nach der Integration der Heidelberger Juden befaßt, im wesentlichen auf völlig anderen Quellen, die dadurch gekennzeichnet sind, daß sie viele Fakten und Daten enthalten, die sich zwar aufreihen, aber nur durch massive Anhäufung dieser Quellen, und auch dann nur schwer, analysieren lassen. Gemeint sind Tageszeitungen und Adreßbücher. Da der Benutzung dieser Quellen notwendige Vorarbeiten vorangehen mußten, die gleich erläutert werden sollen, und die Sichtung des »Heidelberger Journals«[29] und der »Heidelberger Zeitung«[30] sich als ebenso langwierig wie auch, unter gewissen Fragestellungen, ineffektiv erwies und daher nur bis 1902 betrieben wurde, konnten andere, sicher nicht minder wichtige Quellen wie das »Heidelberger Tageblatt«, in dessen Redaktion der jüdische Historiker Adolf Koch mitwirkte, nicht in Betracht gezogen werden.

Da sich die Juden im Kaiserreich als Minderheit in der Regel nicht durch nach außen sichtbare Kriterien von der Umwelt abhoben, blieb als einziges Mittel der »Identifizierung« nur die Religion. Daher galt es, aus den auf die Religionsgemeinschaft Bezug nehmenden Akten, den bis 1870 geführten Standesbüchern[31] der Heidelberger Gemeinde, den Kirchensteuerlisten[32] und den Verzeichnissen der Mitglieder jüdischer Institutionen[33] eine möglichst große Zahl von Namen zu schöpfen, um dann anhand des zweiten Quellenkomplexes das soziale und wirtschaftliche Leben der Heidelberger Juden zu rekonstruieren.[34]

Das fünfte Kapitel dieser Arbeit befaßt sich weniger mit der Analyse des geistigen Inhalts antisemitischer Angriffe oder deren Wirkung als vielmehr mit der Frage nach der Verbreitung des Antisemitismus, wobei hier sowohl die Verbreitungsträger als auch die Verbreitungswege untersucht werden sollen. Als Quellenmaterial dienen in diesem Kapitel ebenfalls vorrangig Heidelberger Tageszeitungen.

Schließlich ist zu fragen, wie sich jüdisches Leben an der Heidelberger Universität gestaltete, in einem »Raum«, in dem sich Juden bis zur Emanzipation zumindest in den höheren Ämtern nur vereinzelt bewegten. Neben einigen statistischen

28 Verordnungsblatt des Großherzoglichen Oberrats der Israeliten. Karlsruhe 1884–1918.
29 Erschienen von ca. 1842–1872.
30 Erschienen von 1861–1918.
31 GLA 390/1787.
32 STAHD AA 407/22.
33 Vor allem in den Adreßbüchern der Stadt Heidelberg.
34 Die sich aus diesem Vorgehen ergebenden methodischen Schwierigkeiten werden zu Beginn des Kapitels 4.2.1 näher ausgeführt.

Daten über jüdische Studenten und Dozenten werden auch stets der latent vorhandene Antisemitismus und die Reaktion der Juden darauf zu berücksichtigen sein. Die Suche nach Spuren von Hinterlassenschaften jüdischer Professoren in Universität und Stadt soll verdeutlichen, daß viele Institute und Einrichtungen, die von Juden initiiert wurden, auch heute noch die Grundlage für Forschung und Lehre bilden.

Eine grundlegende systematische, sich durch den ganzen Text ziehende Fragestellung kann es bei einem Thema wie diesem, das eine in sich überaus heterogene Minderheit zum Objekt hat und darüber hinaus mit einer ebenso heterogenen wie zum Teil wenig aussagekräftigen Quellenbasis zu rechnen hat, kaum geben. Trotzdem versucht diese Arbeit, ein Stück vergessener Heidelberger Geschichte wieder ins Bewußtsein zu bringen, durchdrungen von der ebenso schlichten wie bedeutenden Frage: Wer waren die Heidelberger Juden des Kaiserreichs, und in welcher Umwelt lebten sie?

2 Das Emanzipationsgesetz im Zusammenhang der badischen Reformgesetzgebung von 1862

Das badische, in der liberalen »Neuen Ära« entstandene Emanzipationsgesetz vom 4. Oktober 1862[35] fügt sich in einen Reigen weiterer Reformgesetze ein, die ineinandergreifen und bei denen das eine ohne das andere nicht zu verstehen ist. Diese komplexe Gesetzgebung hatte die Erkenntnis zur Voraussetzung, daß traditionelle Strukturen und Institutionen bestanden, die der Pluralität der Gesellschaft nicht mehr entsprachen. Ziel der Reformgesetzgebung war die Aufhebung dieser veralteten Institutionen, wodurch bestimmten Gruppen der Schutz des Staates, der zugleich eine Bevormundung darstellte, zugunsten einer freieren Entwicklung des Individuums und des zumindest theoretischen Schutzes der einzelnen Person, unabhängig von der Zugehörigkeit des einzelnen zu einer Gruppe, entzogen wurde.[36] Diese Tendenz läßt sich im Emanzipationsgesetz und in den mit ihm in engem Entstehungszusammenhang befindlichen Gesetzen über Gewerbefreiheit[37] und Freizügigkeit[38] wie ein roter Faden verfolgen.

Mit dem Gesetz über die bürgerliche Gleichstellung der Israeliten wurde der seit dem 6. Konstitutionsedikt vom 4. Juni 1808[39] bestehende rechtliche Grundsatz beseitigt, nach dem die Juden in ihrer Mehrheit in den Gemeinden nur als Schutzbürger aufgenommen werden sollten. Das Gesetz von 1862 sprach nun

35 Gesetz die bürgerliche Gleichstellung der Juden betreffend. In: Regbl. v. 7. Oktober 1862, Nr. 48, S. 450 ff.

36 Vgl. Rürup 1966, S. 299.

37 Gewerbegesetz für das Großherzogtum Baden vom 20. September 1862. In: Regbl. v. 2. September 1862, Nr. 44, S. 409 ff.

38 Gesetz über Aufenthalt und Niederlassung vom 4. Oktober 1862. In: Regbl. v. 7. Oktober 1862, Nr. 48, S. 445 ff.

39 Vgl. Rosenthal, Berthold: Heimatgeschichte der badischen Juden seit ihrem geschichtlichen Auftreten bis zur Gegenwart. Bühl/Baden 1927, S. 242.

allen Juden das volle Gemeindebürgerrecht zu, allerdings eingeschränkt durch zwei zeitlich begrenzte Vorbehalte: Zum einen sollte aus Furcht vor »wesentlicher Beeinträchtigung der im Besitz befindlichen Generation«[40] den ehemaligen jüdischen Schutzbürgern das Recht auf den Allmendgenuß noch zehn Jahre lang verwehrt bleiben (§ 4), und zum anderen sollten die jüdischen Gemeinden während des gleichen Zeitraums weiterhin selbst für ihre Armenpflege aufkommen (§ 6), was in der Regel Aufgabe der politischen Gemeinde war. Das Emanzipationsgesetz gehörte somit in erster Linie in den Bereich der Gemeindeverfassung, die für Christen freilich schon 1831[41] geregelt worden war, indem damals der Unterschied zwischen Schutz- und Gemeindebürgern für sie aufgehoben worden war. Die Erteilung des Gemeindebürgerrechts bedeutete für die Juden, daß sie das Recht auf ständigen Aufenthalt im Ort und Nutzung aller Gemeindeanstalten, auf Stimmabgabe bei Gemeindeversammlungen, auf aktives und passives Wahlrecht zu allen Gemeindeämtern, das Recht auf Betrieb eines Gewerbes und auf Familiengründung erhielten (§ 1). Mit diesen Bestimmungen wurde den Städten das Recht genommen, bei staatlicher Erteilung des Gemeindebürgerrechts an einen Juden ein Veto dagegen geltend zu machen. Der einzelne Jude aber konnte nun sein Recht gerichtlich einklagen.

Die reale Situation der Juden stellte sich allerdings schon seit der zweiten Hälfte der 1850er Jahre nicht mehr so einheitlich dar, wie es die Gesetzgebung voraussetzte. Während auf dem Lande der größte Teil der Juden sein Leben als minderberechtigte Schutzbürger fristete, waren die jüdischen Einwohner der größeren Städte (Mannheim, Karlsruhe) seit Großherzog Karl Friedrichs Gesetzgebung zu Beginn des Jahrhunderts regelmäßig mit dem Gemeindebürgerrecht »begnadigt«[42] worden,[43] so daß auch der Heidelberger Synagogenrat 1856 melden konnte, es gebe »längst keine israelitischen Schutzbürger mehr«[44] am Orte. Für die Städter mochte dies richtig sein, doch waren diejenigen, die sich neu in Heidelberg niederlassen wollten, immer noch auf die Gnade des Großherzogs und die Einwilligung der Stadt angewiesen. Heidelberg tat sich schwer mit dem Zuzug

40 Begründung der Regierungsvorlage zum Gesetz über die bürgerliche Gleichstellung, zit. nach Rosenthal 1927, S. 484 (Zitat umgestellt).

41 Gesetz über die Verfassung und Verwaltung der Gemeinden vom 31. Dezember 1831. In: Regbl. v. 17. Februar 1832, Nr. 8, S. 81 ff. u. Gesetz über die Rechte der Gemeindebürger und die Erwerbung des Bürgerrechts vom 31. Dezember 1831. In: ebd., S. 117 ff.

42 6. Konstitutionsedikt vom 4. Juni 1808, s. Rosenthal 1927, S. 242: »(...) da wo sie [die Juden] bisher waren, sollen sie im allgemeinen noch nicht als Gemeindebürger, sondern nur gleich anderen, zum Ortsbürgerrecht nicht geeigneten Christen, als Schutzbürger anerkannt werden, jedoch bleibt Uns vorbehalten, jeden, welcher wegen den Bürgerrechtserfordernissen überhaupt und wegen einer mit den Christen gleichförmige[n] Nahrungsart sich ausweiset gleich jetzo schon allda mit dem Bürgerrecht zu begnadigen«.

43 Vgl. Rürup 1966, S. 291.

44 GLA 231/1425, Petition des Heidelberger Synagogenrats vom 31. März 1856.

von Juden. Die Erklärungen der Stadt zu den Gesuchen der Gebrüder Reis[45] und des Metzgers Bernhard Rothschild[46] von 1858 um bürgerliche Aufnahme sind voll von traditionellen Vorurteilen über »den Israeliten«, der, »er möge einem Gewerbe angehören, welchem er wolle, die angeborne Neigung zum Handel, und zwar zu des Handels niederster Stufe, dem Schacher, nicht lassen könne«.[47] Dazu kam die Angst vor unliebsamer Konkurrenz: »Durchgeht man aber die Firmen des hiesigen Handelsstandes, so zeigt sich schon jetzt das Vorhandensein einer überwiegenden Zahl an Israeliten und durchwandert man die Hauptstraße, so begegnet man zu beiden Seiten den Verkaufslokalen derselben, so daß die ehemalige Judengasse, die schon längst zur Dreikönigstraße umgetauft, fast ausschließlich von Christen bewohnt, der Hauptsitz der Juden aber auf die Hauptstraße verlegt ist.« Der Gemeinderat nahm diese Analyse zum Anlaß, einen weiteren Zuzug von Juden abzulehnen und den Regierenden ein ebenso pathetisches wie falsch zitiertes »caveant consules, ne quid detrimenti capiat res republica«[48] zuzurufen, damit aus der »ausnahmsweisen Begnadigung« kein wirkliches Recht der Juden werde.

Der Zusammenhang des Gleichstellungsgesetzes mit den Gesetzen über Gewerbefreiheit und Freizügigkeit ergibt sich aus verschiedenen parlamentarischen Äußerungen. 1860 war die Gleichstellung noch verschoben worden, »in Erwägung, daß im jetzigen Augenblicke wegen der nahe bevorstehenden Änderungen im Gewerbewesen u.s.w. an den ortsbürgerlichen Verhältnissen der Israeliten nichts geändert werden solle«.[49]

Bei den Beratungen über Gewerbefreiheit und Freizügigkeit 1862 wurden dann ausdrücklich die Verhältnisse der Juden miteinbezogen. So heißt es in dem Kommissionsbericht der 2. Kammer des Landtags über die Gewerbefreiheit: »Es ist auch gewiß, wenigstens für manche Orte, nicht zu übersehen, daß durch das Niederlassungsgesetz die bisherige Behinderung der jüdischen Staatsangehörigen hinwegfallen und für diese, ganz abgesehen von ihrer Gleichstellung für den Bürgerrechtserwerb, die freie gewerbliche Niederlassung erstmals eingeführt werden soll.«[50] Ähnliches wurde zum Gesetz über Niederlassung gesagt und der Zusammenhang schließlich in der Begründung des Gleichstellungsgesetzes noch einmal festgestellt: »Dank einer Reihe von günstigen Umständen [ist] der durchschnittliche Wohlstand der Bevölkerung des Landes auf einem Punkte angelangt, wo auch etwaigen ökonomischen Bedenken kein entscheidendes Gewicht mehr

45 Vgl. STAHD UA 10/3, Buchstabe R, Pars II, Bitte der Gebr. Lazarus und Wolf Reiß (!) von Wollenberg um bürgerliche Aufnahme in Heidelberg betr.; s. dazu auch Kap. 4.2.3.

46 Ebd., Vorstellung des Bürger und Metzgermeister Bernhard Rothschild von Handschuhsheim, bürgerliche Aufnahme in Heidelberg betr.

47 Ebd., Rekursbeschwerde des Gemeinderats vom 15. November 1858. Die folgenden Zitate finden sich ebd.

48 Richtig: videant consules, ne quid res publica detrimenti capiat. Mit dieser, sich häufiger bei Cicero findenden Wendung übertrug der römische Senat den Consuln weitreichende Vollmachten im Falle eines Ausnahmezustandes.

49 Durch die 2. Kammer angenommener Antrag der Petitionskommission, zit. nach Lewin 1909, S. 302.

50 Zit. nach Rosenthal 1927, S. 479.

beigelegt zu werden braucht; dazu kommt, daß die Freizügigkeit im Handel und Gewerbe, welche wohl noch auf diesem Landtage zum gesetzlichen Grundsatz erhoben wird, und von welcher die Israeliten nicht ausgeschlossen werden können, noch sollen, den letzteren eine neue Bahn für die Entwicklung ihrer Kräfte und die Annäherung an christliche Sitte und Lebensart eröffnen, und zur Beseitigung der etwa noch vorhandenen vereinzelten Vorurteile und Leidenschaften gewiß mächtig beitragen wird.«[51]

Auch am Gewerbegesetz läßt sich die Grundtendenz der Reformgesetzgebung erkennen: Die alten Zünfte wurden aufgehoben, der einzelne mußte sehen, ob er der nun entstehenden Konkurrenzsituation standhalten konnte. Sowohl in bezug auf die bürgerliche Stellung der Juden[52] als auch auf das Gewerbe[53] hatte die Bürokratie in den 1850er Jahren vielfach die bestehenden Bestimmungen umgangen oder in modernem Sinne interpretiert. Schon jetzt war eine Aushöhlung der traditionellen Institutionen zu bemerken, die dann zu Beginn der 60er Jahre in gesetzliche Bahnen gelenkt wurde.

Was mit den erzieherisch veranlagten Edikten Großherzog Karl Friedrichs seinen Anfang genommen hatte, fand nun, 1862, mit dem Emanzipationsgesetz seinen lange Zeit umkämpften Abschluß. Den Juden war bei der Verleihung des badischen Staatsbürgerrechts 1808[54] und bei den dazu ergangenen Ausführungsbestimmungen[55] die Auflage gemacht worden, sich um eine »zu gleicher Nahrungsart und Arbeitsfähigkeit mit den christlichen Einwohnern hinreichende Bildung«[56] zu bemühen und den Christen »in politischer und sittlicher Bildung gleichzukommen«.[57] Im Gleichstellungsedikt waren solche Erwägungen zwar nicht völlig beiseite geschoben worden – immer noch stellte die Annäherung an christliche Lebensart ein wünschenswertes Ziel dar –, aber die Begründung des Gesetzes enthielt zumindest doch auch den Appell, Vorurteile zu überwinden. Die Verleihung des Staatsbürgerrechts hatte die Juden aus dem Fremdenrecht heben sollen. 1862 ging es um die Schaffung einer Gesellschaft, die nur aus gleichberechtigten Mitgliedern bestand.

Die bürgerliche Gleichstellung der Juden spiegelt sich auch in der Aktenlage der Archive wider: Gibt es in den Repertorien für die Zeit bis 1862 breite Abschnitte

51 Begründung (s. Anm. 40), zit. nach Rosenthal 1927, S. 484.

52 Vgl. Lewin 1909, S. 296.

53 Vgl. Kistler, Franz: Die wirtschaftlichen und sozialen Verhältnisse in Baden 1849–1870. Freiburg im Breisgau 1954, S. 112.

54 Vgl. 6. Konstitutionsedikt vom 14. Juni 1808, teilweise abgedruckt bei Lewin 1909, S. 82 f.

55 Als Ausführungsverordnung muß vor allem das sog. »Edikt der Juden« vom 13. Januar 1809 angesehen werden; abgedr. bei Lewin 1909, S. 91–102. Lewin bezeichnet das Edikt als 7. Konstitutionsedikt, Rosenthal 1927 als 9. (S. 316), es ist aber wohl nicht zu den eigentlichen Konstitutionsedikten zu zählen. Das Edikt ist auch abgedruckt und versehen mit den wichtigsten Änderungen bis 1885 in: Zusammenstellung Gesetze und Verordnungen 1885, S. 1 ff.

56 6. Konstitutionsedikt (s. Anm. 54), zit. nach Lewin 1909, S. 83.

57 Edikt vom 13. Januar 1809 (s. Anm. 55), zit. nach Lewin 1909, S. 91.

unter dem Stichwort »Judensache«, in denen über wirtschaftliche, bürgerliche und kirchenrechtliche Angelegenheiten alles niedergelegt ist, so findet man für die darauffolgende Zeit nur noch Akten, die allein auf die Religionsgemeinschaft Bezug nehmen. Während ein Aktenbündel über einen Juden, der vor 1862 um bürgerliche Aufnahme nachsuchte, genaueste Aussagen über dessen wirtschaftliche Lage und seinen Leumund enthielt, gibt es solche Quellen für das Kaiserreich nicht mehr. Die Juden bildeten im Amtsverständnis nach 1862 keine geschlossene Gruppe mehr, die eigenes Recht für alle Lebensbereiche erforderte, sondern sie existierten nur noch als eine religiöse Gemeinschaft unter anderen, deren Mitglieder in allen Belangen den Angehörigen der anderen Religionsgemeinschaften gleichberechtigt sein sollten.

Damit stellt sich die Frage, ob die rechtliche Gleichstellung auch die soziale Integration mit sich bringen würde; staatliche Gesetzgebung konnte zwar die Rahmenbedingungen für ein friedliches Zusammenleben bieten, doch blieb die Ausnutzung dieses Rahmens auf der einen Seite und die Überwindung von Vorurteilen auf der anderen Seite Sache des einzelnen.

3 Die jüdische Gemeinde Heidelbergs

3.1 Die Verfassung der jüdischen Religionsgemeinschaft Badens im 19. Jahrhundert

Das Binnenleben einer Gruppe, der Heidelberger jüdischen Gemeinde, läßt sich, wenn Äußerungen einzelner Personen über diese Gruppe fehlen – wie dies in Heidelberg mit Ausnahme einiger versprengter Zeugnisse der Fall ist –, nur über ihre Institutionen erfassen, über das Verhältnis dieser Institutionen untereinander und ihr Verhältnis nach außen. Daher soll ein kurzer Überblick über das Gefüge der im Kaiserreich bestehenden und entstehenden Ämter und Behörden in der jüdischen Religionsgemeinschaft Badens[58] die Grundlagen der auch in Heidelberg wirkenden Kräfte umreißen.

Ausgangspunkt für die Verfassung der israelitischen Religionsgemeinschaft Badens war auch in der zweiten Hälfte des 19. und zu Beginn des 20. Jahrhunderts noch das sogenannte »Konstitutionsedikt der Juden« vom 13. Januar 1809,[59] das nicht nur kirchliche Angelegenheiten, sondern auch soziale Fragen wie Berufswahl und Erziehung behandelte. Durch dieses Edikt wurde erstmals eine für Verwaltungs- und geistliche Aufgaben verantwortliche Oberbehörde für die Juden geschaffen, der Oberrat der Israeliten des Großherzogtums Baden. Eine derartige Oberbehörde gab es im Reich nur in Württemberg und Baden.[60] In Baden hatte der Oberrat später u. a. auch die Funktion, antisemitische Angriffe

58 Grundlegend dazu: Wolff, Siegfried: Das Recht der israelitischen Religionsgemeinschaft des Großherzogtums Baden. Karlsruhe 1913 (= Freiburger Abhandlungen aus dem Gebiete des öffentlichen Rechts, XXII).

59 Abgedruckt bei Lewin 1909, S. 91–102.

60 Vgl. Richarz 1979, S. 53 f.

zurückzuweisen und bei den staatlichen Stellen für eine Ahndung der Angriffe einzutreten. Das Edikt von 1809 legte Kompetenzen und Art des Zustandekommens der Behörde fest und regelte die hierarchischen Beziehungen zwischen den Orts-(Bezirks-) Rabbinern,[61] den bis 1827 bestehenden Provinzrabbinern und dem Oberrat (Abs. 34–41). Der Oberrat arbeitete unter Aufsicht und seit der Einführung des Ministerialkommissars im Jahre 1812[62] unter Mitwirkung des Innenministeriums bzw. später des Ministeriums für Kultus und Unterricht.

Ausdrücklich behandelte das Edikt die Finanzierung der Gemeinden (Abs. 9). Hier schloß man an alte Traditionen an: Da die jüdische Religionsgemeinschaft nicht im gleichen Maße über Fonds oder Stiftungen zur Bestreitung der Ausgaben verfügte wie die christlichen Konfessionen, wurde den Gemeinden das Recht bestätigt, die Kosten über Umlagen auf die Gemeindeangehörigen, also durch eine Art Kirchensteuer, wie sie den Christen erst in den 80er Jahren des 19. Jahrhunderts verordnet wurde, zu decken. Eine bedeutende Änderung in den Institutionen trat aber erst 1894[63] ein, als die jüdische Religionsgemeinschaft die zunächst für die christlichen Kirchen konzipierten Gesetze über die Besteuerung auf Landes- und Ortsebene übernahm. Damit wurde auch für die Juden auf Landesebene ein Kirchenparlament, die alle drei Jahre tagende Landessynode, errichtet.[64] Diese Institution sollte mehr als nur die Steuerbewilligung leisten. Nach dem Willen des Oberrats wurde sie verantwortlich für alle die badische Religionsgemeinschaft betreffenden Anliegen. In ihr hatten die gewählten Abgesandten der Gemeinden ein Forum zur Auseinandersetzung über die Einführung des neuen Gebetbuchs und zur Sammlung und Vermittlung der im Lande bestehenden Kritik an der Amtsführung des Oberrats.

Über die Struktur der einzelnen Gemeinden sagte das Edikt von 1809 fast gar nichts, außer, daß dem Ortsrabbiner ein weltlicher Ortsältester zur Seite zu stehen habe. Erst 1833 wurde die Verwaltung der Gemeinden vor Ort einem zu wählenden und von einer staatlichen Behörde zu bestätigenden, mehrköpfigen Gremium übertragen, dem Synagogenrat.[65] Er war nun das Kernstück der Gemeinde, das sie in allen verwaltungstechnischen Dingen leitete und nach außen repräsentierte – gegenüber Staats- und städtischen Vertretern wie gegenüber dem Bezirksrabbiner, der, nun den örtlichen Verwaltungsaufgaben weitgehend enthoben, dem religiösen Leben vorstand. Im Aufgabenbereich des Synagogenrats lag es u. a., den Kostenvoranschlag der Gemeinde für das laufende Jahr auszuarbeiten. Bevor dieser in die Tat umgesetzt werden konnte, mußte er von einer Gemeindeversammlung, ab 1887 in einigen größeren Gemeinden, zu denen auch Heidelberg zählte, von einer Gemeindevertretung[66] beraten und genehmigt werden.

61 Unter dem Begriff »Ortsrabbiner« im Edikt ist in der Regel das Amt zu verstehen, das nach 1827 von den »Bezirksrabbinern« wahrgenommen wurde, vgl. Lewin 1909, S. 103, Anm. 1.

62 Vgl. Lewin 1909, S. 150–152; Wolff 1913, S. 76f.

63 Mit der landesherrlichen Verordnung vom 27. Februar 1894 vgl. Lewin 1909, S. 417.

64 Vgl. Wolff 1913, S. 94–106.

65 Vgl. Lewin 1909, S. 260.

66 Vgl. Rosenthal 1927, S. 385.

Die Bezirksrabbiner waren – wie schon der Name sagt – zuständig für einen sich aus mehreren Orten zusammensetzenden Bezirk. Sie hatten diese Orte regelmäßig zu besuchen und ihnen ihre geistliche Fürsorge zukommen zu lassen. Der Heidelberger Bezirksrabbiner Hermann Pinkuss veranschaulichte vor der Landessynode 1901, in der gefordert worden war, die Rabbiner sollten sich stärker als bisher den Landorten der Bezirke widmen, die Mühen dieser Tätigkeit: »Es könne doch nicht die Meinung sein, daß der Bezirksrabbiner in jeder noch so kleinen Gemeinde einen Sabbath im Jahre zubringen solle. In seinem, Redners, Bezirk würde er dann 39 Sabbathe des Jahres mit einem Teil des vorhergehenden und des nachfolgenden Tages auswärts sein müssen. Das wäre eine große Inanspruchnahme des Rabbiners, der bei der großen Last von Verwaltungsarbeit, die auf ihm ruhe, dann gar keine Zeit zu seiner eigenen Fortbildung mehr finden würde. (...) Übrigens habe er schon öfters bei Jahreszeitpredigten, die er – allerdings nicht an Sabbathen – draußen gehalten, beinahe mit Beschämung gesehen, daß sogar in größeren Gemeinden gerade nur noch die notwendige Zahl von Gemeindemitgliedern sich einfand. Das zeuge nicht gerade dafür, daß ein so dringendes Bedürfnis nach religiöser Belehrung vorhanden sei.«[67]

Die Abhaltung des jüdischen Gottesdienstes ist nicht von der Anwesenheit des Rabbiners abhängig. Gemäß der religiösen Auffassung, daß der einzelne unmittelbaren Zugang zu Gott hat, kann ein synagogaler Gottesdienst stattfinden, sobald eine Mindestzahl von erwachsenen Männern zusammengekommen ist. An Stelle des Rabbiners kann auch ein Vorbeter oder ein beliebiges Gemeindemitglied die nötigen Lesungen verrichten.[68] Somit ist die Gemeinde, und insbesondere der Synagogenrat – auch der Heidelberger, wie wir weiter unten sehen werden[69] –, relativ unabhängig vom Rabbiner und kann ihm gegenüber mitunter selbstbewußter auftreten, als dies entsprechend bei den Christen der Fall ist. Wolff skizziert ganz knapp die Bedeutung des Bezirksrabbiners: Er »ist (...) als Mitglied und Vorsitzender der Bezirkssynode ein Verwaltungsbeamter innerhalb der Religionsgemeinschaft, während er im übrigen die Eigenschaft eines rein religiösen Kultusbeamten hat«.[70] Letztere Aufgabe sei die wichtigere. »Verwaltungsbeamter innerhalb der Religionsgemeinschaft«, das heißt, er fungierte als Vermittler zwischen den Synagogenräten der einzelnen Orte seines Bezirks und dem Oberrat. Die Bezeichnung »Beamter« für die Bezirksrabbiner rührte daher, daß die Rabbiner durch das 1. Konstitutionsedikt von 1807,[71] wie die christlichen Geistlichen auch, Staatsbeamte geworden waren. Der Synagogenrat hatte das Recht, vorzuschlagen, wer als Bezirksrabbiner eingestellt werden sollte, doch lag die letzte Entscheidung hierüber beim Oberrat.

67 Protokollarischer Bericht über die 3. Landessynode, S. 52 f. In: VObl. Nr. VII v. 29. November 1901, S. 48–65.

68 Vgl. Fohrer, Georg: Glaube und Leben im Judentum. Heidelberg 1979, S. 59–65.

69 S. Kap. 3.2.

70 Wolff 1913, S. 151.

71 Vgl. Lewin 1909, S. 280.

Die Gemeinde selbst definierte sich über diejenigen, die jüdischen Glaubens waren. Jeder, der Jude war, die badische Staatsangehörigkeit besaß und sich in Baden niederließ, gehörte zwangsläufig der Gemeinde seines Wohnortes an, es sei denn, er hatte förmlich seinen Austritt aus der badischen Religionsgemeinschaft der Juden erklärt.[72]

3.2 1856–1876: Eine Gemeinde im Umbruch

In den jüdischen Gemeinden Deutschlands hatte sich seit der ersten Hälfte des 19. Jahrhunderts eine Entwicklung angebahnt, die in Hinsicht auf die politischen und sozialen Veränderungen der Umwelt auf Reformen auch im Judentum, im jüdischen Gottesdienst zielte und zur Ausbildung zweier Richtungen führte: dem orthodoxen und dem reformierten Judentum.[73] Auch Baden[74] blieb von diesem Prozeß nicht ausgenommen, der hier durch die Reformgesetzgebung von 1862 eine erneute Dynamik erhielt, deren Folgen sich nicht nur in spektakulären Ereignissen wie der Spaltung der Karlsruher Gemeinde[75] nachvollziehen lassen.

In Heidelberg manifestierte sich der Umbruch in Problemen, die die Gemeinde zunächst allein nicht lösen konnte, zu deren Behebung sie die Hilfe staatlicher Stellen benötigte. Die Verhandlungen darüber führte in der Regel der Vorsitzende des Synagogenrats, der als Repräsentant und Sprecher dieses Gremiums nach außen fungierte. Von 1866 bis 1914 hatten in Heidelberg drei Personen dieses Amt inne: Prof. Dr. Zacharias Oppenheimer,[76] der Eisenwarenhändler Sigmund Netter[77] und der Buchhändler Ernst Carlebach.[78] Vergleicht man diese Zahl und Zusammensetzung mit dem Synagogenrat von Karlsruhe,[79] wo im gleichen Zeitraum fünf Vorstände amtierten, ein Buchhändler, ein Arzt, ein Advokat und zwei Bankiers, so fällt die größere Kontinuität und der Qualitätsunterschied in Heidelberg ins Auge. Hier kam im Amt des Synagogenratsvorsitzenden die bedeutendste Rolle dem 2. Direktor der Medizinischen Poliklinik und Leiter der Kinder-Luisen-Heilanstalt, Zacharias Oppenheimer, zu. Zum einen bildete er zusammen mit Prof. Emanuel Leser[80] und dem Rechtsanwalt Theodor Kaufmann[81] die kleine Bastion von Akademikern in dem gesamten Synagogenrat, der unter 33 in der Zeit von 1861 bis 1914 feststellbaren Mitgliedern 30 Kaufleute und

72 Vgl. Wolff 1913, S. 55.

73 Vgl. Elbogen, Ismar u. Sterling, Eleonore: Die Geschichte der Juden in Deutschland. Frankfurt am Main 1988, S. 201–218.

74 Vgl. Lewin 1909, S. 206–217, 256–258, 270–272.

75 Vgl. Koch, Manfred: Die Epoche der Reichsgründung: Bürgerliche Gleichstellung und Emanzipationskrise. In: Juden in Karlsruhe ²1990, S. 112 ff.

76 Zu Oppenheimer (1830–1904) vgl. Drüll 1986, S. 198; Chronik der Stadt Heidelberg 1904, S. 153; Mumm, Hans-Martin: »Freiheit ist das, was wir nicht haben.« Jüdinnen und Juden in der Revolution von 1848. In: Jüdisches Leben 1992, S. 61–105.

77 Zu Netter (gest. 1903) vgl. Chronik 1903, S. 157.

78 Zu Carlebach (1838–1923) vgl. GLA 356/632.

79 Vgl. Tabelle 3 in: Juden in Karlsruhe ²1990, S. 600 f.

80 Zu Leser (1849–1914) vgl. Drüll 1986, S. 162; Chronik 1916, S. 141.

81 Zu Kaufmann (1864–1936) vgl. Turtel 1979, S. 15.

Fabrikanten zählte.[82] Zum anderen war Oppenheimer derjenige, der wie kein anderer einer Gemeinde vorstehen mußte, die sich in bisher unbekanntem Ausmaße veränderte.

Oppenheimer gehörte dem Synagogenrat seit mindestens 1866 an und diente ihm bis 1876 als Vorstand. Seine Wiederwahl 1876 nahm er aus unbekannten Gründen nicht an. Immerhin wurde er zwei Jahre später in die Stadtverordnetenversammlung gewählt,[83] d.h., er tauschte das in seinen Möglichkeiten doch beengte Amt als Synagogenrat mit dem weitergreifenden in der Stadtverordnetenversammlung. Die Veränderungen der Gemeinde, die Oppenheimer in geordnete Bahnen zu lenken hatte, äußerten sich nicht zuletzt im Wechsel des Bezirksrabbiners und der nahezu zweijährigen Vakanz dieser Stelle von 1870 bis 1872.[84] Doch schon früher kündigte sich der Wandel an.

1854 war in der Heidelberger Synagoge ein Harmonium aufgestellt worden, ein Zeichen für die Liberalisierung des Gottesdienstes, die sich beispielsweise in Mannheim schon durchgesetzt hatte.[85] Zwei Jahre später mußte der Synagogenrat eine neue Synagogenordnung einführen, die manchen alten Gewohnheiten, die nun störend wirkten, Einhalt gebieten sollte.[86] Strittig war, wie man dieser Synagogenordnung zur Anerkennung und Befolgung verhelfen konnte. Noch 1868 war das Problem für den Synagogenrat nicht gelöst. Ungewöhnlicherweise wandten sich zwei Mitglieder des Synagogenrates – Leopold Ehrmann[87] und Mayer Keller[88] – an das Bezirksamt, um, »da es uns nicht gelungen, die beim Gottesdienst nötige Ruhe und Ordnung aufrecht zu erhalten«,[89] wie schon 1856 das Recht auf Verhängung einer Geldstrafe einzufordern. In der Regel oblag die Kommunikation mit den staatlichen Behörden dem Vorstand des Synagogenrats, der es sich allerdings nicht nehmen ließ, sich in einer Art Separatvotum ebenfalls zu den Vorkommnissen zu äußern. Oppenheimer betonte dabei, allein in seinem Namen zu sprechen, da die beiden Mitglieder des Synagogenrats ihm allzu große Milde vorwürfen. Die Milde Oppenheimers – in dem Brief Ehrmanns und Kellers so explizit nicht angegriffen – resultierte aus der Einsicht in die Gründe für die wiederholten Zwischenfälle. Zum einen hätten sich die älteren Gemeindemitglieder immer noch nicht an den neuen Ritus gewöhnt, und zum anderen sei die Synagoge für die Gemeinde zu klein, was Störungen unvermeidlich mache: »Die alte Gewohnheit, daß die ganze Gemeinde laut die Gebete in dem alten Liturgieton

82 Vgl. dazu: Heidelberger Journal Nr. 122 v. 28. Mai 1861, Nr. 197 v. 23. August 1861. Heidelberger Zeitung Nr. 257 v. 1. November 1864, Heidelberger Journal Nr. 185 v. 9. August 1867, Nr. 158 v. 8. Juli 1876, Nr. 161 v. 12. Juli 1876, Nr. 228 v. 28. September 1876; Adreßbücher der Stadt Heidelberg 1878–1914; für 1891–1909: GLA 356/5646.

83 Vgl. Heidelberger Zeitung Nr. 156 v. 6. Juli 1878.

84 S. unten, S. 233.

85 Vgl. Lewin 1909, S. 333.

86 Vgl. dazu und zum folgenden GLA 356/5641.

87 Zu Ehrmann (gest. 1883) vgl. Mumm 1992, S. 63–70.

88 Zu Keller (gest. 1876) vgl. Heidelberger Zeitung Nr. 158 v. 8. Juli 1876.

89 GLA 356/5641, Brief an das Bezirksamt vom 30. September 1868.

oder in eigentümlichen Melodien mit dem Vorsänger hersagte, haftet bei den älteren Mitgliedern noch sehr fest und sie können sich nicht leicht von dem Glauben trennen, daß diese süßere Form, welche durch ihr Alter geheiligt sei, unzertrennbar von einem Gott gefälligen Beten sei.«[90] Oppenheimer plädierte dafür, die Störenfriede zu freiwilligen Zahlungen zu bewegen und der Polizei die Verfolgung wirklich schwerer Verstöße zu überlassen. 1869 bat Oppenheimer dann doch darum, geringe Geldstrafen bei Störung amtlich auferlegen zu dürfen, da alle Mahnungen nichts fruchteten.

Das hier geschilderte Phänomen war kein spezifisches Heidelberger Problem. Noch 1885 sah sich der Oberrat genötigt, die würdige Gestaltung des Gottesdienstes durch ein mehrstufiges, in Formularen mitzuteilendes Mahnverfahren wieder herzustellen.[91] Das Beispiel zeigt, wie lange sich trotz Trennung von Staat und Kirche die Auffassung hielt, ungehöriges Verhalten im geistlichen Bereich durch von der Kirchenbehörde erteilte weltliche Strafen ahnden zu können.[92]

Wichtiger aber ist der hier dokumentierte Wandel in Heidelberg, der bereits seine Geschichte gemacht hatte und noch Geschichte machen sollte. Die Tatsache, daß es 14 Jahre nach der Einführung des Harmoniums immer noch nicht gelungen war, die Gemeindemitglieder zu einem vertrauensvollen Umgang mit der neuen Liturgie zu bringen, scheint dafür zu sprechen, daß die Reformen in Heidelberg sukzessive erfolgten. Ein abrupter Wechsel des Ritus' hätte nach 14 Jahren doch entweder zu passiver Akzeptanz oder zur Abspaltung geführt.

Ebenso läßt sich hinter dem Satz, daß die Synagoge zu klein sei, die Veränderung erkennen. Die Gemeinde war seit 1862 rapide gewachsen, und viele der infolge größerer Freizügigkeit Zugewanderten stammten aus ländlichen Gegenden.[93] Für sie war der neue Ritus wahrscheinlich erst einmal völlig fremd. Der stetige Zuzug führte spätestens 1875 zu dem konkreten Beschluß, eine größere Synagoge zu bauen,[94] die dann 1878 fertiggestellt war. An dem Beschluß zum Neubau mußte Oppenheimer entscheidend mitgewirkt haben.

Daß der Reformeifer der Heidelberger von anderen Gemeinden des Bezirks sorgfältig registriert wurde und nicht auf einhellige Gegenliebe stieß, zeigte sich nach dem Tod des alten Bezirksrabbiners Salomon Fürst im Jahre 1870.[95] Die Synagogenräte des Bezirks beschlossen in einer Versammlung im August 1871, dem Oberrat den bisherigen Bezirksrabbiner von Gailingen, Dr. Hillel Sondheimer, als Nachfolger Fürsts vorzuschlagen und ihm eine Gehaltszulage zu versprechen. Die Weinheimer Gemeinde, die einen neuen Kostenaufwand nicht mittragen wollte, beantragte daraufhin beim Oberrat den Austritt aus dem Heidelberger Bezirk. Vornehmlich sei die Gemeinde Heidelberg die Nutznieße-

90 Ebd.
91 Vgl. VObl. Nr. III v. 20. Juni 1885, S. 27–30.
92 Vgl. auch Lewin 1909, S. 441.
93 Vgl. Kap. 4.1.
94 Vgl. GLA 356/570.
95 Vgl. zum folgenden GLA 233/31325.

rin des Rabbiners und verfolge mit der Berufung nur ihre eigenen Interessen, »denn dieselbe beabsichtige, ihren Gottesdienst zu reformieren«.[96]

Es ist nicht zu belegen, ob in Heidelberg tatsächlich eine weitere Reform ins Auge gefaßt war. Vielleicht war die Weinheimer Mutmaßung nur der Argwohn einer etwas konservativeren Gemeinde gegenüber einer als liberal bekannten Gemeinde. In jedem Fall war es Angelegenheit der Gemeinde zu entscheiden, ob und wie der Gottesdienst neu zu gestalten sei – unabhängig von den anderen Gemeinden des Bezirks und unabhängig vom Bezirksrabbiner, der nur im Zweifelsfalle abzuwägen hatte, ob eine Liturgieänderung mit den religiösen Vorschriften vereinbar war. Diesem Entscheidungsrecht trug der Oberrat auch später Rechnung, indem er in § 19 der Synodalordnung von 1894[97] ausdrücklich festlegte, daß Neuerungen im Gottesdienst (z. B. die Einführung eines neuen Gebetbuchs) nicht gegen den Willen der Gemeinden durchgesetzt werden dürften.

Die unabhängige Stellung des Synagogenrats gegenüber dem Rabbiner trat konkret in der Zeit des »rabbinischen Interregnums«[98] von 1870 bis 1872 hervor. Salomon Fürst war im April 1870 gestorben. Da sich die Suche nach einem geeigneten Nachfolger schwierig gestaltete, bestellte der Oberrat im August den Mosbacher Bezirksrabbiner S. Weil als Rabbinatsverweser für Heidelberg.[99] Dieser beschwerte sich recht bald nach seinem Amtsantritt darüber, daß der Synagogenrat es versäumt habe, die Gemeinde genügend über seine Einsetzung durch Anschlag an der Synagogentür zu informieren. Die Antwort an das zur Vermittlung eingeschaltete Bezirksamt ließ an Deutlichkeit nichts zu wünschen übrig. Man habe alle, »die sich dafür interessierten«, benachrichtigt, und der Synagogenrat stehe in keinerlei Abhängigkeitsverhältnis zu dem »Herrn Rabbiner«. Und schließlich: »Nicht der Beschwerde wegen, sondern in Achtung vor dem bezirksamtlichen Beschluß wird heute die Bekanntmachung an der Tür der Synagoge geschehen.«[100] Unterschrieben war der Brief von Oppenheimer.

Die schnelle Verständigungsbereitschaft des Synagogenrats mit der staatsvertretenden Stelle vor Ort war keineswegs ein Zeichen von falsch zu verstehender Demut, sondern beruhte auf Gegenseitigkeit. In der Regel spricht aus den Akten dieser Zeit das beidseitige Bemühen um sachliche Regelung von Problemen, frei von gegenseitigen Ressentiments.

Der Heidelberger Synagogenrat nutzte das Interregnum, um den inhaltlichen Reformen nun räumliche Veränderungen folgen zu lassen. Er beanspruchte das Eigentumsrecht an dem Gebäude in der Großen Mantelgasse 3, in dem die Dienstwohnung des Bezirksrabbiners, der Synagogenraum und Unterrichtszimmer lagen, um den Betraum auf Kosten der Dienstwohnung zu vergrößern.[101] Bisher war das Gebäude als dem Bezirksschulfonds, der 1822 aus Spendenfonds

96 Ebd., Innenministerium an Staatsministerium v. 30. November 1871.

97 Vgl. Lewin 1909, S. 419.

98 So ein Heidelberger Korrespondent in ›Allgemeine Zeitung des Judentums‹ (AZJ, begr. v. Ludwig Philippson), 36. Jg., Nr. 16 v. 16. April 1872, S. 310.

99 Vgl. zum folgenden GLA 356/499.

100 Ebd., Brief des Synagogenrats an das Bezirksamt v. 2. November 1870.

101 Vgl. zum folgenden GLA 356/691.

und der Kasse der ehemaligen pfälzischen Landjudenschaft entstanden war,[102] gehörig betrachtet worden. Um nun die Renovierung der Rabbinerwohnung rechtfertigen und finanzieren zu können, forderte die Gemeinde zum ersten Mal am 28. Mai 1870, daß der Oberrat ihr das Gebäude zum Eigentum überlasse. 1872 wurde der Wunsch durch einen Rechtsanwalt unter Hinweis auf einen Kontraktenbucheintrag aus dem Jahre 1714 bekräftigt. Der kurz zuvor in Heidelberg angekommene Bezirksrabbiner Sondheimer unterstützte das Begehren des Synagogenrats im Prinzip, allerdings nicht, ohne den offensichtlich schon teilweise vorgenommenen Umbau des Hauses als »Annexion«[103] zu bezeichnen und nicht ohne auf seine ihm als Bezirksrabbiner zustehenden Rechte in bezug auf eine Dienstwohnung aufmerksam zu machen, die an die Rechte des Bezirksschulfonds gebunden waren. Erst 1873 konnte schließlich ein Vertrag abgeschlossen werden, der das Haus der Gemeinde unter Wahrung einiger Ansprüche des Bezirksschulfonds übertrug. Dieser Vertrag muß auch als Voraussetzung für den später erfolgenden Neubau der Synagoge angesehen werden.

Die Gemeinde, der sich Oppenheimer 1876 nicht mehr als Amtsträger zur Verfügung stellte, war eine andere als zwanzig Jahre zuvor. Sie hatte sich personell und, bedingt durch das starke Anwachsen der Gemeinde infolge der Freizügigkeit, quantitativ und räumlich verändert. Dieser Prozeß verlief nicht reibungslos, er verlangte einigen Gemeindemitgliedern Opfer ab, indem sie von liebgewonnenen Formen des Gottesdienstes Abschied nehmen mußten. Doch erst gegen Ende des 19. Jahrhunderts sollte die Auseinandersetzung zwischen konservativeren und liberaleren Gemeindemitgliedern deutlicher an die Öffentlichkeit dringen, diesmal nicht in den versteckten Akten der Staatsbehörden, sondern im Rahmen der Landessynode.

3.3 Liberal – Orthodox

Die große, das deutsche Judentum des 19. Jahrhunderts und der Jahrhundertwende prägende Polarisierung zwischen liberalen und orthodoxen Glaubensvertretern[104] hatte mit dem Wandel der 60er und 70er Jahre in Heidelberg noch nicht ihr Ende gefunden. Zu Beginn des 20. Jahrhunderts kam sie hier erneut zum Tragen, diesmal allerdings nicht mehr als rein innergemeindliche Auseinandersetzung, die allenfalls andere Orte des Bezirksrabbinats betraf, sondern als Teil der Auseinandersetzung in der badischen Landessynode. Die Zuweisung einzelner Personen in das eine oder andere Lager nahm im Rahmen von Synagogenrats- oder Synodalwahlen parteiartigen Charakter an, die Befürwortung oder Ablehnung von Reformen wurde zum Prüfstein für die Kandidaten.

Die Heidelberger Gemeinde galt als liberal. Hugo Marx, dessen Mutter zu Hause streng die Einhaltung jüdischer Riten durchsetzte, beschrieb den Zustand der Gemeinde um 1890: »Das Eigentümliche an dieser jüdischen Gemeinde war,

102 Vgl. Löslein, Barbara: Geschichte der Heidelberger Synagogen. Heidelberg 1992 (= Veröffentlichungen zur Heidelberger Altstadt, 26), S. 45.

103 GLA 356/691, Sondheimer an Bezirksamt v. 4. Juni 1872.

104 Grundlegend dazu Breuer 1986; Lewin 1909, S. 441–451.

daß die meisten Mitglieder die Speisegesetze nicht mehr beachteten und nur noch an hohen Feiertagen in der Synagoge zu sehen waren, deren regelmäßiger Besuch für meine Mutter Selbstverständlichkeit war.«[105] Immerhin – die Synagoge schien in dieser Zeit, wenn auch nur an hohen Feiertagen, immer noch Treffpunkt der Angehörigen der beiden Richtungen zu sein. Doch mußte die Heidelberger Gemeinde abermals Veränderungen hinnehmen, die als mittelfristige Gründe für das Entstehen eines gesonderten orthodoxen Betraums in der Zeit der Weimarer Republik[106] anzusehen sind.

Zunächst gab es mit dem Tode Hillel Sondheimers 1899 und der Einstellung von Hermann Pinkuss 1900 einen erneuten Rabbinerwechsel, der die Ansichten der Heidelberger Juden zu polarisieren schien.[107] 1903 starb der bisherige Synagogenratsvorsitzende Sigmund Netter.[108] An seine Stelle trat der konservativere Buchhändler Ernst Carlebach, dessen Rolle nicht unumstritten war: Bei den Synodalwahlen von 1904 bewarben sich in Heidelberg zum ersten Mal zwei Kandidaten um das Amt des Abgeordneten, und die Wahlbeteiligung stieg von 15,3 % (1901)[109] auf 42,3 %. Ernst Carlebach konnte sich mit 54 von insgesamt 74 Stimmen durchsetzen.[110] Diese Wahl sollte Folgen für die Zusammensetzung der Synode haben: So gab es »insofern eine Verschiebung zugunsten der konservativen Richtung, als in Mannheim für den in den Oberrat eingetretenen Dr. Hachenburg der stellvertretende Synagogenratsvorsteher Dr. Stadecker gewählt und in den ebenfalls fortschrittlichen Stadtgemeinden Heidelberg und Freiburg an Stelle der mit Tod abgegangenen liberalen Synagogenratsvorsteher der konservativen Richtung angehörige Mitglieder des Synagogenrats, die um ihrer Eignung für die Gemeindeverwaltung zum Vorsteheramte berufen worden waren, nun auch als Vertreter in die Synode entsandt wurden«.[111]

Inhaltlich mochte in Heidelberg neben dem Streitpunkt der Gottesdienstreform schon 1904 die Frage um die vom Oberrat geplante Einführung eines neuen Gebetbuchs, die ab 1903 zu konkreten Diskussionen führte,[112] der Grund für die geteilte Stimmungslage gewesen sein. 1908 legte der Oberrat seinen Entwurf des Gebetsbuchs der Synode vor und brachte die Gemüter damit endgültig in Wallung. Die Wahlbeteiligung stieg im ganzen Land schlagartig an, und selbst in den eher wahlmüden Städten wie Mannheim und Karlsruhe wurden Spitzenwerte erreicht.[113] In Heidelberg gingen 78,8 % der Wahlberechtigten zur Urne, und Carlebach hatte diesmal große Mühe, sich gegen seinen Mitstreiter, den liberalen Hauptlehrer Samuel Müller, auf den 74 von 160 Stimmen entfielen, zur Wehr zu

105 Marx 1965, S. 24.
106 Vgl. Löslein 1992a, S. 291.
107 Vgl. dazu Kap. 3.4.
108 Vgl. AZJ, 67. Jg., Nr. 10 v. 6. März 1903, S. 3–4; Chronik 1903, S. 157.
109 Vgl. VObl. Nr. V v. 24. Juli 1901, S. 39.
110 Vgl. VObl. Nr. V v. 26. Juli 1904, S. 36.
111 Lewin 1909, S. 465 f.
112 Vgl. Lewin 1909, S. 463.
113 Vgl. Schmitt, Bernhard: Im Spannungsfeld von Assimilation, Antisemitismus und Zionismus 1890–1918. In: Juden in Karlsruhe ²1990, S. 125.

setzen.[114] Schließlich wurde Carlebach gar vorgeworfen, die Wahl beeinflußt zu haben, was die Landessynode aber zurückwies.[115] Bei der Wahl von 1911 unterlag der Synagogenratsvorsitzende dann dem Kandidaten der liberaleren Richtung, dem Zigarrenfabrikanten Isidor Maier,[116] der 1914 einstimmig zur Landessynode entsandt wurde.[117]

Vergleicht man die Ergebnisse der Synodalwahlen in den Städten und auf dem Land, so fällt die Korrelation zwischen Stadtgröße und Wahlbeteiligung auf: In kleineren Orten gab es eine höhere Wahlbeteiligung als in den größeren Städten wie Mannheim, Karlsruhe oder Freiburg.[118] Während aber in diesen Städten die Wahlbeteiligung und damit das Interesse an den Angelegenheiten der jüdischen Landessynode nach den Wahlen von 1908 wieder deutlich absank, behielt der Mobilisierungseffekt von 1908 in Heidelberg seine Wirkung und führte erst 1911 zu einer Wahlbeteiligung, die niedriger als die von 1904, aber immer noch höher als die der Jahre vor 1904 lag.[119] Offensichtlich hatte die Ausdifferenzierung der beiden Lager zu einer größeren Anteilnahme an den religiösen Belangen geführt.

Gefördert wurde dieser Polarisierungsprozeß in Heidelberg durch einen Mann, von dem nur wenige und darüber hinaus für ihn kaum befriedigende Kontakte zur Gemeinde[120] überliefert sind. Die Rede ist von einem der bedeutenderen Männer der badischen Orthodoxie, Dr. Jonas Simon, der aus Mannheim stammte[121] und 1902 in Heidelberg promoviert wurde.[122] Es war wohl die Nähe zur Universität und das für Privatschulen günstige Klima in Heidelberg, das ihn bewog, hier ein »frommes Erziehungsheim«[123] einzurichten. Diese Schule diente der Unterweisung junger Kinder in religiöser und allgemeiner Bildung und wurde außerdem zum Mittelpunkt des Heidelberger »Vereins jüdischer Akademiker«.[124] Dieser Verein, der der deutsch-jüdischen Neo-Orthodoxie Isaac Breuers nahestand, versuchte, fromme Lebensweise und modernes Studium im Sinne Samson Raphael Hirschs und Esriel Hildesheimers zu verbinden.[125]

114 Vgl. VObl. Nr. III v. 27. März 1908, S. 9, Heidelberger Zeitung Nr. 59 v. 10. März 1908.
115 Vgl. VObl. Nr. VIII v. 30. Juli 1908, S. 39.
116 Vgl. VObl. Nr. III v. 24. März 1911; Chronik 1911, S. 61.
117 Vgl. VObl. Nr. III v. 24. März 1914, S. 11.
118 Vgl. Schmitt 1990, S. 125.
119 Vgl. VObl. Nr. II v. 5. März 1895, S. 10; VObl. Nr. VI v. 6. Juli 1898, S. 55; VObl. Nr. V v. 24. Juli 1901, S. 38–40.
120 Vgl. VObl. Nr. VIII v. 14. Juli 1911, S. 55 ff.
121 Vgl. ebd., S. 57.
122 Der Titel seiner Dissertation: »Der Mischna-Commentar des Maimonides zum Tractat Mo'ed Katan und zum Tractat Sabbath V, VI, VII. Nach den Hss. zu Berlin, Budapest und London zum 1. Male im arab. Urtext nebst verb. hebr. Übersetzung.« (Phil. Diss. Heidelberg 1902), Berlin 1902.
123 Breuer 1986, S. 325.
124 Vgl. Der Israelit, begr. v. Markus Lehmann, Jg. 50, Nr. 39 v. 29. September 1909, S. 10. Die dort angegebene Adresse war Simons Wohnung. Vgl. Adreßbuch 1909 und Der Israelit, Jg. 52, Nr. 40 v. 5. Oktober 1911, S. 10.
125 Vgl. dazu auch Breuer 1986, S. 332.

Simon war in seinem Denken beeinflußt durch den aus Rußland kommenden Talmudlehrer Salman Baruch Rabinkow, der das 1909 gegründete »Talmudische Seminar zu Heidelberg« zehn Jahre lang leitete.[126] Vermutlich war Rabinkow in Simons Schule angestellt, zumindest paßte die Beschreibung eines Besuchers der Schule auf ihn: Der Lehrer sei »ein mit dem angeborenen Lehrgeschicke des östlichen Jeschiwaleiters arbeitender Lehrer«.[127] Simon versuchte mit Hilfe Rabinkows, aus den traditionellen Werten des Ostjudentums eine Erneuerung der konservativen Glaubensrichtung im Westen zu schöpfen[128] und der Orthodoxie zu Recht und Anerkennung in Baden zu verhelfen.

In Heidelberg verfolgte Simon dieses Ziel nicht nur durch seine Schule, sondern initiierte auch 1906 die Gründung einer Pension, die jüdischen Studenten, Handelsreisenden und Touristen während ihres Heidelberger Aufenthalts eine koschere Lebensweise ermöglichen sollte. Unterstützt wurde er dabei von dem Bremer Rabbiner Dr. Rosenack, der dem »Hamburger Speiseverein« zur Kontrolle von deutschen Gaststätten, die koschere Nahrung boten, vorstand. Geleitet wurde die Pension von Hermine Deutsch, einer entfernten Verwandten Simons, die nach dem Tod ihres Mannes aus Ungarn nach Heidelberg gekommen war. Berühmte Gäste waren u. a. Nahum Goldmann und die Brüder Isaak und Aaron Steinberg. Hermine Deutschs ältester Sohn, Saul, sollte in der Weimarer Republik die rechte Hand Simons bei der Etablierung der orthodoxen Gemeinde Heidelbergs werden, die sich bis zu Simons Auswanderung nach Litauen 1921/22 in dessen Wohnung in der Uferstraße versammelte. Die Heidelberger Pension, die ab 1909 von Frieda Deutsch, der Tochter Hermines, geführt wurde, mußte 1918 wegen fehlender Gäste geschlossen werden.[129]

Von 1908 bis mindestens 1914 wurde Simon im Wahlbezirk Wertheim-Merchingen zum Abgeordneten in die Landessynode gewählt. Seine Reden vor diesem Gremium[130] zeigten einen Mann, der leidenschaftlich von seinem Glauben durchdrungen war. Während er zu der Synode von 1908, die auf Druck der konservativen Abgeordneten zur Zurücknahme des Gebetbuchentwurfs durch den Oberrat führte, nur knappe Bemerkungen zu anderen Themen beigesteuert hatte, nutzte er die Budgetberatung der Synode von 1911 zu einer Generalabrechnung mit der für ihn zu liberalen Praxis des Oberrats.

126 Vgl. Breuer 1986, S. 477, Anm. 72. Zu Rabinkow und dem Talmudischen Seminar vgl. Honigmann, Peter: Jüdische Studenten zwischen Orthodoxie und moderner Wissenschaft. Der Heidelberger Talmudistenkreis um Salman Baruch Rabinkow. In: Menora. Jahrbuch für deutsch-jüdische Geschichte 1992. München 1992, S. 85–96; ders.: Der Talmudistenkreis um Salman Baruch Rabinkow. In: Jüdisches Leben 1992, S. 265–272. Dieser Beitrag ist im Gegensatz zum ersteren mit einigen neueren Forschungsergebnissen versehen.

127 Der Israelit, 58. Jg., Nr. 34, v. 26. August 1917, S. 6.

128 Vgl. Breuer 1986, S. 325.

129 Vgl. dazu Herman Deutsch: Lebenserinnerungen. 1972. Unveröffentl. Msk. STAHD D 1, 22.

130 Vgl. VObl. Nr. VII v. 30. Juli 1908, S. 60, 74, 78 f.; VObl. Nr. VIII v. 14. Juni 1911, S. 53–69 passim; VObl. Nr. V v. 8. Juni 1914, S. 33–39 passim; vgl. auch Rosenthal 1927, S. 416–420.

Spätestens seit 1910 fungierte Simon als Vorsitzender des 1903 gegründeten »Vereins zur Wahrung der Interessen des gesetzestreuen Judentums in Baden«.[131] Dieser Verein, entstanden zu Beginn der Debatte um das neue Gebetbuch, wollte mit Denkschriften in der konservativen Zeitung »Der Israelit«[132] und Eingaben an den Oberrat[133] und an die zweite Kammer des badischen Landtags[134] die Öffentlichkeit mobilisieren, um für die orthodoxen Juden das moderne Prinzip der Gewissensfreiheit, das er durch den Oberrat bedroht sah,[135] einzuklagen. Simon interpretierte die Entwicklung des liberalen Judentums als »Abzweigung (...) einer neuen Religion vom alten Judentum«.[136]

Der Oberrat, der eine staatliche »Zwangsorganisation«[137] sei, habe diesen Prozeß unter dem Deckmantel des formellen Rechts zugunsten der »Neologie« gefördert. Die Folge sei die Benachteiligung gesetzestreuer Juden, die ihre Kinder in den Unterricht liberaler Lehrer schicken müßten und denen nichts anderes übrigbliebe, als sich der geistigen Fürsorge liberaler Rabbiner anzuvertrauen. Der Graben zwischen liberalem und konservativem Judentum war für Simon 1910 nahezu unüberwindbar: »Denn nicht um den in jeder Religionsgemeinschaft vorhandenen Gegensatz von Konservatismus und Liberalismus handelt es sich hier, um einen Gegensatz, der letzten Endes auf die Verschiedenheit der Seelenstimmung zurückzuführen ist. Dem an die Göttlichkeit des Gesetzes glaubenden Orthodoxen und dem Neologen, der das Gesetz als der zeitlichen Wandlung unterworfen bezeichnet, fehlt überhaupt der gemeinsame Boden religiöser Grundanschauung (...).«[138] Dennoch meinte Simon, den Verbleib der Orthodoxen im badischen Judenverband als eine historische Notwendigkeit fördern zu müssen. Simon war demnach bereit, die institutionellen Gegebenheiten, v. a. den Oberrat, zu akzeptieren, doch strebte er durch die zitierte Eingabe an den Landtag einen Wandel dieser Institutionen auf dem Wege der Gesetzgebung an. In der Kernfrage seiner Petition an den badischen Landtag, dem Zwang für orthodoxe Schüler, liberalen Unterricht besuchen zu müssen, forderte Simon einen gesetzlich erlaubten Dispens vom Unterricht liberaler Prägung, falls ein akademisch gebildeter, orthodoxer Lehrer als Alternative zur Verfügung stünde. Der Oberrat habe schon öfters die Kinder liberal eingestellter Eltern vom Religionsunterricht dispensiert, und dieses Recht, das im übrigen von der Gesetzgebung nicht vorgesehen war,

131 Zum Verein vgl. Lewin 1909, S. 463–465; Simon als Vorsitzender vgl. GLA 233/31330, Schreiben des Staatsministeriums vom 23. Februar 1910.

132 Vgl. Denkschrift über die Lage des gesetzestreuen Judentums in Baden. In: Der Israelit, 45. Jg., Nr. 54 v. 7. Juli 1904, S. 1135–1138 u. 1151–1154.

133 Vgl. VObl. Nr. VII v. 30. Juli 1908, S. 43 f.; VObl. Nr. V v. 8. Juni 1914, S. 55.

134 Vgl. GLA 233/31330, Denkschrift über die Frage des jüdischen Religionsunterrichts im Großherzogtum Baden betr.; überreicht der hohen 2. Kammer der badischen Landstände vom Verein zur Wahrung der Interessen des gesetzestreuen Judentums in Baden, Mannheim 6. Februar 1910.

135 Denkschrift über die Lage (s. Anm. 132), S. 1137.

136 Denkschrift über die Frage (s. Anm. 134), 2. Bl.

137 Ebd.

138 Ebd., 9. Bl.

aber geduldet wurde, müßten auch die Orthodoxen in Anspruch nehmen dürfen. Simon forderte hiermit also die Übernahme der Entscheidung über den vorgeschriebenen Unterricht vom Staat auf den Oberrat, ein Anliegen, dem nicht entsprochen werden konnte.

Auf Reichsebene regte Simon die Gründung des »Thorabundes« an, der in den Städten und auf dem Land private Schulen zur religiösen Unterweisung für Kinder errichten sollte. Mitten im Krieg entwickelten sich die ersten Pläne zu diesem Projekt,[139] und 1917 kam es in Würzburg zur formalen Gründung des Bundes, der seinen Sitz in Heidelberg hatte.[140] Als Vorbild für weitere Schulen diente Simons Unterrichtsanstalt, die mehrmals in der konservativen jüdischen Presse als Musterschule gelobt wurde.[141]

3.4 Heidelberger Rabbiner

Obwohl die jüdische Gemeinde in keinerlei Abhängigkeitsverhältnis zu ihren Rabbinern stand, hinterließen die drei im Zeitraum von 1862 bis 1918 hier wirkenden Rabbiner doch ihre Spuren. Kennzeichnend für Salomon Fürst (1792–1870), Hillel Sondheimer (1840–1899) und Hermann Pinkuss (1867–1936) ist, daß alle drei in unterschiedlichen Graden als fortschrittlich galten und kaum größere schriftliche Werke von ihnen überliefert sind.

Die Literatur über Salomon Fürst berichtet nichts über Ereignisse nach 1862, seine letzten Jahre waren vermutlich von angeschlagener Gesundheit geprägt. So beantragte sein Sohn, Alexander Fürst, 1859 die Zulassung als Anwalt in Heidelberg, da sein Vater »stets kränklich« sei und der »sorgsamsten Pflege« bedürfe.[142] Zuvor hatte sich Fürst, der seit 1827 in Heidelberg weilte, als Vertreter gemäßigter Reformen einen Namen gemacht, unter ihm hielt 1854 ein Harmonium Einzug in die Synagoge. 1845 erwies Fürst sich als streitbarer Verfechter der Emanzipation, indem auf seine Veranlassung hin im gleichen Jahr eine Rabbinerkonferenz zusammentrat, die in zwei Petitionen Schritte zur Emanzipation forderte.[143]

Hillel Sondheimer war 1872 von Gailingen, wo er seit 1862 das Amt des Rabbiners innehatte und – für diese Zeit eher ungewöhnlich – seit 1869 Mitglied des Bezirksrats war, nach Heidelberg berufen worden.[144] Seine 1889 erfolgte Einsetzung als Mitglied der Religionskonferenz des Oberrats verdankte er wohl vornehmlich dem Umstand, daß er der dienstälteste Bezirksrabbiner des Landes

139 Vgl. Der Israelit, 56. Jg., Nr. 44 v. 22. Oktober 1915, S. 11 f.
140 Vgl. Der Israelit, 58. Jg., Nr. 30 v. 26. Juli 1917, S. 4
141 Vgl. Der Israelit, 58. Jg., Nr. 34 v. 24. August 1917, S. 6; 59. Jg., Nr. 48 v. 28. November 1918, S. 2.
142 GLA 76/9443, Eingabe Alexander Fürst an den Großherzog v. 14. Januar 1859.
143 Vgl. AZJ, 34. Jg., Nr. 18 v. 3. Mai 1870, S. 354 f. und 427; Badische Biographien. Bd. 1, S. 272; Mumm, Hans-Martin. »Denket nicht, ›Wir wollen's beim Alten lassen.‹« Die Jahre der Emanzipation 1803–1862. In: Jüdisches Leben 1992, S. 38–41.
144 Vgl. Chronik 1899, S. 97; Lewin 1909, S. 338; VObl. Nr. IV v. 4. Juli 1899, S. 32 f.; GLA 356/Zug. 1969/10/499, Berufungsschreiben des Oberrats vom 16. Januar 1872.

war,[145] und vielleicht auch der Fürsprache seines wenig später aus dem Oberrat ausscheidenden Schwiegervaters Baruch Kaufmann.[146]

Aufsehen erregte Sondheimer vor allem durch seinen zur Synode von 1895 gemachten Vorschlag, die zweiten Feiertage verschiedener jüdischer Feste abzuschaffen. Der Heidelberger Bezirksrabbiner hatte in einer Flugschrift[147] dargelegt, daß die zweiten Feiertage biblisch nicht belegbar seien, daß sie vielmehr aus Schwierigkeiten mit der genauen Datierung der Festtage für die Diaspora eingeführt worden seien. Der einheitliche Kalender mache sie nun überflüssig. Sondheimer begründete sein Anliegen mit der Beeinträchtigung des wirtschaftlichen Lebens. Durch die Kombination der Feiertage mit Sabbaten, Sonntagen und christlichen Feiertagen käme es zu einem mehrtägigen Stillstand des beruflichen Lebens, der zumal von »kleinen Leuten« schwer zu verkraften sei. Außerdem sei die Anhäufung von Feiertagen diesen selbst nicht förderlich, da durch den längeren Müßiggang Erschlaffung eintrete, die Feiertage somit gar nicht richtig gewürdigt werden könnten. Die Mitglieder der Religionskonferenz sowie die übrigen Vertreter des Oberrats lehnten Sondheimers Pläne einhellig ab. Adolf Lewin, der später Sondheimers Nachfolge in der Religionskonferenz antrat und durch seine Kollegen als, im Gegensatz zu Sondheimer, »zur positiven Richtung gehörig«[148] bezeichnet wurde, sah in Sondheimers Plänen einen »der religiösen Entwicklung des Judentums widerstreitenden, jedenfalls aber unpraktischen und aussichtslosen Vorschlag.«[149] Diese Ablehnung mochte auch aus dem Antagonismus zu Sondheimer resultieren, der als liberaler Rabbiner der konservativen »Breslauer Schule«, aus der Lewin stammte, fernstand.

Auch auf anderem Gebiete bewies Sondheimer, daß er bereit war, sich den Erfordernissen der Zeit anzupassen, auch wenn dies nicht auf die Zustimmung anderer traf. Bei den Reichstagswahlen 1890 hatte die Heidelberger nationalliberale Partei beschlossen, den konservativen Kandidaten Menzer zu unterstützen. Der Wahlaufruf der Nationalliberalen, der Menzer zur Wahl empfahl, trug neben weiteren Unterschriften Heidelberger Juden auch die des Bezirksrabbiners.[150] Da angenommen wurde, daß Menzer ein Anhänger des Berliner Hofpredigers und Antisemiten Adolf Stoecker sei, erhob sich lauter Protest gegen das Verhalten Sondheimers,[151] der in der Israelitischen Wochenschrift die Vorwürfe zurückwies. So sehr er gegen die politische Stellungnahme Geistlicher sei, könne er »unter den in hiesiger Stadt obwaltenden Verhältnissen, vermöge denen der Rabbiner mitten in der Gesellschaft steht und in allen Stücken wie der erste protestantische und

145 Vgl. GLA 233/31326.

146 Zu Kaufmann vgl. VObl. Nr. V v. 31. Dezember 1889, S. 46; VObl. Nr. VI v. 11. Oktober 1893, S. 42; GLA 233/31325.

147 Sondheimer, Hillel: Der zweite Feiertag. [Heidelberg vor 1900].

148 GLA 233/31326, Kultusministerium an Staatsministerium v. 13. Dezember 1899.

149 Lewin 1909, S. 437.

150 Vgl. Heidelberger Zeitung Nr. 30 v. 5. Februar 1890.

151 Vgl. Israelitische Wochenschrift. Hrsg. v. Abr. Treuenfels u. Moritz Rahmer. 21. Jg., Nr. 9 v. 27. Februar 1890, S. 71.

erste katholische Stadtpfarrer behandelt wird, (...) wenn letztere ihre politische Anschauung offen bekennen, auf Ansuchen mit der seinigen nicht zurückhalten (...).«[152] Die badischen und im besonderen Heidelberger politischen Gegebenheiten, die durch die überaus starke Stellung der Nationalliberalen geprägt seien und von den Heidelberger Juden auch so befürwortet würden, erlaubten durchaus die Unterstützung eines Konservativen, der zwar vom Freisinn als Antisemit bezeichnet worden sei, dessen Verhalten aber nach eigener Aussage und der des nationalliberalen Parteivorsitzenden keinen Grund zu einer solchen Beschuldigung böte.

Sondheimer, dessen Name vor 1890 häufiger auf Vorstandslisten oder Wahlaufrufen der Nationalliberalen aufgetaucht war,[153] enthielt sich daraufhin dieser Art politischer Kundgebung.

Größerer Erfolg war Sondheimer mit seiner Religionsgeschichte für den Schulunterricht,[154] der ihm ein besonderes Anliegen bedeutete, beschieden. Im ersten Teil des Büchleins, das bis 1899 18 Auflagen erreichte,[155] erzählte Sondheimer kurze Episoden des Alten Testaments in einfacher Sprache nach, um dann in einem zweiten Teil die Geschichte des jüdischen Volkes darzustellen, wobei er besonders ausführlich auf Biographie und Werk Moses Mendelssohns einging. Sondheimer selbst sah das Außergewöhnliche seines Werks in der Verbindung von biblischer Geschichte, katechetischem Lehrstoff und jüdischer Geschichte.[156] Zu der weiten Verbreitung des Schulbuchs, das in mehrere Sprachen übersetzt wurde,[157] hatte auch die Empfehlung durch den Oberrat beigetragen.[158]

Die Behauptung, Sondheimer habe Veränderungen im Gottesdienst der Heidelberger Gemeinde durchgeführt,[159] läßt sich nicht belegen.

Während Hugo Marx sich durch Sondheimers »überaus würdige Erscheinung«[160] beeindrucken ließ, konnte er der Person Hermann Pinkuss' nicht viel abgewinnen: »Dr. Pinkuss war ein Mann von nicht tiefer aber sehr weitschichtiger Allgemeinbildung, außerdem ein vorzüglicher Kanzelredner. Im übrigen war er einer jener typischen sogenannten liberalen Rabbiner, die die Traditionen vernachlässigten, andererseits dem Judentum keinen irgendwie existentiellen Inhalt zu geben vermochten. Er war außerdem ein sehr weltzugewandtes Oberhaupt seiner Gemeinde, dem die materiellen Vorteile weit mehr bedeuteten als eine vertiefte Darstellung des Judentums.«[161]

152 Ebd., Nr. 10 v. 6. März 1890, S. 76.
153 Vgl. Heidelberger Zeitung Nr. 221 v. 20. September 1879 u. Heidelberger Zeitung Nr. 215 v. 14. September 1881.
154 Sondheimer, Hillel: Geschichtlicher Religionsunterricht. Lahr 1881.
155 Vgl. Eschelbacher, J.: Rede an der Bahre des verewigten Herrn Dr. Hillel Sondheimer, Bezirks- und Konferenzrabbiner in Heidelberg, am 19. Juni 1899 [o. O. o. J.], S. 7.
156 Sondheimer 1881, Vorwort, S. VII.
157 Vgl. Heidelberger Zeitung Nr. 153 v. 4. Juli 1899.
158 Vgl. Rosenthal 1927, S. 382.
159 Vgl. Löslein 1992a, S. 291; das dort angegebene Sterbedatum Sondheimers ist falsch.
160 Marx 1965, S. 24.
161 Ebd., S. 40.

Die überlieferten Quellen bestätigen Marx' Charakterisierung. Pinkuss[162] gehörte einer Generation an, die völlig anderen Erfahrungen unterlegen war als die Generationen zuvor. 1867 in Nicolai geboren, wuchs Pinkuss in einer weitgehend friedlichen Zeit auf, die vom wirtschaftlichen Boom der Reichsgründungszeit bestimmt wurde. Im Gegensatz zu Fürst oder Sondheimer hatte Pinkuss die Zeit der Kämpfe um die Emanzipation nicht mehr bewußt miterlebt. Die Generation, der der letzte Bezirksrabbiner des Kaiserreichs angehörte, prägte das Geistesleben der Wilhelminischen Epoche, und auch Pinkuss widerstand nicht den Strömungen der Zeit, deren eine durch Dekadenz (Kulturpessimismus)[163] und im literarischen Bereich durch den Symbolismus (Mystik)[164] gekennzeichnet war. Dazu trat ein eher apolitisches Verhalten der geistigen Elite,[165] das diese Elite aber nicht hinderte, den Ersten Weltkrieg begeistert zu begrüßen. Als herausragender Vertreter dieser Entwicklung kann der Dichter Stefan George angesehen werden, zu dessen Heidelberger Kreis, der das Gegenstück zu Max Webers Kreis darstellte und zusammen mit diesem den sogenannten ›Heidelberger Geist‹ prägte, auch der seit 1911 in Heidelberg lehrende jüdische Germanist Friedrich Gundolf[166] gehörte.[167]

Die Weltzugewandtheit Pinkuss' äußerte sich sichtbar in der stärkeren Präsenz der Heidelberger Gemeinde in der Landessynode, wo Heidelberger Vertreter bis 1900 kaum besonders hervorgetreten waren. Während Sondheimer sich mit seinem Schulbuch um Inhalte bemühte, setzte sich Pinkuss vor der Landessynode für die – materiellen – Verhältnisse jüdischer Lehrer ein.[168] Er selbst, der sich offenbar als chronisch unterbezahlt ansah,[169] beantragte mehrmals Gehalts- und Wohngelderhöhungen, die ihm von der Heidelberger Gemeinde widerstandslos gewährt wurden.[170] Während Sondheimer sich mit schlechtem Gewissen in lokalpolitischen Angelegenheiten engagierte, gab sich Pinkuss eher unpolitisch und hielt im Deutsch-Österreichischen Alpenverein Vorträge über eigene Wanderungen[171] und gründete einen jüdischen Jugendverein.[172]

162 Vgl. zu ihm auch Walk, Joseph: Kurzbiographien zur Geschichte der Juden 1918–1945. München – New York – London – Paris 1988, S. 296.
163 Vgl. zur Kulturkritik im Anschluß an Nietzsche: Nipperdey, Thomas: Deutsche Geschichte 1866–1918. Bd. 1: Arbeitswelt und Bürgergeist. München 1990, S. 686–691.
164 Vgl. zu den literarischen Tendenzen: ebd., S. 774–796.
165 Vgl. zum Verhältnis Kunst-Gesellschaft: ebd., S. 692–698.
166 Zu Gundolf (1880–1931) vgl. Drüll 1986, S. 95 f.
167 Vgl. Wolgast, Eike: Die Universität Heidelberg 1386–1986. Berlin 1986, S. 121.
168 Vgl. Rosenthal 1927, S. 408; Protokollarischer Bericht der 5. Landessynode, S. 57. In: VObl. Nr. VII v. 30. Juli 1908, S. 38–92; Protokollarischer Bericht der 6. Landessynode, S. 72. In: VObl. Nr. VIII v. 14. Juni 1911, S. 50–104.
169 Vgl. Marx, S. 40.
170 Vgl. GLA 356/Zug. 1969/10/499.
171 Vgl. Chronik 1911, S. 254; Chronik 1915, S. 205.
172 Vgl. Chronik 1911, S. 62.

Pinkuss' Predigten, von denen drei im Druck überliefert sind,[173] zeichnen sich durch einen formalen Aufbau und eine dem Geschmack der Zeit entsprechende sehr bildreiche Sprache aus. So trauerte er nach dem Hinscheiden Großherzog Friedrichs I.: »Seine hohe Gestalt stand uns noch vor Jahresfrist so aufrecht und rüstig vor Augen, umglänzt von männlicher Schönheit und der Würde des Greises, daß wir kaum merkten, wie der Schnee des Alters sich immer schwerer und dichter ihm aufs Haupt senkte.«[174] Das für die Juden bedeutendste Werk Friedrichs I., die Emanzipation, würdigte Pinkuss in seiner sieben Seiten langen Trauerpredigt nur mit einem drei Viertel einer Seite umfassenden Absatz, der über Gemeinplätze nicht hinausging. Die Emanzipation »ergab sich als eine einfache Konsequenz, als ein Ausfluss des Rechtsgefühls, das tief im Bewußtsein unseres Herrschers wurzelte«.[175]

Die Religionsauffassung des Heidelberger Bezirksrabbiners, die Marx so sehr kritisierte, war ein Gemisch aus an Spinoza erinnerndem Pantheismus und einem Mystizismus, der vielleicht auf jüdische Traditionen zurückgriff, aber seine Wiederbelebung einer Zeit verdankte, in der rational nicht greifbare Ideen den Überdruß am Überfluß vergessen machen sollten. Nicht nur im Judentum, auch im Christentum erlebte pantheistisches Gedankengut[176] in theosophischen Gesellschaften eine Renaissance.[177] Für Pinkuss gab es »keine Stelle in Gottes weiter Welt, die nicht von seiner Größe zeugte. Ihn kündet der glühende Sonnenball wie das bleiche Mondlicht, der flammende Wetterstrahl wie der rollende Donner, der grünende Grashalm wie die duftende Blume; die ganze Natur in ihrer unermeßbaren Weite, sie ist der Tempel des Herrn.« Der Mensch sei aber durch die »übergewaltige Fülle des Alls« verwirrt und bedürfe eines ruhigen Orts, »wo (...) die Eindrücke (...) sich ordnen und zu einer höheren Einheit zusammenfügen können.« Gott offenbare sich »dort am besten, wo die schützenden Wände des Heiligtums uns abschließen von dem Drängen und Hasten des Lebens, wo Andacht sich an Andacht zündet und Stimmung wirkt, wo zwischen den Seelen der Menschen ein unsichtbarer Zusammenhang waltet und wir unter dem Zauberbanne stimmungsvoller Andacht leise Zwiesprache mit unserer Seele halten können.«[178]

173 Pinkuss, Hermann: Festpredigt zur Einweihung der Synagoge in Weinheim. In: VObl. Nr. IX v. 27. Dezember 1906, S. 68–71; ders.: Gedächtnisrede, gehalten beim Trauergottesdienst für Se. Kgl. Hoheit Großherzog Friedrich I. in der Synagoge zu Heidelberg am 6. Oktober 1907. [Heidelberg 1907]; ders.: Ansprache gehalten am Bitt- und Bettage Samstag, dem 8. August 1914, in der Synagoge zu Heidelberg [Heidelberg 1914; o. Seitenzahlen].

174 Pinkuss 1907, S. 1.

175 Ebd., S. 5.

176 Vgl. Nipperdey 1990, S. 777.

177 Ebd., S. 521–523.

178 Pinkuss 1906, S. 69.

Krieg – das war Stoff für Mythen, und so begrüßte auch Pinkuss den Ersten Weltkrieg,[179] in dem 19 Heidelberger Juden ihr Leben lassen sollten,[180] mit überschwenglichem Patriotismus. Der Krieg galt als Flucht aus einer ungeliebten Realität hinein in eine bessere, geläuterte Welt: »(...) es scheint fast eine Schicksalsnotwendigkeit, daß auf eine Zeit überfeinerter Kultur, in der die Menschen ihre Ansprüche ans Leben bis ins Maßlose steigern und einer übertriebenen Schätzung der materiellen Güter verfallen sind, ein Umschwung folgen müßte, der zeigt wie wertlos und nichtig diese überschätzten Dinge werden können, auf wie unsicherem Grunde doch alles das ruht, worauf wir am meisten pochen und vertrauen (...) So schrecklich und furchtbar der Krieg auch werden mag, er hat schon Großes an uns geleistet. Er hat uns zu besseren Menschen gemacht, alle edlen und guten Regungen in uns wachgerufen.«[181] Wie viele andere Rabbiner sah auch Pinkuss in dem Wort Wilhelms II., er kenne keine Parteien mehr, sondern nur noch Deutsche, ein Versprechen, daß auch dem Antisemitismus eine Absage erteilt würde.[182] »Hader der Parteien« und »religiöser Haß« – diese von Pinkuss nebeneinander gestellten Erscheinungen waren zum Synonym geworden.

So verschiedenartige Charaktere Sondheimer und Pinkuss sein mochten, eines verband sie: Beide lebten in der deutschen Kultur, ohne damit vor größere Identitätsprobleme gestellt zu sein. Daß Marx, wie wahrscheinlich viele andere auch, die beiden Rabbiner so unterschiedlich beurteilte, lag vornehmlich an dem auffälligen Generationsabstand und den sich daraus ableitenden unterschiedlichen Erfahrungen.

3.5 Jüdische Einrichtungen: Schulen und Vereine

Den Mittelpunkt der jüdischen Gemeinde stellte das Gebäude in der Großen Mantelgasse 3 dar, in dem die Synagoge, Unterrichtsräume und eine Wohnung für Gemeindepersonal untergebracht waren.[183] Mitte der 1870er Jahre wurde dieses Haus vollkommen umgebaut, die stetig wachsende Gemeinde erforderte eine größere Synagoge. Schon 1870 hatte die Gemeinde den Neubau in Erwägung gezogen,[184] doch hinderten verschiedene Umstände die Ausführung des Vorhabens. Abgesehen davon, daß man erst die Einstellung eines neuen Rabbiners abwarten wollte,[185] vereitelten die Überlegung, daß die Gemeinde eines Übergangslokals bedürfe,[186] die Frage nach der Finanzierung und wahrscheinlich auch der deutsch-französische Krieg den Beginn der Bauarbeiten. Nachdem sich 1875

179 Grundlegend dazu: Zechlin, Egmont: Die deutsche Politik und die Juden im Ersten Weltkrieg. Göttingen 1969.

180 Vgl. Reichsbund jüdischer Frontsoldaten (Hrsg.): Die jüdischen Gefallenen des deutschen Heeres, der deutschen Marine und der deutschen Schutztruppen 1914–1918. Ein Gedenkbuch. o. O. [2]1932, S. 240. Dort namentliche Aufzählung der Gefallenen.

181 Pinkuss 1914.

182 Vgl. auch Zechlin 1969, S. 86–100.

183 Zu den baulichen Einzelheiten vgl. Löslein 1992a, S. 286–289; dies. 1992, S. 62 ff.

184 Vgl. Heidelberger Zeitung Nr. 100 v. 30. April 1870.

185 Vgl. ebd.

186 Vgl. STAHD UA 266/5.

in der der Stadt gehörenden Kapelle im ehemaligen katholischen Schulhaus, die in eine Turnhalle umgebaut werden sollte, eine geeignete Stätte für die Abhaltung des Gottesdienstes gefunden hatte,[187] beschloß der Synagogenrat 1876, den Neubau über Ausgabe von Inhaberschuldverschreibungen zu finanzieren.[188] 1878 konnte der von Hermann Behaghel gestaltete Neubau, der nun eine festmontierte Orgel hatte, schließlich mit einer Predigt des Bezirksrabbiners Sondheimer über den Psalm 26, 8: »Ich habe lieb die Stätte deines Hauses und den Ort, da deine Ehre wohnt« eingeweiht werden.[189] 1913 ließ die Gemeinde die Synagoge von Grund auf renovieren.[190]

Bis 1870 war der Unterricht für die jüdischen Volksschüler ausschließlich in der jüdischen Volksschule in der Großen Mantelgasse erteilt worden. Durch das Elementarunterrichtsgesetz von 1868 hatten die verschiedenen Bekenntnisse die Möglichkeit bekommen, mittels Abstimmung über die Aufhebung der Konfessionsschulen und Einrichtung der gemischten Schule zu entscheiden.[191] Mannheim und Heidelberg waren die ersten badischen Städte, die sich schon jetzt – die gemischte Volksschule wurde in Baden erst 1876 obligatorisch – für diesen Schritt in die Moderne aussprachen. In Heidelberg fand am 27. Februar 1869 eine weitbeachtete Bürgerversammlung statt, in der sich die evangelischen, katholischen und jüdischen Vertreter engagiert für die Abschaffung der konfessionellen Schulen einsetzten.[192] Der Sprecher des israelitischen Ortsschulrats, Dr. Hermann Reckendorf, sah in der gemischten Volksschule die Chance, der staatlichen Emanzipation der Juden nun auch die im Volke folgen zu lassen, denn es gebe dort »noch manches Vorurteil und manche Gehässigkeit zu bekämpfen«.[193] Für die Juden sei die gemischte Volksschule ohnehin nichts Neues, da sie auch schon früher den christlichen Schulunterricht besucht hätten.

Bei der im Juni 1869 stattfindenden Abstimmung, die von den Zeitungen ausgiebig unter evangelischen und katholischen, nicht aber unter jüdischen Gesichtspunkten diskutiert worden war, stimmten Protestanten und Juden nahezu einstimmig für die gemischte Volksschule, während sie von fast einem Drittel der Katholiken abgelehnt wurde.[194] 1870 konnte der Startschuß für die gemischte Volksschule gegeben werden, und die Räume in der Großen Mantelgasse dienten nur noch dem Religionsunterricht.

Was hier sehr einfach und mechanistisch dargestellt wurde, war – nicht nur in Heidelberg, sondern in ganz Baden – mit heftigen konfessionellen Auseinander-

187 Vgl. ebd. u. GLA 356/570.
188 Vgl. GLA 356/Zug. 10/498.
189 Vgl. AZJ, 42. Jg., Nr. 19 v. 7. Mai 1878, S. 297; Heidelberger Zeitung Nr. 88 v. 13. April 1878.
190 Vgl. Turtel 1979, S. 10; Heidelberger Tageblatt v. 12. u. 14. April 1913.
191 Vgl. Rosenthal 1927, S. 379.
192 Vgl. Heidelberger Journal Nr. 51 v. 2. März 1869; AZJ, 33. Jg., Nr. 15 v. 13. April 1869, S. 285–289.
193 Heidelberger Journal Nr. 51 v. 2. März 1869.
194 Vgl. Heidelberger Journal Nr. 145 v. 25. Juni 1869.

setzungen im Rahmen des badischen Schulkampfes[195] verbunden, die ihren Ausdruck während der erwähnten Bürgerversammlung in den Worten eines Anhängers der nationalliberalen Partei fanden: »Ein starkes Nationalgefühl fehlt unserem Volke, an seine Stelle sind konfessionelle Leidenschaften getreten. Wir sind in erster Linie Katholiken oder Protestanten und in letzter erst Deutsche.«[196] Die Heidelberger Juden registrierten die Auswirkungen des Kulturkampfes genau, und Reckendorf nahm konkret Stellung, wenn er die Versammlung aufforderte, bei der Schulfrage den Konfessionsstreit, der im Gegensatz zum wahren Glauben nur Menschenwerk sei, zu überwinden. Auch die Einladung des jüdischen Gastwirts Mendel Auerbach zu einer Feier für die glücklich beendete Wahl kommentierte diese mit einer klaren Sprache: »Der glorreiche Sieg, den die Männer des Fortschritts gegen die Finsterlinge bei der Abstimmung über gemischte Schulen in dieser Stadt errungen, ist von größter Tragweite.«[197]

Bedeutete die gemischte Schule für die Juden insgesamt einen wichtigen Schritt hin zur realen Emanzipation, so galt dies ganz besonders auch für die Lehrer, die nun Mitglieder christlich geprägter Kollegien und Lehrer für christliche Schüler wurden. Den Religionsunterricht an den verschiedenen Heidelberger Schulen teilten sich die Rabbiner und der jeweilige Hauptlehrer, aber auch Vorsänger und Privatschullehrer.[198] Die Hauptlast trugen die Hauptlehrer Salomon Ortlieb, Maier Kahn und Samuel Müller, die auch die weltlichen Fächer unterrichteten.

Ortlieb, der von 1861 bis 1885 in Heidelberg lehrte, war ein engagierter Anhänger der Emanzipation[199] und erfreute sich so hohen Ansehens, daß er 1863 zur Wahl als Beirat für die geplante Volksschulreform vorgeschlagen wurde.[200] Daß das Ansehen unter Kollegen nicht mit dem unter den Schülern korrelieren mußte, verdeutlicht Hugo Marx' Erinnerung an Maier Kahn: »Kahn war ein überaus kurzsichtiger Mann, dem wir unseren Unwillen durch Ungezogenheit vergalten. Der Mangel an Respekt gegenüber jüdischen Religionslehrern seitens ihrer Schüler war übrigens – wie ich später feststellen konnte – eine weitverbreitete Erscheinung.«[201] Der jüdische Religionsunterricht war auch in den letzten Jahren des 19. Jahrhunderts noch immer nicht in den regulären Schulunterricht eingebunden: »Aus den ersten Schultagen sind es wiederum Bilder, die sich an die jüdische Besonderheit anknüpfen und die dem Gedächtnis besonders verhaftet blieben. Katholiken und Protestanten – die letzteren waren entsprechend dem damals noch vorwiegend protestantischen Charakter der Stadt in der Mehrzahl

195 Zum badischen Schulkampf vgl. Gall, Lothar: Die partei- und sozialgeschichtliche Problematik des badischen Kulturkampfes. In: Oberrheinische Studien II. Karlsruhe 1973, S. 93–132; Becker, Josef: Liberaler Staat und Kirche in der Ära von Reichsgründung und Kulturkampf. Geschichte und Strukturen ihres Verhältnisses in Baden 1860–1876. Mainz 1973.

196 Heidelberger Journal Nr. 51 v. 2. März 1869.

197 Heidelberger Journal Nr. 146 v. 26. Juni 1869.

198 Vgl. GLA 235/32155/17417/14094.

199 Vgl. Heidelberger Journal Nr. 280 v. 28. November 1861.

200 Vgl. Heidelberger Journal Nr. 144 v. 23. Juni 1863.

201 Marx 1965, S. 27.

und sahen etwas auf die Katholiken herab – hatten getrennten Religionsunterricht. Während dieser Stunden mußten wir 3 Juden (Walter Maier, Lothar Schönemann und ich) in einem leeren Zimmer sitzen oder wir wurden, was wir noch weniger schätzten, nach Hause geschickt. Dafür mußten wir 3 an einem freien Nachmittag zum Religionsunterricht – der obligatorisch war – in die in der Altstadt, also ziemlich entfernt gelegene Sandgassenschule wandern, weil dort der einzige jüdische Lehrer namens Kahn Religionsunterricht erteilte. Dieser Unterricht war uns schon deshalb zuwider, weil er so viel von unserer Freizeit in Anspruch nahm, außerdem eine ungemein langweilige Angelegenheit war.«[202] Schließlich beschreibt Marx, welche emanzipatorische Bedeutung der Eintritt in die Volksschule für ihn, der in einem orthodoxen Elternhaus aufgewachsen war, hatte: Der Schulbeginn war »– und blieb es für lange Zeit noch – der einzige Ausflug in die nichtjüdische Welt«.[203]

Der dritte, seit 1900 in Heidelberg tätige Hauptlehrer, Samuel Müller, unterschied sich von seinen Vorgängern durch größere Weltzugewandtheit, die sich in der Abfassung mehrerer Bücher[204] äußerte. Müllers Werke richteten sich an Schulkinder, doch war er einer der ersten Lehrer in Baden, der auch moralische Erbauungsliteratur für Erwachsene schrieb.[205] Sein Buch »Jüdische Geschichte in Charakterbildern« wurde auf der Landessynode von 1914 zum Diskussionsmittelpunkt, da der Oberrat eine Empfehlung des Buches für den Schulunterricht abgelehnt hatte, ohne die Gründe dafür mitzuteilen.[206] Trotzdem fand das Werk außerhalb Badens eine weite Verbreitung.

Neben den städtischen und staatlichen Schulen gab es in Heidelberg mehrere Privatschulen, unter denen einige fast ausschließlich jüdische Mitschüler unterrichteten. Zwei dieser Privatschulen[207] dienten der Ausbildung jüdischer Mädchen zunächst auf dem Niveau der Volksschule und später auch auf dem Niveau der

202 Ebd.

203 Ebd., S. 25.

204 Müller, Samuel: Von jüdischen Bräuchen und jüdischem Gottesdienst. Karlsruhe 1930; ders.: Jüdische Geschichte von der Zerstörung des 1. Tempels bis zur Gegenwart, in Charakterbildern dargestellt. Stuttgart ³1921; ders.: Überblick über die biblische und nachbiblische jüdische Geschichte. 2. verb. u. verm. Auflage Stuttgart 1929; ders.: Ein Buch für unsere Kinder. Stuttgart 1897; ders.: Ein Buch für unsere Mütter. Sabbath und Feste im Garten der Kindheit. Berlin 1925; ders.: Der Weg in die jüdische Neuzeit. Ludwigshafen 1936.

205 Vgl. Pinkas Hakehillot, Germany, Württemberg, Hohenzollern, Baden. Hrsg. v. Josef Walk, Yad Vashem. Jerusalem 1968. Ortsartikel Heidelberg (Msk. der unveröffentl. deutschen Übersetzung im STAHD), S. 312 (Msk. der Übersetzung S. 12).

206 Vgl. VObl. Nr. V v. 8. Juni 1914, S. 52–55.

207 So die Schule der Witwe des ehemaligen Hauptlehrers Bessels in der Grabengasse (GLA 356/712), fortgeführt bis in die 80er Jahre durch Joseph Fiebermann (GLA 356/729 u. 235/14105), danach durch Julie Bermann (Statistisches Jahrbuch Großherzogtum Baden 33. Jg. 1902, S. 362; 34. Jg. 1903, S. 394; 35. Jg. 1904/05, S. 499; 36. Jg. 1906/07, S. 424; 37. Jg. 1908/09, S. 325). Ebenso die Schule der Cäcilie Reckendorf (GLA 356/720), fortgeführt von Hanna Neumann (Statistisches Jahrbuch Großherzogtum Baden, s. o.).

Höheren Mädchenschule. In Heidelberg wurde erst relativ spät eine höhere Mädchenschule eingerichtet, so daß hier lange eine Lücke im Ausbildungswesen vorhanden war, deren Ausfüllung ein Zweck der Privatschulen gewesen sein dürfte. Doch auch für Knaben bestand zumindest bis 1870 ein derartiges Privatinstitut, das in diesem Jahr neben 13 Juden auch drei evangelische Schüler in Pension genommen hatte.[208]

Heidelberg scheint nach den Statistiken für das Großherzogtum Baden die einzige Stadt des Landes gewesen zu sein, die über zwei Privatschulen für jüdische Mädchen verfügte. Vermutlich angezogen durch die Nähe zur Universität, wurden die Schulen eher von Kindern aus der Umgebung und dem Ausland als von Heidelbergern besucht. So mußte Hermann Reckendorf bei der Gründung seiner Schule versprechen, keine Schüler aus Heidelberg aufzunehmen, da sonst der von der Gemeinde angestellte Lehrer nicht zu dem ihm zustehenden Gehalt, das teilweise über Schulgeld aufgebracht wurde, käme.[209] Seine Frau, Cäcilie Reckendorf, wies in ihrem Gesuch zur Genehmigung einer Heidelberger Schule für jüdische Mädchen darauf hin, daß es Bedarf an einer solchen Einrichtung vor allem für Schülerinnen aus der Umgebung der Stadt, aber auch aus dem Ausland gebe.[210]

Außer dem Mittelpunkt der jüdischen Gemeinde in der Großen Mantelgasse bestand in Heidelberg ein eng geknüpftes Netz von jüdischen Vereinen,[211] deren Zwecke von vornehmlich religiösen bis zu rein weltlichen Anliegen reichten. Die Juden konnten, wenn sie Wert darauf legten, was aber wohl selten der Fall gewesen sein mag und unrealistisch ist, ihr außerhäusliches Leben ganz innerhalb dieses Netzes verbringen.

Neben dem Gebet in der Synagoge konnte auch die Mitgliedschaft im Synagogenchor, der musikalisch von dem jüdischen Kantor Selig Scheuermann[212] und dem nichtjüdischen Leiter des Gesangvereins Concordia, E. Sahlender, betreut wurde, religiöse Erbauung bringen.[213] Die Kinder konnten in Privatschulen untergebracht oder in die verschiedenen Jugendvereine,[214] die sich auch körperliche Ertüchtigung ins Programm geschrieben hatten, geschickt werden. Gesellige Abende oder auch Gemeindeversammlungen verbrachte man in dem seit 1823 bestehenden Gasthaus »Zum Goldenen Roß« am Heumarkt, das von 1866 bis 1874 eine Verwandte des Schriftstellers Berthold Auerbach gepachtet hatte[215] und

208 Die Schule von Hermann Reckendorf, vgl. GLA 356/712 u. 235/14104.

209 Vgl. GLA 356/712.

210 Vgl. GLA 356/720.

211 Die Adreßbücher führen ab 1904 auch die jüdischen Vereine mit ihren Vorständen auf.

212 (1873–1935), seit 1899 Studium in Heidelberg, seit 1901 1. Kantor in der neuen Frankfurter Synagoge. Vgl. Arnsberg, Paul: Die Geschichte der Frankfurter Juden seit der Französischen Revolution. Bd. 3. Darmstadt 1983, S. 464.

213 Vgl. Handbuch der jüdischen Gemeindeverwaltung und Wohlfahrtspflege 20/1911. Hrsg. v. Büro d. Deutsch-Israelitischen Gemeindebundes Berlin. Berlin 1911, S. 155.

214 Vgl. Chronik 1911, S. 62.

215 Vgl. GLA 356/5533; Heidelberger Zeitung Nr. 63 v. 16. März 1866; Heidelberger Journal Nr. 212 v. 11. September 1869.

das zu Beginn des 20. Jahrhunderts als Vereinslokal für die »Gesellschaft Erholung« diente. Ihren intellektuellen Neigungen konnten die Heidelberger Juden in der wissenschaftlichen Bibliothek des »Vereins jüdischer Akademiker« nachgehen, die Frauen engagierten sich im jüdischen Frauenverein und die Studenten in der Verbindung »Badenia«.[216]

Für politischen Einsatz bot sich die zionistische Ortsgruppe Heidelbergs an, die allerdings vorwiegend aus jüdischen Studenten aus Rußland bestand und in der Gemeinde nicht auf große Gegenliebe zu stoßen schien.[217] Diese Gruppe war 1884, also im Frühstadium des Zionismus, von dem aus Rußland stammenden Professor der Mathematik Hermann Schapira[218] gegründet worden. Als Ziele hatte sich der Verein zunächst »die Verbreitung der Kenntnis der hebräischen Sprache und Literatur unter den Juden« und »die Herstellung einer Einigkeit unter allen Bekennern des Judentums ohne Unterschied zum Zwecke der gemeinsamen Verbesserung des Loses der Juden« gesetzt. Erst der dritte Absatz forderte »die Verwirklichung der Idee der Kolonisation Palästinas durch Juden«.[219]

Schapira, der zunächst der Richtung der vorwiegend im Osten ansässigen Chowewe-Zion-Vereine, die für eine rasche Kolonisierung Palästinas eintraten,[220] anhing, ließ sich für die politische und diplomatische Haltung Theodor Herzls gewinnen und nahm 1897 am 1. Zionistischen Weltkongreß in Basel teil. Von Schapira stammten die Idee zur Schaffung eines jüdischen Nationalfonds und der erst sehr viel später verwirklichte Vorschlag, eine jüdische Universität in Jerusalem zu gründen. Seine Verbindungen zu Herzl, der gute Beziehungen zum badischen Großherzog unterhielt, scheinen vornehmlich geschäftlicher Natur gewesen zu sein, die Briefsammlung Herzls weist nur drei knappe Briefe an Schapira auf.[221]

Schapiras zionistisches Wirken in Heidelberg hielt sich trotz der Vereinsgründung in engen Grenzen. Öffentliche Auftritte in Heidelberg sind nicht überliefert. Ebenso gibt es keine gedruckten deutschsprachigen Schriften Schapiras zum Zionismus. Theodor Herzl maß der Ausstrahlungskraft Heidelbergs für den Zionismus keine Bedeutung zu, er lehnte die Stadt als Austragungsort für einen zionistischen Kongreß ab. Basel sei für die Gewinnung einer großen Anhängerschaft in Süddeutschland geeigneter als Heidelberg.[222]

Verschiedene jüdische Vereine widmeten sich der Wohltätigkeit, so die 1894 gegründete Friedrichsloge, die die erste Zweigstelle des »Bnei-Brith-Ordens« in

216 Vgl. Kap. 7.1.1.

217 Vgl. Heidelberger Zeitung Nr. 42 v. 18. Februar 1899.

218 Zu Schapira vgl. Drüll 1986, S. 233; Jüdisches Lexikon. Ein enzyklopädisches Handbuch des jüdischen Wissens in 4 Bänden. Ndr. Königstein 1987, hier Bd. 4/2, Sp. 147f.

219 Statuten des Vereins »Zion«. In: Dokumente zur Geschichte des Zionismus 1882–1933. Hrsg. u. eingel. von Jehuda Richarz. Tübingen 1981, S. 10f.

220 Vgl. Jüdisches Lexikon 1987, Bd. IV/2, Sp. 1585f.

221 Vgl. Herzl, Theodor: Briefe und Tagebücher. Bd. 4. Hrsg. v. Alex Bein u. a. Frankfurt – Berlin 1990: Brief Nr. 1157 v. 10. Oktober 1897, S. 359; Nr. 1175 v. 17. Oktober 1897, S. 369; Nr. 1264 v. 18. Februar 1898, S. 423.

222 Vgl. ebd., Brief Nr. 1314 v. 30. März 1898, S. 449.

Baden darstellte,[223] oder der seit 1827 bestehende »Verein zur Unterstützung unbemittelter israelitischer Studierender«, als dessen Vorstände nacheinander die Professoren Zacharias Oppenheimer, Salomon Moos[224] und Emanuel Leser[225] über die Vergabe von Stipendien urteilten. Ein Empfänger dieser Stipendien war der bereits mehrfach zitierte Hugo Marx.[226]

Der »Verein zur Unterstützung ortsfremder und auswärtiger israelitischer Armer«[227] hatte sich die Versorgung wandernder Juden zum Ziel gesetzt. Allein 1901 unterstützte er 1 545 Personen, die überwiegend dem Handelsstand angehörten. Geographisch kam der weitaus größte Teil aus Galizien, Rumänien, Ungarn und besonders aus dem russischen Polen. Die Spender könnten zufrieden sein, so der Vorstand des Vereins, Professor Salomon Lefmann,[228] im Jahresbericht von 1901, »weil sie in ihren Wohnungs- und Arbeitsräumen nicht mehr von der Sorte fahrender Leute heimgesucht werden, dort und auf den Straßen nicht mehr das Ansehen und Anhören deren oft mehr Scham als Mitleid erregenden Gebarens haben (...)«[229] Mit der sinnvollen Arbeit des Vereins habe das »alte, häufig vom Vater auf den Sohn übergegangene Geschäft« – ein Satz zuvor wird vom »Schnorrertum« gesprochen – seinen Reiz verloren. Hier klingt die ambivalente Haltung des deutsch-jüdischen Bürgertums gegenüber den Ostjuden an, die sich oft durch ein Überlegenheitsgefühl und durch die Furcht, die Ostjuden könnten in den Augen der Gesamtbevölkerung die erreichten Emanzipations- und Assimilationserfolge der deutschen Juden in Frage stellen, begründete.[230] Man organisierte die Unterstützung der aus dem Osten kommenden Juden in der Erwartung, daß Privatleute unbehelligt blieben und daß sich die wandernden Juden nicht in der Stadt niederlassen würden.

Das Heidelberger jüdische Vereinswesen umfaßte somit die Bereiche Religion, Politik und Kultur. Die Existenz all dieser spezifisch jüdischen Einrichtungen zeigt, daß besonders seit der Jahrhundertwende ein elementares Bedürfnis bestand, Räume zu schaffen, in denen man unter sich war. 1911 bestanden in Heidelberg 15 jüdische Vereine, dazu kamen noch diverse Stiftungen.[231] Die Vereinsbildung lag im Zuge der Zeit und betraf nicht nur die Juden. Der Chronist der Heidelberger Stadtgeschichte zählte 1910 359 in der Stadt ansässige Vereine, von denen etliche rein evangelisch oder katholisch waren, und beklagte sich bitter über diese Inflation.[232] Für die Juden bedeuteten ihre Vereine, denen nicht einmal

223 Vgl. Rosenthal 1927, S. 401; Die Jüdische Presse. Begr. v. Esriel Hildesheimer. Berlin 1870–1914, v. 17. Januar 1895, S. 24.
224 Zu Moos vgl. Drüll 1986, S. 184.
225 Zu Leser vgl. ebd., S. 162; Marx 1965, S. 52.
226 Vgl. Marx 1965, S. 52.
227 Vgl. Jahresbericht des Vereins vom April 1901. In: GLA 356/Zug. 1969/10/365; VObl. Nr. IV v. 24. Mai 1893, S. 27 f.
228 Zu Lefmann vgl. Drüll 1986, S. 158 f.; Chronik 1912, S. 215.
229 Jahresbericht (s. Anm. 227), S. 5. Die folgenden Zitate finden sich ebd.
230 Vgl. Richarz 1979, S. 50.
231 Vgl. Handbuch der jüdischen Gemeindeverwaltung 1911, S. 155.
232 Chronik 1910, S. 164.

nur Juden angehören mußten, daß sie sich in zweckgebundenen Gemeinschaften finden konnten, aus denen Antisemitismus und Rechtfertigungszwang ausgeschlossen waren. Darüber hinaus dienten die Vereine der Lösung von internen Problemen wie dem der Ostjuden, der Finanzierung von Beerdigungen oder einfach der Identitätsfindung gegenüber den antisemitischen Angriffen – Probleme, für die in der christlichen »Außenwelt« kein Handlungsbedarf bestand.

3.6 Friedhöfe

Die beiden Heidelberger jüdischen Friedhöfe am Klingenteich und neben dem Bergfriedhof waren, wie in anderen Städten auch,[233] zeitweilig ein Stein des Anstoßes, an dem sich zeigte, wie unsicher die städtischen Behörden nicht nur mit den Ansprüchen jüdischer Religionsvorschriften, sondern auch mit dem den Juden zustehenden Recht umgingen. Prinzipiell hatte das Edikt vom 13. Januar 1809 den jüdischen Gemeinden Besitz und Schutz der alten und neu anzulegenden Friedhöfe zugesichert.[234] Bis zum Entstehen der Städteordnung im Jahre 1875 waren nun die christlichen Friedhöfe in allgemein städtische umgewandelt worden (Heidelberg 1844),[235] was bei der Heidelberger Stadtverwaltung anscheinend zu dem Mißverständnis führte, auch die jüdischen Friedhöfe seien eine derartige städtische Institution und nach Maßgabe einer solchen zu behandeln. Die Auseinandersetzung, die sich in der Mitte der 70er Jahre um die Schließung des alten und die Einrichtung eines neuen Friedhofs entspann,[236] enthält zentrale, im 19. Jh. immer wieder diskutierte Probleme, die seitens der Heidelberger städtischen Verwaltung nur unter Schwierigkeiten bewältigt wurden. In der Hauptsache ging es dabei um die Gewährung der ewigen Totenruhe für die jüdischen Toten.[237] Daran schloß sich das Bestreben der jüdischen Gemeinden, möglichst keine Juden auf städtischen Friedhöfen beerdigen zu lassen und besondere Friedhöfe als Eigentum der Gemeinde zu erwerben,[238] um so die Unantastbarkeit der Gräber zu garantieren. Später, 1905, kam dann in Heidelberg noch die Frage nach der Verwaltung der Friedhöfe, die eigentlich den Synagogenräten übertragen worden war, und nach dem diesen zustehenden Recht auf Erlaubnis bzw. Verbot von Exhumierungen hinzu. Wegen der Vielfältigkeit der erwähnten Aspekte erscheint die Auseinandersetzung von 1875 symptomatisch; sie sei ein wenig ausführlicher dargestellt.

Mehrere Einwohner des Klingenteichs hatten sich am 6. Februar 1875 mit einer Eingabe an den Gemeinderat gewandt, in der sie aus gesundheitlichen Gründen

233 Vgl. z. B. Theobald, Udo: Jüdische Friedhöfe in Karlsruhe. In: Juden in Karlsruhe ²1990, S. 263–265; VObl. Nr. V v. 4. Mai 1897, S. 31–37.
234 Absatz 3 des Edikts; s. Lewin 1909, S. 91.
235 Vgl. STAHD AA 10/13.
236 Vgl. ebd., UA 153/2.
237 Vgl. dazu Theobald 1990, S. 257; Szklanowski 1984, S. 6.
238 Vgl. dazu Hahn, Joachim: Erinnerungen und Zeugnisse jüdischer Geschichte in Baden-Württemberg. Hrsg. v. d. Kommission für Geschichtliche Landeskunde Baden-Württemberg und dem Innenministerium Baden-Württemberg. Stuttgart 1988, S. 57; Theobald 1990, S. 258.

um die Schließung des seit 1702 benutzten jüdischen Friedhofs am Klingenteich nachsuchten.[239] Der Friedhof sei so angelegt, daß er kaum einem Luftzug zugänglich sei, was die mögliche Ausdünstung von schädlichen Dämpfen fördere, welche vielleicht sogar der Grund für das auch in Heidelberg aufgetretene und den Typhus unterstützende »Miasma« sei. Miasmen – schädliche, aus der Erde aufsteigende Dünste – hatten im Mittelalter als Erklärung für die Pest gedient und waren auch jetzt anscheinend aus dem Bewußtsein der Bürger noch nicht zu entfernen, obwohl sie wissenschaftlich nicht belegbar waren. Dementsprechend vermied das später in diesem Zusammenhang erstellte Gutachten des Bezirksamtes diesen Begriff geflissentlich und berief sich lediglich auf die sanitätspolizeilichen Vorschriften, denen der alte Friedhof nicht mehr Genüge leistete. Die Eingabe verwahrte sich dagegen, daß die Petenten etwa die Totenruhe der Ahnen der Juden stören wollten, schließlich seien auch die jüdischen Mitbürger von den gesundheitlichen Gefährdungen bedroht. Zuletzt wies die Eingabe darauf hin, daß die Bereitstellung eines Platzes für den neuen Friedhof nicht problematisch sein dürfte, da »schon oft davon die Rede gewesen, der israelitischen Gemeinde den zu diesem Zweck erforderlichen Raum neben dem Friedhofe der christlichen Gemeinde zu überlassen.«[240] Der Synagogenrat stimmte dieser Lösung auf Anfrage des Stadtrats am 10. Juni 1875 zu, »wenn verehrlicher Stadtrat der israel. Gemeinde einen entsprechend großen Platz neben dem christlichen Friedhofe, der äußerlich abgetrennt ist, zum Eigentum überlassen will«,[241] und schlug zur Erledigung der Angelegenheit die Einrichtung einer besonderen Kommission vor. Die Frage des Stadtrats dagegen, »ob eventuell die israelitische Gemeinde auf dem christlichen Friedhofe einen gesonderten Raum verlangt oder ob hiezu das allgemeine Leichenfeld verwendet werden will«,[242] wurde durch das rein religiös argumentierende Gutachten des Bezirksrabbiners Sondheimer abschlägig beschieden.

Daraufhin begann ein Schriftwechsel zwischen Stadtrat, Bezirksamt und Synagogenrat, der den Eindruck erweckt, als habe der Stadtrat die Antwort des Synagogenrats und Sondheimers Gutachten überhaupt nicht zur Kenntnis genommen. Der Stadtrat erklärte, »er sei bei der großen Tragweite der (...) Vorschläge nicht in der Lage (...), auf dieselben, welche mit sehr bedeutenden Opfern der Gemeinde verbunden wären, einzugehen«, daß er die Schließung des alten Friedhofs beim Bezirksamt einfordern und sich darauf beschränken müsse, »Ihnen das allgemeine Leichenfeld des städtischen Friedhofes (...) hiermit zur Verfügung zu stellen«.[243] Letzteres – im übrigen spricht der Stadtrat nun auf einmal vom städtischen, nicht mehr vom christlichen Friedhof – war ausdrücklich von Sondheimer verworfen worden.[244]

239 Vgl. zum folgenden STAHD UA 153/2.
240 Ebd., Eingabe an den Stadtrat v. 6. Februar 1875.
241 Ebd., Synagogenrat an Stadtrat v. 10. Juni 1875.
242 Ebd., Stadtrat an Synagogenrat v. 11. Februar 1875.
243 Ebd., Stadtrat an Synagogenrat v. 16. Juni 1875.
244 »Zunächst erscheint das allgemeine Leichenfeld durch die kirchliche Weihe des Bodens nach christlichem Ritus sowie die Aufstellung gemeinsamer Kreuze oder ähnlicher

Gegenüber dem Bezirksamt stellte der Stadtrat das Begehren der jüdischen Gemeinde überspitzt dar und brachte einen Punkt auf, von dem bisher im Schriftwechsel gar nicht die Rede war und über den es wahrscheinlich auch noch keine mündliche Verständigung gegeben hatte: Der Synagogenrat erwarte von der Stadt die unentgeltliche Abgabe eines Grundstückes. Daraufhin fand eine Unterredung des Synagogenrats mit dem Oberbürgermeister statt, über deren Ergebnis ersterer an den Stadtrat berichtete: Der Brief vom 10. Juni sei vom Stadtrat »nicht in dem von uns beabsichtigten Sinne aufgefaßt« worden. »Der Gedanke lag uns nicht fern, daß der verehrliche Stadtrat für die Abtretung eines derartigen Eigentumsrechtes, von uns ein Äquivalent beanspruche + eben deshalb haben wir, zur leichteren Verständigung über diese Frage, eine kommissarische Behandlung vorgeschlagen.«[245] Nein, so die Antwort des Stadtrats, auch bei Bezahlung des Grundstücks durch die israelitische Gemeinde sei man nicht in der Lage, dem Wunsche nachzukommen, man müsse an den Beschlüssen vom 16. Juni festhalten, da eine Abtretung auf ewige Zeiten und Garantie auf Unantastbarkeit der Gräber nicht gegeben werden könnten.

Die liberalere Haltung des Bezirksamtes, das zwar der Schließung des alten Friedhofs zustimmte, der jüdischen Gemeinde aber eine großzügige Frist zur Beschaffung eines neuen Friedhofs einräumte, bewog wohl schließlich den Stadtrat, dem Ankauf eines neben dem städtischen Friedhof gelegenen Grundstücks (nämlich des Geländes neben dem Friedhof an der Rohrbacher Straße, auf welchem der jüdische Friedhof heute noch liegt) die Genehmigung zu erteilen – dies allerdings nicht, ohne der Gemeinde erneut einen Stein in den Weg zu legen: Die Stadt wies das Bezirksamt auf Felsen in dem Grundstück hin, die eine Beerdigung der Leichen in der vorgeschriebenen Tiefe behindern könnten. Das Bezirksamt verwarf den Einwand, und so fand die letzte Bestattung auf dem alten Friedhof kurz nach dem 9. September 1876 statt,[246] und der Synagogenrat konnte am 1. Oktober 1876 die Fertigstellung der Arbeiten auf dem neuen Friedhof melden.

Die Schließung und Neuanlage eines jüdischen Friedhofs gehörte sicher nicht zum alltäglichen Geschäft einer Stadtverwaltung, der in diesem Zusammenhang von der jüdischen Gemeinde eine »bewährte Toleranz in religiösen Anschauungen«[247] und später ein Handeln »in liberaler Weise«[248] bescheinigt wurde. Eine gewisse Unsicherheit in der Regelung dieser Angelegenheit mag von daher verständlich sein. Doch auf den Vorschlag des Synagogenrats, eine Kommission

Embleme für die Bekenner des Judentum unbenützbar. Denn unzweifelhaft soll dadurch der Begräbnisplatz als ein spezifisch christlicher bezeichnet und das gemeinsame Bekenntnis der christlichen Glaubenslehre, sowie die Scharung um das christliche Glaubenssymbol ausgesprochen und bezweckt werden. Solcher Tendenz kann sich das Judentum nicht anschließen, ohne sich selbst aufzugeben (...)« Ebd., Gutachten Sondheimers vom 29. März 1875.

245 Ebd., Synagogenrat an Stadtrat v. 29. Juni 1875.

246 Vgl. Szklanowski 1984, S. 113 (Grabstein Nr. 156, Isaak Kaufmann, gest. am 9. September 1876).

247 STAHD UA 153/2, Synagogenrat an Stadtrat v. 29. Juni 1875.

248 Ebd., Synagogenrat an Stadtrat v. 4. August 1878.

einzurichten, war die Stadt nicht eingegangen. Und erst, nachdem die Stadt sich zur Durchsetzung ihrer Vorstellungen an die übergeordnete Instanz, das Bezirksamt, gewandt hatte, kam sie auf die Idee, sich bei den Stadträten von Konstanz und Karlsruhe über die dortige Erfahrung bei der Neuanlage von jüdischen Friedhöfen zu erkundigen.

1904/05[249] verhielt sich der Stadtrat bei der Exhumierung einer Leiche ähnlich unwissend wie sein Vorgänger. Die Stadt hatte im Juni 1904 eine Leiche auf dem jüdischen Friedhof exhumieren lassen, ohne vorher beim Synagogenrat die Genehmigung dazu einzuholen. Die jüdische Gemeinde legte Protest gegen dieses Vorgehen ein und beantragte die Beratung dieser Angelegenheit bei der Friedhofskommission, der der Bezirksrabbiner Pinkuss als Mitglied angehörte. Die Antwort auf diesen Protest verschleppte sich um ein Jahr, aber der Stadtrat bestätigte die Ansicht des Synagogenrats, indem er zusagte, bei künftigen Exhumierungen vorher den Synagogenrat um Erlaubnis zu bitten. Anläßlich eines ähnlich gelagerten Falles im Jahr 1906, als ein offensichtlich zum Christentum übergetretener Mann seine verstorbenen Angehörigen, die auf dem jüdischen Friedhof beigesetzt worden waren, in die neuerworbene Familiengruft auf dem christlichen Friedhof überführen wollte, hielt sich die Stadt an ihre Zusage und bat den Synagogenrat um Stellungnahme. Das vom Synagogenrat angeforderte Gutachten des Bezirksrabbiners Pinkuss war eindeutig: »Die Ausgrabung von Leichen aus einem israelitischen Friedhof behufs deren Wiederbeisetzung auf einem nicht jüdischen Friedhof ist nach dem jüdischen Religionsgesetz verboten.«[250] Zu ihrem vorbehaltlosen Einlenken 1905 war die Stadt wohl u. a. durch ein ausführliches Gutachten des Rechtspraktikanten L. Spitz über das Verhältnis zwischen städtischer und jüdischer Gemeinde in bezug auf den Friedhof[251] gekommen. Darin war ausdrücklich gesagt, daß, ausgehend von dem Edikt von 1809 und dann besonders seit 1833, die Verwaltung des Friedhofs und somit auch die Erlaubnis oder das Verbot von Exhumierungen Angelegenheit des Synagogenrats sei.[252]

Die Ereignise von 1875 und 1904 weisen auf fehlende Vertrautheit der städtischen Gremien mit den Rechten und Bedürfnissen der jüdischen Gemeinde hin. Der Friedhof, an der Schnittstelle zwischen geistlicher und weltlicher Kompetenz, war ein Bereich, der offensichtlich bis zu der Schließung des Friedhofs am Klingenteich nicht in das Bewußtsein der verantwortlichen Stadträte vorgedrungen war, ein Bereich, der als exemplarisch für die Abgeschlossenheit gelten kann, in der die jüdischen Gemeinden bis zur Emanzipation und in diesem Falle noch darüber hinaus gelebt hatten. Daß die unfreiwillige Öffnung dieses Bereichs zu Komplikationen führte, lag nicht an der jüdischen Gemeinde, die sich hier wie auch in anderen Angelegenheiten erstaunlich schnell bereit erklärte, den gemachten Vorschlägen zuzustimmen. Vielmehr ist die Verantwortung für die Auseinandersetzungen bei der Stadt zu suchen, die versuchte, diesen Bereich der jüdischen

249 Vgl. zum folgenden STAHD AA 10/13.
250 Ebd., Gutachten Pinkuss v. 28. November 1906.
251 Vgl. ebd., Gutachten v. 2. Juni 1905.
252 Vgl. grundsätzlich dazu Wolff 1913, S. 136.

Gemeinde zu entziehen, oder zumindest nicht gewillt war, der Gemeinde auch nur die geringste Unterstützung zukommen zu lassen. Als einzige Begründung wurde dabei die »Gleichberechtigung aller Umlagegelder«[253] angeführt, dies aber auch erst, als es bereits zum Streit gekommen war.

4 Die soziale Struktur der Heidelberger Juden

4.1 Demographie

Bevölkerungsentwicklung der Juden in Heidelberg

Jahr	*Einw. insg.*	*Juden*	%
1861	16289	386	2,4
1867	18327	556	3,0
1871	19983	651	3,3
1875	22334	727	3,3
1880	24417	799	3,3
1885	26928	781	2,9
1890	28645	802	2,8
1895	35190	800	2,3
1900	40121	882	2,2
1905	49527	997	2,0
1910	56016	1242	2,2

Quellen: Adreßbücher der Stadt Heidelberg 1860–1910; Statistisches Jahrbuch für das Großherzogtum Baden, 15. Jg. 1882; 19. Jg. 1886; 23. Jg. 1890; 29. Jg. 1897/8; 33. Jg. 1902; 36. Jg. 1906/7; 39. Jg. 1912.

Die demographische Entwicklung der jüdischen Einwohner Heidelbergs weist Phänomene auf, die sich auch in anderen größeren Städten Badens[254] beobachten lassen. Typisch für diese Städte ist der im Vergleich zu badischen Gesamtverhältnissen überdurchschnittlich hohe Anteil jüdischer Einwohner. Während der prozentuale Anteil der Juden in Baden im Kaiserreich regelmäßig unter 2 % lag und 1910 sogar nur noch 1,2 % betrug, stellten die Juden in Heidelberg während der Zeit von 1861 bis 1910 im Durchschnitt 2,7 % der städtischen Bevölkerung. Die sich unter diesem Mittelwert verbergende Entwicklung ordnet Heidelberg ebenfalls eher solchen Städten wie Mannheim oder Karlsruhe zu als kleineren ländlichen Orten. In ganz Baden nahm der Anteil der Juden an der Bevölkerung konstant ab, wuchs aber in den Städten. So stieg er in Heidelberg zunächst von 2,4 % (1861) auf 3,3 % (1871–1880), um dann bis 1905 auf 2 % zurückzufallen.

253 STAHD UA 153/2, Stadtrat an Bezirksamt v. 25. August 1875.

254 Vgl. generell zu Baden: Wassermann, Ludwig: Aufbau der jüdischen Bevölkerung in Baden während der zweiten Hälfte des 19. Jahrhunderts. In: Zeitschrift für Demographie und Statistik der Juden. 2. Jg. 1906, Heft 2, S. 22–29. Vgl. die Zahlen zu Baden, Karlsruhe und Mannheim: Tabelle 2, in: Juden in Karlsruhe [2]1990, S. 599.

Erst in den Jahren vor dem Ersten Weltkrieg erhöhte sich der Prozentsatz wieder auf 2,2 %. Auffällig ist, daß sich die jüdische Gemeinde in Heidelberg von 1861 bis 1910 nicht wesentlich geringer vermehrte als die städtische Gesamtbevölkerung: Während es bei den Juden 221,8 % waren, wuchs die Stadt um 243,8 %. Doch bedarf dies einer Differenzierung: Wuchs die jüdische Gemeinde vor allem in der ersten Hälfte des Gesamtzeitraums, so tat die Bevölkerung dies vor allem in der zweiten Hälfte, was u. a. auch den beiden Eingemeindungen[255] von Neuenheim (1891) und Handschuhsheim (1903) zu verdanken war, die für die demographische Entwicklung der Juden keinen Gewinn darstellten. In Handschuhsheim gab es etwa fünf Juden,[256] und in Neuenheim können es, sieht man auf die Tabelle, auch nicht sehr viel mehr gewesen sein.

Die stete Vergrößerung der jüdischen Gemeinde beruhte darauf, daß die Juden infolge der Emanzipation und der Freizügigkeit vom Land in die Städte zogen, um dort die sich ihnen eröffnenden Chancen im wirtschaftlichen Leben zu nutzen.[257] Die Land-Stadt-Wanderung machte sich nicht zuletzt dadurch bemerkbar, daß im Laufe des 19. Jahrhunderts viele jüdische Landgemeinden, darunter z. B. auch Leimen, aufgelöst wurden, da nicht einmal mehr die Mindestzahl erwachsener Männer für den Gottesdienst vorhanden war.[258] Interessant wäre sicher eine Untersuchung über die geographische Verteilung der Wanderungsbewegung. So fällt beispielsweise auf, daß die jüdischen Gemeinden von Mannheim und Heidelberg sehr viel stärker wuchsen als die von Karlsruhe und daß die jüdische Einwohnerschaft von Freiburg, wo bis zur Emanzipation noch gar keine Gemeinde bestanden hatte, in der zweiten Hälfte des Gesamtzeitraumes bei weitem nicht so stark wuchs wie in den anderen Städten. Vermutlich deutet sich hier ein Nord-Süd-Gefälle in der Wanderung an.

Seit 1880 wuchs die jüdische Bevölkerung in Heidelberg bedeutend langsamer als die gesamte Einwohnerschaft. Dies ist auf verschiedene Gründe zurückzuführen, vor allem aber wohl auf die sinkende Geburtenrate unter den Juden,[259] über die allerdings für Heidelberg keine Statistiken vorliegen. Verstädterung und steigendes Bildungsniveau – zwei Prozesse, die sich bei den Juden früher abzeichneten als in der Gesamtbevölkerung[260] – führten zu einem Absinken der Kinderzahl pro Familie.[261] In Heidelberg existieren immerhin Indizien, die auch hier für eine geringere Geburtenrate sprechen. So gab es in Heidelberg wie auch in Karlsruhe[262] einen seit 1875 bestehenden Männerüberschuß[263] in der jüdischen

255 Vgl. Amtliche Kreisbeschreibung 1968, S. 18.
256 Vgl. ebd., S. 111.
257 Vgl. auch Richarz 1979, S. 20–22.
258 Vgl. GLA 233/31325.
259 Vgl. Wassermann 1906, S. 24; Schmelz, Usiel O.: Die demographische Entwicklung der Juden in Deutschland von der Mitte des 19. Jahrhunderts bis 1933. In: Zeitschrift für Bevölkerungswissenschaft, 8. Jg., 2/1982, S. 44 f.
260 Vgl. Schmelz 1982, S. 32.
261 Vgl. auch ebd., S. 45.
262 Vgl. Koch 1990, S. 100.
263 Vgl. zum Zusammenhang Männerüberschuß – Geburtenrate: Prinz 1984, S. 110.

Gemeinde, der 1885 einen ersten Höhepunkt erreichte (415 Männer gegenüber 366 Frauen). 1910 lag das Geschlechterverhältnis schließlich bei 703 : 539.[264] Auf Landesebene bestand dagegen sowohl bei Christen als auch bei Juden das reichsübliche umgekehrte Verhältnis.[265] Männer begaben sich eher allein auf Arbeitssuche in die Städte als Frauen,[266] was durch die Lebenserinnerungen von Hugo Marx veranschaulicht wird: »Mein Vater hatte, als er sich am 17. November 1890, seinem 32. Geburtstage, verheiratete, dem Beispiel anderer jüdischer junger Leute aus den jüdischen Landgemeinden im Bereich von Heidelberg folgend, Heidelberg als Wohnsitz gewählt. Diese jungen Männer, eine Anzahl von ihnen auch aus Sandhausen stammend (...), kamen auch aus streng traditionsgebundenen jüdischen Familien. Während ihrer Lehrzeit indessen, die die meisten in größeren Städten absolvierten, emanzipierten sie sich von der strengen Observanz der Traditionen des Elternhauses. In Heidelberg bildeten sie dann den Kern einer liberalen jüdischen Gemeinde (...)«[267]

Zwei weitere Indizien für die sinkende Geburtenrate sind die konstant bleibende Zahl jüdischer Schüler an den Volksschulen, dem Gymnasium, der Realschule und der Höheren Mädchenschule in den Jahren 1892 bis 1906[268] und die große Zunahme von Witwen, d. h. die Überalterung der Gemeinde.[269]

Neben der sinkenden Geburtenrate führten weitere Faktoren zum verlangsamten Wachstum der Gemeinde, die sich für Heidelberg zwar auch beobachten lassen, deren Bedeutung sich aber auf Grund fehlenden Zahlenmaterials nicht ermessen läßt. Wie hoch sich der Verlust der Heidelberger Gemeinde durch Konvertiten[270] belief, ist nicht festzustellen, doch hier wie woanders war es wohl vor allem die gebildetere Schicht, die den bewußten Schritt aus dem Judentum tat.[271] Unter 53 jüdischen Universitätsprofessoren gab es im ganzen Untersuchungszeitraum 26, die konvertiert waren.[272] Mischehen[273] dürften in Heidelberg eine eher untergeordnete Rolle gespielt haben, gab es doch in ganz Baden im Jahr 1900 nur 16 solcher Ehen.[274] Schließlich die Auswanderung,[275] bei der ebenfalls das genaue Maß nicht festzustellen ist. Als Gründe gaben die meisten von 13 untersuchten, zwischen 1879 und 1897 aus Heidelberg ausgewanderten Personen[276] wirtschaftliche Nöte an. Die Auswanderer, die alle Amerika als Ziel anstrebten, waren in der Regel gerade 16 Jahre alt und wurden häufig bei schon in Amerika

264 Vgl. Adreßbücher der entsprechenden Jahre.
265 Vgl. Wassermann 1906, S. 24.
266 Vgl. auch Schmelz 1982, S. 57.
267 Marx 1965, S. 24.
268 Vgl. Chronik 1892–1906.
269 Vgl. Kap. 4.2.2.
270 Vgl. generell dazu: Richarz 1979, S. 15 f.; Schmelz 1982, S. 54.
271 Vgl. Richarz 1979, S. 16.
272 Vgl. Kap. 7.2.
273 Vgl. Richarz 1979, S. 16 f.; Schmelz 1982, S. 52–54.
274 Vgl. Wassermann 1906, S. 23.
275 Vgl. Richarz 1979, S. 17; Schmelz 1982, S. 46–48.
276 Vgl. GLA 356/1617/1628/1634/1764–1766/1773/1814/1815/1817–1819/1895.

lebenden Verwandten untergebracht. Zum Teil schickten die Eltern nacheinander drei ihrer Söhne ins Ausland, was darauf hindeutet, daß, wenn der erste Sohn in Amerika arriviert war, die Eltern die Chancen des wirtschaftlichen Fortkommens auch für die anderen Söhne im Ausland als gesicherter ansahen als in Deutschland. Somit kann die Auswanderung auch als Präventivmaßnahme vor zu erwartender Not betrachtet werden.

4.2 Wirtschaft

4.2.1 Berufsstruktur

Heidelberg stand als Universitäts-, Fremden- und Rentnerstadt[277] bisher nicht im Mittelpunkt ausgedehnter wirtschaftsgeschichtlicher Forschung. Einzig die Studie Ursula Kellers über die Heidelberger Industrie[278] widmet sich einem Teilaspekt des Heidelberger Wirtschaftslebens, der sich aber, abgesehen von kurzen historischen Rückblicken, vornehmlich auf die 50er Jahre des 20. Jahrhunderts bezieht. Der Versuch, die Bedeutung der Heidelberger Juden für die städtische Wirtschaft erfassen zu wollen, bewegt sich somit in einem luftleeren Raum und ist zum Scheitern verurteilt.[279] Von daher können allerhöchstens Tendenzen aufgezeigt werden, die allein die jüdische Bevölkerung, unabhängig von ihrem Umfeld, betreffen. Dabei muß mit Methoden gearbeitet werden, die denen der Bearbeitung der voremanzipatorischen Zeit ähneln: Person um Person muß namhaft gemacht, der Beruf ausfindig und dann in die Statistik eingeordnet werden. Während in der voremanzipatorischen Zeit häufig amtliche Statistiken über das Berufsleben der Juden angefertigt worden waren, um den Erfolg oder das Scheitern der Emanzipationsbestrebungen zu belegen, fehlen solche für das Kaiserreich, oder sie sind nicht greifbar, wie die Ergebnisse der beiden Berufs- und Gewerbezählungen von 1895 und 1907, die Religion und Beruf in einen Zusammenhang stellten. Die Befunde dieser Zählungen liegen für die einzelnen Länder des Reichs gedruckt vor.[280] Für Heidelberg waren sie dagegen weder im Stadtarchiv noch im Generallandesarchiv aufzufinden und lagern auch in den Bundesarchiven Koblenz und Potsdam nicht.

Die Erfassung der jüdischen Berufsstruktur über einzelne Personen birgt Unwägbarkeiten, die kurz erläutert werden sollen. Erstens wird durch die bereits im Vorwort dargelegte Ermittlung der Personen über Standesbücher, Kirchen-

277 Vgl. Keller, Ursula: Die Entwicklung der Industrie in Heidelberg im Rahmen ihrer geographischen und industriepolitischen Voraussetzungen. (Diss. Basel). Heidelberg 1961, S. 1 sowie 26.

278 S. Anm. 227.

279 Zur generellen Problematik der Beschreibung des Anteils der jüdischen Bevölkerung an der Gesamtwirtschaft vgl. Richarz 1979, S. 25; Watzinger, Karl Otto: Geschichte der Juden in Mannheim 1650–1945. Stuttgart 1984 (= Veröffentlichungen des Stadtarchivs Mannheim, 12), S. 41, Anm. 52.

280 Für Baden s. Statistik des deutschen Reichs. Hrsg. vom kaiserlichen Statistischen Amt. N. F. Bd. 106. Berlin 1897, S. 493–497; Bd. 206. Berlin 1910, S. 254–258.

steuerlisten, Gemeindeämter und die Universität[281] nur ein kleiner Personenkreis umfaßt. Für die Jahre 1864 bis 1916 ergibt sich folgender Zahlenspiegel:

1865/6:	73	Personen
1876/7:	91	„
1886:	113	„
1896:	146	„
1906:	221	„
1916:	202	„

Diese Zahlen erscheinen sehr gering im Verhältnis zur tatsächlich in Heidelberg lebenden jüdischen Bevölkerung.[282] Wenn man jedoch davon ausgeht, daß die erfaßten Personen in der Regel selbständige Haushaltsvorstände sind (und nur solche wurden in den Adreßbüchern und Steuerlisten berücksichtigt), und multipliziert sie mit der von Boelcke angenommenen Zahl von fünf Hausbewohnern,[283] erreicht man für alle in Frage stehenden Jahre mehr als die Hälfte der tatsächlichen Bevölkerung, eine Berechnung, die auch funktioniert, wenn man die im späteren Kaiserreich geringere Geburtenrate der Juden gegenüber der Gesamtbevölkerung in Betracht zieht und den Faktor 4 nimmt. Diese Zahlenbasis kann um so mehr als hinreichend angesehen werden, wenn man bedenkt, daß unter den Juden im allgemeinen und in Heidelberg im besonderen eine große Mobilität herrschte und der überwiegende Teil der untersuchten Personen mindestens zehn Jahre in Heidelberg lebte.

Zweitens wird durch die Konzentration auf die selbständigen Haushaltsvorstände der Blick auf die Unterschicht, die nicht sehr zahlreich, aber immerhin vorhanden war, getrübt. Daher soll die Existenz der ärmeren Schichten, die nicht in der Lage waren, den Motivationsschub der Emanzipation auszunutzen, anhand eines Einzelfalles weiter unten dokumentiert werden.[284]

Schließlich stellen die Adreßbücher selbst einen Unsicherheitsfaktor dar, da die dort verwendeten Berufsbezeichnungen auf eigenen Angaben der Eingetragenen beruhten und somit nicht einheitlichen Kriterien unterworfen waren. Der Begriff ›Fabrikant‹ verrät nicht, ob die ›Fabrik‹ 5, 20 oder 200 Arbeiter beschäftigte. Bei mancher ›Witwe‹ stellte sich heraus, daß sie das Geschäft ihres verstorbenen Gatten noch weiterführte und daher nicht dem Bereich der Erwerbslosen zuzurechnen war.

Der von den Heidelberger Juden bevorzugte Sektor war der Handel, dem sich von 1865 bis 1885 über 50% der Personen widmeten. Die Spitzenstellung nahm dabei der Verkauf von Textilien ein, der allerdings eine gewisse Sättigung zu erfahren schien: Für 1865 waren 21 jüdische Textilhändler nachzuweisen. Den

281 Erfaßt sind hier hauptsächlich die Professoren über: Drüll 1986.

282 Vgl. Kap. 4.1.

283 Vgl. Boelcke, Willi A: Sozialgeschichte Baden-Württembergs 1800–1989. Stuttgart – Berlin – Köln 1989 (= Schriften zur politischen Landeskunde Baden-Württembergs, 16), S. 282.

284 Vgl. Kap. 4.2.3.

Höhepunkt hatte der Handel mit Kleidern, Wäsche, Ausstattungsware, Leinen und Manufakturwaren aber vermutlich schon in den 70er Jahren mit 29 Vertretern erreicht. Danach sinkt die Zahl bis 1906 auf 25 Kaufleute, und 1916 sind es nur noch 17. Hinter diesen Zahlen steckt eine relativ große Fluktuation. Zwar gab es alteingesessene Firmen wie die von Carl Abenheimer (1817–1877),[285] die des Hoflieferanten Leopold Mayer[286] oder die der Gebr. Löwenthal.[287] Doch zeigt die Ansiedlung des Textilwarenhauses Hermann Tietz 1888[288] und eines größeren Textilgeschäftes Gebr. Rothschild 1898,[289] daß der Markt keineswegs festgelegt war. Die Heidelberger Filiale der Firma Hermann Tietz, deren Leitung 1889 auf Siegfried Goldscheider aus Posen überging,[290] wuchs so rasch, daß sie 1896 ihre Waren in zwei Häusern in der Hauptstraße anbieten konnte.[291] Im Vergleich zu anderen, größeren badischen Städten nahm der Heidelberger jüdische Textilhandel eher eine untergeordnete Stelle ein. Dagegen hatte Heidelberg im Vergleich mit kleineren Städten die meisten Großwarenhandlungen zu bieten, nämlich zehn, während es z. B. in Pforzheim nur fünf Betriebe dieser Art gab.[292]

Zusammen mit dem Tabakhandel stand der Handel mit Landesprodukten wie Hopfen, Wein, Obst, Gemüse, Häuten, Vieh und ähnlichen Produkten an zweiter Stelle hinter dem Textilhandel. Häufig lagen diese Geschäfte über Generationen hinweg in den Händen derselben Familie. So beschäftigte die Landesprodukthandlung Gottlieb Reis[293] in der Kleinen Mantelgasse von 1875 bis 1909 mindestens vier

285 Vgl. Adreßbücher 1858/59–1881. Das Geschäft am Marktplatz wurde bis in die 1880er Jahre durch Abenheimers Schwiegersohn A. L. Lehmann fortgeführt. Vgl. zu Abenheimer auch Mumm 1992a, S. 53 passim.

286 Vgl. Adreßbücher 1865/66–1916; Toury, Jacob: Jüdische Textilunternehmen in Baden 1683–1938. Tübingen 1984 (= Schriftenreihe wissenschaftlicher Abhandlungen des Leo-Baeck-Instituts, 42), S. 101. In den 80er Jahren wurde Leopold Mayer zum Hoflieferanten ernannt. In den 90er Jahren eröffnete er ein Filialgeschäft in der Leopoldstraße. Fortgeführt wurde das Geschäft durch Robert Mayer aus Heidelberg und Julius Mayer aus Baden-Baden (vgl. zu ihm auch Chronik 1916, S. 47).

287 Vgl. Adreßbücher 1865/66–1916. Es gab zwei Männer namens Löwenthal (Abraham Jakob und Abraham Leopold), deren Geschäfte nicht deutlich zu trennen sind. In jedem Fall existierte ein Geschäft A. Löwenthal, Putz- u. Seidenwarenhandlung en gros et en détail und ein Geschäft Gebr. Löwenthal, Putz- u. Modewarengeschäft en gros et en détail. Ersteres wurde seit Beginn des 20. Jahrhunderts durch Sally und Sigmund Löwenthal geleitet.

288 Vgl. Heidelberger Zeitung Nr. 82 v. 7. April 1888; Amtliche Kreisbeschreibung 1968, S. 221. Vgl. generell zur Geschichte des Hauses Tietz: Tietz, Georg: Geschichte einer Familie und ihrer Warenhäuser. Stuttgart 1965 (= Veröffentlichung des Leo-Baeck-Instituts).

289 Vgl. Amtl. Kreisbeschreibung 1968, S. 222.

290 Vgl. Heidelberger Zeitung Nr. 145 v. 25. Juni 1889.

291 Vgl. Adreßbuch 1896.

292 Vgl. Toury 1984, S. 95.

293 Vgl. Adreßbücher 1876/77–1916. 1884 arbeiten in dem Geschäft Gottlieb und Hermann Reis, 1909 Josef und Levi Reis; vgl. auch Heidelberger Zeitung Nr. 151 v. 1. Juli 1873. Das Geschäft bestand bis 1938, vgl. Weckbecker, Arno: Die Judenverfolgung in Heidelberg 1933–1945. Heidelberg 1985, S. 255.

Familienmitglieder, d.h. sie muß ertragreich genug gewesen sein, jeweils zwei Familien (das Geschäft hatte meistens zwei Teilhaber) ernähren zu können. Eher eine Ausnahme waren jüdische Pferde- oder Viehhändler in Heidelberg, die aber vereinzelt über den ganzen Zeitraum hinweg anzutreffen waren.[294] Eine bedeutendere Rolle spielte dagegen der Hopfenhandel, der z.T. in Verbindung mit dem Tabakhandel betrieben wurde.[295] Der Mitinhaber der Hopfengroßhandlung Leon Weil,[296] Max Eisemann,[297] wurde 1912 der zweite Jude im Vorstand der Heidelberger Handelskammer nach dem 1909 verstorbenen Textilfabrikanten Eduard Reis.

An zwei wichtigen Zweigen des Heidelberger Wirtschaftslebens, der Zulieferung und Produktion von Instrumenten und Mechanik für die Universität[298] auf der einen Seite und der Versorgung der Universität mit Büchern über Verlage und Buchhandlungen, waren die Juden gar nicht oder nur marginal beteiligt. So gibt es im gesamten Zeitraum nur zwei jüdische Buchhandlungen, die beide ihren Schwerpunkt auf das Antiquariat legten. Das Geschäft der Gebr. Wolff[299] lag in unmittelbarer Nähe zur Universität in der Grabengasse 8. 1869 trennten sich die beiden Teilhaber: Leobrecht Wolff führte das Geschäft in der Grabengasse unter dem alten Namen bis zur Jahrhundertwende fort, und Heinrich Wolff errichtete ein eigenes Antiquariat, das mit seinem Tode aufgelöst wurde.

Die größere der beiden Antiquariatsbuchhandlungen besaß Ernst Carlebach,[300] der langjährige Vorsitzende des Synagogenrats. Er war 1863 von Mannheim nach Heidelberg gezogen und hatte zuvor seine Lehrzeit in berühmten Häusern Europas absolviert, so bei F. A. Brockhaus in Leipzig und bei Trübner & Cie in London. In seinem Gesuch zur Zulassung als Buchhändler in Heidelberg[301] betonte er, den Schwerpunkt seiner Buchhandlung auf das wissenschaftliche Antiquariat legen zu wollen. Welchen Umfang dieses Geschäft dann v. a. nach der Übernahme durch Albert Carlebach zu Beginn des 20. Jahrhunderts annahm, läßt sich aus Zahl und Ausstattung der Versteigerungskataloge des Unternehmens ersehen.[302] 1916 firmiert Albert Carlebach als Großherzoglich Badischer Hofantiquar.[303]

294 Wilhelm Wolff (vgl. Adreßbücher 1876/77–1896); Maier Neuburger (vgl. Adreßbücher 1886–1916); Aron Kirchheimer (vgl. Adreßbücher 1906–1916).

295 N. Marx Söhne (vgl. Adreßbücher 1884–1892).

296 Zu Leon Weil vgl. Adreßbücher 1886–1916; Chronik 1912, S. 57.

297 Zu Eisemann vgl. Adreßbücher 1892–1916; Jahresbericht der Handelskammer für den Kreis Heidelberg nebst der Stadt Eberbach 1912. Heidelberg 1913, S. 5.

298 Vgl. Keller, S. 88; Amtliche Kreisbeschreibung 1968, S. 74.

299 Vgl. Adreßbücher 1863/64–1896; Heidelberger Journal Nr. 209 v. 6. September 1863; Nr. 204 v. 31. August 1867; Heidelberger Zeitung Nr. 255 v. 29. Oktober 1868; Heidelberger Journal Nr. 196 v. 24. August 1869.

300 Zu Carlebach vgl. Adreßbücher 1865/66–1916; Heidelberger Journal Nr. 178 v. 1. August 1867; vgl. auch Kap. 3.3.

301 Vgl. GLA 356/632.

302 So sind von 1904 bis 1908 mehrere Kataloge erhalten (UB HD), deren letzter die Nummer 300 trägt. Carlebach versteigerte u. a. die Bibliotheken von Kuno Fischer und des Geheimrats von Weech.

303 Vgl. Adreßbuch 1916.

Auch wenn sich eindeutig bevorzugte Bereiche im Handel der Heidelberger Juden ausmachen lassen, so diversifizierte sich doch im Laufe der Jahre das Berufsbild. So wuchs ab den 90er Jahren ein Zweig heran, der zwar auch in das traditionelle Berufsbild der Juden gehört, der nun aber sehr viel moderner betrieben wurde. Die Vertretung von Versicherungen oder die Vermittlung von Liegenschaften wurde ein Feld, das seit dem Beginn des 20. Jahrhunderts die Zahl der Unternehmer auf 15 anwachsen ließ.

An der starken Betätigung der Heidelberger Juden im Textilhandel zeigt sich, daß sie auch an diesem Ort an den alten Traditionen festhielten und sich nur schwer von den schon in der Zeit vor der Emanzipation bevorzugten Geschäftszweigen trennten.[304] Die hohe Zahl der Landesproduktenhändler bestätigt dieses Bild. Befördert wurde diese Orientierung durch eine nicht gerade industriefreundliche Haltung der Kleinstadt Heidelberg.[305] Wer in die Industrie investieren wollte, wandte sich eher nach Mannheim oder Karlsruhe.

Doch nicht nur innerhalb des Handels, sondern insgesamt veränderten sich die beruflichen Strukturen. Der Handel verlor bis zum Ende des 19. Jahrhunderts ein wenig an Bedeutung: Von 1865 bis 1885 waren mehr als 50 % der Erwerbstätigen im Handel tätig. Ab 1895 lockert dieses Bild sich auf. Die Anzahl der Freiberufler wächst – 1906 gibt es sechs jüdische Rechtsanwälte und fünf jüdische Ärzte –, die Zahl der Akademiker nimmt schon seit den 80er Jahren rapide zu, und eine für ganz Heidelberg spezifische »Berufsgruppe« vermehrt sich geradezu rasant: die der Witwen und Privatleute. Während für 1896 in diesem Bereich 28 Personen nachgewiesen werden konnten, steigt die Zahl 1906 auf 59, wächst somit in zehn Jahren um nahezu 100 %. Von den für 1906 insgesamt 221 gezählten Personen waren also 26,7 % nicht erwerbstätig, während es 1865 nur 6,5 % waren. Diese Entwicklung dürfte sowohl orts- als auch gruppenbedingt sein. Keller stellte für 1933 einen im Vergleich zu anderen badischen Städten außergewöhnlich hohen Anteil Erwerbsloser in Heidelberg fest.[306] Heidelberg hatte sich seit der zweiten Hälfte des 19. Jahrhunderts mehr und mehr zu einem Altersruhesitz entwickelt. Viele der 1906 in Heidelberg anwesenden Witwen und Privatleute sind erst wenige Jahre zuvor nachweisbar und gehörten nicht zu den alteingesessenen Familien. Zum anderen wird in der Literatur immer wieder von der Überalterung jüdischer Gemeinden gesprochen,[307] die sich auch in den hier genannten Zahlen widerzuspiegeln scheint.

Von der Diversifizierung ausgespart blieb dagegen das Handwerk, das in der Heidelberger jüdischen Gemeinde eine verschwindend geringe Stellung innehatte. Die bevorzugten Berufe waren hier Metzger und Bäcker, die der Grundversorgung der jüdischen Bevölkerung mit koscherer Nahrung dienten.

304 Vgl. auch Richarz 1979, S. 23.
305 Vgl. Amtliche Kreisbeschreibung 1968, S. 75; Keller 1961, S. 48 f.
306 Vgl. Keller 1961, S. 26.
307 Vgl. Richarz 1971, S. 15; Schmelz 1982, S. 55.

Das Festhalten der Juden an den althergebrachten Branchen zeigt sich schließlich auch im industriellen Sektor. So betrieben Salomon Kahn und seine Kinder eine Lumpenfabrik und Knochensiederei, die sich von dem ursprünglichen Lokal in der Unteren Neckarstraße zu dem in der Eppelheimer Landstraße vergrößerte.[308] Benno Bodenheimer unterhielt eine Herrenkleiderfabrik[309] und die Familie Reis verwertete Baumwollabfälle (Wilhelm Reis, Edwin Reis) und Lumpen (Gebr. Reis). Dabei erreichte Edwin Reis mit seiner »Deutschen Kapokfabrik Reis & Co«[310] in Friedrichsfeld eine bedeutende Stellung in Süddeutschland, die er im Ersten Weltkrieg durch die Produktion von Schießbaumwolle noch ausbauen konnte. Die Gebr. Reis hatten in Heidelberg das Monopol in ihrer Branche, der Kunstwollfabrikation, weshalb ihr Werdegang weiter unten ausführlicher dargestellt werden soll.[311]

Den Hauptindustriezweig Heidelbergs stellte im 19. Jahrhundert die Tabakindustrie dar.[312] Die Juden partizipierten an dieser Branche zunächst nur als Händler. Um 1864 schuf sich die Sandhausener Firma N. Marx Söhne in Heidelberg eine Zweigniederlassung, die zunächst offensichtlich nur dem Handel mit dem landwirtschaftlichen Produkt diente, sich aber nach und nach zu einem Fabrikationsbetrieb auswuchs.[313] 1869 wird die Firma M. u. F. Liebhold gegründet, die nach dem Zweiten Weltkrieg unter dem Namen Havilla GmbH fortgeführt wird.[314] Max Liebhold, dessen Vater ein Heidelberger Textilkaufmann gewesen war, wurde 1909 Stadtrat.[315] Seine Firma hatte ihre Anfänge im Bergheimer Viertel genommen und verfügte 1910 über zwei Fabriken in Rohrbach und Kirchheim. Enge Verbindungen müssen zu der Zigarrenfabrikation der Gebr. Maier bestanden haben, mit denen die Liebholds 1894 das 25jährige Bestehen der Firmen feierten.[316]

Die Zahl der jüdischen Tabakfabrikanten nahm rapide zu: Während es 1886 noch vier waren, betätigen sich 1906 18 Fabrikanten in diesem Bereich, die entweder den genannten Großfirmen, deren Leitung über Jahrzehnte und Generationen hinweg in den Händen der gleichen Familien lag, oder kleineren, neu gegründeten Firmen angehörten. Von den 1907 in Heidelberg ansässigen 14 Tabakfabriken[317] lagen mindestens sieben in jüdischen Händen.[318]

308 Vgl. Adreßbücher 1876/77–1916; Heidelberger Zeitung Nr. 228 v. 28. September 1877; STAHD AA 90/6.
309 Vgl. Adreßbücher 1876/77–1916; Heidelberger Zeitung Nr. 205 v. 2. September 1881.
310 Zu Edwin Reis vgl. Toury 1984, S. 141; Adreßbücher 1881–1916, STAHD AA 90/5; GLA 236/16678.
311 Vgl. Kap. 4.2.3.
312 Vgl. Keller 1961, S. 84 f.; Amtliche Kreisbeschreibung 1968, S. 72.
313 Vgl. Adreßbücher 1865/66–1916; Heidelberger Journal Nr. 172 v. 24. Juli 1864.
314 Vgl. Keller 1961, S. 103.
315 Vgl. Chronik 1907–1909, S. 43.
316 Vgl. Heidelberger Zeitung Nr. 37 v. 13. Februar 1894.
317 Vgl. Amtliche Kreisbeschreibung 1968, S. 72.
318 Gebr. Fisch, M. + F. Liebhold, Gebr. Maier, N. Marx u. Söhne, Leopold Marx Söhne, Albert Oestreicher, Joseph Schönemann, Gebr. Wolf.

Die Juden, die sich in Heidelberg niederließen, waren beruflich von den gleichen Motiven bewegt wie der Großteil der ganzen Heidelberger Bürgerschaft auch: Sie kamen nach Heidelberg, um an dem Handel der Stadt zu partizipieren, der vornehmlich der Versorgung der Einwohnerschaft und der Touristen diente, sie frequentierten die Universität und sie schätzten Heidelberg als Alterssitz. Im industriellen Sektor gingen sie nach der Etablierung der Kunstwollfabrik und der Tabakproduktionen keine neuen Wege. Bemerkenswert ist allerdings, daß sie in Heidelberg, das im Bereich der Textilproduktion im 19. Jahrhundert keinen Ballungsraum darstellte, einen zumindest rein zahlenmäßig so starken Textilhandel aufbauten und in diesem Bereich den Heidelberger Handel wesentlich prägten.

Bezog sich das bisher Gesagte nur auf die berufliche Struktur der Juden, so soll nun ein Blick in die Einkommensverteilung zu Beginn des 20. Jahrhunderts innerhalb der jüdischen Gemeinde geworfen werden. Die folgenden Bemerkungen basieren auf Akten über die Aufbringung der jüdischen örtlichen Kirchensteuer.[319] Diese Kirchensteuer war so verteilt, daß Bezieher sehr niedriger Einkommen nicht veranlagt wurden, d.h., daß sich die Untersuchung nur auf die sozialen Gruppierungen ab der unteren Mittelschicht aufwärts beziehen kann.

Zunächst fällt innerhalb der jüdischen Einwohnerschaft eine starke fiskalische Heterogenität auf, die über den Zeitraum von 1902 bis 1918 nahezu konstant bleibt: ⅔ der Gemeindemitglieder zahlten mit niedrigen Steuersätzen ca. ⅓ des Gesamtbetrages der Kirchensteuer, während umgekehrt die mittlere und höchste Klasse (⅓ der Steuerpflichtigen) ⅔ des Betrages aufbrachten. Der größere Teil der Steuerzahler verfügte demnach über eher geringe Einkommen. Diese Verhältnisse verschoben sich bis 1918 ganz leicht zu Lasten der Niedrigstbesteuerten, deren Gruppe in absoluten Zahlen am stärksten wuchs.

Insgesamt läßt sich ein Ansteigen der Steuerkraft pro Kopf feststellen. Zahlte 1902 noch jeder Steuerzahler einen Durchschnittsbetrag von 60 M., so waren es bis 1918 knapp 90 M., also eine Steigerung von ca. 50%, die allerdings auch auf die 1914 einsetzende Inflation[320] zurückzuführen ist.

Die Heterogenität der Einkommensverteilung in der Gemeinde wirkte sich besonders deutlich in der Klasse der Höchstbesteuerten aus, die dadurch gekennzeichnet war, daß bis 1907 zwei Beitragszahler mit Sätzen besteuert wurden, die weit über denen der übrigen Spitzenzahler lagen. Ab 1908 begann sich dieses Bild auszugleichen: Einerseits lagen die Steuersätze näher beieinander, und andererseits erhöhten sie sich. Hatte 1902 der Höchstbesteuerte noch 540 M. bezahlt, waren es 1916 800 M.

Zusammenfassend läßt sich sagen, daß die jüdischen Gemeindemitglieder vorwiegend niedrige bis mittlere Einkommen bezogen. Die Gemeinde wurde vor allem durch vereinzelte Höchstbesteuerte reicher, doch war die Masse der Heidelberger Juden davon nur am Rande betroffen. Dieses Bild kongruiert mit der beruflichen Situation der Gemeinde.

319 Vgl. GLA 356/Zug. 1969/10/495.
320 Vgl. Boelcke 1989, S. 365.

4.2.2 Der Verein zur Förderung des Handwerks und der technischen Berufsarten unter den Israeliten Badens – das Scheitern in Heidelberg

Das Handwerk spielte unter den Juden in Heidelberg wie in Baden eine eher untergeordnete Rolle, war aber immer wieder das Ziel von Bestrebungen, die berufliche Situation, die nach wie vor von der überaus starken Bedeutung des Handels gekennzeichnet war, aufzulockern. Die soziale Lage der Juden war für den Oberrat der Israeliten des Großherzogtums ein Thema, dessen er sich mit beständiger Fürsorge annahm, indem er immer wieder Initiativen zur Förderung des einen oder anderen Berufszweiges startete. Die Gründung eines landesweiten »Vereins zur Förderung des Handwerks und der technischen Berufsarten unter den Israeliten Badens«[321] bot 1889 den Anlaß zu einer Bestandsaufnahme seit 1862. Der Oberrat veröffentlichte einen Aufruf,[322] mit dem eine möglichst breite Unterstützung für den Verein erreicht werden sollte. So sehr der Oberrat in diesem Aufruf die bisher erzielten Fortschritte namentlich in den Städten anerkannte, so sehr befürchtete er die Folgen: Nach 1862 habe eine »großartige« Wanderung der jüngeren Leute in die Städte »als den Mittelpunkten der Bildung, des Handels und des Verkehrs«[323] stattgefunden, die nun allerdings zu einer Überbesetzung sowohl der kaufmännischen als auch der gelehrten Berufe führe. Von 27000 Juden in Baden lebten 1885 allein 10000 in den neun größeren Städten. Insgesamt sei etwa die Hälfte der Juden Badens im Handel tätig. »Die Gefahr, daß ein jüdisches Proletariat in den größeren Städten sich ansammle, liegt ebenso nahe wie die andere, daß die israelitische Bevölkerung auf dem Lande in einen Zustand sittlicher und sozialer Verkommenheit gerate.«[324] Die Situation hatte sich also seit dem Emanzipationsgesetz nur hinsichtlich der geographischen Verschiebung vom Land in die Stadt geändert. Jetzt kam die Angst vor einem sozialen Abstieg auch der Städter hinzu.

Das auf Aufforderung vom Oberrat erstellte Gutachten des Karlsruher Professors für Nationalökonomie Eberhard Gothein offenbarte eine ähnliche Analyse. Gothein stellte fest, daß die rechtliche Emanzipation nur dann Sinn bekäme, wenn gleichzeitig über die Gesetze zur Gewerbefreiheit und Freizügigkeit die soziale Gleichstellung erfolge: »Nachdem die Juden Jahrhunderte hindurch auf den Betrieb von Handelsgeschäften beschränkt waren (...), ergab sich jetzt [1862] für sie die Möglichkeit, sich an allen Zweigen der nationalen Arbeit zu beteiligen, und sie mußten einsehen, daß von der Art, wie sie diese Aufgabe lösten, die mehr oder minder rasche Ausgleichung der sozialen Sonderstellung abhänge, die ihre Spuren natürlich länger als die juristische zurückließ.«[325]

Auch Gothein sah eine krasse Zweiteilung zwischen denen, die mittlerweile arriviert waren (das waren für ihn unter anderen zunächst jene, »die sich der

321 Vgl. VObl. Nr. III v. 21. März 1889, S. 21 ff.
322 Vgl. ebd., S. 22–25.
323 Ebd., S. 22.
324 Ebd., S. 23.
325 Gutachten Gothein, ebd., S. 30.

deutschen Kultur freiwillig angeschlossen haben«[326]), und den ärmeren Schichten: »Die Emanzipation ist an ihnen nahezu spurlos vorübergegangen; sie machten von ihren Vorteilen keinen Gebrauch, sie beschränkten sich gewohnheitsmäßig auf dieselben Erwerbszweige, die ihnen früher aufgedrängt waren, sie gingen geistig eher zurück als vorwärts, weil sie die Fühlung, das Bewußtsein der geistigen Gemeinschaft mit den höher stehenden Elementen ihrer Gemeinschaft verloren.«[327]

Interessant ist die unterschiedliche Zielsetzung des Aufrufs und des Gutachtens. Während es dem Oberrat vornehmlich um den sozialen Ausgleich unter den Juden ging und er im Aufruf die Vereinsgründung als Teil einer Reaktion auf die Angriffe der Zeit darstellte, hob Gothein stärker auf die integrationsfördernde Wirkung einer Hinwendung zum Handwerk ab, wie schon die obigen Zitate Gotheins belegen. Darüber hinaus erhoffte sich Gothein, ein stärkeres Interesse der Juden am Handwerk könne die in diesem Berufszweig häufig beobachteten Mängel in der Buchführung beheben. Der Oberrat motivierte den Vorstoß auf die Berufsumschichtung ex negativo mit dem Antisemitismus, Gothein konstatierte dagegen die seiner Meinung nach immer noch bestehende lockere soziale Integration, die der Oberrat so explizit nicht erwähnte.

Diese Momentaufnahme für das Jahr 1889 stellt nicht das einzige Zeugnis für eine eher unbefriedigende wirtschaftliche Situation unter den Juden Badens dar. Rund zehn Jahre später stellte die 2. Landessynode fest, daß ungeachtet einzelner Erfolge die sozialen Verhältnisse der Juden als ungünstig anzusehen seien. Wiederum empfahl man, die Jugend verstärkt zum Handwerk und zum Gartenbau hin zu orientieren[328] – ein Hinweis, daß die unbestreitbar vorhandenen Erfolge des 1889 gegründeten Vereins eben doch nur von begrenzter Wirkung waren, wie Rosenthal pessimistisch-pauschalisierend konstatierte: »Das Gesamtergebnis brachte, ebensowenig wie die gleichen Bestrebungen in der ersten Jahrhunderthälfte, eine durchgreifende Umschichtung des Berufslebens der Juden. Derartige Umwälzungen lassen sich nicht durch Anordnungen und Beihilfen (...) erzwingen; sie können nur durch zeitliche Verhältnisse bedingt werden, die oftmals in wenigen Jahren bewirken, was Jahrhunderte nicht vermochten.«[329]

Schließlich sei noch ein weiteres Berufsfeld genannt, dem der Oberrat sein Interesse zuwandte. 1911 äußerte sich der Oberrat besorgt über die Überbesetzung der juristischen Berufe und zeigte sich erfreut, daß sich langsam wieder weniger jüdische Studenten für diesen Studiengang einschrieben. Die Aussichten bei den juristischen Berufen seien so schlecht, daß der Oberrat Unterstützung für diejenigen anbot, die sich einen anderen Berufszweig suchen wollten.[330]

Der Aufruf zur Gründung des Vereins zur Förderung des Handwerks und der technischen Berufsarten hatte für Heidelberg bezeichnende Folgen, nämlich zuerst

326 Ebd., S. 31.
327 Ebd., S. 30.
328 Vgl. Rosenthal 1927, S. 405.
329 Ebd., S. 393.
330 Vgl. VObl. Nr. IV v. 21. April 1911, S. 27.

einmal gar keine. Der Oberrat hatte geplant, daß nach dem Vorbild eines derartigen, in Freiburg schon bestehenden Vereins sich weitere drei Bezirksvereine in Karlsruhe, Mannheim und Heidelberg bilden sollten, die dann zusammen den Gesamtverein darstellen würden.[331] Am schnellsten entstand der Verein in Karlsruhe, der Anfang 1890 die Arbeit aufnehmen konnte. Dagegen blieb es in Mannheim und Heidelberg, hier unter der Leitung des Synagogenratsvorsitzenden Sigmund Netter, vorerst bei der Aufstellung von sogenannten Distriktkomitees.[332] Schließlich hatte sich im Mai 1890 auch der Mannheimer Verein gebildet,[333] der bei seiner Entstehung zunächst mit einigen Schwierigkeiten zu kämpfen gehabt hatte. Heidelberg kam nun in den Berichten des Verordnungsblattes so gut wie gar nicht mehr vor, offensichtlich war der Verein hier auf wenig Gegenliebe gestoßen – der ursprünglich geplante Bezirksverein in Heidelberg kam nicht zustande.

Statt dessen nannte der Jahresbericht des Mannheimer Vereins[334] von 1894 unter insgesamt 357 Mitgliedern 21 Heidelberger, die sich dem Mannheimer Verein angeschlossen hatten.[335] Die Zahl der Heidelberger erreichte dann 1896 30[336] und 1902 41 Mitglieder.[337] 1906/07 hatte in Heidelberg offensichtlich eine Werbeaktion stattgefunden, denn die Mitgliederzahl stieg sprunghaft auf 66 an,[338] um dann bis 1912 auf 54 zurückzufallen.[339]

Bezeichnend ist, daß nur ein aus Heidelberg stammender Lehrling Unterstützung vom Verein erhielt[340] und im Verlauf der Jahre nur zwei Lehrlinge in Heidelberg ausgebildet wurden: 1899 ein Zigarrenmacher[341] und 1907 ein Bäcker.[342] Die Mitgliederstruktur des Vereins wies 1894 unter den Heidelbergern keinen Handwerker aus, dagegen sieben Kaufleute, acht Fabrikanten und zwei Rechtsanwälte. 1907, auf dem Höhepunkt der Heidelberger Beteiligung an dem Verein, sah es nicht besser aus: 27 Kaufleute, 17 Fabrikanten, vier Rechtsanwälte, zwei Professoren, zwei Ärzte und ein Bäckermeister. Auch wenn 1896 der Vorstand des Vereins aus Anerkennung der Heidelberger Anteilnahme dem Schuhwarengroßhändler Julius Schloß den Status eines auswärtigen Mitglieds, eines Vertrauensmannes, übertrug[343] und 1902 der Zigarrenfabrikant Ferdinand Liebhold ordentliches Mitglied des Vorstandes wurde,[344] so entsteht doch der

331 Vgl. VObl. Nr. III v. 21. März 1889, S. 24.
332 Vgl. VObl. Nr. II v. 26. Februar 1890, S. 7.
333 Vgl. VObl. Nr. IV v. 22. Juli 1890, S. 5.
334 Vgl. die Jahresberichte von 1892–1912 in GLA 356/Zug. 1969/10/365.
335 Vgl. ebd., Bericht 1894, S. 6.
336 Vgl. ebd., Bericht 1896, S. 5.
337 Vgl. ebd., Bericht 1902, S. 5.
338 Vgl. ebd., Bericht 1907, S. 5.
339 Vgl. ebd., Bericht 1912, S. 5.
340 Ein Schneiderlehrling, vgl. ebd., Bericht 1902, S. 4.
341 Vgl. ebd., Bericht 1899, S. 5.
342 Vgl. ebd., Bericht 1907, S. 6.
343 Vgl. ebd., Bericht 1896, S. 5.
344 Vgl. ebd., Bericht 1902, S. 9.

Eindruck, es habe sich bei der Eingliederung der Heidelberger in den Mannheimer Verein eher um einen Ausdruck sozialen Mitgefühls als um tatkräftige Hilfe gehandelt. Darüber täuscht auch der Umstand nicht hinweg, daß die Heidelberger Friedrichsloge seit 1896 den Verein regelmäßig mit einer Summe von 100 M. unterstützte.[345]

Die Gründe für diese geringe Resonanz sind vielfältig. Zum einen mag sicher die Heidelberger jüdische Sozialstruktur, die nun einmal kaufmännisch geprägt war, mitverantwortlich sein. Wer Kaufmann war, sah nicht ein, warum er seinen Sohn zum Handwerker ausbilden lassen sollte. So optimistisch sich das Gutachten Gotheins auch über die Aussichten im Handwerk geäußert hatte – dieser Bereich gehörte eben doch zu den Berufszweigen mit sinkender Rentabilität und bedeutete gegenüber dem Kaufmannsstande einen sozialen Rückschritt. Darüber hinaus fanden die vom Verein am stärksten unterstützten Handwerke, Schneider und Tapezierer, in Heidelberg, das nur marginal an der badischen Tuchproduktion partizipierte, keinen so geeigneten Boden wie etwa in Mannheim oder Karlsruhe.[346]

Schließlich mag auch die zu pauschal gehaltene Konzeption des Oberrats ihren Anteil an der mangelnden Rezeption haben. Wollte man sich an die Handwerker wenden, so war es sicher nicht günstig, die Organisation über die durch den Handel gekennzeichneten Städte aufzubauen und die zu unterstützenden jungen Leute, die überwiegend aus ländlichen Gegenden stammten, abermals in die Städte zu ziehen. Sicherlich weit davon entfernt, eine durchgreifende Berufsumschichtung unter den Juden erreichen zu wollen, wie Rosenthal dies formuliert hatte, konnten die Maßnahmen in Heidelberg nicht einmal den Tropfen auf den heißen Stein setzen.

4.2.3 Zwei Beispiele für Gefahren und Chancen der Emanzipation: Joseph Bamberger und die Gebr. Reis

Während viele der in Kapitel 4.2.1 genannten Personen den seit 1862 bestehenden wirtschaftlichen Freiraum in seiner vollen Breite ohne dokumentierte Schwierigkeiten ausschöpften, ist die Geschichte des Joseph Bamberger (1829–mind. 1881) ein mehrmals scheiternder Versuch, wirtschaftlich auf einen grünen Zweig zu kommen. Dieser Versuch endet schließlich im wirtschaftlichen wie privaten Fiasko, dessen Folgen in dem Auswanderungsgesuch des Sohnes von Bamberger eindrucksvoll niedergelegt sind.

Joseph Bamberger wird 1829 als Sohn des Heidelberger Gastwirts Ludwig Bamberger geboren.[347] Relativ spät, mit 34 Jahren, heiratet er 1863 die zehn Jahre jüngere Fanny Friedmann und zeugt in den Jahren 1863 bis 1869 fünf Kinder.[348] Wenige Monate nach seiner Hochzeit kündigt er in der Heidelberger Zeitung die Eröffnung eines Geschäftes für Kleider und Reiseartikel im Nachbarhaus des

345 Vgl. ebd., Bericht 1896, S. 5.
346 Vgl. Toury 1984, S. 94.
347 Vgl. GLA 390/1787.
348 Vgl. ebd.

jüdischen Gasthauses »Zum Goldenen Roß« an.[349] Der Geschäftsvermerk im Adreßbuch von 1865/66 weist alle Merkmale eines klassischen Trödelhandels auf: So bestehe sein Handel im An- und Verkauf von Gold- und Silberwaren, Kleidern, Möbeln, Bettung, Glas und Porzellan, allen Sorten Metalls, Kommissions- und Provisionsgeschäften. Zwei Jahre später empfiehlt Bamberger sich abermals in einer Anzeige dem Publikum mit der Eröffnung einer Speisewirtschaft in der Haspelgasse.[350] Fünf Tage nach dieser Anzeige erscheint wiederum eine, die diesmal den Ausverkauf sämtlicher Herrenkleider wegen Geschäfts- und Wohnungsveränderung anpreist.[351] Schließlich beantragt »der Handelsmann« Bamberger 1872 beim Gemeinderat die Konzession zu einer Schankwirtschaft, die ihm auch gewährt wird.[352] 1878 muß Joseph Bamberger sich einem Konkursverfahren unterziehen.[353] 1880 wird seine Ehe wegen »Hasses, Mißhandlungen und (...) Verunglimpfungen«[354] geschieden. Im gleichen Jahr erscheint Frau Bamberger beim Bürgermeisteramt und bittet um Entlassung ihres 17jährigen Sohnes Ludwig aus dem badischen Staatsverband, da er zu Verwandten nach Amerika auswandern wolle.[355] Der Heidelberger Stadtrat unterstützt das Gesuch und ist offensichtlich gut über das Schicksal Fanny Bambergers informiert. Frau Bamberger lebe schon seit drei Jahren getrennt von ihrem Mann und müsse alleine für die Kinder sorgen. Das Gesuch wird bewilligt, doch die Abreise Ludwig Bambergers verzögert sich, so daß er im November 1881 erneut um die inzwischen unwirksam gewordene Entlassung aus dem Staatsverband nachsucht. Seine Begründung für das Anliegen enthüllt die Folgen des politischen Tagesgeschäfts: Er habe seit dem Abgang von der Schule in einer Zigarrenfabrik bei sehr geringer Lohnzahlung gearbeitet und könne so seine Verwandten nicht mehr unterstützen. Zudem fürchte er, bei Einführung des Tabakmonopols arbeitslos zu werden. Schließlich verläßt Ludwig Bamberger Heidelberg im Mai 1882.

So wenige Daten auch über Joseph Bamberger erhalten sind, so kann man doch einige Schlüsse aus ihnen ziehen. Die Frage nach den letztendlichen Gründen für sein Scheitern muß zwar offen bleiben, doch zählte sein Unvermögen, sich von veralteten Handelsformen zu trennen, sicher dazu. Bamberger konnte die durch die Gewerbefreiheit gegebenen Möglichkeiten und auch die Freizügigkeit nicht nutzen. Er betrieb – auch nach der Eröffnung der Speisewirtschaft – den Trödelhandel, der offensichtlich nicht ausreichte, seine fünf Kinder zu ernähren. Ebensowenig versuchte Bamberger sein Glück in der Industriestadt Mannheim, was geographisch und vielleicht auch ökonomisch durchaus nahelag.

349 Vgl. Heidelberger Zeitung Nr. 92 v. 21. April 1863.
350 Vgl. Heidelberger Zeitung Nr. 102 v. 1. Mai 1865.
351 Vgl. Heidelberger Zeitung Nr. 106 v. 6. Mai 1865.
352 Vgl. Heidelberger Journal Nr. 131 v. 8. Juni 1872 u. Nr. 168 v. 21. Juli 1872.
353 Vgl. Heidelberger Zeitung Nr. 186 v. 10. August 1878.
354 GLA 390/1787.
355 Vgl. GLA 356/1617.

Die Geschichte der Gebr. Reis umfaßt nahezu den gesamten Zeitraum dieser Arbeit und kann als Musterbeispiel für die Ausschöpfung des durch Emanzipation, Gewerbefreiheit und Freizügigkeit gegebenen Rahmens dienen. Darüber hinaus ist sie ein bedeutender Teil der Heidelberger Industriegeschichte.[356]

Im Jahre 1856 gründen die aus Wollenberg stammenden Lumpenhändler Lazarus und Wolf Reis in Heidelberg ein Unternehmen, das sich mit der Sammlung von Lumpen und ihrer Lieferung an Papier- und Wollfabriken beschäftigt. Der Betrieb scheint einen schnellen Aufschwung zu nehmen, denn 1858 wenden sich die beiden Händler an das Heidelberger Oberamt und bitten um bürgerliche Aufnahme in Heidelberg,[357] wozu sie nach dem Edikt besondere Bedingungen finanzieller und beruflicher Art erfüllen mußten. Der Heidelberger Gemeinderat, vom Oberamt um Stellungnahme gebeten, lehnt das Gesuch mit der Begründung ab, »daß sich ein Zudrängen der israelitischen Bevölkerung in die Städte bemerkbar mache, welches für dieselben unangenehm und bedenklich wird«.[358] Der Lumpenhandel sei zum Nothandel zu rechnen und von daher kein der »Nahrungsart der Christen conforme[r] Nahrungszweig«. Das Gesetz stehe auf seiten der Stadt, die es auch in vollem Umfang in Anspruch nehmen wolle. Zudem ginge es hier nicht nur um zwei Personen, sondern: »Lazarus Reis hat sieben, Wolf Reis hat fünf Kinder, sie würden also die israelitische Bevölkerung auf einmal um 16 Köpfe vermehren, die zum größten Teile wieder irgend einen Teil des Handels zur Quelle ihres Erwerbs machen werden.« Schließlich sei der Vermögensnachweis nicht vollständig, und das angegebene Vermögen reiche nicht, um 16 Personen zu ernähren.

Das Gesuch wird auf Bitten der Stadt durch das Oberamt abgelehnt, woraufhin die Gebr. Reis Beschwerde einlegen und ausführlich ihre Finanzverhältnisse offenbaren: Sie lieferten ihre Lumpen für monatlich 300 Gulden an eine Papierfabrik in Pforzheim, für 1600–1800 Gulden an eine ebensolche in Heilbronn und für 600 Gulden an die Wollmanufaktur in Mannheim und an weitere kleinere Betriebe. Doch die Stadt ist entschlossen, keine weiteren Juden als Bürger zuzulassen: Das Edikt von 1809 rede nur von einer ausnahmsweisen ›Begnadigung‹ der Juden mit dem Bürgerrecht. Und zu den christlichen Nahrungszweigen gehöre »nur der Landbau, Gewerbe, die eigentliche Kaufmannschaft, eine künstlerische oder wissenschaftliche Ausbildung, nicht aber der freie Handel, der immer mit dem Schacher in Wahlverwandtschaft«[359] stehe. Auch sei das Argument, die Gebrüder Reis wollten ihren Kindern durch eine gute Ausbildung eine bessere Zukunft sichern, nicht hinreichend, denn dafür brauche man das Bürgerrecht nicht. Es sei den Gebrüdern Reis aber nie verwehrt gewesen, sich auch ohne das Bürgerrecht in Heidelberg niederzulassen.

356 Weder Keller 1961 noch die Amtliche Kreisbeschreibung 1968 erwähnen den Betrieb der Gebr. Reis.

357 Vgl. zum folgenden STAHD UA 10/3, Buchstabe R, Pars II.

358 Ebd., Gemeinderat an Oberamt v. 23. November 1858. Die folgenden Zitate ebd.

359 Ebd., Gemeinderat an Oberamt v. 22. Januar 1859.

Nachdem der erste Versuch zur Erlangung des Bürgerrechts gescheitert war, unternahm Lazarus Reis 1864 einen erneuten Vorstoß, den er durch den Rechtsanwalt Alexander Fürst[360] einreichen ließ. In Fürsts Schreiben wird deutlich, daß die Firma sich bereits erheblich ausgedehnt haben mußte: Fürst nennt die Lumpenfabrik »eine der bedeutendsten in Süddeutschland«.[361] Die Emanzipation zeigte ihre Wirkung, das Gesuch wurde anstandslos genehmigt.

Bis 1870 firmieren die Gebrüder Reis in den Adreßbüchern als Lumpenhändler. 1870 beschließen sie, ihre Gebäude auszubauen, was durch den deutsch-französischen Krieg in Verzögerung gerät, da ihr Fabrikgelände 1870 durch die städtischen Behörden als Lazarett beschlagnahmt wird.[362] 1876 kann die Kunstwollfabrik, die eine der ersten in Baden ist,[363] in der Bergheimer Straße schließlich eröffnet werden. Bis zum Beginn der 1890er Jahre beschäftigt das Unternehmen 250 Arbeiter,[364] muß diese Zahl aber wegen Umsatzeinbußen 1892 auf 200 verringern.[365] Bis 1898 werden Handelsbeziehungen nach Österreich, Italien, Rußland, Serbien und Spanien hergestellt.[366] Daß die Vergrößerung des Betriebes Folgen für die Umwelt hatte, geht 1889 aus dem Gesuch der Firma zur Genehmigung einer Carbonisierungstrommel mit Condensationsapparat[367] hervor, die die aus der Fabrik ausströmenden Gase filtern sollte. Nach dem Gutachten des Stadtbauamtes, das die Genehmigung befürwortete, »sind [bisher] die Gase direkt über dem Dache ausgetreten, wodurch die ganze Nachbarschaft verpestet und Pflanzen in der Entfernung von 20–25 mtr. nicht mehr gewachsen sind«.[368]

Trotz des Aufschwungs, den das Unternehmen erfährt, äußert sich der Berichterstatter der Firma für die Handelskammer schon in den 1880er Jahren kritisch über Mängel des Industriestandorts Heidelberg. Die Heidelberger Bahnverwaltung unterstütze den Betrieb nicht so, wie es in Mannheim geschehe.[369] Schließlich kündigt Julian Reis, der Heidelberger Bezirksvorsitzende des Verbandes Süddeutscher Industrieller, 1908[370] den Wegzug seines Werkes, »das eine führende Stellung in der Textilindustrie in Europa einnimmt«,[371] an. »Fast bei jeder Gelegenheit« hätten staatliche und städtische Behörden den geregelten Betrieb der Fabrik vereitelt. Die »hier herrschenden industriefeindlichen Verhältnisse« machten den weiteren Betrieb der Firma in Heidelberg unmöglich. Obwohl Reis von der Stadt

360 Zu Alexander Fürst, dem Sohn des Bezirksrabbiners Salomon Fürst, vgl. Chronik 1904, S. 157; GLA 76/9143.
361 STAHD UA 10/3, Fürst an Gemeinderat v. 11. Januar 1864.
362 Vgl. STAHD UA 166/6; Heidelberger Journal Nr. 177 v. 2. August 1870.
363 Vgl. Toury 1984, S. 90. Da es in Heidelberg nur die Kunstwollfabrik der Gebr. Reis gab, kann an dieser Stelle auch nur diese Firma gemeint sein.
364 Vgl. Jahresberichte der Handelskammer 1884–1891.
365 Vgl. Jahresbericht der Handelskammer 1892, S. 91.
366 Vgl. Jahresberichte der Handelskammer 1897, S. 123 u. 1898, S. 102.
367 Vgl. STAHD AA 281/33-18.
368 Ebd., Stadtbauamt an Stadtbaukommission v. 30. Januar 1889.
369 Vgl. Jahresberichte der Handelskammer 1885, S. 75; 1886, S. 72; 1887, S. 76.
370 Vgl. zum folgenden STAHD AA 281/33-19.
371 Ebd., Gebr. Reis an Bezirksamt v. 11. Mai 1908. Die folgenden Zitate ebd.

aufgefordert wurde, seine Vorwürfe zu erläutern, ging dieser nicht detaillierter darauf ein, sondern verwies nur auf einen Rechtsstreit aus dem Jahre 1907, den er wegen eines Bauvorhabens mit der Stadt geführt und verloren hatte. 1910 benachrichtigte Reis dann endgültig den Bürgermeister von der Übernahme der Firma durch die Karlsruher Kunstwollfabrik Vogel & Schnurmann[372] und den daraus folgenden Abzug aus Heidelberg.

Einer der Hauptinitiatoren des Firmenaufstiegs war Eduard Reis (1844–1909),[373] der das Unternehmen zusammen mit seinen Brüdern Adolf und Albert Reis seit den 1870er Jahren leitete. Sein Engagement für Stadt und Gemeinde spiegelt sich in den vielen Ämtern wider, die er ausfüllte. So gehörte er seit 1878 der Stadtverordnetenversammlung an[374] und wurde mehrmals durch die Nationalliberalen als Wahlmann zur 2. Kammer des badischen Landtags vorgeschlagen und gewählt.[375] Seit 1883 saß er im Vorstand der Heidelberger Handelskammer und fungierte ab 1901 als Vizepräsident dieses Gremiums. 1906 wählte ihn der Stadtrat in seine Reihen. Zu seinen vielfältigen Aufgaben in der Stadt kamen ab 1895 Funktionen in der jüdischen Gemeinde hinzu, in der er zwischen den verschiedenen Richtungen eine vermittelnde Position einnahm. So stand er der Gemeinde seit 1895 regelmäßig als Ersatzmann für die Landessynode[376] und, nach seinem Rückzug aus dem Geschäftsleben, ab 1904 als Synagogenrat zur Verfügung. Schließlich wirkte er als leitendes Mitglied in verschiedenen jüdischen wohltätigen Vereinen mit.[377]

5 Die Juden im städtischen Leben: Politische Gremien und Vereine

Die Anteilnahme der Heidelberger Juden an den Belangen der Stadt gründete sich auf das Interesse an dem Leben in der Stadt, in der sie Bürger waren. Wer zum Stadtverordneten oder gar zum Stadtrat gewählt worden war, verdankte dies nicht seiner Eigenschaft als Jude. Zudem finden sich keine Hinweise darauf, daß die jüdischen Stadtverordneten, Stadträte oder Mitglieder verschiedener Parteien sich vorrangig für die Angelegenheit ihrer Glaubensgenossen eingesetzt hätten. Ein Blick in die Protokolle von Versammlungen der Stadtverordneten bestätigt diese Vermutung.

Ein weiteres Indiz für die Existenz zumindest teilweiser »Normalität« im Zusammenleben von Juden und Christen ist die starke Präsenz jüdischer Universitätsangehöriger in den Vortragsreihen einiger Vereine, die zeigt, daß weder auf

372 Zu Vogel & Schnurmann vgl. Toury 1984, S. 130f.; Koch 1990, S. 105; Schmitt 1990, S. 132f.
373 Vgl. Chronik 1907–1909, S. 372.
374 Vgl. Heidelberger Zeitung Nr. 168 v. 20. Juli 1878.
375 Vgl. ebd., Nr. 219 v. 19. September 1881 u. Nr. 233 v. 5. Oktober 1885.
376 Vgl. VObl. Nr. II v. 5. März 1895, S. 10; Nr. VI v. 6. Juli 1898, S. 53; passim.
377 Vgl. z. B. Adreßbuch 1907.

seiten der Vereine noch bei den Juden Berührungsängste vorhanden waren. Dieses Kapitel dokumentiert vornehmlich die positiven Beispiele von Integration der Juden in das städtische Leben. Die Tatsache, daß Juden in bestimmten städtischen Kommissionen oder in Vereinen an leitender Stelle nicht vertreten waren, läßt sich durchaus feststellen, aber es ist schwer zu ermessen, in welchem Verhältnis die positiven Beispiele, die Normalität signalisierten, zu den negativen, die sich nur aufgrund der sich nicht auf Heidelberg beziehenden Literatur als durch Antisemitismus motiviert deuten lassen, standen.

Wie in Karlsruhe[378] wies auch die Heidelberger Stadtverordnetenversammlung einen überdurchschnittlich hohen Anteil jüdischer Mitglieder auf. Von 1875 bis 1911[379] wurden im Durchschnitt vier bis fünf Juden, die vorwiegend den Klassen der Höchst- und Mittelbesteuerten angehörten,[380] in die Versammlung gewählt. Somit stellten sie rund 4% der Verordneten. In den Jahren vor dem Ersten Weltkrieg hat sich dieser Anteil noch erhöht, denn 1909 zählte die Stadtverordnetenversammlung sieben Juden. Unter den 19 von 1875 bis 1911 feststellbaren jüdischen Stadtverordneten gehörten zwei der Universität an, Zacharias Oppenheimer und Moritz Cantor,[381] und immerhin – im Gegensatz zum Synagogenrat – fanden sich drei weitere Akademiker, der Chemiker Julian Reis und die Rechtsanwälte Rudolf Fürst und Theodor Kaufmann. Einen so hohen Anteil jüdischer Akademiker in städtischen Verwaltungsgremien wie in Karlsruhe[382] konnte Heidelberg allerdings nicht verzeichnen.

Mit einigen Ausnahmen gehörten die jüdischen Stadtverordneten nicht nur dem städtischen Gremium an, sondern bekleideten auch das eine oder andere Amt in der religiösen Gemeinde, sei es in der Gemeindevertretung, sei es in der Behörde, die die zu zahlende Höhe der Kirchensteuer einschätzte.[383] Zu den Ausnahmen zählte der Mathematiker Moritz Cantor, der damit allerdings durchaus den Gepflogenheiten seines Standes huldigte, denn die jüdischen Professoren partizipierten größtenteils nicht an den Angelegenheiten der Gemeinde. Eine weitere Ausnahme bildete der aus Frankfurt stammende Schwiegersohn des Heidelberger Textilkaufmanns Karl Abenheimer, Anton Ludwig Lehmann, der sich anschei-

378 Vgl. Schmitt 1990, S. 136.

379 Vgl. STAHD AA 26/1.

380 Vgl. z.B. Heidelberger Journal Nr. 179 v. 2. August 1861 (Carl Abenheimer: 2. Klasse); Heidelberger Journal Nr. 294 v. 16. Dezember 1870 (Simon Reiß: 2. Kl.); Heidelberger Journal Nr. 295 v. 17. Dezember 1870 (L. S. Rosen: 1. Kl.); Heidelberger Zeitung Nr. 156 v. 6. Juli 1878 (M. Hirsch Wolff u. Zacharias Oppenheimer: 1. Kl., A. L. Lehmann: 3. Kl.); Heidelberger Zeitung Nr. 165 v. 17. Juli 1878 (Wilhelm Reis: 3. Kl.); Heidelberger Zeitung Nr. 167 v. 19. Juli 1878 (Leopold Mayer: 2. Kl.); Heidelberger Zeitung Nr. 168 v. 20. Juli 1878 (A. L. Lehmann u. Eduard Reis: 1. Kl.); Heidelberger Zeitung Nr. 265 v. 11. November 1881 (Moritz Cantor: 2. Kl.); Heidelberger Zeitung Nr. 9 v. 11. Januar 1894 (Benno Wolff: 1. Kl.); Heidelberger Zeitung Nr. 15 v. 18. Januar 1894 (Moritz Cantor: 1. Kl.).

381 Zu Cantor vgl. Drüll 1986, S. 35 f.; Heidelberger Zeitung Nr. 104 v. 4. Mai 1901.

382 Vgl. Schmidt 1990, S. 137 f.

383 Zu Gemeindevertretung und Einschätzungsbehörde vgl. die Adreßbücher ab 1907.

nend nach einer jüdischen Hochzeit[384] hatte taufen lassen. Sein Sohn, »Königlicher Assistenzarzt II. Klasse der Reserve«,[385] wie auch seine Frau Mina, geb. Abenheimer,[386] wurden christlich beerdigt. Lehmann hatte das Geschäft seines Schwiegervaters übernommen und durchlief eine schnell aufsteigende Karriere. 1877 noch Stadtverordneter der niederstbesteuerten Klasse, wurde er ein Jahr später als Angehöriger der 1. Klasse wiedergewählt.[387] In den Jahren 1881 bis 1906 diente er als Mitglied einer hohen Anzahl von städtischen Kommissionen, hauptsächlich solcher, die finanzielle Angelegenheiten berieten. Ohne seine Taufe wäre er vermutlich nicht Mitglied der Kommission für Militärsachen und des Direktoriums der Museumsgesellschaft geworden.[388]

Aus der Stadtverordnetenversammlung heraus schafften bis 1916 mindestens sechs Juden den Aufstieg zum Stadtrat.[389] Die starke Partizipation der Juden an den lokalpolitischen Angelegenheiten mochte Kompensation für die fehlende Betätigung auf Landes- und Reichsebene sein. Kein Heidelberger Jude konnte während des Kaiserreichs ein Mandat im badischen Landtag oder im Reichstag erringen, wenn man von dem Preußen Levin Goldschmidt absieht, der 1875, als er schon nicht mehr in Heidelberg weilte, für Leipzig in den Reichstag entsandt wurde.[390] 1867 hatte der Heidelberger Bürgermeister Krausmann Goldschmidt die Kandidatur für den badischen Landtag angetragen, doch lehnte dieser aus verschiedenen Gründen ab: »(...) ich habe zwar Interesse an öffentlichen Angelegenheiten, bin aber kein Politiker; ich bin mit den innern Verhältnissen Badens, selbst mit seinem Recht nicht hinreichend vertraut (...)«[391] Dazu kam Goldschmidts Verpflichtung gegenüber der Universität, die er bei Annahme der Kandidatur meinte vernachlässigen zu müssen.

Die politische Heimat der Heidelberger Juden war die nationalliberale Partei. Die Phasen der politischen Orientierung der Juden im Reich, die Toury konstatierte, nämlich bis 1878 eine überwiegend nationalliberale Einstellung,[392] dann eine Zersplitterung vorrangig zugunsten der Freisinnigen Partei[393] und schließlich ab der zweiten Hälfte der 1890er Jahre eine deutliche Wendung zur Sozialdemokratie,[394] treffen für Heidelberg nur bedingt zu. Heidelberg war nationalliberal geprägt,[395] sämtliche Landtagsabgeordneten des Heidelberger Wahlkreises gehörten dieser Partei an. Für die Juden bedeutete die Zugehörigkeit zum nationallibera-

384 Vgl. GLA 390/1787.
385 Vgl. Heidelberger Zeitung Nr. 38 v. 13. Februar 1894.
386 Vgl. ebd., Nr. 85 v. 13. April 1898.
387 Vgl. Anm. 380.
388 Vgl. Adreßbücher der entsprechenden Jahre.
389 Vgl. Adreßbücher: Carl Abenheimer, L. S. Rosen, A. L. Lehmann, Eduard Reis, Max Liebhold, Theodor Kaufmann.
390 Vgl. Goldschmidt 1898, S. 369–371.
391 Ebd., S. 300.
392 Vgl. Toury 1966, S. 172–177.
393 Vgl. ebd., S. 177f.
394 Vgl. ebd., S. 219.
395 Vgl. Amtliche Kreisbeschreibung 1968, S. 41.

len Lager den in Heidelberg angebrachten und willkommenen Konformismus, der den »erzwungenen Nonkonformismus«[396] der voremanzipatorischen Zeit ablöste.

Zwei Universitätsangehörige stellten sich besonders engagiert in den Dienst der nationalliberalen Partei: Levin Goldschmidt und Moritz Cantor traten seit den 1860er Jahren regelmäßig als Redner in den Versammlungen des Nationalvereins auf[397] und wirkten vermutlich 1869 bei der Gründung des nationalliberalen Bezirksvereins in Heidelberg federführend mit. Aus Anlaß des 50jährigen Doktorjubiläums Cantors würdigte die Heidelberger Zeitung das politische Eintreten dieses Mannes mit Worten, die seine Wertschätzung in nationalliberalen Kreisen wiedergaben: »Auch in die politischen Verhältnisse unseres Vaterlandes griff er ein, und als Mitglied des Ausschusses der nationalliberalen Partei Badens hat er oft das Gewicht seiner Persönlichkeit und seiner Rednergabe für deren Sache eingesetzt. Heute noch folgt der Greis mit dem Silberhaar dem Ruf seiner Partei mit derselben geistigen und körperlichen Frische wie vor 30 Jahren.«[398]

Doch die Anhänglichkeit an die Nationalliberalen umfaßte nicht nur Professoren, zu denen auch der Historiker Adolf Koch gehörte,[399] sondern weitere Kreise: Im größeren Ausschuß der Partei oder auch auf den nationalliberalen Vorschlagslisten zu den Wahlmännerwahlen der zweiten Kammer des badischen Landtags[400] war vom Rechtsanwalt und Staatsanwalt Leopold Regensburger[401] über verschiedene Kaufleute bis hin zum Bezirksrabbiner Sondheimer ein weites Spektrum vertreten.

Wie wir schon gesehen haben, ging Sondheimer 1890 davon aus, daß die Heidelberger Juden sämtlich nationalliberal eingestellt seien.[402] Auch die Kartellwahlen von 1887, bei denen – nicht nur in Heidelberg – viele nationalliberale Juden durch das Zusammengehen der Nationalliberalen mit konservativen, z. T. antisemitisch orientierten Kandidaten in einen starken Gewissenskonflikt gestürzt wurden,[403] änderten nichts an dieser Haltung. Vielen Juden wurde anläßlich der Wahl der paradoxe Vorwurf gemacht, sie unterstützten die Antisemiten. Levin Gold-

396 Toury 1966, S. 118.

397 Vgl. Heidelberger Journal Nr. 43 v. 20. Februar 1861 (Goldschmidt); Heidelberger Journal Nr. 13 v. 16. Februar 1864 (Cantor); Heidelberger Journal Nr. 78 v. 2. April 1867 u. Heidelberger Journal Nr. 87 v. 12. April 1867 (Goldschmidt und Cantor).

398 Heidelberger Zeitung Nr. 104 v. 4. Mai 1901.

399 Vgl. Heidelberger Zeitung Nr. 22 v. 27. Januar 1890 u. Heidelberger Zeitung Nr. 28 v. 3. Februar 1890.

400 Vgl. z. B. Heidelberger Zeitung Nr. 229 v. 29. September 1877 (Wolf Reis, Benno Wolff); Heidelberger Zeitung Nr. 221 v. 20. September 1879 (Benno Wolff, Moritz Cantor, Hillel Sondheimer); Heidelberger Zeitung Nr. 215 v. 14. September 1881 (L. S. Rosen, Eduard Reis, Hillel Sondheimer, Salomon Ehrmann, Moritz Cantor).

401 Vgl. zu Regensburger Heidelberger Journal Nr. 117 v. 22. Mai 1869; Heidelberger Journal Nr. 118 v. 23. Mai 1869; Heidelberger Journal Nr. 124 v. 1. Juni 1869 u. Heidelberger Journal Nr. 135 v. 13. Juni 1869. Regensburger war einer der ersten jüdischen Staatsanwälte in Baden, vgl. Lewin 1909, S. 336 (dort ein falscher Vorname); vgl. auch GLA 76/6064.

402 Vgl. Kap. 3.4.

403 Vgl. auch Toury 1966, S. 175, Anm. 39.

schmidt, der sich mit drei kurzen Schriften zu dieser Wahl[404] nicht zuletzt auch an seine Glaubensgenossen wandte und gerade mit der dritten Schrift die im Reich vorwiegend freisinnige Haltung der Juden leidenschaftlich verteidigte,[405] meinte, die Frage, ob nun der eine oder andere Kandidat Antisemit sei oder nicht, sei im Moment nicht die entscheidende: »Herz und Nieren zu prüfen, ist nicht meine Sache, auch schwerlich die der Wähler, zumal wenn ein Kampf um ganz andere Dinge, nämlich um die wichtigsten Interessen des Staates und Reichs in Frage steht.«[406] Bedeutend sei, daß die Macht in den Händen der staatserhaltenden Parteien bleibe.

Für die Juden in Heidelberg bedeutete das Eintreten für die Nationalliberalen in dieser Wahl trotz der Aufstellung eines konservativen Kandidaten weitgehend eine Selbstverständlichkeit. Auch wenn Moritz Cantor in seiner Wahlrede am 6. Februar 1887, wie es bei ihm auch sonst der Fall zu sein schien, mit keinem Wort die Situation der Juden oder den Antisemitismus erwähnte, ging seine Ansicht in die gleiche Richtung wie bei Goldschmidt: »Die Stimmen werden nicht bloß für diesen oder jenen Kandidaten abgegeben. Nein: für oder gegen das Septennat steht auf jedem Wahlzettel.«[407]

In der Tat bot sich in Heidelberg unter dem nationalliberalen Vorzeichen für die Juden kaum eine Alternative an, denn die Konkurrenten aus Zentrum und Sozialdemokratie waren für sie nur schwer wählbar. Das Zentrum galt in Heidelberg seit der Zeit der »wandernden Casinos« des Jakob Lindau als politisch diskreditiert,[408] und die Sozialdemokraten, die in Heidelberg zu dieser Zeit mangels Industrie noch kaum über eine nennenswerte Klientel verfügten, gehörten zu den Reichsfeinden. Ein freisinniger Kandidat war nicht aufgestellt worden.

Erst mit Beginn des 20. Jahrhunderts schien sich die Tendenz der Juden nach links auch in Heidelberg anzudeuten, zu deren Gründen hier wohl auch ein Generationswechsel gehörte. So setzte sich der Enkel des ehemaligen Bezirksrabbiners Salomon Fürst, Rudolf Fürst, im Reichstagswahlkampf von 1907 für die linksliberalen Gruppen ein,[409] und der Sohn des Heidelberger Professors Emanuel Leser, Guido Leser, der 1919 als Kandidat der Deutschen Demokratischen Partei in die badische verfassunggebende Nationalversammlung gewählt wurde,[410] betrieb 1910 die Fusion der drei Heidelberger linksliberalen Vereinigungen zur Fortschrittlichen Volkspartei.[411] Mit Guido Leser, dem Rechtsanwalt Theodor Kaufmann und dem Bruder des nationalliberalen Zigarrenfabrikanten Max Liebhold, Ferdinand, saßen 1911 immerhin drei Juden in dem sechs Köpfe zählenden

404 Goldschmidt, Levin: Zur Reichstagswahl vom 21. Februar und 2. März 1887. Berlin 1887.

405 Vgl. ebd., S. 33–61.

406 Ebd., S. 27.

407 Heidelberger Zeitung Nr. 31 v. 7. Februar 1887.

408 Vgl. Gall 1973, S. 107 f.

409 Vgl. Chronik 1907–1909, S. 165.

410 Vgl. Kaller, Gerhard: Jüdische Abgeordnete im badischen Landtag 1861–1933. In: Juden in Karlsruhe ^{2}1990, S. 432 f.

411 Vgl. Chronik 1910, S. 248.

Vorstand der Fortschrittlichen Volkspartei.[412] Ob diese Umorientierung tatsächlich erst so spät begann, ist schwer auszuloten, wäre aber verwunderlich, da die linksliberalen Parteien die einzigen waren, die sich in Heidelberg seit 1892 konsequent gegen den Antisemitismus stark machten.[413]

Während die Juden im politisch-öffentlichen Bereich sichtbar vertreten waren und auf breite Akzeptanz stießen, verschloß man ihnen den Zugang zu leitenden Funktionen im geselligen Leben der Stadt, womit hier erst einmal die Vorstände von Turn-, Gesangs-, Militär- oder Stadtteilvereinen gemeint sind. In dieser Sparte des Vereinslebens tauchten Juden in den Vorstandslisten erst in den Jahren kurz vor dem Ersten Weltkrieg auf, so z. B. 1910 der Tabakhändler Mayer Gernsheimer als Verwaltungsrat des Vereins »West-Heidelberg«[414] oder der Fabrikant und Chemiker Julian Reis als Schriftführer des Militärverbandes Pfalzgau.[415] Häufig herrschte gerade in Sport- und Militärvereinen ein betont nationalkonservativer, mit antisemitischen Einstellungen verbundener Geist, der es den Juden unmöglich machte, führende Positionen einzunehmen.[416] Die Konstellation, daß der Heidelberger Turnverein, dessen Vorsitzender Franz Mai 1897 versuchte, in Heidelberg eine antisemitische Opposition aufzubauen,[417] seine Turnhalle 1898 zwei antisemitischen Rednern zur Verfügung stellte,[418] bestätigt diese Beobachtung auch für Heidelberg.

Ein anderes Bild gaben dagegen Vereine ab, die ausgesprochene Bildungszwecke für die breitere Bevölkerung verfolgten und sich dabei des an der Universität vorhandenen Lehrpotentials bedienten. An erster Stelle ist hier der Kaufmännische Verein zu nennen, in dem vor allem der Historiker Adolf Koch seit dem Gründungsjahr 1887 regelmäßig Vorträge über verschiedenste Facetten der Geschichte und Dinge von allgemeinerem Interesse hielt.[419] Koch scheint der einzige universitäre jüdische Redner gewesen zu sein, der auch vor einem breiteren Publikum nicht vor Themen zurückschreckte, bei denen er annehmen mußte, daß man ihm als Juden besondere Aufmerksamkeit schenken würde. Indes verraten die Zeitungsartikel über seine Vorträge, die u. a. »Jud Süß« und »Richard Wagner« behandelten, nicht, ob er die Gelegenheit nutzte, um die Juden gegen den Antisemitismus zu verteidigen. Koch verurteilte Jud Süß, der versucht habe, »sich als Märtyrer für seinen Glauben aufzuspielen«,[420] und bekundete unumwunden

412 Vgl. Chronik 1911, S. 114.

413 Vgl. Heidelberger Zeitung Nr. 291 v. 12. Dezember 1892.

414 Vgl. Adreßbuch 1910.

415 Vgl. Adreßbücher 1912–1914.

416 Vgl. auch Richarz 1979, S. 36f.

417 Vgl. Heidelberger Zeitung Nr. 164 v. 16. Juli 1897; Mai als Vorsitzender des Turnvereins: vgl. Adreßbuch 1908.

418 Vgl. Heidelberger Zeitung Nr. 55 v. 7. März 1898 (Liebermann von Sonnenberg); Nr. 118 v. 23. Mai 1898 (der Kandidat der Antisemiten Vogel).

419 Vgl. Heidelberger Zeitung Nr. 38 v. 15. Februar 1887; Heidelberger Zeitung Nr. 251 v. 25. Oktober 1888; Nr. 285 v. 5. Dezember 1892; Heidelberger Zeitung Nr. 72 v. 29. März 1894; Chronik 1906, S. 203; Chronik 1911, S. 250; Chronik 1912, S. 122.

420 Heidelberger Zeitung Nr. 273 v. 21. November 1889.

seine Bewunderung für Richard Wagner, der der Mann gewesen sei, »welcher, einem Messias gleich, das komödiantenhafte Singspiel jener Zeit, für eine banale Menge gemacht, aus dem Tempel hinaustrieb, und das Musikdrama auf den gebührenden Altarsockel erhob«.[421] Eine Ablehnung des Wagnerschen Antisemitismus findet sich in dem Artikel nicht, wohl aber eine ganz selbstverständliche Liebe zu einem Teil der deutschen Kultur.

Neben Koch machte sich vor allem der Rechtsanwalt Rudolf Fürst um den Kaufmännischen Verein verdient, indem er über Jahre hinweg sachbezogene Erörterungsabende organisierte und durch Vorträge einleitete.[422] Schließlich trugen die Ökonomen Emanuel Leser[423] und Edgar Jaffé,[424] der Staatsrechtler Georg Jellinek[425] und der Mediziner Siegfried Bettmann[426] mit ihrem Fachwissen dazu bei, dem Heidelberger Kaufmannsstand ein Forum zur Weiterbildung zu geben.

Ebenfalls bemüht, sein Universitätswissen an ein breiteres Publikum zu vermitteln, war der Mathematiker Moritz Cantor, der 1863 zu den Gründungsmitgliedern des Arbeiterbildungsvereins zählte.[427] Obwohl sich der Verein offenkundig nach Schulze-Delitzschen und damit nach liberalen Prinzipien orientierte, bemerkte Cantor anläßlich des Jubiläums zum 30jährigen Bestehen: »Ausgeschlossen sei es von jeher gewesen, dem Verein eine bestimmte politische Richtung zu geben. Nur von einer Gattung war man stets der Ansicht, daß sie in den Rahmen der Arbeiterbildungsvereine nicht passe, das sei die Sozialdemokratie, die von der in dem Arbeiterbildungsverein gepflegten warmen Liebe zum Vaterlande, dem Sinne für Sparsamkeit nichts wissen wolle.«[428] Cantor war durchdrungen von Patriotismus, der sich auch in seinen Worten zu einer Bismarckfeier im Jahr 1895 widerspiegelte: Er meinte, daß »Vaterland eigentlich eine Empfindung sei, denn wir erfahren vom Vaterland durch das Gefühl der Liebe«. Der Artikel fuhr fort: »Er sprach lebhaft gegen den Kosmopolitismus, der so oft gegen die Vaterlandsidee ins Feld geführt werde (...)«[429] Vielleicht verstand Cantor seine unermüdlichen Auftritte nicht nur im Arbeiterbildungsverein, sondern auch bei

421 Ebd., Nr. 269 v. 16. November 1893.

422 Vgl. Chronik 1895, S. 63; Chronik 1896, S. 54, 56, 58; Heidelberger Zeitung Nr. 232 v. 5. Oktober 1897; Heidelberger Zeitung Nr. 263 v. 9. November 1899 u. ö.

423 Vgl. Heidelberger Zeitung Nr. 103 v. 2. Mai 1888; Chronik 1893, S. 60; Chronik 1895, S. 59; Heidelberger Zeitung Nr. 40 v. 17. Februar 1898.

424 Vgl. Chronik 1906, S. 210; generell zu Jaffé: vgl. Drüll 1986, S. 124.

425 Vgl. Chronik 1902, S. 148; generell zu Jellinek: vgl. Drüll 1986, S. 126f.; Hamburger, Ernest: Juden im öffentlichen Leben Deutschlands. Tübingen 1968 (= Schriftenreihe wissenschaftlicher Abhandlungen des Leo-Baeck-Instituts, 19), S. 91–93.

426 Vgl. Chronik 1910, S. 311; zu Bettmann vgl. Drüll 1986, S. 20.

427 Vgl. Heidelberger Journal Nr. 217 v. 16. September 1863; Heidelberger Journal Nr. 293 v. 13. September 1864; Nr. 155 v. 5. Juli 1865; Heidelberger Journal Nr. 202 v. 29. August 1867; Heidelberger Zeitung Nr. 118 v. 23. Mai 1893.

428 Heidelberger Zeitung Nr. 118 v. 23. Mai 1893.

429 Heidelberger Zeitung Nr. 77 v. 1. April 1895.

Handwerkern, im Gewerbe- und im Frauenverein als eine Art Dienst am Vaterland.[430]

In den gleichen Rahmen von Bildungseinrichtungen für ein größeres Publikum, in denen jüdische Professoren sich engagierten, gehörte der Verein Frauenbildung-Frauenstudium. Hier steuerte Georg Jellinek u.a. 1898 einen ausführlichen Bericht zum Stand der Frauenfrage um die Jahrhundertwende bei. Nachdem er sorgfältig abgewogen hatte, wie sich aus den verminderten Pflichten der Frauen (Wehrpflicht) vor allem beschränkte politische Rechte ergäben, diesen aber durchaus gleiche Rechte gegenüber den Männern, z.T. sogar Privilegien (Sozialgesetzgebung) gegenüberstanden, schloß er seinen Vortrag mit dem Hinweis, »daß doch die meisten Frauen ihren Beruf in der Ehe finden«. Er hoffe, »daß seine Darlegungen, die zeigen, daß die Stellung der Frau zum Staat durchaus nicht so übel ist, wie man sie vielfach schildert, vielleicht dazu beitragen, etwas mehr Zufriedenheit in die beteiligten Kreise zu bringen«.[431] Außer Jellinek nahmen sich auch Karl Heinsheimer[432] und Karl Kaiser,[433] die beide, wie Jellinek auch, ihren Austritt aus dem Judentum erklärt hatten, der in die Zukunft weisenden Aufgaben an, den Frauen den Weg zur Gleichberechtigung zu bahnen.

Schließlich traten jüdische Professoren auch vereinzelt in Vereinen auf, die eher an ein akademisches Publikum gerichtet waren, wie dem Historisch-Philosophischen Verein, in dem ebenfalls Jellinek häufig zu Gast war,[434] dem Naturhistorisch-Medizinischen Verein[435] oder dem Mathematischen Verein, den abermals Moritz Cantor mitbegründete.[436]

Die große Anteilnahme an all diesen auf Bildung zielenden Vereinen zeigte, daß zumindest ein Teil der zur Universität gehörenden Juden bestrebt war, sein Wissen in die Stadt zu tragen und denen zukommen zu lassen, denen höhere Bildung bislang verwehrt war und die sich nun nach diesem Gut und nach Aufstieg sehnten. Der dahinter steckende soziale Impetus mochte bei Moritz Cantor, Emanuel Leser oder Karl Kaiser durch ihre Herkunft aus kaufmännischen Elternhäusern und durch das Wissen um die Schwierigkeit des Aufstiegs motiviert sein. Die Heidelberger Bürger nutzten dieses Honoratioren-Potential gerne, verhinderten aber auch die Durchdringung der Vorstandsebenen dieser Vereine mit jüdischen Kaufleuten. So stellte der Schuhwarengroßhändler Ludwig Rosen-

430 Im Handwerkerbildungsverein: vgl. Heidelberger Zeitung Nr. 144 v. 22. Juni 1865; im Gewerbeverein: vgl. Heidelberger Journal Nr. 293 v. 12. Dezember 1867; im Frauenverein: vgl. Heidelberger Zeitung Nr. 268 v. 15. November 1899.

431 Heidelberger Zeitung Nr. 34 v. 10. Februar 1898.

432 Vgl. Heidelberger Zeitung Nr. 103 v. 3. Mai 1900; zu Heinsheimer vgl. Drüll 1986, S. 106.

433 Vgl. Heidelberger Zeitung Nr. 256 v. 1. November 1899; zu Kaiser vgl. Drüll 1986, S. 130.

434 Vgl. Chronik 1893, S. 60; Chronik 1895, S. 60; Chronik 1897, S. 97.

435 Hier redete vor allem Wilhelm Salomon (vgl. Drüll, S. 230f.) häufig, vgl. Chronik 1911, S. 245, 254; Chronik 1915, S. 211.

436 Vgl. Heidelberger Zeitung Nr. 104 v. 4. Mai 1901.

busch, der dem Kaufmännischen Verein zeitweilig als Kassierer zur Verfügung stand,[437] eher eine Ausnahme dar.

6 Antisemitismus

6.1 Antisemitismus in und um Heidelberg

Nicht anders als im Reich präsentierte sich auch in Heidelberg der Antisemitismus in vielerlei Gestalten, die zusammengefaßt belegen, wie tiefe Wurzeln der Antisemitismus in der breiten Bevölkerung geschlagen hatte. Ob es sich um politischen Antisemitismus oder um Versuche, das Schächten verbieten zu lassen, handelte oder ob die jüdische Studentenverbindung »Badenia« angegriffen wurde – immer ging dies von unterschiedlichen Personenkreisen aus, die den Juden vorenthielten, was den Juden zustand: gleichberechtigte Deutsche zu sein wie alle anderen auch.

Während in Preußen massive antijüdische Aktionen bereits Ende der 70er Jahre des 19. Jahrhunderts einsetzten, blieb Baden[438] unter anderem wegen des konsequenten Einschreitens des Großherzogs von dieser ersten Phase[439] des Antisemitismus verschont, die sich zum einen im Universitätsbereich abspielte und in der sich zum anderen unter Federführung des Berliner Hofpredigers Adolf Stoecker die ersten antisemitischen Parteien formierten. Baden wurde erst zum Agitationsfeld der Antisemiten, nachdem diese in einer zweiten Phase ihre Bemühungen um Anhängerschaft von der Reichshauptstadt in die Provinz verlegt hatten und die Bewegung sich von hier ins ganze Reich verlagerte.

Heidelberg selbst erwies sich gegen den politischen Antisemitismus der Deutsch-sozialen Partei[440] als relativ resistent, wogegen die ländlichen Orte um die Stadt kaum eine Widerstandskraft gegen die Flut von Wahlveranstaltungen, die sich spätestens ab 1895 im Rahmen der Landtagswahlen über sie ergoß, zeigten. Als dauerhaft anfällig für die Antisemitenpartei präsentierten sich besonders Dossenheim und Bammental, während Wieblingen 1897 zwar allein antisemitische Wahlmänner gewählt hatte, 1901 aber wieder auf die nationalliberale Linie einschwenkte.[441] Von 1897 bis mindestens 1902 saßen nur zwei antisemitische Abgeordnete im badischen Landtag: einer aus dem Wahlbezirk Weinheim-Mannheim-Land und einer aus dem Wahlkreis Heidelberg-Land.[442] Der Erfolg der

437 Vgl. Heidelberger Zeitung Nr. 120 v. 24. Mai 1895.

438 Zum Antisemitismus in Baden vgl. Lewin 1909, S. 353–363; Jacoby, Julius: Die antisemitische Bewegung in Baden. Karlsruhe 1897.

439 Vgl. zu den verschiedenen Phasen: Berding 1988, S. 99–102.

440 Vgl. zur Deutsch-sozialen Partei: Art. Deutschsoziale Partei (1900–1914) v. Dieter Fricke. In: Lexikon zur Parteiengeschichte. Bd. 2. Hg. v. Dieter Fricke u. a. Köln 1984, S. 534–537.

441 Vgl. die einzelnen Wahlergebnisse in: Heidelberger Zeitung Nr. 252 v. 28. Oktober 1897; Heidelberger Zeitung Nr. 233 v. 5. Oktober 1901.

442 Vgl. Statistische Jahrbücher für das Großherzogtum Baden 29. Jg. 1897/98, S. 442 f. u. 33. Jg. 1902, S. 432 f.

Antisemiten im Jahr 1897 gründete auf dem Zusammengehen mit der Handwerkerpartei. Die so entstandene »Freie Bürgervereinigung«, als deren Vorsitzender Franz Mai fungierte, erreichte bei dieser Landtagswahl 24 % der Wählerstimmen und noch ein Jahr später bei der Reichstagswahl 22 %. Mai hatte eine recht globale Ansicht zu der Frage, wer Antisemit sei: »Antisemit ist jeder mehr oder weniger, der nicht selbst Jude ist und nicht zum wenigsten Angehöriger der nationalliberalen Partei.« [443]

Vor den Wahlen hatten die Antisemiten, die die Entlassung jüdischer Beamter und Lehrer aus Staatsdienst und Schule sowie die amtliche Aufstellung einer »Landes-Judenstatistik« forderten und die Nationalliberalen vor allem mit ihrem Ruf nach direktem Wahlrecht auf Landesebene irritierten,[444] einen Wahlkampfstil erprobt, der an moderne Propagandafeldzüge erinnert und die Nationalliberalen, wie verschiedene Aufrufe zur Nachahmung zu erkennen geben,[445] in Zugzwang versetzte. 1901 [446] brachten es die Antisemiten von Januar bis November auf 36 Wahlveranstaltungen, wovon allein 24 in den Monaten ab August stattfanden. Jeder Ort des Wahlkreises, einschließlich Heidelberg, wurde mindestens zweimal aufgesucht. Als zentrale Ereignisse können die beiden Versammlungen in Heidelberg angesehen werden, deren erste, in der der Reichstagsabgeordnete Max Liebermann von Sonnenberg sprach, 300 Besucher zählte, während beim zweiten Mal nur 100 Neugierige (die Antisemiten hatten auch für Anhänger anderer Parteien einen gewissen »Unterhaltungswert«) den Saal füllten. Dagegen setzte sich das Publikum in den ländlichen Orten aus durchschnittlich 50 Personen, überwiegend Bauern, zusammen. Der wiederholte Hinweis, es habe sich bei Rednern und Zuhörern häufig um sehr junge Leute gehandelt,[447] spricht dafür, daß die Antisemiten ein Anziehungspunkt für diejenigen bedeuteten, die gegen das bestehende Establishment, gegen die dauernde Vorherrschaft der Nationalliberalen protestierten.

Das Personal der Deutsch-sozialen Partei rekrutierte sich aus einem bunten Gemisch von Landwirten, hier an erster Stelle der Landtagsabgeordnete Friedrich Mampel aus Kirchheim,[448] Kaufleuten (Werner, K. W. Kratzert, Bankier Konsul W. Köster),[449] Studenten (stud. jur. Goebel) [450] und verkrachten Existenzen wie

443 Zit. nach: Walser Smith, Helmut: Alltag und politischer Antisemitismus in Baden. In: ZGO 141 (1993), S. 295.

444 Vgl. Programm der badischen Antisemiten von 1901, in: GLA 356/4466.

445 Vgl. Heidelberger Zeitung Nr. 224 v. 24. September 1895 u. Nr. 30 v. 5. Februar 1897.

446 Vgl. zum folgenden GLA 356/4466.

447 Vgl. z. B. Heidelberger Zeitung Nr. 103 v. 3. Mai 1893; Heidelberger Zeitung Nr. 241 v. 15. Oktober 1897; Heidelberger Zeitung Nr. 111 v. 13. Mai 1901; vgl. auch allgemein, Jochmann 1976, S. 410, 418, 427 f.

448 Zu Mampel vgl. Heidelberger Zeitung Nr. 123 v. 28. Mai 1895; Heidelberger Zeitung Nr. 184 v. 10. August 1897; Heidelberger Zeitung Nr. 100 v. 30. April 1901.

449 Zu Werner vgl. GLA 356/4466; Heidelberger Zeitung Nr. 130 v. 7. Juni 1898; zu Kratzert: Heidelberger Zeitung Nr. 90 v. 19. April 1898; zu Köster: Heidelberger Zeitung Nr. 50 v. 1. März 1898; Jacoby 1897, S. 7–14.

450 Zu Goebel vgl. Heidelberger Zeitung Nr. 90 v. 19. April 1898; Heidelberger Zeitung Nr. 118 v. 23. Mai 1898.

dem »enfant terrible« des auch in Baden heillos zerstrittenen Antisemitismus, Thomas Reuther,[451] der seine eigene Partei immer wieder durch ein Übermaß an Agitation desavouierte. Reuther fungierte u. a. als Redakteur des Organs der badischen Antisemiten, des »Badischen Volksboten«,[452] der, nachdem er zunächst in Todtnau und Lahr herausgegeben worden war, ab 1890 in Heidelberg erschien, im Juni 1897 zum »Deutschen Volksboten« umgetauft wurde, um schließlich ein halbes Jahr später nach Mannheim überzusiedeln. Die zweifelhaften Methoden der Antisemiten führten zu einer Flut von Beleidigungsprozessen, von denen allein in den vier Jahren von 1894 bis 1897 zehn vor dem Heidelberger Schöffengericht abgehandelt wurden und beim Publikum großes Interesse hervorriefen.[453] Im Mittelpunkt dieser Prozesse stand mehrmals der »Badische Volksbote«, gegen den als einer der prominentesten Juden in Deutschland auch Hirsch Hildesheimer, der Herausgeber des »Israelit«, klagte.[454] Ebenso versuchten Heidelberger jüdische Kaufleute auf diesem Weg, sich gegen den Redakteur der Zeitung, Goebel, zu wehren, unter dessen Aufsicht Flugblätter mit der Aufforderung, nicht bei Juden zu kaufen, gedruckt und in Heidelberg verteilt worden waren.[455]

Neben die bei Anhängern des Antisemitismus in der Regel vorhandenen sozialen Motive für den Judenhaß[456] trat im Wahlkreis Heidelberg-Land der politische Umstand hinzu, daß außer dem Zentrum, das zudem bei den Landtagswahlen von 1897 und 1901 offensichtlich hier keine Kandidaten aufgestellt hatte, keine weiter ernstzunehmende Oppositionspartei bestand. Diese Konstellation dürfte der ausschlaggebende Grund dafür sein, daß nur dieser badische Wahlkreis wiederholt einen antisemitischen Kandidaten in den Landtag entsandte.

Wieweit die Heidelberger Juden von der wilden Hetze der Antisemiten direkt betroffen waren, ist schwer nachzuvollziehen. Die erwähnte Klage von 17 Kaufleuten scheint eher die Ausnahme gewesen zu sein, weitere Artikel über Prozesse, in denen Heidelberger Juden als Kläger auftraten, fanden sich bis 1902 nicht. Entscheidender als die eigentliche Hetze war wohl für die Juden das Klima, die Wirkung, die diese Presse, die man ja nicht zu lesen brauchte,[457] erzielte.

Konkreter, aber auch subtiler erschienen dagegen die mehrfachen Versuche des Heidelberger Tierschutzvereins, das bei den Juden gebräuchliche Schächten ver-

451 Zu Reuther vgl. Schmitt 1990, S. 140; Jacoby 1897, S. 6ff.; Heidelberger Zeitung Nr. 9 v. 11. Januar 1894; Heidelberger Zeitung Nr. 14 v. 17. Januar 1894; Heidelberger Zeitung Nr. 94 v. 23. April 1894; Heidelberger Zeitung Nr. 178 v. 2. August 1895 u. Heidelberger Zeitung Nr. 180 v. 5. August 1895.

452 Vgl. zum »Badischen Volksboten«: Jacoby 1897, S. 5–8; Lewin 1909, S. 354.

453 Vgl. Jacoby 1897, S. 16–18.

454 Vgl. Heidelberger Zeitung Nr. 101 v. 1. Mai 1895; AZJ, 59. Jg., Nr. 18 v. 3. Mai 1895, S. 3.

455 Vgl. Heidelberger Zeitung Nr. 90 v. 19. April 1898; Heidelberger Zeitung Nr. 118 v. 23. Mai 1898.

456 Vgl. Richarz 1979, S. 36f.

457 Vgl. ebd., S. 37.

bieten zu lassen.[458] Obwohl in diese Richtung gehende Petitionen bereits im Reichstag 1887, 1894 und 1895 mit dem Übergang zur Tagesordnung erledigt worden waren, ließen es sich die Tierschutzvereine mehrerer badischer Städte, darunter neben Heidelberg auch Karlsruhe und Freiburg, nicht nehmen, ebenfalls mit einer Petition gegen das Schächten an den badischen Landtag heranzutreten.[459] Abermals endeten die Verhandlungen mit dem Übergang zur Tagesordnung. So sehr dieses Vorgehen durch Tierliebe (als Grund wurde allerdings eher »Humanität« angegeben)[460] motiviert sein mochte, so galt doch auch Antisemitismus als wichtige Triebfeder. Lewin drückte dieses Zusammentreffen vorsichtig folgendermaßen aus: »Ein beredtes Zeichen, daß es den Antisemiten in Deutschland immer an belangreichem Agitationsstoff gebrach, war sein Eintreten in die von einzelnen Tierschutzvereinen hervorgerufene Bewegung gegen (...) das Schächten.«[461] Immerhin, die badischen Tierschutzvereine hatten sich für ihren Gang zum Landtag einen denkbar auffälligen Zeitpunkt, an dem die antisemitische Bewegung in Baden ihren vorläufigen Höhepunkt erreichte, ausgesucht. Der Heidelberger Hauptgegner des Schächtens, der Arzt Mittermaier, betonte zwar, er sei kein Antisemit, er sei sogar Mitglied des »Vereins zur Abwehr des Antisemitismus«.[462] Trotzdem lancierte er mitten im badischen Landtagswahlkampf von 1901 im Auftrage des Tierschutzvereins einen auf der ersten Seite prangenden Leitartikel gegen das Schächten in die Heidelberger Zeitung.[463] Auch mutete sein 1916 gemachter Vorschlag, man solle den jüdischen und den christlichen Friedhof doch zusammenlegen, nicht gerade judenfreundlich an.[464]

6.2 Der nationalliberale Standpunkt: Die »Heidelberger Zeitung«

Die Darstellung von Antisemitismus im Kaiserreich verharrt in der Regel bei der Untersuchung antisemitischer Parteien und gesellschaftlicher Verbände wie Studentenorganisationen oder berufsständischen Zusammenschlüssen.[465] Demgegenüber stehen die Nationalliberalen, denen im äußersten Falle erziehungs- und zeitbedingte Judenfeindschaft zugeschrieben wird, auf der unbelasteten Seite.[466] Der politisch motivierte Antisemitismus hätte demnach im nationalliberal geprägten Heidelberg einen schweren Stand haben müssen. Nichtsdestoweniger wurde

458 Vgl. Heidelberger Zeitung Nr. 223 v. 23. September 1893; Der Israelit, 43. Jg., Nr. 3 v. 9. Januar 1902, S. 53.

459 Vgl. GLA 356/Zug. 1969/10/922; Lewin 1909, S. 365 f.

460 Vgl. Heidelberger Zeitung Nr. 223 v. 23. September 1893; Nr. 188 v. 14. August 1901.

461 Lewin 1909, S. 365.

462 Vgl. den Artikel von Mittermaier: »Zur Schächtfrage«, hier S. 114, in: Gesundheit 19. Jg. Nr. 8/1894, S. 114–116. Beigeheftet in GLA 356/Zug. 1969/10/923.

463 Vgl. Heidelberger Zeitung Nr. 188 v. 14. August 1901.

464 Vgl. Chronk 1916, S. 32.

465 Vgl. z. B. das Inhaltsverzeichnis bei Berding 1988 (S. 5).

466 Vgl. Berding 1988, S. 79; Jochmann, Werner: Struktur und Funktion des deutschen Antisemitismus. In: Strauss, Herbert (Hrsg.): Antisemitismus. Von der Judenfeindlichkeit zum Holocaust. Bonn 1985 (= Schriftenreihe der Bundeszentrale für politische Bildung, 213), S. 131 f.

die führende antisemitische Zeitung Badens, der Badische Volksbote, in Heidelberg herausgegeben, nahm die Zahl der antisemitischen Veranstaltungen in und um Heidelberg in den 1890er Jahren rapide zu und breitete sich der Antisemitismus in Universitätskreisen aus. 1895 sprach man gar von einer »Heidelberger Richtung« des Antisemitismus,[467] was den Antagonismus zur Karlsruher Antisemiten-Partei verdeutlichen sollte.[468]

Zu den Gründen dieses Phänomens gehörte in Heidelberg u. a. die fehlende entschiedene Gegenwehr durch die Nationalliberale Partei, deren tonangebendes Organ die »Heidelberger Zeitung« (HZ) darstellte. Auch wenn diese Zeitung keinen sich laut gebärdenden Antisemitismus verbreitete, so blieb sie in der Bekämpfung desselben halbherzig auf einem Standpunkt stehen, der zumindest als ambivalent zu kennzeichnen ist und der ein Klima schuf, das den antisemitischen Parteien einen günstigen Boden für ihre Agitation bereitete. Da die Heidelberger Zeitung ganz und gar auf die nationalliberale Linie eingeschworen war und sich bereitwillig als Wahlhelfer für diese Partei zur Verfügung stellte, kann im folgenden von einer exakteren Unterscheidung zwischen der Art der Berichterstattung und dem Berichteten selbst abgesehen werden.

Im Umgang der Heidelberger Zeitung mit judenfeindlichen Erscheinungen lassen sich bis 1902 drei Phasen unterscheiden: 1. die religiös aufgeheizte Zeit des badischen Schulkampfes, in der die HZ bemüht war, katholische Angriffe auf die Juden zurückzuweisen; 2. eine Phase, in der Antisemitismus als politisches Thema abgelehnt und gleichzeitig trotzdem instrumentalisiert wurde (1880er Jahre), und 3. ab 1890, also ab dem Zeitpunkt, an dem der politische Antisemitismus auch in Baden Fuß gefaßt hatte, die völlige Politisierung des Themas auch durch die Nationalliberalen bis hin zur Anpassung an Vorurteile in der Wählerschaft. Unter Politisierung wird hier die Vereinnahmung und Abstrahierung des Problems im Rahmen partei- und machtpolitischer Auseinandersetzung verstanden.

Bevor diese Phasen näher erläutert werden, ist ein Blick auf eine Begleiterscheinung des skizzierten Prozesses zu werfen. Die lokalen Artikel der HZ wandten sich so gut wie gar nicht den Angelegenheiten der Heidelberger jüdischen Gemeinde zu, die höchstens in offiziellen, unkommentierten Verlautbarungen über Synagogenratswahlen oder Stipendienvergaben Erwähnung fanden. Wichtige Ereignisse wie der Tod des Bezirksrabbiners Salomon Fürst 1870 oder die Gründung eines der ersten deutschen zionistischen Vereine durch Schapira 1884 in Heidelberg wurden nicht zur Kenntnis genommen, während ausführlich über evangelische, katholische oder auch altkatholische Gemeindeversammlungen berichtet wurde. So wohlwollend, wenn auch nicht ganz vorurteilsfrei, sich die HZ an der abstrakten Diskussion über die Emanzipation 1862 beteiligte,[469] war

467 Heidelberger Zeitung Nr. 147 v. 27. Juni 1895.

468 Vgl. dazu Scheil, Stefan: Aktivitäten antisemitischer Parteien im Großherzogtum Baden zwischen 1890 und 1914. In: ZGO 141 (1993), S. 314 ff.

469 Vgl. Heidelberger Zeitung Nr. 304 v. 28. Dezember 1861; Nr. 1 v. 1. Januar 1862; Nr. 22 v. 26. Januar 1862; Nr. 41 v. 18. Februar 1862; Nr. 66 v. 19. März 1862; Nr. 109 v. 5. September 1864.

dies doch kein Anlaß, den Heidelberger Bürgern ihre jüdische Gemeinde näherzubringen.

Dieses Desinteresse des Herausgebers mag durch die Gemeinde selbst noch verstärkt worden sein. Es wäre vermutlich kein Problem gewesen, in der HZ einen Nachruf auf Salomon Fürst unterzubringen, der statt dessen, wie vereinzelte andere Gemeindenachrichten auch, in den einschlägigen jüdischen Zeitungen erschien.[470] Vielleicht spürten die Heidelberger Juden, daß die Zeit noch nicht gekommen war, die Gesellschaft mit Nachrichten aus ihrer Gemeinde zu konfrontieren, und übten deshalb bewußt Zurückhaltung.

In der Tat zeigt sich, daß, wenn ausnahmsweise in den 60er oder 70er Jahren über Juden berichtet wurde, dies häufig einer Vermengung mit dem in Baden tobenden Schulkampf zu »verdanken« war. So verbreitete 1865 ein Mannheimer Bürger in Heidelberg das Gerücht, bei einem Tumult in der Quadratestadt, der sich um ein »wanderndes Casino« entsponnen hatte, hätten die Juden aus Rachsucht katholische Priester angegriffen.[471] Wiederholt wurde von katholischer Seite auch ein vermeintlich schädlicher Einfluß der Juden auf das sittliche Niveau der konfessionell gemischten Schule konstatiert.[472] Schließlich führte die Feststellung der HZ, daß die katholische Geistlichkeit bei der Einweihung der neuen Synagoge 1878 gefehlt habe,[473] zu einer Diskussion zwischen dem katholischen »Pfälzer Boten« und der HZ, inwieweit die Feststellung der Abwesenheit ein Angriff auf die katholische Religion sei.[474] Attacken von katholischer Seite auf die Juden wurden von der HZ rigoros zurückgewiesen. Auch wenn diese Verteidigung nicht ganz frei von politischem Kalkül war – für die Nationalliberalen bedeutete der Ultramontanismus den erklärten Erzfeind, und die Juden gehörten zur treuesten Klientel der Nationalliberalen –, so nahm sie doch konkret zu bestimmten Vorkommnissen Stellung und setzte sich für die Juden ein.

Diese Haltung verändert sich zu Beginn der 80er Jahre parallel zu dem Qualitätswandel der Judenfeindlichkeit, dem man zunächst recht hilflos und inkonsequent gegenübersteht, wie ein Kommentar aus dem Jahr 1880 verdeutlicht: »Die ›Judenhetze‹ ist keine ›Parteianschauung‹, sondern einfach eine Verirrung, ein Unfug, ein Skandal à la Judenverfolgung im Mittelalter, nur nach unseren modernen Zuständen etwas abgeschwächt, im Grunde aber eben deshalb unverzeihlicher.«[475] Der Berliner Hofprediger und Antisemit Stoecker begann gerade, seine ersten Erfolge zu feiern,[476] und Treitschke hatte mit seinem Artikel, der mit den berüchtigten Worten »Die Juden sind unser Unglück« endete, 1875 den Startschuß zum Berliner Antisemitismusstreit geliefert.[477] 1882 sollte die Antisemitenpetition, die allerdings in Baden zumindest bis 1881 nur wenige Anhänger

470 Vgl. AZJ, 34. Jg. Nr. 34 v. 3. Mai 1870, S. 354 f.
471 Vgl. Heidelberger Zeitung Nr. 57 v. 8. März 1865; Nr. 60 v. 11. März 1865.
472 Vgl. Heidelberger Zeitung Nr. 67 v. 20. März 1878.
473 Vgl. Heidelberger Zeitung Nr. 88 v. 13. April 1878.
474 Vgl. Heidelberger Zeitung Nr. 94 v. 23. April 1878.
475 Heidelberger Zeitung Nr. 3 v. 5. Januar 1880.
476 Vgl. Berding 1988, S. 89 f.
477 Vgl. ebd., S. 113.

zu finden schien,[478] 22 500 Unterschriften tragen.[479] In Baden, wo sich die antisemitische Bewegung erst rund zehn Jahre später entfalten sollte, mochte dies noch als Unfug und Verirrung erscheinen. Für Berlin aber – und der zitierte Artikel bezog sich auf Berlin – war diese Charakterisierung eine grobe Untertreibung.

Doch paßte sich die HZ allmählich den Verhältnissen an. Aus Berlin wurde 1881 die wahrscheinlich kurz bevorstehende Gründung einer antisemitischen »Christlich-deutschen Partei« gemeldet, die sich gegen die »vaterlandslose jüdische Fortschrittspartei«, die Sozialdemokratie und gegen das »christentums- und deutschfeindliche Judentum« wandte.[480] Der erste und die beiden letzten Sätze des Artikels zeigen die Politisierung eines noch ein Jahr zuvor als jeglicher Parteianschauung fernstehend charakterisierten Phänomens: »Die konservative Partei scheint sich zur neuen Wahlbewegung als ›christlich-deutsche‹ Partei einführen zu wollen. (...) Es ist lebhaft zu bedauern, daß in den ehrlichen politischen Wahlkampf die konfessionellen Verdächtigungen, der Gegensatz von Reich und Arm und endlich grundlose Verleumdungen über Ausbeutung des Staates und Aufsaugung des Volkswohlstandes hineingezogen werden. Greift diese Wahlparole um sich, so gehen wir einem höchst erbitterten Wahltreiben entgegen, dessen Früchte dem gemeinsamen Feinde, der Sozialdemokratie, zu Gute kommen würden.« Man konstatierte bedauernd den Einzug vorpolitischer Themen in die Politik, aber instrumentalisierte diesen Umstand sofort, indem man die politischen negativen Folgen aufzeichnete – und nicht die Schäden, die die jüdische Religionsgemeinschaft durch die Vermischung von Antisemitismus und Politik erlitt.

Kennzeichnend für die instabile Haltung der Liberalen gegenüber dem Antisemitismus war auch der Streit um die Weigerung des Karlsruher Stadtrats, 1881 dem Agitator Stoecker ein Lokal für eine Versammlung zu vermieten.[481] Während Karlsruher Liberale argumentierten, der Stadtrat sei Vertreter der ganzen Bürgerschaft, nicht nur einer Partei, und dürfe deshalb nicht das Lokal verweigern, stimmte die HZ der Auffassung zu, wenn der Stadtrat die Agitation für die Aufhebung der verfassungsmäßigen Rechtsgleichheit verurteilt habe, müsse er auch das Recht haben, dieser Agitation den Riegel vorzuschieben. In den folgenden Jahren sollte gerade das stereotype Beharren der Nationalliberalen auf dem Standpunkt der verfassungsmäßigen Rechtsgleichheit und der Gleichberechtigung aller Konfessionen die einzige Antwort auf den Antisemitismus, der in Wahlaufrufen und -programmen in der Regel nicht einmal beim Wort genannt wurde,[482]

478 Vgl. AZJ, 45. Jg. Nr. 13 v. 29. März 1881, S. 209.

479 Vgl. Wolgast, Eike: Der deutsche Antisemitismus im 20. Jahrhundert. In: Heidelberger Jahrbücher, 33 (1989), S. 18 f.

480 Heidelberger Zeitung Nr. 84 v. 9. April 1881. Die folgenden Zitate ebd.

481 Vgl. Heidelberger Zeitung Nr. 88 v. 14. April 1888; vgl. zu dem Vorgang auch Koch 1990, S. 11.

482 Vgl. Programm der Nationalliberalen Partei zu den Landtagswahlen 1893. In: Heidelberger Zeitung Nr. 230 v. 2. Oktober 1893; desgl. 1895: Heidelberger Zeitung Nr. 59 v. 11. März 1895; desgl. 1897: Heidelberger Zeitung Nr. 183 v. 9. August 1897; Wahlaufruf der Nationalliberalen Partei zur Reichstagswahl 1898: Heidelberger Zeitung Nr. 102 v. 3. Mai 1898 u. ö.

darstellen. Und die Nationalliberalen forderten nicht die faktische Herstellung der verfassungsmäßigen Errungenschaft, sondern deren Beibehaltung.

Die badischen Liberalen konnten sich der sich abzeichnenden Entwicklung nicht wirksam entgegenstellen. Das Schlagwort ›Antisemitismus‹ bekam auch bei ihnen den Charakter eines ›Codes‹. Volkov, die den Antisemitismus als Bestandteil einer antimodernen, antiemanzipatorischen Kultur ansieht, bezieht den Begriff ›Code‹ nur auf die Antisemiten: »Das Bekenntnis zum Antisemitismus wurde zu einem Signum kultureller Identität, der Zugehörigkeit zu einem spezifisch kulturellen Lager.«[483]

Doch auch die unreflektierte Verwendung von ›Antisemitismus‹ durch die Nationalliberalen wies diese Codierung auf. Ihren Gipfel fand diese Entwicklung in einem Kommentar über die antisemitische Agitation im Reichstagswahlkampf 1893: »Es zeigt sich da [bei der Militärfrage], wie unzuverlässig und des Vaterlandes unwürdig diese Agitatoren selbst in einer nationalen Grundfrage sind, in der doch bei Stoecker wenigstens Verlaß war (...) Bedenklicher als die eigenen Erfolge erscheinen uns die Wirkungen, welche die antisemitische Agitation durch Zersplitterung und Schwächung anderer patriotischer Parteien und vielleicht auch durch direkte Unterstütung radikaler, zersetzender Strömungen haben könnte. Sie verdirbt vielfach die Aussichten patriotischer und staatstreuer Parteien.«[484] Antisemitismus wird ein negatives Attribut des politischen Feindes. Der angeführte Artikel richtete sich gegen Konservative und Freisinn, an anderer Stelle freute man sich, die Sozialdemokraten des Antisemitismus überführt zu haben.[485] In die gleiche Richtung zielt später die nicht ganz falsche, aber immer wieder mit Gehässigkeit vorgetragene Behauptung, die Antisemiten hätten in der ländlichen Gegend um Heidelberg nur Erfolg, weil sie vom Zentrum unterstützt würden.[486]

In der Folge befaßten sich die Nationalliberalen weniger mit den Juden, sondern nur mit den Antisemiten als politischen Gegnern, deren wirtschaftliche Programmatik mehr interessierte als ihr Judenhaß. Dementsprechend begann ein Bericht über eine antisemitische Veranstaltung mit dem unkommentierten Bemerken, der Redner sei nicht nur Kapital- und Wirtschaftsantisemit, sondern er huldige auch dem Religions- und Rassenantisemitismus, um dann ausführlich die wirtschaftlichen Forderungen des Redners, die gar nicht mehr Bezug auf die Juden nahmen, zu behandeln.[487] Im Sommer 1895 erschienen drei Artikel, die sich bemühten, die ungenauen, mit Vorurteilen gespickten Recherchen des Badischen Volksboten zu widerlegen.[488] Doch konnte es kaum als ernsthafte Abwehr

483 Volkov, Shulamit: Antisemitismus als kultureller Code. In: dies.: Jüdisches Leben und Antisemitismus im 19. und 20. Jahrhundert. München 1990, S. 13–36.

484 Heidelberger Zeitung Nr. 133 v. 10. Juni 1893.

485 Vgl. Heidelberger Zeitung Nr. 194 v. 21. April 1891.

486 Vgl. Heidelberger Zeitung Nr. 133 v. 10. Juni 1893; Nr. 56 v. 8. März 1897; Nr. 195 v. 23. August 1897; Nr. 253 v. 29. Oktober 1897 u. ö.

487 Vgl. Heidelberger Zeitung Nr. 5 v. 6. Januar 1894.

488 Vgl. Heidelberger Zeitung Nr. 148 v. 28. Juni 1895; Nr. 177 v. 1. August 1895; Nr. 183 v. 8. August 1895.

von Judenfeindlichkeit angesehen werden, wenn der zweite Artikel deutlich zu verstehen gab, daß es nicht um die Rehabilitierung angegriffener Juden ging, sondern um die Bloßstellung des politischen Gegners: »Schade nur, daß dieser jüdische Kaufmann kein Jude ist. Kahl [der angegriffene Kaufmann] ist (...) Protestant und demgemäß hat der Bad. Volksbote wieder einmal daneben gehauen.«[489]

Im Landtagswahlkampf von 1897 gingen die Nationalliberalen endgültig dazu über, die Wähler des Landkreises mit Parolen auf ihre Linie einzustimmen, die denen der Antisemiten auffällig glichen: »Eine zweite und Hauptaufgabe sei es, den deutschen Volksgeist zu heben. Es hätte sich in jüngster Zeit ein antisemitischer Kampf entsponnen, dem er [der Redner] abhold sei, er wolle keine Einschränkung der Gleichberechtigung, sein Kampf sei nur gegen den Einzelnen, welcher in Lüge, Betrug und Schwindel sein Geschäft sucht, gerichtet, und hierbei werden ihm die besseren Israeliten an der Seite stehen.«[490] Selbst Geh. Hofrat Meyer, der sich in der Ersten Kammer das badischen Landtags gegen dort geäußerte antisemitische Einstellungen einsetzte, allerdings auch hier eine nicht ganz einwandfreie Argumentation verfolgte,[491] ließ es sich nicht nehmen, Antisemitismus und Wucher in diesem Wahlkampf in einem Atemzug zu nennen,[492] obwohl die Liberalen, schärfste Verfechter der Ahndung wirtschaftlicher Verfehlungen, diese Themen sonst durchaus zu trennen wußten.

Zu Beginn des 20. Jahrhunderts wurden schließlich herausragende Vertreter des Antisemitismus in Heidelberg regelrecht hofiert. So betonte ein Redakteur der HZ anläßlich eines Vortrags von Max Liebermann von Sonnenberg: »Ein erheblicher Teil seiner Ausführungen war so gehalten, daß ihn jeder patriotisch gesinnte Mann – auch jeder patriotische jüdische Mitbürger – unterschreiben kann, so das Eintreten für eine starke Wehrmacht zu Wasser und zu Lande, für den Schutz der nationalen Arbeit, besonders für diejenige des Mittelstandes.«[493] Was der patriotisch gesinnte Schreiber des Artikels im weiteren über die Forderung Liebermann von Sonnenbergs dachte, die Juden wieder unter Fremdenrecht zu stellen, verschwieg er freilich, nicht ohne allerdings zu bemerken, daß es im Publikum an Heiterkeit gefehlt habe, da keine platten Witze über Juden gerissen worden seien. Einen Monat später nahm der Besuch Adolf Stoeckers in Heidelberg fast den Rang eines gesellschaftlichen Ereignisses an: Sein Vortrag wurde »aus allen Kreisen unserer Bürgerschaft« frequentiert, »auch der Damen schöner Kranz auf hohem Balkone fehlte nicht«.[494]

Die Nationalliberalen, und mit ihnen die Heidelberger Zeitung, hatten in den 1880er Jahren verpaßt, den Qualitätswandel von Judenfeindschaft zu Antisemitismus richtig zu analysieren. Für sie bedeutete der politische Antisemitismus eine

489 Heidelberger Zeitung Nr. 177 v. 1. August 1895.
490 Heidelberger Zeitung Nr. 50 v. 1. März 1897.
491 Vgl. Lewin 1909, S. 357f.
492 Vgl. Heidelberger Zeitung Nr. 195 v. 23. August 1897.
493 Heidelberger Zeitung Nr. 111 v. 13. Mai 1901.
494 Heidelberger Zeitung Nr. 141 v. 20. Juni 1901.

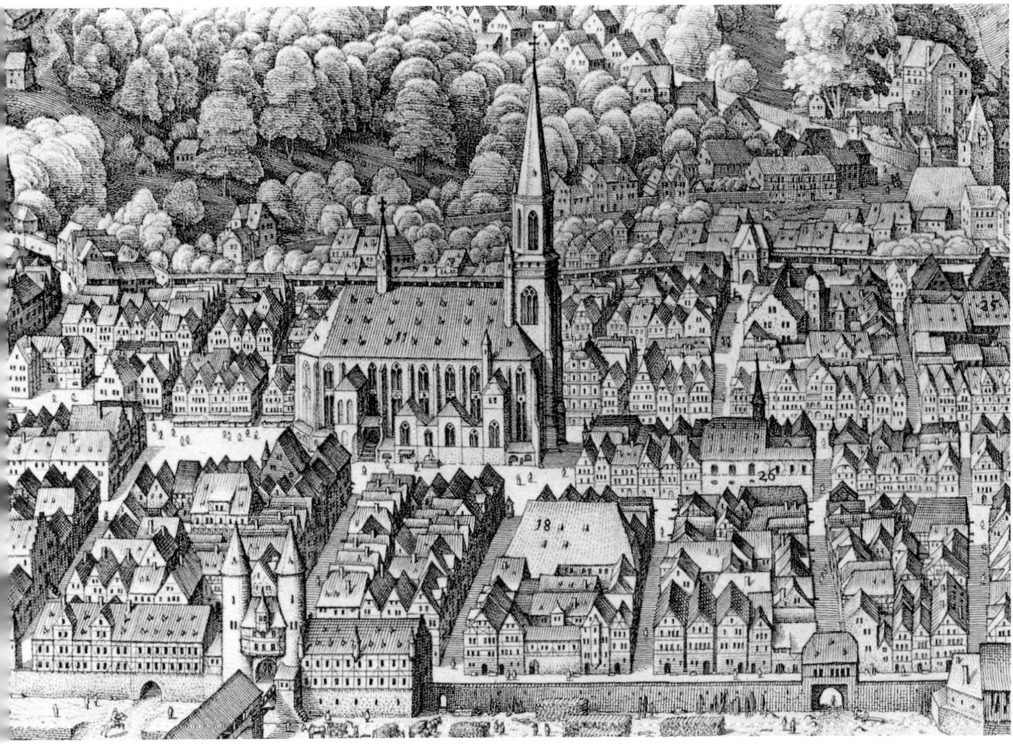

Abb. 1. Auf dem Areal der heutigen Häuser Untere Straße 24/Dreikönigstraße 25 steht die mittelalterliche Synagoge mit ihrem ummauerten Vorhof. Später wird diese Heidelberger Synagoge in eine Marienkapelle (Nr. 26) umgewandelt (Kurpfälzisches Museum, Ausschnitt aus Merian 1620).

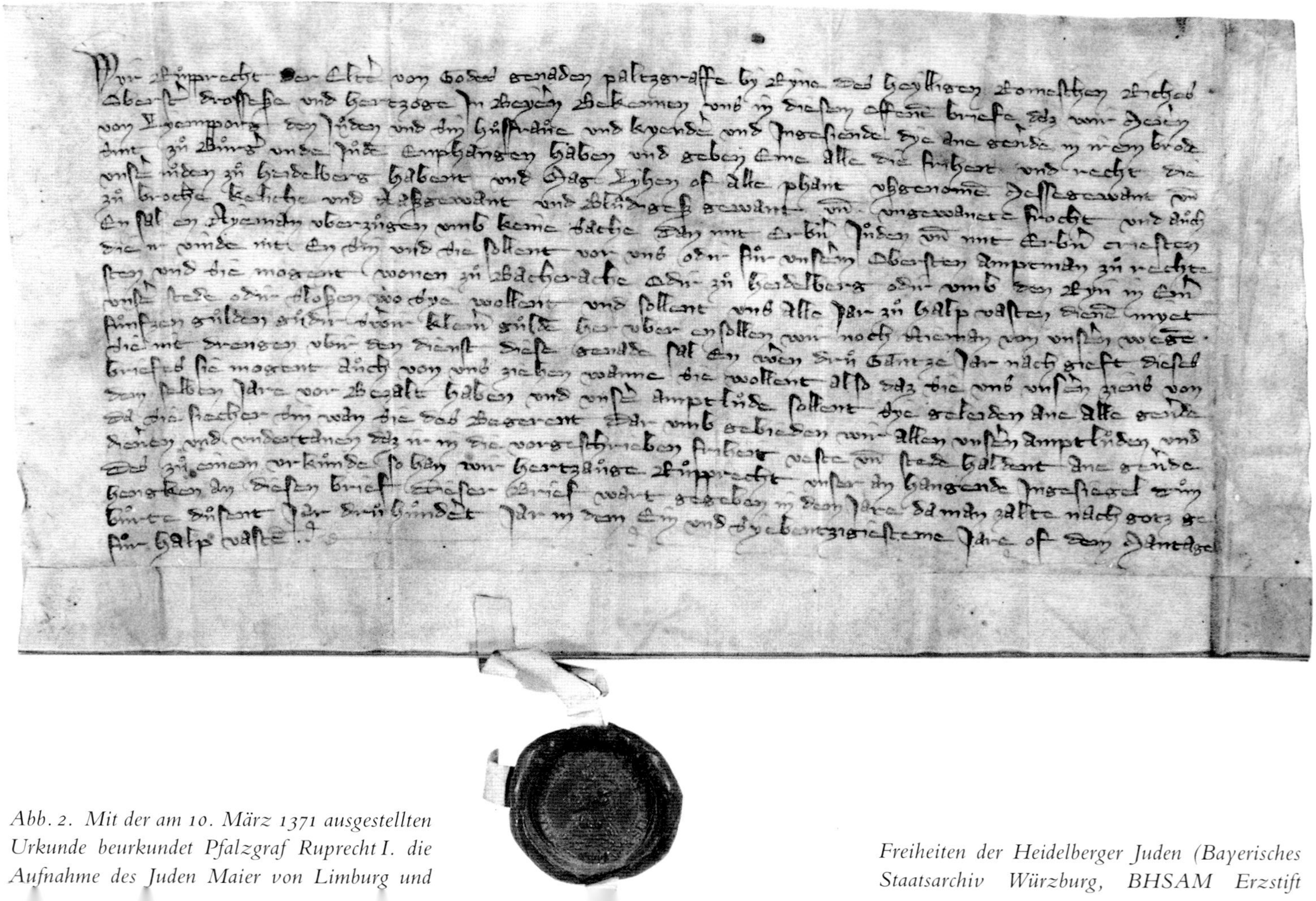

Abb. 2. Mit der am 10. März 1371 ausgestellten Urkunde beurkundet Pfalzgraf Ruprecht I. die Aufnahme des Juden Maier von Limburg und Freiheiten der Heidelberger Juden (Bayerisches Staatsarchiv Würzburg, BHSAM Erzstift

Abb. 3. Auf dem 1714 von einem Teil der jüdischen Gemeinde gekauften Anwesen gegenüber der Heuscheuer am Neckar befindet sich die Synagoge im 18. Jahrhundert (Kurpfälzisches Museum, Ausschnitt aus der Stadtansicht von P. F. de Walpergen 1763).

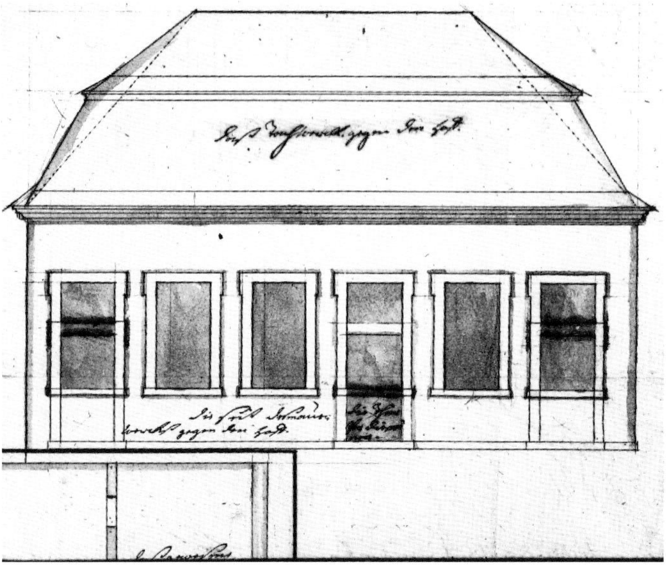

Abb. 4. Die Synagoge im sog Haus »Zur blauen Lilie« (Aufri der Südseite, 1714) liegt in de Großen Mantelgasse/Ecke Lauer straße (heute Große Mantelgass 1–3). Die Umbauten gehen au Pläne des damaligen Stadtbaume sters Johann Adam Breunig zu rück (GLA 204/966).

Abb. 5. Der Chanukkaleucht der Heidelberger Synagoge ist Stiftung des Kaiserlichen Ho tors Samuel Oppenheim in gegen Ende des 17. Jahrhun (STAHD, Repro nach einen to von 1927).

Abb. 6 und 7. Mit den am 17. September 1746 bestätigten Stadtprivilegien geht Kurfürst Karl Theodor auf die vom Heidelberger Stadtrat und der Bürgerschaft gehegten Befürchtungen ein und verfügt in Artikel 17 § 1: »Die bißhero übermäßige Anzahl deren Jüdischen Familien zu Heidelberg auf den alt-vorigen Fuß nach und nach vermindern« (STAHD, Urkunden 299).

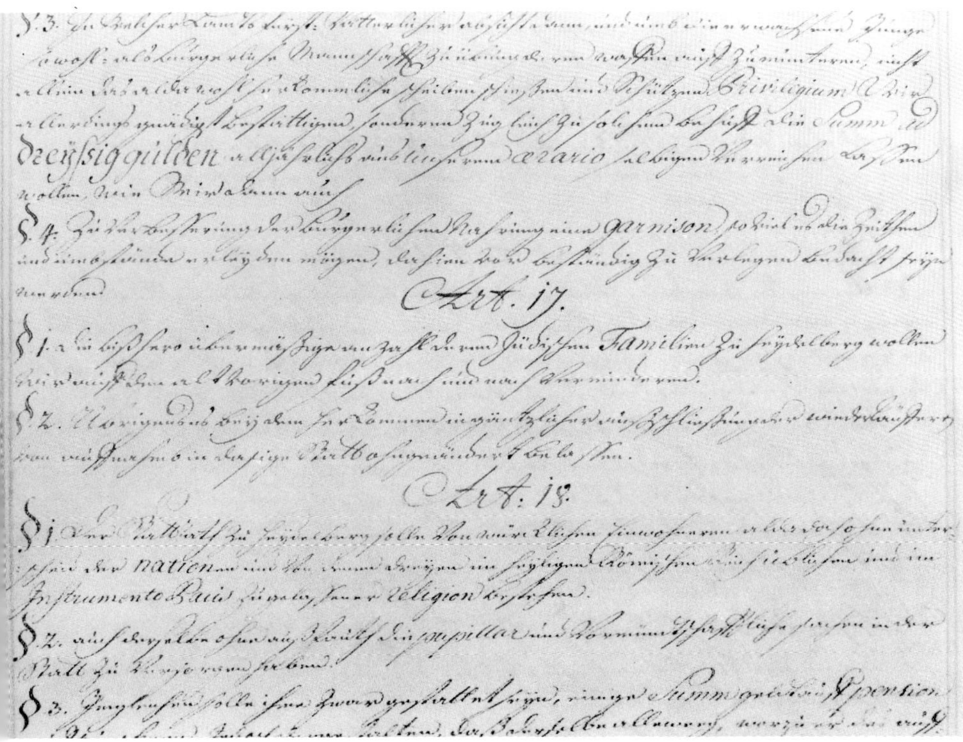

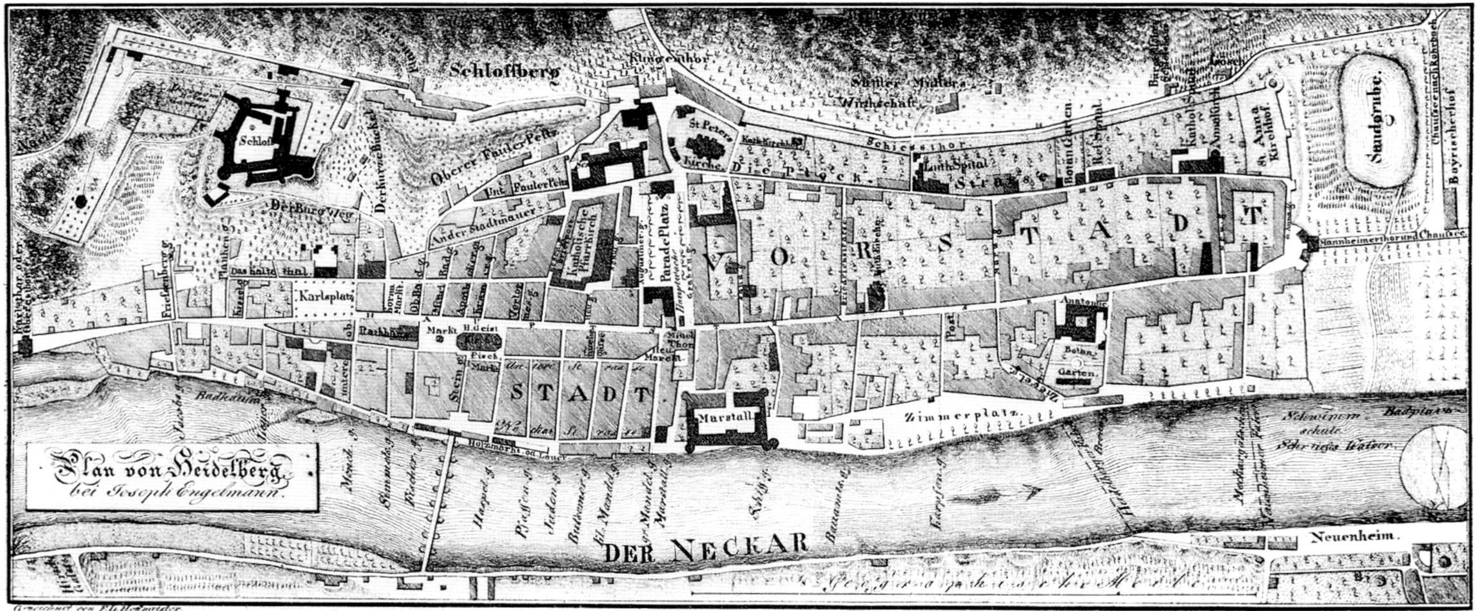

Abb. 8. Plan von Heidelberg 1821, gezeichnet von F. L. Hoffmeister. Von den im Heidelberger »Universitäts- und Addreß-Calender 1816« erwähnten 37 der »Judenschaft« angehörigen Haushaltsvorständen wohnt die Mehrzahl in der Unteren Straße, in der Judengasse (heute Dreikönigstraße) und in der Großen Mantelgasse (Kurpfälzisches Museum S 1237).

Abb. 9. Mit dem 1819 verbreiteten Spottruf »Hepp! Hepp!« belästigen Handwerksburschen und Straßenjungen Heidelberger Juden. Am 25. August werden Häuser in der Unteren Straße gestürmt, Fenster und Türen eingeschlagen, Hausrat und Waren zerstört und geplündert. Diese antijüdische Stimmung wird nochmals aktenkundig, als bei dem Buchhändler Meder die Karikatur des Kupferstechers Johann Michael Voltz aushängt. Die Abbildung über die »Hepp-Hepp-Unruhen« in Frankfurt am Main richtet sich eindeutig gegen verfolgte Juden (Germanisches Nationalmuseum Nürnberg, Graphische Sammlung HB 25820).

Abb. 10. *Hillel Sondheimer (1840–99) wir 1872 als Rabbiner nach Heidelberg berufen un erwirbt sich in fast drei Jahrzehnten seine Wirkens hohes Ansehen (STAHD, Bil sammlung).*

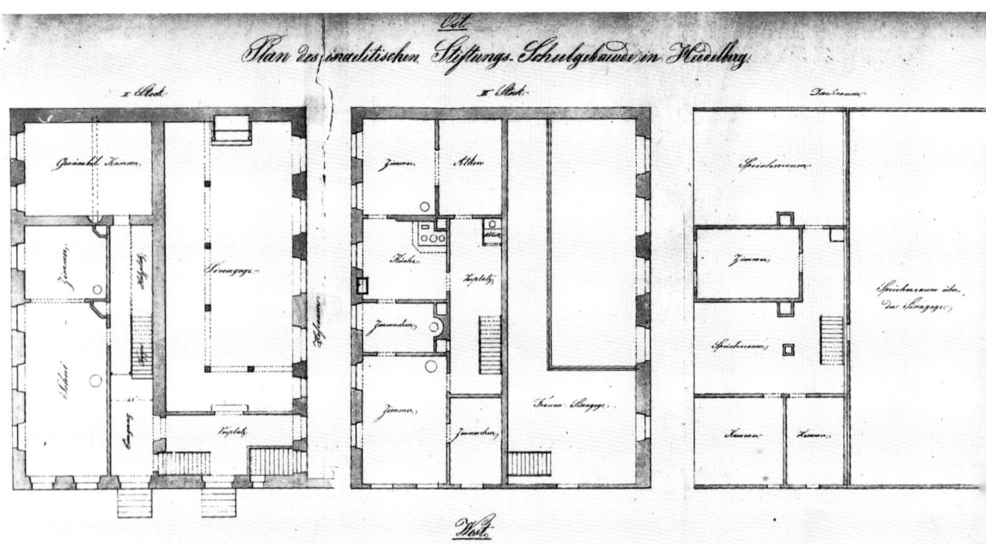

Abb. 11. *Grundriß des Synagogengebäudes 1847. Der Plan zeigt den den männlichen Gemeindemitgliedern vorbehaltenen größeren Raum im Erdgeschoß mit einer darübergelegenen Empore für die Frauen (GLA 356/5637).*

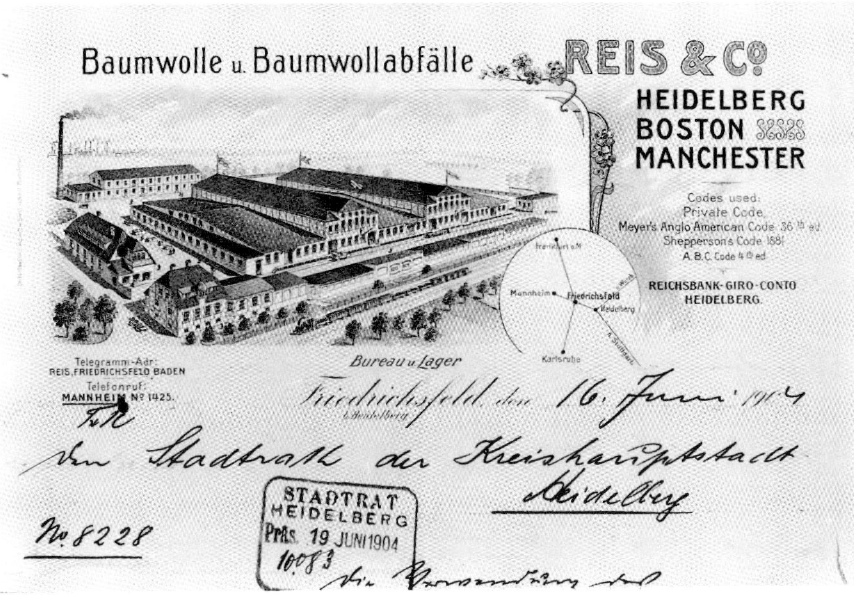

Abb. 12. *Mit seiner Kunstwollfabrikation erreicht Edwin Reis eine führende Stellung in Süddeutschland (STAHD, AA 90/5, Briefkopf auf Schreiben der Firma Reis & Co. vom 16. Juni 1904).*

Abb. 13. *Das Seidenhaus der Gebrüder Löwenthal in der Hauptstraße 96 gehört zu den führenden Häusern in der Textilbranche, in der jüdische Familien überdurchschnittlich vertreten sind (STAHD, Bildsammlung).*

Abb. 14. Bitte der Gebrüder Lazarus und Wolf Reis von Wollenberg um bürgerliche Aufnahme in Heidelberg 1858 (STAHD, UA 10/13, Buchstabe R, Pars II).

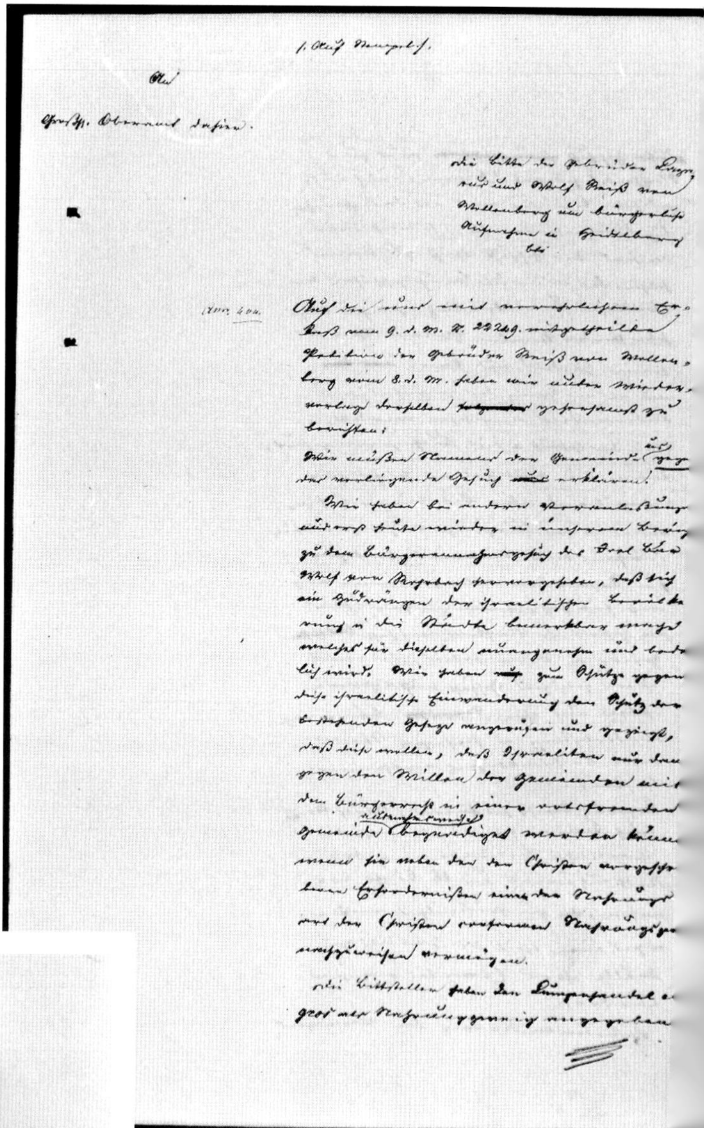

Abb. 15. Zu den Heidelberger Juden, die sic politischen Gremien und Vereinen für die Bel Heidelberger Bürger einsetzen, gehört der Univ tätsprofessor Moritz Cantor (1829–1920). C ist im Jahr 1863 Gründungsmitglied des Arb bildungsvereins und wirkt lange Jahre in der S verordnetenversammlung (UAH, Bildersamml

Abb. 16. Außenansicht der 1878 eingeweihten Synagoge in der Großen Mantelgasse, zerstört am 10. November 1938 (STAHD, Bildsammlung).

Abb. 17. Innenansicht der Synagoge (STAHD, Bildsammlung).

Abb. 18. Der der DDP angehörende und angesehene Rechtsanwalt Theodor Kaufmann, 1919–26 im Stadtrat und seit 1928 Fraktionsvorsitzender der DDP in der Stadtverordnetenversammlung, ist der bedeutendste jüdische Vertreter in der Heidelberger Kommunalpolitik der 20er Jahre. Das Photo aus dem Jahr 1926 zeigt ihn an der Seite von Oberbürgermeister Ernst Walz (STAHD, Bildsammlung, Kaufmann 5. von rechts unten, Walz 6. von rechts unten).

Abb. 19. Der liberale Geist der Heide
berger Universität in der Weimarer Re
publik übt starke Anziehungskraft a
jüdische Gelehrte und Studenten au
Zu den Hochschullehrern gehört se
1922 der Mathematiker Arthur Rose
thal (1887–1959). 1935 wird ihm a
rassischen Gründen die Lehrbefugn
entzogen (STAHD, Bildsammlung).

Abb. 20. Der Tabakfabrikant M
Liebhold gehört mit seinem tabakv
beitenden Industriebetrieb in der
heimer Straße zu den herausrag
Unternehmern in Heidelberg (STA
Bildsammlung).

Abb. 21. Hugo Marx, 1892 in Heidel-
erg geboren, Rechtsanwalt und späterer
Landgerichtspräsident, muß im März
933 zunächst in die Schweiz emigrieren,
m sich der ihm drohenden Verhaftung zu
ntziehen (GLA 6935).

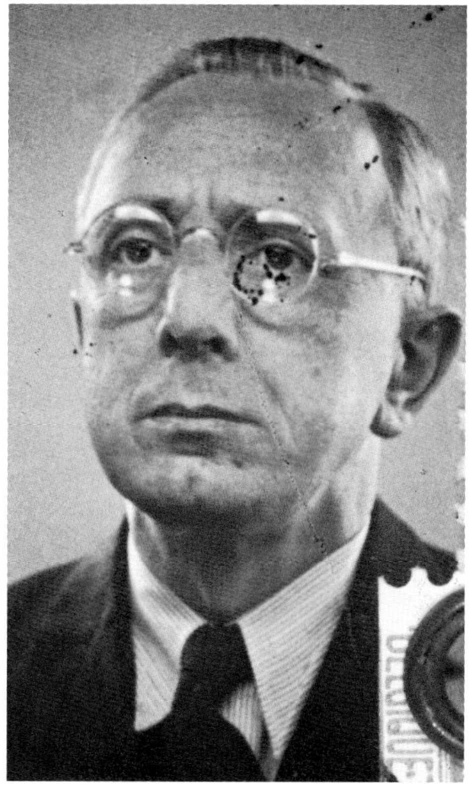

22. Das Haus der Arztfamilie Wil-
Braunschweig in der Leopoldstraße
e Friedrich-Ebert-Anlage) ist Treff-
t jüdischer Familien aus Heidelberg
Umgebung. Der angesehene Röntge-
e emigriert 1933 mit seiner Familie
Frankreich (aus: Henri Brunswic,
cine et Radiologie).

Abb. 23 und 24. Am 1. April 1933 ziehen SA- und SS-Leute durch Heidelbergs Haupt- und Sofienstraße und boykottieren jüdische Geschäfte (hier Ehape), stellen Posten mit Plakaten auf und kleben Zettel an Ladentüren und Schaufenster. Dem Demonstrationszug mit Parolen wie »Deutsche meidet jüdische Ramschbuden« und »Geht nicht zu jüdischen Rechtsanwälten« schließt sich eine große Menschenmenge an (Fotos Lossen).

TIETZ
TIETZ
RAUH
Deutsche
JUDEN!
Geht nicht zu
Rechtsanwällen

Deutsche Frauen
kauft im
deutschen Geschäft!

Am Samstag werden Sie sehen, daß es in Heidelberg auch noch ein

christliches

Damen-Konfektionsgeschäft

gibt, daß Ihnen Gewähr dafür bietet, daß Sie mit aller Sorgfalt, gut und reell bedient werden. Me ne Lager sind neu ergänzt.

M. Böhnisch

Heidelberg. Hauptstraße Nr. 73
neben Perkeo

Ich gebe hiermit öffentlich zur Kenntnis, daß

ich kein Jude bin!

Weder meine Familie väterlicherseits, noch mütterlicherseits ist jüdischer Abstammung. Evtl. Anfragen **Evangelisches Pfarramt Christuskirche,** Kirchenrat D. Frommel, oder ärztl. Büro Dr. Huber, Karl-Ludwigstr. 2

Dr. med. Bernhard Weyl

Facharzt für Kinderkrankheiten

Kronprinzenstr. 24 Telephon 1460

Abb. 25 und 26. Die Boykottaktionen finden in den Heidelberger Zeitungen propagandistische Verbreitung mit Anzeigen wie »Deutsche Frauen kauft im deutschen Geschäft« und ». . . ich kein Jude bin . . .« (STAHD).

Abb. 27. NS-Trupps besetzen und durchsuchen am 11. März 1933 die Gewerkschaftszentrale im sog. Artushof Ecke Rohrbacher Straße/Riedstraße (heute Böcklerstraße) und verbrennen vor beträchtlichem Publikum antifaschistische Schriften und Fahnen (Foto Lossen).

Abb. 28. Bei der Kundgebung am »Tag der nationalen Arbeit« am 1. Mai 1933 spricht der NSDAP-Kreisleiter Hermann Röhn auf dem Universitätsplatz. Rechts neben der Fahne in Zivil Polizeidirektor Otto Henninger und Oberbürgermeister Carl Neinhaus (Foto Lossen).

Abb. 29. Zu der Kundgebung auf dem Universitätsplatz am 1. Mai 1933 findet sich Heidelbergs Bevölkerung »in ihrer Gesamtheit, in allen ihren Kreisen und ihre akademischen Bürger« zusammen, so berichten die Heidelberger Neuesten Nachrichten am 2. Mai (Foto Lossen).

Abb. 30. Albert Fraenkel (1864–1938), Gründer des Tuberkulosekrankenhauses Rohrbach, übernimmt 1928 einen Lehrauftrag für Tuberkulose an der Universitätsklinik Heidelberg. Aufgrund des Gesetzes zur Wiederherstellung des Berufsbeamtentums wird ihm dieser Lehrauftrag im August 1933 entzogen (Foto privat).

Abb. 31. Therese Wiesert, seit 1916 als Fürsorgerin bei der Stadt Heidelberg beschäftigt, wird aufgrund ihrer Verbindungen zu den jüdischen Familien Fraenkel und Heinsheimer 1935 aus dem Dienst entlassen (Foto privat).

Der Jude wird wieder frech!

10 Monate sind seit Beginn der nationalsozialistischen Revolution verstrichen. 10 Monate voller Mühe und Arbeit liegen hinter uns. Großreinemachen war in Deutschland: Minister- und Bonzersessel wurden gestürzt, in allen Betrieben ausgekehrt und gesäubert, manche Kruste wurde abgekratzt und die Straßen mit eisernem Besen von allem roten Gesindel reingefegt. Alle Felsblöcke, die verhindert hatten, daß wir zueinander finden konnten, wurden aus dem Wege geräumt.

Die Großarbeit, die viel Schmutz und Dreck aufwirbelte, ist getan, ist gründlich getan und restlos erfüllt. Es ist ruhiger geworden. Jetzt ist die Kleinarbeit in Angriff genommen und da scheint es, als ob alles wieder seinen alten Schritt ginge.

So denkt wenigstens der Jude, denn auf einmal ist er wieder da. Als es ihm im März nicht gelang, wie so vielen seiner Stammesgenossen, mit all seinem zusammengeschacherten Geld und all seinem Haß ins Ausland „zu flüchten" und er „der Not gehorchend, nicht dem eigenen Triebe", hierbleiben mußte, da war auf einmal aus dem großmäuligen temperamentvollen Bewußt Juden ein harmloser deutscher Staatsbürger (leider) jüdischen Glaubens geworden, der unauffindbar irgendwo in einem Schlupfwinkel saß. Zähneklappernd hörte er dort, was er nie für möglich gehalten hatte, wie draußen die SA. Horst Wessels Prophezeiung „Bald flattern Hitlerfahnen über allen Straßen" Wirklichkeit werden ließ und fuhr erschreckt zusammen, wenn er durch den Rundfunk und die Presse, die jetzt auf einmal ganz anders sprachen, erfuhr, daß ein um das andere, von ihm gegen den Nationalsozialismus geschaffene Bollwerk genommen und geschleift wurde. Schmerzhaft fuhren ihm diese Meldungen in die Gedärme, er krümmte sich, doch er überstand sie.

Langsam wurde es ruhiger, er faßte wieder Mut.

„Nu probiere mir's mal wieder!"

Die schwarzrotgoldene Fahne wurde aufgetrennt, eine schwarz-weiß-rote daraus gemacht und vorsichtig aus dem Fenster gesteckt. Das war das erste Fühlen, ob man sich derartige Mätzchen leisten könne. Man ließ noch einige Versuchsballons steigen: Es ging alles ganz gut, der Mut nahm zu, ward immer größer und heute ist der Jude schon wieder ganz er selbst geworden.

Schon steigen die parfümierten Judenjünglinge wieder den deutschen Mädels nach und versuchen ihr Glück; in Veranstaltungen, in „heiteren Abenden" mit Stars und Songs, die noch etwas an die vergangenen dekadenten Veranstaltungen erinnern, sieht man schon wieder die fetten Plattfüßler herumwatscheln und mit Sträußchen und Briefchen, die sie hinter die Bühne schicken, auf ihre Art der Kunst huldigen. Vor allem aber im Geschäftsleben zeigt sich der Jude wieder ganz in seinem alten, uns nur zu gut bekannten Format. Schon versucht der jüdische Kaufmann die Bevölkerung wieder zu beschwätzen und zu gewinnen, und zwar in einer Weise, die wir uns in jeder Beziehung verbeten haben wollen. Die Herren Rothschild, Levy und Cohn machen jetzt in „National":

Deutsche kauft deutsche Ware im deutschen Geschäft!
Isidor Rosenbusch".

Aber nicht genug, daß die Reklame an Unverschämtheit kaum mehr etwas zu wünschen übrig läßt, hat sich jetzt der Jude eine Geschäftsmethode zu eigen gemacht, die jeder Beschreibung spottet. Der jüdische Geschäftsmann arbeitet jetzt auch in folgender Weise: Er jammert den Frauen, die er zufällig auf der Straße trifft, sein Unglück vor, beteuert, daß er schon immer national war, und nichts mit den anderen Juden zu tun hätte und beschwätzt sie solange, bis die mitleidsvollen Frauen etwas bei ihm gekauft haben. Ist das geschehen, dann läuft er zu anderen früheren Kunden und gebraucht nun die Güte und das Mitleid der beschwätzten Frauen, indem er erzählt, daß die Frau Huber, deren Mann in der NSBO. und deren Sohn Fritz schon lange in der SA. ist, auch wieder bei ihm kaufe, sehr zufrieden wäre, und überhaupt sei doch wieder alles beim alten und in Ordnung. In der Art versucht es der Jude, seine alten Wucher- und Ramschgeschäfte weitertreiben zu können.

Wir lassen uns das nicht bieten. Wir werden ihm nicht die Schaufenster einschlagen, was er so sehnlichst wünscht, um endlich mal etwas Wahres als Greuelpropaganda zu bringen, sondern wir werden nichts unversucht lassen, das deutsche Volk aufzuklären, was der Jude mit seinen Bazars, Kaufhöfen und Warenhäusern eigentlich ist.

Wir sind nicht mehr die deutschen Michel, die nach langem Schlaf kurz aufgewacht sind und jetzt wieder weiterschlafen. Wir sind wach. Wir bleiben wach und wissen auch alles, was uns der Jude zugefügt hat. Es ist nicht vergessen, daß die Gastfreundschaft, die wir gewährten, zur Zersetzungsarbeit ausgenutzt wurde, es ist nicht vergessen, daß die Juden die deutschen Arbeiter verführten und verhetzten, daß sie die geistigen Führer eines hereinbrechenden, Deutschland zerstörenden Kommunismus waren, daß sie das deutsche Volk vom Auslande mit Schmutz und Dreck überschütteten und die ganze Welt gegen uns aufhetzten.

Wenn auch die Spießer und das ganze liberalistisch angehauchte Geklingel schon wieder mit Nachsichtsgestammel kommt, und umzufallen droht, wir, die studentische Jugend sind auf dem Posten und werden mit scharfen Augen nach dem Rechten sehen. Wir lassen die Juden bei uns leben, wir sind anständig zu ihnen und gewähren ihnen Raum zum Wohnen. Wir lassen es uns aber nicht gefallen, daß sie ihr altes Wesen weitertreiben, denn sie sind bei uns nur Gäste, sie sind hier nur geduldet und müssen sich dementsprechend benehmen. Otto Heinrich.

Abb. 32. »Der Jude wird wieder frech!« Nationalsozialistische Studenten begleiten die Entlassungen jüdischer Hochschullehrer mit aggressiv antisemitischen Tönen (Beilage zu »Der Heidelberger Student«).

Abb. 33. »... Juden-Inserate...« Mit diesen Anzeigen im nationalsozialistischen Lokalblatt werden Anzeigen jüdischer Geschäftsleute angeprangert (Volksgemeinschaft 24./25. Juni 1933).

Wissen Sie,

was die Heidelberger „nationale" Presse täglich bringt?

Juden-Inserate

Und immer wieder:

Juden-Inserate

Sie glauben es nicht? Sie haben recht, es ist kaum zu glauben:

Mittwoch, den 21. Juni:
Neueste Nachrichten:
zweimal Rothschild!
Heidelberger Tageblatt:
zweimal Rothschild!

Donnerstag, den 22. Juni:
Neueste Nachrichten:
einmal Löwenthal!
Pfälzer Bote:
einmal Rothschild!

Freitag, den 23. Juni:
Pfälzer Bote:
einmal Rothschild!
Neueste Nachrichten:
zweimal Rothschild!
Heidelberger Tageblatt:
dreimal (!) Rothschild!!

So geht es täglich weiter! Deutscher Geschäftsmann, Deine Anzeige ist zu schade für solche Gazetten! Sie gehört in die einzige deutsche Tageszeitung, in die „Volksgemeinschaft"!

Abb. 34. Mit Beschluß des Heidelberger Stadtrats vom 30. März 1933 werden von jüdischen Mitbürgern geführte Geschäfte von der Vergabe städtischer Aufträge ausgeschlossen. Ab Mai 1933 erhalten Fürsorgeempfänger Gutscheine mit dem Aufdruck: »Es werden nur Rechnungen christlicher Geschäfte eingelöst« (STAHD, Wohlfahrts- und Jugendamt, Nr. 2460).

Es werden nur Rechnungen christlicher Geschäfte eingelöst.

Nicht übertragbar!
Ohne Unterschrift ungültig!

Heidelberg, den 193

An ....

dürfen von einem hiesigen Lebensmittelgeschäft (**ausgenommen** Warenhäuser, Einheitspreisgeschäfte, Konsumvereine, Grossfilialbetriebe,) Lebensmittel im Gesamtbetrage von .... RM.

.... Reichsmark

gegen Abgabe dieser Anweisung verabfolgt werden.

Zigarren, Zigaretten, Tabak und alkoholartige Getränke dürfen auf keinen Fall anstelle von Lebensmitteln abgegeben werden.

Ueber Art und Menge der abgegebenen Lebensmittel ist unter Beifügung dieser Anweisung genau spezifizierte Rechnung beim **Wohlfahrts- und Jugendamt Heidelberg** einzureichen.

Wohlfahrts- und Jugendamt
I. A.

Die Forderung des Lieferanten aufgrund dieser Anweisung an die Stadt Heidelberg darf nicht abgetreten werden.

IV. 33. 2000.

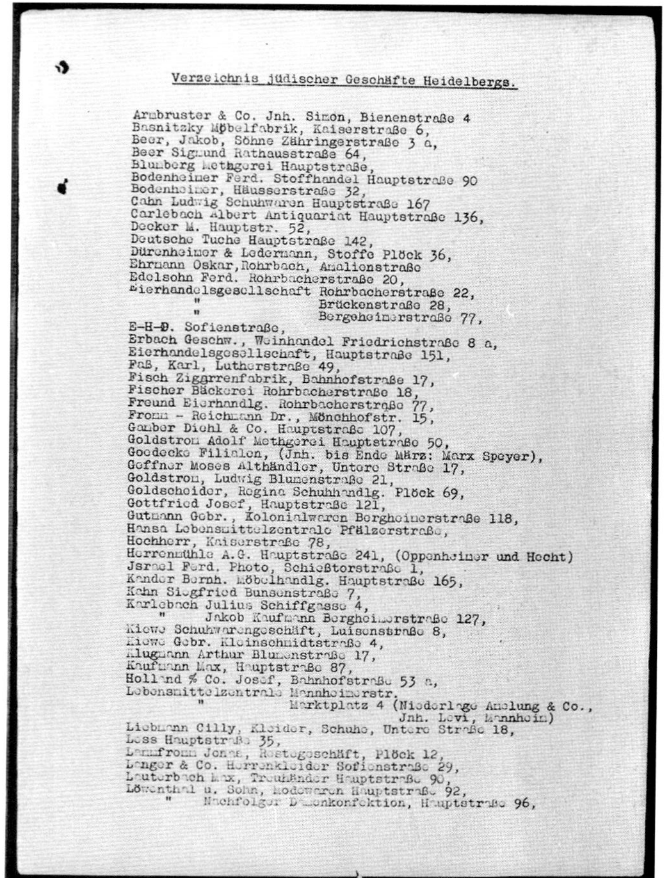

Verzeichnis jüdischer Geschäfte Heidelbergs.

Armbruster & Co. Jnh. Simon, Bienenstraße 4
Basnitzky Möbelfabrik, Kaiserstraße 6,
Beer, Jakob, Söhne Zähringerstraße 3 a,
Beer Sigmund Rathausstraße 64,
Blumberg Methgerei Hauptstraße,
Bodenheimer Ferd. Stoffhandel Hauptstraße 90
Bodenheimer, Häusserstraße 32,
Cahn Ludwig Schuhwaren Hauptstraße 167
Carlebach Albert Antiquariat Hauptstraße 136,
Decker M. Hauptstr. 52,
Deutsche Tuche Hauptstraße 142,
Dürenheimer & Ledermann, Stoffe Plöck 36,
Ehrmann Oskar, Rohrbach, Amalienstraße
Edelsohn Ferd. Rohrbacherstraße 20,
Eierhandelsgesellschaft Rohrbacherstraße 22,
" Brückenstraße 28,
" Bergeheimerstraße 77,
E-H-D. Sofienstraße,
Erbach Geschw., Weinhandel Friedrichstraße 8 a,
Eierhandelsgesellschaft, Hauptstraße 151,
Faß, Karl, Lutherstraße 49,
Fisch Ziggrrenfabrik, Bahnhofstraße 17,
Fischer Bäckerei Rohrbacherstraße 18,
Freund Eierhandlg. Rohrbacherstraße 77,
Fromm - Reichmann Dr., Mönchhofstr. 15,
Gamber Diehl & Co. Hauptstraße 107,
Goldstrom Adolf Methgerei Hauptstraße 50,
Goedecke Filialen, (Jnh. bis Ende März: Marx Speyer),
Geffner Moses Althändler, Untere Straße 17,
Goldstrom, Ludwig Blumenstraße 21,
Goldscheider, Regina Schuhhandlg. Plöck 69,
Gottfried Josef, Hauptstraße 121,
Gutmann Gebr., Kolonialwaren Bergheimerstraße 118,
Hansa Lebensmittelzentrale Pfälzerstraße,
Hochherr, Kaiserstraße 78,
Herrenmühle A.G. Hauptstraße 241, (Oppenheimer und Hecht)
Jsrael Ferd. Photo, Schießtorstraße 1,
Kander Bernh. Möbelhandlg. Hauptstraße 165,
Kahn Siegfried Bunsenstraße 7,
Karlebach Julius Schiffgasse 4,
" Jakob Kaufmann Bergheimerstraße 127,
Kiewe Schuhwarengeschäft, Luisenstraße 8,
Kiewe Gebr. Kleinschmidtstraße 4,
Klugmann Arthur Blumenstraße 17,
Kaufmann Max, Hauptstraße 87,
Holland % Co. Josef, Bahnhofstraße 53 a,
Lebensmittelzentrale Mannheimerstr.
" Marktplatz 4 (Niederlage Amelung & Co., Jnh. Levi, Mannheim)
Liebmann Cilly, Kleider, Schuhe, Untere Straße 18,
Less Hauptstraße 35,
Lammfromm Jonas, Restegeschäft, Plöck 12,
Langer & Co. Herrenkleider Sofienstraße 29,
Lauterbach Max, Treuhänder Hauptstraße 90,
Löwenthal u. Sohn, Modewaren Hauptstraße 92,
" Nachfolger Damenkonfektion, Hauptstraße 96,

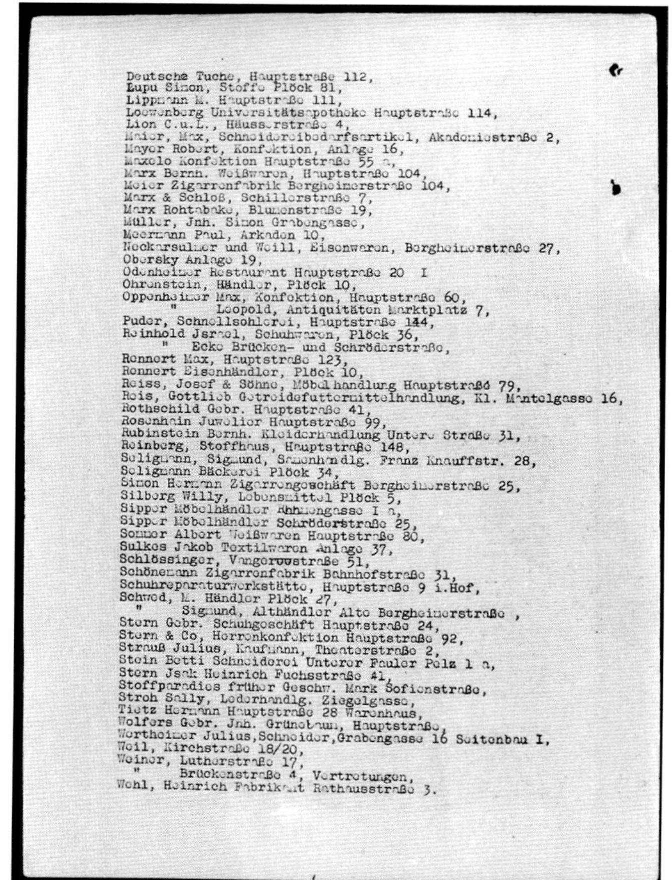

Deutsche Tuche, Hauptstraße 112,
Lupu Simon, Stoffe Plöck 81,
Lippmann M. Hauptstraße 111,
Loewenberg Universitätsapotheke Hauptstraße 114,
Lion C.u.L., Häusserstraße 4,
Maier, Max, Schneidereibedarfsartikel, Akademiestraße 2,
Mayer Robert, Konfektion, Anlage 16,
Maxelo Konfektion Hauptstraße 55 a,
Marx Bernh. Weißwaren, Hauptstraße 104,
Meier Zigarrenfabrik Bergheimerstraße 104,
Marx & Schloß, Schillerstraße 7,
Marx Rohtabake, Blumenstraße 19,
Müller, Jnh. Simon Grabengasse,
Meermann Paul, Arkaden 10,
Neckarsulmer und Weill, Eisenwaren, Bergheimerstraße 27,
Obersky Anlage 19,
Odenheimer Restaurant Hauptstraße 20 I
Ohrenstein, Händler, Plöck 10,
Oppenheimer Max, Konfektion, Hauptstraße 60,
" Leopold, Antiquitäten Marktplatz 7,
Puder, Schnellsohlerei, Hauptstraße 144,
Reinhold Jsrael, Schuhwaren, Plöck 36,
" Ecke Brücken- und Schröderstraße,
Rennert Max, Hauptstraße 123,
Rennert Eisenhändler, Plöck 10,
Reiss, Josef & Söhne, Möbelhandlung Hauptstraße 79,
Reis, Gottlieb Getreidefuttermittelhandlung, Kl. Mantelgasse 16,
Rothschild Gebr. Hauptstraße 41,
Rosenhain Juwelier Hauptstraße 99,
Rubinstein Bernh. Kleiderhandlung Untere Straße 31,
Reinberg, Stoffhaus, Hauptstraße 148,
Seligmann, Sigmund, Samenhandlg. Franz Knauffstr. 28,
Seligmann Bäckerei Plöck 34,
Simon Hermann Zigarrengeschäft Bergheimerstraße 25,
Silberg Willy, Lebensmittel Plöck 5,
Sipper Möbelhändler Ahhmengasse I a,
Sipper Möbelhändler Schröderstraße 25,
Sommer Albert Weißwaren Hauptstraße 80,
Sulkes Jakob Textilwaren Anlage 37,
Schlössinger, Vangerowstraße 51,
Schönemann Zigarrenfabrik Bahnhofstraße 31,
Schuhreparaturwerkstätte, Hauptstraße 9 i.Hof,
Schwed, M. Händler Plöck 27,
" Sigmund, Althändler Alte Bergheimerstraße ,
Stern Gebr. Schuhgeschäft Hauptstraße 24,
Stern & Co, Herrenkonfektion Hauptstraße 92,
Strauß Julius, Kaufmann, Theaterstraße 2,
Stein Betti Schneiderei Unterer Fauler Pelz 1 a,
Stern Jsak Heinrich Fuchsstraße 41,
Stoffparadies früher Geschw. Mark Sofienstraße,
Stroh Sally, Lederhandlg. Ziegelgasse,
Tietz Hermann Hauptstraße 28 Warenhaus,
Wolfers Gebr. Jnh. Grünebaum, Hauptstraße,
Wertheimer Julius, Schneider, Grabengasse 16 Seitenbau I,
Weil, Kirchstraße 18/20,
Weiner, Lutherstraße 17,
" Brückenstraße 4, Vertretungen,
Wohl, Heinrich Fabrikant Rathausstraße 3.

Abb. 35. Die Kreisleitung der NSDAP versendet nach dem 1. April 1933 ein »Verzeichnis jüdischer Geschäfte Heidelbergs« an alle städtischen Dienststellen. Es wird an alle Beamten verteilt, »mit der Auflage, bei ihren Einkäufen keine jüdischen Geschäfte zu berücksichtigen« (STAHD, Wohlfahrts- und Jugendamt, Nr. 2460).

b. 36 und 37. Der Stadtpfarrer an der Heiliggeist-
che Hermann Maas (1877–1970) tritt zusammen

mit der Ärztin Marie Clauß (1882–1963) als einer der wenigen aufrecht, unerschrocken und tapfer ein für die verfolgten jüdischen Mitbürgerinnen und Mitbürger und rettet vielen von ihnen das Leben (Fotopress Speck und STAHD, Bildsammlung).

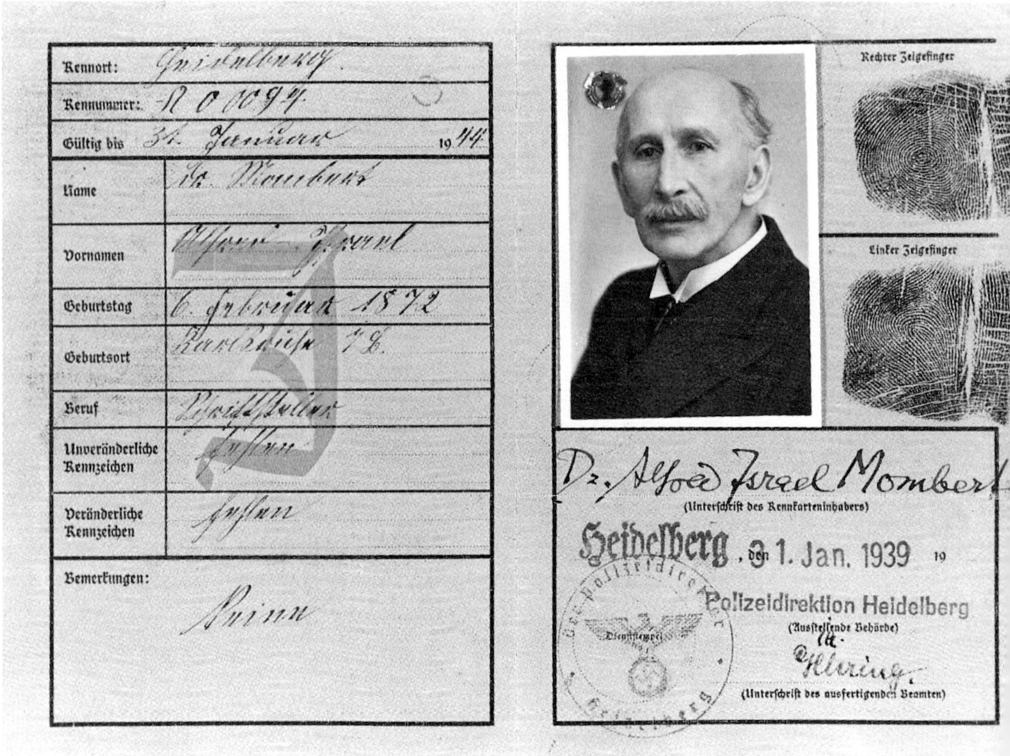

Kennort:	
Kennummer:	
Gültig bis 31. Januar 1944	
Name	Dr. Mombert
Vornamen	
Geburtstag	6. Februar 1872
Geburtsort	
Beruf	
Unveränderliche Kennzeichen	keine
Veränderliche Kennzeichen	keine
Bemerkungen:	keine

Rechter Zeigefinger

Linker Zeigefinger

Dr. Alfred Israel Mombert

(Unterschrift des Kennkarteninhabers)

Heidelberg, den 31. Jan. 1939

Polizeidirektion Heidelberg

(Ausstellende Behörde)

(Unterschrift des ausfertigenden Beamten)

Dienstsiegel

Abb. 38. Der Dichter Alfred Mombert (1872–1942) wird am 22. Oktober 1940 aus sei
Haus im Klingenteich von der Gestapo abgeholt und in das berüchtigte Lager Gur
Südfrankreich – »in die Barackenfinsternis«, wie er selbst schrieb – deportiert. Der am
Januar 1939 ausgestellte Paß trägt das diffamierende »J« und den zweiten Vornamen »Isr
(Badische Landesbibliothek Karlsruhe, Nachlaß Alfred Mombert).

Abb. 39. Ab dem 19. September 1941 muß der »Ken
chen« genannte Judenstern von allen Juden ab
6. Lebensjahr gut sichtbar »in Herzhöhe« getragen w
(GLA / EK 5050).

Abb. 40 und 41. Nach der Deportation vieler Heidelberger Juden nach Gurs im Oktober 1940 'nd die noch in Heidelberg zurückgebliebenen idischen Bürgerinnen und Bürger in einer verweifelten und ausweglosen Situation. Die Älte- n unter ihnen sehen im Moment des Aufrufs um Abtransport oft keinen anderen Ausweg als n Selbstmord. Violetta von Waldberg nimmt h am 10. April 1942 das Leben, Leontine oldschmidt macht ihrem Leben am 24. August 42 ein Ende (Fotos Frank Moraw).

Abb. 42 und 43. Nach dem Ende des Zweiten Weltkriegs ist die Synagoge in der Klingenteichstraße 4 untergebracht (STAHD, Bildsammlung).

Abb. 44. Prof. Dr. Fritz Pinkuss mit seiner Ehefrau aus Anlaß seines Besuchs in Heidelberg zur Enthüllung der Mombert-Gedenktafel im Oktober 1980 (STAHD, Bildsammlung).

Abb. 45. Jüdischer Friedhof beim Bergfriedhof im Jahre 1978 (STAHD, Bildsammlung).

Abb. 46. Die zerstörte Synagoge am Morgen des 10. November 1938 (STAHD, Bildsammlung).

Abb. 47. Im Frühjahr 1946 stellt die Stadt Heidelberg die sog. »Villa Julius« als Gemeindezentrum zur Verfügung. Die Einweihung der Synagoge erfolgt am 1. September 1946 (STAHD, Bildarchiv Heidelberger Tageblatt).

Abb. 48. Planskizze der Synagoge auf dem Gelände der abgerissenen Villa Julius an der Häusserstraße / Ecke Blumenstraße 1992 (STAHD, Dokumentation 1, 10, 1).

Abb. 49. Blick in die am 9. Januar 1994 eingeweihte Synagoge (Foto Welker).

Variante des Kulturkampfes. Dementsprechend konnten sie im Landtagswahlkampf 1897 die Parole ausgeben: »›Hie nationalliberal! Hie ultramontan!‹ Andere Parteien kommen nur als Anhängsel der Ultramontanen in Betracht.«[495]

Die traditionelle Judenfeindschaft war für die Nationalliberalen nach 1880 offensichtlich kein Thema mehr, es sei denn, daß man sie selbst praktizierte, indem man in Artikeln über Verbrechen die jüdische Religion des Delinquenten erwähnte oder von einem Dorf in Württemberg berichtete, dessen Juden »größtenteils vom Wucher leben«.[496] Diese Artikel verschwanden allerdings in den 90er Jahren fast vollständig. Dafür wurde die Judenfeindschaft der Antisemiten stillschweigend übergangen.[497]

7 Die Universität

7.1 Die Studenten

7.1.1 Studentenstatistik

Mit der Beschreibung des Lebens jüdischer Studenten und Dozenten an der Heidelberger Ruprecht-Karls-Universität verlassen wir die lokale Ebene und wenden uns einer Welt zu, die, bedingt durch die hohe Fluktuation, nur marginale Berührungspunkte mit dem städtischen Bereich aufwies. An der Universität dominierten eindeutig nichtbadische Studenten aus anderen deutschen Ländern (v. a. Preußen, Bayern und Hessen) und aus dem Ausland (v. a. Rußland).[498] Diese allgemeine Tendenz galt ebenso für die Juden. Auch wenn beispielsweise im WS 1900/01 der prozentuale Anteil der Juden an der Gesamtzahl der in Heidelberg geborenen und mit badischer Staatsangekörigkeit versehenen Studenten (5,32 %) den Anteil der Juden an der Heidelberger Bevölkerung (2,2 %) weit übertrifft, so nehmen sich doch die absoluten Zahlen recht mager aus: Zwischen WS 1900/01 und SS 1905 studierten im Durchschnitt fünf Juden an der Ruperto-Carola, die gebürtige Heidelberger waren und die badische Staatsangehörigkeit besaßen.[499] Unter 52 von 1862 bis 1918 hier lehrenden jüdischen Professoren findet sich nur ein »echter« Heidelberger (Adolf Weil).[500] Gustav Radbruch beschrieb diesen Zustand recht zutreffend: »Die Heidelberger Universität ist weniger als andere

495 Heidelberger Zeitung Nr. 56 v. 8. März 1897.

496 Heidelberger Zeitung Nr. 115 v. 18. Mai 1881.

497 Bezeichnend ein unkommentierter Artikel über das Programm der antisemitischen Volkspartei, vgl. Heidelberger Zeitung Nr. 129 v. 5. Juni 1895.

498 Vgl. dazu Riese, Reinhard: Die Hochschule auf dem Weg zum wissenschaftlichen Großbetrieb. Die Universität Heidelberg und das badische Hochschulwesen 1860–1911. Stuttgart 1977, S. 23–25.

499 Vgl. Badische Hochschulstatistik. Die Ergebnisse der Ermittlungen aus dem 19. Jahrhundert sowie in der Zeit 1900–1910. Bearb. im Ministerium des Kultus und Unterrichts. Karlsruhe 1912. Teil II, 2. Abschnitt, Tabelle II: Staatsangehörigkeit, Gebürtigkeit und Religionsbekenntnis aller Studierenden (1900/01–1905), S. 6–9, 60–62.

500 Vgl. Drüll 1986.

Universitäten eine Landesuniversität – sie liegt in Deutschland, nicht in Baden und weiß sich zwar dem Stadtbild, aber nicht der Stadtgemeinde Heidelberg angehörig.«[501] Von daher gehören die folgenden Kapitel weniger in den Rahmen einer lokalgeschichtlichen Studie als vielmehr in den Zusammenhang einer Darstellung der Wissenschaftsgeschichte oder des sozialen Aufstiegs der Juden im Deutschen Reich. Dennoch: Die Universität konstituiert den Ruf Heidelbergs und soll daher gebührend berücksichtigt werden.

Eine Statistik der jüdischen Studenten an der Heidelberger Universität krankt abermals an dem fehlenden Interesse der Statistiker des 19. Jahrhunderts an dieser Thematik. Nur für die Jahre 1900 bis 1910 besteht eine detaillierte Aufstellung über das Religionsbekenntnis der Studenten.[502] Für die übrigen Jahre kann man nur annähernde Werte aus den bis 1870 gedruckt vorliegenden, danach aber nicht mehr publizierten Matrikelbüchern der Universität[503] erschließen. In diese Bücher trugen sich alle zum ersten Mal oder mit Unterbrechung in Heidelberg Studierenden ein, d. h. sie verzeichneten beispielsweise im SS 1869 knapp die Hälfte aller Studenten. Da über den großen Zeitraum von 56 Jahren mehr die Entwicklungen als die Daten einzelner Jahre interessieren, wurden die Matrikelbücher im Abstand von zehn Jahren für jeweils ein Sommer- und ein Wintersemester ausgewertet, beginnend ab dem SS 1860. Anstelle des Kriegssemesters 1870/71, das untypische Zahlen liefert, wurden die beiden vorangehenden Semester gewählt. Somit ergibt sich folgendes Bild:

1	*2*	*3*	*4*	*5*
SS 1860	600	232	13	5,6
WS 1860/01	558	245	8	3,27
SS 1869	714	334	30	8,98
WS 1869/70	612	298	16	5,37
SS 1880	809	478	74	15,48
WS 1880/01	543	215	26	12,09
SS 1890	1089	441	77	17,46
WS 1890/01	970	311	31	9,97
SS 1900	1553	670	93	13,88
WS 1900/01	1280	440	47	10,68
SS 1910	2413	1053	134	12,37
WS 1910/01	2008	625	101	16,16

Spaltenerläuterung: 1: Semester; 2: Studenten insgesamt, 3: Immatrikulationen insgesamt, 4: neuimmatrikulierte Juden, 5: Anteil der neuimmatrikulierten Juden an den Immatrikulationen in Prozent.

501 Radbruch, Gustav: Der innere Weg. In: ders.: Biographische Schriften. Heidelberg 1988. (= Gustav Radbruch Gesamtausgabe, 16), S. 227.
502 Vgl. Badische Hochschulstatistik (s. Anm. 499).
503 Vgl. Die Matrikel der Universität Heidelberg. Bearb. von Gustav Toepke. Bd. 6: 1846–1870. Heidelberg 1907. Ungedruckt: UAH A-702.

Quelle: UAH A-702 (Matrikelbücher); Die Matrikel der Universität Heidelberg 1907; Badische Hochschulstatistik 1912.

Die Badische Schulstatistik zeigt für das WS 1900/01 und das SS 1910, daß der Anteil der Juden unter allen Studenten bei 10,45 % bzw. bei 11,73 % lag.[504] Daher kann angenommen werden, daß generell der Anteil der Juden an der gesamten Studentenschaft in diesem Jahrzehnt ein wenig unter dem Anteil an den Neuimmatrikulierten lag, während für die frühen Jahre, als der Besuch der Juden an der Universität vehement steigt, von einem umgekehrten Verhältnis ausgegangen werden muß. Zumindest der Tendenz und den prozentualen Zahlen nach kann für das 20. Jahrhundert festgestellt werden, daß sich die Heidelberger Universität unter den Juden einer annähernd so großen Beliebtheit erfreute wie die in Preußen am stärksten von Juden frequentierten Universitäten in Berlin, Breslau und Königsberg.[505] Wie diese lag auch Heidelberg über dem durchschnittlichen preußischen Wert des Zugangs von Juden an die Universitäten.[506] Das bekannt liberale Klima der Ruperto-Carola zog mehr Juden nach Heidelberg als nach Freiburg,[507] was allerdings auch mit der geographischen Lage zu tun hatte. Cron hat festgestellt, daß der ausschlaggebende Faktor bei der Wahl des Studienortes durch badische Studenten die Nähe zum Heimatort war.[508] Nun wohnte der größte Teil der badischen Juden in den Bezirken Mannheim und Karlsruhe, so daß von hier Heidelberg die nächstgelegene Universität darstellte.

Die in der Tabelle genannten Zahlen, die einen (nicht ganz) kontinuierlichen Anstieg des Zugangs der Juden zum Studium aufweisen, verdeutlichen, daß die Emanzipation nicht nur für den Handel bedeutende Folgen hatte, sondern daß daraus auch der Wunsch nach sozialem Aufstieg erwuchs. Der Anteil der studierenden Juden an der gesamten Studentenschaft übertraf im ganzen Reich den eigenen Bevölkerungsanteil,[509] was mit einer höheren sozialen und geographi-

504 Vgl. Badische Hochschulstatistik 1912 (s. Anm. 499).

505 Vgl. Kampe, Norbert: Studenten und »Judenfrage« im Deutschen Kaiserreich. Göttingen 1988 (= Kritische Studien zur Geschichtswissenschaft, 76), Tabelle Nr. 5, S. 85: Der prozentuale Anteil der Juden an der gesamten Studentenschaft in Berlin, Breslau und Königsberg:

Ort	*WS 1886/7*	*WS 1899/1900*	*WS 1911/12*
Berlin	17,75	17,97	16,69
Breslau	16,82	13,42	11,94
Königsberg	8,43	9,15	16,40

506 Vgl. ebd., Tabelle Nr. 1, S. 79. Der prozentuale Anteil der Juden an preußischen Universitäten schwankt von 1886–1912 zwischen 8,09 % und 9,93 %.

507 Vgl. Badische Hochschulstatistik 1912, Tabelle II (s. Anm. 499) für Freiburg, S. 100–103, 154–157.

508 Vgl. Cron, Ludwig: Glaubensbekenntnis und Höheres Studium. Aus den Akten der Universitäten Heidelberg und Freiburg und der Technischen Hochschule Karlsruhe. 1869–1893. Heidelberg 1900, S. 17.

509 Vgl. Kampe 1988, S. 78–80.

schen Mobilität der Juden gegenüber der übrigen Bevölkerung zu erklären ist.[510] Geographische Mobilität mußte nicht unbedingt die Überwindung weiter Entfernungen bedeuten, sondern bezieht sich v. a. auf die Land-Stadt-Wanderung.

Dabei darf allerdings nicht außer Betracht gelassen werden, daß die jüdischen Studenten einen beträchtlichen Zuwachs dadurch bekamen, daß sich unter den besonders seit 1895 verstärkt an die Heidelberger Universität kommenden Russen ca. ein Drittel bis die Hälfte Juden befanden.[511] Nach dem Attentat auf Zar Alexander II. 1881 betrieb sein Nachfolger Alexander III. eine harsche Russifizierungspolitik in seinem Reich, die durch ihre antisemitischen Pogrome fast drei Millionen Juden zur Auswanderung nach Übersee bewegte.[512] Die Beschränkung jüdischer Studenten zum Studium in Rußland seit 1887 und deren Verschärfung durch Zar Nikolaus II. zu Beginn des 20. Jahrhunderts führte viele russische Juden zum Studium nach Deutschland, dessen Kultur und Wissenschaft ein traditionell hohes Ansehen genossen.[513] Nach weiteren Pogromen und der gescheiterten Revolution von 1905 erreichte der Zugang der Russen 1906 mit einem sprunghaften Anstieg von 75 Studenten im WS 1905/06 auf 196 im folgenden Semester den absoluten Höhepunkt.[514] Zu diesem Zeitpunkt stellten die Juden ca. 36,8 % in dieser größten Heidelberger Ausländergruppe.[515] Die jüdischen Kommilitonen aus Rußland bevorzugten das Medizinstudium, das ihnen bei einer Rückkehr in die Heimat am ehesten Beschäftigung sicherte.[516]

Der nicht nur in Heidelberg starke Zustrom von Russen führte an vielen Universitäten zur Diskussion über die sogenannte »Ausländerfrage«, die wiederholt entfacht wurde. In Heidelberg wurden »die teilweise ungenügende Vorbildung« und die »vielfach zu Tage tretende Ungeschliffenheit« kritisiert.[517] 1901 wandten sich 70 Angehörige der Heidelberger Universitätskliniken an den Senat, protestierten gegen das »unbescheidene, anmaßende Auftreten« der Ausländer, besonders der Polen, und forderten eine »Erschwerung der Studien für alle Ausländer«.[518] 1913 kam das Thema erneut auf die Tagesordnung, aber es wurde

510 Vgl. ebd., S. 87.

511 Vgl. Bock, Geza: Studenten des Russischen Reichs an der Universität Heidelberg (1862/63–1914) (masch. Msk. Diplomarbeit UAH). Heidelberg 1991; vgl. auch Badische Hochschulstatistik 1912 (s. Anm. 499). Zu den russischen Juden vgl. auch Birkenmaier, Willy: Das russische Heidelberg. Heidelberg 1995, S. 75–80.

512 Vgl. Adler-Rudel, S.: Ostjuden in Deutschland 1880–1940. Tübingen 1959, S. 3–5.

513 Vgl. Wertheimer, Jack: The »Ausländerfrage« at Institutions of Higher Learning. A Controversy over Russian-Jewish Students in Imperial Germany. In: Leo Baeck Institute Yearbook XXVII (1982), S. 187.

514 Vgl. Badische Hochschulstatistik 1912 (s. Anm. 499).

515 Vgl. Bock 1991, S. 188.

516 Vgl. Wertheimer 1982, Tabelle III, S. 215: Im WS 1912/13 studierten 62,6 % aller Heidelberger russischen Juden Medizin. Vgl. auch Kampe 1988, S. 88–90.

517 Akademische Mitteilungen für die Studierenden der Ruprecht-Karls-Universität Heidelberg. 1896–1916, Nr. 13 v. 27. Juli 1901.

518 Ebd., Nr. 14 v. 27. Juli 1901.

festgestellt, daß die Debatte antisemitischer Beimischungen, wie sie an anderen Universitäten üblich waren, entbehrte.[519]

Die soziale Herkunft jüdischer Studenten weist keine großen Überraschungen auf. Anhand einer Studie über badische Studenten an der Ruperto-Carola konstatierte Ludwig Cron, daß der weitaus größte Teil der (badischen) jüdischen Studenten als Beruf ihres Vaters den Kaufmannsstand angegeben hatte.[520] Dies entsprach der beruflichen Struktur der badischen Juden. Daß es sich insgesamt bei den jüdischen Studenten eher um Söhne wohlhabender Väter gehandelt haben muß, ist aus der Tatsache abzuleiten, daß in den Semestern 1900/01 bis 1905 unterdurchschnittlich wenige Stipendien an Juden vergeben wurden. Auch unter Studenten, die einen Nachlaß der Honorare für die Dozenten erhielten, was Kampe als Indikator für wirkliche Bedürftigkeit der Studenten betrachtete,[521] finden sich nur wenige Juden.[522] Kampe stellte fest, daß ärmere Juden größere Universitätsstädte bevorzugten, da sie hier auf bessere Nebenverdienstmöglichkeiten oder auf höhere Unterstützung durch eine größere Gemeinde hoffen konnten.[523]

Bevorzugtes Fach der jüdischen Studenten war in den Semestern 1905/06 bis 1910 die Medizin, die ihnen, da der Zugang zur höheren Beamtenlaufbahn zum größten Teil verwehrt war, die Möglichkeit bot, sich als selbständige Ärzte niederzulassen. Im WS 1909/10 waren rund ein Fünftel aller Medizinstudenten Juden.[524] Die Alternative zum Arztberuf stellte der des Rechtsanwalts dar, so daß das Jurastudium an zweiter Stelle stand.

Auch unter den jüdischen Frauen erwies sich Medizin als das attraktivste Fach. Seit 1900 durften Frauen in Baden studieren, und jüdische Studentinnen nahmen dieses Angebot mit großer Begeisterung auf. Unter den ersten vier Frauen, die in Heidelberg im SS 1900 studierten, befanden sich zwei Jüdinnen: Rahel Goitein aus Karlsruhe[525] und Irma Klausner aus Berlin. Beide studierten Medizin.[526] Von 1900 bis 1910 studierten fast durchgehend mehr Jüdinnen als katholische Frauen an der Ruprecht-Karls-Universität.[527] Ihr Anteil bewegte sich in diesen Jahren zwischen

519 Vgl. Interne Beilage der K. C.-Blätter. Monatsschrift der im Kartell-Convent der Verbindungen deutscher Studenten jüdischen Glaubens vereinigten Korporationen. 1910–1918, v. 1. Februar 1913 (o. S.).

520 Vgl. Cron 1900, S. 76.

521 Vgl. Kampe 1988, S. 82.

522 Vgl. Badische Hochschulstatistik 1912, Tabelle XII: Das gleichzeitige Vorkommen verschiedener Arten von Benefizien bei den reichsangehörigen Studierenden und das Religionsbekenntnis der Benefiziaten in den einzelnen Fakultäten 1900/01 bis 1905, S. 50–53, 90–93.

523 Vgl. Kampe 1988, S. 90.

524 Vgl. Badische Hochschulstatistik 1912 (s. Anm. 499); Kampe 1988, S. 80.

525 Vgl. zu Rahel Straus-Goitein: Schmelzkopf 1990.

526 Vgl. UAH A-702.

527 Vgl. hierzu und zum folgenden: Badische Hochschulstatistik 1912, Teil II, 1. Abschnitt, S. 125: Die Studentinnen der drei badischen Hochschulen; b) Religionsbekenntnis der reichsangehörigen Studentinnen in den einzelnen Fakultäten der Universität Heidelberg.

10 % und 33 %. Christliche Studentinnen bevorzugten ebenfalls in den ersten Jahren des Frauenstudiums das Fach Medizin, wandten sich aber besonders seit 1908 verstärkt der philosophischen Fakultät zu, die nun der medizinischen den Rang ablief.

7.1.2 Jüdische Verbindungen

Nachdem jüdischen Studenten im ganzen Deutschen Reich im Laufe der 1880er Jahre der Zutritt zu den meisten Burschenschaften und anderen studentischen Verbindungen de facto oder durch Statut verwehrt wurde,[528] begannen sie, eigene Verbindungen und Vereine zu gründen, die primär der Abwehr des sich ausbreitenden Antisemitismus dienen sollten.[529] So entstand 1886 in Breslau die erste jüdische Verbindung »Viadrina«, deren Bedeutung in ihrem Exklusivitätsprinzip bestand, d. h., daß nur jüdische Studenten aufgenommen wurden. Die Viadrina stellte das Vorbild für die im Wintersemester 1890/91 gegründete Heidelberger »Badenia« dar, deren geistiger Initiator, Max Oppenheimer, ebenfalls das Exklusivitätsprinzip befürwortete, es aber erst im Sommersemester 1891 durchsetzen konnte.

Umstritten war bei der Badenia auch die Frage, ob man Couleur tragen sollte oder nicht. Als die Verbindung 1895 beschloß, Farben zu tragen, verlor sie eines ihrer Gründungsmitglieder, was bei der geringen Mitgliederzahl schon einen erheblichen Verlust bedeutete. Im gleichen Jahr wurde dieses Anliegen beim Akademischen Disziplinaramt beantragt und auch genehmigt. Die Verbindung hieß jetzt »Freie farbentragende Verbindung Badenia«. Wenig später (im Wintersemester 1896/97) wurden eigene Waffen angeschafft, so daß man den übrigen Heidelberger schlagenden Korporationen in nichts nachstehen mußte.

Anstrengungen, bereits im Sommersemester 1890 eine jüdische Verbindung zu initiieren, scheiterten an dem fehlenden Interesse der jüdischen Kommilitonen. So kam es erst am 26. Oktober 1890 im jüdischen Gasthaus »Zum Goldenen Roß« zur formellen Gründung der Badenia durch acht Mitglieder. Große Schwierigkeiten bestanden, weitere Anhänger zu gewinnen, so daß Max Oppenheimer im Sommersemester 1891 in Breslau darum bat, daß von dort zumindest ein Bursche nach Heidelberg entsandt würde. Das Anliegen wurde abgelehnt, die Breslauer Viadrina hatte selbst zu wenige Mitglieder. Doch die Badenia konsolidierte sich. Von 1898 bis 1902 pendelte sich der Stand der aktiven Mitglieder zwischen 15 und 26 Angehörigen ein,[530] was im Vergleich zu den Neu-Immatrikulierten recht wenig erscheint. Unter den inkorporierten Studenten (ca. ⅓ aller Studierenden) stellte die Badenia gerade knapp 4 %. Dieser Anteil sollte nach dem Verbot der Badenia (1902) erst im Wintersemester 1911/12 wesentlich steigen, als sich zu den

528 Vgl. grundlegend zu diesem Prozeß: Kampe 1988.

529 Vgl. auch Berger 1986, S. 352.

530 Vgl. Statistiken über den Mitgliederstand der akademischen Verbindungen in Heidelberg. In: Akademische Mitteilungen, Nr. 7 v. 11. Juni 1898; Nr. 10 v. 7. Januar 1899; Nr. 8 v. 17. Juni 1899; Nr. 11 v. 13. Januar 1900; Nr. 8 v. 16. Juni 1900; Nr. 9 v. 22. Juni 1901; Nr. 12 v. 25. Januar 1902; Nr. 9 v. 21. Juni 1902.

beiden Verbindungen »Bavaria« und »Nicaria« der »Verein jüdischer Studenten Ivria« gesellte. Im Sommersemester 1913 stellten diese drei Verbindungen ca. 9,5 % aller Inkorporierten.[531] Die Gesamtzahl der inkorporierten Juden war allerdings noch höher, wenn man die in den Statistiken der »Akademischen Mitteilungen« nicht aufgeführten jüdischen Korporationen hinzuzählt, wie auch den Anteil der jüdischen Studenten, die sich in Vereinen oder Verbindungen engagierten, die nicht spezifisch jüdisch waren.

Das Verhältnis der Verbindung zur jüdischen Gemeinde war zunächst zwiespältig. Der Gründer der Badenia schrieb über Sondheimer: »Der Seelsorger der Gemeinde Heidelberg, der in diversen patriotischen Vereinen als Konventionsjude fungierte, sprach sich mißbilligend über die unnötige konfessionelle Trennung aus (...).«[532] Dagegen sahen die Tabakfabrikanten Maier und Liebhold, daß eine Abwehr der antisemitischen Agitation, die zu dieser Zeit in der Person eines Dr. Hentschel die Umgebung Heidelbergs beunruhigte, dringend notwendig sei, und arbeiteten deshalb mit der Badenia zusammen.[533] Ein engerer Kontakt mit Mitgliedern der Heidelberger Gemeinde wurde durch eine Festkneipe im Wintersemester 1891/92 hergestellt.[534] Die Nachfolgeverbindung der Badenia, Bavaria, stand in ständigem Austausch mit den Mitgliedern der Friedrichsloge und der Gesellschaft Erholung.[535]

Auf Dauer als schwieriger erwies sich dagegen der Kontakt zu anderen Heidelberger Korporationen. Erstaunlicherweise scheint es kaum zu Auseinandersetzungen mit dem antisemitischen »Verein Deutscher Studenten« (V. D. St.) gekommen zu sein, der im übrigen bis zur Jahrhundertwende selbst Probleme hatte, sein Überleben zu garantieren, da sich seine Mitglieder während der Sommersemester vorwiegend aus norddeutschen Zugereisten zusammensetzten, die der Heidelberger »Sommeruniversität« im Winter wieder den Rücken kehrten.[536] Schon bei der Gründung des Heidelberger V. D. St. hatte der Amtmann des Akademischen Disziplinaramtes Befürchtungen, »daß der neue Verein es sich angelegen sein lassen werde, die antisemitische Agitation in die hiesige Studentenschaft zu

531 Vgl. Statistiken über den Mitgliederstand (s. Anm. 530), Nr. 16 v. 21. Februar 1903; Nr. 14 v. 24. Juli 1903; Nr. 17 v. 27. Februar 1904; Nr. 14 v. 23. Juli 1904; Nr. 17 v. 25. Februar 1905; Nr. 11 v. 15. Juli 1905; Nr. 13 v. 21. Juli 1906; Nr. 15 v. 3. August 1907; Nr. 13 v. 25. Juli 1908; Nr. 14 v. 31. Juli 1909; Nr. 17 v. 19. Februar 1910; Nr. 12 v. 16. Juli 1910; Nr. 14 v. 29. Juli 1911; Nr. 18 v. 2. März 1912; Nr. 13 v. 20. Juli 1912; Nr. 18 v. 1. März 1913; Nr. 14 v. 26. Juli 1913; Nr. 18 v. 28. Februar 1914.

532 Max Oppenheimer: Wie die Badenia zustande kam. In: K. C.-Blätter, Kriegsausgabe Nov./Dez. 1915, S. 532.

533 Vgl. Max Mainzer: Zum 40jährigen Heidelberger Stiftungsfest. In: K. C.-Blätter, Aufsatzheft Nr. 2/Juni 1930, S. 23.

534 Vgl. Mainzer, Badenia und K. C. In: K. C.-Blätter, Kriegsausgabe September/Oktober 1915, S. 484.

535 Vgl. K. C.-Blätter Nr. 9 v. 1. Juni 1911, S. 141; Nr. 5 v. 1. Februar 1912; Interne Beilage der K. C.-Blätter v. 1. April 1912, S. 5.

536 Vgl. Petersdorff, Herman von: Die Vereine deutscher Studenten. Leipzig 1891, S. 174; Fünfzig Jahre Verein Deutscher Studenten Heidelberg 1883–1933. [Anklam 1933], S. 7.

tragen«. Indessen versicherte der Vorsitzende des Vereins, »es liege ihm eine derartige Tendenz ferne, (...) es werde der Verein zwar keine jüdischen Studierende als Mitglieder aufnehmen, sich jedoch jeglicher Agitation gegen dieselben sowie überhaupt nach außen enthalten (...)«.[537] Auch wenn der V. D. St. seit 1900 zu den stärksten Heidelberger Korporationen zählte und er Vorträge mit Titeln wie »Volkstum und Rasse« und »Volkstum und Religion« veranstaltete,[538] enthielt er sich doch wohl des provozierenden Verhaltens, das einige Burschenschaften an den Tag legten.

In den deutschen Burschenschaften war die Frage, ob man Juden aufnehmen solle oder nicht, in den 90er Jahren heftig umstritten und vermengte sich mit dem Ruf nach Reform der Burschenschaften.[539] Welche Brisanz und Tragweite die »Judenfrage« in den Burschenschaften hatte, zeigte sich, als der Heidelberger Sprachwissenschaftler und Mitglied der »Freisinnigen Vereinigung Heidelberg« Hermann Osthoff in den überregionalen »Burschenschaftlichen Blättern« Auszüge einer Rede gegen den Antisemitismus veröffentlichen ließ, die er im Dezember 1892 in Heidelberg gehalten hatte. Osthoff forderte als alter Burschenschafter entschieden eine Stellungnahme der Burschenschaften gegen den Antisemitismus. Die Burschenschaften hatten sich zwar bisher zu keiner einheitlichen Position durchringen können, tendierten aber mehrheitlich zum Antisemitismus, anstatt sich, wie es Osthoff erwartete, durch die Absage an den Antisemitismus gegen die als moderner geltenden Vereine Deutscher Studenten zur Wehr zu setzen. Die Burschenschaft müsse gerade durch die Besinnung auf die liberale Tradition beweisen, daß sie nicht veraltet sei, denn: »Gegenwärtig (...) gilt nicht mehr das als der wahre und würdige Ton, wie ihn die Burschenschaft angibt und vertritt, sondern heutzutage machen jene offen antisemitischen deutschvereinlichen Herren die Melodie auf deutschen Hochschulen in der deutschen Burschenschaft.«[540] Die Antwort einiger Burschenschafter bewies, daß Osthoff in ein Wespennest gestochen hatte. Die Briefeschreiber vertraten die ganze Bandbreite des Antisemitismus, von der nur ein Beispiel gezeigt werden soll: »Sie [Osthoff] nennen diese Erscheinung [den Antisemitismus] ein Gift. Aber die stärksten Gifte sind bekanntlich die stärksten Arzeneien. Auch der Antisemitismus ist so ein Gift, durch welches der totkranke Organismus unseres gesellschaftlichen und wirtschaftlichen Lebens genesen kann.«[541]

Symptomatisch für die in Heidelberg häufig verwässert auftretenden Erscheinungen des öffentlichen Lebens war die Antwort eines Alten Herrn der Heidelberger Franconia: »Gerade eine Burschenschaft, die, wie diejenige des Schreibers dieser Zeilen, nicht politisch antisemitisch ist, wird mit Fug und Recht keine Juden rezipieren, schon um sich den naheliegenden Vorwurf zu ersparen, sie sei deshalb

537 Beide Zitate: UAH A-741, VII, 2, Nr. 317, Akademisches Disziplinaramt an den Engeren Senat v. 7. Dezember 1882.

538 Vgl. Fünfzig Jahre (1933), S. 7.

539 Vgl. Kampe 1988, S. 186–189.

540 Osthoff in den Burschenschaftlichen Blättern Nr. 9 v. 1. Februar 1893, S. 204.

541 Ebd. (Offener Brief an Prof. D. Osthoff, Heidelberg, von Fritz Jaeckel, Franc.-Halle, Germ.-Greifswald).

nicht antisemitisch, weil sie eben Juden habe. Abgesehen jedoch von dieser, bei unserem heutigen Zustande in hohem Maße begreiflichen Maßregel, keine Juden zu rezipieren, kann man das politische Institut des Antisemitismus wohl nicht anders als im diametralen Gegensatz mit den Grundsätzen der deutschen Burschenschaft befindlich ansehen.«[542] Gewundener konnte man wohl kaum noch ausdrücken, daß der Antisemitismus eine Konvention war, der man sich dem Zeitgeist zuliebe anpaßte. Die fein säuberlich getroffene Unterscheidung zwischen politischem und wie auch immer anders geartetem Antisemitismus besagte lediglich, daß man sich als studentische Korporation ohnehin vom politischen Alltag fernhielt und jegliche Verbindung zu Parteien ablehnte. Das war nun nichts Neues. Osthoff hatte sich in seiner Rede nicht allein auf politischen Antisemitismus bezogen. Eine Absage der Burschenschaften an den Antisemitismus erreichte er nicht. Die Auseinandersetzungen im A. D. C.[543] führten 1896 zu der Feststellung, »daß die aktiven Burschenschaften zur Zeit ebenso wie in den letzten Semestern keine jüdischen Mitglieder haben. Im Hinblick auf diese Tatsache gibt der A. D. C. der Erwartung Ausdruck, daß auch in Zukunft die Burschenschaften in ihrer ablehnenden Haltung gegen die Aufnahme jüdischer Studierender einmütig zusammenstehen werden.«[544]

Um den Hintergrund für das 1902 erfolgte Verbot der Badenia zu erhellen, ist es ratsam, noch einen Blick auf die Haltung der Heidelberger Burschenschaft Allemannia zu werfen. In der erweiterten Neuauflage der 1906 entstandenen Festschrift der Allemannia zu ihrem 50jährigen Bestehen von 1926 vermerkte der Chronist, daß es 1870 an der Heidelberger Universität noch keine »Judenfrage« gegeben habe, dies sich aber 1872 grundlegend geändert hätte, da von sechs Aktiven einer getaufter, zwei ungetaufte Juden gewesen seien. Dazu kam ein inaktiver Jude, der zeitweilig in den Aktivenstatus überwechselte. Der Chronist der Schrift beklagte dieses Übergewicht als »Gefahr« und begründete, was diese Juden so Störendes an sich gehabt hätten: »Sie waren alle Großstädter mit gutem Wechsel und uns bescheidenen Kleinstädtern durch gesellschaftlichen Schliff und gewandtes Wesen überlegen.«[545] Diese Angst vor einem Übergewicht der Juden führte 1891 zwar nicht zu einem regelrechten Verbot der Aufnahme von Juden, aber immerhin zu dem protokollarischen Vermerk, »daß auf Verabredung keine Juden in das S.K. aufgenommen werden dürfen«.[546] Nachdem der Autor der Festschrift betont hatte, es gebe unter den jüdischen Alten Herren der Allemannia durchaus ganz vortreffliche Beispiele nationaler Gesinnung, erklärte er ausführlich, daß es bei der »Judenfrage« letztendlich um eine Rassenfrage ginge und »nur eine reinliche Scheidung bewirken kann, daß wir nicht zu Schaden kommen,

542 Ebd. Nr. 10 v. 15. Februar 1893 (Zu dem Eingesandt: Antisemitismus und Burschenschaft, von E. Dietz, Franconia Heidelberg), S. 225.

543 A. D. C. = »Allgemeiner Deputierten Convent«, Zusammenschluß der Burschenschaften, ab 1908 D. B. = Deutsche Burschenschaft.

544 Zit. nach Kampe 1988, S. 188.

545 Die Burschenschaft Allemannia zu Heidelberg von 1906–1926. Dargestellt von Franz Dörr. Schopfheim 1926, S. 104 f.

546 Ebd., S. 105; S. K. = Senioren-Konvent.

wenn nicht gar vernichtet werden«.[547] Dem sei unkommentiert die Selbstdarstellung der Allemannia in der Festschrift der Burschenschaften zum 600jährigen Bestehen der Universität aus dem Jahre 1986 gegenübergestellt: »Die Allemannia, die seit ihrer Gründung zahlreiche bewährte jüdische Mitglieder hatte, war bisher [bis 1933] in der Lage gewesen, den Rassenantisemitismus besser als andere Bünde abzuwehren.«[548] Obwohl es anfänglich Kontakte zwischen der Allemannia und der Badenia gegeben hat und auch gemeinsam Mensuren ausgetragen wurden,[549] verschlechterte sich das Verhältnis zwischen beiden Verbindungen rasch. 1895 kam es zu Auseinandersetzungen um die von der Badenia beantragten Farben (blaue Mützen mit blau-weiß-orangenen Streifen), da die Allemannia befürchtete, es werde zu Verwechslungen mit ihren Farben kommen. Die Badenia wechselte nun zu orangefarbenen Mützen.[550] Drei Jahre später sah sich die jüdische Verbindung nach einem Kaiserkommers schweren Provokationen seitens der Allemannen ausgesetzt, die den jüdischen Kommilitonen auf der Straße aufgelauert hatten. Der Streit mußte durch den Studentenausschuß geschlichtet werden.[551]

1901 reichte die Allemannia an federführender Stelle einen Beschwerdebrief an das Akademische Disziplinaramt ein, der von vier verschiedenen Zusammenstößen mit Mitgliedern der Badenia berichtete, von denen zwei schon ein Semester zurücklagen.[552] Unterzeichnet war der Brief von sechs Heidelberger Korporationen, obwohl nur vier Verbindungen an den Zwischenfällen beteiligt waren. Die Badenen, die eine Teilschuld durchaus eingestanden, sahen dies zu Recht als Provokation: »Zuvörderst können wir nicht umhin, unserem Erstaunen darüber Ausdruck zu geben, daß die Klageschrift auch von 3 Corporationen unterzeichnet ist, unter denen 2 (Karlsruhensia und Rheno-Palatia) sich befinden, mit denen wir niemals einen Konflikt hatten, während die dritte (Allemannia) zuletzt vor mehreren Jahren mit uns im Streite sich befand. Die Tatsache, daß wir niemals mit einem Karlsruhenser oder Rheno-Palaten ein Rencontre hatten, muß umsomehr betont werden, als beide Corporationen bereits vor mehreren Jahren ohne jeglichen Anlaß den studentischen Verkehr mit uns abgebrochen, d. h. uns in Verruf gesteckt hatten.«[553] Alles Protestieren und auch das Teilgeständnis halfen nichts, die Badenia wurde durch Beschluß vom 25. Oktober 1901 unter Androhung auf dauernde Suspendierung auf ein Semester[554] verboten. Weitere kleinere Zusam-

547 Ebd., S. 106.

548 Berger, Gerhart / Aurand, Detlev: Weiland Bursch zu Heidelberg. Eine Festschrift der Heidelberger Korporationen zur 600-Jahr-Feier der Ruperto Carola. Heidelberg 1986, S. 126.

549 Vgl. Die Burschenschaft Allemannia 1926, S. 120; Mainzer, Badenia und K. C. (wie Anm. 534), S. 487.

550 Vgl. Berger / Aurand 1986, S. 352, UAH A-741, VII, 2, Nr. 273 a.

551 Vgl. UAH A-869, VIII, 1, Nr. 208 a, Burschenschaft Allemannia – Ruhestörung 1898.

552 Vgl. zum Folgenden UAH A-869, VIII, 1, Nr. 208a.

553 Ebd., Stellungnahme der Badenia im Oktober 1901.

554 Und nicht auf ein Jahr, wie Mainzer: Zum 40jährigen Heidelberger Stiftungsfest (wie Anm. 533), S. 25; Berger 1986, S. 353 u. Giovannini, Norbert: Jüdische Studentinnen und Studenten in Heidelberg. In: Jüdisches Leben 1992, S. 206, schreiben.

nenstöße zwischen Badenen und anderen Kommilitonen[555] sowie eine Anzeige les Darmstädter V. D. St. beim Akademischen Disziplinaramt, daß die Badenen uch während der Suspension Fechtpartien ausgetragen hätten, was im übrigen lurchaus üblich war,[556] führten dann am 9. Juli 1902 zum dauernden Verbot der /erbindung, »weil deren Mitglieder fortgesetzt Anlaß zu Beschwerden sowie zu lisziplinärem Einschreiten bieten und zu befürchten steht, daß dies auch fernerhin ler Fall sein wird«.[557] Die Disziplinarakten der Universität lassen kein eindeutiges Jrteil über die Schuldfrage zu, denn es wird deutlich, daß auch das Verhalten der 3adenen rüpelhafte Züge trug, daß auch sie es sich nicht nehmen ließen, antisenitische Beleidigungen zu provozieren, auf die sie dann Satisfaktion verlangen :onnten, die ihnen in der Regel verweigert wurde. Die Folge waren handfeste 'rügeleien.[558] Dieses Urteil klingt auch in einem Rückblick des Alten Herrn der 3adenia, Max Mainzer,[559] an: »Daß die Couleur zusammen mit der Rücksichtslo-igkeit, mit der wir auf alle Äußerungen des Judenhasses zu reagieren gewohnt varen, den äußeren Bestand der Verbindung später aufs schwerste gefährdete, lürfen wir ruhig feststellen.«[560] In der jüdischen Presse und auch in der Rekurs-chrift der Badenia wurde das Verbot als antisemitisch motiviert angesehen,[561] vährend Max Mainzer diese Beurteilung 1915 relativierte, indem er der akademi-chen Behörde lediglich eine »gewisse Bequemlichkeit« und das »Bedürfnis nach Ruhe« unterstellte.[562] Nichtsdestotrotz bekam die alte Badenia in den Jahren nach lem Verbot eine Art Heiligenschein, man erinnerte sich nur zu gerne der Kämpfer lten Schlages.

Schon am 9. Januar 1902, also noch zur Zeit der vorübergehenden Suspendie-ung der Badenia, gründeten einige jüdische Studenten die »Studentische Wissen-chaftliche Vereinigung Bavaria«,[563] um, so Gerhart Berger, »die alte Tradition ortzuführen«.[564] Es erscheint fraglich, ob es sich bei der Bavaria nicht doch unächst um eine Gegengründung handelte, die sich von dem lautstarken Auftre-en der Badenen distanzierte und versuchte, wieder stärker wissenschaftliche Aspekte in den Mittelpunkt der Verbindung zu stellen. Zur Fortsetzung der alten Tradition hätte man versuchen können, die Badenia nach der vorübergehenden

55 Vgl. UAH A-869, VIII, 1, Nr. 208a.

56 Vgl. Mainzer: Zum 40jährigen Heidelberger Stiftungsfest (wie Anm. 533), S. 25.

57 UAH A-869, VIII, 1, Nr. 108a, Engerer Senat am 8. Juli 1902.

58 Dieses Bild erscheint aus einigen ausgewählten Disziplinarakten einzelner Studenten, die der Badenia angehörten. Vgl. UAH A-869, VIII, 1, Nr. 208 b (Baum, Siegfried, tätliche Beleidigung 1902); A-869, VIII, 1, Nr. 213 b (Marum, Ludwig, Beleidigung 1901); A-869, VIII, 1, Nr. 208 b (Bamberg, Friedrich, tätliche Beleidigung 1897).

59 Zu Mainzer vgl. Walk 1988, S. 252.

60 Mainzer: Zum 40jährigen Heidelberger Stiftungsfest (wie Anm. 533), S. 23.

61 Vgl. Die Jüdische Presse Nr. 40 v. 1. Oktober 1902, S. 392; UAH A-869, VIII, 1, Nr. 208, Akad. Disziplinaramt an Engeren Senat v. 26. Juli 1902. Dort setzt sich der Amtmann gegen den in der Rekursschrift der Badenia erhobenen Vorwurf des Antisemitismus zur Wehr.

62 Mainzer: Badenia und K. C. (wie Anm. 534), S. 487.

63 Vgl. UAH A-741, VII, 2, Nr. 312.

64 Berger 1986, S. 354.

Suspendierung zu reformieren, bzw. hätte sich darauf beschränken können, die Couleur abzulegen. Die Statuten der Bavaria stellten harmlos fest, die Verbindung diene dazu, »ihre Mitglieder in allen Zweigen der Wissenschaft zu unterrichten und zugleich studentischen Sinn und Geselligkeit zu pflegen«.[565] Das klang nun gar nicht kämpferisch. Mitglied konnte jeder Heidelberger Student werden. Erst allmählich scheint man sich auf die Tradition besonnen zu haben. 1904 trat die Bavaria dem Kartellkonvent bei, und gar erst 1910 beantragte die Bavaria, Farben tragen zu dürfen.[566] Unterstützt wird die These der Gegengründung durch die Mitgliederzahlen im Sommersemester 1902: Während die Badenia nach wie vor 16 Mitglieder hatte, beschränkte sich der Kreis der Bavaren auf drei Anhänger.[567] Erst im Sommersemester 1903 erlebte die Bavaria einen erheblichen Aufschwung, jetzt zählte man 20 Mitglieder, und im Sommersemester 1912 stellte die Bavaria gar die stärkste Heidelberger Korporation. Eine Auflistung des KC über die in ihm vereinten Verbindungen vom November 1913 wies die Bavaria an zweiter Stelle hinter der Münchener Verbindung »Licaria« aus.[568]

Wie sich das inhaltliche Leben der Bavaria gestaltete, ist besser nachzuvollziehen als bei der Badenia. Die regelmäßigen Berichte der Heidelberger jüdischen Verbindung in den ab 1910 erscheinenden KC-Blättern[569] verraten, daß das Verbindungsleben sich kaum an modernen Vereinigungsformen orientierte. Alte Traditionen wie das Austragen von Fechtpartien oder das Veranstalten von Festkneipen, fröhliche Tanzveranstaltungen mit Damen oder Ausflüge standen im Mittelpunkt des Interesses. Viele Berichte beschwören immer wieder die Gemütlichkeit Heidelbergs. Daneben widmete man sich durch Veranstaltung von Vorträgen der wissenschaftlichen Ausbildung. Eine wesentliche Aufgabe bestand in der Abwehr antisemitischer Ausfälle, so beobachtete man 1913 im Studentenausschuß die Debatte über die Ausländerfrage an der Universität, konnte aber in der Diskussion keine antisemitischen Äußerungen feststellen. Dagegen beschloß die Bavaria, die Veranstaltungen des Privatdozenten Arnold Ruge, der in öffentlichen Versammlungen antisemitische Parolen von sich gegeben hatte, zu boykottieren.

Das Verhältnis zu den anderen Korporationen scheint im großen und ganzen reibungslos verlaufen zu sein, die Bavaria berichtete selbst mehr über das gute Verhältnis zu den anderen Verbindungen, als daß sie von Schwierigkeiten zu erzählen gehabt hätte. Daß die Beziehungen zur Heidelberger Gemeinde sich erheblich verbessert hatten, wurde bereits erwähnt. Zeugnis hiervon legt auch der

565 UAH A-714, VII, 2, Nr. 312.

566 Vgl. Berger 1986, S. 354.

567 Vgl. Mitgliederstand der akademischen Verbindungen in Heidelberg, in: Akademische Mitteilungen Nr. 9 v. 21. Juni 1902.

568 Vgl. K. C.-Blätter Nr. 2 v. 1. November 1913, S. 32.

569 Vgl. K. C.-Blätter Nr. 1 v. 1. Oktober 1910, S. 13 f., 15; Nr. 6 v. 1. März 1911 (Chronik der K. C.-Ämter sowie der K. C.-Verbindungen und Altherrenverbände im K. C., o. S.); Nr. 9 v. 1. Juni 1911, S. 141; Nr. 5 v. 1. Februar 1912, S. 98; Interne Beilage der K. C.-Blätter v. 1. April 1912, S. 5; Nr. 9 v. 1. Juni 1912, S. 181 f.; Interne Beilage v. 1. September 1912, S. 3; Interne Beilage v. 1. Februar 1913, o. S.; Interne Beilage v. 1. September 1913, o. S. u. ö.

korporative Beitritt der Bavaria zu der neugegründeten Heidelberger Ortsgruppe des »Centralvereins deutscher Staatsbürger jüdischen Glaubens« ab.[570]

Neben Badenia und Bavaria gab es weitere Zusammenschlüsse von Heidelberger jüdischen Studenten, die die vielen verschiedenen Strömungen im Judentum des Kaiserreichs spiegelbildlich wiedergaben. Es ist anzunehmen, daß die Verbindung »Nicaria«, deren Statuten 1902 vom Akademischen Disziplinaramt genehmigt wurden, ebenfalls wie Badenia und Bavaria eher eine Assimilation der Juden anstrebte.[571] Die Nicaria tauchte in den Mitgliedsstatistiken der Korporationen im Sommersemester 1903 als »Verbindung mit eigenen Farben und Waffen« auf, was darauf hindeutet, daß auch sie die Traditionen des deutschen studentischen Verbindungslebens in den Vordergrund stellte. Die Nicaria bestand mindestens bis zum Wintersemester 1913/14. Fast nach dem Motto »tres faciunt collegium« beschränkte sich ihre Anhängerschaft i. d. R. auf drei oder vier Mitglieder.[572]

Der Zionismus war in Heidelberg durch verschiedene Gruppierungen vertreten, die z. T. nur eine begrenzte Lebensdauer aufweisen konnten. So muß die bereits erwähnte, von Hermann Schapira 1884 gegründete zionistische Ortsgruppe[573] recht bald eingegangen sein, denn 1898 teilten einige Studenten dem Disziplinaramt die Bildung einer »Akademisch-Zionistischen Vereinigung« mit, die sich als Ortsgruppe der »Zionistischen Vereinigung für Deutschland« betrachteten und deren Statuten sie auch übernahmen.[574] Treffpunkt der Vereinigung sollte das Haus des im gleichen Jahr verstorbenen Hermann Schapira sein. Der Beheimatung des Vereins unter dem Dach der Universität stellte der Engere Senat Bedenken entgegen, da der Zweck des Vereins außerhalb der Universität läge. Es sei den Studenten aber freigestellt, sich einer in Heidelberg bildenden Ortsgruppe anzuschließen. Daß die Studenten dies taten, zeigen die bis 1904 in den »Akademischen Mitteilungen« veröffentlichten Einladungen zu Veranstaltungen der zionistischen Ortsgruppe,[575] deren Mitglieder durch Zahlung eines Schekels die Berechtigung zur Wahl der Delegierten für den Zionistenkongreß erwarben. Durch Vorträge wurde die Ausbildung der Mitglieder zu überzeugten Zionisten gefördert.

Als dann 1910 der Student Raphael Straus und spätere Mitherausgeber der »Zeitschrift für die Geschichte der Juden«[576] plante, an der Ruperto-Carola einen »Verein jüdischer Studenten« (V. J. St.) im Rahmen des zionistischen »Bundes jüdischer Corporationen« (B. J. C.) zu gründen, scheint auch die 1898 gegründete

570 Vgl. K. C.-Blätter Nr. 3 v. 1. Dezember 1912, S. 73.

571 Zur Nicaria vgl. Berger 1986, S. 370; UAH A-741, VII, 2, Nr. 289.

572 Vgl. die entsprechenden Statistiken über die Mitgliederstände in den Akademischen Mitteilungen (s. Anm. 530 u. 531).

573 S. Kap. 3.5.

574 Vgl. UAH A-741, VII, 2, Nr. 315 u. A-740/5, VIII, 1, Nr. 232.

575 Vgl. Akademische Mitteilungen Nr. 13 v. 28. Januar 1899; Nr. 17 v. 25. Februar 1899; Nr. 16 v. 22. Februar 1902; Nr. 3 v. 9. Mai 1903; Nr. 6 v. 28. November 1903; Nr. 5 v. 19. November 1904.

576 Vgl. zu Straus: International Biographical Dictionary of Centre European Emigrés 1933–1945. Bd. 2. München 1983, S. 1136.

Ortsgruppe nicht mehr existiert zu haben: »Es gibt außer K. C., F. W. V. und V. J. A. nur eigentlich einen ernstzunehmenden Konkurrenten hier für uns – die verjudete Finkenschaft (...).«[577] Straus' Vorhaben stieß zwar beim Präsidium des B. J. C. auf viel Gegenliebe, scheiterte aber vorerst am Fehlen »wirklich geeigneter Gründer«[578] und an der Konkurrenz zum Marburger V. J. St., der bei einer Heidelberger Neugründung das Ausbleiben von Interessenten befürchtete. Folgerichtig bekam der Plan von Straus im Jahr 1911 frischen Aufwind, als der Marburger Verein durch die dortigen Universitätsbehörden verboten wurde.[579] Am 18. Oktober 1911 wurde als assoziiertes Mitglied des B. J. C. der Heidelberger »Verein Jüdischer Studenten Ivria« gegründet, dessen Statuten wenige Tage später vom Engeren Senat genehmigt wurden. Erst im folgenden Jahr oder vielleicht sogar erst 1913 erfolgte die definitive Aufnahme in den B. J. C.[580] Auch wenn der Verein, wie Badenia und Bavaria, am Anfang große Probleme hatte, genügend Anhänger zu finden, nahm das Vereinsleben doch einen raschen Aufschwung.[581] Die im November 1911 veranstaltete Antrittskneipe sah als Besucher nicht nur Mitglieder befreundeter Kartellvereine, sondern auch als Vertreter der Heidelberger Friedrichsloge den Rabbiner Pinkuss und Professor Salomon Lefmann. Pinkuss freilich bemühte sich bald darauf, jüdische Studenten vom Beitritt zur Ivria abzuhalten – offensichtlich lief das zionistische Streben seiner vermutlich eher assimilatorischen Haltung zuwider.

Mangels einer zionistischen Vereinigung vor Ort nahm man regelmäßig an den Abenden der Ortsgruppe Mannheim teil, die aber auch, wie schon die früheren Heidelberger Gruppen, am »völligen Indifferentismus der Heidelberger und Mannheimer jüdischen Bevölkerung«[582] litt.

Schnell fand die Ivria Aufnahme im Heidelberger Kreis der Korporationen: »Unser Verhältnis zu der im Ausschuß organisierten Studentenschaft ist sehr gut; obwohl wir, da wir noch keine vier Semester bestehen, dem Ausschuß noch nicht angehören, werden wir zu allen offiziellen Veranstaltungen und wichtigeren Sitzungen geladen.«[583]

Problematischer gestaltete sich das Verhältnis zur Bavaria, die zwar inhaltlich ganz andere Ziele verfolgte, aber dennoch als Konkurrenz empfunden wurde. Sorgsam beobachtete man die Erfolge der Bavaren bei der Anwerbung von neuen Mitgliedern und stellte bedauernd fest, daß die Ivria nicht wie die Bavaren über

577 Der Jüdische Student. Berlin Jg. 1 (1904) – Jg. 20 (1923), Nr. 9 v. 15. Dezember 1911, S. 297 f.

578 Ebd., Nr. 4 v. 26. Juli 1912, S. 135 f.

579 Vgl. ebd., Nr. 11 v. 29. Februar 1912.

580 Die Akademischen Mitteilungen melden den Beitritt erst in ihrer Ausgabe Nr. 122 v. 12. Juni 1913.

581 Vgl. Heidelberger Berichte in: Der Jüdische Student Nr. 8 v. 24. November 1911, S. 263–265; Nr. 9 v. 15. Dezember 1911, S. 297 f.; Nr. 4 v. 30. Juli 1913, S. 130–133; Nr. 5 v. 20. August 1913, S. 198–201; Nr. 8 v. 16. Dezember 1913, S. 295; Nr. 10 v. 21. März 1914, S. 363 f.; 6./9. Heft Dez. 1917, S. 77 f. u. .

582 Der Jüdische Student Nr. 9 v. 15. Dezember 1911, S. 297 f.

583 Ebd., Nr. 4 v. 26. Juli 1912, S. 135 f.

eine Altherrenschaft verfüge, die einen Fonds von 60000 M. zum Bau eines eigenen Hauses zusammengebracht habe.[584] Nachdem es offensichtlich schon früher zu Zusammenstößen gekommen war, brach 1913 ein Eklat aus. Die Ivria hatte anläßlich einer Beerdigung eines russisch-jüdischen Kommilitonen eine Grabrede »als Vertreter der jüdischen Studentenschaft« gehalten – eine Formulierung, die auf schärfsten Protest der Bavaria stieß. Die Auseinandersetzung, die zu einem harschen Briefwechsel führte, konnte nur durch eine Fechtpartie beigelegt werden.[585]

Neben dem üblichen geselligen und sportlichen Verbindungsleben dienten auch in der Ivria Vorträge mit zionistischen Themen, die teils von Verbindungsmitgliedern, teils von eingeladenen Gästen gehalten wurden, der Unterrichtung der Mitglieder.

Berühmtestes Mitglied der Ivria war der spätere Präsident des jüdischen Weltkongresses, Nahum Goldmann. In seiner Autobiographie kritisierte er heftig die Ausrichtung des »Kartells jüdischer Verbindungen«: »Diese etwas saloppe Vermengung von deutsch-jüdischem Wesen mit zionistischer Ideologie, ungetrübt durch allzu vertraute Kenntnisse der jüdischen Geschichte und zionistischen Ideologie, zog mich nicht sonderlich an.«[586] Trotzdem engagierte sich Goldmann mit großem Elan in der Ivria, bildete junge Vereinsmitglieder aus, hielt Vorträge, veranstaltete Hebräisch-Kurse und übernahm die Funktion eines Kartelldelegierten.[587] Vielleicht war er es, der den Kontakt des Vereins zu Rabinkow schuf, mit dem man sich einmal die Woche zum Austausch traf. Rabinkow, den Goldmann als »glühenden Zionisten«[588] bezeichnete, machte die Ivria darauf aufmerksam, daß in Heidelberg eine große hebräisch-jiddische Bibliothek bestand, die, von russischen Studenten angelegt, der Ivria zur Verfügung stünde. Die Verwaltung dieser Bibliothek lag 1917 in den Händen Nahum Goldmanns.[589]

Schon früher hatte es Ansätze zu einer Zusammenarbeit des V.J.St. mit Verbindungen russischer Studenten gegeben. Im Juli 1913 meldeten zwei Mitglieder der Ivria die Gründung einer »Vereinigung jüdischer Korporationen« (V.J.K.).[590] Ihr sollten neben dem V.J.St. die beiden russischen Verbindungen »Akademisch-jüdischer Kulturverein« und »Chasmonaea«[591] sowie der »Jüdische Studentinnenverein« angehören. Darüber hinaus sollte der »Verein Jüdischer Akademiker« hinzugezogen werden. Die Bavaria legte sofort Verwahrung gegen

584 Vgl. ebd., Nr. 9 v. 15. Dezember 1911, S. 198. Zu dem Plan des Hausbaus der Bavaria, der offensichtlich nicht verwirklicht wurde, vgl. auch K. C.-Blätter Nr. 1 v. 1. Oktober 1910, S. 14.

585 Vgl. Der Jüdische Student Nr. 4 v. 30. Juli 1913, S. 131 f.

586 Nahum Goldmann: Staatsmann ohne Staat. Berlin 1970, S. 56.

587 Vgl. Der Jüdische Student Nr. 11 v. 28. Februar 1913, S. 425; Nr. 8 v. 16. Dezember 1913, S. 295; Nr. 10 v. 21. März 1914, S. 364.

588 Goldmann 1970, S. 67.

589 Vgl. Der Jüdische Student 6./9. Heft Dez. 1917, S. 77 f.

590 Vgl. dazu Berger 1986, S. 372 f.; Der Jüdische Student Nr. 4 v. 30. Juli 1913, S. 132; UAH A-740, VII, 2, Nr. 314.

591 Schreibweise so in der Vorlage, gemeint sind die »Hasmonäer«.

diese Gründung ein, vermutlich ging es ihr dabei wieder um den Vertretungsanspruch. Im November 1913 zog der Initiator der Vereinigung, Klauber, sein Gesuch um Anerkennung dieser Vereinigung durch die Universität zurück. Dennoch organisierte die V. J. K., die es sich zur Aufgabe gemacht hatte, »durch Veranstaltung von größeren Vortrags- und Diskussionsabenden nationalisierend zu wirken und eine größere Bekanntschaft von Ost und West zu vermitteln«,[592] auch danach noch Vorträge. So empfing sie im Dezember 1913 den Religionsphilosophen Martin Buber, der über »Das Problem der jüdischen Religion« sprach. An der anschließenden Diskussion beteiligte sich der als Gast anwesende Max Weber. Auch 1914 stellte sich Buber, der ein enger Freund von Goldmann war, den nun »Vereinigten jüdisch-nationalen Korporationen« Heidelbergs als Redner zur Verfügung.[593]

Mit den oben genannten Korporationen vervollständigt sich das Bild der in Heidelberg vorhandenen Zusammenschlüsse jüdischer Studenten. Der »Jüdisch-Akademische Verein Kadimah«[594] wurde 1900 mit dem Ziel ins Leben gerufen, »das jüdische Selbst- und Stammesgefühl zu heben, und das Interesse für das ganze Gebiet des jüdischen Lebens zu wecken und zu fördern«.[595] Diesem Zweck sollte die Einrichtung einer jüdischen Bibliothek dienen. Während sich der Mitgliederkreis bei der Gründung nur aus jüdischen Studenten zusammensetzen sollte, öffnete sich die seit 1913 »Jüdisch-Akademischer Kulturverein« heißende Verbindung im gleichen Jahr durch Statutenänderung allen in Heidelberg Studierenden. Das Vereinsvermögen sollte im Falle der Auflösung der »Russischen Pirogower Bibliothek und Lesehalle zu Heidelberg«, die nach dem russischen Professor für Chirurgie Nikolaj Ivanovic Pirogov (1810–1881) benannt war und keine spezifische jüdische Institution war,[596] in Verwahrung gegeben werden.

Während über die Verbindung »Chasmonaea« nichts weiter bekannt ist, als daß sie ein Sammelpunkt für russische Juden war,[597] existieren die Statuten des 1913 gegründeten »Jüdischen Studentinnenvereins«, der antrat mit dem Ziel, »seine Mitglieder zu selbstbewußten Jüdinnen zu erziehen, die jederzeit befähigt und bereit sind, ihre ganze Kraft an die Lösung der jüdischen Lebensfrage zu setzen. Er will insbesondere der jüdischen Studentin den ihr nach Pflichten und Rechten gebührenden Platz in der Renaissancebewegung des jüdischen Volkes zuweisen.«[598] Die zionistische Ausrichtung des Vereins, der sein Entstehen im übrigen der Initiative des V. J. St.-Mitgliedes Klauber verdankte,[599] erhellt aus der Bestimmung, daß das Vereinsvermögen bei Auflösung dem jüdischen Nationalfonds zugute kommen sollte.

592 Der Jüdische Student, s. Anm. 589.
593 Ebd., Nr. 8 v. 16. Dezember 1913, S. 295; Nr. 11 v. 21. März 1914, S. 364.
594 Vgl. UAH A-741, VII, 2, Nr. 319; A-740, VII, 2, Nr. 208.
595 UAH A-741, VII, 2, Nr. 319.
596 Vgl. zur Bibliothek und zu Pirogov: Birkenmaier 1995, S. 7.
597 Vgl. Der Jüdische Student Nr. 4 v. 30. Juli 1913, S. 132.
598 UAH A-741, VII, 2, Nr. 205.
599 S. Anm. 592.

Während also Ivria, Kadimah, Chasmonaea und Jüdischer Studentinnenverein die »Vereinigung jüdischer Korporationen« bildeten, scheinen die Beitrittsverhandlungen mit dem 1907 entstandenen »Verein Jüdischer Akademiker«,[600] der dem orthodoxen »Bund Jüdischer Akademiker« angehörte, ergebnislos verlaufen zu sein. Kernstück des Vereinslebens waren die talmudischen Kurse Rabinkows. Durch eine reiche Bandbreite an wissenschaftlichen Vorträgen versuchte man, das Wissen um die Möglichkeiten und Bedingungen des orthodoxen Judentums zu vergrößern.

Auch wenn der Schwerpunkt dieses Kapitels auf betont jüdischen Studentenverbindungen liegt, darf nicht vergessen werden, daß nicht alle jüdischen Studenten hier ihre geistige und gesellschaftliche Heimat fanden. So hatten auch jüdische Studenten durchaus die Möglichkeit, sich in ihrer Fakultät als Vertreter der Nichtinkorporierten zu Mitgliedern des Studentenausschusses wählen zu lassen, wie dies zum Beispiel Hugo Marx 1913 tat.[601] Ein weiteres Betätigungsfeld war die 1892 entstandene »Freie Wissenschaftliche Vereinigung« (F. W. V.), die 1933 wegen zu vieler jüdischer Mitglieder aufgelöst wurde.[602] In der Tat weist die Aufstellung der Gründungsmitglieder erstaunlich viele – der Leser möge bitte diese ausnahmsweise unwissenschaftliche Kategorisierung entschuldigen – jüdisch klingende Namen auf: Moritz Pfälzer, Max Jeselsohn, Fritz Cohn, Otto Jakobsohn, Leopold Wertheimer u. a.[603] Daß der V. J. St. die F. W. V. als Konkurrenz betrachtete, wurde bereits erwähnt, ebenso die »verjudete Finkenschaft«.[604] Offensichtlich zog ein nicht genauer zu beziffernder Anteil jüdischer Studenten die moderner organisierten und offeneren Vereine wie F. W. V. und Finkenschaft den im traditionellen Verbindungsleben verharrenden, rein jüdischen Korporationen vor.

7.2 Die Professoren

Wenn von der Heidelberger Universität im 19. Jahrhundert als einer ausgesprochen evangelischen Lehrstätte die Rede ist, bezieht sich das nicht nur auf die Institution der evangelischen theologischen Fakultät oder den Gegensatz zum katholischen Freiburg. Auch in der Besetzung der ordentlichen Lehrstühle an der juristischen, medizinischen, philosophischen und naturwissenschaftlich-mathematischen Fakultät schlug sich die evangelische Ausrichtung nieder. So gehörten von 27 in der Zeit von 1862 bis 1918 an der juristischen Fakultät lehrenden

600 Zum V. J. A. vgl. Der Israelit Nr. 39 v. 29. September 1909, S. 10; Nr. 15 v. 12. April 1911, S. 6; Nr. 37 v. 11. September 1912, S. 9; Die Jüdische Presse Nr. 29 v. 18. Juli 1907, S. 284; Nr. 34 v. 20. August 1915, S. 402.

601 Vgl. Akademische Mitteilungen Nr. 18 v. 1. März 1913.

602 Vgl. Berger 1986, S. 362.

603 Vgl. UAH A-741, VII, 2, Nr. 195.

604 Bei der Finkenschaft handelte es sich um eine freistudentische Bewegung, die sich bewußt von den Korporationen absetzte.

Ordinarien 17 der evangelischen Konfession an.[605] In der medizinischen Fakultät waren es 28 von 37, in der philosophischen 51 von 58 und in der naturwissenschaftlich-mathematischen fünf von sieben.

Somit stellten nicht nur die Juden im Kollegium der ordentlichen Professoren eine Minderheit dar (7,69 %), sondern auch die Katholiken (15,38 %). Nimmt man die theologische Fakultät hinzu, verringert sich der Anteil der Juden und Katholiken noch um ein vielfaches. Hier kann also durchaus eine Zurücksetzung der Juden konstatiert werden, vor allem, wenn man diese Zahlen mit denen derjenigen vergleicht, die sich in Heidelberg habilitierten. Unter den Extraordinarien entspricht der prozentuale Anteil der Juden noch in etwa dem Anteil, den jüdische Studenten an der gesamten Studentenschaft hatten. Auch liegt die Dauer von der Habilitierung bis zur Ernennung zum außerordentlichen Professor bei den Juden nicht wesentlich höher als bei den christlichen Kollegen. Am gravierendsten ist hier noch die Abweichung in der naturwissenschaftlich-mathematischen Fakultät, in der jüdischen Privatdozenten statistisch erst ein Semester nach den übrigen Privatdozenten die Ernennung zum a. o. Professor zuteil wurde.

Die Heidelberger Universität galt als liberale Hochburg, und die genannten Zahlen dürfen nicht darüber hinwegtäuschen, daß es in Heidelberg nur wenige Fälle gab, in denen Juden massiv wegen ihrer Religion benachteiligt wurden. Bedeutend sind in dieser Hinsicht die Vorgänge um die Ernennung des Handelsrechtlers Levin Goldschmidt zum ordentlichen Professor.[606] Die juristische Fakultät hatte sich im Vorfeld der Ernennung, die 1866 vollzogen wurde, strikt geweigert, Goldschmidt als ordentliches Mitglied in die Fakultät einzureihen, da befürchtet wurde, daß ein jüdischer Professor den verstärkten Zuzug jüdischer Studenten im Gefolge haben würde. Neben diesem antisemitischen Motiv gab es allerdings zwei weitere Gründe, die dem Vorhaben der Regierung, die die Ernennung befürwortete und auch gegen den Widerstand der Fakultät durchsetzte, zunächst im Wege standen. Die Professoren der juristischen Fakultät sahen durch die Hinzuziehung eines weiteren Kollegen die Höhe ihrer Prüfungsgelder in Gefahr. In der Tat wurde Goldschmidt zunächst von dieser Einnahmequelle ausgeschlossen, er durfte nicht prüfen. Zum anderen belegt die Statistik, daß es in der juristischen Fakultät unüblich war, sogenannte »Hausberufungen« vorzunehmen. Alle 17 im Zeitraum von 1862 bis 1918 in Heidelberg lehrenden evangelischen Juristen waren von auswärts berufen worden, und man wollte von dieser Praxis, die ein Ausdruck der Freiheit der Fakultät war, nur ihr genehme und bereits anerkannte Kollegen von außen zu gewinnen, nicht abgehen. Die letzte

605 Alle im folgenden auftretenden Zahlen wurden erstellt nach Drüll 1986. Berücksichtigt wurden alle in der Zeit von 1862 bis 1918 in Heidelberg lehrenden Privatdozenten, Extraordinarien und Ordinarien, abgesehen von denen der theologischen Fakultät. Zur naturwissenschaftlich-mathematischen Fakultät, die sich erst 1890 von der philosophischen Fakultät abtrennte, wurden neben den nach 1890 hier Eintretenden auch diejenigen gezählt, die 1890 von der philosophischen in die naturwissenschaftliche Fakultät wechselten. Die Dozenten, die nur vor 1890 naturwissenschaftliche Fächer unterrichteten, wurden zur philosophischen Fakultät gerechnet.

606 Vgl. Wolgast 1986, S. 106.

Hausberufung war 1844 dem katholischen Staatsrechtler Zöpfl zuteil geworden. In dem Drängen der Regierung sah die Fakultät einen Eingriff in ihre Vorschlagsfreiheit.[607]

Eine Benachteiligung der Juden wird man auch in dem Umstand sehen müssen, daß von 1862 bis 1918 in der medizinischen Fakultät kein einziger Jude zum ordentlichen Professor ernannt oder als solcher berufen wurde, obwohl in diesem Zeitraum immerhin 14 jüdische Extraordinarien zur Verfügung standen. Daß diese Zurücksetzung nicht nur ein Heidelberger Spezifikum war, verdeutlichen Zahlen über den Karriereverlauf der Heidelberger Privatdozenten, der allerdings über Heidelberg und auch über das Kaiserreich hinausweist. Von 89 evangelischen Privatdozenten erlangten 57 (64,04 %) die Würde als Ordinarius, bei den Katholiken waren es von 19 Anwärtern 14 (73,68 %), bei den Juden hingegen von 16 nur fünf (31,25 %). Diese Zahlen sind um so bemerkenswerter, als im ganzen Reich die medizinischen Fakultäten im Gegensatz zu den anderen Fakultäten die meisten jüdischen Ordinarien aufwiesen.[608] Die Folge der Heidelberger Verhältnisse war, daß die hochqualifizierten jüdischen Extraordinarien zu einem großen Teil leitende Funktionen in klinischen Institutionen übernahmen. So wurde beispielsweise August Homburger 1920 Leiter der Psychiatrischen Poliklinik in Heidelberg, Martin Jacoby 1907 der Direktor der Biochemischen Abteilung des städtischen Krankenhauses in Berlin-Moabit, und Salomon Moos leitete seit 1873 die von ihm gegründete Ambulatorische Klinik für Ohrenkranke in Heidelberg.

An dieser Stelle sollen nicht ein weiteres Mal die wissenschaftlichen Verdienste berühmter jüdischer Professoren wie Levin Goldschmidt, Otto Gradenwitz, Georg Jellinek, Friedrich Gundolf und anderer aufgezählt werden, über die sich der Interessierte leicht dank Drülls Heidelberger Gelehrtenlexikon und der dort gegebenen Literaturhinweise informieren kann. Auf der Suche nach der Fragestellung, die es erlaubt, 53 jüdische außerordentliche Professoren in vier Fakultäten auf einen Nenner zu bringen, bietet sich die Frage an, wie die Professoren selbst zum Judentum standen bzw. welche Haltung ihre nichtjüdischen Kollegen zu diesem Thema einnahmen. Ein weiteres Mal muß eine zusammenfassende Antwort jedoch an fehlenden oder nicht aussagekräftigen Quellen scheitern. Nur der Chemiker Alfred Ladenburg hat eine Autobiographie hinterlassen,[609] Levin Goldschmidts Äußerungen zum Judentum wurden bereits zitiert,[610] und eine Lebensdarstellung des Kunsthistorikers Carl Neumann ist unter der genannten Fragestellung wenig ergiebig.[611] Dagegen gibt die Selbstdarstellung von Otto Gradenwitz[612] hinlänglich Auskunft über seine Empörung, die Universitätslaufbahn als Jude nur unter widrigen Umständen absolvieren zu können, allerdings ohne daß

607 Vgl. UAH H-II-111-66.

608 Vgl. Kampe 1987, S. 194 f.

609 Ladenburg, Alfred: Lebenserinnerungen. Breslau 1912.

610 S. Kap. 1.

611 Neumann, Carl: Selbstdarstellung. In: Die Kunstwissenschaft der Gegenwart in Selbstdarstellungen. Hrsg. v. Johannes Jahn. Leipzig 1924, S. 33–76.

612 Gradenwitz, Otto: Selbstdarstellung. In: Die Rechtswissenschaft in Selbstdarstellungen. Hrsg. v. Hans Planitz. Bd. 3. Leipzig 1929, S. 41–88.

er seine Zugehörigkeit zur jüdischen Gemeinde oder den Antisemitismus konkret beim Namen nennt.

Die Feststellung, daß von 53 Extraordinarien mindestens 26 konvertierten,[613] sagt wenig über die Motive zu diesem Schritt aus, die sich zwar z. T. aus den Konversionsdaten erschließen lassen, aber überzeugender durch autobiographische Äußerungen darzustellen wären. Auch dürfte die Bandbreite der Motive, die von einer Konversion abhielten, eine weitere gewesen sein, als die bloße Annahme, daß man der jüdischen Religionsgemeinschaft allein aus Glaubensgründen treu blieb. Nicht immer waren bessere Karrieremöglichkeiten der ausschlaggebende Grund für den Austritt aus dem Judentum. Der Jurist Richard Loening wurde als Neunjähriger getauft, gleichzeitig mit dem Übertritt seiner Eltern, Georg Jellinek ließ sich taufen, als seine universitäre Laufbahn ihren Höhepunkt erreicht hatte. Alfred Ladenburg muß, als er ca. 1891 konvertierte, bereits eine tiefgehende Entfremdung vom Judentum durchlebt haben, denn er schreibt 1912 über ein befreundetes Ehepaar in Breslau, wo er von 1889 bis 1909 als ordentlicher Professor lehrte: »Er [Ferdinand Cohn], der auch heute noch bekannte Pflanzenphysiologe, war zwar taub, aber sehr geistreich. Sie war eine sehr gescheite, angenehme Frau, wenn sie auch beide das Judentum nicht ganz abgestreift hatten.«[614] So sympathisch das Ehepaar in den Augen Ladenburgs auch erschien: Es war ihm unangenehm, daß man ihnen ihre Zugehörigkeit zum Judentum anmerkte.

In den zeitgenössischen oder vor 1933 entstandenen Autobiographien nichtjüdischer Professoren[615] blieb die Stellungnahme zum Judentum ausgespart, was aber nicht heißt, daß es keine antijüdischen Vorurteile gegeben hätte. Doch vermutlich waren erziehungsbedingte Ressentiments derart verbreitet und »normal«, daß sie der Erwähnung nicht wert waren. Daß es sie gab, geht aus den Memoiren zweier eher im linken politischen Spektrum beheimateter Heidelberger Juristen hervor, die ihre Lebensbeschreibungen freilich während bzw. nach dem Ende des Dritten Reiches verfaßten. Beide hätten diese Thematik bei einer früheren Abfassung sicher genauso übergangen wie ihre Vorgänger. Der Sozialdemokrat Gustav Radbruch bekannte, auch seine Erziehung sei durch antijüdische Vorurteile geprägt gewesen, die er jedoch überwunden habe.[616] Seine vielfachen Freundschaften zu Juden und die Unterstützung von russischen jüdischen Studenten legen davon Zeugnis ab. In Heidelberg veranstaltete er zusammen mit dem

613 Zu den bei Drüll 1986 genannten konvertierten Juden sind noch Georg Bredig und Alfred Ladenburg hinzuzuzählen.

614 Ladenburg 1912, S. 124.

615 Gegenbaur, Karl: Erlebtes und Erstrebtes. Leipzig 1900; Hampe, Karl: 1869–1936. Selbstdarstellung. Heidelberg 1969 (= Sitzungsberichte der Heidelberger Akademie der Wissenschaften, Philosophisch-Historische Klasse, 3); Jagemann, Eugen von: Fünfundsiebzig Jahre des Erlebens und Erfahrens (1849–1924). Heidelberg 1925; Koenigsberger, Leo: Mein Leben. Heidelberg 1919; Kraepelin, Emil: Lebenserinnerungen. Hrsg. v. Hans Hippius u. a. Berlin u. a. 1983.

616 Radbruch 1988, S. 223.

Historiker Adolf Koch, »dem damals schon etwas anrüchigen Manne«,[617] journalistische Übungen an der Universität, und er ließ sich von seinem Freund Guido Leser zum Engagement in der Heidelberger kommunalen Politik überreden.[618] Wie schwierig es zu Beginn des 20. Jahrhunderts für den Juden Hermann Kantorowicz war, in der Heidelberger juristischen Fakultät zur Habilitation zugelassen zu werden, geht aus den Briefen Radbruchs an Kantorowicz hervor: »Wer Ihnen hier abgeneigt ist, wurde mir nicht gesagt, läßt sich aber sehr leicht erraten. Lilienthal (...) wird, wie er mir wiederholt und mit Wärme versicherte, alles für Sie tun, was möglich ist. Jellinek scheint nichts gegen Sie zu haben, wird sich aber, um als Jude nicht in den Verdacht parteiischen Philosemitismus zu kommen, sehr reserviert verhalten. (...) Dagegen ist Buhl notorischer Antisemit, und sein Freund Bekker wird ihm wohl sekundieren. Er, Anschütz und Schröder müssen wohl die Ihnen Übelgesinnten sein.«[619]

Während die Überwindung des Vorurteils bei Radbruch glaubwürdig wirkt, ist die Behauptung des Staats- und Verwaltungsrechtlers Gerhard Anschütz, er sei nie ein »kategorischer Antisemit«[620] gewesen, mit Vorbehalt aufzunehmen. Vermutlich geht es auch hier wie bei den Burschenschaften vornehmlich darum, eine Nähe zu antisemitischen Parteien von sich zu weisen. Auch wenn Anschütz zu seinen Bekannten ebenfalls Juden zählte, haftete den Charakterisierungen, die Anschütz von seinen Kollegen Otto Gradenwitz und Ernst Levy gab, dennoch zumindest eine innige Vertrautheit mit den gängigen Vorurteilen an: »Gradenwitz war Jude, und zwar vom reinsten Geblüt. Diese Tatsache zu verbergen fiel ihm niemals ein (...). Er gehörte also nicht zu denjenigen seiner Rassegenossen, die ihre Abstammung sorgfältig verschleierten und ständig in der Furcht lebten, sie könnten entdeckt werden.«[621] Gradenwitz habe für den »– schon damals und schon viel früher immer vorhandenen, freilich nur in begrenztem Maße wirksamen – Antisemitismus« Verständnis gehabt und sei als »jüdischer Antisemit« anzusehen. Ernst Levy, der Nachfolger von Gradenwitz, »war so volljüdisch wie sein Vorgänger. Aber über ihn kann ich (...) nur Gutes sagen. Von den Eigenschaften die man – mit Recht oder Unrecht – den Juden nachsagt, habe ich bei ihm niemals eine Spur wahrgenommen.« Immerhin war Anschütz also wohl auf der Suche nach besagten Eigenschaften. Daß Gradenwitz durch die Reaktion der Umwelt ein gestörtes Verhältnis zum Judentum hatte, war in Heidelberg kein Geheimnis,[622] es geht hier nicht um dieses Thema. Neben der Fragwürdigkeit des verwendeten Vokabulars fällt bei Anschütz auf, daß der Antisemitismus, den es ja schon immer gegeben habe, durch diese Permanenz fast eine Berechtigung erhält, die zumal durch das in seinen Augen »antisemitische Denken« Gradenwitz'

617 Ebd., S. 220.

618 Vgl. ebd., S. 226.

619 Radbruch, Gustav: Briefe I (1898–1918). Bearb. v. Günter Spendel. Heidelberg 1991 (= Gustav Radbruch Gesamtausgabe, 17), Brief Nr. 54 v. 3. April 1906, S. 86.

620 Zit. nach Pauly, Werner: Zu Leben und Werk von Gerhard Anschütz. In: Anschütz 1993, S. XIII.

621 Dieses und die folgenden Zitate s. Anschütz 1993, S. 263.

622 Vgl. Kunkel, Wolfgang: Otto Gradenwitz. In: R. C. 28 (1960), S. 12 f.

bestätigt wird. Angesichts der Ereignisse des Dritten Reichs erscheinen die Bemerkungen von Anschütz auffallend unreflektiert und gewinnen damit ungewollt an Aussagekraft über die Situation im Kaiserreich, zu der auch die begrenzte Wirksamkeit des Antisemitismus gehörte.

Von daher dürfen durchaus vorhandene antisemitische Einstellungen bei dem Entzug der Venia legendi Adolf Kochs[623] nicht überbewertet werden. Auch wenn in dem Kollegium, das den Entschluß über den Entzug traf, der Historiker Erdmannsdörffer saß, der ein gern gesehener Gast des Vereins Deutscher Studenten war,[624] war die Entscheidung wohl stärker durch Kochs Verhalten gegenüber seinen Standesgenossen geprägt. Ein Mann, dem Plagiat nachgewiesen werden konnte und der es unterließ, den Schaden, den er durch eine Indiskretion gegenüber Max Weber angerichtet hatte, zumindest zu begrenzen, war in der ausgesprochen standesbewußten Professorenschaft schwer zu ertragen. Auch als 1895 dem Psychologen Otto Caspari unter Federführung von Kuno Fischer die Venia legendi entzogen wurde, spielten Zweifel an seiner wissenschaftlichen Kompetenz und eine unglückselige Affäre eine größere Rolle als antisemitische Vorbehalte.[625]

Eine Schwierigkeit, den in seiner Wirksamkeit nicht zu stark zu bewertenden historischen Stellenwert des Antisemitismus unter der Heidelberger Professorenschaft zu messen, ergibt sich daraus, daß es leichter ist, überzeugende Belege für Antisemitismus zu finden und darzustellen, als Belege, die die berühmte Liberalität des Heidelberger Geistes nachweisen. Immerhin kann die Aufmerksamkeit neben Radbruch auf zwei engagierte Gegner des Antisemitismus gelenkt werden, den Sprachwissenschaftler Hermann Osthoff und den Nationalökonomen Eberhard Gothein. Ersterer versuchte, wie dargestellt, unter den Studenten ein Bewußtsein für die Schädlichkeit des Antisemitismus zu wecken, der zweite stellte sich in seinen Reden dem Antisemitismus entgegen[626] und bot sein Fachwissen dem Oberrat der Israeliten des Großherzogtums Baden an.

Zum Schluß soll noch ein Blick auf dauerhafte Einrichtungen geworfen werden, die in Heidelberg lehrende jüdische Professoren der Universität oder der Stadt hinterließen. Im universitären Bereich geht es dabei um Institute, die sich neuen oder im Aufschwung begriffenen Forschungstendenzen widmeten. Die medizinische Fakultät verdankt zwei ihrer klinischen Einrichtungen dem Wirken von Juden. 1873 schuf Salomon Moos, der als einer der bedeutendsten Vertreter der Ohrenheilkunde galt, in der Seminarstraße eine Ambulanz für Ohrenkranke. Nur wenige Monate zuvor war überhaupt die erste derartige Klinik im deutschsprachigen Raum in Wien gegründet worden. 1896 konnte die ambulatorische Klinik zu einer stationären erweitert werden, und 1908 entstand unter Werner Kümmel durch Zusammenlegung der Otologie mit der Rhino-Laryngologie die

623 Vgl. dazu Riese 1977, S. 375 ff.
624 Vgl. Fünfzig Jahre (1933), S. 8.
625 Vgl. UAH A-219 (Personalakte Caspari) u. GLA 235/1866.
626 Vgl. Giovannini, Norbert u. Jansen, Christian: Judenemanzipation und Antisemitismus an der Universität Heidelberg. In: Jüdisches Leben 1992, S. 168, 170.

Vorläuferin der HNO-Klinik, wie sie heute in der Kopfklinik im Neuenheimer Feld untergebracht ist.[627]

Einem anderen wichtigen Zweig der Medizin widmete sich der Dermatologe Siegfried Bettmann, der 1904 einen Lehrauftrag für sein Fach bekam. Bettmann richtete unter großen räumlichen Schwierigkeiten eine Poliklinik ein, aus der sich die heutige Hautklinik in der Voßstraße entwickelte.[628]

Die juristische Fakultät wurde ebenfalls unter Federführung von Juden um zwei Institute bereichert. Auch wenn es in Heidelberg bereits eine lange Tradition des Vergleichs der Rechtssysteme verschiedener Länder gab, führte Karl Heinsheimer dieses Fach der Jurisprudenz zu neuer Blüte. Daneben interessierte ihn das Wirtschaftsrecht. Beide Zweige gedachte er in einem Institut zu vereinen, und er konnte einen entfernten Verwandten, den Berliner Fabrikanten Carl Leopold Netter, zur Finanzierung eines solchen Projektes überreden, das 1916 in dem »Seminar für rechtswirtschaftliche und rechtsvergleichende Studien« verwirklicht wurde. Der direkte Nachfolger dieses Seminars ist das heutige »Institut für Ausländisches und Internationales Privatrecht«.[629]

Auch die Schöpfung des Juristen Otto Gradenwitz im Jahr 1917, das »Institut für Geschichtliche Rechtswissenschaft«, hat sich bis heute erhalten. Gradenwitz hatte es ins Leben gerufen, um einen Kollegen, der den Weggang aus Heidelberg wegen der zu hohen Lebenskosten ins Auge gefaßt hatte, zum Bleiben zu bewegen. Finanziert wurde das Institut auf Vermittlung von Gradenwitz durch den Berliner Presseunternehmer Rudolf Mosse, der daraufhin von der Universität zum Ehrendoktor promoviert wurde. Seit 1948 gehörte das Institut auch rechtlich zur Universität und wurde nun vorwiegend aus staatlichen Mitteln unterhalten.[630]

Andere Werke jüdischer Professoren kamen direkt der Stadt Heidelberg zugute. Der Kunsthistoriker Carl Neumann gründete zwar kein Institut, setzte sich aber mit großer Leidenschaft für den Erhalt des Heidelberger Schlosses als Ruine ein gegen den Widerstand derjenigen, die zu Ende des 19. Jahrhunderts das Schloß wieder völlig aufbauen wollten.[631] Eine genaue Kenntnis der städtebaulichen Geschichte Heidelbergs offenbart sein Buch »Heidelberg als Stadtbild«,[632] in dem er auch den einen oder anderen Hinweis gab, wie die Erhaltung des Stadtbildes einem stärker strömenden Fremdenverkehr dienlich sein könnte.

Diesem Fremdenverkehr fühlte sich auch Wilhelm Salomon-Calvi verpflichtet, auf dessen Denkschrift von 1907 hin in Heidelberg Bohrungen vorgenommen

627 Vgl. Boenninghaus, Hans Georg: Die Hals-Nasen-Ohrenklinik. In: 600 Jahre, S. 102; Schwab, Werner u. Ey, Werner: Heidelberg als Wiege der Vereinigten Oto-Rhino-Laryngologie und deren Geschichte. In: R. C. 18 (1955), S. 107–115.

628 Vgl. Frosch, Peter J.: Die Hautklinik. In: 600 Jahre, S. 103–104.

629 Vgl. Reinhart, Gert: Das Institut für Ausländisches Privat- und Wirtschaftsrecht. In: 600 Jahre, S. 43–44; NDB 8, Art. Karl August Heinsheimer (Eduard Wahl), S. 440 f.

630 Vgl. Backhaus, Ralph: Das Institut für Geschichtliche Rechtswissenschaft. In: 600 Jahre, S. 44; Gradenwitz 1929, S. 75 f.

631 Vgl. Neumann 1924, S. 31 f.; Goldschmit-Jentner, Rudolf K.: Universität, Presse und Tageblatt. In: R. C. 13/14 (1954), S. 163.

632 Heidelberg 1914.

wurden, die 1918 zur Entdeckung einer radiumhaltigen Heilquelle führten. Heidelberg war dadurch für einige Zeit zum Kurort geworden.[633]

Von größerer Dauer erwies sich die Wirksamkeit der »Josephine und Eduard von Portheim-Stiftung für Wissenschaft und Kunst«, die 1916 von dem Mineralogen Victor Goldschmidt und seiner Frau ins Leben gerufen wurde. Zunächst in der Zielsetzung sehr breit angelegt, scheiterten die meisten Projekte – Institutsgründungen – im Laufe der Jahre an der Finanzierung, da die Inflationskrise der Weimarer Republik das Vermögen der Stiftung schnell schrumpfen ließ. Dennoch konnte das Kernstück der Stiftung, die naturkundliche Sammlung Goldschmidts, zusammengehalten werden und bildet heute die Basis des Völkerkundlichen Museums im Palais Weimar. Ebenso beruht die kristallographische Abteilung des heutigen Mineralogisch-Petrographischen Instituts auf einer privaten Institutsgründung der von-Portheim-Stiftung, die O. H. Erdmannsdörffer 1938 in die Universitätseinrichtung eingliederte. Aus der Vielzahl der Unternehmungen der Stiftung sei eine weniger bekannte hervorgehoben. Durch den Ersten Weltkrieg war die Bibliothek der Heidelberger Russischen Lesehalle aufgelöst worden, und ihre Bücher lagerten bei Ende des Krieges in Kisten im Keller der Universitätsbibliothek. Dem Russen Nicolai von Bubnoff gelang zwar die Wiederherstellung der Bibliothek, aber er war auf der Suche nach einem Mäzen, der sich dauerhaft um die Ausstattung der Bestände der Bibliothek bemühen würde. 1920 fand er diesen Mäzen in der von-Portheim-Stiftung, mit der er einen Vertrag auf zehn Jahre abschloß. Gleichzeitig gründete die Stiftung ein Institut zur Förderung der slawischen Wissenschaften, das 1932 – und mit ihm die Bestände der Lesehalle – in den Rahmen der Universität überging.[634]

Nicht nur im Heidelberger Rahmen, sondern auch darüber hinausweisend, stellte eine Einrichtung des Psychiaters August Homburger ein absolutes Novum dar. Er begründete 1917 unter dem Eindruck des Krieges und der daraus resultierenden breiten Verwahrlosung von Kindern und Jugendlichen in Heidelberg die erste Heilpädagogische Beratungsstelle für Kinder, die aber auch von Erwachsenen bei Erziehungsproblemen in Anspruch genommen werden konnte. War diese Beratungsstelle der Universität angegliedert, so zeigte sich in Homburgers Zusammenarbeit mit der Stadt bei dem Aufbau des Jugendamtes, daß Homburger, der zu seiner Zeit »bedeutendste Kinderpsychiater deutscher Zunge«,[635] eine seiner Hauptaufgaben in der praktischen Betätigung sah, die v. a. auch soziale und

633 Vgl. Rüger, Ludwig: Zum 85. Geburtstage von Salomon-Calvi am 15. Februar 1953. In: R. C. 9/10 (1953), S. 156; Hoepke, Hermann: Die Radium-Solquelle Heidelbergs. In: R. C. 9/10 (1953), S. 157–160.

634 Vgl. Berdesinski, Waldemar: Victor Goldschmidt. In: 600 Jahre, S. 506–515; Amstutz, G. Christian: Das Mineralogisch-Petrographische Institut. In: 600 Jahre, S. 192; Winkel, Hans Jürgen zum: Das slavische Institut der Universität Heidelberg. In: Heidelberger Jahrbücher 25 (1981), S. 165–178; Hermann, Ferdinand: Die Portheim-Stiftung und ihre Völkerkunde-Sammlung. In: R. C. 9/10 (1953), S. 162–164.

635 Zit. nach Müller-Küppers, Manfred: Arbeitsergebnisse der Kinderpsychiatrischen Abteilung und der heilpädagogischen Beratungsstelle Heidelberg für das Jahr 1963. In: R. C. 36 (1964), S. 182.

lokale Besonderheiten miteinzubeziehen versuchte. Die Abteilung für Kinder- und Jugendpsychiatrie der heutigen Psychiatrischen Klinik geht somit direkt auf das Wirken Homburgers zurück.[636]

8 Zusammenfassung

Welches Bild ergibt sich nun von den Heidelberger Juden in der Zeit von der Emanzipation bis zum Ende des Ersten Weltkriegs? Entspricht es der Sicht des Oberrats, der 1909 zum 100jährigen Jubiläum der Landessynagoge eine Adresse an den Großherzog mit einer Allegorie[637] schmückte, auf der die herausragendsten Vertreter des badischen Judentums sich um die Bronzefigur der Gerechtigkeit scharten? Waren die Heidelberger Juden durch Finanzminister Moritz Ellstätter, der Volkswirtschaft und Verkehr symbolisieren sollte, durch Baurat Prof. Ludwig Levy (Architektur), Hofkapellmeister Hermann Levi (Kunst), durch den Heidelberger Orientalisten Gustav Weil (Wissenschaft), den Rechtsanwalt und Synodalpräsidenten Max Friedberg (Rechtspflege), Hauptlehrer Seligmann aus Müllheim (Bodenkultur) und Ingenieur Richard Neumann aus Karlsruhe (Technik) angemessen repräsentiert? Konnten sie sich in dieser Darstellung wiederfinden?

Von Heidelberg, der Universitätsstadt des 19. Jahrhunderts, dürfte man erwarten, daß sie entscheidende Beiträge zu der Entwicklung des badischen Judentums geliefert hätte. Doch fällt die Bilanz mit einem einzigen Heidelberger Universitätsvertreter ein wenig mager aus. Zweifelsohne konnten sich die Heidelberger Juden durch den Vertreter für Handel und Verkehr repräsentiert sehen, hier war ihr Hauptbetätigungsfeld, hier partizipierten sie wesentlich an der Entwicklung von Stadt und Land. Aber auch hier stellt sich wieder die Frage nach der Identität. War der Bezugspunkt für die Heidelberger jüdischen Kaufleute der jüdische Finanzminister, eben weil er wie sie Jude war? Wohl kaum. Wirtschaftlicher Erfolg mußte sich an anderen Prinzipien als religiösen Zuordnungen orientieren. Als Jude, der die Emanzipation zu nutzen gewußt hatte, mochte Ellstätter ein Vorbild gewesen sein, für den Großwarenhändler aber war der etwas erfolgreichere christliche oder jüdische Großwarenhändler der nächstliegende Bezugspunkt. In der Berufswelt gab es nicht *die* jüdischen Kaufleute oder *die* jüdischen Professoren. Solche Gemeinschaften zu konstruieren, ist das Verdienst der Antisemiten des 19. und 20. Jahrhunderts und – freilich mit anderer Zielsetzung – des heutigen Geschichtsforschers. Und wenn, wie in der Studentenschaft, durchaus die Gruppe der sich aktiv einsetzenden Juden identifizierbar

636 Vgl. Müller-Küppers, Die Psychiatrische Klinik. In: 600 Jahre, S. 97 f.; Stutte, Hermann: August Homburgers Bedeutung in der Geschichte der Kinderpsychiatrie. In: Heidelberger Jahrbücher 18 (1974), S. 83–88; Baeyer, Walter Ritter von: August Homburger – Arzttum und soziale Verantwortung. In: Heidelberger Jahrbücher 18 (1974), S. 89–93.

637 Vgl. die Beschreibung des Bildes in: VObl. Nr. II v. 19. Februar 1909, S. 8.

ist, so spaltet diese sich in verschiedene Richtungen, die entweder die Assimilation oder den Zionismus oder einfach das Talmudstudium als Mittelpunkt ihrer Arbeit begreifen.

Auch wenn viele der in dieser Arbeit genannten Kaufleute gleichzeitig Ehrenämter in der jüdischen Gemeinde wahrnahmen, so ist damit nicht belegt, daß ihr religiöses Engagement Wirkungen auf ihre kaufmännische Tätigkeit hatte, im Gegenteil: In der bürgerlichen Honoratiorengesellschaft des 19. Jahrhunderts füllten diejenigen die Ämter aus, die vorrangig aufgrund wirtschaftlichen Erfolgs bekannt und geschätzt waren. Dies gilt auch für die vielfältigen lokalpolitischen Ämter, die Heidelberger Juden innehatten, ohne daß ein verstärktes Engagement für die Juden sichtbar geworden wäre.

Die kaufmännische und anscheinend eher mittelständische Struktur gab auch der jüdischen Gemeinde ihr Gepräge, indem kaum Heidelberger Vertreter überragende Rollen im Oberrat oder in der Landessynode einnahmen. Wer in Lewins Geschichte der badischen Juden nach Heidelberger Spuren sucht, muß enttäuscht feststellen, daß Mannheim, Karlsruhe und auch Freiburg bedeutend häufiger auftauchten als Heidelberg. Innerhalb der Gemeinde wurde zwar auch die landesweite Auseinandersetzung um eine liberale oder orthodoxe Richtung ausgetragen, doch wurde diese hier nicht von größeren Denkern in die eine oder andere Richtung gelenkt, sondern erinnert vielmehr an politisches Alltagsgeschäft. Wichtige Impulse scheinen hier von der Gemeinde eher fernstehenden Personen wie Jonas Simon oder engagierten Studenten ausgegangen zu sein.

Setzt man voraus, daß die Darstellung des Oberrats sich auf die wichtigsten jüdischen Vertreter Badens bezog und Heidelberg im Idealfall die Gesamtheit im Kleinen hätte widerspiegeln sollen, so konnten die Heidelberger Juden sich sicher nur teilweise in der Allegorie wiederfinden.

Was das Bild auf der Adresse an den Großherzog nicht vermitteln konnte, war die in dieser Arbeit immer wieder spürbare Entwicklung. Die Gesellschaft zu Beginn der 60er Jahre war eine andere als am Ende des Ersten Weltkriegs. Auch die Juden, als Teil dieser Gesellschaft, partizipierten an dieser Entwicklung, sei es, daß die Gemeinde infolge der Freizügigkeit wuchs und neue Räumlichkeiten schaffen mußte, sei es, daß sich ein Wandel in der Berufswahl abzeichnete, daß politische Einstellungen sich änderten, daß geistige Entwicklungen sich in dem Generationswechsel der Rabbiner manifestierten. Deutlich wurde der Prozeß auch in der Auseinandersetzung um die Friedhöfe: Hatten die Juden bis zur Emanzipation in einer relativ abgeschlossenen Welt gelebt, öffneten sich nun Bereiche, die eine Zusammenarbeit von geistlicher und weltlicher Macht erforderten. Gleiches gilt für die Schule.

Viele dieser Prozesse bezogen sich nicht allein auf die Juden, sondern gehören in den Rahmen größerer Entwicklungen, denen die ganze deutsche Gesellschaft unterlag. Von daher läßt sich sagen, daß der Integrationsgrad, den die Heidelberger Juden erreicht hatten, sich in der Anteilnahme an diesen deutschen Entwicklungen widerspiegelt – bis zum Aufkommen des politischen Antisemitismus in Baden in den 90er Jahren. Ich habe bewußt in dem Satz der Einleitung, in dem davon die Rede war, daß die Juden die Ereignisse des Deutschen Reiches mitlenkten und dann zu Opfern der Entwicklung wurden, einen konzessiven Zusammenhang (obwohl) vermieden.[638] Angebrachter erscheint tatsächlich ein kausaler Zusammenhang: Weil die Heidelberger Juden nationalliberal waren, weil sie als Vertreter der deutschen Kultur sich immer wieder als staatsloyal erwiesen, wurden sie zu Opfern des Antisemitismus, der sich antimodern, antiemanzipatorisch, als gegen den Idealstaat der Liberalen, der so allerdings auch nicht Realität war, gerichtet darstellte und sich zudem der traditionellen Judenfeindschaft als Ausgangsbasis bediente.

638 Vgl. Kap. 1, S. 218.

Udo Wennemuth

Zur Geschichte der Juden in Heidelberg in der Weimarer Republik

1 Einleitung

Die Geschichte der Juden in der Weimarer Republik[1] ist vergleichsweise wenig erforscht. Bestimmend war lange Zeit der Blick auf die Entrechtung und Vernichtung der jüdischen Bevölkerung im Dritten Reich. So war das Interesse an der jüdischen Geschichte in der Weimarer Republik als einer »Vorgeschichte« besonders von der Frage nach der Ausbreitung des Antisemitismus geprägt.[2] Erst allmählich traten andere, differenzierende Fragestellungen, etwa nach dem »Abwehrkampf« der Juden gegen den Antisemitismus,[3] der jüdischen Identität

1 Kienitz, Werner: Die Zeit der Weimarer Republik. Das jüdische Gemeindeleben und die politische Situation der deutschen Juden. In: Monumenta Judaica. 2000 Jahre Geschichte und Kultur der Juden am Rhein. Hrsg. v. Konrad Schilling. Köln 1963, S. 345–418. Mosse, Werner E.: German Jews: Citizens of the Republic. In: Die Juden im Nationalsozialistischen Deutschland. The Jews in Nazi Germany 1933–1943. Hrsg. v. Arnold Paucker u. a. Tübingen 1986 (= Schriftenreihe wissenschaftlicher Abhandlungen des Leo-Baeck-Instituts, 45), S. 45–54. Maurer, Trude: Die Juden in der Weimarer Republik. In: Zerbrochene Geschichte. Leben und Selbstverständnis der Juden in Deutschland. Hrsg. v. Dirk Blasius u. a. Frankfurt am Main 1991, S. 102–120. Gay, Peter: In Deutschland zu Hause ... Die Juden der Weimarer Zeit. In: Die Juden im Nationalsozialistischen Deutschland. The Jews in Nazi Germany 1933–1943. Hrsg. v. Arnold Paucker u. a. Tübingen 1986 (= Schriftenreihe wissenschaftlicher Abhandlungen des Leo-Baeck-Instituts, 45), S. 32–43.

2 Mosse, Werner E. u. Paucker, Arnold (Hrsg.): Deutsches Judentum in Krieg und Revolution 1916–1923. Tübingen 1971 (= Schriftenreihe wissenschaftlicher Abhandlungen des Leo-Baeck-Instituts, 25). Mosse, Werner E. u. Paucker, Arnold (Hrsg.): Entscheidungsjahr 1932. Zur Judenfrage in der Endphase der Weimarer Republik. Tübingen 1965 (= Schriftenreihe wissenschaftlicher Abhandungen des Leo-Baeck-Instituts, 13). Winkler, Heinrich August: Die deutsche Gesellschaft der Weimarer Republik und der Antisemitismus. In: Die Juden als Minderheit in der Geschichte. Hrsg. v. Bernd Martin u. a. München 1981, S. 271–289. Zum Problem des Antisemitismus in der Weimarer Republik vgl. auch Berding, Helmut: Moderner Antisemitismus in Deutschland. Frankfurt am Main 1988, S. 189–225. Greive, Hermann: Geschichte des modernen Antisemitismus in Deutschland. Darmstadt 1983, S. 104–144.

3 Paucker, Arnold: Der jüdische Abwehrkampf gegen Antisemitismus und Nationalsozialismus in den letzten Jahren der Weimarer Republik. Hamburg 1968 (= Hamburger Beiträge zur Zeitgeschichte, IV).

und dem jüdischen Beitrag zur deutschen Kultur[4] sowie zu jüdischen Organisationen[5] in den Vordergrund. In den letzten Jahren wurden zunehmend auch lokale und regionale Studien zur Geschichte der Juden in Deutschland vorgelegt. Für die Zeit der Weimarer Republik erwiesen sich in der Vielfalt der untersuchten Aspekte und in ihrer ausgewogenen Darstellung besonders die Arbeiten über Hamburg und Würzburg als richtungweisend.[6] Demgegenüber klammert eine in jüngster Zeit erschienene Publikation über die Juden in Heidelberg[7] gerade die Zeit der Weimarer Republik weitgehend aus.

Indessen stößt eine Bearbeitung der Geschichte der Juden in Heidelberg in den 20er Jahren auf erhebliche Schwierigkeiten. Es fehlt an Vorarbeiten und oft auch an einschlägigem Aktenmaterial. Die jüdischen Archive, sei es der Israelitischen Gemeinde in Heidelberg, sei es des Oberrats der Israeliten in Karlsruhe, fielen im November 1938 zu einem großen Teil den Flammen zum Opfer,[8] andere Dokumente gingen mit der Verdrängung und Vernichtung der jüdischen Bevölkerung verloren. In der Überlieferung der staatlichen und kommunalen Archive treten die Juden im Gegensatz etwa zum 19. Jahrhundert oder zur Nazi-Zeit als besondere Gruppe nicht mehr auf. »Judensachen« gibt es in der Weimarer Republik als Gegenstand von Verwaltungsvorgängen grundsätzlich nicht mehr. Nur als religiöse Gemeinschaft und in ihren Organisationen tritt die Israelitische Gemeinde rudimentär in Erscheinung. Die vielen jüdischen Bürger, die sich außerhalb der

4 Grab, Walter u. Schoeps, Julius (Hrsg.): Juden in der Weimarer Republik. Stuttgart – Bonn 1986 (= Studien zur Geistesgeschichte, 6). Grab, Walter: Der deutsche Weg der Judenemanzipation 1789–1938. München – Zürich 1991, S. 134–199. Vgl. dazu auch Richarz, Monika (Hrsg.): Bürger auf Widerruf. Lebenszeugnisse deutscher Juden 1780–1945. München 1989, S. 369 ff. und Jüdische Lebenswelten: Essays. Hrsg. von Andreas Nachama u. a. Frankfurt am Main 1991. Volkov, Shulamit: Jüdisches Leben und Antisemitismus im 19. und 20. Jahrhundert. Zehn Essays. München 1990.

5 Dunker, Ulrich: Der Reichsbund jüdischer Frontsoldaten 1919–1938. Düsseldorf 1977. Kaplan, Marion A: Die jüdische Frauenbewegung in Deutschland. Organisation und Ziele des Jüdischen Frauenbundes 1904–1938. Hamburg 1981 (= Hamburger Beiträge zur Geschichte der deutschen Juden, 7). Heid, Ludger u. Paucker, Arnold (Hrsg.): Juden und deutsche Arbeiterbewegung bis 1933. Soziale Utopien und religiös-kulturelle Traditionen. Tübingen 1992 (= Schriftenreihe wissenschaftlicher Abhandlungen des Leo-Baeck-Instituts, 49).

6 Lorenz, Ina: Identität und Assimilation: Hamburgs Juden in der Weimarer Republik. Hamburg 1989. Flade, Roland: Die Würzburger Juden. Ihre Geschichte vom Mittelalter bis zur Gegenwart. Würzburg 1987, S. 175–256. Vgl. auch Koch, Manfred: Die Weimarer Republik: Juden zwischen Integration und Ausgrenzung. In: Juden in Karlsruhe 1988, S. 155–188. Viele Monographien zum Thema sind sehr stark biographisch orientiert, das gilt etwa auch für Watzinger, Karl Otto: Die jüdische Gemeinde Mannheims in der Weimarer Republik. In: Mannheimer Hefte 1980, S. 70–94.

7 Jüdisches Leben in Heidelberg. Studien zu einer unterbrochenen Geschichte. Hrsg. v. Norbert Giovannini u. a. Heidelberg 1992.

8 Dennoch haben sich vom Archiv des Oberrats der Israeliten in Baden erstaunlich umfangreiche Teile in den »Central Archives for the History of the Jewish People« in Jerusalem (CAHJP) erhalten (freundliche Mitteilung von Dr. U. Kaufmann), die für die vorliegende Arbeit jedoch nicht ausgewertet werden konnten.

jüdischen Gemeinde halten, sind noch schwerer faßbar. Da es eine »spezifische, festumrissene Gruppenidentität« der meisten Juden nicht mehr gab, fehlen weitgehend die Zeugnisse, die jüdisches Leben in Heidelberg dokumentieren könnten. Die meisten Juden, besonders aus der Akademikerschicht, waren wie überall im Deutschen Reich angepaßt und »assimiliert« und verstanden und fühlten sich als »deutsche Staatsbürger jüdischen Glaubens«.[9] Erst die zunehmende Bedrohung durch den völkisch-rassistischen Antisemitismus und der damit verbundene Zusammenschluß zur Abwehr führte zu bewußterer Hinwendung zum eigenen Judentum, ohne daß das politisch-nationale Selbstbewußtsein wesentlich dadurch tangiert wurde.

So stellen gerade die zu Beginn der nationalsozialistischen Herrschaft angelegten Akten über die jüdische Bevölkerung in Heidelberg eine wichtige Quelle auch für ihre Geschichte in der Weimarer Republik dar. Es verwundert daher nicht, daß die bislang ausführlichste und gründlichste Darstellung der Verhältnisse in der Weimarer Republik, z. T. von diesen späteren Quellenbelegen ausgehend, von Arno Weckbecker in seiner Studie über die Judenverfolgung in Heidelberg 1933–1945[10] geboten wurde. Auch aus den vor 1918 geführten Standesbüchern könnten sich hin und wieder Nachrichten über die Weimarer Republik extrapolieren lassen, doch insgesamt ist hier der Einschnitt durch Kriegsende und Revolution 1918/19 zu bedeutsam, waren die wirtschaftlichen und sozialen Veränderungen zu umfassend, als daß hier wesentliche Ergebnisse übertragbar wären. Spärlich sind auch die Selbstzeugnisse jüdischer Mitbürger in Heidelberg, und das für Mannheim wichtige Israelitische Gemeindeblatt[11] läßt uns für Heidelberg weitestgehend im Stich. So versteht sich denn die vorliegende Studie als ein erster Versuch einer Darstellung der Geschichte der Juden in Heidelberg zur Zeit der Weimarer Republik, der weitere Forschungen dringend nachfolgen müßten. Einen Ansatzpunkt könnten dabei personen- und familiengeschichtliche Untersuchungen bieten, zu denen das verstreute Material noch mühsam zusammengetragen werden muß.

9 Grab/Schoeps 1986, S. 7.

10 Weckbecker, Arno Die Judenverfolgung in Heidelberg 1933–1945. Heidelberg 1985 (= Motive – Texte – Materialien, 29), bes. S. 16–36 und die Anhänge, S. 249 ff. Einige der von Weckbecker angegebenen Quellen konnten nicht aufgefunden bzw. verifiziert werden.

11 Das Israelitische Gemeindeblatt (IGBl) erschien (mit kurzer Unterbrechung von Juni bis Dezember 1923) von September 1922 bis 1938 als Gemeindeblatt der Israelitischen Gemeinde in Mannheim. Ab 1927 schloß sich die Ludwigshafener Gemeinde an, 1928 wurde das IGBl zu einem »Blatt der Gemeinden Badens« erweitert mit einer Mannheimer und einer badischen Ausgabe, die einen gemeinsamen Hauptteil hatten.

2 Die jüdische Bevölkerung in Heidelberg

2.1 Bevölkerungsentwicklung und Bevölkerungsstruktur

In der Weimarer Republik hatte die Kurve des jüdischen Bevölkerungsanteils ihren Höhepunkt längst überschritten.[12] Absolut hatte die Zahl der Israeliten in Heidelberg bei der Volkszählung des Jahres 1925 mit 1354 zwar ihren höchsten Stand erreicht, doch relativ sank der Anteil der jüdischen Bevölkerung von 2,2 % im Jahre 1910 über 1,8 % (1925) auf nur 1,3 % im Jahr 1933, als nur noch 1102 Bürger jüdischen Glaubens in Heidelberg lebten und so das Umkippen der Bevölkerungsentwicklung auch in absoluten Zahlen belegt wird. Unter Einbeziehung Rohrbachs ist also die Gesamtzahl der jüdischen Einwohner Heidelbergs in acht Jahren um 310 Personen, das sind mehr als 20 %, zurückgegangen!

Diese für Heidelberg festzustellenden Verhältnisse entsprechen im wesentlichen den Entwicklungen sowohl in Baden wie im Reich, wie nachfolgende Tabelle aufzeigt:[13]

	1900	*1910*	*1925*	*1933*
Heidelberg	727 = 1,7 %	1242 = 2,2 %	1354* = 1,8 %	1102 = 1,3 %
Baden	26132 = 1,4 %	25896 = 1,3 %	24064 = 1,1 %	20617 = 0,9 %
Reich	586833 = 1,04 %	615021 = 0,95 %	564327 = 0,9 %	502799 = 0,76 %

* mit Rohrbach 1412

Dennoch sind die auftretenden Differenzen für die Interpretation der jüdischen Bevölkerungsentwicklung ebenso wichtig wie die Übereinstimmungen. Die starke Auswanderung nach Übersee und ein erheblicher Geburtenrückgang unter der jüdischen Bevölkerung sorgten nach 1871 für stetig rückläufige, um die Jahrhundertwende bereits negative Bevölkerungsbilanzen der deutschen Juden. Diese wurden auf Reichsebene bis in die 20er Jahre teilweise ausgeglichen durch eine bedeutsame Zuwanderung von Ostjuden vor allem aus Polen, Rußland und den Habsburgischen Ländern. Die jüdische Einwanderung aus Osteuropa schlug jedoch bis in den äußersten Südwesten des Reiches, nach Baden oder Heidelberg, nicht in dem für Preußen typischen Maße durch. In den Zahlen für Baden zeigen sich die Konsequenzen des innerjüdischen Sozialverhaltens in einem drastischen

12 Zur Bevölkerungsentwicklung der deutschen Juden allgemein vgl. Bennathan, Esra: Die demographische und wirtschaftliche Struktur der Juden. In: Mosse/Paucker 1965, S. 87–131; Richarz 1989, S. 16–21.

13 Für Heidelberg vgl. Stadtbuch der Stadt Heidelberg (nebst dem angrenzenden Teil der Gemeinde Rohrbach) für die Jahre 1909–1930. Heidelberg 1909–1930; Stadtamt I der Stadt Heidelberg (Hrsg.): Die Ergebnisse der Volks- und Berufszählung vom 16. Juni 1933 in Heidelberg. Heidelberg (o. J.), S. 8; Schlipphak, Fritz: Heidelberg. 5 Jahre Aufbau. Heidelberg 1933, S. 20. Vgl. auch Badisches Statistisches Landesamt (Hrsg.): Die Religionszugehörigkeit in Baden in den letzten 100 Jahren. Freiburg/Breisgau 1928, S. 201. Für Baden ebd. S. 115 f., 123 f. Für das Reich vgl. Richarz 1989. Für das Jahr 1910 geben die Quellen für Baden keine Prozentangabe; die angegebene Zahl ist aus den Daten ermittelt.

Bevölkerungsrückgang am deutlichsten: Hier war bereits 1875 der zahlenmäßige Höhepunkt der Bevölkerungsentwicklung erreicht, während der relative Anteil der jüdischen Bevölkerung von 1852 bis 1875 bereits von 1,7 % auf 1,4 % zurückgegangen war. Zwischen 1900 und 1925 ging die jüdische Bevölkerung real um 8 % zurück, um dann zwischen 1925 und 1933 mit –14,3 % in nur wenigen Jahren einen katastrophalen Einbruch zu erleben.[14] Die Sorge jüdischer Statistiker über einen »Untergang der deutschen Juden«[15] auf generativem Wege findet hier ihre anschauliche Begründung. Mitte der 20er Jahre übertrafen die Sterbefälle bei den Juden in Baden die Geburten um fast ein Drittel.[16]

Während die jüdische Bevölkerung in Baden absolut wie relativ bereits seit Jahrzehnten stetig zurückging, stieg ihr Anteil in Heidelberg noch bis Mitte der 20er Jahre. Dieser Anstieg beruht auf einem Wanderungsgewinn, der zu Lasten der ländlichen Gebiete ging. Waren also landesweit die Zahlen rückläufig, so kam es zu einer Konzentration der jüdischen Bevölkerung in den Städten. Der jüdische Bevölkerungsanteil in Heidelberg lag dabei im Durchschnitt der Städte vergleichbarer Größenordnung. In Baden nahm Heidelberg eine Mittelstellung zwischen Mannheim und Karlsruhe (1925 2,8 bzw. 2,3 % jüdische Bevölkerung) einerseits und Freiburg und Pforzheim (1925 1,6 bzw. 1,1 % jüdische Bevölkerung) andererseits ein.[17]

Eine Antwort auf die Frage nach den Herkunftsgebieten der jüdischen Zuwanderer läßt sich für die 20er Jahre nicht mit exakten Zahlen belegen. Die wichtigste Quelle, aus der sich auf diese Zeit zurückschließen läßt, sind die Angaben aus den Erhebungsbögen für die zwischen 1933 und 1945 in Heidelberg lebenden Juden.[18] Somit lassen sich für alle bei der Volkszählung am 16. Juni 1933 registrierten 1102 Heidelberger Juden die Herkunftsorte angeben, während sie für die Zahl der zwischen 1918 und 1933 verstorbenen, verzogenen oder auf andere Weise der jüdischen Religionsgemeinschaft verlorenen Personen auf dieser Basis nicht erfaßt werden können. Der Wert, der sich für das Stichjahr 1933 ergibt, ist daher nur bedingt auf die gesamte Zeit der Weimarer Republik übertragbar. Immerhin zeigt sich deutlich, daß etwa nur je ein Viertel der in Heidelberg lebenden Juden in Heidelberg selbst oder Baden geboren wurde. Die Feststellung des Rabbiners F. Pinkuss, daß etwa die Hälfte der Glieder der jüdischen Gemeinde »alteingeses-

14 Hundsnurscher, Franz u. Thaddey, Gerhard: Die jüdischen Gemeinden in Baden. Denkmale, Geschichte, Schicksale. Stuttgart 1968, S. 17f., 22f.

15 Theilhaber, Felix A.: Der Untergang der deutschen Juden. Eine volkswirtschaftliche Studie. 2. veränderte Auflage. Berlin 1921.

16 Hundsnurscher/Thaddey 1968, S. 22.

17 Die Religionszugehörigkeit in Baden 1928, S. 124. Allein ein Drittel aller badischen Juden wohnte 1925 in Mannheim; ein weiteres Drittel in den übrigen 15 Mittel- und Großstädten des Landes (Hundsnurscher/Thaddey 1968, S. 22).

18 Vgl. Gedenkbuch an die ehemaligen Heidelberger Bürger jüdischer Herkunft. Dokumentation ihrer Namen und Schicksale 1933–1945. Bearb. v. Arno Weckbecker im Zusammenwirken mit dem Stadtarchiv Heidelberg. [Heidelberg 1983]. Vgl. auch die Auswertung bei Weckbecker 1985, S. 27f.

sene« Heidelberger seien,[19] ist unzutreffend. Aus dem Reichsgebiet waren etwa zwei Fünftel zugewandert. Die Zahl der aus dem Ausland zugewanderten Juden betrug etwa 10 %, die überwiegend die deutsche Staatsangehörigkeit nicht besaßen. Das entspricht etwa dem badischen Durchschnitt; bei der Volkszählung vom 16. Juni 1925 wurden insgesamt 2493 (= 10,4 %) ausländische Juden gezählt, während im Reich 1925 19,1 % der Juden in Deutschland Ausländer waren.[20] Hauptherkunftsgebiete im Reich waren Württemberg, Preußen und Bayern, des Auslandes Österreich, Frankreich, Rußland und besonders Polen mit fast der Hälfte aller ausländischen Juden. Es ist nach diesen Erhebungen nicht korrekt, für Heidelberg von einem »überwiegend (...) eingesessene[n] Judentum« zu sprechen.[21] Vielmehr lebte nur etwa ein Viertel der Juden bereits mindestens in der zweiten Generation in Heidelberg. Kennzeichnend ist dagegen die starke Zuwanderung aus dem badischen Hinterland (hier ist vor allem auf die allmähliche »Entleerung« des Amtsbezirkes Sinsheim hinzuweisen, der hundert Jahre zuvor noch die badische Region mit den meisten Juden war) und anderen Teilen des Reiches. Das gilt in besonderem Maße auch für die wirtschaftlich stärkeren Kreise: Wer von auswärts zuwanderte, den zeichnete offenbar eine höhere Risikobereitschaft im ökonomischen Bereich aus, die sich in einer großen Zahl von Unternehmensgründungen niederschlug. Viele der reichen Heidelberger Fabrikanten- und Großkaufmannsfamilien lebten in den 20er Jahren erst in der zweiten Generation in Heidelberg, so die Liebhold, Schlössinger, Fisch u. a.[22] Die noch lebende und im politischen wie sozialen Bereich aktive »Gründergeneration« war zumeist erst seit den 1890er Jahren zugewandert. Eine starke Anziehungskraft übte Heidelberg vor allem auch auf Akademiker aus, die von jeher eine größere Mobilität auszeichnete: Von den jüdischen Dozenten und Studenten an der Universität zählte nur ein sehr geringer Teil zu den »eingesessenen« Heidelbergern. Die inhomogene Zusammensetzung der jüdischen Bevölkerungsgruppe wirft eine Reihe von Fragen auf, etwa die nach der Integration der Zuwanderer in die jüdische Gemeinde wie nach deren Bedeutung für das Zusammenleben von jüdischer und nichtjüdischer Bevölkerung.

Landflucht und damit verbundene Annahme städtischer Lebensgewohnheiten, der steigende sozioökonomische Status und Wohlstand sind die Hauptgründe für den allgemeinen Rückgang der Geburtenziffern. Da dies für die jüdische Bevölkerung in höherem Maße zutraf als für die übrige Bevölkerung, erklärt sich hieraus auch der relative Rückgang der jüdischen Bevölkerung.[23] Die Bevölkerungszunahme in Heidelberg durch Wanderungsgewinn bei gleichzeitigem starken Rück-

19 Mitteilung F. Pinkuss (STAHD, Dok. Weckbecker).

20 Statistisches Lehrbuch für das Land Baden. Hrsg. v. Badischen Statistischen Landesamt. 43. Jg. (1930). Karlsruhe 1930, S. 17; Richarz 1989, S. 17.

21 Weckbecker 1985, S. 28.

22 Vgl. die Angaben im Gedenkbuch.

23 Während zwischen 1820 und 1871 die Zuwachsrate der jüdischen Bevölkerung mit 74 % die der Gesamtbevölkerung (mit 63 %) noch übertraf, betrug sie zwischen 1871 und 1910 nur noch etwa ein Drittel des Wachstums der Gesamtbevölkerung (20 % zu 58 %); Richarz 1989, S. 16. Nach der Jahrhundertwende war vielerorts wie in Baden bei weiter

gang der Geburtenziffern korrespondiert mit der anormalen Verteilung im Geschlechterverhältnis innerhalb der jüdischen Bevölkerung. Die Zuwanderer waren ganz überwiegend Männer. In der Zeit der stärksten Zuwanderung vor dem Ersten Weltkrieg (1910) war die Zahl der männlichen Israeliten fast um ein Viertel höher als die der weiblichen jüdischen Bevölkerung (703 zu 539), um dann infolge eines Rückgangs der Zuwanderung und der massiven Verluste im Ersten Weltkrieg bei den Zählungen 1925 bzw. 1933 fast ein ausgeglichenes Verhältnis aufzuzeigen,[24] das indessen immer noch deutlich von dem allgemeinen Reichs- und Heidelberger Ergebnis mit einem deutlichen Frauenüberhang abwich.[25]

Für den absoluten Rückgang der jüdischen Bevölkerung zwischen 1925 und 1933 sind Geburtenrückgang und schließlich auch die negative Wanderungsbilanz die wesentlichen Ursachen, lassen sich statistisch jedoch nicht exakt bestimmen. Für Baden liegt die Geburtenziffer in jüdischen Familien zwischen 1919 und 1928[26] jeweils unter ihrem Anteil an der Gesamtbevölkerung, im Durchschnitt nur bei etwa 70%. In den Städten wie Heidelberg dürfte die Bilanz noch wesentlich ungünstiger ausfallen. Einen Eindruck vermitteln die Erhebungen in den Städtischen Vierteljahresberichten der Stadt Heidelberg, die freilich nur für vier Jahre (1926–1929) Angaben liefern.[27] Die Zahlen enthält folgende Tabelle:

	Geburten insgesamt	*in jüdischen Familien*	*aus Mischehen*
1926/1	275	2	keine Angaben
1926/2	233	2	keine Angaben
1926/3	263	2	keine Angaben
1926/4	271	3	keine Angaben
1927/1	266	3	keine Angaben
1927/2	289	0	keine Angaben
1927/3	300	0	1
1927/4	257	5	0
1928/1	301	4	1
1928/2	321	3	0
1928/3	282	1	1
1928/4	292	2	0
1929/1	289	3	3
1929/2	270	3	0
1929/3	348	3	0
1929/4	239	2	1

steigender Gesamtbevölkerung ein unmittelbarer Rückgang der jüdischen Bevölkerung zu konstatieren.

24 Stadt-Adreßbuch der Kreis(haupt)stadt Heidelberg für das Jahr 1932, S. XL; Volks- und Berufszählung 1933, S. 8; Schlipphak 1933, S. 20.

25 Schlipphak 1933, S. 19; Volks- und Berufszählung 1933, S. 8.

26 Statistisches Jahrbuch 1930, S. 24.

27 STAHD, AA 11b/1.

Die Kinder aus Mischehen sollen hier unberücksichtigt bleiben, da unbekannt ist, wie ihre religiöse Erziehung erfolgte. Im Durchschnitt lag der Anteil der Geburten in jüdischen Familien 1926 also bei 0,86 %, 1927 bei 0,72 %, 1928 bei 0,84 % und 1929 bei 0,96 %, während ihr Anteil an der Gesamtbevölkerung noch zwischen 1,8 % (1925) und 1,3 % (1933) lag. Es wird also auch durch diese Zahlen eindeutig belegt, daß die Geburtenziffer im jüdischen Milieu erheblich unter dem Wert lag, der ihrem Anteil an der Gesamtbevölkerung entsprochen hätte. 1926 erreichte die Geburtenziffer nur etwa 47,3 % des dem Bevölkerungsanteil entsprechenden Wertes, 1927 nur 42,35 %, 1928 schließlich 54,5 % und erst 1929 mit etwa 64 % wieder einen Wert, der dem Landesdurchschnitt nahekam. Ob sich hierin eine Trendwende im Gebärverhalten in jüdischen Familien ausdrückt, ist aufgrund fehlender weiterer Daten nicht zu beantworten.

Demgegenüber entsprach die Sterbeziffer[28] in Baden bis 1925 etwa dem Bevölkerungsanteil, lag von 1926 bis 1929 jedoch mit ca. 1,3 % deutlich höher. Ein Blick auf den Altersaufbau[29] des jüdischen Bevölkerungsanteils führt dessen relative Überalterung eindringlich vor Augen. Nur 26,4 % der jüdischen Bevölkerung waren jünger als zwanzig Jahre; sie lag damit 1,8 Prozentpunkte hinter dem allgemeinen Wert der Bevölkerungsverteilung. In der Altersklasse der 20- bis 40jährigen lag der Anteil mit 30,3 % sogar 7,7 Punkte unter dem Durchschnitt. Demgegenüber war ihr Anteil bei den 40- bis 60jährigen mit 28,7 % um 5 %, bei den über 60jährigen mit 14,6 % um 4,5 % über dem Durchschnitt der Gesamtbevölkerung. Daß dieser Trend zur Überalterung der jüdischen Bevölkerung nicht noch wesentlich stärker ins Gewicht fiel, lag vor allem daran, daß die Zuwanderer – trotz der Vorzüge Heidelbergs als Alterssitz – doch überwiegend der jüngeren Generation der Israeliten angehörten, die hier neue berufliche Perspektiven suchten und wohl auch den Möglichkeiten eines modernen (städtischen) Lebensstils aufgeschlossen waren.[30] Dadurch freilich wurde das Sterben der Landgemeinden beschleunigt.[31]

Die Konversion zu christlichen Religionsgemeinschaften spielte demgegenüber nur eine untergeordnete Rolle bei der Bevölkerungsbilanz. 1933 wurden den 1 102 Glaubensjuden von den Nazis noch 140 Judenchristen als sogenannte Rassejuden zugerechnet.[32] Reichsweit waren 1930 nur 212 Juden zum Christentum übergetre-

28 Statistisches Jahrbuch 1930, S. 32.

29 Volks- und Berufszählung 1933, S. 9 f.; Stadt-Adreßbuch 1938, S. XXIII f.; Weckbecker 1985, S. 32, Tab. 5; Statistik der Stadt Heidelberg 1937/38. Sonderdruck aus dem Heidelberger Stadtadreßbuch 1939. Heidelberg 1939, S. 20.

30 Vgl. Bennathan 1965, S. 91 ff. für das Reich bzw. Sauer, Paul: Schicksale der jüdischen Bürger Baden-Württembergs während der nationalsozialistischen Verfolgungszeit 1933–1945. Statistische Ergebnisse der Erhebungen der Dokumentationsstelle bei der Archivdirektion Stuttgart und zusammenfassende Darstellung. Stuttgart 1969, S. 31 für Baden.

31 Vgl. dazu etwa die Zahlen für Württemberg bei Sauer 1969, S. 25.

32 Baum, Marie: Vergessene und Unvergessene aus der Stadt Heidelberg. In: Den Unvergessenen, Opfer des Wahns 1933–1945. Hrsg. v. Hermann Maas u. a. Heidelberg 1952, S. 8; Turtel, Chasia: Geschichte der Juden in Heidelberg von den Anfängen bis zur

ten bei 55 Übertritten in umgekehrter Richtung.[33] Für die Konversion in die Religionslosigkeit liegen keine Zahlen vor. Nicht unwesentlich für den Rückgang der jüdischen Bevölkerung muß dagegen die zunehmende Zahl von Mischehen, per se Zeichen der Auflösung einer speziellen jüdischen Identität, veranschlagt werden, da die Kinder dieser Ehen i. d. R. nicht der israelitischen Religionsgemeinschaft angehörten.[34] Waren in Baden 1864 nur 0,2 % aller von Israeliten eingegangenen Eheschließungen Mischehen,[35] so waren es 1885 bereits 1,4 % und 1925 schließlich 6,95 %. Damit hatten die Mischehen mit jüdischen Ehepartnern deutlich stärker zugenommen als die übrigen Mischehen.[36] In Heidelberg entsprach die Zahl der jüdisch-christlichen Mischehen, wobei mehr israelitische Männer als Frauen eine Mischehe eingingen, in den Jahren 1927–1929 etwa der Zahl der rein jüdischen Eheschließungen.[37] D. h., fast die Hälfte aller mit Beteiligung von Juden eingegangenen Ehen waren Mischehen! Dies könnte als Zeichen der Integrationsbereitschaft der jüdischen Bevölkerung in Heidelberg angesehen werden, war in Einzelfällen sicherlich auch praktizierte Integration, doch drängt sich dabei immer auch die Frage auf, wie weit hier nicht eher Gleichgültigkeit und Indifferenz gegenüber der Religionsgemeinschaft bestimmend waren und eine spezielle jüdische Identität dadurch aufgegeben wurde. Der höhere Anteil jüdischer Männer bei Mischeheschließungen kann z. T. auch im Sinne einer Förderung der beruflichen Karriere und des sozialen Aufstiegs verstanden werden.

Zusammenfassend ergibt sich somit folgendes Bild der jüdischen Bevölkerungsstruktur in Heidelberg: Bei einer geringen Geburtenziffer und der zunehmenden Bereitschaft, Ehen mit nichtjüdischen Partnern einzugehen, verlor die jüdische Gemeinde allmählich ihre Basis. Das wirkte sich nicht nur in einer Überalterung der jüdischen Bevölkerung aus, die für die Zukunft die Gefahr eines »Aussterbens« der Juden heraufbeschwor. Die generative Bedrohung des Judentums wurde begleitet von wachsender Gleichgültigkeit gegenüber einer spezifisch jüdischen Identität. Wenn Quellen immer wieder die weitgehende Integration der jüdischen Bevölkerung in Heidelberg betonen,[38] so wird deutlich, daß der gesellschaftliche Status der Heidelberger Juden weniger von der Religionszugehörigkeit als von der beruflichen Stellung aus bestimmt wurde. »Integration« bewirkte freilich zugleich oftmals eine Entfremdung von den eigenen Wurzeln.

Gegenwart. (Ms. Jerusalem) Heidelberg 1979, S. 37; Oppenheimer, Max: Sozialer Zusammenhalt und kulturelles Ghetto. Die Lebenssituation Heidelberger Juden vom Beginn der nationalsozialistischen Machtübernahme bis zur Deportation. In: Jüdisches Leben 1992, S. 109 nennt für 1933 die Zahl von 115 getauften Juden.

33 Die christliche Welt 47. Jg., Nr. 15 vom 5. August 1933, S. 718. Für 1920 sind folgende Zahlen angegeben: 452 zu 82, für 1925: 226 zu 44 und für 1929: 172 zu 36.

34 Vgl. Richarz 1989, S. 18.

35 Statistisches Jahrbuch 1930, S. 63.

36 Die Mischehenziffer wird so zu einem relativen Gradmesser einer jüdischen Öffnung im gesellschaftlichen Bereich.

37 STAHD, AA 11b/1.

38 Vgl. etwa die Aussagen des ehemaligen Heidelberger Bezirksrabbiners F. Pinkuss (STAHD, Dok. Weckbecker).

2.2 Die Sozial- und Wirtschaftsstruktur der jüdischen Bevölkerung in Heidelberg

Für die berufliche und soziale Gliederung der jüdischen Bevölkerung gibt es nur sehr unzulängliche Quellen. Daten liegen im Grunde nur für die Eckjahre 1919 und 1933 vor. Den Zustand zu Beginn der Weimarer Republik dokumentiert ein Steuerregister der jüdischen Gemeinde, das im Hinblick auf die Einführung des neuen Ortskirchensteuergesetzes diskutiert wurde.[39] Die Liste nennt 386 Steuerpflichtige. Damit dürften, abgesehen von nichtsteuerpflichtigen Pensionären und Rentnern, sämtliche Haushaltungen der Heidelberger Juden erfaßt worden sein. Die Steuertabelle erlaubt eine eingehende Differenzierung der sozialen und wirtschaftlichen Stellung der jüdischen Bevölkerung. Ihre soziale Heterogenität und die weite Spanne des Besitzes und Wohlstandes zeigen sich auf den ersten Blick durch die enorme Aufsplitterung der Steuerbeträge, die zwischen 1 545 und 0,20 RM im Jahr angesetzt wurden. Die Konzentration des Reichtums auch innerhalb der Juden wird deutlich, wenn man sich vergegenwärtigt, daß nur ein Zehntel der jüdischen Steuerpflichtigen über 70 % der Steuerschuld aufzubringen hatten. Doch in dieser Zahl ist bereits ein Teil der mittleren Einkommen berücksichtigt. Noch augenfälliger wird das Ungleichgewicht des Einkommens und Besitzes, wenn man nur die 5 % der größten Steuerzahler berücksichtigt: Sie allein trugen 58 % des Steueraufkommens. Es zeigt sich also auch in der jüdischen Gemeinde das allgemeine Bild einer schmalen Spitze weniger (sehr) Reicher und Wohlhabender und der Masse der mittleren und niedrigen Einkommen. Dieses Bild läßt sich weiter differenzieren. So schwer und in der exakten Abgrenzung willkürlich eine derartige Quantifizierung erscheinen mag, so soll doch der Versuch einer sozialen Gliederung aufgrund der Steuertabelle gewagt werden. Von den 386 Steuerpflichtigen fielen acht in die Kategorie, die über 1 000 RM an Kirchensteuern zu entrichten hatten; sie gehörten zu den reichsten Bürgern in Heidelberg, und man mag in ihnen die großen Fabrikanten und Großkaufleute (z. B. Liebhold, Rothschild, Goldscheider, Flegenheimer u. a.) sehen. Zur Oberschicht der Reichen wird man auch diejenigen zählen müssen, die zwischen 500 und 1 000 RM Steuerschuld aufzubringen hatten. Diese Oberschicht machte mit ihren 17 Steuerpflichtigen insgesamt etwa 4,4 % der jüdischen Bevölkerung Heidelbergs aus. Freilich war, wie die enorme Spanne verdeutlicht – immerhin macht die Differenz des Steuerbetrages über 1 000 RM aus! –, die Oberschicht auch in sich sehr inhomogen, denn sehr großen Reichtümern standen Besitzverhältnisse gegenüber, die die Grenze zur Mittelschicht fließend machten. Bemerkenswert ist eine verbreitete verwandtschaftliche Verflechtung gerade innerhalb der jüdischen Oberschicht (so waren beispielsweise Marx und Fisch untereinander verschwägert).[40]

39 Einladung zur Vollversammlung der Gemeindevertretung am 4. Mai 1919 vom 4. April 1919 (STAHD, AA 407/22).

40 Mitteilung Richard Marx, Stadt HD, Korrespondenz. Vgl. auch die Familienbeziehung Hochherr-Carlebach, Oppenheimer-Levi u. a.

Die Mittelschicht ist sinnvollerweise am stärksten zu differenzieren. Zu den zwölf Steuerpflichtigen der oberen Mittelschicht mit Steuerbeträgen zwischen 200–420 RM (mit einer Konzentration unter 270 RM) zählten ebenfalls wohl überwiegend Kaufleute und Fabrikanten, doch darf man hier auch Rechtsanwälte und Ärzte vermuten. Zwischen 100 und 200 RM zahlten 24 Steuerpflichtige, die die wohlhabende zentrale Mittelschicht bildeten, in der man auch zahlreiche Akademiker vermuten darf. Diese Gruppe erreichte in etwa die Größe der drei vorangenannten Gruppen zusammen. Eine Verdoppelung ergibt sich auch im Übergang von der zentralen zur unteren Mittelschicht, der im wesentlichen wohl kleinere Kaufleute und Händler sowie Beamte angehörten: Insgesamt 46 Steuerpflichtige gehörten zu dieser Kategorie, die zwischen 50 und 100 RM Kirchensteuern aufbringen mußten.

Insgesamt gehörten also nur etwa 25 % der jüdischen Bürger Heidelbergs zu sozialen Schichten, die sich eines gesicherten und gediegenen Einkommens und Lebensstandards erfreuen durften. Doch auch die große Unterschicht ist stark differenziert. 56 Steuerpflichtige waren noch in der Lage, zwischen 20 und 50 RM Kirchensteuer aufzubringen, weitere 47 zwischen 10 und 20 RM. Diese beiden Kategorien setzten sich aus kleineren Selbständigen und vor allem den Angestellten in kaufmännischen Betrieben und in Fabriken zusammen, denen damit immerhin ein bescheidenes, aber auskömmliches Einkommen gesichert war.

Als kritisch muß dagegen die soziale und wirtschaftliche Lage der größten Gruppe von 172 Steuerpflichtigen bezeichnet werden, die weniger als 10 RM Kirchensteuer aufzubringen hatten. Hier konnte bereits eine geringfügige Verschlechterung der wirtschaftlichen Lage zur sozialen Katastrophe führen. Als Arme hatten die 24 Steuerpflichtigen zu gelten, die mit weniger als 1 RM Kirchensteuer, gewissermaßen nur einem symbolischen Beitrag als Zeichen ihrer Zugehörigkeit zur jüdischen Gemeinde, veranschlagt waren.

Doch konnte das Register bereits zum Zeitpunkt seiner Erstellung nur noch bedingt die reale soziale Situation der jüdischen Gemeindeglieder widerspiegeln. So mußte man die Schwierigkeit der Einschätzung zugestehen, zumal »nach den schweren Kriegsjahren viele Reiche arm und Arme reich geworden sind«. Auf eine Verarmung deutet hin, daß bis 1923 die Zahl der Steuerpflichtigen auf 229 Personen zurückgegangen war. Eine weitere Verschlechterung trat in der Weltwirtschaftskrise ein. Vom Haushaltsjahr 1928/29 mußten zunehmend Steuerrückstände im Gemeindeetat aufgefangen werden![41]

Für das Jahr 1933 stellte A. Weckbecker statistische Daten ganz anderer Art und Aussagekraft zusammen,[42] die nur leichte graduelle Unterschiede zu den Verhältnissen in der zweiten Hälfte der 20er Jahre aufweisen dürften. Danach zeigen sich

41 Vgl. dazu unten S. 379.

42 Weckbecker 1985, S. 28 f. Die von Weckbecker für die Juden in Heidelberg angegebenen Zahlen lassen sich nach den dort aufgeführten Quellen leider nicht verifizieren. Zu den statistischen Daten für Heidelberg und Baden vgl. Volks- und Berufszählung 1933, S. 12 ff.; Schlipphak 1933, S. 23 f.; Statistisches Jahrbuch 1930, S. 334 f. Einen Überblick über die berufliche und soziale Gliederung der Heidelberger Bevölkerung gibt auch Hoffmann, Herbert: Im Gleichschritt in die Diktatur? Die nationalsozialistische »Macht-

in der Sozialstruktur gegenüber dem Durchschnitt bedeutsame Unterschiede. 45,1 % der jüdischen Erwerbspersonen waren Selbständige oder mithelfende Familienangehörige. Damit lag man in Heidelberg zwar um 10,5 Prozentpunkte unter dem Wert für das Deutsche Reich, war jedoch im Vergleich zur Gesamtzahl unter den Selbständigen in Heidelberg (21,5 %) um mehr als das Doppelte überrepräsentiert. Nicht ganz so stark, aber dennoch sehr deutlich erkennbar, war die Überrepräsentation unter Beamten und Angestellten mit 41,8 % zu 30 % der Erwerbstätigen in Heidelberg. Hier lag der Heidelberger Wert, sowohl allgemein wie speziell auf die jüdische Bevölkerung bezogen, erheblich über dem Reichsdurchschnitt mit 17,1 % und 34,5 %. Heidelberg präsentierte sich nach diesen Daten für die jüdische Bevölkerung sowohl als Handelsstadt als auch aufgrund der Universität und verschiedener Behörden als Zentrum eines »Dienstleistungssektors«, an dem die jüdische Bevölkerung einen hervorstechenden Anteil hatte. Bei den Arbeitern und Hausangestellten waren Juden in Heidelberg dagegen deutlich unterrepräsentiert, erreichten bei ersteren mit 9,7 % nur ein knappes Viertel, bei letzteren mit 3,4 % weniger als die Hälfte des für alle Erwerbspersonen in Heidelberg geltenden Wertes. Dieses von Sozialdaten ausgehende Ergebnis weist die jüdische Bevölkerungsgruppe fast vollständig der bürgerlichen Mittel- und Oberschicht zu. Nur ein sehr kleiner Teil (ca. 13 %) ist den Unterschichten zuzurechnen. Daraus müßten sich für die jüdische Bevölkerung in der Regel auch gesicherte Lebensverhältnisse und ein geordneter sozioökonomischer Status ableiten lassen. Daß einige jüdische Bürger Heidelbergs beträchtliche Reichtümer ansammeln konnten, war stadtbekannt. Sie wurden nach der »Machtergreifung« rasch Opfer privater wie staatlicher Begehrlichkeiten. Penibel wurden so z. B. die Werte an Schmuckgegenständen aufgelistet, die den Juden gegen eine lächerliche Entschädigung geraubt wurden.[43]

Es ist zu bedenken, daß die Daten von 1933 nur sehr bedingt mit denen von 1919 zu vergleichen sind, die sehr viel exakter die ökonomischen Verhältnisse widerspiegeln. So sagen die bei Weckbecker gewonnenen Ergebnisse beispielsweise nichts über die wirtschaftliche Potenz etwa der vielen Selbständigen aus, so daß man auch bei ihnen eine größere Anzahl und insbesondere die Angestellten eher der unteren Mittelschicht bzw. einer mit auskömmlichen Mitteln ausgestatteten »oberen« Unterschicht zurechnen muß. Der Aufwand der jüdischen Gemeinde für die Armenfürsorge war beträchtlich.[44] Auch gibt es zahlreiche Schilderungen, die die finanziell beengten Verhältnisse gerade im Milieu der kleinen Selbständigen in den letzten Jahren der Weimarer Republik veranschaulichen.[45] Der allgemeine Bildungsstand der jüdischen Bevölkerung dürfte entsprechend der jüdischen Tradition und der relativ breiten Mittelschicht deutlich

ergreifung« in Heidelberg und Mannheim 1930 bis 1935. Frankfurt am Main – Berlin – New York 1985, S. 27 ff.

43 Vgl. STAHD, AA 407, 29 b (Leihamt).

44 Vgl. S. 377.

45 Stadt HD, Korrespondenz.

über dem Durchschnitt gelegen haben. Jedoch fehlen hier für Heidelberg die entsprechenden Zahlen.

Auf eine vergleichsweise gehobene soziale Stellung eines Teils der jüdischen Bevölkerung in Heidelberg weisen die Präferenzen bei der Wahl ihrer Wohnquartiere. Die angesehensten Stadtteile waren zweifellos die Weststadt sowie die Bergstraße in Neuenheim, wo das Großbürgertum sich große Villen errichten ließ. Hier wohnten neben Kaufleuten und Bankiers auch eine große Anzahl von Universitätsprofessoren und sonstigen hohen Beamten. In der Weststadt und in Neuenheim wohnten 31,4 bzw. 16,9 % der jüdischen Bevölkerung.[46] Der jüdische Bevölkerungsanteil lag hier also erheblich über dem Heidelberger Durchschnitt. Wichtigstes Wohngebiet blieb jedoch die Altstadt für insgesamt 37,8 % der jüdischen Bevölkerung und hier besonders der Bereich westlich der Grabengasse (26 %), wo der jüdische Bevölkerungsanteil das Dreifache des Heidelberger Durchschnittes ausmachte. Bei der Altstadt handelt es sich freilich um den traditionellen Siedlungsraum; das Beharren in der westlichen Altstadt zeugt so einerseits von den geschäftlichen Interessen der Bewohner in Hinblick auf die ebenfalls dort angesiedelten Wirtschaftsunternehmen, insbesondere die Kaufhäuser, belegt aber auch einen gewissen konservativen Zug, der dem allgemeinen Trend in die neuen Villenviertel nicht in dem Maße folgte, wie es die wirtschaftlichen Möglichkeiten erlaubt hätten. Belegt das Verharren in der Altstadt nicht eo ipso einen besonderen Sozialstatus, da hier nur die alten Lebensräume tradiert wurden, so ist die relative Konzentration in der Weststadt und Neuenheim (mit 1,8 bzw. 1,6 % gegenüber einem Durchschnitt von 1,1 %) einerseits wie das (fast vollständige) Fehlen der jüdischen Bevölkerung in den von der Landwirtschaft und Arbeitersiedlungen geprägten Vororten (Wieblingen, Kirchheim, Pfaffengrund), freilich auch in Schlierbach, ein deutlicher Hinweis auf den sozialen Status der jüdischen Bevölkerung, die mit ihrem hohen Anteil an Akademikern und selbständigen Kaufleuten und Händlern eine vergleichsweise breite Mittelschicht ausbildete. Diese Verteilung auf die »bürgerlichen« Stadtteile ist ein deutlicher Hinweis auf eine »sozial« motivierte Wahl des Wohnquartiers und allenfalls ein äußerliches Zeichen einer »Integration« der jüdischen Bevölkerung in das Heidelberger Bürgertum.

Ein extremes Ungleichgewicht ergibt sich bei der Verteilung der jüdischen Erwerbstätigen in Heidelberg auf die einzelnen Wirtschaftsgruppen der Stadt.[47] 61,5 % konzentrieren sich in nur zwei Wirtschaftszweigen, dem Handel mit 36,7 % und der Nahrungs- und Genußmittelindustrie mit 24,8 % gegenüber nur 22,6 % bzw. 18,4 % im Heidelberger Durchschnitt. Alle anderen Branchen waren für die jüdische Bevölkerung unbedeutend. Freilich waren auch bei weitem die meisten der Handelsbetriebe und Nahrungsmittelfabrikationen nur kleine Fami-

46 Volks- und Berufszählung 1933, S. 8; Stadt-Adreßbuch 1939, S. 20; Stadt-Adreßbuch 1934, S. XL; Weckbecker 1985, S. 31 Tab. 4.

47 Es gelten die gleichen Bemerkungen wie für Anm. 42. Als zusätzliche Quellen sind zu nennen: Badisches Statistisches Landesamt (Hrsg.): Die Industrie in Baden im Jahr 1925. Karlsruhe 1926 (für die Ergebnisse der Volkszählung von 1925) und Sauer 1969, S. 39 f.

lienunternehmen, allenfalls mittelständischen Charakters.[48] Der hohe Anteil der jüdischen Selbständigen erklärt sich z. T. aus dieser Betriebsstruktur. Kleine Unternehmen, die einen bescheidenen Wohlstand garantierten, bildeten das Gros der Betriebe. Daneben standen einige Großbetriebe, vor allem im Handel (einige Kaufhäuser der Textilbranche), und in der Nahrungs- und Genußmittelindustrie, die für Heidelberg von zentraler Bedeutung war,[49] vor allem Betriebe der Tabakverarbeitung.[50] Besonders diese letztgenannte Branche war von jüdischen Industriellen dominiert. Drei Viertel aller Beschäftigten in diesem Bereich arbeiteten in jüdischen Betrieben, von denen einige zu den größten gehörten. Herausragend waren hier die Firma M. & F. Liebhold in der Bergheimer Straße, später Eppelheimer Straße[51] mit 520 Belegschaftsmitgliedern, die Firma Flegenheimer & Co. KG mit 230 Beschäftigten und die Firma M. und F. B. Hochherr & Co. GmbH mit etwa 120 Beschäftigten.[52] Herausragend aus den übrigen jüdischen Betrieben war die Firma Liebhold auch wegen ihrer die anderen jüdischen Unternehmen übersteigenden Finanzkraft. Mit einem Aktienpotential von 1 362 000 RM im Jahre 1925 war das Liebholdsche Tabakimperium die viertgrößte Aktiengesellschaft in Heidelberg.[53] Die Firma Liebhold war nach Landfried der größte tabakverarbeitende Betrieb in Heidelberg und stellte neben Rauchtabak auch Zigarren her. Zweigbetriebe befanden sich in Rohrbach, Kirchheim, Bammental, Hockenheim, Rauenberg und Tairnbach, so daß bei Vollbetrieb 974 Arbeiter beschäftigt werden konnten. Eine vergleichbare Betriebsstruktur hatten auch die Zigarrenfabriken der Gebrüder Maier mit Filialbetrieben in Kirchheim, Rohrbach, Nußloch, Baiertal, Elsenz und Kirrlach, wo insgesamt 922 Arbeiter beschäftigt wurden, sowie die von N. Marx Söhne mit Filialfabriken in Langenbrücken, Östringen, Eppelheim, Sandhausen und Waldangelloch mit einer Gesamtzahl von 476 Arbeitern.[54] Doch derartige Großbetriebe bildeten die Ausnahme nicht nur in diesem Erwerbszweig, und nur der geringere Teil der Arbeiter war in Heidelberg selbst beschäftigt.[55]

48 Zur Wirtschaftsstruktur allgemein vgl. Schlipphak 1933, S. 41 ff.; Hagedorn, Kurt: Die finanzwirtschaftliche Struktur der Stadt Heidelberg. (Diss.) Heidelberg 1950, S. 48 f.; Hoffmann 1985, S. 30 ff.; Singer, Gertrud: Heidelberg, eine Stadtuntersuchung auf geographischer Grundlage. Heidelberg 1933, S. 83 ff.; Statistisches Jahrbuch 1938, S. 142 ff.

49 Singer 1933, S. 48 f., 76.

50 Industrie in Baden 1926, S. 263–286. Keller, Ursula: Die Entwicklung der Industrie in Heidelberg im Rahmen ihrer geographischen und industriepolitischen Voraussetzungen. (Diss. Basel) Heidelberg 1961, S. 103, 106. Vgl. auch Koenig, Paul: Baden, das größte deutsche Tabakland. In: Das Land Baden. Seine wirtschaftliche und kulturelle Bedeutung. O. O., ²1929, S. 11; Baden in Wort und Zahl. Aufgrund amtlichen Materials hrsg. u. bearb. v. Badischen Statistischen Landesamt. Karlsruhe 1928, S. 31.

51 Vgl. Stadtbuch 1920, S. 408; 1932, S. 437.

52 Weitere Tabakfabriken waren die Firmen Kaufmann & Brinkmann in der Häusserstraße, die Gebrüder Fr. & W. Maier, Firma Marx & Schloß (Schillerstraße), die Josef Schönemann GmbH (Bahnhofstraße) mit 303 Arbeitern in vier Filialfabriken.

53 Statistisches Jahrbuch 1925, S. 107.

54 Industrie in Baden 1926, S. 275; Singer 1933, S. 78.

55 Vgl. allgemein Keller 1961, S. 108 ff.; Weckbecker 1985, S. 29.

Einen Tabakhandel betrieb (der Synagogenrat) Max Marx. Er kaufte Tabak bei den Bauern in der Umgebung Heidelbergs auf und exportierte ihn bis in die Niederlande. In Heidelberg, später in Mannheim, führte er ein Rohtabakgeschäft. Auch M. Marx gehörte zu den sehr wohlhabenden jüdischen Bürgern der Stadt, die sich ein Auto mit Chauffeur leisten konnten.[56]

Die Anzahl der jüdischen Fabrikbesitzer in den anderen Branchen war dagegen sehr gering. Die Badischen Möbelwerke AG (Inhaber: Gustav Basnizki) mit 80 Belegschaftsmitgliedern hatten die Fabrikation nach Langenbrücken verlagert, nur die Geschäftsführung war in Heidelberg verblieben.[57] In Heidelberg produzierten dagegen die Möbel- und Bettenfabrik Josef Reis Söhne (Inhaber: Leo Jablonski), die bedeutende Schuhfabrik des Caesar Fisch (Bahnhofstraße 17), die sich mit ihren 280 Belegschaftsmitgliedern auf die Herstellung von Kinderschuhen spezialisiert hatte (zusätzlich betrieb Fisch auch eine Zigarrenfabrikation in umliegenden Dörfern),[58] die Lebensmittelfabrik (Teigwaren) Nathan Gutmann (Inhaber: Sigmund Beer) in Rohrbach, die HAG GmbH (Paul Schnabel), ein Zulieferbetrieb für den Eisenbahnbau (z. B. die Heinrich-Fuchs-Werke), die chemische Fabrik des Julian Reis und die Vereinigten Heidelberger Kleiderfabriken des Max L. Oppenheimer mit 110 Belegschaftsmitgliedern. In Heidelberg gab es vergleichsweise wenige jüdische Textilgroßbetriebe. Toury nennt für Heidelberg insgesamt zehn jüdische Großtextilfirmen.[59] Die bedeutende und aufstrebende Heidelberger Schnellpresse AG in der Eppelheimer Straße, deren Druckmaschinen weltweit vertrieben wurden,[60] wurde von dem jüdischen Geschäftsmann Oskar Leroi als Direktor und Vorstandsmitglied geleitet. 1925 verfügte die Schnellpresse über ein Aktienkapital von 1,175 Milionen RM, 1929 sogar von 2 Millionen RM[61] und war damit seinerzeit das finanzkräftigste jüdische Unternehmen in Heidelberg. Einer der bedeutenden Heidelberger Unternehmer war auch Moritz Oppenheimer, der Direktor der Herrenmühle, der den Bau der Karlstorschleuse anregte.[62]

Wesentlich bedeutsamer als der industrielle Sektor war für die jüdische Bevölkerung der Handel. Hierbei dominierten Einzelhandelsgeschäfte überwiegend kleineren Zuschnitts.[63] Der hohe jüdische Anteil unter den Selbständigen erklärt sich u. a. aus dieser Unternehmensstruktur mit vielen Familien- oder allenfalls mittelständischen Betrieben. Ins Auge fallen aber auch einige Großhandelsunternehmen und Kaufhäuser, vor allem in der Textilbranche und im Im- und Exportgeschäft. Heidelberg war mit sieben solcher Betriebe einer der Hauptorte

56 Mitteilung Richard Marx, Stadt HD, Korrespondenz.

57 Hierzu und zum folgenden vgl. Weckbecker 1985, S. 29, 250 ff.

58 Mitteilung Hubert Fisch (Jona Ben-Nan), Stadt HD, Korrespondenz.

59 Toury, Jacob: Textilunternehmen in Baden-Württemberg. Tübingen 1984 (= Schriftenreihe wissenschaftlicher Abhandlungen des Leo-Baeck-Instituts, 42), S. 95.

60 Vgl. Keller 1961, S. 102 f.

61 Statistisches Jahrbuch 1925, S. 107 und 1930, S. 198.

62 Vgl. dazu auch die Erinnerungen von Dr. Margot Levi-Mattoso, Stadt HD, Korrespondenz.

63 Wie Anm. 48.

für jüdische Textil-Grossisten in Baden.[64] Das größte jüdische Kaufhaus war das der Gebrüder Rothschild (heute Kraus), das von Ludwig und Ida Rothschild geführt wurde. Das Warenhaus hatte 1933 90 zumeist jüdische Belegschaftsmitglieder.[65] Vertrieben wurde eine denkbar breite Palette hochwertiger wie auch einfacher Artikel: Kleider, Seidenstoffe, Ausstattungsgegenstände u. a.[66] Zum Kundenkreis gehörten neben wohlsituierten Beamten und Angestellten auch Einrichtungen der Stadt.[67] Andere Textilunternehmen z. T. mit Großhandelsniveau waren das Kaufhaus »Maxelo« von Max L. Oppenheimer (Hauptstraße 55), das Textilgeschäft Max Mayer in der Weststadt, das Geschäft von Siegfried Kahn, das Herren- und Damenstoffe vertrieb, und die Textilwarenhandlung von Schaul Deutsch in der Werderstraße. Wegen ihrer Größe hervorstechend war auch die Darmgroßhandlung Schlössinger & Co. in der Vangerowstraße mit über 70 Beschäftigten[68] sowie die Schuhgroßhandlung R. Altschüler GmbH. Ansonsten deckten die in jüdischem Besitz befindlichen Großhandlungen einen breiten Bedarf sowohl alltäglicher wie spezieller Waren ab. Insgesamt lag der Anteil des Großhandels mit rund einem Drittel der Handelsbetriebe vergleichsweise hoch. Die Einzelgeschäfte deckten sowohl einen hochspezialisierten Bedarf (Antiquitäten, Antiquariat, Kunsthandel, Spirituosen) wie – hier gelegentlich in Verbindung mit einem Handwerksbetrieb (Bäckerei etc.) – einen alltäglichen Bedarf (Lebensmittel, Schule, Elektrogeräte etc.). Auch im Einzelhandel gab es zahlreiche Geschäfte, die Textilien vertrieben. Das Warenhaus, das eine Vielzahl gängiger Waren unter einem Dach anbot, war eine Domäne jüdischer Geschäftsleute, die den Zeittrend rascher erkannten als andere.[69] Hier ist das Warenhaus Hermann Tietz zu nennen, das zunächst als Gütergemeinschaft zwischen der Witwe des Siegfried Goldscheider sowie Kurt und Gertrud Goldscheider, nach dem Tode der ersteren von Kurt Goldscheider in der Hauptstraße 28 geführt wurde.[70] Handwerksbetriebe bildeten erwartungsgemäß die Ausnahme. Die Liste von Weckbekker zählt insgesamt nur sieben, darunter allein drei Bäckereien mit Konditoreien. Ein eigener Metzgermeisterbetrieb ist für eine jüdische Gemeinde unabdingbar.

Von den 4617 gewerblichen Niederlassungen mit 20871 Angestellten und Arbeitern, die 1933 in Heidelberg registriert waren,[71] befanden sich etwa 127 mit

64 Toury 1984, S. 103.
65 Weckbecker 1985, S. 29; Statistisches Jahrbuch 1930, S. 132.
66 Vgl. die Beschwerde eines Konkurrenten nach der »Arisierung« des Kaufhauses 1935, als die Kundschaft ihre alten Kaufgewohnheiten wiederaufnahm (Weckbecker 1985, S. 103).
67 Das ergibt sich vor allem aus den Verlusten aufgrund des Boykotts vom 1. April 1933 (vgl. Weckbecker 1985, S. 102).
68 Statistisches Jahrbuch 1930, S. 132. Eine weitere Darmgroßhandlung (B. Kramer) mit einem jüdischen Teilhaber befand sich in der Häusserstraße.
69 Zu den Anfängen des Warenhauses vgl. Gidal, Nachum T.: Die Juden in Deutschland von der Römerzeit bis zur Weimarer Republik. Gütersloh 1988, S. 261 ff.
70 Stadtbuch 1920, S. 416; dass.: 1932, S. 444.
71 Statistisches Jahrbuch 1938, S. 138 f., 142–147.

ca. 2750 Mitarbeitern in jüdischem Besitz.[72] Der Anteil der jüdischen Unternehmer lag mit 2,7 % über dem der Juden an der Gesamtbevölkerung. Die Betriebe in jüdischer Hand waren im Durchschnitt mit 21,7 Belegschaftsmitgliedern erheblich größer als der Heidelberger Durchschnitt mit nur 4,5 Belegschaftsmitgliedern.

Dennoch handelte es sich, wie bereits gesagt, auch bei der Mehrzahl der jüdischen Händler und Fabrikbetreiber um Kleinunternehmer. Die Weltwirtschaftskrise bewirkte nach 1929 in diesen Kreisen eine Reihe von Geschäftsaufgaben. Insgesamt ging die Zahl der überwiegend gewerbetreibenden Selbständigen von 1925 bis 1933 um 2 Prozentpunkte von 17,8 % auf 15,9 % zurück.[73] Inwieweit dies durch eine Berufsumschichtung bei den jüngeren jüdischen Erwerbstätigen, wie man sie im Reich beobachten konnte,[74] etwa hin zu abhängigen Angestelltenberufen aufgefangen werden konnte, läßt sich anhand des vorliegenden Materials nicht bestimmen.

Die Gruppe der jüdischen Selbständigen war in Heidelberg weiterhin geprägt durch eine große Zahl freiberuflich Tätiger. Es handelte sich hier ganz überwiegend um akademische Berufe aus dem Rechts- und medizinischen Bereich. Wieder liegen exakte Zahlen erst für das Jahr 1933 vor, die den Zustand am Ende der Weimarer Republik widerspiegeln. Von den 50 zugelassenen Rechtsanwälten in Heidelberg waren 15 jüdischer Herkunft,[75] was einem Anteil von 30 % entspricht. Heidelberg lag damit geringfügig über dem Reichsdurchschnitt. Von den im Adreßbuch für das Jahr 1933 aufgeführten Ärzten waren 28, also fast 25 %, »nichtarisch«, von den freiberuflich tätigen niedergelassenen Ärzten galten 15 von 88, das sind 18,7 % (gegenüber einem Reichsdurchschnitt von 15,5 %),[76] als Nichtarier. Von den zehn in Heidelberg im Jahre 1933 bestehenden Apotheken war nur eine in jüdischem Besitz (»Universitätsapotheke« in der Hauptstraße, Inhaber: Erich Löwenberg).

Zu den berühmten Heidelberger Lokalitäten, die sich in jüdischer Hand befanden, zählte das »Capitol« in der Bergheimer Straße 59, mit 1 200 Sitzplätzen das größte Kino vor Ort, das 1928 von Eugen Reich-Romhanny eröffnet worden war,[77] sowie die bekannte Gaststätte »Goldenes Ross« am Heumarkt, die von Ludwig Loewenstein geführt wurde.[78]

72 Weckbecker 1985, S. 30.

73 Volks- und Berufszählung 1933, S. 13. Berücksichtigt man die Berufszugehörigen, so fällt der Rückgang der Selbständigen von 20,6 % auf 15,8 % noch deutlicher aus (ebd., S. 14).

74 Barkai, Avraham: Die Juden als sozio-ökonomische Minderheitsgruppe in der Weimarer Republik. In: Grab / Schoeps 1986, S. 334 f.

75 Vgl. Weckbecker 1985, S. 30, 258.

76 Weckbecker 1985, S. 139, 259 ff.

77 Jüdisches Leben 1992, S. 116.

78 Vgl. Budde, Kai u. a. (Hrsg.): Beruf Photograph in Heidelberg: Ernst Gottmann sen. & jun. 1895–1955. Bd. 1: Architektur. Frankfurt am Main 1980, S. 8 f. Vgl. auch die Erinnerungen von Hilde Laskau (Stadt HD, Korrespondenz).

Die Bevorzugung Heidelbergs als Wohnort brachte es mit sich, daß zudem eine Anzahl von Freiberuflern, höheren Beamten und Angestellten außerhalb Heidelbergs tätig war. Der Anteil der Beamten und Angestellten unter der Heidelberger Erwerbsbevölkerung lag bei 8,2 % bzw. 21,8 % und damit erheblich über dem Durchschnitt des Reiches. Unter der jüdischen Bevölkerung Heidelbergs ist dieser Anteil mit zusammen 41,8 % nochmals um über 10 Prozentpunkte über dem Heidelberger Wert, der fast den der Selbständigen erreicht. Es ist anzunehmen, daß die Angestellten, und hier besonders die im Handel Beschäftigten, den Hauptteil der Erwerbstätigen ausmachten. Viele Heidelberger Juden waren in von Juden geführten Unternehmen tätig.[79] Jüdische Beamte befanden sich vor allem im höheren Justizdienst als Richter und Staatsanwälte – unter ihnen der Landgerichtsrat Dr. Alfred Baer, der erste Staatsanwalt im Amtsgericht Heidelberg Ludwig Heinsheimer, der Amtsgerichtsrat Dr. Guido Leser in Heidelberg, der Landgerichtsrat Jakob Geißmar sowie der bekannte Landgerichtspräsident Dr. Hugo Marx[80] – und in der Hochschullehrerschaft,[81] sie fehlten dagegen vollständig in der Stadtverwaltung, bei Reichsbahn und Reichspost.[82]

Zusammenfassend läßt sich feststellen, daß das jüdische Bürgertum Heidelbergs geprägt war von zwei den Durchschnitt weit übersteigenden sozialen Gruppen, zum einen von größtenteils dem selbständigen Mittelstand zuzurechnenden Kaufleuten und Fabrikanten, zum anderen von einer bedeutsamen Gruppe akademisch gebildeter Freiberufler sowie der Universitätslehrer. Besonders letztere hatten einen nicht unerheblichen Einfluß auf die Ausbildung des kulturellen Lebens in Heidelberg, das u. a. in dem legendären »Heidelberger Geist« seinen Ausdruck fand.

Berücksichtigte man bei der Sozialstatistik der Heidelberger Bevölkerung die aus jüdischen Familien und jüdischer Tradition hervorgehenden Personen, die sich selbst gar nicht mehr zu den Juden zählten, so müßte insbesondere der Anteil der Akademiker im Staatsdienst eine weitere Aufwertung erfahren, galt doch gerade in diesem Bereich ein Beharren auf den jüdischen Wurzeln zumindest als karrierehemmend. Viele von ihnen wurden freilich durch die nationalsozialistische Definition der »Juden« unbarmherzig wieder an ihre jüdische Herkunft erinnert.

79 Das ergibt die Auswertung freilich nicht als repräsentativ anzusehender Erinnerungen ehemaliger jüdischer Bürger Heidelbergs (Stadt HD, Korrespondenz).

80 Weckbecker 1985, S. 138, 258 f. Zu H. Marx vgl. dessen autobiographische Aufzeichnungen Marx, Hugo: Werdegang eines jüdischen Staatsanwalts und Richters in Baden (1892–1933). Ein soziologisch-politisches Zeitbild. Villingen 1965.

81 Vgl. dazu unten das Kapitel über jüdische Hochschullehrer an der Universität.

82 Weckbecker 1985, S. 30.

3 Die jüdische Gemeinde in Heidelberg

3.1 Die rechtliche Stellung der israelitischen Religionsgemeinschaft

Artikel 137 der Weimarer Reichsverfassung regelte das Verhältnis des Staates zu den Religionsgemeinschaften und damit grundsätzlich auch deren Rechtsstellung im demokratischen Staat. Dieser kirchenpolitische Verfassungsartikel ist eine Kompromißformel zwischen einer Haltung der strikten Trennung von Staat und Kirchen auf der einen und dem Bewahren des alten Staatskirchentums auf der anderen Seite. In dem wichtigen Absatz 3 heißt es: »Jede Religionsgemeinschaft ordnet und verwaltet ihre Angelegenheiten selbständig innerhalb der Schranken des für alle geltenden Gesetzes. Sie verleiht ihre Ämter ohne Mitwirkung des Staates oder der bürgerlichen Gemeinde.«[83] So wird einmal die staatsrechtliche Selbständigkeit der Kirchen betont und gleichzeitig ein staatliches Aufsichtsrecht anerkannt. Die Religionsgesellschaften erhielten Rechtsfähigkeit und den Status einer Körperschaft des öffentlichen Rechts. Dieser Status erlaubte es ihnen, Steuern zu erheben. Das Besteuerungsrecht lag bei der Kultusgemeinde. Das Besteuerungsverfahren unterwarf die Gemeinde der finanzrechtlichen Aufsicht durch die staatlichen Behörden. Eine Fürsorgepflicht des Staates wurde zwar festgestellt, die eigentliche Kirchenverwaltung war jedoch staatlichen Eingriffen entzogen. In der Ausgestaltung ihrer Verwaltung und ihrer Aufgaben waren die Kultusgemeinden vollständig unabhängig.

Durch die gesetzliche Regelung in der Kirchenverfassung wurden auch die Synagogengemeinden öffentlich-rechtliche Religionsgemeinschaften. Wiewohl die Anwendung und die Folgen des Artikels 137 in der Reichsverfassung auf die jüdischen Religionsgemeinschaften in der wissenschaftlichen Literatur umstritten waren, hat diese Frage in Heidelberg nie zu Konflikten geführt, auch nicht, nachdem sich eine orthodoxe Gemeinde gebildet hatte. Die Heidelberger Orthodoxen machten von der Möglichkeit der Separation keinen Gebrauch. Man betrachtete Kultusverband und Gemeinde trotz verschiedener religiöser Strömungen als Einheit. Religiöse Bestrebungen jüdischer Bürger außerhalb der Gemeinde in ihrer liberalen und orthodoxen Richtung sind hiermit nicht erfaßt. Die Rechte religiöser Minderheiten in der Gemeinde regelte die Landessynode im Herbst 1929.[84] Grundsätzlich bleibt festzustellen, daß sich die formale Gleichberechtigung der Juden (spätestens mit der Aufnahme von Beiträgen für die jüdische Religionsgemeinschaft in den Staatshaushalt in Preußen 1925) auch auf die Religionsgemeinschaft bezog, die den christlichen Kirchen gleichgestellt wurde.

83 Artikel 137 Absatz 3 der Weimarer Reichsverfassung. Zur Weimarer Reichsverfassung allgemein vgl. Huber, Ernst Rudolf: Deutsche Verfassungsgeschichte seit 1789. Bd. VI: Die Weimarer Reichsverfassung. Stuttgart 1981. Zum Problem des Verhältnisses der israelitischen Religionsgemeinschaft zum Staat vgl. Birnbaum, Max P.: Staat und Synagoge 1918–1938. Eine Geschichte des Preußischen Landesverbandes jüdischer Gemeinden (1918–1938). Tübingen 1981, S. 27ff.

84 IGBl 7. Jg. Nr. 10 vom 27. Oktober 1929, S. 10.

3.2 Synagoge und Friedhof

In der Einführung des Israelitischen Gemeindeblattes der Mannheimer Gemeinde wurde allgemeinverbindlich als »erste[r] und letzte[r] Zweck (...) der jüdischen Gemeinde« bezeichnet, »das Erbe an Idealen zu erhalten und zu mehren«. Dies schien gewährleistet, wenn die drei Grundpfeiler jüdischen Seins, »Lehre, Gottesdienst, Wohltätigkeit«,[85] die nötige Geltung und Beachtung fanden. Dem diente ein spezieller Religionsunterricht und ein vielfältiges Vereinswesen. Der Mittelpunkt des Gemeindelebens war die Synagoge, die in Heidelberg 1877/1878 durch den Architekten Hermann Behaghel, den Vorstand der Evangelischen Kirchenbauinspektion Heidelberg, in der Großen Mantelgasse errichtet wurde.[86] Die Gestalt der Synagoge in den 20er Jahren entsprach nicht mehr dem ursprünglichen Neubau, denn bereits 1913 war sie nach Plänen von Siegfried Seidemann umgebaut und renoviert worden. Seidemann gehörte seit 1909 der israelitischen Gemeinde an[87] und wurde später sogar stellvertretender Vorsitzender der israelitischen Gemeindevertretung. In Heidelberg war er beispielsweise an der Planung des 1921–23 entstandenen Atzelhofes in Handschuhsheim beteiligt.[88] Bei dem Umbau 1913 wurde die Synagoge nach Osten hin erweitert. In diesem Anbau dominierte hinter einem großen Bogen die Orgelempore.[89] Mit ihrer Orgel, der Kanzel sowie der Anordnung der Bühne für die Toralesung direkt vor dem Toraschrein offenbart sich das Gotteshaus mit seiner formalen Angleichung an den christlichen sakramentalen Raum[90] als Ort, in dem der Gottesdienst nach liberalem Ritus gefeiert wurde. In der Synagoge wurden einige kostbare alte Ausstattungsgegenstände aufbewahrt.[91]

Neben der Synagoge lag in der Großen Mantelgasse Nr. 3 das Gemeindehaus der jüdischen Gemeinde. Im Erdgeschoß befand sich (seit 1913) ein Gemeindesaal, der auch als Wochentagssynagoge für den Morgengottesdienst genutzt wurde.[92] In diesem Gebäude war auch die Gemeindebibliothek untergebracht.[93] Die Bibliothek wurde 1927 begründet.[94] Um Aufbau und Katalogisierung der Bestände machten sich insbesondere Hauptlehrer S. Müller und der sich auf den Lehrerberuf vorbereitende orthodoxe Jude Hermann Deutsch verdient.[95] Den Grundstock bildete eine Schenkung der Familie des 1914 verstorbenen Nationalökonomen

85 IGBl 1. Jg. Nr. 1 vom 17. September 1922, S. 3.

86 Hierzu und zum folgenden vgl. Löslein, Barbara: Geschichte der Heidelberger Synagogen. Von ihrer ersten Erwähnung bis in die Gegenwart. (Ms.) Heidelberg 1989, S. 45 ff.

87 Stadtbuch 1909, S. 435.

88 Vgl. Beruf Photograph in Heidelberg 1980, S. 224.

89 Die Beschreibung der Synagoge bei Löslein 1989, S. 51–58.

90 Löslein, Barbara: Geschichte der Heidelberger Synagogen. Vom 17. Jahrhundert bis zur Gegenwart. In: Jüdisches Leben 1992, S. 290.

91 Löslein 1989, S. 58–61.

92 Ebd., S. 52.

93 IGBl/B 16. Jg. Nr. 9 vom 5. Mai 1938, S. 8.

94 IGBl 6. Jg. Nr. 10 vom 18. Oktober 1928, S. 11.

95 STAHD, D 1, 22, S. 17.

Emanuel Leser.[96] Die Bibliothek enthielt wissenschaftliche und belletristische Werke. Besonders wertvoll waren die gestifteten Judaica-Bestände, die Werke vorwiegend in deutscher und hebräischer Sprache umfaßten. Die Bibliothek diente gleichzeitig als Lesezimmer, in der auch eine Reihe jüdischer Zeitungen und Fachzeitschriften auslag. Die Bibliothek wurde so auch als Mittel zu der als notwendig empfundenen Förderung des Wissens vom Judentum verstanden. Freilich war man auf weitere Geld- und Sachspenden angewiesen, um die Bücherei ausbauen zu können, denn im Voranschlag der Gemeinde konnte dafür jeweils – erstmals für 1926/27 – nur ein kleiner Haushaltsposten ausgewiesen werden.[97] Im gleichen Gebäude befand sich auch die Wohnung des Gemeindedieners (bzw. Synagogenverwalters).[98]

Eine eigene Synagoge errichtete die orthodoxe Gemeinde, nachdem sie jahrelang nur einen Betsaal in angemieteten Räumen für ihre Gottesdienste benutzen konnte. Am 2. April 1932 wurde diese von Großberger gestaltete Synagoge im Hinterhaus des Gebäudes Plöck 35 eingeweiht. Die Synagoge hatte Plätze für 50 Männer und 30 Frauen und war aufgrund »zahlreicher Spenden geschmackvoll ausgestattet«. Sie lag im Erdgeschoß des Gebäudes und zeigte nach »Süden die Fassade eines gewöhnlichen Wohnhauses, hatte aber an der zum Garten gelegenen Nordseite sehr große Fenster«.[99] In dem Gebäude soll sich außerdem eine Mikwe, ein rituelles Bad, befunden haben.

Mit der Eingemeindung Rohrbachs nach Heidelberg am 1. April 1927 erhielt die jüdische Gemeinde eine dritte Synagoge in der Rathausstraße in Rohrbach, die der dortigen kleinen Gemeinde[100] als Gottesdienstraum diente. Eine Beschreibung des Gotteshauses, das bei dem Pogrom im November 1938 so schwer beschädigt wurde, daß es abgetragen werden mußte, existiert nicht.

Neben den Synagogen besaß die jüdische Gemeinde zwei Friedhöfe: am Klingenteich, der freilich bereits 1876 aufgelassen worden war,[101] und als abgesondertes Gelände auf dem Bergfriedhof,[102] das nicht als Teil des städtischen Friedhofs verstanden wurde. Der Friedhof war mit einer Leichenhalle ausgestattet. 1916 war eine erste Erweiterung des Friedhofes notwendig geworden, wobei auch die Anlage einer neuen und bequemen Zufahrt vom Unteren Rohrbacher Grenzweg

96 Zu E. Leser vgl. Drüll, Dagmar: Heidelberger Gelehrtenlexikon 1803–1932. Berlin – Heidelberg – New York – Tokyo 1986, S. 162. Zur Bibliothek E. Lesers vgl. Coing, Marga: Die Bibliothek des Heidelberger Nationalökonomen Emanuel Leser und ihre Eingliederung in die Universitätsbibliothek Heidelberg. In: Bibliothek und Wissenschaft 11 (1977), S. 72–117.

97 STAHD AA 407/23.

98 Stadtbuch 1920–1932.

99 Löslein 1989, S. 63; vgl. auch Dies. 1992, S. 291.

100 In Rohrbach lebten 1925 58 Bürger der israelitischen Religionsgemeinschaft.

101 Vgl. Szklanowski, Benno: Der alte jüdische Friedhof am Klingenteich in Heidelberg 1702–1876. Heidelberg 1984 (= Neue Hefte zur Stadentwicklung, 3).

102 Vgl. Mumm, Hans-Martin: Die jüdischen Friedhöfe. In: Jüdisches Leben 1992, S. 304ff.; Ruuskanen, Leena: Der Heidelberger Bergfriedhof. Kulturgeschichte und Grabkultur. Ausgewählte Grabstätten. Heidelberg 1992 (= Buchreihe der Stadt Heidelberg, 3), S. 254–259.

erwogen wurde.[103] Bereits 1922 bedurfte es einer wesentlichen Friedhofserweiterung. Da eine gütliche Einigung mit dem Eigentümer des benötigten benachbarten Grundstückes nicht zu erzielen war, beantragte der Synagogenrat die Enteignung zugunsten der israelitischen Gemeinde. Im Oktober ging schließlich die staatspolizeiliche Genehmigung zur geplanten Erweiterung des israelitischen Friedhofes ein.[104] Noch einmal war der israelitische Friedhof Gegenstand der Erörterung, als 1926 eine Reinigung und Instandsetzung der Zufahrt, die »seit Jahrzehnten immer wieder Gegenstand der Klage« seitens der israelitischen Gemeinde war, von der Stadt genehmigt und durchgeführt wurde.[105] Im Winter 1927/28 erhielt die Leichenhalle des israelitischen Friedhofs eine elektrische Beleuchtung. Der Plan des Synagogenrates, noch Anfang der 30er Jahre eine neue Leichen- und Abdankungshalle auf dem jüdischen Friedhof zu erbauen, wurde durch den Widerstand eines Kreises um Hugo Marx verhindert, der den Verlust wertvollen Barvermögens und eine Verschuldung der Gemeinde in schwerer Zeit vermeiden wollte.[106]

Da die jüdische Gemeinde in der Zeit der Weimarer Republik nur bescheidene Reparaturen und Instandsetzungen an ihren Gebäuden und Liegenschaften auszuführen hatte, belastete der Titel »Baukosten« den Haushalt der jüdischen Gemeinde nur noch unerheblich. Bis 1921 konnten die Verpflichtungen aus den alten Bauvorhaben abgelöst werden;[107] ab 1922 wurden im Haushalt wieder Posten für Instandsetzungsarbeiten und Rücklagen aufgeführt. Im gleichen Jahr wurde ein größerer Betrag (ca. 30000,–RM) für eine Gedenktafel für isrealitische Gefallene des Ersten Weltkrieges bewilligt, wofür ein neues Darlehen aufgenommen werden mußte. Die Aufwendungen für Baumaßnahmen beliefen sich in der zweiten Hälfte der 20er Jahre auf etwa ein Zehntel der Haushaltssumme.

Im Besitz der Gemeinde befand sich zudem das Haus Lauerstraße 4, das 1938 teilweise zerstört wurde, sowie ein Weinberg mit Wald in der Nähe des Friedhofs.[108]

3.3 Die Rabbiner

Rabbiner der jüdischen Gemeinde war seit 1900 Dr. Hermann Pinkuss, der der in Heidelberg dominierenden liberalen Richtung angehörte.[109] Zum Heidelberger

103 STAHD, A 10/13.
104 Mitteilung des Bezirksamtes zur öffentlichen Bekanntmachung, 31. Januar 1922, STAHD, AA 10/13.
105 Ebd., Bericht des Friedhofverwalters vom 26. Januar 1926; Vermerk der Ausführung am 11. Februar 1926.
106 Marx 1965, S. 220.
107 Vgl. dazu die Haushaltslisten der israelitischen Gemeinde in: STAHD, AA 407/22.
108 Vgl. die Angaben im Haushaltsplan für 1917, STAHD, AA 407/22.
109 Zu Hermann Pinkuss vgl. Walk, Joseph: Kurzbiographien zur Geschichte der Juden 1918–1945. München – New York – London – Paris 1988, S. 296. Als Antrittsjahr ist hier das Jahr 1901 angegeben.

Bezirksrabbinat,[110] das aus dem Zusammenschluß der früheren Rabbinate Heidelberg, Ladenburg und Sinsheim gebildet wurde, gehörte auch eine Anzahl von Gemeinden im Umland, die der Rabbiner regelmäßig aufzusuchen hatte. Anfang der 30er Jahre waren dies 25 Gemeinden, von denen sich die »kleineren Gemeinden in erheblichem Rückgang« befanden. Größere jüdische Gemeinden im alten Amtsbezirk Heidelberg – hier lebten 1925 in zehn Gemeinden zusammen 1 525 Israeliten, das entspricht 1,18 % der Bevölkerung – gab es in Eberbach (1925 72 Israeliten = 1,1 %), Meckesheim (24 = 1,5 %), Nußloch (21 = 0,6 %), Rohrbach (58) und Sandhausen (29 = 0,5 %). Zum Amtsbezirk des Rabbiners gehörten ferner vier Gemeinden im ehemaligen Bezirk Ladenburg, darunter Ladenburg selbst (91 = 1,8 %), Weinheim (157 = 1,0 %) und Schriesheim (40 = 1,1 %) sowie zwölf Gemeinden im Bezirk Sinsheim u. a. mit Sinsheim (79 = 2,3 %), Walldorf (67 = 1,5 %), Neidenstein (75 = 9,0 %), Wiesloch (103 = 1,4 %).[111] Insgesamt wurden im Rabbinatsbezirk Heidelberg (– Ladenburg – Sinsheim) 1910 3 147 Israeliten gezählt, die auf 38 Gemeinden verteilt lebten.[112] So bedeutete weniger die Größe der Gemeinden als deren räumliche Verteilung in einem ausgedehnten Bezirk eine erhebliche Arbeitsbelastung des Rabbiners.

Hermann Pinkuss war 1867 in der russischen Stadt Nicolai geboren worden. Als er 1900 das Rabbinat in Heidelberg antrat, fiel das in eine Phase des personalen Umbruchs bei den jüdischen Gemeinden in Nordbaden.[113] Sein hohes Ansehen fand durch seine Berufung in den Oberrat der Israeliten in Baden seinen Ausdruck. Hier oblagen ihm besonders Aufgaben aus dem Bereich des Religionsunterrichts. Unter seinem Vorsitz trat 1920 eine vom Oberrat ernannte Kommission zusammen, um die Neubearbeitung der Lehrpläne für den Religionsunterricht zu beraten.[114]

Bereits zu Beginn seiner Amtszeit hatte er sich für eine Gehaltsaufbesserung für die Religionslehrer an den Schulen eingesetzt.[115] Sein Einsatz für die junge Generation wurde gerühmt, ebenso bemühte er sich um eine bessere Organisation der Landjuden seines Bezirkes durch regelmäßige Zusammenkünfte. Sein Engagement wurde durch eine Reihe ehrenvoller Abordnungen und Berufungen in überörtliche Gremien gewürdigt.[116] Im Dezember 1927 wurde er in Mannheim zum Vorsitzenden des im Jahr zuvor gegründeten Südwestdeutschen Rabbiner-

110 Zum Rabbinatsbezirk vgl. Turtel 1979, S. 23 sowie F. Pinkuss in: STAHD, Dok. Weckbecker.

111 Die Zahlen nach Badisches Statistisches Landesamt (Hrsg.): Die Religionszugehörigkeit der Bevölkerung in Baden nach der Volkszählung vom 16. Juni 1925. Karlsruhe 1926, S. 24 ff., 200 ff. Religionszugehörigkeit in Baden 1928, S. 124. Statistisches Jahrbuch 1930, S. 62.

112 Statistisches Jahrbuch 1925, S. 64.

113 Vgl. Rosenthal, Berthold: Heimatgeschichte der badischen Juden seit ihrem geschichtlichen Auftreten bis zur Gegenwart. Bühl 1927, S. 405.

114 Ebd., S. 445.

115 Ebd., S. 408.

116 Vgl. Turtel 1979, S. 10.

verbandes gewählt.[117] Auch ist sein Einsatz im jüdischen Abwehrkampf gegen den Antisemitismus zu würdigen. Dagegen verschonten zionistische u. a. Kreise den liberalen Rabbiner nicht mit herber Kritik. Hugo Marx, Repräsentant eines selbstbewußten Judentums, warf ihm vor, daß er jüdische Traditionen vernachlässige, ohne dem Judentum einen neuen existentiellen Inhalt zu geben. Er glaubte an Pinkuss eine materialistische Veranlagung ohne Tiefe in Fragen des Judentums feststellen zu müssen.[118] Vielleicht liegt hierin auch ein Grund, daß Pinkuss bei der Lehrtätigkeit in der jüdischen Wissenschaft und in der Förderung einer jüdischen Identität längst nicht so hervortrat, wie dies für seine Mannheimer Kollegen, auch die liberalen, selbstverständlich war. 1930 trat er in den Ruhestand und verstarb 1936 in Frankfurt am Main (in der Literatur wird oft das Jahr 1932 als Jahr seines Eintritts in den Ruhestand genannt. Die Differenz ergibt sich wohl daraus, daß H. Pinkuss für seinen Neffen die Vertretung während dessen examensbedingter Abwesenheit übernommen hatte).

Als Nachfolger wurde sein erst 25jähriger Neffe Fritz Pinkuss berufen.[119] 1905 in Egeler bei Magdeburg geboren, hatte er nach kurzer Tätigkeit im Devisengeschäft sein Studium am konservativ ausgerichteten Rabbinerseminar von Breslau begonnen, ehe er nach seiner Promotion an der Universität Würzburg über Moses Mendelssohn sich auch noch an der liberalen Hochschule für die Wissenschaft des Judentums in Berlin, dem Zentrum der modernen Judaistik, einschrieb, um vor allem den Religionsphilosophen Leo Baeck kennenzulernen. Fritz Pinkuss selbst bezeichnete diese Jahre in Berlin an der Seite Baecks als die entscheidenden seiner wissenschaftlichen wie seiner Rabbinerausbildung.[120] Noch vor seinem Abschlußexamen erhielt er im September 1930 die Einladung, die Gemeinde seines Onkels als Rabbiner zu übernehmen. Der Ruf der Universität war für ihn entscheidend gewesen, den schweren Dienst in Heidelberg anzutreten und auch nach dem Examen wieder nach Heidelberg zurückzukehren. Pinkuss pflegte, solange dies möglich war, engen Kontakt zur Universität. Er organisierte Kurse für jüdische Studenten, die der Ausbildung einer spezifisch jüdischen Identität dienen sollten.[121] Außerdem war 1933 eine Vorlesung über jüdisches Recht vorgesehen, die aber nicht mehr stattfinden konnte. 1936 emigrierte F. Pinkuss nach Brasilien.

Noch ein dritter Rabbiner war in der Weimarer Republik in der Gemeinde tätig. Nachdem sich das orthodoxe Judentum in Heidelberg organisiert hatte, gelang es

117 IGBl 6. Jg. Nr. 1 vom 20. Januar 1928, S. 10.
118 Marx 1965, S. 40.
119 Zu F. Pinkuss vgl. Walk 1988, S. 296; Tetzlaff, Walter: 2000 Kurzbiographien bedeutender deutscher Juden des 20. Jahrhunderts. Lindhorst 1982, S. 262; Biographisches Handbuch der deutschsprachigen Emigration nach 1933. Bd. I: Politik, Wirtschaft, Öffentliches Leben. Leitung und Bearbeitung Werner Röder u. a. München – New York – London – Paris 1980, S. 561; Pinkuss, Fritz: Lernen – Lehren – Helfen. Sechs Jahrzehnte als Rabbiner auf zwei Kontinenten. Heidelberg 1990.
120 Pinkuss 1990, S. 24.
121 Vgl. dazu unten S. 395 ff.

der orthodoxen Gemeinde schließlich im September 1929, den Talmudgelehrten Hermann Mayer aus Stuttgart als Rabbiner nach Heidelberg zu berufen.[122]

3.4 Die Organisation der jüdischen Gemeinde

Die jüdische Gemeinde in Heidelberg bestand aus einer größeren liberalen und einer kleineren orthodoxen Gemeinde, die jedoch nicht den Status einer Separatgemeinde entwickelte, sondern grundsätzlich den Charakter der Einheitsgemeinde (freilich mit unterschiedlichen Riten) aufrechterhielt. Wie hoch der Anteil der religiös-indifferenten Juden war, d. h. wieviele der jüdischen Bürger nur noch rein formal ohne Bindung zur Gemeinde gehörten oder ihre Beziehungen zu ihr gänzlich abgebrochen hatten, läßt sich statistisch nicht belegen. Immerhin sind einige Fälle bekannt, in denen sich jüdische Bürger zwar vom Judentum distanzierten bzw. sich von der Kultusgemeinschaft getrennt hatten, aber dennoch den Schritt in eine christliche Religionsgemeinschaft oder die Religionslosigkeit nicht vollzogen. Fritz Pinkuss selbst bezifferte die aktive Gemeinde auf etwa die Hälfte der Gemeindeglieder, also etwa 500–600 Personen.[123] Diesen Stamm der Gemeinde bildeten überwiegend »alteingesessene« Heidelberger, die aber z. T. selbst erst um die Jahrhundertwende zugewandert waren. Universitätsangehörige und freiberuflich tätige Akademiker standen dagegen oft in größerer Distanz zur Gemeinde.

Die organisatorischen Gliederungen der Gemeinde, ihre Vertretungen und Vereinigungen waren grundsätzlich gleichermaßen für ihre liberalen wie orthodoxen Gemeindeglieder zuständig. Wichtigste Einrichtung der Kultusgemeinde neben dem Rabbinat war der Synagogenrat. Ihm gehörten die angesehensten und einflußreichsten Glieder der jüdischen Gemeinde an. Dem Synagogenrat oblag die Unterstützung des Rabbiners in der Ausübung der kultischen und sozialen Aufgaben der Gemeinde. Er stellte den Haushalt auf und beriet alle die Gemeinde betreffenden Dinge. In den die Finanzen betreffenden Angelegenheiten oblag die Entscheidung jedoch – freilich nach den vom Synagogenrat erstellten Vorlagen – der Gemeindeversammlung bzw. Gemeindevertretung, deren Obmann gegebenenfalls einen erheblichen Einfluß auf die finanziellen Gestaltungsmöglichkeiten der Gemeinde ausüben konnte. Im allgemeinen ist in ihm jedoch nicht ein Widerpart des Synagogenrats zu sehen; er überwachte vor allem den geregelten Vollzug der gesetzlichen Bestimmungen und Finanzvorschriften. Gemeindewahlen für den Synagogenrat und die Gemeindeversammlung fanden zuletzt 1927 und 1933 statt.[124] Um eine Zersplitterung der Kräfte und eine Schwächung der Gemeinde zu verhindern, wurde beide Male für Synagogenrat und Gemeindevertretung eine Einheitsliste aufgestellt.[125] Der konservative Charakter der jüdischen Gemeindevertretungen kommt darin zum Ausdruck, daß Frauen erst durch

122 Israelitisches Familienblatt, 31. Jg. Nr. 39 vom 26. September 1929, S. 11. Vgl. auch Turtel 1979, S. 14.

123 Mitteilung F. Pinkuss, STAHD, Dok. Weckbecker.

124 Vgl. IGBl 5. Jg. Nr. 10 vom 28. Oktober 1927, S. 9.

125 Turtel 1979, S. 13.

Beschluß der Landessynode gegen die Stimmen der konservativen Synodalen im Oktober 1929 das passive Wahlrecht erhielten, d.h. auch in den Synagogenrat gewählt werden durften, sofern er mehr als sechs Mitglieder umfaßte.[126]

Dem Synagogenrat gehörten sieben Mitglieder an, die in der sozialen Hierarchie der Gemeinde ganz oben standen, d.h. die einerseits zu den größten Steuerzahlern der Gemeinde gehörten,[127] andererseits durch öffentliche Ämter Ansehen und Einfluß erworben hatten.

Nach dem Ersten Weltkrieg lag der Vorsitz des Synagogenrates in den Händen des »Hofantiquars« Ernst Carlebach, der in dieser Funktion einen wesentlichen Beitrag zum Neuaufbau der sozial und geistig durcheinandergerüttelten Gemeinde leistete.[128] Das als Buch- und Kunstantiquariat in der Hauptstraße 136 geführte Geschäft, das bereits seit 1904 von seinem Sohn Albert Carlebach geführt wurde, hatte einen beachtlichen Bestand an Badensia und Palatinensia: Orts- und Stadtansichten, Porträts, bibliophile und historisch bedeutsame Drucke etc.[129] E. Carlebach starb 1923. Sein Nachfolger wurde 1923 der Tabakfabrikant Max Liebhold, der zu dieser Zeit wohl reichste jüdische Bürger Heidelbergs. M. Liebhold war Stadtrat gewesen und Mitglied der Kommission zur Förderung der Bodenkultur unter den Israeliten Badens. Im Januar 1913 hatte ihm Großherzog Friedrich II. von Baden das Ritterkreuz zweiter Klasse vom Zähringer Löwenorden verliehen.[130] Sein Nachfolger wiederum wurde 1928 der Schuhfabrikant Caesar Fisch, der schon im gleichen Jahr verstarb. Von 1929 bis 1933 leitete der Rechtsanwalt Dr. Theodor Kaufmann den Synagogenrat. Kaufmann genoß allergrößtes Ansehen innerhalb und außerhalb der Gemeinde. Wie Liebhold war er Stadtrat gewesen, außerdem Stadtverordneter und Vorsitzender der Handelskammer. Seit 1908 war er Mitglied des Oberrats der Israeliten Badens, im gleichen Jahr auch bereits Mitglied der Gemeindevertretung geworden.[131] Letzter Vorsitzender des Synagogenrates war Sally Goldscheider, Inhaber des Schuhgeschäftes Tietz, der das Amt formell bis zur Deportation nach Gurs im Oktober 1940 ausübte.

Die Namen der Mitglieder des Synagogenrates sollen im folgenden tabellarisch aufgeführt werden:[132]

126 IGBl 7. Jg. Nr. 10 vom 27. Oktober 1929, S. 10.
127 Vgl. dazu Kap. II.2., S. 357.
128 Vgl. STAHD, AA 407/22; Stadtbuch 1920, S. 399.
129 Vgl. die Rückerstattungsakten A. Carlebach, STAHD, AA 407/12. Teile dieser Sammlungen konnten für das Kurpfälzische Museum erworben werden. Das umfangreiche Geschäftsarchiv ging nach dem Zwangsverkauf 1937 leider verloren.
130 Turtel 1979, S. 15.
131 Ebd.
132 Vgl. Stadtbücher 1919–1934; STAHD, AA 407/23.

Dr. Theodor Kaufmann	1919–1923, 1929–1933
Max Liebhold	1919–1927
Isidor Maier	1919–1927
Max Marx	1919–1927
Edwin Reis	1919–1923
Samuel Wolf	1919–1927
Caesar Fisch	1923–1928
Dr. Siegmund Rothschild	1923–1933
Siegfried Seidemann	1923–1933
Max Meyer	1927–1929
Moritz Oppenheimer	1927–1933
Fritz Schlössinger	1927–1933
Mayer Maier	1927–1933
Sally Goldscheider	1929–1940

Das liest sich wie ein Who's Who der jüdischen Gemeinde: Fabrikanten, Kaufleute, Rechtsanwälte, Privatiers; es fehlen Dozenten der Universität, deren jüdische Mitglieder sich bevorzugt in der Scientific Community unter ihresgleichen bewegten. Jüdisches Herkommen und jüdische Identität waren zweitrangig, wenn es um das Selbstverständnis als Wissenschaftler ging. Im Jahre 1933 wechselte der Synagogenrat bis auf Goldscheider seine Mitglieder vollständig aus. Der Umbruch tat sich in der jüdischen Gemeinde sogleich mit aller Gewalt kund!

Wichtiger Vermittler zwischen der »Oberschicht« im kleinen Synagogenrat und der 1918 noch 34köpfigen, später 28köpfigen Gemeindevertretung war deren Obmann. Dies waren von 1919 bis 1925 Ferdinand Liebhold, Bruder des Synagogenrates Max Liebhold, und ab 1925/26 Gustav Basnizki.[133] Letzterer war zunächst Möbelfabrikant, später Geschäftsführer der Badischen Möbelwerke AG. Auch sonst finden sich in der Gemeindevertretung die Namen vieler Kaufleute, die z. T. später in den Synagogenrat gewählt wurden, und Personen, die im jüdischen Vereinswesen eine wichtige Rolle spielten. Insgesamt war es also ein überschaubarer Kreis, der in Gemeindeangelegenheiten tätig war.

Für die Jahre 1919 bis 1922 bestand noch die für die Steuereinkünfte der Gemeinde wichtige »Einschätzungsbehörde« unter Vorsitz von Isidor Maier. Auch hier folgte die Auswahl der Mitglieder der Praxis von Synagogenrat und Gemeindevertretung, die erfolgreiche bzw. zumindest in gesicherten Verhältnissen stehende Persönlichkeiten erforderte.

Ein Schlaglicht auf den Zustand der israelitischen Gemeinderepräsentation und die z. T. generationsbedingten Konflikte um die Wegweisung der Gemeindepolitik wirft eine Polemik von Hugo Marx, der sich mit seinen Freunden, dem Kinderarzt Dr. Albert Hirsch und dem Rechtsanwalt Dr. Hermann Müller, Ende der 20er Jahre in die Gemeindevertretung wählen ließ mit dem erklärten Ziel, »die völlig überalterte jüdische Gemeindeverwaltung zu aktivieren«. Gegenüber dem die Gemeindepolitik bestimmenden Synagogenrat hatten sie

133 Stadtbücher 1919–1933.

freilich nur wenig Gestaltungsmöglichkeiten. So blieb es weitgehend bei einer Haltung der Opposition und Verhinderung als unzeitgemäß empfundener »Absichten der alten Herren«.[134]

Neben dem Rabbiner stand eine Anzahl weiterer Personen im Dienst der Gemeinde. Diese erfüllten fast während der gesamten Zeit der Weimarer Republik kontinuierlich ihre Pflichten im Kultusbereich. Als Oberkantor der Gemeinde fungierte Julius Kraemer, der zeitweilig auch Gemeindeschreiber war. Im September 1927 feierte er sein 25jähriges Amtsjubiläum.[135] Sein Nachfolger als Schreiber wurde Rafael Jacob, der auch die Ämter des zweiten Vorsängers und Schächters übernommen hatte. Eine der verantwortungsvollsten Aufgaben übten Heinrich Seligmann und ab 1928 sein Sohn Willy Seligmann als Synagogenverwalter aus, denen auch die Verantwortung über das Archiv, die Kultusgegenstände und die Gemeindebibliothek oblag. Sie wurden darin von einer Hausmeisterin und seit 1925 noch einer Aushilfe unterstützt. Dieses Amt lag bereits in der zweiten Generation in den Händen der Familie Seligmann. Eine sehr bescheidene Funktion in der Synagoge scheint anfangs der (bzw. die) Organist(in) ausgeübt zu haben, wenn man die Gehaltsskala zugrundelegt.[136] Doch seit dem Haushaltsjahr 1928/29 wurde auch dieser Posten den übrigen Gehältern in adäquater Weise angeglichen. Bis 1922 wurde auch ein besonderer Religionslehrer eingestellt.[137] Im Schuljahr 1932/33 besuchten 175 Schüler den israelitischen Religionsunterricht in der Religionsschule und in den höheren städtischen Schulen. Als Religionslehrer in der Religionsschule waren die beiden Kantoren J. Kraemer und R. Jacob tätig, während der Rabbiner den Religionsunterricht an den höheren Schulen erteilte.[138] Auch der Einzug der Kirchensteuer lag, wie im übrigen im allgemeinen auch bei den christlichen Kirchen, noch in der Hand der Gemeinde. Für die umfangreichen Gemeinde- und Stiftungsaufgaben mußte die Gemeinde die Dienste eines Rechners in Anspruch nehmen, die jedoch spätestens ab 1923 durch ehrenamtliche Kräfte ausgeführt wurden.

Die Aufwendungen für diese Dienste hatte die israelitische Gemeinde, abzüglich eines Beitrages des Bezirks zum Gehalt des Rabbiners, vollständig selbst aufzubringen. Die Personalausgaben, die überwiegend den kultischen Zwecken der Gemeinde dienten, wuchsen bald in astronomische Höhen und lähmten alle anderen Aktivitäten. Nach der Währungsreform stiegen die Personalkosten von etwa 45% des Haushaltes 1924/25 bis auf ca. 60% ab 1926/27 an.[139]

134 Marx 1965, S. 219.
135 C. V.-Zeitung (Berlin), 6. Jg. Nr. 38 vom 23. September 1927, S. 544.
136 Vgl. STAHD, AA 407/23.
137 Vgl. STAHD, AA 407/22; für 1919 und 1921/22 sind auch Beträge für einen Hilfslehrer ausgewiesen.
138 Turtel 1979, S. 23.
139 STAHD, AA 407/23.

3.5 Haushalt der Gemeinde

Im folgenden soll der Haushalt[140] der jüdischen Gemeinde einer kurzen Analyse unterzogen werden.

Der Bedarf war nach einer langfristigen Planung für 1919 ursprünglich auf etwa 30000 M veranschlagt worden, wobei man noch vom Vorkriegsgeldwert ausging. Doch bereits 1918 lag der reale Voranschlag bei 37798 M, im besagten Jahr 1919 schließlich sogar bei 41881 M: Hier spielte die Geldentwertung, die bei zunehmender Dauer des Krieges sich immer stärker bemerkbar machte, eine entscheidende Rolle. Aufgrund der Geldentwertung sind die Haushalte der folgenden Jahre nicht für eine Beurteilung der Geldwirtschaft der jüdischen Gemeinde heranzuziehen. Immer öfter verzerrten Notausgaben, Teuerungszulagen und Nachtragshaushalte den ursprünglich angenommenen Finanzbedarf und gestalteten die Haushaltsentwürfe zur Farce. Die folgende Tabelle zeigt die Entwicklung der Voranschläge.

1919	41881*	1926/27	51762
1920	53546*	1927/28	52899
1921/22	77989*	1928/29	53481
1922/23	237346	1929/30	51934
1923/24	19000000	1930/31	51800
1924/25	34857	1931/32	59915
1925/26	52460	1932/33	51619

* Das Rechnungsergebnis ist in den Akten nur für die Jahre 1919–1921/22 vermerkt und weicht von den Voranschlägen mit den Werten 54680 M bzw. 68371 und 177172 M nicht unerheblich ab. Als Vergleichswert sei auf den Gemeindehaushalt der jüdischen Gemeinde in Mannheim hingewiesen. Dieser lag im Jahre 1927 bei 313610 RM.[141]

Die Tabelle zeigt, daß nach der Konsolidierung der finanzpolitischen Lage der Haushalt ab Mitte der 20er Jahre sehr konstant blieb und ein Bedarf von knapp über 50000 RM in den Voranschlag gesetzt und eingehalten wurde.

Die Ausgaben gliederten sich in vier Teilbereiche. Der Bauaufwand spielte nach der Tilgung der Bauschulden für die Synagoge[142] und das Gemeindehaus bis 1922[143] keine große Rolle mehr. Diese Ausgaben betrafen Reparaturen und Instandsetzungsarbeiten, nötige »Modernisierungen« wie Kanalisations- und Telefonanschluß, Gebäude- und Feuerversicherungen und Steuern bzw. Umlagen. Ab 1920 begann die Gemeinde, für zukünftige Bauaufgaben wieder einen Reservefonds anzulegen. Der Bauaufwand beanspruchte 1918 noch die Hälfte des Gemeindeetats, lag 1924/25 bei ca. 14 %, von 1925/26 an nur noch bei etwa 8,5 % oder weniger. Erst 1930/31, durch die Einrichtung eines Baufonds für eine

140 Die Daten sind entnommen STAHD, AA 407/22.

141 IGBl 5. Jg. Nr. 7 vom 20. Juli 1927, S. 5.

142 Die Bauschulden von 68000 M für den Neubau der Synagoge selbst waren bis 1917 vollständig getilgt. Die Zahlen in STAHD, AA 407/22.

143 Als Gläubiger traten neben der Rheinischen Hypothekenbank Mannheim verschiedene jüdische Stiftungen und Vereine auf.

neue Leichenhalle, stieg der Bauaufwand wieder auf etwa 20 % des Haushaltsvolumens, sank aber in den Folgejahren, als die Wirtschaftskrise und die Konzentration auf Wohlfahrtsaufgaben ein Baubegehren in den Hintergrund rückten, wieder auf einen Wert weit unter 10 %.

Der wichtigste Posten betraf den Kultusaufwand. In ihn gingen im wesentlichen die Gehälter für die von der Gemeinde bezahlten Kultus-»Beamten« und Gemeindediener ein. Der Rest verteilte sich auf die Anschaffung von »Gerätschaften« für den Kultus, Aufwendungen für den Unterhalt der Synagoge, die Bibliothek und den »Verein gesetzestreuer Juden«, d.h. für die Bedürfnisse der orthodoxen Gemeinde, Aufwendungen für Jahrzeiten, Beiträge für kirchliche Vereine und Verbände. Ein größerer Betrag innerhalb dieser Abteilung war für Wohlfahrtszwecke bestimmt. Nach dem Krieg hatte die Gemeinde u.a. für die Kriegsfürsorge einen Haushaltstitel eingesetzt, aus dem Unterstützungen für jüdische Kriegsteilnehmer und -gefangene, Juden in Palästina und die jüdische soziale Kommission bestritten wurden. Die Notausgaben an diese zentrale jüdische Kommission nahmen in den folgenden Jahren als eine Armenunterstützung zeitweise beträchtliche Mittel in Anspruch, während die eigentlichen Wohlfahrtsmittel ausschließlich eigenen Gemeindegliedern oder durchreisenden Juden zugute kamen. Die Wohlfahrtsausgaben übertrafen auch in der gefestigten Zeit Mitte der 20er Jahre die Aufwendungen für Bauten oder Verwaltung ganz beträchtlich, waren im ganzen aber durch die festen Posten für die Gehälter auch in den Notjahren begrenzt, so daß sie zwischen 1925 und 1930/31 verhältnismäßig kontinuierlich bei einem Fünftel bis einem Siebentel der Kultusaufwendungen lagen. Erst in den letzten beiden der hier interessierenden Rechnungsjahre lagen sie zwischen einem Viertel und einem Drittel.

Der Zweck der israelitischen Gemeindeorganisation war die Bestreitung des Kultusaufwandes. Daher ist es selbstverständlich, daß dieser Posten den Hauptanteil des Etats der Gemeinde beanspruchte. Für die Jahre bis 1923 sind aufgrund der inflationären Steigerung der Gehälter keine seriösen Aussagen möglich. Im ersten normalen Haushalt 1924/25 liegt der Kultusaufwand bei über 70 %, 1925/26 bei ca. 80 %, 1926/27 wieder bei ca. 70 %, 1930/31 schließlich bei zwei Dritteln, 1932/32 noch bei knapp 60 % des Gesamtetats.

Die Verwaltungsausgaben, die sich für die frühen 20er Jahre nicht exakt bestimmen lassen, stiegen im Haushaltsjahr 1926/27 von 4300 auf 7500 RM, damit auf über das Doppelte der für Baubedürfnisse angesetzten Summe. Auf diesem Stand blieben sie im wesentlichen bis in die 30er Jahre.

Eine neue Abteilung erschien seit 1925/26 im Haushalt, der Betriebsfonds, der von 5500 RM auf 12000 RM im Jahre 1930/31 anwuchs. Dieser Titel wurde zum Reservefonds der Gemeinde, in den Überschüsse (Guthaben und Rückstände) einflossen, die man in Notzeiten dann wieder in den laufenden Haushalt einbringen konnte, wie dies auch während der Weltwirtschaftskrise geschah. Der Betriebsfonds stellte also eine Art Puffer dar, um übermäßige Einschnitte im Ausgaben- wie Einnahmenbereich (Steuerrückgang) auffangen zu können. 1932/33 war der Betriebsfonds noch mit 7000 RM im Voranschlag berücksichtigt.

Die Einnahmen, aus denen die geschilderten Bedürfnisse befriedigt werden konnten, stammten im wesentlichen aus zwei Quellen, den Gebühren, die für »Dienste« der Gemeinde erhoben wurden, und den Kirchensteuern.

Den Hauptposten der Gebühreneinnahmen machte die Vermietung der Synagogenplätze aus. Dieser Betrag lag 1918 bei 7000 RM, seit 1924/25 wurden 6500 RM in den Voranschlag eingesetzt, 1929 bis 1932 ca. 8000 RM, im Haushaltsjahr 1932/33 schließlich nur noch 5000 RM, weil die Rechnungsergebnisse regelmäßig hinter den Einnahmeerwartungen zurückgeblieben waren. Weitere wichtige Gebührenposten waren die Kaufsummen für die Gräber und Grabsteine, ferner die Mieteinnahmen aus den gemeindeeigenen Häusern, Pacht aus dem Grundbesitz, Schächtgebühren und Jahrzeitenvergütungen sowie Einnahmen, die sich aus dem Kapitalbesitz der Gemeinde ergaben. Diese sogenannten Gebühren machten 1918 etwa 37 % der Einnahmen der Gemeinde aus, 1921 jedoch weniger als 30 %, im Haushaltsjahr 1924/25 wieder ca. 43 %, wobei insbesondere Guthaben, Zinsen und Kassenvorrat ins Gewicht fielen. Seit 1925/26 gingen jedoch die Einnahmen aus den Gebühren etc. stetig zurück, sowohl absolut (von 16100 RM 1925/26 auf 10220 RM 1929/30) als auch relativ (von ca. 30,6 % auf weniger als 20 %).[144]

Demgegenüber machten die Bank- bzw. Kassenguthaben einen immer größeren Bestandteil der Finanzmittel der Gemeinde aus. In dieser Einnahmenentwicklung spiegelt sich die Situation der jüdischen Gemeinde im ganzen wider. Die rückläufige Gesamtzahl der jüdischen Bürger sowie die zunehmende Indifferenz in religiösen Fragen machte sich besonders nachteilig bei der Entwicklung der Gebühreneinnahmen, die ja mit der Inanspruchnahme der kultischen Dienste der Gemeinde zusammenhingen, bemerkbar. Doch auch die Kapitalansammlung ist bei genauer Betrachtung kein durchweg positives Zeichen. Zwar wurde der Gemeinde dadurch die Anlage eines Reservefonds ermöglicht, der in den Notzeiten dringend notwendig werden sollte, andererseits ist die Kapitalisierung auch ein Zeichen fehlender »Investitionen« in die Gemeindearbeit. Es war offensichtlich kein Bedarf an zukunftweisenden Neuansätzen vorhanden, die Einnahmen wurden nur mehr verwaltet, jedoch kaum im Sinne einer optimierenden Gemeindearbeit eingesetzt. Der Haushaltsvoranschlag erweist sich so mit seinem riesigen mitgeschleppten »Betriebsfonds« als irrealer Schattenhaushalt einer stagnierenden kultischen Gemeinschaft.

Dennoch mußte bei sinkenden Direkteinnahmen selbst bei einem reduzierten unmittelbaren Bedarf ein in etwa gleichbleibender Betrag[145] durch Kirchensteu-

144 Die Zahlen sind nur sehr schwer vergleichbar, da manchmal Kapitalüberträge, Steuerrückstände aus dem Vorjahr etc. die Bilanz bzw. das Bild der »Gebühreneinnahmen« verfälschen.

145 Die veranschlagten Kirchensteuereinnahmen lagen bei:

1924/25	19919 Mark	1929/30	41713 Mark
1925/26	36360 Mark	1930/31	38361 Mark
1926/27	36822 Mark	1931/32	34360 Mark
1927/28	36302 Mark	1932/33	34383 Mark.
1928/29	35000 Mark		

ern, die sich freilich auf immer weniger Personen verteilten, eingezogen werden. In bestimmten, vom Gesetzgeber festgelegten Grenzen oblag es der Gemeinde, den Ortskirchensteuerfuß für ihre Glieder festzulegen, der der Genehmigung durch das Bezirksamt bedurfte. Eine wichtige Änderung der Berechnungsgrundlage war eingetreten, nachdem die bis 1919 gültige Besteuerung nach Klassen aufgehoben worden und an die neuen, dem Staat abzuführenden Steuersätze geknüpft war.[146] 1923 waren insgesamt 229 jüdische Kirchensteuerpflichtige registriert, 1918 waren es noch 320, 1919 gar 386 Steuerpflichtige gewesen.[147] Die soziale Belastung schon lange vor der Weltwirtschaftskrise wirkte sich auch bei den jüdischen Gemeindegliedern verheerend aus, so daß viele nicht mehr in der Lage waren, ihre Kirchensteuern zu zahlen. Der Voranschlag schleppte so seit 1928/29 regelmäßig einen beachtlichen Posten »rückständige Steuern« von einem Haushaltsjahr ins nächste.

3.6 Das jüdische Vereinsleben

Obgleich die jüdische Gemeinde relativ klein war und sich sicherlich nur ein Teil aktiv am Gemeindeleben beteiligte, gab es eine beachtliche Zahl genuin jüdischer Vereine, die ihre Existenz dem Zusammenhang mit der jüdischen Konfession verdankten. Manche dieser Vereine reichten z.T. bis weit ins 19. Jahrhundert zurück, andere waren Neugründungen nach dem Ersten Weltkrieg. Einige der älteren Vereine waren der Wahrung und Vertiefung des religiösen Lebens und der Pflege jüdischer Kultur verpflichtet. In diesem Bereich unterstützte die Gemeinde auch zentrale jüdische Organisationen und Einrichtungen in Berlin, Breslau und andernorts. Die nach dem Ersten Weltkrieg gegründeten Vereine erfüllten dagegen überwiegend soziale Aufgaben auf dem Gebiet der Wohlfahrtspflege,[148] eine dringende Notwendigkeit angesichts der bedrückenden ökonomischen Lage vieler jüdischer Familien, die in der Inflation und der Wirtschaftskrise die allgemeine Not teilten.

Der älteste und gleichzeitig einer der größten Vereine[149] war der 1825 gegründete Israelitische Frauenverein in der Bahnhofstraße 53a. Er hatte 1920 155

146 Die Steuerberechnung vgl. in: STAHD, AA 407/23.

147 Vgl. Einladung zur Versammlung der Gemeindevertretung am 4. Mai 1919 vom 4. April 1919 (STAHD, AA 407/22). Vgl. dazu auch oben (S. 357f.) die Bemerkungen zum Sozialstatus.

148 Zur jüdischen Wohlfahrtspflege vgl. Baeck, Leo: Der geistliche Gehalt der jüdischen Wohlfahrtspflege. In: Zedakah. Zeitschrift der jüdischen Wohlfahrtspflege Nr. 2 (1926). Vgl. auch für Mannheim Thalmann, Minka: Die Organisation des jüdischen Wohlfahrts- und Jugendamtes. In: IGBl. 4. Jg. Nr. 11 vom 25. November 1926, S. 3–5.

149 Die Angaben folgen im allgemeinen Turtel 1979, S. 23f.; Zentralwohlfahrtsstelle der deutschen Juden (Hrsg.): Führer durch die jüdische Gemeindeverwaltung- und Wohlfahrtspflege in Deutschland 1932–1933. Berlin 1933, S. 358f.; Stadtbücher 1919–1933.

Mitglieder und wurde durch ein Collegium von vier Vorsteherinnen geführt, durch die Ehefrauen von Ernst Carlebach, Ferdinand Kaufmann, Max Maier und Albert Reis. Das Rechnungswesen lag in Händen von Isidor Maier. Bei der nächsten Aufstellung (1924/25) lag die Funktion der Vorsitzenden bei der Frau des Rabbiners. Sie wurde unterstützt durch die Ehefrauen von Josef Holland, Gustav Gutmann, Moritz Maier, Ernst Marx und Gustav Wolf, während die Rechnungsgeschäfte von Ludwig Rosenbusch geführt wurden. Später traten die Ehefrau von Eugen Rosenbaum sowie Sophie Schönemann in den Vorstand ein. Seit 1928 war Hedwig Holland, Gattin des Fabrikanten Josef Holland, Vorsitzende des Vereins, ihr zur Seite stand Sophie Schönemann, Gattin des Tabakfabrikanten und Grundstücksmaklers Josef Schönemann.[150] Die Leitung dieses repräsentativen Vereins lag in der Hand der für das Heidelberger wohlhabende Judentum signifikanten Familien, die vor der und um die Jahrhundertwende zugewandert waren und das jüdische Unternehmertum in Heidelberg entscheidend prägten. Die Geschäftsführung lag überwiegend bereits in den Händen der Söhne, so daß die »Gründergeneration« für soziale und kultische Aufgaben innerhalb der Gemeinde zur Verfügung stand.

Dem Frauenverein war seit 1924 (?) der Israelitische Frauenbund für Deutschland in Personalunion verbunden. Den Vereinen oblag die Fürsorge für hilfsbedürftige Frauen und Mädchen. Diese soziale Einrichtung der jüdischen Gemeinde hatte noch 1933 191 Mitglieder. Die soziale Komponente war auch bestimmend für den Verein für israelitische Krankenschwestern, der 1909 gegründet worden war. Er unterhielt eine Schwesternstation in der Akademiestraße 2. Vorsitzender des Vereins war seit 1919 der Fabrikant Ferdinand Liebhold, von 1925/26 an der bisherige Rechner Max Meyer, seit 1928 schließlich der Großhändler Friedrich Schlössinger, der gleichfalls Mitglied des Synagogenrates war. Als Geschäftsführerin des Vereins folgte 1929 die Gattin des Synagogenrats Max Meyer ihrem Mann. Der Verein war mit 240 Mitgliedern im Jahre 1933 einer der größten jüdischen Vereine. Er wurde mit einem regelmäßigen Beitrag, seit 1925/26 mit 1000 M, aus dem Haushalt der jüdischen Gemeinde unterstützt; das war der bei weitem höchste Betrag, den die Gemeinde für einen Verein aufwendete. In dieser finanziellen Förderung durch die Gemeinde wie in seiner engen Verflechtung mit dem höchsten Organ der Gemeinde, dem Synagogenrat, zeigt sich die außerordentliche Wichtigkeit, die dem Verein für die Gemeinde zukam, hatte er doch Pflegeaufgaben und Krankenbetreuung bei einer überdurchschnittlich gealterten Gemeinde zu erfüllen. Nur bis Anfang der 20er Jahre bestand auch ein Israelitischer Mädchenverein mit etwa 50 Mitgliedern. Geleitet wurde er von Grete Marx und Hedwig Elsasser. Die Vereinsarbeit wurde von Rabbiner H. Pinkuss als Beirat überwacht.

Fürsorge- und soziale Hilfsfunktion hatten auch der erst 1931 gegründete jüdische Jugendbund, der Verein Gemilus Chasodim (»Tätige Hilfe«, »Wohltätigkeit«) und der Verein Zedokoh (»Gerechtigkeit«). Letzterer war bereits 1893

150 Die Angaben zum Familienstand und der Herkunft nach Gedenkbuch 1983 und Weckbecker 1985, S. 250 ff.

gegründet worden und hatte seine Geschäftsstelle in der Lauerstraße 4. Es handelte sich hierbei um eine Einrichtung zur Unterstützung ortsfremder und durchwandernder Israeliten. Hier verband sich soziales Handeln mit der Sorge, das Negativbild des bettelnden Juden in der Öffentlichkeit nicht in Erscheinung treten zu lassen, um eigene Assimilationsbemühungen nicht zu stören. Der Mannheimer Rabbiner Dr. Oppermann beschrieb eindringlich, wie lästig den Gemeinden das Bettlerwesen wandernder Juden geworden war; dem konnte nur eine durchgreifende Wanderfürsorge abhelfen, die zugleich zum Ziel hatte, die Durchwanderer in Arbeit zu vermitteln und so wieder zu einem geregelten Leben zu führen. In jedem Fall sollte die Betreuung der durchwandernden Juden das Problem möglichst unauffällig und unter Umgehung der öffentlichen Wohlfahrt regeln.[151] Dieser Verein hatte 1920 98 Mitglieder und wuchs bis Anfang der 30er Jahre auf die stattliche Zahl von 165 Mitgliedern an. Es gehörte zum Prinzip des Zedokoh, das »Maß der dem einzelnen obliegenden Freigebigkeit in sein Gewissen« zu stellen.[152] Der Bedeutung der Aufgabe entsprach wiederum die Intensität der Bemühungen, die man ihr seitens der Gemeinde widmete. Den Vorsitz hatte bis 1931 nominell der Bezirksrabbiner inne. Unterstützt wurde er von den Vorstandsmitgliedern Dr. Albert Elsasser, Max Maier und Emanuel Rothschild, seit 1924 durch Josef Holland und den Kaufmann Bernhard Marx; zeitweise gehörte auch Ludwig Löwenstein dem Vorstand an. Übergangsweise hatte nach der Zurruhesetzung H. Pinkuss' Synagogenrat Sally Goldscheider das Amt des Vorsitzenden inne, das 1933 an den Kaufmann Ernst Weil überging, da Goldscheider Verpflichtungen in anderen Vereinen und Ämtern übertragen wurden. Als Besonderheit hatte der Verein Zedokoh das Amt eines Pflegers, d.h. eines Betreuers der ortsfremden bzw. durchreisenden Juden. Dieses war sinnvollerweise den Synagogenverwaltern Heinrich bzw. Willy Seligmann übertragen worden und als Anlaufstelle das Haus Lauerstraße 4 bestimmt, da ortsfremde Hilfesuchende zweifellos zuerst bei der Synagoge um Unterstützung nachsuchten.

S. Goldscheider übernahm ebenfalls von Bezirksrabbiner Dr. H. Pinkuss den Vorsitz in dem israelitischen Unterstützungsverein (Gemilus Chasodim) in der Häusserstraße 28. Der Verein widmete sich der Unterstützung hilfsbedürftiger Gemeindeglieder, ist also das auf die ortsansässige Bevölkerung bezogene Gegenstück des »Gerechtigkeitsvereins«. 1920 hatte er 115 »beitragende« Mitglieder, zum Vorstand gehörten anfangs Max Maier, Frau Bodenheimer, Bernhard Levy und Siegmund Löwenthal. Die Hauptarbeit lag aber offensichtlich bei den weiblichen Vereinsmitgliedern. Nach 1933 sollte eine wesentliche Funktion in der Hilfe und finanziellen Unterstützung bei der Auswanderung bestehen.

Der jüdische Jugendbund in der Neckarstraße 88 hatte seine Hauptaufgabe in der Unterstützung hilfsbedürftiger jüdischer Jugendlicher sowie in der Arbeitsvermittlung. Der Jugendbund hatte noch 1933 80 Mitglieder. Er erhielt seine Bedeutung vor allem durch die Arbeitslosigkeit und die wirtschaftliche Not infolge der Weltwirtschaftskrise. Der Bund ist daher auch erst seit 1931 nachweisbar. Den

151 IGBl 6. Jg. Nr. 1 vom 20. Januar 1928, S. 7.
152 Die Jugendgemeinde [Beilage zum IGBl] Jg. 1926 Nr. 8 vom 21. Juli 1926.

Vorsitz führte in Vertretung der Oberkantor Julius Kraemer, ehe der Student Alfred Rosenbusch, ein eingesessener Heidelberger, 1933 den regulären Vorsitz übernahm.[153]

Der Verpflichtung, sich um von auswärts kommende jüdische Kranke in den Kliniken und Krankenhäusern der Stadt zu kümmern und ihnen durch einen wöchentlichen Besuch Fürsorge und das Gefühl sozialer Nähe zu geben, suchte die Gemeinde nach Kräften nachzukommen. Man fand dazu im Juni 1921 eine Vereinigung, um den Besuchsdienst zu koordinieren.[154] Diese Vereinigung kann freilich kaum als regulärer Verein bezeichnet werden.

Die enge Verbindung dieser auf Wohlfahrtsaufgaben und Fürsorgetätigkeit ausgerichteten Vereinigungen zur Organisation der israelitischen Gemeinde, d. h. im wesentlichen zum Synagogenrat, aber auch ihre Verflechtung untereinander wird deutlich. So ist etwa Ludwig Rosenbusch Rechner in einer Reihe dieser Wohlfahrtsorganisationen, zu denen sich seit 1927 gewissermaßen als Zentralstelle die Israelitische Wohlfahrtsstelle bzw. Notgemeinschaft gesellte, die bis 1930 von Dr. H. Pinkuss, danach von Rechtsanwalt Dr. Theodor Kaufmann, dem Vorsitzenden des Synagogenrats, geleitet wurde. Ihre Funktion liegt deutlich in der Koordination der unterschiedlichen sozialen Anstrengungen der Gemeinde, die so ein Netz grundlegender sozialer Sicherheit für alle Angehörigen der israelitischen Religionsgemeinschaft zu knüpfen suchte. Die Vereine übernahmen in diesem System wichtige soziale Funktionen für die Gemeinde und anstelle der Gemeinde, die ihrerseits die verschiedenen Aktivitäten bündelte und effektiv gestaltete. Das karitative Vereinswesen wird so zum Abbild der Bereitschaft der jüdischen Gemeinde zum sozialen Engagement und zur Solidarität. Die Lasten der Finanzierung und der Arbeit verteilten sich so immerhin – unter verantwortlicher Oberaufsicht des Synagogenrates – auf eine Vielzahl einsatzbereiter Personen!

Neben diesen Fürsorge- und Wohlfahrtseinrichtungen bestanden mehrere Vereine mit kultischen Zwecken, wobei sich auch hier oft religiöse und soziale Aufgaben verbanden. Letzteres trifft insbesondere für die Begräbnisbruderschaften zu. Der Israelitische weibliche Beerdigungsverein Chewra Kadischa bestand bereits seit 1852. Die »Heilige Bruderschaft« hatte die Pflege kranker Frauen und Männer zum Ziel und war für die unentgeltliche und ordnungsgemäße Durchführung von Bestattungen zuständig. Ganz allgemein hatte der Verein auch den Hinterbliebenen beizustehen und überhaupt den Bedürftigen der Gemeinde zu helfen. Mit 250 Mitgliedern im Jahre 1933 war er der größte jüdische Verein in Heidelberg. Immerhin erfaßt die Mitgliederschaft in der Chewra Kadischa ca. ein Viertel aller jüdischen Erwachsenen, d. h. daß fast alle jüdischen Familien Heidelbergs mit der Chewra Kadischa in Verbindung standen, so daß dieser Verein zu

153 A. Rosenbusch emigrierte seinerseits bereits am 21. August 1933 nach Palästina (Gedenkbuch 1983, S. 160). Vgl. hierzu auch die Bemerkungen über die Jugendarbeit in der jüdischen Gemeinde unten S. 395 f.

154 Israelitisches Familienblatt 23. Jg. Nr. 27 vom 7. Juli 1921, S. 4.

einem Abbild der religiösen Bindung der Gemeindeglieder wird.[155] Der Verein war im Laufe der 20er Jahre (1920 hatte er 172 Mitglieder) erheblich gewachsen. Dies darf wohl als Zeichen der Selbstbesinnung auf jüdische Werte und Traditionen verstanden werden. Die Führung der Chewra Kadischa lag wiederum bei einem Collegium von Vorstandsdamen: Emma Carlebach, N. Eisemann, Auguste Schwarzschild, H. Seligmann, Hermine Gutmann und Sophie Schönemann. In den folgenden Jahren wurde der Vorstand zeitweilig durch Frau Hochherr, Klara Wolf, Cäcilie Fischer, Frau Flegenheimer und Olga Pinkuss ergänzt, ehe ab 1927 die Vereinsführung in die Hände von Hermine Gutmann und Sophie Schönemann gelegt wurde.

Die entsprechende Funktion für die männliche jüdische Bevölkerung erfüllte die Israelitische Beerdigungsbruderschaft und Bikur Cholim-Kasse. Diese 1889 gegründete Bruderschaft war eine exklusive Vereinigung, der jeweils nur 18 Mitglieder angehörten. In dieser Bruderschaft setzte sich möglicherweise die Tradition einer abgegrenzten »Zunft« fort, deren Mitgliedschaft gesellschaftliches Ansehen verlieh. Den Vorsitz führten in der ersten Hälfte der 20er Jahre die Synagogenräte Ernst Carlebach und Samuel Wolf, dann folgte in der zweiten Hälfte der 20er Jahre der Synagogenrat Max Meyer, dem wiederum 1932 sein bisheriger Rechner Joseph Levi[156] als Erster Vorsitzender nachfolgte. Diese letzte Nachfolge stellt einen offenen Bruch in der Tradition der Bruderschaft dar und kündigt auch in diesem Detail den totalen Wandel der Verhältnisse für die jüdische Gemeinde an.

Bis Mitte der 20er Jahre führen die Register der »israelitischen Wohltätigkeitsanstalten« auch eine Israelitische Friedhofs- oder Beerdigungskasse unter der Verwaltung des Synagogenrats. Sie erfaßte mit ihren 210 Mitgliedern 1920 nahezu alle erwachsenen männlichen jüdischen Haushaltsvorstände. Die Kasse wurde in dieser Form ein Opfer der Inflation. Ihre Funktionen wurden möglicherweise stärker in den Aufgabenbereich des Synagogenrates integriert, so daß sie als eigene Körperschaft nicht weiter bestehen mußte.

Eine religiöse Vereinigung mit strenger Bindung an das kultische Leben des orthodoxen Judentums stellt der Verein gesetzestreuer Juden dar, über den im Zusammenhang mit der orthodoxen Gemeinde zu sprechen sein wird.

Für das gottesdienstliche Leben hatte der Synagogenchorverein eine wichtige Funktion. Er wurde von der Gemeinde mit einem bescheidenen jährlichen Betrag unterstützt. Langjähriger Vorsitzender war Ludwig Rosenbusch. Die Chorarbeit lag in den Händen des Organisten (bis Mitte der 20er Jahre Fritz Henn).

155 Leider ist eine Mitgliederliste nicht erhalten. Einen kurzen Überblick über die Funktion der Chewra Kadischa bietet der Katalog Kostbares Vermächtnis. Zeugnisse aus dem jüdischen Museum in Prag. Reiß-Museum der Stadt Mannheim in Zusammenarbeit mit dem Staatlichen Jüdischen Museum in Prag. Mannheim 1993, S. 26 f.

156 Die Erhebungsakten kennen (für 1933) einen Handlungsvertreter Josef Levy (Gedenkbuch 1983, S. 110). Möglicherweise handelte es sich hier um die gleiche Person, wenn man davon ausgehen kann, daß bei den Erhebungen sicherlich manche Namen falsch notiert worden sind.

Eine Ausnahmestellung unter den Bruderschaften nahm die 1894 gegründete Friedrichs-Loge des unabhängigen Ordens Bnei Brith (Söhne des Bundes) ein.[157] Diese älteste badische Loge des Ordens, der an die Freimaurerlogen erinnerte, hatte sich die Devise »Wohltätigkeit, Brüderlichkeit, Eintracht« gegeben. Philanthropisches Gedankengut und die Sorge um die allgemeine Wohlfahrt bestimmten Charakter und Handeln des Ordens. Er war im Grunde eine im liberalen Umfeld eher traditionsverbundene Einrichtung, der es aber nicht um die Pflege der religiösen Bräuche, sondern um jüdische Selbsterziehung ging. Er war bemüht, »den geistigen und sittlichen Charakter der Stammesgenossen zu stärken, ihnen die reinen Grundsätze der Menschenliebe einzuprägen, Wissenschaft und Kunst zu unterstützen, die Not der Armen und Bedürftigen zu lindern, die Kranken zu besuchen und zu pflegen, den Opfern der Verfolgung zu Hilfe zu kommen und ihnen in allen Lagen hilfreich beizustehen«.[158] Bedenkt man, daß der Orden international ein großes Ansehen genoß, daß er viel Energie auf die Abwehr von Antisemitismus und Rassenhaß verwendete und daß die 103 Logen in Deutschland fast 15000 und 1932 immerhin noch 13000 Mitglieder umfaßten, so muß die außerordentlich geringe Mitgliederzahl in Heidelberg mit rund 20 Personen um so stärker ins Auge fallen. Die philanthropische Wohltätigkeit und letztlich religiöse Indifferenz des Ordens hatten aber gerade in Heidelberg Kritik hervorgerufen.[159] Langjährige Vorsitzende waren der Baurat Leopold Oppenheimer und der Gymnasialprofessor Dr. Sigmund Rotheimer. Der Orden fand seine Anhänger vornehmlich in akademischen Kreisen der gehobenen Mittelschicht.[160] Wohl waren angesehene jüdische Mitbürger Mitglieder in dem Orden, der aber augenscheinlich eine gewisse Distanz zur jüdischen Gemeinde pflegte. Er war eine der wenigen von der Tätigkeit der Gemeinde unabhängigen und selbstbestimmten Gemeinschaften. Wirtschaftspolitischen Tagesproblemen näherte sich die Loge durch einen Vortragsabend im Dezember 1927 über Fragen der wirtschaftlichen Umschichtung und der technisch-handwerklichen Ausbildung der jüdischen Jugend.[161]

Außerhalb des engeren jüdischen Gemeindelebens stand auch die Heidelberger Ortsgruppe des Reichsbundes jüdischer Frontsoldaten. Diese Vereinigung war weniger ein spezifisch jüdischer Verein als ein Bund patriotischer und deutschgesinnter Männer, die unter normalen Bedingungen sich auf Einheiten beziehenden Frontkämpfervereinigungen angeschlossen hätten. Doch die Diffamierung durch die völkische Rechte,[162] die Juden seien Drückeberger, Kriegsgewinnler und

157 Vgl. dazu Encyclopaedia Judaica. Vol. 4, Jerusalem 1971, Sp. 1144–1147. Jüdisches Lexikon. Ein enzyklopädisches Handbuch des jüdischen Wissens in 4 Bänden. Hrsg. v. G. Herlitz u. a. Bd. III, Berlin 1927 (Ndr. Königstein 1987), Sp. 1189–1200.

158 Jüdisches Lexikon. Bd. III, Sp. 1190.

159 Vgl. Alfred Rosenbusch in einem Referat am 29. Januar 1933 (vgl. IGBl 11. Jg. Nr. 2 vom 21. Februar 1933, S. 7).

160 Vgl. auch Oppenheimer 1992, S. 108.

161 Turtel 1979, S. 13.

162 Vgl. dazu allgemein Berding 1988, S. 166–170. Allgemein zum Problem Angress, Werner T.: Das deutsche Militär und die Juden im Ersten Weltkrieg. In: Militärge-

Vaterlandsverräter, die hauptsächlich den für Deutschland nachteiligen Kriegsausgang mitverursacht hätten, zwang die jüdischen Kriegsteilnehmer zur Abwehrhaltung und zum Nachweis des jüdischen Anteils an den deutschen Kriegsanstrengungen. Das erforderte eigene jüdische Bünde, in denen sie ihre patriotische Haltung demonstrieren, aber auch den Selbstschutz organisieren konnten. Eine bestimmte jüdische Haltung oder Gesinnung wurde im Frontkämpferbund nicht gepflegt. Die Mitgliederzahl in diesem Verein war naturgemäß begrenzt, auch wenn er sich Mitte der 20er Jahre zum Jugendturnbund hin öffnete. Vorsitzender des Vereins, der in der Plöck 34 sein Versammlungslokal hatte, war der Hauptlehrer Hermann Durlacher. Offensichtlich erfüllte der Bund auch soziale und karitative Aufgaben für die Gemeinde, die ihn ab Mitte der 20er Jahre mit einem ansehnlichen jährlichen Beitrag unterstützte.[163] 1934 ist der Bund im Adreßbuch der Stadt Heidelberg nicht mehr enthalten.

Wie der Reichsbund jüdischer Frontsoldaten hatte auch eine Reihe anderer jüdischer Organisationen und national verbreiteter Vereine Ortsgruppen in Heidelberg gebildet, die vor allem die Aufgabe hatten, für die Ziele dieser Vereinigungen in der Gemeinde zu werben und sie finanziell zu unterstützen.

Die Ortsgruppe der Zionistischen Vereinigung für Deutschland stand unter Leitung des Buchhändlers Dr. Herbert Großberger, eines »russischen« Juden, der Mitglied des Oberrats der Israeliten in Baden war.[164] Es bestanden ferner Ortsgruppen verschiedener zionistisch-chaluzischer Jugendverbände, »Pioniere«, die religiöse Unterweisung betrieben – Habonim (»Versammlung«, »Gemeinde«) – oder die jüdische Besiedlung Palästinas propagierten wie die 1913 gegründete, marxistisch geprägte Jugendwache (Haschomer-Hatzair). Die kleine zionistische Ortsgruppe entwickelte rege Aktivitäten. So fand im Januar 1924 eine Keren-Hajessod-Aktion statt und im Juli des gleichen Jahres der Gruppen-Verbandstag für Baden und die Pfalz. Im November 1927 hielt der führende Zionist Georg Landauer aus Berlin vor der ostjüdischen zionistischen Jugendgruppe einen Vortrag über Fragen der jüdischen Geschichte und der Jugendbewegung.[165] Zahlreiche Anregungen erfuhr die zionistische Bewegung in Heidelberg insbesondere auch durch zionistische Studentenorganisationen, in denen im Winter 1918/19 Nahum Goldmann sehr aktiv war.[166] Auch der Centralverein deutscher Staatsbürger jüdischen Glaubens, der die überwiegende Mehrheit der jüdischen Bürger Heidelbergs vertrat, der Jüdisch-deutsche Jugendbund, der Verein der Freunde der jüdischen Gemeinde Berlins, der Israelitische Jünglingsverein, dessen Vorstand durch die Geschäftsleute Max Eisemann und Ernst Weil sowie Hermann Salomon gebildet wurde, waren durch Ortsgruppen vertreten. Zumindest bis zum Ende des Ersten Weltkrieges gab es auch noch einen Deutsch-israelitischen Gemeinde-

schichtliche Mitteilungen 19 (1976), S. 77–146. Zum Reichsbund jüdischer Frontsoldaten (RjF) vgl. Dunker 1977.

163 Vgl. STAHD, AA 407/23.

164 Gedenkbuch 1983, S. 54.

165 Turtel 1979, S. 12.

166 Vgl. dazu unten S. 419 sowie 428 f.

bund,[167] der freilich später nicht mehr in Erscheinung trat. Mehrere der jüdischen Jugendbünde hatten sich bereits 1919 zu einer Arbeitsgemeinschaft der israelitischen Jugend in Heidelberg zusammengeschlossen. Über das Programm der Gemeinde zur Jugendbetreuung und -erziehung wird noch zu sprechen sein.[168] Über die Jugendbünde wissen wir wenig. Auf die soziale Arbeit des jüdischen Jugendbundes wurde bereits hingewiesen.

So wie ein Mädchenverein bestand in der Gemeinde auch ein Israelitischer Jünglingsverein, der in den Jahren der Weimarer Republik von Max Eisemann, einem der engagierten Jugendbetreuer der Gemeinde, geführt wurde. Auch Hermann Salomon und Eisemanns Kompagnon Ernst Weil waren viele Jahre in der Jugendarbeit der Gemeinde tätig. Der Jünglingsverein hatte 1920 42 Mitglieder; spätere Zahlen sind nicht bekannt.

Belegt ist ferner die Existenz des deutsch-jüdischen Wanderbundes »Die Kameraden« und des »Jüdischen Pfadfinderbundes«.[169] Die »Kameraden« wollten zwar bewußt Juden sein, doch ging es ihnen nicht um ein religiöses Erleben, sondern darum, »das gefühlsmäßige Band der jüdischen Gemeinschaft« zu pflegen. Dieser dem Centralverein nahestehende Jugendbund erstrebte die bewußte Eingliederung in die deutsche »Volksgemeinschaft«; man wollte »in dieser neuen Eigenart und durch diese Eigenschaft dem deutschen Volk nützen« und an der »Neugestaltung der deutschen Nation« mitwirken. Dementsprechend lag das Augenmerk des Bundes auf einer Erziehung der Jugend zu einer Lebensgestaltung in der Gemeinschaft, die die Autorität des »Führers« betonte. Neben geistigen Bestrebungen galt die Hauptsorge der körperlichen Ertüchtigung durch Sport und Wandern unter »Wahrung strengster Disziplin«. Das Programm des Bundes vereinnahmte die Jugendlichen vollständig: am Wochenende Fahrten hinaus in die Natur, an Wochentagen »Heimabende« und Training.[170] Daß eine derartige Absorption der Zeit und Kraft der Jugendlichen durch den Ausschließlichkeitsanspruch des Bundes kaum im Interesse einer von der Gemeinde ausgehenden Jugendarbeit sein konnte, liegt auf der Hand.

Eine namhafte zionistische Jugendorganisation gab es in Heidelberg nicht.[171]

Einer Vielzahl von Komitees und Organisationen gehörte die Gemeinde durch einzelne Mitglieder, vorzugsweise die Rabbiner, an. Ebenso wurde eine Anzahl jüdischer Vereine und Organisationen von der Gemeinde durch einen regelmäßigen Jahresbeitrag unterstützt, so der Verein für jüdische Statistik, der Verein für jüdische Obdachlose in Hamburg, der Hilfsverein der deutschen Juden in Berlin, die Gesellschaft zur Förderung jüdischer Wissenschaft, die Lehranstalt für die Wissenschaft des Judentums, die Allgemeine israelitische Kolonialorganisation, der Verein der Freunde des jüdischen Seminars, alle in Berlin, der Verein der

167 Vgl. Voranschlag für 1917, STAHD, AA 407/22.
168 Vgl. dazu unten S. 394ff.
169 Oppenheimer 1992, S. 108.
170 Vgl. den Bericht in: Die Jugendgemeinde (Beilage zum IGBl) Jg. 1926 Nr. 6 vom 17. Mai 1926.
171 Oppenheimer 1992, S. 114.

Freunde des jüdischen Seminars in Breslau, die Israelitische Gartenbauschule Ahlem, die Israelitische Kriegswaisenfürsorge des Agudas Jisroel, des Dachverbandes der orthodoxen Juden, in Halberstadt, der jüdische Lehrerverein Speyer sowie allgemeine soziale Einrichtungen wie der Wohlfahrtsbund Karlsruhe und die Arbeiterfürsorge Mannheim. Hinzu kamen Unterstützungen für israelitische Waisenhäuser und Erholungsheime.

Die vielen Vereine bündelten überwiegend die sozialen und religiösen Aktivitäten der jüdischen Gemeinde. Dort, wo die eigenen Kräfte nicht ausreichten, beteiligte man sich am Aufbau und an der Unterstützung nationaler jüdischer Organisationen, so daß ein ausgedehntes jüdisches Hilfsnetz entstand, das sich dann auch in der Notzeit nach 1933 bewährte.

Wie groß das Engagement der Gemeindeglieder in den Vereinen letztendlich war, läßt sich schwer beantworten. Naturgemäß lag die Hauptlast auf einem kleinen Kern aktiver Vereinsmitglieder, die zudem oft – in personeller Verflechtung – in mehreren Vereinen Funktionen ausübten. Dennoch ist der Organisationsgrad der jüdischen Bürger Heidelbergs im jüdischen Vereinswesen außerordentlich hoch gewesen und nahm im Verlauf der Weimarer Republik durch neue Vereinsgründungen und z. T. wachsende Mitgliederzahlen beträchtlich zu. Es ist sicherlich nicht falsch, hierin den Ausdruck eines neu erwachten jüdischen Selbstwertgefühls und des Willens zur »Selbstbewahrung«[172] zu sehen.

In jedem Fall stellt das jüdische Vereinswesen in Heidelberg, das häufig in Verbindung mit der israelitischen Gemeinde stand, eine beachtliche Leistung der kleinen Gemeinde dar und vermittelt einen Eindruck von den alltäglichen Sorgen und Aktivitäten, die die Gemeinde antrieben. Dies auch als Ausdruck einer lebensfähigen und -willigen Gemeinde zu werten, stößt freilich auf Widersprüchlichkeiten. Wohl war Ende der 20er Jahre das Bewußtsein ihrer jüdischen Identität besonders bei der jungen Generation enorm gewachsen, dennoch läßt sich aber von einer weitergehenden Einbindung in das Leben der jüdischen Religionsgemeinschaft nicht sprechen. Die Überalterung der Gemeinde blieb ein Faktum. So kann es manchmal scheinen, daß vielen Jugendlichen jüdische Jugendvereine als Ersatz für eine Einbindung in die jüdische Gemeinde dienten, während die traditionellen religiösen und sozialen Vereine eine Angelegenheit der Älteren blieben. Zudem schaffte auch die Verbreitung zionistischen Gedankengutes unter den jungen Juden Distanz zur assimilatorischen Gemeinde, für die Assimilation in bürgerlicher Hinsicht und »Selbstbewahrung« in religiösen Bereichen keinen Widerspruch darstellte.

172 So eine Formulierung von Ludwig Holländer, dem Direktor des Centralverbandes (zitiert nach Maurer 1991, S. 119).

3.7 Die jüdische orthodoxe Gemeinde

Die Quellenlage zur Geschichte der orthodoxen jüdischen Gemeinde in Heidelberg ist denkbar dürftig, so daß sich nur einige sehr allgemeine Aussagen machen lassen.[173] Eine eigenständige orthodoxe Gemeinde im Sinne einer »Austrittsgemeinde« neben der liberalen »Hauptgemeinde« gab es jedenfalls in Heidelberg nicht.

Während und nach dem Ersten Weltkrieg kamen auch zahlreiche orthodoxe Juden aus Osteuropa nach Heidelberg. Wie bereits oben angemerkt, stammte der größte Teil der ausländischen Juden in Heidelberg aus Polen. Sie zeichneten sich vor allem durch ihre handwerkliche Tradition aus, stellten daneben aber auch den Beruf des kleinen Händlers. Gehörten sie damit zwar überwiegend der unteren sozialen Hierarchie des Judentums in Heidelberg an, so ist eine Charakterisierung als jüdisches Proletariat sicherlich zu undifferenziert und übertrieben.[174] Die Ostjuden fielen jedoch durch Mängel beim Gebrauch der deutschen Sprache und wegen ihrer Kleidung als Fremde auf. Diese Juden waren zudem wenig assimiliert. Das führte dazu, daß ihnen die alteingesessenen Juden mit Unverständnis und Vorbehalten begegneten: »Die ›Polacken‹, wie sie sie nannten, wurden bewußt aus der gesellschaftlichen Gemeinschaft der deutschen Juden ferngehalten.«[175] Auch wenn keine genauen Zahlenangaben für die frühen 20er Jahre möglich sind, so ist doch anzunehmen, daß die Gruppe, die den orthodoxen jüdischen Ritus bezeugte, einen erheblichen Zuwachs erhielt. Es ist wahrscheinlich, daß die zugewanderten orthodoxen Juden bald eine eigene Gemeinde begründeten, weil ihnen der liberale Gottesdienst fremd war und sie gesellschaftlich isoliert waren. Die orthodoxen Ostjuden schlossen sich unter Leitung des Talmudgelehrten Lipmann Ragow zusammen; ihre Gemeinde wurde als »Thorabund« bezeichnet.[176]

Die orthodoxen und konservativen Juden fanden auch über die engere Gruppe der Ostjuden hinaus eigene Organisationsformen. Anfang der 20er Jahre gründeten Schaul Deutsch und der Tabakfabrikant Simon Hochherr den »Verein gesetzestreuer Juden« (Adath Machsikei HaDath) in Heidelberg,[177] in dem neben konservativen Mitgliedern der Gemeinde auch zahlreiche Ostjuden verkehrten.

173 Die ausführlichsten Bemerkungen finden sich bei Löslein 1989, S. 62 ff., bzw. Dies. 1992, S. 290 f. Vgl. auch Turtel 1979, S. 14 (mit wichtigen Quellenhinweisen). Zum orthodoxen Judentum allgemein vgl. Breuer, Mordechai: Jüdische Orthodoxie im Deutschen Reich 1871–1918. Sozialgeschichte einer religiösen Minderheit. Frankfurt am Main 1986.

174 Vgl. Turtel 1979, S. 14.

175 Marx 1965, S. 46.

176 Turtel 1979, S. 14; Israelitisches Familienblatt 23. Jg. Nr. 12 vom 24. März 1921, S. 9. Die bei Turtel erwähnte Bezeichnung Adath Machsikei HaDath (Verein gesetzestreuer Juden) ist dagegen nicht auf die ostjüdische Gemeinde zu beziehen.

177 Anläßlich der Einweihung der orthodoxen Synagoge im Jahre 1932 wurde auf das zehnjährige Bestehen des Vereins hingewiesen (Der Israelit, 73. Jg. Nr. 16 vom 14. April 1932, S. 10). Als Gründer sind Deutsch und Hochherr bezeugt in: Der Israelit, 71. Jg. Nr. 31 vom 31. Juli 1930, S. 9.

Schaul Deutsch, einer der Initiatoren, war ein Jude aus Ungarn.[178] 1905 war er mit seiner Mutter Hermine Deutsch, der Schwester Frieda und den beiden Brüdern Salomon und Hermann nach Heidelberg gekommen. Die Mutter hatte hier auf Anraten ihres Bruders Herman Rieder in Mannheim und von Dr. Jonas Simon, der in der Uferstraße in Heidelberg ein Erziehungs-Institut leitete, in dem neben weltlichen Fächern auch Talmudstudien betrieben wurden (hier wurde auch Schaul unterrichtet), in der Märzgasse 20 ein koscheres Speiselokal eingerichtet, das gemäß den Bestimmungen des Vereins zur Förderung ritueller Speisehäuser in Hamburg einer streng orthodoxen rabbinischen Aufsicht[179] unterstellt wurde; hier verkehrten überwiegend jüdische Studenten aus dem Ausland. Die »Pension Deutsch« bestand bis 1918, zuletzt in der Bergheimer Straße 12. Schaul trat als Buchhalter in die Tabakfabrik der Gebrüder Wolf ein, wo er es bald bis zum Prokuristen brachte. Sein beruflicher Erfolg wie auch die Heirat mit einer Tochter aus einer wohlhabenden jüdischen Familie aus Frankfurt verhalfen ihm zum Eintritt in die gehobene jüdisch(-orthodoxe) Gesellschaft. Die ersten Zusammenkünfte des Vereins gesetzestreuer Juden fanden im Haus von Dr. Simon in der Uferstraße, später in der Weberstraße statt. Nach der Emigration Dr. Simons nach Litauen wurde auf Beschluß von Simon Hochherr, Dr. Albert Hirsch und den drei Deutsch-Brüdern ein Raum im Hotel »Goldenes Ross« für die Gottesdienste gemietet. Von 1923 bis 1927 hielt der Verein seine Zusammenkünfte in der Brückenstraße (als Untermieter der Deutschen Demokratischen Partei), bevor man endlich Räumlichkeiten in der Plöck beziehen konnte.

Durch die sich allmählich ergebenden gesellschaftlichen Kontakte zwischen der orthodox-ostjüdischen Bevölkerung und den orthodoxen einheimischen Gemeindegliedern wurde schließlich die Bildung einer gemeinsamen orthodoxen Gemeinde ermöglicht. Um einen intensiven Austausch zwischen beiden Bevölkerungskreisen bemühte sich insbesondere der »Verein zur Wahrung der Interessen des gesetzestreuen Judentums«,[180] der 1928 die Einrichtung eines koscheren Speiselokals, das Haus »Zum Weinstock« in der Bergheimer Straße 71, durchsetzen konnte. Das Lokal wurde bezeichnenderweise der Aufsicht des orthodoxen Rabbiners Dr. Unna aus Mannheim unterstellt.[181] Doch liefen auch nach der Bildung einer gemeinsamen orthodoxen Gemeinde ostjüdische Aktivitäten in besonderen Vereinigungen weiter.[182] Die Konstituierung der orthodoxen Gemeinde, in der die einheimischen Juden die dominierenden Persönlichkeiten stellten, allen voran der bereits genannte Simon Hochherr, war mit der Berufung des Talmudgelehrten Hermann Mayer aus Stuttgart zum Rabbiner der Gemeinde im September

178 Gedenkbuch 1983, S. 29; Weckbecker 1985, S. 251. Vgl. auch die Erinnerungen von H. Deutsch (STAHD, D 1, 22, S. 7).

179 Vgl. dazu allg. Breuer 1986, S. 208.

180 Turtel 1979, S. 14 ohne genaue Angaben; weder Gründungsdatum noch Zusammensetzung des Vereins sind bekannt.

181 IGBl 6. Jg. Nr. 6 vom 20. Juni 1928, S. 14; Der Israelit, 69. Jg. Nr. 23 vom 7. Juli 1928, S. 8.

182 Der Israelit, 73. Jg. Nr. 16 vom 14. April 1932, S. 10 erwähnt einen ostjüdischen Verein Ez chajim (Baum des Lebens).

1929 vollzogen.[183] Vielleicht stand die Berufung eines eigenen Rabbiners in Zusammenhang mit den zur Entscheidung stehenden Beschlüssen der Landessynode im Herbst 1929 über die Rechte der religiösen Minderheit, die die Einrichtung eigener Gottesdienste für diese Minderheit zum Ziele hatte.[184] Damit konnte auch die kleine orthodoxe Gemeinde aus dem Schatten der großen liberalen heraustreten und ihre Ansprüche auf einen eigenen Rabbiner geltend machen.

Doch bedeutete dies keinen Bruch mit der Hauptgemeinde, wurde dadurch doch nur eine jahrelang bestehende Praxis sanktioniert. Man vertrat in Heidelberg die Form der »Gemeindeorthodoxie«, hielt also trotz unterschiedlicher Riten an der Einheitsgemeinde des Ortes fest.[185] So nahmen im Februar 1930 an einer religiösen Feier (Tu Bischwat) mit einem musikalischen Programm auch viele Mitglieder der liberalen Gemeinde teil.[186] Und auch bei der Einweihung der Synagoge der orthodoxen Gemeinde am 2. April 1932 beteiligte sich die Hauptgemeinde offiziell durch ihren Rabbiner Dr. F. Pinkuss sowie die Synagogenräte Dr. Theodor Kaufmann und Sally Goldscheider.[187]

Das kulturelle und religiöse Leben der orthodoxen Gemeinde konzentrierte sich im »Verein gesetzestreuer Juden in Heidelberg«. Möglicherweise besorgte der Verein bis zur Fertigstellung der neuen Synagoge in der Plöck 35 der Gemeinde auch den Betsaal. Die Geschäftsräume des Vereins befanden sich (1933) in unmittelbarer Nähe der Synagoge in der Plöck 38.

Vom Haushaltsplan 1926/27 an wurde der Verein gesetzestreuer Juden in Heidelberg regelmäßig mit einem kleinen Betrag aus dem Etat der Gemeinde unterstützt.[188] Von 1930 an galt dieser Zuschuß an den Verein als offizieller Beitrag der Gemeinde zu den kultischen Bedürfnissen der orthodoxen Gemeinde. Auch in Fragen der Fürsorge fühlte sich die Gesamtgemeinde den orthodoxen Juden verpflichtet. So wurden beispielsweise im Winter 1932 unbemittelte ostjüdische Familien mit Nahrungsmitteln, Kleidung und Kohlen versorgt. Auch kleinere Geldzuweisungen wurden gewährt. Durch den Einsatz der Friedrichs-Loge[189] wurden erholungsbedürftige Kinder in Ferienkolonien geschickt.[190]

Die Verfolgungssituation nach der Machtergreifung durch die Nazis schweißte die beiden Gemeinden weiter zusammen, während sich als neuer Riß quer durch liberale und orthodoxe jüdische Familien die Frage nach der Auswanderung oder dem Ausharren in Deutschland erhob.

183 Israelitisches Familienblatt, 31. Jg. Nr. 39 vom 26. September 1929, S. 11.
184 IGBl. 7. Jg. Nr. 10 vom 27. Oktober 1929, S. 10.
185 Vgl. dazu allg. Breuer 1986, bes. S. 200 ff.
186 Der Israelit, 71. Jg. Nr. 8 vom 20. Februar 1930, S. 7.
187 Vgl. Der Israelit, 73. Jg. Nr. 16 vom 14. April 1932, S. 10. Israelitisches Familienblatt, 34. Jg. Nr. 14 vom 7. April 1932, S. 4.
188 1926/27 mit 200 RM; 1927/28 300 RM; 1928/29 bis 1930/31 je 400 RM; ab 1931/32 600 RM (STAHD, AA 407/23).
189 Zur Friedrichs-Loge vgl. die Anmerkungen S. 384.
190 Israelitisches Familienblatt, 34. Jg. Nr. 6 vom 11. Februar 1932, S. 4; ebd., 34. Jg. Nr. 44 vom 3. November 1932, S. 4; Turtel 1979, S. 14.

3.8 Jüdische Stiftungen

Neben dem Vereinswesen gab es ursprünglich auch ein reiches jüdisches Stiftungswesen, dessen Wurzeln ebenfalls bis in das 19. Jahrhundert zurückreichten. Das ist grundsätzlich nichts Ungewöhnliches, blühte doch allenthalben im Deutschen Reich vor dem Ersten Weltkrieg das Mäzenatentum bürgerlicher Stiftungen.[191] Es handelt sich hierbei im Grunde um eine typische Erscheinung der Wilhelminischen Epoche, die in der Weimarer Republik keine Fortsetzung erfuhr. Auch die Erträgnisse der Stiftungen gingen zurück oder ganz verloren, denn aufgrund der Art der Anlage verursachte die Inflation das Ende der meisten dieser Stiftungen, und danach waren die wirtschaftlichen Verhältnisse des Bürgertums nicht mehr so, daß man an neue Stiftungen oder die Neufundierung bestehender Stiftungen denken konnte.

Die meisten der größeren Stiftungen waren nicht der jüdischen Gemeinde, sondern der Stadt Heidelberg zugeeignet worden und hatten keine spezifische, die jüdischen Bürger betreffende Zielrichtung. 1912 war von Max Rose die Lina-Rose-Stiftung mit einem Kapital von 25 000 M für die Pflege kranker, schulpflichtiger Kinder aus Heidelberg, gleich welcher Konfession, begründet worden.[192] Es war dies eine soziale Einrichtung, um Frauen zu entlasten, deren Mitverdienst für die Familie (auch während der Krankheit eines Kindes) eine Notwendigkeit war. Zugleich ging es auch darum, durch geeignete Pflege- und Kurmaßnahmen die Kindersterblichkeit auch in ärmeren Familien zurückzudrängen. Der Stiftungsertrag betrug 1919 1052 M.[193] Die Stiftung des praktischen Arztes Simon Flehinger von etwa 35 000 M sollte der Unterstützung unbescholtener, arbeitsamer Bürger der Stadt dienen, die durch Unglücksfälle in ihrer Erwerbstätigkeit behindert und so unverschuldet in Not geraten waren.[194] Die Unterstützung war als Hilfe zur Selbsthilfe gedacht, die als Anstoß zur Fortsetzung eines Gewerbes dienen sollte. Diese Art der Stiftung entsprach einem bürgerlichen Selbstverständnis, das der eigenen Kraft vertraute, und erfreute sich daher auch mancher Sympathien aus dem Unternehmertum. Altstadtrat Max Liebhold hat zweimal, 1920 und 1922, der Flehingerstiftung namhafte Summen zukommen lassen.

Stiftungen zum Wohl der israelitischen Gemeinde waren der Israelitische Armenfonds zur Unterstützung der israelitischen »Ortsarmen« mit dem bescheideneren Stiftungsvermögen von 2587 M im Jahre 1919, was einen Ertrag von

191 Zum Stiftungswesen im Deutschen Kaiserreich und dessen sozialen Voraussetzungen vgl. Brocke, Bernhard vom: Die Kaiser-Wilhelm-Gesellschaft im Kaiserreich. Vorgeschichte, Gründung und Entwicklung bis zum Ausbruch des Ersten Weltkriegs. In: Forschung im Spannungsfeld von Politik und Gesellschaft. Geschichte und Struktur der Kaiser-Wilhelm-/Max-Planck-Gesellschaft. Aus Anlaß ihres 75jährigen Bestehens. Hrsg. v. Rudolf Vierhaus u.a. Stuttgart 1990, S. 109–116. Zu jüdischen Stiftungen vgl. Cullen, Michael S.: Juden als Sammler und Mäzene. In: Juden als Träger bürgerlicher Kultur in Deutschland. Hrsg. v. Julius H. Schoeps. Stuttgart – Bonn 1989, S. 123–148.

192 STAHD, AA 317/2.

193 Ebd., AA 310/6.

194 Ebd., AA 313/4.

jährlich 101 M ergab.[195] Wesentlich effizienter war die Israelitische Bezirksschulstiftung mit einem Vermögen von 24347 M. Aus dem Ertrag von 1047 M jährlich wurden Beiträge zum Gehalt des israelitischen Volksschulhauptlehrers und zur Vergütung an den Bezirksrabbiner für den Religionsunterricht und gegebenenfalls Stipendien an israelitische Schulkandidaten gezahlt.[196] Beide Stiftungen standen unter der Verwaltung des Synagogenrates. Das Amt des Gemeinde- und Stiftungsrechners war bis zur Inflation miteinander verbunden.[197]

Einen gänzlich anderen Charakter hatten die Gedächtnisstiftungen und Geschenke, die dem Andenken Verstorbener (z. B. der Grabpflege) dienen sollten und in ihrer Verwendung nicht der freien Verfügung der Gemeinde unterstanden.[198] Die Einnahmen und Ausgaben für die Jahrzeiten erschienen regelmäßig im Gemeindehaushalt. Alle diese genannten Stiftungen sind mit der Inflation entwertet worden und wurden aufgelöst. Ihre Aufgaben übernahmen z. T. die Wohltätigkeitsvereine der Gemeinde.

Eine jüdische Stiftung besonderer Art war die Josefine-und-Eduard-von-Portheim-Stiftung, die ganz im Sinne klassischen Mäzenatentums sich die Förderung der Wissenschaften und Künste zur Aufgabe setzte.[199] Die Stiftung war von dem ordentlichen Honorarprofessor der Universität, dem Geheimen Hofrat Victor Goldschmidt[200] und seiner Gattin Leontine, geb. von Portheim, mit Stiftungsurkunde vom 24. März 1919 errichtet worden und erhielt ihren Namen zum Andenken an die Mutter des Stifters sowie den Vater der Stifterin. Ältere Pläne Goldschmidts hatten beabsichtigt, mit Hilfe einer Stiftung das von ihm gegründete Institut für Kristallographie auszubauen und besonders dessen Bestand für die Zukunft zu sichern. Zu diesem Zweck übergab Goldschmidt bereits 1916 100000 M an die Universität für eine zu errichtende Stiftung. »Im Jahr 1919 folgte eine zweite Schenkung von 200000 M. Schließlich wurden noch Grundstücke und im Ausland hinterlegte Wertpapiere dem Stiftungsvermögen zugeführt, so dass dieses sich damals auf [die gewaltige Summe von] ungefähr zwei Millionen [Goldmark] belaufen haben dürfte.« Durch Anlage des Vermögens in Häusern und Grundstücken wurde das Stiftungskapital weitgehend vor der Entwertung geschützt, die vielen anderen Stiftungen das Ende bereitete. Nachdem die finanz-

195 STAHD, AA 310/6.

196 Ebd.

197 STAHD, AA 407/22.

198 Beispiele dieser meist mit geringem materiellen Wert ausgestatteten Stiftungen vgl. STAHD, AA 407/22 und STAHD, AA 407/23.

199 STAHD, AA 236/11-I. Zur Stiftung vgl. Anschütz, Hans: Die Josefine und Eduard von Portheim-Stiftung für Wissenschaft und Kunst in Heidelberg. In: Lebensbilder deutscher Stiftungen. Bd. 3: Stiftungen aus Vergangenheit und Gegenwart. Hrsg. v. Fritz Rüth u. a. Tübingen 1975, S. 63–70. Das Stadtarchiv Heidelberg widmete der Stiftung aus Anlaß ihres 75jährigen Bestehens eine kleine Gedächtnisausstellung.

200 Zu V. Goldschmidt vgl. Hesse, Erich: Victor Goldschmidt. In: Heidelberger Jahrbücher (1981), S. 45–65; Berdesinski, Waldemar: Victor Goldschmidt (1853–1933). In: Semper apertus. Sechshundert Jahre Ruprecht-Karls-Universität Heidelberg 1386–1986. Bd. II. Berlin – Heidelberg – New York – Tokyo 1985, S. 506–515; Drüll 1986, S. 87 f.

wirtschaftlichen Verhältnisse wieder geordnet waren, faßten Victor und Leontine Goldschmidt ihre Schenkungen und Stiftungen unter dem 12. Juli 1924 in einer neuen Stiftungsurkunde zusammen. Bereits 1919 war die Stiftung als juristische Persönlichkeit und öffentliche Wohlfahrtseinrichtung anerkannt worden. Die Vermögensbilanz wies zum 1. April 1924 einen Bestand von ca. 381 000 Goldmark aus, wobei die Immobilien nur mit 40 % ihres Steuerwertes berücksichtigt waren. Durch die auf den Liegenschaften liegenden Aufwertungshypotheken mußten von dem ebenfalls 1924 eingesetzten Kuratorium, dem außer den Stiftern auch Vertreter der Universität (Wilhelm Salomon-Calvi) und der Stadt angehörten, schwierige Finanzverhandlungen geführt werden, um der Stiftung ausreichende Einnahmen zu sichern. Der Voranschlag für 1929/30 schloß die Einnahme und Ausgabe mit 133 000 Mark ab (was fast dem Dreifachen des israelitischen Gemeindehaushaltes entsprach). Durch Senkung der Zinsen und Mieten seit 1932 sanken freilich auch die Einnahmen der Stiftung ganz beträchtlich (um ca. 25 000 RM!). Am 1. April 1933 betrug das Stiftungsvermögen 1 427 000 Reichsmark, wobei wieder Immobilienbesitz und Sammlungen weit unter ihrem Wert veranschlagt waren. Die beschämende Behandlung der Stifterin durch die Nationalsozialisten bis zur Umbenennung in »Heidelberger Stiftung für Kunst und Wissenschaft« im Jahre 1941 kann hier nicht weiter erörtert werden.

Zweck der Stiftung war die Förderung von Wissenschaft und Kunst durch Unterstützung von Instituten oder einzelnen Personen, durch Anlage und Erweiterung von Sammlungen, »Lehr-, Forschungs- und Arbeits-Instituten der Wissenschaft und Kunst« sowie durch Unterstützung von Forschungs- und Sammlungsreisen und von wissenschaftlichen Publikationen. Forschungs- und Sammlungsschwerpunkte betrafen außer der Kristallforschung vor allem Anthropologie und Naturphilosophie, ferner die Kunst und Kultur der Naturvölker und alter (orientalischer) Hochkulturen. Auf diese Weise konnte bis 1924 tatsächlich eine ganze Reihe von Instituten mit auf- und ausgebaut werden, die überwiegend der Universität angegliedert waren: das Mineralogisch-Kristallographische Institut in der Hauptstraße 48 mit Einrichtung, das Chemische Labor in der Brunnengasse 14 mit Einrichtung und Bibliothek, das Biochemische Institut in der Märzgasse 2 mit Einrichtung, das Anthropologische Institut in der Hauptstraße 235 mit Sammlung, das Ethnographische Institut in der Hauptstraße 235 mit Sammlung, das Sinologische Institut in der Hauptstraße 48, das Slavische Institut in der Augustinergasse 5a, das Institut für Pfälzische Landeskunde in der Hauptstraße 235, ein Institut für Geschichte der Naturwissenschaften in der Augustinergasse 5a, das Institut für Volkskunst in der Hauptstraße 235, ein Institut für Biomechanik und eine Biologische Station im Steigerweg. Die Stiftung trug damit in schwieriger Lage ganz wesentlich zur Ausstattung und zur Förderung der Lehre und Forschung besonders in den sogenannten Randfächern an der Universität bei.[201]

201 Es wäre interessant, einmal die Konkurrenzsituation zwischen der Heidelberger Akademie der Wissenschaften (gegründet 1909) und der von-Portheim-Stiftung zu untersuchen und inwieweit diese dazu beitrug, daß die Akademie sich nach 1919 zunehmend von der Universität löste und verselbständigte. Nach den Vorstellungen der »Väter«

Damit ist auch bereits der Bogen zum Beitrag der jüdischen Bürger Heidelbergs zum kulturellen und wissenschaftlichen Leben der Stadt geschlagen.

3.9 Aufgaben und Strömungen in der jüdischen Gemeinde

Während sich über den religiösen Alltag kaum Quellen erhalten haben, sind besondere Ereignisse im Leben der jüdischen Gemeinde zumindest in einigen Fällen durch Presseberichte oder ähnliches dokumentiert.

Als wichtige Aufgaben der Gemeinde[202] galten der Abwehrkampf gegen den Antisemitismus, Maßnahmen zur Stärkung des durch die Inflation am meisten betroffenen Mittelstandes, die Reorganisation der Gemeindeinstitutionen nach Erlaß der demokratischen Verfassung, die Vertiefung des jüdischen Bewußtseins gegen die zunehmende Gleichgültigkeit gerade der gebildeten Kreise und schließlich Maßnahmen zur Erziehung der Jugend, die der Förderung ihrer jüdischen Identität dienen sollte. Zu den beiden letztgenannten Aufgaben gibt es eine Reihe von Hinweisen, die Aufschluß geben, auf welche Weise die Ziele erreicht werden sollten.

Die Erziehung und Förderung der Jugend war ein Anliegen sowohl des Rabbiners Dr. H. Pinkuss als auch seines Nachfolgers gewesen. Die Bemühungen H. Pinkuss' um eine Reform der Lehrpläne für den Religionsunterricht gehören in diese Richtung. Bereits im Mai 1919 wurde eine »Arbeitsgemeinschaft der jüdischen Jugend« unter Leitung von Kurt Goldscheider (* 1890), Fritz Klestadt, Dr. Hugo Marx (* 1892) und Alfons Schönemann (* 1893) gegründet.[203] Seit Mitte 1924 (?) war der junge Rechtsanwalt Dr. Hermann Müller Vorsitzender der Arbeitsgemeinschaft.[204] Sie hatte sich ein Erziehungsprogramm zu eigen gemacht, das ganz den national-jüdischen Zielen entsprach: Erziehung zu einer selbstbewußten Haltung gegenüber antisemitischen Angriffen und Ausfällen jeder Art, Vertiefung des jüdischen Nationalbewußtseins, Aneignung jüdischer Bildung und

der Akademie wäre der rechte Ort der von-Portheim-Stiftung der einer Zustiftung zur Heidelberger Akademie der Wissenschaften gewesen, auf die die Akademie gerade in der Weimarer Republik dringend angewiesen gewesen wäre (vgl. dazu Wennemuth, Udo: Wissenschaftsorganisationen und Wissenschaftsförderung in Baden. Die Heidelberger Akademie der Wissenschaften 1909–1949. Heidelberg 1994 (= Supplemente zu den Sitzungsberichten der Heidelberger Akademie der Wissenschaften, Philosophisch-historische Klasse, 8), S. 237 f., 261 f.). Victor Goldschmidt war im übrigen seit 1913 außerordentliches Mitglied der Akademie. Daß Goldschmidt vielleicht nicht das günstigste Verhältnis zur Akademie hatte, lag möglicherweise am Einfluß des Ordinarius für Mineralogie, dem ordentlichen Mitglied E. A. Wülfing, der selbst intensiv (mit Unterstützung der Akademie) Kristallforschung betrieb und damit wissenschaftlicher Konkurrent Goldschmidts war. Im Falle einer Angliederung an die Akademie hätte Wülfing auch den entscheidenden Einfluß auf die Verwendung der Mittel für die Kristallographie gehabt.

202 Vgl. Turtel 1979, S. 11 f.

203 Allgemeine Zeitung des Judentums, 83. Jg. Nr. 25 vom 20. Juni 1919, S. 3 (zitiert nach Turtel 1979, S. 12).

204 Vgl. Beiblatt zum Voranschlag für 1924/25. STAHD, AA 407/23.

jüdischen Wissens aus jüdischen Quellen. Hierbei gab es manche Berührungspunkte mit zionistischen Gruppen, auch wenn nicht die Auswanderung nach Palästina, sondern die Festigung einer spezifischen jüdischen Identität in einer christlichen und deutschnationalen Umwelt das Erziehungsziel darstellte. Diese Aufgaben suchte man durch Schulungen und Vorträge zu erfüllen. Als erster sprach, gewissermaßen zur Eröffnung des Programms der Arbeitsgemeinschaft, der orthodoxe Mannheimer Rabbiner an der Klaus-Synagoge Dr. Isaak Unna[205] über »Das orthodoxe Judentum in der Gegenwart«. Dies ist ein deutliches Zeichen für eine jüdisch-konservative Einstellung der Initiatoren, die gegen die liberale, zur religiösen Indifferenz neigenden und zur »Integration« oder Assimilation drängenden Haltung der Mehrheit der Gemeinschaft gerichtet war: Man wollte eben nicht Integration unter Aufgabe jüdischer Eigenarten, sondern gerade eine Betonung der jüdischen Identität und damit auch eine gewisse Abgrenzung gegenüber denen, die ihr Deutschsein über ihre geistige und seelische Herkunft und emotionale Bindung stellten. Welche Wirkung der Arbeit der Arbeitsgemeinschaft beschieden war, läßt sich nicht mehr feststellen. Immerhin hielten die Bemühungen um eine Zusammenfassung der Arbeit der Jugendbünde in einer Arbeitsgemeinschaft bis zum Ende der Weimarer Republik an, als Alfred Rosenbusch (* 1912) den Vorsitz in der Arbeitsgemeinschaft übernahm. Unter seiner Leitung hatte am 30. Oktober 1930 in Heidelberg eine Tagung des »Landesverbands der jüdischen Jugendvereine« stattgefunden, auf der der Salzburger Rabbiner Siegfried Ucko einen Vortrag über »Lebensgestaltung im Sinne der jüdischen Tradition« hielt.[206]

Diese identitätsstiftende, die gesamte jüdische Jugend umfassende Arbeit der Arbeitsgemeinschaft wurde von Bezirksrabbiner Fritz Pinkuss aktiv unterstützt. Er dehnte sie auch auf die jüdischen Verbindungen an der Universität aus, wo er u. a. Kurse zur Erlernung der hebräischen Sprache, für jüdische Geschichte und Philosophie (unter Einschluß des Chassidismus) einrichtete. In der Arbeitsgemeinschaft mit dem jüdischen Jugendbund wirkte auch Oberkantor Julius Kraemer mit, wodurch die regelmäßigen Spätgottesdienste am Freitagabend zur Tradition wurden.[207] Die Arbeitsgemeinschaft der Jugendgruppen war offensichtlich Ende der 20er Jahre enger zusammengewachsen und umfaßte Bünde unterschiedlicher Herkunft. Die besondere Rolle Heidelbergs in dieser konzentrierten Jugendarbeit zeigt sich auch im überörtlichen Engagement der Vertreter der Heidelberger Arbeitsgemeinschaft. Julius Kraemer war Vorsitzender des 1932 neugegründeten Landesverbandes Pfalz der jüdischen Jugendvereine Deutschlands, A. Rosenbusch war einer seiner Vorstandskollegen. Kraemer bezeichnete als Zweck der Verbandsarbeit, aus einer »gesamtjüdischen Idee heraus« die Sache

205 Zu Unna vgl. Watzinger 1980, S. 89 f. Ders.: Geschichte der Juden in Mannheim 1650–1945. Stuttgart – Berlin – Köln – Mainz ^{2}1987 (= Veröffentlichungen des Stadtarchivs Mannheim, 12), S. 139 ff.

206 Israelitisches Familienblatt, 34. Jg. Nr. 44 vom 3. November 1932, S. 4. Ucko wurde im August 1932 Rabbiner in Offenburg (IGBl 10. Jg. Nr. 7 vom 26. Juli 1932, S. 10).

207 Vgl. Turtel 1979, S. 13.

des Judentums zu vertreten. In seinem Grundsatzreferat forderte Rosenbusch als Ziel eine jüdische Jugend in der Gemeinde, die dort eingegliedert ist und dort eine Wirkungsstätte findet. Er betonte den Gemeinschaftsgedanken eines in sich geschlossenen Judentums. Es sollten alle »positiven jüdischen Kräfte« zusammengefaßt werden, um die »gesamtjüdische Idee einer Rückführung der jüdischen Religions- und Kultusgemeinden zur K'hilla« zu verwirklichen. Ein Umbau der Gemeinden in kultischer sowie sozialer Hinsicht sollte sich auf den Grundlagen der jüdischen Lehre vollziehen. Dabei standen zionistische (Palästinaaufbau) und integratorische Argumente und Methoden nebeneinander. In den Vordergrund rückte aber die Bildungsarbeit und die Bekämpfung des Antisemitismus.[208]

Die Bemühungen um die Stiftung einer neuen jüdischen Identität richteten sich zwar im wesentlichen an die – noch empfängliche – Jugend, doch wurde gelegentlich versucht, entsprechende Themen auch vor größerem Publikum zu behandeln. So kam im März 1930 Martin Buber zur Franz-Rosenzweig-Gedächtnisfeier nach Heidelberg.[209] Der Vermittlung des Wissens und des Verständnisses der jüdischen Kultur diente auch ein Vortrag des Rabbiners Dr. Max Grünewald[210] aus Mannheim vor der »Freien Vereinigung zur Förderung des Wissens vom Judentum« im Februar 1931. Er sprach über »Der Anteil des Rechts an der jüdischen Religion«.[211] Es war eine der seltenen Gelegenheiten, wo es zum Austausch mit Professoren der juristischen und theologischen Fakultät der Universität über jüdische Probleme kam.

Eine besondere Feier konnte die jüdische Gemeinde im April 1930 anläßlich des 30jährigen Amtsjubiläums des Bezirksrabbiners Dr. H. Pinkuss begehen.[212] Bei dieser Gelegenheit wurden auch die Weichen für die zukünftige Betreuung der Gemeinde durch F. Pinkuss gestellt.

Einige Veranstaltungen jüdischer Organisationen von überregionaler Bedeutung fanden nur Anfang der 20er Jahre in Heidelberg statt. Die Mitgliederversammlung des Landesvereins israelitischer Religionslehrer am 29. Juni 1920, zu der Vertreter aus allen badischen Bezirken anreisten,[213] steht in Verbindung mit dem Vorsitz des Heidelberger Rabbiners in der Kommission für die Neubearbeitung des Religionsunterrichts.

Am 15. Juni 1922 wurde die Welthilfskonferenz zu ihrer ersten Sitzung nach Heidelberg einberufen, um u. a. über die Versorgung jüdischer Kinder aus der Ukraine und die massenhafte Zuwanderung der russischen Juden zu beraten.[214]

Viele der genannten Aufgaben und Ziele betrafen, soweit sie nicht repräsentative Funktion hatten, nur Teile der Gemeinde, insbesondere die Jugend. Während so bei der jungen Generation ein neues jüdisches Selbstbewußtsein nachzu-

208 Bericht von der ersten außerordentlichen Delegiertentagung in Landau am 29. Januar 1933 (IGBl 11. Jg. Nr. 2 vom 21. Februar 1933, S. 7 f.).

209 Jüdische Rundschau, 38. Jg. Nr. 19 vom 7. März 1930, S. 128.

210 Zu Grünewald vgl. Watzinger 1980, S. 80 ff.; Ders. 1987, S. 93 f.

211 Israelitisches Familienblatt, 34. Jg. Nr. 6 vom 11. Februar 1932, S. 4.

212 C. V.-Zeitung, (Berlin), 9. Jg. Nr. 16 vom 18. April 1930, S. 216.

213 Israelitisches Familienblatt, 22. Jg. Nr. 36 vom 2. September 1920, S. 5.

214 Israelitisches Familienblatt, 24. Jg. Nr. 26 vom 29. Juni 1922, S. 4.

wachsen begann, zeigte sich der Großteil der nach Assimilierung drängenden älteren Mitglieder der jüdischen Gemeinde für diese identitätsstiftenden Bemühungen nicht mehr aufgeschlossen. Es deutet sich hier einerseits ein Generationenproblem an, andererseits gibt es Anzeichen einer Erneuerung der jüdischen Gemeinde aus der Jugend in einem traditionellen jüdischen Geiste. Diese Entwicklung wurde 1933 abrupt abgebrochen, doch hatten die Schulungen sicher auch dazu beigetragen, leichter den Entschluß zur Emigration zu fassen, als es bei der älteren Generation allgemein üblich war, und auf die Lebensbedingungen in den Zielländern vorzubereiten.

Betrachtet man die Fülle der Aufgaben und Leistungen, die die jüdische Gemeinde zu bewältigen hatte und die von ihr erwartet wurden, so wird deutlich, daß die Gemeinde und das Judentum mehr war als eine »Abstammungs- und Religionsgemeinschaft«, nämlich eine »Schicksals- und (...) Gefühlsgemeinschaft«.[215] Die jüdische Gemeinde wurde damit zum wesentlichen Träger und Katalysator einer jüdischen Identität.

3.10 Die israelitische Gemeinde in Rohrbach[216]

In Rohrbach lebte eine kleine jüdische Gemeinde. Sie besaß ihre eigene Synagoge, die im Jahre 1844 erbaut worden war, mit einem angebauten Zimmer als Lokal für die Gemeindeversammlungen. Die Begräbnisse fanden auf dem Friedhof in Wiesloch statt. 1920 hatte die Gemeinde 39 Glieder; sie wuchs bis 1925 auf 58 Personen an. Die Gemeinde war verarmt; die Altschulden, die noch immer auf der Synagoge lagen, konnten vorerst nicht weiter abgezahlt werden. Für die ökonomische Lage der Rohrbacher Juden steht beispielsweise die Lebensmittel- und Teigwarenfabrik Nathan Gutmann in der Rathausstraße 64 (Inhaber Sigmund Beer), die 1933 wegen Verschuldung versteigert werden mußte.[217]

Nach der Eingemeindung nach Heidelberg wurden die Toten auf dem israelitischen Friedhof auf dem Bergfriedhof bestattet. Ansonsten führte die Rohrbacher Gemeinde ein Eigenleben. Den dreiköpfigen Synagogenrat bildeten Karl Mayer, zugleich als Vorsitzender das Haupt der Gemeinde, Dr. St. Burkardt und Jacob Stern. Der Haushalt war sehr bescheiden und entsprach den geringen ökonomischen Verhältnissen der Gemeindeglieder. Er hatte 1928 mit 657,50 RM sein größtes Volumen, ging in den folgenden Jahren, wahrscheinlich sowohl infolge der Eingemeindung nach Heidelberg als auch wegen des Rückgangs der Zahl der Gemeindeglieder, in großen Sprüngen bis auf 260 RM 1933 zurück; die Zahl der Steuerpflichtigen lag Anfang der 30er Jahre bei 16 Personen bzw. Familien, von denen nur zwei zu einer höheren Summe von 75 bzw. 80 RM veranschlagt waren. Letzterer, der ehemalige Fabrikbesitzer in Rohrbach, Fritz Maier, hatte indessen schon seit geraumer Zeit seinen Wohnsitz in Berlin und von sich aus die Beziehung zu seiner Gemeinde abgebrochen. Die Mittel der Gemeinde wurden für

215 Maurer 1991, S. 120.
216 Vgl. STAHD, AA 407/21.
217 Vgl. Weckbecker 1985, S. 252.

Baubedürfnisse (1925 etwa 20 %, 1932 noch etwa 14 % des Etats) und Kultuszwecke verwendet, worunter Friedhofsgebühren, ein Gehalt für einen Synagogendiener, vor allem aber das Gehalt für den Religionslehrer fiel, das zeitweise bis zu 45 % des Gemeindeetats ausmachte.

Im ganzen gesehen vermittelt die Rohrbacher Gemeinde das Bild einer sterbenden Gemeinschaft, die einerseits immer mehr in der größeren Heidelberger Gemeinde aufging, bei der andererseits die Überalterung ein eigenständiges Gemeindeleben immer unattraktiver machte. Das zeigt sich auch in der zentralen Aufgabe des Religionsunterrichtes: Die Dienste des Religionslehrers mußten immer weniger in Anspruch genommen werden: Sein Gehalt betrug 1933 nur noch ein Drittel der Summe von 1928! Ortsstiftungen oder Vereine, die das Gemeindeleben hätten befruchten können, existierten in Rohrbach nicht.

4 Der Beitrag der Juden zum Heidelberger Geistesleben

Ein spezifisches jüdisches Geistesleben hat es in Heidelberg nur in einzelnen jüdischen Vereinen und Gruppen gegeben. Hierbei ist insbesondere an die zionistischen Organisationen zu denken, zu deren Zielen die geistige Schulung im Sinne ihrer zionistischen Ideen gehörte. Das Schulungs- und Erziehungswesen in den Jugendbünden, das eine jüdische Identität und jüdisches Selbstbewußtsein fördern sollte, wurde oben bereits erwähnt. Überwiegend spiegelt sich jüdisches Geistesleben in Heidelberg aber in der Konfrontation und im Austausch mit allen am Kulturleben der Stadt beteiligten Gruppen und Institutionen sowie mit der Universität.

4.1 Der Talmudistenkreis um Salman Baruch Rabinkow

Eine besondere jüdische Form geistigen Lebens entwickelte sich im Kreis um den russischen Rabbiner S. B. Rabinkow.[218] Rabinkow (1879–1941)[219] lebte und wirkte von 1907 bis 1927 in Heidelberg, wohin er als Reisebegleiter, Erzieher und Talmudlehrer der litauischen Juden Aaron und Isaak Steinberg gekommen war. Er legte größten Wert auf geistige Unabhängigkeit. Diese Unabhängigkeit wahrte er sein ganzes Leben. Er war zwar Rabbiner, lehnte es jedoch ab, als solcher zu amtieren; ihm widerstrebte es, »von der Religion zu leben«.[220] Auch pflegte er keine offiziellen Beziehungen zur Universität. Stellenangebote (so nach Jerusalem

218 Ich folge hier der Arbeit von Honigmann, Peter: Jüdische Studenten zwischen Orthodoxie und moderner Wissenschaft. Der Heidelberger Talmudistenkreis um Salman Baruch Rabinkow. In: Menora. Jahrbuch für deutsch-jüdische Geschichte (1992), S. 85–96, leicht verändert: Ders.: Der Talmudistenkreis um Salman Baruch Rabinkow. In: Jüdisches Leben 1992, S. 265–272.

219 Nach anderen Angaben wurde Rabinkow 1882 in der südrussischen Stadt Sosniza geboren (vgl. Funk, Rainer: Erich Fromm. Reinbek 1983, S. 37).

220 Goldmann, Nahum: Mein Leben als deutscher Jude. Lebensbilder. Frankfurt am Main – Berlin – Wien 1983, S. 94.

oder Berlin) lehnte er ab. Rabinkow war eine beeindruckende Persönlichkeit, ein vollkommener Lehrer und Meister, der von Gegensätzen geprägt war. Streng orthodox, empfand er gleichzeitig Sympathie für philosophische Freidenker, für den Zionismus und sozialistische Ideen; umfassendes rabbinisches Wissen ging eine fruchtbare Synthese mit ebenso fundierter westeuropäischer Bildung ein.

Rabinkow verkörperte in seiner Verbindung von wissenschaftlichem Lernen und ostjüdischer Tradition und Religiosität das, was man unter jungen jüdischen Intellektuellen in Deutschland nach der Jahrhundertwende zu suchen begann, eine neue Orientierung jenseits eines nur äußerlichen Judentums in einer selbstbewußten jüdischen Identität, in der jüdische und westliche Kultur eine tatsächliche Einheit bildeten. Als Schlüssel zu diesem Ziel sollte das Talmudstudium dienen.

Rabinkow betrieb die Talmudstudien als systematische wissenschaftliche Disziplin. Das Spannungsverhältnis zwischen Tradition und Moderne wurde überwunden durch die Verbindung weltlicher Studien mit der Lehre des Talmud. Er wollte und konnte einen »Weg zu einer vom Judentum herkommenden Aneignung der modernen Welt westlicher Wissenschaft« weisen.[221] Rabinkow führte die Welt des traditionellen Judentums und die der westlichen Moderne zusammen in einer Art, in der sich das Judentum in der Modernität behaupten konnte. Rabinkow half seinen Schülern bei der Suche nach einem Verständnis des Judentums, das ihnen diese »Synthese aus Modernität und Tradition« ermöglichte. Er brachte sie damit zur Besinnung auf die alten traditionellen Werte, die sie in sich trugen und die neue jüdische Identität stifteten. Gleichzeitig wurden die alten Schriften nicht unhinterfragt hingenommen, sondern neu gelesen und interpretiert. Dabei wirkten auch zionistische und sozialistische Ideen als Katalysator eines neuen Verständnisses des Talmuds und alter jüdischer Lebensformen.

Es wird bei der orthodox-revolutionären jüdischen Lehre Rabinkows verständlich, daß er zur Heidelberger Gemeinde weder Kontakte suchte noch daß man sich von seiten der Gemeinde um diesen außergewöhnlichen Gelehrten bemühte, der in seiner Studierstube in der Rahmengasse 34 seine Talmudwissenschaft betrieb. Der Heidelberger Talmudistenkreis um Salman Baruch Rabinkow war im wesentlichen auf das jüdische Studentenleben konzentriert; seine Schüler, denen er gleichzeitig ein geduldiger Gesprächspartner in vielen Fragen war, waren an weltlichen Studiengängen interessiert, bedurften jedoch der regelmäßigen Stunden bei Rabinkow zur Persönlichkeitsbildung. Beziehungen Rabinkows zu Vertretern der jüdischen Orthodoxie oder zu Gelehrten der Heidelberger Universität, so Karl Jaspers, waren rein privater Natur ohne amtliche Intentionen.

Rabinkows Wirkung beruhte nicht auf gelehrten Publikationen. Nur einmal veröffentlichte er einen Essay über »Individuum und Gemeinschaft im Judentum«.[222] Sein Medium war das Gespräch. So groß die unmittelbare Wirkung auf

221 Honigmann 1992, S. 93.

222 Rabinkow, Salman Baruch: Individuum und Gemeinschaft im Judentum. In: Die Biologie der Person: Ein Handbuch der allgemeinen und speziellen Konstitutionslehre. Bd. 4: Soziologie der Person. Hrsg. von Th. Brugsch u. a. Berlin – Wien 1928, S. 799–824.

seine Gesprächspartner war, so wenig war sie einer Nachwelt zu vermitteln. Dennoch gestattet gerade der genannte Essay tiefe Einblicke in Rabinkows humanistische Interpretation der jüdischen Tradition. Judentum und menschliche Autonomie gehören für ihn eng zusammen. Aus der Autonomie erwächst Verantwortung: »Jedes menschliche Wesen ist Selbstzweck und ist gleichsam mit der Verantwortung für die gesamte Schöpfung belastet.« Und so ist der Mensch durch sein Handeln auch für seine eigene Erlösung selbst verantwortlich: »Letztes Ziel aller Arbeit ist (...) die Selbstvervollkommnung«, und dafür müsse der Mensch frei, selbständig und unabhängig sein. Neben die sittliche Vervollkommnung tritt jedoch notwendig die Gotteserkenntnis. Das Ergebnis dieses universalen jüdischen Humanismus ist eine unbedingte Lebensbejahung.[223] Trotz dieser lebenszugewandten und die jüdische Lebensgemeinschaft, den Bund mit Gott, betonenden Lehre sind Einflüsse auf die orthodoxe oder liberale Gemeinde in Heidelberg nicht nachweisbar. So lebten Rabinkow und seine Lehre vor allem in der Erinnerung seiner berühmten »Schüler« wie Nahum Goldmann oder Erich Fromm weiter.

4.2 Erich Fromm und Frieda Reichmann: Das psychoanalytische Sanatorium[224]

Noch weniger als der Talmudistenkreis stand das spöttisch »Thorapeutikum« genannte Sanatorium der Frieda Reichmann in einer näheren Beziehung zur jüdischen Gemeinde; angesprochen wurde vor allem ein Publikum aus Intellektuellenkreisen. Interessant ist die eigenständige Synthese von jüdischer Tradition und moderner Psychoanalyse, zu deren bedeutenden Vertretern Frieda Reichmann in den 20er Jahren zählte.

Frieda Reichmann, 1889 in Karlsruhe geboren, stammte aus einem jüdisch-orthodoxen Elternhaus; sie selbst war streng religiös und hatte starke Sympathien für die zionistische Bewegung. 1924 kam sie nach Heidelberg, um dort zusammen mit Erich Fromm ein eigenes psychoanalytisches Sanatorium zu eröffnen. Auch der 1900 in Frankfurt am Main geborene Erich Pinchas Fromm stammte aus einem orthodoxen jüdischen Elternhaus. Entscheidenden Einfluß auf seine geistige Entwicklung hatten der konservative Frankfurter Rabbiner Dr. Nehemia Anton Nobel, ein Mitinitiator des Freien Jüdischen Lehrhauses in Frankfurt, an dem u. a. Franz Rosenzweig und Martin Buber lehrten, und in Heidelberg der Talmudlehrer Rabinkow. Jüdische Identität und humanistische Tradition waren für ihn zusammengehörig, als er 1919 in Heidelberg sein Studium der Soziologie, Psychologie und Philosophie aufnahm und in den Talmudistenkreis Rabinkows eintrat.

Erich Fromm war mehrere Jahre lang fast täglich zum Studium bei Rabinkow. Neben der Auslegung der Schrift nach dem Talmud gehörten etwa auch die

223 Ebd., die Zitate S. 808 f., S. 816.

224 Zu Fromm vgl. Funk 1983. Zum »Thorapeutikum« stütze ich mich auf Blomert, Reinhard: Das vergessene Sanatorium. Das »Thorapeutikum« der Frieda Fromm-Reichmann. In: Jüdisches Leben 1992, S. 249–262.

negative Attributenlehre des Maimonides und der Chassidismus zu den Studienthemen. Für Fromm war Rabinkows humanistische Interpretation der jüdischen Tradition eine wichtige Vertiefung seiner Prägung durch Nobel, letztendlich aber auch ein entscheidender Anstoß zum Bruch mit dem orthodoxen Judentum. Rabinkows aus dem Judentum gewonnenes Menschenbild wurde für Fromm zum Maßstab seiner eigenen psychoanalytischen und sozialpsychologischen Untersuchungen, nämlich den Menschen befähigt zu sehen »zur Biophilie, zur Liebe, zur Autonomie, zur produktiven Orientierung, zum Guten, zur Humanität, zur Freiheit, zur Selbstvervollkommnung auf Grund seiner Selbständigkeit, zur universalen Bezogenheit auf Grund seiner Individualität, zur Nächstenliebe auf Grund seiner Selbstliebe«.[225] Auch seine Dissertation bei Alfred Weber über »Das jüdische Gesetz. Zur Soziologie des Diasporajudentums« (1922)[226] ist durch Rabinkows Denken geprägt. Es ging hier um eine Untersuchung zur Bedeutung des Gesetzes für das gesellschaftliche Zusammenleben der Juden.

Wichtiger als das Studium der Philosophie wurde für ihn die Begegnung mit der Psychoanalyse in Frieda Reichmanns Therapeutikum in der Mönchhofstraße 15, die auch seinen soziologischen Ansatz zur Sozialpsychologie hin veränderte.

Ohne finanzielle Reserven und mit dürftigen Mitteln wurde das Sanatorium 1924 eröffnet. Fromm war am Anfang mehr Analysand als Analytiker. Die gemeinsame Arbeit bestand darin, daß er wohl mit seinen Ideen half, alle praktischen und finanziellen Belange jedoch Frieda Reichmann überlassen wurden. Nach ihrer Heirat im Juni 1926 setzte Fromm seine Analyse bei Karl Landauer in Frankfurt fort. Die Eröffnung des Sanatoriums war auch für Fromms Freunde Leo Löwenthal und Ernst Simon Anlaß, nach Heidelberg zu kommen. Jeder, der zu Frieda Reichmann ins Haus kam, wurde analysiert.

Das Besondere des Sanatoriums war der therapeutische Ansatz. Es ging nicht nur darum, Individuen zu analysieren und zu heilen, sondern auch dem »jüdischen Volk« zu helfen, indem man den Juden ihre Tradition wieder bewußt machte; d. h. Bewältigung der Gegenwart durch Bewußtwerden der Vergangenheit des jüdischen Volkes. Das Sanatorium wurde als »eine Art jüdisch-psychoanalytisches Pensionat und Hotel« eingerichtet, in dem eine »fast schon kultische Atmosphäre«[227] herrschte. Das Haus bot Platz für etwa 15 Patienten, meist Kinder russisch-jüdischer Familien. Hinzu kam eine Anzahl ambulanter Analysanden und Gäste, fromme Juden aus der jüdischen Gemeinde und Freunde Erich Fromms. Patienten und Gäste bildeten eine Art Gemeinschaft, die zu den Mahlzeiten und Veranstaltungen zusammenkam. Das Sanatorium wurde streng nach den jüdischen Speisegeboten geführt, Sabbatgesetze wurden strikt eingehalten. Texte aus der Bibel und anderen Weisheitsschriften wurden vor den Mahlzeiten gelesen, und

225 Funk 1983, S. 41 f.

226 Die Dissertation wurde erst 1989, von den Herausgebern stark überarbeitet, veröffentlicht. Vgl. dazu Honigmann, Peter: Öffentliche Spurenverwischung. In: Frankfurter Allgemeine Zeitung vom 2. Oktober 1989, S. 14.

227 Löwenthal, Leo: Mitmachen wollte ich nie. Ein autobiographisches Gespräch mit Helmut Dubiel. Frankfurt am Main 1980, S. 27.

anschließend wurden Probleme und Schwierigkeiten diskutiert, die sich im Gemeinschaftsleben ergeben hatten. Aus zionistischem Gedankengut erwachsene Gemeinschaftsutopien verbanden sie untereinander.

Diese Verbindung von strenger jüdischer Tradition und psychoanalytischer Therapie galt als Charakteristikum des Sanatoriums. Doch lag darin bereits der Keim der kommenden Probleme. Gershom Scholem kritisierte diese »Synthese« von »Thora und Therapie auf Freudscher Grundlage« als »Abirrung«, bei der den Patienten »das orthodoxe Judentum weganalysiert« werde.[228] Frieda Reichmann und Erich Fromm hatten sich selbst ihrem orthodoxen Judentum entfremdet. Sie gaben die am orthodoxen Judentum orientierte religiöse Praxis auf, nachdem die Gebetsübungen nicht mehr besucht und die rituellen Speisegesetze oft nicht mehr eingehalten wurden: Die Psychoanalyse hatte Wirkung gezeigt. Doch auch die Interessen der Analytiker differenzierten und verlagerten sich. Fromms Ablösung vom Judentum tritt deutlich hervor in seiner Schrift »Der Sabbath« (1927). Psychoanalyse, Sozialismus, später ein »nichttheistischer Humanismus«[229] traten an dessen Stelle. 1928 wurde das »intellektuelle Experiment« abgebrochen, das Sanatorium wurde geschlossen. E. Fromm hielt sich seit 1926 kaum noch in Heidelberg auf, 1930 übersiedelte er endgültig nach Berlin. Frieda Fromm-Reichmann hielt weiterhin Vorträge über die Psychoanalyse, ehe sie 1931 nach Straßburg übersiedelte.

4.3 Walter Jacob (Jensen) und das Naturtheater auf dem Haarlaß[230]

Eine bedeutsame kulturelle Einrichtung in den letzten Jahren der Weimarer Republik war das Naturtheater auf dem Haarlaß, das einer Initiative des jüdischen Schauspielers und Schauspielleiters Walter Jensen, wie er mit Künstlernamen hieß, seine Existenz verdankte. 1887 als Sohn des Kaufmanns Gustav Jacob in Gernsbach geboren, wandte er sich nach einer kaufmännischen Lehre dem Schauspielerberuf zu und nahm den Künstlernamen Walter Jensen an. Nach Kriegsdienst und einer Reihe wechselnder Engagements als Schauspieler und Regisseur kam er schließlich 1928 als Oberspielleiter an das Stadttheater nach Heidelberg. In der Theaterkrise während der Weltwirtschaftskrise wurde das Heidelberger Stadttheater zum Ende der Spielzeit im Sommer 1930 geschlossen. Walter Jensen wurde arbeitslos. In der Notwendigkeit, der Existenz eine neue Grundlage zu geben, entstand der Gedanke, wenigstens während der Sommermonate mit der Schauspielerei den Lebensunterhalt zu sichern, zumal Jensen in früheren Jahren reichlich Erfahrung mit den speziellen Bedingungen des Sommertheaters hatte sammeln können. Ohne die Hilfe insbesondere seines Freundes Dr. Hermann Moos, der

228 Scholem, Gershom: Von Berlin nach Jerusalem. Jugenderinnerungen. Frankfurt am Main 1977, S. 197 f.

229 Funk 1983, S. 44.

230 Vgl. zum folgenden: Vor einem halben Jahrhundert: Walter Jensen und das Naturtheater auf dem Haarlass. Eine Dokumentation von Ilse Rohnacher. Hrsg. von der Stadt Heidelberg. Heidelberg 1981 sowie briefliche Mitteilungen von Frau Jutta Grünthal (Stadt HD, Korrespondenz).

verschiedentlich Gedichte von Jensen vertont hatte, wäre die Verwirklichung des Planes nicht möglich gewesen. Seine Frau war Mitinhaberin des Hotels Haarlaß, und sie stellte das für den Freilichttheaterplan notwendige Grundstück auf einer Wiese hinter dem Hotel zur Verfügung.

Innerhalb weniger Wochen wurden der Platz mit Bühne und Zuschauerraum hergerichtet, Sitzgelegenheit für ca. 600 Besucher geschaffen, die Finanzen kalkuliert, die Konzession beantragt, die nötigen Proben gehalten, Werbung in Gang gesetzt und Programme, Plakate und Billets gedruckt. Diese ersten Sommerspiele auf dem Haarlaß waren ganz Hans Sachs gewidmet: Auf dem Programm standen vier seiner Spiele und Schwänke. Bei allem war man auf größte Sparsamkeit bedacht, nur wenige Requisiten standen zur Verfügung, die Natur wurde in Bühnenbild und Regie einbezogen, jeder der vier Akteure spielte mehrere Rollen, und W. Jensen führte noch Regie dazu. Improvisationsgabe war eine wichtige Voraussetzung des Erfolgs. In der Presse und beim Publikum fanden die Hans-Sachs-Spiele ein sehr positives Echo, dennoch waren die Vorstellungen fast ausnahmslos schlecht besucht. Den ganzen Sommer über war schlechtes Wetter, es regnete fast immerzu; so mußte bereits die Premiere wegen Regens verschoben werden. Von 14 geplanten Vorstellungen konnten zwischen dem 19. Juli und 3. August nur acht stattfinden; hinzu kamen zwei geschlossene Vorstellungen für die Volksbühne und die Firma Rothschild. Weitere Termine wurden gestrichen, und auch im September konnte man wegen der kühlen Abende die Vorstellungen nicht wieder aufnehmen. Trotz großen Engagements und ideellen Einsatzes waren die Spiele wirtschaftlich ein Verlustgeschäft, und die Schauspieler waren für Einladungen zu Rezitationen oder zu »Kerwe«-Vorführungen sehr dankbar.

Trotz der Schwierigkeiten des Vorjahres wagte man 1931 einen zweiten Versuch und erhielt die Konzession für zwei Monate vom 20. Juni bis 20. August. Das Programm war um vieles anspruchsvoller geworden. Statt einer gab es vier Einstudierungen, was den Schauspielern, dem Regisseur und sonstigem Hilfspersonal viel abverlangte, gab es doch nicht selten zwei Vorstellungen am Tag mit unterschiedlichen Stücken. Man warb mit »Gutes Theater in guter Luft«, und das war es zweifellos, wenn man Presseberichten und Erinnerungen glauben darf. Ein Publikumserfolg war die Heidelberger Erstaufführung des »Schinderhannes« von Carl Zuckmayer, der insgesamt 17 Vorstellungen erfuhr. Den wenigen Zuschauern gefallen konnte auch die Inszenierung des »Volpone« von Ben Johnson in der Bearbeitung von Stefan Zweig, wo man sich mit drei Wiederholungen begnügen mußte. Insgesamt fünf Aufführungen erlebte ein heiterer Klassiker-Abend mit Goethes »Die Laune des Verliebten« und einer Bearbeitung von Lessings »Die Witwe von Ephesus«. In den acht Vorstellungen von Schönherrs »Glaube und Heimat« spielte sogar Jensens Tochter Suse eine Rolle. Ein zweiter Klassiker-Abend mit Hans Sachs' »Der fahrende Schüler im Paradeis« und Heinrich von Kleists »Der zerbrochne Krug« mit vier Vorstellungen und Anzengrubers »G'wissenswurm« in einer Nachspielzeit mit drei Vorstellungen rundeten das vielseitige und umfangreiche Programm ab. Wieder mußten allenthalben Unkosten reduziert werden. So übernahm Jensen neben Organisation und Regie (unterstützt von Otto Ruben) auch mehrere Rollen, das Bühnenbild war denkbar einfach gehalten, bei

Szenenwechseln und Umbauten mußte improvisiert werden. In der Presse, selbst der nationalsozialistischen, wurden die Spiele überwiegend sehr positiv beurteilt, aus den Stücken selbst hörte man viel Zeitkritisches im Sinne der jeweils eigenen Ideologie heraus. Dennoch war der Besuch wieder hinter den Erwartungen zurückgeblieben, wieder war das Wetter zu unsicher gewesen. Wegen des Defizits, das keine neue Spielzeit zuließ, verabschiedete sich Walter Jensen vom Naturtheater.

1933 fand Jensen noch einmal Nachahmer mit Schillers »Wilhelm Tell« und einer operettenartigen Inszenierung des »Bilderspiels« »In's blaue Leben« von F. Frank. Mit Unterstützung von Stadtpfarrer Hermann Maas konnte Jensen im Januar 1931 sein Märchenspiel »Sieben Schwaben, sieben Raben« mit seinen Kindern, Schauspielschülern und einigen Kollegen in der Stadthalle für Mitglieder des Reichsverbandes der Kriegsbeschädigten aufführen. Im Juli 1933 studierte er mit der christlichen Jugendgruppe des Pfarrers Maas auf der Freilichtbühne in einem Garten an der Peterskirche noch die Stücke »Beowulf«, »Der Nibelungen Not«, »König und Narr« und »Der junge Parsifal« ein. Die Parteiorgane lobten insbesondere den Beowulf, ohne zu wissen, daß der Dichter Otto Bruder der Jude Otto Salomon und das Stück von dem Juden Jensen eingeübt worden war.

Wegen der – von ihm unbeabsichtigten – Veröffentlichung eines Anti-Hitler-Gedichtes war Jensen im Juni 1933 verhaftet und schließlich im September wieder freigelassen worden mit der Auflage, Deutschland binnen vier Wochen zu verlassen. In seinem Exil in Palästina, wo er 1949 starb, ist er nie heimisch geworden. Seine Liebe zur alten Heimat und zur deutschen Sprache ließen ihn fremd bleiben in seiner neuen Umgebung.

4.4 Jüdische Dichter in Heidelberg

Am engsten mit Heidelberg verbunden ist der Name Alfred Momberts;[231] hier verbrachte er fast ein halbes Jahrhundert seines Lebens. Mombert ist sicher einer der merkwürdigsten Dichter des 20. Jahrhunderts, und sein hermetisches Werk erschwert den Zugang: Mombert gehörte nie zu den vielgelesenen deutschen Dichtern; er selbst sah die Zeit seines Wirkens im deutschen Volk erst in ferner Zukunft. Allerdings: von einer kleinen Zahl »Erkennender« wurde er als »Seher« verehrt.

231 Das Werk A. Momberts liegt in einer dreibändigen Gesamtausgabe vor (Mombert, Alfred: Dichtungen. Gesamtausgabe in drei Bänden. Hrsg. v. Elisabeth Höpker-Herberg. München 1963); aus Anlaß seines 50. Todestages erschien eine Auswahl seiner Gedichte: Mombert, Alfred: Hundert Gedichte vom himmlischen Zecher. Ausgew. v. Elisabeth Höpker-Herberg u. a. Ebenhausen bei München 1992. Leben und Werk Momberts sind am besten in zwei Ausstellungskatalogen dokumentiert: Alfred Mombert. Ausstellung zum 25. Todestag. Badische Landesbibliothek, 10. April – 8. Juni 1967. Katalog und Ausstellung: Ulrich Weber. Karlsruhe 1967; Himmelheber, Susanne u. Hofmann, Karl-Ludwig (Hrsg.): Alfred Mombert (1872–1942). Heidelberg 1993.

Alfred Mombert, am 6. Februar 1872 in Karlsruhe als Sohn eines wohlhabenden Kaufmannes geboren, studierte in Heidelberg, Leipzig, Berlin und wieder in Heidelberg. 1897 promovierte er zum Dr. jur. 1899 ließ er sich in Heidelberg als Rechtsanwalt nieder, um sich aber bereits ab 1906 ausschließlich seiner Dichtkunst zu widmen. Bereits 1894 war der erste Gedichtband »Tag und Nacht« in Heidelberg erschienen. Bis zum Ersten Weltkrieg, an dem Mombert als Soldat teilnahm, erschienen noch acht weitere Gedicht-Zyklen, drei bereits in einer zweiten Auflage, und 1909 »Der Himmlische Zecher« als erste Anthologie aus seinem eigenen Werk. Mombert hatte, als Künder expressionistischer, ja surrealistischer Dichtung bejubelt, eine feste Lesergemeinde gefunden, war in Heidelberg selbst aber unbekannt geblieben.

Im November 1918 kehrte er aus dem Weltkrieg, den er »als einer glühenden Menschheit Macht-Traum-Fest« verklärte, in seine Wohnung »am Fuße des Heidelberger Schlosses« am Friesenberg 1 b zurück; 1922 bezog er eine Wohnung am Klingenteich 6. Im Gegensatz etwa zum Selbstdarstellungsdrang eines Stefan George lebte Mombert sehr zurückgezogen, wirkte fast menschenscheu, dem Alltag abgewandt. Bereits 1919 (im Vorabdruck 1918) ist Mombert wieder mit einem Gedichtwerk, dem ganz der Erde zugewandten »Der Held der Erde«, hervorgetreten, dessen Gegenstück, der dem All zugekehrte Gedichtzyklus »Atair«, dann 1925 erschien. In der Zwischenzeit erlebten mehrere seiner Werke Neuauflagen oder -ausgaben. 1929 und 1931 veröffentlichte er die beiden Aigla-Dramen »Aiglas Herabkunft« und »Aiglas Tempel«, die einen Versuch darstellten, »aus der Erdferne des mythischen Erlebens dem Erdenleben Sinn zu geben und Menschenleben in einfachen Grundmustern zu ordnen«,[232] bevor er sich dem Spätwerk seines Sfaira zuwandte. Hatte Mombert äußerlich mit seiner Aufnahme in die Preußische Akademie der Künste, Sektion für Dichtkunst, am 10. Januar 1928 den Höhepunkt seiner öffentlichen Anerkennung erreicht, so wurde 1933 seine Wirkungsgeschichte willkürlich abgebrochen.

Mombert lebte ganz seiner Dichtkunst, er betrachtete die Geschichte seiner Dichtung als »die wahre, die einzige Geschichte meines Lebens«, ein »einziges, überzeitlich-seligfreies, versenktes, erhobenes Sinnbild-Leben«, eben ein »Dichter-Leben«,[233] das auch in der größten Erniedrigung seine Würde nicht verlor. Beherrschendes Element war die kosmische Vision. In ihrer »all-umfassenden« Thematik blieb Momberts »Poesie unvollendete, ja prästabiliert unvollendbare Architektur«.[234] Mombert ist von einem Bewußtsein höherer Sendung geprägt, von einem »Schöpfungswillen« und »Durchleuchtungswillen« durchdrungen und durchstrahlt.[235] Als Wurzeln seiner Visionen und seines mythischen Erlebens benennt er eine »Allmenschheit«, ein »Allgeisterreich«, eine »Allgottheit«. Der

232 E. Höpker-Herberg in Mombert, Alfred: Gedichte. Auswahl u. Nachwort v. Elisabeth Höpker-Herberg. Stuttgart 1967, S. 86.

233 Mombert, Alfred: Geschichte meines Lebens. In: Himmelheber/Hofmann 1993, S. 139–141.

234 Weber, Ulrich: Versuch über Alfred Mombert. In: Himmelheber/Hofmann 1993, S. 11–17, hier S. 11.

235 Mombert, Alfred: Incipit creatio. In: Himmelheber/Hofmann 1993, S. 143–145.

Kosmos und das All erscheinen als seine Mentoren. Dieses bedingungslose Dichter-Sein führt zur Erhöhung und zur Auslöschung des Ichs. In einem quasi Ur-Erinnern, einer Art metaphysischer Existenz wird die Welt intuitiv erfaßt. Poesie wird zur weltschaffenden Tat. Heldentum und Chaos werden zu Inbegriffen der Tat. Die Gesänge fügen das Auseinanderdriftende und das in sich zerfallende Leben zu einem neuen umfassenden Ganzen zusammen. Momberts Heimat ist das All, und seine neue Aufgabe sieht er darin, den »Menschen in den kosmischen Geist einzuweihen«.[236]

Mombert begab sich in eine Isolation nicht nur wegen seiner ungeheueren Visionen. Seine Dichtung verschließt sich jedem leichten Zugang. Die Metaphern, in denen Gegensätze, Gesagtes und bloß Gemeintes zusammenfallen, seine Visionen und Urgedanken erfordern eine jegliche Konvention sprengende Ausdrucksweise. Wortgebirge in Bindestrich-Fügungen, Sprachtrümmer und gleichnishaftes Denken verstellen oft den direkten Zugang. Befremdend wirken zudem die oft krassen stilistischen »Höhenunterschiede«, die Vermengung von Erhabenem und Banalem. Befremdend ist auch das Pathos seiner ekstatischen Verse, in dem neue Mythologien geschaffen werden sollen. Beeindruckend steht dagegen die Unbeirrbarkeit des Dichters und die »konzentrische Einheit« seines in sich kreisenden Werkes, wie Rilke rühmte. Hervorgehoben werden auch der enorme Beziehungsreichtum in seinem Werk und die Sprachmagie mancher Details, die Mombert als den Dichter des Neuen auszeichnen. Der Wille, das Fragmentarische zu einem neuen Ganzen zusammenzufügen, hat auch formale Konsequenzen. Mombert schreibt keine einzelnen Gedichte, sondern »Gedicht-Werke«. Die zyklische Anordnung gibt jedem Vers seinen symphonischen Zusammenhang. Erst im Zusammenklang im Zyklus und über diesem im Gedicht-Werk gewinnt das einzelne Gedicht Sinn und Gültigkeit.

Vielleicht haben neben Nietzsche besonders die Visionen der Propheten des Alten Testaments Momberts eigenes Denken und Sehen beeinflußt. Eine bewußte Zuwendung zu jüdischem Denken und Bildern ist bei ihm jedoch nicht festzustellen. Mombert lebte außerhalb der Konfessionen, deshalb stellte sich ihm nie die Frage einer Konversion. Er fühlte sich als zutiefst deutscher Dichter. Konservativ und national im Politischen, gefiel er sich in heroischer Selbststilisierung und schob konsequent jede »Zumutung« der Wirklichkeit weit von sich.

Heidelberg war in den 20er Jahren keine Stadt der Dichter, und so verwundert es auch nicht, wenn andere jüdische Dichter Heidelberg allenfalls durch Besuche beehrten, so etwa Karl Wolfskehl, eines der bedeutenden Mitglieder des Kreises um Stefan George.[237] Über den ebenfalls lange Zeit dem George-Kreis angehörenden Germanisten Friedrich Gundolf wird im nächsten Abschnitt noch zu berichten sein.

236 Köllhofer, Jakob J.: Der Dichter Alfred Mombert. In: Himmelheber/Hofmann 1993, S. 103.

237 Vgl. Salin, Edgar: Um Stefan George. Erinnerung und Zeugnis. München – Düsseldorf ^{2}1954, S. 162–232.

4.5 Jüdische Hochschullehrer an der Universität Heidelberg

Auch hier muß vorab gesagt werden, daß sich die jüdischen Hochschullehrer ebensowenig als eine religiöse Gruppe verstanden wie ihre christlichen Kollegen, von einer rassischen oder nationalen Selbstabgrenzung ganz zu schweigen. Die gesellschaftlichen und geselligen Kreise in Heidelberg waren durch wissenschaftliche oder ästhetische Kriterien unterschieden und abgegrenzt, nicht jedoch durch konfessionelle oder »völkische«. Gerade unter den Professoren war die Zahl derer, die ihr Judentum gar nicht mehr wahrnahmen, stark vertreten.

Die Heidelberger Universität genoß in der Weimarer Republik[238] den Ruf einer liberalen »Musteruniversität«. Zuckmayer sprach von Heidelberg als »der fortschrittlichsten und geistig anspruchsvollsten Universität Deutschlands« in den 20er Jahren.[239] Zwar bemängelten kritische Stimmen den »esoterischen Charakter« der Universität, ihr Mißtrauen und ihre Ignoranz gegenüber anderen gesellschaftlichen Gruppen und Bedürfnissen,[240] womit der scheinbar unpolitische Geist der Universität umschrieben wurde, doch trat andererseits eine nicht unerhebliche Gruppe unter den Professoren für die Werte der neuen Demokratie ein.[241] Dieser liberale Geist erklärt z. T. auch die starke Anziehungskraft der Universität auf jüdische Gelehrte und Studenten in Kaiserzeit und Weimarer Republik. Der Anteil jüdischer und konvertierter jüdischer Hochschullehrer am Lehrkörper der Universität erreichte zu Beginn der 20er Jahre mit 18 % ihr Maximum.[242] Die Zahl der jüdischen und auch der konvertierten jüdischen Dozenten blieb im ganzen während der Weimarer Zeit annähernd konstant.[243] 1922 waren 16 Gelehrte Juden (das

238 Dazu allgemein Wolgast, Eike: Die Universität Heidelberg 1386–1986. Berlin – Heidelberg – New York – Tokyo 1986, S. 125–142; Sternberger, Dolf: Erinnerungen an die Zwanziger Jahre in Heidelberg. In: Die Geschichte der Universität Heidelberg. Vorträge im Wintersemester 1985/86. Heidelberg 1986, S. 176–185.

239 Zuckmayer, Carl: Als wär's ein Stück von mir. Horen der Freundschaft. Frankfurt am Main 1966, S. 286.

240 Vgl. dazu beispielsweise Marx 1965, S. 152 f.

241 Vgl. Döring, Herbert: Der Weimarer Kreis. Studien zum politischen Bewußtsein verfassungstreuer Hochschullehrer in der Weimarer Republik. Meisenheim am Glan 1975 (= Mannheimer sozialwissenschaftliche Studien, 10). Jansen, Christian: Professoren und Politik. Politisches Denken und Handeln der Heidelberger Hochschullehrer 1914–1935. Göttingen 1992 (= Kritische Studien zur Geschichtswissenschaft, 99).

242 Giovannini, Norbert u. Jansen, Christian: Judenemanzipation und Antisemitismus an der Universität Heidelberg. In: Jüdisches Leben 1992, S. 155–199, hier S. 165. Die zu diesem Aufsatz im Anhang veröffentlichte Liste enthält namentlich zur Weimarer Zeit leider einige Fehler (Meyerhof war z. B. nur Honorarprofessor) und Auslassungen (z. B. R. Alewyn); die sogenannten Mischlinge, die später ebenso Opfer der nationalsozialistischen Maßnahmen wurden, sind hier nicht genannt (z. B. E. Gothein, H. Liebmann). Die zuverlässigsten Angaben über den Zustand im Jahre 1933 finden sich bei Mußgnug, Dorothee: Die vertriebenen Heidelberger Dozenten. Zur Geschichte der Ruprecht-Karls-Universität nach 1933. Heidelberg 1988.

243 Ich beziehe mich hier auf die Tabelle bei Giovannini/Jansen 1992, S. 191, wobei mit den oben (Anm. 242) genannten Einschränkungen bei einer näheren Überprüfung mit kleinen Veränderungen gerechnet werden muß.

sind etwa 10 % des Lehrkörpers), 1926 19 (11 %), um dann bis 1932 wieder auf 15 (9 %) zurückzugehen. Der Anteil der konvertierten Juden ging von 12 (1922 = 8 %) auf 10 (1932 = 6 %) zurück. Insgesamt sind 1932 noch 15 % aller Hochschullehrer den beiden genannten Kategorien zuzurechnen. Von den Vertreibungsopfern durch die Nazis seit 1933[244] waren 15 religiös bekennende Juden und zehn weitere Konvertierte.[245]

In der Juristischen Fakultät lehrte von 1907 bis 1929 als Ordinarius Karl Heinsheimer[246] (1869–1929) das Zivilprozeßrecht. Verheiratet mit Anna Dreifus, war er 1899 zum Protestantismus übergetreten. Für die Universität erwarb er sich besondere Verdienste durch die Gründung eines Seminars für Rechtswirtschaftliche und Rechtsvergleichende Studien im April 1917. 1929 war er Rektor der Universität. Zu seinen wichtigsten Werken zählen »Praktische Übungen im Bürgerlichen Recht« (Jena 1909), die 1930 in der fünften Auflage erschienen, und »Handels- und Wechselrecht« (Berlin 1924), das ebenfalls 1930 bereits seine dritte Auflage erlebte.

Jüdischer Herkunft war auch der Ordinarius für Öffentliches Recht Walter Jellinek (1885–1955),[247] Sohn von Georg Jellinek und Camilla Wertheim. Er wurde 1929 nach Heidelberg berufen. In den 20er Jahren entstand sein berühmtes »Verwaltungsrecht« (Berlin 1928), das noch 1966 in einem Neudruck wieder zugänglich gemacht wurde.

Eine der merkwürdigsten Gestalten nicht nur der Fakultät, sondern der ganzen Universität war Otto Gradenwitz (1860–1935).[248] Auf Betreiben der grauen Eminenz der Juristischen Fakultät, Ernst Immanuel Bekker, war Gradenwitz 1909 auf den Lehrstuhl für Römisches Recht und Deutsches Bürgerliches Recht berufen worden, den er bis zu seiner Emeritierung 1928 innehatte. Seine Forschungsgebiete waren das Römische Recht und die Papyrologie, wo er Bedeutendes leistete. Gerade in der Papyrologie hat er unter Einsatz auch privater Mittel[249] für die Forschung unerläßliche Kataloge und Wörterbücher ins Leben gerufen. In seinem Lebensbericht hat er selbstkritisch als seine Verdienste die Einführung der Methode der Interpolation bei der Untersuchung römischer Rechtsquellen, die Förderung der interdisziplinären Zusammenarbeit zwischen Jurisprudenz und Philologie, seine Beiträge zur Schaffung des Wörterbuchs der klassischen Rechts-

244 Vgl. Mußgnug 1988; Wolgast, Eike: Die Universität Heidelberg in der Zeit des Nationalsozialismus. In: ZGO 135 (1987), S. 359–406, hier S. 405 f. Vgl. auch Mußgnug, Dorothee: Die Universität Heidelberg zu Beginn der nationalsozialistischen Herrschaft. In: Semper apertus. Sechshundert Jahre Ruprecht-Karls-Universität Heidelberg 1386–1986. Bd. III. Berlin – Heidelberg – New York – Tokyo 1985, S. 464–503, hier S. 469 ff.

245 Giovannini/Jansen 1992, S. 177.

246 Drüll 1986, S. 106.

247 Ebd., S. 127.

248 Ebd., S. 90; Herrmann, Johannes: Otto Gradenwitz (1860–1936). In: Semper apertus. Sechshundert Jahre Ruprecht-Karls-Universität Heidelberg 1386–1986. Bd. III. Berlin – Heidelberg – New York – Tokyo 1985, S. 136–147.

249 Vgl. Wennemuth 1994, S. 296, 319 f.

wissenschaften, vielfältiger lexikalischer Hilfsmittel und dreier Hilfswerke für die Papyruskunde sowie zur Erfindung der Palimpsestphotographie bezeichnet.[250] Dieser Gelehrte hatte einerseits eine liebenswürdig-direkte, zum anderen jedoch auch eine komplizierte, oft tragisch gebrochene Persönlichkeit, die sich in vielen der Anekdoten kundtut, die über ihn umliefen.[251] Dies hatte seine Ursache offensichtlich in seiner jüdischen Herkunft. Um 1900 hatte er sich zwar taufen lassen, seine jüdische Abstammung blieb für ihn aber unbewältigte und vielleicht auch unbewältigbare Vergangenheit. Dies äußerte sich unter anderem in groben antisemitischen Ausfällen, dann wieder in Selbstsarkasmus und plakativer Darstellung eigener Minderwertigkeit. In der Öffentlichkeit betonte er immer wieder seine jüdische Herkunft, während andere sie zu verdrängen suchten. Diese Herkunft empfand er einerseits als Makel, andererseits lebte er trotz Taufe in dem Bewußtsein, zu den Juden zu gehören. An religiösen Fragen hatte er jedoch offensichtlich kein Interesse.

Sein Nachfolger auf dem Lehrstuhl für Römisches Recht wurde Ernst Levy (1881–1968).[252] Levy galt als einer der ersten Romanisten Deutschlands unter den Rechtswissenschaftlern. Seine wesentlichen wissenschaftlichen Leistungen liegen auf dem Gebiet des nachklassischen Vulgarrechts, insbesondere des Obligationenrechts. Er hat sich im Gegensatz zu vielen Kollegen nicht taufen lassen, sich jedoch auch nicht aktiv in der jüdischen Gemeinde betätigt.

Auch in der großen Philosophischen Fakultät gab es eine Reihe berühmter jüdischer Professoren, von denen hier nur einige genannt werden können. Eine herausragende Gestalt war der Literaturwissenschaftler Friedrich Gundolf (1880–1931).[253] 1911 hatte er sich auf Anraten seines Freundes Arthur Salz in Heidelberg habilitiert mit der epochalen Arbeit über »Shakespeare und der deutsche Geist«. Um Shakespeare als Inbegriff aller Lebensweisheit, Caesar als Inbegriff historischer Größe und Goethe als Inbegriff des poetischen Genius kreisten letztlich die Arbeiten und das Denken Gundolfs. Goethe erschien Gundolf darüber hinaus als Verkörperung des deutschen Geistes schlechthin, freilich nie in nationalistischer Enge, sondern als Anverwandlung des gesamten abendländischen Vermächtnisses, als Identifikationsfigur aus einer lebendigen Tradition heraus. Diese

250 Gradenwitz, Otto: [Selbstdarstellung]. In: Die Rechtswissenschaft der Gegenwart in Selbstdarstellungen. Hrsg. v. Hans Planitz. Leipzig 1929, S. 41–88, hier S. 87.

251 Vgl. Seckel, Dietrich (Hrsg.): Gradenwitz-Anekdoten. In: Ruperto Carola 64 (1980), S. 29–36.

252 Drüll 1986, S. 162 f. Misera, Karlheinz / Backhaus, Ralph: Ernst Levy und das Vulgarrecht. In: Semper apertus. Sechshundert Jahre Ruprecht-Karls-Universität Heidelberg 1386–1986. Bd. III. Berlin – Heidelberg – New York – Tokyo 1985, S. 186–214.

253 Drüll 1986, S. 95 f.; Bock, Claus Victor: Friedrich Gundolf 1880–1931: »Verblassendes Blendwerk« oder »lebendiger Geist«. In: Heidelberger Jahrbücher 25 (1981), S. 33–42; Sühnel, Rudolf: Friedrich Gundolf und der George-Kreis. In: Semper apertus. Sechshundert Jahre Ruprecht-Karls-Universität Heidelberg 1386–1986. Bd. III. Berlin – Heidelberg – New York – Tokyo 1985, S. 259–284; Buselmeier, Karin: Friedrich Gundolf und die »jüdische Literaturwissenschaft«. In: Jüdisches Leben 1992, S. 233–247.

Art des »deutschen Geistes« beschwor Gundolf noch in seinen letzten Arbeiten, die aus Anlaß bevorstehender Goethegedenkfeiern entstanden. Gundolfs Zugang zur Dichtung war immer ein unmittelbarer, von »feuriger Spontaneität« und oft intuitiv, mehr »Ehrfurcht« als kritische Analyse. Beide Shakespeare-Monographien (1911 und 1928) wurden in kürzester Zeit in einer Art Besessenheit »wie in einem hellsichtigen Trance-Zustand« niedergeschrieben. Für diese wie andere seiner Deutungen gilt, daß sie erst dort einsetzten, wo die Philologen aufhörten.[254]

Die Betrachtung ging immer auf das Ganze, die Einheit des Kunstwerkes aus. Für Gundolf war Kunst eine unbedingte Lebensmacht, die auch in seinen Interpretationen ihren (kongenialen) Ausdruck fand. Das liegt zum großen Teil in Gundolfs Lebensgeschichte, seiner Begegnung mit Stefan George begründet, der ihn das Entstehen monumentaler Werke ganz aus der Nähe miterleben ließ. »So lernte er Wortmagie als weltschöpferisches Phänomen aus erster Hand verstehen, und so lehrte er dann eine ganze Generation, Dichtung als solche wieder wahrzunehmen und mit geöffneten Augen neu zu lesen. Der inspirierte und inspirierende Umgang mit großer Literatur kennzeichnete ihn bis zuletzt.«[255] Daß man in Heidelberg wußte, in Gundolf eine »literarische Kraft ersten Ranges« zu besitzen,[256] zeigt sich in der Reihe der Vergünstigungen, die man dem genialen Germanisten einräumte. Auf George geht die Namensänderung Gundolfs, dessen bürgerlicher Name Gundelfinger gelautet hatte, zurück.[257] Längst gebräuchlich, beantragte Gundolf 1911 im Zusammenhang mit seiner Habilitation die Namensänderung, um möglichen Nachteilen für seine akademische Karriere vorzubeugen; sie wurde jedoch erst 1927 genehmigt.[258] Gundolf soll einmal geäußert haben – was durchaus seinen literarischen Bemühungen um eine Konkretisierung des »deutschen Geistes« entsprechen mag –, sich nicht als Jude, »sondern nur dem deutschen Wesen verwandt« zu fühlen.[259] Er hat seine jüdische Herkunft jedoch nicht verleugnet, genausowenig wie er sie öffentlich herausgestellt hätte. Er hat sich nicht taufen lassen, denn das Konfessionelle trat ihm hinter dem Kunstanspruch zurück. Goldmann bringt dies auf den Punkt, indem er feststellt, daß Gundolf allem Jüdischen »völlig indifferent« gegenüberstand; er »repräsentierte (...) die höchste Blüte der deutsch-jüdischen Assimilation«.[260] Jüdischen Organisationen begegnete er möglicherweise mit einigen Vorbehalten; vereinnahmen lassen wollte er sich von ihnen nicht.[261] Aufgrund seines Ruhmes konnten jüdische

254 Sühnel 1985, S. 267, 278.

255 Ebd., S. 262. Zur charismatischen Persönlichkeit und zur Wirkung der Gundolfschen Interpretation vgl. etwa Glockner, Hermann: Heidelberger Bilderbuch. Erinnerungen von Hermann Glockner. Bonn 1969, S. 21–35; Salin 1954, S. 62 ff.

256 UAH H-IV 102/145 (Schreiben der Philosophischen Fakultät vom 14. Mai 1919).

257 Vgl. Salin 1954, S. 66.

258 UAH, Personalakte Gundolf.

259 Landmann, Edith: Gespräche mit Stefan George. Düsseldorf – München 1963, S. 96.

260 Goldmann 1983, S. 133.

261 Der von Buselmeier 1992, S. 242 zitierte Beleg ist ein Einzelfall (Gundolf Briefe Neue Folge: Brief an E. Salin vom 21. Mai 1918 in: Castrum Peregrini 66–68 (1965), S. 162), der keinesfalls für eine verallgemeinernde »Entschiedenheit« Gundolfs in dieser Frage

Institutionen jedoch nicht widerstehen, ihn hin und wieder für die Sache des Judentums zu reklamieren.[262] Gundolf war Jude, repräsentierte jedoch, wie seine oben zitierte Aussage andeutet, keine spezifisch jüdische, sondern eine deutsche Identität. Nach seinem Tod durfte der Rabbiner F. Pinkuss nicht die Trauerfeier für ihn halten, denn »er starb nicht als einer der Unsrigen«.[263] Die Abwendung vom Judentum äußerte sich wohl in einer Form des Freidenkertums. Sensibel reagierte er dennoch auf alles, was als typisch jüdisch galt (und was ihm etwa den Zugang zu Heinrich Heine verstellte). Mit Sorge sah er, der Humanist, der an Georges Geburtstag am 12. Juli 1931 51jährig starb, allerdings in die Zukunft: Die Zeit des freien, ganzen Menschen gehe zu Ende und mit ihm der Mut »zum eigenen Dasein und Sosein, hilfreich, edel und gut aus lebendigem Herzen«.[264] Mit Goethe schien ihm auch das Ideal eines »ewigen Menschentums« entschwunden.

Gundolfs Nachfolger Richard Alewyn (1902–1979)[265] lehrte nur zwei Semester in Heidelberg, bevor er als Jude den braunen Horden weichen mußte.[266] Auch Gundolfs Fachkollege Max Freiherr von Waldberg (1858–1938),[267] der Doktorvater von Joseph Goebbels, war jüdischer Herkunft. Er war als ordentlicher Honorarprofessor der erste fest angestellte Dozent für die neuere deutsche Literaturgeschichte in Heidelberg. Seine wertvolle Bibliothek wurde nach seinem Tode der Universitätsbibliothek übergeben. Romanistik lehrte seit 1918 Leonardo Olschki (1885–1961),[268] der aus einem italienisch-jüdischen Elternhaus stammte. Eine Berühmtheit war auch der Kunsthistoriker Carl Neumann (1860–1934),[269] dessen Rembrandt-Studien bleibenden Wert besitzen. Auch zur lokalen Kunstgeschichte hat er mehrere Beiträge geleistet. Sein Nachlaß ging an die Stadt Heidelberg, die allerdings Probleme sah, die Gemäldesammlung eines Juden öffentlich auszustellen, wozu sie sich verpflichtet hatte.[270]

Aufsehen erregten die Auseinandersetzungen um den Statistiker Emil Julius Gumbel (1881–1966).[271] Er stammte aus großbürgerlichem jüdischem Haus; aus

herhalten darf. Immerhin sprach Gundolf hier von einem »Missbrauch meines Namens«.

262 So S. Müller in seinen Ausführungen über den Wahlspruch an der Neuen Universität »Dem lebendigen Geist« (IGBl 10. Jg. Nr. 7 vom 26. Juli 1932, S. 3).

263 Pinkuss 1990, S. 34.

264 Gundolf, Friedrich: Beiträge zur Literatur- und Geistesgeschichte. Heidelberg 1980, S. 425.

265 Zu Alewyn vgl. den Nachruf von Garber, Klaus: Richard Alewyn – Umrisse des Werkes. 24. 2. 1902 bis 14. 8. 1979. In: Jahrbuch für Internationale Germanistik, Jg. 14 (1982), S. 158–168.

266 Mußgnug 1988, S. 25 f.

267 Drüll 1986, S. 283; Sauder, Gerhard: Positivismus und Empfindsamkeit. Erinnerung an Max von Waldberg. In: Euphorion 65 (1971), S. 368–408.

268 Drüll 1986, S. 196 f.

269 Ebd., S. 191; Fink-Maderna, Andrea: Carl Neumann 1860–1934. Frankfurt am Main – Berlin – Bern – New York – Paris – Wien 1993.

270 Ratssitzung am 15. Februar 1938. STAHD, Ratsprotokolle 1938/44.

271 Jansen, Christian: Emil Julius Gumbel. Portrait eines Zivilisten. Heidelberg 1991; Wolgast, Eike: Emil Julius Gumbel – Republikaner und Pazifist. In: Emil Julius

dem Weltkrieg kehrte er als entschiedener Pazifist zurück. An Gumbel bestach seine Aufrichtigkeit, seine Zivilcourage und eine strikt »rationalistische Moralität«.[272] Einem ausgeprägten Gerechtigkeitssinn stand seine »Unfähigkeit zu taktischem Verhalten, aber auch seine Überheblichkeit und Selbstgefälligkeit«[273] gegenüber. Gumbel gehörte zu den »parteiungebundenen, kritischen, linksliberal bis radikaldemokratisch und undogmatisch-sozialistisch orientierten«[274] Intellektuellen, ein entschiedener Republikaner, Antinationalist und Antimilitarist. Neben seiner Wissenschaft betätigte er sich als bewußt politischer Journalist. Durch seine Justizkritik und die Enthüllungen der politischen Morde durch die völkische Rechte und die Machenschaften der nationalistischen Geheimbünde,[275] die er in präzisen Dokumentationen festhielt, zog er sich den Haß der nationalistischen Rechten zu, die in ihm den Prototyp des »jüdischen Bolschewismus« und »Internationalismus« zu bekämpfen vorgaben. Durch seine pazifistisch-antinationalistische Vortragstätigkeit zog er sich den Vorwurf zu, Würde und Ehre der Nation und der Universität beleidigt zu haben. Zweimal, 1924 und 1931, wurde gegen Gumbel ein Disziplinarverfahren eröffnet, in denen die Universität der nationalistischen und antisemitischen Agitation der völkischen Studentenschaft nachgab. 1932 wurde Gumbel die Venia legendi entzogen. Für die Entscheidung der Fakultät und des Engeren Senats der Universität sind antisemitische Motive nicht nachweisbar. Die Verletzung des Nationalbewußtseins als einer »Art säkularisierter Religion«, das als einziges und notwendiges Integrationsmittel der gespaltenen Gesellschaft betrachtet wurde, und die Mißachtung der Konvention, der korporativen Solidarität als Professor durch sein »unakademisches« Verhalten[276] dürften die ausschlaggebenden Gründe gewesen sein. Gumbel lebte wohl in einer starken Familientradition; er hat seine jüdische Herkunft selbst nie als Problem empfunden. Zionistische Positionen lehnte er ab und sah in einem Umfeld der Nationen die jüdische Frage als unlösbar an.[277]

Erwähnt werden sollen wenigstens der Soziologe Karl Mannheim (1893–1947), der auch politisch für die SPD engagierte Philosoph Hans Ehrenberg (1883–1958), der freilich bereits 1909 konvertiert war, und die Nationalökonomen Arthur Salz (1881–1963) und Edgar Salin (1892–1974),[278] die die erfolgreiche jüngere Wissenschaftlergeneration repräsentierten.

Gumbel 1891–1966. Akademische Gedächtnisfeier anläßlich des 100. Geburtstages. Hrsg. v. der Ruprecht-Karls-Universität Heidelberg. Heidelberg 1993 (= Heidelberger Universitätsreden, 2), S. 9–52.

272 Jansen 1991, S. 74.

273 Jansen, Christian: Gumbel. Ein Statistiker des Antimilitarismus. Deutsche Schriftsteller und Künstler gegen Krieg und Militarismus 1918–1933. In: Pazifismus zwischen den Weltkriegen. Hrsg. v. Dietrich Harth u.a. Heidelberg 1985, S. 31–42, hier S. 40.

274 Wolgast 1993, S. 11.

275 Vgl. Gumbel, Emil Julius: Verschwörer. Zur Geschichte und Soziologie der deutschen nationalistischen Geheimbünde 1918–1924. Heidelberg ^{2}1979.

276 Dazu Wolgast 1993, S. 45 ff.

277 Gumbel, Emil Julius: Meine Stellung zur jüdischen Frage (1940) in Jansen 1991, S. 130.

278 Biographische Angaben zu den Genannten bei Drüll 1986.

Eine Ausnahmestellung unter den jüdischen Professoren in Heidelberg nahm der Althistoriker Eugen Täubler (1879–1953)[279] ein als einer der wenigen praktizierenden »Glaubensjuden« im Universitätsmilieu. Täubler war von 1906 bis 1918 Leiter des Gesamtarchivs der deutschen Juden in Berlin gewesen und hatte in dieser Funktion nicht nur grundlegende organisatorische Aufgaben beim Aufbau des Archivs wie der Akademie für die Wissenschaft des Judentums geleistet, sondern auch vielfältige Beiträge zur Geschichte der deutschen Juden und des Alten Israel verfaßt.[280] Seit 1910 mit einer Dozentur für Geschichte und Literatur der jüdisch-hellenistischen Zeit beauftragt, wurde er 1912 zusätzlich auf den Ludwig-Philippson-Lehrstuhl für jüdische Geschichte an der Lehranstalt für die Geschichte des Judentums in Berlin berufen. In diese Zeit fiel auch das Erscheinen seines althistorischen Hauptwerkes »Das Imperium Romanum«. 1918 wurde er Leiter des Forschungs-Instituts für die Wissenschaft des Judentums, für das er 1919 einen ausführlichen Organisations- und Arbeitsplan vorlegte. Täublers programmatische Entwürfe und methodische Überlegungen zur Fundierung einer jüdischen Geschichtswissenschaft waren von grundsätzlicher Bedeutung. In dieser Zeit begannen sich aber auch Arbeiten zum römischen Staatsrecht und zur Verfassungsgeschichte allmählich in den Vordergrund zu schieben. 1922 erhielt er eine außerordentliche Professur in Zürich, um dann zum Sommersemester 1925 als Nachfolger von Alfred von Domaszewski auf den Lehrstuhl für Alte Geschichte nach Heidelberg berufen zu werden. In seine Heidelberger Zeit fielen Studien zur antiken Geschichtsschreibung, zur römischen Staats- und Verfassungsgeschichte, zur römischen Weltherrschaft und zu Palästina in hellenistisch-römischer Zeit in einem Sammelband historischer Studien (Tyche, 1926) und zwei Abhandlungen in den Sitzungsberichten der Heidelberger Akademie der Wissenschaften, deren ordentliches Mitglied er 1929 geworden war. Ab 1930 widmete er sich auch wieder vermehrt der Geschichte Israels, besonders der Makkabäerzeit. Die thematische Vielfalt seiner Arbeiten zeigt eine universalhistorische Tendenz.

Täublers Eigenart und Stärke als Forscher verdankt sich zwei Wurzeln: der des Judentums – er wuchs in einer traditionsreichen jüdischen Gemeinde in der

279 Täublers wichtigste Werke sind durch zwei neuere Publikationen (wieder) zugänglich gemacht worden: Täubler, Eugen: Ausgewählte Schriften zur Alten Geschichte. Hrsg. und mit einer Einleitung versehen v. Géza Alföldy. Stuttgart 1987 (= Heidelberger althistorische Beiträge und epigraphische Studien, 3) und Ders.: Der römische Staat. Mit einer Einleitung von Jürgen von Ungern-Sternberg. Stuttgart 1985. Zur Beurteilung Täublers als jüdischer Wissenschaftler vgl. Täubler, Eugen: Aufsätze zur Problematik jüdischer Geschichtsschreibung. 1908–1950. Hrsg. und eingeleitet von Selma Stern-Taeubler. Tübingen 1977. In allen drei Bänden finden sich auch wichtige Angaben zu Person und Werk von G. Alföldy, J. v. Ungern-Sternberg und S. Stern-Taeubler. Vgl. ferner Christ, Karl: Römische Geschichte und deutsche Geschichtswissenschaft. München 1982, S. 168–175; Hoffmann, Christhard: Juden und Judentum im Werk deutscher Althistoriker des 19. und 20. Jahrhunderts. Leiden – New York – Kobenhavn – Köln 1988, S. 201–219 und Heuss, Alfred: Eugen Täubler Postumus. In: Historische Zeitschrift 248 (1989), S. 265–303.

280 Vgl. das Schriftenverzeichnis in Täubler 1987, S. 326 ff.

Provinz Posen auf – und des – durch die Schule vermittelten – abendländischen Humanismus. Rabbinische Schulung (sowohl am orthodoxen Rabbinerseminar als auch an der liberalen Hochschule für die Wissenschaft des Judentums) und Studium der Altertumswissenschaften in Berlin bildeten für ihn sich notwendig ergänzende Grundpfeiler. Es ist bezeichnend, »daß Täublers wichtigster Beitrag zur Geschichte des Judentums in der Erkenntnis lag, daß diese Geschichte jeweils im Rahmen der Geschichte jener Völker und Staaten verstanden werden muß, in denen die Juden – sei es in Palästina, sei es in der Diaspora – inkorporiert waren«,[281] jüdische Geschichte also jeweils als Bestandteil der allgemeinen Geschichte zu behandeln sei. Dabei ging es ihm sowohl um die Herausarbeitung der Erscheinungsformen der Assimilation als auch um die Eigenart jüdischer Geschichte und jüdischen Lebens, das spezifisch Jüdische. Leo Baeck bezeichnete Täubler daher auch als »Wanderer zwischen zwei Welten«.[282] Täubler proklamierte also eine Verwissenschaftlichung der jüdischen Geschichtsschreibung, und er selbst hat dazu exemplarische Beiträge geliefert. In seinem Entlassungsgesuch vom 25. Juli 1933 formulierte er das so, daß ihm »als Historiker das außerordentliche Schicksal seiner Blutsgemeinschaft immer als Problem im Sinne lag und die Neugestaltung ihrer Daseinsform eine Lebensaufgabe werden« sollte.[283] Täublers Persönlichkeit war wohl nur wenigen zugänglich. Golo Mann erschien er als »ein gescheiter, gequälter, eitel monologisierender, verwirrt assoziierender Mensch«,[284] ein Eindruck, der durch seine oft schwer verständlichen Schriften gestützt werden mag. Dagegen beschwor Selma Stern-Taeubler den mitreißenden Funken »seines Genies, das sich nicht in der Studierstube erschöpfte, sondern sich ebenso sehr in einer phänomenalen Gabe geistiger Befruchtung ausprägte«.[285] Täubler hatte sich zwar gegen den Beruf eines Rabbiners entschieden, sich aber dazu entschlossen, in einem säkularen Beruf »für eine geistige Zukunft des Judentums zu wirken (...) kraft weltlicher Vernunft und damit ins jüdische Bewußtsein zu erheben, worin Judentum besteht. Es war ein humanistischer Appell zur Erhaltung einer jüdischen Geistigkeit.«[286] Dazu hat Täubler wichtige Bausteine auch in Heidelberg beigetragen. Inwieweit sich dies befruchtend auf das jüdische Gemeindeleben in Heidelberg auswirkte, läßt sich nicht mehr feststellen. Viel darf in dieser Hinsicht aber nicht erwartet werden. Der Rabbiner Fritz Pinkuss lernte Täubler erst 1933 näher kennen und schätzen.[287]

Zu den bedeutenden jüdischen Nachwuchswissenschaftlern zählte vor allem der Philosophiehistoriker Raymond Klibansky (* 1905),[288] der sich in Heidelberg

281 G. Alföldy in Täubler 1987, S. 6.

282 Baeck, Leo: Wanderer zwischen zwei Welten. In Memoriam Eugen Taeubler. In: Aufbau vom 28. August 1953.

283 UAH, Personalakte Täubler.

284 Mann, Golo: Erinnerungen und Gedanken. Eine Jugend in Deutschland. Frankfurt am Main 1986, S. 360.

285 Täubler 1977, S. XIX.

286 Heuß 1989, S. 301.

287 Pinkuss 1990, S. 30; vgl. auch dessen Bemerkungen in: STAHD, Dok. Weckbecker.

288 Mußgnug 1988, S. 40 f.

große Verdienste um die im Entstehen begriffene Edition der Schriften des Nikolaus von Kues erwarb.[289]

Auch in der Medizinischen Fakultät gab es eine Reihe berühmter Professoren jüdischer Herkunft wie den bereits als Kind getauften Anatomen Erich Kallius (1867–1935), der das erste Disziplinarverfahren gegen Gumbel angestrengt hatte, den Dermatologen Siegfried Bettmann (1869–1939), den Internisten Siegfried Thannhauser (1885–1962), den Immunologen Hans Sachs (1877–1945) oder den Internisten Albert Fraenkel (1864–1938).[290] Eine weit über seine Tätigkeit in der Klinik hinausreichende Wirkung erzielte August Homburger (1873–1930),[291] seit 1917 außerordentlicher Professor, seit 1920 außerdem Leiter der Psychiatrischen Poliklinik. Homburger gilt als Pionier der Kinder- und Jugendpsychiatrie. Richtungweisend für die Entwicklung der Kinderpsychiatrie wurden seine 1926 erschienenen Vorlesungen über Psychopathologie des Kindesalters. 1917 gründete er an der Kinderklinik die erste Heilpädagogische Beratungsstelle der Universitätskliniken. Beim Jugendamt der Stadt Heidelberg richtete er einen psychiatrischen Beratungsdienst ein, dem ein spezielles Jugenderziehungsheim im Siebenmühlental angegliedert war. Praxisorientierung der psychiatrischen Jugendbetreuung war ihm ein wesentliches Anliegen. So nahm er in Fragen »jugendlicher Verwahrlosung und Delinquenz«[292] eine umfangreiche Berater- und Sachverständigentätigkeit in Verbindung mit dem Jugendgericht auf sich. Die Arbeit Homburgers ist bestimmt von dieser Verbindung von Arzttum und sozialer Verantwortung. Eines der angesehensten Mitglieder der Fakultät war der ordentliche Honorarprofessor Otto Meyerhof (1884–1951),[293] seit 1929 Direktor der Physiologischen Abteilung des Kaiser-Wilhelm-Instituts für Medizinische Forschung. Meyerhof hatte 1922 den Nobelpreis für Medizin für seine bahnbrechenden Arbeiten über das Wesen der vitalen Oxidationsvorgänge im Muskel erhalten.

Auch in der Naturwissenschaftlichen Fakultät gab es einige Berühmtheiten jüdischer Herkunft. Senior der Fakultät war der Emeritus für Mathematik Leo Koenigsberger (1837–1921).[294] Der Altmeister der Differentialgleichungen war schon früh zum Christentum übergetreten und ganz in der abendländisch-humanistischen Tradition aufgewachsen. Auch der Kristallforscher Victor Mordechai Goldschmidt (1853–1933), der Initiator der von-Portheim-Stiftung, und der

289 Zur Cusanus-Edition vgl. Gadamer, Hans-Georg: Das Cusanus-Unternehmen der Heidelberger Akademie der Wissenschaften. In: Ruperto Carola 15/16 (1954), S. 78–79.

290 Vgl. Drüll 1986.

291 Drüll 1986, S. 119; Stutte, Hermann: August Homburgers Bedeutung in der Geschichte der Kinderpsychiatrie. In: Heidelberger Jahrbücher 18 (1974), S. 83–88; Baeyer, Walter Ritter von: August Homburger – Arzttum und soziale Verantwortung. In: Heidelberger Jahrbücher 18 (1974), S. 89–93.

292 Stutte 1974, S. 83.

293 Drüll 1986, S. 180; Schweiger, Hans-Georg: Otto Meyerhof (1884–1951). In: Semper apertus. Sechshundert Jahre Ruprecht-Karls-Universität Heidelberg 1386–1986. Bd. III. Berlin – Heidelberg – New York – Tokyo 1985, S. 359–375.

294 Drüll 1986, S. 145; Koenigsberger, Leo: Mein Leben. Heidelberg 1919.

Geologe Wilhelm Salomon-Calvi (1868–1941)[295] hatten sich taufen lassen. Für die Stadt gewann letzterer große Bedeutung durch die Erbohrung der Radium-Sole-Quellen, die Heidelberg zu einem Kurort machen sollten. Für seine Verdienste für die Stadt wurde er 1926 zum Ehrenbürger der Stadt Heidelberg ernannt. Noch im Januar 1933 hielt der hochangesehene Gelehrte und Patriot die Festrede bei der letzten Reichsgründungsfeier der Weimarer Republik.[296] Die noch junge Disziplin der Angewandten Mathematik vertrat seit 1922, zunächst als planmäßiger außerordentlicher Professor, dann seit 1930 als Ordinarius, Artur Rosenthal (1887–1959).[297] Zu den jungen jüdischen Gelehrten, denen wider Willen eine Karriere in der Emigration bevorstand, zählte auch der Chemiker Rudolf Lemberg (1896–1975).[298] Den religiös indifferenten Kreisen eines liberalen jüdischen »Bildungsbürgertums« entstammend, hatte er bereits eine christliche Erziehung genossen, ehe er während seines Kriegsdienstes in Frankreich konvertierte.

4.6 Jüdische Studenten an der Universität Heidelberg

Die Universität Heidelberg übte auch auf jüdische Studenten eine große Anziehungskraft aus. Bildung und Studium gehörten zu den fundamentalen Begriffen des jüdischen Bürgertums seit dem 19. Jahrhundert, waren sie doch die Brücke zur Akkulturation und zur sozialen Anerkennung.[299] So ist es aufgrund spezifisch jüdischer Traditionen und der sozialen Herkunft nicht verwunderlich, wenn der Anteil der jüdischen Studenten allgemein erheblich über ihrem Anteil an der Gesamtbevölkerung lag. Betrug im Reichsdurchschnitt der Anteil der jüdischen Studenten etwa 4 %, so waren die badischen Hochschulen Freiburg und Heidelberg sehr viel stärker von jüdischen Studenten frequentiert. Die Werte lagen im allgemeinen zwischen 7 und 9 %. Im Sommersemester 1928 studierten in Heidelberg 251 jüdische Studenten, davon ein Drittel (82) Studentinnen.[300] Im Sommersemester 1929 waren von insgesamt 3 564 Studenten in Heidelberg 362, also über 10 %, Juden. Heidelberg nahm damit die dritte Stelle hinter Berlin und Frankfurt ein.[301] In Hinblick auf die beruflichen Perspektiven in den freien Berufen konzen-

295 Drüll 1986, S. 230 f.; Pfannenstiel, Max: Gedenkrede auf Wilhelm Salomon-Calvi – Der Gelehrte und sein Werk. In: Ruperto Carola 43/44 (1968), S. 248–260. Vgl. auch den Vortrag von Renger: Salomon-Calvi (Manuskript im UAH).

296 Wolgast 1986, S. 144.

297 Drüll 1986, S. 223 f.

298 Mußgnug 1988, S. 44 ff. Zu Lemberg vgl. bes. C. Rimington u. C. H. Gray: Max Rudolf Lemberg. In: Biographical Memoirs of Fellows of the Royal Society. Vol. II. London 1976, S. 257–294.

299 Vgl. Richarz 1989, S. 30; Richarz, Monika: Der Eintritt der Juden in die akademischen Berufe. Jüdische Studenten und Akademiker in Deutschland 1678–1848. Tübingen 1974 (= Schriftenreihe wissenschaftlicher Abhandlungen des Leo-Baeck-Instituts, 28). Vgl. allgemein auch Mosse, Georg L.: Jüdische Intellektuelle in Deutschland. Zwischen Religion und Nationalismus. Frankfurt am Main – New York 1992.

300 Statistisches Jahrbuch 1930, S. 47.

301 Vgl. hierzu die Arbeiten von Giovannini, Norbert: Jüdische Studentinnen und Studenten in Heidelberg. In: Jüdisches Leben 1992, S. 201–219 (überarbeitete Zusammenstel-

trierten sich die jüdischen Studenten auf die juristischen und medizinischen Studiengänge. Ein vergleichsweise hoher Prozentsatz hatte sich auch für die Sozial- und Wirtschaftswissenschaften eingeschrieben. In Berührung mit der jüdischen Gemeinde kamen die jüdischen Studenten durch die Unterkunft, die sie häufig auch bei jüdischen Familien fanden. So wohnte der zionistische Student Hans Marx bei der Familie Rosenbaum in der Hauptstraße 90; zwei Söhne der Familie waren selbst Studenten.[302] In die Gemeinde waren die Studenten jedoch allein schon wegen ihrer hohen Mobilität nicht integriert.

Zwei Besonderheiten charakterisierten die Gruppe der jüdischen Studenten: Unter ihnen befanden sich vergleichsweise viele Ausländer. Sie brachten damit ein internationales Flair in die kleine Universitätsstadt. Ferner lag der Anteil jüdischer Studentinnen erheblich über dem Durchschnitt der weiblichen Studienrate. Im Sommersemester 1928 waren fast ein Drittel aller jüdischen Studierenden Frauen[303] gegenüber weniger als 20% in der gesamten Studentenschaft. Beide Fakten, der hohe Ausländer- und Frauenanteil, ergaben kombiniert für einige Großstadtuniversitäten einen außergewöhnlich hohen Anteil ausländischer jüdischer Studentinnen, für Heidelberg traf dies jedoch nicht zu.

Politisch tendierten die meisten jüdischen Studenten zu den linken und liberalen Parteien bzw. Hochschulgruppen.[304] Solche Gruppierungen waren die 1919 gegründete Sozialistische Studentengruppe und die mit dieser kooperierende liberale und republikanische Freie Hochschulgruppe. Von 1920 bis 1923 kandidierten jüdische Studenten auch auf eigenen Listen, als Deutsche Studenten jüdischen Glaubens, Jüdische Studenten, Jüdische Gruppe, Jüdische Wahlgemeinschaft, Jüdische Liste oder Freie Wissenschaftliche Vereinigung, und konnten so im Maximum drei Sitze erringen. Die jüdischen Studenten wählten dabei offensichtlich in großer Geschlossenheit diese sie vertretenden Listen. Später fanden viele jüdische Studenten in pazifistischen, liberalen, sozialistischen oder kommunistischen Gruppen ein Betätigungsfeld.

Der größte Teil der jüdischen Studenten bevorzugte ein ungebundenes Studentenleben, das Raum für individuelle Bedürfnisse ließ, und auch manch einer der Organisierten strebte nach einem möglichst ausgedehnten Freiraum, wie dies etwa für Nahum Goldmann oder Erich Fromm belegt ist. Unter den nichtorganisierten jüdischen Studenten der Weimarer Zeit war Walter Benjamin einer der berühmte-

lung der entsprechenden Passagen aus Ders.: Zwischen Republik und Faschismus. Heidelberger Studentinnen und Studenten 1918–1945. Weinheim 1990). Allgemein zur Studentenschaft in der Weimarer Republik Wolgast 1986, S. 130ff., 135ff.; Giovannini, Norbert: Die Kommilitonen von Ernst Toller, Carl Zuckmayer, Joseph Goebbels und Golo Mann. In: Auch eine Geschichte der Universität Heidelberg. Hrsg. v. Karin Buselmeier u. a. Mannheim 1985, S. 195–210.

302 Stadt HD, Korrespondenz. Briefe der Erinnerung.

303 Vgl. Statistisches Jahrbuch 1930, S. 47.

304 Vgl. dazu Mitgau, J. Hermann: Studentische Demokratie. Beiträge zur neueren Geschichte der Heidelberger Studentenschaft. Heidelberg 1927 (= Schriftenreihe der akademischen Mitteilungen Heidelberg, 5), S. 124ff.

sten, der vergeblich versuchte, sich in Heidelberg zu habilitieren.[305] Die großen Namen und die intellektuelle Vielfalt in der jüdischen Studentenschaft der ausgedehnten Wilhelminischen Zeit sind in den 20er Jahren jedoch nicht mehr in vergleichbarem Maße anzutreffen. Blieb die Mehrheit der jüdischen Studenten auch unorganisiert, so befanden sich doch mehr jüdische Studenten in Korporationen, als es dem Heidelberger Durchschnitt entsprach, sofern man den Zahlen vertrauen darf. Während im Schnitt nur ein Viertel aller Studenten korporiert war, hatte sich zu Beginn der 20er Jahre ein Drittel aller jüdischen Studenten einer Verbindung angeschlossen.[306] Diese Zahlen gingen jedoch im Lauf der Weimarer Republik stark zurück.[307] Die Gründe für das zunächst stärkere Bedürfnis der jüdischen Studenten zum Zusammenschluß können nur vermutet werden. Vielleicht liegen sie in ihrer Minderheitenposition begründet, die zum einen zur Geschlossenheit und zum gemeinsamen Abwehrkampf in einer weitgehend antisemitisch eingestellten Studentenschaft zwangen. Nach der Konsolidierung der Republik konnte diese Aufgabe offensichtlich durch andere Formen des Zusammenschlusses gelöst werden. Zum anderen spiegelt die Bereitschaft zum korporativen Zusammenschluß aber auch assimilatorische Tendenzen wider. Für eine nicht unbedeutende Zahl jüdischer Studenten kam als Verbindung nur eine der traditionellen nichtkonfessionellen deutschen Korporationen in Frage. Es war für sie eine Frage des Selbstwertgefühls und ein Bekenntnis zum Deutschtum, zu einer »deutschen« und nicht einer »jüdischen« Verbindung zu gehören.[308] Als Alternative bot sich für die, die keiner dezidiert jüdischen Verbindung angehören wollten, die Organisationsform in einer sogenannten paritätischen Verbindung an,[309] zu deren Programmatik das Miteinander Studierender christlicher und jüdischer Konfessionen gehörte. Als bedeutendste der paritätischen Verbindungen gilt Saxonia.[310] Saxonia vertrat eine nationalfreiheitliche Richtung und bejahte als eine der wenigen Korporationen die republikanische Staatsform. Ihr Wahlspruch war seit 1921 »Für Deutschland, Freiheit, Recht und Ehre«. Dem Ehrartikel entsprechend, bestand Saxonia auf der unbedingten Satisfaktion. Im Jahre 1929 zählte die Verbindung 32 Mitglieder. 1919 war Saxonia Gründungsmitglied des Burschenbundskonvents (BC) paritätischer Verbindungen gewesen. Eine weitere paritätische Verbindung bestand in der Freien Wissenschaftlichen Vereinigung.[311] Die mehrheitlich aus jüdischen Studenten bestehende Korporation war 1920 wiedergegründet worden und bezog ein Heim in der Leyergasse 6. Regelmäßige wissenschaft-

305 Buselmeier, Michael: Literarische Führungen durch Heidelberg. Eine Kulturgeschichte im Gehen. Heidelberg 1991, S. 159.

306 Giovannini 1992, S. 214.

307 Mitgau 1927, S. 21; Giovannini 1990, S. 276; Ders. 1992, S. 214.

308 Giovannini 1992, S. 211.

309 Ebd., S. 210.

310 Vgl. auch Berger, Gerhart u. Aurand, Detlev: Weiland Bursch zu Heidelberg. Eine Festschrift der Heidelberger Korporationen zur 600-Jahr-Feier der Ruperto Carola. Heidelberg 1986, S. 58 f.

311 Giovannini 1992, S. 210; Berger/Aurand 1986, S. 362.

liche Vorträge aus allen Wissenschaftsbereichen gehörten zum Programm der Verbindung.

Die beiden wichtigsten Korporationen jüdischer Studenten waren die Bavaria und die Ivria. Nach dem oben Gesagten waren für nicht wenige jüdische Studenten jüdische Verbindungen eine Not- und Übergangslösung, sofern sie sich nicht ganz vom Korporationswesen fernhielten.

Die Bavaria[312] war aus der 1902 verbotenen Badenia hervorgegangen. 1904 trat sie dem Kartell-Konvent jüdischer Corporationen (K. C.) bei. Bavaria war einerseits Ausdruck des jüdischen Bemühens, auch in diesem Bereich Anerkennung in der Welt der Akademiker und Bildungsbürger zu finden, zum anderen eine notwendig erscheinende Form der Selbstwehr und Selbstverteidigung. Assimilierungsversprechen und jüdische Selbstbehauptung gingen hier eine widersprüchliche Verbindung ein. Unbedingte Satisfaktion gehörte zum Selbstverständnis der Verbindung. »Deutschvaterländische Gesinnung«, Erziehung zu einem selbstbewußten Judentum und Kampf gegen den Antisemitismus hatte sie auf ihre Fahnen geschrieben. Mit dieser Korporation identifizierte sich der Teil der jüdischen Bevölkerung, der eine unlösbare Einheit zwischen deutschen Juden und deutschem Vaterland sah und somit in strikter Gegnerschaft zum Zionismus stand. Der Einsatz für eine tatsächliche gesellschaftliche und politische Gleichberechtigung der Juden in Deutschland war ihnen die vordringliche Aufgabe. Die K. C.-Verbindungen standen daher auch in gedanklicher Nähe und personeller Verflechtung zum Centralverein deutscher Staatsbürger jüdischen Glaubens und zum Reichsbund jüdischer Frontsoldaten. Die Ansprüche der Bavaria führten indes zu verschiedenen Zusammenstößen mit anderen, antisemitisch eingestellten Korporationen und zu disziplinarischen Maßnahmen gegen Bavaria. Um sich der stetig anwachsenden Anfeindungen zu erwehren, hatten die aktiven Bavaren wöchentlich zehn Stunden mit Säbel und Schläger zu fechten, sich außerdem im Faustkampf zu üben und das Sportabzeichen abzulegen. Die Bavaria besaß ein eigenes Haus zuerst in der Karlstraße 9 und dann seit 1931 in der Hauptstraße 244. Eines der bekanntesten Mitglieder war Max Mainzer, der bereits zur Gründergeneration der Badenia gehört hatte; nach ihm ist eine Wohltätigkeitsstiftung in New York benannt. Dazu gezwungen, löste sich Bavaria am 11. Juli 1933 auf.

Eine völlig andere Richtung vertrat die Studentenverbindung Ivria.[313] Sie repräsentierte den zionistischen Flügel der jüdischen Verbindungsstudenten. Unmittelbar nach ihrer Gründung 1911 wurde sie in den »Bund Jüdischer Corporationen«, ab 1914 »Kartell Jüdischer Verbindungen«, aufgenommen, der einerseits das obligatorische korporative Leben führte, andererseits zionistisches Ideengut vertrat und die Assimilation als Irrweg ablehnte. Nahum Goldmann etwa kritisierte vehement »diese etwas saloppe Vermengung von deutsch-jüdischem Wesen mit zionistischer Ideologie«, die Nachahmung deutscher Studentensitten, obgleich man »bewußt jüdisch und (...) zionistisch sein wollte«.[314]

312 Giovannini 1992, S. 206f.; Berger/Aurand 1986, S. 354ff.
313 Giovannini 1992, S. 207ff.; Berger/Aurand 1986, S. 366–370.
314 Goldmann 1983, S. 75 (für die Situation 1913).

Als Programm formulierte das Kartell den Erziehungsgedanken, »in dem Bewußtsein der nationalen Einheit der jüdischen Gemeinschaft (...) für eine der Vergangenheit des Judentums würdige Erneuerung einzutreten«.[315] Als Farben nahm Ivria u. a. blau-weiß an, die Farben der jüdischen Nationalbewegung. Nach dem Weltkrieg distanzierte sich Ivria zunehmend von dem Grundsatz der unbedingten Satisfaktion und betrieb nicht nur unter jüdischen Studenten, sondern auch in der Gemeinde Agitation für die zionistische Bewegung, was zu einer vielbeachteten Auseinandersetzung zwischen N. Goldmann und dem jungen Juristen H. Marx führte.[316] Innerhalb der Verbindung, die bis in die letzten Jahre der Weimarer Republik durchschnittlich 40 aktive Mitglieder umfaßte, stand die Philosophie und die Geschichte des Judentums sowie die Landeskunde Palästinas im Vordergrund. Zwischen 1929 und 1931 war der Jurastudent Hans Marx aus Stettin leitend in der Ivria tätig.[317] Seine Kommilitonen waren u. a. Giora (Georg) Josephtal, Dr. Ruben (Rudi) Hecht, Arie (Georg) Simon und Joch Sussmann. Es ist kein Zufall, daß das Kartell Jüdischer Verbindungen zahlreiche Führerpersönlichkeiten des deutschen Zionismus hervorbrachte. Berühmte Mitglieder der Ivria in Heidelberg waren u. a. die Professoren Eugen Täubler und Arthur Salz. Bei den ASTA-Wahlen des Wintersemesters 1920/21 gingen Ivria und Bavaria trotz ihrer gegensätzlichen Ideologien ein Wahlbündnis ein und errangen als Jüdische Liste zwei Mandate.

Bemerkenswert ist die Verbindung der Ivria zur jüdischen Gemeinde nach der Amtsübernahme durch Fritz Pinkuss im Jahre 1930. Während vorher wohl nur lose Beziehungen zu der Minorität der Zionisten in der Gemeinde bestanden hatten, wurden durch Pinkuss gemeinsame Diskussions- und Schulungsabende im zionistischen Sinne veranstaltet. Insbesondere die Jugendarbeit in der Gemeinde wurde mit der Betreuung der zionistischen Studenten auf diese Weise eng verknüpft. Schließlich wurde der Student Alfred Rosenbusch Vorsitzender der Arbeitsgemeinschaft der jüdischen Jugendverbände in Heidelberg.[318]

Randerscheinung des jüdischen Korporationswesens blieb der orthodoxe Bund Jüdischer Akademiker,[319] in den nur strenggläubige Juden aufgenommen wurden und der wahrscheinlich bereits 1919 oder 1920 einging, als Stammtisch und lose Vereinigung aber weiterbestand. Eine Abspaltung von Ivria bestand unter dem Namen AZV (Akad.-zionistische Verbindung) Hebroniah nur von 1920 bis 1922. Auch bereits 1919 scheint die schwarze Verbindung Nicaria, ein Ableger der alten Badensia, wieder eingegangen zu sein. Eine Jüdisch-Akademische Vereinigung bestand von 1918 bis 1922. Dagegen bewirkten die politischen Verhältnisse die

315 Berger/Aurand 1986, S. 367.

316 Marx 1965, S. 132 f. Vgl. dazu S. 428 f.

317 Mitteilung von Hans Marx (Stadt HD, Korrespondenz; vgl. auch Briefe der Erinnerung).

318 Vgl. dazu die Bemerkungen zu den jüdischen Jugendvereinigungen oben S. 394 ff.

319 Berger/Aurand 1986, S. 372.

Auflösung der erst 1931 durch Liselotte Rahn gegründeten Zionistischen Studentinnengruppe im Frühjahr 1933.[320]

5 Integration und Ausgrenzung

5.1 Die Integration der jüdischen Bevölkerung in der bürgerlichen Gesellschaft Heidelbergs

Die Frage nach dem Grad der Integration der jüdischen Bevölkerung in der bürgerlichen Gesellschaft der Weimarer Republik ist gerade für Heidelberg kontrovers beurteilt worden. Der Rabbiner Fritz Pinkuss konstatierte für den Beginn seiner Tätigkeit in Heidelberg eine weitgehende Integration der Juden im Alltag wie im Wirtschaftsleben, so daß sie für ihn weder im Verhalten noch im Auftreten von nichtjüdischen Bürgern zu unterscheiden waren.[321] Auch Max Oppenheimer bezeugt das »Integriert-Sein« der jüdischen Bevölkerung und belegt es mit gemeinsamen Konzert- und Theaterbesuchen und einer gegenseitigen Gesprächsbereitschaft.[322] Dagegen stellt der Landgerichtspräsident Hugo Marx die These von der Integration in Frage.[323] Gerade seine kritische Haltung verbietet es, ohne weiteres die schöne Metapher von der deutsch-jüdischen Symbiose, die von der Forschung längst als Fiktion entlarvt wurde,[324] auf Heidelberg einfach zu übertragen. Es darf daher mit einigem Grund angenommen werden, daß die Sozialisation der Gewährsleute, ihre eigenen gesellschaftlichen und religiösen Erfahrungen und Anschauungen ganz entscheidend ihre Sicht der Art und des Grades der Integration bestimmten.

Es soll im folgenden versucht werden, mit Hilfe einiger konkreter Beispiele ein differenzierteres Bild der Heidelberger Verhältnisse zu entwickeln, wobei wir auf einige in vorhergehenden Kapiteln gewonnene Ergebnisse und Erkenntnisse zurückgreifen können.

Die einer eher kleinbürgerlichen jüdischen Familie entstammende Regina Karpf (* 1910) berichtet,[325] daß sie selbst im Kaufhaus der Gebrüder Rothschild arbeitete, einer ihrer Brüder arbeitete lange Zeit und gern in dem jüdischen Betrieb der Firma Stroh, die Schusterzubehör herstellte, ein anderer war in dem Herrenkonfektionsgeschäft der Gebrüder Stern angestellt. »Wir Kinder haben uns in Heidelberg dazugehörig gefühlt«, insbesondere die Knaben, die im Schachclub der

320 Giovannini 1992, S. 211 (wohl identisch mit dem bei Turtel 1979, S. 26 erwähnten Bund jüdischer Studentinnen).
321 Erinnerungen von Fritz Pinkuss: STAHD, Dok. Weckbecker, S. 1. Seinem Urteil folgt Weckbecker 1985, S. 33.
322 Oppenheimer 1992, S. 107, 109.
323 Marx 1965, S. 39 f. und öfter.
324 Vgl. Paucker 1968, S. 149 ff.; Maurer 1991; Rohrbacher, Stefan: Kaiserreich und Weimarer Republik – Horte innigster deutsch-jüdischer Symbiose? In: Geschichte in Wissenschaft und Unterricht 43 (1992), S. 681–687.
325 Stadt HD, Korrespondenz.

kaufmännischen Angestellten oder im Sportverein aktiv waren. Dieses Dazugehörig-Fühlen traf offensichtlich auch auf die Eltern zu, die wie viele Juden dem Wunsch ihrer Kinder zur Auswanderung nach Palästina mit Unverständnis begegneten und auch das antisemitische Gewaltpotential weit unterschätzten. Man fühlte sich in Deutschland und speziell in der Vaterstadt zu Hause. Bei aller Betonung der Integration wird aber auch eine gewisse Abschottung deutlich: Man arbeitete bevorzugt in Betrieben jüdischer Unternehmer.

Ähnliches zeigen auch die Verhaltensweisen in der Kaufmannsfamilie Loeb.[326] Die Eltern, die kurz vor dem Ersten Weltkrieg nach Heidelberg zugezogen waren, fühlten sich dem philanthropischen Kreis der Friedrichs-Loge (Bnei Brith) zugehörig. Zwei Kinder genossen die Schulausbildung an der »Höheren Schule« in Heidelberg, das jüngste Kind besuchte die Oberrealschule bis zur Untersekunda und ging dann in die Lehre eines Darmim- und -exporteurs, der Firma Schloessinger & Co. in der Vangerowstraße, bevor es in die Zigarrenfabrik Hochherr & Co. eintrat. Auch H. Loeb war aktiver Sportler: Er spielte Rugby bei der RK Heidelberg und wurde 1932 mit einem jüdischen Spieler des SC Neuenheim in die süddeutsche Jugendmannschaft berufen. Auch hier gibt es die Verbindung von Integration im Kultur- und Sportbetrieb und Selbstabgrenzung im gesellschaftlichen Bereich. Die jüdische Bevölkerung bevorzugte, wie viele Beispiele zeigen, im Berufsleben offensichtlich – ob unbewußt oder bewußt – eine Stellung bei einem jüdischen Unternehmer. Dies trifft etwa auch auf G. Hayek zu, die im Buchantiquariat Elsässer & Hartmann beschäftigt war.[327]

In der Schule gab es in der Regel keine Integrationsschwierigkeiten. In orthodoxen Kreisen wurde diese Liberalität sogar mit Mißtrauen beobachtet, wurden jüdische Schüler zu einem traditionsgebundenen Verhalten ermahnt.[328] Auch die Aktivität in Sportvereinen scheint die Normalität des Verhältnisses zwischen jüdischen und nichtjüdischen Jugendlichen zu bestätigen. R. Rosenhain betont, daß er unterschiedslos viele jüdische und nichtjüdische Freunde hatte.[329]

Der aus Rußland stammende jüdische Facharzt für Haut- und Geschlechtskrankheiten, Arnold Sack (Zak), betonte, er habe in Heidelberg tiefe Wurzeln geschlagen und fühle sich als »Bürger des gastfreundlichen Landes Baden (...) der hiesigen Gesellschaft und dem Gemeindeleben verbunden«.[330]

Der Anschein einer vollständigen Integration in die Gesellschaft wurde wohl am ehesten bei Beamten gepflegt. Lehrer wie Dr. Morgenthal oder Dr. Rotheimer sahen sich etwa zu gesellschaftlichem Engagement außerhalb eines engen jüdischen Selbstverständnisses in philanthropischen Zirkeln wie der Friedrichs-Loge berufen. Der Hauptlehrer Hermann Durlacher fand seine Aufgabe in der konservativen und vaterländischen Organisation des Reichsbundes jüdischer Frontsolda-

326 Stadt HD, Korrespondenz.
327 Ebd.
328 Vgl. dazu Marx 1965, S. 39f. (für die Zeit vor dem Ersten Weltkrieg).
329 Stadt HD, Korrespondenz.
330 Birkenmaier, Willy: Das russische Heidelberg. Zur Geschichte der deutsch-russischen Beziehungen im 19. Jahrhundert. Heidelberg 1995, S. 171.

ten, der zwar jüdischen Selbstschutz verfolgte, im wesentlichen jedoch die Gleichstellung und Gleichartigkeit mit allen deutschen Frontkämpfern betonte.

Einer der bekanntesten jüdischen Lehrer in Heidelberg war Ludwig Basnizki.[331] Er unterrichtete von 1922–1936 an der Oberrealschule Mathematik, Physik und darstellende Geometrie sowie im Nebenfach Chemie, Mineralogie und Geologie. Basnizki zeichneten »preußische« Tugenden aus: absolute Korrektheit und Gewissenhaftigkeit, strengste Disziplin, Prinzipientreue und Tatkraft. Dies alles war bei ihm gepaart mit praktischem Geschick sowie höchster fachlicher und pädagogischer Kompetenz. Seine vaterländische Einstellung und persönliche Tapferkeit waren durch das Eiserne Kreuz II. Klasse und den Bayerischen Militärverdienstorden belegt. Stand Basnizki in unbedingter Loyalität zu Deutschtum und Vaterland, so war er umgekehrt von Schülern wie Kollegen höchst geachtet. Die Ausgrenzung durch den Staat nach 1933 löste in ihm die tiefste Erschütterung aus. Obgleich er seine jüdische Herkunft nie geleugnet hat, war doch die Betonung dieses Deutsch-Seins, das Bestehen auf einem Selbstverständnis primär als Deutscher kennzeichnend für seine geistige Befindlichkeit und Mentalität. Die Diskriminierung wurde als jähes Ende einer Normalität der jüdischen Integration in die deutsche Gesellschaft und das Staatswesen gesehen. »Als Wissenschaftler und Mensch fühlte er sich aus seiner eigentlichen Lebensbahn und Lebensaufgabe herausgeworfen.«[332]

Noch schlimmer mußte dieses Hinausgeworfen-Werden aus der bisher als allein gültig anerkannten Existenzbedingung bei denen empfunden werden, die, mit oder ohne Konversion, ihre jüdische Herkunft verdrängt hatten. Ein Beispiel ist der junge Verwaltungsjurist Bettmann, der sich Anfang April 1933 das Leben nahm, als er erkannte, »daß er sein Leben nicht dem deutschen Staat widmen dürfe« und es dadurch für ihn seinen Sinn verloren hatte.[333] Manch einer spürte wohl etwas von dem Dilemma, daß jüdische Lebensart nicht immer den Bedürfnissen und Ansprüchen des Staates entsprach, daß das »jüdische Gewissen« der »Staatsraison« untergeordnet und so zum Schweigen gebracht wurde.[334] Dennoch teilte wohl die überwiegende Mehrheit der liberalen jüdischen Bevölkerung das Bewußtsein, in das bürgerliche Leben Heidelbergs integriert zu sein. Ihr Sprachrohr war der Central-Verein deutscher Staatsbürger jüdischen Glaubens, der im wesentlichen die öffentliche Meinung der Heidelberger Juden repräsentierte. Der Central-Verein hatte die Integration der jüdischen Bevölkerung in das deutsche Volk auf seine Fahnen geschrieben. Das führte gelegentlich zu überassimilatorischen Tendenzen,[335] die eine Abwertung jüdischer Lebensart und Eigenart beinhalten konnten. Auf der anderen Seite bot in den Anfangsjahren der Weimarer Republik allein der Central-Verein eine wirksame Organisation zur Abwehr des

331 Heinemann, Günter (Hrsg.): Ludwig Basnizki – ein Leitbild pädagogischer Unbestechlichkeit. Heidelberg [1982].

332 Ebd., S. 9.

333 Baum, Marie: Rückblick auf mein Leben. Heidelberg 1950, S. 275; Weckbecker 1985, S. 101.

334 Marx 1965, S. 83.

335 Ebd., S. 132.

aufflammenden Antisemitismus. In der Betonung des Deutschseins als gemeinsame Klammer des ganzen Volkes stand dem Central-Verein auch der Reichsbund jüdischer Frontsoldaten sehr nahe.

Die geschilderten Fälle verdeutlichen, daß man immer wieder die soziale, gesellschaftliche oder wirtschaftliche Integration betonte und sich selbst für integriert hielt, auch dort, wo der Alltag andere Realitäten zeigte. Weil man integriert sein wollte, betrieb man eine Assimilierungspolitik, die jüdisches Selbstbewußtsein oft verletzte. Für die meisten jüdischen Bürger gab es – selbstverständlich – keine Alternative zu einer möglichst vollständigen Integration, so daß man die Bedingungen des Zusammenlebens oft gar nicht mehr kritisch überprüfte.

Käte Frankenthal hatte im München der späten Kaiserzeit die Beobachtung gemacht, daß die Juden »eine Gesellschaft in der Gesellschaft bildeten und vorwiegend untereinander verkehrten«, ohne dies jedoch selbst zu bemerken.[336] Auch Gershom Scholem hat darauf hingewiesen, daß viele Juden in diesen Fragen der Selbsttäuschung unterlagen und in Wirklichkeit im gesellschaftlichen Bereich fast ausschließlich untereinander verkehrten.[337] Die Beschreibung des familiären Umfeldes bei H. Marx in seiner autobiographischen Studie scheint ähnliche Befunde zuzulassen. Wohl gab es »individuelle Kontakte zwischen Angehörigen der gleichen sozialen Schicht«, besonders unter Akademikern, Künstlern und innerhalb der Oberschicht. Viele Lebenszeugnisse, und dafür steht beispielsweise auch H. Marx, lassen aber erkennen, daß das jüdische Bürgertum »überwiegend unter sich verkehrte und vom christlichen Bürgertum wie durch eine Glaswand getrennt blieb (...) Im Berufsleben hatte jeder Jude Umgang mit Nichtjuden, im Privatleben überwog der Verkehr mit Glaubensgenossen.« Dieses Fazit von M. Richarz[338] trifft im wesentlichen auch die Heidelberger Verhältnisse.

Der Blick durch eine »gefärbte« Brille, der die Wirklichkeit beschönigte, scheint eine verbreitete Haltung unter den Juden in Deutschland wie in Heidelberg gewesen zu sein. Man bestätigte sich selbst die Integration und damit Normalität, und das beruhigte besonders dann, wenn es zu antisemitischen Ausbrüchen kam.

Freilich ist, wie oben bereits angesprochen, der allgemeine Befund individuell zu differenzieren. Es ist eben auch wichtig für das Selbstverständnis einer Gruppe, wie man die Umwelt und die eigene Beziehung zu ihr empfindet. Darin liegt gleichsam selbst ein Stück Wirklichkeit. Widersprüchlichkeiten fochten dann nicht an. Sozialisation, wirtschaftliche und soziale Verhältnisse und Verbindungen, Bildungsstand und vieles mehr mögen das allgemeine Bewußtsein der Integration im Detail wiederum vielfach differenziert haben. Wesentlich ist, daß sich die Mehrzahl der jüdischen Bürger Heidelbergs in der Weimarer Republik für integriert hielt und es in bestimmten Lebensbereichen objektiv auch war. Das galt

336 Frankenthal, Käte: Der Dreifache Fluch: Jüdin, Intellektuelle, Sozialistin. Lebenserinnerungen einer Ärztin in Deutschland und im Exil. Hrsg. von Kathleen M. Pearle u. a. Frankfurt am Main – New York 1981, S. 10.

337 Scholem, Gershom: Zur sozialen Psychologie der Juden in Deutschland 1900–1930. In: Die Krise des Liberalismus zwischen den Weltkriegen. Hrsg. v. Rudolf von Thadden. Göttingen 1978, S. 256–277, hier 264 f.

338 Richarz 1989, S. 39. Vgl. dazu auch Maurer 1991, S. 113 f.

etwa für das Kulturleben und sportliche Aktivitäten, das galt für die Wahl der Wohngegenden, wo die jüdische Bevölkerung die typischen Quartiere des (gehobenen) Mittelstandes bevorzugte bzw. die Standorte beibehielt, die ihren wirtschaftlichen Aktivitäten am günstigsten erschienen. Es gibt hier keinen signifikanten Unterschied in der Verhaltensweise zwischen jüdischer und nichtjüdischer Bevölkerung: Die Motive der Wahl des Quartiers und die Beurteilung des Wertes einer Wohngegend waren einkommensabhängig und schichtenspezifisch, also wirtschaftlicher und sozialer Natur, nicht jedoch religiös oder »national« bedingt. In das Wirtschaftsleben waren die Juden dank ihrer Unternehmensstruktur ebenfalls integriert. Die Fabriken und Geschäfte jüdischer Unternehmer, wiewohl bevorzugter Arbeitsplatz jüdischer Angestellter, beschäftigten in ihrer Mehrzahl nichtjüdische Arbeitnehmer. Die Juden trugen wesentlich zum wirtschaftlichen Leben der Stadt bei. Die hohe Mischehenrate der jüdischen Bevölkerung demonstrierte eindrücklich, daß vielfach die Gruppenbindung und damit -identität aufgelöst war; an diesem Punkt ist die Grenze von der ersehnten vorbehaltlosen Integration zur Selbstaufgabe vielfach auch überschritten worden.

Wie sah es mit der Integration der jüdischen Bevölkerung im politischen Bereich aus? Der Sozialstruktur der jüdischen Bevölkerung entsprechend war ihre Verbindung zur Sozialdemokratie eher bescheiden. Es waren vor allem Intellektuelle, die sich der SPD zuwandten. Einer von denen, die politisch eine Heimat bei der SPD suchten und fanden, war der Staatsanwalt Hugo Marx.[339] Dagegen empfand eine breite Mittelschicht Sympathie für die bürgerlich liberale DDP, glaubte man doch, ihre Unterstützung im Kampf gegen den Antisemitismus dringend nötig zu haben.[340] Da die Juden weder in linksorientierten Parteien besonders hervortraten noch bei den kurzzeitigen revolutionären Ereignissen im November 1918 eine Rolle spielten, sondern umgekehrt in Baden als staatstragende und loyale Bürger und Politiker bekannt waren,[341] bestand für Heidelberger kein Grund, das verhängnisvolle Diktum vom »jüdischen Bolschewismus« und einer »jüdischen Weltrevolution« zu kolportieren und damit einen wie immer gearteten Antisemitismus anzustacheln. Erst gegen Ende der Weimarer Republik nach dem Niedergang der DDP scheinen sich auch »gut« bürgerliche Kreise in Heidelberg in größerer Zahl der SPD zugewandt zu haben. So sollen nach einem denunziatorischen Artikel der »Volksgemeinschaft« vom 1. April 1933 Staatsanwalt Hugo Marx, das Kaufhaus Rothschild und auch der nationale Konservative Hermann Durlacher Gelder für die SPD gespendet haben.[342] In ihrer aktiven

339 Vgl. Marx 1965, S. 180 und öfter.

340 Marx 1965, S. 129.

341 Es ist hier vor allem an den Landtagsabgeordneten Haas zu erinnern. Vgl. Walle, Heinrich: Deutsche jüdische Soldaten aus dem Großherzogtum Baden im Ersten Weltkrieg. Zur Erinnerung an Ludwig Frank und Ludwig Haas. In: Juden in Baden 1809–1984. 175 Jahre Oberrat der Israeliten Badens. Hrsg. v. Oberrat der Israeliten Badens, Karlsruhe. Bearb. v. Jael B. Paulus. Karlsruhe 1984, S. 173–197, hier 195. Ob auch das Beispiel des bereits 1914 gefallenen Ludwig Frank nachwirkte, muß offenbleiben.

342 Die Volksgemeinschaft vom 1. April 1933 (»Jüdische Gelder für SPD in Heidelberg«).

politischen Tätigkeit beschränkten sich die Heidelberger Juden fast ausschließlich auf die Kommunalpolitik. Nur der Amtsgerichtsrat Dr. Guido Leser nahm zeitweilig als Mitglied der DDP bzw. Staatspartei ein Landtagsmandat wahr.[343]

Bei den letzten Wahlen der Kaiserzeit im Jahre 1912[344] waren zwei Juden, der Unternehmer Max Liebhold und der Rechtsanwalt Dr. Theodor Kaufmann, die beide zu den engagiertesten jüdischen Bürgern Heidelbergs gehörten, in den Stadtrat gewählt worden. Hinzu kamen vier jüdische Vertreter in der Stadtverordnetenversammlung: In der ersten Wahlklasse wurden der Unternehmer Ferdinand Liebhold, der Direktor der Herrenmühle Moritz Oppenheimer und Gerichtsassessor (später Amtsgerichtsrat) Dr. Guido Leser (* 1883), ferner in der zweiten Klasse Dr. Theodor Kaufmann gewählt. Bezeichnend ist, daß nur große Unternehmer und angesehene Juristen politisch tätig waren. Für die gehobene soziale Stellung der jüdischen Bevölkerung spricht, daß sie immerhin drei von 21 Vertretern (ca. 9,4 %) in der ersten (Steuer-)Klasse stellte, aber keinen aus der unteren Klasse. Nur wenn ausreichend viele jüdische Wähler dieser ersten Klasse zuzuordnen waren, konnten sie ihre Vertreter durchsetzen; doch sollte bei auf die Person zielenden Wahlen die religiöse Zugehörigkeit nicht als wesentliches Motiv einer Wahl mißverstanden werden. Im Stadtrat betrug die Repräsentanz der jüdischen Bevölkerung sogar 11,1 %! Bei einem Bevölkerungsanteil von ca. 2,2 % (1910) nahmen jüdische Mitbürger 5,26 % der Mandate wahr, zudem deutlich konzentriert in den einflußreichen Klassen. Diese starke Repräsentanz der jüdischen Bevölkerung in den kommunalen Körperschaften sollte in der Weimarer Republik nicht mehr übertroffen werden.

Das Verhältnis zwischen Stadtrat als oberster Verwaltungsbehörde der Stadt und dem Bürgerausschuß, der sich aus den gewählten Stadtverordneten, Stadträten und (Ober-)Bürgermeistern zusammensetzte, als Wahl- und Kontrollinstanz regelte die badische Gemeindeordnung. Die eigentliche politische Instanz war also der Stadtrat, während der Bürgerausschuß im wesentlichen den Vorlagen des Stadtrates – besonders in Haushaltsfragen – durch seine Zustimmung Rechtsgültigkeit verlieh. Stadtrat und Bürgerausschuß wurden im Oktober 1931 durch die Haushaltsnotverordnung in ihren Kompetenzen derartig eingeschränkt, daß der Oberbürgermeister Finanzentscheidungen auch gegen den Willen der konstitutionellen Vertretungskörperschaften durchsetzen konnte. Die wichtigste Funktion der Stadtverordneten bestand in der Wahl des Stadtrates. Wurde ein Stadtverordneter zum Stadtrat gewählt, hatte er selbstverständlich sein Stadtverordnetenmandat niederzulegen.[345]

343 Weckbecker 1985, S. 258.

344 Kommunalwahlen in Heidelberg 1875–1984. Hrsg. v. Rolf Maier. Heidelberg 1984 (= Schriftenreihe Boxberg Gymnasium, 2), S. 52–55.

345 Zum ganzen Komplex vgl. Hoffmann 1985, S. 43 ff. Vgl. dazu auch Al-Thuwainy, Mohsin: Die Entwicklungsgeschichte des Heidelberger Haushaltes und die Beratungen im Stadtparlament über die Kommunalfinanz- und die Gemeindewirtschaftspolitik sowie die öffentliche Meinung dazu in den Jahren 1925–1932. (Diss.) Heidelberg 1976, insbes. S. 356 ff.

Das allgemeine Ansehen der jüdischen Kommunalpolitiker zeigt sich u. a. darin, daß drei von ihnen, Ferdinand Liebhold, Dr. Kaufmann und Max Oppenheimer, im Mai 1919 in die Hauptwahlkommission für die Wahl der Stadtverordneten in der jungen Republik berufen wurden.[346] Das darf als Anerkennung ihrer Integration in die Bürgergemeinde gewertet werden: Sie gehörten zu den Honoratioren der Stadt.

Am 25. Mai 1919[347] wurden fünf jüdische Bürger als Stadtverordnete gewählt; vier von ihnen gehörten der SPD an: der Universitäts-Professor Hans Ehrenberg, der Rechtsanwalt Ferdinand Wolff, der Arzt für Allgemeine Medizin Dr. Renatus Springer und die Schriftstellerin Selma Wolf-Jaffé. Moritz Oppenheimer war als Mitglied der DDP wieder in die Stadtverordnetenversammlung gewählt worden. Kandidiert hatte auch Dr. Kaufmann.[348] Im personellen Bereich brachte die Revolution einen Bruch, indem einige der verdienten Kommunalpolitiker keine Berücksichtigung mehr fanden, vielleicht sich auch in das neue Parteiengefüge nicht (mehr) einordnen wollten oder konnten. Keine Veränderung trat dagegen in der sozialen Zusammensetzung der jüdischen Kommunalpolitiker ein, die weiterhin überwiegend Angehörige der oberen Mittelschicht waren. Sein Mandat als Stadtrat behielt der der DDP angehörende Rechtsanwalt Dr. Kaufmann,[349] der in den folgenden Jahren der bedeutendste jüdische Vertreter in der Kommunalpolitik blieb. Ein Photo im Kreis des Stadtrates aus dem Jahr 1926 zeigt ihn an bevorzugter Stelle an der Seite des Oberbürgermeisters. Am 1. Mai 1926 überbrachte er als Vertreter des Stadtrates mit Bürgermeister Amberger den Ehrenbürgerbrief der Stadt Heidelberg an Wilhelm Salomon-Calvi.[350] Einen Höhepunkt seiner politischen Karriere erreichte Dr. Kaufmann, als er im Juli 1928 nach dem Rücktritt von Otto Pfeffer neuer Fraktionsvorsitzender der DDP in der Stadtverordnetenversammlung wurde.[351]

Mit den Wahlen des Jahres 1919 hatte der Anteil der Mandate der jüdischen Politiker in Heidelberg ihren Höhepunkt überschritten.[352] Kaufmann blieb bis 1926 einziger jüdischer Stadtrat; als er ausschied, war kein jüdischer Bürger mehr in diesem wichtigsten Gremium der Kommunalpolitik vertreten. Auch in der Stadtverordnetenversammlung war die Zahl der jüdischen Abgeordneten rückläufig, 1922 waren mit Oppenheimer, Dr. Kaufmann, Wolff und Dr. Springer noch vier Juden Stadtverordnete, je zwei der DDP und SPD zugehörig, von 1926 an waren es noch drei (Wolff, Oppenheimer, Dr. Kaufmann), wobei zu beachten ist, daß Kaufmann nach seiner Wahl zum Stadtrat jeweils als Stadtverordneter ausschied, und ab 1930 schließlich war mit Moritz Oppenheimer nur noch ein jüdischer Bürger in der Kommunalpolitik vertreten. Es ist deutlich, daß die jüdische Bevölkerung in den politischen Instanzen der Stadt 1919 und noch 1922

346 STAHD, AA 26/2.
347 STAHD, AA 26/2. Kommunalwahlen 1984, S. 57 ff.
348 STAHD, AA 26/2.
349 Stadtratswahlen am 12. Juni 1919, Kommunalwahlen 1984, S. 60, STAHD, AA 27/1.
350 STAHD, AA 2a/22.
351 STAHD, AA 27/1.
352 Zum folgenden Kommunalwahlen 1984, S. 61 ff.

»überrepräsentiert« war (wobei man aber bedenken muß, daß diese Abgeordneten nicht jüdische Positionen vertraten, sondern die ihrer politischen Richtungen). Dies »regulierte« sich Mitte der 20er Jahre. Es ist sehr auffällig, daß nach dem altersbedingten Ausscheiden der Brüder Liebhold und besonders Kaufmanns keine jüngeren Juden nachrückten. Bei der Frage nach den Ursachen des Rückgangs jüdischer Vertreter in kommunalen Gremien scheint Antisemitismus als Grund auszuscheiden. Auch ein sonst zu beobachtendes Parteiverhalten, das jüdische Politiker mit hinteren Plätzen abfand, um »das Hervortreten von Juden im Rampenlicht der Öffentlichkeit zu beschränken«,[353] spielte in der Kommunalpolitik Heidelbergs sicher keine Rolle, wie der Fraktionsvorsitz Kaufmanns in der im Niedergang begriffenen DDP zeigt. Vielmehr dürften die oben beschriebenen Tendenzen in der Entwicklung der jüdischen Bevölkerung Heidelbergs und gegen Ende der 20er Jahre die zunehmende Akzeptanz zionistischer Positionen bei der jüngeren Generation hierfür maßgeblich sein. Offensichtlich bestand bei den jungen Juden ein geringes Bedürfnis nach politischer Betätigung. Es zeigt sich hier ein Generationenproblem, wenn die Jugendlichen sehr viel stärker von den Ideen des Zionismus bewegt waren und die assimilatorische Haltung der älteren Juden ablehnten. Das führte dazu, auch auf ihre Interessenvertretung im politischen Bereich zu verzichten.

Die zionistische Bewegung hatte zu Beginn der Weimarer Republik in der jüdischen Gemeinde noch wenig Resonanz gefunden, verunsicherte aber bereits vor den Reichstags-Wahlen 1919 den Integrationswillen und die Assimilationsbereitschaft der großen Mehrheit der jüdischen Gemeinde. Der junge Nahum Goldmann, Student der Rechte, Mitglied der zionistischen Studentenverbindung Ivria, der sich aber in betonter Distanz zur jüdischen Gemeinde hielt, war ganz in seiner zionistischen Agitation aufgegangen. Er hielt viele Reden und gab eine zionistische Zeitschrift, die Freien Zionistischen Blätter, mit heraus.[354] Noch waren die Zionisten weitgehend auf die Studentenschaft und die Akademikerschaft beschränkt.[355] Die Gemeinde jedoch war von der radikalen Argumentation Goldmanns, der »die Juden der Stadt aufforderte, der Wahl fernzubleiben«, außerordentlich beunruhigt. In der jüdischen Gemeinde wurde die Handlungsweise Goldmanns als »Anmaßung, Herausforderung und als Gefahr für die Abwehrstellung, in der sich die Juden (...) befanden, empfunden«. War diese Ansicht auch übertrieben, so verdeutlicht sie doch den Willen der Mehrheit der jüdischen Bevölkerung zur Integration, wobei dezidiert jüdische Positionen nur schaden konnten. Zugleich offenbart die Affäre die politische Hilflosigkeit der jüdischen Gemeinde, in der man – mit Blick auf die jüdischen Vertreter in den städtischen Gremien – Politik ausschließlich als Angelegenheit gesetzter Honoratioren zu betrachten pflegte. Der Leiter der Ortsgruppe des Central-Vereins deutscher Staatsbürger jüdischen Glaubens bat daher eindringlich den jungen, der SPD nahestehenden und politisch denkenden und argumentierenden Staatsanwalt

353 Maurer 1991, S. 110.
354 Goldmann 1983, S. 136ff.
355 Zum folgenden Marx 1965, S. 152f.

H. Marx, »Goldmann's Anmaßung zurückzuweisen«, worauf es in einer Versammlung im Saal der »Harmonie« zu einem Rededuell zwischen Goldmann und Marx kam. H. Marx bezeugt, daß Goldmanns Ideen 1919 noch wenig Verständnis bei der Zuhörerschaft fanden. Das änderte sich freilich in der zweiten Hälfte der 20er Jahre. Marx selbst fand sich grundsätzlich auf der national-jüdischen Seite wieder und forderte die Erziehung der Jugend in diesem Sinne.[356] Die Verbreitung zionistischen Gedankengutes wurde insbesondere durch die Jugendbünde, die sich zu einer Arbeitsgemeinschaft zusammengeschlossen hatten, gefordert. Einzelne Aktionen der zionistischen Ortsgruppe fanden dabei durchaus Beachtung.[357] Ihren endgültigen Durchbruch auch im Gemeindeleben erfuhr die zionistische Bewegung in Heidelberg schließlich, nachdem der junge Rabbiner Dr. Fritz Pinkuss 1930 sein Amt angetreten hatte und Schulungsabende sowohl für die jüdischen Jugendgruppen als auch die Studenten durchführte.

Die zionistische Bewegung stellte die Integration der jüdischen Bevölkerung in eine nationale deutsche Volksgemeinschaft in Frage und betonte dagegen den Eigenwert der jüdischen »Nation«. Es wird deutlich, wie sehr auch das Bewußtsein eines wie auch immer gearteten »Integriert-Seins« abhängig war von den möglichen Grundpositionen jüdischen Daseins in Deutschland. So erklärt sich die verschiedene Beurteilung der Integration der deutschen Juden in die Gesellschaft der Weimarer Republik vornehmlich aus der Haltung zu diesen grundsätzlichen Optionen jüdischer Lebensbewältigung in der Diaspora. Damit ist freilich noch nichts über den tatsächlichen Integrationsgrad ausgesagt. Hier sind vielmehr die oben bereits detailliert beschriebenen »Voraussetzungen« und Einschränkungen zu beachten. Die Assimilation und Integration der Juden in Deutschland war aber keinesfalls ein abgeschlossener Prozeß, wie die Zunahme des Antisemitismus in der Weimarer Republik belegt.

5.2 Antisemitismus und Abwehr

Einen organisierten Antisemitismus gab es in der Heidelberger Bevölkerung vor 1933 offensichtlich nicht. Überraschen muß diese Feststellung vor allem, wenn man bedenkt, daß in Heidelberg bereits im Mai 1924 ein völkisch-nationalistisches Potential von etwa 12% (der Wählerstimmen) vorhanden war und die NS-Bewegung seit 1928 einen erheblichen Zulauf erhielt.[358] Bis 1930 war aus dem ehemals liberalen Heidelberg eine Hochburg der Nationalsozialisten geworden. Doch waren die Gründe hierfür – freilich bei selbstverständlicher Akzeptanz des für die »Bewegung« konstitutiven Elements des Antisemitismus – eher wirtschaftlicher Natur, wie insbesondere der große Anteil der Selbständigen unter den frühen Parteigenossen anzeigt.[359] Noch mehr überraschen muß eine zweite Feststellung, daß selbst in der NSDAP in Heidelberg der Antisemitismus keine

356 Marx 1965, S. 134.
357 Vgl. oben S. 395 f.
358 Hoffmann 1985, S. 60, 65–68.
359 Ebd., S. 69 f.

erhebliche Rolle spielte.[360] Konkrete judenfeindliche Aktionen, die von der NSDAP gesteuert worden wären, sind vor dem 30. Januar 1933 in Heidelberg nicht nachweisbar, wenn man nicht den Vorstoß der nationalsozialistischen Fraktion im Stadtrat im Februar 1932, das betäubungslose Schächten zu verbieten, dahingehend bewerten will. Der Antrag wurde im übrigen in der Sitzung am 11. Mai 1932 mit großer Mehrheit angenommen.[361] Es gab in Heidelberg[362] keine konfessionellen Konflikte, und Stadtpfarrer Maas wirkte aktiv für ein gegenseitiges Verständnis. Die soziale Struktur der jüdischen Bevölkerung mit einem starken und relativ gesunden Mittelstand, die Vermischung der Wohngebiete, das allgemeine Ansehen einiger jüdischer Persönlichkeiten in Wirtschaft und Politik, das zurückhaltende Auftreten der jüdischen Gemeinde und ihres Rabbiners, das alles ließ offensichtlich kaum Vorurteile, Ressentiments oder Konkurrenzneid aufkommen. Das Zusammenleben der jüdischen und nichtjüdischen Bevölkerung gestaltete sich im allgemeinen, wie die überwiegende Zahl der Lebenserinnerungen bezeugt, problemlos. Auf diese Gegebenheiten nahmen die Nationalsozialisten bei ihren Aktionen und ihrer Propaganda offensichtlich Rücksicht, möglicherweise, um die gemäßigte bürgerliche Mehrheit nicht zu verschrecken.

Das heißt nicht, daß es nicht auch in Heidelberg latente antisemitische Vorurteile und offene antisemitische Agitation gab. Letztere kristallisierte sich in dem Auftreten einzelner »völkisch« denkender Personen oder bestimmter sozialer Gruppen sowie in besonderem Maße in der Studentenschaft. Antisemitische Ausfälle ereigneten sich vor allem nach der Niederlage im Weltkrieg und nach der Revolution, die die von vielen ungeliebte Demokratie brachte, und dann wieder vermehrt in der Folge der Weltwirtschaftskrise seit 1929, während die mittleren Jahre der Weimarer Republik in Heidelberg unbelastet zumindest von öffentlicher antisemitischer Hetze verliefen. Problematisch war allerdings die – auch in zionistischen Kreisen – weit verbreitete Ansicht, die Juden nicht nur als Religionsgemeinschaft, sondern auch als Rasse und Volk abzugrenzen. Das galt in Heidelberg für national eingestellte Gelehrte wie Hermann Oncken ebenso wie für den liberalen Flügel mit Max und Alfred Weber oder Eberhard Gothein, wobei man den Juden auch noch einen speziellen, fest umschriebenen Volkscharakter zuordnete (z. B. Rationalität, Erwerbssinn, Intellektualität etc.), sogar von gewissen unangenehmen »jüdischen« Eigenschaften (Internationalismus, Materialismus, Atheismus) sprach (Ludolf von Krehl)[363] und »eine physiologische Modellierung« bei einem Teil der Juden zu erkennen glaubte (Hellpach);[364] es galt auch für Persönlichkeiten wie Albert Einstein, der die Juden nachdrücklich aufforderte,

360 Ebd., S. 61.

361 Heidelberger Tageblatt Nr. 110 vom 12. Mai 1932, S. 5. Zur Schächtfrage, die insbesondere von Tierschutzverbänden immer wieder aufgerollt wurde, hat sich der Mannheimer Rabbiner Dr. Unna mehrfach geäußert. Vgl. Unna, Isak: Das Schächten vom Standpunkt der Religion und des Tierschutzes. Eine gemeinverständliche Darstellung. Berlin 1931; vgl. auch IGBl Jg. 9 Nr. 2 vom 16. Februar 1931, S. 3.

362 Vgl. zum folgenden auch Weckbecker 1985, S. 22 f.

363 Giovannini/Jansen 1992, S. 168 f.

364 Hellpach, Willy: Politische Prognose für Deutschland. Berlin 1928, S. 366 ff.

sich als eigenständige Nation und Rasse zu bekennen.[365] Diese Erklärungen waren eo ipso sicherlich nicht als antisemitische Stellungnahmen verstanden worden, sie stellten jedoch das jüdische Bemühen um Integration bewußt in Frage und leisteten dem Einbruch der nationalsozialistischen »Definition« des Jüdischen Vorschub. Die gleiche Wirkung konnte die Neigung mancher Juden zur Selbstkarikatur,[366] die in einer Art Selbsthaß[367] in einen krassen Antisemitismus umschlagen konnte, sowie das äußerst reservierte Verhalten der eingesessenen Juden gegenüber den zugewanderten Ostjuden erzielen.[368]

Beispiele für latenten und offenen Antisemitismus in Justizkreisen nennt H. Marx. So gelang es dem antisemitischen Privatdozenten A. Ruge in den Anfangsjahren der Weimarer Republik, bei der Vernehmung in einer Beleidigungsklage den jüdischen Staatsanwalt H. Marx wegen angeblicher Befangenheit abzulehnen. Zur Begründung der Strafkammer hieß es, »die Eigenschaft eines Richters als Jude könne selbst dort, wo es sich nur um die Vernehmung eines als Antisemiten bekannten Zeugen im Wege der Rechtshilfe handle, auf seine Unparteilichkeit einwirken«.[369] Diese skandalöse Entscheidung zeigt neben Willfährigkeit gegenüber antisemitischer Agitation auch einen Mangel an »staatsnotwendiger Verfassungsgesinnung«. Offen entluden sich antisemitische Werturteile im Kollegenkreis, wobei hier vielfach die Gleichsetzung von jüdisch und marxistisch oder doch zumindest links orientiert, d. h. »vaterlandslos«, zum Tragen kam. Republikfeindlichkeit und Antisemitismus verband sich besonders in der Gestalt des Ersten Staatsanwaltes Dr. Bammesberger, für den Juden nicht als »Volksgenossen« galten und folglich auch unzulässigerweise öffentliche Ämter bekleideten. Bammesberger gelang es offensichtlich, eine Anzahl jüngerer Kollegen für seine Anschauungen zu gewinnen.[370] Als besondere Schikane mußte es empfunden werden, wenn der Jude Marx ausgerechnet dem extremen Antisemiten Bammesberger unterstellt wurde.[371]

Während derartige Vorkommnisse meistens nicht an die Öffentlichkeit drangen, agitierte im Heidelberg der frühen 20er Jahre der Privatdozent der Philoso-

365 Nach einem Brief Einsteins an den Centralverein Anfang der 20er Jahre, zitiert bei Marx 1965, S. 134f. Vgl. auch Maurer 1991, S. 104f.

366 Als Beispiel kann hier O. Gradenwitz genannt werden.

367 Zum jüdischen Selbsthaß vgl. allgemein Volkov, Shulamit: Selbstgefälligkeit und Selbsthaß. In: Volkov 1990, S. 181–196; Grab, Walter: »Jüdischer Selbsthaß« und jüdische Selbstachtung in der deutschen Literatur und Publizistik 1890–1933. In: Grab 1991, S. 152–184. Für Heidelberg kann in diesem Zusammenhang auf A. Koch hingewiesen werden; vgl. dazu Obst, Bernhard: Ein Heidelberger Professorenstreit. Die Auseinandersetzung zwischen Adolf Koch und Max Weber 1910–1914. Köln 1987.

368 Vgl. dazu allgemein Volkov, Shulamit: Die Dynamik der Dissimilation: Deutsche Juden und die ostjüdischen Einwanderer. In: Volkov 1990, S. 166–180; Maurer, Trude: Ostjuden in Deutschland 1918–1933. Hamburg 1986 (= Hamburger Beiträge zur Geschichte der Juden, 12), S. 104–160, 192–250, 479–491.

369 Marx 1965, S. 155.

370 Ebd., S. 162f.

371 Ebd., S. 181.

phie Dr. A. Ruge im Brennpunkt öffentlicher antisemitischer Hetze.[372] 1919 sammelten sich nationalistische und antisemitische Kräfte in Heidelberg unter Ruges Führung in einem Deutschvölkischen Schutz-und-Trutz-Bund zusammen, der von seinen Mitgliedern den Ariernachweis forderte. Am 19. Juni 1919 verbreitete Ruge ein Flugblatt, in dem er »die Herrschaft materialistischer und kapitalistischer Begehrlichkeiten«, die in der antisemitischen Diktion als »Eigenschaften« der Juden galten, für die Niederlage im Weltkrieg verantwortlich machte: »Auf unserem armen deutschen Volk lastet heute die Herrschaft der Juden. Sie haben uns mit ihrer vaterlandslosen internationalen Verschwörung verraten (...)«[373] Weitere antijüdische Stereotype betrafen den Vorwurf des Wuchers, des Kriegsgewinnlertums, der Manipulation der öffentlichen Meinung etc. Die antisemitische Hetze Ruges war freilich so geistlos und unkultiviert, daß ihr keine große Resonanz zuteil wurde. Seine rhetorischen antisemitischen Exzesse zeitigten Konsequenzen, als er auch die Universität und die Republik beschimpfte. Nach einem Disziplinarverfahren wurde Ruge im Juni 1920 die Venia legendi entzogen. Er versuchte daraufhin, sich als Opfer »zersetzenden jüdischen Geistes«, jüdischen Geldes[374] und der Rache der »Judenknechte«[375] zu stilisieren und bezeichnete sich später selbst als ersten nationalsozialistischen Märtyrer.[376] Unterstützung unter den Hochschullehrern fand Ruge nur bei dem Physiker Philipp Lenard, der im Dezember 1921 einen Aufruf an »deutschgesinnte Männer und Frauen« zur Unterstützung des von den »Judenknechten vergewaltigten« Ruge mitunterzeichnete.[377]

Lenard (1862–1947)[378] war einst einer der bedeutendsten Physiker in Deutschland gewesen. Er war vor allem ein Meister der Experimentalphysik, wovon besonders seine Arbeiten über die Kathodenstrahlen Zeugnis ablegen. Die von ihm »erarbeiteten Experimentiermethoden haben viele andere grundlegende Entwicklungen in der Physik (...) nachhaltig beeinflußt«,[379] so auch die Entdeckung der Röntgenstrahlen. 1905 erhielt Lenard den Nobelpreis für Physik, 1907 wurde er nach Heidelberg berufen, wobei man ihm das seinerzeit modernste Physikali-

372 Zu Ruge vgl. Peters, Christian u. Weckbecker, Arno: Auf dem Weg zur Macht. Zur Geschichte der NS-Bewegung in Heidelberg 1920–1934. Dokumente und Analysen. Heidelberg o. J. [1983], S. 36–59; Gumbel 1979, S. 164 ff.

373 Peters/Weckbecker 1983, S. 40.

374 Ebd., S. 49.

375 Ebd., S. 51.

376 Ebd., S. 37.

377 Ebd., S. 58.

378 Zu Lenard vgl. Drüll 1986, S. 160; Neumann, Reinhard/Putlitz, Gisbert Frhr. zu: Philipp Lenard (1862–1947). In: Semper apertus. Sechshundert Jahre Ruprecht-Karls-Universität Heidelberg 1386–1986. Bd. III. Berlin – Heidelberg – New York – Tokyo 1985, S. 376–405. Zu Lenards Beziehung zum Nationalsozialismus Beyerchen, Alan D.: Wissenschaftler unter Hitler. Physiker im Dritten Reich. Frankfurt am Main – Berlin – Wien 1982, S. 115–145, 172–194; Kleinert, Andreas: Lenard, Stark und die Kaiser-Wilhelm-Gesellschaft. Auszüge aus der Korrespondenz der beiden Physiker zwischen 1933 und 1936. In: Physikalische Blätter 36 (1980), Nr. 2, S. 35–43.

379 Neumann/zu Putlitz 1985, S. 386.

sche Institut errichtete. Antisemitismus war vor dem Ersten Weltkrieg für Lenard offenbar kein Thema. Das änderte sich vor allem durch seine Auseinandersetzung mit Albert Einstein, dessen in der Relativitätstheorie formulierte Erkenntnisse in diametralem Gegensatz zu Lenards physikalischem Weltbild und seiner Äthertheorie standen, wie er sie in einem Vortrag über »Äther und Materie« vor der Heidelberger Akademie der Wissenschaften im Jahre 1911 dargelegt hatte. Er lehnte – nachdem er 1918 die spezielle Relativitätstheorie noch zu akzeptieren schien – die Relativitätstheorie Anfang der 20er Jahre rundweg ab, da ihm der »Verzicht auf den Äthermechanismus« einem Verzicht »auf die mechanische Begreifbarkeit der Natur«, die sein eigentliches Anliegen war, gleichkäme.[380] Die Entwicklungen der theoretischen Physik waren an Lenard vorübergegangen. Da Einstein die Einwendungen Lenards öffentlich in aller Schärfe zurückwies, verband sich bei dem gekränkten und verbitterten Lenard die Kritik an der Relativitätstheorie mit Vorbehalten gegen die Person Einsteins. Zudem kontrastierte Lenards eigene nationalistische Ideologie mit Einsteins Pazifismus, und daß Einsteins Ruhm wuchs und seine Theorie (von Lenard als »Hypothese« abgetan) allgemeine Anerkennung fand, erregte Lenards Empörung. »Daß Einstein Jude war, war ursprünglich ein Faktum von geringer Bedeutung, war aber wohl ausschlaggebend dafür, daß sich Lenard schließlich dem Antisemitismus zuwandte.«[381] Die theoretische Physik lehnte er fortan als jüdische Physik ab, der er später seine »Deutsche Physik« entgegenstellen sollte. Zur endgültigen Scheidung kam es auf der Naturforscherversammlung am 23. September 1920 in Bad Nauheim, als Lenard erkennen mußte, daß er zum Außenseiter unter seinen Kollegen geworden war. Die Isolierung verstärkte die Radikalisierung Lenards und seine Gegnerschaft zu Einstein, dem er die Schuld an seiner Zurücksetzung anlastete. Antisemitische Ausfälle begleiteten von nun an auch seine wissenschaftlichen Publikationen, für die das »Mahnwort« an die deutschen Naturforscher von Juli 1922 steht und die oft die Grenzen des akademischen Anstands überschritten.

In diese Zeit fiel in Heidelberg der aufsehenerregende »Fall« Lenard[382] als Beispiel eines geradezu schamlosen Antisemitismus. Nach dem Mord an Walther Rathenau war für den Tag der Beerdigung am 27. Juni 1922 Staatstrauer angeordnet worden, alle öffentlichen Gebäude sollten geschlossen bleiben und die Fahnen auf Halbmast gesetzt werden. Lenard, der selbst öffentlich die Beseitigung Rathenaus gefordert hatte, ignorierte diese Anweisungen und hielt statt dessen sein Praktikum. Da Lenard bereits am 1. Mai die Arbeitsruhe übergangen hatte, suchten, nachdem sowohl Universitätsführung als auch Polizei sich außerstande gesehen hatten, die ministerielle Anweisung durchzusetzen, Mitglieder der Sozialistischen Studentenschaft unter Führung Carlo Mierendorffs und Gewerkschafter

380 Ebd., S. 394.
381 Beyerchen 1982, S. 125.
382 Marx 1965, S. 167–175; Beyerchen 1982, S. 134 ff.; Peters/Weckbecker 1983, S. 60–72; Albrecht, Richard: Der »Fall« Lenard – Mierendorff 1992/23. In: Ruperto Carola 74 (1986), S. 107–114.

die Schließung des Instituts zu erzwingen. Lenard wurde in »Schutzhaft« genommen. Bei diesem Fall handelte es sich über ein Dokument des Lenardschen Antisemitismus hinaus vor allem um ein Beispiel für seinen Widerstand gegen die Republik. Lenard erhielt einen Verweis, Mierendorff wurde vom Gericht zu einer Geldstrafe verurteilt, vom Disziplinarausschuß der Universität jedoch freigesprochen. Lenard wurde durch diesen Vorfall zu einer Symbolfigur der deutschvölkischen Rechten, er selbst näherte sich immer mehr den Nationalsozialisten. Am 8. Mai 1924 legte er sein öffentliches Bekenntnis zu Hitler ab.

Lenard war eine Ausnahmeerscheinung unter den Professoren der Heidelberger Universität der 20er Jahre. Wohl finden sich verschiedentlich antisemitische Äußerungen auch der politischen Mitte zuzurechnender Professoren. Doch handelte es sich hier im allgemeinen um verbreitete Topoi und Klischees,[383] die eher eine Beschränktheit und Befangenheit des Denkens als Antisemitismus bezeugen. Auch der Entzug der Venia legendi bei E. J. Gumbel entsprang nicht antisemitischen Motiven, sondern einem korporativen und institutionellen Denken.[384]

Anders lagen die Dinge in der Studentenschaft. Besonders in Kreisen studentischer Korporationen hatte der Antisemitismus Tradition.[385] Der Deutsche Burschenschaftertag von 1920 hatte den »Rassenstandpunkt« formuliert, nach dem nur »deutsche Studenten arischer Abstammung, die sich offen zum Deutschtum bekennen«, Mitglieder einer Burschenschaft werden konnten.[386] Zielscheibe der antisemitischen Agitation der Korporationen waren in besonderem Maße natürlich die jüdischen Verbindungen.[387] Im Juni 1921 verkündeten die waffentragenden Verbindungen, daß sie künftig Bavaria keine Satisfaktion mehr gewähren würden. Dies stellte eine der gröbsten Beleidigungen und Diskriminierungen nach dem Ehrenkodex der Studentenverbindungen dar und erschien selbst in nationalistischen Kreisen als unvertretbare Maßnahme. Es kam immer wieder zu Beschimpfungen von Bavaren und in deren Folge zu Zusammenstößen und Schlägereien. Im Sommer 1923 wurde Bavaria daraufhin vom Rektor für ein Semester suspendiert. Stetiges Thema der Auseinandersetzungen war auch die Chargierordnung, d. h. die Frage, welcher Platz und damit Rang einer Verbindung bei öffentlichen Aufzügen und Veranstaltungen zukam. So strebten die anderen Korporationen regelmäßig zu erzwingen, daß Bavaria sich am Schluß des Zuges aufstellen mußte. Als Akt besonders infamer Diskriminierung wurde es empfunden, als Bavaria 1925 hinter der Damenverbindung Hildegardia plaziert wurde. Erst 1931 konnte durch das Eingreifen des Rektors hier eine Beruhigung

383 Eine Reihe von Beispielen bringen Giovannini/Jansen 1992, S. 171 ff.

384 Vgl. dazu oben S. 412.

385 Dazu allgemein Jarausch, Konrad H.: Deutsche Studenten 1800–1970. Frankfurt am Main 1984, S. 122 f.; Kater, Michael H.: Studentenschaft und Rechtsradikalismus in Deutschland 1918–1933. Eine sozialgeschichtliche Studie zur Bildungskrise in der Weimarer Republik. Hamburg 1975.

386 Zorn, Wolfgang: Die politische Entwicklung des deutschen Studententums 1918–1931. In: Darstellungen und Quellen zur Geschichte der deutschen Einheitsbewegung im 19. und 20. Jahrhundert. Bd. 5. Heidelberg 1965, S. 223–307, hier 267.

387 Zum folgenden Giovannini 1992, S. 206 f.

eintreten. Zu diesem Zeitpunkt hatten sich die Auseinandersetzungen bereits auf ein anderes Feld verlagert. Durch massive Boykottdrohungen wurden Couleurhändler und Wirte seit 1929 gezwungen, ihre Dienste und Lokale den jüdischen Verbindungen aufzukündigen. Was bereits die Verweigerung der Satisfaktion beabsichtigte, wurde durch diese Maßnahme verstärkt: die Ausgrenzung der jüdischen Studenten aus dem Korporationswesen.

Aber auch außerhalb korporationsspezifischer Auseinandersetzungen trat der korporative Antisemitismus offen zutage, wobei er sich – wie im Falle Lenards – stets mit antirepublikanischen und antidemokratischen Parolen verband. Ein früher und schrecklicher Höhepunkt dieser Ausprägung des Antisemitismus waren die Umzüge korporationsstudentischer Horden nach der Ermordung Rathenaus. Mit Sprechchören wie »Verreckt ist Walther Rathenau, die gottverdammte Judensau« zogen Burschenschafter und andere Randaleure, Vorreiter eines primitiven und brutalen Radauantisemitismus, durch die Straßen.[388] 600 Studenten unterzeichneten eine Eingabe zugunsten Lenards.[389]

Die Radikalisierung der Studentenschaft und ihre zunehmende Affinität zur politischen Rechten und schließlich zum Nationalsozialistischen Deutschen Studentenbund braucht hier nicht dargestellt zu werden.[390] Seit den ersten AStA-Wahlen in der Republik im Jahre 1919 hatten die rechtsorientierten Gruppen eine Mehrheit. Das äußerte sich, verstärkt in den späten Jahren der Republik, auch in antisemitischen Aktionen, für die die Haltung der Studentenschaft in den Auseinandersetzungen um den Statistiker Emil J. Gumbel beispielhaft ist.[391] Hatten 1924/25 beim ersten »Fall Gumbel« nationale und völkische Studentenorganisationen mit ihrer Boykottdrohung gegen Universitätsfeiern nur eine Rolle am Rande gespielt, so waren sie 1930 und 1932 beim zweiten »Fall Gumbel« das vorantreibende Element, dem sich die Universität beugte. Auf Anfrage des Ministeriums hatte Gundolf, der Dekan der Philosophischen Fakultät, die Verleihung des Professorentitels an Gumbel im August 1930 befürwortet und löste damit einen Sturm der Entrüstung aus, in dem nationalsozialistische Studenten besonders hervortraten. Der Protest richtete sich gleichermaßen gegen den »begünstigten« Juden Gumbel wie gegen den diese »Vergünstigung« angeblich provozierenden Juden Gundolf, letztlich aber auch gegen das ganze »System« der Weimarer Republik. Eine neue Dimension erhielten die Anfeindungen gegen Gumbel durch die Denunziation seitens nationalsozialistischer Studenten über eine Äußerung Gumbels in einer geschlossenen Veranstaltung der Sozialistischen Studentenschaft, die eine große Kohlrübe als geeignetste Form eines Kriegerdenk-

388 Zuckmayer 1966, S. 311.

389 Beyerchen 1982, S. 135.

390 Vgl. die in Anm. 385 und 386 genannte Literatur; ferner Faust, Anselm: Der Nationalsozialistische Deutsche Studentenbund. Studenten und Nationalsozialismus in der Weimarer Republik. 2 Bde. Düsseldorf 1973; Kreutzberger, Wolfgang: Studenten und Politik 1918–1933. Der Fall Freiburg im Breisgau. Göttingen 1972 (= Kritische Studien zur Geschichtswissenschaft, 2). Für Heidelberg vgl. Wolgast 1986, S. 130 ff.; Giovannini 1990.

391 Zum Fall Gumbel vgl. S. 411, Anm. 271.

mals bezeichnete. Die Studenten strengten im Mai 1932 bei der Universität ein neues Disziplinarverfahren an, nicht ohne Gumbel öffentlich mit seiner Ermordung zu drohen. Gumbel wurde die Venia legendi entzogen; er wurde »geopfert«, um der völkischen Agitation weniger Angriffsfläche zu bieten. Mit diesem Zurückweichen trug die Universität dazu bei, die Stellung der Republikaner zu untergraben.

Im Jahr zuvor war die Universität selbst Zielscheibe antisemitischer Angriffe gewesen. Die Einweihung der Neuen Universität[392] begleiteten die Nazis mit einer gehässigen Broschüre »Die Juden bringen den ›lebendigen‹« Geist. Der Bau wurde darin als »jüdisches Zwing-Uri« im Herzen Heidelbergs, als Monument »fremden undeutschen«, d.h. jüdischen Geistes, verunglimpft. Das Ereignis wurde als Verdrängung des »deutschen Geistes« und als Ausdruck materialistischen Denkens abgetan. In übelster Demagogie wurden die Spenden aus Amerika mit den deutschen Reparationszahlungen verknüpft: »Heute hat sich das internationale Judentum mit Hilfe des vom deutschen Volke geraubten und erpreßten Geldes den Einfluß auf unsere Universität erkauft.« Für die Nationalsozialisten kam der Bau der Neuen Universität einer »Unterjochung deutschen Geistes durch jüdischen Mammon«[393] gleich; das hinderte sie jedoch nicht daran, das Gebäude nach der Machtergreifung in ihrem Sinne zu nutzen und umzugestalten. Besonderen Anfeindungen war in dieser Hinsicht natürlich auch der Wahlspruch »Dem lebendigen Geist«, ein Vorschlag des Juden Gundolf,[394] ausgesetzt; er wurde 1936 durch den »deutschen Geist« ersetzt. Gundolf war am 12. Juli 1931 gestorben; es gehört wohl zum Absurdesten des deutsch-völkischen Antisemitismus, daß im gleichen Blatt des »Heidelberger Student« neben rüdesten antisemitischen Bemerkungen auch die Beschwerde eines studentischen Corps zu stehen kam, nicht zur Totenfeier des Juden Gundolf eingeladen worden zu sein.[395]

Den Angriffen der Antisemiten hatte die Universität nur wenig entgegenzusetzen. 1919 hatten sich nach den Schmähreden Ruges immerhin noch mehrere Professoren einer moderaten Erklärung gegen den Antisemitismus angeschlossen, die im wesentlichen von den Honoratioren der Stadt getragen wurde. Allein Gothein hatte bereits vor dem Ersten Weltkrieg zu entschiedener Bekämpfung des Antisemitismus aufgerufen. Die große Mehrheit auch der liberalen und republikanischen Professoren pflegte die Ideologie des »Unpolitischen«; solange die Belange der Universität nicht berührt schienen, fühlte man sich auch nicht zur Bekämpfung des Antisemitismus veranlaßt. Jaspers' Diktum aus dem Jahre 1929, der Antisemitismus sei ihm zu dumm, um sich damit zu beschäftigen,[396] dürfte

392 Zum Bau vgl. Griesbach, Dieter, Krämer, Annette u. Maisant, Mechthild: Die Neue Universität. In: Semper apertus. Sechshundert Jahre Ruprecht-Karls-Universität Heidelberg 1386–1986. Bd. V. Berlin – Heidelberg – New York – Tokyo 1985, S. 79–112.

393 Die Juden bringen den »lebendigen Geist«. Festschrift zur Einweihung der neuen Universität. Hrsg. v. der Stadtratsfraktion der NSDAP. Heidelberg [1932], S. 2.

394 Wie Anm. 392, S. 90. Zum Konflikt zwischen Gundolf und Panzer vgl. auch Buselmeier 1992, S. 238.

395 Mann 1986, S. 402.

396 Piper, Karl u. Saner, Hans: Erinnerungen an Karl Jaspers. München 1974, S. 51.

typisch für die Haltung vieler Professoren gewesen sein. Einen Aufruf der Deutschen Liga für Menschenrechte gegen den Antisemitismus im Konflikt um Gumbel im Jahre 1930 unterzeichnete von den Heidelberger Ordinarien nur Martin Dibelius,[397] einer der wenigen politisch denkenden Heidelberger Professoren.[398]

Mehr Engagement in der Abwehr des Antisemitismus[399] zeigten die Heidelberger Bürgerschaft und die jüdische Gemeinde. Wirksamer und konsequenter organisierte sie den Abwehrkampf durch den Centralverein und den »Verein zur Abwehr des Antisemitismus«.

Der »Centralverein deutscher Staatsbürger jüdischen Glaubens« war 1893 zur Wahrung der gesellschaftlichen und politischen Gleichstellung der Juden und zur »Pflege deutscher Gesinnung«[400] gegründet worden. In striktem Gegensatz zu den Zionisten lehnte er die Proklamation einer jüdischen Nation ab und verstand die Juden ausschließlich als religiöse Gemeinschaft. Der Antisemitismus sollte durch eine systematische Aufklärung überwunden werden.[401] Um der Agitation zu begegnen, beauftragte der Synagogenrat den Justizassessor Dr. Marx und den Justizrat Dr. Moritz Mayer, die beide rednerische Begabung mit juristischem Scharfsinn verbanden, Ruge und seinen Genossen in den Wahlversammlungen des Jahres 1919 entgegenzutreten.[402] Die Gruppe der Antisemiten bestand überwiegend aus jungen, entwurzelten Frontkämpfern, und die Wahlkampfagitation wurde zunehmend in die ländlichen Gemeinden verlegt, wo unter den Bauern die Meinung verbreitet war, die Juden hätten aus dem Krieg Gewinn gezogen. Diesem Wust an Vorurteilen entgegenzutreten, war die Aufgabe der beiden Juristen, die oft die Erfahrung machten mußten, daß Argumente nicht überzeugen konnten und sie sich »einer undurchdringlichen Front der Gefühle gegenüber sahen«. Das wirft ein bezeichnendes Licht auf die Probleme einer konsequenten Aufklärungsarbeit. In späteren Jahren stand im jüdischen Abwehrkampf ein Handbuch der Erwiderungen auf antisemitische Vorwürfe, der »Anti-Anti«, zur Verfügung.

Eine zweite Organisation zur Abwehr des Antisemitismus bestand in dem »Verein zur Abwehr des Antisemitismus«, der wohl in Kooperation mit dem Centralverein arbeitete, jedoch eines der seltenen Beispiele christlich-jüdischer Solidarität darstellte, wirkten in diesem Verein doch Juden und Christen gemeinsam an der Überwindung des Antisemitismus. Der Verein trat, wie erwähnt, bereits 1919 in Erscheinung, als er eine von etwa 50 Heidelberger Honoratioren und Universitätsprofessoren (den Theologen Beer, Dibelius und Frommel, ferner Bütschli, Gothein, Vulpius, A. Weber und Wille) unterzeichnete unmißverständliche Stellungnahme in den Heidelberger Zeitungen gegen Ruges antisemitische

397 Giovannini/Jansen 1992, S. 174.

398 Vgl. Fix, Karl-Heinz: Universitätstheologie und Politik. Die Heidelberger Theologische Fakultät in der Weimarer Republik. Heidelberg 1994.

399 Allgemein zum jüdischen Abwehrkampf vgl. Paucker 1968.

400 Gidal 1988, S. 259.

401 Zur Abwehrarbeit des Centralvereins vgl. Paucker 1968.

402 Zum folgenden Marx 1965, S. 128 ff.

Hetze veröffentlichte. In diesem »Wort zu den Bedenken des Herrn Dr. Arnold Ruge« heißt es ganz in der Diktion des Centralvereins (und auch des Reichsbundes jüdischer Frontkämpfer), nicht ohne auf die jüdischen Opfer im Weltkrieg zu verweisen: »Wir deutschen Juden verwahren uns dagegen, ein ›selbständiges Volk‹ im deutschen Volk genannt zu werden, unter dem wir seit zwei Jahrtausenden wohnen, dessen Sprache wir sprechen, mit dessen Kultur wir uns aufs innigste verbunden fühlen, auf dessen Größe, die manch einer von uns mitschaffen half, wir stolz waren, dessen Niedergang wir in bitt'rem Schmerze empfinden.« Man begriff den Antisemitismus als Schädigung des Ansehens des deutschen Volkes und rief zur nationalen Einheit und zum inneren Frieden »in der gegenwärtigen Zeit der größten Not« auf.[403] Bei dieser Erwiderung handelt es sich offensichtlich um eine gemeinsame Aktion aller zum Abwehrkampf bereiten Kreise.

Derartige explizit christlich-jüdische Gemeinschaftsunternehmungen waren äußerst selten und – wie der »Verein zur Abwehr das Antisemitismus« – auf einzelne Aktionen in einem begrenzten Zeitraum beschränkt oder wurden von einer breiteren Öffentlichkeit wegen ihres exklusiven Charakters kaum zur Kenntnis genommen. Zur Stärkung der innerjüdischen Position und zur Selbstbesinnung gründete im November 1926 der Rabbiner H. Pinkuss auf Anregung von Hugo Marx mit der tatkräftigen Unterstützung des Neutestamentlers Dibelius (der zeitweise sogar Vorsitzender der Gesellschaft war) und von Georg Beer, einem Alttestamentler mit judaistischen Forschungsschwerpunkten,[404] eine »Gesellschaft zur Förderung des Wissens vom Judentum«.[405] Von christlicher Seite[406] sind hier noch der Rechtsphilosoph und Strafrechtler Gustav Radbruch,[407] 1923 für wenige Monate Reichsjustizminister, der Nationalökonom Carl Brinkmann[408] und Stadtpfarrer Hermann Maas von der Heiliggeistkirche zu nennen,[409] der regelmäßig an hohen Feiertagen die Gottesdienste in der Synagoge besuchte und mit Rabbiner Dr. Pinkuss ein freundschaftliches Verhältnis pflegte. Die gesamte Abwehrarbeit in Heidelberg zeigte keine ausgeprägt lokale Komponente

403 Heidelberger Tageblatt vom 15. Januar 1919.

404 Zu Beer vgl. Wennemuth, Udo: Georg Beer. In: Ostdeutsche Gedenktage 1996. Persönlichkeiten und historische Ereignisse. Hrsg. v. der Kulturstiftung der deutschen Vertriebenen. Bonn 1995, S. 52–56.

405 Marx 1965, S. 218 f. Zur Gründung vgl. auch Heidelberger Tageblatt vom 18. November 1926, S. 5. Die Ausführungen von Turtel 1979, S. 12, die die Gründung einer Ortsgruppe des »Vereins zur Abwehr des Antisemitismus« berichten, beruhen offensichtlich auf einer Verwechslung.

406 Turtel 1979, S. 12.

407 Zu Radbruch vgl. Laufs, Adolf: Gustav Radbruch (1878–1949). In: Semper apertus. Sechshundert Jahre Ruprecht-Karls-Universität Heidelberg 1386–1986. Bd. III. Berlin – Heidelberg – New York – Tokyo 1985, S. 148–166; Kaufmann, Arthur: Gustav Radbruch. Rechtsdenker, Philosoph, Sozialdemokrat. München 1987.

408 Drüll 1986, S. 31.

409 Vgl. »Redet mit Israel freundlich«, Zeugnisse von und über Hermann Maas. Karlsruhe 1986. Levinson, Nathan P.: Hermann Maas: In: Juden in Baden 1809–1984. 175 Jahre Oberrat der Israeliten Badens. Hrsg. v. Oberrat der Israeliten Badens, Karlsruhe. Bearb. v. Jael B. Paulus. Karlsruhe 1984, S. 213–216.

und fiel auch nicht durch spektakuläre Aktionen auf. Ob der »Verein zur Abwehr des Antisemitismus« nach 1919 noch einmal öffentlich in Erscheinung trat, ist nicht belegt. Einem mäßigen Antisemitismus in der Bevölkerung entsprach eine ebenso zurückhaltende jüdische Abwehrarbeit. Jüdisches Denken, Argumentieren und Handeln fand in innerjüdischen Kreisen im Sinn einer jüdischen Selbstfindung statt. Die insgesamt sehr bescheidene Anteilnahme der christlichen Bevölkerung an der Diskriminierung ihrer jüdischen Mitbürger läßt so noch einmal ernsthafte Zweifel an der so oft beschworenen Integration der Juden in die deutsche Gesellschaft aufkommen.

Der jüdische Integrationswille und Abwehrkampf zeichnet ein widersprüchliches Bild des jüdischen Lebens in Heidelberg zur Zeit der Weimarer Republik. Integrationswille der jüdischen Bevölkerung bedeutet eben noch nicht wirklich Integration. Die dazu erforderliche Solidarität der Nichtjuden war im Ernstfall offenbar nicht sehr ausgeprägt. Es gab trotz vieler alltäglicher Kontakte immer noch Trennendes. Die von den Juden selbst nicht akzeptierte Eigenart als »sozialpsychologische« Gruppe, die von Nichtjuden aber sehr deutlich benannt wurde, verursachte Empfindungen des Fremden. Diese »fremde« Lebenswelt kennenzulernen und anzuerkennen, etwa indem man jüdische Feste mitfeierte und Gottesdienste besuchte, wurde allzu wenig genutzt. Hermann Maas bleibt die rühmliche Ausnahme. Von einem echten Verständnis seitens der nichtjüdischen Umgebung für die jüdischen Bürger, mithin von einer tatsächlich vollzogenen Integration, konnte nicht die Rede sein. Die Juden blieben in den Augen vieler Nichtjuden eine außerhalb der eigenen Lebenswirklichkeit stehende Gruppe, die zwar juristisch die Gleichberechtigung erlangt hatte, eine tatsächliche Gleichbehandlung, die Unvoreingenommenheit voraussetzte, jedoch nicht erreichen konnte.[410]

410 Vgl. zum Fragenkomplex zusammenfassend Maurer 1991, S. 110ff., 119f.

Frank Moraw

Die nationalsozialistische Diktatur (1933–1945)

1 Die Heidelberger Juden und der Aufstieg des Nationalsozialismus: Krisenbewußtsein und Illusionen

1.1 »Die Juden vereinsamen wieder in Deutschland«: Analysen und Pläne jüdischer Außenseiter

»Die Juden vereinsamen wieder in Deutschland«. So charakterisierte Hugo Marx im Jahre 1931 die bedrohliche gesellschaftliche Situation dieses Bevölkerungsteils. Er sprach vor jüdischen Freunden, vor allem liberalen Akademikern, im Hause des angesehenen Heidelberger Radiologen Willy Braunschweig in der heutigen Friedrich-Ebert-Anlage.[1] Aber kaum jemand unter seiner Zuhörerschaft akzeptierte seine Beschreibung der Lage oder wollte gar die Folgerungen nachvollziehen, die Hugo Marx für notwendig hielt. Dabei hatten gerade in Heidelberg bereits bei den Wahlen des Vorjahrs die Nationalsozialisten die meisten Stimmen gewonnen (bei den Reichstagswahlen im September 1930 30,2%, im November bei den Kommunalwahlen 35,7%). Trotzdem zog man es vor, auch dies als eine jener antisemitischen Wellen zu deuten, wie man sie als Begleiterscheinung von Konjunkturkrisen seit dem letzten Jahrhundert wiederholt durch-

1 Marx, Hugo: Werdegang eines jüdischen Staatsanwalts und Richters in Baden (1892–1933). Ein soziologisch-politisches Zeitbild. Villingen 1965, S. 222f. Marx, Hugo: Was wird werden? Das Schicksal der deutschen Juden in der sozialen Krise. Wiesbaden 1932, S. 14.
Im folgenden Beitrag werden die nationalsozialistischen Kampfbegriffe wie Volljude, Halbjude, Vierteljude, Mischling ersten oder zweiten Grades, Mischehe oder auch christlicher Nichtarier so weit wie möglich vermieden. Diese Begrifflichkeit – Karl Löwith hat sie treffend charakterisiert als »politische Zoologie der Rassenprozente« – ist der differenzierten Lebenswelt der jüdischen Minderheit, die sich in Deutschland über Generationen hinweg sehr weitgehend sozial integriert und kulturell assimiliert hatte, unangemessen und erschwert das Verständnis. Andererseits waren diese Begriffe Bestandteil des rassistischen Dissimilationsprogramms der Machthaber; ihre Wirkung bei der Störung und Zerstörung der Sozialbeziehungen zwischen Juden und Nichtjuden gehört deswegen zum Thema, und ihr soll in exemplarischen Fällen, wo es die Quellenlage erlaubt, nachgegangen werden. Vgl. Löwith, Karl: Mein Leben in Deutschland vor und nach 1933. Ein Bericht. Stuttgart 1986, S. 55.

gestanden hatte. Man vertraute auf die erfolgreiche Abwehr von Rückschlägen und auf die trotz allem fortschreitende gesellschaftliche Integration innerhalb des liberalen Staats.

Hugo Marx war zwar selbst im Umfeld der Ideen des ›Centralvereins deutscher Staatsbürger jüdischen Glaubens‹ (CV), also der Repräsentanten des assimilierten jüdischen Bürgertums, aufgewachsen. Aber als sozialdemokratisch-jüdischer Außenseiter im badischen Justizdienst hatte er ein spezifisches Krisengefühl entwickelt und näherte sich schrittweise zionistischen Positionen an. Bei jenem Anlaß verlangte er von seinen Zuhörern unumwunden eine »Umkehr« im Denken und Handeln, und zwar »das bittere Eingeständnis des Zusammenbruchs säkularer Hoffnungen, daß der Liberalismus die Judenfrage zu lösen im stande sei«.[2]

Er diagnostizierte eine Panik im deutschen Bürgertum, das seine politischen und wirtschaftlichen Ideale preisgebe und den Übergang vom liberalen zum totalen Staat mitvollziehe: »Und so gehört das jüdische Bürgertum in Deutschland zu den letzten deutschen Liberalen.« Diese Entwicklung werde, so Marx in seiner 1932 veröffentlichten Fassung des Vortrags, »nicht dadurch aufgehalten, daß etwa die Alleinherrschaft des Nationalsozialismus in Deutschland verhindert werden kann. Seine Machtergreifung würde (...) lediglich das Tempo der Entwicklung anders bestimmen, vielleicht auch den bestehenden Zustand deutlicher herausarbeiten und damit für Juden unangenehmer gestalten.«

Nicht mehr die individuelle Assimilation und Eingliederung in die Gesellschaft dürfe das Ziel bleiben, sondern von nun an müsse – insoweit sei der zionistische Ansatz zutreffend – kollektiv für die deutsche Judenheit eine Lösung angestrebt werden. Hugo Marx sah damals die bestmögliche Absicherung der deutschen Juden im Rechtsstatus einer nationalen Minderheit, wenn möglich, unter dem Schutz des Völkerbundes. Ergänzt werden sollte diese Forderung durch eine freiwillige Umstellung der Berufsstruktur innerhalb der deutschen Juden z. B. durch Umschulung der jungen Leute auf handarbeitende und technische Berufe: »(...) eine der beruflichen Schichtung ihrer nichtjüdischen Umgebung angenäherte berufliche Verteilung« würde in der Zukunft Reibungsflächen verringern. Auswanderung erschien Hugo Marx angesichts des sich abschließenden Auslands als keine realistische Alternative für die Masse der deutschen Juden.

Daß Marx die Errungenschaft staatsbürgerlicher Gleichberechtigung zugunsten eines Sonderstatus preisgeben wollte, das Judentum eher als nationale Minderheit denn als Konfession definierte, eher ein Sonderrecht und damit Ausgliederung als Angleichung und Eingliederung anstrebte, löste bei den Zuhörern Verwirrung und Empörung aus. Seine Kritiker sahen darin einen Rückschritt, einen Schritt »zurück ins Ghetto«[3] und eine Argumentation, die vielleicht sogar Judengegnern Vorschub leisten könnte.

Hugo Marx hatte sich augenscheinlich an den Autonomiebestrebungen jüdischer und nicht-jüdischer Minderheiten der Zwischenkriegszeit in Osteuropa

2 Ebd., S. 13, 15.

3 Brenner, Michael: Zurück ins Ghetto? Jüdische Autonomievorstellungen in der Weimarer Republik. Magisterarbeit Hochschule für Jüdische Studien. Heidelberg 1992, S. 151 f.

orientiert, die sich um Garantien des Völkerbundes bemühten. Er nahm damit eine mittlere Position ein zwischen liberaler, assimilierter Mehrheit und zionistischer, palästinaorientierter Minderheit; mit letzterer teilte er den Appell, das Judentum als nationale Einheit zu definieren, mit ersterer das Festhalten an der Diaspora. Von heute aus gesehen beeindruckt vor allem, daß er so frühzeitig in der Krise der Republik die Neuartigkeit der Gefährdung der deutschen Juden erkannte. Seine damaligen Vorschläge waren freilich genau wie die Vorstellungen seiner Diskussionspartner im Hause des Ehepaars Braunschweig geprägt vom Vertrauen in die Verbindlichkeit geltenden oder neu zu fixierenden Rechts und boten keinen Schutz gegen die unvorhersehbar skrupellose Mißachtung und Zerstörung des Rechts durch die Nationalsozialisten.

Die Hitler-Regierung war schon einige Monate im Amt und der Rassenantisemitismus Teil der Regierungspolitik geworden, als in Heidelberg ein weiteres Konzept entwickelt wurde, das sich der »Judenfrage als Ganzes« annehmen und »in radikaler Weise Abhilfe« schaffen wollte. Sein Autor Eugen Täubler, seit 1925 Ordinarius für Alte Geschichte, Spezialist für jüdische Geschichte und wenig später aus rassischen Gründen von der Universität entfernt, erkannte gleichfalls die Neuartigkeit der Bedrohung: »Die Juden sind noch nie in eine Situation gekommen, wie es die gegenwärtige ist, da die Gegnerschaft noch nie mit dem rassischen Gedanken verknüpft und darum immer die Möglichkeit vorhanden war, durch Taufe die Gleichberechtigung zu erhalten und im Staatsvolk aufzugehen.«[4] Nach seiner Einschätzung des Regimes war es nicht mehr sinnvoll, auf »eine Änderung der die Juden betreffenden Gesetze und Verordnungen« zu hoffen; und bei »fruchtloser Kritik und schmerzlichem Zuwarten«, worauf sich seiner Ansicht nach die Haltung der Mehrheit der deutschen Juden beschränkte, wollte er es nicht bewenden lassen.

Aber seine Vorschläge gingen auch einen entscheidenden Schritt weiter als die Autonomie-Vorstellungen von Hugo Marx und warben wie die Zionisten für eine »gut vorbereitete Emigrationspolitik«. Als Zielgebiete schwebten ihm neben Palästina besonders die Türkei, die USA und Kanada vor. Auch er bezog das Problem beruflicher »Umschichtung« mit ein. Adressat seiner Überlegungen sollte letztlich die Reichsregierung sein. Dabei setzte er trotz aller Gegnerschaft auf Berührungspunkte der beiderseitigen Interessen, wenn er in Anspielung auf die nationalsozialistische Judenverfolgung und auf erste Reaktionen in anderen Ländern »drei ungewollte Wirkungen der Judenpolitik des neuen Reichs« – wie es in seiner Denkschrift vom Juli 1933 hieß – aufzählte: »1. die bevorstehende Belastung mit einer zusammenbrechenden Masse einer halben Million Menschen; 2. der im Ausland immer mehr zur Entwicklung kommende Boykott deutscher Erzeugnisse; 3. die von der Judenfrage her gegen Deutschland gerichtete Weltmeinung.« Falls nun die Regierung ihrerseits die »Evakuation« der deutschen Juden fördern würde, hätte dies positive Auswirkungen: Die deutsche Regierung erschiene in

4 GLA 235/2577, Schreiben Täublers an Ministerialrat Eugen Fehrle vom 12. Juli und vom 7. September 1933 sowie an Rektor Willy Andreas vom 29. September 1933. Vgl. dazu auch: Kraft, Rudolf: Eugen Täubler. In: Ruperto Carola 5. Jg. H. 11/12 (1953), S. 24f.

der öffentlichen Meinung »an einer von den Juden selbst ins Werk gesetzten Lösung« interessiert. Täubler dachte tatsächlich daran, gegebenenfalls als »Vertrauensmann und Bevollmächtigter der Reichsregierung« zu agieren. Allerdings mußte er einräumen, daß er seine Gedanken ohne Absprache mit den jüdischen Organisationen »ganz allein« entwickelt habe. Nicht einmal zur Heidelberger jüdischen Gemeinde bestand Kontakt.

Auch wenn Täubler seine Möglichkeiten als einzelner überschätzt hat und nur vage davon schreiben konnte, daß Staatssekretär Lammers und Innenminister Frick von seiner Denkschrift Kenntnis genommen hätten, so war seine Einschätzung der Interessenlage beider Seiten doch nicht grundsätzlich falsch. Das zeigt schon das sog. Haavara-Abkommen, eine Vereinbarung zwischen dem Reichswirtschaftsministerium und der Zionistischen Vereinigung für Deutschland, das im August 1933, also ungefähr zur gleichen Zeit, abgeschlossen wurde und das die Auswanderung nach Palästina und den Transfer von Kapital erleichterte und immerhin bis Kriegsbeginn in Geltung blieb.

Wichtiger für den hier interessierenden Zusammenhang ist jedoch, daß auch in Heidelberg von einzelnen frühzeitig die außerordentliche Bedeutung der Krise der Republik erkannt wurde und man angesichts des aggressiven Antisemitismus das vorherrschende Konzept der liberalen Mehrheit für unzureichend hielt, deren Führung wie bisher das deutsche Judentum zur Verteidigung der deutschen Identität und der Gleichberechtigung aufrief. Die Überlegungen von Hugo Marx und Eugen Täubler zeigen weiter, daß auch hier in Heidelberg verzweifelt nach Alternativen gesucht wurde, selbst wenn man dabei gezwungen war, die Existenz einer speziellen »Judenfrage« anzuerkennen. Freilich bleibt festzuhalten: Es handelte sich um Überlegungen einzelner, die die deutschen Juden als abgesonderte Minderheit ansprechen und für ihre Ziele gewinnen wollten; doch alles, was an Echo bekannt geworden ist – und im einzelnen unten noch zu untersuchen sein wird –, zeigt, daß auch für die Heidelberger Juden gelten kann: Sie teilten nur in sehr geringem Maße das Krisenbewußtsein dieser intellektuellen Außenseiter, sie waren »eine Minderheit, die keine sein wollte«.[5]

1.2 Die jüdische Bevölkerung Heidelbergs: Demographie und Berufsstruktur, Organisationen und Gemeinde(n)

Nach der Volkszählung vom Juni 1933 lebten in Heidelberg 1 102 Personen israelitischer Religionszugehörigkeit; das waren 1,3 % der Gesamtbevölkerung der Stadt. Diese Zahl entsprach dem Anteil der jüdischen Bevölkerung in Baden (ebenfalls 1,3 %, im Reich 0,9 %). Als Juden wurden damals nur Glaubensjuden, also Mitglieder jüdischer Gemeinden, gezählt. Die Gesamtzahl der Heidelberger

5 Toury, Jacob: Gab es ein Krisenbewußtsein unter den Juden während der ›Guten Jahre‹ der Weimarer Republik 1924–1929? In: Tel Aviver Jahrbuch für deutsche Geschichte XVII (1988), S. 156; zu Hugo Marx vgl. S. 159.

Bürger jüdischer Abstammung, die später unter die nationalsozialistische Rassegesetzgebung fiel, schätzte Weckbecker auf 1 500.[6]

Autoren des ›Israelitischen Gemeindeblattes‹[7] kommentierten die Ergebnisse der Zählung sehr pessimistisch. Sie beklagten den starken Schrumpfungsprozeß der jüdischen Gemeinde, der in allen großen Städten Badens gegenüber den Zahlen von 1925 festzustellen war (in Heidelberg war ein Rückgang um 310 Personen, d. h. 28 % zu verzeichnen); in den Landgemeinden – wegen Landflucht und Verstädterung – habe er meist schon viel früher begonnen. Im IGB wurde diese Entwicklung am Beispiel Mannheims, der größten jüdischen Gemeinde Badens, genauer analysiert. Die Ergebnisse dürften zum großen Teil auf Heidelberg übertragbar sein: Der Rückgang sei zurückzuführen auf Überalterung, spätes Heiratsalter, Geburtenrückgang, hohe Sterblichkeit, Austritte aus dem Judentum und Mischehen, deren Kinder meist dem Judentum verlorengingen. Der Verfasser sprach von einer »sterbenden Judenheit« und sah in der rapiden Assimilation die wesentliche Ursache. Hinzu komme jetzt nach dem Umbruch 1933 – als »neuer Negativposten« – die Abwanderung insbesondere der jugendlichen Juden aus Deutschland (Zuwanderung sog. Ostjuden, insbesondere aus Polen, spielte anscheinend seit der Weltwirtschaftskrise keine Rolle mehr). Nur vage äußerte der Verfasser eine Hoffnung auf Umkehr dieses eindeutig rückläufigen demographischen Trends: einen »Wendepunkt« könne er sich nur vorstellen, »wenn die deutschen Juden von innen heraus die Kraft finden, aus den kulturellen Werten ihrer alten Religion neu zu schöpfen«.

In der Berufsstruktur gab es deutliche Unterschiede zwischen der jüdischen Minderheit und der Gesamtbevölkerung Heidelbergs. Stark überrepräsentiert waren – ebenfalls nach der Volkszählung von 1933 – die Juden unter den Selbständigen (45,1 % gegenüber 21,5 %) und in der Gruppierung der Beamten und Angestellten (41,8 % gegenüber 31,0 %). Bei den Arbeitern (9,7 % gegenüber 40,3 %) und Hausangestellten (3,4 % gegenüber 7,2 %) waren sie erheblich unterrepräsentiert. Fragt man nach den Branchen, so waren Juden besonders stark im Handel und in der Genußmittelindustrie, vor allem in dem in Heidelberg wichtigen Teilbereich der Tabakverarbeitung, vertreten. Weckbecker wies zu Recht[8] auf die Vielzahl der gerade in diesen Gewerbezweigen tätigen kleinen und mittelständischen Betriebe hin und erklärte so den hohen Prozentsatz jüdischer Selbständiger. Zu dieser Gruppe wurde auch eine große Zahl jüdischer Repräsentanten in den freien Berufen gerechnet, insbesondere unter den Rechtsanwälten und niedergelassenen Ärzten. Innerhalb der Gruppe der Beamten und Angestellten dürften die jüdischen Handelsangestellten überwogen haben, weil in der städtischen und staatlichen Verwaltung immer noch sehr wenige Juden vertreten waren. Freilich hat auch ihr hoher Anteil an den Hochschullehrern dazu beigetragen, daß Juden gerade in dieser Gruppe überdurchschnittlich repräsentiert waren.

6 Weckbecker, Arno: Die Judenverfolgung in Heidelberg 1933–1945. Heidelberg 1985, S. 27.

7 Karl Darmstädter und S. Bruchsaler im Israelitischen Gemeindeblatt Juli / August 1934.

8 Weckbecker 1985, S. 29.

Die Berufsstruktur der Juden hatte sich also noch nicht angeglichen: Der Anteil der gehobenen Mittelschicht war überproportional. Bei der Berufswahl scheint der Gedanke an den Antisemitismus eine erhebliche Rolle gespielt zu haben, wie sich z. B. am Beharren auf Selbständigkeit, an der Neigung zu den freien Berufen oder am Bestreben zeigen läßt, Verwaltungen und Großbetriebe zu meiden und möglichst in einem Geschäft mit jüdischem Inhaber angestellt zu sein. Umgekehrt erkannte man auch, daß Antisemiten die Unterschiede in der Berufsstruktur für ihre Zwecke ausbeuteten. Und das erklärt, daß in der Diskussion vieler jüdischer Gruppen und Organisationen damals »Berufsumschichtung« ein zentrales Thema war, was vor allem vermehrte Ausbildung bzw. Umschulung im handwerklichen und landwirtschaftlichen Bereich »in bescheideneren Berufen« bedeutete. Berufsumschichtung sei – so der Autor im IGB[9] – »das Losungswort für einen neuen Existenzeinbau in unserer jetzigen Umgebung und für den Existenzaufbau in einem oft fremden Land (...)«.

Mit der praktischen Umsetzung solcher Losungen, mit der Frage des Ausharrens oder des Auswanderns hatte man es vor Ort in den zahlreichen jüdischen Zusammenschlüssen zu tun. Deren traditioneller Mittelpunkt war die jüdische Kultusgemeinde. Ihr Rabbiner war seit dem Jahre 1930 Dr. Fritz Pinkuss, wobei ihm zugleich das Bezirksrabbinat mit Ladenburg und Sinsheim, mit insgesamt 25 kleineren Gemeinden, zugeordnet war. Und je aggressiver die Nationalsozialisten die »Judenfrage« zum Gegenstand ihrer Kampagne machten, desto mehr – so seine Feststellung[10] – gewann die Gemeinde ihre Bedeutung als Kern jüdischer Selbsthilfe zurück, und zwar auch für die ihren Aktivitäten bislang fernerstehenden Angehörigen der israelitischen Religionsgemeinschaft, aber dann auch für die von den Nationalsozialisten definierten »Rassejuden«, die bisher als Andersgläubige oder Konfessionslose keinerlei oder nur noch schwache Bindungen an das Judentum gehabt hatten.

Die Gemeindeverwaltung oblag einem aus sieben Mitgliedern bestehenden Synagogenrat, auch Gemeinderat genannt. Ihm stand eine ebenfalls von den Gemeindemitgliedern gewählte 28köpfige Gemeindevertretung oder Repräsentanz zur Seite. Erster Vorsitzender der Heidelberger Gemeinde, gleichzeitig Bezirksältester und Mitglied des Oberrats der Israeliten Badens, war im Jahre 1933 der Rechtsanwalt Theodor Kaufmann. Weiter waren der Architekt Siegfried Seidemann, der Lehrer Raphael Jakob, der Fabrikant Gustav Basnizki, der Kinderarzt Dr. Albert Hirsch und der Kaufmann Ernst Weil in den Vorstand bzw. in den Beirat gewählt worden.[11] Im Jahr 1923 hatte man in der Gemeinde zwei ständige Ausschüsse gebildet:[12] 1. Die »Örtliche Zentrale für jüdische Wohlfahrts-Pflege« (»Wohlfahrtsausschuß«) mit Theodor Kaufmann als Vorsitzendem hatte

9 Eugen Neter im IGB vom 30. Juli 1934.

10 Weckbecker 1985, S. 43.

11 Ebd., S. 33.

12 Ebd., S. 23 f.; Sauer, Paul: Die Schicksale der jüdischen Bürger Baden-Württembergs während der nationalsozialistischen Verfolgungszeit 1933–1945. Stuttgart 1969, S. 83.

ihre Geschäftsstelle in der Hauptstraße 113. Ihre Statuten sahen als dringlichste Aufgaben »den Zusammenschluß der jüdischen Wohlfahrtsvereine Heidelbergs« sowie »Beratung und Hilfeleistung für die Gemeindeangehörigen jeder Art« vor. Die Tatsache, daß im Jahre 1931 rund ein Fünftel, im Jahre 1935 bereits ein Viertel des Gemeindeetats mit weiter steigender Tendenz für Wohlfahrtsaufgaben aufgewendet wurde, zeigt die Bedeutung dieser Institution. 2. Der »Kultus- und Erziehungsausschuß« unter dem Vorsitz des Bezirksrabbiners war für den Religionsunterricht und die Durchführung kultureller Veranstaltungen in der Gemeinde verantwortlich.

Außer der liberalen Hauptgemeinde mit ihrer Synagoge in der Großen Mantelgasse gab es eine orthodoxe Gemeinde mit einem Betsaal, der sich, wie Barbara Löslein[13] nachgewiesen hat, seit April 1932 im Hinterhaus des Gebäudes Plöck 35 befand. Zuvor hatte es nach Auskunft von Max Rubinstein, Tel Aviv,[14] einen solchen Betsaal oder ein ›Stübl‹ an der Ecke Hauptstraße/Dreikönigstraße gegeben, in dem vor allem orthodoxe Juden, die Anfang des Jahrhunderts aus Osteuropa eingewandert waren, ihre Gottesdienste abhielten. Die sog. Ostjuden lebten meist in der ärmlichen Wohngegend um die Heiliggeistkirche und betrieben dort ein Handwerk oder Kleinhandel. An diese Gemeinde scheinen sowohl konservative Mitglieder der Hauptgemeinde, die sich z. B. im ›Verein gesetzestreuer Juden in Heidelberg‹ organisiert hatten, als auch Heidelberger Zionisten Anschluß gesucht zu haben.

Daneben hatten die Heidelberger Juden eine Anzahl von Vereinen gegründet, die teilweise mit der Hauptgemeinde und ihrer Führung personell verzahnt waren. Die für das Jahr 1933 überlieferten Mitgliedszahlen sind relativ hoch, wobei davon auszugehen ist, daß aktive Mitglieder oft mehreren Vereinen angehört haben. Welche Rolle die Vereine, soweit sie weiterbestehen konnten, unter den neuen politischen Bedingungen tatsächlich gespielt haben, ist freilich schwer einzuschätzen. Die wichtigsten Vereine waren:[15]

1. Israelitischer Frauenverein e. V., Bahnhofstr. 53 a, gegründet 1825; 1933 191 Mitglieder; Vorsitzende war Hedwig Holland.
2. Chewra Kadischa (»Heilige Bruderschaft«), Bergheimer Straße 118; gegründet 1852; ein Verein zur Unterstützung kranker Männer und Frauen sowie zusammen mit dem Bikur-Cholim-Verein zur Durchführung von Bestattungen; 1933 250 Mitglieder; Vorsitzende war Frau Gutmann.
3. Bikur-Cholim-Verein (»Krankenbesuch«), Rohrbacher Str. 31, gegründet 1889; 1933 18 Mitglieder; Vorsitzender war der Handelsvertreter Josef Levy.
4. Zedokoh (»Gerechtigkeit«), Blumenstraße 11, ein Verein zur Unterstützung ortsfremder Israeliten und für Wanderfürsorge; 1933 165 Mitglieder; Vorsitzender war der Kaufmann Ernst Weil, Mitglied des Synagogenrats.

13 Löslein, Barbara: Geschichte der Heidelberger Synagogen. Heidelberg 1992, S. 75.
14 Brief von Alfred Ranan, Motza Illit, Israel, an den Verf. vom 30. Dezember 1992.
15 Turtel, Chasia: Geschichte der Juden in Heidelberg von den Anfängen bis zur Gegenwart. (Ms. Jerusalem) Heidelberg 1979, S. 23; Weckbecker 1985, S. 34 f.

5. Friedrich-Loge des Ordens Bnei Brith (»Söhne des Bundes«); gegründet 1894; 1933 ca. 20 Mitglieder; Vorsitzende waren Baurat Leopold Oppenheimer und Gymnasialprofessor Dr. Sigmund Rothheimer. Daneben gab es eine Frauen-Loge unter dem Vorsitz von Klara Braunschweig und Frau Rosenbusch.
6. Verein für israelitische Krankenschwestern (»Schwesternstation«), Akademiestraße 2; gegründet 1909; 1933 240 Mitglieder.
7. Verein gesetzestreuer Juden, Plöck 38; gegründet 1929. Vorsitzender war 1933 der Zigarrenfabrikant Simon Hochherr (Mitgliederzahl unbekannt).
8. Verein Gemilus Chassodim (»Tätige Hilfe«), Häusserstraße 28; der Verein half besonders nach 1933 bei Auswanderungen und deren Finanzierung; Vorsitzender war 1933 der Kaufmann Sally Goldscheider (Mitgliederzahl unbekannt).

Daneben waren die großen Organisationen der deutschen Juden mit Ortsgruppen in Heidelberg vertreten: der »Centralverein deutscher Staatsbürger jüdischen Glaubens«, der auch die liberale Mehrheit der Heidelberger Juden vertrat, und der noch betonter deutsch-patriotisch auftretende »Reichsbund jüdischer Frontsoldaten« mit dem Lehrer Hermann Durlacher an der Spitze der Ortsgruppe; die »Zionistische Vereinigung für Deutschland« mit einer Zionistischen Ortsgruppe, die im März 1933 unter der Leitung von Gustav Samuel und dem Ehepaar Dr. Herbert und Lili Großberger neu gegründet wurde, 25 Mitglieder umfaßte und ein charakteristisches Arbeitsprogramm mit Sammlungen für den jüdischen Nationalfonds und mit Kursen für Hebräisch, Palästinafragen und Kolonisation in die Wege zu leiten versuchte.[16]

1.3 »Aber am 1. April, da wußten wir Bescheid«: Der Judenboykott in der Erinnerung

Der Boykott vom 1. April 1933 war die erste reichsweite Maßnahme des neuen Regimes gegen die Juden. Er wurde am 28. März von der NSDAP proklamiert nach einer Beratung führender Parteivertreter bei Hitler; die Initiative lag bei Propagandaminister Goebbels. Goebbels inszenierte dann ein Zusammenspiel zwischen den neuen Machthabern und den gewaltbereiten Gliederungen der Parteibasis und erkannte dabei sehr schnell die innenpolitischen Möglichkeiten, die das Hochspielen der »Judenfrage« für die Partei bot, obwohl der Boykott ja als Vergeltungsaktion für die angebliche »Greuelpropaganda« der Juden im Ausland erklärt worden war. Revolutionärer Partei-Terror sollte sich dabei mit gesetzesförmiger Diskriminierung abwechseln. Spontanes Weitertragen der Gewaltaktionen innerhalb der Bevölkerung – aber durchaus auch etwaige Proteste dagegen – ließen sich dazu benutzen, einschlägige Beschlüsse weiter zu radikalisieren. Zynisch und im Bewußtsein, einen vielversprechenden taktischen Ansatzpunkt

16 Turtel 1979, S. 24, 29.

gefunden zu haben, notierte Goebbels in sein Tagebuch:[17] »Sie [= die Juden in Deutschland] täten heute gut daran, Deutschland endgültig aufzugeben und von ihren Sorgen kein Aufhebens zu machen. Denn je mehr sie davon reden, desto akuter wird die Judenfrage, und wenn die Welt einmal anfängt, sich damit zu beschäftigen, dann wird sie immer zu der Juden Ungunsten gelöst werden.« Aggressive Dynamik in der ›Judenfrage‹ und bei der Eroberung der Staatsmacht waren für ihn nicht zu trennen: »Die Revolution, die wir begonnen haben, geht ununterbrochen weiter (...) Was wir jetzt erleben, ist nur die Übertragung unserer Dynamik und Gesetzlichkeit auf den Staat. Es geschieht das in einem derart atemberaubenden Tempo, daß man darüber kaum zur Besinnung kommt. Es kann jetzt schon gar nicht mehr heißen, daß man die Partei in den Staat einbauen muß: die Partei muß vielmehr der Staat werden.«

In der Heidelberger NS-Zeitung »Volksgemeinschaft« (vom 1. April 1933) wurde gleich dreimal zum Boykott aufgerufen. Neben dem zentralen Aufruf und dem der badischen Gauleitung erschien auch ein Aufruf des Heidelberger Aktionskomitees. Dieser war vom stellvertretenden Kreisleiter der NSDAP Philipp Dinkel (Kreisleiter Hermann Röhn war gerade zu diesem Zeitpunkt in die Gauleitung aufgerückt), vom Kreispropagandaleiter Friedrich Brust, von zwei Vertretern des nationalsozialistischen »Kampfbundes des gewerblichen Mittelstandes« und von je einem Vertreter des NS-Ärztebundes und des NS-Juristenbundes unterschrieben. Mit Hinweis auf die jüdischen Geschäfte, Ärzte und Rechtsanwälte hieß es darin: »Wer jetzt noch zum Juden geht, ist ein Verräter an seinem Volke.«

Schon am Abend des 31. März war die Heidelberger SA in einem »Propagandazug« mit Transparenten durch die Straßen der Stadt zur Stadthalle marschiert. In dem Zeitungsbericht[18] über die anschließende Parteikundgebung wurde ein Redner zitiert, der erklärte, »man werde für jeden christlichen Geschäftsmann, der zugrunde ginge, einen Juden aufhängen«. Im Bericht folgte dann der Satz: »Mit der Mahnung, den Boykott in bester Disziplin durchzuführen, schloß der Vorsitzende die Versammlung.« Die Parteibasis hatte Goebbels' Initiative wohl richtig verstanden.

Dieselbe Ausgabe des »Pfälzer Boten« ging bereits auf die Ereignisse des Samstagvormittags in Heidelberg ein: »Der Boykott hat, wie zu erwarten war, eine Sensation hervorgerufen. Dichte Menschenmengen besonders in der Gegend der Brunnengasse. ›Ehape‹ ist geschlossen; Tietz und Rothschild haben geschlossen. Kein Besuch der Geschäfte, wie erwartet wurde. Ein nationalsozialistischer Demonstrationszug geht z. Zt. durch die Hauptstraße nach dem Marktplatz. Die Menschen drängen sich. Gefährte können nur langsam fahren. SA-Kolonnen kleben Plakate: Kauft nicht beim Juden!«

Ergänzend berichteten am folgenden Montag die »Heidelberger Neuesten Nachrichten« (am 3. April 1933), die sich allerdings – im Unterschied zum

17 Goebbels, Joseph: Vom Kaiserhof zur Reichskanzlei. München [12]1936, S. 292, 294: Einträge zum 3. bzw. 6. April 1933.

18 ›Pfälzer Bote‹ vom 1. April 1933.

»Pfälzer Boten«, der dem Zentrum nahestand – dem neuen Regime schon weitgehend angepaßt hatten: »SA- und SS-Leute [waren] am Samstag zwischen 10 und 11 Uhr durch die Geschäftsstraßen gezogen und hatten vor jüdischen Geschäften Posten und Plakate aufgestellt, Zettel an die Ladentüren und Schaufenster geklebt, ebenso bei jüdischen Ärzten, Rechtsanwälten usw. In den Hauptstraßen hatte sich um diese Zeit viel Publikum angesammelt, das die Aktionen zum Teil mit Beifallsrufen begleitete (...)«

Daß gerade dieser letzte Hinweis auf die Reaktion des Heidelberger »Publikums« nicht überbewertet werden darf, sondern mit der Möglichkeit einer zentralen Sprachregelung des Propagandaministers gerechnet werden muß, legt Goebbels' bereits zitiertes Tagebuch nahe. Noch am 1. April 1933 nach einer Fahrt durch Berlin notierte er, seine Eintragung wohl selbst als Mittel der Propaganda nutzend: »Das Publikum hat sich überall solidarisch erklärt«, um gleich hinzuzusetzen: »Die Presse arbeitet jetzt schon in vollster Einheitlichkeit.«

Auf einer Serie von Pressefotos (des Fotografen Lossen) ist der SA-Zug im Braunhemd mit Trommlern und Bläsern an der Spitze und mit den bekannten Transparenten zu sehen sowie die boykottierten Warenhäuser Tietz (in der Hauptstraße 28) und Ehape (in der Sofienstraße 5). Bei Tietz bzw. seiner Filiale im Nebenhaus (»Neueröffnung«) ist im Eingang ein Doppelposten SA erkennbar; bei Ehape (»Einheitspreise«) klebte gerade ein SA-Mann das Plakat »Deutsche! Kauft nicht beim Juden!« ans Schaufenster. Der Zug erregte sichtlich Aufsehen: Fußgänger und Radfahrer blieben meist am Straßenrand stehen, vor den boykottierten Geschäften sammelten sich größere Gruppen an, neben verhinderten Kunden auch neugierige Passanten, ebenso einzelne SS-Männer. Soweit sich das beurteilen läßt, verhielten sich die Gruppen abwartend. Man gewinnt nicht den Eindruck, daß es spontane Übergriffe aus der Bevölkerung gegeben hätte, freilich auch keine Proteste gegen die Aktion. Die Gewaltbereitschaft der beteiligten SA- und SS-Gliederungen stand außer Frage, besonders wenn man die Agitation in Rechnung stellt, der sie am Vorabend in der Stadthalle ausgesetzt gewesen waren. Man kann davon ausgehen, daß die Fotos den Redaktionen der lokalen Zeitungen vorgelegen haben; sie wurden aber hier wie andernorts – wohl auch auf Grund der zentralen Presselenkung – nicht veröffentlicht: Man war sich wahrscheinlich ihres Effekts beim Publikum nicht sicher.

Wenn auch von Pogromstimmung nicht die Rede sein konnte, so fand die nationalsozialistische Taktik, die »Judenfrage« politisch ins Zentrum zu rücken und sie in der kritischen Wirtschaftslage mit der Überrepräsentation in bestimmten Branchen des Einzelhandels und in den freien Berufen zu verknüpfen, doch auch in Heidelberg ein charakteristisches Echo. Zwei Inserate in den »Heidelberger Neuesten Nachrichten«[19] können dafür als Beispiele dienen.

Diese Versuche unmittelbarer Konkurrenten, aus dem Vorgehen der Nationalsozialisten wirtschaftlichen Nutzen zu ziehen bzw. möglichen Schaden von sich selbst abzuwenden, leiteten die schrittweise soziale Isolierung der jüdischen Bürger in Heidelberg ein. Dieselbe Stoßrichtung der Partei verrät auch ein »Verzeich-

19 ›Heidelberger Neueste Nachrichten‹ vom 31. März bzw. 1. April 1933.

»nis jüdischer Geschäfte Heidelbergs«, das wohl schon als Grundlage für die Boykott-Aktion gedient hatte und von der Kreisleitung wenig später an die Stadtverwaltung übermittelt wurde.[20] Mit dieser Liste sollte dem Anschein nach der »Empfehlung« des Reichskommissars und Gauleiters Robert Wagner, öffentliche Aufträge nur noch dem »deutschen Einzelhandel« zukommen zu lassen, Nachdruck verschafft werden, um den Boykott seitens der Stadt bzw. des Staates weiterzuführen.[21]

Aus der Sicht der Betroffenen war der Tag des Boykotts ein einschneidendes Erlebnis; ihre Recht- und Wehrlosigkeit prägte sich ihnen tief ein. Denn die eigentliche Bedeutung dieses Tages lag nicht im wirtschaftlichen Verlust, sondern darin, daß hier eine öffentliche Brandmarkung vollzogen wurde als erster Schritt zur rassistischen Ausgrenzung aus der Gesellschaft. Der Boykott nahm diese Ausgrenzung für einen Tag vorweg.

Schockartig erlebte der Gerichtsassessor Hans Bettmann, der Sohn des Dermatologen an der Heidelberger Universität Siegfried Bettmann, die Ereignisse des 1. April 1933 und tötete sich selbst. An seiner Arbeitsstelle am Heidelberger Amtsgericht war ihm am Morgen eröffnet worden, daß er wegen seiner jüdischen Abstammung mit der Entlassung zu rechnen hätte. Am selben Tag war auch, wie er feststellen mußte, das väterliche Haus mit dem Boykottzeichen markiert worden. Tatsächlich war zeitgleich mit der propagandistischen Vorbereitung der Boykott-Aktion der NSDAP in Umlauf gesetzt worden, daß in Kürze auch staatliche Maßnahmen in Form von Gesetzen gegen Juden, und zwar gegen jüdische Beamte und Richter, dann aber auch gegen jüdische Anwälte und Ärzte zu erwarten seien. Das sogenannte »Gesetz zur Wiederherstellung des Berufsbeamtentums« vom 7. April 1933 war dann das erste, das die rechtliche Gleichstellung der Juden rückgängig zu machen begann.[22] In der »Frankfurter Zeitung« (vom 5. April 1933),[23] damals noch nicht ganz der Sprachregelung unterworfen, wurde aus einer Zuschrift aus Heidelberg zitiert, die die Umstände des Selbstmords von Hans Bettmann schilderte: »Als er heimkam, fand er an der Tür seines Elternhauses den gelben Fleck und ein entsprechendes Plakat. Er schrieb einen Abschiedsbrief, in dem er aussprach, daß es ihm nicht vergönnt sei, seine Vaterlandsliebe auf andere Weise zu betätigen, daß er sein Leben nicht dem Dienste für den deutschen Staat widmen dürfe und daß er deshalb ein Opfer bringe, das hoffentlich nicht vergeblich sei. Er starb in Enttäuschung, aber ohne Erbitterung, als er sich auf dem hiesigen Bergfriedhof erschoß.« Hans Bettmann wurde dort um 13.30 Uhr tot aufgefunden. Die Selbsttötung sollte ein Appell

20 STAHD, Wohlfahrts- u. Jugendamt 2460, Schreiben der Kreisleitung Heidelberg an das Städtische Wohlfahrtsamt vom 11. Mai 1933.

21 S. u. S. 496ff.

22 Adam, Uwe Dietrich: Judenpolitik im Dritten Reich. Düsseldorf 1972, S. 60f.; Richarz, Monika: Jüdisches Leben in Deutschland. Bd. 2: Selbstzeugnisse zur Sozialgeschichte 1918–1945. Stuttgart 1979, S. 41 f.

23 Abgedruckt in Comité des Delegations Juives: Das Schwarzbuch. Tatsachen und Dokumente. Die Lage der Juden in Deutschland 1933. Paris 1934. Neuauflage o. O. 1983, S. 521.

gegen die Ausgrenzung die Berufsverbote und für die Idee der Emanzipation und der Integration im gemeinsamen Vaterland sein, »ein Opfer – wie es im Bericht der ›Frankfurter Zeitung‹ weiter hieß –, das er Deutschland bringe ebenso wie den Menschen, die ohne eigene Schuld plötzlich hinausgestoßen werden, ohne ihrem Vaterlande dienen zu dürfen und ohne die Erfüllung ihres Lebens in der selbstgewählten Arbeit noch suchen zu können«.

Der prominente Mannheimer Rechtsanwalt Max Hachenburg griff den Fall in der »Deutschen Juristen-Zeitung«[24] noch einmal auf. Auch Hachenburg entstammte dem assimilierten deutsch-jüdischen Bürgertum. In seinem Artikel brachte er den diskriminierenden Gesetzen vom April 1933 – wohl im Kontext der innerjüdischen Diskussion über »Berufsumschichtung« – ein sehr weitgehendes Verständnis entgegen (»Die Rückstauung kann eine erzieherische Wirkung auf die jüdische Intelligenz haben.«). Andererseits warb er dafür, daß die noch verbliebenen Möglichkeiten z. B. für jüdische Rechtsanwälte erhalten bleiben sollten: »Das würde verhüten, daß Männer ehrenhaftesten Wandels, die nur im Deutschtum wurzeln, zur Verzweiflung getrieben werden. Der Selbstmord eines hoffnungsreichen jungen Gerichtsassessors am 1. April 1933 in Heidelberg, gewollt als Opfer für sein Vaterland, sollte zu denken geben.«

In dieser Sitution versuchte die Gemeinde, in der in Heidelberg wie andernorts nur noch eine Minderheit der Juden aktiv war und zu der z. B. auch Hans Bettmann wie sein Vater und eine ganze Reihe weiterer Professoren keinen Bezug mehr hatten, die verbliebenen Kräfte zu bündeln und sich auf die neue Herausforderung einzustellen. In einer Notiz im ›Israelitischen Familienblatt‹[25] hieß es, »der Ernst der Zeit« mache es erforderlich, aus Synagogenrat und Gemeindevorstand heraus einen achtköpfigen Aktionsausschuß zu bilden; um Anregungen entgegenzunehmen, habe man inzwischen an alle Mitglieder der jüdischen Gemeinde Fragebögen verschickt. Die Vertreter liberaler, orthodoxer und zionistischer Gruppierungen innerhalb der Gemeinde rückten unter den gegebenen Umständen zusammen. Denn einer weiteren Notiz aus Heidelberg war zu entnehmen:

> »Zur Vermeidung eines Wahlkampfes hat die Gemeindevertretung einen Wahlausschuß eingesetzt, der eine Einheitsliste für die Wahlen zum Synagogenrat und die Gemeindevertretung aufgestellt hat. Die Gemeindeversammlung billigte die vom Wahlausschuß aufgestellte Kandidatenliste (...) Mit großer Mehrheit wurden die auf der Einheitsliste aufgestellten Kandidaten gewählt. Der neue Synagogenrat besteht nunmehr aus sieben und die Gemeindevertretung aus 28 Herren.«[26]

24 H. 9 (1933): abgedruckt In: Pätzold, Kurt: Verfolgung, Vertreibung, Vernichtung. Dokumente des faschistischen Antisemitismus. Leipzig ⁴1991, S. 60 f.; vgl. auch Schadt, Jörg: Max Hachenburg. Lebenserinnerungen eines Rechtsanwalts und Briefe aus der Emigration. Stuttgart 1978 und Ulmer, Eugen: Max Hachenburg. In: Ruperto Carola 6 (1952), S. 28 f.

25 Israelitisches Familienblatt vom 25. Mai 1933.

26 Israelitisches Familienblatt vom 10. August 1933.

In demselben Tätigkeitsbericht der Heidelberger Gemeinde wurde auch das Bedürfnis nach aktueller Orientierung und vor allem fremdsprachlicher Vorbereitung für den Fall der Emigration deutlich:

»In den letzten Wochen zeigte das Gemeindeleben eine rege Tätigkeit. Es fanden einige Versammlungen statt, auf denen die Maßnahmen besprochen wurden, um das Gemeindeleben zu intensivieren. Zunächst sind bei starker Beteiligung Sprachkurse für Neuhebräisch, Englisch, Französisch und Italienisch geschaffen worden. Eines guten Besuches erfreut sich der Kurs über jüdische Geschichte und die allwöchentliche Besprechung über Tagesfragen, die von Rabbiner Dr. Fritz Pinkuss geleitet werden. Sehr erfreulich war auch die Einrichtung eines Neuhebräischen Sprachkurses für die Lehrer des jüdischen Religionsunterrichts von Heidelberg und Umgebung. In der Synagoge selbst finden von Zeit zu Zeit Gemeindeabende statt. Dabei werden Referate über Tagesfragen nebst musikalischen Vorträgen gehalten. Eine ganz besonders rege Tätigkeit zeigt die Zionistische Ortsgruppe auf, die erst vor einigen Monaten neu ins Leben gerufen wurde.«

Fritz Pinkuss begleitete diese Intensivierung und Reaktivierung des Gemeindelebens, denn für den liberalen Rabbiner war »Der Kampf um die Emanzipation« (so das Thema seines Referats im Februar 1934 auf einer Bezirksveranstaltung der Bnei-Brith-Loge in Heidelberg)[27] ein Hauptanliegen, gerade wenn die Gleichstellung der Juden jetzt von Staats wegen wieder in Frage gestellt und aufgehoben wurde. Daneben scheinen insbesondere die Ausschreitungen am 1. April 1933 ihn aber dem Gedanken nähergebracht zu haben, die Emigration aus Deutschland zu fördern.

Am Boykott-Tag selbst erfuhr er z. B. aus Kreisen der Universität sowohl Zuspruch wie Feindseligkeit. In seinen Erinnerungen erzählt er, wie er an jenem Samstagmorgen auf der Hauptstraße auf dem Weg zur Synagoge und zum Gottesdienst dem Rechtsphilosophen Gustav Radbruch begegnete, der sich über die Vorgänge ganz erschüttert äußerte: »Pinkuss, ich kann menschlich alles verstehen, aber ein derartiges Fehlen von Gerechtigkeitsgefühl, das dieses Volk heute wahr werden läßt, das zu begreifen, geht mir ab. Da ist ein Abgrund zwischen mir und dieser Haltung.«

In diesem Zusammenhang erhielt der Rabbiner Pinkuss vom damaligen Rektor der Universität, dem Historiker Willy Andreas, einen Brief, in dem dieser entsprechend der offiziellen Propaganda-Linie anfragte, warum jüdische Studenten in USA gegen Deutschland zum Boykott aufgerufen hätten und warum die deutschen Juden das nicht hätten unterbinden können.[28]

In der Folgezeit konzentrierte sich Pinkuss immer mehr darauf, unter den Heidelberger Juden für den Gedanken der Auswanderung zu werben und die dafür notwendigen Voraussetzungen zu organisieren. Auch das stellt er in seinen Erinnerungen dar:

27 Turtel 1979, S. 30.

28 STAHD, Pinkuss, Fritz: Erinnerungen des ehemaligen Oberrabbiners der israelitischen Gemeinde Heidelbergs. São Paulo, Brasilien, 1981. Ms. 9 S. redigiert von Günter Heinemann, S. 4.

»Wir haben alles getan, daß Studenten, jüdische und nichtjüdische – denn es gab ja auch sehr viele nichtjüdische gefährdete Studenten – aus dem Land gehen konnten. Ich habe die mir anvertrauten Stiftungen benutzt, um diesen jungen Menschen die Auswanderung zu ermöglichen (...) Es gab eine Reihe von Versuchen, Auswanderer sofort umzuschulen. Es bestand ein Imkerkurs; wir hatten auch versucht, in der Nähe von Bad Ems eine Art Vorbereitungsdienst für Palästina-Einwanderungen zu machen (...) Wir hatten im Oberrat der Israeliten in Baden alles getan, um Kindertransporte in das Ausland zu bringen. Wir gingen davon aus, daß diese Kinder nach Israel oder nach England oder wohin immer Möglichkeiten bestanden, geschickt würden. Es war uns klar, daß diese Kinder, wenn sie nicht überall in jüdische Familien kommen konnten, genauso auch zu christlichen Familien kämen, die natürlich respektieren würden, daß es sich um jüdische Kinder handelte. Außerordentlich zu bedauern ist, daß nicht noch viel mehr Kinder rechtzeitig auswandern konnten (...) Ich habe mich immer dafür stark gemacht und habe darum gekämpft, daß Leute, denen es wirtschaftlich einigermaßen gut ging, andere Leute, die unbemittelt waren, mitnehmen sollten.«[29]

Über die Frage des rechtzeitigen Auswanderns kam es dann allem Anschein nach zum Konflikt zwischen dem Rabbiner und Teilen seiner Gemeinde. Dazu schreibt Fritz Pinkuss:

»Da die Situation 1934 und bis kurz vor der Olympiade etwas erleichtert zu sein schien, weil das Schicksal der Juden etwas beiseite gerückt wurde, weil man sich vor dem Ausland doch ein wenig in acht nehmen wollte, haben die Heidelberger Juden – wie alle deutschen Juden – geglaubt, sie könnten stillhalten und die schwere Zeit überleben. Ich wurde oft als Defätist beschimpft, wenn ich alles tat, um unseren Menschen den Weg ins Ausland zu ebnen.«[30]

In der erweiterten und gedruckten Fassung seiner Memoiren[31] griff Pinkuss die Auseinandersetzungen jener Jahre in Heidelberg im Zusammenhang mit der Darstellung seiner eigenen Emigration im August 1936 noch einmal auf:

»Ich lehne die Vorstellung ab, als ein Rabbiner in die Geschichte des deutschen Judentums einzugehen, der seine Gemeinde im Stich ließ. Dennoch wartete ich darauf, daß endlich der Tag käme, an dem ich schon all denen, die auf mich hören wollten, geholfen hätte, zumindest innerhalb meines Dienstbezirks (...)

Der Reichweite der von mir organisierten Aktion waren leider Grenzen gesetzt. Während die Juden im Osten nicht die geringste Chance hatten, sich zu schützen, weil für sie die Verfolgungen durch die Nazis völlig überraschend kamen, hätten die deutschen Juden dagegen, die in der Mehrheit dem Bürgertum angehörten, noch auswandern können. Vielleicht wollten sie gerade deswegen nicht wahrhaben, daß die Tragödie über sie hereinbrechen würde. Das deutsch-jüdische Bürgertum kannte die Geschichte der Juden nicht mehr, und es gelang mir nicht, allen die Augen zu

29 Ebd., S. 4 und 8.
30 Ebd., S. 6.
31 Pinkuss, Fritz: Lernen – Lehren – Helfen. Sechs Jahrzehnte als Rabbiner auf zwei Kontinenten. Heidelberg 1990, S. 40f.

öffnen, was geschehen würde: Viele Bemühungen, Leben zu retten, scheiterten an der Kurzsichtigkeit derer, denen geholfen werden sollte.«

Pinkuss resignierte in dieser Situation. Die von ihm angesprochenen Gemeindemitglieder verkannten seiner Ansicht nach die Bedeutung ihres Judentums und faßten es nur noch als Konfession auf: Weder habe man sich mit einer besonderen jüdischen Geschichte identifiziert, noch habe man für die Zukunft eine dauernde Entrechtung oder gar eine noch weitergehende Zuspitzung für möglich gehalten. Deswegen versuchte man durch Stillhalten zu überdauern.

Die von Pinkuss damals geäußerten Befürchtungen blieben ohne Wirkung:

»Die Veränderung, obwohl man sie hat kommen sehen, war eben doch brüsk und so stark, daß nur Menschen, die wirklich jüdische Geschichte verstanden haben, eine Ahnung haben konnten, was alles kommen würde.

Meine persönliche Ansicht war, daß man uns Juden in die Kohlen- und Salzbergwerke schicken würde. Auch war mir klar, ab 1933, daß es Krieg geben würde, daß alles auf einen Weltkrieg hinwies und daß dann wir Juden Zwangsarbeit unter der Erde leisten müßten. Das hatte ich befürchtet. Das, was dann wirklich gekommen ist, konnte nur eine perverse Phantasie erfinden. So etwas hätte ich nie voraussagen können.«[32]

Pinkuss, der außer in Breslau auch in Berlin bei Leo Baeck studiert hatte, hatte die verbleibenden Möglichkeiten auch mit seinem Lehrer besprochen, dem gewählten Präsidenten der Reichsvertretung der Deutschen Juden und der damals wohl angesehensten Persönlichkeit des deutschen Judentums. Der Gedanke, eine Massenauswanderung aus Deutschland zu organisieren, wie ihn ganz unabhängig davon im Jahre 1933 zugleich in Heidelberg auch Eugen Täubler erwogen hatte, wurde verworfen. Leo Baeck nahm dann im Jahre 1936 Pinkuss' persönlichen Entschluß zu emigrieren mit Respekt zur Kenntnis, hielt selbst aber an seiner eigenen Entscheidung fest und bekannte auch Pinkuss gegenüber: »Ich muß bei meinen Leuten bleiben.«

Rabbiner Fritz Pinkuss wanderte mit seiner Familie nach Brasilien aus, wo sich vorher schon sein Bruder hatte niederlassen können, und verfolgte dort über Jahrzehnte erfolgreich sein Ziel, »das liberale deutsche Judentum neu zu begründen«. Im Jahre 1994 verstarb er in São Paulo.

Zu Pinkuss' Gemeinde rechnete sich auch Friedrich Hausmann, ein erfolgreicher Kaufmann, Teilhaber einer Firma für Bürstenwaren und Toilettenartikel, der mit seiner Familie bis zum Jahr 1939 am Mönchhofplatz wohnte. Sein Beispiel, das sein Sohn in seinen Erinnerungen[33] beschrieben hat, soll hier zitiert werden, weil es das Nebeneinander von Assimilation und Bewahrung jüdischer Tradition illustriert, das – jedenfalls im Milieu der Geschäftsleute – allem Anschein nach nur in geringem Umfang zu Sozialkontakten mit Nichtjuden und zu gesellschaftlicher Integration geführt hat. Und zweitens macht es deutlich, daß trotz dieser unvoll-

32 Pinkuss 1981, S. 6f.

33 STAHD, KLE 13, Hausmann, Ernest: A Family during Troubled Times. Buffalo, New York 1992, Ms. 36S., S. 7ff.

ständigen Integration und trotz bedrohlicher Vorzeichen und der Warnungen, z. B. des Rabbiners, der Zeitpunkt der Emigration im wesentlichen davon bestimmt wurde, wie lange man seinen Lebensunterhalt in Deutschland verdienen konnte. Ernest Hausmann, geboren 1929, jetzt Professor in Buffalo, New York, schilderte jene Familiensituation, die er als Grundschüler erlebte:

»Although I believe my parents culturally were German in mentality, they were also firmly identified as Jews. Personal features that can be said to be German in character, such as, orderliness, cleanliness and proper manners were very important to them. They went to the syngogue almost every Saturday morning. In the regard to adherence to ancient Jewish traditions the service was similar to a conservative service, leaning towards the orthodox in the states. The men were assembled downstairs, separate from the women relegated to the balcony. The synagogue was between 1,5 to 2 miles from our home. I cannot recall any time that we did not walk to services. The men wore top hats in the synagogue on Rosh Hashonna and Yom Kippur (...) As far as I can remember, my parents had only Jewish friends. I cannot recall Christians coming for dinner or to an afternoon tea party for the ladies. The only non-Jews who regularly came to the house were the iceman who brought the chunk of ice for the icebox every other day and Frau Pfeifer, an old wrinkled woman who came from her farm to sell fresh vegetables. Upstairs in an attic apartment of our house lived the Wolfs, non-Jews. Herr Wolf was a railway employee who also served as the superintendent of our house. I remember that every Christmas eve my parents took me to the Wolfs. I sat next to the tree decorated with cookies, candies and homemade decorations, and unwrapped gifts. I do not remember any other interactions with non-Jews in my parents surroundings.

The synagogue must have provided the focus for social activity for my parents as the church or temple plays a similar role here. Jews like my parents were German in behavior and in their value system, but they carried on this German culture in parallel with but independent of the Christian community. To achieve true integration into the community, Jews had to go all the way in assimilation, that is, convert to Christianity. From my wife, who came from a background of converts, I learned that her family in fact, had a predominance of Christian friends in Berlin (...) My own first awareness of an impact on my life because I was Jewish came in 1935 when I started school. No longer could I attend the neighborhood public school: rather I had to go by trolley car across Heidelberg to attend the public school for Jewish children.[34] I still can vividly remember that I did not feel in any way deprived not being able to go to the neighborhood school. Going on the trolley far across town was exciting for a six year old boy (...) There were about twenty children in the class made up of first through third graders (...) That the school was still under the authority of the German Educational System was evident by the picture of Adolf Hitler on the inside cover of the report card and an associated message to German youth by the Führer. My teacher was Herr Durlacher (...) By the summer of 1938 it was clear that the aim of the German authorities was not just to annoy the German Jews but to make their life very

34 Gemeint ist die Pestalozzischule in der Weststadt.

difficult. At that time an edict required that my father and uncle sell their business to a Christian. Efforts were initiated by most German Jews to try to emigrate.«

Zuerst verfolgten die Eltern den Gedanken, beide Söhne mit einem sog. Kinder-Transport nach England zu schicken. Doch im Januar 1939 – nach der »Reichskristallnacht« und der nachfolgenden Inhaftierung des Vaters im KZ Dachau – erhielt die ganze Familie Ausreise-Visa in die USA; ein entfernter Verwandter der Mutter, der bereits in den 20er Jahren ausgewandert war, hatte für sie gebürgt.

Zwei weitere autobiographische Texte, ebenfalls ungedruckt und ursprünglich für private Zwecke abgefaßt, beleuchten nochmals die Bedeutung der Zäsur des 1. April 1933.

Die Lebenserinnerungen stammen aus zwei miteinander befreundeten Heidelberger Arzt-Familien, zeigen aber eindrucksvoll die unterschiedliche, ja gegensätzliche Sicht auf dasselbe Ereignis. Henri Brunswic skizzierte in seinem Text eine, wie es scheint, typische Akkulturation über drei Generationen hinweg. Der Großvater erscheint orthodox, der Vater, angesehener Röntgenologe, Mitglied des Centralvereins und des Reichsbundes Jüdischer Frontsoldaten, beharrte trotz weitgehender Assimilation bis hin in die Speisegewohnheiten nachdrücklich auf dem Judentum. Und der Sohn schließlich, religiös damals fast indifferent, von der Jugendbewegung deutsch-jüdischer Ausrichtung stark geprägt, freilich in reinjüdischen Bünden organisiert, weltanschaulich im Grunde entwurzelt und auf der Suche nach einer eigenen Weltsicht, erkannte am Beginn seines Medizin-Studiums im Jahre 1933 abrupt, wie der Nationalsozialismus alle Zukunftswege für ihn blockierte, eines der Erlebnisse, die dann eine Rückbesinnung auslösten.

Demgegenüber erlebte die Familie des Kinderarztes Hirsch, fast Nachbarn der Familie Braunschweig in der Leopoldstraße (heute: Friedrich-Ebert-Anlage) und überzeugte Zionisten seit den 20er Jahren, die Machtübertragung an die Nationalsozialisten als Bestätigung ihrer Skepsis gegenüber der Assimilation; aus ideeller und materieller, philanthropisch motivierter Unterstützung des Aufbauwerks in Palästina wurde der konkrete, umgehend vollzogene Entschluß, selbst dorthin auszuwandern.

Mit einem Rückblick auf den Besuch der Grundschule in der Sandgasse beginnt Henri Brunswic seine Lebenserinnerungen:

»Den jüdischen Schülern aus der Sandgasse erteilte Herr Durlacher Religionsunterricht, und dies war der Anlaß eines Zwischenfalls. Als ich auf Befragung unserem Lehrer mitteilte, daß bei uns zu Hause nicht koscher gegessen wurde und daß Freitag abends meine Mutter kein Sabbathlicht anzündete, da meinte unser Lehrer, daß wir keine richtigen Juden seien. Als mein Vater das hörte, wurde er sehr zornig und hatte dann eine große Auseinandersetzung mit Herrn Durlacher. Danach waren ihre Beziehungen wieder normal. Mein Vater stammte aus einem traditionell glaubenstreuen jüdischen Hause. Er war ›Alter Herr‹ der Badenia-Bavaria, einer farbentragenden jüdischen Verbindung, Mitglied des Central-Vereins deutscher Staatsbürger jüdischen Glaubens, weiterhin des Reichsbundes jüdischer Frontsoldaten.

Auch waren wir Mitglieder der Jüdischen Gemeinde Heidelberg und feierten die meisten jüdischen Feste. Chanuka, das in die Weihnachtszeit fällt, wurde mit Tannenzweigen, Geschenken – besonders an das Hauspersonal – gefeiert. Dabei wurden ›Oh, Tannenbaum‹ und ›Stille Nacht‹ gesungen. An den gegebenen Tagen wurden die Chanuka-Lichter angezündet, danach ›Moaus Zur‹ gesungen mit Reigen um den Eßtisch herum. Der Vater spielte die Melodie auf seiner Geige. Meine Mutter stammte aus einer Berliner großbürgerlichen Familie, die der traditionellen Religion schon entfremdet war, wie wir sagen, assimilierte Juden. Nach ihrer Heirat hat sie sich für die jüdischen Feste interessiert und diese immer gefeiert. In Heidelberg hat meine Mutter ein Purimspiel in Reimen verfaßt, das wir mit einigen Kindern der jüdischen Gemeinde aufgeführt haben (...) In der Quarta (des altsprachlichen Gymnasiums am Neckarstaden) kam ein Umschwung in mein Dasein. Walter Fisch, ein Sekundaner unseres Gymnasiums, gründete die Heidelberger Ortsgruppe der ›Kameraden, deutsch-jüdischer Wanderbund‹. Nach einem Besuch Walters bei meiner Mutter durfte ich als ›Pimpf‹ mitziehen. Mit Begeisterung stürzte ich mich in die neue Welt (...) Nach den Grundsätzen der Jugendbewegung und des Hohen Meissner waren wir radikal antibürgerlich: Zurück zur Natur, keine konventionellen Gesellschaftslügen, keine Gesellschaftstänze, nicht rauchen, keine langen Hosen, keine Shimmy-Schuhe; Aufrichtigkeit, Ehrlichkeit und Kameradschaftlichkeit wurden gepflegt (...) Heute muß man sich natürlich die Frage stellen: was war jüdisch an diesem Wanderbund? In Wahrheit nicht viel, aber wir waren alle Juden, und infolgedessen war die kritische oder feindliche Umwelt zeitweise aus dem Weg geräumt. Es war ein Leben auf einer geschützten Insel inmitten der hohen Brandung der Zeit. Von der jüdischen Religion habe ich von den Kameraden nicht viel gehört, und was ich gehört habe, habe ich nicht verstanden. Die jüdische Religion, Bibelkunde, jüdische Geschichte und hebräische Sprache waren die Gegenstände eines Unterrichts von Rabbiner Pinkuss; dieser hatte keinen besonderen Anschluß an die Jugend gefunden. Goethischer Pantheismus mit Naturschwärmerei waren uns vertrauter als das Alte Testament. Ein Abend bei dem jüdischen Gelehrten Martin Buber in Heppenheim, der uns aus seiner Übersetzung des Pentateuch vorlas, bei ihm die ›Fünf Bücher der Weisung‹, hat daran nichts geändert. Auch nicht unsere freundliche Beziehung zu unserem Heidelberger Kantor, Herrn Krämer. Seine wunderschöne Baritonstimme, an der Orgel von Liesel Kassewitz begleitet, klingt mir heute noch in den Ohren.«[35]

Henri Brunswic schildert dann, wie er von der Spaltung und Selbstauflösung des ›Kameraden‹-Bundes im Jahre 1930 überrascht wurde. Die linkssozialistisch orientierte Mehrheit der ›Kameraden‹ gründete als Nachfolgeorganisation ›Die Werkleute‹, die sich dem Zionismus annäherten und für Emigration und Beteiligung an der Kibbuz-Bewegung in Palästina (insbesondere durch die Gründung des Kibbuz Hazorea) eintraten, in Heidelberg aber keine Mitglieder hatten. So schloß sich Brunswic noch für einige Zeit einer eher rechtsorientierten Neugründung, dem ›Schwarzen Fähnlein‹, an; man wollte hier nach Brunswics Aussage »deutsch-jüdisch bleiben mit dem Akzent auf deutsch«.

35 Manuskript 39 S., o. Titel. Paris o. J.

Das Fazit seiner Heidelberger Jugendjahre, das Henri Brunswic im folgenden zieht, erklärt zugleich seinen Entschluß, nach Frankreich zu emigrieren, wo er – auf Grund elsässischer Ahnen – sein Medizinstudium fortsetzen und die französische Staatsbürgerschaft erhalten konnte:

»Religion: Meine eigene Stellung dazu war mir sehr unklar. Wie ich schon angegeben habe, bestand ein großer Widerspruch zwischen den Forderungen des jüdischen Gesetzes und der Praxis im Elternhaus. Mein Großvater in Bad Homburg war ein gesetzestreuer Jude, der seinen Bart mit der Schere schneiden ließ, koschere Nahrung und die Sabbathruhe streng einhielt. Auch war er viele Jahre Vorsteher der Jüdischen Gemeinde von Bad Homburg. Aber all dies schien mir sehr traditionell und erforderte große Opfer ohne genügende Motivierung. Das Glaubensphänomen, so wie ich es in Lourdes bei der Wallfahrtsprozession im Jahre 1926 beobachtet hatte, hat mich tief bewegt, aber ich konnte es nicht begreifen (...) Mein Überblick der Umwelt schien mir ungenügend, und ich wußte nicht, wie Front machen und meinen eigenen Platz zu erobern. Nun muß man begreifen, daß ich hierbei von den Jahren 1930 bis 1932 spreche. Ein ausgesprochener Zersetzungsprozeß war im Gange in der mich umgebenden Gesellschaft, die noch an den Folgen des verlorenen Krieges und der Inflation litt. Der aufsteigende Nazismus verlegte mir fast alle Wege (...) Der Gedanke, Heidelberg, das ich liebte, verlassen zu müssen, war mir besonders schmerzlich (...) Am 1. April 1933 war Boykott-Tag. Am Vormittag ging ich mit meinem Koffer zum Bahnhof. Vor dem Hause standen zwei Männer in SA-Uniformen mit einem Schild, auf dem stand: ›Geht nicht zu jüdischen Ärzten‹. Zwei Stunden später war ich mit der Bahn in Kehl. Zu Fuß ging ich über die Rheinbrücke (...)«

Das Haus der Familie Braunschweig war Treffpunkt jüdischer Persönlichkeiten aus Heidelberg und Umgebung, aber auch darüber hinaus gewesen. Hier hielt Hugo Marx seinen Vortrag über die aktuelle Situation der deutschen Juden, auf den eingangs Bezug genommen worden ist. Nach einer Mitteilung Henri Brunswics (an den Verf. vom 22. Juli 1992) gehörten zum Kreis seiner Eltern auch der jüdische Schriftsteller Georg Hermann aus Berlin, der damals in Neckargemünd lebte,[36] der Zahnarzt Friedrich Tryfus, der in der Landfriedstraße praktizierte, der Apotheker Erich Loewenberg, der Inhaber der Universitätsapotheke in der Hauptstraße, Bankdirektor Bernkopf aus Nürnberg und Regierungsrat Sigi Weissmann aus Karlsruhe, der später nach seiner Emigration als Sekretär einer Hilfsorganisation in New York eine ›Baden-Pfalz-Hilfe‹ für die nach Gurs deportierten Juden in die Wege leitete. Brunswic erinnerte sich, daß im Jahre 1932 auch Ludwig Holländer, einer der Vorsitzenden des ›Central-Vereins deutscher Staatsbürger jüdischen Glaubens‹, bei seinen Eltern zu Gast war. Auch hier sei das Scheitern des Abwehrkampfes gegen den Antisemitismus Thema gewesen; dazu notierte Brunswic: »Je vois pleurer ce vieux lutteur. C'est un patriote allemand convaincu qui reconnait l'échec de sa vie.«

36 Vgl. Stanomir, Gheorge: Georg Hermann und das Haus Poststraße 2. In: Neckargemünder Jahrbuch 1993, S. 85–105.

Der Kinderarzt Albert (Berti) Hirsch und seine Frau Frieda waren neben dem Buchhändler Herbert Großberger und seiner Frau die prominentesten Zionisten in Heidelberg. Großberger war auch Vorsitzender der Zionistischen Ortsgruppe in Heidelberg und Mitglied des Oberrats der Israeliten Badens. Frau Hirsch erzählt in ihren Lebenserinnerungen[37] unter anderem, wie sie schon Anfang der 1920er Jahre von Kurt Blumenfeld, einem der Vorsitzenden der Zionistischen Vereinigung für Deutschland (ZVfD), beeinflußt wurde, der damals eine Zeitlang in Schlierbach gewohnt hatte:

»Neben meinem Interesse für deutsches Wissen und Wesen nahm ich auch lebhaften Anteil an den Ereignissen, die für uns als Zionisten entscheidend waren: die Balfour-Erklärung, die Errichtung der Universität in Jerusalem, der Verlauf der verschiedenen Zionisten-Kongresse mit ihren Komplikationen etc. Natürlich waren wir abonniert auf die ›Welt‹ und auf die ›Jüdische Rundschau‹ (...) Wir, d.h. besonders wir Frauen, – Berti war ja schon seit 1907 überzeugter Zionist – hatten erst 1922 durch einen längeren Aufenthalt von Kurt Blumenfeld mit Frau Jenny und Kind in Heidelberg-Schlierbach intensive zionistische Propaganda genossen. Die Abende in unserer Wohnung und am Neckar haben durch Kurt Blumenfelds Redebegabung und den Zauber seiner Persönlichkeit mich und viele Studenten und Studentinnen zu überzeugten Zionisten gemacht. Von da an hat uns der Wille zur Auswanderung nicht mehr verlassen. Aber die Zeit schien für uns noch nicht gekommen: die Kinder sollten erst das gefährliche Säuglingsalter und, wenn möglich, die Schuljahre im fortschrittlichen Deutschland erledigen – die Berichte aus Palästina waren diesbezüglich noch sehr deprimierend – und die Praxis sollte uns erst die Geldmittel zu einer Niederlassung in Israel verschaffen, meinten wir. 1933 haben wir diesen Mangel an Mut und Konsequenz sehr bereut, obwohl wir noch nicht zu spät kamen.«

Diese zionistische Disposition machte es dem Ehepaar Hirsch möglich, die bitteren Erfahrungen der Diskriminierung im Heidelberger Alltag um die Jahreswende 1932/33 schnell zu verarbeiten und nunmehr konsequent darauf zu reagieren: Der 1. April 1933 gab den letzten Ausschlag, die Familie verließ Deutschland im Mai 1933, die Einreise-Zertifikate für Palästina hatte Albert Hirsch allem Anschein nach im Palästina-Amt der ZVfD in Berlin bekommen können. Die letzten Wochen in Heidelberg schilderte Frieda Hirsch so:

»In Heidelberg wie auch anderswo spürten wir schon seit Monaten feindselige Stimmung gegen die Juden. In allen Schaufenstern erschien Hitlers Schrift ›Mein Kampf‹; aber leider haben wir sie nicht gelesen. Tagtäglich sah ich am Buchladen, kurz vor unserer Wohnung, die Menschen sich scharen um eine Bilderzeitung, ›Der Stürmer‹. Marktschreierische Artikel, voll von Judenhaß und grausigen Karikaturen von Juden mit Teufelsfratzen wurden da gezeigt. Obwohl ich mir jedes Mal geschworen habe, nicht hinzuschauen, zog es mich wie Hexerei an.

37 Manuskript 4 S. (Auszug) o. O. u. J.; vermittelt durch Alfred Ranan, Motza Illit, Israel, November 1992.

Kam ich voll Wut und Erbitterung nach Hause, so neckte mich der junge Walter: ›Mutti sagt, ich ärgere mich aber gar nicht!‹ Heute versteht er wohl, wie richtig ich die Sachlage gesehen habe. Ich las natürlich auch andere Zeitungen und erschrak über die fortschreitende Juden- und Kommunistenverfolgung. Unsere christlichen Mitbürger wurden schon, unter Androhung von wirtschaftlichem Boykott, gezwungen, den ›Völkischen Beobachter‹ zu abonnieren. Unsere Freunde nahmen das Ganze noch nicht so ernst. Aber als im ›Stürmer‹ der Satz stand: ›Seit vierzehn Jahren vergiften die jüdischen Ärzte die Seele des deutschen Volkes‹ – da stand mein Auswanderungsplan fest. Uns gegenüber in der [heute: Friedrich-Ebert-] Anlage wurden plötzlich in einem Stickereiladen alle möglichen Plaketten, Kokarden und Fahnen jeder Größe mit dem Hakenkreuz verkauft. Anfangs wußten wir nicht einmal den Sinn der ›Swastika‹; aber man sagte es uns schnell: ›Juda, verrecke!‹

Das wurde das Leitmotiv der Hitler-Jugend und der Nationalsozialistischen Partei, die infolge des Terrors sehr schnell zur Macht kam. Bald marschierten die Braunhemden im Sturmschritt durch die Straßen, die Hakenkreuzfahnen flatterten und die blonden Hitler-Jungen sangen: ›Wenn's Judenblut vom Messer spritzt, geht's noch ein Mal so gut.‹

Das ehemalige Volk der Denker und Dichter hatte seine neue Poesie.

Wir Juden konnten die Schrecknisse zuerst einfach nicht für möglich halten. Jüdische Eltern ließen ihre Kinder noch im Zug mitmarschieren!

Aber am 1. April, als die ›spontane Volkswut‹ verlangte, daß ›schlagartig‹ alle jüdischen Geschäfte und Betriebe geschlossen würden und als alle Ärzte und Juristen Naziwachen vors Haus bekamen, da wußten wir Bescheid.

Ich verfluchte meine Unkenntnis jüdischer Historie, setzte mich über Dubnows ›Weltgeschichte‹, las die ›Judenvertreibung aus Spanien‹. Auch bekam ich aus der Lektüre von Schalom Aschs Trilogie ›Petersburg, Moskau, Warschau‹, die ich rein zufällig damals in die Hände bekam, einen Vorbegriff vom Massenmord an Juden.

Tatsächlich hat meine große Phantasie in diesem Fall uns gut beraten. Ich veranlaßte Berti, dem man inzwischen schon die Kassenpraxis genommen hatte[38] – kein Jude durfte mehr einen Arier behandeln! –, sofort nach Berlin zu fahren und sich Zertifikate für sechs Personen zu beschaffen. Unser klarblickender Freund, Dr. Willy Braunschweig, sagte ihm damals, als er zögerte: ›Wenn ich Zionist wie Sie wäre, gäb's keine Minute abwarten. Auf nach Palästina! Ich beneide Sie!‹ Er hat viele Umwege gemacht (...) Nun, Berti kam mit sechs Einzel-Zertifikaten zurück und wir begannen mit unseren Ausreise-Vorbereitungen. Unsere jüdischen Bekannten, die ihren Optimismus mit dem Tod oder der Verschleppung nach Gurs bezahlen mußten, erklärten mich reif fürs Irrenhaus, weil ich nicht warten wollte, bis der ganze ›Schwindel‹ zusammenfiele. Ich aber ging konsequent vor (...) Wir vermieden es in christlichen Geschäften zu kaufen; ein tüchtiger Jude eröffnete ein kleines Lebensmittelgeschäft in der

38 In Baden am 30. März 1933, wie es scheint, vorauseilend verfügt: vgl. Adam 1972, S. 67, Anm. 229.

Plöck. Berti schickte sofort seine freiwillige Demission an das ›Evangelische Versorgungshaus‹ und an den ›Ärztlichen Verein‹. Die Kinder meldeten wir am 2. April aus den Schulen ab, trotzdem die Direktoren erklärten, daß unsere Kinder nur ein Prozent der Klasse bildeten. Sapienti sat. Dafür ließen wir den Kindern englische Stunden geben von einer jüdischen Lehrerin, die fristlos entlassen worden war. Auch Iwrith sollten sie bei Lehrer Azulai lernen. Aber wir waren viel zu aufgeregt.

Berti arbeitete konzentriert an der Fertigstellung seiner Krankengeschichten. Sinnloser Fleiß! Die Nazis zahlten dem ›Jud‹ doch nicht, und die Krankenkassen ebensowenig. Indessen packte ich mit dem Mädchen und den Umzugsleuten unseren ganzen Haushalt ein (...) Berti war vor der Ausreise idealistisch genug gewesen, um seine Praxis und Sprech- und Warte-Zimmer an die jüdische Kinderärztin Dr. J. abzugeben, ohne jedes Entgelt (...) Eine kleine Episode, die beweist, daß der ›Mann aus dem Volke‹ anfangs keineswegs so judenfeindlich war, fällt mir ein: Der Steuerbeamte, der zwangsweise während unseres Umzuges in der Wohnung saß, um zu kontrollieren, daß wir kein Geld hinausschmuggelten, las dauernd sein ›Heidelberger Tageblatt‹ mit der Bemerkung: ›Ach, Herr Doktor, Sie könne doch nix Unrechts mache! Sie kenne mer doch!‹ Und er hatte Recht. Nicht mehr als die 1000 erlaubten Pfund nahmen wir mit.«

Überzeugte Zionisten gab es auch im Jahre 1933 nur wenige in Heidelberg; und oft galten sie, wenn sie tatsächlich die Konsequenzen zogen und nach Palästina auswandern und einen jüdischen Staat gründen wollten, in den Augen ihrer jüdischen Bekannten als »reif fürs Irrenhaus«. In den 20er Jahren hatte, wie ebenfalls Frieda Hirsch berichtet hat, der Zionismus vor allem unter jungen Leuten, insbesondere Studenten, Anhänger gefunden. Später haben sich Heidelberger Zionisten anscheinend der orthodoxen Gemeinde zugewandt,[39] in der wiederum neben konservativeren Juden aus der Hauptgemeinde vor allem auch die zugewanderten Ostjuden aktiv waren. So bestanden auch in Heidelberg wie andernorts[40] Ansätze einer Zusammenarbeit von Zionisten, Konservativen und Ostjuden, bevor im Sommer 1933 dann die alten inneren Gegensätze hintangestellt und eine Art Burgfrieden mit der liberalen Mehrheit und wohl auch zwischen den Gemeinden geschlossen wurde.[41] Die Verfolgungen durch die Nationalsozialisten bewirkten dann überall ein Anwachsen der zionistischen Bewegung. (Trotzdem sind von den fast 1700 Heidelberger Juden, die von Arno Weckbecker im ›Gedenkbuch an die ehemaligen Heidelberger Bürger jüdischer Herkunft‹ aufgelistet wurden, zwischen 1933 und 1940 nur 118 nach Palästina ausgewandert.)

39 Vgl. den Hinweis auf Herbert Großbergers Engagement bei der Einweihung des Betsaals der orthodoxen Gemeinde in der Plöck am 2. April 1932 in Israelitisches Familienblatt vom 7. April 1932, S. 4 und Der Israelit vom 14. April 1932, S. 10. Zitiert nach: Löslein 1992, S. 75.

40 Richarz 1982, S. 35.

41 Ebd., S. 17.

Die damalige liberale Mehrheit, die auf die Errungenschaften der Emanzipation vertraute und volle gesellschaftliche Integration anstrebte, verstand sich politisch und kulturell als Deutsche, beharrte aber – in individuell ganz unterschiedlicher Weise – auf ihrem Judentum. Oft betrachtete man es freilich nur noch als Konfession, oder man empfand sich, wenn der Kontakt zur Gemeinde abriß, als Deutscher jüdischer Herkunft, nicht selten – wie Henri Brunswic es ausdrückte – »mit dem Akzent auf ›deutsch‹«.

Überblickt man nochmals das Spektrum der Reaktionen auf die ersten antisemitischen Maßnahmen des NS-Regimes in Heidelberg, so scheinen diejenigen, die sich am stärksten mit Deutschtum und deutschem Patriotismus identifiziert hatten, am härtesten von der Ausgrenzung getroffen worden zu sein, so daß z. B. der langjährige CV-Vorsitzende unter Tränen vom Scheitern seines Lebenswerks sprach oder manche – wie der junge Hans Bettmann - die Situation als völlig ausweglos ansahen. Umgekehrt fiel denjenigen, die ihr Judentum im Sinne der Zionisten verstanden, die Ablösung von Deutschland leichter: Der 1. April 1933 und andere Diskriminierungen ließen sich als typischer Bestandteil der Diasporageschichte erklären, denen man die Idee der jüdischen Nation und der Staatsgründung entgegensetzen müsse. Die Entscheidung zwischen Ausharren und Auswandern und über den Zeitpunkt der Emigration hing, das zeigen die zitierten Lebensberichte auch, freilich nicht allein von jenen Grundorientierungen, sondern von mehreren Faktoren ab, nicht zuletzt davon, wie lange im jeweiligen Beruf die Möglichkeit bestand, den Lebensunterhalt zu verdienen, bzw. ob junge Leute überhaupt eine Chance sahen, in Deutschland eine Berufsperspektive zu entwikkeln.

2 »Wer die Macht hat, der hat auch das Recht« Der politische Rahmen in Heidelberg: Der Anspruch der Kreisleitung der NSDAP und die Selbstbehauptungspolitik des Oberbürgermeisters

2.1 Die Machtergreifungsphase

In Städten wie Heidelberg war der Kreisleiter der wichtigste Parteifunktionär. In der Bevölkerung galt er als *der* Repräsentant des Regimes. Waren an der Spitze durch die Person Hitlers und meist ebenso auf der Ebene der Gauleiter Parteiamt und Staatsamt verflochten, so war beides auf der unteren Ebene getrennt: Dem Kreisleiter der Partei stand der Oberbürgermeister gegenüber. Das Kräfteverhältnis oder die Machtbalance zwischen beiden ist auch in diesem Zusammenhang von Belang; es gab jedenfalls den politischen Rahmen dafür ab, innerhalb dessen auch in Heidelberg die schrittweise verschärfte Ausgrenzung der Juden vollzogen wurde.

Ausschreitungen hatte es freilich in Heidelberg schon vor dem 1. April 1933 gegeben. Das gewalttätige Vorpreschen der Heidelberger Nationalsozialisten muß sogar als eine Besonderheit der Machtergreifung in dieser Stadt gelten; und als eine zweite Besonderheit freilich das Taktieren des Heidelberger Oberbürgermeisters gegenüber der NS-Bewegung, dem es – neben dem Weinheimer Stadtoberhaupt Huegel – als einzigem in Baden gelang, in seinem Amt zu bleiben.[42]

Bereits am Samstag, dem 11. März 1933 – es war die entscheidende Woche nach der Reichstagswahl am 5. März –, waren Heidelberger SA- bzw. SS-Trupps gegen das Ehape-Geschäft in der Sofienstraße und gegen ›Woolworth‹ in der Hauptstraße vorgegangen und hatten – so die Darstellungen des Heidelberger NS-Blattes – »die Schließung der jüdischen Ramschbuden« erreicht. Die gleiche Ausgabe der ›Volksgemeinschaft‹ (vom 13. März 1933) berichtete, daß NS-Trupps am gleichen Tag auch die Gewerkschaftszentrale im ›Volkshaus‹, den sog. Artushof, Ecke Rohrbacher Straße/Riedstraße (heute: Böcklerstraße) besetzten, durchsuchten sowie Schriften und Fahnen auf der Straße vor einem beträchtlichen Publikum verbrannten, eine Aktion also, die gewissermaßen vorwegnahm, was zentral geplant und gesteuert dann im Mai reichsweit als Schlag gegen die Gewerkschaften bzw. als Bücherverbrennung in den Universitätsstädten in Szene gesetzt wurde.[43]

Charakteristisch ist, daß auch für diese radikalen Aktionen an der Basis allem Anschein nach das Signal zentral ausgegeben worden war. Man leistete sich also in dieser Phase Rechtsbruch und Willkürmaßnahmen auf unterer Ebene weit unverhüllter als auf Reichsebene, wo man noch auf legale Formen der Machtübertragung bedacht gewesen war. Kurz nach der Reichstagswahl notierte Goebbels nämlich in sein Tagebuch:

> »Als nächstes Land kommt Baden an die Reihe. Dort werden wir jetzt Ordnung schaffen. Wir dürfen nicht über Zwirnsfäden stolpern. Eine Revolution ist eben eine Revolution. Auch wenn sie legal an die Macht kommt, hat sie trotzdem die Aufgabe, einen neuen Rechtszustand zu formen. Und vor allem ist es notwendig, daß wir den günstigen Augenblick abpassen. Was heute noch leicht erscheint, morgen wird es vielleicht unmöglich geworden sein. Also zupacken und nicht zaudern!«[44]

Konkret war damit die Verdrängung der badischen republikanischen Regierung durch die Ernennung des Gauleiters der NSDAP in Baden zum »Reichskommissar für das gesamte badische Polizeiwesen« angesprochen, die man mit der Reichstagsbrand-Verordnung legitimierte, und die symbolische Vorwegnahme dieser Machtergreifung durch die rechtswidrige Hissung der Parteifahnen an öffentlichen Gebäuden.

42 Grill, Johnpeter H.: The Nazi Movement in Baden. 1920–1945. Chapel Hill 1983, S. 280 f.

43 Zimmermann, Clemens: Die Bücherverbrennung am 17. Mai in Heidelberg. In: Leonhard, Joachim-Felix: Bücherverbrennung. Zensur, Verbot, Vernichtung unter dem Nationalsozialismus in Heidelberg. Heidelberg 1983, S. 55 f.

44 Goebbels [12]1936, S. 276 f.: Eintrag zum 7. März 1933.

Wie in vielen anderen Städten[45] wurde dies auch in Heidelberg als »Befehl« zu direkter Aktion aufgefaßt, die der hiesige SA-Führer Wilhelm Ziegler in den frühen Morgenstunden des 6. März ausführen ließ; das Hakenkreuz über dem Heidelberger Rathaus bedeutete für ihn den erfolgreichen Abschluß der Kampfzeit, ja die »Machtergreifung« selbst.[46] Diese wurde dann allen Heidelbergern am (Montag, dem) 13. März 1933 als unwiderruflich vor Augen geführt, als der seit dem 8. März amtierende Reichskommissar Robert Wagner die gesamte Heidelberger Polizei, einschließlich einer aus SA, SS und Stahlhelm neugebildeten Einheit Hilfspolizei, auf dem Universitätsplatz inspizierte und auf das neue Regime verpflichtete.

Unter den Heidelberger Nationalsozialisten taten sich in dieser revolutionären Phase neben Ziegler besonders Otto Wetzel hervor, NSDAP-Führer in Heidelberg bis zum Jahre 1931, als er dann als Kreisleiter nach Mannheim überwechselte, und sein Nachfolger Kreisleiter Hermann Röhn, der nach der in Heidelberg erfolgreich absolvierten Machtübernahme dann zum stellvertretenden Gauleiter avancierte. Für eine Übergangszeit folgte ihm 1934 Philipp Dinkel nach, bis schließlich 1935 Wilhelm Seiler in diese Position eingesetzt wurde und für einen Zeitraum von zehn Jahren Partner und Gegenspieler des seit 1929 amtierenden Oberbürgermeisters Carl Neinhaus blieb.

Die Fahnenaktion der NSDAP nach der Reichstagswahl am 5. März hatte, wie Eberhard Demm[47] mit Recht herausgestellt hat, neben der Verunglimpfung der Republik und ihrer Symbole vor allem den Zweck, die Standfestigkeit ihrer Verteidiger zu testen.[48] Neinhaus' Reaktion ist als »hilflos und doch förmlich korrekt« charakterisiert worden.[49] Jedenfalls versäumte er es, rasch und entschlossen die Polizei zu alarmieren und die Hakenkreuzfahnen vom Rathaus entfernen zu lassen. Am dritten Tag – die Fahnen waren gerade wieder von einem SA-Trupp eingeholt worden – distanzierte er sich vor dem Stadtrat von der Aktion und legte dabei seine Bemühungen dar, die Herausforderung zu beendigen. Diese Erklärung[50] kann wohl auch als Antwort auf den zwar einsamen, aber doch öffentlichen Protest Alfred Webers gelten, den der Professor in Form eines Leserbriefs[51] an Neinhaus gerichtet hatte und in dem es u. a. hieß: »Ich gestatte mir die Anfrage an den Herrn Oberbürgermeister und die sonst verantwortlichen Instanzen, welche Gründe sie veranlaßt haben, das Verwaltungsgebäude der Stadt, in dem alle Bürger der Stadt gleiche Rechte haben,

45 Longerich, Peter: Die braunen Bataillone. Geschichte der SA. München 1989, S. 168 ff.

46 Hoffmann, Herbert: Im Gleichschritt in die Diktatur? Die nationalsozialistische ›Machtergreifung‹ in Heidelberg und Mannheim 1930 bis 1935. Frankfurt 1985, S. 128, 137.

47 Demm, Eberhard: Zivilcourage im Jahre 1933. Alfred Weber und die Fahnenaktionen der NSDAP. In: Heidelberger Jahrbücher (1982) 26, S. 69–80.

48 Vgl. auch Goebbels [12]1936, S. 277: Eintrag zum 8. März 1933.

49 Hoffmann 1985, S. 129.

50 Ebd.

51 Heidelberger Tageblatt vom 7. März 1933.

zum Gegenstand einer Parteidemonstration werden zu lassen. Sollte keine genügende öffentliche Auskunft gegeben werden, so müßte ich annehmen, daß ich nicht mehr in einem Staat lebe, in dem alle Bürger gleichberechtigt sind.«

Professor Alfred Weber demonstrierte dann auch am 9. März beachtliche Zivilcourage, als er zusammen mit dem von ihm herbeigerufenen Heidelberger Polizeidirektor Heinrich Athenstaedt eine erneute Flaggenaktion der NS-Verbände – die diesmal auf die Reichs- und Landesbehörden zielte – an seinem Institut für Sozial- und Staatswissenschaften (im Palais Weimar, Hauptstraße 207–209) abwehrte. Es war dies eine der letzten Amtshandlungen des für seine antifaschistische Einstellung bekannten Polizeidirektors. Denn Athenstaedt wurde – zusammen mit einigen anderen leitenden Polizeibeamten – vom neu eingesetzten Reichskommissar unmittelbar nach dessen Amtsantritt beurlaubt und durch Otto Henninger, der inzwischen NSDAP-Mitglied geworden war, ersetzt. Fast wie von Alfred Webers couragiertem Auftreten veranlaßt, erscheint in diesem Zusammenhang die ironisch-herabsetzende Bemerkung in Goebbels' Tagebuch (zum 8. März 1933): »Auf allen öffentlichen Gebäuden wehen schon die Hakenkreuzfahnen. Hier und da leistet eine Beamtenseele Widerstand, aber ein gelinder Druck genügt, um sie in die Knie zu zwingen.«

Solche Bemerkungen lassen darauf schließen, daß man jeden Widerstand genau registrierte und wohl auch heftigere Reaktionen der demokratischen Kräfte erwartet hatte. Nun aber glaubte man, die Gleichschaltung noch rascher vorantreiben zu können. Bereits zwei Tage später drängte der Reichskommissar die letzte republikanische Regierung in Baden aus dem Amt, so daß die ›Volksgemeinschaft‹ am 13. März 1933 mit der Schlagzeile erschien: »Robert Wagner übernimmt die gesamte Staatsgewalt. NS-Regierung gebildet.«

Beim Heidelberger Oberbürgermeister Carl Neinhaus festigte sich allem Anschein nach in diesen Tagen der Entschluß, an seinem Amt, wenn irgend möglich, festzuhalten, in das er im Jahre 1929 als Parteiloser von allen Fraktionen des Bürgerausschusses (mit Ausnahme der Kommunisten) gewählt worden war. Und damit ihm Einfluß- und Gestaltungsmöglichkeiten verblieben, war er bereit, mit den neuen Machthabern die notwendigen Kompromisse einzugehen. Zwar hatte er sich 1929 als neugewählter Oberbürgermeister in der Festrede zur Verfassungsfeier zur Weimarer Verfassung bekannt und bei denen werben wollen, die ihr noch »teilnahmslos oder gar ablehnend« gegenüberstanden. Damals war allenfalls die konservative Kritik am Parteienstaat angeklungen, z. B. in seiner Mahnung, »wo es sein muß, auch einmal das eigene Interesse und das der Partei zurückzustellen vor den Anforderungen des Großen und Ganzen, die auf einer höheren Ebene liegen und Anerkennung fordern, wenn nicht im Kampf Aller gegen Alle der Staat, das Reich erliegen sollen (...) Wenn jeder von uns an diese Frage mit letztem Ernst und Verantwortungsbewußtsein herantritt, wird das Gerede von einer Krise der Demokratie, von einer Krise des Parlamentarismus bald verstummen.«[52]

52 Heidelberger Tageblatt vom 12. August 1929.

Eine Woche nach seinem Protest gegen die NS-Flaggenaktion vollzog er dann aber in wenigen Schritten und innerhalb kurzer Zeit seine Anpassung an die neuen Machtverhältnisse:

– Am 15. März 1933 trug er im Stadtrat eine Entschließung des Badischen Städteverbandes vor, die im Reich und Land bestehende Regierung zu unterstützen, und forderte in einer persönlichen Erklärung »die gesamte Bürgerschaft auf, an der Erfüllung der kommunalen Aufgaben nach Kräften mitzuwirken«.[53]

– Am 30. März 1933 machte er sich im Stadtrat eine der zentralen Forderungen der Heidelberger NS-Bewegung zu eigen und schloß Warenhäuser, Einheitspreisgeschäfte und Konsumvereine von der Vergabe städtischer Aufträge aus. Die Wahrnehmung des mittelständischen Interesses schlug dann binnen kurzem in antisemitische Verwaltungspraxis um. Ab Mai wurden z. B. die Gutscheine, die das Wohlfahrtsamt der Stadt Heidelberg an die Fürsorgeempfänger ausgab, entsprechend ergänzt: »Es werden nur Rechnungen christlicher Geschäfte eingelöst.«[54]

– Am 1. Mai 1933 trat Neinhaus der NSDAP bei; am selben Tag präsentierte er sich erstmals bei der Großkundgebung zum »Tag der nationalen Arbeit« auf dem Universitätsplatz auf der Freitreppe neben Kreisleiter Röhn und den übrigen NS-Führern, den aus Heidelberg stammenden Staatskommissaren Eugen Fehrle und Paul Schmitthenner sowie dem neueingesetzten Polizeidirektor Henninger der Öffentlichkeit.

– Am 23. Mai 1933 wurde in der Eröffnungssitzung des neuzusammengesetzten Stadtrats und des Bürgerausschusses Hitler und zugleich dem Heidelberger Physiker und alten Kämpfer für die NSDAP Philipp Lenard die Ehrenbürgerschaft verliehen.[55]

Die Bestätigung im Amt – wie gesagt: in ganz Baden eine Besonderheit – wurde formell erst am 9. Juni 1933 ausgesprochen. Auch wie die Bestätigung vollzogen wurde, war außergewöhnlich. Neinhaus erreichte bei dieser Gelegenheit, daß ihm die neuen Machthaber in Gesinnung, Haltung und bisheriger Amtsführung ein positives Zeugnis ausstellten (in einer gewissen Parallele zu seiner Entnazifizierung im Jahre 1949). Wohl mit Recht vermutet Herbert Hoffmann, daß die NSDAP-Führung nicht ernsthaft nach einer personellen Alternative gesucht habe.[56] Nein-

53 Hoffmann 1985, S. 148 f.

54 STAHD, Wohlfahrts- und Jugendamt, 2460; vgl. Hoffmann 1985, S. 161.

55 Vgl. dazu Moraw, Frank: ›Ich gestatte mir die Anfrage an den Herrn Oberbürgermeister ...‹. Carl Neinhaus – Stadtoberhaupt in drei politischen Systemen. In: Bahns, Jörn / Hepp, Frieder: Verführt und verraten. Jugend im Nationalsozialismus. Bruchstücke aus der Region. (Ausstellungskatalog) Heidelberg 1995, S. 77 f.

56 Hoffmann 1985, S. 161. Laut ›Volksgemeinschaft‹ vom 13./14. Mai und vom 9. Juni 1933 wurden zwischen Neinhaus und den neuen Machthabern die beiden folgenden Erklärungen ausgetauscht: »Der Oberbürgermeister der Stadt Heidelberg, Dr. Neinhaus, hat sich entschlossen, zur Vorbereitung seines endgültigen Rücktritts vom Amt um die einstweilige Beurlaubung nachzusuchen. In der Besprechung, die zwischen der Kreisleitung der NSDAP Heidelberg, dem Führer der Stadtratsfraktion Heidelberg und dem Oberbürgermeister dieserhalb stattgefunden hat, wurde diesem erklärt, daß die

haus' Identifizierung mit dem neuen Regime scheint dann Ende 1933 einen Höhepunkt erreicht zu haben. So warb er mit unübersehbar persönlichem Engagement in der Stadthalle für die Volksabstimmung am 12. November 1933:

»Tun Sie alle, die einst im andern Lager standen, jetzt den Schritt, den Sie einmal tun müssen, – übertragen Sie dieses Gefühl für Ehre und Gleichberechtigung von einer Klasse allein, die es nicht gibt, auf das ganze Volk, dann sind Sie Nationalsozialisten, die nur das Eine wollen, daß dieses ganze große Volk in allen seinen Ständen Teil hat an den Gütern des geistigen und des wirtschaftlichen Lebens, – aber unter Ausschaltung aller derer, die nur mit leicht erworbenem Verdienst ein bequemes und genießerisches Leben führen wollen. Das ist der Sinn der großen Umwandlung (...) Und in diesem großen Deutschland, für das es sich lohnt zu leben und zu arbeiten, hier herrscht ein Einziger. Vor 1933 mußte man, wie ich aus Erfahrung weiß, eine Stadt durch ein Chaos von Parteimeinungen, Regierungsansichten und Regierungswechseln hindurchsteuern. Im Büro hält es der Beamte, in der Werkstatt der Arbeiter für selbstverständlich, daß nicht zehn oder zwanzig Meinungen zu gelten haben, sondern daß einer bestimmt, damit es keine Unordnung gibt, – sollte es da im großen Deutschen Reich anders sein?«[57]

Bezieht man noch die spätere Selbstdarstellung von Carl Neinhaus[58] mit ein, so läßt sich über Motive und Wirkung seines Verbleibens im Amt im Jahre 1933 folgendes zusammenfassen:

1. Neinhaus führte seine kommunalen Ämter in Heidelberg wie auch vorher z. B. in Barmen korrekt und erfolgreich. Seine Parteilosigkeit bis 1933 und seine skeptische Distanz zur Interessenpolitik der politischen Parteien überhaupt entsprachen seinem Selbstverständnis als »Fachmann der gemeindlichen Selbstverwaltung«,[59] das auf eigenen Erfahrungen beruhte und nicht allein späterer Selbststilisierung entsprang.

2. Neinhaus' Parteibeitritt war damals einerseits unerläßliche Voraussetzung für das Verbleiben im Amt und mußte somit nicht eine vollständige Identifizierung mit den Zielen der Partei bedeuten. Andererseits wurde jedoch der System-

nationale Gesinnung und Haltung ebenso wie die Lauterkeit der Amtsführung unangetastet dastehen. Auch wurde die erfolgreiche Leitung der vor vier Jahren unter schwierigen Verhältnissen übernommenen Stadtverwaltung ausdrücklich anerkannt.« Hoffmann 1985, S. 162. Laut ›Volksgemeinschaft‹ vom 9. Juni 1933: »Der Reichsstatthalter hat den Oberbürgermeister der Stadt Heidelberg, Dr. Neinhaus, ersucht, das vor einigen Wochen eingereichte Urlaubsgesuch zurückzuziehen. Der Oberbürgermeister hat dem Ersuchen entsprochen. Der Reichsstatthalter hat zugleich die während der vergangenen Jahre bewiesene positive Einstellung des Oberbürgermeisters zur nationalsozialistischen Bewegung und die langjährige Zusammenarbeit zwischen diesem und der NS-Rathausfraktion in Heidelberg anerkannt und ihm das Vertrauen der badischen Staatsregierung versichert. Dr. Neinhaus gilt damit für die Wahlzeit als in seinem Amt bestätigt.«

57 Heidelberger Neueste Nachrichten vom 10. November 1933.

58 GLA 59/1/13754, Schriftsatz Dr. C. Neinhaus Ms. 62 S. 1949 für Zentralspruchkammer Nordbaden.

59 Ebd., S. 1.

wechsel geradezu beängstigend glatt mitvollzogen. Das zeigt, wie anfällig scheinbar ganz unpolitische Experten für die Propaganda waren, wonach die NSDAP gerade nicht partikulare Interessen vertrete, sondern als klassenübergreifende Volksbewegung eine vollständige Alternative zum parlamentarischen Parteiensystem anzubieten habe. Auch andere nationalkonservative Oberbürgermeister wie z. B. Carl Goerdeler in Leipzig hielten – mindestens bis zur Verabschiedung der Gemeindereform im Jahre 1935, an der Goerdeler selbst mitwirkte – kommunale Selbstverwaltung für sinnvoll und notwendig auch und gerade in einem autoritären Staat mit Einparteiensystem und Führerprinzip.[60] Goerdeler lehnte im übrigen den Eintritt in die NSDAP ab, wohl nicht nur, weil er ungleich prominenter und deswegen anfangs weniger angreifbar war als Neinhaus.

3. Es spricht einiges dafür, daß Neinhaus in grober Fehleinschätzung der weiteren Entwicklung im politischen Umbruch 1933 mehr Chancen sah als Risiken. Die örtliche NSDAP konnte offensichtlich keinen Kandidaten für das OB-Amt aufbieten, der an Kompetenz und Prominenz mit Neinhaus vergleichbar gewesen wäre. Unter ihren Funktionären war die Fluktuation groß. Aus Heidelberg wurden in dieser Phase gerade aus der Rathausfraktion möglicherweise geeignete Kräfte wegversetzt und stiegen auf, um den Personalbedarf andernorts zu decken wie z. B. Otto Wetzel (nach Karlsruhe als Kreisleiter und Kommissar), Karl Pflaumer (nach Karlsruhe als Kommissar und Innenminister) und Hermann Röhn (nach Karlsruhe als stellvertretender Gauleiter). Zwar gibt es von Neinhaus selbst aus dieser Zeit keine Aufzeichnungen darüber, wie er die politischen Gestaltungsmöglichkeiten einschätzte. Doch dürften seine Erwartungen ähnlich denen gewesen sein – eher noch optimistischer –, die z. B. Heinrich Athenstaedt kurz nach und trotz (!) seiner Suspendierung als Polizeidirektor äußerte. Athenstaedt schrieb damals aus Heidelberg an seine Frau; es war der 21. März 1933, der ›Tag von Potsdam‹, und er hatte gerade die Rundfunkübertragung der Feierlichkeit gehört:

»Es war zweifellos eine erhebende Feier, nur schade, daß die Massen der Arbeiterschaft und ein Teil des nationalen Bürgertums fehlten. Auf Grund der neuen Ermächtigungsgesetze werden hoffentlich die Reichsreform und die Verwaltungsreform in den einzelnen Ländern durchgeführt. Die bisherigen Parlamente waren ja unfähig, dies Reformwerk durchzuführen, sie gaben das auch selbst zu. Auch hoffe ich, daß wir außenpolitisch mit größerem Nachdruck jetzt vorgehen, so daß die Kriegsschuldlüge fällt, die Frage der Kolonien, des Saargebiets und des polnischen Korridors zu unserer Zufriedenheit gelöst wird. Weiter will ich hoffen, daß das Parteibuchbeamtentum endlich aus der öffentlichen Verwaltung verschwindet und der Mittelstand endlich vor seinem völligen wirtschaftlichen Zusammenbruch bewahrt wird. Auch die schärfere, konsequentere Tonart gegen die Kommunisten, die wir schon längstens vermißten, begrüße ich. Die sachlichen Ausführungen

60 Ritter, Gerhard: Carl Goerdeler und die deutsche Widerstandsbewegung. München 1964 (zuerst 1954), S. 42 ff., 66.

Hindenburgs stachen übrigens vorteilhaft vom Inhalt der Ansprache des Reichskanzlers ab.«[61]

Die Republik war also auch bei Nicht-Parteigängern Hitlers diskreditiert, und auch diese setzten Hoffnungen auf einen autoritären Staat.

Neinhaus versuchte im übrigen auf Ersuchen von Athenstaedt seinen Einfluß für diesen geltend zu machen und bei Pflaumer und Wetzel zu intervenieren, der zunächst als Kommissar des Innenministeriums für kommunale Fragen und dann als Gauinspektor der NSDAP noch eine zusätzliche Zuständigkeit für Personalpolitik bekommen hatte. Neinhaus äußerte sich in diesem Zusammenhang gegenüber Athenstaedt betroffen über den »Radikalismus in Baden in Personalfragen«. Erreicht wurde immerhin, daß die aus politischen Gründen erfolgte Suspendierung in eine Pensionierung aus gesundheitlichen Gründen umgewandelt wurde, so daß die im neuerlassenen Berufsbeamten-Gesetz § 4 enthaltene politische Brandmarkung (und eine Ruhegehaltskürzung) vermieden wurde.[62]

Von daher gesehen, konnte das Beispiel Athenstaedt auch zeigen, daß durch Verbleiben im Amt und Kollaboration mit den Machthabern radikale Kräfte innerhalb der NS-Bewegung und ihre Bestrebungen abgemildert und vielleicht eingedämmt werden konnten. Und gerade das Vorpreschen solcher Kräfte mit wilden Aktionen hatte der Machtergreifungsphase in Heidelberg ihr Gepräge gegeben. Auch die sehr befremdliche Betonung des Führerprinzips, ja des Hitlerkults durch Neinhaus z. B. in der Rede im November 1933 könnte damit in einem gewissen Zusammenhang stehen. Wie viele andere konservativ-autoritäre Politiker sah auch er in den ungesetzlichen und gewalttätigen Ausschreitungen wohl ›Kinderkrankheiten‹ der NS-Bewegung und in Hitler – eine ebenso charakteristische Fehleinschätzung und Wunschvorstellung – ein Gegengewicht, das gestärkt werden müßte.

4. Die Wirkung von Neinhaus' Parteieintritt ist wohl kaum zu überschätzen, insbesondere auf das gehobene Bürgertum, das der NSDAP oft noch abwartend gegenüberstand. Die Partei wurde auch in Heidelberg ›gesellschaftsfähig‹. Die Anpassung an die neuen Machthaber schloß das opportunistische Schweigen zu den ungesetzlichen und gewalttätigen Aktionen ihrer militanten Gruppen ein: am 1. April 1933 und schon vorher. Die Bevölkerung wiederum sah im bewährten Oberbürgermeister wohl auch einen Garanten, daß diese fingiert-spontanen Übergriffe nicht überhandnehmen würden. Aber zur gleichen Zeit fand auf Druck der Partei dieselbe Diskriminierungs- und Boykottpolitik gegenüber der jüdischen Minderheit bereits Eingang in die städtische Verwaltungspraxis, wie das Beispiel des Fürsorgeamts zeigte. Ein umfassendes »Verzeichnis jüdischer Geschäfte Heidelbergs«, das die Kreisleitung zusammengestellt hatte, bildete die Grundlage dafür, daß diese Politik im Amt jetzt rechtsförmig und systematisch vollzogen wurde.[63] Der Übergang von der ursprünglich mittelstandsfreundlichen Um-

61 STAHD, Nachlaß Athenstaedt, A 30, Privatbriefe.

62 Ebd.; vgl. auch Mommsen, Hans: Beamtentum im Dritten Reich. Stuttgart 1966, S. 49.

63 STAHD, Wohlfahrts- und Jugendamt, 2460, Schreiben vom 11. Mai 1933, »Beschluß« vom 17. Mai 1933.

schreibung der Zielsetzung zur offen antijüdischen Maßnahme traf nirgends auf Bedenken; der Vollzug durch die Behörden erweckte im Gegenteil zunächst den Anschein einer gewissen Mäßigung und Zurückhaltung.

Aber die Bemerkung eines Heidelberger NS-Aktivisten im besetzten Gewerkschaftshaus, »wer die Macht habe, der habe auch das Recht«,[64] beschrieb ja keineswegs nur die Situation der Umbruchzeit. Als nach einer Phase der Konsolidierung sich die Annahme vieler konservativer Kollaborateure als irrig erwies, man könne die Gesetzmäßigkeit sicherstellen, und im Gegenteil die terroristische Dynamik des Regimes immer deutlicher hervortrat, mußte sich auch die Frage ihrer moralischen Verstrickung in dessen Verbrechen neu stellen. Sie war auch nicht einfach abzutun mit dem Hinweis auf die geschwundene Bedeutung der Kommunalpolitiker, wie es Neinhaus in seinem Entnazifizierungsverfahren versuchte:[65] »Die Bürgermeister wurden oft, der Oberbürgermeister von Heidelberg immer und vollständig, aus dem eigentlichen politischen Bereich ausgeschaltet und beschränkten sich auf die Erfüllung ihrer sachlichen Verwaltungsaufgaben.« Demgegenüber bleibt festzuhalten, daß Neinhaus mit seiner Reputation und seiner Kompetenz der Partei in der Machtergreifungsphase über den Mangel an eigenen Fachkräften gerade in der Verwaltung hinweggeholfen und auch politisch dazu beigetragen hatte, ihre Herrschaft vor Ort zu stabilisieren.

2.2 Die Systemphase

2.2.1 Die neue Deutsche Gemeindeordnung 1935

Die Deutsche Gemeindeordnung (DGO) war ein Versuch, die chaotischen Verhältnisse im kommunalen Bereich zu beheben und das Nebeneinander von Partei und Verwaltungen zu regeln. Es war das einzige Teilstück der angestrebten Staatsreform, das realisiert wurde. In ihren Bestimmungen trug sie den Ansprüchen der NSDAP weitgehend Rechnung.[66] Trotzdem belegt ihre Einführung in Heidelberg und auch die sich anschließende praktische Rathausarbeit, daß auch auf dieser Grundlage die energische Selbstbehauptung eines Oberbürgermeisters gegenüber den Interventionen der Partei möglich war.

Anfang November 1935 machte der Kreisleiter erstmals seine neuerworbenen Rechte geltend und berief als »Beauftragter der NSDAP« 20 Ratsherren, die, wie er dem OB mitteilen ließ, die Rathausfraktion der NSDAP bilden und bestimmte kommunale Aufgabengebiete bearbeiten sollten. Neinhaus nutzte sein Antwortschreiben[67] für »eine grundsätzliche Klarstellung« des Verhältnisses von Partei und Stadtverwaltung. Die neuen Ratsherren hätten kein Mandat der Bürgerschaft und dürften sich nicht als Gegenspieler oder Kontrolleure der Verwaltung verstehen. Noch deutlicher wurde Neinhaus dann in seiner Rede

64 Volksgemeinschaft vom 14. März 1933.
65 Schriftsatz Dr. C. Neinhaus 1949, S. 17.
66 Mommsen 1966, S. 33, 92.
67 STAHD, AA 25b/3, Schreiben vom 6. November 1935.

bei der offiziellen Verpflichtung der Ratsherren am 7. November 1935 im Rathaussaal, wo er das Führerprinzip extensiv für sich reklamierte:

»Der Führergedanke gilt insbesondere im Verhältnis zu Ihnen, meine Ratsherren. Die Zeit ist vorbei, in der ein Stadtrat als Vertretungskörperschaft bestand. Es gibt keinen Stadtrat mehr als Kollegium. Es gibt selbstverständlich keine Fraktion mehr und es gibt erst recht keinen Fraktionszwang mehr oder sonstige schöne Überbleibsel aus der demokratischen parlamentarischen Zeit. Es gibt keine Abstimmung mehr. Das Mehrheitsprinzip ist restlos ausgelöscht.«[68]

Sehr klar war dabei Neinhaus' Bemühen, die Parteivertreter politisch zurückzudrängen. Zugleich versicherte er sich andererseits der straffen Gefolgschaft seiner eigenen Mitarbeiter in der Verwaltung:

»Das Führerprinzip gilt endlich auch im Verhältnis zu den Beamten, Angestellten und Arbeitern der Stadt. Mehr als bisher noch, meine lieben Arbeitskameraden, muß ich Sie ersuchen, die Verwaltung in den einzelnen Fällen auf das strengste zu führen, nach den Weisungen der Spitze der Stadt.«

So blieb, nachdem seit der Röhm-Affäre auch die militanten Kräfte geschwächt waren, als Gegenpart vor Ort nur die Kreisleitung. Um deren Ansatzmöglichkeiten zu verringern, war Neinhaus seit Anfang des Jahres 1935 mit Nachdruck darum bemüht, das eigenständige Agieren der Ämter im Rathaus einzuschränken. Kontakte mit der Partei machte er grundsätzlich zur Chefsache. Direkte Beziehungen zwischen den Ämtern und Parteistellen rügte er. Seinen Amtsleitern gab er zu verstehen:

»Mit solchem Benehmen kann sich ein Amt kein rotes Röckchen bei der Kreisleitung verdienen, denn sie weiß, daß die Dinge der Stadtverwaltung nur vom OB erledigt werden müssen.«

Und wenig später bekräftigte er nochmals, »daß keinerlei Schreiben an die Kreisleitung hinausgehen, die nicht entweder im Entwurf meinen Sichtvermerk oder in der Reinschrift meine Unterschrift tragen«.[69]

So waren in Heidelberg von 1935 bis 1945 Kreisleiter Wilhelm Seiler und Oberbürgermeister Carl Neinhaus in spannungsvoller Kooperation verbunden. Die politische Biographie Wilhelm Seilers läßt sich kurz umreißen: Aus einfachen Verhältnissen stammend, in der Heidelberger Altstadt aufgewachsen, hatte er hier die Volksschule und dann das Lehrerseminar absolviert. Anschließend war er Kriegsfreiwilliger im Weltkrieg, wo er mit dem späteren Gauleiter von Baden, Robert Wagner, der im übrigen auch in Heidelberg zum Lehrer ausgebildet worden war, in derselben Kompanie seinen Dienst tat. Nach dem Weltkrieg war Seiler in Heidelberg als Lehrer tätig (zuerst im Pfaffengrund, seit 1933 als Rektor der Wilckensschule), dann wurde er zum Stadtschulrat befördert. Gleichzeitig rückte er zum kommissarischen Kreisleiter auf, bis er im Jahre 1936 dann

68 Ebd., S. 9.
69 STAHD, AA 25b/3–8 sowie 239a/1, Abteilungsleiterbesprechungen vom 11. Januar 1935 und vom 26./27. September 1935.

hauptamtlich Kreisleiter wurde. Seit dem Jahr 1930 war Seiler Mitglied der NSDAP-Fraktion im Heidelberger Stadtrat, seit 1933 Fraktionsführer.

Den Eintritt in die Partei ebenfalls 1930 wollte er später als typischen Protest seiner Generation gegen die politische Zerrissenheit während der Weimarer Republik verstanden wissen. »Staatsform und Staat war uns etwas Sekundäres; das Primäre war das Volk (...) Wir haben gekämpft gegen alles, was trennt.«[70] Wenn er seine völkischen Vorstellungen propagierte, fiel anfangs eher deren verbohrt antiklerikale Stoßrichtung auf. Erst Mitte der 30er Jahre griff er die »Judenfrage« stärker auf und suchte hier die politische Dynamik der Partei zu demonstrieren. Das mochte auch damit zusammenhängen, daß viele seiner Initiativen und Interventionen in anderen kommunalen Politikbereichen am Oberbürgermeister scheiterten. Bei Kriegsende wurde Wilhelm Seiler in Haft genommen, die er vor allem im Internierungslager Ludwigsburg verbrachte. Die Spruchkammer stufte ihn dann im Jahre 1948 als ›Belasteten‹ ein und verhängte vier Jahre und sechs Monate Lagerhaft.

Wenige zusätzliche Bemerkungen zur politischen Biographie von Carl Neinhaus genügen, um zu verdeutlichen, daß er im Dualismus Oberbürgermeister/Kreisleiter über die besseren Voraussetzungen verfügte und der Überlegene war. Der promovierte Jurist und Verwaltungsfachmann hatte sich, aus einer Pfarrersfamilie vom Niederrhein stammend, zielstrebig – mit Zwischenstationen beim Deutschen und Preußischen Städtetag in Berlin und als Beigeordneter in Barmen – auf eine kommunalpolitische Laufbahn vorbereitet. In Heidelberg als parteiloser Kandidat indirekt (vom Bürgerausschuß) mit den Stimmen aller Parteien – außer der KPD – gewählt, widmete er sich von seinem Amtsantritt im Februar 1929 an der Aufgabe, durch rigorose Sparpolitik die finanzielle Lage der Stadt zu verbessern. Heidelberg galt damals als eine der pro Kopf am höchsten verschuldeten Städte des ganzen Reiches. Da Heidelberg zugleich stärker als alle anderen Städte im Südwesten in den Nachkriegsjahren von Arbeitslosigkeit betroffen war und eine hohe Zahl von sog. Wohlfahrtsarbeitslosen den städtischen Fürsorgeetat belastete, räumte Neinhaus der Arbeitsbeschaffung, jedenfalls seit 1932/33, Priorität ein. Aus Eigenmitteln der Stadt wurden vor allem Tiefbauarbeiten mit hohem Lohnanteil und geringem Materialaufwand vorangetrieben, aus Reichsmitteln z. B. der Siedlungsbau im Pfaffengrund und die Umstellung des Stromnetzes von Gleichstrom auf Drehstrom, im Rahmen des Arbeitsdienstes z. B. das Projekt des Ehrenfriedhofs.[71] Die Ämter Personal- und Kulturverwaltung führte Neinhaus persönlich. Auch in der politischen Beurteilung, die Kreisleiter Seiler später im Jahre 1941 über den Oberbürgermeister abfaßte, spiegelte sich deutlich der Respekt wider, den sich Neinhaus auf Grund seiner Fachkompetenz und seiner kommunalpolitischen Erfolge verschafft hatte, freilich auch dessen Bemühen, entscheidenden Konflikten aus dem Wege zu gehen:

70 GLA J 72/982, Spruchkammer-Akte Seiler. Protokoll vom 28. September 1948, S. 2.
71 Vgl. Heidelberger Neueste Nachrichten vom 30. Juni 1933.

»Pg. Dr. Neinhaus war vor 1933 parteilos. Seit den Wahlen Sept. 1930 mit der großen Mehrheit der NSDAP im Gemeindeparlament hat er einigermaßen Verbindung zur NS-Fraktion gehalten, so daß es nie zu Konflikten kam. Er konnte daher 1933 als einziger Oberbürgermeister in Baden in seinem Amt gehalten werden. Nach der Machtergreifung hat er den nationalsozialistischen Belangen Rechnung getragen. Er ist ein Mann, der seinen Standpunkt stark vertritt und die Autorität seiner Person zu wahren weiß. Hie und da gibt es daher kritische Situationen, die aber immer wieder überwunden werden konnten. Sein Verhältnis zur NSDAP im Rathaus ist gut und kameradschaftlich. Die fachliche Eignung steht über allem Zweifel, insbesondere auf dem Gebiet des Bauwesens und der Stadtplanung hat er unbestreitbare Verdienste. Das kulturelle Gebiet ist sein wesentliches Arbeitsgebiet. Seiler.«[72]

Im Jahr 1945 erwarb sich Neinhaus Verdienste bei der kampflosen Übergabe Heidelbergs an die amerikanischen Truppen. In seinem Entnazifizierungsverfahren wurde er im Jahre 1947 zunächst als ›Mitläufer‹ eingestuft, in dem von ihm angestrengten Wiederaufnahmeverfahren Ende 1949 schließlich als ›Entlasteter‹.

Im Jahre 1952 erreichte er als Kandidat der CDU die Wiederwahl zum Oberbürgermeister; zugleich wurde er zum Landtagsabgeordneten, 1956 sogar zum Landtagspräsidenten gewählt.

2.2.2.1 Der Fall Erich Loewenberg / Universitätsapotheke 1933–1936

Der Fall des ehemaligen Inhabers der Universitätsapotheke (in der Hauptstraße 114) Erich Loewenberg ist gut dokumentiert. Er zeigt exemplarisch, wie die wirtschaftliche und rechtliche Stellung eines jüdischen Bürgers in Heidelberg im Zusammenspiel von Partei, Stadtverwaltung und nicht zuletzt von unmittelbaren Konkurrenten untergraben wurde, bis Loewenberg sich schließlich gezwungen sah, seine Apotheke zu verkaufen und zu emigrieren. Der Fall ist auch deswegen von Interesse, weil Loewenberg sich nach Kräften und eine Zeitlang sogar erfolgreich mit Hilfe des bekannten Heidelberger Rechtsanwaltsbüros Marschall und Dr. Müller, Hansahaus Rohrbacher Straße 9, gegen die Diskriminierungen zur Wehr setzte. Dabei enthüllte sich, wie uneinheitlich und widersprüchlich solche Ausschaltungsvorgänge abliefen.[73]

Die Stadtverwaltung hatte ihre Entscheidung, jüdische Geschäfte von der Vergabe städtischer Aufträge auszuschließen,[74] sogleich auf ihre Fürsorgepraxis ausgedehnt. Die Tätigkeit jüdischer Ärzte bei den Krankenkassen sollte dadurch unterbunden werden, wobei im übrigen das Land Baden der Vorreiter war. Und

72 GLA 465d/1105.

73 STAHD, Wohlfahrts- und Jugendamt, 1889, Ausschließung nichtarischer Ärzte und Apotheker von der Fürsorgepraxis 1933/36; vgl. auch Leimkugel, Frank: Wege jüdischer Apotheker. Frankfurt 1991, S. 56 f. und Adam 1972, S. 67 f. Mit Bezug auf die SA-Aktion vom 1. April 1933 berichtete Erich Loewenberg, daß »Professor Anschütz ostentativ weiter die Apotheke besuchte, um seiner Mißbilligung des Boykotts dadurch Ausdruck zu geben« (GLA Ek 6491 P-2).

74 Adam 1972, S. 36.

in Heidelberg sollte – noch einen Schritt vorauseilend – eben auch die Universitätsapotheke keine Rezepte von Unterstützungsempfängern mehr einlösen dürfen.[75]

Dagegen protestierte Loewenberg umgehend, indem er unter anderem darauf hinwies, daß Apotheker durch Verordnung verpflichtet seien, Arzneimittel ohne weiteres (besonders im Sonntags- und Nachtdienst) abzugeben, wenn sie im Rezept vom Arzt als dringlich bezeichnet würden.[76] Loewenberg erreichte zunächst nur, daß diese Eil-Rezepte nicht-jüdischer Kunden von ihm weiterhin eingelöst werden durften. Oberbürgermeister Neinhaus bemühte sich jetzt nachträglich um eine Rechtsgrundlage für seine Anordnung und um Rückendeckung der badischen Regierung oder des Badischen Städteverbandes. Gleichzeitig mahnte er schriftlich die Heidelberger Ärzteschaft und die Kliniken, von der Ausnahme-Regelung der Eil-Rezepte weniger als bisher Gebrauch zu machen, »da sonst die Durchführung der Anordnung, wonach jüdische Apotheker für die Lieferungen an arische Unterstützungsempfänger ausgeschlossen sind, vereitelt wird«.[77]

Aber die amtlichen Stellen in Karlsruhe waren gegenüber Neinhaus' Ersuchen sehr zurückhaltend, denn die politischen Prioritäten schienen sich damals zu verschieben: An Stelle der Ausschaltung der jüdischen Bürger aus dem Wirtschaftsleben gewann die ungestörte Wirtschaftsentwicklung Vorrang. Das badische Innenministerium wollte ausdrücklich »keine Stellung nehmen« und den Gemeinden freie Hand lassen. Der Badische Städtetag, der sich rückversichernd an den Deutschen Städtetag gewandt hatte, teilte mit, daß eine reichseinheitliche Regelung nicht geplant sei, und stellte auch die Entscheidung über einen Ausschluß der jüdischen Apotheker von der Belieferung der Fürsorgeempfänger ins Ermessen der kommunalen Stellen.[78] So führte die Stadt Heidelberg ihre diskriminierende Praxis weiter, die sie im April 1933 im Zeichen des Boykott-Tages und des Berufsbeamten-Gesetzes mit seinem Arier-Paragraphen begonnen hatte.

Aber genau darauf, daß die Stadt den Boykott in gewisser Weise weiterführe und die Ariergesetzgebung auf Gebiete ausdehne, für die sie nicht bestimmt sei, stützte Loewenbergs Rechtsanwalt Hermann Müller seine Argumentation, wobei er noch hinzusetzte, »daß im vorliegenden Fall eine Ausdehnung des Arierparagraphen um so weniger angebracht war, als unser Mandant Kriegsteilnehmer (Frontkämpfer) ist«.[79] Freilich erst ein Rundschreiben des Reichsinnenministe-

75 Vgl. die Kassenarzt-Liste vom 1. Juli 1932 in den Akten des Wohlfahrts- und Jugendamtes (STAHD), 1889, mit der nachträglichen handschriftlichen Streichung der jüdischen Ärzte und der handschriftlichen Ergänzung: »Ebenso Loewenberg, Universitätsapotheke«; vgl. auch Sauer, Paul: Dokumente über die Verfolgung der jüdischen Bürger in Baden-Württemberg durch das nationalsozialistische Regime 1933–1945. Bd. 1. Stuttgart 1966, S. 131 sowie Adam 1972, S. 67 Anm. 229.

76 Vgl. ebd., Schreiben vom 29. Mai 1933.

77 Vgl. ebd., »Beschluß« vom 2. Juni 1933 bzw. vom 18. September 1933.

78 Ebd., Schreiben vom 6. März 1934.

79 Ebd., Schreiben vom 3. August 1934 und vom 29. Oktober 1934.

riums,[80] in dem angeordnet wurde, daß alle örtlichen Maßnahmen gegen jüdische Apotheker zu unterbleiben hätten, brachte die Stadtverwaltung dazu, jene Anordnung rückgängig zu machen.

Die Rückkehr zum früheren Stand der Dinge ließ freilich die unmittelbaren Konkurrenten Loewenbergs nicht lange ruhen. Die badische Apothekerkammer mit ihrem Vorsitzenden E. Badstübner von der Heidelberger Schwanen-Apotheke, Hauptstraße 176, hielt es für zweckmäßig, über die NSDAP-Kreisleitung auf die Stadt Heidelberg einzuwirken, »nicht mehr bei einem nichtarischen Apotheker zu kaufen«.[81] Die im Erlaß des Reichsinnenministers genannten Gründe, z. B. die Gefährdung der Arzneimittelversorgung, träfen in Heidelberg nicht zu: »In die Arzneiversorgung dieser Wohlfahrtsempfänger teilen sich nämlich 10 Apotheken, die überdies z. T. so nahe beieinander liegen, daß die nächste Apotheke ohne besondere Mühe und Zeitverlust erreicht werden kann.«

Daß sich die Kreisleitung in einem Schreiben an Neinhaus der Auffassung der Apotheker-Kammer anschloß, war nicht verwunderlich. Jedoch ist bemerkenswert, daß die Stadtspitze in dieser Situation erneut bereit war, die Diskriminierungspraxis wiederaufzunehmen. In einem Schreiben an das Innenministerium in Karlsruhe stellte der Bürgermeister fest: »Ich trage keine Bedenken, dem neuen Antrag stattzugeben«; er wollte sich aber zugleich rückversichern, »ob reichs- oder landesrechtliche Anordnungen diesem Vorgehen entgegenstehen«.[82] Aus Karlsruhe kam prompt mit Hinweis auf den oben erwähnten Erlaß des Reichsinnenministers die Anordnung, den Apotheker Loewenberg nicht erneut auszuschließen, so daß Neinhaus der NSDAP-Kreisleitung und der Apothekerkammer nur mitteilen konnte, er habe von weiteren Maßnahmen in dieser Sache »vorläufig« Abstand genommen.[83] Bald danach wurde bekannt, daß Erich Loewenberg im Oktober 1935, also kurz nach der feindseligen Intervention seiner Berufskollegen, seine Apotheke einem nicht-jüdischen Nachfolger verkauft hatte; er wanderte 1937 nach Brasilien aus.

2.2.2.2 Der Fall der Fürsorgeschwester Therese Wiesert 1935–1936

Auch dieser Fall ist gut dokumentiert.[84] Er zeigt, wie die Spitze der Stadtverwaltung in Heidelberg – angestoßen durch eine Denunziation – auch in den privaten Umgang ihrer Mitarbeiter zu »nicht-arischen« Heidelbergern massiv eingriff und den Abbruch dieser Beziehungen mit allen Mitteln durchzusetzen versuchte. Die inkriminierte Fürsorgeschwester hatte weiter zu den prominenten Familien Fraenkel und Heinsheimer,[85] zwei für das Heidelberger gebildete Bürgertum recht

80 Ebd., Rundschreiben vom 2. August 1934; vgl. auch Adam 1972, S. 88.
81 Ebd., Schreiben vom 16. August 1935.
82 Ebd., »Beschluß« vom 28. September 1935.
83 Ebd., »Beschluß« vom 15. November 1935.
84 Nachlaß Therese Wiesert, 68 Bl. vom 24. September 1935 bis 12. April 1949 (in Kopie Privatarchiv Heidelberg).
85 Zu Fraenkel vgl. Weiss, Albert: Albert Fraenkel: Arzt und Forscher. Gedenkausgabe anläßlich des 25. Todestages von Albert Fraenkel. Mannheim 1963 sowie Drüll,

typischen, assimilierten und getauften jüdischen Familien, Verbindung gehalten, und so betrieb der Oberbürgermeister ihre Entlassung aus dem Dienst der Stadt im Zeichen der Nürnberger Gesetze mit unverhüllt völkisch-rassistischen Argumenten. Frau Wiesert, seit dem Kriegsjahr 1916 die erste beamtete Fürsorgerin mit Dienststelle im Rathausgebäude ›Prinz Carl‹, parteilos, aber nach der nationalsozialistischen Machtübernahme und mit Beginn des Kirchenkampfs in der ›Bekenntnisgemeinschaft‹, also in der Bekennenden Kirche, aktiv,[86] berief sich in dieser Auseinandersetzung beharrlich auf ihr christliches Gewissen und erreichte mit der nachdrücklichen Unterstützung durch das Rechtsanwaltsbüro von Campenhausen, Leonhard, Dr. Schlatter schließlich vor dem Verwaltungsgerichtshof in Karlsruhe im Mai 1936 ihre Wiedereinstellung als Beamtin. Der Stadtverwaltung Heidelberg wurde auf diese Weise bescheinigt, daß sie selbst unter den damaligen Gegebenheiten in ihrer antisemitischen Ausgrenzungs- und Dissimilationspolitik zu weit gegangen war.

Am 30. Juli 1935 ging beim Personalamt der Stadt Heidelberg eine Anzeige der DAF-Mitarbeiterin Irma Weber ein, Therese Wiesert unterhalte eine »enge Freundschaft« mit den beiden oben erwähnten Familien. Der Denunziantin konnte unterstellt werden, daß sie selbst auf eine Anstellung bei der städtischen Fürsorgearbeit aus war. Da zugleich der Kreisleiter und der stellvertretende Gauleiter informiert worden waren, wagte Oberbürgermeister Neinhaus nicht, die Anzeige zu übergehen. »Es war das erste Mal« – so Neinhaus im Rückblick[87] –, »daß wir uns mit einem solchen Fall zu befassen hatten; deshalb wurde die Sache so eingehend erörtert«, und zwar vor allem mit dem Leiter des Personalamts Wilhelm Schneider und mit Bürgermeister Max Genthe, beide gleichfalls seit 1933 Parteimitglieder. In der Vernehmung durch Bürgermeister Genthe, der der Fürsorgeschwester bei dieser Gelegenheit im übrigen die Lektüre der Propaganda-Zeitschrift »Der Stürmer« empfahl, und ebenso vor dem städtischen Disziplinarausschuß blieb Frau Wiesert ihrer Einstellung treu und war bereit, die Konsequenzen auf sich zu nehmen. Sie legte dar, »daß sie nach reiflicher Überlegung den Verkehr, der schon über zehn Jahre bestehe, nicht abbrechen könne. Eine andere Stellung zu dieser Frage könne sie nach ihrem christlichen Gewissen nicht einnehmen.«[88]

Dagmar: Heidelberger Gelehrtenlexikon 1803–1932. Berlin 1986, S. 71; zu Karl Heinsheimer ebd., S. 106.

86 In einem Schreiben an den Theologen Renatus Hupfeld vom 29. November 1934 – masch. Durchschlag im Nachlaß Therese Wiesert –, der damals in Heidelberg die ›Bekenntnisgemeinschaft‹ organisierte und über den Kirchenkampf informierte, wandte sich Frau Wiesert dagegen, frühere NS-Gegner, weil sie nunmehr politisch belastet seien, von der Mitarbeit in der Bekennenden Kirche auszuschließen.

87 GLA 59/9/2588, Spruchkammerverfahren gegen Max Genthe, Aussage vom 5. April 1948.

88 Ähnlich formulierte Therese Wiesert in ihrer »Beschwerde« vom 30. September 1935: »Bei der von mir geforderten Entscheidung habe ich mich auf mein Gewissen berufen. Es scheint mir notwendig, hier noch einmal ausdrücklich zu betonen, daß meine Einstellung aus tiefster innerer Überzeugung kommt und daß ich mich als evangelischer

Daraufhin wurde die Fürsorgeschwester am 24. September 1935 auf Grund eines von Neinhaus und Schneider abgezeichneten Schreibens aus dem Dienst entlassen und verlor zugleich ihren Anspruch auf Dienst- und Ruhegehalt. Als Begründung wurde genannt, durch ihren Kontakt zu den genannten Familien setze sie sich »in Widerspruch zu den wichtigsten Grundsätzen der nationalsozialistischen Staatsführung« und verletze »die ihr obliegende Treuepflicht gegen den Führer und die Volksgemeinschaft«.

Frau Wiesert legte gegen ihre Entlassung formell Beschwerde bei Landeskommissär Scheffelmaier in Mannheim ein. Für die dafür anberaumte Verhandlung faßte Oberbürgermeister Neinhaus einen weiteren Schriftsatz ab (vom 7. November 1935). Um das harte Vorgehen der Stadtverwaltung zu rechtfertigen, wurde nun vollends im Sinne eines radikalen Rassen-Antisemitismus argumentiert, für den Assimilation, Mischehe und Taufe das Ärgernis eher noch vergrößerten: Die Einstellung der Kontakte »muß auch dann verlangt werden, wenn Verkehr mit einer Familie gepflogen wurde, in der nur ein Ehegatte Volljude ist, denn durch das innige Zusammenleben mit dem jüdischen Gatten ist nach nationalsozialistischer Auffassung auch der nichtjüdische Ehepartner in völkischer Beziehung verdorben und für das deutsche Volk verloren. Auch er muß daher als Übermittler jüdischer Sinnesart betrachtet werden.«

Nachdem ihre Beschwerde vom Landeskommissär am 21. Dezember 1935 – gleichfalls mit breiter rassenideologischer Begründung – abgewiesen worden war, klagte Therese Wiesert vor dem Verwaltungsgerichtshof in Karlsruhe. Hier wurde ihr nun am 21. Mai 1936 praktisch auf ganzer Linie Recht gegeben: Ihre Entlassung durch den Oberbürgermeister und die Beschwerdeentscheidung des Landeskommissärs wurden aufgehoben, so daß sie ihren Dienst im städtischen Wohlfahrts- und Jugendamt wieder aufnehmen konnte. Bei der Verhandlung in Karlsruhe stellte sich heraus, daß es gar keine rechtsverbindliche Regelung darüber gab, inwieweit Beamte Kontakte zu Juden unterhalten durften. Und anscheinend bestand damals auf höherer Ebene auch noch gar kein Interesse, dies genau zu regeln; denn in der Entscheidungsbegründung des Disziplinarhofs des Verwaltungsgerichtshofs hieß es: »Der am 7. März 1936 erfolgten Anregung des Disziplinarhofs, eine Äußerung des Reichs- und Preuß. Ministers des Innern über den Umfang der Pflicht der Beamten zur Vermeidung des Verkehrs mit Juden herbeizuführen, glaubte der Ministerialbevollmächtigte nicht entsprechen zu sollen.«

Unter diesen Umständen stellte das Verwaltungsgericht zwar allgemein für Beamte eine »Pflicht zur weitgehenden Zurückhaltung« im Umgang mit Juden und damit ein Dienstvergehen im Fall der Therese Wiesert fest, das aber allenfalls mit einer Versetzung, nicht aber mit Entlassung bestraft werden dürfe. Wie Frau Wiesert in einem Brief (vom 24. Oktober 1945) rückblickend mitteilte, mußte sie zwar im Gehalt eine Rückstufung hinnehmen, hatte aber sonst im Wohlfahrts- und Jugendamt der Stadt keine Anfeindungen mehr auszuhalten.

Christ gebunden fühle an das, was Schrift und Bekenntnis von den Gliedern der Kirche fordern.«

Am Fall Erich Loewenberg fällt besonders die eilfertige Anpassung der beteiligten städtischen Ämter an die von Partei und Regierung in Umlauf gesetzten antisemitischen Parolen auf, ein Verhalten, das sich stark von der energischen Selbstbehauptung der Verwaltung in anderen Politikbereichen unterscheidet. Weit entfernt von einem entschlossenen Eintreten für die jüdischen Mitbürger und ihre Gleichberechtigung, suchte man zusätzlich Rückendeckung bei den Instanzen auf Landesebene, die sich aber ihrerseits im politischen Neuland der ›Judenpolitik‹ nur ungern festlegten. Eine fast paradoxe und doch charakteristische Folge in dieser unübersichtlichen Situation war es nun, daß die Führung der Stadt in der Atmosphäre, die durch das diskriminierende Berufsbeamtengesetz und die Boykott-Aktion bestimmt war, im Zweifelsfall die härtere Variante praktizierte und in der Ausgrenzungspolitik voraneilte. Gerade hier wollte man anscheinend keinesfalls durch eine zögerliche Haltung auffallen.

Im Zeichen der Nürnberger Gesetze von 1935 wagte es die Stadtspitze dann gar nicht mehr, den Spielraum auszuloten und zu nutzen, der selbst damals noch – wie im Fall Wiesert belegt – in der ›Judenfrage‹ bestand. Die von der Partei vorgegebene Politik der Isolierung der Juden wurde anstandslos übernommen; und auch hier schoß man lieber in der Radikalität der rassenideologischen Argumentation und in der Härte der Strafmaßnahme übers Ziel hinaus, als daß man sich etwa durch Zögerlichkeit exponiert hätte. Der Oberbürgermeister wollte unter keinen Umständen sein Verbleiben im Amt gefährden, obwohl, wie sich zeigte, gar kein wirkliches Risiko für ihn bestand.[89]

So waren auch die konservativen Beamten, die sich auf eine Kooperation mit den NS-Machthabern eingelassen hatten, selbst wenn sie eine Selbstbehauptungsstrategie entwickelten, in der Regel kein Rückhalt für die jüdischen Bürger. Denn mit einem Bezug, der weit über Heidelberg hinausgeht, hat man festgestellt,[90] daß weite Teile der Beamtenschaft konservativer Prägung »versucht hätten, den nationalsozialistischen Massenorganisationen auf allen Gebieten des realen politischen Handelns keinerlei Einfluß einzuräumen, daß sie ihnen aber den Antisemitismus sozusagen als ›Spielwiese‹ überlassen hätten. Das sei wahrscheinlich in der irrigen Annahme geschehen, dadurch gesetzmäßige Verfahrensweisen in den übrigen staatlichen und hoheitlichen Bereichen sicherzustellen. Durch die Aufhebung (oder Ausklammerung) der rechtsstaatlichen, gesetzmäßigen Grundlagen im Bereich der Judenpolitik sei von den konservativen Eliten in den oberen Verwal-

89 Neinhaus selbst wurde im Spruchkammer-Verfahren gegen Max Genthe – GLA 59/9/2588 – am 5. April 1948 als Zeuge zum Fall Wiesert befragt. Neinhaus konnte dabei die Gründe für sein Vorgehen aus seiner Sicht darlegen, ohne daß die durch den Verwaltungsgerichtshof vollzogene Korrektur seiner Entscheidung, Frau Wiesert zu entlassen, überhaupt zur Sprache kam: Weil die Angelegenheit »dem Kreisleiter und dem stellvertretenden Gauleiter bereits bekannt war, konnten wir sie nicht einfach von uns aus erledigen, indem wir sie totgeschwiegen hätten. Hätten wir das getan, so hätten wir unsere eigene Stellung riskiert. Sie war durch die Inkenntnissetzung der Parteistellen schon derart im Rollen, daß wir machtlos waren.«

90 Paucker, Arnold: Die Juden im Nationalsozialistischen Deutschland/The Jews in Nazi Germany 1933–1943. Tübingen 1986, S. 395.

tungsbehörden sozusagen eine Schneise geschlagen worden, über die die Judenverfolgung dann gelaufen sei. Damit sei dem Energiepotential der nationalsozialistischen Massenorganisationen ein Feld überlassen worden, auf dem sich dessen Dynamik hätte frei entfalten können – nämlich in aktivem Antisemitismus.«

Auch in Heidelberg gab es seitens der NSDAP immer wieder Vorstöße, die Stadtverwaltung unter ihre Kontrolle zu bringen. In seinem Schriftsatz von 1949 berichtete Carl Neinhaus gleichfalls davon: »Der an oberster Stelle aufgestellte Grundsatz ›Die Partei befiehlt dem Staat‹ wurde von den unteren und mittleren Parteistellen als Ermächtigung und Aufforderung zu ständiger und willkürlicher Einmischung in die täglichen Geschäfte der Verwaltung aufgefaßt und gehandhabt.«[91]

Aber die Erfolge dieser Einmischungsversuche waren nach der Entmachtung der SA und der Konsolidierung des Systems anscheinend im allgemeinen begrenzt. Gegen die antisemitischen Vorstöße der Partei hat Neinhaus jedoch seine starke Stellung nicht genutzt. Die Sache der Heidelberger Juden hat er nicht zu seiner Sache gemacht. Das mindert den Glanz seiner Politik der Selbstbehauptung, auch wenn sich prominente Heidelberger um dieser Politik willen für ihn bei seinen beiden Spruchkammer-Verfahren eingesetzt haben. Und das erklärt die Schärfe im Urteil von Karl Jaspers, dem ab 1937 die Lehrbefugnis an der Universität Heidelberg aberkannt worden war. Für ihn war Neinhaus »ein typischer Mitläufer und unbedeutender Charakter, aber ein tüchtiger Bürgermeister«.[92]

2.2.3 Exkurs: Oberbürgermeister Carl Goerdeler / Oberbürgermeister Carl Neinhaus – ein Vergleich

Ein knapper Vergleich mit der Amtsführung des Leipziger Oberbürgermeisters Carl Goerdeler kann Parallelen und Unterschiede verdeutlichen und auch Anhaltspunkte für eine genauere Bewertung von Neinhaus' Verhalten insbesondere in der ›Judenfrage‹ geben. Auch Goerdeler, der fast zeitgleich mit Neinhaus sein Amt in Leipzig angetreten hatte (und zwar im Mai 1930), galt als Kommunalpolitiker von hoher Fachkompetenz insbesondere in Finanzfragen. Den jeweiligen städtischen Haushalt zu ordnen im Stil der Brüningschen Sparpolitik, erschien beiden zunächst als die vordringlichste Aufgabe. Dabei war Goerdeler freilich ungleich prominenter und hatte immer auch – und zwar vor und nach 1933 – die Reichspolitik mit im Blick und versuchte, auf sie z. B. als Reichskommissar für Preisüberwachung oder durch die oben erwähnte Mitarbeit an der neuen Gemeindeordnung (von 1935) Einfluß zu nehmen. Beide gehörten sie zu den wenigen Oberbürgermeistern im Reich, die über 1933 hinaus im Amt bleiben konnten. Neben ihrer Sachkompetenz war dafür auch ausschlaggebend ihre nationalkonservative Prägung (auch Goerdeler war parteilos, nachdem er 1930 aus Protest gegen Hugenberg aus der DNVP ausgetreten war), ihre innere Distanz zur Weimarer

91 Schriftsatz Dr. C. Neinhaus 1949, S. 16.

92 Jaspers, Karl: Erfahrung des Ausgestoßenseins. In: Der Spiegel Nr. 41 (1967), S. 42.

Republik und dem Vielparteiensystem und ihre Offenheit gegenüber einem autoritären Führerprinzip, von dem man glaubte, es mit kommunaler Selbstverwaltung in Einklang bringen zu können. Man traute sich zu, daß man – so die Formulierung Goerdelers – die »Eingriffsgelüste der Partei« würde abwehren können. Die Hoffnung, eigene Vorstellungen im nationalsozialistischen Staat durchsetzen zu können, war also ohne Zweifel mit im Spiel.

Die Kooperation mit den neuen Machthabern schloß aber auch den bürokratischen Vollzug der nationalsozialistischen Ausgrenzungspolitik gegenüber den jüdischen Bürgern ein, z. B. die personellen Säuberungen nach den Maßstäben des sog. Gesetzes zur Wiederherstellung des Berufsbeamtentums. In der scheinbaren Alternative des Jahres 1933 zwischen dem primitiven ›Radau-Antisemitismus‹ radikaler Aktivisten einerseits und den gemäßigten Kräften in der Partei andererseits, die ein gesetzeskonformes Vorgehen auch in der Judenpolitik empfahlen, lag beiden Politikern vor allem an der Wiederherstellung rechtlicher Zustände, auch wenn dies eine Minderung der Rechte der Juden und Einschränkungen bedeuten würde. Das Schlimmste zu verhüten, war also mit ein Motiv, um im Amt zu bleiben. Dem Bestreben nach Verrechtlichung lag damals bei den konservativen Eliten in der Regel die Vorstellung zugrunde, daß eine ›Judenfrage‹ tatsächlich existiere und der Staat sie lösen müsse. Darin kamen die traditionellen, oft christlich-konservativ geprägten Vorbehalte gegenüber der vollständigen Emanzipation der Juden zum Ausdruck. Um in diesem Sinne zumindest Reste von Rechtsstaatlichkeit gegenüber allen Formen von Boykott- und Pogrompolitik zu retten, sprach sich Goerdeler (im Sommer 1934) für eine »Konsolidierung der deutschen Rassenpolitik« aus und gegen alle »Ausartungen« in diesem Bereich.

Mag es bis zu diesem Punkt Gemeinsamkeiten zwischen beiden Oberbürgermeistern gegeben haben, so fallen vor diesem Hintergrund um so mehr die Unterschiede in ihrer praktischen Politik und die gegensätzlichen Folgerungen auf, die man aus der Zusammenarbeit mit den nationalsozialistischen Machtträgern zog. Diese Erfahrungen führten bekanntlich dazu, daß Goerdeler mit seinem demonstrativen Rücktritt Ende 1936 (vergleichsweise) früh und konsequent den Bruch mit dem Regime und den Schritt in die Opposition vollzog und nach Kriegsbeginn zum Kristallisationspunkt des bürgerlichen Widerstands im Reich wurde, während Neinhaus bis zuletzt im Amt blieb und kollaborierte. Im Unterschied zu Neinhaus machte Goerdeler trotz der partiellen Kooperation seine Distanz zum Nationalsozialismus von Anfang an deutlich: Aufforderungen zum Parteieintritt lehnte er ab. Über die Boykott-Aktion vom 1. April 1933 beschwerte er sich an der Spitze einer Delegation der Leipziger Handelskammer bei den zuständigen Ministerien in Dresden und Berlin (worüber noch die »Frankfurter Zeitung« berichten konnte)[93] und fand auch sonst Mittel und Wege, die betroffenen Leipziger Juden seiner Solidarität zu versichern. Sein Rücktritt aus Anlaß des Abbruchs des Mendelssohn-Denkmals vor dem Gewandhaus, der gegen seinen Willen auf Betreiben der Kreisleitung und lokaler Parteiführer erfolgt war, markierte für Goerdeler selbst die Grenze der möglichen Kompromisse mit

93 Zitiert nach Comité 1934, S. 317 f.

dem Regime. Hier nicht klein beizugeben, war für ihn eine Frage »des einfachen menschlichen Anstands«. Spätestens im Jahre 1937, also ein Jahr nach seinem Rücktritt und ein Jahr vor dem Pogrom der ›Reichskristallnacht‹, erkannte er, daß die Hoffnung auf eine Verrechtlichung der Judenpolitik eine Illusion gewesen war, und mehr noch, daß die scheinbar legale Verdrängungspolitik die Radikalisierungstendenzen nicht würde schwächen können, sondern ihnen – durch die Gewöhnung an die »Normalität« judenfeindlicher Maßnahmen – Vorschub leistete. Damals notierte Goerdeler in seinem sog. Politischen Testament: »So befindet sich Deutschland in einem Zustand der Rechtlosigkeit und der moralischen Zersetzung (...) Angesichts der Entschlossenheit der NS-Machthaber, an der Macht zu bleiben und hierzu jedes, auch das brutalste Mittel zu benutzen, hat das deutsche Volk einen schweren Leidensweg vor sich. Man soll in der Welt mit jeder Gewalttat und mit jeder Schrecklichkeit menschlichen Geschicks rechnen.«[94]

Auch in der Sicht der Leipziger Nationalsozialisten handelte es sich beim Rücktritt Goerdelers um einen grundsätzlichen Konflikt; einer der lokalen Parteiführer schrieb an Goerdeler (am 16. November 1936): »Ein Stillhalten in der Mendelssohn-Denkmals-Frage war für mich unmöglich, weil hier nicht sachliche, sondern weltanschauliche Grundlagen maßgebend waren. Ich hatte allerdings erwartet, Sie würden das verstehen (...)«[95] Tatsächlich warf dieser Konflikt ein Schlaglicht auf die Mechanik lokaler Politik in dieser Zeit und auf das Kräftespiel zwischen Partei und Stadtverwaltung. Hier wurde wiederum die Sonderrolle der Judenpolitik und gerade auch solcher symbolischen Aktionen wie Straßenumbenennungen und Abbruch eines Denkmals deutlich im Unterschied zu den anderen, »sachlichen« Politikbereichen, in denen anscheinend durchaus die Abwehr von Parteiinterventionen und eine robuste Selbstbehauptung der Fachpolitiker möglich war. Mit Recht hat man den Weltanschauungskampf gegen den inneren Feind in Gestalt der Juden als »das einzige Reservat« bezeichnet, wo Parteiaktivisten ihre aggressive Dynamik immer wieder aufs neue unter Beweis stellen konnten, und in bezug auf Nationalsozialisten in der Verwaltung als »eine Bewährungsmöglichkeit, die weitere Karriere und Sicherung von politischer Säuberung verhieß«.[96]

Wie es scheint, hat Carl Neinhaus diese Gegebenheit schnell erkannt. Seine Folgerung war, die Judenpolitik den nationalsozialistischen Massenorganisationen

94 Krause, Friedrich: Goerdelers Politisches Testament. Dokumente des Anderen Deutschland. New York 1945.

95 Betr. Goerdelers Oberbürgermeisterzeit vgl. Meyer-Krahmer, Marianne: Carl Goerdeler und sein Weg in den Widerstand. Freiburg 1989, bes. S. 73, 89 sowie masch. Vortragsmanuskripte von Krüger-Charlé, Michael: Carl Goerdelers Versuche der Durchsetzung einer alternativen Politik. Berlin 1984; Meyer-Krahmer, Marianne: Carl Goerdeler und das Mendelssohn-Denkmal. Leipzig 1993; Thamer, Hans-Ulrich: Nationalsozialistischer Bildersturm in Leipzig. Oberbürgermeister Dr. Goerdeler und die nationalsozialistische Judenpolitik. Leipzig 1993. Vgl. auch Dipper, Christof: Der Deutsche Widerstand und die Juden. In: Geschichte und Gesellschaft 9 (1983), S. 349–380.

96 Mommsen, Hans: Der nationalsozialistische Polizeistaat und die Judenverfolgung vor 1938. In: VfZG 10 (1962), S. 70.

zu überlassen. Das bedeutete zunächst, bei den SA-Aktionen am Boykott-Tag 1933 (wie später auch beim November-Pogrom 1938 und bei der Deportation 1940) keine Reaktion erkennbar werden zu lassen; gegenüber Partei-Vorstößen, die Handeln der Stadtverwaltung verlangten, wie im Falle des Boykotts der Universitäts-Apotheke, »keine Bedenken«[97] zu formulieren, auch wenn die Diskriminierung sogar unter den damaligen Umständen rechtlich unhaltbar war und der Praxis in anderen Städten vorauseilte. Jedoch war diese Taktik opportun, wenn es darum ging, von den neuen Machthabern im Amt bestätigt zu werden, und später – so paradox es klingen mag –, wenn es darum ging, die Selbstbehauptungspolitik im Rathaus erfolgreich abzusichern. Für diese Strategie ließen sich allerdings die konservativen Werte – in Goerdelers Formulierung etwa die »freie Verantwortung« eines Stadtoberhaupts für alle Bürger seiner Stadt oder auch der »einfache menschliche Anstand« – nur noch sehr begrenzt ins Feld führen, auch wenn Neinhaus später für sich in Anspruch nahm, für einzelne verfolgte Juden eingetreten zu sein.[98] Sie ermöglichte es Neinhaus aber, sein Amt während der ganzen Periode der Diktatur auszuüben.

Zu einem Konflikt, in dem von einem möglichen Rücktritt des Oberbürgermeisters die Rede war, kam es in Heidelberg erst viel später, und zwar im Jahre 1942 und ironischerweise beim Streit um die Einsetzung eines neuen Musikdirektors.[99] Auch hier werfen Briefe des Kreisleiters an Oberbürgermeister Neinhaus, die in diesem Zusammenhang abgefaßt wurden, ein Schlaglicht auf das Kräfteverhältnis zwischen Partei und Stadtverwaltung und beleuchten die völlig gegensätzliche Entwicklung in den beiden Städten. Auch wenn der Anlaß für die Schreiben des Kreisleiters, »die musikalische Arbeit der Partei«, belanglos war, zeigten sie doch eindeutig, daß es Neinhaus gelungen war, eine lange Kette von Kraftproben in den verschiedensten Sachbereichen zu seinen Gunsten zu entscheiden und den Kreisleiter mit der Zeit geradezu zu zermürben.

Neben diesem politischen Sachverhalt kam bei der Gelegenheit auch Seilers lang aufgestauter Unmut über seine persönliche Zurücksetzung durch Neinhaus zum Ausdruck und gleichzeitig wieder sein geradezu treuherziges Werben um »Kameradschaftlichkeit« im Umgang zwischen ihnen; in der »falschen Einschätzung meiner Stellung und der Stellung der NSDAP überhaupt durch Sie liegen die Gründe des letzten und manch anderer Konflikte begraben. Von einem Parteigenossen in Ihrer Stellung, Herr Oberbürgermeister, sollte ich erwarten dürfen, daß er die Bedeutung der NSDAP als der Vertreterin des Volkswillens nach der politischen, nach der sozialen, rechtlichen und kulturellen d.h. also nach jeder Richtung hin erkannt hat und sich bemüht, sie zu respektieren. Seit Jahren aber, vielleicht begünstigt durch meine allzu nachsichtige Haltung, haben Sie bei passenden und unpassenden Gelegenheiten Ihre Libertät und Ihre Ungebundenheit

97 S. S. 475.

98 S. S. 548.

99 Auch die Spruchkammer unter Vorsitz von Dr. Huber hielt Neinhaus im Jahre 1947 vor, »daß es wichtiger gewesen wäre, bei anderer Gelegenheit, z.B. am Tage des Synagogenbrandes, eine solche feste Haltung zu zeigen« (GLA/59/1/13754).

gegenüber der NSDAP betont und bewußt, oft demonstrativ, nach außen hin festgelegt. Ich habe immer geglaubt, daß durch meine Bemühungen (...) doch noch eine Verbindung geschaffen würde, die den Anspruch auf die Bezeichnung ›Kameradschaftlichkeit‹ erheben könnte, und vor allem aber eine Anerkennung der Haltung der NSDAP Ihrerseits bei der Entwicklung auch Ihrer persönlichen Verhältnisse als Oberbürgermeister der Stadt Heidelberg in sich schlösse. Es hat alles nichts gefruchtet. Wir treiben jetzt jahrelang von Konflikt zu Aussöhnung und von Aussöhnung zu Konflikt, und das habe ich jetzt reichlich satt.«[100]

Und kurz darauf: »Es ging mir auch diesmal wieder wie so oft. Ich kann zu Ihnen kommen mit der besten Absicht, nicht nur ein erträgliches, sondern auch ein kameradschaftliches Verhalten herzustellen, ich kann dabei auf Kosten der NSDAP Positionen opfern: Es hat alles nur die eine Auswirkung, daß Sie bei der nächsten Gelegenheit, die sich bietet, Ihre Mißachtung der NSDAP gegenüber noch deutlicher kennzeichnen.

Daß damit einmal Schluß gemacht werden muß, Herr Oberbürgermeister, und daß gerade die Ereignisse in der großen Politik uns diese Verpflichtung doppelt auferlegen, werden Sie verstehen. Gerade in Anbetracht des großen Geschehens und der großen Zukunft und Aufgaben gegenüber bin ich wieder bereit, einen Strich unter die ganze Geschichte zu machen. Einen Weg hierzu vorzuschlagen, ob über den Gauleiter oder durch eine Aussprache, überlasse ich Ihnen.«[101]

3 Die Partei und die gesellschaftliche Ausgrenzung der Heidelberger Juden zwischen 1933 und 1938: Bereiche, Phasen, Methoden. Die Betroffenen zwischen Ausharren und Auswandern

3.1 Die Universität

An der Heidelberger Universität wurde nach der nationalsozialistischen Machtergreifung fast ein Drittel der Hochschullehrer entlassen. In kaum einer Universität im Deutschen Reich waren die Eingriffe der Machthaber so stark. Aber auch kein anderer Bereich der öffentlichen Verwaltung in Heidelberg selbst war so stark betroffen.

Die Ausschaltung von politisch mißliebigen Beamten und vor allem von Juden erfolgte gleichsam in drei Wellen: zunächst auf der Grundlage des ›Gesetzes zur Wiederherstellung des Berufsbeamtentums‹ (GWBB) vom April 1933 und dann des ›Reichsbürgergesetzes‹ (RBG) vom September 1935. Später dann, besonders gegenüber den sog. »jüdisch versippten« Professoren, bediente man sich unter-

100 GLA 59/1/13754, Seiler an Neinhaus vom 7. August 1942.

101 Ebd., Seiler an Neinhaus vom 14. August 1942. Beide Briefe Seilers wurden von Neinhaus sorgfältig verwahrt und beim Entnazifizierungsverfahren als Entlastungsmaterial vorgelegt; Neinhaus' Antwortschreiben, worin er auf seiner »einwandfreien Haltung als Parteigenosse« bestand, sind nicht überliefert.

schiedlicher Hilfskonstruktionen, um über die fehlende Rechtsgrundlage hinwegzutäuschen. Mit jenen Sondergesetzen waren nicht nur massive Eingriffe in die Hochschulautonomie und in das Beamtenrecht verbunden, sondern durch die rigorose Ausgrenzung und Verdrängung der jüdischen Minderheit eben auch die Aushöhlung des Grundsatzes der staatsbürgerlichen Gleichberechtigung. Gerade für eine Stadt wie Heidelberg war die Universität ein wichtiger, in gewissem Sinn richtungweisender Bereich, auch wenn bei diesen Vorgängen das Ministerium in Karlsruhe federführend war und die örtliche Parteiführung darauf kaum Einfluß nehmen konnte.

Schon im Laufe des Sommersemesters 1933 reduzierte sich die Zahl der »nichtarischen« Hochschullehrer von 45 auf 24, wobei die Professoren Richard Alewyn, Hans Ehrenberg, Albert Fraenkel, Walter Lenel, Siegfried Loewe, Maximilian Neu, Leonardo Olschki, Leopold Perels, Arthur Salz, Eugen Täubler, Max von Waldberg und die Dozenten Marie Baum, Raimond Klibansky, Hans Laser, Rudolf Lemberg, Jakob Marschak, Walter Pagel, Fritz Stern, Ernst Witebsky ihre Lehrbefugnis verloren. Mit den Nürnberger Gesetzen entfielen dann auch die Ausnahmebestimmungen des GWBB, so daß nun z. B. auch jüdische Frontkämpfer entlassen wurden. Auf der Grundlage des RBG vom September 1935 wurden die Professoren Siegfried Bettmann, Helmut Hatzfeld, Walter Jellinek, Alfred Klopstock, Ernst Levy, Heinrich Liebmann, Willy Mayer-Groß, Hugo Merton, Otto Meyerhof, Arthur Rosenthal, Hans Sachs, Gabriel Steiner, Gertrud von Ubisch, Richard Werner, Martin Zade und die Dozenten Friedrich Darmstädter und Herbert Sultan von der Universität entfernt.[102]

Bevor man der Frage nachgeht, wie die Universität auf diese beispiellose Herausforderung reagierte, ist daran zu erinnern, daß die Ruperto Carola in bezug auf ihren Lehrkörper als vergleichsweise liberale Universität galt und es – jedenfalls in den stabileren Jahren der Weimarer Republik – so gut wie keine antisemitischen Äußerungen gab.[103] Gleich Anfang April, als man noch an ein Vorpreschen der badischen Regierung glauben konnte, erhob die Medizinische Fakultät Einspruch gegen die beabsichtigte Entlassung von jüdischen Hochschullehrern. Trotz des Drucks der antisemitischen Propaganda der Machthaber wurde hier der Beitrag von Juden in der Wissenschaft sehr eindrucksvoll herausgestellt, und zugleich beharrte man auf den Garantien des Beamtenrechts und auf der Mitsprache bei Personalentscheidungen:

> »Auch die Universität ist vor die Judenfrage gestellt. Wir erkennen die Notwendigkeit und die innere Verpflichtung, daß das deutsche Volkstum in ernster Einsicht und im Bewußtsein vieler Versäumnisse sich auf sich selbst besinnt, und daß jeder akademische Lehrer deutscher Art und deutschen Wesens ist; wir sehen die großen

102 Weckbecker 1985, S. 149 ff. Vgl. dazu auch die grundlegende Arbeit: Mussgnug, Dorothee: Die vertriebenen Heidelberger Dozenten. Zur Geschichte der Ruprecht-Karls-Universität nach 1933. Heidelberg 1988 (= Heidelberger Abhandlungen zur Mittleren u. Neueren Geschichte, NF, 2).

103 Jansen, Christian: Professoren und Politik. Politisches Denken und Handeln der Heidelberger Hochschullehrer 1914–1935. Göttingen 1992, insbes. S. 239, 289.

Gefahren, die durch das Überhandnehmen nur zersetzender Geistesrichtungen entstanden sind, aber wir können nicht übersehen, daß das deutsche Judentum teil hat an großen Leistungen der Wissenschaft, und daß aus ihm große ärztliche Persönlichkeiten hervorgegangen sind. Gerade als Ärzte fühlen wir uns verpflichtet, innerhalb aller Erfordernisse von Volk und Staat den Standpunkt wahrer Menschlichkeit zu vertreten und unsere Bedenken geltend zu machen, wo die Gefahr droht, daß verantwortungsbewußte Besinnung durch rein gefühlsmäßige oder triebhafte Gewalten verdrängt werden und dadurch die große deutsche Aufgabe Schaden leide. Wir müssen darauf hinweisen, wie dringend es ist, daß das Rechtsbewußtsein erhalten bleibe und die Stellung des Beamtentums geschützt werde. Insbesondere ist es unser Anliegen, daß da, wo es notwendig erscheint, ungeeignete Elemente von den Universitäten auszuschalten, das Urteil der Sachverständigen gehört werde.«

Auch in einer Eingabe des Senats der Universität vom 10. April 1933, die freilich nicht dem Ministerium vorgelegt wurde,[104] verwies man auf den Schaden für die Wissenschaft, der entstünde, wenn die betroffenen Dozenten die Universität verlassen müßten. Ebenfalls diejenigen – auch das wollte man zu bedenken geben –, die nur unter den Ausnahmebestimmungen des GWBB weiterhin geduldet würden, müßten sich als »Deutsche zweiter Klasse« fühlen.

Obwohl die geforderte Mitsprache bei den Entlassungen nicht erstritten wurde und beide Eingaben ohne Resonanz blieben, dokumentieren sie doch, ähnlich wie das couragierte Vorgehen Alfred Webers gegen die Hissung der NS-Parteifahne im März, daß man in der Universität nicht ausnahmslos bereit war, die Gleichschaltungspolitik hinzunehmen, ohne sich zu widersetzen. Gleichzeitig ist freilich die große Anpassungsbereitschaft der Heidelberger Hochschullehrer in der Phase der nationalsozialistischen Machteroberung festzuhalten, die gerade in einer neueren Untersuchung diagnostiziert und breit belegt wurde.[105]

Charakteristisch dafür war, daß man – so z. B. der Staatsrechtler Walter Jellinek – damals betonte, die Abkehr von der Weimarer Verfassung habe sich »in gesetzlichen Formen vollzogen«, daß in einem gewandelten Sinn der Staat »ein Rechtsstaat geblieben« sei und auch das Führerprinzip »nicht als eigentlich antidemokratisch« gelten müsse. Obwohl Jellinek selbst wegen seiner »nichtarischen« Herkunft von GWBB betroffen war und wenig später beurlaubt wurde, brachte er selbst diesem Gesetz und seinem völkisch-ideologischen Hintergrund in schwer nachvollziehbarer Weise Verständnis entgegen: »(...) eine echte Volksgemeinschaft [setze] eine gewisse Gleichartigkeit der die Volksgemeinschaft bildenden Menschen voraus«; eine ›Judenfrage‹ bestehe deshalb »namentlich seit Deutschland von Ostjuden überschwemmt wurde«, wodurch indirekt die Hoffnung zum Ausdruck kam, daß die assimilierten Juden im Gegensatz zu den Neuzugewanderten die Voraussetzung für die Aufnahme in die »Volksgemeinschaft« erfüllen würden und deswegen nicht diskriminiert werden dürften.[106]

104 Beide Texte in Sauer 1966, Bd. 1, S. 117ff.
105 Vgl. Jansen 1992, S. 290, 294.
106 Ebd., S. 281, 284, 289f.

Vom Ausgangspunkt her durchaus in einem Gegensatz zur Anpassungsbereitschaft des Juristen Jellinek standen die damaligen Überlegungen des Theologen Andreas Duhm. Geprägt vom alten protestantischen Antijudaismus, aber auch von völkisch-antisemitischen Vorstellungen, nutzte er die Änderung der politischen Verhältnisse auf seine Weise. Er bekannte sich zum Prinzip der Dissimilation, lobte die sich selbst ausgrenzenden Zionisten und propagierte die Formel: »Die reinliche Scheidung [führt] zum sichersten Verträgnis.« Dieser Maxime entsprechend bezeichnete Duhm den Ausschluß der Juden von der Universität als »gesunde Regelung«.[107]

Wie schon seit der Endphase der Weimarer Republik üblich, begleiteten die nationalsozialistischen Studenten diese Vorgänge mit aggressiv antisemitischen Tönen. Sie wurden aber bei der Verdrängung der jüdischen Professoren anscheinend nur einmal direkt aktiv. Und zwar organisierte der Nationalsozialistische Deutsche Studentenbund an der juristischen und an der mathematisch-naturwissenschaftlichen Fakultät im Mai 1935 einen Vorlesungsboykott, in dessen Folge die Professoren Jellinek, Levy und Gutzwiller sowie Liebmann und Rosenthal ihren Lehrauftrag aufgeben mußten. Der Rektor, der Arbeitsrechtler Wilhelm Groh, der den Titel »Führer der Universität« trug, war ein willfähriges Instrument der Rassenpolitik der Machthaber und sah keinen Anlaß zum Eingreifen.[108]

Sein Vorgänger, der Historiker Willy Andreas (Amtszeit von Oktober 1932 bis September 1933), hatte, als die oben erwähnten Proteste ohne Resonanz blieben, im übrigen noch einige Kollegen durch Einwände und Verzögerungstaktik vorübergehend im Amt zu halten versucht. Auch die Nachfolger Grohs Ernst Krieck (Amtszeit von April 1937 bis Oktober 1938) und Paul Schmitthenner (Amtszeit bis März 1945), beide überzeugte Nationalsozialisten, setzten sich für verfolgte Kollegen ein, und zwar besonders bei sog. »jüdischen Mischlingen« und »jüdisch versippten« Hochschullehrern, die das Ministerium mit ganz fragwürdigen juristischen Hilfskonstruktionen (z. B. unter Berufung auf die ›Reichshabilitationsordnung‹) aus dem Beruf drängen wollte und wo es zudem eine Stellungnahme der Universität nicht umgehen konnte. Im Fall von Professor von Künßberg wurde durch eine solche positive Stellungnahme tatsächlich erreicht, daß er im Amt verbleiben konnte; bei Professor Jaspers dagegen nicht. Die Unterstützung durch den Rektor bzw. die jeweilige Fakultät ermöglichte wenigstens ein längeres Verbleiben im Amt bei den Professoren Zimmer (bis Februar 1938), Geiler (bis Juli 1939) und Hoepke (bis 1940).[109]

107 Ebd., S. 291 f.

108 Weckbecker 1985, S. 157 f.

109 Ebd., S. 157 ff., 165 ff. Frau Wanda von Baeyer-Katte, Heidelberg, berichtet in einer Aufzeichnung für den Verf. vom März 1996 über informelle Gesprächskreise von Universitätsangehörigen in Heidelberg, die in den Anfangsjahren der NS-Herrschaft insbesondere die schwindenden Berufsaussichten der Betroffenen erörterten und nach Auswegen suchten: »Es gab 1934 in meiner Erinnerung in Heidelberg zwei Gesprächskreise in der Ziegelhäuser Landstraße, wo sich die Betroffenen trafen: Ziegelhäuser Landstraße 7 (bei Baeyers) die Professoren und am westlichen Ende der Straße (bei Bergsträsser) die betroffenen Studenten, Doktoranden, Assistenten und wissenschaft-

Die Aufzeichnungen von zwei Betroffenen sollen hier zum Abschluß zitiert werden, in denen sich die Situation der damals aus dem Amt Verdrängten sehr aufschlußreich widerspiegelt: Sowohl die Solidarität der Kollegen und ihre Empörung über den Unrechtsakt wie auch deren späteres Abrücken und die wachsende Isolierung der Entlassenen, der Entschluß zum Auswandern wie auch die Problematik des Ausharrens.

Die Botanikerin Gertrud von Ubisch, die Ende 1934 über Holland nach Brasilien auswanderte, schrieb in ihren Lebenserinnerungen:

»An der seit altersher als liberal bekannten Universität Heidelberg wirkten sich die nationalsozialistischen Gesetze katastrophaler aus, als an den meisten anderen Universitäten (...) In Heidelberg sollen in diesen Frühjahrstagen 60% aller Dozenten irgendwie getroffen worden sein, wenn auch viele wegen der von Hindenburg geforderten Einschränkungen nicht entlassen wurden. Es war daher eigentlich erstaunlich, dass mein Fall, der Fall einer den meisten unbekannten Kollegin, eine solche Empörung erregte. Dies ist wohl in erster Linie dem Einfluss von Geheimrat Ludolf v. Krehl zu verdanken, dem Vorsitzenden des Verbandes der Kriegsteilnehmer vom ersten Weltkrieg, der offenbar durch jemand, vermutlich Professor Jost

lichen Hilfskräfte. Ich konnte an beiden Treffpunkten teilnehmen. Bei Baeyers trafen sich nach meiner Erinnerung Fraenkel, Grisebach, Hoepke, Hofmann, Jellinek, Künßberg, Stern, Sultan und Zimmer. Gesprächsthema: zunächst die Schreckensnachrichten von den anderen Universitäten, dann die Sorge um das Fortkommen im buchstäblichen Sinne der jüngeren betroffenen, noch nicht beamteten Mitarbeiter, denen Empfehlungsschreiben an die ausländischen prominentesten Kollegen mitgegeben wurden. Es ging dabei um den wissenschaftlichen Nachwuchs, im NS-Deutsch um Voll-, Halb- oder Vierteljuden. Vor allem die Mischlinge standen plötzlich vor der beruflichen Aussichtslosigkeit, ohne daß sie irgendeine Hilfestellung fanden. Wer einmal irgendwo aus rassischen Gründen entlassen worden war, fand nirgends mehr Arbeit. Diese Gruppe entschloß sich am schnellsten zur Emigration. Anschließendes Gesprächsthema dann aber zunehmend utopische Pläne für die eigene Lebensgestaltung hier in Deutschland. Man sah sie zunächst als Übergangslösung. ›Die‹ – gemeint das NS-Regime – ›können doch gar nicht ohne uns weiterkommen. Es sind doch internationale Kapazitäten unter uns. Die werden uns schon bald zurückrufen!‹ (...) Die Versuche, ›für eine Übergangszeit‹ (bis die Welt wieder normal war und die Universitäten ihre Kapazitäten zurückriefen) eine freiberufliche Tätigkeit zu finden, scheiterten. Die Berufsverbände warnten, man würde zum Beispiel als Anwalt oder niedergelassener Arzt nur die eigene Klientel der Betroffenen versorgen können. Schnell war errechnet, daß das nie ausreichen würde. Und dann folgten auch schon einschlägige formale oder auch nur informelle Berufsverbote. Die Großindustrie, die sich vordem um bekannte Wissenschaftler beworben hatte, mauerte – auch mit seltsamen Ausflüchten oder sogar mit NS-linientreuem Gerede. Während des Jahres 1934/35 verschlechterte sich die Situation ununterbrochen. Immer neue Nachrichten engten den verbliebenen Lebensraum ein. Es kam langsam zu den forcierten Emigrationsentschlüssen (...) Ganz anders die Stimmung im Bergsträsser-Kreis. Bergsträsser selbst war nicht Betroffener. Er emigrierte aus Protest gegen das NS-System und aus Solidarität mit den Betroffenen. Er hatte einen großen Kreis durchaus bedeutender jüngerer Leute um sich, auch solche, die nicht betroffen waren. Deren Parole: ›*Mitmachen, um Schlimmeres zu verhindern.*‹ Auch dies war angesichts der späteren Entwicklung eine Illusion. Von der Sturheit und Härte der NS-Betonköpfe hatte niemand eine Vorstellung (...)«

von dem patriotischen Einsatz meines Vaters unterrichtet war, und es daher als untragbar erklärte, dass ich meine Dozentur verlöre – weil ich als Frau ja nicht am Krieg hatte teilnehmen können. Krehl erklärte es in einem Brief an meinen Bruder als ›Ehrensache‹, dass ich die Dozentur zurückerhielte, und er setzte alle Hebel in Bewegung, um dies zu erreichen. Heute erscheint es geradezu grotesk und eine völlige Verkennung der Lage, wenn er zu diesem Zwecke sich unter anderen mit dem früheren deutschen Kronprinzen in Verbindung setzte. Ganz besonders muss aber die Haltung Josts hervorgehoben werden, der mich unter eigener Gefahr stützte und schützte (...) Jost, der durch die Jahrzehnte lange Strassburger Freundschaft zu meinen sich in ähnlicher Lage wie ich befindenden Verwandten v. Recklinghausen-Spielberg ganz genau über meine Familie unterrichtet war, riet mir sogar, meine jüdische Mutter zu verschweigen, da niemand bei meinem Aussehen und Namen argwöhnen könne, dass ich betroffen sei. Viele standen damals auf dem durchaus vertretbaren Standpunkt, dass man zu keiner wahrheitsgemässen Angabe verpflichtet sei, da die Befragung den Rechten des Staatsbürgers zuwiderlaufe. Manche haben sich auf diese Weise ihr Amt erhalten: es tauchten plötzlich in Deutschland Nachkommen von Arabern und Mauren auf – auch unser Ordinarius für Kinderkrankheiten Moro erklärte seinen Namen mit maurischer Abkunft. Andere wieder gaben mit mehr oder weniger grossem Rechte an, Familien anzugehören, die vor Generationen von Juden missioniert worden seien, dass sie also wohl der jüdischen Religion, aber nicht der semitischen Rasse angehörten. Ich verurteile diese Verfahren nicht, aber mir persönlich lag es nicht, meine mütterliche so hochwertige Familie zu verleugnen, es wäre mir auch kaum geglückt, da ich aus meiner Verwandtschaft mit verschiedenen bekannten Gelehrten keinen Hehl gemacht hatte. Wenn Jost mir dazu riet, so geschah dies wohl auch mehr unter dem Gesichtspunkt, die Entlassung herauszuzögern, da er wie die meisten der Ansicht war, dass nicht so heiss gegessen würde, wie gekocht werde und dass es nur darauf ankäme, sich über die erste schlimme Welle zu halten: so könne es nicht bleiben!

Den vielseitigen Bemühungen war es denn auch zu verdanken, dass das Ministerium erklärte, der Arierparagraph sei gar nicht für meine Entlassung massgebend gewesen, sondern meine Sympathien für die sozialdemokratische Partei. Diese hätten sie daraus geschlossen, das ich zu einem jüngeren Kollegen gesagt habe, nur von dieser Partei könnten studierte Frauen Förderung erwarten. Diese Bemerkung hatte ich natürlich nie getan, ebenso wenig wie ich irgend welche Beziehungen zu Sozialdemokraten hatte, die ich für die Interessengemeinschaft einer Klasse hielt, der ich nicht angehörte. Da mein Bruder durch meine Entlassung ebenfalls sehr (geschädigt) gefährdet worden wäre, kam er angereist, um von dem Hochschulreferenten Fehrle zu verlangen, dass ich dem »jüngeren« Kollegen gegenübergestellt würde (...) Fehrle versprach eine Untersuchung und sandte ihm kurze Zeit später eine mehrere Seiten lange mit vielen Paragraphen gespickte Abhandlung, worin bewiesen war, dass ich auf Grund des Arierparagraphens meine Stellung verloren hätte und – wenn man auch »eine gewisse Tragik meines Falles nicht leugnen könne« – hätte verlieren müssen. Politische Gründe seien nicht mitbestimmend gewesen (...) Kurze Zeit darauf erhielt ich unter Zitierung genau derselben Paragraphen die Mitteilung, dass diese *nicht* auf meinen Fall anwendbar wären, und dass ich deshalb meine Dozentur zurückerhielte (...) Wenn alle, die sich darum bemüht haben, mir die Dozentur zu erhalten: Krehl, Jost, der Dekan Trautz, der Vorsitzende des

Stahlhelms Schmitthenner und andere glaubten, sich und mir zu ihrem Erfolge glückwünschen zu können, so hatten sie sich getäuscht. Natürlich dachten die Nazis nicht daran, mich weiter dozieren zu lassen und noch obendrein Vererbung! (...) Sie hatten nur eine weniger kompromittierende Methode gefunden, um mich auszuschalten: den Studenten wurde durch den Asta (Allgemeiner Studentenverband), der sich natürlich gleichgeschaltet hatte, verboten, meine Vorlesungen zu besuchen. Nicht meine Vorlesungen allein, sondern auch die von einer ganzen Anzahl von anderen Dozenten, an die sie anders im Augenblick nicht heran konnten (...) Ich nahm es dementsprechend als das, was es war, liess mich auf ein Jahr beurlauben und folgte der Einladung des holländischen Akademikerinnenverbandes, etwa ein halbes Jahr auf ihre Kosten in Holland zu leben und zu arbeiten. Der berühmte Physiologe Went hatte mir für diese Zeit einen Platz in seinem Laboratorium in Utrecht angeboten: er interessierte sich schon lange für meine physiologischen Arbeiten, besonders den Antibose. Diese Einladung verdankte ich in erster Linie meiner Schweizer Kollegin Dr. Helen Schoch-Bodmer, die sich sofort, wie sie von meiner Entlassung gehört hatte, mit den holländischen Akademikerinnen in Verbindung gesetzt hatte. Für den darauffolgenden Sommer verschaffte sie mir ein Stipendium in Zürich, wo ich im Hause ihrer Mutter umsonst wohnen konnte, während diese verreist war. Im Herbst ging ich wieder nach Utrecht und dorthin erhielt ich im Dezember 1934 einen Ruf nach Sao Paulo in Brasilien, um an dem weltberühmten Seruminstitut Butantan eine Abteilung für Vererbung einzurichten.«[110]

Karl Jaspers, seit 1937 als »jüdisch versippter« Beamter entlassen, hielten seine Krankheit und das Sprachenproblem, d.h. die Frage der Übersetzbarkeit seines philosophischen Lebenswerks, vom Entschluß auszuwandern ab. Wahrscheinlich gab die sog. ›Reichskristallnacht‹ ihm den Anstoß, ein Tagebuch zu führen, um sich selbst in dieser Form über seine »starke Neigung« zu vergewissern, in Heidelberg zusammen mit seiner jüdischen Frau auszuharren. In diesem Tagebuch fand auch der Schrecken über die Deportation nach Gurs und über einzelne spätere Transporte mit Heidelberger Juden nach Theresienstadt seinen Niederschlag. Auf den 11. Februar 1939 ist ein Eintrag datiert, der am Beispiel des Marianne-Weber-Kreises, in den beide nun nicht mehr eingeladen wurden, die zunehmende Isoliertheit des Ehepaars Jaspers verdeutlicht:

»Mir war ihr Verhalten [d.i. Marianne Weber] durch die Monate schmerzlich. Nicht wegen der an sich für mich ziemlich gleichgültigen Nachmittage, nicht weil Gertrud in der Tat wegen der noch im Amt befindlichen Teilnehmer nicht hinging, sondern wegen des Schweigens, wegen der Beklommenheit und der zugleich fühlbaren Aggressivität, mit der Marianne seitdem jedesmal bei uns war (...) Wir müssen das stille Fallengelassenwerden erdulden, das in der Situation liegt. Die Amtsentlassung war eine Sensation. Ich wurde bedauert, die Universität wurde bedauert, ich sollte zu privaten Vorlesungen veranlaßt werden. Nun es aber ernst

110 »Lebenserinnerungen von Greta von Ubisch« aus einem Brief vom Dezember 1955 an Marie Baum im Nachlaß Marie Baum (Universitätsbibliothek Heidelberg 3675 c); zitiert nach: Material Weckbecker STAHD.

wird, an Leib und Leben zu gehen droht, zieht man sich still zurück, spricht nicht, streckt keine helfende Hand aus.

Das ist dem Einzelnen nicht vorzuwerfen. Es ist Grundtatbestand unseres menschlichen Daseins, der nur von Ausnahmen durchbrochen werden kann.

Wie so vieles, wie alles falsch wird im Rückerinnern, was einst gesagt wurde!«[111]

Jaspers fand sehr schnell, auch wenn viele ihm anders rieten (»Fast alle Nachdenklichen wünschen, wir möchten hinausgehen.«), zu einer privaten Position von großer Klarheit und Entschiedenheit:

»Die Grundlage aber unseres Tuns muß bleiben, daß wir beide uns voneinander nicht trennen. Daß die Welt, die uns durch Rassenklassifikation trennen will, nicht in uns eindringt, wir *absolut* solidarisch und nicht unter Bedingungen solidarisch bleiben (...) Die Bedrohungen müssen klar vor Augen stehen. Jetzt schon können wir in Hotels kaum unterkommen – wird die Wohnung genommen, sind wir obdachlos –, werden Mischehen allgemein für nichtig erklärt, sind wir machtlos – es bleibt nur der Tod (...) Ich darf nur hierbleiben, wenn ich bereit bin, in einem gegebenen Augenblick mit Gertrud zu sterben. Das Leben muß von nun an unter dieses Maß und diese Gefahr treten.«[112]

Gleichsam als Satyrspiel in dieser schicksalhaften, bedrückenden Situation überlieferte Jaspers an anderer Stelle eine Anekdote, die ein Schlaglicht auf das Verhältnis zwischen dem Professor und dem Heidelberger Kreisleiter Wilhelm Seiler wirft:

»Um dem Entsetzlichen nun eine Lächerlichkeit beizufügen, erzähle ich etwas anderes. Der Kreisleiter, ein alter Volksschullehrer, den ich einmal aufsuchte, weil ich meinte, in der Höhle des Löwen etwas zu erreichen, was auch gelang, empfing mich mit den Worten: »Aber Herr Professor, wie freue ich mich, daß ich Sie sehe, ich bin Ihnen doch als alter Hörer so dankbar.« Derselbe Kreisleiter sagte zu einer früheren Schülerin von mir, die, ohne mich zu fragen, zu ihm gegangen war, um sich zu erkundigen, ob sie bei uns wohnen und Manuskripte von mir lesen dürfe: »Selbstverständlich dürfen Sie das. Wir verehren ja den Professor Jaspers, das ist ein echter Germane, darum ist er auch seiner Frau so treu.« Das gehörte zu jener Zeit, in der man, wenn man nicht gerade in der äußersten Angst war, auch von Zeit zu Zeit lachen mußte.«[113]

Konnte sich das Ehepaar Jaspers über den Kreisleiter noch amüsieren, der schlicht, aber immerhin mit anerkennendem Unterton von ihnen sprach, so waren sie andererseits sichtlich betroffen davon, wie man sich im akademischen Milieu unter dem Sanktionsdruck der Machthaber – vielleicht sogar diesem vorauseilend – von ihnen »still zurückzog«. Damals war der Lehrkörper der Universität längst »judenrein«. Lediglich ein »jüdisch versippter« Dozent konnte sich, wie gesagt, über die gesamte nationalsozialistische Zeit an der Universität halten. Weitaus

111 Vgl. Jaspers, Karl: Schicksal und Wille. Autobiographische Schriften. München 1967, S. 146.
112 Ebd., S. 152ff.: Eintragungen vom 16. und 17. März 1939.
113 Ebd., S. 36f.

mehr Dozenten waren aus rassischen als aus politischen Gründen entlassen worden.

3.2 Die Schulen

Auch an den Schulen vollzog sich die »Säuberung« der Lehrerkollegien stufenweise. Und nach dem November-Pogrom 1938 waren auch die Schulen »judenrein«: Damals wurden die letzten jüdischen Schüler aus den weiterführenden Schulen verwiesen. Im Bereich der Grund- und Hauptschule löste dieser Prozeß der Verdrängung eine bemerkenswerte Initiative aus, wo, angestoßen von einem Mannheimer Vorbild, antisemitische Ausgrenzung und Suche nach jüdischer Identität eine Zeitlang eine komplexe Verbindung eingegangen sind.

Insgesamt wurden zwölf an Heidelberger Schulen unterrichtende Lehrer aus rassischen Gründen von den Nationalsozialisten verfolgt.[114] Von den vier Fällen, die im weiteren angesprochen werden, ermöglichen die ersten beiden einen Einblick in die Ebene der Ministerialbeamten in Karlsruhe, die die Entlassungsverfügung vorbereiteten und durchführten. Frau Dr. Dora Busch, Tochter des berühmten Staats- und Völkerrechtlers Georg Jellinek und Schwester des oben erwähnten Professors Walter Jellinek, hatte, nachdem ihr Mann im Weltkrieg gefallen war, ein Studium aufgenommen. Nach dessen Abschluß unterrichtete sie von 1923 bis 1933 am späteren Hölderlin-Gymnasium und konnte so sich und ihre beiden Kinder selbständig versorgen. Nun sollte sie nach dem GWBB wegen ihrer »nichtarischen« Abstammung entlassen werden. Bekanntlich war auf eine Intervention des Reichspräsidenten Hindenburg hin, der sich gegen die Zurruhesetzung jüdischer Frontkämpfer gewandt hatte, eine Ausnahmeregelung erlassen worden. Daß die Ausnahmebestimmungen des Gesetzes zwar Frontkämpfer, und wenn diese gefallen waren, deren Väter und Söhne schützten, aber Kriegerwitwen nicht, erschien dem Sachbearbeiter im Ministerium »eine außerordentliche Härte«.[115] Anscheinend hatte man bei der Formulierung der Ausnahmeregelung gar nicht an beamtete Frauen gedacht. Er wandte sich wegen dieses Falles in einer »privaten Anfrage« an das Reichsinnenministerium, wo er erfuhr, daß keine Ausweitung dieser Ausnahmebestimmungen beabsichtigt sei. Trotzdem stellte er einen formellen Antrag an das Staatsministerium und an den Reichsstatthalter Robert Wagner, zugunsten von Frau Busch »im Sinne des Herrn Reichspräsidenten« der Ausnahmeregelung »eine ausdehnende Auslegung« zu geben und die Entlassung zurückzunehmen. In der Begründung hieß es noch zusätzlich:

> »Derartige Fälle werden sehr selten sein, da die wenigsten Frauen die Tatkraft gehabt haben werden, nach dem Tode ihres Mannes sich eine Beamtenstelle zu erringen (...) Ich würde daher Frau Busch im Schuldienst gerne weiter beschäftigen (...) Ich bemerke noch, daß Frau Busch selbst als Christin geboren und erzogen wurde und als die Tochter des Geh. Hofrats Professor Dr. jur. et phil. Georg Jellinek.«

114 Weckbecker 1985, S. 72.

115 GLA 235/PA Dora Busch, Schreiben an das Staatsministerium vom 26. Juli 1933.

Dieser letzte Satz wurde jedoch von einem zweiten Sachbearbeiter handschriftlich im Aktenstück gestrichen und kühl mit der Bemerkung versehen: »(...) ändert an der Rasse nichts!« Es blieb bei der am 19. Juli 1933 ausgesprochenen Entlassung: Diejenigen Beamten im Kultusministerium, die die Rassenpolitik rücksichtslos und buchstabengetreu durchführen wollten, setzten sich letztlich durch, obwohl selbst Reichsstatthalter Wagner anscheinend jenem Antrag positiv gegenübergestanden hatte.[116]

Moritz Morgenthal konnte wegen seines Frontkämpferstatus an seiner Dienststelle an der Mannheimer Tulla-Oberrealschule bis 1935 unterrichten. Erst im Zuge der Anwendung der Nürnberger Gesetze, als diese Sonderregel entfiel, wurde er am 8. Oktober 1935 beurlaubt und zum 1. Januar 1936 entlassen. Im Weltkrieg, in dem auch sein Bruder umgekommen war, hatte er sich vom Kriegsfreiwilligen zum Pazifisten gewandelt. Die ihn damals bewegenden Gedanken hatte Morgenthal, der in der SPD und im Vorstand der Heidelberger Ortsgruppe der Deutschen Friedensgesellschaft (DFG) aktiv geworden war, in einer Rede zum Verfassungstag 1927 zum Ausdruck gebracht:

»Die Verherrlichung des Heldentums, des Heldentods, die Behauptung, daß der Krieg in den Menschen Opferwilligkeit und persönliche Tapferkeit stärke, all das sind halbe Wahrheiten. Es gibt so viel schlichtes und stilles Heldentum, von dem kein Buch meldet, es gibt so viele Möglichkeiten zur Selbstaufopferung für Menschheitsideen, daß keine Kriege nötig sind, um solche Tugenden zu bewähren. Es gehört wohl auch mehr sittlicher Mut dazu, gegenüber einer geschlossenen Menge seine Ideale hochzuhalten, als in dieser Menge zu laufen.«[117]

Aber Morgenthal versuchte damals nicht nur über militaristische Propaganda mutig aufzuklären, sondern auch, selbst im privaten Umfeld, gegenüber dem aggressiv vordringenden Antisemitismus der Nationalsozialisten konsequent zu bleiben. Weil der langjährige Kinderarzt seiner Tochter zu einer Tagung der Nationalsozialisten in Heidelberg im Juni 1931 eine schwarz-weiß-rote Fahne gehißt hatte, hatte Morgenthal ihm schriftlich mitgeteilt, daß er ihn – wenn er es auch »sachlich und menschlich aufrichtig« bedauere – in Zukunft nicht mehr zu Rate ziehen werde. In seiner Begründung hieß es:

»Damit, daß Sie heute geflaggt haben, zeigen Sie offen Ihre Sympathie mit den Nationalsozialisten und damit negieren Sie meine bürgerliche Existenz. Mir als Juden verbietet es, wie Sie zugeben werden, die primitivste Selbstachtung, weiterhin die Hilfe eines Arztes, der sich mit dem Nationalsozialismus identifiziert, in Anspruch zu nehmen. Auch durch den üblichen, mir nur zu gut bekannten Einwand, daß diese Gesinnung sich nicht gegen den einzelnen richten müsse, kann diese Auffassung nicht berührt werden.«[118]

Morgenthal wurde wegen dieser Erklärungen denunziert – im übrigen nachweislich nicht von dem angesprochenen Arzt. Es kamen erfundene Behauptungen

116 Ebd., Schreiben an das Staatsministerium vom 25. August 1933.
117 Material Weckbecker STAHD.
118 Weckbecker 1985, S. 73 ff.; Material Weckbecker STAHD.

hinzu, die ihn z. B. in engen Zusammenhang zur Person und zum »Fall Gumbel« bringen sollten, dem im Jahre 1932 wegen seiner pazifistischen Äußerungen die Lehrbefugnis an der Universität Heidelberg nach Protesten nationalsozialistischer Studenten entzogen worden war.

Morgenthal wurde zweimal im Jahre 1933 ins Ministerium vorgeladen. Auch in diesem Zusammenhang ist nun von Bedeutung, daß der zuständige Ministerialrat, nachdem er alle Anschuldigungen geprüft hatte, eine für den Lehrer relativ günstige Entscheidung traf, nämlich daß er »unbedenklich« im Schuldienst gehalten werden könne; es empfehle sich aber, ihn nicht mehr in Deutsch und Geschichte, sondern nur in den Fremdsprachen zu verwenden. Hier zeigte sich, daß Ministerialbeamte bei Vorwürfen der »politischen Betätigung« nach § 4 des GWBB weit eher bereit waren, ihren Spielraum zugunsten des Betroffenen zu nutzen (was hier einem jüdischen Frontkämpfer zugute kam), während man in Fällen, wo direkt über Entlassung aus rassenpolitischen Gründen nach § 3 des GWBB zu entscheiden war, rigoros vorging und Vorschläge zu »ausgedehnter« Interpretation der Ausnahmeregelung eben nicht zum Zuge kamen. Der Frage, warum die direkt antisemitischen Vorschriften so unerbittlich ausgeführt wurden, kann an dieser Stelle nicht weiter nachgegangen werden. Es ist aber auch hier nicht auszuschließen, daß dies als Teil einer Strategie zu deuten ist, die das zentrale Anliegen der Partei befriedigen sollte, um Freiräume gegenüber ihren Interventionen in anderen Bereichen der Verwaltung zu erhalten.[119]

In Heidelberg waren – nach der Entlassung von Frau Busch – Ludwig Basnizki von der Oberrealschule in der Kettengasse der einzige jüdische Lehrer an den Höheren Schulen, Hermann Durlacher der einzige im Bereich der Volksschule. Auch sie waren wie Morgenthal wegen ihres Frontkämpferstatus – Durlacher war örtlicher Vorsitzender des ›Vereins der jüdischen Frontsoldaten‹ – durch die Ausnahmebestimmung des GWBB geschützt, wurden aber auf Grund des neuen RBG im Oktober 1935 beurlaubt und zum 1. Januar 1936 zur Ruhe gesetzt.[120]

Trotz der deutlichen Verschlechterung der rechtlichen Situation – die Ausnahmeregelung für jüdische Weltkriegsveteranen entfiel – gab es im Schulbereich im Zeichen der ›Nürnberger Gesetze‹ eine bemerkenswerte Initiative. Sie orientierte sich an einem Mannheimer Vorbild, vollzog strikt die Rassentrennung und ermöglichte so für jüdische Schüler und Lehrer noch drei Jahre lang bis zum November-Pogrom 1938 ungestörten Unterricht. Wie in Mannheim war die »Judenklasse« bzw. die »jüdische Schulabteilung« in Heidelberg – im Gegensatz zur Regelung in Württemberg – in öffentlicher Trägerschaft und unterstand dem badischen Kultusministerium. So gehörte Hermann Durlacher in diesen Jahren zu den letzten aktiven, genauer gesagt: reaktivierten jüdischen Beamten im badischen Staatsdienst.[121]

119 Vgl. dazu Moraw, Frank: Das Gymnasium zwischen Anpassung und Selbstbehauptung. Zur Geschichte des Heidelberger Kurfürst-Friedrich-Gymnasiums 1932–1946. Heidelberg 1987, insbes. S. 60–69.

120 Weckbecker 1985, S. 73 und 83 ff.

121 Sauer 1969, S. 67.

In Mannheim wurde bereits seit Schuljahresbeginn Ostern 1934 in besonderen jüdischen Schulklassen unterrichtet. Diese waren dort eindeutig auf Anregung des Stadtrabbiners Heinrich Lemmle und seines Nachfolgers Max Grünewald bzw. des Oberrats der Israeliten Badens eingerichtet worden.[122]

Im folgenden Jahr zog nun Heidelberg nach – bezeichnenderweise im Zeichen der Rassentrennungspolitik der ›Nürnberger Gesetze‹ und auf Initiative des Kreisleiters. Der Antrag Wilhelm Seilers, der zugleich dem Stadtschulamt vorstand und die lokale Schulpolitik als seine bevorzugte Domäne betrachtete, wurde am 19. August 1935 gestellt und schon am 28. August vom Karlsruher Ministerium ausdrücklich mit Hinweis auf die Mannheimer Regelung positiv beschieden.[123] So wurde der Unterrichtsbetrieb in der Weststadt im Gebäude der Pestalozzi-Schule in der Landhausstraße zunächst mit 47, im Jahre 1936 mit 51 Schülern aufgenommen. Zur Unterstützung von Lehrer Durlacher verpflichtete der Heidelberger Synagogenrat bzw. der Oberrat der Israeliten vorübergehend die entlassenen Lehrer Dr. Demuth, Rotheimer, Basnizki und Morgenthal, und zwar hauptsächlich für den fremdsprachlichen Unterricht. Diese »Ergänzungslehrkräfte« wurden im Jahre 1937 durch Julius Zellner abgelöst, der ebenfalls von der jüdischen Gemeinde selbst angestellt war. Sowohl in bezug auf die Lehrkräfte wie auch auf die Lerninhalte wurde den gesonderten jüdischen Volksschulklassen in dieser Phase vom Karlsruher Kultusministerium relative Autonomie zugestanden. Der Unterricht wurde zunächst innerhalb des Lehrplans der badischen Volksschulen mit einem erweiterten Religionsunterricht für die Behandlung jüdischer Lehrgegenstände begonnen. Am 1. Dezember 1937 akzeptierte das Ministerium dann die von der Reichsvertretung der Juden in Deutschland vorgelegten »Richtlinien zur Aufstellung von Lehrplänen für jüdische Volksschulen« auch als Lehrpläne für die öffentlichen jüdischen Volksschulen, die damals in Baden außer in Mannheim und Heidelberg auch in Karlsruhe, Freiburg, Bruchsal und Emmendingen bestanden.

Was die Motive der jüdischen Seite betrifft, ein gesondertes Schulwesen voranzutreiben, so sind sie in Äußerungen aus der Gemeinde in Mannheim relativ gut erkennbar. In seiner Monografie würdigte Hans-Joachim Fliedner[124] die Tatkraft der dortigen Gemeindeführer: Gerade Erziehungsarbeit sei ihr zentrales Anliegen gewesen und ihre spezifische Antwort auf die Rassenpolitik des Regimes und die fortschreitende Aushöhlung der staatsbürgerlichen Gleichberechtigung der Juden.

Bereits im Juni 1933 hatte der Mannheimer Rabbiner Lemmle in einem Aufsatz über »Jüdische Erziehung in der ›Golah‹«[125] eine Neuorientierung gefordert und eine Neubestimmung jüdischer Identität: Die deutsch-jüdische Welt liberaler Emanzipation und individueller Assimilation sei zusammengebrochen; die zunehmende Diskriminierung der Juden durch das Regime müsse man durch verstärkte Aktivität der Gemeinde und größere Verbundenheit ihrer Mitglieder auffangen: »Was wir erreichen wollen, das ist der jüdische Mensch im jüdischen Kollektiv«,

122 Fliedner, Hans-Joachim: Die Judenverfolgung in Mannheim. Stuttgart ²1991, S. 138 ff.
123 GLA 235/39511.
124 Fliedner 1991, S. 46 f.
125 Ebd., S. 138 ff.

wobei er über dessen Ausgestaltung bewußt noch keine Aussagen machen wollte. Trotzdem sind Lemmles Überlegungen und die Verwirklichung der gesonderten jüdischen Schule als Versuch zu bewerten, der Rassentrennungspraxis der Machthaber, wie sie besonders in den ›Nürnberger Gesetzen‹ zum Ausdruck kam, zuvorzukommen und die Gemeindemitglieder auf ein Leben unter einem rechtlich geminderten Status vorzubereiten. Im weiteren Verlauf war freilich eine Akzentverlagerung auf die Vorbereitung für die Emigration unübersehbar. So nannten die oben erwähnten »Richtlinien« vom Dezember 1937 folgende Lernziele: »Die Schule soll von einem sich selbst begreifenden jüdischen Geiste durchdrungen sein. Das heranwachsende Kind soll seines Judeseins in gesundem Bewußtsein sicher werden; es soll sich des Namens freuen lernen, mit allem Stolz und aller Entbehrung, die damit verbunden sind (...) Von allem anderen abgesehen, mahnen hierzu die dringenden Notwendigkeiten der Gegenwart. Das jüdische Kind muß für die Auswanderung, insbesondere nach Palästina, vorbereitet und fähig gemacht werden, den seiner wartenden schweren Lebenskampf aufzunehmen.«[126]

Demgegenüber nannte Wilhelm Seiler als Motiv seiner Initiative für eine getrennte jüdische Schule in Heidelberg das traditionelle antisemitische Klischee: »Es wird auf die Dauer nicht mehr gehen, daß unsere Heidelberger Bevölkerung ihre Kinder zu einem jüdischen Lehrer in die Schule schickt. Schon bei dem letzten Schulfest ist die Mitwirkung dieses Lehrers erheblich aufgefallen (...)« Und in ganz ähnlicher Weise wurde vom Ministerium im Antwortschreiben argumentiert: »Die völlig getrennte Unterrichtung der jüdischen Schüler erscheint mir die beste Form zu sein, um die Schwierigkeiten, die für jüdische Kinder in der nationalsozialistischen Schule entstehen können, zu vermeiden. Von dieser Erwägung ausgehend, wurde s. Zt. auch von dort aus die in Mannheim getroffene Regelung angestrebt (...)«[127]

Es kann kaum ein Zweifel daran bestehen, daß sowohl der Heidelberger Stadtschulrat (und Kreisleiter) wie auch die Beamten im Ministerium darin für ihren Bereich gewissermaßen eine Lösung der ›Judenfrage‹ sahen. Rassentrennung und Isolierung der jüdischen Minderheit in einem gesonderten Bezirk, in dem von Staats wegen Recht und Ordnung garantiert sein sollte, hielten sie wohl für eine dauerhafte und vielleicht sogar für eine exemplarische Regelung.

Eine Zeitlang setzten in ihrer Bedrängnis auch führende jüdische Gemeindevertreter, wie das Mannheimer Beispiel zeigt, eine gewisse Hoffnung in einen solchen Sonderstatus. Es sei nötig, schrieb der oben schon zitierte Rabbiner Lemmle, »daß wir in dieses uns Besondere ganz einziehen, unsere neue Welt darin errichten und von da her die Welt des anderen sehen, besuchen, behandeln lernen.« So wollte er Erziehung zum Judentum und Suche nach jüdischer Identität verstanden wissen. Nicht auszuschließen ist, daß man sogar noch in den ›Nürnberger Gesetzen‹ in erster Linie eine Absicherung gegen pogromartigen Terror sah und die Wiederherstellung rechtlicher Zustände – wenn auch auf gemindertem Niveau. So

126 Ebd.
127 GLA 235/39511.

gesehen, kam unter dem Druck der Verhältnisse im Schulwesen eine komplexe Verbindung von jüdischer Identitätssuche und antisemitischer Ausgrenzung zustande.

Eindeutiger Schluß- und Wendepunkt war, um es hier vorwegzunehmen, das Pogrom vom 10. November 1938, das diesen Modus vivendi, der vielen noch erträglich schien, als Illusion entlarvte. Der Schulleiter der Pestalozzi-Schule Adolf Neureuther, Nachfolger Seilers als Stadtschulrat, trieb buchstäblich die Judenklasse und ihren Lehrer Durlacher aus dem Schulhaus. Ohne daß er sich auf einen konkreten Konflikt innerhalb der Schule beziehen konnte, paßte er sich noch am 10. November 1938 in einem Schreiben an das Kultusministerium eilends in die Pogromstimmung ein:

> »Eine unbeschreibliche Erregung herrschte im Volke gegen die Judenschaft insgesamt. Von dieser Erregung wurde begreiflicherweise auch die gesamte Lehrerschaft der Pestalozzischule ergriffen, umsomehr als in der Pestalozzischule eine ›Judenklasse‹ von dem jüdischen Klassenlehrer Durlacher unterrichtet wird. Die Lehrerschaft lehnte es rücksichtslos und einmütig ab, unter einem Dache mit diesen jüdischen Kindern zusammen zu sein.
>
> Um dem Schlimmsten vorzubeugen und um Ausschreitungen von unabsehbaren Folgen zu vermeiden, wurde die Judenklasse samt dem Klassenlehrer sofort nach Hause geschickt. Von diesem begreiflichen Erregungszustand der Lehrerschaft und den daraus entspringenden Folgen wurden sowohl der Kreisleiter als auch die Geheime Staatspolizei sofort verständigt. Es wurde dabei einmütig festgestellt, daß der jüdische Klassenlehrer mit seinen jüdischen Schülern solange aus dem Schulhaus zu bleiben hat, bis eine Entscheidung seitens des Ministeriums des Kultus und Unterrichts erfolgt sein wird, die bestimmt, daß die Judenklasse aus dem Schulhaus verschwindet und irgendwie privatim untergebracht wird.
>
> Es muß auf diese Bitte mit Nachdruck abgehoben werden schon deswegen, weil nicht allein die Lehrerschaft droht, zu Gewaltmaßnahmen zu schreiten, sondern auch die Schüler selber eine Stellung gegen die Judenbuben einnehmen, die zu ernsten Bedenken Anlass gibt.
>
> Das Stadtschulamt müßte jegliche Verantwortung ablehnen, wenn durch das Ministerium des Kultus und Unterrichts eine Entscheidung getroffen würde, die nicht im Sinne der berechtigten Forderungen der Lehrerschaft gelegen wäre.
>
> Wir bitten daher das Ministerium des Kultus und Unterrichts uns den Bescheid zu erteilen, der die Verlegung dieser angefeindeten Judenklasse aus dem Schulhaus anordnet.«[128]

3.3 Die Wirtschaft

Die Art und Weise, wie die jüdischen Bürger aus dem Bereich der freien Wirtschaft verdrängt wurden, unterschied sich stark von den geschilderten Vorgängen im öffentlichen Dienst. Bis zum Jahre 1938 gab es in der Wirtschaft keine strikten Berufsverbote. Frühe Bestrebungen, den Arierparagraphen auch in diesem Sektor durchzusetzen, wurden mit dem Argument abgeblockt, daß ange-

128 Ebd.

sichts der Arbeitslosigkeit die ungestörte Wirtschaftsentwicklung Vorrang habe.[129] Das hinderte Partei-Aktivisten freilich nicht daran, immer wieder Vorstöße zu unternehmen, um ihrem Ziel der »Entjudung« der Wirtschaft näher zu kommen. Schon Zeitgenossen[130] unterschieden nicht zu Unrecht zwischen einer Phase der »wilden Arisierung« von 1933 bis 1937 und der sich anschließenden Phase einer »planmäßigen« Ausschaltung der Juden, die dann staatlich gelenkt und erzwungen wurde, bis auch dieser Bereich etwa im Sommer 1939 »judenfrei« war.

Wie oben schon erwähnt,[131] übte die Heidelberger NSDAP seit dem Boykott vom 1. April 1933 insbesondere auf die Stadtverwaltung Druck aus, die Diskriminierung der jüdischen Unternehmen ihrerseits aufzunehmen und fortzuführen. Zu diesem Zweck verschickte die Kreisleitung ein »Verzeichnis jüdischer Geschäfte Heidelbergs«, das man wohl schon bei der Boykott-Aktion selbst verwendet hatte, an die städtischen Ämter. Diese vervielfältigten es, wie das Beispiel des Wohlfahrts- und Jugendamts zeigt, um es an alle Beamte zu verteilen »mit der Auflage, bei ihren Einkäufen keine jüdischen Geschäfte zu berücksichtigen«.[132] Die Stadtverwaltung schwenkte also allem Anschein nach im Beschaffungswesen und im Bereich der Bedürftigenfürsorge – wie der Fall Loewenberg/Universitätsapotheke zeigt – bei den Bedarfsdeckungsscheinen und den Rezepten ohne Vorbehalte auf die verlangte antisemitische Linie ein. »Empfehlungen« an die Beamten, auch beim privaten Einkauf jüdische Geschäfte zu meiden, kamen wohl hinzu.[133]

Der Druck auf die jüdischen Unternehmen wurde zudem durch eine parallel laufende Kampagne des nationalsozialistischen Lokalblattes »Volksgemeinschaft« gegen sog. »Juden-Inserate« verstärkt. Dabei wurden insbesondere Anzeigen des prominenten Textilgeschäfts Rothschild und der Universitätsapotheke in den konkurrierenden Lokalzeitungen angeprangert,[134] wobei man gleichzeitig Abonnenten und Anzeigen-Kunden dazu aufrief, diese Zeitungen zu boykottieren. Hier ist erwähnenswert, daß das ›Heidelberger Tageblatt‹ (vom 31. Mai 1933) unter der Überschrift »Wirtschaft und Presse« noch einmal für die Pressefreiheit eine Lanze brach: »Niemand hat in Deutschland ein Recht, einem Volksgenossen vorzuschreiben, welche Zeitung er lesen soll.« Und in diesem Zusammenhang wagte es auch »ein Wort der Aufklärung zum Vorwurf über die sogenannten ›Juden-Inserate‹«. Hier diente wieder als Hauptargument, daß damals auch hochrangige Nationalsozialisten wie z. B. der badische Staatskommissar und Gauleiter Wagner den Vorrang ungestörter Wirtschaftsentwicklung »gegen Übergriffe unzuständi-

129 S. S. 474; Adam 1972, S. 172.

130 Wagner, Hans: Die Überführung jüdischer Betriebe in deutschen Besitz, unter Berücksichtigung der Verhältnisse in Baden. Diss. Heidelberg 1941, S. 95.

131 S. S. 449, 466, 473–476.

132 Vgl. STAHD, Wohlfahrts- und Jugendamt, 2460, Kreisleitung der NSDAP Heidelberg an das Städtische Wohlfahrtsamt vom 11. Mai 1933; »Beschluß« vom 17. Mai 1933.

133 Vgl. auch Fliedner ^{2}1991, S. 115 ff.

134 Volksgemeinschaft vom 24. Juni und 2. Juli 1933.

ger Stellen und Personen« betonte.[135] Trotzdem hatten die diskriminierenden Maßnahmen und die gezielte, parallel laufende Propaganda ernsthafte Auswirkungen: Der Umsatz der Betriebe ging so weit zurück, daß Arbeitsplätze gefährdet waren. Das veranlaßte Firmenleitung und Betriebsrat des Textilhauses Rothschild zu einer Eingabe an den Treuhänder der Arbeit in Karlsruhe,[136] in der es hieß:

»Wir gestatten uns Ihnen ergebenst mitzuteilen, daß seit geraumer Zeit die Beamtenkundschaft in größerem Ausmaße unser Haus meidet. Die Beamten haben offenbar die Befürchtung, daß sie sich durch Einkauf in unserem Haus dienstlichen Unannehmlichkeiten aussetzen und werden teilweise dadurch veranlaßt, auswärts einzukaufen. Die unterzeichnete Firma sowie der Betriebsrat bitten den Treuhänder der Arbeit, diese Beunruhigung bei der Beamtenschaft abzustellen (...) Gleichzeitig erlauben wir uns auch die Bitte, dafür sorgen zu wollen, daß wir weiterhin nicht mehr als Lieferanten bei der Stadt, Wohlfahrtseinrichtungen etc. ausgeschaltet werden.«

Die Eingabe brachte keine Verbesserungen. Obwohl Ludwig Rothschild in dem Schreiben noch versichert hatte: »Wir haben die Absicht, mit aller Energie durchzuhalten«, mußte er Ende des Jahres 1935 aufgeben. Er übertrug das Geschäft zunächst auf Pachtbasis, dann durch Verkauf an die A. Kraus Kommanditgesellschaft und emigrierte Mitte 1937 in die USA. Am 4. Dezember 1935 wurde die ›Arisierung‹ des Kaufhauses durch folgende Anzeige (in den ›Heidelberger Neuesten Nachrichten‹) bekanntgemacht:

»Besitzwechsel im Textilhaus Rothschild. Wir haben das seit über 40 Jahren bestehende Geschäft der Firma Gebr. Rothschild, Heidelberg, Hauptstraße 37/43 käuflich erworben und werden dasselbe unter der Firma A. Kraus Kommanditgesellschaft als deutsches Geschäft weiterführen (...)«

Die Fälle Ludwig Rothschild und Erich Loewenberg wiesen im übrigen eine gewisse Parallelität auf, und zwar nicht nur in bezug auf die Daten der Geschäftsaufgabe und der Emigration: Beide bekundeten auch nach der nationalsozialistischen Machtergreifung einen energischen Willen zur Selbstbehauptung (beide wurden vom Rechtsanwaltsbüro Marschall und Dr. Müller beraten) und beide glaubten zunächst wohl daran, daß man nur eine begrenzte, kritische Phase »durchhalten« müsse. Sie resignierten, als sich das Regime konsolidierte, und faßten – vielleicht im Zeichen der Nürnberger Gesetze – den Enschluß, Deutschland zu verlassen. Für die Propaganda der Heidelberger Nationalsozialisten waren beide, wahrscheinlich gerade wegen ihrer kämpferischen Haltung, in besonderem Maße Zielscheibe gewesen.

Am Rande sei hier noch das Strumpfwarengeschäft Haug, Plöck 7, erwähnt, das vom Boykott gegen das Kaufhaus Rothschild profitiert hatte. Nach dessen Arisierung fühlten sich die Inhaber des Strumpfgeschäfts, bekennende alte Nationalsozialisten, veranlaßt, über ihren eigenen, nun wieder rückläufigen Umsatz –

135 Ab November 1933 konnten keine Inserate jüdischer Firmen mehr in den Heidelberger Zeitungen erscheinen; vgl. Weckbecker 1985, S. 107.

136 GLA 237/40501, Schreiben vom 6. Oktober 1933.

also gleichsam als nationalsozialistische Arisierungsverlierer – beim Oberbürgermeister Klage zu führen:

> Man habe während des Boykotts des Kaufhauses Rothschild den eigenen Lagerbestand vergrößert. »Nun wird plötzlich – schlagartig – dreieinhalb Wochen vor Weihnachten das Kaufhaus Rothschild arisch und alles strömt wieder dorthin. Meine Geschäftseinnahmen sind in den Tagen nach der Neueröffnung des Kaufhauses Rothschild / Kraus um das sechs- bis achtfache gesunken und auch jetzt in den letzten Tagen vor Weihnachten ist der Umsatz viel niedriger wie im vorigen Jahr (...)«[137]

Wie es scheint, sorgte der Oberbürgermeister dafür, daß die Bitte der Geschäftsinhaber um ein Überbrückungsdarlehen erfüllt wurde. So ließ sich verschleiern, daß es auch bei der damals stark diskutierten Problematik der Kaufhäuser den Nationalsozialisten in erster Linie um die Ausschaltung der Juden ging und weniger um Interessenpolitik des Mittelstands.

Die Mehrheit der jüdischen Inhaber gab in Heidelberg ihre Betriebe bereits in dieser Phase der sogenannten »wilden Arisierung« auf. Die übrigen fielen der systematischen, gesetzlich verordneten Eliminierung zum Opfer, die mit Beginn des Jahres 1938 einsetzte. Mit der allgemeinen Aufwärtsentwicklung der Wirtschaft entfiel auch die bisherige Rücksichtnahme auf die in diesem Bereich tätigen Juden. Selbst der mittlerweile herrschende Arbeitskräftemangel sprach eher für eine Liquidierung der jüdischen Unternehmen. Hinzu kam, daß besonders Göring, der die Durchführung des Vierjahresplanes leitete, darauf drängte, angesichts der Devisenknappheit die Aufrüstung durch Ausplünderung der jüdischen Vermögen zu finanzieren. In weiteren Sparten wurden Berufsverbote erlassen; sie erfaßten jetzt die freien Berufe (Ärzte im September, Rechtsanwälte im Oktober 1938; Zahn-, Tierärzte, Apotheker im Januar 1939), dann die Führung von Betrieben der gewerblichen Wirtschaft (Betriebsführer und leitende Angestellte im Januar 1939). Zwei Verordnungen brachten die entscheidende Weichenstellung für die neue wirtschaftliche Judengesetzgebung. Zum einen die am 14. Juni 1938 erlassene »Dritte Verordnung zum Reichsbürgergesetz«, die die Merkmale festlegte, nach denen ein Betrieb als jüdisch angesehen wurde, und die nun staatlichen Behörden bestimmte – in Baden den Polizeidirektor –, die diese Betriebe in ein Verzeichnis eintragen sollten. Und zum zweiten schließlich die »Verordnung zur Ausschaltung der Juden aus dem Wirtschaftsleben« vom 12. November 1938, auf Grund derer der Betrieb eines Einzelhandelsgeschäfts oder eines Handwerks untersagt war und binnen einer bestimmten Frist eine Veräußerung verlangt werden konnte.[138]

In dieser Phase suchte auch Kreisleiter Seiler, sich antisemitisch zu profilieren. Sein Amtstagebuch[139] vermerkte unter dem Datum des 30. Mai 1938 einen Vorstoß gegen die Schnellpressen AG. bzw. deren Vorstandsmitglied Arthur Dreyfuß. Seiler hatte sich dabei mit dem DAF-Kreisobmann Karl Lindinger abge-

137 Ebd., Schreiben vom 12. Dezember 1935.

138 Adam 1972, S. 180, 211.

139 GLA J 72/982, Spruchkammer Seiler.

stimmt. Das Ergebnis der Aktion, die Entlassung von Direktor Dreyfuß, rechnete sich Seiler offensichtlich als Erfolg an; es nahm, wie oben gezeigt, die Entwicklung der Rechtslage in bezug auf die Berufsverbote um ein halbes Jahr vorweg:

»Wichtige Besprechung bei Direktion der Schnellpressenfabrik. Als Erfolg kann verbucht werden, daß nationalsozialistische Forderungen über die Judenreinheit dieses bedeutenden Werkes durchgedrückt und anerkannt werden.«

Der Bericht des Heidelberger Polizeidirektors Otto Henninger vom 20. November 1938 bestätigte, daß die ›Arisierung‹ des jüdischen Gewerbes in Heidelberg bereits in der ersten Phase weitgehend durchgeführt worden war. Sein »Verzeichnis der jüdischen Gewerbebetriebe in Heidelberg« umfaßte noch 48 Betriebe. Demgegenüber hatte die Partei im Jahre 1933 in ihrem »Verzeichnis jüdischer Geschäfte Heidelbergs« noch 113 Unternehmen benannt. 65 Betriebe, weit über die Hälfte, hatten also schon aufgeben müssen. Im November 1938, als die ›Arisierung‹ im Schnellverfahren zu Ende gebracht werden sollte, existierten in Heidelberg mit zwei Ausnahmen nur noch jüdische Kleinbetriebe. Die eine Ausnahme waren die Badischen Möbelwerke, Inhaber Gustav Basnizki, mit dem Werk in Langenbrücken und der Verwaltung in Heidelberg, die 80 Mitarbeiter beschäftigten, und die andere die Zigarrenfabrik Flegenheimer & Co. in Kirchheim, Hardtstraße 9, mit 230 Mitarbeitern.[140] Bei den meisten anderen Betrieben dürfte es sich um Familien- oder Ein-Mann-Betriebe gehandelt haben, und zwar vor allem um Textil- und Lebensmittelgeschäfte und Kleinhandwerker. Arno Weckbecker, dem allerdings die von der Heidelberger NSDAP zusammengestellte Liste nicht vorlag, kam auf Grund seiner Berechnungen zu dem Ergebnis, daß von den jüdischen Unternehmen in Heidelberg etwa zwei Drittel liquidiert und nur ein Drittel verkauft worden seien.[141]

Der Erwerb eines profitablen jüdischen Unternehmens war für den Käufer meist mit einem erheblichen Gewinn verbunden, denn der Kaufpreis lag oft unter dem Verkehrswert. Selbst führende Nationalsozialisten wie der badische Ministerpräsident Bernhard Köhler warnten damals vor »Arisierungshyänen«. Eine besondere Verordnung Görings sah vor, daß ein Teil der »Entjudungsgewinne« an den Staat ging; doch kam es in der Praxis anscheinend nur selten dazu.[142] Das November-Pogrom 1938 markierte dann den Übergang zur offenen Ausplünderung des jüdischen Vermögens durch staatliche Stellen: Der erste Schritt war die sog. Sühneleistung, eine Kontribution nach dem Pogrom, die von jedem Juden in Form einer direkten Steuer in Höhe von 20 bzw. 25 Prozent des veranschlagten Kapitals aufzubringen war. Außerdem beschlagnahmten die Behörden des Reiches die Versicherungsgelder, die den Juden als Ersatz für den materiellen Schaden während des Pogroms zustanden. Schließlich hatten die

140 Basnizki verkaufte am 1. November 1938; vgl. Weckbecker 1985, S. 126–129; die Firma Flegenheimer stellte ihren Betrieb am 14. Oktober 1939 ein.
141 Weckbecker 1985, S. 117, 122.
142 Wagner 1941, S. 224 ff.; Weckbecker 1985, S. 129.

Juden, die nach 1938 auswanderten, einen wesentlichen Teil ihres Vermögens, meist wiederum ein Viertel, in Form von »Reichsfluchtsteuer« abzuführen.

Die Politik der Berufsverbote und der Ausschaltung aus der Wirtschaft hatte zur Folge, daß ein Großteil der deutschen Juden entweder vom angesammelten Kapital leben mußte oder der Fürsorge zur Last fiel. Die Auswanderung, die man offiziell fördern und beschleunigen wollte,[143] wurde dadurch eher erschwert, da in vielen Fällen die notwendigen Kosten nicht mehr aufgebracht werden konnten oder die Aufnahmeländer sich weigerten, den in Deutschland Ausgeplünderten unbeschränkt Einreise zu gewähren.

4 Die SA und das Pogrom vom 10. November 1938: Der direkte Terror im Stil der ›Kampfzeit‹ lebt noch einmal auf

Pfarrer Hermann Maas betreibt eine Hilfsstelle: »Ich stehe bei Ihnen, nicht ›trotzdem‹ Sie Jude sind, sondern ›weil‹ Sie es sind . . .«

Kaum je war eine öffentliche Erklärung von Goebbels so durchsichtig falsch gewesen wie die, die er zu dem reichsweiten Pogrom am 9. und 10. November 1938 abgegeben hat. Zu keinem anderen Zeitpunkt während der zwölfjährigen Diktatur wurde die deutsche Bevölkerung so unmittelbar mit der Wucht des antijüdischen Terrors konfrontiert. Deswegen glaubte fast niemand an die Version des Propagandaministers von der spontanen Volkswut, und fast jedermann wußte über die »Reichskristallnacht« Bescheid. Daran änderte auch die schnell durchgesetzte Zensur der Presse nichts, die die Gewalttaten als Reaktion auf das Attentat gegen einen deutschen Diplomaten in Paris darstellen und in ihrem Ausmaß herunterspielen sollte.

Die Frage nach den tatsächlichen Initiatoren und nach dem Befehlsweg konnte auch parteiintern nicht ganz unterdrückt werden. Um auch die übelsten Straftäter vor der staatlichen Justiz abzuschirmen, zog das Oberste Parteigericht der NSDAP die Sache an sich. Mit relativ wenig Reverenz gegenüber der offiziellen Sprachregelung benannte es in seinem Untersuchungsbericht die Auslöser des Pogroms in der Parteispitze und gab zugleich einen aufschlußreichen Hinweis auf die absichtlich verklausulierte Sprache des Befehls, die deren Verantwortung verschleiern sollte:

»Am Abend des 9. November 1938 teilte der Reichspropagandaleiter Pg. Dr. Goebbels den zu einem Kameradschaftsabend im Alten Rathaus zu München versammelten Parteiführern mit, daß es in den Gauen Kurhessen und Magdeburg-Anhalt zu judenfeindlichen Kundgebungen gekommen sei, dabei seien jüdische Geschäfte zertrümmert und Synagogen in Brand gesteckt worden. Der Führer

143 Vgl. z.B. GLA 233/27735, Rundbrief des badischen Innenministers an Landräte, Polizeidirektoren etc. vom 12. Dezember 1938: »Die Auswanderung der Juden ist daher mit allen Mitteln zu fördern.«

habe auf seinen Vortrag entschieden, daß derartige Demonstrationen von der Partei weder vorzubereiten noch zu organisieren seien, soweit sie spontan entstünden, sei ihnen aber auch nicht entgegenzutreten.

Die mündlich gegebenen Weisungen des Reichspropagandaleiters sind wohl von sämtlichen anwesenden Parteiführern so verstanden worden, daß die Partei nach außen nicht als Urheber der Demonstration in Erscheinung treten, sie in Wirklichkeit aber organisieren und durchführen sollte.«[144]

Daraus geht hervor, daß die Aktionen vom 9. und 10. November 1938 von oben zentral angeordnet waren und daß sie nicht langfristig geplant, sondern kurzfristig nach dem Bekanntwerden des Attentats initiiert worden sind, und dies ist seit längerem nicht mehr umstritten.

Demgegenüber soll hier der Durchführung der Ausschreitungen nachgegangen werden sowie der Frage nach den Verfolgern vor Ort und nach den Reaktionen in der Bevölkerung. Denn im lokalen Bereich und gerade im Zusammenhang mit dem November-Pogrom kann man von der Quellenlage her mit einer gewissen Aussicht auf Erfolg eine Antwort darauf suchen, ob und inwieweit Kongruenz zwischen der Judenpolitik des Regimes und der Haltung der Bevölkerung bestand. Wenn überhaupt, dann lassen sich hier die bekannten Schwierigkeiten überwinden und Anhaltspunkte für die tatsächliche Volksmeinung innerhalb der Diktatur gewinnen, die das freie Wort systematisch unterdrückte. Jedenfalls wurde die Judenverfolgung nie vorher und nie wieder später in so starkem Maße als eine Herausforderung zur Stellungnahme empfunden. Und keine andere der Stationen auf diesem unseligen Weg – weder der Judenboykott am 1. April 1933 noch die Reaktion auf die Nürnberger Rassengesetze von 1935, auch nicht dann während des Krieges die Deportation im Jahre 1940 – läßt sich lokalgeschichtlich für Heidelberg auch nur annähernd auf einer ähnlich breiten Quellengrundlage dokumentieren.[145]

Am 9. November 1938 wurden die Anweisungen aus München bekanntlich auf unterschiedlichen Befehlswegen im Reich verbreitet. Für Heidelberg wie anscheinend für den gesamten Südwesten war der SA-Apparat bestimmend. Gleich nach der ominösen Goebbels-Rede hat sich der SA-Stabschef Lutze noch im Münchner Rathaus mit den Führern der SA-Gruppen abgestimmt, die ihrerseits dann noch vor Mitternacht ihre Heimatdienststelle telefonisch informierten.[146] Die ursprünglich verklausulierte Sprache der Weisungen wurde wahrscheinlich schon hier, spätestens aber in der von der SA-Gruppe Kurpfalz in Mannheim weitergegebe-

144 Lauber, Heinz: Die Nacht, in der im Deutschen Reich die Synagogen brannten. Dokumente und Materialien. Villingen 1988, S. 103.

145 Die folgende Darstellung der gewalttätigen Aktionen am 10. November 1938 in Heidelberg orientiert sich am Beitrag des Verf. zum November-Pogrom In: Giovannini, Norbert u. a. (Hrsg.): Jüdisches Leben in Heidelberg. Studien zu einer unterbrochenen Geschichte. Heidelberg 1992, S. 121–141.

146 Vgl. Graml, Hermann: Der 9. November 1938. ›Reichskristallnacht‹. Bonn ^{6}1958, S. 27f.; Düwell, Kurt: Die Rheingebiete in der Judenpolitik des Nationalsozialismus vor 1942. Bonn 1968, S. 178.

nen Anweisung in einen detaillierten Befehl umgeformt.[147] Einen solchen Befehl, sofort die Zerstörung der Synagogen in seinem Zuständigkeitsbereich zu organisieren, erhielt der Heidelberger Obersturmbann-Führer Hans Bender, der Führer der SA-Standarte 110, etwa eine Stunde nach Mitternacht telefonisch aus Mannheim. Bender wiederum gab die Anweisung, die Synagoge Große Mantelgasse/ Ecke Lauerstraße in Brand zu stecken, an den Führer des Studenten-Sturms der SA, Sturmbannführer Franz von Chelius, weiter. Schon zwischen zwei und drei Uhr morgens hörten Anwohner lautes Klopfen und Hämmern an der Synagoge und konnten wahrnehmen, wie zehn bis 15 SA-Männer, nur teilweise uniformiert, Holzwolle und Kannen heranschleppten und im Innern des Gebäudes Feuer legten. Einheitlichkeit und Aggressivität des Vorgehens der SA-Stürme lassen sich mindestens ebenso wie durch die Befehlslage durch die innere Befindlichkeit der SA erklären: Die SA war bekanntlich seit der Röhm-Affäre in ihrem Selbstbewußtsein erheblich beschädigt, fast nur noch eine Veteranen-Organisation »Alter Kämpfer«, politisch einflußlos und praktisch funktionslos; es leuchtet ein, daß dieses Potential ein Ventil suchte.

Der Impuls aus München kam den langaufgestauten Wünschen derart entgegen, daß man losschlug, ohne sich über die Rolle der anderen Apparate von Partei und Staat lange Gedanken zu machen. Es ist nicht einmal auszuschließen, daß man die Aktionen absichtlich, soweit wie möglich, an ihnen vorbei organisieren wollte. Erst die Fernschreiben der Gestapo, die in ihrer ersten Welle auch noch kurz vor Mitternacht abgeschickt wurden, gingen auf die Frage der gegenseitigen Information, der Befugnisse und Aufgaben der jeweiligen Stellen und damit der Kompetenzabgrenzung ein. Die darin enthaltenen Anweisungen, noch vor der Brandstiftung Kultgegenstände und Archivmaterial aus den Synagogen abzutransportieren, wurden nach der Darstellung des Leiters der Heidelberger Außenstelle der Gestapo Johann Oettinger[148] von seinen Beamten umgehend ausgeführt und ebenso die Weisung, daß bei den Ausschreitungen selbst weder Gestapo noch Ordnungspolizei eingreifen, sondern sie »nur mit schwachen Kräften in Zivil« beobachten sollten. Bereits in diesem Fernschreiben wurde angekündigt, daß die Gestapo-Beamten im Laufe des Tages eine bestimmte Anzahl von Juden zum Abtransport in das KZ Dachau festnehmen sollten.[149]

Als dritte Gruppe, nach Gestapo und SA, erschien die Feuerwehr an der Synagoge. Das Ausrücken des Löschzuges ist nach Unterlagen der Feuerwehr genau auf 4.46 Uhr datierbar. Die Feuerwehr war wohl von der Polizei aus Sorge um die Nachbargebäude sehr frühzeitig alarmiert worden, denn bei deren Eintreffen war noch gar kein Feuer zu sehen, nur im Innern schwelte es. Der Führer des Löschzugs erinnerte sich, daß er von einem SA-Führer am Löschen gehindert

147 Lauber 1988, S. 178.

148 GLA 59/3/12743-33296; Hundsnurscher, Franz u. Thaddey, Gerhard: Die jüdischen Gemeinden in Baden, Denkmale, Geschichte, Schicksale. Stuttgart 1968, S. 127, erwähnen, daß die geraubten Kultgegenstände zunächst auf das Polizeirevier gebracht, aber etwa acht Tage später von Studenten auf dem Universitätsplatz verbrannt worden seien.

149 Pätzold [4]1991, S. 168–170.

wurde: »Erst nachdem das Dach brannte, durfte ich eingreifen. Bei meinem Eintreffen am Brandplatz waren etwa sechs bis acht SA-Leute und eine Anzahl Neugieriger anwesend. Die SA-Leute waren zum Teil betrunken.«[150]

Die Rolle des Kreisleiters und damit der Heidelberger Parteiorganisation der NSDAP im Verlauf des 10. November 1938 war Gegenstand der Untersuchungen während Seilers Spruchkammer-Verfahren (vom Oktober 1948) und seines Strafverfahrens vor dem Landgericht (vom Juni 1949). Es spricht einiges dafür, daß der Kreisleiter von dem anlaufenden Pogrom überrascht und über den Synagogen-Brand tatsächlich erst von der Polizei-Direktion aus, wie es auch den dort einlaufenden Weisungen entsprach, telefonisch informiert wurde, sei es von Gestapo-Chef Oettinger oder von Polizei-Direktor Henninger, die beide damals im ehemaligen »Grand-Hotel« in der Rohrbacher Straße 11 ihre Dienststelle hatten. Die örtliche SA, die wie die örtliche SS dem Kreisleiter nicht unterstellt war, wollte ihr Vorpreschen wohl auch gerade ihm gegenüber zunächst abschirmen, um sich auch in Heidelberg nach langen Jahren des politischen Abseits wieder einmal in Szene setzen zu können. Auch von Gauleiter Wagner, Seilers direktem Vorgesetzten, kamen zunächst keine Informationen oder Weisungen: Zwar hatte dieser an den Feierlichkeiten in München teilgenommen, äußerte sich aber erst am späten Vormittag des 10. November nach seiner Rückkehr in Karlsruhe.[151] Seiler war also am Morgen des Pogrom-Tages auf sich gestellt und mußte allein entscheiden, wie er auf die brandschatzenden SA-Trupps reagieren und sich gegenüber der Heidelberger Bevölkerung darstellen sollte. Während seines Prozesses äußerte er sich dazu in bezeichnender Weise: »Mir war die Sache sehr unangenehm, denn die politische Leitung sollte ja in solchen Fällen immer wieder ausgleichen.« Straßenexzesse und direkter Terror entsprachen sicher nicht seinen Vorstellungen; gesetzesförmige Diskriminierungen kamen seinem Ordnungsbedürfnis wohl mehr entgegen, was, von Fall zu Fall, verbalradikale antisemitische Tiraden nicht ausschloß, wenn sie ihm für die Einbindung aller Kräfte in die Partei notwendig erschienen. Seiler glaubte seiner Rolle als Repräsentant der Partei dadurch gerecht zu werden, daß er eine Art Inspektionsfahrt an die Hauptschauplätze der Verbrechen unternahm, ohne jedoch zu versuchen, irgendwo einzugreifen oder Anweisungen zu geben.

Nach einem Anruf beim Kreisfeuerwehrführer, der aber schon zur Synagoge geeilt war, also etwa um fünf Uhr, fuhr Seiler nach seiner Darstellung mit dem Dienstwagen selbst dorthin »und fand die Synagoge in Flammen. Nachdem ich festgestellt hatte, daß für die engbebaute Umgebung, insbesondere das Holzlager Anhegger keine Gefahr mehr bestand, fuhr ich wieder nach Hause, frühstückte

150 GLA 309/3308, 1 KLs 23/48; auch zum Folgenden.

151 Nach Angaben Seilers äußerte sich Wagner distanziert zu den SA-Exzessen; vielleicht deutete sich hier schon an, daß Wagner in der Judenpolitik auf eine schreckliche Alternative aus war, wie sich dann knapp zwei Jahre später bei den Deportationen zeigte, die ganz seine Handschrift trugen; s. u.

und begab mich dann auf die Kreisleitung. Dort stellte ich fest, daß irgendwelche Weisungen von der Gauleitung noch nicht gekommen waren, erfuhr aber aus verschiedenen Anrufen, daß die Aktion in erster Linie den Synagogen galt. Ich fuhr deshalb nach den Orten im Kreis, die Synagogen besaßen. Zuerst aber fuhr ich durch die Hauptstraße, da dort an der Bienenstraße Zertrümmerungen stattgefunden hatten und dann in die Weststadt, soviel ich noch weiß, in die Landhausstraße. Dort stellte ich fest, daß in einer oder in der anderen Wohnung Zerstörungen stattgefunden haben müssen, es waren noch Leute auf der Straße herumgestanden, einige Trümmer von Möbel usw. lagen umher und oben am Schulhaus (Pestalozzischule) stand ein Polizist, ohne in der Sache etwas zu unternehmen (...) Von hier aus begab ich mich nach dem Stadtteil Rohrbach und von da nach Wiesloch und Walldorf.« [152]

Für die Halbherzigkeit und die Zwiespältigkeit des Kreisleiters hatte Oberbürgermeister Neinhaus seine eigene Erklärung. Aus dem jahrelangen Umgang mit Seiler zog er den Schluß, daß dieser kein wirklich gefährlicher Nationalsozialist war: »Daß in Widerspruch zu dieser meiner Einschätzung der Kreisleiter in der Heidelberger Öffentlichkeit oft anders beurteilt wurde, findet darin seinen Grund, daß er, wie das bei weichen und schwachen Männern oft der Fall zu sein pflegt, nach einem bekannten psychologischen Erfahrungsgesetz seine Weichheit und Schwäche durch besonders forsches Auftreten und besonders fanatische Reden überzukompensieren das Bedürfnis empfand.«

Diese Deutung mochte begründet sein, auch wenn sie im Zusammenhang mit dem eigenen Spruchkammer-Verfahren vorgebracht worden ist und Neinhaus damit den Erfolg seiner Selbstbehauptungspolitik gegenüber der Partei unterstreichen wollte.

Am 10. November 1938 war die einzige Geste des Oberbürgermeisters, daß er um 8.00 Uhr morgens die Brandstätte aufsuchte. Die Synagoge war zu diesem Zeitpunkt schon ausgebrannt. Nach seiner Darstellung erfuhr er erst im Laufe des

152 GLA 309/3308, Aussage vom 5. Mai 1948; die Schilderung der Rolle des Kreisleiters während des November-Pogroms bei Weckbecker 1985 ist in den beiden folgenden Punkten nicht haltbar: Die auf S. 189 angeführte Zeugenaussage betr. die Vorgänge auf dem Wilhelmsplatz in der Weststadt bezieht sich auf Ortsgruppenleiter Karl Busch (s. u.) und nicht auf den Kreisleiter, vgl. HStA Stuttgart Staatsanwaltschaft Heidelberg, Ia KLs 49/47, Zeugenaussage F. M.; der auf S. 193 zitierte Augenzeugenbericht wurde in bezug auf die Beteiligung des Kreisleiters vom Zeugen-Ehepaar selbst während der Hauptverhandlung als Verwechslung bezeichnet und zurückgenommen (vgl. GLA 309/3308, 1 KLs 23/48); in der Urteilsbegründung heißt es dazu: »Das Gericht hat nicht den Eindruck gewonnen, daß die widersprechenden Angaben der Zeugen E. etwa auf eine Beeinflussung dieser Zeugen zurückzuführen sind, sondern daß die Zeugen vielmehr im Vorverfahren leichtfertig Dinge bekundet haben, die sie in Wirklichkeit nicht wahrgenommen haben.« Die erwähnten Synagogen in Wiesloch und Walldorf sind wahrscheinlich von Bruchsal aus zerstört worden, und zwar von SA-Stürmen, die der SA-Standarte 250, Bruchsal, unterstanden. Vgl. Oppenheimer, Max u. a.: Als die Synagogen brannten. Zur Funktion des Antisemitismus gestern und heute. Frankfurt a. M. 1978, S. 105.

Vormittags von seinen Mitarbeitern im Rathaus »allmählich und stückweise den gesamten Sachverhalt«. Die Spruchkammer selbst hielt Neinhaus vor, daß er sich nicht zu einer eindeutigeren Stellungnahme habe durchringen können und bei einem ungleich unwichtigeren Anlaß – bei der Einsetzung eines unliebsamen Musikdirektors im Jahre 1942 – bereit gewesen sei, sein Amt zur Verfügung zu stellen.

Weil keine Instanz in der Stadt, weder die Polizei, noch die Stadtspitze und natürlich ebensowenig die Kreisleitung, ihr Mißfallen über die Ausschreitungen zu artikulieren wagte, fühlten sich die Terror-Trupps ermutigt und bekamen Zulauf. Nach fünf Jahren relativer Ruhe durften sie sich wieder austoben, wie sie es während der »Kampfzeit« getan hatten.

Inzwischen waren die Angehörigen des SA-Studentensturms unter Führung des Sturmbannführers von Chelius von der Altstadt weiter zur Synagoge in Rohrbach (Rathausstraße 37) gezogen. Ihnen hatten sich Mitglieder des Pioniersturms der SA unter Zugführer Philipp Maßholder angeschlossen. Gemeinsam schlugen sie die Tür der Synagoge ein, zertrümmerten im Innern mit ihren Äxten die Bänke und anderes Holzwerk, schichteten es zusammen mit Büchern und Akten auf und steckten es in Brand.[153] Das Deckengebälk und das Gebäude selbst wurden aber vom Feuer nur wenig ergriffen, da auch hier die Rohrbacher Feuerwehr sehr früh verständigt worden war und zum Schutz der Nachbargebäude rechtzeitig eingreifen durfte. Nach Angaben des damaligen Brandmeisters haben etwa 15 bis 20 Zuschauer und Passanten Brandstiftung und Löscharbeiten verfolgt. Als der Kreisleiter zwischen 7.00 und 8.00 Uhr an der Rohrbacher Synagoge eintraf, war die SA bereits mit einem Lieferwagen abgefahren und der Brand fast gelöscht.

Doch unterdessen war eine zweite Welle von Ausschreitungen, die sich gegen Geschäftsräume und Wohnungen von Heidelberger Juden richtete, in vollem Gange. Seiler hatte auf seiner Fahrt von der Altstadt zur Kreisleitung (in der Gaisbergstraße 55) und nach Rohrbach schon Zerstörungen gesehen in der Hauptstraße / Ecke Bienenstraße am Wohnungseinrichtungsgeschäft Joseph Reis und an Wohnungen z. B. in der Landhausstraße in der Weststadt. Diese Demolierungen wurden systematisch von zwei Zentren aus organisiert. Das eine Zentrum war der Wredeplatz (heute: Friedrich-Ebert-Platz), wo Obersturmbannführer Hans Bender, der die Gesamtleitung der Aktion in Heidelberg übernommen hatte, vom Stammlokal der ihm unterstehenden SA-Standarte 110 (Plöck 24) aus nun die Durchführung im einzelnen vorantrieb, laufend SA-Männer – zeitweise waren im Hof des Standarten-Gebäudes 40 bis 50 angetreten – und Lkws zusammenzog und sie in kleinen Trupps losschickte.

Der Wilhelmsplatz war das andere Zentrum. Dort führte der Ortsgruppenleiter Karl Busch zusammen mit seinen beiden Brüdern, die alle drei der SA angehörten,

153 Das belegen auch zwei Fotos, die eines der Mitglieder des Pioniersturms während der Aktion aufgenommen hat: HStA Stuttgart, Staatsanwaltschaft Heidelberg, I KLs 13/47

das Kommando und wollte das Zerstörungswerk im Bereich Weststadt und Bergheim koordinieren. Etwa ab 5.30 Uhr ließ Karl Busch alle erreichbaren SA-Angehörigen alarmieren, und nach den Angaben eines der Beteiligten[154] war es auch Karl Busch, »der ihn und andere SA-Leute, die wie er in Uniform waren, in Gruppen einteilte und ihnen befahl, in mehrere bestimmte Wohnungen von Juden zu gehen und dort die Einrichtungen zu zerstören. Mit etwa vier bis fünf anderen SA-Leuten begab sich der Angeklagte noch am Vormittag in diese Wohnungen.«

Es kam dabei mehrfach vor, daß die Trupps zu Wohnungen geschickt wurden, die schon von anderen Gruppen demoliert worden waren. Denn wie es scheint, haben in diesem Teil der Stadt auch mindestens ein Trupp von Partei-Aktivisten selbständig losgeschlagen[155] wie auch mindestens eine SS-Gruppe. Wie ein Beteiligter berichtete,[156] habe einer der Brüder Busch dem Führer eines SS-Trupps auf der Straße bei der Wohnung des Textilkaufmanns Kahn (Bunsenstraße 7) zugerufen, wohin er gerade gehen wolle, seien seine Leute schon vorher gewesen. So wurden im Laufe des Vormittags auf diese Weise in der Weststadt außer der Wohnung und dem Geschäft Siegfried Kahns noch zerstört z. B. die Wohnung der Weinhandlung Fritz Holland (Bahnhofstraße 53),[157] die Geschäftsräume des Kaufmanns Max Ledermann (Endemannstraße 11), die Geschäftsräume des Alteisenhändlers Sigmund Schwed (Alte Bergheimer Straße 11), das Büro der Rechtsanwälte Alfred Marschall und Dr. Hermann Müller (Rohrbacher Straße 9),[158] die Wohnung des Rechtsanwalts Fritz Wolf (Rohrbacher Straße 51), die Wohnung des Kaufmanns Saul Deutsch (Landhausstraße 11). Am Nachmittag wurden die Zerstörungsaktionen in der Weststadt fortgesetzt. Sie richteten sich z. B. gegen die Wohnung der Familie des Kleiderfabrikanten Bernhard Levy (Zähringerstraße 4), der Familie Oesterreicher (Dantestraße 4) und die Wohnung von Sally Goldscheider, des Vorstehers der jüdischen Gemeinde (Häusserstraße 28). Goldscheider war als einer der ersten der Heidelberger Juden schon am Morgen des 10. November verhaftet und dann in der Nacht im Sammeltransport nach Karlsruhe gebracht worden; am frühen Nachmittag, noch bevor ein Zerstörungstrupp auch hier sein Werk verrichtete, verschaffte sich Hans Bender selbst Zutritt zu Goldscheiders Wohnung und ließ dessen Akten zur Dienststelle der SA-Standarte transportie-

154 HStA Stuttgart, Staatsanwaltschaft Heidelberg 49/47.

155 HStA Stuttgart, Staatsanwaltschaft Heidelberg 44/47.

156 GLA 309/3391.

157 S. S. 520.

158 Das Rechtsanwaltsbüro Marschall und Dr. Müller hatte energisch z. B. Erich Loewenberg und Ludwig Rothschild vertreten; nach der Entlassung aus der Haft in Dachau wickelten sie als ›Rechtskonsulenten‹ ihre Praxis ab. Alfred Marschall emigrierte am 1. März 1939 nach Palästina, Dr. Hermann Müller am 22. Mai 1939 über England nach New York, wo er Executive Director der American Federation of Jews from Central Europe wurde.

ren.[159] Goldscheider schilderte in einer Aussage (vom 7. April 1947),[160] in welchem Zustand er seine Wohnung am nächsten Tag, nach seiner Entlassung – er war wohl wegen seines Alters nicht ins KZ Dachau gebracht worden –, wiederfand:

»In meinem Haus traf ich ein Bild des Entsetzens an. Während ich im Gefängnis saß, wurde meine Villa (...) von oben bis unten vollständig demoliert und verwüstet. Sämtliche Möbel, selbst das schwere Buffet und der schwere Bücherschrank, waren umgeworfen, sämtliche Beleuchtungskörper zerschlagen, wertvolle Bilder und echte Teppiche zerschnitten. Meine Porzellansammlung, die ich nie mehr ersetzen kann, (...) lag zerschlagen am Boden. Weiter hatte ich eine wertvolle Markensammlung, drei große Bücher, diese waren verschwunden, einige Marken lagen am andern Tag im Vorgarten; ebenso fehlten eine wertvolle Bibel, (...) verschiedene Silbergegenstände.«

Ein ähnlich schreckliches Bild bot sich einer Zeugin,[161] als der Terror-Trupp die Wohnung der Familie Levy verlassen hatte: »Levy stand weinend inmitten der Trümmer und konnte nicht sprechen. Ich bemerkte aber, daß kein ganzes Stück mehr in seiner Sechszimmer-Wohnung war. Im Eßzimmer waren die Beine vom Tisch und den Sesseln abgeschlagen und mit der Axt die Polsterungen zerstört. Auch Schreibtisch, Bücherschrank waren ebenfalls mit der Axt vernichtet, so daß Akten, Bücher, Papiere im wüsten Durcheinander auf einem Haufen lagen. Ebenfalls im Schlafzimmer, wo auf die Betten der große Schrank geworfen war. Die Lampen und Fenster, überhaupt sämtliche Gegenstände und Möbel der Wohnung, wurden zerschlagen, so daß nicht eine Kaffeetasse ganz geblieben ist. Levy war an und für sich sehr leidend und besaß eine Hausapotheke. Wie er mir erzählte, bat er die Eindringlinge, die Medikamente zu schonen; aber sie kehrten sich nicht daran, sondern zertrümmerten auch die Hausapotheke. Es ist mir auch noch in Erinnerung, daß Levy ein großes Ölgemälde seines im 1. Weltkrieg gefallenen Sohnes besaß. Auch dieses wurde, obwohl Levy bat, es nicht zu vernichten, mit einer Axt zerstört. Auch hatte er ein Kästchen, wo unter Glas die Kriegsauszeichnungen des Sohnes lagen, welches ebenfalls zertrümmert wurde.«

Während in der Weststadt also Wohnungen doppelt heimgesucht wurden, reichte andererseits das Reservoir der SA nicht aus, um Terror-Trupps in alle

159 GLA 309/3109. Am 10. November 1938 um 9 Uhr vormittags wurden nach den Angaben der Gefangenenbücher des Gefängnisses Heidelberg (GLA 503/14 bzw. 39) neben Sally Goldscheider auch Julius Kraemer und Ferdinand Oppenheimer eingeliefert und in »Schutzhaft« genommen; es folgten im Laufe des Tages weitere 35 Heidelberger Juden, die bis 20.30 Uhr im ›Faulen Pelz‹ festgehalten wurden, um dann im Sammeltransport zunächst nach Karlsruhe gebracht zu werden. Allein Dietrich Flamme wurde in Heidelberg bereits wieder auf freien Fuß gesetzt. Siehe dazu unten S. 548.

160 Weckbecker 1985, S. 194. Der Kaufmann Sally Goldscheider verkaufte nach der ›Reichskristallnacht‹ seine Villa, Häusserstraße 28, und zog in die Häusserstraße 20 um. Am 22. Oktober 1940 wurde er nach Gurs deportiert, dort kam er am 22. Februar 1941 frei. Er blieb dann weiter illegal in Frankreich, bis er im November 1942 in der Schweiz Zuflucht fand.

161 Ebd., S. 192.

Stadtteile zu schicken. Noch im Laufe des Vormittags hatte Hans Bender deswegen den ihm persönlich bekannten Ortsgruppenleiter der NSDAP-Ortsgruppe Schlierbach angerufen und ihn aufgefordert, die Mitglieder der Ortsgruppenleitung zusammenzuholen, um gegen die abgelegene Villa des Fabrikanten Fritz Landsberger (Östlicher Klingelhüttenweg 5) vorzugehen. Bezeichnenderweise wollte sich der Ortsgruppenleiter zuerst bei der Kreisleitung der NSDAP rückversichern, denn der SA-Führer war ihm gegenüber nicht weisungsbefugt. Doch er erreichte Seiler telefonisch nicht, und die Schlierbacher NSDAP-Führer wagten nicht, sich von sich aus dem Auftrag zu widersetzen, zogen mittags gemeinsam zu dem betreffenden Haus und warfen Steine gegen Dach und Fenster.[162]

Belegt ist auch, daß die Gestapo-Beamten bei ihrem Vorhaben, eine bestimmte Zahl von Juden für den Transport nach Dachau zu verhaften, mit den Terror-Trupps der SA Hand in Hand arbeiteten. So stellte sich z. B. Sturmbann-Führer von Chelius nachmittags im Hof des Standarten-Gebäudes am Wredeplatz einen SA-Trupp aus sechs bis acht Männern zusammen und gab ihnen den Befehl, beim Vorgehen gegen die Wohnung des Justizrats Dr. Mayer (Roonstraße 6) zugleich »der Gestapo behilflich zu sein«.[163] Nachdem auch hier in einer halben oder dreiviertel Stunde die Möbel und Einrichtungsgegenstände kurz und klein geschlagen, z. B. an den Sesseln Beine und Lehnen abgehackt und Geschirr zertrümmert worden waren, wurde Dr. Mayer von den beiden Gestapo-Beamten verhaftet, die den Trupp begleitet hatten.

Dr. Mayer wurde wohl wie Sally Goldscheider und die anderen verhafteten Heidelberger Juden zunächst ins Gefängnis eingeliefert, während die im Landkreis verhafteten Juden in den Bezirksratssaal im Bezirksamt am Karlsplatz (Hauptstraße 207/209) gebracht wurden. Die Gestapo hatte die Anweisung, »sämtliche männliche Juden vom 16. Lebensjahr an, soweit sie in der Lage sind, gesundheitlich einen Transport auszuhalten«, festzunehmen bzw. in den Gemeinden des Landkreises von der Gendarmerie festnehmen zu lassen. Von der Gestapo-Außenstelle Heidelberg ist dieser Befehl am 10. November um 15.30 Uhr telefonisch an das Bezirksamt weitergegeben worden und durch einen Akten-Vermerk eines Beamten des Bezirksamts dokumentiert. Darin hieß es: »Bis 16.00 Uhr ist der Gestapo die Zahl der im Landbezirk Heidelberg wohnhaften männlichen Juden, die festgenommen werden bzw. worden sind, zu melden. Die Juden sind bis 23.00 Uhr im Bezirksratssaal festzuhalten, wo sie dann abtransportiert werden (Bestimmungsort Dachau). Es ist eine Transportliste in dreifacher Ausfertigung auszufertigen.«[164]

Der erwähnte Beamte im Bezirksamt gab seinerseits den Befehl an die Gendarmerie weiter. Er erwies sich dadurch als besonders hilfswillig, daß er die Verfolger ausdrücklich auf die bei ihm (Abteilung III Paßamt) geführte »Judenkartei« aufmerksam machte: Dem Gendarmerie-Beamten in der Außenstelle

162 GLA 309/3162.
163 GLA 309/3236, Staatsanwaltschaft Heidelberg, I KLs 5/47.
164 Sauer 1966, Bd. 2, S. 17.

Eberbach »habe ich erklärt, daß er an Hand der bei mir geführten Judenkartei die in Frage kommenden Juden feststellen kann.«

Um die Nürnberger Rassengesetze in die Tat umzusetzen, hatte der badische Innenminister Pflaumer mit einer Verfügung vom Oktober 1935 die Stadt- und die Landkreisverwaltungen verpflichtet, eine von der sonstigen Einwohnerkartei getrennte Judenkartei anzulegen. Das war ein entscheidender Schritt gewesen zur verwaltungsmäßigen Ausgrenzung und lückenlosen Erfassung, und zwar nicht nur bezogen auf die Juden mosaischen Glaubens, sondern auch »in denjenigen Fällen, in denen die rein-jüdische Rasse von Getauften und Religionslosen amtsbekannt ist«. Diese Kartei stellte die Grundlage für einen raschen Zugriff dar bei allen späteren Verfolgungen.[165] Entsprechend hieß es, bezogen auf den Landkreis Heidelberg, am Ende des zitierten Akten-Vermerks vom 10. November 1938: »An Hand der Judenkartei wurde festgestellt, daß 56 Juden in Frage kommen.«

Hier in der Verwaltungspraxis zeigte sich, daß die Rechtsminderung in den Nürnberger Gesetzen nicht nur die Erfolge generationslanger Bemühungen um Emanzipation und Gleichstellung der jüdischen Minderheit zerstört hatte, sondern binnen weniger Jahre zur lebensbedrohlichen Waffe geworden war.

Aus Heidelberg, Stadt und Landkreis, wurden schließlich etwa 150 Männer in das KZ Dachau deportiert. Dort hielt man insgesamt über 10000 Juden, vor allem aus Süddeutschland und dem Rheinland, unter brutalen Bedingungen als sogenannte Schutzhäftlinge fest.[166] Die Schicksalsgenossen aus anderen Teilen Deutschlands wurden damals in die Lager Buchenwald und Sachsenhausen gebracht. Erst Wochen oder Monate später konnten sie in ihre Heimatorte zurückkehren.

Auch wenn sich bei weitem nicht alle Untaten der Kommando-Trupps dokumentieren lassen, so ist doch für Heidelberg die Durchführung und der Ablauf des Pogroms, das Zusammenspiel der Apparate und Instanzen und das Verhalten der Machtträger im wesentlichen rekonstruierbar. Es zeigte sich, daß auf den zentralen Impuls aus München hin eine sehr kleine Zahl von Aktivisten innerhalb des SA-Apparats genügte, um ein beträchtliches Reservoir von Mitgliedern mit ganz außergewöhnlicher Gewaltbereitschaft zu mobilisieren. Man hat mit Recht geradezu von einer Eruption des Gewaltpotentials an der SA-Basis gesprochen, zumal

165 Werner, Josef: Hakenkreuz und Judenstern. Das Schicksal der Karlsruher Juden im Dritten Reich. Karlsruhe 1988, S. 161. In München ließ Oberbürgermeister Fiehler im Oktober 1938 das Verzeichnis der jüdischen Gewerbetreibenden außer an staatliche und städtische Stellen auch an sämtliche nationalsozialistischen Parteiorganisationen versenden, so daß diese wußten, wo sie zuschlagen mußten: »Zielgenau wurde denn auch der größte Teil der noch existierenden jüdischen Geschäfte verwüstet« (vgl. ›München – »Hauptstadt der Bewegung«‹ [Katalog] Münchner Stadtmuseum 1993, S. 400).

166 Ebd., S. 199 ff.; vgl. auch Max Oppenheimers Augenzeugenbericht in Oppenheimer 1978, S. 39 ff. Vgl. auch die Erinnerungen von Ernest Hausmann ›A Family during Troubled Times‹ 1992 (STAHD, KLE 13): »As my father described the ordeal, they were abused but only the complainers were shot. Life consisted of standing in formation on a parade ground for hours in thin prison garb, no matter how inclement the conditions, cold or rain.«

diese Gruppen, durch paramilitärischen Dienst stetig gedrillt, aber seit dem Röhm-Debakel praktisch ohne Perspektive, über Jahre hinweg nur mühsam hatten unter Kontrolle gehalten werden können.[167] Zur politischen Enttäuschung kam meist noch die wirtschaftliche hinzu. Man hatte sich auch in diesem Bereich von der Machtergreifung viel mehr versprochen, und herausgekommen war – im typischen Lebenslauf – die Überwindung der Arbeitslosigkeit oft nur durch eine Beschäftigung einfachster Art.[168]

Je mehr man sich in der Gegenwart zurückgesetzt empfand, desto mehr heroisierte man die »Kampfzeit«, die stetige Dienst- und Einsatzbereitschaft für den »Führer«. Und auf die damals erprobten Methoden griff man während des Pogroms im ganzen Reichsgebiet sehr schnell und mit erstaunlicher Einheitlichkeit zurück. Das Zusammenspiel von zentralem Befehl und Eigeninitiative der örtlichen SA-Einheiten hat der eingangs zitierte Untersuchungsbericht des Obersten Parteigerichts der NSDAP auf die Formel gebracht, »daß es dem aktiven Nationalsozialisten aus der Kampfzeit selbstverständlich ist, daß Aktionen, bei denen die Partei nicht als Organisator in Erscheinung treten will, nicht mit letzter Klarheit und in allen Einzelzeiten befohlen werden. Er ist infolgedessen gewohnt, aus einem solchen Befehl mehr herauszulesen, als wörtlich gesagt ist, wie es auf der Seite des Befehlsgebers vielfach Übung geworden ist, im Interesse der Partei – gerade wenn es sich um illegale politische Kundgebungen handelt – nicht alles zu sagen und nur anzudeuten, was er mit dem Befehl erreichen will.«

Geht man davon aus, daß Goebbels mit seiner Münchner Rede die Absicht verfolgte, ein Pogrom zu initiieren, das von der Bevölkerung aufgegriffen und weitergetragen würde, so muß man auch auf der Grundlage des Heidelberger Beispiels von einem Mißerfolg sprechen.[169] Aktenkundig sind nur drei Fälle, wo sich Heidelberger allem Anschein nach ohne Weisung an den Ausschreitungen beteiligten.

Zu erwähnen ist ein Malergeselle, der als »Alter Kämpfer« in städtische Dienste und schließlich sogar in das Beamtenverhältnis übernommen worden war, der etwa um 6.00 Uhr an der Synagoge erschien und dadurch auffiel, daß er in die Wohnung des Synagogen-Dieners Seligmann eindrang. Von ihm heißt es in den Ermittlungsakten der Staatsanwaltschaft: »Seine natürliche Ähnlichkeit mit Hitler unterstrich er künstlich durch Nachbildung der Haarlocke und des Schurrbärtchens. Die Bewohner der Altstadt nannten ihn Adolf den Zweiten.«[170]

Am Nachmittag des 10. November wurde ein 30jähriger Sattlergeselle, der wegen Unterschlagung aus der SA ausgeschlossen worden war, durch die Vor-

167 Longerich 1989, S. 230.

168 Es scheint allerdings nicht selten gewesen zu sein, daß solche ›Alten Kämpfer‹ – auf Grund von Sonderaktionen – in den Dienst der Stadt übernommen worden sind.

169 Vgl. auch die Bemerkung von Karl Jaspers, die sich durchaus auch auf seine Heidelberger Erfahrungen beziehen läßt, in einem Brief an Hannah Arendt (vom 19. April 1947): »Es ist ja niemals ein spontaner Pogrom entstanden, der doch den Nazis so erwünscht gewesen wäre und den sie vergeblich provoziert haben.« In: Arendt, Hannah u. Jaspers, Karl: Briefwechsel 1926–1969. München 1985, S. 118.

170 HStA Stuttgart, Staatsanwaltschaft Heidelberg, 20/46.

gänge angeregt, selbst einen »Trupp von sechs bis acht jungen Burschen« anzuführen und Wohnungen von Juden in der Altstadt zu demolieren, und zwar die Wohnungen der Familie Reis (Hauptstraße 79), der Familie Linnik (Neckarstaden) und der Familie des Oberkantors Kraemer (Untere Straße 54).[171]

Handelte es sich in diesen beiden Fällen augenscheinlich selbst in bezug auf Heidelberger NS-Organisationen um Randfiguren, so trifft das im letzten Fall nicht zu: In Schlierbach, so wird berichtet, habe ein Lehrer Schulkinder an die Villa des Fabrikanten Landsberger, die vorher schon, wie oben erwähnt, von den Schlierbacher Parteifunktionären heimgesucht worden war, geführt und sie zum Steinewerfen animiert.«[172]

Trotz der Schändlichkeit jedes einzelnen dieser Fälle wird man festhalten können, daß der staatlich sanktionierte Terror fast nur bei Außenseitern und Fanatikern die Hemmschwelle so weit absenkte, daß sie mittaten. Die weit überwiegende Mehrheit der Bevölkerung, und zwar bis weit in die Anhängerschaft der Nationalsozialisten hinein, war über diesen Ausbruch offener Gewalt in den Straßen der Stadt erschrocken und blieb auf Distanz zu den Verfolgern. Die Motive der Heidelberger werden dabei ähnlich denen gewesen sein, die man andernorts auf Grund von Erlebnisberichten und Zeugenaussagen rekonstuiert hat: Empörung dürften ausgelöst haben die Sinnlosigkeit der Zerstörungen (in einer Zeit, wo für den Vierjahresplan Stanniol und Zahnpasta-Tuben gesammelt wurden), das pöbelhafte Auftreten der Akteure, aber auch die Schändung von Religion und Menschenwürde. Dabei kann nicht verborgen bleiben, daß manche dieser Kritikpunkte sich durchaus mit der Befürwortung der bislang schon durchgeführten und der sich an das Pogrom anschließenden, noch schärferen gesetzesförmigen Maßnahmen gegen die Juden vereinbaren lassen.

Auch wenn die Mehrheit der Bürger dem Pogrom distanziert und mißbilligend gegenüberstand, so blieben sie doch – gerade wenn man an die Zuschauer denkt, die die Ausschreitungen mitverfolgten – bis auf ganz wenige Ausnahmen passiv. Eine dieser Ausnahmen scheint – die Nahperspektive der Lokalgeschichte hält immer wieder solche Überraschungen bereit – der nationalsozialistische Pädagoge und Philosoph Professor Ernst Krieck gewesen zu sein. Über Krieck, der gerade im Monat zuvor als Rektor der Universität Heidelberg zurückgetreten war, wird folgendes berichtet: Am Tag des Synagogenbrandes »verteidigte er auf der Freitreppe seines Hauses in der Blumenstraße 15 in Heidelberg die jüdische Familie Koppel und ihre Wohnung mit dem Stock in der Hand gegen eine Bande Jugendlicher und wehrte deren Eindringen ab.«

Bedenkt man das Eintreten Kriecks während seiner Rektoratszeit für Professoren-Kollegen, deren Lehrbefugnis wegen ihrer jüdischen Ehefrauen gefährdet war, so liegt hier trotz seiner bekannten politischen Irrungen und Wirrungen ein Zeugnis innerer Konsequenz und ein Beispiel couragierten und erfolgreichen

171 HStA Stuttgart, Staatsanwaltschaft Heidelberg, 9/46.
172 GLA 309/3162.

Eintretens für die Verfolgten vor. Allerdings ist einzuräumen, daß der Vorgang nur durch eine Aussage in Kriecks Spruchkammer-Verfahren überliefert ist.[173]

Ein weiteres Beispiel persönlicher Loyalität im Verlauf dieser erschreckenden Ereignisse erwähnt Ernest Hausmann, der Sohn eines Kaufmanns am Mönchhofplatz, in seinen bereits zitierten Erinnerungen:[174]

»On that fateful night my parents were not at home when two Gestapo agents rang the bell and I opened the door. They waited patiently for my parents arrival about a half hour later and gave my father 15 minutes to pack some warm clothes for a destination unknown. As I remember, everything seemed so very business like. Many years after, when I used to pump my mother for information, she told me that on Crystal Nacht, Herr Hut, a packer in my father's business dressed in his SS uniform and stood in front of our home to prevent it from being plundered and damaged as was the fate of many Jewish homes that night.«

Die Erinnerungen von Otto Westphal, damals wissenschaftlicher Assistent am Kaiser-Wilhelm-Institut für Medizinische Forschung, geben noch ein Beispiel dafür, daß das November-Pogrom von einzelnen durchaus als eine grundsätzliche politisch-moralische Herausforderung verstanden wurde, die persönliche Konsequenzen verlangte. Im Verlaufe dieser Auseinandersetzungen kam es zu einem Parteiverfahren gegen eine Gruppe um die Mediziner Westphal und Hübschmann und den Historiker Walter Peter Fuchs, wobei überraschend direkt die Frage nach dem eigentlichen Charakter des Pogroms gestellt wurde und die Anklage in die Defensive geriet. Otto Westphal, der damals bei Frau Lesser-Knapp, der Witwe des Biochemikers und Zionisten Lesser und Schwägerin von Theodor Heuss, im Kehrweg in Handschuhsheim wohnte, war selbst Mitglied der SS und versuchte seine wachsenden Vorbehalte zunächst durch Vermeidung von Aufmärschen und durch Dienst in der Schreibstube zu bekunden. In seinen »Erinnerungen an den 9. November 1938 in Heidelberg«[175] berichtet er:

»Am Morgen des 10. November erfuhr ich im Hause Lesser von den Pogromen in der Stadt und daß zwei meiner SS-Kameraden, die Universitätsdozenten von Gehlen und Horstmann, daran aktiv teilgenommen hätten. Beide gehörten zum Anatomischen Institut, dessen Direktor, Prof. Goerttler, ein sehr guter Wissenschaftler und dezidierter Nationalsozialist (mit idealistisch-germanischem Unterton) war. Ich hatte bis dahin mit den Anatomen relativ wenig Verkehr. Von Gehlen aß mit einer kleinen Studentengruppe regelmäßig mit mir in einem nahen Restaurant zu Mittag. Die Frau von Horstmann sang mit in einem Chor, wo wir alte Renaissance-Musik praktizierten; Leiter des Chors war der Historiker, Dozent Dr. Walter Peter Fuchs.

173 GLA 59/54/172; Weckbecker 1985, S. 165 f.

174 Hausmann 1992; s. o. S. 21 f. Der Familie Hausmann gelang nach der Rückkehr des Vaters aus dem KZ Dachau am 22. Januar 1939 die Auswanderung über die Schweiz nach den USA; ein entfernter Verwandter hatte für sie gebürgt und ihnen so das Affidavit vermittelt. Zuvor hatten sie Geschäft und Haus verkaufen müssen; der Erlös blieb auf einem Sperrkonto.

175 3 S. maschschr. Brief v. Professor Otto Westphal, Montreux, an den Verf. vom 25. August 1994.

Als ich von den Ausschreitungen hörte, ging ich sofort zu meinem jüdischen Lehrer für Immunologie und Serologie, Prof. Hans Sachs (Schüler von Paul Ehrlich), der in Neuenheim wohnte, um ihm und seiner Frau Hilfe anzubieten, auch im Zweifelsfalle um beide zu beschützen (Sachs waren mit Frau Lesser befreundet). Ich war entschlossen – ev[entuell] mit Hilfe meiner Schreibstuben-Möglichkeiten – zu erklären, dass ein Befehl vorläge, den verdienstvollen Professor vor ›spontanen‹ Angriffen zu schützen. Zum Glück kam es nicht dazu (...)[176] Am 10. oder 11. November traf ich v. Gehlen und fragte ihn, ob es wahr sei, dass er an den Zerstörungen jüdischen Eigentums teilgenommen hätte, was er bejahte. Ich erklärte ihm, dass ich jeden Verkehr mit ihm abbräche und nichts mehr mit ihm zu tun haben möchte, so auch bezüglich Horstmann. Mein Freund Hübschmann (Assistent bei dem Prof. f. Psychiatrie, Viktor v. Weizsäcker) und besonders auch Doz. Dr. W. P. Fuchs schlossen sich im gleichen Sinne an. – Ich begab mich danach zu Prof. Goerttler und fragte ihn, ob er das Verhalten seiner Mitarbeiter billige. Ich wurde barsch herausgeschmissen. Meines Wissens haben von Heidelberger Hochschullehrern nur die Anatomen an den Aktionen teilgenommen (...) Horstmann und Gehlen strengten nun ein Partei-Verfahren gegen unsere Gruppe an, welches bald stattfand. Dozent Dr. Fuchs übernahm es, uns (vor allem Hübschmann und mich) dabei zu vertreten. Ein Parteirichter und zwei SA-Beisitzer führten den Prozess; als Kläger waren v. Gehlen und Horstmann anwesend. Sogleich erhob sich Fuchs und erklärte, der Prozess könne rasch beendet sein, wenn ihm eine Frage an das Gericht erlaubt sei (...) ›Wenn es wahr ist, wie unsere Zeitungen berichten, dass der Aufstand gegen die Juden spontan erfolgte, also ein Volksaufstand war, so hätten die beiden Hochschullehrer wissen müssen, welch Schaden dem deutschen Volke durch die Aktionen entsteht. Wenn so, dann müssen wir uns von der Haltung der Hochschulkollegen distanzieren, wie wir es getan haben. Wenn es sich jedoch um einen Befehl von höherer Stelle gehandelt haben sollte, so bedauern wir, dass v. Gehlen und Horstmann sich dem nicht entziehen konnten, dass sie also gehorchen mussten. Wir bitten das hohe Gericht, uns zu sagen, was der Wahrheit entspricht‹. Nach kurzer Pause sagte der Richter: ›Sie sind nicht hierher beordert worden, um Fragen zu stellen‹ (...) ›Das Gericht zieht sich zur Urteilsfindung zurück‹.

Kein Wort von den Anklägern, welche dem ganzen Auftritt stumm folgten. Nach wenigen Minuten erschien der Richter mit den Beisitzern wieder und sagte, es müsse hier wegen Verstosses gegen die Parteidisziplin ein exemplarisches Urteil ergehen. Die angeklagten Parteigenossen würden einen entsprechenden Tadels-Eintrag in ihr Parteibuch erhalten. Punkt.«

Auf Grund solcher Einzelbeispiele wirklich spontanen Beistands für die Verfolgten und auf Grund jener Spuren von Unsicherheit, vielleicht sogar von Unrechtsbewußtsein auf seiten mancher Verfolger ließ sich nicht ganz ausschließen, daß es bei einer Fortsetzung des Pogroms über den 10. November hinaus zu

176 Otto Westphal gelang es dann auf dem Paßamt – in SS-Uniform, die er bei dieser Gelegenheit zum letzten Mal anzog –, für das Ehepaar Sachs die Pässe zurückzubekommen, die eingezogen waren; am 27. Dezember 1938 konnte das Ehepaar dann via Saarland, Frankreich nach England ausreisen, wo die Kinder der Familie Sachs lebten.

– in der Sicht der Machthaber – unliebsamen Auseinandersetzungen gekommen wäre.

Um die eintägige Aktion hier einheitlich und umfassend durchzuführen, bedurfte es nicht der Lenkung durch die Heidelberger Parteiführung. Anscheinend war die Rolle, die die Kreisleiter der NSDAP während des November-Pogroms in ihren Zuständigkeitsbereichen jeweils spielten, sehr verschieden, wie überhaupt ihr tatsächlicher Einfluß im Gefüge der Diktatur und ihr politischer Stil sich beträchtlich unterschieden haben dürften, wie eine erste Untersuchung zeigt.[177] Mit seiner Reaktion – jener »Inspektions«-Fahrt an die brennenden Synagogen, bei der er aber Gespräch und Auseinandersetzung mit den wirklich Verantwortlichen vermied – wollte Kreisleiter Seiler eigentlich nur überdecken, daß der formal höchste Repräsentant der Partei übergangen worden war. Nicht als Mittäter trat er also an diesem Tag in Erscheinung, sondern nur als – allerdings prominenter – Mitläufer. Seiler wagte andererseits nicht, sich erkennbar von den terroristischen Aktionen zu distanzieren und sich mit deren Kritikern außerhalb und in der Partei zu identifizieren, obwohl er z. B. gerade Krieck als Hochschullehrer seit seiner Ausbildung sehr verehrte und sich ihm auch weiterhin verbunden fühlte. Persönlich war ihm die Situation wohl wirklich unangenehm, denn der Kreisleiter – so sein oben schon zitiertes Credo – sollte ja in solchen Fällen »ausgleichen«. Sich aber hier politisch zu exponieren, erschien ihm zu riskant. Freilich verpaßten auch alle anderen Machtträger, die sich noch hätten Gehör verschaffen können, auch die Kirchen, diese Gelegenheit.[178] Statt dessen suchte der Kreisleiter nach einem Weg, den politischen Schaden im Sinne der Partei zu begrenzen. Und dafür erschien ihm dann doch wieder die Linie am plausibelsten, die der Propaganda-Minister umgehend entwickelt hatte. So fügte er sich wieder in das von oben vorgegebene Konzept, die Vorgänge des 10. November 1938 – ohne Rücksicht auf das, was die Bevölkerung an organisiertem Terror in den Straßen der Stadt gesehen hatte – in der Presse zu verharmlosen[179] und in einer Versammlungskampagne die antisemitischen Haßtiraden zu verschärfen. Deshalb saß er wenige Tage nach dem Pogrom auf der Bühne der Heidelberger Stadthalle neben dem geladenen Propaganda-Redner, der in bezug auf die »jüngsten Ereignisse« Bedenken zerstreuen und »Einwände« ausräumen, vor allem aber eine weitere Radikalisierung der staatlichen Judenpolitik agitatorisch vorbereiten sollte.[180]

Tatsächlich stellten die Pogrome des 10. November 1938 einen Wendepunkt in der nationalsozialistischen Judenpolitik dar: Sie waren die letzte große »wilde«

177 Vgl. Fait, Barbara: Die Kreisleiter der NDSAP – nach 1945. In: Broszat, Martin: Von Stalingrad zur Währungsreform. München 1988, S. 213–299.

178 Die These von der »verpaßten Gelegenheit« nach dem November-Pogrom vertritt z. B. Ian Kershaw in: Antisemitismus und Volksmeinung. Reaktion auf die Judenverfolgung. In: Broszat, Martin u. a.: Bayern in der NS-Zeit. Bd. 2. München 1979, S. 343: »Der weitverbreitete Abscheu der Bevölkerung über die ›Reichskristallnacht‹ (...) fand nicht Ausdruck in einer bischöflichen Stellungnahme oder einer verurteilenden offiziellen Erklärung der Amtskirche. Es war eine verpaßte Gelegenheit.«

179 Heidelberger Neueste Nachrichten vom 11. November 1938.

180 Vgl. Volksgemeinschaft vom 12. November 1938.

Aktion der SA, in Heidelberg organisiert von einer bemerkenswert kleinen Zahl von Aktivisten, und zwar vor den Augen aller Machtträger der Stadt und bei deutlicher Zurückhaltung der Bevölkerung. Jetzt ging der vom Regime ausgeübte Terror endgültig auf die diszipliniertere und kalkulierbarere SS, die Gestapo und die sonstigen Organe des Polizeiapparats über. Denn die Führung hatte durchaus die Botschaft verstanden, die die Reaktion eines großen Teils der deutschen Bevölkerung an jenem Tag enthielt: keine beunruhigenden Straßenaktionen, keine öffentlichen Exzesse mehr; wenn schon Maßnahmen gegen die Juden, dann unauffällig und gesetzesförmig, so daß sie die Normalität und Ruhe des Alltags nicht beeinträchtigten. Die Form der antijüdischen Politik wurde also geändert, die Politik selbst aber verschärft. Dabei wurde mit immer einschneidenderen Bestimmungen die wirtschaftliche Ausschaltung der Juden und ihre soziale Isolierung bis hin zur Ghettoisierung in »Judenhäusern« vorangetrieben und damit zugleich die Auswanderung, man sollte sagen: die Austreibung, forciert. Unter dem Schock des November-Pogroms und der genannten Maßnahmen erreichten auch die Zahlen der Zwangsemigration der Heidelberger Juden – trotz der erwähnten inneren Widersprüche der nationalsozialistischen Politik – ihren absoluten Höhepunkt.[181]

Um diese Menschen zu beraten und ihnen den Weg in die Zielländer zu erleichtern, gründete damals Hermann Maas, Pfarrer an der Heiliggeistkirche, eine Hilfsstelle, die mit Pfarrer Heinrich Grüber und dem sogenannten ›Büro Grüber‹ in Berlin zusammenarbeitete. Es war einer der ganz seltenen Versuche, im Anschluß an lange Diskussionen innerhalb der Bekennenden Kirche in der zugespitzten Situation des Jahres 1938 eine Anlaufstelle für die Bedrängten bzw. ein Netz solcher Büros zu organisieren und den Spielraum für direkte und praktische Hilfe auszuloten, den die Gestapo noch ließ. In Baden waren Hermann Maas' Bemühungen nur mit der Initiative vergleichbar, die Gertrud Luckner auf katholischer Seite von Freiburg aus etwa um die gleiche Zeit ausgehend von den Organisationsstrukturen des Caritasverbandes und des St. Raphaelvereins ergriff.[182]

Als Tarnung, freilich nicht nur gegenüber der Gestapo, sondern in gewissem Sinn auch gegenüber dem eigenen Evangelischen Oberkirchenrat, bekundete Maas, daß er sich nur um Judenchristen kümmere und nicht um ungetaufte Juden. Trotzdem wurde er in diesen Jahren in ganz erstaunlicher Weise Bezugsperson für alle Heidelberger Juden oder – wie es Fritz Pinkuss in seinen ›Erinnerungen‹[183]

181 Weckbecker 1985, S. 60.

182 Zu Hermann Maas vgl. Keller, Werner u. a.: Redet mit Jerusalem freundlich. Zeugnisse von und über Hermann Maas. Karlsruhe 1986; Marggraf, Eckhart: ›Die Kirche muß ein schützender Zaun sein um das ganze leibliche Israel‹ – Der Einsatz von Hermann Maas für bedrängte Juden. In: Strohm, Theodor u. Thierfelder, Jörg: Diakonie im ›Dritten Reich‹: neuere Ergebnisse zeitgeschichtlicher Forschung. Heidelberg 1990, S. 305–318. Zu Gertrud Luckner vgl. Schnabel, Thomas: Gertrud Luckner. In: Bosch, Michael u. Niess, Wolfgang: Der Widerstand im deutschen Südwesten 1933–1945. Stuttgart 1984, S. 117–128.

183 Pinkuss 1981, S. 5.

ausgedrückt hat – »gleichsam der Rabbiner der Gemeinde Heidelberg«. Bei seiner Emigration im Jahre 1936 hatte er selbst die Verfolgten und die Alten seiner Gemeinde Hermann Maas besonders ans Herz gelegt.

Viele dieser engen und vertrauensvollen Bindungen lassen sich freilich nach den katastrophalen Brüchen jener Jahre nur durch ganz verstreute Quellen belegen und aus Spuren rekonstruieren. So bedachten beispielsweise der Gynäkologe Maximilian Neu, der 1933 aus dem Universitätsdienst entlassen worden war, aber seine Privatklinik in der Zähringerstraße 15 noch weiter betreiben konnte, und seine Frau Zilla Pfarrer Maas in ihrem gemeinsamen Testament vom August 1938 zweifellos, um zu ermöglichen, daß ein Teil ihres Erbes nicht konfisziert, sondern »für wohltätige Zwecke« verwendet würde.[184] Am 22. Oktober 1940, als die Deportation bevorstand, nahmen sich die Eheleute gemeinsam das Leben. Als getaufte Juden wurden sie im sogenannten ›Nichtarierfeld‹ auf dem Bergfriedhof beigesetzt, das im Winkel zwischen Steigerweg und Bahnlinie auf Grund neuer Bestimmungen nach dem Novemberpogrom frisch angelegt worden war, um die Ausgrenzungspolitik nun auch im Friedhofswesen zu vollziehen. Nach den Akten des Friedhofsamtes (Kaufgräberbuch 1946–1952) erwarb Pfarrer Maas bei der Umbettung der Eheleute Neu im Jahre 1949 für diese ein Kaufgrab, das dann nach der üblichen Frist im Jahre 1981 aufgehoben worden ist.

Im Dezember 1938, also kurz nach der sogenannten Reichskristallnacht, war der berühmte Herzspezialist Albert Fraenkel[185] verstorben. Seine Angehörigen – die Tochter Fraenkels war mit dem Sohn des Staatsrechtlers Anschütz verheiratet – verlangten, daß Fraenkels Urne im Familiengrab der Familie Anschütz bestattet werde; denn sie fürchteten, daß nach den Vorgängen beim November-Pogrom auf dem »freien, noch nicht angelegten (Nichtarier-)Feld Unfug und vielleicht auch Schändungen vorkommen würden«.[186] Als die Stadtverwaltung dies rundweg ablehnte, versuchte Pfarrer Maas auch hier zu vermitteln und bot an, »daß die Urne bei ihm beigesetzt werden könnte«. Aber auch er erreichte keinen Kompromiß, so daß die Familie Anschütz schließlich die Urne in die Schweiz nach Lugano überführen ließ.

In den 30er Jahren war Pfarrer Maas in der Beethovenstraße 64 fast Nachbar der Familie Flor. Alfred Flor, Jahrgang 1920, machte eine Lehre in der Schuhfabrik Fisch und Co. in der Dossenheimer Landstraße. Nach der sog. Reichskristallnacht wurde auch er – als einer der jüngsten in Heidelberg – verhaftet, zunächst im Keller eines Hotels in Bahnhofsnähe (gemeint ist wahrscheinlich das Grand-Hotel, damals Sitz der Polizei-Direktion und der Gestapo) untergebracht und dann im Viehwaggon ins KZ Dachau deportiert. Von seinem Aufenthalt in Dachau berichtete Alfred Flor wie folgt:

> »Keinerlei sinnvolle Beschäftigung. Zahllose Appelle: frühmorgens, mittags, nachmittags, abends. Oft bei eisiger Kälte; draußen lange beim Appell gewartet.

184 GLA Ek 10213.
185 S. S. 475, 484.
186 GLA 59/9/2588, Aussage Hans Anschütz im Spruchkammerverfahren gegen Bürgermeister Max Genthe am 5. April 1948.

Die einzelnen Räume der Baracken waren vollgestopft mit Häftlingen. Keine Möglichkeit zum Sitzen. Dreistöckige Liegen. Morgens wurden immer mal wieder Leichen herausgezogen, auf dem Boden abgelegt; es kam vor, daß einzelne Häftlinge, auf einer Leiche sitzend, gefrühstückt haben.

Der Kapo war ein Schwuler. Er war für die ›Ordnung‹ verantwortlich und wurde besonders hart bestraft, wenn irgendetwas schiefging. Er half, wo er nur konnte. Für Herrn Flor war dieser Mann ›der einzige helle Punkt in Dachau‹.«[187]

Pfarrer Maas ergriff die Initiative bei der Heidelberger Gestapo, um die Entlassung von Alfred Flor aus Dachau zu erreichen. Er verpflichtete sich, ihn innerhalb eines Monats aus Deutschland herauszubringen. Daraufhin wurde Flor nach zwei Monaten Haft entlassen, ihm wurde eine Fahrkarte in die Hand gedrückt, und er kehrte nach Heidelberg zurück.

Maas verhandelte dann mit der Reichsvertretung der Juden in Berlin, um Alfred Flor in einem Vorbereitungslager für die Ausreise nach Palästina in Urfeld bei Köln unterzubringen. Dort wurde er ein halbes Jahr lang für die Landwirtschaft ausgebildet. Inzwischen hatten sich mit dem Beginn des Krieges die Möglichkeiten der Auswanderung drastisch verschlechtert. Flor fand gerade noch einen legalen Emigrationsweg, wie es scheint mit einem Wiener Unternehmen,[188] das ungefähr 3 000 junge Leute über Wien nach Preßburg, dann auf Donauschiffen bis zum Schwarzen Meer und von dort – jetzt mit seegängigen, weit überladenen Schiffen und mit abenteuerlichsten Unterbrechungen – entlang der türkischen Küste durch die griechische Inselwelt über Kreta schließlich im Dezember 1940 an die Küste Palästinas brachte. Aber für die legale Einwanderung in Palästina fühlte sich das Unternehmen nicht mehr zuständig. So durften die Flüchtlinge nur an Land, um im Internierungslager der Engländer in Athlit bei Haifa auf ihren Weitertransport zu warten. Der britische Dampfer ›Patria‹ sollte die illegalen Einwanderer wieder nach Europa bringen. Als die ›Patria‹ nach einer Explosion unterging, wobei ungefähr 270 Menschen den Tod fanden, konnte sich Flor retten und dann in Palästina bleiben; Schiffbrüchige durften nicht zurückgewiesen werden. Seit dem Jahre 1950, als Alfred Flor um ersten Mal wieder nach Deutschland kam, bestand wieder enger Kontakt zu Pfarrer Maas.

Daß die Verbindungen von Pfarrer Maas weit über Heidelberg hinaus reichten, belegen auch Briefe, in denen er bedrängten Juden Mut zusprach; Briefe, die später bei Hausdurchsuchungen gefunden und von der Gestapo gegen ihn verwendet wurden. In der ersten Zeit jedoch hielten sich die Verfolgungsorgane ihm gegenüber bemerkenswert zurück, und Maas wunderte sich selbst in seinem autobiographischen ›Rückblick‹ über eine »seltsame, mir oft unerklärliche Unentschlossenheit der Gestapo«.[189] Einer jener Briefe, den Maas kurz nach dem November-

187 Nach der Niederschrift eines Gesprächs mit Alfred Flor, das Frau Monika Lipps am 18./20. Juli 1994 führte (2 masch. S.).

188 Benz, Wolfgang: Das Exil der kleinen Leute. München 1991. S. 27–30; es spricht viel dafür, daß der Emigrationsweg des Ehepaars Heller, den der Autor beschreibt, derselbe ist wie der von Alfred Flor.

189 Keller 1986, S. 20 f.

Pogrom an einen Juden in Baden-Baden gerichtet hatte, gibt in besonders eindrucksvoller Weise über seine Grundüberzeugungen Aufschluß und über sein zentrales Motiv, Hilfe für die jetzt offen verfolgten Juden zu organisieren:

> »Ich stehe bei Ihnen, nicht ›trotzdem‹ Sie Jude sind, sondern ›weil‹ Sie es sind und weil ich heute von einer Gottesgemeinde, einem Gottesvolk weiß, zu dem wir, Sie und ich, in gleicher Weise als Brüder und Schwestern gehören, in gleicher Weise angegriffen, verachtet und verstoßen von der Welt, in gleicher Weise aber auch geborgen in der Liebe des Ewigen, dessen Kinder wir sein dürfen.«[190]

Maas faßte hier knapp zusammen, was in seiner persönlichen Sicht das Fazit jahrelanger theologischer Diskussion und Reflexion innerhalb der Bekennenden Kirche war. Auf deren Meinungsbildung hatte er selbst mit zwei Referaten, im November 1936 unter dem Titel »Das Volk und die Völker« und im Sommer 1938 in Berlin zum Thema »Die Bekennende Kirche und die Judenfrage«, Einfluß zu nehmen versucht. Denn die Bekennende Kirche, geeint nur in der Ablehnung der Deutschen Christen, war in ihrer Mehrheit nicht imstande gewesen, zur Not der getauften oder der ungetauften Juden Stellung zu beziehen.

Maas bestand jedoch in seinem Vortrag im Jahre 1938 darauf, daß »die Judenfrage heute der Bekennenden Kirche von Gott her als Aufgabe vorgelegt ist«. Dabei stellte er immer stärker die besondere und bleibende Bedeutung des Judentums überhaupt für die Heilsgeschichte und damit auch für die Christen heraus. Im Vergleich dazu traten nach seinem theologischen Verständnis geschichtliche Erscheinungen wie Assimilation oder Zionismus, ja selbst die Unterscheidung zwischen ungetauften und getauften Juden in ihrer Bedeutung zurück. Die gemeinsame Hoffnung auf Gottes Reich verbinde Kirche und Judentum. Wenn ein Staat das Volk Israel bekämpfe – folgerte Maas weiter –, so tue er das nicht nur aus einem Antijudaismus heraus, sondern aus einer radikalen Feindschaft gegen Gott. Denn in Wahrheit handele dieser Staat »aus titanischer Grenzüberschreitung und Ungehorsam gegen Gottes Wort«. Und bereits damals rief er seine Kirche auf, »Buße [zu] tun für ihre Versäumnisse, ihr seitheriges Schweigen und ihr falsches ›Ja‹«.[191]

190 Ebd., S. 62.

191 Vgl. Gerlach, Wolfgang: Zwischen Kreuz und Davidstern. Bekennende Kirche in ihrer Stellung zum Judentum im Dritten Reich. Diss. Hamburg 1972, S. 313 f.; Marggraf 1990, S. 78; Hermann Maas führte diese Gedankengänge dann im Jahre 1952 weiter in seinem Aufsatz ›Vom Schicksal jüdischer Menschen‹ in: Maas, Hermann/Radbruch, Gustav/Schneider, Lambert: Den Unvergessenen. Opfer des Wahns 1933 bis 1945. Heidelberg 1952, S. 160–176.

5 Nach dem Pogrom: »Das Leben steht von nun anders als je unter dem Tod« Bürokratische Ausgrenzung und ihre Umsetzung durch die Stadtverwaltung

Auf Terror und Verhaftung folgte eine Flut von neuen antijüdischen Gesetzen, die die Verdrängung aus Handel und Gewerbe, die finanzielle Ausplünderung und die weitere soziale Isolierung zum Ziel hatten. Der Gauleiter in Baden, Robert Wagner, ließ in einem Rundschreiben die Weisung ausgeben: »Das Ziel der Staatsführung in der Auseinandersetzung mit dem Judentum ist, die Juden baldmöglichst außer Landes zu bringen. Die Auswanderung der Juden ist daher mit allen Mitteln zu fördern.«[192] Auch wenn er sich taktisch dafür aussprach, daß »allmählich Beruhigung eintritt«, konnte einem unvoreingenommenen Beobachter kaum entgehen, daß die Enteignungsmaßnahmen in dieser Hinsicht kontraproduktiv waren, weil den auswanderungswilligen Juden mehr und mehr die materiellen Voraussetzungen genommen wurden. So konnten die selbsterzeugten Probleme vor Ort zu der Dynamik beitragen, die zu noch schrecklicheren ›Lösungen‹ drängten, als es die Forcierung der Auswanderung war.

Fritz Holland, um am Beispiel die materielle Ausplünderung zu verdeutlichen, dem Eigentümer einer Brennerei in der Bahnhofstraße 53 a, gelang trotz aller Verluste[193] noch kurz nach Kriegsbeginn die Emigration nach Argentinien. Sein Betrieb war während des Pogroms zerstört worden; die Versicherungsansprüche aus dem Sachschaden, den er in detaillierter Aufstellung (vom 13. Dezember) an das Badische Finanz- und Wirtschaftsministerium zu melden hatte, verfielen dem Reich. Daraufhin mußte er, da ab 1. Januar 1939 Juden die Führung von Gewerbebetrieben verboten war, die Liegenschaft und die noch erhaltenen Einrichtungsstücke unter denkbar schlechten Bedingungen »im Arisierungswege« verkaufen (am 17. Januar 1939). Über den Erlös konnte Fritz Holland nicht mehr frei verfügen, sondern mußte damit die sog. ›Judenabgabe‹ oder ›Sühneleistung‹ (etwa 20 % des Vermögens), die allen Juden am 12. November 1938 auferlegt worden war, und schließlich im Oktober 1939 die ›Reichsfluchtsteuer‹ (etwa 25 % des Vermögens) beim Finanzamt Heidelberg begleichen. Bei seiner Auswanderung war Holland 42 Jahre alt.

Der Auswanderungsstrom ließ auch in Heidelberg eine jüdische Restgruppe zurück, in der die Älteren und die Frauen erheblich überwogen. Sie wurden dann im Oktober 1940 fast alle deportiert. Arno Weckbecker[194] hat errechnet, daß das Durchschnittsalter der Deportierten bei 56 Jahren lag, wobei zwei Fünftel das 65. Lebensalter vollendet hatten und drei Viertel älter als 45 Jahre waren.

Die Fürsorge für diese Gruppe stellte die jüdische Gemeinde vor kaum zu bewältigende Aufgaben. Hinzu kam, daß die einzelnen Kultusgemeinden damals –

192 GLA 233/27735, Erlaß des Innenministers vom 12. Dezember 1938.
193 S. o. S. 507; die Originalunterlagen befinden sich in der Akte GLA Ek 6064.
194 Weckbecker 1985, S. 199 f.

gleichzeitig mit dem Verbot aller anderen jüdischen Organisationen – ihre Unabhängigkeit verloren und der zwangsweise geschaffenen und von den Machthabern überwachten ›Reichsvereinigung der Juden in Deutschland‹ unterstellt wurden. Deutliches Zeichen für den Zwangscharakter der Reichsvereinigung war die Tatsache, daß ihr als Mitglieder alle Juden im Sinne der Nürnberger Gesetze angehörten, so daß jetzt auch Christen jüdischer Herkunft Mitglieder sein mußten.

Unter solch schwierigen Bedingungen begann der Vorsteher der Gemeinde Sally Goldscheider mit dem Synagogenrat Heidelberg seine Arbeit für die Befreiung der Verhafteten, für die Beschleunigung der Auswanderung und die Unterstützung der vielen Mitglieder in Not. Goldscheiders Wohnung in seinem Haus Häusserstraße 28 war während des Pogroms auch demoliert worden,[195] er selbst war, wohl wegen seines Alters (Jahrgang 1872), nicht nach Dachau verschleppt worden. So bemühte er sich sofort um die Freilassung der Inhaftierten, was ständige Verhandlungen mit der Gestapo in Heidelberg notwendig machte. Leiter der Außenstelle Heidelberg der Gestapo war damals Johann Oettinger, dem Rang nach Kriminalobersekretär und bereits seit 30 Jahren im Polizeidienst. Goldscheider und Oettinger haben unter den gegebenen Umständen noch in beachtlicher Weise zusammenarbeiten können. Das war, wie es scheint, solange möglich, wie die Auswanderung der Juden als die offzielle Zielsetzung der Machthaber galt. Im Jahre 1947 – nach seiner Deportation nach Gurs und darauffolgendem illegalem Aufenthalt in Frankreich – hat Goldscheider selbst aus seinem Schweizer Exil über diese Zusammenarbeit in einem Brief an Oettinger berichtet:

»Ich erinnere mich Ihrer Hilfsbereitschaft noch sehr genau. Durch Ihre Mithilfe ist es mir seiner Zeit gelungen, schon nach drei Wochen etwa dreißig Männer, die nach der Aktion im Jahre 1938 nach Dachau deportiert waren, frei zu bekommen, und der restliche Teil meiner Gemeinde kam von Mitte November bis Ende Dezember zurück. Ich erinnere mich weiter, daß Sie mich schon stets acht Tage vorher unterrichteten, wer von den Deportierten in den nächsten Tagen zurückkommt.«[196]

Goldscheider erwähnte weiterhin den Fall eines gewissen Fritz Josef aus Landau, der im Jahre 1940 schließlich in Heidelberg in der Bunsenstraße 3 Unterkunft fand:

»Josef wurde – ich glaube, es war 1939/40 aus dem Konzentrationslager Buchenwald entlassen mit der ausdrücklichen Bedingung, daß er in allerkürzester Zeit auswandert. Josef hatte in Buchenwald angegeben, daß er auswandern könnte, hatte aber trotz großer Mühe, die er sich gab, noch von keinem Lande die Einwanderungserlaubnis. Und so wurde bei Ihnen von der vorgesetzten Behörde fortwährend moniert und angefragt, ob Josef schon ausgewandert ist und wenn nicht, so soll er wieder verhaftet und zurück nach Buchenwald transportiert werden. Glücklicherweise verstanden Sie es immer wieder den Termin hinauszuschieben. Und als ich eines Tages auf Anraten von Josef zu Ihnen kam und Sie frug, ob es nicht vielleicht besser wäre, wenn Josef auf irgendein Dorf oder in eine kleine Stadt ziehen würde,

195 S. S. 508.
196 GLA 59/3/12743, Schreiben vom 6. Juli 1947.

da schüttelten Sie den Kopf und sagten mir, das wäre ganz verkehrt. Denn sobald er wegziehen würde, müßten Sie die Akten von ihm nachschicken; da man ihn dort nicht kennt, würde man ihn wahrscheinlich kurzerhand nach Buchenwald zurück expedieren. Hier könnten Sie doch immer noch die Sache hinausziehen. Und so wurde Josef durch Sie gerettet. Er wurde dann im Oktober 1940 mit den anderen Juden nach Gurs deportiert und von dort aus soll er ausgewandert sein.«

Ob Fritz Josef die Auswanderung tatsächlich noch gelang und, wenn ja, wohin, ließ sich nicht ermitteln.

Die Möglichkeit, ihren Lebensunterhalt zu erwerben, war für Juden ab 1939 äußerst begrenzt. Wegen des hohen Altersdurchschnitts der verbliebenen Juden lebte sicherlich die Mehrheit von Renten, Ersparnissen oder Wohlfahrtsunterstützung. Bis zum Jahre 1938 war kein Unterschied zwischen Juden und Nichtjuden in der öffentlichen Fürsorge gemacht worden. Das änderte sich mit einer Verordnung vom 19. November 1938, die eine beträchtliche Kürzung der öffentlichen Fürsorgemittel mit sich brachte und damit die Proletarisierung der in Fürsorge stehenden Juden beschleunigte. Während die Wohlfahrtspflege schon im Jahre 1935 mehr als ein Viertel des Gesamtetats der jüdischen Gemeinde Heidelberg in Anspruch genommen hatte,[197] beanspruchte sie jetzt ihr Leistungsvermögen bis zur völligen Erschöpfung der Mittel. Damit bestätigte sich auch für Heidelberg die illusionslose Vorhersage der Reichsvertretung, daß »die Sozialbetreuung der Gemeindereste (neben der Fürsorge für die Friedhöfe) die letzte Erscheinung des früheren Gemeindelebens bilden wird«.[198]

Die drängende Notlage vieler Gemeindemitglieder machte in diesen Monaten häufige Kontakte zur Stadtverwaltung und insbesondere zum Wohlfahrts- und Jugendamt erforderlich. Bereits am 1. Dezember 1938 hatte Bürgermeister Genthe entsprechend der ›Verordnung über die öffentliche Fürsorge für Juden‹ dem Amt Anordnungen gegeben, die auf eine Herabstufung der Zuwendungen an Juden entsprechend dem Richtsatz der ›allgemeinen Fürsorge‹ hinausliefen. Das Wohlfahrtsamt sollte sich aber allem Anschein nach – diesmal im Einklang mit der Praxis in anderen deutschen Städten[199] – nicht ganz aus der Fürsorge für hilfsbedürftige Juden zurückziehen, wenn die Mittel der jüdischen Gemeinde nicht ausreichten. Jedenfalls kam es auf ein Schreiben der Stadtverwaltung hin zu einem Briefwechsel und zu Verhandlungen mit Sally Goldscheider, dem Vorsteher der Israelitischen Gemeinde, über die Klärung der damit zusammenhängenden Fragen.[200] Die Stadtverwaltung legte dabei eine Liste zunächst mit 29, später ein erweitertes »Verzeichnis der hilfsbedürftigen Juden« mit 34 Namen vor. Diese Unterlagen geben einige Einblicke in die damalige soziale und wirtschaftliche Lage der jüdischen Gemeinde und ihrer Mitglieder. Dabei kam auch eine ganze Reihe von Einzelfällen zur Sprache.

197 Sauer 1969, S. 83.
198 Düwell 1968, S. 165.
199 Ebd., S. 156, 164, 286–293.
200 STAHD, Wohlfahrts- und Jugendamt, 1860.

Unklar blieb anscheinend die ganze Zeit über, inwieweit getaufte Juden einzubeziehen waren. So gab Goldscheider gleich anfangs zu bedenken:

»Betr. der christlichen Juden soll es noch nicht endgültig feststehen, ob auch diese von der Gemeinde mitzuübernehmen sind. Wir haben dieserhalb um Stellungnahme bei der Reichsvertretung in Berlin Rückfrage gehalten.« (13. Dezember 1938)

Und ebenso in einem späteren Schreiben, wo Goldscheiders Feststellung allerdings von dem Mitarbeiter des Wohlfahrtsamtes mit der Randbemerkung »Ungewiß!« versehen worden ist:

»Frau Flamme macht uns darauf aufmerksam, daß sie zwar jüdischer Abstammung sei, aber schon bei ihrer Verheiratung zum evangelischen Glauben übergetreten ist. Wir sind daher der Auffassung, daß Frau Flamme hinsichtlich der Fürsorge in gleicher Weise wie die übrigen nichtarischen Christen zu behandeln ist, daß daher die Fürsorge für Frau Flamme der Stadtgemeinde verbleibt.« (19. Dezember 1939)

Immer wieder mußte Goldscheider auf die sehr begrenzten finanziellen Mittel der jüdischen Gemeinde hinweisen:

»Es wird der Gemeinde unmöglich sein, – und wenn, dann nur auf ganz kurze Zeit – die uns namhaft gemachten Kleinrentner und die der geschlossenen Fürsorge, wie von Ihnen vorgeschrieben, regelmäßig zu unterstützen.« (13. Dezember 1938)

Bei einer Unterredung im Amt, zu der Goldscheider von Ferdinand Hochherr begleitet wurde, kam man zu einer gewissen Vereinbarung, die freilich sehr vage war und viele Einzelfragen offenließ. Hochherr, Mitinhaber einer Tabakwarenfabrik, wanderte kurz darauf, ohne seinen Besitz zu verkaufen, nach Holland aus, von wo er dann im Jahre 1943 in das Vernichtungslager Sobibor deportiert wurde. In dieser Übereinkunft hieß es:

»Die Israelitische Gemeinde ist bereit, die Fürsorge ab 1. 1. 1939 zu übernehmen, bittet jedoch um eine Beteiligung des Wohlfahrts- und Jugendamts an der Unterstützung, damit die der Israelitischen Gemeinde zur Verfügung stehenden Mittel nicht so rasch aufgebraucht werden und die Möglichkeit besteht, die Auswanderung in den in Frage kommenden Fällen zu finanzieren.« (19. Dezember 1938)

Ein aktuelles Beispiel, das gleichzeitig protokolliert und auf dieser Grundlage damals noch erfolgreich abgeschlossen werden konnte, war die Auswanderung der nach Heidelberg zugezogenen Familie des kaufmännischen Landwirts Siegfried Strauß, welcher selbst schon im Jahr zuvor nach Argentinien emigriert war:

»Strauß' Siegfried Ehefrau wird mit drei Kindern nach Argentinien auswandern. Die Israelitische Gemeinde bittet [die Stadtverwaltung], in diesem Fall die Unterstützung weiter zu gewähren, wogegen sich die Israelitische Gemeinde verpflichtet, die Kosten der Auswanderung mit über 3000 RM zu übernehmen.« (19. Dezember 1938)

An einem weiteren Beispiel machte Goldscheider indirekt einen zentralen Punkt der Problematik der damaligen NS-Judenpolitik deutlich, nämlich die künstlich ausgeweitete Arbeitslosigkeit und Verelendung in der Gemeinde. Es handelte sich um den Fall des Kaufmanns Jakob Traub:

»Hier müßte die Allgemeine Fürsorge unbedingt helfend eingreifen, da hier eine besondere Härte vorliegt. Traub ist mittellos, ist über siebzig Jahre und leidend, außerdem kann er durch die neuen Verordnungen seinem Berufe nicht mehr nachgehen.« (3. Januar 1939)

Zugleich unterstrich Goldscheider sein Ersuchen an die Stadt Heidelberg mit dem Hinweis auf eindeutigere Regelungen in anderen badischen und württembergischen Städten:

»Wir bitten nochmals um weitgehendstes Entgegenkommen, damit wir den uns gestellten Verpflichtungen möglichst lange nachkommen können. Bei dieser Gelegenheit möchten wir nicht unerwähnt lassen, daß wir festgestellt haben, daß die größeren Gemeinden in Baden und Württemberg sich in allen Fällen hälftig an den Verpflichtungen der Israelitischen Wohlfahrt beteiligt haben.« (3. Januar 1939)

Der erwähnte Fall Jakob Traub war natürlich kein Einzelfall. Daß auf Grund der antijüdischen Verordnungen sich »die Zahl der arbeitslosen Juden erheblich vermehrt« hatte, fiel reichsweit auf und führte zu Überlegungen, sie – »abgesondert von der Gefolgschaft« – zu Zwangsarbeit einzusetzen, wozu es allem Anschein nach in Baden nicht mehr kam.[201]

Ohne Zweifel herrschte in den Alten- und Pflegeheimen und ebenso in den psychiatrischen Anstalten besonderes Elend, wenn die Fürsorgeunterstützung geringer oder unsicher geworden war. Mehrfach wies Goldscheider auf die Lage von Gemeindemitgliedern hin, die im Marienhaus in der Luisenstraße, im Landfriedstift, im israelitischen Altersheim Gailingen oder in der Heil- und Pflegeanstalt Wiesloch lebten.

In der neuen Situation nach dem Pogrom wollte nun der Kreisleiter nicht ein weiteres Mal nur als zögerlicher Mitläufer erscheinen. Und so konzentrierte er sich noch mehr auf die Judenpolitik, einen der wenigen Politikbereiche, wo er mit seinen Vorstößen auch tatsächlich Wirkungen erzielen konnte. In diesem Zusammenhang sind auch Seilers Initiativen gegenüber der Stadtverwaltung zur Einrichtung besonderer Geschäfte und Einkaufsstunden für Juden und zur verstärkten Einweisung in ›Judenhäuser‹ zu sehen. Ob Seiler immer noch glaubte, auf diese Weise an die von ihm verfolgte Rassentrennungspolitik im Schulbereich anknüpfen und ein dauerhaftes Nebeneinander von Juden und Nichtjuden organisieren zu können und ob er sich zu diesem Zeitpunkt überhaupt noch eigene Vorstellungen machte, was mit den immer radikaler ghettoisierten Juden geschehen sollte, muß dahingestellt bleiben. – Der Unterricht für die jüdischen Kinder wurde jedenfalls, sofort nachdem Lehrer Hermann Durlacher im Januar 1939 aus dem Konzentrationslager Dachau zurückgekehrt war, wieder aufgenommen und bis zur Deportation weitergeführt, zwar nicht mehr in der Pestalozzischule, sondern in einem der jüdischen Gemeinde eigenen Raum in der Bunsenstraße 3, aber immer noch als

201 Ebd., Bad. Innenminister an die Landräte vom 17. Januar 1939.

öffentliche, dem Kultusministerium unterstellte Schule, die erst im Oktober 1939 von der Reichsvereinigung der Juden in Deutschland übernommen wurde.[202] Der Gottesdienst wurde gleichfalls im Januar 1939 wieder aufgenommen, und zwar zunächst im wenig beschädigten Betsaal der orthodoxen Gemeinde in der Plöck 35 und später dann in der Weststadt, wobei nicht ganz klar ist, ob ebenfalls im erwähnten Haus Bunsenstraße 3 oder im Gemeindesaal Häusserstraße 8.[203]

Am 25. September 1939 verschickte Kreisleiter Seiler an die Stadtverwaltung und an das Landratsamt eine Liste der Betriebe, in welchen ab sofort Juden ihre Einkäufe tätigen sollten. Sie war in insgesamt 15 Geschäftszweige aufgegliedert (Lebensmittelhandlungen, Obst- und Gemüsehandlungen, Bäckereien, Metzgereien, Milchhandlungen, Kohlenhandel, Herrenbekleidung, Damenbekleidung, Manufakturwaren, Porzellan- und Glaswaren, Hausgeräte, Schuhwaren, Papier- und Schreibwaren, Lederwaren, Zigarren und Zigaretten und Tabake), wobei bei den Lebensmittelläden jeweils drei, bei den übrigen Branchen nur ein Geschäft innerhalb der Stadt für Juden zugänglich waren. Die jeweiligen Einkaufsstunden waren gleichfalls genau angegeben. Das Schreiben war mit der Anmerkung versehen, daß Wochenmärkte für Juden vollständig gesperrt seien und die genannten Geschäfte nach einer gewissen Zeit durch andere abgelöst würden.[204]

Einige Monate später wurde diese Regelung etwas praktikabler gemacht, aber durch Bestimmungen über ein Ausgehverbot ergänzt, so daß Sally Goldscheider im Namen der »Reichsvereinigung der Juden in Deutschland. Zweigstelle Heidelberg« den Gemeindemitgliedern in einem Rundschreiben mitteilte:

»1. Versorgung der Juden.

Mit Wirkung vom 3. Juni 1940 sind die Juden bei ihren Einkäufen nicht mehr wie bisher an bestimmte Geschäfte gebunden, sondern es kann wieder in allen Geschäften gekauft werden.
Die Einkaufszeiten sind ab 3. Juni 1940 wie folgt festgesetzt:
a) in Lebensmittelgeschäften einschl. Metzgereien, Bäckereien, Milchhandlungen usw., sowie in Tabakwarengeschäften und Drogerien täglich auf 15–16 Uhr,
b) in allen übrigen Geschäften täglich auf 9–10 Uhr.
Jeglicher Einkauf ausserhalb der festgesetzten Zeiten ist verboten. Wir machen es den Mitgliedern in ihrem eigenen Interesse zur Pflicht, sich strengstens an die festgesetzten Einkaufszeiten zu halten.
Die Wochenmärkte bleiben für die Juden auch weiterhin gesperrt.

2. Ausgehverbot.

Das Ausgehverbot für Juden ist wie folgt festgelegt worden:

202 GLA 235/39511; Sauer 1966, Bd. 1, S. 345.

203 Pinkas Hakehillot. Jerusalem 1986, S. 316; Turtel 1979, S. 33. Eine Erklärung der Hausbesitzerin des Hauses Plöck 35, Lina Berger, im Spruchkammerverfahren Wilhelm Seiler vom 1. Mai 1948 bestätigt das Ergebnis der Nachforschungen von Barbara Löslein (Löslein 1992, S. 75): »Ich hatte seit etwa 1930 einen Raum in meinem Hause der jüdischen Gemeinschaft in Heidelberg als Betsaal vermietet.« GLA 465 a Sv 99.

204 HStA Stuttgart, J 355/235.

in der Zeit vom 1. 4. bis 30. 9. von 21 Uhr bis 5 Uhr;
in der Zeit vom 1. 10. bis 31. 3. von 20 Uhr bis 6 Uhr.«

In gleicher Form mußte Goldscheider dann am 29. August 1940 eine weitere Einschränkung der Bewegungsfreiheit der Heidelberger Juden bekanntgeben, die vom Polizeidirektor bzw. vom Oberbürgermeister angeordnet worden war.

»An die Gemeindemitglieder!

Wir geben Ihnen nachstehende Verordnung des Herrn Polizeidirektor wörtlich bekannt:

›1. Ich teile Ihnen mit, daß der Herr Oberbürgermeister der Stadt Heidelberg das Betreten der öffentl. Anlagen der Stadt Heidelberg durch Juden verboten hat und ersuche Sie, dieses Verbot den in Heidelberg wohnhaften Juden bekanntzugeben, mit dem Anfügen, daß die Durchführung überwacht werden wird.‹«[205]

Auch das ›Gesetz über Mietverhältnisse mit Juden‹ bot dem Kreisleiter einen Ansatzpunkt, in der Judenpolitik Dynamik zu zeigen. Denn die Stadtverwaltung sollte in dieser Frage, so der Wortlaut der Durchführungsbestimmung,[206] »mit dem zuständigen Hoheitsträger der Partei in geeigneter Weise Verbindung halten«. Anfang des Jahres 1940, also ein Dreivierteljahr vor der Deportation der badischen Juden, notierte Seiler dazu in sein Amtstagebuch:[207]

»Die Judenfrage wird jetzt wieder akut.« (4. Januar 1940)

»Sitzung wegen der Juden in arischen Häusern und der Arier in jüdischen Häusern. Es wird mit der Stadt ein scharfes Vorgehen zur Bereinigung der Frage abgesprochen, so daß in einem Vierteljahr etwa die Juden unter sich sein werden.« (9. Januar 1940)

Wer auch immer in Wirklichkeit bei jener Sitzung die treibende Kraft gewesen sein mag, Tatsache war, daß auch in Heidelberg starker Druck einsetzte, um die Abtrennung der Juden von der übrigen Bevölkerung zu vollenden und sie in ›Judenhäusern‹ zu konzentrieren. Nach den Unterlagen der Heidelberger Einwohnermeldekartei[208] gab es in den Jahren 1939/40 starken Zuzug z.B. in die Häuser Landfriedstraße 14 (19 Personen), Häusserstraße 4 (17 Personen), Bunsenstraße 19 (14 Personen) und Gaisbergstraße 5 (11 Personen). Die Folge dieser Maßnahme war, daß die Juden – jetzt zu einem beträchtlichen Teil in einzelnen Häusern zusammengefaßt und verfügbar – wie Gefangene in einem Ghetto lebten, ohne schon formal in Haft zu sein. Entgegen der Ankündigung

205 Beide Rundschreiben: GLA Ek 5050.
206 Heidelberger Neueste Nachrichten vom 11. Mai 1939 in: STAHD, Wohlfahrts- und Jugendamt, 1860.
207 GLA J/72/982, Spruchkammer Seiler.
208 Auskunft des Stadtarchivs vom 31. Oktober 1990; vgl. auch Ludwig, Max (d.i. Max Oppenheimer): Das Tagebuch des Hans O. Dokumente und Berichte über die Deportation und den Untergang der Heidelberger Juden. Heidelberg 1965, S. 70 ff.; Maas u.a. 1952, S. 101.

Seilers war die Aktion zur Einweisung in ›Judenhäuser‹ in Heidelberg nach einem Vierteljahr freilich keineswegs abgeschlossen, auch nicht bis zum Datum der Deportation.

Bei den Heidelberger Juden wuchs seit dem Pogrom die Angst, und sie vergrößerte sich weiter mit Kriegsbeginn, als die Auswanderung immer schwieriger wurde. Das Gefühl immer größerer Bedrohung spiegelte sich beispielsweise in dem Tagebuch, das Karl Jaspers damals führte und in dem die persönliche Entscheidung des Ehepaars gegen die Emigration dokumentiert ist. Es ging darin auch um die Frage, wie in der Diktatur gegenüber den Nazi-Behörden die »verborgene Würde« gewahrt werden könne. Er notierte dazu:

> »Die Bedrohungen müssen klar vor Augen stehen. Jetzt schon können wir in Hotels kaum unterkommen – wird die Wohnung genommen, sind wir obdachlos –, werden Mischehen allgemein für nichtig erklärt, sind wir machtlos – es bleibt nur der Tod (...) Ich darf nur hierbleiben, wenn ich bereit bin, in einem gegebenen Augenblick mit Gertrud zu sterben. Das Leben muß von nun an unter dieses Maß und diese Gefahr treten.«

Durch die Bereitschaft zum gemeinsamen Selbstmord glaubten die Eheleute im Falle der Trennung durch die Rassenpolitik des Regimes ihre Menschenwürde wahren zu können.

6 Die Gestapo und die Deportation vom 22. Oktober 1940: Der neue polizeistaatliche Terror – von der ›territorialen Endlösung‹ zum Holocaust

»Du siehst, wie schwer das Leiden zu tragen ist,
schon deshalb, weil es zu schwer und zu viel ist.«

Unter strengster Geheimhaltung wurde die Deportation der Juden aus den Gauen Baden und Saarpfalz vorbereitet und am 22. bzw. am 23. Oktober 1940 überfallartig durchgeführt. Auf Anweisung der Gestapoleitstelle Karlsruhe wurden auch die Heidelberger Juden am frühen Morgen des 22. Oktober von hiesigen Gestapo-Beamten oder Beamten der Ordnungspolizei in ihren Wohnungen aufgesucht, über ihre Ausweisung aus Deutschland informiert und festgenommen.[209] Nach

209 Interview des Verf. mit Annemarie Hampe, Heidelberg, am 11. Dezember 1995: Frau Hampe erfuhr sehr früh am Tage von der Deportation, weil aus dem Haus Mozartstraße 13, das sie mit ihrer Familie damals bewohnte, ihre Freundin Charlotte Schreiber, die Witwe des Augenarztes Ludwig Schreiber, mit dem Lkw abgeholt wurde; ihr konnte sie noch beim Einpacken einiger warmer Sachen helfen. Auch von den Zwillingsschwestern Hamburger, der Zoologin Klara, die ihre Patentante war, und der Mathematikerin Anna, welche damals beide in der Moltkestraße 3, einem sog. Judenhaus, wohnten, mußte sie sich an diesem Tag verabschieden, »ohne zu wissen, was man hätte tun können«. Frau Hampe war – wie es damals hieß – »selbst betroffen«: ihr Vater war getaufter Jude; sie hätte schreien mögen, wenn nicht zu befürchten gewesen

einer kurzen Frist von oft nicht mehr als zwei Stunden mußten sie abmarschbereit sein mit einem Koffer und nicht mehr als hundert Reichsmark Bargeld. Dann wurde die Wohnung versiegelt, alles Hab und Gut blieb zurück, und sie selbst wurden entweder zur Sammelstelle auf dem Marktplatz in der Altstadt und um die Mittagszeit von dort oder direkt von der Wohnung mit einem Polizei- oder Wehrmachtslastwagen zum Hauptbahnhof an der Rohrbacher Straße gebracht. Dort hielten, wie ein Augenzeuge sich erinnerte,[210] die mit Planen und Sitzbänken versehenen Lkws vor dem Verwaltungsgebäude des Bahnhofs (gegenüber der damaligen Hauptpost), wurden hinten aufgeklappt, und Polizeibeamte dirigierten die festgenommenen Juden mit ihrem leichten Handgepäck von der Rückseite her (heutige Poststraße) auf den Bahnsteig 1a; für Heidelberger Verhältnisse habe es viele Zuschauer gegeben, die stumm und eher bedrückt dabeigestanden seien. Der bereitgestellte Eisenbahnzug verließ, bewacht und begleitet von SS, Heidelberg um 18.15 Uhr und erreichte über Belfort das unbesetzte Frankreich. Die Deportierten wurden von den völlig überraschten französischen Behörden übernommen und kamen nach drei Tagen im Lager Gurs am Fuß der Pyrenäen an. Man nimmt an, daß aus Heidelberg 281, aus den Gemeinden des Landkreises 114 Juden abgeschoben wurden. Nur die in ›Mischehe‹ lebenden Juden und Bettlägerige waren von der Verschleppungsaktion ausgenommen worden.

In der Art der Durchführung war die Deportation in vieler Hinsicht das Gegenteil des November-Pogroms. Die Organisatoren konnten Ausschreitungen in der Öffentlichkeit und lärmende Straßenaktionen vermeiden, auf die der größte Teil der Bevölkerung damals mit deutlicher Zurückhaltung reagiert hatte, und sie konnten gegenüber den SA-Aktivisten unter Beweis stellen, daß sich, gestützt auf Gestapo, SS und die sonstigen Organe des Polizeiapparats, Judenpolitik genauso radikal und noch effektiver vorantreiben ließ. Die Überraschung ihrer Opfer war den Vertretern des neuen Terrors ebenso gelungen wie damals der SA. »Mit Bestürzung«, so meldete beispielsweise die Gendarmerie aus Malsch, hätten dort die betroffenen Juden ihre Ausweisung zur Kenntnis genommen, »fügten sich aber den getroffenen Anordnungen, so daß es in keinem Fall zu Weigerungen kam.« Aus Leimen kam die entsprechende Nachricht: »Der Abtransport erfolgte reibungslos und ohne weitere Ansammlungen.« Und fast wörtlich wie in diesen beiden Meldungen nach Heidelberg hieß es in einem zusammenfassenden Bericht nach Berlin: »Die Aktion ist reibungslos und fast unbemerkt von der Öffentlichkeit verlaufen.«[211]

Tatsächlich gibt es für die Deportation der Heidelberger Juden – auch das ist ein Unterschied zum November-Pogrom – kaum Zeugen, die sich geäußert hätten,

wäre, daß sie selbst und ihre Familie mittransportiert worden wären. Sie empfand Wut, Trauer und Verzweiflung und das »Gefühl völliger Hilflosigkeit«: »Es war der Bruch meines Lebens.«

210 Interview des Verf. mit Otto Friedrich Bähr, Heidelberg, am 19. Januar 1995: Herr Bähr erkannte damals vor dem Bahnhof unter den Inhaftierten seinen früheren Mitschüler und Nachbarn Alfred Meyer, den Sohn des Schuhmachers Gustav Meyer. Vgl. auch Ludwig 1965, S. 26; Weckbecker 1985, S. 201 f.; Düwell 1968, S. 257 f.

211 HStA Stuttgart, J 355/235; Sauer 1966, Bd. 2, S. 238, 244.

keine Fotos, keine Prozesse gegen Beteiligte, nur Vollzugsmeldungen. Und selbst der kaum variierte Standardsatz dieser Polizeimeldungen läßt sich wie das negative Echo jener Ausschreitungen lesen, als sei selbst Nationalsozialisten die Erinnerung an den November 1938 anstößig. Denn der Terror der neuen Art war kalt, polizeistaatlich-bürokratisch, unauffällig, effizient.

Dieser »reibungslose« Terror war aber nicht nur deswegen praktizierbar geworden, weil man sich der disziplinierteren und kalkulierbareren Apparate von Gestapo und Ordnungspolizei bei der Festnahme und der SS beim Transport bediente. Sondern die entscheidende Vorbedingung bestand darin, daß die jüdischen Bürger bereits vor der Deportation aus dem bürgerlichen Zusammenleben ausgegrenzt und ihre Einbindung am Arbeitsplatz, in der Schule und im nachbarschaftlichen Wohnen systematisch zertrennt worden war. Der jüdische Bevölkerungsteil war so schrittweise, wobei die meisten Einzelschritte gesetzesförmig gewesen waren und die Billigung großer Teile der Bevölkerung gefunden hatten, zu einer verfemten Randgruppe der Gesellschaft geworden. Und diese weitgehend künstlich geschaffene und propagandistisch aufgebauschte ›Judenfrage‹ erschien Nationalsozialisten nun als immer drängenderes Problem, das die Machthaber zunehmend mit verbrecherischen Mitteln zu lösen bereit waren.

Für die Deportationen aus Baden und der Saarpfalz war einer neueren Untersuchung zufolge[212] vor allem die Ebene der Gauleiter der NSDAP, Robert Wagner und Josef Bürckel, entscheidend. Beide waren nach dem Ende des Frankreich-Feldzugs zusätzlich Chefs der Zivilverwaltungen im besetzten und praktisch annektierten Elsaß bzw. Lothringen geworden. Sie scheinen die Initiatoren der Massenausweisung gewesen zu sein, indem sie ihre umfassenden Sondervollmachten ausnutzten und eine allgemeine Ermächtigung Hitlers zur »Eindeutschung« von Elsaß und Lothringen sehr speziell auch auf ihre Gaue im Altreich bezogen. Daß dabei ›Eindeutschung‹ mit ›Entjudung‹ gleichgesetzt wurde, darf bei Nationalsozialisten der ersten Stunde wie Wagner und Bürckel nicht verwundern. Sie sicherten sich weiterhin die Unterstützung von Himmler und Heydrich (SS und Gestapo) und erhofften sich schließlich durch die Vollzugsmeldung, die Gaue Baden und Saarpfalz seien als erste im Reich ›judenrein‹, einen Positionsvorteil bei Hitler.

Fragt man darüber hinaus nach Absicht und Ziel dieser Deportation, der ursprünglich weitere in Ost-West-Richtung folgen sollten, so war sie noch kein Vorgriff auf die ›Endlösung‹ im Sinne der Wannsee-Konferenz. Auch wenn die Hintergründe noch nicht voll geklärt sind, fand sie wahrscheinlich damals noch im Kontext von – allerdings recht vagen – Überlegungen in höheren Reichs- und Parteidienststellen statt, für die verschleppten Juden eine ›territoriale Endlösung‹ zu finden und irgendwo ein Reservat zu schaffen. Ein zeitgenössischer Bericht aus

212 Vgl. Toury, Jacob: Die Entstehungsgeschichte des Austreibungsbefehls gegen die Juden der Saarpfalz und Badens. 22./23. Oktober 1940 – Camp de Gurs. In: Tel Aviver Jahrbuch für deutsche Geschichte 1986, S. 431–464.

Karlsruhe, dessen anonymer Verfasser als gut informiert eingeschätzt wird,[213] erwartete »von der französischen Regierung die Weiterleitung der Deportierten nach Madagaskar unmittelbar nach Öffnung der Seewege«, d.h. nach dem von ihm erhofften deutschen ›Endsieg‹.

Obwohl in Gurs und in den anderen Lagern im Südwesten Frankreichs die Unterbringung und die Ernährung völlig unzureichend waren und allein schon im Winter 1940/41 von den über 6000 überwiegend älteren Juden mehr als tausend gestorben sind, hatten doch, wie man berechnet hat,[214] ein Drittel der Opfer eine Überlebenschance und konnten von dort noch auswandern, fliehen oder untertauchen – im Unterschied zu den späteren Deportationen von Westen nach Osten in die Vernichtungslager.

Auch im Gegensatz zu den späteren Verschleppungsaktionen erfolgte die des Jahres 1940 ohne Vorwissen und ohne erzwungene Hilfeleistung der Reichsvereinigung bzw. der örtlichen Synagogenräte. Der diabolische Gedanke, die jüdischen Verbände selbst als Träger dieser Aktionen erscheinen zu lassen, war hier noch nicht verwirklicht worden. Die Reichsvereinigung protestierte, freilich vergeblich, gegen den Abtransport und ließ zufällig nicht in der Heimat anwesende Juden vor der Rückkehr warnen. Dafür wurde an einzelnen Vorstandsmitgliedern von den Machthabern brutale Vergeltung geübt.[215]

Daß der größte Teil der Heidelberger Juden verschleppt worden war und mit ihm der Synagogenrat und der Vorsteher der Gemeinde, war in Heidelberg offiziell kein Thema. Es berührte aber doch da und dort die laufenden Geschäfte der Stadtverwaltung. So vermißte z.B. das Wohlfahrts- und Jugendamt den bisherigen Ansprechpartner in Sachen Fürsorge und legitimierten Vertreter der jüdischen Gemeinde Sally Goldscheider. Aus diesem Grund wurde eine Anfrage an das badische Innenministerium notwendig, die eines der ganz wenigen Aktenstücke zu sein scheint, in dem die Stadtspitze, abgezeichnet auch von Oberbürgermeister Neinhaus, beiläufig bescheinigte, von der Deportation Kenntnis zu haben. In diesem »Beschluß« vom 9. November 1940[216] hieß es:

> »Durch die kürzlich durchgeführte Judenaktion sind die Mitglieder des hiesigen jüdischen Synagogenrats, dem die Betreuung der Juden oblag, abtransportiert worden, so daß für die noch hier gebliebenen hilfsbedürftigen Juden eine Unterstützung von dieser Seite nicht mehr gewährt wird. Es wurden daher beim Wohlfahrtsamt Anträge auf Unterstützung gestellt, denen, um die Not zu lindern, zunächst stattgegeben werden mußte. Ich bitte um baldgefl. Nachricht, wie die Fürsorge für diese Juden weiterhin behandelt werden soll und an welche Stelle Anträge auf Kostenersatz zu richten sind. Es handelt sich besonders um Juden aus Mischehen und um Abkömmlinge aus solchen Mischehen, die als Juden gelten.«

213 Sauer 1966, Bd. 2, S. 242f.; Benz, Wolfgang: Dimension des Völkermords. Die Zahl der jüdischen Opfer des Nationalsozialismus. München 1991, S. 42f. Anm. 85.

214 Benz 1991b, S. 42.

215 Richarz 1982, S. 62.

216 STAHD, Wohlfahrts- und Jugendamt, 1860.

Als wichtige Konsequenz aus diesem Vorgang ergab sich, daß von der Stadtverwaltung aus seit Februar bzw. März 1941 Rechtsanwalt Arthur Strauß als Vertreter der noch in Heidelberg verbliebenen Juden und damit in gewissem Sinn als Nachfolger Goldscheiders betrachtet wurde.[217]

Wie überraschend die Deportation kam, läßt sich auch der Schilderung von Hermann Maas entnehmen. Obwohl er sich noch zwei Tage zuvor mit Probst Grüber in Berlin beraten hatte, ahnte er nichts. Nachdem er, wieder in Heidelberg, am 22. Oktober selbst erste Anrufe befreundeter Juden erhalten hatte, telegrafierte er an Grüber in Berlin, der sich seinerseits sicher mit der Reichsvereinigung in Verbindung setzte. Dabei erfuhr Maas, daß es sich um eine Sonderaktion für Baden und die Pfalz handelte. Auch mit dem Ökumenischen Rat in Genf und seinem Freund Adolf Freudenberg suchte er Kontakt. »Aber es ging ja alles viel zu schnell«, berichtete Maas. Im Verhältnis zu dem in Bewegung gekommenen gewaltigen Terror-Apparat erschienen ihm seine Bemühungen hilflos:

»In einer Apotheke verschafften wir uns stark abführend wirkende Medikamente, die wirkten und halfen da und dort in einigen Fällen. ›Nicht transportabel‹ war dann das rettende Urteil. Der ganze Tag galt den Abschiedsbesuchen. Herzzerreißende Szenen erfüllten sie.«

»Von den erschütternden Abschieden in den Abendstunden dieses furchtbaren Tages, dieses Schandtages und jüdischen Passionstages« erzählte Maas später kaum Einzelheiten, nur daß er für zwei Stunden auch nach Mannheim fuhr, um noch einmal mit dem Kinderarzt Eugen Neter zu sprechen. Neter begleitete den Transport, obwohl er, da mit einer Nichtjüdin verheiratet, nicht auf der Deportationsliste stand. Das Ehepaar Neu, mit dem er ahnungslos noch am Abend vorher zusammengekommen war, hat er nicht mehr treffen können: Der Gynäkologe Denny Neu und seine Frau Zilla nahmen sich noch am Vormittag durch Einnahme von Zyankali gemeinsam das Leben, um der Verschleppung zu entgehen; sie hatten Maas in ihrem Testament bedacht, damit er den Erlös aus ihrem Erbe wohltätigen Zwecken zuführe. »Unter schwerem Protest der zuständigen Behörde« wurden sie einige Tage später von Maas bestattet. Trotz dieser Anstrengungen und denen seiner Mitarbeiterin Marie Baum und der Unterstützung durch die Ärztin Marie Clauss[218] litt Maas unter Selbstvorwürfen. In einem Brief vom 3. November 1940, der später der Gestapo in die Hände fiel, schrieb er: »Heute quäle ich mich, daß ich nicht gebeten habe mitzudürfen und mit diesen armen Brüdern und Schwestern zu sterben (...)«[219]

217 Maas 1952, S. 100.

218 Zu Marie Baum vgl. Lauterer, Heide-Marie: »Weil ich von dem Einsatz meiner Kräfte die Überwindung der Schwierigkeiten erhoffte«. Marie Baum (1874–1964). Frauenbewegung, Politik und Beruf. In: Frauengestalten. Soziales Engagement in Heidelberg. Heidelberg 1995 (= Schriftenreihe des Stadtarchivs Heidelberg, 6), S. 55–116. Zu Marie Clauss vgl. Mattern, Hansjakob: Arzt im Geiste wahrer Humanitas. Heidelberger Tageblatt vom 22. Oktober 1963. Marggraf 1990, S. 316, nennt weitere Helfer im Kreis um Hermann Maas.

219 Ludwig 1965, S. 9f.; Keller 1986, S. 71.

Die Zurückstellung von der Deportation, sei es, daß man als nicht transportabel galt oder daß man an diesem Tag für die Gestapo nicht auffindbar war, bedeutete jedoch keine Verschonung vor weiterer Verfolgung. Alfons Beil, damals Pfarrer in St. Albert, schilderte das Schicksal des Schauspielers Otto Rubens.[220] Dieser hatte sich von seiner nichtjüdischen Frau scheiden lassen, damit sie ihre Anstellung bei der Stadtverwaltung behalten konnte. Bei Pfarrer Beil kamen sie immer wieder zusammen, aber Otto Rubens war nun durch die ›Mischehe‹ nicht mehr geschützt. Am Tag der Verschleppungsaktion versteckte er sich und übernachtete dann mehrere Tage bei einem Lehrer der Wilckensschule namens Grimm bzw. bei Pfarrer Beil; dann tauchte er einige Zeit bei seiner Familie in Köln unter. Er kehrte dann doch nach Heidelberg zurück und wollte Selbstmord begehen. Er besprach sich noch einmal mit Beil. In dessen Bericht heißt es weiter:

»Aber ich riet ihm doch ab. Und so wurde er von der ersten Deportation nicht erfaßt, aber bei der zweiten packte es ihn dann. Er kam in das KZ Majdanek und schrieb mir noch von dort (. . .) Aber dann kam ein letzter Brief, da sprach er von Wasser in den Beinen (. . .)«

Rubens wurde am 30. September 1942 für tot erklärt.

Das Verhalten der Heidelberger Gestapo im Fall Rubens gehörte für Alfons Beil »zum Unglaublichsten damals«. Rubens wurde nach seiner Rückkehr nach Heidelberg nämlich nicht inhaftiert, sondern man »nahm nochmals die Personalien auf, verschaffte Rubens Arbeit und gab ihm den Schlüssel zu seinem Zimmer in der Gaisbergstraße«.

Hier zeigte sich nochmals der Unterschied in der Methode zwischen dem lärmend-aggressiven Antisemitismus der SA, der sich nur in wilden Ausschreitungen Luft machen konnte, und dem neuen Terror, der seine Erfüllungsgehilfen z. B. bei den örtlichen Gestapo-Beamten fand. Im Fall Rubens wartete man offensichtlich – scheinbar ohne Ressentiment – das nächste Deportationsdatum und den entsprechenden Befehl ab. Man hat mit Blick auf die Erfinder der Reservatspläne und die Organisatoren der Deportationen vom »Durchbruch technokratischer Inhumanität« gesprochen.[221] Auch bei den an der Durchführung der Verbrechen beteiligten Beamten wurden im Zuge der Massenverschleppung die moralischen Hemmschwellen immer weiter abgesenkt. Vor Ort z. B. in der Heidelberger Außenstelle der Gestapo, wo ihr Leiter Johann Oettinger mit nur fünf oder sechs Mitarbeitern tätig war, deren Zuständigkeitsbereich aber seit der Auflösung der Dienststelle Mosbach das nordbadische Hinterland mitumfaßte, reichte die Skala tatsächlichen Verhaltens von – wie oben geschildert – zeitweise verbrämter Unmenschlichkeit bis hin zu direkter und primitiver Gewaltanwendung, die sich bei Verhören insbesondere gegen polnische Zwangsarbeiter rich-

220 Interview des Verf. mit Dekan Alfons Beil am 22. März 1994; vgl. auch RNZ vom 13./14. Mai 1995, S. 33.

221 Mommsen, Hans: Umvolkungspläne des Nationalsozialismus und der Holocaust. In: Grabitz, Helge u. a.: Die Normalität des Verbrechens. Berlin 1994, S. 68–84, S. 71.

tete.[222] Die Heidelberger Gestapo-Stelle war im übrigen im Jahre 1941 von der Polizeidirektion im ehemaligen Grand-Hotel in der Rohrbacher Straße in die Bunsenstraße 19a umgezogen; sie hatte sich also, wohl als eine der ersten Behörden, in ein bei der Deportation evakuiertes ›Judenhaus‹ eingemietet![223]

Für die Mehrzahl der Deportierten war die Austreibung unbegreiflich. Fassungslos ihrem Geschick gegenüber, standen sie nun unter französischer Bewachung, waren – Frauen und Männer getrennt – in sogenannten Baracken-Îlots eingesperrt und im Alltag des Lagerlebens, besonders im ersten Winter, in schier unerträglichem Maße Kälte, Nässe, Hunger und epidemischen Krankheiten ausgesetzt. Mehr als ein Viertel brachte den Überlebenswillen nicht mehr auf und starb in Frankreich. Die Frage nach der Dauer der Internierung, wielange man unter diesen Bedingungen durchhalten konnte, quälte die Menschen im Lager. Vor allem die Hoffnung, Frau und Kinder wieder um sich zu haben, die zerrissene Familie noch einmal zu vereinen, und die Hoffnung, von Gurs aus mit Hilfe von Verwandten oder Bekannten doch noch die Auswanderung von den deutschen Behörden bzw. den Behörden des Aufnahmelandes zu erwirken, half standzuhalten. Gerade dabei versuchte auch Pfarrer Maas von Heidelberg aus mitzutun: »Einigen konnte ich« – berichtete er – »zu Pässen und Visen über Marseille und Portugal, über das Weltmeer hinweghelfen.«[224]

Einer von denjenigen, die vor allem mit Hilfe von Schweizer Freunden die Entlassung aus dem Internierungslager tatsächlich noch erreichten wie auch die Genehmigung zur Einreise in die Schweiz, war der Dichter Alfred Mombert. Kurz vor seiner Verschleppung hatte er noch mit Richard Benz Verbindung aufnehmen können, der sich dann darum bemühte, die zurückgelassenen Manuskripte und die Bibliothek zusammenzuhalten, die Mombert sehr am Herzen lag. Momberts Briefe aus Gurs spiegelten die Fassungslosigkeit darüber, aus seinem stillen, abgeschirmten Leben herausgerissen worden zu sein, das er sich am Friesenberg und dann am Klingenteich über Jahrzehnte hinweg eingerichtet hatte:

> »Meine Schwester (72 Jahre alt) ist bei mir, aber getrennt in anderen Baracken. Die Zukunft ist völlig dunkel. Wie lange wird dieser Zustand dauern können? Wie lange wird man unter den gänzlich ungewohnten primitiven Verhältnissen durchhalten können? Ob Ähnliches je einem deutschen Dichter passiert ist?«[225]

222 Gespräch mit Heinrich Peter, Heidelberg, am 15. Februar 1994; vgl. auch IG Metall Verwaltungsstelle Heidelberg (Hrsg.): Das andere Heidelberg. Ein alternativer Stadtführer. Köln 1987, S. 33–36.

223 STAHD, Wohlfahrts- und Jugendamt, 2058: vgl. die wohl um die Jahreswende 1940/41 fertiggestellte Liste betr. »Rein jüdischer Hausbesitz (ausgewiesener Personen)« mit der auf das Haus Bunsenstraße 19a bezogenen handschriftlichen Ergänzung: »Das Gebäude ist von der Gestapo gemietet.«

224 Ludwig 1965, S. 10; zu den Lebensbedingungen in Gurs vgl. besonders Sauer 1969, S. 270ff.

225 Vgl. Ludwig 1965, S. 20–22: Brief vom 30. Oktober 1940; zum Selbstverständnis Momberts bemerkt Jakob J. Köllhofer in: Himmelheber, Susanne/Hofmann, Karl-Ludwig: Alfred Mombert 1872–1942. Heidelberg 1993, S. 106: »Mombert ist ein Spiegel der besonderen Assimilation der Juden in Deutschland vor der NS-Zeit, der

Die Erfahrung der »Baracken-Winter-Finsternis«[226] des Lagers hat Mombert in seinem letzten Werk ›Sfaira der Alte. Zweiter Teil.‹ in mythischen Bildern verarbeitet. In den Visionen seiner Fantasie-Welt, so schien es ihm selbst, war das aktuelle Grauen sogar vorweggenommen: »Es ist mein Schicksal, daß Alles, was ich prophetisch klangvoll gedichtet habe (zum ›ästhetischen‹ Genuß der Deutschen), ich später in grausamer Realität erleben muß.«[227] Alfred Mombert starb am 8. April 1942 in Winthertur im Alter von 70 Jahren.

Der jungen Generation gehörte Hans Oppenheimer an. Er war zum Zeitpunkt der Deportation 19 Jahre. Bis Ostern 1935 war er Schüler am Gymnasium am Neckarstaden gewesen, dann aber – wie sein älterer Bruder Max – ausgetreten, um einen praktischen Beruf zu erlernen mit der Perspektive der Auswanderung. Dem älteren Bruder gelang noch im Jahre 1939 die Emigration. Hans Oppenheimer wurde zusammen mit seinen Eltern nach Gurs verschleppt und von dort aus eine Zeitlang zu landwirtschaftlicher Arbeit außerhalb des Lagers abkommandiert, während die Eltern in Gurs zurückblieben. Hans teilte – wie auch sein Vater, der Regierungsbaumeister Leopold Oppenheimer, und das anschließend noch als weiteres Beispiel angeführte Ehepaar Durlacher – das Schicksal der meisten Überlebenden des Lagers Gurs: die Auslieferung aus französischem Gewahrsam erneut in die Hände der Gestapo und die Verschleppung nun in West-Ost-Richtung in die Arbeits- und Vernichtungslager. Hans Oppenheimer überlebte Auschwitz, aber seine Spur verliert sich bei der Evakuierung dieses Lagers im Frühjahr 1945 im KZ Buchenwald. Hans hat während der Internierung in Frankreich und besonders in der Zeit der Trennung von seinen Eltern, an der er schwer litt, Tagebuch geschrieben. Es hat sich erhalten und wurde von seinem Bruder veröffentlicht. Hier wird deutlich, wie damals Erinnerungen und Hoffnungen dem jungen Mann durchzuhalten halfen, Hoffnungen freilich, die alle enttäuscht wurden bis hin zum August 1942, als er mit einem Brief von seinen Eltern endgültig Abschied nahm:

»Vor einem Jahr war ich noch friedlich in Deutschland und arbeitete bei einem Bauern. Wir hatten noch unser gemütliches Heim, alles schien noch in bester Ordnung. Man versuchte zivilisiert und kultiviert zu leben, bis dann am 22. Oktober die Deportation kam. Wenn ich so in diesem gottverlassenen Nest sitze und an das Verflossene denke, wird einem ganz wehmütig. Nur eine Hoffnung hege ich noch, daß der Krieg nicht mehr allzu lang dauern wird, und dann eine Rückkehr nach Deutschland möglich ist. Jedoch wird noch mancher Schweißtropfen bis dahin verloren gehen. Ich bitte Gott immer nur um eines: wieder im eigenen Heim mit Eltern und Bruder zusammen zu sein. Arbeiten und nicht verzweifeln muß bis dahin mein Wahlspruch sein. (1. Oktober 1941)

besonderen Identifikation der Juden mit der Gesamtheit der deutschen Nationalkultur, der Bildungstradition, der Landschaft, der deutschen Sprache. Kann man sich tiefer einlassen auf ein Land, seine Menschen, seine Kultur als Alfred Mombert?«

226 Himmelheber 1993, S. 135 f.

227 Brief vom 30. Oktober 1940 in Ludwig 1965, S. 20–22; diese Briefstelle weist möglicherweise auf das Gedicht ›Aufbruch und Entwanderung‹ hin (a.a.O., S. 23 f.).

Heute sind es schon 4 Wochen, daß wir Abschied von Gurs und einer 11monatigen Internierung nahmen. Ich will ein wenig die Eindrücke jenes Abfahrtstages zurückrufen.

Morgens um 5 Uhr stehen wir fertig zur Revision in der großen Garage in Gurs. Abschied von meiner Mutter hatte ich schon abends vorher genommen – Abschied, der sehr schmerzlich war, denn ich liebe und verehre meine Mutter über alles. Mein Vater war mit mir, bis die Lastwagen im Dunkel des kalten Frühmorgens verschwanden. Doch das Bild meiner Eltern steht in meinem Herzen tief eingegraben. Ich glaube, für sie war der Abschied noch härter. Aber die Hoffnung des Wiedersehens und Wiederbeisammenseins trägt und erfüllt mich mit dem Glauben an eine bessere Zukunft. Wie jagt die Zeit und wie schnell geht alles vorüber. Bald wird auch der Winter wieder um sein; der zweite im fremden Lande und unter fremdem Dach. Doch hoffen wir auf eine baldige gute und friedliche Zukunft. (11. Oktober 1941)

Den ganzen Tag schweifen meine Gedanken zurück an die Heimat. Ein Jahr ist um. Ein Jahr der Erfahrung, Bitterkeit, aber manchmal auch froher Stunden. Ein Jahr schon, daß wir hinausgestoßen wurden, hinweg von Heim und Hof. Warum? Weil man Jude ist! Unverständliches Argument! Was wird das zweite Jahr bringen?

Rückkehr, Auswanderung oder trauriges Weitervegetieren hier in Frankreich? Wird es ein glückliches Wiederbeisammensein mit den Eltern bringen? Wer weiß? Doch wenn dir das Herz auch bricht, zeig ein lachendes Gesicht! So will auch ich mutig in die Zukunft schauen und hoffen. (22. Oktober 1941)

Am 11. haben Deutschland und Italien an USA den Krieg erklärt. USA hat den Botschafter in Vichy abberufen. Damit ist wohl unsere Auswanderung nach USA beendet und es heißt warten, warten. (12. Dezember 1941)

Ich bekam soeben eine Depesche von Crest, daß ich mich sofort reisefertig ausgerüstet dort stellen muß. Meine hiesigen jüdischen Kameraden müssen alle auch mit. Ich werde meinen Handkoffer mitnehmen und lasse meine Kiste mit dem Foto-Album, Briefen usw. hier, ebenso meine restlichen Kleider.

Ja, liebe Eltern, jetzt heißt es scheiden, ohne daß wir uns wiedergesehen hatten. Verliert nicht den Mut. Ich werde mich aufrechthalten und sehen, daß ich gut durchkomme. Wenn Gott will, werden wir uns einmal im Frieden wiedersehen (...) Morgen werde ich ins Ungewisse fahren. (20. August 1942)«[228]

Auch Hermann Durlacher, dessen Name mit der jüdischen Schule in Heidelberg untrennbar verbunden ist und der sie bis zuletzt weitergeführt hat, wurde von Gurs, nach einem Zwischenaufenthalt im Internierungslager Les Milles in Südfrankreich, im August 1942 nach Auschwitz deportiert, wo er umkam.[229] Zwei neuaufgefundene Briefe von ihm und seiner Frau Marta, die ebenfalls in Gurs interniert war und dann 1942 auch nach Osten verschleppt wurde, an ihren noch im Jahre 1939 nach England (und anschließend anscheinend nach Kanada) emigrierten Sohn Walter belegen deren Anstrengungen, ihre Auswanderung doch noch zustande zu bringen. Hermann Durlacher schilderte in einem Schreiben vom

228 Ludwig 1965, Tagebuch-Auszüge, S. 26–36, letzte Briefe S. 39 f.
229 Vgl. auch Weckbecker 1985, S. 94.

18. Dezember 1940 die Zustände im Lager Gurs eher zurückhaltend, vielleicht um die Söhne (auch sein jüngerer Sohn Ludwig = »Lutz« war seit längerem im englischen Exil) nicht allzu sehr zu beunruhigen. Frau Durlacher beschrieb dann in ihrem Brief an Walter Durlacher fast ein Jahr später (am 10. November 1941) in ihrer Verzweiflung über die Ausweglosigkeit der Lage die erschütternde Wirklichkeit des immer deutlicher erkennbaren Holocaust. Denn sie stand auch unter dem Eindruck der Nachrichten von den ersten Deportationen von Prager Juden nach Polen, wovon ihre engsten Angehörigen betroffen waren.[230] Die Anspielung in beiden Briefen auf »Münze« meint Münzenheim im Kraichgau, den Heimatort Hermann Durlachers, wo sein Vater zurückgeblieben war, weil er beim Deportationstermin transportunfähig gewesen war.

»Mein lieber Junge! Camp de Gurs, 18. 12. 1940

Am gestrigen Tage erhielt ich Deinen Brief vom 15. August, der nach den verschiedensten Irrfahrten (über das Rote Kreuz Holland nach Heidelberg, nach Genf, endlich hierher) bei mir und heute bei der Mama eintraf. Darüber herrschte bei uns große Freude. War es doch seit April das erste Lebenszeichen von Dir. Anfang September hat nur Onkel Hugo geschrieben, daß Du in Canada seist. Unsere Freude wäre aber noch größer gewesen, wenn wir endlich auch von Lutz etwas hören könnten. Mußtest Du ihn damals bei Deiner Internierung im Stiche lassen? Konntest Du es nicht fertigbringen, mit ihm zusammenzubleiben? Er kam – wie ich hörte – von Herrn Klugmann weg. Weißt Du wohin? Ich will den Versuch von hier aus machen, ihn zu erreichen. Auch Du kannst von dort das Gleiche tun, indem Du an die frühere Adresse oder das englische Rote Kreuz (Red Cross) oder an das German Jewish Aid Committee Bloomsbury House, Bloomsbury Street, London WC 1 schreibst. Hoffentlich ist er und auch Tante Anny wohlauf.

Nun von Dir. In der langen Zwischenzeit von der Absendung des Briefes bis heute wird ja nun die Arbeit für Dich eingesetzt haben. Was treibst Du denn? Halte Dich recht tapfer und bleibe stark. Uns ist Schlimmes geschehen! Ganz unerwartet wurden wir früh morgens aufgefordert, das Nötigste an Kleidern und Wäsche zu packen. Dann wurden wir – Männer und Frauen und Kinder – abtransportiert. Nach drei Tagen langten wir an unserem Ziele an. So sitzen wir hier am Fuße der Pyrenäen, nicht weit weg von Spanien und nicht weit weg vom Golf von Biskaya, der ja zum Atlantischen Ozean gehört. Die Unterkunft, Verpflegung und sonstiges läßt manche Wünsche offen, da dieses Land unter dem Kriege sehr gelitten hat. Die Behandlung durch die französischen Behörden ist die denkbar beste. Wir arbeiten nur das, was für uns nötig ist (Küche, Holz holen und dergleichen). Ich bereite eine Jugendgruppe gerade für eine Chanukkafeier vor, übrigens ohne jedes Buch! Die Mama ist in der Frauenabteilung. Ich sehe sie von Zeit zu Zeit. Wir schreiben uns oft. Bis heute blieb sie auch gesund.

Im Sommer war ich in Münze, wo wir – auch die Mama und der Großvater – die Ernte sehr schön heimholten. Auch die Feiertage verliefen sehr schön, und ganz unerwartet setzte am 22. Oktober das Unglück ein. Großvater war krank und darum nicht transportfähig. Ob er noch kommt, weiß ich nicht. Tante Hedwig brauchte wegen ihrer Ehe nicht fort. Wie es weitergeht, wissen wir nicht. Wir möchten alle

230 Benz 1991, S. 361.

bald zur Auswanderung kommen. Schreibe oft, auch nach Münze oder an Oskar nach Mettingen (Württemberg), Lerchenbergstr. 31. Bleibe gesund und empfange von Mama und mir herzliche Grüße und Küsse.

Dein Papa Camp de Gurs, Îlot D, 13; Basses Pyrénées, France

P. S. An Onkel Hugo schreibe auch, er soll alles unternehmen, daß wir hier fortkommen.«

»Innigstgeliebtes Kind, mein Herzensjunge Gurs, 10. 11. 1941

Der Brief, der an Papa gerichtet war und noch Ende August geschrieben ist, ist mir hierhergeschickt worden. So tue ich es auch, wenn ich von Dir direkt einen Brief erhalte, so schicke ich ihn dem Papa. Meinen Brief hast Du sicher erhalten, und dieser Brief wird sich wieder mit dem Deinen kreuzen. Ich will mit dem Schreiben nicht länger zögern; auch der Sonnenstrahl, der augenblicklich in unsere Behausung spärlich dringt, erleichtert mir das Schreiben! Es ist nicht ausgeschlossen, daß ich eine längere Pause mit dem Schreiben machen muß, nachdem es unter der jetzigen Witterung nicht möglich ist, die Feder in der Hand zu halten. Mache Dir daher keine Sorgen, wenn ich auch nicht schreiben werde. In Gedanken bin ich stets bei Dir, wie Du den Winter nur überstehen wirst, ob Du auch genügend warme Sachen hast und ob bei Dir die Lagerverhältnisse erträglich sind. Ich kann mir schon vorstellen, daß es an allem mangelt; doch Hungern und Frieren sind die schlimmsten Erscheinungen eines Krieges. Und noch will der Krieg kein Ende nehmen und wütet weiter, und die Menschen sind die Leidtragenden.

Wir dachten selbst im Winter nicht mehr hier zu sein, doch die Aussichtslosigkeit unserer Auswanderung hat alles vernichtet. Wie es hier weitergehen soll, ist mir ein Rätsel. (Groß) ist die Sorge um Papa, der allein dort ist, für sich sorgen, arbeiten muß und der sehr viel am Gewicht schon abgenommen hat. Als gewesener Lehrer ist für ihn dabei auch keine Beschäftigung vorhanden, und so lebt er tagein, tagaus nur mit der Abwechslung, daß er Sprachen treibt. Auch ich kann mich nicht so beschäftigen wie früher, man hat steife Finger und kann Stricknadeln nicht halten. Deshalb bleiben wir in den Betten und grübeln über das vergangene Leben nach. Dabei ist mir sehr schwer, an alles zu denken, an uns Vierkleeblatt, wo wir noch gar nicht ahnen konnten, daß wir alle vier auseinandergerissen werden. Du schreibst so reife Briefe, so daß ich überzeugt bin, wie schwer Du es nimmst und welche Sorge Du um uns hast. Auch die Briefe, die Du nach Prag oder Münze schreibst, bringen allen Lieben große Freude. Über Lutz führen sie Klage, aber bei dieser Schreibfaulheit läßt sich nichts machen. Uns hat er schon wieder einige Wochen nicht geschrieben, vielleicht gibst Du ihm mal einen Rippenstoß. Tante Anny soll auch einmal schreiben, wenn auch durch Hugo. Onkel Fritz ist beim Militär, wo wissen wir nicht genau, aber er schrieb schon Onkel Oskar, der es uns wieder schreibt.

Vorige Woche kam ein Brief von Münze, dort leben sie so gut es geht, haben viel Feldarbeiten, könnten den Papa gut gebrauchen, der Großvater klagt über Leiden etc.

Früher habt Ihr doch über diesen oder jenen Ausdruck gelacht, damals waren es noch schöne Zeiten für Euch beide, das werdet Ihr schon empfunden haben, das wohlhabende Vaterhaus mit allem Komfort, die schönen Erinnerungen, die durch Euere Kinderzeit damit verknüpft sind. Ich denke viel an Euch beide als kleine Kinder, dann etwas größere, an alle die Veranstaltungen und ganz besonders an die

Aufführungen, die daheim aufgeführt wurden. Du hast wenigstens einige Bilder mitgenommen, ich aber gar keine, so daß ich mich nur geistig mit Euch beschäftigen muß. Kann der Lutz kein Bildchen schicken? Bei Dir wird es nicht erlaubt sein, so wie bei uns nicht. Hier werden nur Paßbilder gemacht.

Was macht Deine Schneiderei? Wenigstens kannst Du Dir Deine Kleider in Ordnung halten. Ich fragte schon oft, was Du von den vielen Sachen gerettet hast. Bis jetzt noch keine Silbe davon. Du darfst es ruhig schreiben. Wir haben aus unserer Wohnung jeder einen Koffer gerettet, das andere ist hin. Alles möchte ich hergeben, wenn ich noch das Glück erleben sollte, einmal mit Euch beiden Jungens vereint zu sein. Und denselben Wunsch betet jeden Tag der Papa und klammert sich wirklich an die Hoffnung, es zu erleben.

Neue Sorgen sind seit einiger Zeit über uns hergefallen. Alle unsere Angehörigen aus Prag müssen die Heimat verlassen. Der Schreck war unvorstellbar. Erschüttert, ohnmächtig stehen wir gegen diese Maßnahme da. Schwere Stunden und schlaflose Nächte begleiten meine Mutter und Geschwister. Ein härteres Los hat sie nicht treffen können. Auch die Kuttenberger sollen dabei sein. Direkte Nachricht haben wir keine, (Rundfunk-)Nachrichten haben es gebracht. Es wird sicher noch lange dauern, bevor sie selber etwas schreiben können.

Nun mein lieber Junge, Du siehst, wie schwer das Leiden zu tragen ist, schon deshalb, weil es zu schwer und zu viel ist. Es ist mir nicht bewußt, für was ich so leiden muß. Die Bürde, die uns der liebe Gott auferlegt hat, ist fast nicht mehr zu tragen. Ich wollte allein das Opfer sein, nun bin ich es nicht mehr. Wenn Du etwas Direktes erfahren willst, so schreibe an Berta Zarzitzky, Waldhausergasse 4, die ist dort geblieben. Ich will auch dorthin schreiben. Der Abtransport war nach dem Osten gerichtet.

Nun genug von dem Jammern, es gibt keinen Ausweg mehr. Allein Geduld und Hoffnung muß uns ausharren lassen. Nur eine starke Natur kann es überstehen. Sally, Anny Türke sind unterwegs über Cuba. Die Eltern von Alfred Wolf sind auch bestätigt, Abfahrt noch unbestimmt. Frau Wolf ist noch hier, sie sprach mich an und erzählte von der großzügigen Art ihres Sohnes. Er will angeblich für Dich sorgen, um Dich zu befreien. Bitte nehme jedes Anerbieten von Alfred an, vorausgesetzt daß es nicht nur leere Worte sind, die fast alle Menschen faseln, wenn es sein darf, und verlasse Dich nicht auf D. Bürgen (?). Auch jede Unterstützung, die er Dir zukommen lassen will, nimm an, wenn es zu Deiner Erhaltung dienen soll.

Uns muß auch geholfen werden mit Geld oder Einzahlung nach Portugal oder Schweiz für Lebensmittelpakete, sonst können wir es hier nicht durchhalten. Papa klagt diesbezüglich, weiß nicht, wie es weitergehen soll, und deshalb bitte ich Dich, schreibe nach USA allen, sie mögen uns hier nicht vergessen. In welcher Art und Weise unseren Pragern geholfen werden soll, läßt sich noch nicht übersehen. Vielleicht erfährst Du mehr als wir, oder ich berichte Dir später von ihnen, wenn ich etwas erfahren sollte. Es tut mir leid, daß mein Brief außer unserer Gesundheit dir nichts Erfreuliches mitteilen kann, aber die Nachricht ist so schwerwiegend, daß ich Dich davon unterrichten muß, wenn ich auch annehme, daß Du es durchs Radio längst weißt. Noch dieses Jahr wird alles gesäubert, unfaßbar dieser Gedanke. Frau Iser mit ihren Jungens muß(te) auch ziehen und mit ihr Tausende.

Wie ist bei Euch die Witterung, hier sehr kalt, man kann sich weder nachts noch bei Tag schützen. Dann gibt es Perioden, wo es Tage und Nächte regnet. Schreibe mir, wie sich dort der Winter zeigt und ob dort genügend geheizt wird. Lutz wird sicher nicht frieren, denn im Hotel muß wegen Betrieb warm sein. Oder ist dieser Betrieb geschlossen? Gebe Nachricht über Lutz und Anny. Achte auf Deine Gesundheit, ziehe Dich warm an, dann bin ich beruhigt. Ich schließe meinen Brief mit tausend Küssen von Deiner sorgenden Mama.

P. S. Gerade kommt Post von Papa, außer Gesundheit, berichtet er wenig Erfreuliches. Meine Fehler bitte zu entschuldigen.«[231]

Arno Weckbecker hat folgende Bilanz der Deportation der Heidelberger Juden nach Gurs gezogen:

»Nur 94 (30,4 %) überlebten den Holocaust. 85 von ihnen konnten sich nach Flucht (in sieben Fällen nachgewiesen) bzw. Entlassung in Frankreich dem Zugriff der Gestapo entziehen (39) oder in die USA (29), die Schweiz (7) und nach England (4) sowie nach Palästina, Schweden und Kolumbien (je 1) auswandern. Viele von ihnen starben infolge von Spätauswirkungen der Haft, können also als Opfer indirekten Mordes durch das NS-Regime gelten. Ihre Zahl ist jedoch nicht mehr exakt feststellbar. Lediglich acht erlebten die Befreiung durch die Alliierten im August/September 1944 in französischen Lagern; 85, vorwiegend Angehörige der älteren Generation, waren hier umgekommen, die Mehrzahl bereits infolge der katastrophalen Verhältnisse des Winters 1940/41 in Gurs.

Von den 115 zwischen 1942 und 1944 in die Vernichtungslager des Ostens Verschleppten kam keiner lebend zurück. Einer der Heidelberger Deportierten vom 22. Oktober 1940 überstand die nationalsozialistische Judenvernichtung im KZ Buchenwald.

Mindestens 201 (65,8 %) der Heidelberger und sogar 3 183 (81,4 %) der badischen Juden, die am 22. Oktober 1940 nach Gurs deportiert worden waren, verloren unter Einwirkung des NS-Terrors ihr Leben.«[232]

An dem in Deutschland zurückgelassenen jüdischen Besitz wurde von den verschiedensten Seiten lebhaftes Interesse bekundet. Allerdings ist hier noch vieles ungeklärt. Auch in diesem Zusammenhang müssen einige Hinweise genügen. Gauleiter Wagner ordnete fast zeitgleich mit der Deportation selbst die Beschlagnahme des jüdischen Vermögens zugunsten des Landes Baden an. Die »Verwaltung und Verwertung« des Vermögens wurde daraufhin in Städten wie Heidelberg den Polizeidirektoren übertragen.[233] Notizen des Kreisleiters der Heidelberger NSDAP Seiler in seinem Diensttagebuch[234] besonders während des Monats November 1940 erlauben einen gewissen Einblick in die Betriebsamkeit, die dadurch auf lokaler Ebene ausgelöst wurde, um bei der »Teilung der Beute aus dem Judenvermögen« nicht zu kurz zu kommen:

231 Beide Briefe: GLA Ek 9989.

232 Weckbecker 1985, S. 208.

233 Sauer 1966, Bd. 2, S. 238, 249: Erlasse vom 23. Oktober bzw. 29. Oktober 1940.

234 GLA J 72 982, Spruchkammer Seiler.

»Mit dem derzeitigen Polizeidirektor, Regierungsrat Eiermann, sind auf der Kreisleitung Besprechungen wegen des zurückgelassenen Judenvermögens.« (18. November 1940)

»Immer noch sind Verhandlungen über die Teilungen der Beute aus dem Judenvermögen, jetzt vor allem zwischen der Polizei, Pg. Eiermann, und den Kliniken, Pg. Gier.« (19. November 1940)

»Das Judenvermögen macht immer noch zu schaffen, es ist schwer zu verdauen. Die NSV möchte auch etwas haben.« (21. November 1940)

»Mit der Polizeidirektion und mit Gaugeschäftsführer Rückert wird wegen des Judenvermögens wieder verhandelt.« (23. November 1940)

»Reichert gibt Bericht über die Kreisratssitzung, und [NSV-Kreisamtsleiter] Beierbach meldet, daß der ganze Judenkram zurückzugeben sei, da die Partei von dem Judenvermögen nichts übernehmen darf.« (30. November 1940)

Die Enttäuschung, die in der letzten Notiz zum Ausdruck kommt, dürfte wahrscheinlich damit zusammenhängen, daß inzwischen Himmler und Heydrich den Anspruch der Reichsregierung auf die zurückgelassenen Vermögenswerte angemeldet hatten, wodurch der direkte Zugriff lokaler Parteigliederungen wohl eingeschränkt worden ist und die »Verwertung« des jüdischen Besitzes in der Regel durch Verkauf oder öffentliche Versteigerung erfolgte.[235]

7 Die Deportationen in den Jahren 1941 bis 1945
»Auf behördliche Weisung muß ich Ihnen eröffnen, daß (...) Sie zur Teilnahme an einem (...) Abwanderungstransport bestimmt sind (...)«

Daß nach der Deportation aus Baden und der Saarpfalz die Gestapo die Führung in der ›Judenpolitik‹ nicht mehr aus der Hand geben wollte, wurde sehr schnell klargestellt. Vom November 1940 an sollten nämlich in Baden die Dienststellen der Gestapo, so auch die Außenstelle Heidelberg, jeweils für ihren Bereich eine »Juden- und Mischlingskartei« anlegen, um »eine restlose Erfassung«, also eine totale Kontrolle, der noch in Baden zurückgebliebenen Juden zu gewährleisten. Jeder Zu- und Wegzug, jeder Todesfall war jetzt dorthin zu melden. Die entsprechende Kartei, die seit Oktober 1935 die Stadt- bzw. die Kreisverwaltungen geführt hatten, wurde entbehrlich.[236]

Mit der Kennzeichnung der Opfer – ab 19. September 1941 mußten alle Juden über sechs Jahren den Judenstern tragen – und mit einem allgemeinen Auswanderungsverbot vom 24. Oktober 1941 wurden die weiteren Deportationen aus dem Reich gewissermaßen vorbereitet. Seit Sommer 1942 führten die meisten Transporte entweder als ›Osttransporte‹ direkt nach Auschwitz oder als ›Alterstransporte‹ nach Theresienstadt. Wie im Januar 1942 auf der Wannseekonferenz

235 Sauer 1966, Bd. 2, S. 250–256: Verordnungen vom 9. November 1940 bzw. 25. März 1941; Toury 1986, S. 449 f.

236 S. S. 509 f.; vgl. Sauer 1966, Bd. 2, S. 262 f.

beschlossen, schuf man zugleich mit den Vernichtungslagern zu ihrer Tarnung das ›Vorzugslager‹ Theresienstadt. Obwohl auch von da sehr viele Juden in Vernichtungslager weitertransportiert wurden, war doch die Wahrscheinlichkeit zu überleben in Theresienstadt höher als in anderen Konzentrationslagern.

Auch die Methode bei den Verschleppungen wurde verändert und auf diabolische Weise perfektioniert. Sie erfolgten nicht mehr überfallartig wie noch im Oktober 1940, sondern die Gestapo bezog die jüdischen Organisationen und ihre Führungen zwangsweise mit ein, weil sich so eine Fassade von Ruhe und Ordnung leichter aufrechterhalten und offene Gewaltanwendung beschränken ließ. Da in Heidelberg, wie geschildert, der Gemeindevorsteher und der Synagogenrat bereits deportiert worden waren, hatte gewissermaßen als Nachfolger jetzt Rechtsanwalt Arthur Strauß, vergleichbar mit den Judenräten in den polnischen Ghettos, zwei unvereinbare Aufgaben zu erfüllen.[237] Er mußte möglichst die Interessen und die »kümmerlichen Rechte« der verbliebenen Juden gegenüber der Gestapo zu wahren versuchen, wofür er sich in enger Zusammenarbeit mit Pfarrer Maas und dessen Mitarbeiterinnen Marie Baum und Marie Clauss einsetzte. Andererseits mußte er die Befehle der Gestapo den Betroffenen bekanntgeben, wozu – das belegt der folgende Text vom Januar 1944[238] – auch Deportationsverfügungen gehörten:

»Heidelberg, den 9. 1. 44.

Auf behördliche Weisung muss ich Ihnen eröffnen, dass Sie zur Teilnahme an einem am Montag, den 10. Januar 1944 abgehenden Abwanderungstransport nach Theresienstadt bestimmt sind.

Ich bitte Sie, die nachstehenden Anweisungen genau durchzulesen und die Vorbereitungen für Ihre Abreise schleunigst zu treffen. Wie mir die Behörde versichert, sind alle Befreiungsgesuche zwecklos.

Sie müssen am 10. Januar sich in Ihrer Wohnung ab 10 Uhr Vormittags abreisebereit halten.

Im Einzelnen bemerke ich:

237 S. S. 119f.; Dr. Arthur Strauß, verheiratet in ›Mischehe‹, vom 10. November bis 23. Dezember 1938 im KZ Dachau, vom 6. März 1939 bis 9. Januar 1940 im Gefängnis Mannheim, lebte vor und nach 1945 in Heidelberg; ab dem 18. April 1945 von der amerikanischen Militärregierung eingesetzt als Abteilungsvorstand, später Oberregierungsrat im Finanzamt Heidelberg zur Verwaltung des jüdischen Vermögens; 1953 Bundesverdienstkreuz – aus der Begründung der Oberfinanzdirektion: »Die Dr. Strauß gestellte Aufgabe der Verwaltung des jüdischen Vermögens und der Auseinandersetzung mit den früheren Eigentümern war angesichts des Mißtrauens und der Feindschaft, denen sich der neue deutsche Staat nach dem Kriege gegenübersah, besonders schwierig. Er hat sein Amt als Mittelstelle zwischen den früheren jüdischen Eigentümern der fraglichen Vermögen und der Staatsverwaltung aufgefaßt und es aufs beste ausgeübt« (GLA Ek 5951; 508 Zug. 1990/2 Nr. 775). Vgl. auch Ruperto Carola 7. Jg. H. 17 (1955), S. 14 sowie Baum, Marie: Vergessene und Unvergessene aus der Stadt Heidelberg. In: Maas 1952, S. 100. Zu den genauen Abläufen bei der Karlsruher Bezirksstelle der Reichsvereinigung unter Karl Eisemann vgl. Werner 1988, S. 384ff. Zur Problematik allgemein z. B. Richarz 1982, S. 62f.

238 Nachlaß Dora Busch, Heidelberg.

Jeder Teilnehmer hat am Tage der Abreise eine Fahrkarte 3. Klasse Personenzug nach Karlsruhe bereitzuhalten. Diese Fahrkarte bitte sofort lösen zu wollen, da bei der Abreise selbst keine Gelegenheit dazu vorhanden ist. Die Abreise erfolgt an dem genannten Tag um 13 Uhr 7 vom Hauptbahnhof, doch werden die Teilnehmer bereits erheblich früher aus ihren Wohnungen abgeholt.

Die Wohnungen der Teilnehmer, die mit Angehörigen zusammenwohnen, werden diesen in der bisherigen Weise weiterbelassen.

Wie mir die Behörde mitteilt, ist Gewähr dafür geleistet, dass die Abwanderer in brieflicher Fühlung mit ihren hier verbleibenden Angehörigen bleiben können.

Jeder Abwanderer muss den Betrag von RM. 50,– in Zahlungsmitteln mitnehmen. Weitere Beträge mit sich zu führen, ist streng verboten.

Die Kennkarte muss jeder Abwanderer mit sich führen.

Die zur Zeit geltenden Lebensmittelkarten, die Kleiderkarte, Militärpapiere, Arbeitsbuch, Angestellten- und Invalidenversicherungskarten sind in einem Umschlag unterzubringen, mit der Anschrift zu versehen und dem abholenden Beamten unaufgefordert auszuhändigen.

Es wird dringend empfohlen, sich von Angehörigen nach Karlsruhe begleiten zu lassen, die den oben genannten Personenzug nach Karlsruhe benützen können.

Das angeschlossene Vermögensverzeichnis ist genauestens auszufüllen und zwar auch von den Personen, bei denen die zurückbleibenden Angehörigen die bisherige Wohnung behalten. Ich verweise insbesondere auf den Vermerk auf der ersten Seite (links oben) des Verzeichnisses, wonach der Erklärung die sich auf das Vermögen beziehende Urkunden z. B. Wertpapiere, Sparkassenbücher, Versicherungsscheine u. s. w. dem Verzeichnis anzuschließen sind.

Falls die Vermögenserklärung nicht vorher bei Ihnen abgeholt wird, muss sie dem abholenden Beamten übergeben werden.

Jeder Teilnehmer hat sich mit Verpflegung für 2 Tage zu versehen.

Mitzunehmende Gegenstände:

Zugelassen sind die Mitnahme eines Koffers oder Rucksackes mit Wäsche, Kleidung und Ausrüstungsgegenständen und zwar in der Grösse, wie sie der Abwanderer selbst tragen kann. Grösseres Gepäck muss zurückgewiesen werden. Neben Kleidern und Wäsche kommt die Mitnahme von Wolldecken, Bettzeug und etwas Bettwäsche in Frage, aber immer nur in dem Umfang, wie dies der Teilnehmer selbst tragen kann.

Von der Mitnahme ausgeschlossen: jede Art von Schmuck, mit Ausnahme des Eheringes, ebenso Gold, Silber und Platin.

Dringend nötig ist ein Essgeschirr und Essbesteck.

Alle Gepäckstücke müssen in dauerhafter Form den Namen und den bisherigen Wohnort des Eigentümers tragen.

Für die Unterbringung der Verpflegung wird ein umhängbarer Brotbeutel dringend empfohlen.

Es wird eindringlich davor gewarnt, irgendwelche verbotene Gegenstände mitzunehmen bzw. zu verbergen, da mit einer gründlichen Untersuchung des Gepäckes und der Personen bestimmt zu rechnen ist.

Ich weise noch einmal darauf hin, dass Sie Montag, den 10. 1. 44, unbedingt pünktlich um 10 Uhr vormittags vollständig reisefertig sein müssen, sonst müsste das nicht ordnungsmässig vorbereitete Gepäck hier verbleiben. Arthur Israel Strauß

Merkblatt für mitzunehmende Gegenstände.

Allgemeines:

Handtücher, kleine Proviantsäckchen (zugl[eich] als Geschirrtücher verwendbar), Toilettenartikel, Reservebrille, Bleistift, Füllhalter, Brustbeutel, Schuhbänder, Medikamente, soweit sie nicht rezeptpflichtig sind. Diese sind auf den persönlichen Gebrauch einzustellen.

Werkzeug, Notizbuch, Stopf- und Nähgarn, Knöpfe, Nadeln. Watte und Verbandzeug. Essgeschirr, Becher, Feldflasche, Schnur, Riemen, Schuhputzzeug, Kerzen.

Kleidung:

Sommer- und Winterkleidung, Schürze, Überschuhe, Kopf- und Halstücher.

Rasierapparat, jedoch ohne Klingen, Seife. Hosenträger und Ersatzteile.

Proviant:

Zwieback, Knäckebrot, Zucker, Sacharin, Salz, Hartwurst, Blechdose mit Fett, Marmelade, Graupen, Suppenwürfel.

Nährpräparate:

Traubenzucker, Biomalz Promonta.«

Bei der letzten Verschleppungsaktion aus Heidelberg im Februar 1945 – ebenfalls nach Theresienstadt – wurde der Befehl zum Abtransport dann wieder direkt von der Gestapo bzw. der Sicherheitspolizei[239] zugestellt:

»Der Kommandeur der Sicherheitspolizei — Heidelberg, den 7. Februar 1945
für Baden und Elsass
Aussenstelle Heidelberg IV

An
Elise Sarah Kaufmann, geb. Schoenflies
Heidelberg
Karlsruherstr. 56

Betr.: Geschlossener Arbeitseinsatz.

Sie haben sich am Dienstag, dem 13. Februar 1945, 15.00 Uhr zum Abtransport für den geschlossenen Arbeitseinsatz in Heidelberg, Rohrbacherstr. 15 (Haus der Deutschen Arbeitsfront) Vortragssaal einzufinden. Lebensmittel sind für etwa 5 Tage mitzubringen. Aus den Lebensmittelkarten kann daher etwas vorgegriffen werden. Die restlichen Abschnitte der Lebensmittelkarten sowie die Kennkarte sind zu oben angeführtem Termin mitzubringen.

Gepäck darf in üblichem Umfange mitgenommen werden und Bargeld nach Belieben.

Die Nichtbefolgung der angeordneten Massnahme wird mit der Einweisung in ein Konzentrationslager geahndet.

(gez.) Scheuermann«

Das Leben der verbliebenen Juden war unter den gegebenen Umständen nur noch ein Leben auf Abruf. Die Angst, zum nächsten Transport aufgerufen zu werden, beherrschte jeden Augenblick. Ihre Situation war verzweifelt und fast

239 GLA Ek 2646.

ausweglos. Es blieb den Betroffenen nur noch die Illegalität oder Selbstmord oder der Versuch, – wider alles Erwarten – »eine Ausnahme zu erwirken«.

Illegalität bedeutete Untertauchen, ein Leben unter schwierigsten Bedingungen mit neuer Identität, und war nur den Jüngeren und Widerstandsfähigen möglich. Es wird geschätzt, daß reichsweit bis zu 10000 Juden diesen Weg gegangen sind, von denen weniger als ein Drittel überlebte. Die Älteren sahen im Moment des Aufrufs zum Abtransport oft keine andere Ausflucht als den Selbstmord – Selbstmord gleichsam als einen letzten Akt der Selbstbestimmung. Marie Baum erwähnte für Heidelberg allein sieben Fälle, darunter Violetta von Waldberg, die sich am 10. April 1942 das Leben nahm.[240] Im Sterbebuch des Heidelberger Standesamts ist vermerkt: »Selbsttötung durch Einnahme von Veronal.« Der Germanist Max von Waldberg war bereits 1938 gestorben und im übrigen der Doktorvater Joseph Goebbels' gewesen. Am 8. April 1942 hatte sich der frühere Fabrikbesitzer Hermann Rosenfeld durch »Einnahme von Morphiumpulver« getötet. Das Ziel dieses Transportes, der von Stuttgart aus abging, ist das ›Generalgouvernement‹, also die Lager in Polen gewesen.

Um dem Abtransport dann im August desselben Jahres zu entgehen, nahm sich Anna Traumann am 21. August 1942 das Leben (vermerkt ist »Schlafmittelvergiftung«). In ihren Händen, so berichteten Frau Baum und Frau Clauss,[241] fand man einen Zettel mit Worten des Dankes an ihre Freunde, endend mit »Ich sterbe ohne Bitterkeit«. Am 24. August 1942 machte Leontine Goldschmidt, geborene von Portheim, Witwe des bekannten Mineralogen und Mitbegründerin der Portheim-Stiftung, im Alter von 80 Jahren ihrem Leben ein Ende (»Freitod durch Einnahme von Schlaftabletten«), nachdem sie, wie Marie Baum mitgeteilt hat, lange geschwankt habe, ob sie die Fahrt nach Theresienstadt antreten solle, weil zwei ihrer Brüder sich vielleicht noch dort befanden. Freunde hätten vorher vieles versucht, die Verschleppung abzuwenden, eben »eine Ausnahme zu erwirken«. Selbst Nazis seien daran beteiligt gewesen, berichtete Karl Jaspers; doch ohne Erfolg. Es spricht viel dafür, daß der Tod von Frau Goldschmidt das Ehepaar Jaspers in besonderer Weise getroffen und in ihrer Sicht bestärkt hat, in hoffnungsloser Lage könne die Menschenwürde nur durch die Bereitschaft zum Selbstmord gewahrt werden.[242]

240 Maas 1952, S. 100, 104; zu den Transportzielen und -terminen vgl. Weckbecker 1985, S. 210f.

241 Maas 1952, S. 90, 103.

242 S. S. 527; vgl. Jaspers 1967, S. 36, 161: in der Tagebuch-Notiz vom 28. August 1942, also wenige Tage nach Frau Goldschmidts Tod, heißt es: »Manche sprechen von Theresienstadt. Es sei doch möglich, dort zu leben. Es ist eine Verführung in diesem Sprechen: doch im Dasein zu bleiben. Aber: Eine Deportation ist so gut wie eine Hinrichtung: Das Leben dort ist das im Gefängnis eines Konzentrationslagers. Vor allem aber: Was darf Vertrauen haben zu solchem ›Altersheim‹? Keine Nachricht kommt von da. Post ist ›vorläufig‹ verboten. Man ist völlig preisgegeben. Daher ist es menschenwürdig und erlaubt, in hoffnungsloser Lage dem Todesurteil zuvorzukommen. Gott will nicht jedes Elend: Er bringt den Menschen in Situationen, wo dieser durch eigene Aktivität abbrechen soll, damit er nicht in einem Leben absoluter

Gleichzeitig war auch Karl Jaspers bemüht, sowohl über Kreisleiter Seiler als auch über den Heidelberger Universitätsrektor und badischen Staatsminister Paul Schmitthenner in Erfahrung zu bringen, ob eine akute Gefährdung für die Partner von Mischehen bestünde, um gegebenenfalls einen Aufschub oder eine Ausnahme zu erreichen. Seiler nutzte anscheinend seine Kontakte zur örtlichen Gestapo und zu Gauleiter Wagner, der in Einzelfällen vielleicht tatsächlich beim Reichssicherheitshauptamt in Berlin nachfragte. Schmitthenner wandte sich über den früheren Heidelberger Studentenführer und damaligen Gauleiter in Salzburg, Gustav Adolf Scheel, später auch direkt an das Reichssicherheitshauptamt.[243]

Auch Frau von Künßberg, Witwe des ein Jahr zuvor verstorbenen Rechtshistorikers, war für den erwähnten Transport vom April 1942 nach Polen vorgesehen, fand aber im entscheidenden Moment tatkräftige Fürsprecher unter den Kollegen ihres Mannes, nämlich die Professoren Eugen Ulmer und Karl Engisch, die ebenfalls eine Verbindung zu Schmitthenner und zu Scheel herstellen konnten. Letzterer hat nach der Darstellung Katharina von Künßbergs bei der Gestapo-Leitstelle in Karlsruhe interveniert »und nach bangen zehn Tagen – Fräulein Clauss, die gute, hatte mir das nötige Medikament gegeben und Pfarrer Maas einen letzten Segen – kam doch die Erlösung«. Frau von Künßberg blieb verschont. In bezug auf die folgenden Jahre bis zum Zusammenbruch des Regimes ergänzte sie noch: »Bald danach gelang es dem Zellenleiter Schaeffner, meinen Namen von der Heidelberger Gestapo-Liste verschwinden zu lassen. So wurde ich bei späteren Transporten vergessen. Als mich im Januar 1945 die Gestapo in Karlsruhe wieder suchte, war ich gewarnt, wurde versteckt und konnte flüchten, bis die amerikanischen Truppen einrückten.«[244]

Das Beispiel der Frau von Künßberg zeigte, daß unter günstigen Umständen auch Anfang der 40er Jahre das Prestige der Universität im NS-Regime noch wirksam eingesetzt werden konnte. Insofern gehörten Juden im Umkreis der Universität – so stellte es sich jedenfalls für Marie Baum dar – zu »einer verhältnismäßig begünstigten Schicht«: Das Schicksal der außerhalb der Universität stehenden Betroffenen sei noch weit härter gewesen.[245] Wie es scheint, ließ sich in Heidelberg auf anderen Wegen, wiederum unter günstigen Umständen, höchstens einmal oder zweimal ein Aufschub erreichen, die Deportation letztlich aber meist nicht abwenden.

Ohnmacht zur Würdelosigkeit in der Qual versinken müsse. Es gibt diese Grenze, wo Selbstmord kein eigentlicher Selbstmord mehr ist.«

243 Vgl. Seilers ›Eidesstattliche Erklärung‹ vom 7. März 1949 (GLA 465 a Ztr.Spr.k. Sv/99); Leonhard, Joachim-Felix: Karl Jaspers in seiner Heidelberger Zeit. Heidelberg 1983, S. 122 f.

244 Katharina von Künßberg an Gustav Radbruch vom 25. Februar 1946; Schreiben Frau von Künßbergs vom 11. März 1946 (GLA 465 a 59/3/5521). Vgl. auch Klauser, Renate: In memoriam Eberhard Freiherr von Kuenßberg. In: Ruperto Carola 13. Jg. H. 29 (1961), S. 98 f.

245 Maas 1952, S. 99.

Oben ist schon darauf hingewiesen worden,[246] daß der Schauspieler Otto Rubens, der nach der Scheidung von seiner nicht-jüdischen Frau nicht mehr abgesichert war, zwar mit Hilfe u. a. von Pfarrer Alfons Beil eine Zeitlang hatte untertauchen und so die Deportation nach Gurs hatte umgehen können, aber dann mit dem nächsten Transport – am 26. April 1942 von Stuttgart aus nach Lublin und in das Konzentrationslager Majdanek – weggebracht wurde. Dort ist er wenige Monate später umgekommen.

Liese Hachenburg, die Tochter des prominenten Mannheimer Rechtsanwalts Max Hachenburg, hatte in Heidelberg Anschluß an einen kleinen Kreis von Frauen gefunden, zu denen auch Marie Baum und insbesondere die Ärztin Marie Clauss gehörten. Diese schilderte in einem einfühlsamen Nachruf den Weg der kränklichen und immer pflegebedürftigen Frau zum Christentum.[247] Am 27. Januar 1935 wurde sie von Pfarrer Maas in der Heiliggeistkirche getauft, was wiederum der Gestapo nicht entging und das Kultusministerium später gegen Maas verwendete.[248] Abendmahlsfeiern, zu denen er in ihr Krankenzimmer kam und die Freundinnen sich um sie versammelten, wurden Höhepunkte ihres Lebens. Ihrem Vater, der eine Zeitlang mit der Tochter zusammen in der Pension Lange in der Kuno-Fischer-Straße 2 gewohnt hatte, und ihren anderen Angehörigen gelang es nach dem November-Pogrom 1938 und der anschließenden KZ-Haft in Dachau noch zu emigrieren. Liese Hachenburg blieb zurück, ohne ihnen die Auswanderung schwer zu machen. Trotz der zunehmenden Gefährdung sah sie sich als »einen Menschen, der seinen Weg gefunden hat«. Wohl mit dem dringenden Hinweis, daß sie wegen ihres Gesundheitszustandes nicht transportfähig sei, gelang es Pfarrer Maas und seinen Mitarbeiterinnen am 22. Oktober 1940 bei der Deportation nach Gurs, Liese Hachenburg freizubekommen. Als im November 1942 erneut der Befehl kam, sich für den Abtransport bereitzumachen, gelang es ein weiteres Mal, die Deportation zu vermeiden. Marie Clauss hat nicht dargelegt, wen man zu der hilfreichen Intervention hatte bewegen können. Als schließlich Ende Februar 1943 der unwiderrufliche Befehl sie in einem der ›Judenhäuser‹, in der Häusserstraße 4, erreichte, wollte Liese Hachenburg bewußt – wie Marie Clauss schrieb – »ihr Kreuz auf sich nehmen« und lehnte Selbstmord als Ausweg ab. Am 3. März 1943 verabschiedete sie sich in Heidelberg und bestieg in Frankfurt den Deportationszug nach Auschwitz, wo sie in den Gaskammern den Tod fand. Marie Clauss schloß den Nachruf mit den Worten:

> »Sie, die Zarte, Schwächliche, die den Aufgaben des Alltags nicht gewachsen war, dem großen Opfer war sie gewachsen. Denn sie ist ihren Weg gegangen aus der Freiheit ihrer frommen Seele heraus.«[249]

Dora Busch, die Tochter des berühmten Rechtsgelehrten Georg Jellinek, war als Kriegerwitwe – ihr Mann war 1915 an der Ostfront gefallen – nach der

246 S. S. 532.
247 Maas 1952, S. 90–97; zu Max Hachenburg s. S. 451.
248 Keller 1986, S. 62.
249 Maas 1952, S. 96.

wahnhaften Logik der Verfolger auch nicht mehr gegen eine Deportation abgesichert. Seit ihrer Entlassung als Lehramtsassessorin im Jahre 1933[250] bestritt sie den Lebensunterhalt für sich und ihre beiden Töchter mit einem geringen »Unterstützungsgehalt« des Kultusministeriums, vor allem aber mit Privatstunden und Schreibarbeiten. Ihr Bruder, der Jurist Professor Walter Jellinek, hatte den fast aussichtslosen und verzweifelten Versuch unternommen, die Familie dadurch vor Unheil zu bewahren, daß er in einem Antrag an das Reichsinnenministerium die israelitische Religionszugehörigkeit der Vorfahren zwar einräumte, jedoch die rassische Zuordnung zum Judentum mit familiengeschichtlichen Belegen in Abrede stellte. Die Nachprüfung im Ministerium zog sich über Jahre hin. So blieb die Familie jedenfalls von der Deportation nach Gurs verschont. Erst mit Erlaß vom 2. April 1941 wurde jener Antrag zurückgewiesen und Dora Busch und die Familie Jellinek dazu verpflichtet, die Zwangsnamen ›Sara‹ und ›Israel‹ zu tragen, wovon man sie zunächst ausgenommen hatte.

Anfang des Jahres 1944 erreichte Dora Busch dann das Schreiben des Vertreters der in Heidelberg verbliebenen Juden, des Rechtsanwalts Arthur Strauß, der ihr auf Weisung der Gestapo mitteilte, daß sie für den am 10. Januar 1944 abgehenden »Abwanderungstransport« über Karlsruhe nach Theresienstadt bestimmt sei. Das Schreiben war eingeleitet mit dem Hinweis: »Wie mir die Behörde versichert, sind alle Befreiungsgesuche zwecklos« und enthielt weitere Details über die Abholung durch einen Beamten und über Gegenstände, die mitgenommen werden konnten bzw. zurückgelassen werden mußten.[251] In Dora Buschs Nachlaß fanden sich auch noch Teile der Korrespondenz, die sie von Theresienstadt aus mit ihren Angehörigen in Heidelberg führte und die – trotz Zensur und vorgeschriebener Knappheit – etwas von den Lebensumständen und der Versorgungslage in diesem ›privilegierten‹ Lager ahnen lassen, z. B. ein Brief an ihre jüngere Tochter Gerda vom 13. September 1944, in dem von den zum Überleben notwendigen Lebensmittelsendungen die Rede ist:

> »Teuerstes! Von jetzt ab darf mir jeder von Euch nur einmal in vier Wochen schreiben und zwar über die Reichsvereinigung der Juden, Berlin. Pakete dagegen direkt nach hier wie bisher und unbeschränkte Zahl. Frische Vegetabilien unbedingt Expressgut (Bahnhof Bauschowitz), überhaupt für Leichtverderbliches schnellste Beförderungsart (auch Briefpäckchen) wählen. Alles viel stabiler verpacken, Wellpappe ganz ungenügend. Kleine und kleinste Sendungen ähnlichen Inhalts mehr Nutzen als große gemischte (Inhalte zerstören sich gegenseitig durch Gewicht, Feuchtigkeit, Fäulnis, Gerüche). Begeistert bin ich über Kräftigungsmittel (auch ölig) von Ende Juli und die in Siegfrieds Mütze weich verpackten Sächelchen! Frohen Dank für Karte 28 und Irmgards Karte. Dankbare Grüße an alle.
> Herzinnigst Mutter.«

Nach der Befreiung von Theresienstadt konnte Dora Busch am 21. Juni 1945 nach Heidelberg zurückkehren. Sie trat im Jahre 1946 als Studienrätin wieder in

250 S. S. 491 f. zum folgenden, vgl. GLA 235, PA Dora Busch bzw. Nachlaß Dora Busch, Heidelberg.
251 S. S. 541 f.

den Schuldienst ein, wurde aber schon 1948 aus gesundheitlichen Gründen in den Ruhestand versetzt.

Kurz vor dem Zusammenbruch des Regimes, im Februar 1945, wurde der antisemitische Terror noch einmal ausgeweitet: Man begann jetzt, jüdische Ehepartner aus Mischehen zu deportieren. Die Betroffenen hatten sich am 13. Februar 1945 im ›Haus der deutschen Arbeitsfront‹, Rohrbacher Straße 15, einzufinden. Es war der letzte Transport, der tatsächlich noch durchgeführt wurde. Sein Zielort war wieder Theresienstadt.

Als diese Aktion, die die Heidelberger Außenstelle der Sicherheitspolizei am 7. Februar 1945 mit einem schriftlichen Befehl »zum Abtransport für den geschlossenen Arbeitseinsatz« einleitete, bekannt wurde, löste sie unter den Interessierten und Hilfsbereiten in Heidelberg besonders starke Empörung und anscheinend noch intensivere Aktivität als bisher aus, Mittel und Wege zu finden, um die Zahl der Deportationen zu reduzieren. Marie Baum berichtete davon:[252]

> »(...) die Roheit der Auswahl erstreckte sich sogar auf Mütter mit kleinen Kindern, von denen eine den bitteren Weg nach Theresienstadt wirklich hat antreten müssen, während von den 31 auf der Liste Stehenden doch wenigstens 9 auf ärztliches Zeugnis hin oder durch zeitweiliges ›Untertauchen‹ dem Transport entzogen wurden.«

Wie es scheint, fanden Hermann Maas und seine Mitarbeiterinnen zu diesem Zeitpunkt in einzelnen Fällen auch Helfer, die in den Jahren zuvor noch nicht ansprechbar gewesen waren und jetzt wohl auch die Niederlage des Regimes in ihr Kalkül einbezogen.

Herta Flamme,[253] die jüdische Ehefrau des bereits Anfang 1944 in ein Zwangsarbeitslager eingewiesenen Kunstmalers Dietrich Flamme, stand beispielsweise auf jener Liste. Weil sie in diesen Monaten mit ihren drei Kindern kaum das Nötigste zum Leben hatte, war sie von Hermann Maas und weiteren Freunden unterstützt worden. Als der Deportationsbefehl sie dann im Februar 1945 erreichte, der auch die Trennung von ihren Kindern bedeutet hätte, erlitt sie einen Nervenzusammenbruch. Oberbürgermeister Neinhaus wie auch Kreisleiter Seiler berichteten im Zusammenhang ihrer Spruchkammer-Verfahren, daß Frau Flamme sie um Hilfe gebeten habe, und beide gaben an, daß sie sich für sie eingesetzt hätten. Dem Oberbürgermeister war die Familie Flamme seit der Inhaftierung von Dietrich Flamme nach dem November-Pogrom 1938[254] bekannt. Damals hatte sich Neinhaus erfolgreich um die Freilassung Flammes bemüht. Im Hinblick auf die Deportationen ist es im übrigen der einzige Fall einer Intervention seinerseits, den Neinhaus in seinem Rechtfertigungsschriftsatz erwähnte. Wahrscheinlich hat Hermann Maas von dieser Bemühung des Oberbürgermeisters um Frau Flamme erfahren; und es mag für ihn ein entscheidender Grund gewesen sein, dann im

252 Maas 1952, S. 100.

253 GLA, Ek 6133; Spruchkammer Neinhaus 59/1/13754 Schriftsatz Dr. C. Neinhaus S. 35; Spruchkammer Seiler J/72/782 Spruch vom 5. Oktober 1948, S. 3.

254 Gespräch mit Michael Flamme, Stuttgart, am 29. Oktober 1995.

April 1945, als Neinhaus nun seinerseits von der Besatzungsmacht inhaftiert worden war, eine Eingabe zu dessen Gunsten mit seiner Unterschrift zu unterstützen.[255]

Wie schon aus dem Bericht von Marie Baum hervorgeht, war, jedenfalls für diesen Transport nach Theresienstadt, ein ärztliches Attest für die Arbeitsfähigkeit von ausschlaggebender Bedeutung. Auf Anweisung der Gestapo-Außenstelle wurde dieses dann im Staatlichen Gesundheitsamt Heidelberg amtsärztlich nachgeprüft. Das ärztliche Zeugnis, das Frau Flamme für nicht arbeitsfähig erklärte, wurde nach der Erinnerung ihres Sohnes Michael vom Hausarzt ausgestellt. Möglicherweise hat Neinhaus dann noch zusätzlich zugunsten von Frau Flamme auf die beim Gesundheitsamt tätigen Ärzte Einfluß nehmen können.

Elisabeth Kaufmann-Bühler,[256] die jüdische Ehefrau des Studienrats Erich Kaufmann-Bühler, der auf Grund des GWBB 1934 in Mannheim als ›Halbjude‹ aus dem Schuldienst entlassen worden war, wurde am 13. Februar 1945 deportiert. Sie war Mutter von vier kleinen Kindern, wobei das jüngste im Juni 1944 geboren war. Ohne Zweifel spielte Marie Baum hierauf an, als sie die Roheit der Verfolger in diesem Fall besonders anprangerte. Auch hier versuchte der Hausarzt Dr. Kurt Hack in Rohrbach, die Verschleppung nach Theresienstadt zu verhindern, indem er u. a. eine chronische Venenentzündung attestierte. Darüber hinaus sprach Hack sowohl beim Rohrbacher Ortsgruppenleiter der NSDAP als auch bei Kreisleiter Seiler und bei Oberbürgermeister Neinhaus vor, ohne jedoch zu erreichen, daß einer von ihnen sich für Frau Kaufmann-Bühler verwendete.[257] Die ärztliche Untersuchung im Heidelberger Gesundheitsamt ergab: für »leichte Arbeiten verwendungsfähig«. Der betreffende Mediziner, der auf Anforderung der Gestapo die für diesen Transport ausgewählten Heidelberger Juden auf ihre Arbeits- und Deportationsfähigkeit untersucht hatte und im übrigen nach 1945 als Amtsarzt am Gesundheitsamt verblieb, erläuterte später, wie er damals mit der Verfolgungsbehörde kollaborierte: »Die Beurteilung erfolgte schriftlich in der Form einer

255 Der Historiker jüdischer Abstammung Dr. Paul Hirsch, der in Heidelberg als Privatgelehrter sehr zurückgezogen überlebt hatte, wandte sich damals, nachdem er eine ganze Reihe prominenter Heidelberger für die Petition gewonnen hatte, mit dem Ansuchen an die Militärregierung, »bei der Beurteilung des in Haft befindlichen Oberbürgermeisters Dr. Neinhaus dessen Parteizugehörigkeit nicht vorwiegend in Rechnung stellen zu wollen«; Paul Hirsch zitierte den Wortlaut aus dem Gedächtnis in einem Schreiben vom 25. September 1946, vgl. GLA Spruchkammer Neinhaus 59/1/13754; zu Paul Hirsch vgl. GLA Ek 5050 und Marie Luise Bulst: Paul Hirsch in memoriam 1883–1961 In: Ruperto Carola 13. Jg. H. 30 (1961), S. 159 f. In der Spruchkammer-Akte Neinhaus findet sich in Abschrift eine zweite Eingabe aus dieser Zeit – datiert auf den 19. April 1945 – mit dem weitergehenden Anliegen, Neinhaus, der sein Amt »unter den obwaltenden Umständen in hervorragender Weise geführt« habe, als Oberbürgermeister zu belassen; diese Initiative ging wahrscheinlich auf den Schriftsteller Richard Benz zurück und wurde ebenfalls von Hermann Maas, den Professoren Frommel und Hoepke und von Philipp Schellmann unterschrieben.

256 GLA Ek 2646.

257 Auskunft Dr. Fritz Hack und Dr. Helga Kayser geb. Hack, Heidelberg, am 30. Dezember 1993; vgl. auch Frau Kaysers Leserbrief RNZ vom 18. Dezember 1993.

Sammelliste mit Aufführung des Befundes und wurde an die anfordernde Dienststelle weitergeleitet.«[258] Frau Kaufmann-Bühler mußte in Theresienstadt trotz ihrer Krankheit im Stehen körperliche Arbeit verrichten. Bei ihrer Entlassung, die sich wegen einer Fleckfieber-Epidemie im Lager bis zum 10. Juni 1945 verzögerte, wog sie noch 40 Kilogramm.

Anfang des Jahres 1945, beim Näherrücken der Front, verstärkte sich gerade in Heidelberg der Terror v. a. gegen Soldaten, die absichtlich oder unabsichtlich den Kontakt zu ihrer Einheit verloren hatten, und dauerte buchstäblich bis fast zum letzten Tag an.[259] Andererseits ermutigte die absehbare Niederlage des Regimes Bedrohte und Verfolgte zum ›Untertauchen‹, und sie fanden jetzt auch vermehrt nicht-jüdische Helfer, die sie bei sich aufnahmen.

Frau von Künßberg war, wie oben erwähnt,[260] durch den schließlich abgewendeten Deportationsbefehl des Jahres 1942 vorgewarnt, wurde im Januar 1945, als die Gestapo wieder nach ihr suchte, versteckt und konnte fliehen, bis amerikanische Truppen der Gefährdung ein Ende setzten. Vera Martens, die Frau des Amtsrichters und späteren Oberlandesgerichtspräsidenten Wilhelm Martens, war gleichfalls Jüdin. Frau Martens, mit ihrem Ehemann in Mannheim ausgebombt und seitdem in der Uferstraße wohnend, konnte sich dem Abtransport nach Theresienstadt dadurch entziehen, daß sie Heidelberg verließ und von einem Bauern im Bodensee-Gebiet verborgen wurde.[261]

Der frühere Mannheimer Stadtsyndikus und spätere Oberbürgermeister Fritz Cahn-Garnier hinterließ seiner Frau einen fiktiven Abschiedsbrief, um die Gestapo in die Irre zu führen, wohnte rund einen Monat im damaligen Arbeiterwohnblock Atzelhof in Heidelberg-Handschuhsheim bei der sozialistisch gesinnten Familie Winteroll und entging so der Deportation. Auch Karl Herzberg, der früher in Mannheim ein Textilgeschäft besessen hatte, sollte am 14. Februar 1945 mit seinen beiden Töchtern verschleppt werden. Wilhelm Burger, ein ehemaliger Angestellter Herzbergs, vermittelte zunächst ein Versteck in Mannheim-Schönau. Als eine Tochter Herzbergs aber erkrankte und ihr Husten Nachbarn auffallen konnte, verhalf Burger zu einem neuen Versteck. Nachts führte er die Familie zu Fuß nach Ziegelhausen zu der ehemaligen Waschfrau der Herzbergs, Frieda Müller. Hier fanden sie im Obergeschoß des Hauses Unterschlupf, ebenfalls bis zur Befreiung durch die Amerikaner. Frieda Müller erhielt für ihre mutige Hilfe den israelischen Ehrentitel ›Gerechte der Völker‹.[262]

Mit außerordentlicher Entschlossenheit und Konsequenz haben schließlich drei Berliner Juden den Weg in den Untergrund als letzte Möglichkeit, der Deportation zu entgehen, gewählt. Sie suchten und fanden in der Umgebung Heidelbergs,

258 GLA Ek 2646, Schreiben vom 27. März 1953 Medizinalrat und stellvertretender Amtsarzt; Unterschrift unleserlich.

259 Vgl. Moraw, Frank: Warum der Terror bis zum letzten Tag funktionierte. RNZ vom 24. März 1995.

260 S. S. 545.

261 Schreiben Dr. Klaus Anschütz an den Verf. vom 15. August 1995.

262 Beide Fälle in Schadt, Jörg/Caroli, Michael: Mannheim im Zweiten Weltkrieg. Mannheim 1993, S. 70.

in Kleingemünd, ein sicheres Versteck, wo sie illegal und mit neuer Identität auf das Kriegsende und die Befreiung warteten.[263]

Man schätzt, daß in Berlin, wo die mit weitem Abstand größte jüdische Gemeinde lebte, 5000 Juden den Weg in die Illegalität wagten und daß davon etwa ein Drittel überlebte. Das Ehepaar Siegfried und Johanna Bieberfeld und ihre Freundin Helene Davidsohn hatten die Verwirrung gleich beim ersten schweren Luftangriff auf Berlin im August 1943 genutzt, um sich Ausweise mit neuen Namen ausstellen zu lassen, mit denen sich die jüdische Identität besser tarnen ließ. Mit Datum vom 29. September 1943 wurden die Eheleute unter dem Namen Biebinger und ihre verwitwete Freundin unter dem Namen Dalchow in die Einwohnermeldekartei Neckargemünd eingetragen. Frau Bieberfeld, die in Mannheim geboren war, kannte wohl Süddeutschland und hielt es deswegen für günstig, hier im Neckartal einen Ort zum Untertauchen zu suchen. Sie war es auch, die inzwischen bei der Familie des Eisenbahnarbeiters Ludwig Lintz und seiner Frau Luise, Bergstraße 8, in Kleingemünd eine Unterkunft gefunden hatte. Der Umgang zwischen den vorgeblich Ausgebombten und den Vermietern war mit der Zeit fast familiär. Das Thema Judentum wurde von beiden Seiten nicht angesprochen. Trotzdem waren Versteckte wie Helfer, falls ihnen die Gestapo auf die Spur gekommen wäre, ausdrücklich mit KZ-Haft bedroht. Aber dazu kam es nicht.

Dennoch nahm der Aufenthalt im Versteck für die drei Berliner Juden, wie berichtet wird,[264] noch eine dramatische Wendung:

> »Dort [in Kleingemünd] verlebte das Ehepaar mit der Freundin ein verhältnismäßig friedliches Jahr. Dann wurde Herr B. krank. Da sich die Krankheit verschlimmerte, mußten sie einen Heidelberger Arzt zuziehen und der sollte nicht bloß ein guter Arzt sein, sondern möglichst auch ein heimlicher Antinazi, der sie alle nicht verraten würde, wenn er hinter ihr Geheimnis kam.
>
> Sie hatten das große Glück, daß ihnen schließlich eine Ärztin empfohlen wurde, die genau der richtige Mensch für solch einen Fall war. Sie war die Enkelin des berühmten Philosophieprofessors Kuno Fischer von der Universität Heidelberg, dessen umfassendes Lebenswerk – eine Geschichte der Philosophie in neun Bänden – noch heute unvergessen ist. Es ist wohl nicht verwunderlich, daß die Enkelin dieses eminenten Denkers kein Verständnis aufbringen konnte für die verrückten, unverdaulichen und unwissenschaftlichen Nazidoktrinen. Sie stellte fest, daß B. Krebs hatte. Obwohl sie seiner Frau nicht die volle Wahrheit über den Zustand ihres Mannes mitteilte, beruhigte sie sie insoweit, daß sie ihn in ein Krankenhaus bringen würde, wo man ihn nichts über seine Abstammung oder Glauben fragen würde. Das aber war zunächst alles, was die armen Menschen verlangen konnten.

263 Vgl. Warschauer, Ernst: Zweimal beerdigt. Eine wahre Begebenheit. In: Mitteilungen des Verbandes ehemaliger Breslauer und Schlesier in Israel e.V. 28 (1970). Den Hinweis darauf verdankt der Verf. Frau Barbara Schieb-Samizadeh von der ›Gedenkstätte Deutscher Widerstand‹, Berlin. Vgl. auch Moraw, Frank: ›Eine grauenvolle Komödie, die gespielt werden mußte‹. RNZ vom 13. Dezember 1993, S. 29.

264 Warschauer 1970.

Eine Operation war unvermeidlich und wurde vorgenommen. Der Patient wurde vorzüglich behandelt und nichts unterblieb, was ihm sein Leiden erleichtern konnte. Es kam niemals heraus, ob die Ärztin oder die Krankenschwestern die Verstellung entdeckt haben; jedenfalls bekam weder er noch die Familie etwas davon zu wissen. Zehn Tage nach der Operation starb er.«

Die erwähnte Enkelin des Philosophen Kuno Fischer war die Ärztin Marie Clauss. Ihr hat sich das Ehepaar Bieberfeld im Jahre 1944 anvertraut, und sie sorgte allem Anschein nach dafür, daß man in der Chirurgischen Klinik in Neuenheim keine verfänglichen Fragen stellte. Aber auch nach dem Tod Siegfried Bieberfelds war, wie der Chronist schrieb, die »grauenvolle Komödie, die gespielt werden mußte«, noch nicht zu Ende. Bieberfeld mußte auf dem christlichen Teil des Bergfriedhofs beerdigt werden, obwohl er sein ganzes Leben ein gesetzestreuer Jude gewesen war. Erst Ende 1945 konnte man seinem letzten Willen entsprechen. Im Gräberbuch des Bergfriedhofs findet sich neben dem genauen Sterbedatum, nämlich dem 9. Oktober 1944, folgende Zusatzbemerkung zum Namen Wilhelm Biebinger/Bieberfeld: »Ausgebettet am 11. 12. 45 Leichenfeld XXI 1/10 (des Bergfriedhofs) und auf dem Israel. Friedhof daselbst eingebettet.« Und mit dieser »grauenvollen Komödie« schaffte man es, der Holocaust-Maschinerie zu entkommen und die verbrecherischen Planungen des Regimes in bezug auf drei Menschen zu durchkreuzen.

Die kleine Gruppe verdankte ihre Rettung in erster Linie der eigenen Entschlossenheit, das Chaos in Berlin während der Bombenangriffe konsequent zum Wechsel ihrer Identität und zur ›Legalisierung‹ dieser neuen Identität mit allen dafür erforderlichen Papieren zu nutzen. Dadurch konnten sie sich den häufigen, risikoreichen und nervenzermürbenden Wechsel der Quartiere ersparen, von dem andere, etwa zur gleichen Zeit ebenfalls in Berlin untergetauchte Juden in ihren Lebenserinnerungen berichtet haben.[265] Gebührende Anerkennung sollte auch den nicht-jüdischen Helfern zukommen, in diesem Fall neben Frau Clauss insbesondere der Familie Lintz in Neckargemünd, die nicht viel fragten, sondern zu den wenigen gehörten, die damals taten, was zu tun war.

8 Schluß: Wer wird mit innerer Zuständigkeit für unser Volk sprechen können?

Im kleinen Kreis der Mutigen und Hilfsbereiten bestand schon lange kein Zweifel, daß die nationalsozialistische Politik auf die Vernichtung der in ihrem Herrschaftsbereich verbliebenen Juden zielte. Entsprechend verzweifelt waren sie, spätestens

265 Vgl. z. B. Inge Deutschkron, ›Ich trug den gelben Stern‹, die entsprechend der Tradition ihrer Familie besonders im Milieu der Berliner Sozialdemokratie gemeinsam mit ihrer Mutter Verstecke suchte, oder Max Krakauer, ›Lichter im Dunkel‹, der zusammen mit seiner Frau von Berlin aus im Umfeld der Bekennenden Kirche, schließlich vor allem in württembergischen Pfarrhäusern immer wieder unterkommen konnte.

seit die Deportationen einsetzten, über die Unzulänglichkeit aller ihrer Bemühungen am Ort. Hermann Maas quälte sich damit, daß er nicht gebeten hatte, »mitzudürfen und mit diesen armen Brüdern und Schwestern zu sterben«.[266] Alfons Beil ist bis heute ganz persönlich geprägt von seiner Erfahrung während jener Jahre: »Wer freilich wie ich jene Jahre in einem Alter erlebte, in dem man im Vollsinn Verantwortung trägt, und sie überlebt hat, kann sich, was immer er für sich anführen könnte, nicht ohne auch persönliche Schuld fühlen.«[267] Die Diskrepanz zwischen den Dimensionen des Verbrechens und den immer eingeschränkteren Möglichkeiten zu helfen trieb auch Gertrud Luckner um. Ihr Versuch, über ganz Deutschland ein Netz von Hilfsbereiten – ungeachtet konfessioneller oder politischer Unterschiede – zu knüpfen, führte sie im Jahre 1942 auch nach Heidelberg. Im Marienhaus am Bismarckplatz machte man sich im Beisein von Hermann Maas, Marie Baum, Richard Hauser und Alfons Beil angesichts des geringen Echos, das man fand, und angesichts der Verstrickung der großen Mehrheit keine Illusionen darüber, daß das Land nicht nur einer militärischen und politischen, sondern auch einer furchtbaren moralischen Niederlage zueilte. Frau Luckner hat dabei die bedrängende Sorge wohl aller Teilnehmer ausgedrückt: »Ich befürchte, wenn es sich nach dem Zusammenbruch darum handeln wird, dem Sieger gegenüber für unser Volk Fürsprache einzulegen, wird niemand dasein, der es mit innerer Zuständigkeit wird tun können.«[268]

Nach dem Einmarsch der amerikanischen Truppen etablierten die Sieger eine lokale Militärregierung. Sie ermöglichte die sofortige Befreiung der verfolgten Juden und sorgte – in bezug auf die politische Führung der Stadt – für einen bis dahin beispiellosen personellen Wechsel. Ein Aufruf der Amerikaner brachte an den Tag, daß in und um Heidelberg auch eine Reihe wahrscheinlich osteuropäischer Juden mit falscher Identität oder als Zwangsarbeiter überlebt hatte. Denn die Nationalsozialisten hatten zuletzt – im Interesse der Kriegswirtschaft und gegenläufig zu den Deportationen nach Osten – Arbeitssklaven vor allem aus Osteuropa, darunter eben auch Juden, neu nach Deutschland hereingeholt. Blanca Rosenberg,[269] die seit Mai 1944 mit gefälschten polnischen Papieren als Hausgehilfin in einer Villa im Jettaweg in Schlierbach gearbeitet hatte, schilderte jenes Zusammentreffen beim Heidelberger Synagogenplatz, das von Amerikanern initiiert war und das sie zusammen mit einer gleichfalls jüdischen Freundin miterlebt hat:

266 S. S. 531.

267 Beil, Alfons: Aus meinem Leben. Erfahrungen, Zeugnisse und Fragen. Manuskript. Heidelberg 1989, S. 114; vgl. auch Interview des Verf. mit Alfons Beil: »Möglichst viel Selbsterlebtes der Vergessenheit entreißen ...«. RNZ vom 13./14. Mai 1995, S. 33.

268 Beil 1989, S. 150f.; s. S. 516.

269 Rosenberg, Blanca: To Tell at Last. Survival under False Identity 1941–45. Urbana Chicago 1993, S. 158f. (zuletzt auch in deutscher Übersetzung: Rosenberg, Blanca: »Versuch zu überleben ...« Polen 1941–1945. Frankfurt 1996, S. 241f.).

»In our wanderings through the city one day, we came upon a new poster. The American authorities were sponsoring a meeting for all surviving Jews. The meeting was to be held at a house behind the site of the burned-out shell of the synagogue of Heidelberg.

On the meeting day we set out eagerly, asking each passerby to direct us to the site of the old synagogue. They looked at us blankly.

»Huh? There's no old synagogue in Heidelberg.«

»Yes, yes, but the ruins, do you know where they are?«

In the end, a small boy pointed the way. »There's a playground there now,« he explained.

A group of relatively young people had already gathered. Only a few knew each other. We began by introducing ourselves in little groups. Some, like us, had survived on false identity papers. Others came from labor camps. There were maids and factory workers, and every so often we heard a cry of joy or disbelief. Strangers instantly became friends. People embraced, kissed each other, or just held hands tightly. I stood in the middle picking up scraps of conversation.

»I don't believe it, Friedrich, you're not Jewish! Why, I've worked next to you for two years in fear that you might turn me in.«

»Turn you in? You looked so utterly goyish, and you always seemed to be looking at me suspiciously.«

The meeting had been organized by a young American rabbi. Moved to tears, he told us that we were the first Jewish survivors he had met.«

Im Bewußtsein vieler Heidelberger waren damals schon, da wird der Eindruck von Frau Rosenberg nicht unzutreffend gewesen sein, Synagoge, jüdische Gemeinde und jüdisches Leben in der Stadt sehr verblaßt. Auch das eine Folge der Politik des Regimes, dem es schon vor dem Krieg binnen weniger Jahre gelungen war, die über Generationen gewachsene Integration der jüdischen Bevölkerung rückgängig zu machen und die deutschen Juden vollständig aus der Gesellschaft auszuschließen.

Als dann Hermann Maas im Juni 1945 die in Theresienstadt befreiten Heidelberger Juden, die zum größeren Teil erst im Februar deportiert worden waren und alle die KZ-Haft überstanden hatten – unter ihnen auch Dora Busch und Elisabeth Kaufmann-Bühler –, begrüßen konnte, äußerte er seine tiefempfundene Freude über die Erlösung der »Gefangenen Zions«. Er warb für Aussöhnung und Vertrauen, ohne vom antisemitischen Haß in der Stadt und von der Scham darüber zu schweigen. Er wolle sie heimholen, sagte er bei diesem Anlaß:

»(...) heim in unsere liebe, schöne, unzerstörte Stadt. Ich weiß es wohl: Sie war Ihnen manchmal nimmer lieb und schön – es ging mir gerade so –, sondern fremd und grau. Wo Hass oder Verachtung einem auflauern, wird die schönste Welt stumm und ihre Augen sind blind, statt zu leuchten.

Aber seien Sie getrost. Nun ist auch von Zehntausenden daheim der ihnen aufgezwungene und ihnen eingetrichterte Hass wie ein böser Traum gewichen. Und viele schämen sich seiner.

Sie aber, liebe Freunde sind die unsrigen und sollen es nun erst recht sein. Ja, gerade darum wollen wir Sie lieb haben, weil Sie dies namenlose Leid tapfer getragen haben. Kommen Sie bitte nicht mit der Bitterkeit des Herzens, sondern mit stillem Vertrauen zu uns zurück.«[270]

Der von der Besatzungsmacht durchgesetzte personelle Wechsel in der Führung der Stadt war in der Tat drastisch. Wegen ihrer Verbindung zu nationalsozialistischen Organisationen wurden 65 Prozent der Beamten und 25 Prozent der Angestellten entlassen, darunter der Oberbürgermeister, ein Bürgermeister und ein Dezernent sowie 15 von den 21 Amtsleitern. Diese Maßnahmen hatten jedoch, wie Friederike Reutter dargestellt hat,[271] keinen dauerhaften Bestand. Schon die Entnazifizierung durch die Spruchkammer wirkte eher als Rehabilitierung denn als Säuberungsverfahren.[272] In den 50er Jahren stellte man dann die meisten entlassenen Amtsleiter wieder ein. Im Personalausschuß wurde die politische Vergangenheit der Kandidaten i. d. R. gar nicht angesprochen. Auch in der Bevölkerung waren die Konzessionen, die z. B. Neinhaus als Oberbürgermeister dem nationalsozialistischen Regime – auch bei der Ausgrenzung der Heidelberger Juden – gemacht hatte, kein Thema mehr. Die Heidelberger Bürger wählten ihn im Juli 1952 mit 50,9 Prozent der Stimmen als Stadtoberhaupt wieder. Dies war nicht ungewöhnlich in der frühen Bundesrepublik. Pragmatik erschien beim politischen Wiederbeginn als Gebot der Stunde, und da galten auch Fachleute als integrierbar, die mit dem Nationalsozialismus kollaboriert hatten. Die Frage nach der »inneren Zuständigkeit« war nicht mehr aktuell.

270 »Begrüßungsworte des Herrn Stadtpfarrer Maas an die in Theresienstadt evakuiert gewesenen Heidelberger«, masch. 1 S. im Nachlaß Dora Busch, Heidelberg.

271 Reutter, Friederike: Heidelberg 1945–1949. Zur politischen Geschichte einer Stadt in der Nachkriegszeit. Heidelberg 1994 (= Buchreihe der Stadt Heidelberg, V), S. 266 f.

272 Der Verf. plant in diesem Zusammenhang für das ›Jahrbuch des Heidelberger Geschichtsvereins‹ einen Aufsatz über die Entnazifizierung von Carl Neinhaus.

Norbert Giovannini

Die Heidelberger Jüdische Gemeinde 1945–1993

»Es ist alles so schwer, wenn man nur Durchgangsstation ist.« (Adolf Loebel, Gemeindevorsteher, am 7. Juli 1947 an den Schweizerischen Israelitischen Gemeindebund)[1]

1 Die Situation der ersten Nachkriegsjahre

»Die Verhältnisse in der Gemeinde in ernährungs- und wirtschaftlicher Hinsicht sind wie allgemein nicht rosig. Wir bekommen vom ›Joint‹[2] alle vier Wochen eine kleine Zuteilung, die wir nach vorheriger Berücksichtigung der Kinder, Frauen, Kranken usw. gleichmäßig an alle Mitglieder verteilen. Wirtschaftlich war es der überwiegenden Mehrheit unserer Mitglieder leider nicht möglich, Fuß zu fassen, die älteren Leute, alleinstehende Frauen sind auf unsere Unterstützung angewiesen (...) Bemühungen, eine Existenz sich aufzubauen, werden durch die allgemein schwierige Wirtschaftslage gehemmt und von den zuständigen Behörden unseren Mitgliedern erschwert.«[3]

In seinem Hilferuf an den Schweizerischen Israelitischen Gemeindebund vom 7. Juli 1947 beschreibt der Heidelberger Gemeindevorsteher Adolf Loebl die deprimierende Situation, in der sich die Mitglieder seiner Heidelberger Gemeinde in den ersten Nachkriegsjahren befanden.

In den zwölf Jahren des nationalsozialistischen Terrors war die jüdische Gemeinde nahezu ausgelöscht worden. Die Synagogengebäude in der Altstadt und in Rohrbach waren zerstört, und die Friedhöfe befanden sich in desolatem, teilweise verwüstetem Zustand. Schwer geschädigt war auch die Existenzgrundlage der wenigen Überlebenden. Von den ehemals lebenskräftigen und mitgliederstarken jüdischen Gemeinden[4] hatten nur etwa 40 Personen das Kriegsende in

1 Der Briefwechsel zwischen dem Schweizerischen Israelitischen Gemeindebund Zürich und Adolf Loebl (auch Löbl und Loebel) liegt vor in Loebel, Adolf: Collection. Leo Baeck Institute. New York, AR 4185. Leo Baeck Institute New York. Catalogue of the Archival Collections. Edited by Fred Grubel. Tübingen 1990, S. 91.

2 JOINT: American Joint Distribution Committee, die erste und leistungsfähigste der internationalen und amerikanischen Hilfsorganisationen, die nach der Befreiung in Deutschland tätig wurde.

3 Siehe Loebl, Anm. 1.

4 Die jüdische Gemeinde Heidelbergs umfaßte 1933 1102 Personen; ihr Anteil an der Gesamtbevölkerung der Stadt betrug 1,3 %. Für den Zeitraum von 1933 bis 1945 zählt A. Weckbecker 1696 Personen, die nach der NS-Terminologie als »Rassejuden« galten, von denen 92,5 % die deutsche Staatsangehörigkeit besaßen. Weckbecker, Arno: Die Judenverfolgung in Heidelberg, 1933–1945. Heidelberg 1985, S. 26–27. Die eigentliche Gemeinde der »bekennenden« Juden war sicher erheblich kleiner, als die von Weckbecker errechneten Zahlen nahelegen.

Heidelberg erlebt, viele von ihnen als die jüdischen Partner einer »Mischehe«, die dem Deportationsschicksal zeitlich nur knapp entronnen waren.[5]

Bereits wenige Tage, nachdem amerikanische Truppen die weitgehend unzerstörte Stadt besetzt hatten, kamen alle im Februar 1945 nach Theresienstadt Deportierten zurück. Zur Gemeinde stießen im Laufe der nächsten Jahre außerdem noch etwa 30 Überlebende der Konzentrationslager und einige Emigranten, die unmittelbar nach Kriegsende zurückkehrten. Etwa 50 weitere Emigranten kehrten bis 1958 nach Heidelberg zurück, so daß mit Recht festgestellt werden kann, daß der Grundstock der jüdischen Nachkriegsgemeinde in beträchtlichem Maße von Mitgliedern gebildet wurde, die schon der alten Gemeinde angehörten.[6]

Die Bedingungen, unter denen der Alltag stand und das Gemeindeleben wieder aufgenommen wurde, waren überaus ungünstig. Sie wurden bereits im Laufe des Jahres 1945 weiter verschärft durch den Zuzug eines beträchtlichen Kontingents jüdischer Displaced persons (DP).[7]

Bei diesen handelte es sich um überlebende KZ-Insassen und um polnische Juden, die während des Krieges nach Ostrußland evakuiert worden waren und von der sowjetischen Regierung bei Kriegsende nach Polen repatriiert wurden. Dort fanden sie sich ihres Besitzes enteignet und waren mit einer antisemitisch gestimmten Bevölkerung konfrontiert, die ihrer Rückkehr heftigen, in einem Fall sogar bis zum Pogrom gesteigerten Widerstand entgegensetzte. Von den britischen Behörden mißtrauisch und abweisend behandelt, strömten die Flüchtlinge in die amerikanische Zone, wo sie zunächst in Auffanglagern untergebracht wurden. Viele von ihnen drängten nun in die Städte, um von dort die Auswanderung in die USA, nach Palästina oder in andere Länder zu betreiben.

5 Deportationen erfolgten 1938/39 nach Polen, am 22. Oktober 1940 in das Konzentrationslager Gurs in Frankreich, am 1. Dezember 1941 Richtung Riga, am 26. April 1942 nach Polen, am 22. August 1942 nach Theresienstadt, im April 1943 in Konzentrationslager in Polen, im Januar 1944 nach Theresienstadt. Noch im Februar 1945 ordnete das Reichssicherheitshauptamt Deportationen von jüdischen Partnern aus noch bestehenden »Mischehen« und »Mischlingen ersten Grades« an. Siehe Weckbecker 1985, S. 209–212.

6 Nur wenige von ihnen, wie beispielsweise Rositta Oppenheimer-Kramer, sind indes in der »alten« Gemeinde aktiv gewesen.

7 Burgauer, Erica: Zwischen Erinnerung und Verdrängung. Juden in Deutschland nach 1945. Reinbeck, 1993, S. 18–22; Hilberg, Raoul: Die Vernichtung des europäischen Judentums. Die Gesamtgeschichte des Holocaust. Berlin 1982, S. 775; Jakobmeyer, Wolfgang: Vom Zwangsarbeiter zum heimatlosen Ausländer. Göttingen 1985 (= Kritische Studien zur Geschichtswissenschaft, 65); Jakobmeyer, Wolfgang: Jüdische Überlebende als »Displaced Persons«: Untersuchungen zur Besatzungspolitik in den deutschen Westzonen und zur Zuwanderung osteuropäischer Juden 1945–1947. In: Geschichte und Gesellschaft 9 (1983), S. 434ff. Maor, Harry: Über den Wiederaufbau der jüdischen Gemeinden in Deutschland. Phil. Diss. Mainz 1961, S. 19.

Nach einer Erhebung der Heidelberg Conference (1949)[8] war die jüdische Gemeinde Heidelbergs 1946/47 sprunghaft auf 300 Mitglieder angewachsen, von denen zwei Drittel der Gruppe der DPs angehörten.

Nur langsam verminderte sich deren Zahl bis 1949. Dann kam die Auswanderungsbewegung zum Stillstand. Für einige Jahre war Heidelberg Durchgangsstation geworden. Allerdings ergab die Befragung durch die HD-Conference, daß mindestens 40 % der DPs sich mit dem Gedanken eines längeren Verbleibs in Deutschland trugen und etwa ein weiteres Viertel noch keine Entscheidung über Auswanderung oder Verbleib getroffen hatte. Bürokratische Hemmnisse, die Ungewißheiten einer neuen Existenzgründung und wohl auch das fortgeschrittene Lebensalter vieler Flüchtlinge sind dafür ausschlaggebend gewesen. So zählten noch 1949 120 von 203 Gemeindemitgliedern zur Gruppe der DPs.

Festzuhalten bleibt, daß die jüdische Nachkriegsgemeinde viele »Zugewanderte« aufgenommen hatte, die auch nach 1949 ein bestimmendes Element des Gemeindelebens geblieben sind. Die personelle Verbindung zu der ehemals mitgliederstarken und in der Stadt wohletablierten Vorkriegsgemeinde blieb gleichwohl bestehen, ruhte aber auf den Schultern vornehmlich älterer Gemeindemitglieder, die im Aufbau und der Wiederbelebung des Gemeindelebens eine neue Lebensaufgabe gefunden hatten.[9] Unverkennbar verschlimmert wurden die schwierigen materiellen Bedingungen der Anfangsjahre durch den Umstand, daß die jüngeren und mittleren Generationen verstärkt zur Auswanderung drängten.

In den Reihen der Überlebenden waren insbesondere die Jahrgänge der erwerbsfähigen Männer und Frauen äußerst schwach vertreten. Noch Mitte der 50er Jahre, als die zentrale Gemeindestatistik eingerichtet wurde, waren über 40 % der Gemeindemitglieder in Heidelberg älter als 60 Jahre. Die Altersgruppen der 16- bis 30jährigen fehlen fast vollständig. Nach den Erhebungen der Heidelberg

8 Heidelberg Conference July 31th, 1949, »The Future of the Jews in Germany«. Minutes ed. by Harry Greenstein, Adviser on Jewish Affairs. United States Military Government in Germany (dated Sept. 1st, 1949). Die Konferenz wurde einberufen mit dem Ziel, eine Übersicht über die Situation der Juden in Deutschland zu gewinnen, die Repräsentanten der Jüdischen Gemeinden mit den Vertretern internationaler jüdischer Hilfsorganisationen zusammenzubringen und die Hilfsbemühungen zu koordinieren. Zur Vorbereitung der Konferenz war an die bestehenden jüdischen Gemeinden ein Fragebogen verschickt worden. Auf der Konferenz referierte u.a. auch der Herausgeber der Frankfurter Hefte, Dr. Eugen Kogon. Aus Heidelberg anwesend waren Rositta Oppenheimer und Adolf Loebl. Das Original der Konferenzunterlagen befindet sich im Leo Baeck Institut, New York.

9 Es ist nicht ganz einfach, den zahlenmäßigen und personellen Zusammenhang von Vor- und Nachkriegsgemeinde quantitativ zu erfassen, da die Zahlenangaben in verschiedenen Untersuchungen von jeweils verschiedenen Voraussetzungen ausgehen. Hilfreich ist die Untersuchung von Weckbecker aus dem Jahr 1985 und das 1983 von ihm bearbeitete Gedenkbuch, wenn auch nicht alle Angaben einer genauen Nachprüfung standhalten. Hinweise auch bei Hundsnurscher, Franz/Taddey, Gerhard: Die jüdischen Gemeinden in Baden. Denkmale, Geschichte, Schicksale. Stuttgart 1968, S. 121–129 und Pinkas Hakehillot: Germany, Württemberg, Hohenzollern, Baden. Hrsg. v. Joseph Walk, Yad Vashem, Jerusalem 1986, S. 316ff.

Conference[10] verfügte nur wenig mehr als ein Viertel der männlichen Gemeindemitglieder über ein regelmäßiges Arbeitseinkommen. Besitzverluste, Alter und Krankheit kennzeichneten die Lebenssituation und bürdeten der kleinen Gemeinde erhebliche Wohlfahrtsanstrengungen auf, verlangten stärkstes Engagement in den Wiedergutmachungs- und Entschädigungsverfahren und erforderten dringlich die Einrichtung gemeindeeigener Institutionen. »Schwere Besorgnis erfüllt unsere alten Menschen, wenn sie an die materielle Unsicherheit ihrer Zukunft denken. Früher hatten wir in Deutschland blühende, gut organisierte Gemeinden; die vergangene Epoche, die nazistische Gewaltherrschaft hat sie zerstört. Geblieben ist ein kleines Häuflein, alt, krank und zerbrechlich, eine kleine Gruppe von Menschen, die um die wirtschaftliche Einordnung schwer zu kämpfen hat«, äußerte der Vorsitzende der Gemeinde am 14. März 1951 anläßlich der Einweihung eines jüdischen Altersheimes in den Räumen der Kultusgemeinde.[11]

Insofern ist auch für Heidelberg die Feststellung von Maor nicht von der Hand zu weisen: »Die jüdische Gemeinschaft begann als Altengemeinschaft.«[12] Für viele Jahre schien ausgemacht, daß die kleinen jüdischen Gemeinden auf deutschem Boden kaum mehr als eine Generation noch Bestand haben würden, vor allem dann, wenn sie aus den Rückwanderungswellen ab 1952 keinen weiteren Zustrom erhielten.[13] Tatsächlich hielt sich die Mitgliederzahl der Heidelberger Gemeinde bis Ende der 60er Jahre in engen Grenzen. Zu Beginn der zentralen Erhebung einer Gemeindestatistik durch die Zentralwohlfahrtsstelle der Juden in Deutschland im Jahr 1955[14] zählte die Heidelberger Gemeinde 104 Mitglieder, unter diesen waren nur ein Jugendlicher und drei Kinder, der Anteil älterer Gemeindemitglieder lag bis in die 70er Jahre bei etwa 30 %. Auch bleibt die Zahl der Geburten in den ersten drei Nachkriegsjahrzehnten außerordentlich gering, wohingegen der Anteil der 16- bis 30jährigen stark schwankte, nicht zuletzt aufgrund des sehr unterschiedlichen Anteils jüdischer Studierender.[15] Erst zu Beginn der 80er Jahre wird ein deutlicher Wandel sichtbar, der die düsteren Prognosen über das »Aussterben« der jüdischen Gemeinden widerlegt. Die Gemeinde hat ein neues soziales und auch wirtschaftliches Profil erhalten. 1988 erklärt der Vorsitzende der jüdischen Gemeinde, Prof. Leo Rubinstein, dazu in seiner Neujahrsansprache: »Erst seit kurzem haben wir wieder jüdische Familien, bei denen es drei Generationen gibt. Es hat mehr als vierzig Jahre bedurft, daß unsere Kinder in der Familie einen Großvater haben. Der Mittelpunkt des jüdischen Lebens, die Familie, beginnt wieder zu existieren. In Heidelberg haben wir im Vergleich zu 1980 Gott sei Dank

10 Vgl. Anm. 6, S. 11.

11 Allgemeine, Jüdische Wochenzeitung, März 1951.

12 Maor 1961, S. 4.

13 Zu den Rückwanderungswellen vgl. Burgauer 1993, S. 22–26 und Maor 1961, S. 40.

14 Zentralwohlfahrtsstelle der Juden in Deutschland e.V. Mitgliederstatistik 1955–1970. Die Unterlagen wurden vom Zentralarchiv zur Erforschung der Geschichte der Juden in Deutschland (Heidelberg) freundlicherweise zur Verfügung gestellt.

15 Zur jüdischen Bevölkerungsstatistik vgl. Burgauer 1993, S. 357. Die Zahl jüdischer Studierender an der Heidelberger Universität lag in den ersten Nachkriegsjahren je nach Semester bei 15 bis 30, einige wohnten im Gemeindezentrum.

heute mehr junge jüdische Familien mit Kindern. Etwa 25 % der Gemeindemitglieder sind Kinder und Jugendliche unter 13 Jahren. Die Struktur der jüdischen Gemeinde hat sich auch in anderer Hinsicht völlig verändert. Etwa 2/3 der arbeitenden Gemeindemitglieder sind junge Akademiker.«[16]

Diese erfreuliche Entwicklung darf nicht über die inneren und äußeren Schwierigkeiten der jüdischen Bevölkerung und ihrer Gemeinden in den ersten Nachkriegsjahrzehnten hinwegtäuschen. Wohnungsmangel, Besitzverlust und Beschäftigungsnot erschwerten die Lebensbedingungen von Alteingesessenen wie von Zugezogenen; die Stimmungslage der nichtjüdischen Bevölkerung war vielfach geprägt von Ressentiment, Abwehr und Verdrängung. Besonderer Unwillen wurde immer wieder geäußert im Hinblick auf die angebliche Bevorzugung der jüdischen und anderer Verfolgtengruppen. Die Rückgabe geraubter Vermögens- und Immobilienwerte, die oft quälenden Prozeduren der Wiedergutmachung in Verbindung mit langanhaltender Abhängigkeit von Wohlfahrtsleistungen erzeugten ein spannungsreiches Lebensumfeld, an dem manche verzweifelten. Hinzu kamen unvermeidliche Spannungen im Gemeindeleben zwischen den von Lebenswelt und Glaubensauffassung des Ostjudentums geprägten Zuwanderern und den in der Tradition der »assimilierten« Stadtgemeinde vor 1940 stehenden Einheimischen. Unter diesen war der Anteil von Gemeindemitgliedern, die in Mischehe lebten, beträchtlich. Die Wiederaufnahme eines aktiven, der jüdischen Tradition verpflichteten Gemeindelebens stieß daher rasch an personale Grenzen. Nur wenige waren mit den kultischen und geistigen Traditionen wirklich vertraut, allerorten fehlte es an qualifizierten Persönlichkeiten, die die religiösen Gemeindeaufgaben hätten in die Hand nehmen können.

Für diese, auf alle kleinen und mittleren Gemeinden im Prinzip zutreffenden Feststellungen lassen sich allerdings für Heidelberg nur wenig Belege finden. Auch über »vorurteils- und ressentimentvolles Verhalten« gegenüber jüdischen Rückwanderern in den Gemeinden, die dort eine frostige Aufnahme erfahren hätten, weil die wirtschaftliche Lage angespannt gewesen sei, Angst vor Überforderung bestanden und Furcht vor Überfremdung geherrscht habe,[17] ist für

16 RNZ vom 11. Januar 1988.

17 Maor 1961, S. 33–35. Es sei denn, man bewertet die Aussagen von Bgm. Bauer auf der Stadtratssitzung vom 3. April 1947 als zuverlässiges Indiz für Spannungen innerhalb der Gemeinde. Bauer führt aus: »(...) denn alle aus dem Osten kommenden Juden betrachteten sich als politisch Verfolgte, verlangten eine entsprechende Betreuung und Bevorzugung in der Zuweisung von Wohnungen. Die reichsdeutschen und insbesondere die Heidelberger jüdischen Bürger wehrten sich gegen diese Überfremdung durch ihre Rassegenossen. Zur Zeit sei eine Auseinandersetzung in der Jüdischen Kultusgemeinde im Gange, um den bisher überwiegenden Einfluß der polnischen Juden zu beseitigen.« Prot. GR 3. April 1947 Bgm. Bauers – vermutlich nicht unpopuläre – Feindseligkeit gegenüber ostjüdischen Zuwanderern ist offenkundig. Sie richtete sich gegen alle Zuzugsanträge mit dem Argument, daß die Juden aus dem Osten »auch wenn sie die Absicht hätten, auszuwandern, in Heidelberg blieben und sich auf dem Schwarzen Markt betätigten«. Prot. GR 6. August 1947. Aufgrund der Quellenlage kann nicht entschieden werden, wie die Äußerungen des der sozialdemokratischen Linken angehörenden Karl Bauer zu werten sind. Die Diktion verblüfft dennoch.

Heidelberg nichts konkret dokumentiert. Im Gegenteil: Mit Nachdruck unterstützte die Gemeinde alle vorübergehend oder auf Dauer in Heidelberg ansässig gewordenen jüdischen Verfolgten des NS-Regimes. In den ersten Jahren betraf dieser Einsatz vornehmlich die Gruppe der jüdischen Flüchtlinge und ehemaligen KZ-Häftlinge.

2 Zwischen Fürsorge und Entschädigung

Dagegen sind die ersten öffentlichen Stellungnahmen der jüdischen Gemeinde nach dem Krieg deutlich geprägt von Erschütterung und Empörung über das geringe Ausmaß öffentlicher Hilfe und bürgerschaftlicher Solidarität. Auch die Gleichgültigkeit breiter Teile der Bevölkerung gegenüber dem Schicksal der Juden wird mehrfach beklagt. Vehement kritisiert die jüdische Gemeinde 1948 die Zeitumstände in ihrer Stellungnahme zum Gedenken an den 22. Oktober (den Tag der Deportation der badischen und pfälzischen Juden in das Internierungslager Gurs): »Was ist das für eine seltsame Welt, die rassisch und politisch Verfolgte vor die Ämter und Gerichte zitiert, weil sie zum Teil Wohnungen und Möbel jener benutzen, die einst ihre Verfolger gewesen, jener PGs, die an den Judenhetzen beteiligt gewesen? Und merkwürdiger noch, warum läßt man die Schuldigen, die heute ›Minderbelastete‹, ›Mitläufer‹, ›Entlastete‹ sind, noch immer in Behausungen wohnen, die einst von Juden bewohnt waren, während die wenigen aus Deportation und KZ Geretteten sich kümmerlich und beengt in Untermiete durchschlagen müssen.«[18]

Noch schärfer formuliert der Gemeindevorstand 1949 aus Anlaß des Gedenkens an die Zerstörungen in der sogenannten »Reichskristallnacht 1938«: »Es wird einer in einem neuen demokratischen Geist erzogenen Generation in Deutschland vorbehalten bleiben, auf den ebenso traurigen wie bedeutsamen Umstand hinzuweisen, daß sich zehn Jahre nach diesem zehnten November keine Stimme von Gewicht vorbehaltlos für die Wiedergutmachung des begangenen Unrechts eingesetzt hat. Dabei vermag jedoch heute niemand zu sagen, daß er von der Größe und dem Umfang des angerichteten Schadens und der Zahl der Opfer nichts gewußt hat (...) Wir wollen darauf hinweisen, daß die Untaten, mit denen vor zehn Jahren alles Jüdische geschändet wurde, heute wieder von einem großen Teil des Volkes abgemildert, verschwiegen oder gar geleugnet wird.«[19]

Tatsächlich mußte es deprimierend wirken, daß ein beträchtlicher Teil der am Ort lebenden Juden nahezu ausschließlich von Wohlfahrtsmaßnahmen abhängig war. Schon im April 1945 hatte das Vorstandsmitglied Strauß bei den Besatzungsbehörden angefragt, ob von deren Seite aus mit Unterstützungmaßnahmen (z. B. aus beschlagnahmten Parteigeldern der NSDAP) zu rechnen sei. Der

18 RNZ vom 22. Oktober 1948. Zur Entnazifizierung in Heidelberg vgl. Reutter, Friederike: Heidelberg 1945–1949. Zur politischen Geschichte einer Stadt in der Nachkriegszeit. Heidelberg 1994 (= Buchreihe der Stadt Heidelberg, V), S. 77–112.

19 RNZ vom 10. September 1949.

zuständige Offizier, Lt. Combs, wies dieses Ansinnen zurück, denn nicht alle Bestimmungen, die die Juden schlechter stellten, seien schließlich beseitigt worden; »andererseits würden aber auch die Juden nicht besser gestellt als der Rest. Sie seien vielmehr auf allgemeine Wohlfahrtsmaßnahmen angewiesen«.[20]

Die Diktion des Zitats spiegelt vermutlich mehr die amtssprachlich verschlüsselte Animosität städtischer Behörden gegenüber den Ansprüche erhebenden Verfolgtengruppen wider denn die Haltung der Militärbehörden, die zunächst auf lokaler, dann auf Landesebene die Einrichtung von Hilfskomitees für die Opfer des Nationalsozialismus veranlaßten.[21] Andererseits waren die Kommunalverwaltungen stark gefordert und befanden sich oft in der Zwickmühle zwischen den Erfordernissen einer verwaltungsmäßig korrekten Bearbeitung von Anträgen, dem drängenden Handlungsbedarf angesichts der tatsächlichen Notsituation, den spärlichen öffentlichen Mitteln und der unklaren gesetzlichen Lage. Hinzu kam der Druck aus der Bevölkerung, die Einzelfälle hochstilisierte und sich über die angeblich unberechtigte Bevorzugung von Flüchtlingen, ehemaligen KZ-Häftlingen und Juden ereiferte.

So wird in einer Besprechung des Bürgermeisters mit dem Polizeidirektor vom August 1945 erwähnt, daß die Überprüfung aller KZ-Häftlinge wegen Personalmangels nicht möglich sei und auch kein authentisches Dokumentenmaterial zur Verfügung stünde. In der Bevölkerung herrsche Mißstimmung wegen des Betragens der KZ-Leute. Schärfste Prüfung solle erfolgen. Und als besonders gravierend wird erwähnt, daß ein polnischer Jude aus Kattowitz sich der Zahnarztpraxis eines Dr. Gärtner bemächtigt habe.[22]

Die organisierte Hilfe für NS-Verfolgte wurde in der Stadt bereits im Frühjahr 1945 aufgebaut. Mit der Gründung eines »Hilfskomitees für die Opfer des Nationalsozialismus« wurde eine bürgerschaftliche Institution geschaffen, die Geldspenden und andere Unterstützungmittel entgegennehmen und geordnet weitergeben konnte.[23]

Im städtischen Wohlfahrtsamt wurde eine Abteilung Sonderfürsorge für KZ-Entlassene eingerichtet, die für die Einzelfallhilfe zuständig war, Beihilfen gewährte und Unterkunft im Landfriedschen Bürgerstift bereitstellte. Allerdings setzte dies die Anerkennung des »Verfolgtenstatus« durch das »Hilfskomitee«

20 Ob Combs Antwort tatsächlich in dieser barschen Diktion gehalten war, wissen wir nicht. Sie entstammt einem Aktenvermerk vom 4. April 1945 für den Oberrechtsrat und Interimsoberbürgermeister Amberger. STAHD AA Nr. 239 K1, Fasc. 2, Regelungen mit Military Government 1945–47.

21 Zum politischen Weg des Heidelberger Komitees und der Vereinigung der Verfolgten des Naziregimes (VVN) siehe Reutter 1994, S. 201/202.

22 STAHD, Sozial(Wohlfahrts-) und Jugendamt 2599, Betreuung der KZ-Entlassenen und der politisch, rassisch und religiös Verfolgten, Aktenvermerk vom 9. August 1945.

23 Aus dem Tätigkeitsbericht des Hilfskomitees »Hilfe für die Verfolgten« – leider ohne Datum – geht hervor, daß insgesamt 200000 RM an Barmitteln sowie Kleider- und Hausratsspenden aufgebracht wurden. GLA 356 1977/31 Nr. 1164; eine Arbeitsbeschreibung des Hilfskomitees findet sich in STAHD, Sozial(Wohlfahrts-) und Jugendamt 1164.

voraus, das bei seinen Überprüfungen darauf achtete, daß nicht ehemalige kriminelle KZ-Häftlinge oder andere nicht Anspruchsberechtigte anerkannt und von der städtischen Fürsorge unterstützt wurden. Hierzu wurde ein spezieller Arbeitsausschuß des Hilfskomitees gegründet, der die Unterlagen und Ausweise der KZ-Entlassenen überprüfte und deren weitere Betreuung übernahm.

Die Konstruktion dieser drei Institutionen barg indes einige Probleme, denn deutlich lag der Schwerpunkt des Hilfskomitees bei den politischen KZ-Häftlingen. Waren diese auch Juden und hielten diese sich in Heidelberg auf, bestanden keine Schwierigkeiten der Zuordnung, wie stand es aber um die anderen jüdischen Zuwanderer, für die Heidelberg eine Durchgangsstation darstellte?

Obgleich die jüdische Gemeinde mit Arthur Fuld und Dr. Strauß im Hilfskomitee vertreten war und im Juni 1946 Pfarrer Hermann Maas auf eigenen Wunsch als Vertreter der rassisch Verfolgten in das Komitee aufgenommen und zu dessen Vorsitzendem gewählt wurde,[24] sammelte sich beträchtlicher Konfliktstoff an.[25]

Anfang September 1947 beklagt der Gemeindevorstand mit Vehemenz, daß zahlreiche Gemeindemitglieder nicht als Verfolgte anerkannt worden seien. »Die objektive Beurteilung, wer von unseren Rassegenossen als rassisch und religiös Verfolgter zu betrachten ist, können Sie ruhig unserem Ermessen überlassen, denn es gibt wahrlich in keinem Land Europas, das unter Nazi-Einfluß stand, einen einzigen Juden, der nicht verfolgt worden wäre.«[26]

Nicht weniger erregt antwortete das in Kreisbetreuungsstelle umbenannte Hilfskomitee und verwies darauf, daß in Heidelberg schon 117 rassisch Verfolgte endgültig anerkannt worden seien. Die Anerkennung versagt sei jenen geblieben, die nicht die deutsche Staatsangehörigkeit besäßen oder erst in jüngster Zeit zugewandert seien. Hier stützte sich die Kreisbetreuungsstelle auf Richtlinien des Landesausschusses, nach denen nur solche als Verfolgte anzuerkennen seien, die spätestens seit dem 31. Dezember 1945 festen Wohnsitz in Deutschland hatten. Im übrigen gelte, daß »durch Konzentrationslager und Gefängnishaft (...) jedoch ein

24 Zu Hermann Maas' Wirken für die jüdische Gemeinde vgl. Keller, Werner (Hrsg.): Redet freundlich mit Jerusalem. Zeugnisse von und über Hermann Maas. Karlsruhe 1986.

25 Dem Komitee gehörten u. a. an: Fritz Rimmler (KPD), Dr. Edgar Hartmann, Karl Bauer (Vorsitzender des Gewerkschaftskartells), Hans Berlinghof (Arbeitsamt), Landesdirektor Max Bock (KPD, später Arbeitsminister), Arthur Fuld (Jüd. Gemeinde), Dr. Arthur Strauß (Jüd. Gemeinde), Vertreter des Gemeinderats, der Berufe und der Wirtschaft (Direktor Hubert H. A. Sternberg, Vorstandsmitglied der Heidelberger Druckmaschinen). STAHD, Sozial(Wohlfahrts-) und Jugendamt 2598.

26 Jüdische Gemeinde an Kreisbetreuungsstelle der vom Nazi-Regime politisch, rassisch und religiös Verfolgten vom 3. September 1947. Das Schreiben trägt die Unterschrift von A. Loebl und wurde außerdem verschickt an militärische und zivile Dienststellen der Besatzungsbehörden, den Oberbürgermeister, den Landrat und an jüdische Institutionen. GLA 356/1977/31 Nr. 1164.

fester Wohnsitz in Deutschland an sich auch rechtmäßig noch nicht begründet« ist.[27]

Die jüdische Gemeinde konnte ihr Ziel nicht erreichen, daß allen nach Heidelberg kommenden Juden der Status rassisch und politisch Verfolgter zugesprochen wurde. In dieser Hinsicht behielt die Kreisbetreuungsstelle das letzte Wort. Nur die von dieser anerkannten Verfolgten erhielten eine bevorzugte Behandlung durch das städtische Wirtschaftsamt. »Alle anderen Juden werden wie deutsche Normalverbraucher versorgt.«[28]

Zuwanderer erhielten lediglich aus humanitären Gründen das Asylrecht.

Weniger auf sich gestellt waren die jüdischen Gemeinden, aber auch jüdische Privatpersonen im Hinblick auf die zahlreichen Rückerstattungsforderungen an Immobilien und Sachwerten. Soweit diese nicht privat eingeklagt wurden, beschritten die in den Besatzungszonen tätigen Dependancen internationaler jüdischer Rechtshilfeinstitutionen den Weg vor die Gerichte. Die für die amerikanische Zone zuständige »Jewish Restitution Successor Organisation« (JRSO), die auch in Heidelberg ein Büro unterhielt, eröffnete im Auftrag zahlreicher Einzelpersonen und der Gemeinde verschiedene Rückerstattungsverfahren. Nach einem Zwischenstandsbericht vom Mai 1952 waren demnach die Rückerstattungsanträge für den alten jüdischen Friedhof am Klingenteich, das Synagogengrundstück in der Altstadt und in Rohrbach sowie weitere sieben Klagen entschieden, in einigen weiteren Verfahren wurden Vergleiche angestrebt, oder es fehlten noch die erforderlichen Unterlagen. Nicht entschieden war zu diesem Zeitpunkt das Verfahren um die Rückerstattung des jüdischen Friedhofes an der Rohrbacher Straße (s. u.).

Auch einige wenige Verfahren zur Rückgabe oder zum Ersatz geraubter Kunstgegenstande waren beendet worden. Einstweilen hinhaltend verfuhr die Stadt hinsichtlich der in 521 Fällen erhobenen Klage auf Entschädigung für die im April 1939 erzwungene Ablieferung von Gold- und Silbergegenständen. Die JRSO setzte in den von ihr vertretenen Fällen einen zwanzigfachen Schadensersatz an, insgesamt etwas über 570000 Mark. Zusammen mit Privatklagen sah sich die Stadt mit Forderungen in Höhe von über 860000 Mark konfrontiert, nicht zuletzt, weil die Unterlagen der beim Städtischen Leihamt eingerichteten Ankaufsstelle vollständig erhalten geblieben waren. Die Stadt hoffte, mit der Übernahme der JRSO-Forderungen durch das Land Württemberg-Baden diese Entschädigungslast von sich abwälzen zu können, und reichte daher gegen alle Anspruchsmeldungen beim Amtsgericht Mannheim Widerspruch ein.[29]

27 Kreisbetreuungsstelle an jüdische Gemeinde vom 16. September 1947 (GLA 356/1977/31 Nr. 1164). Diese Formulierung zielt auf die jüdischen DPs, die das Lager Föhrenwald verlassen haben und nach Heidelberg zugezogen sind.

28 Wirtschaftsamt an Oberbürgermeister vom 15. Oktober 1947 (STAHD, AA 211/16).

29 Der Gesamtkomplex Wiedergutmachung/Rückerstattung kann an dieser Stelle nicht systematisch dargestellt werden. Verwiesen sei auf STAHD, AA 407, Wiedergutmachungsakten und Ablieferung und Bewertung von Schmuckgegenständen, sowie AA 407/29 c, Rückerstattungsangelegenheiten, außerdem Sozial(Wohlfahrts)- und Jugendamt 2460, Gewährung von Sachleistungen.

3 Neuaufbau und Gestaltung der jüdischen Gemeinschaft

Am 16. Oktober 1946 teilte Vorstandsmitglied Rosenau im Wochenbericht für die Militärregierung mit, daß die jüdische Gemeinde das Sukkoth-Fest im Gemeindehaus »unter Anwesenheit einer großen Anzahl Offiziere und Mannschaften der amerikanischen Armee (...) mit feierlichen Gottesdiensten gefeiert« habe.[30] Diese Mitteilung ist in doppelter Hinsicht von Interesse. Sie bestätigt ein reges, wenngleich im äußeren Rahmen bescheidenes Gemeindeleben und verweist auf die Unterstützung der jüdischen Gemeinde durch die Rabbiner der amerikanischen Armee, die zu allererst dazu beitrugen, daß das religiöse Leben in Gang gekommen ist. Bereits im Frühjahr 1945 hatten die amerikanischen Militärbehörden in der Klingenteichstraße 4 eine Synagoge eingerichtet, die amerikanischen Armeerabbiner übernahmen die Rabbinatstätigkeiten auch für die Heidelberger Gemeinde. Sie leiteten gemeinsame Sederabende und den Gottesdienst und sollen sich an der Unterrichtung von Kindern beteiligt haben. An hohen Feiertagen fanden gemeinsame Gottesdienste der beiden jüdischen Gemeinden im »Capitol«-Kino in der Bergheimer Straße statt.[31] Dem ersten Armeerabbiner Herrmann Dicker verdankt die Gemeinde die Errichtung ihrer neuen Kultstätte in der Weststadt.[32]

Der Kontakt zur amerikanischen Gemeinde ist nie abgebrochen, was sich auch durch deren Mitwirkung bei zahlreichen Gemeindefeiern dokumentiert.

Bis 1952, als Dr. Robert Geiss zum Landesrabbiner berufen wurde und seinen Sitz in Heidelberg nahm, mußte die Gemeinde ohne Rabbiner auskommen. Einen Teil seiner Aufgaben übernahm Kantor Herrmann Führer, den die Gemeinde 1948 eingestellt hatte. Die Erhebungen der Heidelberg Conference von 1949 bestätigen, daß die Ausstattung der Gemeinde mit Kultuspersonal äußerst spärlich war; die allerdings erheblich größere Mannheimer Gemeinde konnte immerhin einen bezahlten Kantor und einen Lehrer mit halbem Deputat anstellen. Nur große Gemeinden wie die in Stuttgart verfügten über einen eigenen Rabbiner und konnten den Kindern regelmäßigen Religionsunterricht anbieten. Der Gottesdienst in der Heidelberger Gemeinde erfolgte nach orthodoxem Ritus. Drei Familien praktizierten die koscheren Speiseregeln.[33]

1949 berichtete die jüdische Wochenzeitung bezogen auf die Heidelberger Gemeinde von regem Besuch der Gottesdienste an hohen Feiertagen. Die Predigt hielt der damalige Vorsitzende der Gemeinde, Adolf Loebl, der seit 1947 die

30 STAHD, AA 211/16.

31 Löslein 1992, S. 83.

32 Herrmann Dicker verließ Heidelberg im Februar 1947. Ihm folgten Major Brauder, Barish, George Vida und Joseph B. Messing (Vgl. Turtel, Chasia: Geschichte der jüdischen Gemeinde in Heidelberg. MS-Manuskript im STAHD. Jerusalem/Heidelberg 1979, S. 41) und seit 1976 Wassermann.

33 Heidelberg Conference, 1949, S. 17. Zu Heidelberg: »Paid cantor, no rabbi. Will have shochet in near future, cantor is getting instructions.« Zum Gottesdienst macht die Gemeinde folgende Angaben: »Friday eve 10, Sabbath 20; Type of service: Orthodox; religious instruction for children: no provision for instruction; Kashruth: 3 families observe.«

zentrale Integrationspersönlichkeit der Gemeinde darstellte. Er stammte, wie seine ganze Familie, aus Karlsruhe und hatte von 1943 bis 1945 im Untergrund gelebt. Nach Beendigung seiner Vorstandstätigkeit wanderte Loebl in die USA aus.[34]

1945 hatte kurzzeitig Jacques Herszlewicz das Vorsteheramt übernommen, das dann im Februar 1946 auf Arthur Fuld übergegangen ist.[35] Auf Loebl folgten David Linick und Rositta Oppenheimer-Kramer, die dieses Amt zusammen mit Leon Landau und (bis 1958) mit Paula Höhne versah.[36] 1961 wurde Rositta Oppenheimer-Kramer zur Ehrenvorsitzenden ernannt. Sie gehört zu jenen, die die personelle Kontinuität der Vorkriegs- mit der Nachkriegsgemeinde verbürgten. In Walldorf/Baden geboren, stand sie schon in den Zwischenkriegsjahren im sozialen Dienst der jüdischen Gemeinde und vertrat diese im Jugendwohlfahrtsausschuß der Stadt. 1940 war sie mit ihrer Familie ins Lager Gurs deportiert worden, das sie überlebte, während ihr Mann und der Sohn Hans in Konzentrationslagern des Ostens umgekommen sind.[37] Deportation und Lagererfahrung teilte sie mit dem Heidelberger Kaufmann David Linick, der nach dem Aufenthalt in Gurs und anderen Lagern seit 1943 in einem französischen Altersheim Unterschlupf gefunden hatte. Paula Höhne, die sich nach dem Krieg als Steuerberaterin niederließ, gehörte wie der zweite Nachkriegsvorsitzende Arthur Fuld zu den 1945 nach Theresienstadt Deportierten.[38] Unzweifelhaft aber hat die Gemeinde in der vielfältig aktiven Rositta Oppenheimer-Kramer in den schwierigen Nachkriegs- und Wiederaufbaujahren eine tatkräftige und integrative Vorsitzende gefunden, die ein besonderes Gewicht auf die Fürsorge und Betreuung der zahlreichen älteren Gemeindemitglieder legte. Die Gemeinde verdankt ihr die Einrichtung eines kleinen Altersheimes im jüdischen Gemeindezentrum (s. u.). Zugleich vertrat sie energisch und kompromißlos die Forderungen der Gemeinde gegenüber der Stadt Heidelberg.

Die starke Überalterung und die geringe Zahl aktiver Mitglieder stellte die Gemeinde in den 60er Jahren vor schwerwiegende Probleme. Zeitweilig soll sogar ihr Zusammenschluß mit der Mannheimer Gemeinde erörtert worden sein. Auf die kurzzeitige Vorstandsschaft von Gutermann, Leo Landau und den an der Universität mit einem Lehrauftrag für Jiddistik beschäftigten Max M. Sprecher folgte – nach nicht näher bekannten Konflikten innerhalb der Gemeinde – ein Interim unter Heinrich Freund, dem Geschäftsführer des Karlsruher Oberrats, vom November 1961 bis zum März 1962. Erneut wurde dann wieder Max M. Sprecher zum Vorsitzenden gewählt, aber bereits 1965/66 mußte Heinrich Freund

34 Loebl Collection, s. Anm. 1.

35 Jüdische Gemeinde an Oberbürgermeister 22. vom 22. Februar 1946 (STAHD, AA 21/9/4, Fasc. 2a).

36 Mitteilungsblatt des Oberrats der Israeliten Badens 6/1954 und 7/1954; 7/1956; 9/1958.

37 Ludwig, Max (= Oppenheimer): Das Tagebuch des Hans O. Dokumente und Berichte über die Deportation und den Untergang der Heidelberger Juden. Heidelberg 1965.

38 Vgl. Gedenkbuch an die ehemaligen Heidelberger Bürger jüdischer Herkunft. Dokumentation ihrer Namen und Schicksale 1933–1945. Bearb. v. Arno Weckbecker im Zusammenwirken mit dem Stadtarchiv Heidelberg. Heidelberg 1983.

abermals den Vorsitz kommissarisch übernehmen.[39] Dagegen bezeugt die Wahl von Leo Rubinstein 1974[40] den Beginn einer Phase der Konsolidierung, des sozialen Wandels und der inneren Stabilisierung der Gemeinde bei kontinuierlich steigenden Mitgliederzahlen. Für die städtische Öffentlichkeit wurde Rubinstein bis zu seiner Ablösung 1988 der eigentliche Repräsentant der jüdischen Gemeinde, dem innerhalb der Gemeinde und in der städtischen Öffentlichkeit weitgehend uneingeschränktes Vertrauen entgegengebracht wurde.

Fast durchgängig war die Heidelberger Gemeinde auch im Karlsruher Oberrat vertreten, so 1954 durch David Linick, den 1939 nach Belgien und später in die USA emigrierten Kleiderfabrikanten Max L. Oppenheimer und den 1880 geborenen, früheren Oberregierungsrat und in der NS-Zeit als Rechtsanwalt tätigen Dr. Arthur Strauß,[41] der zu den wenigen gehörte, die während der NS-Jahre in Heidelberg verblieben waren. An ihre Stelle traten 1956 Rositta Oppenheimer-Kramer und Leo Landau. Im Jahr vor seiner Wahl zum Heidelberger Vorsitzenden war auch Leo Rubinstein Mitglied des Oberrats geworden.

Erst 1962 erhielt die Heidelberger Gemeinde mit Dr. Nathan Peter Levinson einen für sie zuständigen Rabbiner. Levinson war bereits im Jahr zuvor Stadtrabbiner von Mannheim geworden. 1964 hatte er zugleich das Amt des Landesrabbiners für Baden und Hamburg übernommen. Der in Berlin gebürtige Levinson hatte 1941 nach einigen Semestern Studium bei Leo Baeck an der in Berlin ansässigen Lehranstalt für die Wissenschaft des Judentums Deutschland verlassen und sein Rabbinatsstudium am Hebrew Union College in Cincinnati beendet. Auf Anregung Baecks war er 1950 nach Deutschland zurückgekehrt und hatte das Rabbineramt in der jüdischen Gemeinde Berlins übernommen. Anschließend war er zwei Jahre als Militärgeistlicher der US-Luftwaffe in Japan, Korea und Deutschland tätig. Ein besonderer Schwerpunkt der Tätigkeit Levinsons lag in der christlich-jüdischen Zusammenarbeit. Seit 1966 war er Mitvorsitzender des Deutschen Koordinierungsrates der Gesellschaften für Christlich-Jüdische Zusammenarbeit und aktiver Teilnehmer an evangelischen und katholischen Kirchentagen sowie vielen Foren des interkonfessionellen Dialogs. Seiner Initiative verdankt sich u. a. die Einrichtung des »International Council of Christians and Jews« im

39 Mitteilungsblatt des Oberrats der Israeliten in Baden 9/1961; 12/1961; 4/1962; 1/1963; 3/1964; 4/1966; 12/1967.

40 Der 1946 in Taschkent geborene Leo Rubinstein hatte seine Schulausbildung in Deutschland absolviert und studierte in Bochum und Heidelberg Wirtschaftswissenschaften. Als Student war Rubinstein in der Zionistischen Jugend aktiv und reorganisierte 1968 den jüdischen Studentenverband in Heidelberg. Auf seine Initiative geht auch die Gründung des Landesverbandes jüdischer Studenten in Baden zurück. Mit 38 Jahren wurde Leo Rubinstein der jüngste Vorsitzende einer jüdischen Gemeinde in der Bundesrepublik. Seine Wahl signalisierte deutlich einen ersten Generationswandel in den jüdischen Gemeinden.

41 Dr. jur. Arthur Strauß' Kanzlei in der Rohrbacher Straße war wie die seiner Kollegen Alfred Marschall, Moritz Mayer, Friedrich Wolf und Samuel Zucker in der »Reichskristallnacht« vom 9. auf den 10. November 1938 verwüstet worden. Strauß wurde vom 9. November bis 23. Dezember 1938 in Dachau inhaftiert und mußte ab September 1939 den gelben Stern tragen. Weckbecker 1985, S. 258–259.

Martin-Buber-Haus in Heppenheim und die Gründung der Hochschule für Jüdische Studien in Heidelberg. Levinson verkörpert bis in die Gegenwart den streitbaren und in Glaubensfragen unbeugsamen Gelehrten, dessen Wirken gleichwohl auf Austausch und Versöhnung gerichtet war. Insbesondere für die jüngeren und studierenden Gemeindemitglieder haben Levinson und seine Frau, die Judaistik-Dozentin Pnina N. Levinson, die unbestrittene Mentorenschaft übernommen. Bis zum Zeitpunkt seiner Zurruhesetzung nach 25jährigem Wirken sind die Stadt und die Heidelberger Gemeinde auch der private Lebensmittelpunkt des Ehepaars Levinson gewesen.[42]

Die Gemeinde bemühte sich frühzeitig, neue Kontakte zu jüdischen Organisationen und Personen im Ausland zu knüpfen und Kontinuitäten, vor allem den Kontakt zu noch lebenden Mitgliedern der Vorkriegsgemeinde, aufrechtzuerhalten. Ein Beispiel dafür findet sich in einer Namensliste, die 1953 von Dr. Strauß erstellt wurde. Sie enthält die Personen, an die von der Stadt Heidelberg das von Marie Baum, Gustav Radbruch und Hermann Maas herausgegebene Gedenkbuch »Den Unvergessenen« weitergegeben werden sollte.[43]

Unter den 43 Heidelberger Adressaten finden sich die Ehefrauen der Professoren von Künßberg und Fraenkel und die der wieder in ihre Hochschulämter aufgenommenen Professoren Ernst Levy und Herbert Sultan.[44] Verbindung aufgenommen wurde zu dem in Genf lebenden letzten Vorsitzenden der Jüdischen Gemeinde vor 1940, dem Kaufmann Sally Goldscheider, dem inzwischen völlig mittellosen und von Frankreich aus verzweifelt um seine Rückkehr kämpfenden Universitätsdozenten Leopold Perels, dem nach England emigrierten Gymnasiallehrer Moritz Morgenthal, dem nach Brasilien emigrierten Gymnasiallehrer Ludwig Basnizki[45] und den in Oxford lebenden Professorenwitwen Sachs und

42 RNZ vom 23. November 1981, 27. April 1985, 28. November 1986. Zu P. N. Levinson siehe RNZ vom 4. Dezember 1986. 1991 erhielt Levinson den Augsburger Friedenspreis. RNZ vom 9. August 1991. So positiv Levinson sein Verhältnis zum Heidelberger Oberbürgermeister Reinhold Zundel hervorhebt, so kritisch vermerkt er die demonstrative Zurückhaltung bürgerlicher Honoratiorenzirkel, die, wie beispielsweise die Rotarier, ihm den Zugang zu ihren Kreisen verwehrten. Siehe u.a. Giovannini, Norbert u.a. (Hrsg.): Jüdisches Leben in Heidelberg. Heidelberg 1992, S. 10.

43 Baum, Marie / Maas, Hermann / Radbruch, Gustav (Hrsg.): Den Unvergessenen, Opfern des Wahns 1933–1945. Heidelberg 1952. Oberbürgermeister Carl Neinhaus hatte eine Anregung des Lambert Schneider Verlages aufgegriffen und Dr. Strauß gebeten, eine »zahlenmäßig nicht zu umfangreiche Liste« aufzustellen. Von der Stadt wurden schließlich 80 Exemplare bestellt. STAHD, AA 168/20.

44 Zu den Verfolgungsschicksalen der Heidelberger Universitätsangehörigen im einzelnen siehe Mußgnug, Dorothee: Die vertriebenen Heidelberger Dozenten. Zur Geschichte der Ruprecht-Karls-Universität nach 1933. Heidelberg 1988 (= Heidelberger Abhandlungen zur Mittleren und Neuen Geschichte, NF, 2).

45 Heinemann, Günter: In Deutschland aus dem Dienst entlassen. Ludwig Basnizki. Veröffentlichung des Stadtarchivs Heidelberg. Heidelberg 1983.

Heinsheimer. Ein weiteres Exemplar erhielt der 1933 emigrierte und in St. Georgen/Schwarzwald lebende Landgerichtspräsident Hugo Marx.[46]

Seit 1980 festigte die Gemeinde auch den Kontakt zu dem von 1933 bis 1936 amtierenden Heidelberger Rabbiner Fritz Pinkuss, der seit seiner Emigration in São Paulo lebte und dort als Oberrabbiner einen neuen Lebensmittelpunkt gefunden hatte. Nach Veröffentlichung seiner Autobiographie war Prof. Pinkuss mehrfach zu Gast in Heidelberg und sprach und predigte bei verschiedenen Gedenkfeiern.[47]

Auf Initiative der Stadtverwaltung und im Zusammenhang mit den Bemühungen um eine Städtepartnerschaft mit einer israelischen Stadt nahm das städtische Amt für Öffentlichkeitsarbeit Ende der 70er Jahre Kontakt auf zu ehemaligen jüdischen Mitbürgern, die in Israel leben. Eine Auswahl der Antwortschreiben wurde der Öffentlichkeit zugänglich gemacht.[48] Neben einer Vielzahl privater Kontakte, die auch zuvor schon bestanden hatten, verstärkte diese Initiative die Einbindung ehemaliger jüdischer Bürger Heidelbergs in die partnerschaftlichen Beziehungen zu der israelischen Stadt Rehovot und förderte eine Fülle reger Kontakte, in die in den letzten Jahren verstärkt auch Jugendlichengruppen aus Heidelberg und seinen anderen Partnerstädten einbezogen sind.[49]

46 Hugo Marx war in Heidelberg bekanntgeworden durch sein Eingreifen als Staatsanwalt im Fall des Physikordinarius und Nobelpreisträgers Philipp Lenard, eines erklärten Antisemiten, dessen Weigerung, anläßlich der Beerdigungsfeierlichkeiten für den ermordeten Reichsaußenminister Rathenau in seinem Institut halbmast zu flaggen und die Arbeit einzustellen, im Juni 1922 zur legendären Erstürmung des Physikalischen Instituts durch aufgebrachte Arbeiter und Studenten führte. Vgl. Marx, Hugo: Werdegang eines jüdischen Staatsanwalts und Richters in Baden (1892–1933). Ein soziologisch-politisches Zeitbild. Villingen 1965. Vgl. auch RNZ vom 27. Juni 1972, Landgerichtspräsident a. D. Marx 80 Jahre.

47 Ein erster Besuch fand im Oktober 1980 statt. Am 22. Oktober 1980 enthüllte Pinkuss gemeinsam mit dem Oberbürgermeister eine dem Dichter Alfred Mombert gewidmete Gedenktafel auf dem Mombertplatz im Stadtteil Emmertsgrund. Siehe: Bekanntmachungen der Stadt Heidelberg vom 17. Oktober 1980. Die Autobiographie von Prof. Fritz Pinkuss ist erschienen unter dem Titel Lernen, Lehren, Helfen. Sechs Jahrzehnte als Rabbiner auf zwei Kontinenten. Heidelberg, 1990. Für die Zeit von 1933 bis 1936, in der Pinkuss das Rabbineramt in Heidelberg innehatte, ist sie leider nicht sehr aufschlußreich. Die Erinnerung an den jüdischen Schriftsteller Alfred Mombert wurde durch eine Ausstellung in der Alten Universität 1993 wiederbelebt. Vgl. hierzu: Himmelheber, Susanne/Hofmann, Karl-Ludwig (Hrsg.): Alfred Mombert (1872–1942). Heidelberg 1993.

48 Heinemann, Günter (Hrsg.): Die alte Heimat ist nicht vergessen. Heidelberg 1979.

49 Eine erste Dokumentation dieser Begegnungen ist enthalten in: Begegnung mit den Heidelberger Juden in der neuen Heimat. Im Geiste des Prälaten Maas. Dokumentation der Besuchs- und Informationsreise von Oberbürgermeister Reinhold Zundel und Prof. Leo Rubinstein vom 19. Mai bis 2. Juni 1982 in Israel. Hrsg. Stadt Heidelberg 1982.

4 Orte und Institutionen des Gemeindelebens

Neben den drängenden sozialen und Integrationsaufgaben, mit denen die jüdische Gemeinde in den ersten Nachkriegsjahren belastet war, stand die Aufgabe, die geeigneten räumlichen Bedingungen für das Gemeindeleben zu schaffen. Mit der Stadt Heidelberg waren die Eigentumsverhältnisse an den Stätten der jüdischen Gemeinde zu klären, und es stand an, eine dauerhafte Regelung für deren Pflege zu finden. Von größter Dringlichkeit waren

– die Verfügung über ein Gemeindezentrum, das neben der Synagoge auch Wohn- und Versammlungsräume enthalten sollte,

– die Klärung der Eigentumsrechte am Grundstück der 1939 zerstörten Synagoge unter Einschluß einer angemessenen Gestaltung des Synagogenplatzes,

– eine Entscheidung über Eigentum und Pflege der beiden jüdischen Friedhöfe.

4.1 Das Gemeindezentrum in der Häusserstraße

Bereits im Frühjahr 1946 stellte die Stadt Heidelberg der jüdischen Gemeinde ein von ihr selbst treuhänderisch verwaltetes Gebäude in der Weststadt als Gemeindezentrum zur Verfügung. In wenigen Monaten wurde das Gebäude, das 1922 im Auftrag der BASF für deren Direktor Dr. Paul Julius erbaut worden war und im Volksmund als »Villa Julius« bezeichnet wurde, den Bedürfnissen der Gemeinde entsprechend umgebaut. In Anwesenheit zahlreicher Vertreter der US-Army, jüdischer Hilfsorganisationen und der Stadtverwaltung erfolgte die Einweihung der Synagoge am 1. September 1946 durch den amerikanischen Armeerabbiner.[50]

Neben der Synagoge waren in dem Gebäude der Villa Julius eine Gemeindebibliothek und ein Kindergarten eingerichtet worden, seit 1947 bestand ein Studentenwohnheim und seit März 1951 ein jüdisches Altersheim in der oberen Etage. Das Altersheim war auf Initiative der damaligen Vorsitzenden des Frauenvereins, Rositta Oppenheimer-Kramer, eingerichtet worden und bestand bis 1970.[51]

Grundstück und Gebäude des Gemeindezentrums gingen 1948 in das Eigentum des Landes Württemberg-Baden über und wurden 1955 von der Jüdischen Gemeinde angekauft.

50 Die gelegentliche Behauptung, die Synagoge in der Häusserstraße sei erst 1958 bezogen worden und die Gemeinde habe bis dahin einen Synagogenraum in der Klingenteichstraße benutzt, beruht auf einem Irrtum. Am 23. März 1958 wurde in der Häusserstraße eine »neurenovierte« Synagoge eingeweiht. Vgl. Mitteilungsblatt des Oberrats der Israeliten Badens 4/1958. Möglicherweise trug das Haus in der Klingenteichstraße aber noch einige Jahre über dem Portal eine Tafel mit der Inschrift »Synagogue Center«. Daher ist auch die Bildlegende in Jüdisches Leben 1992, S. 293 unzutreffend.

51 »Verwirf uns nicht im Greisenalter.« Einweihung eines jüdischen Altersheimes in Heidelberg. Allgemeine, Wochenzeitung der Juden in Deutschland, März 1951.

4.2 Der Friedhof am Klingenteich

Anders als bei der zügigen Überlassung der Villa Julius zeigte sich die Stadt Heidelberg zunächst wenig gewillt, die Verantwortung für Wiederherstellung und Pflege der beiden jüdischen Friedhöfe zu übernehmen.

1942 hatte die Stadt das Gelände des an der Klingenteichstraße gelegenen, bereits 1876 geschlossenen Friedhofes für 9830 RM von der Gemeinde erworben. Die Absicht der Stadtverwaltung, eine öffentliche Grünanlage zu schaffen, kam nicht zur Ausführung. Das Gelände wurde von einem älteren Bürger im Auftrag der Stadt gepflegt. Im Zusammenhang mit der Errichtung eines Luftschutzbunkers in dem danebengelegenen Wohnhaus und der Aufstellung einer Baubaracke sind jedoch schließlich die meisten Grabsteine umgelegt und zahlreiche auch entwendet worden. Das Gelände war bei Kriegsende von Gestrüpp überwuchert und nach außen nur unzulänglich geschützt.[52] Das von der JRSO beschlagnahmte und mit einer Veräußerungssperre belegte Gelände sollte nach den Vorstellungen der jüdischen Gemeinde zunächst von der Stadt wieder hergerichtet und alsbald der Gemeinde übergeben werden. Auch wenn die Stadt dazu im Prinzip bereit war, mutet es aus heutiger Sicht doch befremdlich an, daß die langsam vorankommenden Renovierungsarbeiten immer wieder von Versuchen begleitet waren, einen Teil der finanziellen Lasten auf die jüdische Gemeinde abzuwälzen. Auch sträubte sich die Stadt lange Jahre, die Pflege des Friedhofs dauerhaft zu übernehmen mit dem konstanten Hinweis auf finanzielle Folgelasten. Die Debatten im Gemeinderat und dem Friedhofsausschuß dieser Zeit sind nicht frei von peinlichen Bekundungen des Unwissens über jüdische Begräbnissitten und den Versuchen, mit einmaligen Sanierungsleistungen sich der finanziellen Verpflichtungen gegenüber der jüdischen Gemeinde zu entledigen.

Ende 1950 gelangte der Klingenteichfriedhof endgültig wieder in das Eigentum der jüdischen Gemeinde. Aber erst 1960/61 war seine Wiederherstellung zufriedenstellend abgeschlossen. Die Aufgabe der gärtnerischen Pflege des Friedhofs verblieb bei der Stadt.

Bereits 1962 hatte der Gemeindevorsitzende Dr. Sprecher empfohlen, die erhalten gebliebenen Steine zu dokumentieren, da deren Verfall und die Verwitterung der Inschriften unübersehbar sei. 1984 legte die Stadt Heidelberg eine Dokumentation der verbliebenen Grabmäler vor.[53]

52 Eine Bewohnerin des nebenangelegenen Hauses bestätigte dem Verf., daß nach dem Krieg häufig Kinder auf dem Friedhof spielten und dabei auch Skelettreste ausgegraben wurden. Ein Leserbriefhinweis hierzu um 1946 in der RNZ wurde damals von der Stadtverwaltung energisch dementiert.

53 Szklanowski, Benno: Der alte jüdische Friedhof am Klingenteich in Heidelberg 1702–1876. Heidelberg 1984 (= Neue Hefte zur Stadtentwicklung und Stadtgeschichte; 3). Aus der Dokumentation geht hervor, daß ein Großteil der ursprünglich über 600 Gräber abgegangen, durch den Zusammenbruch der oberen Stützmauer verschüttet oder auch absichtlich entfernt worden ist. Auch läßt sich feststellen, daß in dem kurzen Zeitraum seit der fotografischen Dokumentation der Verwitterungsprozeß weiter fortgeschritten ist. Weitere konservatorische Maßnahmen wären erforderlich. Auch sind viele Grabsteine nach dem Krieg »falsch«, d.h. den Besucherwegen zugewandt, aufge-

4.3 Der jüdische Friedhof beim Bergfriedhof

Nicht minder kompliziert gestalteten sich die Bemühungen um eine Klärung der Eigentumsrechte und der Pflegeverpflichtungen für den 1876 eingerichteten Friedhof an der Rohrbacher Straße, der im Zuge der Ausweitung des christlichen Bergfriedhofes von diesem nahezu umschlossen wurde.

Wenige Wochen vor der Deportation 1940 hatte die Stadt Heidelberg mit der Gemeinde einen Kaufvertrag geschlossen, demzufolge zwei nicht belegte Geländeteile der Stadt übereignet wurden. Eben diese beiden Flächen wurden nach dem Krieg zur Verhandlungsmasse der sich über Jahre hinziehenden Kontroversen um die Pflegeleistungen, die auf dem Friedhof dringend erforderlich waren.

Tatsächlich war der Friedhof nach dem Krieg »in einem trostlosen Zustand und völlig verwildert (...) Viele z. T. schmiedeeiserne Kunstwerke, Gitter und Bronzeteile waren von den Grabstätten entfernt. Von vielen Denkmälern waren die Metallbuchstaben herausgehauen. Das Grab Wolff war vollkommen zertrümmert, vom Grab Ferdinand Liebhold wurde eine Bronzeschale, das Kunstwerk eines namhaften Bildhauers, entwendet.«[54]

Strittig war nicht, daß die Stadt mit Renovierungsarbeiten auf dem Friedhofsgelände beginnen sollte; zunehmend deutlicher schälte sich indes heraus, daß sie der Überzeugung zuneigte, die ihres Erachtens 1940 rechtmäßig erworbenen Grundstücke z. T. gegen die anfallenden Kosten der Wiederinstandsetzung aufrechnen und sich ein Wegerecht durch den jüdischen Friedhof dafür einhandeln zu können. Erst 1953 wurde, nachdem mehrere Vergleichsverhandlungen zwischen Stadt, JRSO und jüdischer Gemeinde dem Scheitern nahe waren, ein endgültiger Vergleich geschlossen, demzufolge die Stadt die Pflege bis 1970 bzw. bis zur Übernahme der Kosten durch Land oder Bund übernehmen sollte. Im Austausch dazu erhielt die Stadt ein noch nicht belegtes Geländestück, und die jüdische Gemeinde erteilte das Wegerecht. Nach anfänglichem Sperren erklärte die Stadt 1955 auch ihre Bereitschaft, einen Großteil der Kosten für die Renovierung der Leichenhalle im Eingangsbereich des Friedhofes zu übernehmen.

Die Anlage ist mittlerweile von mehreren Seiten zugänglich und befindet sich in sorgsam gepflegtem Zustand. Die Grabbelegung macht deutlich, daß in der jüdischen Gemeinde immer auch ein starker Zustrom von Menschen aus osteuropäischen Gebieten stattgefunden hat, eine Entwicklung, die auch nach 1945 nicht abgebrochen ist. Ersichtlich ist, daß die Belegungskapazität des Friedhofes in naher Zukunft erschöpft sein wird.

stellt worden. Trotzdem läßt sich der Wandel der jüdischen Grablegungskultur und Grabsteingestaltung unter dem Einfluß der Assimilationsbewegung des 19. Jahrhunderts auf engstem Raum nachvollziehen.

54 Friedhofsverwalter an Strauß vom 3. Dezember 1945 (STAHD 2-22-09 alt/Friedhofsamt, jüd. Friedhöfe).

Im August 1978 wurde der Friedhof von unbekannten Tätern geschändet, wurden 21 Grabsteine umgeworfen und zum Teil erheblich beschädigt. Die Täter konnten nicht gefaßt werden.[55]

4.4 Der Synagogenplatz

Bereits 1948 diskutierte der Gemeinderat über die Aufstellung eines Gedenksteins auf dem Gelände der 1938 zerstörten Synagoge.[56] Unübersehbar waren die Schwierigkeiten, angemessene Formulierungen für eine Inschrift zu finden. Skeptisch zu diesem Vorhaben äußerte sich auch Stadtrat Dr. Erich Kaufmann-Bühler:[57] »Im übrigen kann man sich des Gefühls nicht erwehren, daß man es in Deutschland immer sehr eilig habe, Gedenksteine zu errichten, mit denen an sich wenig geholfen sei.«[58]

Tatsächlich ist ein Gedenkstein angefertigt worden, der aber nicht (oder nur kurzzeitig)[59] auf dem Synagogenplatz aufgestellt wurde. Die jüdische Gemeinde befürchtete – nicht zuletzt angesichts zahlreicher Grabschändungen in der hessischen Nachbarschaft –, daß ein solcher Gedenkstein auch in Heidelberg antisemitische Aktionen provozieren könnte. Der Gedenkstein wurde dann im Eingangsbereich des jüdischen Friedhofs beim Bergfriedhof aufgestellt.

Dennoch blieb das 1947 von Oberbürgermeister Swart gegebene Versprechen, dem Platz eine angemessene Gestaltung zu geben, aktuell. Mehr als die Anbringung einer unscheinbaren Gedenktafel, die zudem noch ein falsches Datum der Brandschatzung enthielt, erfolgte jedoch nicht. Das Synagogengelände, das die Stadt ebenfalls 1942 mitsamt der danebenliegenden Grundstücke günstig erworben hatte, wurde 1951 der jüdischen Gemeinde zurückgegeben und von dieser 1955 wieder an die Stadt verkauft.[60] Der Platz wurde bis 1978 als Parkfläche genutzt, und die Erinnerung an das stattliche Synagogengebäude verblaßte nachhaltig. Nicht anders ist zu erklären, daß noch 1966, anläßlich der 28. Wiederkehr der Pogromnacht vom 9. November, die Rhein-Neckar-Zeitung sich in unkundigen Spekulationen über das Synagogengebäude erging: »Wir wissen nicht, wann es errichtet wurde und wer es erbaute, weder im Stadtarchiv noch im Rathaus finden sich Unterlagen darüber. Die Erwähnung dieses Gebäudes in einer alten Heidelberger Stadtgeschichte aus dem Jahr 1805 läßt jedoch darauf schließen, daß die Synagoge bereits im 18. Jahrhundert bestanden hat.«[61]

55 RNZ vom 31. August 1978. Auch 1951 soll es zu Grabschändungen auf dem Friedhof gekommen sein.

56 Löslein, Barbara: Geschichte der Heidelberger Synagogen. Heidelberg 1992 (= Veröffentlichungen zur Heidelberger Altstadt, 26), S. 77–82.

57 Zu Dr. Erich Kaufmann-Bühler s. Reutter 1994, S. 209, Anm. 30. Kaufmann-Bühler war nicht Mitglied der jüdischen Gemeinde. Seine jüdische Frau ist 1944 verhaftet und nach Theresienstadt deportiert worden. 1934 war Kaufmann-Bühler aus politischen Gründen aus dem Schuldienst entlassen worden.

58 Prot. Gemeinderat vom 28. Mai 1948.

59 Löslein, Barbara: Geschichte der Heidelberger Synagogen. Vom 17. Jahrhundert bis zur Gegenwart. In: Jüdisches Leben 1992, S. 292.

60 Löslein 1992a S. 292.

61 RNZ v. 9. November 1966. Zur Geschichte der Synagoge vgl. Löslein 1992, S. 54–73.

Erst im Zuge der umfassenden Stadtsanierung und der Einrichtung der Fußgängerzone wurde in den späten 70er Jahren eine angemessene Platzgestaltung durchgeführt. Pflasterung, Umrandung, die Aufstellung von Bänken und – anstelle des Gedenksteins, der im Eingangsbereich des neuen jüdischen Friedhofs aufgestellt wurde, – ein Natursteinfindling aus dem Odenwald«, »der zusammen mit dem daraus hervorquellenden Wasser das alttestamentarische Bild von der aus dem Felsen sprudelnden Quelle symbolisiert«,[62] schufen eine kleine Oase der Besinnung.

5 Erinnern, mahnen, Wissen schaffen

Während das religiöse Leben der jüdischen Gemeinde wie bei allen anderen Konfessionen wesentlich nach innen, auf die Gemeindemitglieder und ihre geselligen Kontexte bezogen war, boten sich zahlreiche Gelegenheiten öffentlichen Wirkens im Zusammenhang mit Gedenkveranstaltungen. Diese thematisieren bis heute zwangsläufig das singuläre Verhältnis des Judentums zur deutschen Geschichte, dem Holocaust und der bundesrepublikanischen Wirklichkeit. Ihr auf Erinnerung insistierender und mahnender Duktus ist angesichts eines Umfelds, das von latentem und offenem Antisemitismus in vielerlei Gewandungen bis heute geprägt ist, unverkennbar und notwendig.

Bereits im Sommer 1945 beantragte das Heidelberger Komitee für KZ-Opferbetreuung, in dem auch die jüdische Gemeinde mitwirkte, im Gemeinderat, eine »Woche der Opfer des Nationalsozialismus« durchzuführen. Diese wurde am 9. September abgeschlossen mit einer Matinee in der Stadthalle unter dem Titel »Wir haben es nicht gewußt«. »In würdiger musikalischer Umrahmung und nach Darbietung eines eindringlichen Prologs brachten sechs ehemalige Insassen deutscher KZs Erinnerungen aus ihren furchtbaren Erlebnissen zu erschütterndem Ausdruck.«[63] Damit wurde auch in Heidelberg eine Tradition begründet, die in jährlichen Gedenkfeiern die Erinnerung an die Opfer des Nationalsozialismus und das Geschehen des Holocaust wachzuhalten bestrebt war.

Ein weiteres frühes Beispiel ist die Enthüllung einer Gedenktafel zur Erinnerung an die ermordeten Juden aus Heidelberg und Umgebung auf dem jüdischen Friedhof im September 1952.[64]

Seit den frühen 60er Jahren findet unter der Ägide der Gesellschaft für Christlich-Jüdische Zusammenarbeit regelmäßig im März die »Woche der Brüderlichkeit« statt, im November jeden Jahres gedenkt die jüdische Kultusgemeinde auf dem Synagogenplatz der Verfolgung jüdischer Mitbürger in den Jahren des Nationalsozialismus, die am 9. und 10. November 1938 auch in Heidelberg einen dramatischen Höhepunkt erreicht hatte. Im November 1956 wurde in diesem

62 RNZ vom 21. August 1978.

63 Tätigkeitsbericht des Heidelberger Hilfskomitees für die Opfer des Nationalsozialismus (GLA 356-1777/31, Nr. 1164).

64 STAHD, AA 211/16, Einladungsschreiben.

Rahmen auf dem Synagogenplatz eine Gedenktafel angebracht, deren verschwommener Text indessen wenig Zustimmung fand. In den 80er Jahren wurden die Veranstaltungen der Woche der Brüderlichkeit zunehmend mitgestaltet von jüdischen Studenten und bereichert durch den Vortrag jiddischer Musik. 1980 und 1988 erhielt der Vorsitzende der jüdischen Gemeinde, Rubinstein, die Gelegenheit, als Repräsentant einer der in Heidelberg vertretenen Glaubensgemeinschaften beim traditionellen Neujahrsempfang im Rathaus die Neujahrsansprache zu halten.

Mehrfach waren diese Gedenkanlässe verbunden mit Ausstellungen, die vom Archiv der Stadt und überkonfessionellen Initiatorenkreisen vorbereitet wurden; so im November 1978 eine Ausstellung über »Heidelberg und seine jüdischen Mitbürger«, 1979 eine Ausstellung zur Literatur über das Judentum und im Mai 1983 eine Ausstellung anläßlich der 50. Wiederkehr des Tages der Machtübernahme 1933. 1985 zeigten die Gesellschaft für Christlich-Jüdische Zusammenarbeit, die Stadt und die jüdische Kultusgemeinde eine Ausstellung zum 175jährigen Bestehen des Oberrats der Israeliten Badens. Besondere Aufmerksamkeit fand das umfangreiche Veranstaltungsprogramm und die Ausstellung im November 1988 anläßlich des Gedenkens an die Reichspogromnacht. Dies bot die Gelegenheit, auch an die Zerstörung der Rohrbacher Synagoge zu erinnern. Im Beisein des Oberbürgermeisters der israelischen Partnerstadt Rehovot gedachten Stadt und jüdische Gemeinde der Deportation badischer und pfälzischer Juden im Oktober 1940 nach Südfrankreich.[65]

Die Vielzahl und Regelmäßigkeit des organisierten Gedenkens konnte in den ersten Nachkriegsjahrzehnten nicht darüber hinwegtäuschen, daß die Bereitschaft zur Auseinandersetzung mit dem Judentum und der nationalsozialistischen Epoche auf verhältnismäßig kleine Kreise der Bevölkerung beschränkt blieb. Unwissenheit, Verdrängung und Verleugnung bestimmten vielfach die privaten und öffentlichen Diskurse, Vorurteile und tief verwurzelte Ressentiments suchten sich neue Nahrung, sei es in der Klage über »nichtendenwollende Entschädigungsforderungen« oder in makaberen Debatten um die tatsächliche Zahl der Opfer des NS-Terrors oder dessen wirkliches Ausmaß. Die Wahlerfolge rechtsradikaler Parteien und ein leichtfertig-verharmlosender Umgang mit der Geschichte im Privaten in der wohlstandsgesättigten Nachkriegsgesellschaft erzeugten in den Kreisen der deutschen Juden ein weithin defensives Verhalten in der Öffentlichkeit.[66] Es bedurfte nicht der Nachmann-Affäre,[67] um traditionellen Ressentiments

65 Im November 1992 zeigte das städtische Kulturamt in der Alten Universität Zeichnungen, Aquarelle und Photographien, die die Krankenschwester einer Schweizer Hilfsorganisation, Elsbeth Kassler, gesammelt hatte. RNZ vom 10. November 1992.

66 Vgl. Burgauer 1993, S. 78–111.

67 Burgauer 1993, S. 132–134. Werner Nachmann war als Vorsitzender des Zentralrats der Juden in Deutschland und als Präsidiumsmitglied des Oberrats der Juden Badens häufiger Gast der Jüdischen Gemeinde in Heidelberg. Sein Renommee in der Öffentlichkeit und die Vertrauensstellung, die er in den jüdischen Gemeinden genoß, bewirkten auch in Heidelberg ein lange anhaltendes, völlig unkritisches Verhältnis zu der von ihm betriebenen »Ankündigungspolitik«, den Bau eines neuen Gemeindezentrums betreffend. Die nach seinem Tod im Januar 1988 bekanntgewordenen Finanzmanipulationen

wieder Raum zu schaffen; die Ergebnisse von Umfragen, private Erfahrungen und die das Nachkriegsgeschehen begleitenden antisemitischen Ausschreitungen, Gräberschändungen und verbalen Attacken reaktivierten die traumatischen Erfahrungen der älteren Generationen und die Befürchtungen der jüngeren wieder und wieder.[68]

Auch in den Reihen der Gesellschaft für Christlich-Jüdische Zusammenarbeit[69] und der jüdischen Kultusgemeinde wurden die Möglichkeiten einer wirksamen Einflußnahme in der Öffentlichkeit intensiv und durchaus kontrovers diskutiert. Während die »Gesellschaft« in den ersten Jahren ihres Bestehens hauptsächlich bei der Durchführung der Woche der Brüderlichkeit und mit Vortragsveranstaltungen in Erscheinung trat, machte sich bei der Bilanzierung des Erfolges ihrer Arbeit gegen Ende der 60er Jahre deutliche Ernüchterung bemerkbar. »Wir täuschen uns nicht darüber, daß trotz aller Bemühungen der Radius und das Gewicht unserer Arbeit begrenzt bleibt; nicht zuletzt zeigen das unsere Mitgliederzahlen. Ihr Anteil an der Gesamtbevölkerung Heidelbergs ist sehr gering, die Gesellschaft ist überaltert, Lücken lassen sich nur schwer schließen.«[70]

Auf einer Vorstandssitzung im Mai 1967 wurde in harten Worten der Verlauf der in Routine erstarrten Feierlichkeiten zur Woche der Brüderlichkeit kritisiert und deren Umbenennung in »Woche der Begegnung« angeregt.[71] Auch die Versuche, mit Jugendgruppen und in Schulen ein Vortrags- und Diskussionsangebot bereitzustellen, zeitigte unterschiedliche, z. T. auch kraß erschreckende Ergebnisse.

6 Auf dem Weg zu einem neuen Gemeindezentrum

Noch 1972 war das Gebäude der Villa Julius in der Heidelberger Weststadt für Gemeindezwecke genutzt worden. Am 29. Mai 1979 weihte die jüdische Gemeinde einen provisorischen Betsaal in der Rohrbacher Straße ein und teilte der

lösten auch in der Heidelberger Gemeinde eine Vertrauenskrise gegenüber den Vorstandsmitgliedern aus, die mit Nachmann in enger Verbindung standen. S. u. »Auf dem Weg zu einem neuen Gemeindezentrum«.

68 Vgl. Spiegelumfrage in der Bundesrepublik und in Israel über die Einstellung der Deutschen und der Juden zueinander. In: Spiegel Spezial 2/1992, darin auch die Aufsätze von Broder, Henryk M.: Deutsche Juden und Deutsche, S. 18–29 und Benz, Wolfgang: Juden im Nachkriegsdeutschland, S. 47–54.

69 Die Heidelberger Gesellschaft für Christlich-Jüdische Zusammenarbeit wurde im Juni 1961 gegründet. Ihr erster Vorsitzender war der Pädagogik-Ordinarius Caselmann. Die Aktivitäten des Vereins wurden in den ersten Jahren u.a. getragen von Frau L. Mugdan, Pfarrer Hermann Maas und Landesrabbiner Levinson. Die Vorstände der Gesellschaft wurden von den Konfessionen paritätisch und gleichberechtigt besetzt. Hermann Maas wurde 1961 zum Ehrenpräsidenten der Heidelberger Gesellschaft gewählt.

70 Gesellschaft für Christlich-Jüdische Zusammenarbeit Heidelberg e. V., Arbeitsbericht 1963.

71 Vorstandssitzung der Gesellschaft für Christlich-Jüdische Zusammenarbeit e. V. vom 1. Mai 1967.

Öffentlichkeit mit: »Es war der Beschluß getroffen worden, auf dem Grundstück der alten Gemeinde ein neues Gemeindezentrum, ein jüdisches Studentenwohnheim und das Institut für Judaistik zu errichten.«[72]

Kein anderes Projekt der jüdischen Gemeinde stand so lange im (Zwie-)licht der Öffentlichkeit, löste in der städtischen Öffentlichkeit so viele Kontroversen aus und beeinträchtigte Selbst- und Außenbild der Gemeinde in so hohem Maße, wie die fast zwei Jahrzehnte andauernden Querelen um den Neubau eines Gemeindezentrums.

Schon der beabsichtigte Abriß der Villa Julius enthielt beträchtlichen lokalpolitischen Zündstoff. Dennoch ist nicht auszumachen, daß in die Kritik an Abriß und Neubau sich wirklich erkennbare antisemitische oder antijüdische Ressentiments gemischt hätten.[73] Nur stand die jüdische Gemeinde unversehens in Konfliktlinien, die sich kommunalpolitisch auch an anderer Stelle bemerkbar machten. Galt Abriß den einen als Synonym für eine mit wenig Rücksicht auf historische Bausubstanz und Lebensqualität betriebene Modernisierung und Sanierung des städtischen Gesamtbildes, verteidigte die Stadtverwaltung unter Oberbürgermeister Reinhold Zundel vehement das Interesse der jüdischen Gemeinde an einem angemessenen Gemeindezentrum. Verschärft wurde der Streit zusätzlich durch die zur Auffassung des Oberbürgermeisters und der Gemeinde kontroverse Beurteilung des baulichen Wertes der Villa Julius seitens des Landesdenkmalamts, zum andern durch die Jahr um Jahr sich ziehenden Ankündigungen eines Baubeginns, die Werner Nachmann in seiner doppelten Funktion als Vorsitzender des Zentralrats und des badischen Oberrats in die Öffentlichkeit trug.[74]

1977, also mehr als zwei Jahre nach dem Auszug der Gemeinde aus dem schon zuvor zunehmend weniger genutzten Gebäude in der Häusserstraße, erteilte das Regierungspräsidium die Genehmigung zum Abriß, der im Dezember jenes Jahres, begleitet von Protestaktionen der Anwohner, stattfand. Es folgte jedoch nicht, wie angekündigt, der Beginn von Aushubarbeiten. Auch der Ankündigung Werner Nachmanns, im kommenden September sei mit dem Beginn des Hochschulbetriebes eines Jüdisch-Theologischen Instituts zu rechnen, folgten keine erkennbaren Maßnahmen auf dem Baugelände. Erst 1980 wurde ein großdimensionierter Architektenentwurf vorgestellt und die Öffentlichkeit, wie in den Folgejahren, mit weiteren Ankündigungen vertröstet. Dabei war zunächst weder die Finanzierung noch die inhaltliche Gestaltung von »Hochschule« und Gemeindezentrum geklärt. Ebenso konnte keine Klarheit gewonnen werden über die Komponenten des gesamten Komplexes; war einmal von einem »Museum zur Geschichte des Baden-Württembergischen Judentums und seiner starken, auf die

72 Mitteilungsblatt des Oberrates 8/1975.

73 Rabbiner Levinson hat diese Überzeugung indes mehrfach nachdrücklich geäußert. Mitteilungsblatt des Oberrats der Israeliten Badens 3/77 »Villa Julius«; 5/77 »Noch ein Wort zur »Villa Julius«. Zuletzt in Geleitwort zu Jüdisches Leben 1992, S. 10: »Und alle, von rechts bis links, die sich sonst über kein Thema einigen konnten, waren hier einer Meinung: auch hier wollte man die Juden nicht.«

74 RNZ vom 11. Januar 1977.

Geschichte der deutschen Demokratie einwirkenden Impulse«[75] die Rede, folgten wenig später Pläne für die »Unterbringung des Zentralarchivs für die Geschichte der Juden in Deutschland«. Das Projekt stand also konzeptionell und – wie sich 1988 herausstellte – auch finanziell auf tönernen Füßen. Dennoch hatten die Gemeinde und die städtische Öffentlichkeit die hinhaltenden Erklärungen ihres Vorsitzenden und gelegentliche symbolische Aktionen wie den Spatenstich auf dem Villa-Julius-Gelände im April 1986 gutgläubig für bare Münze genommen.

Erst im Juni 1988 fand eine gemeindepolitische Umwälzung statt, die im Rücktritt Leo Rubinsteins und der Neuwahl des gesamten Gemeindevorstandes gipfelte. Diesem neuen Vorstand mit Guido Shamir an der Spitze und den nachfolgenden Vorständen unter Henry Soussan und Abraham de Wolf oblag es, das verfahrene und in Mißkredit gebrachte Projekt zu retten. Vorübergehend bestanden Pläne, in den Räumen des Alten Hallenbades in der Bergheimer Straße eine Synagoge zu errichten, ein Projekt, für das sich auch Oberbürgermeister Reinhold Zundel begeisterte. Es scheiterte indes an der Entscheidung des Gemeinderats für die Wiedernutzung des Hallenbades entsprechend seinem ursprünglichen Zweck.

Nach Jahren des Wartens – und wohl auch des Bangens um eine schließliche Realisierung des Projekts – legte die jüdische Gemeinde neue Pläne für ein Gemeindezentrum mit Synagoge vor, für die der Gemeinderat im September 1990 einen beträchtlichen Baukostenzuschuß beschloß.

Das 1994 fertiggestellte, architektonisch ungemein gelungene Gemeindezentrum in der Weststadt umfaßt neben der Synagoge, einen Gemeindesaal mit angeschlossener koscherer Küche, ein für Ausstellungen nutzbares Foyer und zwei Nebenflügel, deren südlicher als Wohntrakt gebaut ist, während im nördlichen Flügel die Verwaltung der Gemeinde und weitere für die Gemeindezwecke eingerichtete Räume zur Verfügung stehen.

Für die Mitglieder der Gemeinde und alle Besucher der feierlichen öffentlichen Einweihung der Synagoge wird der Tag der Einweihung auch in Erinnerung bleiben in Verbindung mit dem letzten Wirken des seit 1951 für die Gemeinde tätigen Abraham Abramovics, der – schon auf dem Sterbebett – für seine Gemeinde das feierliche Ma towu Ohalecha Jaakov – »Wie herrlich sind deine Zelte Jakob« – sang. Nie in Vorstandsämtern aktiv, war Abraham Abramovics gleichwohl das eigentlich integrierende Element der jüdischen Gemeinde über viele Jahrzehnte hinweg. Nach dem frühen Tod der Eltern hatte der im baltischen Riga geborene Abramovics das Metzgerhandwerk erlernt. Lange Jahre des Ghettoaufenthalts und der KZ-Haft folgten, in denen er seine gesamte Familie, darunter seine Ehefrau und drei Kinder, verlor. Bei Kriegsende verschlug es ihn nach Heidelberg, wo er mit ehemaligen Mithäftlingen und Freunden untergebracht werden konnte. Der Versuch einer neuen Existenzgründung in Israel scheiterte. 1951 kehrte Abraham Abramovics nach Heidelberg zurück. Vitale Tatkraft, Engagement und spontane Herzlichkeit zeichneten sein Wirken in der

75 RNZ vom 28. Dezember 1977.

Gemeinde und seine offenen und vorurteilslosen Kontakte zu allen Menschen aus, die dem Judentum wohlgesonnen waren.[76]

7 Ausblick

Mit der Einweihung der neuen Synagoge im Januar 1994 ist eine lange und für die Gemeinde von zahlreichen, wenig erfreulichen Turbulenzen geprägte Phase der räumlichen Interimslösungen zu Ende gegangen. Von 1976 bis 1986 waren die Gemeinderäume in einem Hinterhaus der Rohrbacher Straße untergebracht, wiederum fast ein Jahrzehnt dauerte das Provisorium im Darmstädter-Hof-Zentrum. Nicht zuletzt ist das Zustandekommen dieses neuen Gemeindezentrums das Verdienst der gemeindeinternen Umwälzung im Jahr 1988 und der tatkräftigen Vorstände um Guido Shamir, Henry Soussan und Abraham de Wolf.

Die jüdische Gemeinde, die in den letzten Jahren ihre Mitgliederzahl durch den Zuzug von Juden aus der ehemaligen Sowjetunion verdoppelt hat, ist in den vergangenen Jahrzehnten ein belebendes und lebendiges Element der kulturellen und religiösen Existenz der Stadt Heidelberg geworden. Wenn auch unbefangene Normalität kaum je das Bei- und Miteinander von Juden und Nichtjuden in Deutschland bestimmen wird, so bestehen in Heidelberg doch hervorragende Bedingungen für einen produktiven Austausch mit jüdischer Kultur und Lebensweise. Neben der jüdischen Gemeinde sind in dieser Hinsicht anzusprechen die sich Jahr um Jahr vertiefenden Beziehungen zur Partnerstadt Rehovot. Seit der Unterzeichnung des Partnerschaftsvertrages 1983 sind zahlreiche Kontakte entstanden, in die auch die anderen Partnerstädte Heidelbergs einbezogen wurden. Die Gründung eines Freundeskreises Heidelberg-Rehovot im Dezember 1984 ist ein ebenso lebendiger Beweis dafür wie die Einbeziehung von Jugend-, Sport- und Schülergruppen in die partnerschaftlichen Besuchsprogramme.

Nicht minder bereichernd für das akademische und kulturelle Leben ist die seit 1979 bestehende Hochschule für Jüdische Studien, die im Ringen um ein endgültiges Konzept[77] den Versuch unternimmt, »gleichzeitig und parallel akademische Bildung und praktisch-jüdische Ausbildung anzubieten«.[78] Mit der Hochschule für Jüdische Studien gewinnt auch das studentische Element, das die jüdische Gemeinde seit den ersten Nachkriegsjahren begleitete, neues Gewicht. Jüdische Studierende hatten – im Wechsel von Nähe und Distanz zur Gemeinde – seit 1946 innerhalb der Gemeinde und der Universität gewirkt. Mit der Jüdischen Hochschule ist für Studierende ein einzigartiger Bezug von Studium und aktivem Wirken in der Gemeinde geschaffen.

Ein weiteres unterstützendes Element jüdischer Geistigkeit besteht in der Einrichtung des Zentralarchivs zur Erforschung der Geschichte der Juden in Deutsch-

76 Vgl. Nachruf auf Abraham Abramovics von Guido Shamir in: Heidelberger Rundschau vom 3. März 1994.

77 Heidelberger Neuigkeiten. Hochschule für Jüdische Studien 8/1994.

78 Heidelberger Neuigkeiten. Hochschule für Jüdische Studien 3/1992.

land. 1987 vom Zentralrat der Juden in Deutschland gegründet und vom ehemaligen Präsidenten der baden-württembergischen Archivdirektion, Prof. E. Gönner, aufgebaut, steht es seit 1990 unter der Leitung von Peter Honigmann. Konzeptionell knüpft es an das von 1905 bis 1939 bestehende »Gesamtarchiv der deutschen Juden« an, das seinen Sitz in Berlin hatte.[79]

Die Aufgaben der jüdischen Gemeinde haben sich – nicht zuletzt dank des Zuzugs ihrer neuen Mitglieder aus der ehemaligen Sowjetunion – vervielfacht und differenziert. Hier verbietet sich, im schlichten Sinn von Integration zu sprechen. Vielmehr ist darauf zu setzen, daß in einem spannungsreichen und produktiven Prozeß traditionelle Glaubensinhalte, urbane Lebenskonzepte und geistige Traditionen des europäischen Judentums auf den Weg zu neuen Synthesen gebracht werden. Möge darin die Hoffnung bestehen, daß jüdische Existenz in Deutschland niemals mehr »Durchgangsstation« werde, sondern Heimat und Heimstatt auf Dauer erhält.

79 Heidelberger Neuigkeiten. Hochschule für Jüdische Studien 1/1991 und 8/1994 zum Bestand des Archivs.

Monika Preuss

»Heimweh ist nur Weh, nicht Heim«

Private Erinnerungen an jüdisches Leben vor der Vernichtung

»Erinnerungen sind wie Steine, die man aus dem flachen Wasser eines Flusses fischt. Diese Steine hatten einmal rauhe Kanten, doch der Fluß hat sie allmählich glattgeschliffen. So werden in unserem Bewußtsein, in unserer Erinnerung die Einzelheiten, die Widersprüche, die Ironie des früher Erlernten abgeschliffen, und es bleibt nur die glatte Botschaft zurück, die leicht erinnert und übermittelt werden kann. Junge Menschen, die aus den Erinnerungen anderer lernen wollen, erhalten deshalb oft nur die abgeschliffene Form der übermittelten Erinnerung. Wenn sie das rauhe Original kennenlernen wollen, müssen sie es selbst wiederherstellen.«[1]

Michael A. Meyers Bild charakterisiert treffend die Problematik der Erschließung von Lebensbeschreibungen und -rückblicken. Erinnerungen spiegeln eine persönliche Wahrheit wider, die sich erst in der zeitlich distanzierten Betrachtung der eigenen Lebensstationen gebildet hat. Gleichzeitig gibt jede Konstruktion der eigenen Biographie auch allgemeine Haltungen, Ansichten, Erlebnisse wieder, die in der Rückschau dann als rein persönliche Erfahrungen empfunden werden können. Zudem sind die Menschen, die im folgenden zu Wort kommen sollen, so unterschiedlich wie Menschen nur sein können. Sie unterscheiden sich hinsichtlich ihrer Berufe, ihrer Bildung, ihrer Nationalität und ihrer Religionszugehörigkeit. Gemeinsam ist ihnen in jedem Fall, daß sie selbst oder ihre Vorfahren jüdisch sind oder waren und daß Heidelberg einmal ihre Heimatstadt gewesen ist.

Wie also dem »rauhen Original«, um mit Michael A. Meyer zu sprechen, näherkommen? Wie sieht überhaupt das Material aus, das hier bearbeitet werden soll? Inwiefern ist es vergleichbar, und welche Erkenntnisse können wir uns von einer Interpretation versprechen? Den großen Teil des Materials macht ein Briefwechsel aus der Zeit von ca. 1980 bis 1994 zwischen der Stadt Heidelberg und/oder der Jüdischen Kultusgemeinde Heidelberg mit ehemaligen Heidelbergern aus. Manche Briefpartner hatten von sich aus das Bedürfnis, etwas aus ihrem Leben mitzuteilen, andere haben auf eine direkte Bitte hin geantwortet. Daneben gibt es einige wenige geschriebene Lebenserinnerungen oder zeitgenössische Beschreibungen von einschneidenden Lebensereignissen, die nur in Ausnahmefällen in gedruckter Form vorliegen.[2] Da alle diese schriftlichen Informationen nicht

1 Meyer, Michael A.: Jüdische Identität in der Moderne. Frankfurt am Main 1992, S. 114.

2 Als Buch erschienen die Erinnerungen von Hugo Marx (vgl. Anm. 6); im Stadtarchiv Heidelberg befinden sich schriftliche Lebenserinnerungen von Karl-Jacob Hermann (vgl.

das Ergebnis gezielter Fragen sind, sondern spontane oder durch eine auf das Allgemeine hinzielende Frage initiierte Niederschriften, ist der Wert und die Vergleichbarkeit dieses Materials näher zu erklären. Der Wert dieser Erinnerungen liegt in der Tatsache, daß uns erstaunlich wenig über das innerjüdische und jüdisch-religiöse Leben Heidelbergs seit der Jahrhundertwende bekannt ist bzw. bisher aufgearbeitet worden ist. Der Schwerpunkt der Betrachtung liegt häufig auf der Gruppe jüdischer Akademiker und der Studentenschaft.[3] Das Leben der Mitglieder der jüdischen Gemeinde bleibt dagegen im dunkeln. Der Mangel an Abbildungen von Zeremonialgegenständen, die in der Synagoge oder in Heidelberger Privathaushalten benutzt wurden, führt zudem zu einer verblaßten Vorstellung des religiösen Lebens.[4] Das Material, das uns in den Erinnerungen ehemaliger Heidelberger geboten wird, vermag diese Lücke bis zu einem gewissen Grad zu schließen. Daneben spiegeln sich in den Erinnerungen auch andere Lebensbereiche wider: Das enge Verbundenheitsgefühl mit der Familiengeschichte, das Verwurzeltsein mit der Heimat, schließlich auch Schrecken und Grauen der Verfolgungszeit, der Neubeginn in der Fremde, die Bedeutung der Erinnerung an die vergangene Heimat. Die Briefe und Lebenserinnerungen früherer Heidelberger geben Einblick in private Bereiche, die uns der Lebenswirklichkeit Heidelberger Juden näherbringen. Darin liegen der Wert und die Stärke dieses Materials.

Im folgenden sollen in fünf thematischen Abschnitten Erinnerungen verschiedener Personen vorgestellt werden.[5]

Anm. 38) und von Ernest Hausmann (vgl. Anm. 12); Erinnerungen von nur vorübergehend in Heidelberg lebenden Personen – vor allem Studenten und Studentinnen – sind mehrfach vertreten, jedoch auch schwerer bibliographisch zu ermitteln. Hingewiesen sei auf Frieda Fromm-Reichmann, Leo Löwenthal und Rahel Straus (vgl. Anm. 8).

3 Der Artikel von Peter Honigmann über die Heidelberger Zeit des Talmudgelehrten Salman Baruch Rabinkow gibt einen – wenn auch knappen – Einblick in ein orthodoxes jüdisches Leben in der Zeit von 1907 bis 1927 in Heidelberg; vgl. Honigmann, Peter: Der Talmudistenkreis um Salman Baruch Rabinkow. In: Jüdisches Leben in Heidelberg. Heidelberg 1992, S. 265–272.

4 Neben den wenigen Innenaufnahmen der Synagoge in der Großen Mantelgasse, auf denen Leuchter und Thoravorhang zu sehen sind, gibt es nur von drei weiteren Kultgegenständen Photographien; vgl. hierzu Löslein, Barbara: Geschichte der Heidelberger Synagogen. Heidelberg 1992 (= Veröffentlichungen zur Heidelberger Altstadt, 26), S. 69–73.

5 Die für diesen Beitrag ausgewerteten »Erinnerungen« sind überwiegend zwei bestehenden Korrespondenzserien zuzuordnen. Bei der älteren handelt es sich um eine Ende der 70er Jahre angelegte und aktuell noch immer Zuwachs erfahrende Korrespondenzserie der Stadt Heidelberg mit ihren ehemaligen jüdischen Bürgern; sie umfaßt mehrere Stehordner und ist Bestandteil der Registratur der Abteilung Repräsentation der Stadt Heidelberg. Eine jüngere Korrespondenzserie entstand im Zuge eines gemeinsamen Aufrufs von Stadtarchiv und Jüdischer Kultusgemeinde Heidelberg in der in New York erscheinenden Zeitschrift »Aufbau« vom 19. November 1993. Die daraufhin gebildete Korrespondenzserie wurde nach der Auswertung durch die Autorin in die Registratur der Jüdischen Kultusgemeinde Heidelberg aufgenommen; in Kopie befinden sich diese Unterlagen zudem als Bestand D1 im Stadtarchiv Heidelberg. Textpassagen werden

1 Religiöses Leben

Hugo Marx, geboren 1892 in Heidelberg und späterer Landgerichtspräsident, schildert in seinen Lebenserinnerungen[6] eingehend das religiöse Leben zu Beginn des Jahrhunderts in seinem Elternhaus. »Von ihr [der Mutter] her kam vor allem die als Selbstverständlichkeit geforderte, nicht erklärte und deshalb nur mit einem gewissen Widerstreben akzeptierte orthodoxe jüdische Lebensform, die sich vor allem in der Strenge der Einhaltung des Rituals ausdrückte: Der koschere Haushalt mit seiner gewissenhaften Trennung von Geschirr und Besteck für Milch- und Fleischspeisen, die strenge Beachtung des Sabbats, der sich indessen zum Erstaunen der Kinder der Vater, um seiner Leidenschaft des Rauchens zu frönen, immer wieder entzog. Für Mutter und Kinder dagegen hatte der Tag ein ganz ungewöhnliches Aussehen. Man durfte nicht mit der Straßenbahn fahren, nicht schreiben, kein Licht anzünden und vieles andere nicht. Besonders eindrucksvoll war die völlige Umwälzung des Haushaltes während der Osterfeiertage. Alles sonst gebräuchliche Geschirr verschwand in den Keller und wurde durch anderes, weit besseres Pessach-Geschirr ersetzt. Daß kein Brot im Hause sein durfte, war eine nicht diskutierbare Selbstverständlichkeit. Schon Wochen vorher war es ein Gegenstand öfterer, bisweilen erregter Diskussionen zwischen Vater und Mutter, welche Menge von Mazzoth [ungesäuerte Brote] bestellt werden sollte und welch andere Pessach-Spezialitäten einzukaufen waren.«[7]

Die Mutter, Frieda Marx geb. Mayer, hatte ihre religiöse Erziehung bei Ida Goitein, der Witwe des jung verstorbenen Rabbiners der orthodoxen Religionsgemeinschaft in Karlsruhe, Gabor Goitein, genossen. Dort war sie nach dem Tod der eigenen Mutter in Pension gewesen. Bei Ida Goitein hatte sie einen lebendigen orthodoxen Haushalt kennengelernt, in dem die religiösen Traditionen selbstverständlich gepflegt und eingehalten wurden.[8] Hugo Marx lernte Ida Goitein in seiner Jugend kennen und beschreibt seine Eindrücke folgendermaßen: »Frau Goitein, der ich später, als sie vorübergehend in Heidelberg wohnte, auch näherkommen durfte, kannte die Größe und Tiefe des Judentums. Ihre Orthodoxie war nur der Ausfluß eines allumfassenden Wissens um die traditionellen jüdischen Lebensformen. Sie war eine ungewöhnlich kluge Frau, vor der ich den allergrößten Respekt hatte und die während meiner mittleren Gymnasialjahre einen außerordentlichen Einfluß auf mich ausübte, der mich zeitweise zu einer orthodoxen Haltung führte, der selbst diejenige der Mutter nicht mehr genügte. Meine Mutter besaß aber offensichtlich, als sie bei Frau Ida Goitein in Pension

wörtlich zitiert, offensichtliche Schreibfehler werden korrigiert, Ergänzungen erscheinen in eckigen Klammern.

6 Marx, Hugo: Werdegang eines jüdischen Staatsanwalts und Richters in Baden (1892–1933). Ein soziologisch-politisches Zeitbild. Villingen 1965.

7 Ebd., S. 6f.

8 Zum Leben im Goiteinschen Haus vgl. die Lebenserinnerungen der Tochter des Hauses, Dr. Rahel Straus, geb. Goitein: Straus, Rahel: Wir lebten in Deutschland: Erinnerungen einer deutschen Jüdin 1880–1933. Stuttgart 1961.

war, noch nicht die geistige Reife, die Bedeutung der Handlungsweise dieser so außerordentlich menschlichen Frauengestalt zu verstehen. Die Verehrung, die auch sie für Frau Goitein hegte, beschränkte sich darauf, von der bewunderten Frau das strenge Ritual zu übernehmen, das für sie tabuartigen Charakter besaß.«[9]

Die streng religiöse Erziehung und die eigene jugendlich orthodoxe Phase legte Hugo Marx jedoch als Erwachsener ab. Als er 1915 beim Bezirksamt in Müllheim, der Heimatstadt seiner Mutter, tätig war, hielt er sich nicht mehr streng an alle religiösen Vorschriften. Er berichtet in seinen Lebenserinnerungen von einem Synagogenbesuch in Müllheim anläßlich der Pessachfeiertage: »Der Besuch in der Synagoge brachte mir eine Einladung des Vorstehers der Gemeinde ein, in seinem Haus am zweiten Sederabend teilzunehmen (...) Sicher haben er und die Gemeindemitglieder es als befremdend empfunden, daß ein Neffe des Geheimrat Mayer,[10] des allverehrten aus Müllheim stammenden Leiters der badischen Judenheit, seine Mahlzeiten auch am Passahfest in einem öffentlichen Restaurant des Städtchens einnahm. Emanzipation und Assimilation hatten eben doch für die überwiegende Mehrzahl der Kleinstadt- und Dorfjuden mit ihrem noch streng gebundenen Ritual und ihrer Tradition enge Grenzen.«[11]

Für Hugo Marx ist die Loslösung von den traditionellen Speisegeboten für die Pessachzeit ein Zeichen der eigenen Fortschrittlichkeit. Das kleinstädtisch-jüdische Befremdetsein wegen dieser Gesetzesüberschreitung erscheint ihm als eine Begrenzung der eigenen, zeitgemäßen Möglichkeiten.

Die Veränderungen in der Einhaltung religiöser Traditionen beschreibt auch Ernest Hausmann, geboren 1929 und heute in den Vereinigten Staaten lebend, in seinen Erinnerungen.[12] Interessant ist dabei die unbeabsichtigte Kontrastierung des religiösen Lebens der Großeltern mütterlicherseits und der eigenen Eltern: »Observance of Jewish customs was a significant part of my grandparents' [Weingärtner in Flehingen (heute Oberderdingen-Flehingen)] life. My grandfather went to prayer services in the synagogue every morning and afternoon. A major part of this synagogue attendance involved discussions with his peers about business dealings of the day [der Großvater war Viehhändler]. Sabbath festivities extended from sundown on Friday night to sundown of Saturday. Friday involved baking of the traditionally festive bread (Berches). Its ingredients are flour, potatoes and yeast. The formed Berches bore a braid and was richly sprinkled with poppy seeds (...) The Sabbath ended with a ceremony at home which included the lighting of a candle made of woven wax and passing around of a silver box containing a highly aromatic sweet herb.«

9 Marx 1965, S. 23 f.

10 Dr. David Hugo Mayer, von 1883 bis 1920 Mitglied des badischen Oberrats der Israeliten; vgl. Rosenthal, Berthold: Heimatgeschichte der badischen Juden seit ihrem geschichtlichen Auftreten bis zur Gegenwart. Bühl 1927. Ndr. Magstadt 1981, insbes. S. 383, s. auch S. 313, 388, 410, 414, 416, 433.

11 Marx 1965, S. 94.

12 STAHD KLE 13 (Hausmann, Ernest: A Family during Troubled Times: The Hausmanns & the Weingärtners, 1934–1944 [verfaßt 1992], S. 3).

Dieser sehr anschaulichen und detaillierten Beschreibung der großelterlichen Frömmigkeit, die zu einem großen Teil im Haushalt verankert war, steht die Beschreibung der Synagogenbesuche der Eltern gegenüber: »They went to Synagogue most every Saturday morning. In regard to adherence to ancient Jewish traditions the service was similar to a conservative service, leaning towards the orthodox in the States. The men were assembled downstairs, separate from the women who were in a balcony which reached around the periphery and looked down on the men below. The Synagogue was between 1.5 to 2 miles from our home [in einer Querstraße der Bergstraße]. I cannot recall any time we did not walk to services. What I presume represented German cultural influence was the fact that the men wore tophats in the Synagogue on Rosh Hashonna [Neujahr] and Yom Kippur [Versöhnungstag]. Shortly before we left for America my father hurriedly bought a new tophat for the high holidays to come in our new homeland. As far as I am aware this new tophat was worn only twice, by me at Halloween parties.«[13]

Häusliche religiöse Praxis schildert Ernest Hausmann nur im Zusammenhang mit den Großeltern mütterlicherseits. Die Genauigkeit, mit der er Details wie die Zutaten, aus denen in Flehingen die Schabbatbrote zubereitet wurden, oder die besondere Machart der Hawdalakerze, die bei Schabbatausgang ihre Verwendung findet, erinnert, könnte – in Anbetracht des kindlichen Alters, in dem diese Erinnerungen sich einprägten – darauf hindeuten, daß die Großeltern die häuslichen Zeremonien nicht nur vor dem Enkelsohn zelebrierten, sondern ihm die benutzten Gegenstände auch nahegebracht und erklärt haben. Während der Großvater zweimal täglich die Synagoge besuchte, gingen die Eltern nur am Schabbatmorgen und an den Feiertagen zum Gottesdienst, obwohl ein täglicher Gottesdienst angeboten wurde (s. u.).

An die charakteristisch deutsche Sitte, in der Synagoge den Kopf mit einem Zylinderhut zu bedecken, erinnert sich auch Simon F. Flegg, früher Flegenheimer: »Ich war zu jung, um aktiv am Gemeindeleben teilzunehmen. Während des Trauerjahres sagten meine Brüder und ich täglich Kaddisch, sonst besuchten wir, wie unser Vater, die Synagoge meist nur am Sabbat, den Feiertagen und trugen dann den Zylinderhut, der für uns in der Synagoge bewahrt wurde.«[14]

Die Einschränkung, für gewöhnlich den Gottesdienst nur am Schabbat und an den Feiertagen besucht zu haben, während des Trauerjahres für den 1933 verstorbenen Vater jedoch täglich, bestätigt, daß ein täglicher Morgengottesdienst auch in der liberalen jüdischen Gemeinde in den ersten Jahrzehnten dieses Jahrhunderts noch üblich war. Um Kaddisch sagen zu können, ist die Anwesenheit von zehn religionsmündigen Personen erforderlich.

Ein Beispiel für die Einhaltung der Pflicht des täglichen Morgengebets ist auch der Bericht Emmy de Vries-Sippers über ihre Erlebnisse bis zu ihrer Auswande-

13 Ebd., S. 8.

14 Schreiben von Simon F. Flegg vom 14. Februar 1994 an die Jüdische Kultusgemeinde Heidelberg.

rung 1939.[15] Nach der Verhaftung des Vaters in der Nacht vom 28. auf den 29. Oktober 1938 begab sich die Mutter zur Polizeistation. »Am Freitag Morgen ging meine l[ie]b[e] Mutter zu der Polizei und wollte wissen, wo mein l[ie]b[er] Vater hingekommen ist. Sie wollte ihm den Gebetsschal und Gebetsriemen [bringen]. Ihr wurde nicht mit einem guten Ton mitgeteilt und sie mußte mitansehen, wie noch andere jüdische Männer zusammengetrieben waren, und die niemals am heiligen Sabbat mit Zug oder Bus gefahren sind. Dieser Transport wurde nach Posen abtransportiert.«

Die Verhaftungen am 28./29. Oktober hatte den aus Osteuropa stammenden Juden gegolten, also denjenigen ohne deutsche Staatsbürgerschaft. Ein Widerschein der religiösen Observanz innerhalb dieser Bevölkerungsgruppe zeigt sich nicht nur in dem Verhalten der Ehefrau. Trotz der Anspannung wegen der völlig überraschenden Verhaftung ihres Ehemannes hat sie ganz selbstverständlich Gebetsschal und -riemen auf die Polizeistation mitgenommen, damit ihr Mann das Morgengebet in der erforderlichen Weise ausüben konnte. Die ganze Gruppe jüdischer Männer, die im Gefängnis zusammengetrieben war, wird als orthodox beschrieben. Neben dem Schrecken über die Verhaftung steht gleichwertig das Entsetzen darüber, daß fromme Juden gezwungen wurden, durch die Zugreise nach dem Osten den Schabbat zu entweihen. Es ist aufgrund dieses Berichts zu vermuten, daß die osteuropäischen Juden zumindest zum Teil Mitglieder der orthodoxen Austrittsgemeinde in Heidelberg waren.

Neben dem eben erwähnten Beispiel religiöser Observanz darf man jedoch die Entwicklungen religiöser Ausdrucksformen innerhalb der liberalen Gemeinde nicht vergessen. Obwohl die Heidelberger jüdische Gemeinde liberal war, hatte sie in mancher Beziehung Neuerungen erst kurz vor ihrer vorläufigen Vernichtung eingeführt. So fand die erste Batmitzva-Feier in Heidelberg 1937 statt, wie aus einem anderen Schreiben hervorgeht: »Dr. Fritz Pinkus, den ich vor einigen Monaten gesprochen habe, war nicht unser letzter Rabbiner, sondern Ulrich Steuer, der versuchte die Gemeinde liberaler zu führen und die erste Batmitzwa organisierte, bei der unter anderen Hede Basnizki (...) und ich dabei waren. Das war am 16. Mai 1937 – Shewuot [Wochenfest] 5697!«[16]

Die Unterscheidung in liberale und orthodoxe Frömmigkeit sollte jedoch nicht zu voreiligen Zuschreibungen in der Beachtung religiöser Vorschriften führen. Die Selbstverständlichkeit, mit der z. B. die Speisegesetze allgemein noch präsent waren, zeigt sich in der Einrichtung und Akzeptanz des koscheren Hotels mit Restaurant ›Zum Goldenen Roß‹ am Heumarkt.[17] Dr. Max Steigbügel, der aus Mannheim stammte und 1922 zum Studium nach Heidelberg kam, beschreibt die Funktion des Restaurants für die jüdische Studentenschaft: »Jüdische Studenten in Heidelberg, welche einen festen Monatswechsel hatten, nahmen ihr Mittagessen

15 Schreiben von Emmy de Vries-Sipper vom 19. Juli 1981 an die Stadt Heidelberg.

16 Schreiben von M. L.-M. vom 9. August 1988 an die Stadt Heidelberg.

17 Zur Geschichte des Gebäudes Heumarkt 1 vgl. Budde, Kai u. a. (Hrsg.): Beruf: Photograph in Heidelberg: Ernst Gottmann sen. & jun. 1895–1955. Bd. I: Architektur. Frankfurt 1980, S. 89.

im ›Restaurant zum Goldenen Roß‹ unweit des zentralen Universitätsgebäudes ein. Man nannte dieses Restaurant ›Zum koscheren Gaul‹, weil der Besitzer die jüdischen Speisegesetze einhielt. Dieses Lokal wurde auch von christlichen Kommilitonen frequentiert.«[18]

2 Kindheitserinnerungen

Diejenigen, die heute noch in der Lage sind, Erinnerungen an ihr Leben in Heidelberg weiterzugeben, haben in ihrer Mehrzahl bereits als Kinder oder Halbwüchsige ihre Heimatstadt verlassen müssen. So spiegelt sich in den Darstellungen der Kindheit vielfach das romantische Heidelberg wider. Stadt und Landschaft erscheinen als sonnig-heitere Umgebung. Der Marktplatz mit der Heiliggeistkirche, das Schloß, der Philosophenweg, das Neckartal tauchen immer wieder in den Erzählungen auf. In den folgenden kurzen Passagen zeigt sich eine solcherart verklärte, liebevolle Erinnerung an die Stätte der Kindheit: »Heidelberg ist für mich nicht einfach eine Stadt. Ich bin ein Baum, der sich schwer hat verpflanzen lassen, und meine Träume sind noch heute meine Kinderjahre. Unser Haus stand nicht weit von der Heiliggeistkirche; die Uhr hat uns zur Schule geweckt, und die Glocken klingen mir noch heute in den Ohren.«[19]

In einem anderen Brief heißt es: »Gerne erinnere ich mich an meine Kinderzeit in Heidelberg. Ich war dort glücklich. Wir wohnten in einem schönen großen Haus am Graimbergweg 2. Wir hatten einen wunderbaren Garten mit vielen verschiedenen Früchten und Blumen. Dort war es so schön! (...) Auch bin ich so gerne mit der Bergbahn auf die Molkenkur gefahren. Dort gab's gute Windbeutel mit Schlagsahne. Auf dem Königstuhl habe ich gerodelt, und der Botanische Garten in Neuenheim hat mir auch so gut gefallen. Ich denke auch an die Fackelzüge und Schloßbeleuchtungen und kann mich auch gut an den Sommertagszug erinnern.«[20]

Auch diejenigen, die zum Studium nach Heidelberg kamen, konnten sich dieser Romantik nicht entziehen: »Ich erinnere mich als wäre es gestern gewesen all der schönen Ecken in den alten Gassen, an das Schloß, zu dem hinauf wir fast jeden Sonntag spazierengehender Weise pilgerten, und weiter zum Kaiserstuhl [gemeint: Königstuhl]. Heute fährt die Bergbahn hinauf, das geht leichter und schneller. Ja, das waren schöne und glückliche Zeiten. Ich habe sie nicht vergessen (...)«[21]

Die Verbundenheit mit der Heimat zeigt sich nicht nur in solchen liebevollen Beschreibungen. Vielfach wird die Familiengeschichte vorgestellt, die die oft jahrhundertealte Verwurzelung in der kurpfälzischen bzw. badischen Heimat

18 Schreiben von Dr. Max Steigbügel vom 20. November 1980 an die Stadt Heidelberg.
19 Schreiben von Regina Karpf vom 13. November 1978 an die Stadt Heidelberg.
20 Schreiben von Edith Lowell vom 26. Januar 1994 an die Jüdische Kultusgemeinde Heidelberg.
21 Schreiben von Hans Marx vom 10. Januar 1985 an die Stadt Heidelberg.

illustriert. Ein beeindruckendes Beispiel dafür findet sich in einem Schulaufsatz zu dem Thema ›Was weiß ich von meinen Ahnen?‹, den Lieselotte Hochherr 1936 anfertigte und der im folgenden auszugsweise zitiert werden soll:

»Die Namen und die Geschlechterfolge meiner Voreltern sind durch eine in unserer Familie angefertigte Stammtafel seit dem Jahre 1580 bekannt.

Der erste hieß Jakob. Einen Zunamen gab es zu jener Zeit für die Juden nicht. Zur Unterscheidung trug deshalb dieser Jakob den Namen seines Vaters, Jakob Baruchsohn.

Die nachfolgenden Generationen meiner Ahnen hatten ihren Wohnsitz in Hambach in der Pfalz. Baruch Jakobsohn verzog im Jahre 1720 von Hambach nach Berwangen [heute: Kirchardt-Berwangen] (...) Levi Baruchsohn geboren 1757 nahm im Jahre 1806 den Namen Hochherr an. Hochherr deshalb, weil alle Angehörigen der Familie bis zum heutigen Tage sehr große Menschen sind (...) Ich komme nun zu meinen Ahnen mütterlicherseits. Durch die Judenverfolgungen in Spanien, deren Höhepunkt im Jahre 1493 die völlige Austreibung der Juden aus Spanien bildete, waren auch meine Voreltern gezwungen, auszuwandern. Sie zogen über Frankreich nach der Mosel. Urkundlich ist dort ihr Wohnsitz etwa um das Jahr 1600 nachzuweisen. Sie betätigten sich als Weinbauern und Gerber. An der Mosel führten meine Ahnen ein zufriedenes und glückliches Leben (...) Wenn ich jetzt über meine Ahnen gesprochen habe, so darf ich sagen, daß sie alle rechtschaffene Menschen waren, und daß sie ganz besonders ihr Judentum mit Stolz bewahrt haben.«[22]

Doch auch diejenigen, die sich nicht an einen solch detaillierten Stammbaum erinnern, sind häufig in der Lage, über die Generationen vor den Urgroßeltern zumindest unvollständige Angaben zu machen. Über die im Heidelberger Raum ansässige Familie Flegenheimer berichtet ein Nachkomme: »Ein Rabbiner Flegenheimer ist im alten Friedhof beerdigt. Sein Sohn war Mohel und Vorsteher der kleinen jüd[ischen] Gemeinde Heidelbergs, seine Tochter Sängerin am kurfürstlichen Hofe. Mein Urgroßvater Moses F[legenheimer] (1797–1865) geboren in Tairnbach b[ei] Wiesloch [heute: Mühlhausen-Tairnbach] lebte in Odenheim b[ei] Heidelberg [heute: Östringen-Odenheim] und wurde ein bedeutender Landwirt und Handelsunternehmer. Mein Großvater Simon F[legenheimer] (1830–1900) wurde der größte Bauer, Ochsenwirt, Gemeindebäcker, Schafzüchter, Winzer, Schnapsbrenner und Händler in Tabak, Getreide, Landesprodukten, Mehl und verlieh gegen Hypotheken. Mein Vater Adolf F[legenheimer] (1872–1933) und sein Bruder Isidor F[legenheimer] (1875–1931), die beide große Tabakkenntnisse erworben hatten, gründeten 1898 die Zigarrenfabrik, die 1939 ›arisiert‹ wurde.«[23]

Die knappe Aufzählung der Ahnen der Familie Flegenheimer weist mit ihrem Abschluß auf die Ereignisse hin, die den deutschen Juden ein Bleiben in ihrer Heimat unmöglich machen sollte.

22 Beilage zum Schreiben von Henry Bauer vom 27. Dezember 1993 an die Jüdische Kultusgemeinde Heidelberg.

23 Schreiben von Simon F. Flegg vom 14. Februar 1994 an die Jüdische Kultusgemeinde Heidelberg.

»Ich bin früherer Heidelberger, geb. 1919, + war Schüler in der Fried[rich] Ebert Volksschule (Plöck), sowie im Gymnasium (Neckar). Als Jude hatte ich keine Zukunft mehr + wanderte aus.«[24]

Mit dieser kargen Beschreibung umreißt ein ehemaliger Heidelberger seine deutsche Vergangenheit. Die Entscheidung auszuwandern und in der Fremde eine neue Existenz aufzubauen, ist den meisten Briefpartnern jedoch schwergefallen. Diejenigen, die aufgrund von Entlassungen oder durch Einkommensverluste infolge des Boykotts jüdischer Geschäfte ihrer beruflichen und materiellen Grundlage beraubt waren, konnten sich teilweise rasch und erfolgreich um die Auswanderung bemühen. Aus der Not heraus orientierten sie sich beruflich völlig neu.

Der Mediziner Dr. Max Steigbügel verlor 1933 seine Assistentenstelle an einem Mannheimer Krankenhaus. Es gelang ihm, in seiner neuen Heimat wieder als Arzt tätig zu werden: »Im Stift Neuburg erlernte ich 1933 bei den Benediktinern Bienenzucht. Ich hatte gerade meine Anstellung als Volontärassistent am Mannheimer Krankenhaus verloren und stand vor einer ungewissen Zukunft. Ich habe aber diese Kenntnisse im ›Heiligen Land‹ nie praktisch ausgenutzt.«[25]

Diese sehr lakonische Darstellung einer völligen Neuorientierung in beruflicher Hinsicht läßt nichts von den Schwierigkeiten und Problemen ahnen, die einer Entscheidung zur Emigration vorausgingen. Auch die geglückte Etablierung einer medizinischen Praxis im Exil ist nur aus dem Briefkopf des Schreibers ersichtlich. Die Probleme und Hemmnisse, die es bei dem Aufbau einer neuen Existenz zu überwinden galt, ganz abgesehen von den Ängsten und Sorgen um die in Deutschland zurückgelassenen Angehörigen, kommen nur selten zur Sprache. Die Betonung liegt auf dem Gelingen und der Dankbarkeit, der Vernichtung entgangen zu sein.

Auch das Ehepaar Julius und Irma Weil berichtet sehr nüchtern über seinen Neuanfang in der Geflügelzucht in den Vereinigten Staaten: »Wir siedelten uns hier in Toms River bereits im Januar 1939 an. Wir waren mit der Ehrmannfamilie, die im Gedenkbuch erwähnt is[t], befreundet u[nd] ein Besuch mit ihnen führte zu unserer Übersiedlung. Unsere Eltern, Geschwister u[nd] Freunde folgten. Wir waren in den vierziger Jahren ungefähr 40 Familien meistens ›Badenser‹ alles neugebackene Hühnerfarmer. Jetzt sind wir auch hier fast ausgestorben. Unsere Jugend sind meistens in akademische Berufe übergegangen.«[26]

Julius Weil war bis 1938 Mitinhaber der Eisenwarenfirma Neckarsulmer und Weil in Heidelberg gewesen, seine Frau hatte 1932/33 in Heidelberg Medizin studiert. Beiden war also eine landwirtschaftliche Betätigung fremd, als sie in den Vereinigten Staaten einen Neuanfang wagten. Die Flexibilität, sich auf ein völlig neues Berufsfeld einzulassen, akademische Karrierepläne über Bord zu werfen, sich in einem neuen Gesellschaftssystem eine Existenz aufzubauen, ist bemerkens-

24 Schreiben von M. E. Flegg vom 25. November 1981 an die Stadt Heidelberg.
25 Schreiben von Dr. Max Steigbügel vom 14. Januar 1982 an die Stadt Heidelberg.
26 Schreiben von Julius und Irma Weil vom 11. April 1983 an die Stadt Heidelberg.

wert. Die Tatsache, daß sich eine ›badische Hühnerfarmerfamilie‹ zusammenfand, die teilweise untereinander verwandt oder befreundet war, hat wahrscheinlich den Start und die Eingewöhnung erleichtert. Die Rückschläge und Schwierigkeiten, mit denen die Hühnerfarmer in New Jersey fertig werden mußten, bleiben jedoch auch in diesem Bericht unausgesprochen.[27]

Suzanne Tryfus Charigs Bericht über die Auswanderung mit ihrer Familie läßt jedoch den Bruch, dem die Familie des Zahnarztes Friedrich Tryfus dadurch ausgesetzt war, ahnen: »Die Jahre in Heidelberg waren glücklich. Meine Eltern nahmen gern an dem regen, auf hohem Niveau stehenden Gesellschafts- und Kulturleben der Stadt teil; sie zählten Persönlichkeiten wie die Professoren Weber, Gundolf, Gumbel, Dr. Geiler, Dr. Hugo Marx und viele andere zu ihrem Freundes- oder Bekanntenkreis.

Doch die Heidelberger Zeit nahm ein jähes und unerwartetes Ende. Als mein Vater, der in jenen Tagen im Ausland war um einen wissenschaftlichen Vortrag zu halten, erfuhr, daß am ›Boykottage‹, dem 1. April 1933, vor seiner Praxis zwei S.A.-Männer standen, entschloß er sich Heidelberg zu verlassen, da er voraussah, daß es für jüdische Menschen in Deutschland keine Zukunft gab.

Es war damals nicht einfach, in einem anderen Land Europas Fuß zu fassen, doch er machte einen mutigen Versuch in Paris seßhaft zu werden. Nach einigen Jahren trieb ihn die Sicht in eine gefährliche Zukunft wieder weiter; 1939 ging er, zunächst mit mir, nach New York, seine Frau und jüngere Tochter sollten folgen, wurden aber vom Ausbruch des Krieges im September 1939 überrascht. Er konnte sie mit Mühe und Glück im Januar 1940 nach U.S.A. bringen. Dort war er wissenschaftlich und geschäftlich tätig.«[28]

Deutlicher formuliert Hedwig Hesse, geb. Basnizki, den schmerzhaften Einschnitt, den Arbeitsverlust und Emigration im Leben ihrer Eltern – vor allem ihres Vaters, des Lehrers Ludwig Basnizki – bedeuteten: »Meinem Vater fiel der Abbruch seines Berufes u[nd] die damit verbundene Auswanderung in jeder Beziehung besonders schwer, da er nicht nur ein guter Lehrer, sondern auch Freund seiner Schüler war, und Heidelberg für ihn damals die Stadt seiner beruflichen Erfüllung und Zukunft für seine Kinder sein sollte. Leider ist alles anders gekommen, und sowohl mein Vater wie meine Mutter sind im Jahre 1957 hier in S. Paulo, wo sie beide nur das harte Leben von mittellosen Immigranten kannten, verstorben.«[29]

Ausführlicher beschreibt Max L. Klein, mit welchen Schwierigkeiten der Aufbau einer neuen Existenz verbunden sein konnte: »Es ist ungeheuer schwierig in wenigen Worten einen kurzen Bericht abzustatten über sehr tiefliegende wehmütige Gefühle, aber wir wollen den Versuch machen.

27 Zur Geschichte der Hühnerfarmer vgl. Niers, Gert: Neuanfang auf dem Lande: Die Hühnerzüchter von New Jersey. In: Benz, Wolfgang (Hrsg.): Das Exil der kleinen Leute: Alltagserfahrungen deutscher Juden in der Emigration. München 1991, S. 39–46.

28 Schreiben von Suzanne Tryfus Charig vom 5. Dezember 1993 an die Jüdische Kultusgemeinde Heidelberg.

29 Schreiben von Hedwig Hesse vom 26. Januar 1981 an die Stadt Heidelberg.

Das schlimmste Trauma war natürlich der Abschied von Eltern, Verwandten, Freunden, und das Aufgeben aller Vertrautheiten und Gewohnheiten, an denen man seit Kindheit gehangen hat. Meine Frau wird nie vergessen wie die winkenden Gestalten ihrer Mutter und Schwester kleiner und ferner wurden, als der D-Zug, der ans Schiff für die Reise über den weiten Ozean fuhr, an Schnelligkeit zunahm. Wir haben uns nie wiedergesehen. Ähnlich war der Abschied von meinen Eltern.

Da war man also in der neuen Heimat und alles war fremd, die Menschen, die Sitten, die Umgebung, die Sprache. Am Ende der Depression in Amerika war es sehr schwer einen guten Job zu finden. Wir waren unbemittelt, wir kauften ›day old bread‹ zu reduzierten Preisen, und sagten dem Fleischer ›Wir essen nur wenig Fleisch‹, wenn er 2 Unzen zu viel abschnitt, und der Endbetrag mehr war, als wir uns leisten konnten.

Wir mußten neue Freunde suchen, und neue Lebensphilosophien lernen. Die Kultur der neuen Welt war anders als die im alten Europa.

Und zu unserem Erstaunen – denn man hatte uns doch rausgeekelt – hatten wir Heimweh nach der alten Heimat, und nicht nur nach den Lieben, die wir dort zurücklassen mußten.

Die Narben dieser Seele-erschütternden Erfahrung sind verblaßt nach langen Jahren, aber nie völlig verheilt, und wir werden sie hin und wieder spüren bis zu unserem letzten Lebenszug.«[30]

Dieser Bericht spricht die Verlorenheit und die Probleme mit dem Zurechtfinden im Exil von allen vorliegenden Erinnerungen Heidelberger Juden am deutlichsten aus.

Über seine Flucht und den wirtschaftlichen Neuanfang in Palästina schreibt auch Benno Lustmann. In seinem Bericht klingen die Schwierigkeiten der neuen Existenzgründung ebenfalls an, allerdings läßt er sie aufgrund seiner ins Ausland geretteten Gelder als nicht so schwerwiegend erscheinen:

»Daß wir heute noch leben, haben wir vor allem Gott zu danken, der uns einen guten Mann schickte in Form eines Steuerbeamten von Heidelberg, der in einer Woche 3mal bei mir war, um die Bücher zu prüfen & alles in Ordnung fand, mir den Rat gab, noch heute von Heidelberg zu verschwinden (wörtlich), denn ich komme nicht mehr, man will sie verhaften (. . .) es gab noch anständige Menschen damals, & 2 Stunden später war ich in Mannheim & habe mit dem größten Sackfabrikanten verhandelt und mein gesamtes Warenlager angeboten & auch meine Lage geschildert & bekam sofort nach einem Überschlage 95% einen Scheck auf die Ware & übergab ihm den Schlüssel & Vollmacht die Ware herauszunehmen.

Jetzt war guter Rat teuer, engl[ische] Pfund zu transferieren, ein Zertifikat nach hier [das damalige Palästina] zu bekommen, es war nicht möglich mein Geld dem Engl[ischen] Consul zu zeigen, geschweige hereinzugehen, die Gestapo stand vor der Türe, aber mit dem Geld konnte [ich] alles arrangieren & 12 Tage später war [ich] nicht mehr in Deutschland, mein Gepäck habe [ich] von Mannheim aus, von

30 Schreiben von Max L. Klein vom 16. August 1981 an die Stadt Heidelberg.

einem dortigen Zollbeamten plombieren lassen und verschickt, nach Basel bahnlagernd. Es war mir gelungen noch manches hereinzulegen, ohne daß er es sah.

Auch hier muß ich sagen, es war ein sehr anständiger Herr. Und ganz zum Schluß, als wir uns schon von den Eltern verabschiedeten, hat meine Mutter meiner Frau ein Collier mit Brillanten voll und noch mit einer 6karätigen Perle und noch einen großen Brillanten um den Hals gelegt & sie gesegnet. Dieses Collier offen zu tragen, natürlich umgelegt, im Zug zu sitzen & alle 5 Minuten kam die Gestapo, (...) nur die Stiefel zu hören, hat das Herz ausgesetzt.

Eine halbe Stunde Aufenthalt in Basel, Kontrolle auf Kontrolle, als der Zug abfuhr & wir die berühmte Rheinbrücke passierten, da haben unsere Tränen angefangen zu laufen.

Gott, als wir noch die Koffer heil in Basel in Empfang nahmen, da kamen noch Freudentränen dazu.

Wir haben 24 Stunden ununterbrochen geschlafen & der Hotelier wollte schon die Polizei verständigen, ob wir uns nicht das Leben genommen haben.

Nach zwei Tagen Aufenthalt sind wir nach Triest gefahren, dort musste [ich] 3 Wochen warten, bis [ich] das engl[ische] Zertifikat bekam.

Als wir endlich nach Tel Aviv kamen, habe [ich] gleich Arbeit gesucht, Hunger mußte [ich] nie leiden, denn schließlich habe [ich] ja Geld mitgebracht & habe alle Arbeiten angenommen, die mir zugänglich waren & natürlich hat es nicht zum Leben gereicht.

Plötzlich traf ich einen Schulkameraden vom Mannheimer Gymnasium her, auf der Straße, der sagte ›Benno komm zu mir ich habe eine Cosmeticfabrik aufgemacht, ich [kann] Dich brauchen‹, am Anfang war [ich] Mädchen, wie er, für alles.

Habe angefangen mit den Arabern zu handeln ohne Sprache, mit den Händen und Füßen geredet, auch mit der damaligen Templergesellschaft, die schon einen starken Ruch von Antisemitismus hatte, und mein Geld hatte [ich] in Boden angelegt, was sehr gut war, denn zum Leben habe [ich] schon angefangen reichlich gut zu verdienen.«[31]

Doch nicht nur eine überstürzte Flucht wie die des Ehepaars Lustmann stellte die Flüchtenden vor große Probleme. Auch das Ehepaar Julius und Meta Koppel, die am 6. August 1939 Heidelberg mit Ziel Südafrika verließen, mußte erleben, daß das Gelingen ihrer Auswanderung bis buchstäblich zum letzten Moment immer wieder gefährdet werden konnte. Julius Koppel hat eine tagebuchähnliche Beschreibung der Ereignisse während der Reise nach Südafrika verfaßt:

»Am 6. August haben wir unser geliebtes Heidelberg verlassen, traurig und freudig erregt zu gleicher Zeit. Traurig, weil wir durch die Ungunst der politischen Verhältnisse gezwungen waren uns von diesem schönen Fleckchen Erde, in dem wir fast 30 Jahre unserer so glücklichen Ehe verlebten, und mit dem wir uns bis in die tiefsten Fasern unseres Herzens verbunden und verwachsen fühlten, trennen mußten. Freudig zu gleicher Zeit, weil wir nun hoffen durften in Kürze mit unseren Kindern in Johannesburg vereint zu sein. Unser Herzenswunsch auf

31 Schreiben von Benno Lustmann vom 2. November 1986 an die Stadt Heidelberg.

dieser Reise auch unsere liebe [Tochter] Gerda in Tel-Aviv besuchen zu können, mußte unerfüllt bleiben, weil dem Einreiseschwierigkeiten entgegenstanden. Aber wie nun durch den Kriegsausbruch alles gekommen ist, können wir froh sein, diese Route nicht eingeschlagen zu haben, denn wer weiß, wo wir jetzt an der Ostküste, Suezkanal, Rotes Meer oder wo sonst festsäßen. Die tatkräftige Hilfe meines Neffen Jaime Sennfeldt in Lissabon, der wir unsere Weiterreise zu verdanken haben, (...) hätte uns dort unmöglich zu Teil werden können.

Also am 6. August haben uns einige Freunde und Verwandte und nicht zu vergessen unsere treue Frida [das Hausmädchen] zur Bahn begleitet, wir fuhren zunächst nach Den Haag, wo wir 8 herrliche Tage bei unseren Lieben verbringen durften. Es war so wohltuend für uns nach all den Aufregungen der vergangenen Zeit uns in ihrem schönen Heim zu entspannen und wir können meinem Bruder Alfred und Frau nicht genug danken für all die Güte und Liebe, die sie uns zu Teil werden ließen (...)«[32]

Die Erleichterung über die entspannte Atmosphäre im Den Haager Heim des Bruders deutet an, unter welcher Anspannung das Leben des Ehepaares Koppel in Deutschland zum Zeitpunkt der Auswanderung gestanden hat. Es war ihnen aber nur eine kurze Ruhepause gegönnt. Die Reise ging weiter über London, wo ebenfalls Verwandte der Koppels im Exil lebten, und Southhampton, von wo aus ein Passagierschiff nach Südafrika ablegte. Durch den Kriegsbeginn wurde die Weiterfahrt jedoch bereits auf der Höhe der Iberischen Halbinsel vorläufig gestoppt. Durch einen in Lissabon lebenden Neffen, den oben erwähnten Jaime Sennfeldt, gelang es Julius Koppel, eine Passage auf einem portugiesischen Schiff für sich und seine Frau buchen zu lassen. Nachdem in großer Eile alle Formalitäten bei den spanischen Behörden erledigt waren, konnte das Ehepaar Koppel sich auf die durch den Neffen organisierte Fahrt vom spanischen Hafen Vigo in das portugiesische Lissabon machen. Die Weiterfahrt verlief zunächst ohne Zwischenfälle. Bei der Ankunft im Hafen von Kapstadt schien jedoch noch einmal das Ende der Reise gefährdet:

»Wir kamen am Nachmittag des 24. 9. vor dem Hafen von Cape Town an, konnten aber wegen Überfüllung des Hafens mit anderen Schiffen keine Einfahrt bekommen. Wir mußten also vor Anker gehen und sahen, im wahren Sinne des Wortes, unsere Hoffnung an diesem Tag noch an Land zu kommen, in's Wasser fallen. Nach etwa 2 St[un]d[en] kam der Immigration Officier zu uns an Bord und nach Erledigung seiner sonstigen dienstlichen Obliegenheiten frug er zunächst nach uns, die wir die einzigen jüdischen Emigranten an Bord waren. Eine Deklaration über unsere Personalien, die ich vorher schon ausgefüllt hatte, sowie unsere Pässe und Permits nahm er an sich, ich mußte außerdem noch genaue Angaben über mitgeführte Geldmittel und Adresse unserer Garanten machen und dann wurde uns erklärt, daß wir zunächst an Bord bleiben müßten, bis uns der Beamte diese Papiere wiederbringen würde. Darüber fiel uns zunächst nichts Besonderes auf oder ein, denn die anderen Passagiere mußten ja auch die Pässe

32 Koppel, Julius: Unsere Reise nach Süd-Afrika, [1939]; Kopie in der Jüdischen Kultusgemeinde Heidelberg, hier insbes. S. 1 f.

abgeben und die Nacht nochmal an Bord der Tirana bleiben. Als jedoch gegen Abend die Botschaft vom Land kam, daß am nächsten Morgen ein[e] Barkasse komme, um die Passagiere an Land zu holen, und mir der Kapitän, mit dem ich mich zufällig unterhielt, sagte, daß diese Nachricht vorläufig für uns leider keine Geltung habe, weil der Immigration Officier ihm beim Verlassen des Schiffes gesagt habe, wegen uns müsse er, infolge der veränderten Verhältnisse, zuvor Instruktionen beim Chief einholen, da fiel uns das Herz doch wieder etwas in die Hosen. Es war zunächst wegen uns eine richtige gedrückte Stimmung an Bord, aber schließlich ließen wir diese doch nicht aufkommen. Wir wurden auch für unseren unfreiwillig auf der Tirana verlängerten Aufenthalt entschädigt durch einen bezaubernden Blick von Bord auf die herrliche am Fuße des majestätischen Tafelberges sich hinziehende Stadt Cape Town. Nach eingetretener Dunkelheit aber erschien die Stadt, deren Häuser sich vielfach an den Hängen des Tafelbergs hinziehen, ähnlich wie in Heidelberg, feenhaft beleuchtet; vom Schiff aus gesehen wirkte es wie ein ganz großes Feuerwerk.

Diese letzte Nacht an Bord ging auch herum, wenn auch mit mancher schlaflosen Stunde, denn schließlich wußten wir ja noch nicht ob es für uns wirklich die ›letzte‹ war. Jedenfalls hatten wir uns am nächsten Morgen mit unserem ganzen Gepäck reisefertig gemacht und waren mit etwas Herzklopfen die kommenden Ereignisse erwartend. Es war gegen 9 Uhr am 26. 9. als der Vertreter der Osloer Wilhelmsen Line, wozu unsere Tirana gehört, an Bord kam und sich direkt zum Kapitän begab. Schon nach wenigen Minuten kam der Kapitän auf Deck gesturmt, wo alle Passagiere sich reisefertig aufhielten, rief laut: ›Herr Koppel, Herr Koppel, Sie kommen mit an Land!‹. Es war geradezu rührend wie dieser prachtvolle Mann in ehrlicher aufrichtiger Freude herausgestürzt kam, um uns unverzüglich die frohe Botschaft zu übermitteln. Großer Jubel, große Freude bei allen Mitreisenden, die alle auf uns zu kamen, ihrer Freude über die glückliche Lösung dieser Frage Ausdruck zu geben. Nie werden wir diese Augenblicke vergessen!«[33]

Das glückliche Ende der immer wieder durch unvorhergesehene Hindernisse unterbrochenen Reise des Ehepaars Koppel wurde nicht zuletzt durch bereits im Ausland lebende Verwandte möglich gemacht. Neben dem Glücksgefühl über die gelungene Emigration schimmert in diesem Bericht die Verbundenheit mit Heidelberg durch. In dem Abschiedsschmerz und dem Auffinden von Ähnlichkeiten zwischen der Stadtanlage von Kapstadt und Heidelberg zeigt sich die emotionale Bindung, die sich nicht ohne weiteres verdrängen ließ.

Das Ehepaar Koppel war bereits zu einem späten Zeitpunkt – 1939 – ausgewandert. Je länger die Auswanderung sich für die Heidelberger Juden verzögerte, desto eher lassen sich in den Berichten die Schwierigkeiten ablesen, denen die betroffenen Familien ausgesetzt waren. Die Unvermitteltheit, mit der das Leid über die einzelnen Familien hereinbrechen konnte, ließ häufig keine Zeit mehr für Bemühungen um eine geordnete Auswanderung. Davon betroffen waren vor allem die jüdischen Familien, die ostjüdische Familienmitglieder hatten. Regina

33 Ebd., S. 10f.

Karpf geb. Rubinstein, die selbst bereits nach Israel ausgewandert war, erzählt von den Ereignissen, denen sich ihre in Heidelberg zurückgebliebene Familie gegenübersah:

»Wie viele Juden in Heidelberg hat mein Vater nicht daran geglaubt, daß sich Hitler halten wird und daß jemals ein Jude darunter leiden wird. Zumindest ich kann mich erinnern, daß mich meine Eltern nicht gerne auswandern ließen und ich bei meinem Vater einen schweren Kampf hatte bis ich seine Erlaubnis bekam. Ich erinnere mich noch gut der Tränen am Bahnhof (...) Meine Eltern und Bruder waren abends bei einem öffentlichen Konzert im Stadtgarten. Auf dem Weg nach Hause kamen 2 Geheime Kriminalbeamten auf meine Eltern zu, baten kein Aufsehen zu erregen, sie hatten den Befehl meinen Vater und Bruder zu verhaften. Sie baten meine Mutter ruhig nach Hause zu gehen, morgen früh wird sich alles geklärt haben. Als meine Mutter früh zur Polizei kam sagte man meiner Mutter und den anderen jüdischen Frauen ein Transport Juden, darunter mein Vater und Bruder sind mit einem Transport nach (...) in Polen abgeschickt (...) Meinem Vater ist es gelungen, Karten nach einem anderen Platz für sich und mein[en] Bruder zu kaufen. So ist ihnen das Lager erspart geblieben. Sie sind nach Polen (...) gefahren.

Inzwischen war die Kristallnacht, meine Mutter mutterseelenallein, die Menschen haben barbarisch gehaust, Fenster, Türen, alles kaputt geschlagen. Meine Mutter hatte einen Schock bekommen, von dem sie sich nie erholt hat. Es war unter allen guten Freunden und Nachbarn nicht einer mit einem guten Wort. Meine Mutter hat sich nach kurzer Zeit zusammengenommen, hat einen großen Lift [Container] mit den wichtigsten Sachen zusammengepackt und hat zu uns nach Israel geschickt, denn sie wußte nicht wo sie landen wird. Der Lift [s. o.] ist nie bei uns angekommen. Inzwischen ist Krieg ausgebrochen, Italien hat den Lift nicht durchgelassen. Er ging nach Hamburg zurück, wurde letzten Endes für Gebühren versteigert (...) Meine Mutter hat sich auf den Weg gemacht, meinen Vater suchen. Es war eine schreckliche Zeit. Untergrund, als Jüdin nirgends wohnen, nirgends etwas kaufen zu können, immer die Angst im Nacken man packt sie. Auf den Bahnhöfen standen oft die Heilsarmee und haben etwas geteilt, das hat sie am Leben erhalten. Kein Land wollte Flüchtlinge aufnehmen. Mit vielen Schwierigkeiten, ein bißchen Glück hat sie meinen Vater und Bruder gefunden, sie sind dann zusammen nach Rumänien geflüchtet. Palästina war unter englischem Mandat und wollte keine Zertifikate geben. Mit viel Mühe haben sie endlich ein Zertifikat für meine Eltern [erhalten], nicht für meinen Bruder, er kam später illegal – ein Roman für sich. Mein Vater war diesen Anstrengungen nicht gewachsen, er hatte unterwegs einen schweren Schlaganfall. Krank und arm wie sie waren, unter schlechten Bedingungen hat meine Mutter den Vater bis zu uns geschleppt. Mein Vater hat hier noch 7 Jahre sehr gelitten.«[34]

Auch der Vater von Emmy de Vries-Sipper war von der Verhaftung ostjüdischer Männer betroffen. Für die Familie Sipper war diese Verhaftung der Ausgangspunkt für das Auseinanderreißen von Eltern und Kindern: »Ich weiß nicht

34 Schreiben von Regina Karpf vom 26. Juli 1981 an die Stadt Heidelberg.

genau, wie lange wir von unserem lieben Vater getrennt waren. Es schien eine Ewigkeit. Ich weiß nur, wir litten alle sehr durch die Trennung von unserem l[ie]b[en] Vater. Monate später kam er zurück nach Heidelberg, er sah sehr schlecht und ernst aus. Er war immer voll Humor. Er kam zurück zu uns, um uns zu erzählen, daß er Heidelberg bis Ende Juli desselben Jahres verlassen mußte, da er Pole war. Wir Kinder sind alle in Heidelberg geboren. Da mein lieber Vater nie in seinem ganzen Leben von Menschen und Verwandten abhängig war und nicht sein wollte, entschloß er und meine l[ie]b[e] Mutter zurück nach Polen zu fahren. Sie nahmen einen großen Lift [s. o.] mit in der Hoffnung, daß wir alle bald wieder vereint sein würden (...) Auf diese harte Weise wurde unsere ganze Familie auseinandergerissen. Meine älteste Schwester Berta war auf dem Gehringshof [bei Fulda] und wartete auf ein Certificat nach Palästina, welches zu spät erlaubt wurde.

Meine nächst ältere Schwester Klärchen ging mit einem Arbeiterpermit nach London um in einem Kinderhostel zu arbeiten. Mein kleiner Bruder Hermann, der erst 10 Jahre alt war, und ich warteten alleine (wir wohnten damals mit Familie S. Deutsch in der Landhausstraße) bis am 24. August 1939 auf 2 Certificate, nach London zu wildfremden Verwandten.«[35]

Von der Familie Sipper überlebten nur die drei Kinder, die mit einer Arbeitserlaubnis bzw. einem Kindertransport nach Großbritannien gerettet werden konnten. Die Eltern und die älteste Tochter wurden ermordet.

4 »... nur nicht das Klopfen an der Tür, das jede Stunde geschehen konnte«

Angst und Schrecken, die immer stärker von den in Heidelberg Zurückgebliebenen Besitz ergriffen, kennzeichnen auch die Erinnerungen William Rohans, früher Wilhelm Rosenhain. Ein Alltag, der durch erniedrigende Restriktionen und Verbote bestimmt war, ließ keinen Raum für andere Gefühle als Sorge und Angst. So ist dieser Teil seines Lebens für William Rohan nur verschwommen greifbar. Erst mit der Deportation nach Gurs werden die Erinnerungen für ihn wieder lebhafter. Von hier aus gelang William Rohan 1941 die Auswanderung in die Vereinigten Staaten:

»Es geschah alles wie im ›Trance-Zustand‹ – mehr oder weniger.

Und zurückblickend sind meine Erinnerungen ganz unordentlich bis zu meiner Ankunft in New York Ende Juni 1941. Ich versuche mir das immer wieder zu erklären. Es war eine Reaktion nach den immer schlechter werdenden Bedingungen von 1933–1940, wo wir zuletzt unter Ausgehverbot waren, separiert im Luftschutzkeller + Proviant Einkäufe bei einem P. G. zu bestimmtem Tag + Stunde. Auch von dem hab ich fast alles vergessen, nur nicht das Klopfen an der Tür, das jede Stunde geschehen konnte. – So war unsere Ankunft in Gurs bei

35 Schreiben von Emmy de Vries-Sipper vom 19. Juli 1981 an die Stadt Heidelberg.

südlichem Sommerwetter für mich fast wie eine Befreiung (daß wir nicht nach dem Osten verschickt wurden). Bald jedoch fing es an mit dem Sterben der älteren Leute, die Dysenterie bekamen. Man versuchte Kohle u[nd] roten Wein. Die Eheleute Blumberg (Hauptstr. 103, sie hatten eine kleine Metzgerei) starben fast zusammen. Sie ruhen in französischer Erde wie ihr einziger Sohn, der im 1. Weltkrieg auch in Frankreich fiel. Da fallen mir unbedeutende Geschehnisse ein. Wie wenn eine große Dose Thunfisch von den Spaniern im Schwarzhandel gekauft wurde u[nd] wie man sie in kleinen Portionen verteilte. Selbst mit Menschen, die man etwas kannte, kam man plötzlich viel näher. Und da waren solche, die getauft waren u[nd] die gar keine Beziehungen zu uns hatten u[nd] man fand plötzlich Sympathien mit ihnen.

Nach etwa 4 Monaten in Gurs bekam ich eine Vorladung zum Amerikanischen Konsulat in Marseille. Da war eine große Aufregung u[nd] viel Hoffnung, denn ich war einer der ersten in unserem Îlot.[36] Zusammen mit 3 anderen gings unter Begleitung von einigen Garde Civil bei Nacht und unter Luftschutzverdunkelung (– in Pau gabs kalte Kartoffeln) nach einem Durchgangslager bei Aix-en-Provence. Nach verschiedenen Besuchen beim Konsulat wars bald soweit, daß wir mit meistens Flüchtlingen vom nördlichen Frankreich auf der ›Winnipeg‹ am 6. Mai 1941 Marseille verließen. Ich hätte nie geglaubt, daß ich's machen würde, bis ich wieder festen Fuß faßte im Hafen von New York.«[37]

Zu denjenigen, die Deutschland nicht verlassen wollten bzw. später nicht mehr konnten, gehörten auch diejenigen, die gemäß den Nürnberger Gesetzen von 1935 nicht als völlig »jüdisch« definiert wurden. Zwar blieb den sogenannten »Mischlingen« meist das Schicksal der Deportation erspart, doch das alltägliche Leben war von Angst geprägt. Die Erinnerungen von Karl-Jacob Hermann und von Dwora Rosenblatt, jeweils vor einem völlig unterschiedlichen familiären Hintergrund, belegen dies.

Karl-Jacob Hermann, geboren am 12. Februar 1915, gehörte zum Kreis der Bekennenden Kirche in Heidelberg. Er hatte sich in der evangelischen Erwachsenenbildung und Männerarbeit engagiert, solange ihm dies unter den veränderten politischen und gesellschaftlichen Umständen möglich gewesen war. Nach der Deportation der badischen und pfälzischen Juden am 22. Oktober 1940 verschlimmerte sich seine Situation, und er lebte in ständiger Angst und Sorge um seine Zukunft. Nicht nur beruflich wurden ihm große Schwierigkeiten bereitet, bis in sein Privatleben hinein reichten die staatlichen Bestimmungen und Kontrollen:

»Ich lebte damals in großer Angst um meine Zukunft. Jedes Läuten des Telefons erschreckte mich. Wenn in meinem Briefkasten ein Brief lag, war mein erster Gedanke: ›Ist es eine Nachricht, daß Du geholt wirst?‹ So waren bei mir Tage und Nächte mit Angst und Schrecken erfüllt. Dazwischen erfuhr ich dann wieder wo irgend jemand der Verfolgten verschwand oder abgeholt wurde. Doch ich mußte

36 Das Lager Gurs war in 13 Îlots eingeteilt; ein Îlot bestand aus 25 einstöckigen Baracken für je 60 Personen; vgl. Obst, Johannes: Gurs: Deportation und Schicksal der badisch-pfälzischen Juden 1940–1945. Mannheim 1986, S. 48 ff.

37 Schreiben von William Rohan vom 12. August 1984 an die Stadt Heidelberg.

meine Arbeit [als Buchhalter bei einer Mannheimer Firma] verrichten, trotz aller seelischen Belastungen.

Niemand von den ›Halbjuden‹ konnte ahnen, was noch über uns kommen könne.

1942 erhielt ich eine Vorladung zur Polizeidirektion Heidelberg. Ein Polizeirat Gehring verhandelte mit mir und sagte: ›Das Reichsministerium hat festgestellt, daß Sie als ›Jüdischer Mischling 1. Grades‹ gelten. Es ist Ihnen untersagt, mit Frauen arischer Abstammung irgend eine Verbindung einzugehen. Wenn Sie es aber trotzdem tun, werden Sie sofort verhaftet.‹ Dann legte er mir das, was er mündlich erklärte, in schriftlicher Form vor und ließ mich die Erklärung unterschreiben.

Für mich kamen nun neue Ängste. Ich sagte mir, wenn das Reichsministerium über Dich Akten führt, dann wird man Dich sicher bald holen.«[38]

Dwora Rosenblatt, geb. Bornstein, geboren am 16. Juni 1937, erlebte Verfolgung und Krieg als Kind. Da ihre Mutter zum Judentum übergetreten war, konnte sie mit ihren Kindern unter schwierigen Bedingungen in Heidelberg bleiben, während ihr Ehemann verschleppt worden war:

»Mein Vater Hugo Bornstein war soviel ich mich erinnern konnte Fremdenführer. Erinnerungen an meine Kindheit, Mutter ging nachts arbeiten, Vater war eingezogen, nichts zu essen, viel schmutzige Wäsche, da Mutter oft krank war. Und den Schulmeister, der mit Polizei meine Brüder [holen ließ (?)], die andauernd nicht in die Schule wollten, da sie als ›Saujude‹ beschimpft wurden. Sie gingen jeden Morgen von zu Hause fort, aber sie versteckten sich bei Woolworth, weil es dort warm war. Meine Mutter war sehr traurig deswegen u[nd] weinte immer. Keiner kam Mutter zur Hilfe, sogar ihre Geschwister, die sie ja viele hatte, denn sie hatten Angst mit Juden zu verkehren! Als es dann ganz schlimm wurde, packte uns Mutter gut ein u[nd] wir gingen uns verstecken im Wald, da hatte mein Großvater ein Sodawasserhäuschen, das wir Kinder das gelbe Häuschen nannten (...) Jetzt hatten wir auch keine Lebensmittelkarten u[nd] wäre nicht die gute Leni Trefz (...), so wären wir bestimmt verhungert. Sie stellte die Lebensmittel, ich glaub es hieß Sonzerie [Bedeutung unklar], hinter einem Baum ab u[nd] mein älterer Bruder holte die Eßwaren (...) Mutter wurde sehr krank, auch wir Kinder waren sehr krank, mit hohem Fieber u[nd] überall Schmerzen. Und bösen Füßen, da wir keine Schuhe hatten. Auch Läuse und Krätze, die dann nach dem Krieg in der Kinderklinik behandelt wurde.«[39]

Vor dem Hintergrund dieser bedrückenden Erinnerungen, die ebenso mit Heidelberg verknüpft sind wie die an die romantische Stadt, kann die Bereitschaft, sich diesem Teil der Lebensgeschichte zu stellen, nicht hoch genug bewertet werden.

38 STAHD H 423 (Karl-Jacob Hermann: Meine Mannheimer Zeit), S. 2 f.

39 Schreiben von Dwora Rosenblatt vom 8. Oktober 1990 an die Stadt Heidelberg.

Die Fähigkeit und Bereitschaft, sich auf eine Begegnung mit der ehemaligen Heimatstadt oder allgemein mit deutschen Themen einzulassen, müssen die meisten ehemaligen Heidelberger erst mühsam erringen. Es bedarf häufig eines besonderen Anlasses, um sich auf eine solche Begegnung einzulassen. Wolfgang Benz, der sich mit den Erfahrungen deutsch-jüdischer Emigranten mit Einladungen ihrer ehemaligen Heimatstädte auseinandergesetzt hat,[40] stellt eine bemerkenswerte Stereotypie sowohl auf seiten der Gastgeber wie der Gäste in den Äußerungen zu organisierten Einladungen fest.[41] Beide sind in der Regel voll des Lobes für die gelungene Begegnung und harmonische Stimmung, die für gewöhnlich solche Treffen kennzeichnen. Benz ist bestrebt, in seiner Untersuchung die Motive derjenigen zu erfassen, die sich einer Wiederbegegnung nicht stellen wollen, und die Motivation und Empfindungen derjenigen, die zu einem offiziellen Besuch bereit sind, näher zu betrachten. Die Schwierigkeit, die eine solche Untersuchung fast unmöglich macht, ist vor allem darin zu sehen, daß eine nicht unbeträchtliche Gruppe sogenannter ›Ehemaliger‹ nicht zu einer Äußerung bereit ist.[42]

Da die Stadt Heidelberg einen anderen Weg in der Begegnung mit ehemaligen jüdischen Heidelbergern gewählt hat, sind ablehnende Haltungen noch weit weniger zu erwarten. Die Stadt Heidelberg macht keine Gruppeneinladungen, sondern übernimmt für die einzelnen Familien bzw. Einzelpersonen, die aus eigenem Entschluß angereist sind, die Kosten für die Unterbringung. Inwiefern ist also mit aussagekräftigen Mitteilungen über ihre Motivation bei den Besuchern Heidelbergs überhaupt zu rechnen? Welche Aussagen werden gemacht, und was läßt sich über diejenigen sagen, die zu keiner Begegnung mehr bereit sind? Jutta Grünthal, geb. Jacob, die einige Jahre ihrer Kindheit in Heidelberg verbrachte und heute in Israel lebt, beschreibt die unterschiedlichen Einstellungen gegenüber Deutschland, wie sie ihr begegnet sind, folgendermaßen:

»Es gibt, glaube ich, unter den ehemals deutschen Juden drei deutlich unterscheidbare Kategorien:

Die in den ›Briefen der Erinnerung‹ zumeist vertretenen, 1933 schon mittleren Alters und heutzutage sehr Alten, die ein immer währendes Heimweh nach der Heimat, die sie verstoßen hat, in sich tragen;

die, die nicht vergessen wollen und nicht vergeben können, aber inzwischen genügend Abstand gewonnen haben, um Deutschland und den Deutschen mit einer rationaleren, wenn auch stets ambivalenten Einstellung zu begegnen, und die den nach 1940 geborenen Deutschen gegenüber unbefangen sind;

40 Benz, Wolfgang: Rückkehr auf Zeit: Erfahrungen deutsch-jüdischer Emigranten mit Einladungen in ihre ehemaligen Heimatstädte. In: Benz 1991, S. 332–339.

41 Ebd., S. 336.

42 So erfolgte z. B. bei der Stadt Stuttgart in 30 bis 40 % der Einladungen keine Reaktion; ebd., S. 337.

die, für welche selbst das Wort ›Deutschland‹ Anathema ist. Diese letztere Kategorie, zu der auch meine viel jüngere Schwester gehört, macht es sich meiner Meinung nach zu leicht. Es gehört nun einmal zum Leben als Ganzes, sich mit den Dingen immer wieder von neuem, auf immer neuer Basis, auseinanderzusetzen. Allerdings haben wenige, so wie ich, einen Prälat Maas zum Freund und Wegweiser gehabt; er brachte meine erste, zögernde Wiederbegegnung mit Deutschen 1956 in Heidelberg zustande und leitete mich mit sicherer, weil wissender Hand. Ich war, im Gegensatz zu meinen Geschwistern, schon erwachsen, als ich hierher kam; aus meiner Kindheit und Jugend in Deutschland habe ich liebe und kostbare Erinnerungen intakt herübergerettet: Erinnerungen an viel Schönes und an viel Liebe und Freundschaft, die ich in jenen formenden Jahren von Juden und Christen gleicherweise erfahren habe. Wenn ich heute, trotz allem was war, nach 45 Jahren des Lebens, der Entwicklung und Erfahrung in meiner zweiten Heimat doch noch manchmal wehmütig zurückdenke, so ist das kein ›Heimweh nach Deutschland‹, sondern nach etwas das war und nicht mehr ist: eben jene Kindheit und Jugend; und der Garten, in dem sie wurzelte und wuchs war in Deutschland, im damaligen Deutschland gelegen. Aber wir sind eine aussterbende Generation. Die Zukunft mit all ihren Hoffnungen, ihren Bestrebungen, und auch ihren Illusionen, liegt bei den Kommenden.«[43]

Diese Einteilung gibt meines Erachtens sehr genau die Befindlichkeiten derer wieder, die heute mit einer jüdisch-deutschen Vergangenheit im Ausland leben. Das zwiespältige Gefühl von Vergessen-Wollen und schmerzhaftem Erinnern beschreibt Hedwig Hesse, geb. Basnizki, in einem Brief: »Über die Erfahrungen meiner Eltern, Schwester und mir selbst, sei es während der Verfolgungen, Auswanderung, Kriegszeit und Neuaufbau im neuen Land, so könnte ich darüber Bücher schreiben. Welche dieser Erfahrungen – auf der einen Seite die vielen Ängste, die Leiden und alles Schlechte – auf der anderen die wenigen Freuden, Hoffnungen und Genugtuungen – ausschlaggebender waren, ist schwer zu sagen. Dazu kommt, daß während dieser letzten 40 Jahre, unser Haupt-Motto ›VERGESSEN‹ hieß, denn wer nicht vergessen konnte, der war verloren. Auch heute noch würde es mir schwer fallen, selbst wenn ich die Zeit dazu hätte, die schrecklichen Erlebnisse in Wort und Schrift wieder aufzurollen. Das Schwerste für mich war wohl das seelische und körperliche Leiden meiner Eltern, deren Verhalten für mich immer ein Vorbild von Charakterfestigkeit, Anständigkeit und Korrektheit war, auf einmal als Schwerverbrecher behandelt wurden. Für die meisten Menschen dieser Generation, die wie meine Eltern das Glück hatten, noch in letzter Stunde gerettet zu werden, war das Leben nie wieder wie früher, denn der seelische und körperliche Schock hinterließ seine Spuren noch bis zu ihrem Tod.«[44]

Die Bereitschaft, sich mit der eigenen jüdisch-deutschen Vergangenheit auseinanderzusetzen, hat in den meisten Fällen eine der beiden folgenden Begründungen: der Besuch an den Gräbern der Eltern oder Großeltern oder aber der Wunsch, daß

43 Schreiben von Jutta Grünthal vom 5. November 1978 an die Stadt Heidelberg.
44 Schreiben von Hedwig Hesse vom 26. Juli 1981 an die Stadt Heidelberg.

die eigenen Kinder oder Enkelkinder wissen sollen, wo ihre Voreltern ihre Wurzeln haben. Gertrud Kahn schreibt in einem sehr bewegenden Brief über einen vorangegangenen Besuch in Heidelberg:

»Das unterstrichene Datum sagt uns so viel, – eine schlaflose Nacht liegt hinter mir – das Datum der Deportation der Badischen Juden nach Gurs. Wenn es in Heidelberg jemanden gibt, der die Geschichte der Juden in Heidelberg kennt, dann sind das Sie, Herr Heinemann – und vielleicht?? können Sie verstehen, wie sehr wir noch heute so arg betroffen sind von dem, was vor 47 Jahren unseren Verwandten angetan wurde; Menschen, deren Vorfahren mehr als 200 Jahre in Baden beheimatet waren. Und jetzt kommt der schwerste Zwiespalt in mir, warum fahre ich ›trotzdem‹ fast jedes Jahr nach Deutschland? Die Gräber der Ahnen besuchen und derer gedenken, die kein Grab fanden. Wie lange noch können wir fahren, da wir schon alt und auch nicht mehr gesund sind.

Als ich in diesem Jahr in Heidelberg war, und vom Fenster des Hotels auf die ›Alte Neckarbrücke‹ schaute, fragte ich mich: Wirst Du nochmals kommen? Heimweh ist nur ›Weh‹ nicht ›Heim‹, so sagte Mascha Kaleko in einem Gedicht.«[45]

Hanna Goldstrom Greenbaum lebt heute in den Vereinigten Staaten. Lange Jahre war der Gedanke, Heidelberg oder Deutschland zu besuchen, für sie völlig unvorstellbar. Erst in hohem Alter wurde der Wunsch, die Stadt der Kindheit wiederzusehen, wach. Doch nicht allein aus sentimentalen Gründen, sondern auch, um den eigenen Kindern die Möglichkeit zu geben, die Heimat der Mutter kennenzulernen:

»As you may know, I fled Germany in 1939, and I have never returned, not even for a visit. Quite frankly, for many years I could not face the prospect of visiting Heidelberg and Germany; I knew such a visit would bring back too much sorrow, too much bitterness, for me to enjoy it.

Fortunately, though, time has a way of healing, or at least moderating, even the most painful of memories. I am 70 now, and I would like to return to Heidelberg at least once more to see the city where I grew up and to show it to my children as well. I would like them to have at least a small feeling for their mother's German ancestry and heritage.«[46]

Auch Ernest Hausmann, der eine kleine Schrift über seine Familie verfaßt hat,[47] gibt unter anderem als Grund dafür an, seinen Kindern und Enkeln dadurch ihr jüdisch-deutsches Erbe vermitteln zu wollen. Gleichzeitig will Ernest Hausmann aber auch durch diesen sehr persönlichen Beitrag die Zeit der Verfolgung während des Dritten Reiches für alle Interessierten anschaulich und greifbarer machen:

»My primary aim in putting together this history of the Hausmann and Weingartner families during a most troubled time is to give my grandchildren some sense of their heritage (...) A secondary aim, but by no means of lesser importance, is to help any interested reader to have a more intimate view than

45 Schreiben von Gertrud Kahn vom 22. Oktober 1987 an die Stadt Heidelberg.

46 Schreiben von Hanna Goldstrom Greenberg vom 5. März 1989 an die Stadt Heidelberg.

47 Vgl. Anm. 12.

provided in more abstract form in history texts about what the Holocaust was really like.«[48]

Ernest Hausmann gehört zu denen, die ausdrücklich Heidelberg nicht mehr als ihre Heimat empfinden. Er erzählt über einen Besuch im Heidelberger Rathaus: »A secretary in the mayor's office made sure to show us the festive chamber for performance of the wedding ceremony in the city hall which had been in use for that purpose when my parents married in Heidelberg in 1920. She asked me what I felt like to be back in the HEIMAT (homeland)? To be polite, I gave some answer the content of which I do not remember. However, I do remember what went through my mind, namely, Heidelberg, Germany is not my HEIMAT but Rego Park, N. Y. in the United States where I lived with from age 10 to 21 had been my home. My mother continued to live in our house until she died in 1984. My brother lives two blocks away. Whenever I have visited with him during the past few years I make a very conscious effort to walk past the home where I lived with my parents in New York.«[49]

Nur selten wird die Fremdheit gegenüber der früheren Heimat so deutlich ausgesprochen wie in dem eben angeführten Text. Häufiger läßt sich die – eingestandene oder uneingestandene – Distanz der Emigranten aus dem nicht immer korrekten Deutsch oder dem Führen der Korrespondenz in der neuen »Muttersprache« ablesen.

Die Erinnerungen, wie sie hier zusammengestellt worden sind, geben nur einen ausgewählten Einblick in jüdisches Leben. Zu den Bereichen, die nicht erwähnt wurden, gehören z. B. das jüdische Vereinsleben, da es nur selten, und wenn, nur in Ansätzen angesprochen wurde, und der synagogale Kultus.[50] Alle Erinnerungen aber, ob sie in Büchern, Aufsätzen oder kurzen Briefen abgefaßt sind, kreisen immer wieder um einen gemeinsamen Punkt: die Zeit der Verfolgung und Vernichtung. So verdeckt diese Auseinandersetzung auch stattfinden mag, ohne diesen gewaltsamen Bruch in der persönlichen Geschichte wäre kaum eine der Erinnerungen geschrieben worden. Während für die direkt Betroffenen die Beschäftigung mit der eigenen Verfolgungsgeschichte im Zentrum des Interesses steht, ist für nahezu alle Autoren zugleich die Hoffnung ausschlaggebend, daß ihre Kinder verstehen lernen. In dieser Hoffnung liegt auch die darüber hinausweisende positive Perspektive, sich trotz – und nicht nur wegen – der Shoah mit jüdisch-deutschem Leben auseinanderzusetzen.

48 Ebd., S. 24 f.

49 Ebd., S. 26.

50 Eine Aufstellung jüdischer Vereine in Heidelberg s. bei Weckbecker, Arno: Die Judenverfolgung in Heidelberg 1933–1945. Heidelberg 1985 (= Motive – Texte – Materialien, 29), S. 34 ff.

Anhang

Literatur

Ungedruckte Quellen

Stadtarchiv Heidelberg (STAHD)

UA	10/3; 153/1; 153/2; 166/6; 253/3; 266/5
AA	2a/22; 10/13; 11b/1; 25b/3-8; 26/1; 26/2; 27/1; 90/5; 90/6; 236/11-I; 239a/1; 281/33,18; 281/33,19; 310/6; 313/4; 317/2; 407/21; 407/22; 407/23; 407/29b
D1	
KLE	13
H	22; 88; 419; 423

Dokumentation (Dok.) Weckbecker
NL Athenstaedt
Protokolle des Engeren Bürgerausschusses
Protokolle des Großen Bürgerausschusses
Ratsprotokolle
Kontraktenbücher
Bestand Wohlfahrts- u. Jugendamt 1860; 2058; 2460

Stadt Heidelberg, Registratur Abt. Repräsentation (Stadt HD)
Korrespondenz mit ehemaligen jüdischen Bürgern Heidelbergs (Korrespondenz)

Jüdische Kultusgemeinde Heidelberg, Registratur
Korrespondenz mit ehemaligen jüdischen Bürgern Heidelbergs

Generallandesarchiv Karlsruhe (GLA)

59/	1/13754; 3/5521; 3/12743–33296; 9/2588; 54/172
61/	625
67/	33; 284; 800; 804; 805; 806; 807; 898
76/	6064; 9443
77/	2858; 2881; 2883–2885; 2887–2888; 2894; 2896–2897; 2902; 2904; 2907; 3012–3014; 3016; 3021–3022; 3027; 3029–3030; 3033–3034; 3037; 5601; 6145; 6704; 6876; 7244; 7251–7255; 7257–7258; 7260; 7263; 7265–7266; 7305; 7307; 7309
145/	199; 202; 203
204/	266; 272; 966–968; 975; 977; 983; 1548; 1584; 1714; 1720; 2548; 2771; 2911; 3007; 3066
205/	460; 587
231/	1425; 1426
233/	17046; 27735; 31325; 31326; 31330; 39541
235/	1866; 1889; 2577; 14094; 14104; 14105; 17417; 32155; 39511; 40501
236/	953; 962; 970; 2588; 2827; 5505; 6058; 6588; 16678
309/	3109; 3162; 3236; 3308; 3391
313/	1262; 1269

314/ 299

356/ 365; 495; 498; 499; 570; 632; 691; 698; 712; 719; 720; 729; 922; 923; 1617; 1628; 1634; 1764–66; 1773; 1814; 1815; 1817–19; 1895; 4466; 5533; 5637; 5638; 5640; 5641; 5646; 5709; 1969/10/502

390/ 1787

465/ a/Ztr. Sprk. Sv. 99; d/1105

508/ Zug. 1990/2/775

Ek/ 2646; 5050; 5951; 6491; 9981; 10213

Universitätsarchiv Heidelberg (UAH)

A-160, IX; A-160, X; A-219; A-702; A-740, VII, 2, Nr. 208; A-740, VII, 2, Nr. 314; A-740/5, VIII, 1, Nr. 232; A-741, VII, 2, Nr. 195; A-741, VII, 2, Nr. 205; A-741, VII, 2, Nr. 273a; A-741, VII, 2, Nr. 289; A-741, VII, 2, Nr. 312; A-741, VII, 2, Nr. 315; A-741, VII, 2, Nr. 317; A-741, VII, 2, Nr. 319; A-869, VIII, 1, Nr. 108a; A-869, VIII, 1, Nr. 208a; A-869, VIII, 1, Nr. 208b; A-869, VIII, 1, Nr. 213b; H-II-111-24; H-II-111-66; H-IV 102/145; PA Gundolf; PA Täubler; 2489 (PA Zimmern); 111/24, RA 809

Bayerisches Staatsarchiv Würzburg

Erzstift Mainz Urkunden

Landeshauptarchiv Koblenz

560/ 159

Hauptstadtarchiv Stuttgart

Staatsanwaltschaft Heidelberg 9/46; 20/46; 44/47; 49/47

Gedruckte Quellen (Primär- und Sekundärliteratur)

Adam 1972: Adam, Uwe Dietrich: Judenpolitik im Dritten Reich. Düsseldorf 1972.

Adler-Rudel 1959: Adler-Rudel, S.: Ostjuden in Deutschland 1880–1940. Tübingen 1959.

Adreß-Kalender 1851 ff.: Adreß-Kalender/Stadtbuch/Adreßbuch der Stadt Heidelberg für 1852 ff. In alphabetischer Ordnung mit Angabe der Gewerbe. Heidelberg 1851 ff.

Akademische Mitteilungen: Akademische Mitteilungen für die Studierenden der Ruprecht-Karls-Universität Heidelberg. Heidelberg 1896–1916.

Albrecht 1986: Albrecht, Richard: Der »Fall Lenard-Mierendorff« 1922/23. In: Ruperto Carola 38. Jg. H. 74 (1986), S. 107–114.

Allgemeine Zeitung des Judentums 1837 ff.: Allgemeine Zeitung des Judentums. Begr. v. Ludwig Philippson. Leipzig – Berlin 1837–1917.

Al-Thuwainy 1976: Al-Thuwainy, Mohsin: Die Entwicklungsgeschichte des Heidelberger Haushaltes und die Beratungen im Stadtparlament über die Kommunalfinanz- und die Gemeindewirtschaftspolitik sowie die öffentliche Meinung dazu in den Jahren 1925–1932. (Diss.) Heidelberg 1976.

Amstutz 1986: Amstutz, G. Christian: Das Mineralogisch-Petrographische Institut. In: 600 Jahre 1986, S. 192.

Amtliche Kreisbeschreibung 1968: Amtliche Kreisbeschreibung. Die Stadt- und Landkreise Heidelberg und Mannheim. Bd. 2: Die Stadt Heidelberg und die Gemeinden des Landkreises Heidelberg. Hrsg. v. d. Staatlichen Archivverwaltung Baden-Württemberg. Karlsruhe 1968.

Angress 1976: Angress, Werner T.: Das deutsche Militär und die Juden im Ersten Weltkrieg. In: Militärgeschichtliche Mitteilungen 19 (1976), S. 77–146.

Anschütz 1975: Anschütz, Hans: Die Josefine und Eduard von Portheim-Stiftung für Wissenschaft und Kunst in Heidelberg. In: Lebensbilder deutscher Stiftungen. Bd. 3:

Stiftungen aus Vergangenheit und Gegenwart. Hrsg. v. Fritz Rüth u. a. Tübingen 1975, S. 63–70.

Anschütz 1993: Anschütz, Gerhard: Aus meinem Leben. Hrsg. u. eingel. v. Walter Pauly. Frankfurt am Main 1993.

Arnsberg 1983: Arnsberg, Paul: Die Geschichte der Frankfurter Juden seit der Französischen Revolution. Bd. 3. Darmstadt 1983.

Aufgebauer/Schubert 1992: Aufgebauer, Peter u. Schubert, Ernst: Königtum und Juden im deutschen Spätmittelalter. In: Spannungen und Widersprüche. Gedenkschrift für František Graus. Hrsg. v. Susanna Burghartz u. a. Sigmaringen 1992, S. 273–314.

Backhaus 1989: Backhaus, Fritz: Die Einrichtung eines Ghettos für die Frankfurter Juden im Jahre 1462. In: Hessisches Jahrbuch für Landesgeschichte 39 (1989), S. 59–86.

Backhaus 1986: Backhaus, Ralph: Das Institut für Geschichtliche Rechtswissenschaft. In: 600 Jahre 1986, S. 44.

Baden in Wort und Zahl 1928: Baden in Wort und Zahl. (Aufgrund amtlichen Materials hrsg. u. bearb. v. Badischen Statistischen Landesamt. Karlsruhe 1928.

Badische Gemeindestatistik 1927: Badisches Statistisches Landesamt (Hrsg.): Badische Gemeindestatistik. Karlsruhe 1927.

Badische Hochschulstatistik 1912: Badische Hochschulstatistik. Die Ergebnisse der Ermittlungen aus dem 19. Jahrhundert sowie für die Zeit 1900–1910. Bearb. i. Ministerium des Kultus u. Unterrichts. Karlsruhe 1912.

Baeck 1926: Baeck, Leo: Der geistliche Gehalt der jüdischen Wohlfahrtspflege. In: Zedakah. Zeitschrift der jüdischen Wohlfahrtspflege 2 (1926).

Baeck 1953: Baeck, Leo: Wanderer zwischen zwei Welten. In Memoriam Eugen Taeubler. In: Aufbau vom 28. August 1953.

Baer 1922: Baer, Fritz: Das Protokollbuch der Landjugendschaft des Herzogtums Kleve. Berlin 1922.

Baeyer 1974: Baeyer, Walter Ritter von: August Homburger – Arzttum und soziale Verantwortung. In: Heidelberger Jahrbücher 18 (1974), S. 89–93.

Bansa 1971/1974: Bansa, Helmut: Die Register der Kanzlei Ludwigs des Bayern. Darstellung und Edition. 2 Bde. München 1971–1974 (= Quellen und Erörterungen zur Bayerischen Geschichte, N. F., 24).

Barkai 1986: Barkai, Avraham: Die Juden als sozio-ökonomische Minderheitsgruppe in der Weimarer Republik. In: Juden in der Weimarer Republik. Hrsg. v. Walter Grab u. a. Stuttgart 1986 (= Studien zur Geistesgeschichte, 6), S. 330–346.

Battenberg 1979: Battenberg, Friedrich: Zur Rechtsstellung der Juden am Mittelrhein im Spätmittelalter und früher Neuzeit. In: Zeitschrift für Historische Forschung 6 (1979), S. 129–183.

Battenberg 1990: Battenberg, Friedrich: Das europäische Zeitalter der Juden. Zur Entwicklung einer Minderheit in der nichtjüdischen Umwelt Europas. 2 Teilbde. Bd. 1: Von den Anfängen bis 1650. Bd. 2: Von 1650 bis 1945. Darmstadt 1990.

Battenberg 1991: Battenberg, Friedrich: Die Französische Revolution und die Emanzipation der Juden im Elsaß und in Lothringen. In: Rödel, Volker (Hrsg.): Die Französische Revolution und die Oberrheinlande (1789–1898). Sigmaringen 1991 (= Oberrheinische Studien, 9).

Baum 1950: Baum, Marie: Rückblick auf mein Leben. Heidelberg 1950.

Baum 1952: Baum, Marie: Vergessene und Unvergessene aus der Stadt Heidelberg. In: Den Unvergessenen, Opfer des Wahns 1933–1945. Hrsg. v. Hermann Maas u. a. Heidelberg 1952, S. 98–104.

Bayer 1988: Bayer, Tilde: Die Juden in Mannheim während der Regierungszeit des Kurfürsten Karl Ludwig 1661–1680. Magisterarbeit. Mannheim 1988.

Becker 1973: Becker, Josef: Liberaler Staat und Kirche in der Ära von Reichsgründung und Kulturkampf. Geschichte und Strukturen ihres Verhältnisses in Baden 1860–1876. Mainz 1973.

Beil 1989: Beil, Alfons: Aus meinem Leben. Erfahrungen, Zeugnisse und Fragen. Msk. Heidelberg 1989.

Bein 1980: Bein, Alexander: Die Judenfrage. Biographie eines Weltproblems. Bd. 1. Stuttgart 1990.

Bennathan 1965: Bennathan, Esra: Die demographische und wirtschaftliche Struktur der Juden. In: Entscheidungsjahr 1932. Zur Judenfrage in der Endphase der Weimarer Republik. Hrsg. v. Werner E. Mosse u. a. Tübingen 1965, S. 87–131.

Benz 1991: Benz, Wolfgang (Hrsg.): Das Exil der kleinen Leute: Alltagserfahrung deutscher Juden in der Emigration. München 1991.

Benz 1991a: Benz, Wolfgang: Rückkehr auf Zeit: Erfahrungen deutsch-jüdischer Emigranten mit Einladungen in ihre ehemaligen Heimatstädte. In: Benz 1991.

Benz 1991b: Benz, Wolfgang: Dimension des Völkermords. Die Zahl der jüdischen Opfer des Nationalsozialismus. München 1991.

Berdesinski 1985: Berdesinski, Waldemar: Victor Goldschmidt (1853–1933). In: Semper apertus. Sechshundert Jahre Ruprecht-Karls-Universität Heidelberg 1386–1986. Bd. II: Das neunzehnte Jahrhundert 1803–1918. Berlin – Heidelberg – New York – Tokyo 1985, S. 506–515.

Berding 1988: Berding, Helmut: Moderner Antisemitismus in Deutschland. Frankfurt am Main 1988.

Bérenger 1995: Bérenger, Jean: Die Geschichte des Habsburgerreiches 1273–1918. Wien – Köln – Weimar 1995.

Berger/Aurand 1986: Berger, Gerhard u. Aurand, Detlev: Weiland Bursch zu Heidelberg. Eine Festschrift der Heidelberger Korporationen zur 600-Jahr-Feier der Ruperto Carola. Heidelberg 1986.

Beruf: Photograph in Heidelberg 1980/1980a: Budde, Kai u. a. (Hrsg.): Beruf: Photograph in Heidelberg: Ernst Gottmann sen. & jun. 1895–1955. Bd. 1: Architektur (1980). Bd. II: Porträts (1980a), Frankfurt am Main 1980.

Beyerchen 1982: Beyerchen, Alan D.: Wissenschaftler unter Hitler, Physiker im Dritten Reich. Frankfurt am Main – Berlin – Wien 1982.

Biographisches Handbuch 1980: Biographisches Handbuch der deutschsprachigen Emigration nach 1933. Bd. I: Politik, Wirtschaft, Öffentliches Leben. Leitung u. Bearbeitung Werner Röder u. a. München – New York – London – Paris 1980.

Birkenmaier 1995: Birkenmaier, Willy: Das russische Heidelberg. Heidelberg 1995.

Birnbaum 1981: Birnbaum, Max P.: Staat und Synagoge 1918–1938. Eine Geschichte des Preußischen Landesverbandes jüdischer Gemeinden (1918–1938). Tübingen 1981.

Biskup 1930: Biskup, Gerhard: Die landesfürstlichen Versuche zum wirtschaftlichen Wiederaufbau der Kurpfalz nach dem Dreißigjährigen Krieg 1648–1672. Ein Beitrag zur Wirtschaftsgeschichte der Pfalz. Diss. Frankfurt am Main 1930.

Blase 1914: Blase, Ludwig: Die direkten und indirekten Steuern der Kurpfalz. Rochlitz 1914.

Blomert 1992: Blomert, Reinhard: Das vergessene Sanatorium. Das »Thorapeutikum« der Frieda Fromm-Reichmann. In: Jüdisches Leben 1992, S. 249–262.

Blumenkranz 1960: Blumenkranz, Bernhard: Cultivateurs et vignerons juifs en Bourgogne du 9e au 11e siècle. In: Bulletin philol. et histor. du Comité des travaux histor. et scientif. Paris 1960 (= Actes du Congrès des Sociétés savantes à Dijon, avril 1959), S. 129–136.

Bock 1981: Bock, Claus Victor: Friedrich Gundolf 1880–1931: »Verblassendes Blendwerk« oder »Lebendiger Geist«. In: Heidelberger Jahrbücher 25 (1981), S. 33–42.

Bock 1991: Bock, Geza: Studenten des Russischen Reichs an der Universität Heidelberg (1862/63–1914). (masch. Msk.; Diplomarbeit im UAH) Heidelberg 1991.

Boelcke 1989: Boelcke, Willi A.: Sozialgeschichte Baden-Württembergs 1800–1989. Stuttgart – Berlin – Köln 1989 (= Schriften zur politischen Landeskunde Baden-Württembergs, 16).

Boenninghaus 1986: Boenninghaus, Hans-Georg: Die Hals-Nasen-Ohrenklinik. In: 600 Jahre 1986, S. 102.

Börne 1968: Börne, Ludwig: Sämtliche Schriften. Hrsg. v. Inge u. Peter Rippmann. Bd. 4: Briefe I. Bd 5: Briefe II. Darmstadt 1968.

Braun 1991: Braun, Johann: Sigmund Zimmern (1796–1830) – ein deutsch-jüdisches Gelehrtenschicksal, dargestellt anhand von Auszügen aus Akten und Briefen. In: Zeitschrift der Savignystiftung für Rechtsgeschichte 108 (1991), S. 210–236.

Brenner 1992: Brenner, Michael: Zurück ins Ghetto? Jüdische Autonomievorstellungen in der Weimarer Republik. Magisterarbeit Hochschule für Jüdische Studien. Heidelberg 1992.

Breuer 1986: Breuer, Mordechai: Jüdische Orthodoxie im Deutschen Reich 1871–1918. Sozialgeschichte einer religiösen Minderheit. Frankfurt am Main 1986 (= Veröffentlichungen des Leo-Baeck-Instituts).

Breuer 1995: Breuer, Mordechai: Tausend Jahre aschkenasisches Rabbinat. Der Werdegang einer Institution. In: Carlebach, Julius (Hrsg.): Das aschkenasische Rabbinat. Studien über Glaube und Schicksal. Berlin 1995, S. 15–23.

Breuer 1996: Breuer, Mordechai: Frühe Neuzeit und Beginn der Moderne. In: Breuer, Mordechai u. Graetz, Michael: Deutsch-jüdische Geschichte in der Neuzeit. Bd. 1: Tradition und Aufklärung 1600–1780. München 1996, S. 85–250.

Breuer/Graetz 1996: Breuer, Mordechai u. Graetz, Michael: Deutsch-jüdische Geschichte in der Neuzeit. Bd. 1: Tradition und Aufklärung 1600–1780. München 1996.

Brocke 1990: Brocke, Bernhard vom: Die Kaiser-Wilhelm-Gesellschaft im Kaiserreich. Vorgeschichte, Gründung und Entwicklung bis zum Ausbruch des Ersten Weltkriegs. In: Forschung im Spannungsfeld von Politik und Gesellschaft. Geschichte und Struktur der Kaiser-Wilhelm-/Max-Planck-Gesellschaft. Aus Anlaß ihres 75jährigen Bestehens. Hrsg. v. Rudolf Vierhaus u. a. Stuttgart 1990, S. 17–162.

Brückmann 1984: Brückmann, Remigius: Politische Karikaturen des Vormärz (1815–1848). Karlsruhe 1984.

Bruer 1991: Bruer, Albert A.: Geschichte der Juden in Preußen (1750–1820). Frankfurt am Main 1991.

Burchard 1985: Burchard, Christoph: H. E. G. Paulus in Heidelberg (1811–1851). In: Semper Apertus. Sechshundert Jahre Ruprecht-Karls-Universität Heidelberg 1386–1986. Bd. II. Berlin – Heidelberg – New York – Tokyo 1985, S. 222–297.

Burgard 1992: Burgard, Friedhelm: Zur Migration der Juden im westlichen Reichsgebiet im Spätmittelalter. In: Alfred Haverkamp u. Franz-Josef Ziwes (Hrsg.): Juden in der christlichen Umwelt während des späten Mittelalters. Berlin 1992 (= Zeitschrift für Historische Forschung, Beiheft 13), S. 41–57.

Burschenschaft Allemannia 1926: Die Burschenschaft Allemannia zu Heidelberg von 1906–1926. Dargestellt von Franz Dörr. Schopfheim 1926.

Burschenschaftliche Blätter 1893: Burschenschaftliche Blätter. 7. Jg. 1893.

Buselmeier 1991: Buselmeier, Michael: Literarische Führungen durch Heidelberg. Eine Kulturgeschichte im Gehen. Heidelberg 1991.

Buselmeier 1992: Buselmeier, Karin: Friedrich Gundolf und die »jüdische Literaturwissenschaft«. In: Jüdisches Leben 1992, S. 233–247.

C. V.-Zeitung: C.V.-Zeitung (Berlin) 6./12. Jg. Nr. 38/16 (v. 23. September 1927/18. April 1930).

Christ 1982: Christ, Karl: Römische Geschichte und deutsche Geschichtswissenschaft. München 1982.

Chronik 1893 ff.: Chronik der Stadt Heidelberg. Heidelberg 1893 ff.

Cohen 1981: Cohen, Daniel J.: Die Entwicklung der Landesrabbinate in den deutschen Territorien bis zur Emanzipation. In: Zur Geschichte der Juden im Deutschland des späten Mittelalters und der frühen Neuzeit. Hrsg. v. Alfred Haverkamp. Stuttgart 1981 (= Monographien zur Geschichte des Mittelalters, 24), S. 221–242.

Cohen 1983: Cohen, Daniel J.: Die Landjudenschaften in Hessen-Darmstadt bis zur Emanzipation als Organe der jüdischen Selbstverwaltung. In: Neunhundert Jahre Geschichte der Juden in Hessen. Wiesbaden 1983 (= Schriftenreihe der Historischen Kommission für die Geschichte der Juden in Hessen, 6), S. 151–214.

Coing 1977: Coing, Marga: Die Bibliothek des Heidelberger Nationalökonomen Emanuel Leser und ihre Eingliederung in die Universitätsbibliothek Heidelberg. In: Bibliothek und Wissenschaft 11 (1977), S. 72–117.

Cron 1900: Cron, Ludwig: Glaubensbekenntnis und Höheres Studium. Aus den Akten der Universitäten Heidelberg und Frankfurt und der Technischen Hochschule Karlsruhe, 1869–1893. Heidelberg 1900.

Cullen 1989: Cullen, Michael S.: Juden als Sammler und Mäzene. In: Juden als Träger bürgerlicher Kultur in Deutschland. Hrsg. v. Julius H. Schoeps. Stuttgart – Bonn 1989, S. 123–148.

Derwein 1958: Derwein, Herbert: Heidelberg im Vormärz und in der Revolution 1848/49. Ein Stück badischer Bürgergeschichte. Heidelberg 1958 (= Heidelberger Jahrbücher 1955/56).

Diemann 1961: Diemann, Max: Die Geschichte der Einzelgemeinde als Spiegel der Gesamtgeschichte. In: Festschrift zur Wiedervereinigung der Alten Synagoge zu Worms. Frankfurt am Main 1961, S. 167–173.

Dilcher 1991: Dilcher, Gerhard: Die Stellung der Juden in Recht und Verfassung der mittelalterlichen Stadt. In: Judentum im deutschen Sprachraum. Hrsg. v. Karl E. Grözinger. Frankfurt am Main 1991, S. 17–35.

Dipper 1983: Dipper, Christof: Der Deutsche Widerstand und die Juden. In: Geschichte und Gesellschaft 9 (1983), S. 349–380.

Döring 1975: Döring, Herbert: Der Weimarer Kreis. Studien zum politischen Bewußtsein verfassungstreuer Hochschullehrer in der Weimarer Republik. Meisenheim am Glan 1975 (= Mannheimer sozialwissenschaftliche Studien, 10).

Dohm 1973: Dohm, Christian Konrad Wilhelm von: Über die bürgerliche Verbesserung der Juden. 2 Teile. Berlin – Stettin 1781/1783. Nd. Hildesheim – New York 1973.

Dokumente 1981: Dokumente zur Geschichte des Zionismus 1882–1933. Hrsg. u. eingel. v. Jehuda Richarz. Tübingen 1981.

Dreifuß 1927: Dreifuß, Erwin Manuel: Die Familiennamen der Juden unter besonderer Berücksichtigung der Verhältnisse in Baden zu Anfang des 19. Jahrhunderts. Ein Beitrag zur Geschichte der Emanzipation. Frankfurt am Main 1927.

Drüll 1986: Drüll, Dagmar: Heidelberger Gelehrtenlexikon 1803–1932. Berlin – Heidelberg – New York – Tokyo 1986.

Drüll 1991: Drüll, Dagmar: Heidelberger Gelehrtenlexikon 1652–1802. Berlin – Heidelberg – New York – Tokio 1991.

Dubnow 1926: Dibnow, Simon: Weltgeschichte des jüdischen Volkes. Bd. 7. Berlin 1926.

Düwell 1968: Düwell, Kurt: Die Rheingebiete in der Judenpolitik des Nationalsozialismus vor 1942. Bonn 1968.

Dunker 1977: Dunker, Ulrich: Der Reichsbund jüdischer Frontsoldaten 1919–1938. Düsseldorf 1977.

Ebersold 1985: Ebersold, Günter: Rokoko, Reform und Revolution: Ein politisches Lebensbild des Kurfürsten Karl Theodor. Frankfurt 1985.

Eidelberg 1991: Eidelberg, Shlomo Juspa R.: Shammash on Wormasia (Worms). Jewish Life in 17th Century Worms. Jerusalem 1991.

Elbogen / Sterling 1988: Elbogen, Ismar u. Sterling, Eleonore: Die Geschichte der Juden in Deutschland. Frankfurt am Main 1988.

Encyclopaedia Judaica 1971: Encyclopaedia Judaica. Vol. 4. Jerusalem 1971.

Erb / Bergmann 1989: Erb, Rainer u. Bergmann, Werner: Die Nachseite der Judenemanzipation. Der Widerstand gegen die Integration der Juden in Deutschland 1780–1860. Berlin 1989 (= Antisemitismus und jüdische Geschichte, 1).

Eschelbacher: Eschelbacher, J.: Rede an der Bahre des verewigten Herrn Dr. Hillel Sondheimer. Bezirks- und Konferenzrabbiner in Heidelberg, am 19. Juni 1899. o. O. o. J.

Fait 1988: Fait, Barbara: Die Kreisleiter der NSDAP – nach 1945. In: Broszat, Martin: Von Stalingrad zur Währungsreform. München 1988, S. 213–299.

Faust 1973: Faust, Anselm: Der Nationalsozialistische Deutsche Studentenbund. 2 Bde. Düsseldorf 1973.

Fink-Madera 1993: Fink-Madera, Andrea: Carl Neumann 1860–1934. Frankfurt am Main u. a. 1993.

Fischer 1968: Fischer, Horst: Judentum, Staat und Heer in Preußen im frühen 19. Jahrhundert. Zur Geschichte der staatlichen Judenpolitik. Tübingen 1968 (= Schriftenreihe wissenschaftlicher Abhandlungen des Leo Baeck Instituts, 20).

Fix 1994: Fix, Karl-Heinz: Universitätstheologie und Politik. Die Heidelberger Theologische Fakultät in der Weimarer Republik. Heidelberg 1994.

Flade 1987: Flade, Roland: Die Würzburger Juden, ihre Geschichte vom Mittelalter bis zur Gegenwart. Würzburg 1987.

Fliedner 1991: Fliedner, Hans-Joachim: Die Judenverfolgung in Mannheim. Stuttgart ²1991.

Fohrer 1979: Fohrer, Georg: Glaube und Leben im Judentum. Heidelberg 1979.

Frankenthal 1981: Frankenthal, Käte: Der Dreifache Fluch: Jüdin, Intellektuelle, Sozialistin, Lebenserinnerungen einer Ärztin in Deutschland und im Exil. Hrsg. v. Kathleen M. Pearle u. a. Frankfurt am Main – New York 1981.

Fries 1816: Fries, Jakob Friedrich: Über die Gefährdung des Wohlstandes und des Charakters der Deutschen durch die Juden. Heidelberg 1816.

Frosch 1986: Frosch, Peter J.: Die Hautklinik. In: 600 Jahre 1986, S. 103–104.

Fünfzig Jahre 1933: Fünfzig Jahre Verein deutscher Studenten Heidelberg 1883–1933. [Anklam 1933].

Funk 1983: Funk, Rainer: Erich Fromm. Reinbek 1983.

Gadamer 1954: Gadamer, Hans-Georg: Das Cusanus-Unternehmen der Heidelberger Akademie der Wissenschaften. In: Ruperto Carola 6. Jg. H. 15 / 16 (1954), S. 78–79.

Gall 1973: Gall, Lothar: Die partei- und sozialgeschichtliche Problematik des badischen Kulturkampfes. In: Oberrheinische Studien II. Karlsruhe 1973, S. 93–132.

Gall 1989: Gall, Lothar: Bürgertum in Deutschland. Berlin 1989.

Garber 1982: Garber, Klaus: Richard Alewyn – Umrisse eines Werkes, 24. 2. 1902 bis 14. 8. 1979. In: Jahrbuch für Internationale Germanistik 14 (1982), S. 158–168.

Gay 1976: Gay, Peter: Begegnung mit der Moderne. Juden in der deutschen Kultur. In: Mosse, Werner E. u. Paucker, Arnold (Hrsg.): Juden im Wilhelminischen Deutschland 1890–1914. Tübingen 1976 (= Schriftenreihe wissenschaftlicher Abhandlungen des Leo-Baeck-Instituts, 33).

Gay 1986: Gay, Peter: In Deutschland zu Hause . . . Die Juden der Weimarer Zeit. In: Die Juden im Nationalsozialistischen Deutschland. The Jews in Nazi Germany 1933–1943.

Hrsg. v. Arnold Paucker u. a. Tübingen 1986 (= Schriftenreihe wissenschaftlicher Abhandlungen des Leo-Baeck-Instituts, 45), S. 31–43.

Gedenkbuch 1983: Gedenkbuch an die ehemaligen Heidelberger Bürger jüdischer Herkunft. Dokumentation ihrer Namen und Schicksale 1933–1945. Bearb. v. Arno Weckbecker im Zusammenwirken mit dem Stadtarchiv Heidelberg. [Heidelberg 1983].

Gegenbaur 1900: Gegenbaur, Karl: Erlebtes und Erstrebtes. Leipzig 1900.

Gerlach 1972: Gerlach, Wolfgang: Zwischen Kreuz und Davidstern. Bekennende Kirche in ihrer Stellung zum Judentum im Dritten Reich. Diss. Hamburg 1972.

Germania Judaica 1963 ff.: Germania Judaica. Bd. I: Von den ältesten Zeiten bis 1238. Hrsg. v. Ismar Elbogen u. a. Tübingen 1963. Bd. II: Von 1238 bis zur Mitte des 14. Jahrhunderts. Hrsg. v. Zvi Avneri. 2 Teilbde. Tübingen 1968. Bd. III: 1350–1519. Hrsg. v. Arye Maimon. 1. Teilbd. Tübingen 1987.

Gerteis 1994: Gerteis, Klaus: Die deutschen Städte in der Frühen Neuzeit. Zur Vorgeschichte der bürgerlichen Welt. Darmstadt ^{2}1994.

Gidal 1988: Gidal, Nachum T.: Die Juden in Deutschland von der Römerzeit bis zur Weimarer Republik. Gütersloh 1988.

Giovannini 1985: Giovannini, Norbert: Die Kommilitonen von Ernst Toller, Carl Zuckmayer, Joseph Goebbels und Golo Mann. In: Auch eine Geschichte der Universität Heidelberg. Hrsg. v. Karin Buselmeier u. a. Mannheim 1985, S. 195–210.

Giovannini 1990: Giovannini, Norbert: Zwischen Republik und Faschismus. Heidelberger Studentinnen und Studenten 1918–1945. Weinheim 1990.

Giovannini 1992: Giovannini, Norbert: Jüdische Studentinnen und Studenten in Heidelberg. In: Jüdisches Leben 1992, S. 201–219.

Giovannini/Jansen 1992: Giovannini, Norbert u. Jansen, Christian: Judenemanzipation und Antisemitismus an der Universität Heidelberg. In: Jüdisches Leben 1992, S. 155–199.

Glockner 1969: Glockner, Hermann: Heidelberger Bilderbuch. Erinnerungen von Hermann Glockner. Bonn 1969.

Goebbels 1936: Goebbels, Joseph: Vom Kaiserhof zur Reichskanzlei. München ^{12}1936.

Gold 1966: Gold, Hugo: Geschichte der Juden in Wien. Tel Aviv 1966.

Goldmann 1970: Goldmann, Nahum: Staatsmann ohne Staat. Berlin 1970.

Goldmann 1983: Goldmann, Nahum: Mein Leben als deutscher Jude. Lebensbilder. Frankfurt am Main – Berlin – Wien 1983.

Goldschmidt 1887: Goldschmidt, Levin: Zur Reichstagswahl vom 21. Februar und 2. März 1887. Berlin 1887.

Goldschmidt 1887a: Goldschmidt, Levin: Nach dem Siege. In: Ders.: Zur Reichstagswahl vom 21. Februar und 2. März 1887. Berlin 1887, S. 33–61.

Goldschmidt 1898: Goldschmidt, Levin: Ein Lebensbild in Briefen. Berlin 1898.

Goldschmit-Jentner 1954: Goldschmit-Jentner, Rudolf K.: Universität, Presse und Tageblatt. In: Ruperto Carola 6. Jg. H. 13/14 (1954), S. 163–165.

Gothein 1889: Gothein, Eberhard: Mannheim im ersten Jahrhundert seines Bestehens. In: ZGO 43 (1889), S. 129–211.

Grab 1991a: Grab, Walter: Der deutsche Weg der Judenemanzipation 1789–1938. München – Zürich 1991.

Grab 1991b: Grab, Walter: »Jüdischer Selbsthaß« und jüdische Selbstachtung in der deutschen Literatur und Publizistik 1890–1933. In: Grab, Walter: Der deutsche Weg der Judenemanzipation 1789–1938. München – Zürich 1991, S. 152–184.

Grab/Schoeps 1986: Grab, Walter u. Schoeps, Julius (Hrsg.): Juden in der Weimarer Republik. Stuttgart – Bonn 1986 (= Studien zur Geistesgeschichte, 6).

Gradenwitz 1929: Gradenwitz, Otto: [Selbstdarstellung]. In: Die Rechtswissenschaft der Gegenwart in Selbstdarstellungen. Hrsg. v. Hans Planitz. Bd. 3. Leipzig 1929, S. 41–88.

Graetz 1896: Graetz, Heinrich: Geschichte des jüdischen Volkes. Bd. 10. Berlin – Leipzig 1896.

Graml 1958: Graml, Hermann: Der 9. November 1938. »Reichskristallnacht«. Bonn [6]1958.

Graus 1984: Graus, František: Judenfeindschaft im Mittelalter. In: Antisemitismus. Von der Judenfeindschaft zum Holocaust. Hrsg. v. Herbert A. Strauss u. Norbert Kampe. Frankfurt am Main – New York 1984 (= Schriftenreihe der Bundeszentrale für politische Bildung, 213), S. 29–46.

Graus 1988: Graus, František: Pest – Geissler – Judenmorde. Das 14. Jahrhundert als Krisenzeit. Göttingen [2]1988 (= Veröffentlichungen des Max-Planck-Instituts für Geschichte, 86).

Graus 1991: Graus, František: Die Juden in ihrer mittelalterlichen Umwelt. Hrsg. v. Alfred Ebenbauer u. Klaus Zatloukal. Wien – Köln – Weimar 1991, S. 53–65.

Greive 1982: Greive, Hermann: Die Juden. Grundzüge ihrer Geschichte im mittelalterlichen und neuzeitlichen Europa. Darmstadt 1982.

Greive 1983: Greive, Hermann: Geschichte des modernen Antisemitismus in Deutschland. Darmstadt 1983, S. 104–144.

Griesbach / Krämer / Maisant 1985: Griesbach, Dieter / Krämer, Annette / Maisant, Mechthild: Die Neue Universität. In: Semper apertus. Sechshundert Jahre Ruprecht-Karls-Universität Heidelberg 1386–1986. Bd. V. Berlin – Heidelberg – New York – Tokyo 1985, S. 79–112.

Großherzoglich Badische Regierungsblätter 1852 ff.: Großherzoglich Badische Regierungsblätter, von deren Entstehung 1803 bis Ende 1833. Karlsruhe – Baden 1834. Karlsruhe 1852–1868.

Grünwald 1913: Grünwald, Max: Samuel Oppenheimer und sein Kreis. Wien 1913.

Güdemann 1966: Güdemann, Moritz: Geschichte des Erziehungswesens und der Cultur der abendländischen Juden während des Mittelalters und der neueren Zeit. Bd. III: Deutschland während des XIV. und XV. Jahrhunderts. Wien 1888. Amsterdam [2]1966.

Gumbel 1979: Gumbel, Emil Julius: Verschwörer. Zur Geschichte und Soziologie der deutschen nationalistischen Geheimbünde 1918–1924. Heidelberg [2]1979.

Gundolf 1980: Gundolf, Friedrich: Beiträge zur Literatur- und Geistesgeschichte. Heidelberg 1980.

Häusler 1980: Häusler, Wolfgang: Das österreichische Judentum im Zeitalter der josephinischen Toleranz. In: (Ausstellungskatalog) Österreich zur Zeit Kaiser Josephs II. Mitregent Kaiserin Maria Theresias, Kaiser und Landesfürst. Wien 1980.

Hagedorn 1950: Hagedorn, Kurt: Die finanzwirtschaftliche Struktur der Stadt Heidelberg. (Diss.) Heidelberg 1950.

Hahn 1988: Hahn, Joachim: Erinnerungen und Zeugnisse jüdischer Geschichte in Baden-Württemberg. Hrsg. v. d. Kommission für Geschichtliche Landeskunde Baden-Württemberg und dem Innenministerium Baden-Württemberg. Stuttgart 1988.

Hamburger 1968: Hamburger, Ernest: Juden im öffentlichen Leben Deutschlands. Tübingen 1968 (= Schriftenreihe wissenschaftlicher Abhandlungen des Leo-Baeck-Instituts, 19).

Hampe 1969: Hampe, Karl: 1869–1936. Selbstdarstellung. Heidelberg 1969 (= Sitzungsberichte der Heidelberger Akademie der Wissenschaften, Philosophisch-Historische Klasse, 3).

Handbuch der Historischen Stätten 1980: Handbuch der Historischen Stätten Deutschlands. Bd. VI: Baden-Württemberg. Hrsg. v. Max Miller u. Gerhard Taddey. 2. verb. u. erw. Auflage. Stuttgart 1980.

Handbuch der jüdischen Gemeindeverwaltung 1911: Handbuch der jüdischen Gemeindeverwaltung und Wohlfahrtspflege 20/1911. Hrsg. v. Büro d. Deutsch-Israelitischen Gemeindebundes Berlin. Berlin 1911.

Hassenpflug-Elzholz 1983: Hassenpflug-Elzholz, Eila: Toleranzedikt und Emanzipation. In: Die Juden in den böhmischen Ländern. Vorträge der Tagung des Collegium Carolinum in Bad Wiessee 1981. München – Wien 1983, S. 145–159.

Hattenhauer 1992: Hattenhauer, Hans: Europäische Rechtsgeschichte. Heidelberg 1992.

Hautz 1862/1864: Hautz, Johann Friedrich: Geschichte der Universität Heidelberg. 2 Bde. Mannheim 1862–1864.

Haverkamp 1981: Haverkamp, Alfred: Die Judenverfolgungen zur Zeit des Schwarzen Todes im Gesellschaftsgefüge deutscher Städte. In: Ders. (Hrsg.): Zur Geschichte der Juden im Deutschland des späten Mittelalters und der frühen Neuzeit. Stuttgart 1981 (= Monographien zur Geschichte des Mittelalters, 24), S. 27–93.

Haverkamp 1985: Haverkamp, Alfred: Erzbischof Balduin und die Juden. In: Balduin von Luxemburg. Erzbischof von Trier – Kurfürst des Reiches 1285–1354. Festschrift aus Anlaß des 700. Geburtsjahres. Hrsg. v. Franz-Josef Heyen. Mainz 1985 (= Quellen und Abhandlungen zur mittelrheinischen Kirchengeschichte, 53), S. 437–483.

Haverkamp 1991: Haverkamp, Alfred: Lebensbedingungen der Juden im spätmittelalterlichen Deutschland. In: Zerbrochene Geschichte. Hrsg. v. Dirk Blasius u. Dan Diner. Frankfurt am Main 1991, S. 11–31.

Haverkamp 1993: Haverkamp, Alfred: Aufbruch und Gestaltung. Deutschland 1056–1273. München [2]1993 (= Neue Deutsche Geschichte, 2).

Heid/Paucker 1992: Heid, Ludger u. Paucker, Arnold (Hrsg.): Juden und deutsche Arbeiterbewegung bis 1933. Soziale Utopien und religiös-kulturelle Traditionen. Tübingen 1992 (= Schriftenreihe wissenschaftlicher Abhandlungen des Leo-Baeck-Instituts, 49).

Heidelberger Journal 1845 ff.: Heidelberger Journal 1845 (v. 31. März), 1848 (v. 1. März (Beilage)/19. August) sowie 1859–1872.

Heidelberger Tageblatt 1919 ff.: Heidelberger Tageblatt 1919 (v. 14./15. Januar) u. 1932 (v. 12. Mai).

Heidelberger Wochenblatt 1819: Heidelberger Wochenblatt 1819 (v. 9. September).

Heidelberger Zeitung 1861 ff.: Heidelberger Zeitung 1861–1902.

Heinemann 1982: Heinemann, Günter: Ludwig Basnitzki – ein Leitbild pädagogischer Unbestechlichkeit. Heidelberg [1982].

Heinemann 1984: Heinemann, Günter: Geschichte der Juden in Heidelberg bis zur Emanzipation im 19. Jahrhundert. In: Szklanowski, Benno: Der alte jüdische Friedhof am Klingenteich in Heidelberg 1702–1876. Heidelberg 1984 (= Neue Hefte zur Stadtentwicklung, 3).

Hellpach 1928: Hellpach, Willy: Politische Prognose für Deutschland. Berlin 1928.

Hermann 1953: Hermann, Ferdinand: Die Portheim-Stiftung und ihre Völkerkunde-Sammlung. In: Ruperto Carola 5. Jg. H. 9/10 (1953), S. 162–164.

Herrmann 1985: Herrmann, Johannes: Otto Gradenwitz (1860–1936). In: Semper apertus. Sechshundert Jahre Ruprecht-Karls-Universität Heidelberg 1386–1986. Bd. III. Berlin – Heidelberg – New York – Tokyo 1985, S. 136–147.

Herzig 1987: Herzig, Arno: Juden und Judentum in der sozialgeschichtlichen Forschung. In: Schieder, Wolfgang u. Sellin, Volker (Hrsg.): Sozialgeschichte in Deutschland. Bd. 4: Soziale Gruppen in der Geschichte. Göttingen 1987, S. 108–132.

Herzl 1990: Herzl, Theodor: Briefe und Tagebücher. Bd. 4. Hrsg. v. Alex Bein u. a. Frankfurt am Main – Berlin 1990.

Heß 1989: Heß, Christel: Presse und Publizistik in der Kurpfalz in der zweiten Hälfte des 18. Jahrhunderts. Frankfurt – Bern – New York – Paris 1989.

Heß 1970: Heß, Wolfgang: Das rheinische Münzwesen im 14. Jahrhundert und die Entstehung des Kurrheinischen Münzvereins. In: Der deutsche Territorialstaat im 14. Jahrhundert. Hrsg. v. Hans Patze. Bd. 1. Sigmaringen 1970 (= Vorträge und Forschungen, 13), S. 257–323.

Hesse 1981: Hesse, Erich: Victor Goldschmidt. In: Heidelberger Jahrbücher 25 (1981), S. 45–65.

Heuberger 1994: Heuberger, Georg (Hrsg.): Die Rothschilds. Bd. 1: Eine europäische Familie. Sigmaringen 1994.

Heunisch 1857: Heunisch, Adam Ignaz: Das Großherzogtum Baden historisch-geographisch-statistisch-topographisch beschrieben v. A. I. Heunisch mit Beigaben v. Dr. J. Bader. Heidelberg 1857.

Heuser 1971: Heuser, Robert: Die Bedeutung des Ortsbürgerrechts für die Emanzipation der Juden in Baden 1807–1831. (Diss.) Heidelberg 1971.

Heuß 1989: Heuß, Alfred: Eugen Täubler Posthumus. In: Historische Zeitschrift 248 (1989), S. 265–303.

Hilgard 1885: Hilgard, Alfred (Bearb.): Urkunden zur Geschichte der Stadt Speyer. Straßburg 1885.

Himmelheber/Hofmann 1993: Himmelheber, Susanne u. Hofmann, Karl-Ludwig (Hrsg.): Alfred Mombert (1872–1942). Heidelberg 1993.

Hoepke 1953: Hoepke, Hermann: Die Radium-Solquelle Heidelbergs. In: Ruperto Carola 5. Jg. H. 9/10 (1953), S. 157–160.

Hoffmann 1985: Hoffmann, Herbert: Im Gleichschritt in die Diktatur? Die nationalsozialistische »Machtergreifung« in Heidelberg und Mannheim 1930 bis 1935. Frankfurt am Main – Berlin – New York 1985.

Hoffmann 1988: Hoffmann, Christhard: Juden und Judentum im Werk deutscher Althistoriker des 19. und 20. Jahrhunderts. Leiden – New York – Kobenhavn – Köln 1985.

Honigmann 1989: Honigmann, Peter: Öffentliche Spurenverwischung. In: Frankfurter Allgemeine Zeitung vom 2. Oktober 1989, S. 14.

Honigmann 1992: Honigmann, Peter: Jüdische Studenten zwischen Orthodoxie und moderner Wissenschaft. Der Heidelberger Talmudistenkreis um Salman Baruch Rabinkow. In: Menora. Jahrbuch für deutsch-jüdische Geschichte 1992, S. 85–96.

Honigmann 1992a: Honigmann, Peter: Der Talmudistenkreis um Salman Baruch Rabinkow. In: Jüdisches Leben 1992, S. 265–272.

Huber 1978/1969/1981: Huber, Ernst Rudolf: Deutsche Verfassungsgeschichte seit 1789. Bd. 3: Bismarck und das Reich. Stuttgart [2]1978. Bd. IV: Struktur und Krisen des Kaiserreichs. Stuttgart 1969; Bd. VI. Die Weimarer Reichsverfassung. Stuttgart – Berlin – Köln – Mainz 1981.

Hundsnurscher/Thaddey 1968: Hundsnurscher, Franz u. Thaddey, Gerhard: Die jüdischen Gemeinden in Baden. Denkmale, Geschichte, Schicksale. Stuttgart 1968.

Industrie in Baden 1926: Badisches Statistisches Landesamt (Hrsg.): Die Industrie in Baden im Jahr 1925. Karlsruhe 1926.

Isler 1867: Isler, Meyer: Gabriel Riesser's Leben nebst Mittheilungen aus seinen Briefen. Frankfurt am Main – Leipzig 1867 (= Gabriel Riesser's gesammelte Schriften. Hrsg. v. M. Isler. Bd. 1).

Der Israelit 1860 ff.: Der Israelit. Begr. v. Markus Lehmann. Mainz – Frankfurt 1860–1932.

Israelitische Wochenschrift 1870 ff.: Israelitische Wochenschrift. Hrsg. v. Abr. Treuenfels u. Moritz Rahmer. Breslau – Magdeburg 1870–1894.

Israelitisches Familienblatt 1920 ff.: Israelitisches Familienblatt 22. Jg. Nr. 36 (v. 2. September 1920); 23. Jg. Nr. 12/27 (v. 24. März/7. Juli 1921); 24. Jg. Nr. 26 (v.

29. Juni 1922); 31. Jg. Nr. 39 (v. 26. September 1929); 34. Jg. Nr. 6/14/44 (v. 11. Februar/7. April/3. November 1932).
Israelitisches Gemeindeblatt 1923 ff.: Israelitisches Gemeindeblatt. 1.–16. Jg. (1923–1938).
Jacoby 1897: Jacoby, Julius: Die antisemitische Bewegung in Baden. Karlsruhe 1897.
Jagemann 1925: Jagemann, Eugen von: Fünfundsiebzig Jahre des Erlebens und Erfahrens (1849–1924). Heidelberg 1925.
Jahresberichte der Handelskammer 1881 ff.: Jahresberichte der Handelskammer für den Kreis Heidelberg nebst der Stadt Eberbach. Heidelberg 1881–1913.
Jansen 1985: Jansen, Christian: Gumbel, Ein Statistiker des Antimilitarismus. Deutsche Schriftsteller und Künstler gegen Krieg und Militarismus 1918–1933. In: Pazifismus zwischen den Weltkriegen. Hrsg. v. Dietrich Harth u.a. Heidelberg 1985, S. 31–42.
Jansen 1991: Jansen, Christian: Emil Julius Gumbel. Porträt eines Zivilisten. Heidelberg 1991.
Jansen 1992: Jansen, Christian: Professoren und Politik. Politisches Denken und Handeln der Heidelberger Hochschullehrer 1914–1935. Göttingen 1992 (= Kritische Studien zur Geschichtswissenschaft, 99).
Jarausch 1984: Jarausch, Konrad H.: Deutsche Studenten 1800–1970. Frankfurt am Main 1984.
Jaspers 1967: Jaspers, Karl: Schicksal und Wille. Autobiographische Schriften. München 1967.
Jaspers 1967a: Jaspers, Karl: Erfahrung des Ausgestoßenseins. In: Der Spiegel 41 (1967), S. 40–54.
Jochmann 1976: Jochmann, Werner: Struktur und Funktion des deutschen Antisemitismus. In: Mosse, Werner E. u. Paucker, Arnold (Hrsg.): Juden im Wilhelminischen Deutschland 1890–1914. Tübingen 1976 (= Schriftenreihe wissenschaftlicher Abhandlungen des Leo-Baeck-Instituts, 33).
Jochmann 1985: Jochmann, Werner: Struktur und Funktion des deutschen Antisemitismus. In: Strauss, Herbert A. u. Kampe, Norbert (Hrsg.): Antisemitismus. Von der Judenfeindlichkeit zum Holocaust. Bonn 1985 (= Schriftenreihe der Bundeszentrale für politische Bildung, 213), S. 99–142.
Juden bringen den »lebendigen Geist« 1932: Die Juden bringen den »lebendigen Geist«. Festschrift zur Einweihung der neuen Universität. Hrsg. v. der Stadtratsfraktion der NSDAP. Heidelberg [1932].
Juden in Baden 1984: Juden in Baden 1809–1984. 175 Jahre Oberrat der Israeliten Badens. Hrsg. v. Oberrat der Israeliten Baden, bearb. v. Jael B. Paulus. Karlsruhe 1984.
Juden in Karlsruhe 1990: Juden in Karlsruhe. Beiträge zu ihrer Geschichte bis zur nationalsozialistischen Machtergreifung. Hrsg. v. Heinz Schmitt unter Mitwirkung v. Ernst Otto Bräunche u. Manfred Koch. Karlsruhe ²1990 (= Veröffentlichungen des Karlsruher Stadtarchivs, 8).
Jüdische Lebenswelten 1991: Jüdische Lebenswelten: Essays. Hrsg. v. Andreas Nachama u.a. Frankfurt am Main 1991.
Die Jüdische Presse 1870 ff.: Die Jüdische Presse. Begr. v. Esriel Hildesheimer. Berlin 1870–1914.
Jüdische Rundschau 1930: Jüdische Rundschau 38. Jg. Nr. 19 (v. 7. März 1930).
Der Jüdische Student 1904 ff.: Der Jüdische Student. Berlin 1904–1923.
Jüdisches Leben 1992: Giovannini, Norbert u. a. (Hrsg.): Jüdisches Leben in Heidelberg. Studien zu einer unterbrochenen Geschichte. Heidelberg 1992.
Jüdisches Lexikon 1987: Jüdisches Lexikon. Ein enzyklopädisches Handbuch des jüdischen Wissens in 4 Bänden. Hrsg. v. G. Herlitz u. a. Bd. III. Berlin 1927. Ndr. Königstein 1987.

Kaller 1990: Kaller, Gerhard: Jüdische Abgeordnete im badischen Landtag 1861–1933. In: Juden in Karlsruhe 1990. S. 413–438.

Kampe 1987: Kampe, Nobert: Jüdische Professoren im Deutschen Kaiserreich. In: Erb, Reiner u. Schmidt, Michael (Hrsg.): Antisemitismus und jüdische Geschichte. Berlin 1987, S. 185–211.

Kampe 1988: Kampe, Norbert: Studenten und »Judenfrage« im Deutschen Kaiserreich. Göttingen 1961 (= Kritische Studien zur Geschichtswissenschaft, 76).

Kaplan 1981: Kaplan, Marion A.: Die jüdische Frauenbewegung in Deutschland. Organisation und Ziele des Jüdischen Frauenbundes 1904–1938. Hamburg 1981 (= Hamburger Beiträge zur Geschichte der deutschen Juden, 7).

Karniel 1985: Karniel, Josef: Die Toleranzpolitik Kaiser Josephs II. Gerlingen 1985 (= Schriftenreihe des Instituts für Deutsche Geschichte der Universität Tel Aviv, 9).

Kater 1975: Kater, Michael H.: Studentenschaft und Rechtsradikalismus in Deutschland 1918–1933. Eine sozialgeschichtliche Studie zur Bildungsreise in der Weimarer Republik. Hamburg 1975.

Katz 1989: Katz, Jacob: Vom Vorurteil bis zur Vernichtung. Der Antisemitismus. München 1989.

Kaufmann 1987: Kaufmann, Arthur: Gustav Radbruch, Rechtsdenker, Philosoph, Sozialdemokrat. München 1987.

Kaufmann 1995: Kaufmann, Uri: Staat und Rabbinat in der ersten Hälfte des 19. Jahrhunderts. Das Elsaß und das Großherzogtum Baden – ein Vergleich. In: Carlebach, Julius (Hrsg.): Das aschkenasische Rabbinat. Studien über Glaube und Schicksal. Berlin 1995, S. 165–190.

Kayserling 1870: Kayserling, Meyer (Hrsg.): Bibliothek jüdischer Kanzelredner. Eine chronologische Sammlung der Predigten und Charakteristiken der vorzüglichsten jüdischen Prediger. 1. Jg. Berlin 1870.

K.C.-Blätter 1910 ff.: K. C.-Blätter. Monatsschrift der im Kartell-Convent der Verbindungen deutscher Studenten jüdischen Glaubens vereinigten Korporationen. o. O. 1910–1918.

Keitel: Keitel, Sabine: Der Einfluß der Aufklärung auf die rechtliche und soziale Situation der Juden am Beispiel Heidelbergs. Eine quellenkritische Analyse der Heidelberger Stadtratsprotokolle von 1742–1799. Magisterarbeit. Freiburg o. J.

Kellenbenz 1964: Kellenbenz, Hermann: Die Juden in der Wirtschaftsgeschichte des rheinischen Raumes. Von der Spätantike bis zum Jahre 1648. In: Monumenta Judaica. 2000 Jahre Geschichte und Kultur der Juden am Rhein. Hrsg. v. Konrad Schilling. Köln. [2]1964, S. 199–235.

Keller 1961: Keller, Ursula: Die Entwicklung der Industrie in Heidelberg im Rahmen ihrer geographischen und industriepolitischen Voraussetzungen. (Diss. Basel) Heidelberg 1961.

Keller 1986: Keller, Werner u. a.: Redet mit Jerusalem freundlich. Zeugnisse von und über Hermann Maas. Karlsruhe 1986.

Kershaw 1979: Kershaw, Ian: Antisemitismus und Volksmeinung. Reaktion auf die Judenverfolgung. In: Broszat, Martin u. a.: Bayern in der NS-Zeit. Bd. 2. München 1979, S. 281–348.

Kienitz 1963: Kienitz, Werner: Die Zeit der Weimarer Republik. Das jüdische Gemeindeleben und die politische Situation der deutschen Juden. In: Monumenta Judaica. 2000 Jahre Geschichte und Kultur der Juden am Rhein. Hrsg. v. Konrad Schilling. Köln 1963, S. 385–418.

Kistler 1954: Kistler, Franz: Die wirtschaftlichen und sozialen Verhältnisse in Baden 1849–1870. Freiburg im Breisgau 1954.

Klauser 1961: Klauser, Renate: In memoriam Eberhard Freiherr von Kuenßberg. In: Ruperto Carola 13. Jg. 29 (1963), S. 98–99.

Klein 1986: Klein, Eckart: Samuel Pufendorf und die Anfänge der Naturrechtslehre. In: Sechshundert Jahre, S. 414–439.

Kleinert 1980: Kleinert, Andreas: Lenard, Stark und die Kaiser-Wilhelm-Gesellschaft. Auszüge aus der Korrespondenz der beiden Physiker zwischen 1933 und 1936. In: Physikalische Blätter 36 (1980) 2, S. 35–43.

Kluckhohn 1874: Kluckhohn, August: Das Testament Friedrichs des Frommen, Churfürst von der Pfalz. München 1874 (= Abhandlungen der historischen Classe der königlichen bayerischen Akademie der Wissenschaften, 12, Abt. 3).

Koch 1988: Koch, Manfred: Die Weimarer Republik: Juden zwischen Integration und Ausgrenzung. In: Juden in Karlsruhe 1988, S. 95–120.

Koenig 1929: Koenig, Paul: Baden, das größte deutsche Tabakland. In: Das Land Baden. Seine wirtschaftliche und kulturelle Bedeutung. o. O. [2]1929, S. 11.

Koenigsberger 1919: Koenigsberger, Leo: Mein Leben. Heidelberg 1919.

Köllhofer 1993: Köllhofer, Jakob J.: Der Dichter Alfred Mombert. In: Himmelheber/Hofmann 1993, S. 9–107.

Kommunalwahlen 1984: Kommunalwahlen in Heidelberg 1875–1984. Hrsg. v. Rolf Maier. Heidelberg 1984 (= Schriftenreihe Boxberg Gymnasium, 2).

Koppel 1939: Koppel, Julius: Unsere Reise nach Süd-Afrika. o. O. [1939] (als Kopie in der Jüdischen Kultusgemeinde Heidelberg).

Kostbares Vermächtnis 1993: Kostbares Vermächtnis. Zeugnisse aus dem jüdischen Museum in Prag. Reiß-Museum der Stadt Mannheim in Zusammenarbeit mit dem Staatlichen Jüdischen Museum in Prag. Mannheim 1993.

Kracauer 1927: Kracauer, Isidor: Geschichte der Frankfurter Juden. Frankfurt am Main 1927.

Kraepelin 1983: Kraepelin, Emil: Lebenserinnerungen. Hrsg. v. Hans Hippius u. a. Berlin u. a. 1983.

Kraft 1953: Kraft, Rudolf: Eugen Täubler. In: Ruperto Carola 5. Jg. H. 11/12 (1953), S. 24–25.

Krakauer 1914: Krakauer, I(sidor): Urkundenbuch zur Geschichte der Juden in Frankfurt am Main von 1150–1400. Frankfurt am Main 1914.

Krause 1945: Krause, Friedrich: Goerdelers Politisches Testament. Dokumente des Anderen Deutschland. New York 1945.

Kreutzberger 1972: Kreutzberger, Wolfgang: Studenten und Politik 1918–1933. Der Fall Freiburg im Breisgau. Göttingen 1972 (= Kritische Studien zur Geschichtswissenschaft, 2).

Kreuz 1990: Kreuz, Wilhelm: Heidelberg und die Kurpfalz im Zeichen der Französischen Revolution. In: Thiele, Gunter: Demokratisierung in der Französischen Revolution. Wirkungen auf Deutschland. Villingen-Schwenningen 1990 (= Forschen – Lehren – Lernen. Beiträge aus dem Fachbereich 4 [Sozialwissenschaften] der Päd. Hochschule Heidelberg, 3).

Krüger-Charlé 1984: Krüger-Charlé, Michael: Carl Goerdelers Versuche der Durchsetzung einer alternativen Politik. Berlin 1984.

Kunkel 1960: Kunkel, Wolfgang: Otto Gradenwitz. In: Ruperto Carola 12. Jg. H. 28 (1960), S. 12 f.

Ladenburg 1832: Ladenburg, Leopold: Die rechtlichen Verhältnisse der Israeliten in Baden. Eine Abhandlung aus dem Gebiete des Badischen öffentlichen Rechts. Heidelberg 1832.

Ladenburg 1833: Ladenburg, Leopold: Die Gleichstellung der Israeliten Badens mit ihren christlichen Mitbürgern mit besonderer Berücksichtigung der Verhandlungen der zweiten Kammer der Landstände und des dort gefaßten Beschlusses. Mannheim 1833.

Ladenburg 1912: Ladenburg, Alfred: Lebenserinnerungen. Breslau 1912.

Landmann 1963: Landmann, Edith: Gespräche mit Stefan George. Düsseldorf – München 1963.

Landwehr 1971: Landwehr, Götz: Mobilisierung und Konsolidierung der Herrschaftsordnung im 14. Jahrhundert. In: Der deutsche Territorialstaat im 14. Jahrhundert. Hrsg. v. Hans Patze. Bd. 2. Sigmaringen 1971 (= Vorträge und Forschungen, 14).

Langewiesche 1988: Langewiesche, Dieter: Liberalismus in Deutschland. Frankfurt am Main 1988.

Lauber 1988: Lauber, Heinz: Die Nacht, in der im Deutschen Reich die Synagogen brannten. Dokumente und Materialien. Villingen 1988.

Laufs 1985: Laufs, Adolf: Gustav Radbruch (1878–1949). In: Semper apertus. Sechshundert Jahre Ruprecht-Karls-Universität Heidelberg. Bd. III. Berlin – Heidelberg – New York – Tokyo 1985, S. 148–166.

Lauterer 1995: Lauterer, Heidemarie: »Weil ich von dem Einsatz meiner Kräfte die Überwindung der Schwierigkeiten erhoffte.« Marie Baum (1874–1964). Frauenbewegung, Politik und Beruf. In: Frauengestalten. Soziales Engagement in Heidelberg. Heidelberg 1995 (= Schriftenreihe des Stadtarchivs Heidelberg, 6), S. 55–116.

Leimkugel 1991: Leimkugel, Frank: Wege jüdischer Apotheker. Frankfurt 1991.

Leonhard 1854: Leonhard, Karl Caesar von: Aus unserer Zeit in meinem Leben. Bd. 1. Stuttgart 1854.

Leonhard 1983: Leonhard, Joachim Felix: Karl Jaspers in seiner Heidelberger Zeit. Heidelberg 1983.

Levinson 1984: Levinson, Nathan P.: Hermann Maas. In: Juden in Baden 1809–1984. 175 Jahre Oberrat der Israeliten Badens. Hrsg. v. Oberrat der Israeliten Baden. Bearb. v. Jael B. Paulus. Karlsruhe 1984, S. 213–216.

Lewin 1909: Lewin: Adolf: Geschichte der badischen Juden seit der Regierung Karl Friederichs (1783–1909). Karlsruhe 1909.

Lexikon zur Parteiengeschichte 1984: Lexikon zur Parteiengeschichte. Bd. 2. Hrsg. v. Dieter Fricke. Köln 1984.

Littmann 1928: Littmann, Ellen: Studien zur Wiederaufnahme der Juden durch die deutschen Städte nach dem schwarzen Tode. Ein Beitrag zur Geschichte der Judenpolitik der deutschen Städte im späten Mittelalter. Breslau 1928.

Löslein 1989: Löslein Barbara: Geschichte der Heidelberger Synagogen. Von ihrer ersten Erwähnung bis in die Gegenwart. (Ms.) Heidelberg 1989.

Löslein 1992: Löslein, Barbara: Geschichte der Heidelberger Synagogen. Heidelberg 1992 (= Veröffentlichungen zur Heidelberger Altstadt, 26).

Löslein 1992a: Löslein, Barbara: Geschichte der Heidelberger Synagogen. Vom 17. Jahrhundert bis zur Gegenwart. In: Jüdisches Leben 1992, S. 281–295.

Löwenstein 1895: Löwenstein, Leopold: Geschichte der Juden in der Kurpfalz. Frankfurt am Main 1895 (= Beiträge zur Geschichte der Juden in Deutschland, 1).

Löwenthal 1980: Löwenthal, Leo: Mitmachen wollte ich nie. Ein autobiographisches Gespräch mit Helmut Dubiel. Frankfurt am Main 1980.

Löwith 1986: Löwith, Karl: Mein Leben in Deutschland vor und nach 1933. Ein Bericht. Stuttgart 1986.

Lohrmann 1990: Lohrmann, Klaus: Judenrecht und Judenpolitik im mittelalterlichen Österreich. Wien – Köln 1990 (= Handbuch zur Geschichte der Juden in Österreich, Reihe B, 1).

Lorenz 1989: Lorenz, Ina: Identität und Assimilation: Hamburgs Juden in der Weimarer Republik. Hamburg 1989.

Ludwig 1965: Ludwig, Max [d.i. Max Oppenheimer]: Das Tagebuch des Hans O. Dokumente und Berichte über die Deportation und den Untergang der Heidelberger Juden. Heidelberg 1965.

Maas 1952: Maas, Hermann: »Vom Schicksal jüdischer Menschen« In: Maas, Hermann / Radbruch, Gustav / Schneider, Lambert: Den Unvergessenen. Opfer des Wahns 1933 bis 1945. Heidelberg 1952, S. 160–176.

Maier 1990: Maier, Franz: Die bayerische Unterpfalz im Dreißigjährigen Krieg. Besetzung, Verwaltung und Rekatholisierung der rechtsrheinischen Pfalz durch Bayern 1621–1649. Frankfurt am Main 1990.

Mann 1986: Mann, Golo: Erinnerungen und Gedanken. Eine Jugend in Deutschland. Frankfurt am Main 1986.

Marcus 1947: Marcus, Jacob R.: Comunal Sick-Care in the German Ghetto. Cincinnati 1947.

Marcus 1991: Marcus, Ivan G.: Die politischen Entwicklungen im mittelalterlichen deutschen Judentum, ihre Ursachen und Wirkungen. In: Judentum im deutschen Sprachraum. Hrsg. v. Karl E. Grözinger. Frankfurt am Main 1991, S. 60–88.

Marggraf 1990: Marggraf, Eckhart: »Die Kirche muß ein schützender Zaun sein um das ganze leibliche Israel« – Der Einsatz von Hermann Maas für bedrängte Juden. In: Strohm, Theodor / Thierfelder, Jörg: Diakonie im »Dritten Reich«: neuere Ergebnisse zeitgeschichtlicher Forschung. Heidelberg 1990, S. 305–318.

Marwedel 1976: Marwedel, Günter: Die Privilegien der Juden in Altona. Hamburg 1976 (= Hamburger Beiträge zur Geschichte der deutschen Juden, 5).

Marx 1932: Marx, Hugo: Was wird werden? Das Schicksal der deutschen Juden in der sozialen Krise. Wiesbaden 1932.

Marx 1965: Marx, Hugo: Werdegang eines jüdischen Staatsanwalts und Richters in Baden (1892–1933). Ein soziologisch-politisches Zeitbild. Villingen 1965.

Die Matrikel der Universität Heidelberg 1907: Die Matrikel der Universität Heidelberg. Bearb. v. Gustav Toepke. Bd. 6: 1846–1870. Heidelberg 1907.

Maurer 1986: Maurer, Trude: Ostjuden in Deutschland 1918–1933. Hamburg 1986 (= Hamburger Beiträge zur Geschichte der deutschen Juden, 12).

Maurer 1991: Maurer, Trude: Die Juden in der Weimarer Republik. In: Zerbrochene Geschichte. Leben und Selbstverständnis der Juden in Deutschland. Hrsg. v. Dirk Blasius u. a. Frankfurt am Main 1991, S. 102–120.

Mayer 1918: Mayer, Sigmund: Die Wiener Juden. Kommerz, Kultur, Politik 1700–1900. Wien – Berlin 1918.

Mayer 1991: Mayer, Johann-Michael: Versuch einer Rechtsreform in der Kurpfalz im 18. Jahrhundert. Diss. Freiburg 1991.

Mays / Christ 1890: Mays, Albert u. Christ, Karl (Hrsg.): Einwohnerverzeichnis der Stadt Heidelberg vom Jahr 1588. In: Neues Archiv für die Geschichte der Stadt Heidelberg . . . Bd. 1. Hrsg. v. Albert Mays u. Karl Christ. Heidelberg 1890.

Meyer 1988: Meyer, Michael A.: Response to Modernity. A. History of the Reform Movement in Judaism. New York Oxford 1988.

Meyer 1992: Meyer, Michael A.: Jüdische Identität in der Moderne. Frankfurt am Main 1992.

Meyer 1994: Meyer, Michael A.: Von Moses Mendelssohn zu Leopold Zunz. Jüdische Identität in Deutschland 1749–1824. München 1994.

Meyer-Krahmer 1989: Meyer-Krahmer, Marianne: Carl Goerdeler und sein Weg in den Widerstand. Freiburg 1989.

Meyer-Krahmer 1993: Meyer-Krahmer: Marianne: Carl Goerdeler und das Mendelssohn-Denkmal. Leipzig 1993.

MGH IV: Monumenta Germaniae Historica. Scriptores rerum Germanicarum. Nova Series. Bd. IV: Chronica Mathie de Nuwenburg. Die Chronik des Mathias von Neuenburg. Bearb. v. Adolf Hofmeister. Berlin 1924–1940.

Miethke 1986/1990: Miethke, Jürgen: Die Rektorbücher der Universität Heidelberg. Bd. I: 1386–1410, Heft 1. Heidelberg 1986. Heft 2. Heidelberg 1990.

Misera/Backhaus 1985: Misera, Karlheinz u. Backhaus, Ralph: Ernst Levy und das Vulgarrecht. In: Semper apertus. Sechshundert Jahre Ruprecht-Karls-Universität Heidelberg 1386–1986. Bd. III. Berlin – Heidelberg – New York – Tokyo 1985, S. 186–214.

Mitgau 1927: Mitgau, J. Hermann: Studentische Demokratie. Beiträge zur neueren Geschichte der Heidelberger Studentenschaft. Heidelberg 1927 (= Schriftenreihe der akademischen Mitteilungen Heidelberg, 5).

Mombert 1963: Mombert, Alfred: Dichtungen. Gesamtausgabe in drei Bänden. Hrsg. v. Elisabeth Höpker-Herberg. München 1963.

Mombert 1967: Alfred Mombert. Ausstellung zum 25. Todestag. Badische Landesbibliothek, 10. April – 8. Juli 1967. Katalog und Ausstellung: Ulrich Weber. Karlsruhe 1967.

Mombert 1967: Mombert, Alfred: Gedichte. Auswahl und Nachwort v. Elisabeth Hoepker-Herberg. Stuttgart 1967.

Mombert 1992: Mombert, Alfred: Hundert Gedichte vom himmlichen Zecher. Ausgewählt v. Elisabeth Höpker-Herberg. Ebenhausen bei München 1992.

Mombert 1993: Mombert, Alfred: Geschichte meines Lebens. In: Himmelheber, Susanne u. Hofmann, Karl-Ludwig (Hrsg.): Alfred Mombert (1872–1942). Heidelberg 1993, S. 139–141.

Mommsen 1962: Mommsen, Hans: Der nationalsozialistische Polizeistaat und die Judenverfolgung vor 1938. In: VfZG 10 (1962), S. 68–87.

Mommsen 1966: Mommsen, Hans: Beamtentum im Dritten Reich. Stuttgart 1966.

Mommsen 1994: Mommsen, Hans: Umvolkungspläne des Nationalsozialismus und der Holocaust. In: Grabitz, Helga u. a.: Die Normalität des Verbrechens. Berlin 1994, S. 68–84.

Monumenta Judaica 2000 1964: Monumenta Judaica. 2000 Jahre Geschichte und Kultur der Juden am Rhein. Eine Ausstellung im Kölnischen Stadtmuseum 15. Oktober 1963 – 15. Februar 1964. Katalog. Hrsg. v. Konrad Schilling. Köln ²1964.

Moraw 1987: Moraw, Frank: Das Gymnasium zwischen Anpassung und Selbstbehauptung. Zur Geschichte des Heidelberger Kurfürst-Friedrich-Gymnasiums 1932–1946. Heidelberg 1987.

Mosse 1986: Mosse, Werner E.: German Jews: Citizens of the Republic. In: Die Juden im nationalsozialistischen Deutschland. The Jews in Nazi Germany 1933–1943. Hrsg. v. Arnold Paucker u. a. Tübingen 1986 (= Schriftenreihe wissenschaftlicher Abhandlungen des Leo-Baeck-Instituts, 45), S. 45–54.

Mosse 1992: Mosse, George L.: Jüdische Intellektuelle in Deutschland. Zwischen Religion und Nationalismus. Frankfurt am Main – New York 1992.

Mosse/Paucker 1965: Mosse, Werner E. u. Paucker, Arnold (Hrsg.): Entscheidungsjahr 1932. Zur Judenfrage in der Endphase der Weimarer Republik. Tübingen 1965 (= Schriftenreihe wissenschaftlicher Abhandlungen des Leo-Baeck-Instituts, 13).

Mosse/Paucker 1971: Mosse, Werner E. u. Paucker, Arnold (Hrsg.): Deutsches Judentum in Krieg und Revolution 1916–1923. Tübingen 1971 (= Schriftenreihe wissenschaftlicher Abhandlungen des Leo-Baeck-Instituts, 25).

Mout 1988: Mout, Nicolette: Der Winterkönig im Exil. Friedrich V. von der Pfalz und die Generalstaaten. In: Zeitschrift für Historische Forschung 15 (1988), S. 257–272.

Müller 1897: Müller, Samuel: Ein Buch für unsere Kinder. Stuttgart 1897.

Müller 1921: Müller, Samuel: Jüdische Geschichte von der Zerstörung des 1. Tempels bis zur Gegenwart, in Charakterbildern dargestellt. Stuttgart [3]1921.

Müller 1925: Müller, Samuel: Ein Buch für unsere Mütter. Sabbath und Feste im Garten der Kindheit. Berlin 1925.

Müller 1929: Müller, Samuel: Überblick über die biblische und nachbiblische jüdische Geschichte. Stuttgart [2]1929.

Müller 1930: Müller, Samuel: Von jüdischen Bräuchen und jüdischem Gottesdienst. Karlsruhe 1930.

Müller 1936: Müller, Samuel: Der Weg in die jüdische Neuzeit. Ludwigshafen 1936.

Müller-Küppers 1964: Müller-Küppers, Manfred: Arbeitsergebnisse in der Kinderpsychiatrischen Abteilung und der heilpädagogischen Beratungsstelle Heidelberg für das Jahr 1963. In: Ruperto Carola 16. Jg. Bd. 36 (1964), S. 182–185.

Müller-Küppers 1986: Müller-Küppers, Manfred: Die Psychiatrische Klinik. In: 600 Jahre 1986, S. 97 f.

Mumm 1992: Mumm, Hans-Martin: Die jüdischen Friedhöfe. In: Jüdisches Leben 1992, S. 297–308.

Mumm 1992a: Mumm, Hans-Martin: »Denket nicht »Wir wollen's beim Alten lassen««. Die Jahre der Emanzipation 1803–1862. In: Jüdisches Leben 1992, S. 21–59.

Mumm 1992b: Mumm, Hans-Martin: »Freiheit ist das, was wir – nicht haben«. Jüdinnen und Juden in der Revolution von 1848. In: Jüdisches Leben 1992, S. 61–105.

Mußgnug 1985: Mußgnug, Dorothee: Die Universität Heidelberg zu Beginn der nationalsozialistischen Herrschaft. In: Semper apertus. Sechshundert Jahre Ruprecht-Karls-Universität Heidelberg 1386–1986. Bd. III. Berlin – Heidelberg – New York – Tokyo 1985, S. 464–503.

Mußgnug 1988: Mußgnug, Dorothee: Die vertriebenen Heidelberger Dozenten. Zur Geschichte der Ruprechts-Karl-Universität nach 1933. Heidelberg 1988 (= Heidelberger Abhandlungen zur Mittleren u. Neueren Geschichte, NF, 2).

Nachama / Sievernich 1992: Nachama, Andreas u. Sievernich, Gereon (Hrsg.): Jüdische Lebenswelten. Katalog, Frankfurt am Main 1992.

Neue Speyerer Zeitung 1819: Neue Speyerer Zeitung Nr. 103 / 108 v. 28. August / 9. September 1819.

Neumann 1924: Neumann, Carl: Selbstdarstellung. In: Die Kunstwissenschaft der Gegenwart in Selbstdarstellungen. Hrsg. v. Johannes Jahn. Leipzig 1924, S. 33–76.

Neumann / Putlitz 1985: Neumann, Reinhard u. Putlitz, Gisbert Frhr. zu: Philipp Lenard (1862–1947). In: Semper apertus. Sechshundert Jahre Ruprecht-Karls-Universität Heidelberg. Bd. III. Berlin – Heidelberg – New York – Tokyo 1985, S. 376–405.

Niers 1991: Niers, Gert: Neuanfang auf dem Lande: Die Hühnerzüchter von New Jersey. In: Benz, Wolfgang (Hrsg.): Das Exil der kleinen Leute: Alltagserfahrung deutscher Juden in der Emigration. München 1991.

Nipperdey 1990 / 1992: Nipperdey, Thomas: Deutsche Geschichte 1866–1918. Bd. 1: Arbeitswelt und Bürgergeist. München 1990. Bd. 2: Machtstaat vor der Demokratie. München 1992.

Obst 1986: Obst, Johannes: Gurs: Deportation und Schicksal der badisch-pfälzischen Juden 1940–1945. Mannheim 1986.

Obst 1987: Obst, Bernhard: Ein Heidelberger Professorenstreit. Die Auseinandersetzung zwischen Adolf Koch und Max Weber 1910–1914. Köln 1987.

Oppenheimer 1992: Oppenheimer, Max: Sozialer Zusammenhalt und kulturelles Ghetto. Die Lebenssituation Heidelberger Juden vom Beginn der nationalsozialistischen Machtübernahme bis zur Deportation. In: Jüdisches Leben 1992, S. 107–119.

Der Orient 1844/1845: Der Orient 5./6. Jg. Nr. 47, 52/2 (1844/1845).

Pätzold 1991: Pätzold, Kurt: Verfolgung, Vertreibung, Vernichtung. Dokumente des faschistischen Antisemitismus. Leipzig [4]1991.

Paucker 1968: Paucker, Arnold: Der jüdische Abwehrkampf gegen Antisemitismus und Nationalismus in den letzten Jahren der Weimarer Republik. Hamburg 1968 (= Hamburger Beiträge zur Zeitgeschichte, IV).

Paucker 1986: Paucker, Arnold (Hrsg.): Die Juden im Nationalsozialistischen Deutschland/The Jews in Nazi Germany 1933–1943. Tübingen 1986.

Paulus 1831: Paulus, Heinrich Eberhard Gottlob: Die jüdische Nationalabsonderung nach Ursprung, Folgen und Besserungsmitteln. Oder über Pflichten, Rechte und Verordnungen zur Verbesserung der jüdischen Schutzbürgerschaft in Deutschland. Heidelberg 1831.

Paulus 1984: Paulus, Jael: Geschichte der Juden Badens – Ein Überblick. In: Juden in Baden 1809–1984. 175 Jahre Oberrat der Israeliten Badens. Hrsg. v. Oberrat der Israeliten Badens, bearb. v. Jael B. Paulus. Karlsruhe 1984, S. 19–56.

Pauly 1993: Pauly, Werner: Zu Leben und Werk von Gerhard Anschütz. In: Anschütz 1993, S. XIII.

Peters/Weckbecker 1983: Peters, Christian u. Weckbecker, Arno: Auf dem Weg zur Macht. Zur Geschichte der NS-Bewegung in Heidelberg 1920–1934. Dokumente und Analysen. Heidelberg [1983].

Petersdorff 1891: Petersdorff, Hermann von: Die Vereine deutscher Studenten. Leipzig 1891.

Pfannenstiel 1968: Pfannenstiel, Max: Gedenkrede auf Wilhelm Salomon-Calvi – Der Gelehrte und sein Werk. In: Ruperto Carola 20. Jg. Bd. 43/44 (1968), S. 248–260.

Pfitzner 1886/87: Pfitzner, W.: Der Heidelberger »Judensturm«. Bericht eines Augenzeugen. In: Akademische Monatshefte, Organ der deutschen Corpsstudenten, 3. Jg. 1886/87, S. 210–214.

Pinkas Hakehillot 1986: Pinkas Hakehillot: Germany, Württemberg, Hohenzollern, Baden. Hrsg. v. Josef Walk. Yad Vashem. Jerusalem 1968. Ortsartikel Heidelberg (Msk. der unveröffentl. deutschen Übersetzung im STAHD).

Pinkuss 1906: Pinkuss, Hermann: Festpredigt zur Einweihung der Synagoge in Weinheim. In: Verordnungsblatt Nr. IX v. 27. Dezember 1906, S. 68–71.

Pinkuss 1907: Pinkuss, Hermann: Gedächtnisrede, gehalten beim Trauergottesdienst für Se. Kgl. Hoheit Großherzog Friedrich I. in der Synagoge zu Heidelberg am 6. Oktober 1907. Heidelberg 1907.

Pinkuss 1914: Pinkuss, Hermann: Ansprache, gehalten am Bitt- und Bettage, Samstag, den 8. August 1914 in der Synagoge zu Heidelberg. Heidelberg 1914.

Pinkuss 1981: Pinkuss, Fritz: Erinnerungen des ehemaligen Oberrabbiners der israelitischen Gemeinde Heidelbergs. São Paulo 1981 (Ms. 9 S. redigiert v. Günter Heinemann; STAHD).

Pinkuss 1990: Pinkuss, Fritz: Lernen – Lehren – Helfen. Sechs Jahrzehnte als Rabbiner auf zwei Kontinenten. Heidelberg 1990.

Piper/Saner 1974: Piper, Karl u. Saner, Hans: Erinnerungen an Karl Jaspers. München 1974.

Poliakov 1983: Poliakov, Léon: Geschichte des Antisemitismus. Bd. 5: Die Aufklärung und ihre judenfeindliche Tendenz. Worms 1983.

Post 1985: Post, Bernhard: Judentoleranz und Judenemanzipation in Kurmainz 1774–1813. Wiesbaden 1985 (= Schriften der Kommission für die Geschichte der Juden in Hessen, 8).

Press 1986: Press, Volker: Die Universität Heidelberg 1622–1649. In: Semper Apertus. Sechshundert Jahre Ruprecht-Karls-Universität Heidelberg 1386–1986. Bd. 1. Berlin – New York – Tokio 1986, S. 314–370.

Prestel 1988: Prestel, Claudia: Jüdische Hoffaktoren in Bayern. In: Geschichte und Kultur der Juden in Bayern. München – New York – London – Paris 1988 (= Veröffentlichungen zur Bayerischen Geschichte und Kultur, 7/88).

Priberam 1918: Priberam, A. F.: Urkunden und Akten zur Geschichte der Wiener Juden. Bd. 2. Wien – Leipzig 1918.

Prinz 1984: Prinz, Arthur: Juden im Deutschen Wirtschaftsleben 1850–1914. Soziale und wirtschaftliche Struktur im Wandel. Bearb. u. hrsg. v. Avraham Barbai, Tübingen 1984 (= Schriftenreihe wissenschaftlicher Abhandlungen, 43).

Quellen zur Geschichte der Juden 1995: Quellen zur Geschichte der Juden im Hessischen Staatsarchiv Darmstadt 1080–1650. Bearb. v. Friedrich Battenberg. Wiesbaden 1995 (= Quellen zur Geschichte der Juden in hessischen Archiven, 2).

Rabinkow 1928: Rabinkow, Salman Baruch: Individuum und Gemeinschaft im Judentum. In: Die Biologie der Person: Ein Handbuch der allgemeinen und speziellen Konstitutionslehre. Bd. 4: Soziologie der Person. Hrsg. v. Th. Brugsch u. a. Berlin – Wien 1928, S. 799–824.

Radbruch 1988: Radbruch, Gustav: Der innere Weg. In: Ders.: Biographische Schriften. Heidelberg 1988 (= Gustav Radbruch Gesamtausgabe, 16), S. 227.

Radbruch 1991: Radbruch, Gustav: Briefe I (1898–1919). Bearb. v. Günter Spendel. Heidelberg 1991 (= Gustav Radbruch Gesamtausgabe, 17).

Rall 1993: Rall, Hans: Kurfürst Karl Theodor. Regierender Herr in sieben Ländern. Mannheim 1993.

Rasp 1851: Rasp, Johannes: In Sachen des Kaufmanns Johannes Rasp zu Heidelberg. Heidelberg 1851.

Reform des Judenthums 1846: Die Reform des Judenthums. Ein Organ für die Rabbiner-Versammlung Deutschlands. Hrsg. v. A. Adler u. H. Wagner. No. 6. Mannheim 1846.

Regesten der Pfalzgrafen 1894: Regesten der Pfalzgrafen am Rhein 1214–1508. Bd. I: 1214–1400. Bearb. v. Adolf Koch u. Jakob Wille. Innsbruck 1894.

Regierungsblatt 1808 ff.: Großherzoglich Badisches Regierungsblatt 6./7./13./32. Jg. (1808/1809/1815/1834).

Reichsbund jüdischer Frontsoldaten 1932: Reichsbund jüdischer Frontsoldaten (Hrsg.): Die jüdischen Gefallenen des deutschen Heeres, der deutschen Marine und der deutschen Schutztruppen 1914–1918. Ein Gedenkbuch. o. O. [2]1932.

Reinhart 1986: Reinhart, Gert: Das Institut für Ausländisches Privat- und Wirtschaftsrecht. In: 600 Jahre 1986, S. 43–44.

Religionszugehörigkeit 1926: Badisches Statistisches Landesamt (Hrsg.): Die Religionszugehörigkeit der Bevölkerung in Baden nach der Volkszählung vom 16. Juni 1925. Karlsruhe 1926.

Religionszugehörigkeit 1928: Badisches Statistisches Landesamt (Hrsg.): Die Religionszugehörigkeit in Baden in den letzten 100 Jahren. Freiburg im Breisgau 1928.

Religionszugehörigkeit 1928a: Badisches Statistisches Landesamt (Hrsg.): Die Religionszugehörigkeit in Baden 1928. o. O. o. J.

Reuter 1984: Reuter, Fritz: Warmaisa. 1000 Jahre Juden in Worms. Worms 1984.

Reutter 1994: Reutter, Friederike: Heidelberg 1945–1949. Zur politischen Geschichte einer Stadt in der Nachkriegszeit. Heidelberg 1994 (= Buchreihe der Stadt Heidelberg, V).

RGG 1962: Religion in Geschichte und Gegenwart. Bd. 6. Tübingen ³1962.

Richarz 1974: Richarz, Monika: Der Eintritt der Juden in die akademischen Berufe. Jüdische Studenten und Akademiker in Deutschland 1678–1848. Tübingen 1974 (= Schriftenreihe wissenschaftlicher Abhandlungen des Leo-Baeck-Instituts, 28).

Richarz 1979: Richarz, Monika: Jüdisches Leben in Deutschland. Bd. 2: Selbstzeugnisse zur Sozialgeschichte im Kaiserreich. Stuttgart 1979.

Richarz 1989: Richarz, Monika (Hrsg.): Bürger auf Widerruf. Lebenszeugnisse deutscher Juden 1780–1945. München 1989.

Riese 1977: Riese, Reinhard: Die Hochschule auf dem Wege zum wissenschaftlichen Großbetrieb. Die Universität Heidelberg und das badische Hochschulwesen 1860–1911. Stuttgart 1977.

Riesser 1831: Riesser, Gabriel: Vertheidigung der bürgerlichen Gleichstellung der Juden gegen die Einwürfe des Herrn Dr. H. E. G. Paulus. Altona 1831.

Riesser 1831a: Riesser, Gabriel: Über die Stellung der Bekenner des Mosaischen Glaubens in Deutschland. An die Deutschen aller Confessionen. Altona 1831.

Riff 1976: Riff, Michael Anthony: The Anti-Jewish Aspect of the Revolutionary Unrest of 1848 in Baden and its Impact on Emancipation. In: Jahrbuch des Leo Baeck-Instituts 21 (1976), S. 27–40.

Rippmann 1985: Rippmann, Inge: Börne-Index. Historisch-biographische Materialien zu Ludwig Börnes Schriften und Briefen. Ein Beitrag zu Geschichte und Literatur des Vormärz. 2 Halbbände. Berlin – New York 1985.

Ritter 1964: Ritter, Gerhard: Carl Goerdeler und die deutsche Widerstandsbewegung. München 1964.

Röckelein 1993: Röckelein, Hedwig: Marienverehrung und Judenfeindlichkeit in Mittelalter und früher Neuzeit. In: Maria in der Welt. Marienverehrung im Kontext der Sozialgeschichte 10.–18. Jahrhundert. Hrsg. v. Claudia Opitz u. a. Zürich 1993 (= Clio Luzernensis, 2), S. 279–307.

Rohrbacher 1992: Rohrbacher, Stefan: Kaiserreich und Weimarer Republik – Horte innigster deutsch-jüdischer Symbiose? In: Geschichte in Wissenschaft und Unterricht 43 (1992), S. 681–687.

Rohrbacher 1993: Rohrbacher, Stefan: Gewalt im Biedermeier. Antijüdische Ausschreitungen in Vormärz und Revolution (1815–1848/49). Frankfurt am Main 1993 (= Schriftenreihe des Zentrums für Antisemitismusforschung Berlin, 1).

Rohrbacher/Schmidt 1991: Rohrbacher, Stefan u. Schmidt, Michael: Judenbilder. Kulturgeschichte antijüdischer Mythen und antisemitischer Vorurteile. Reinbek 1991.

Rosenberg 1993: Rosenberg, Blanca: To Tell at Last. Survival under false Identity 1941–45. Urbana – Chicago 1993.

Rosenthal 1927/1981: Rosenthal Berthold: Heimatgeschichte der badischen Juden seit ihrem geschichtlichen Auftreten bis zur Gegenwart. Bühl 1927. Ndr. Magstadt 1981.

Rosenthal 1934: Rosenthal, Berthold: Die jüdischen Volksschulen in Baden. In: Gedenkbuch zum hundertfünfundzwanzigjährigen Bestehen des Oberrats der Israeliten Badens. Frankfurt am Main 1934, S. 125–165.

Rüger 1953: Rüger, Ludwig: Zum 85. Geburtstage von Salomon-Calvi am 15. Februar 1953. In: Ruperto Carola 5. Jg. H. 9/10 (1953), S. 156.

Rühs 1816: Rühs, Friedrich: Über die Ansprüche der Juden an das deutsche Bürgerrecht. Mit einer Anlage über die Geschichte der Juden in Spanien. Berlin ²1816.

Rürup 1966: Rürup, Reinhard: Die Judenemanzipation in Baden. In: ZGO 114 N. F. 75 (1966), S. 200–241.

Rürup 1975: Rürup, Reinhard: Emanzipation und Antisemitismus. Studien zur »Judenfrage« in der bürgerlichen Gesellschaft. Göttingen 1975 (= Kritische Studien zur Geschichtswissenschaft, Bd. 15).

Ruuskanen 1992: Ruuskanen, Leena: Der Heidelberger Bergfriedhof. Kulturgeschichte und Grabkultur. Ausgewählte Grabstätten. Heidelberg 1992 (= Buchreihe der Stadt Heidelberg, III).

Salaba 1984: Salaba, Marie: Aspekte der sozialen Lage der Juden in Baden im 18. und 19. Jahrhundert unter besonderer Berücksichtigung der wohltätigen Stiftungen. In: Juden in Baden 1809–1984. 175 Jahre Oberrat der Israeliten Badens. Hrsg. v. Oberrat der Israeliten Baden, bearb. v. Jael B. Paulus. Karlsruhe 1984, S. 143–164.

Salin 1954: Salin, Edgar: Um Stefan George, Erinnerung und Zeugnis. München – Düsseldorf ^{2}1954.

Sauder 1971: Sauder, Gerhard: Positivismus und Empfindsamkeit. Erinnerung an Max von Waldberg. In: Euphorion 65 (1971), S. 368–408.

Sauer 1966: Sauer, Paul: Dokumente über die Verfolgung der jüdischen Bürger in Baden-Württemberg durch das nationalsozialistische Regime 1933–1945. Bd. 1. Stuttgart 1966.

Sauer 1969: Sauer, Paul: Die Schicksale der jüdischen Bürger Baden-Württembergs während der nationalsozialistischen Verfolgungszeit 1933–1945. Statistische Ergebnisse der Erhebungen der Dokumentationsstelle bei der Archivdirektion Stuttgart und zusammenfassende Darstellung. Stuttgart 1969.

Schaab 1958: Schaab, Meinrad: Die Entstehung des pfälzischen Territoriums am unteren Neckar und die Anfänge der Stadt Heidelberg. In: ZGO 106 (1958), S. 238–276.

Schaab 1988/92: Schaab, Meinrad: Geschichte der Kurpfalz. Bd. 1: Mittelalter. Bd. 2: Neuzeit. Stuttgart – Berlin – Köln – Mainz 1988/92.

Schadt 1978: Schadt, Jörg: Max Hachenburg. Lebenserinnerungen eines Rechtsanwalts und Briefe aus der Emigration. Stuttgart 1978.

Scheil 1993: Scheil, Stefan: Aktivitäten antisemitischer Parteien im Großherzogtum Baden zwischen 1890 und 1914. In: ZGO 141 (1993), S. 304–335.

Schlipphak 1933: Schlipphak, Fritz: Heidelberg. 5 Jahre Aufbau. Heidelberg 1933.

Schmelz 1982: Schmelz, Usiel O.: Die demographische Entwicklung der Juden in Deutschland von der Mitte des 19. Jahrhunderts bis 1933. In: Zeitschrift für Bevölkerungswissenschaft 8. Jg. H. 2 (1982), S. 31–72.

Schmelz 1989: Schmelz, Usiel O.: Die demographische Entwicklung der Juden in Deutschland von der Mitte des 19. Jahrhunderts bis 1933. In: Bulletin des Leo Baeck-Instituts 83 (1989), S. 15–62.

Schmelzkopf 1990: Schmelzkopf, Christiane: Rahel Straus. In: Juden in Karlsruhe 1990, S. 471–480.

Schmitt 1990: Schmitt, Bernhard: Im Spannungsfeld von Assimilation, Antisemitismus und Zionismus 1890–1918. In: Juden in Karlsruhe 1990, S. 121–154.

Schmitt 1990a: Schmitt, Franz: Juden in Edenkoben. Spuren ihrer Geschichte 1660–1942.

Schnabel 1984: Schnabel, Thomas: Gertrud Luckner. In: Bosch, Michael/Niess, Wolfgang: Der Widerstand im deutschen Südwesten 1933–1945. Stuttgart 1984, S. 117–128.

Schneidmüller 1991: Schneidmüller, Bernd: Die Frankfurter Messen des Mittelalters – Wirtschaftliche Entwicklung, herrschaftliche Privilegierung, regionale Konkurrenz. In: Brücke zwischen den Völkern – Zur Geschichte der Frankfurter Messe. Bd. 1: Frankfurt im Messenetz Europas – Erträge der Forschung. Hrsg. v. Hans Pohl. Frankfurt am Main 1991, S. 67–84.

Scholem 1977: Scholem, Gershom: Von Berlin nach Jerusalem. Jugenderinnerungen. Frankfurt am Main 1977.

Scholem 1978: Scholem, Gershom: Zur sozialen Psychologie der Juden in Deutschland 1900–1930. In: Die Krise des Liberalismus zwischen den Weltkriegen. Hrsg. v. Rudolf von Thadden. Göttingen 1978, S. 256–277.

Schreiber 1811: Schreiber, Aloys: Heidelberg und seine Umgebungen, historisch und topographisch beschrieben. Heidelberg 1811.

Schubert 1954: Schubert, F. H.: Die pfälzische Exilregierung im Dreißigjährigen Krieg. In: Zeitschrift für die Geschichte des Oberrheins 102 (1954), S. 575–680.

Schwab/Ey 1955: Schwab, Werner u. Ey, Werner: Heidelberg als Wiege der Vereinigten Oto-Rhino-Laryngologie und deren Geschichte. In: Ruperto Carola 7. Jg. H. 18 (1955), S. 107–115.

Schwarzbuch 1934: Comité des Delegations Juives: Das Schwarzbuch. Tatsachen und Dokumente. Die Lage der Juden in Deutschland 1933. Paris 1934. Neuauflage o. O. 1983.

Schweiger 1985: Schweiger, Hans-Georg: Otto Meyerhof (1884–1951). In: Semper apertus. Sechshundert Jahre Ruprecht-Karls-Universität Heidelberg 1386–1986. Bd. III. Berlin – Heidelberg – New York – Tokyo 1985, S. 359–375.

Sechshundert (600) Jahre 1986: 600 Jahre Ruprecht-Karls-Universität Heidelberg: 1386–1986. Geschichte, Forschung und Lehre. Hrsg. v. Rektor der Universität Heidelberg. München 1986.

Seckel 1980: Seckel, Dietrich (Hrsg.): Gradenwitz-Anekdoten. In: Ruperto Carola 32. Jg. Bd. 64 (1980), S. 29–36.

Sellin 1978: Sellin, Volker: Die Finanzpolitik Karl Ludwigs von der Pfalz. Staatswirtschaft im Wiederaufbau nach dem Dreißigjährigen Krieg. Stuttgart 1978.

Sillib 1901: Sillib, R.: Zur Geschichte des Augustinerklosters in Heidelberg. In: Neues Archiv für die Geschichte der Stadt Heidelberg und der rheinischen Pfalz 4 (1901), S. 1–142.

Singer 1933: Singer, Gertrud: Heidelberg eine Stadtuntersuchung auf geographischer Grundlage. Heidelberg 1933.

Sondheimer 1881: Sondheimer, Hillel: Geschichtlicher Religionsunterricht. Lahr 1881.

Sondheimer: Sondheimer, Hillel: Der zweite Feiertag. Heidelberg [vor 1900].

Städtebuch 1959: Deutsches Städtebuch. Handbuch städtischer Geschichte. Hrsg. v. Erich Keyser. Bd. IV,2,1: Badisches Städtebuch. Stuttgart 1959.

Stadtführer 1987: IG Metall Verwaltungsstelle Heidelberg (Hrsg.): Das andere Heidelberg. Ein alternativer Stadtführer. Köln 1987.

Stände-Versammlung 1861/1863: Verhandlungen der Stände-Versammlung des Großherzogtums Baden in den Jahren 1861/63, 6. Beilagenheft, S. 125–140.

Stanomir 1993: Stanomir, Gheorge: Georg Hermann und das Haus Poststraße 2. In: Neckargemünder Jahrbuch 1993, S. 85–105.

Statistik der Stadt Heidelberg 1937/38: Statistik der Stadt Heidelberg 1937/38. Sonderdruck aus dem Heidelberger Stadtadreßbuch 1939. Heidelberg 1939.

Statistik des Deutschen Reiches 1897/1910: Statistik des Deutschen Reiches. Hrsg. v. kaiserlichen Statistischen Amt. N. F. Bd. 106. Berlin 1897; Bd. 206. Berlin 1910.

Statistisches Jahrbuch Großherzogtum Baden: Statistisches Jahrbuch für das Großherzogtum Baden. Karlsruhe o. J.

Statistisches Jahrbuch 1925: Statistisches Jahrbuch für das Land Baden. Hrsg. v. Badischen Statistischen Landesamt. Karlsruhe 1925.

Statistisches Jahrbuch 1927: Statistisches Jahrbuch für das Land Baden. Hrsg. v. Badischen Statistischen Landesamt. Karlsruhe 1927.

Statistisches Jahrbuch 1928: Statistisches Jahrbuch für das Land Baden. Hrsg. v. Badischen Statistischen Landesamt. Karlsruhe 1928.

Statistisches Jahrbuch 1930: Statistisches Jahrbuch für das Land Baden. Hrsg. v. Badischen Statistischen Landesamt. Karlsruhe 1930.

Stern 1898: Stern, Moritz: König Ruprecht von der Pfalz in seinen Beziehungen zu den Juden. Ungedruckte Königsurkunden nebst ergänzenden Aktenstücken. Kiel 1898.

Stern-Täubler 1934: Stern-Täubler, Selma: Die Emanzipation der Juden in Baden. In: Gedenkbuch zum hundertfünfundzwanzigjährigen Bestehen des Oberrats der Israeliten Badens. Frankfurt am Main 1934, S. 7–104.

Sternberger 1986: Sternberger, Rolf: Erinnerungen an die Zwanziger Jahre in Heidelberg. In: Die Geschichte der Universität Heidelberg. Vorträge im Wintersemester 1985/86. Heidelberg 1986, S. 176–185.

Stiefel 1977: Stiefel, Karl: Baden 1648–1952. Bd. 1. Karlsruhe 1977.

Straus 1961: Straus, Rahel: Wir lebten in Deutschland: Erinnerungen einer deutschen Jüdin 1880–1933. Stuttgart 1961.

Stutte 1974: Stutte, Hermann: August Homburgers Bedeutung in der Geschichte der Kinderpsychiatrie. In: Heidelberger Jahrbücher 18 (1974), S. 83–88.

Sühnel 1985: Sühnel, Rudolf: Friedrich Gundolf und der George-Kreis. In: Semper apertus. Sechshundert Jahre Ruprecht-Karls-Universität Heidelberg 1386–1986. Bd. III. Berlin – Heidelberg – New York – Tokyo 1985, S. 259–284.

Szklanowski 1984: Szklanowski, Benno: Der alte jüdische Friedhof am Klingenteich in Heidelberg 1702–1876. Heidelberg 1984 (= Neue Hefte zur Stadtentwicklung, 3).

Täubler 1977: Täubler, Eugen: Aufsätze zur Problematik jüdischer Geschichtsschreibung, 1908–1950. Hrsg. v. Selma Stern-Taeubler. Tübingen 1977.

Täubler 1985: Täubler, Eugen: Der römische Staat. Mit einer Einleitung v. Jürgen v. Ungern-Sternberg. Stuttgart 1985.

Täubler 1987: Täubler, Eugen: Ausgewählte Schriften zur Alten Geschichte. Hrsg. von Geza Alföldi. Stuttgart 1987 (= Heidelberger althistorische Beiträge und epigraphische Studien, 3).

Tetzlaff 1982: Tetzlaff, Walter: 2000 Kurzbiographien bedeutender deutscher Juden des 20. Jahrhunderts. Lindhorst 1982.

Thalmann 1926: Thalmann, Minka: Die Organisation des jüdischen Wohlfahrts- und Jugendamtes. In: IGBL 4. Jg. Nr. 11 (25. November 1926), S. 3–5.

Thamer 1993: Thamer, Hans-Ulrich: Nationalsozialistischer Bildersturm in Leipzig. Oberbürgermeister Dr. Goerdeler und die nationalsozialistische Judenpolitik. Leipzig 1993.

Theilhaber 1921: Theilhaber, Felix A.: Der Untergang der deutschen Juden. Eine volkswirtschaftliche Studie. Berlin ^{2}1921.

Thorbecke 1891: Thorbecke, August: Statuten und Reformen der Universität Heidelberg vom 16. bis 18. Jahrhundert. Leipzig 1891.

Tietze 1935: Tietze, Hans: Die Juden Wiens. Geschichte – Wirtschaft – Kultur. Wien 1935.

Toaff 1987: Toaff, Ariel: Convergenza sul Veneto di banchieri ebrei romani e tedesci nel tardo Medioevo. In: Gli Ebrei e Venezia secoli XIV–XVIII. Atti del Convegno internazionale organizzato dall'Istituto di storia della società e dello stato veneziano della Fondazione Giorgio Maggiore 5–10 giugno 1983. Hrsg. v. Gaetano Cozzi. Mailand 1987, S. 595–613.

Toch 1992: Toch, Michael: Siedlungsstruktur der Juden Mitteleuropas im Wandel vom Mittelalter zur Neuzeit. In: Juden in der christlichen Umwelt während des späten Mittelalters. Hrsg. v. Alfred Haverkamp u. Franz-Josef Ziwes. Berlin 1992 (= Zeitschrift für Historische Forschung, Beiheft 23), S. 29–39.

Toch 1995: Toch, Michael: Zur wirtschaftlichen Lage und Tätigkeit der Juden im deutschen Sprachraum des Spätmittelalters. In: Judengemeinden in Schwaben im Kontext des Alten Reiches. Hrsg. v. Rolf Kießling. Berlin 1995 (= Colloquia Augustana, 2), S. 39–52.

Toury 1972: Toury, Jacob: Der Eintritt der Juden ins deutsche Bürgertum. Eine Dokumentation. Tel Aviv 1972.

Toury 1977: Toury, Jacob: Soziale und politische Geschichte der Juden in Deutschland 1847–1871. Zwischen Revolution, Reaktion und Emanzipation. Düsseldorf 1977 (= Schriftenreihe des Instituts für Deutsche Geschichte der Universität Tel Aviv, 2).

Toury 1984: Toury, Jacob: Jüdische Textilunternehmer in Baden-Württemberg 1863–1938. Tübingen 1984 (= Schriftenreihe wissenschaftlicher Abhandlungen des Leo-Baeck-Instituts, 42).

Toury 1986: Toury, Jacob: Die Entstehungsgeschichte des Austreibungsbefehls gegen die Juden der Saarpfalz und Badens. 22./23. Oktober 1940 – Camp de Gurs. In: Tel Aviver Jahrbuch für deutsche Geschichte 1986, S. 431–464.

Toury 1988: Toury, Jacob: Gab es ein Krisenbewußtsein unter den Juden während der »Guten Jahre« der Weimarer Republik 1924–1929? In: Tel Aviver Jahrbuch für deutsche Geschichte XVII (1988), S. 145–168.

Turtel 1979: Turtel, Chasia: Geschichte der Juden in Heidelberg von den Anfängen bis zur Gegenwart. (Ms. Jerusalem) Heidelberg 1979.

Ulmer 1952: Ulmer, Eugen: Max Hachenburg. In: Ruperto Carola XX. Jg. H. 6 (1952), S. 28–29.

Universitäts- u. Addreß-Calender Heidelberg 1815: Universitäts- u. Addreß-Calender von Heidelberg auf das Jahr 1815. Für Fremde und Einheimische. Heidelberg 1815.

Unna 1908: Unna, Isak: Die Lemle Moses Klaus-Stiftung in Mannheim. Frankfurt am Main 1908.

Unna 1931: Unna, Isak: Das Schächten vom Standpunkt der Religion und des Tierschutzes. Eine gemeinverständliche Darstellung. Berlin 1931.

Urkundenbuch zur Geschichte der Bischöfe von Speyer 1970: Urkundenbuch zur Geschichte der Bischöfe von Speyer. Bd. 1: Ältere Urkunden. Bearb. v. Franz Xaver Remling. Mainz 1852. Nd. Aalen 1970.

Veitshans 1970: Veitshans, Helmut: Die Judensiedlungen der schwäbischen Reichsstädte und der württembergischen Landstädte im Mittelalter. Stuttgart 1970 (= Arbeiten zum Historischen Atlas von Südwestdeutschland, 5).

Verordnungsblatt des Oberrats der Israeliten 1884 ff.: Verordnungsblatt des Großherzoglichen Oberrats der Israeliten. Karlsruhe 1884–1918.

Vetter 1989: Vetter, Roland: Heidelberga deleta. Heidelbergs zweite Zerstörung im Orléansschen Krieg und die französische Kampagne von 1693. Heidelberg 1989 (= Schriftenreihe des Stadtarchivs Heidelberg, 1).

Volkert 1967: Volkert, Wilhelm: Die Juden in der Oberpfalz im 14. Jahrhundert. In: Zeitschrift für bayerische Landesgeschichte 30 (1967), S. 161–200.

Volkov 1990: Volkov, Shulamit: Jüdisches Leben und Antisemitismus im 19. und 20. Jahrhundert. Zehn Essays. München 1990.

Volkov 1990a: Volkov, Shulamit: Die Dynamik der Dissimilation: Deutsche Juden und die ostjüdischen Einwanderer. In: Jüdisches Leben und Antisemitismus im 19. und 20. Jahrhundert. München 1990, S. 166–180.

Volkov 1990b: Volkov, Shulamit: Selbstgefälligkeit und Selbsthaß. In: Jüdisches Leben und Antisemitismus im 19. und 20. Jahrhundert. München 1990, S. 181–196.

Volkov 1994: Die Juden in Deutschland 1790–1918. München 1994.

Die Volksgemeinschaft 1933: Die Volksgemeinschaft 3. Jg. Nr. 77 (v. 1./2. April 1933).

Volks- und Berufszählung 1933: Stadtamt I der Stadt Heidelberg (Hrsg.): Die Ergebnisse der Volks- und Berufszählung vom 16. Juni 1933 in Heidelberg. Heidelberg o. J.

Voltmer 1981: Voltmer, Ernst: Zur Geschichte der Juden im spätmittelalterlichen Speyer. Die Judengemeinde im Spannungsfeld zwischen König, Bischof und Stadt.

In: Zur Geschichte der Juden im Deutschland des späten Mittelalters und der frühen Neuzeit. Hrsg. v. Alfred Haverkamp. Stuttgart 1981 (= Monographien zur Geschichte des Mittelalters, 24).

Vor einem halben Jahrhundert 1981: Vor einem halben Jahrhundert: Walter Jensen und das Naturtheater auf dem Haarlass. Eine Dokumentation von Ilse Rohnacher. Hrsg. v. d. Stadt Heidelberg. Heidelberg 1981.

Wagner 1941: Wagner, Hans: Die Überführung jüdischer Betriebe in deutschen Besitz, unter Berücksichtigung der Verhältnisse in Baden. Diss. Heidelberg 1941.

Walk 1988: Walk, Joseph: Kurzbiographien zur Geschichte der Juden 1918–1945. München – New York, London – Paris 1988.

Walle 1984: Walle, Heinrich: Deutsche jüdische Soldaten aus dem Großherzogtum Baden im Ersten Weltkrieg. Zur Erinnerung an Ludwig Frank und Ludwig Haas. In: Juden in Baden 1809–1984. 175 Jahre Oberrat der Israeliten Badens. Hrsg. v. Oberrat der Israeliten Baden. Bearb. v. Jael B. Paulus. Karlsruhe 1984, S. 173–197.

Walser Smith 1993: Walser Smith, Helmut: Alltag und politischer Antisemitismus in Baden. In: ZGO 141 (1993), S. 280–303.

Warschauer 1979: Warschauer, Ernst: Zweimal beerdigt. Eine wahre Begebenheit. In: Mitteilungen des Verbandes ehemaliger Breslauer und Schlesier in Israel e.V. 28 (1970), S. 14.

Watzinger 1980: Watzinger, Karl Otto: Die jüdische Gemeinde Mannheims in der Weimarer Republik. In: Mannheimer Hefte 1980, S. 70–94.

Watzinger 1987: Watzinger, Karl Otto: Geschichte der Juden in Mannheim 1650–1945. Stuttgart – Berlin – Köln – Mainz ^{2}1987 (= Veröffentlichungen des Stadtarchivs Mannheim, 12).

Weber 1993: Weber, Ulrich: Versuch über Alfred Mombert. In: Himmelheber/Hofmann 1993, S. 11–17.

Weckbecker 1985: Weckbecker, Arno: Die Judenverfolgung in Heidelberg 1933–1945. Heidelberg 1985 (= Motive – Texte – Materialien, 29).

Weech 1875: Weech, Friedrich von (Hrsg.): Badische Biographien. Bd. 1. Heidelberg 1875.

Weiss 1963: Weiss, Albert: Albert Fraenkel: Arzt und Forscher. Gedenkausgabe anläßlich des 25. Todestages von Albert Fraenkel. Mannheim 1963.

Weiß 1966: Weiß, Elmar: Die Unterstützung Friedrichs V. von der Pfalz durch Jakob I. und Karl I. von England im Dreißigjährigen Krieg (1618–1632). Stuttgart – Berlin – Köln 1966.

Die christliche Welt 1933: Die christliche Welt 47. Jg. Nr. 15 (v. 5. August 1933).

Wennemuth 1994: Wennemuth, Udo: Wissenschaftsorganisation und Wissenschaftsförderung in Baden, Die Heidelberger Akademie der Wissenschaften 1909–1949. Heidelberg 1994 (= Supplemente zu den Sitzungsberichten der Heidelberger Akademie der Wissenschaften, Philosophisch-historische Klasse, 8).

Wennemuth 1995: Wennemuth, Udo: Georg Beer. In: Ostdeutsche Gedenktage 1996. Persönlichkeiten und historische Ereignisse. Hrsg. v. der Kulturstiftung der deutschen Vertriebenen. Bonn 1995, S. 52–56.

Wiesemann 1992: Wiesemann, Falk: Jewish Burials in Germany – Between Tradition, the Enlightenment and the Authorities. In: Jahrbuch des Leo Baeck-Instituts 37 (1992), S. 17–31.

Winkler 1981: Winkler, Heinrich August: Die deutsche Gesellschaft der Weimarer Republik und der Antisemitismus. In: Die Juden als Minderheit in der Geschichte. Hrsg. v. Bernd Martin u. a. München 1981, S. 271–289.

Wirtz 1981: Wirtz, Rainer: »Widersetzlichkeiten, Excesse, crawalle, Tumulte und Skandale«. Soziale Bewegung und gewalthafter sozialer Protest in Baden 1815–1848. Frankfurt am Main 1981.

Wohnbevölkerung und Religionszugehörigkeit 1934: Badisches Statistisches Landesamt (Hrsg.): Die Wohnbevölkerung in Baden und ihre Religionszugehörigkeit nach der Volkszählung vom 16. Juni 1933. Karlsruhe 1934.

Wolf 1869: Wolf, G.: Der Prozeß Eisenmenger. In: MGWJ 18 (1869), S. 378–384, 425–432, 465–473.

Wolf 1991: Wolf, Karl-Henning: Die Heidelberger Universitätsangehörigen im 18. Jahrhundert. Studien zur Herkunft, Werdegang und sozialem Beziehungsgeflecht. Heidelberg 1991.

Wolff 1913: Wolff, Siegfried: Das Recht der israelitischen Religionsgemeinschaft des Großherzogtums Baden. Karlsruhe 1913 (= Freiburger Abhandlungen aus dem Gebiete des öffentlichen Rechts, 22).

Wolgast 1986: Wolgast, Eike: Die Universität Heidelberg 1386–1986. Berlin – Heidelberg – New York – Tokyo 1986.

Wolgast 1986a: Wolgast, Eike: Die kurpfälzische Universität 1386–1803. In: Sechshundert Jahre, S. 1–70.

Wolgast 1987: Wolgast, Eike: Die Universität Heidelberg in der Zeit des Nationalsozialismus. In: ZGO 135 (1987), S. 359–406.

Wolgast 1993: Wolgast, Eike: Emil Julius Gumbel – Republikaner und Pazifist. In: Emil Julius Gumbel 1891–1966. Akademische Gedächtnisfeier anläßlich des 100. Geburtstages. Hrsg. v. der Ruprechts-Karls-Universität Heidelberg, Heidelberg 1993 (= Heidelberger Universitätsreden, 2), S. 9–52

Württembergisches Urkundenbuch 1974: Württembergisches Urkundenbuch. Hrsg. v. d. Kgl. Staatsarchiv in Stuttgart. Bd. 7. Stuttgart 1900. Nd. Aalen 1974.

Yuval 1991: Yuval, Israel Jacob: Magie und Kabbala unter den Juden im Deutschland des ausgehenden Mittelalters. In: Judentum im deutschen Sprachraum. Hrsg. v. Karl E. Grözinger. Frankfurt am Main 1991, S. 173–189.

Zeitung des Judentums: Allgemeine Zeitung des Judentums 6. Jg. Nr. 5 1842.

Zentralwohlfahrtsstelle der deutschen Juden 1933: Zentralwohlfahrtsstelle der deutschen Juden (Hrsg.): Führer durch die jüdische Gemeindeverwaltung und Wohlfahrtspflege in Deutschland 1932–1933. Berlin 1933.

Zimmern 1816: Zimmern, Sigmund: Versuch einer Würdigung der Angriffe des Herrn Professor Fries auf die Juden. Heidelberg 1816.

Ziwes 1994a: Ziwes, Franz-Josef: Voraussetzungen und Entwicklung jüdischer Siedlungstätigkeit im spätmittelalterlichen Naheraum. In: Sobernheimer Gespräche II – Das Land an der Nahe – Kultur und Struktur. Hrsg. v. Klaus Freckmann. Köln 1994, S. 41–51.

Ziwes 1994b: Ziwes, Franz-Josef: Reynette – eine jüdische Geldhändlerin im spätmittelalterlichen Koblenz. In: Koblenzer Beiträge zur Geschichte und Kultur. Neue Folge 4. Koblenz 1994, S. 25–40.

Ziwes 1995: Ziwes, Franz-Josef: Studien zur Geschichte der Juden im mittleren Rheingebiet während des hohen und späten Mittelalters. Hannover 1995 (= Forschungen zur Geschichte der Juden, A 1).

Zorn 1965: Zorn, Wolfgang: Die politische Entwicklung des deutschen Studententums 1918–1931. In: Darstellungen und Quellen zur Geschichte der deutschen Einheitsbewegung im 19. und 20. Jahrhundert. Bd. 5. Heidelberg 1965, S. 223–307.

Zuckmayer 1966: Zuckmayer, Carl: Als wär's ein Stück von mir. Horen der Freundschaft. Frankfurt am Main 1966.

Zusammenstellung Gesetze u. Verordnungen 1885: Zusammenstellung noch in Geltung befindlicher Gesetze und Verordnungen und allgemeiner Vorschriften, welche auf die israelitische Religionsgemeinschaft Bezug haben. Bearb. v. D. Mayer. Karlsruhe 1885.

Verzeichnis der Abkürzungen und Siglen

a. a. O.	am angegebenen Ort
A. D. C.	Allgemeiner Deputierten Convent
abgedr.	abgedruckt
Abt.	Abteilung
Anm.	Anmerkung
Art.	Artikel
Aufl.	Auflage
AZJ	Allgemeine Zeitung des Judentums
Bd. / Bde.	Band / Bände
Bearb./bearb.	B / bearbeitet
Begr. / begr.	B / begründet
Bgm.	Bürgermeister
D. B.	Deutsche Burschenschaft
Ders. /ders.	D / derselbe
Diss.	Dissertation
Dok.	Dokumentation
DP	Displaced Persons
Ebd. /ebd.	E / ebenda
fol.	Folio
Franc.	Franconia
Gebr.	Gebrüder
Germ.	Germania
GLA	Generallandesarchiv Karlsruhe
H.	Heft
hebr.	hebräisch
Hrsg. / hrsg.	Herausgeber / herausgegeben
Hs. / Hss.	Handschrift / en
HStA Stuttgart	Hauptstaatsarchiv Stuttgart
IGBL	Israelitisches Gemeindeblatt
Jg.	Jahrgang
K. C.-Blätter	Kartell-Convent-Blätter
Kap.	Kapitel
Kl.	Klasse
masch.	maschinenschriftlich
Msk.	Manuskript
N. F.	Neue Folge
Ndr.	Nachdruck
o. J.	ohne Jahresangabe
o. O.	ohne Ortangabe
PA	Personalakte
Prot. GR.	Gemeinderatsprotokoll
Regbl.	Regierungsblatt für das Großherzogtum Baden
RNZ	Rhein-Neckar-Zeitung

S. K.	Senioren-Konvent
Sp.	Spalte
STAHD	Stadtarchiv Heidelberg
UAH	Universitätsarchiv Heidelberg
UB HD	Universitätsbibliothek Heidelberg
Verf.	Verfasser
VObl.	Verordnungsblatt
Vol.	Volumen, Band
ZGO	Zeitschrift f. d. Geschichte des Oberrheins
Zit. / zit.	Z / zitiert (nach)
Zug.	Zugang

Namenverzeichnis

Personenidentitäten bei Mehrfachnennungen sind nicht auszuschließen, da sich die Beiträge weitestgehend an die originalgetreue Namensschreibweise halten. Die Seitenzahlen lassen bereits auf die Lebenszeit des jeweils Genannten rückschließen.

Die Autoren

ANDREAS CSER Dr. phil., Jg. 1943, Studium der Geschichte, Politikwissenschaft u. Germanistik an den Universitäten Berlin u. Heidelberg, Promotion über ein Thema zur Lehre der Politik im 18. u. 19. Jg., Oberstudienrat im Fach Geschichte an der Pädagogischen Hochschule Heidelberg, Arbeiten zur Landes-, Stadt- u. Ideengeschichte.

SUSANNE DÖRING M. A., Jg. 1965, Kaufmännische Ausbildung zur Musikalienhändlerin in Mannheim, Studium der Mittleren u. Neueren Geschichte, der Romanistik sowie der Politischen Wissenschaft an der Universität Heidelberg. Der vorliegende Beitrag ist eine erweiterte Fassung der Magisterarbeit, z. Zt. redaktionelle Mitarbeiterin in einem Wirtschaftsverlag.

NORBERT GIOVANNINI Dr. phil., Jg. 1948, Studium des Lehramts für Grund- u. Hauptschulen, Pädagogik- u. Soziologiestudium an den Hochschulen Heidelberg u. Frankfurt, seit 1976 im Schuldienst (Diplompädagoge), Hauptschullehrer in Heidelberg, Promotion über Politik u. politische Sozialisation Heidelberger Studierender in der Weimarer Republik u. im Nationalsozialismus, Mitherausgeber/-autor von »Jüdisches Leben in Heidelberg« (1992).

FRANZ HUNDSNURSCHER Dr. theol., Jg. 1933, Studium der Theologie an der Phil.-Theol. Hochschule Königstein/Ts. u. an der Universität Freiburg i. Br., Dissertation über »Die finanziellen Grundlagen für die Ausbildung des Weltklerus im Fürstbistum Konstanz vom Tridentinischen Konzil bis zur Säkularisation mit einem Ausblick auf die übrigen nichttridentinischen Bistümer Deutschlands«, 1962 Staatsarchiv Ludwigsburg, 1963–67 Hauptstaatsarchiv Stuttgart, dort Mitarbeit an der sog. Judendokumentation, seit 1967 Leiter des Erzbischöflichen Archivs Freiburg i. Br.

MARTIN KRAUSS Dr. phil., Jg. 1960, Studium der Geschichte u. der Politischen Wissenschaft an der Universität Heidelberg, 1992 Promotion: »Armenwesen u. Gesundheitsfürsorge in Mannheim vor der Industrialisierung 1750–1850/60«, 1991–94 wiss. Mitarbeiter am Landesmuseum für Technik u. Arbeit in Mannheim, seit 1995 Leiter des Unternehmensarchivs der Bilfinger + Berger Bauaktiengesellschaft.

FRANK MORAW Dr. phil., Jg. 1942, Studium Universitäten Heidelberg u. München, Dissertation über die Vereinigung von SPD und KPD in der Sowjetischen Besatzungszone (1973/1991), Lehrer für Geschichte u. Latein am Kurfürst-Friedrich-Gymnasium Heidelberg, Veröffentlichungen zur Schul- u. Lokalgeschichte Heidelbergs während der NS-Zeit.

MONIKA PREUSS M. A., Jg. 1960, Studium der Jüdischen Studien an der Hochschule für Jüdische Studien Heidelberg sowie der Mittleren- u. Neueren Geschichte an der Universität Heidelberg, 1987–91 wiss. Angestellte im Zentralarchiv zur Erforschung der Geschichte der Juden in Deutschland, Heidelberg, 1991–92 Auftragsarbeiten zur Dokumentation der Grabinschriften der jüdischen Friedhöfe in Bühl, Baden u. Pforzheim, seit 1992 – mit kurzer Unterbrechung 1993/94 – wiss. Angestellte beim Landesdenkmalamt Baden-Württemberg im Projekt Erfassung jüdischer Grabsteine in Baden-Württemberg.

UDO WENNEMUTH Dr. phil., Jg. 1955, Studium der Geschichte, Germanistik, Geographie u. Musikwissenschaft an der Universität Heidelberg, wiss. Angestellter bei der Evang. Kirchengemeinde Mannheim, Arbeiten zur Wissenschaftsgeschichte, zur Geschichte der Evang. Kirche u. zur Geschichte der Deutschen in Ostmitteleuropa, wichtigste Werke: Lebendige Musik (1988), Wissenschaftsorganisation u. Wissenschaftsförderung in Baden (1994, Diss.), Geschichte der evang. Kirche in Mannheim (1996).

FRANZ-JOSEF ZIWES Dr. phil., Jg. 1961, Studium der Geschichte u. Germanistik an der Universität Trier, dort 1988–93 wiss. Mitarbeiter im Sonderforschungsbereich 235 in einem Projekt zur Geschichte der Juden im Mittelalter, 1993–94 Archivreferendariat am Hauptstaatsarchiv Stuttgart u. Institut für Archivwissenschaft Marburg, seit 1995 Archivrat am Generallandesarchiv Karlsruhe, Veröffentlichungen zur Geschichte der Juden (1995 Dissertation: »Studien zur Geschichte der Juden im mittleren Rheingebiet während des hohen und späten Mittelalters«) sowie zur mittelalterlichen u. frühneuzeitlichen Stadtgeschichte.

Weiterhin im Verlag Brigitte Guderjahn:

Buchreihe der Stadt Heidelberg

Im Auftrag der Stadt Heidelberg herausgegeben von Rudolf Benl (I – III) und Peter Blum

I Harald Pfeiffer: Heidelberger Musikleben in der ersten Hälfte des 19. Jahrhunderts. 347 Seiten mit 14 Abbildungen, 1989. ISBN 3-924973-43-1

II Harald Drös: Heidelberger Wappenbuch. Wappen an Gebäuden und Grabmälern auf dem Heidelberger Schloß, in der Altstadt und in Handschuhsheim. 511 Seiten mit 52 Tafeln (davon 30 farbig) und 2 Plänen, 1991. ISBN 3-924973-44-X

III Leena Ruuskanen: Der Heidelberger Bergfriedhof. Kulturgeschichte und Grabkultur. Ausgewählte Grabstätten. 288 Seiten mit 93 Abbildungen (davon 60 farbig) und 5 Plänen, 1992. ISBN 3-924973-45-8

IV Frieder Hepp: Religion und Herrschaft in der Kurpfalz um 1600. Aus der Sicht des Heidelberger Kirchenrates Dr. Marcus zum Lamm (1544 – 1606). 392 Seiten mit 80 Abb. (davon 75 farbig), 1993. ISBN 3-924973-46-6

V Friederike Reuter: Heidelberg 1945–1949. Zur politischen Geschichte einer Stadt in der Nachkriegszeit. 359 Seiten mit 41 Abbildungen. 1994. ISBN 3-924973-47-4

VII Pädagogium – Lyceum – Gymnasium. 450 Jahre Kurfürst-Friedrich-Gymnasium zu Heidelberg. 411 Seiten mit 51 Abbildungen, 1996. ISBN 3-924973-49-0

Schriftenreihe des Stadtarchivs Heidelberg

Im Auftrag der Stadt Heidelberg herausgegeben von Rudolf Benl (1 – 3), Diana Weber (4) und Peter Blum

1 Roland Vetter: Heidelberga deleta. Heidelbergs zweite Zerstörung im Orléansschen Krieg und die französische Kampagne von 1693. 70 Seiten mit 12 Abbildungen und einem Faltplan, 2. Aufl. 1990. ISBN 3-924973-31-8

2 Erich Thies: Ludwig Feuerbach zwischen Universität und Rathaus oder die Heidelberger Philosophen und die 48er Revolution. 96 Seiten mit 22 Abbildungen (davon zwei farbig), 1990. ISBN 3-924973-32-6

3 Ernst Walz: Lebenserinnerungen. Vierzig Jahre an der Spitze der Stadt Heidelberg. Herausgegeben, eingeleitet und erläutert von Rudolf Benl. 120 Seiten mit 16 Abbildungen, 1991. ISBN 3-924973-33-4

4 Inge Frese · Karl Kollnig: Medaillen pfälzischer Kurfürsten in Heidelberg. 96 Seiten mit 55 Abbildungen (davon 37 farbig), 1992. ISBN 3-924973-34-2

5 Das »Goldene Buch« des KFG. Autobiographien Heidelberger Pädagogen (1812 – 1939). Transkribiert und redigiert von Wolf Uebel. 179 Seiten mit 61 Abbildungen, 1994. ISBN 3-924973-35-0

6 Frauen*gestalten*. Soziales Engagement in Heidelberg. 134 Seiten mit 7 Abbildungen, 1995. ISBN 3-924973-36-9

Sonderveröffentlichung 1: Die Voit-Orgel in der Stadthalle Heidelberg. Orgelrestaurierung – ein Beitrag zur Kulturgeschichte. 115 Seiten mit 48 Abbildungen (davon 18 farbig), 1993. ISBN 3-924973-59-8

Sonderveröffentlichung 3: Andrea Liebers: Spuk in Heidelberg. 136 Seiten mit 80 Illustrationen von Julia Ginsbach. 2. Auflage 1996. ISBN 3-924973-57-1

Sonderveröffentlichung: Walter Mühlhausen, Christian Stock. Vom Heidelberger Arbeitersekretär zum hessischen Ministerpräsidenten. Eine Biographie, 1996. ISBN 3-924973-58-X

»Das Schloß gesprengt, die Stadt verbrannt«. Robert Salzer, Zur Geschichte Heidelbergs in den Jahren 1688 und 1689 und von dem Jahre 1689 bis 1693. Nachdruck der Ausgaben von 1878 und 1879, kommentiert von **Roland Vetter.** 230 Seiten mit 33 Abbildungen (davon 2 farbig), 1 farb. Faltplan, 1993. ISBN 3-924973-24-5

Karl Pfaff: Heidelberg und Umgebung. 382 Seiten mit 112 Abbildungen. Zweiter Nachdruck der 3. Auflage von Rudolf Sillib [1910], 1995. ISBN 3-924973-26-1

Günther Debon: Goethes Begegnung mit Heidelberg. 23 Studien und Miniaturen. 280 Seiten mit 32 Tafeln und 4 Abbildungen auf den Vorsätzen, 1992. ISBN 3-924973-16-4

Günther Debon: Das Heidelberger Jahr Joseph von Eichendorffs. 282 Seiten mit 41 Abb., 3. Auflage 1996. ISBN 3-924973-13-X

Günther Debon: Ein Lächeln Dir · Heidelberg-Gedichte. 114 Seiten mit 14 Radierungen, 2. Auflage 1994. ISBN 3-924973-08-3